本课题研究得到
国家社会科学基金项目（11BKG006）资助

本书出版得到
国家重点文物保护专项补助经费资助

西丰西岔沟

——西汉时期东北民族墓地

（上）

辽 宁 省 博 物 馆
辽宁省文物考古研究院　编著
吉林大学边疆考古研究中心

潘玲　田立坤　刘宁　李新全　主编

文物出版社

图书在版编目（CIP）数据

西丰西岔沟：西汉时期东北民族墓地 / 辽宁省博物馆，辽宁省文物考古研究院，吉林大学边疆考古研究中心编著；潘玲等主编. -- 北京：文物出版社，2022.1

ISBN 978-7-5010-7294-1

Ⅰ. ①西… Ⅱ. ①辽… ②辽… ③吉… ④潘… Ⅲ. ①墓群－考古发掘－发掘报告－西丰县－西汉时代 Ⅳ. ①K878.85

中国版本图书馆CIP数据核字（2021）第231749号

审图号：GS（2021）6324号

西丰西岔沟

——西汉时期东北民族墓地

编　　著：辽宁省博物馆
　　　　　辽宁省文物考古研究院
　　　　　吉林大学边疆考古研究中心
主　　编：潘玲　田立坤　刘宁　李新全

封面设计：李　红
责任编辑：杨新改　张晓雯
责任印制：苏　林

出版发行：文物出版社
社　　址：北京市东城区东直门内北小街2号楼
邮　　编：100007
网　　址：http: //www.wenwu.com
经　　销：新华书店
印　　刷：天津图文方嘉印刷有限公司
开　　本：889mm × 1194mm　1/16
印　　张：79.25　插页：1
版　　次：2022年1月第1版
印　　次：2022年1月第1次印刷
书　　号：ISBN 978-7-5010-7294-1
定　　价：1500.00元（全三册）

The Cemetery at Xichagou in Xifeng

Northeast Ethnics Cemetery in Western Han Dynasty

(I)

By

Liaoning Provincial Museum
Liaoning Provincial Institute of Cultural Relics and Archaeology
The Research Center for Chinese Frontier Archaeology of Jilin University

Chief Editor: Pan Ling, Tian Likun, Liu Ning and Li Xinquan

Cultural Relics Press

序　一

郭大顺

西岔沟古墓群考古报告终于出版了。这是一件大家都企盼的事，也是一件值得回忆的事。

西岔沟古墓群的清理发掘，是20世纪50年代辽阳汉魏墓群发掘后辽宁省博物馆（当时为东北博物馆）一项很有影响的考古工作。那次清理发掘，野外工作历时三个多月，清理发掘面积较大，加上发掘期间文物保护政策的宣传，筹备展览，发动群众，回收文物，现场核对，以及此后数年的室内整理编写报告，动用行政和专业人员较多；而且50年代辽宁在全国有影响的考古工作不多，西岔沟是一个，尤其是辽东地区，这样丰富的资料罕见。1959年中国历史博物馆新馆陈列，西岔沟古墓群出土文物占了差不多整整一个展柜。大约是1964年，《考古学报》编辑部曾给辽宁省博物馆发函，希望西岔沟古墓群的考古发掘报告列入“中国田野考古报告集”系列，据说是夏鼐先生十分重视这批资料。我曾看到过这个函件，是《考古学报》的红色信签，工整的毛笔楷书，非常正式。后可能与形势有关，终未实现。80年代初省馆文物工作队由陈大为先生负责曾酝酿再启动报告的编写，当时我与陈先生在位于十纬路老博物馆后院西平房的同一办公室，看到他借出的档案材料不少，包括部分硫酸纸描绘的线图和拓片，已接近出版水平。后可能因为涉及太多头绪，工作仍然没有继续下去。以致西岔沟古墓群发掘报告的编写发表，成了辽宁省博物馆至少是老博物馆人的一个待解的情结。

关心西岔沟的人总会想到孙守道先生。孙先生对西岔沟古墓群的清理发掘、整理和研究参与最多，材料最为熟悉。我在追忆孙守道先生的文章中提到：“1956年西丰县西岔沟古墓群遭大规模盗掘，时年25岁的孙守道先生担当起考古现场清理抢救负责人的重任，面对千疮百孔的墓地和散落在老乡手里的上万件文物，他逐件文物和逐个墓葬地核对，尽量复原共存关系。他并以初生牛犊不怕虎的锐气，给上级写信，使这次古墓群遭严重破坏的事件在《人民日报》发表，引起社会各界关注，成为当时文物考古界的一件大事。”近又读到有关资料，得知孙先生当年给《人民日报》的信发表后，影响确实很大，直接上级行政单位还作了公开检查，这是文物保护工作很有超前性的一件事。当然，更值得称道的还是孙先生对墓地复原工作所做的贡献和他的研究成果。孙先生撰写的《“匈奴西岔沟文化”古墓群的发现》和由此引起的有关族属的争论，争论的一方居然是我们尊敬的吴荣曾先生（笔名曾庸）。以后由于吉林榆树老河深墓地的发现，一度盛行西岔沟“夫余”说，2000年前后辽宁博物馆通史陈列修改时，西岔沟部分也采用过“夫余”观点。当时孙守道先生曾对我讲过，匈奴文化系统和匈奴族不完全是一回事，可惜终未能看到他新的研究成果。

关于墓地的复原，我也曾断断续续听孙守道先生讲过他们当年在“对付”扰乱坑、从中辨别墓葬和逐人逐事逐件登记回收核对文物的艰辛经历。这次读到原稿，得知他们在面临几乎所有墓葬特别是中心区墓葬被掘毁，几乎所有重要文物被挖出后到处流散甚至被拆毁变卖的惨状下，根据“为原地扰乱，就整个墓地来说，文物大体保持在原来位置上”和“墓群时代的一致性，墓葬性质的一致性”的现场判断，断然定下将濒死的材料复活，复原墓地的工作目标，发掘方法也有针对性地采取既严格遵循田野考古操作规程，又根据现场实际情况，将分区即探方与扰乱坑即清理坑相结合，以清理坑和少量完整或少扰动的墓葬作为基本单位，对发掘、清理及回收的各类文物依出土状况的不同程度，对其可能的出土单位、配套组合、共存关系，出土位置甚至出土状态，分等级判别归位，尽可能把一个从支离破碎到趋向完整的墓地和一批由零散到重新组合起来的文物群及复原过程呈现出来。对于20世纪50年代一个地方博物馆的考古队来说，这是一次水平很高的田野考古工作，所以西岔沟考古在辽宁考古史上确应大书一笔。

当然，这次墓地复原工作所以能够坚持下来并取得意外成效，主要还是同李文信、孙守道等先生对这批材料学术价值的充分认识分不开的。我读报告原稿的一个深刻感受，就是发掘者在复原工作过程中对墓地整体性的认识：墓葬的排列“杂而不乱”，局部“各排墓葬行列整齐，疏密均匀有致”，“极有组织，井然有序”；墓葬的方向不受地形变化的影响，包括葬式都“完全一致”；遗物“出土位置，也都各有规律，其种类、数量亦因死者的社会地位不同有所变异”，从而“本墓群在形成过程中表现了极有秩序，各种性质的墓葬分别形成各自墓群，它们之间，相互联系着，不可截然分开，形成一处完整统一的墓群”。

随着这些认识在墓地及出土文物复原过程中的逐步深化，发掘者提出将这批材料称为一个考古学文化——西岔沟文化。

受此启发，我想到的是：

西岔沟古墓群所拥有的多元文化因素，当年除了所知的北方草原和汉文化因素以外，已同内蒙古和东北地区同时期前后有族属特征的文化遗存有所比较，根据此后的新发现，又可辨认出有来自松嫩平原和东辽河流域的文化因素。它们各自的来源清楚，特征各有不同，易于辨别；同时各类文化因素所占比例虽有差别，但无大的悬殊；特别是，这些来源不同、区别明显的文化因素，在这个墓地里的融合程度甚高。这在报告中多有论述，如具汉书二期文化特点的曲颈壶附具当地特点的横桥状耳，陶器与装饰花纹的类似结合现象；具汉式特点的泥质和具当地制法的夹砂两类不同质料的陶豆，中原和北方式的两类铜铃，改造为铜剑把加套环的汉式铁剑与北方和东北式铁剑；经修补或似仿制的汉式铜镜，以及不同来源的各类文化因素之间的共存甚至可能的配套组合关系等等，是既泾渭分明，又融为一体的多元文化集合体，如发掘者的体会是“相互依存和相互渗透”的关系，展现的是一幅“经济、政治、军事和文化上的密切联系和相互交往的图景”，以至其文化的主体，是邻近文化的迁徙还是当地文化，并不突出。这一群体的出现与文化的形成，既是同该人群游动性大、开放性强，与不同文化间的接触交流甚为活跃有关，同时也同该文化群体自身发展的相对稳定性有关，也与该墓地所表现出的经济形态即游牧为主兼营农业，一定程度的定居生活相一致。所以西岔沟古墓群所代表的，是一个特色鲜明、充满活力的文化共同体。从目前的有关发现看，其丰富程度和所具的典型性，是一个可与周边诸文化进行比较的不可替代的标尺，把西岔沟古墓群定名为一种考古学文化，仍然是要认真对待的。

发掘者在分析西岔沟与周边诸文化主要是与汉文化的关系时，还强调了西岔沟古墓群所处的特殊位置："恰在汉代辽东郡外北边"，是"汉代辽东郡和外族接触最频繁的地方"。由此我想到的又一点是，西岔沟古墓群的年代从西汉早期晚段始到西汉中晚期，以西汉中期为主，这一时期正是西汉帝国强盛时期，也是汉王朝积极开拓辽东的重要时段，包括汉四郡的建立，在此形势下，有这样一支强盛的游牧民族活跃于紧靠汉王朝的边塞地带，将他们视为神圣的墓地置于与汉郡接触的前沿，而且在将大量汉文化因素融于本文化时，一直保持着自身文化的独立性，这对于了解当时汉王朝与周边民族文化关系，是一个很值得注意的历史文化现象。至少说明，这一人群除了自身发展具有相对稳定性以外，与汉文化等相邻文化的接触交流，也是在彼此之间相对稳定的环境下才可能实现的，虽然延续时间不长。报告原稿中也说到："汉族文物，在这批出土物中，占有相当显著的地位。它深入这个部族人民生活中各个领域。从生产到生活，普遍地存在着。"进而在与西汉辽东诸郡的互动比较中，关注与汉文化的双向交流，也值得深入分析，这在报告中也有实例举出。同样，从当时的历史背景看，这一时期，也是高句丽文化在辽东山区形成时期。西岔沟所在地区与辽东山区从西到东紧相连接，后又成为高句丽文化的分布区。高句丽文化研究者已在从西岔沟古墓群与早期高句丽文化某些共同文化因素中探讨其间的关系，报告也指出横贯耳陶壶与桓仁望江楼墓群为代表的早期高句丽遗存有一定相似之处，都是很值得关注的新课题。

最后要说到的是，西岔沟古墓群从现场清理发掘到资料整理和编写报告，经历半个多世纪，当事人已陆续退去，而原文物与原档案保存情况又累积了一些不尽人意之处，如一些重要文物多方借展，原始编号与馆藏编号交错替代，博物馆迁馆和馆所分家，文物及档案随之转手接交，还有原始档案不全、个别器物原始编号缺失等令人遗憾的事发生，给再整理编写报告又徒增不少难度。在这种情况下，辽宁省博物馆、辽宁省文物考古研究所与吉林大学边疆考古研究中心合作，公开资料，引进人才。潘玲同志知难而进，带领团队将这些多年积累的复杂头绪一一理顺，出色地完成了任务。特别是在妥善处理与原报告的衔接上下了苦功夫，现稿在忠于原稿不同于一般考古报告的材料组织、编写体例等的基础上，尽量将原始材料与发掘者的判断加以区分，客观地交代被扰动墓葬的清理发掘过程，被破坏墓葬即清理坑的清理过程，回收器物的现场核对过程，在此基础上对材料再加编排，提高了资料的研究价值。

西岔沟古墓群自从发现与报道以来，鉴于其资料的丰富和重要性，一直没有淡出研究者的视野。此后多年来吉林、黑龙江、内蒙古等兄弟省区有关新材料的不断发现，并未使西岔沟这批资料边缘化，反而因为比较材料增多而使西岔沟古墓群的面貌越趋清晰，也更显示其在研究汉代东北以至北方草原地区古代民族文化关系的重要地位。现在随着这批特色鲜明的资料的全面发表，必将对有关课题的研究有大的推进。

2020 年 4 月写于海南省东方市八所镇剪半园村汇艺蓝海湾

序　二

林　沄

满心欢喜地看到西丰西岔沟墓地的出土资料终于编辑成书，就要出版了！

第一次能亲手把玩这批材料时，我还是北京大学考古专业的学生。1961 年冬到吉林市参加考古调查实习后，途经沈阳参观辽宁省博物馆，承李文信馆长的美意，让孙守道先生摊了一桌子这个墓地的文物，逐一介绍。印象特别深刻的是形制奇特的铜柄铁剑、有“胡人”装束人物的青铜饰牌，泥质灰陶和夹砂褐陶共存的随葬陶器。而这个墓地出土的铜柄铁剑是我把东北系青铜剑作为大学毕业论文的原始契机。

当初孙守道先生在 1960 年发表这批文物时命之为《匈奴西岔沟文化》（见《文物》1960 年第 8、9 期合刊），对于这一命名，他是这样阐述的：“就这一文化的主要内涵而言，属于匈奴文化系统是没有问题的”，但是，其中有些“具有文化特征性质的东西，如带环柱状铜柄铁剑、金或银丝穿珠扭环饰品、涂朱磨光长颈红陶壶等，在别处迄今未见类似发现”，因而，“他们到底是真正匈奴本族人呢？还是属于匈奴部下的其他族人，即所谓匈奴‘属族’呢？自然还需要进一步去研究确定”，“所以，在命名上仍保持本墓地所在的‘西岔沟’一名，以标志这个考古发现，在现阶段来说是必要的”　。回想我 1960 年冬天在中国历史博物馆实习当讲解员，见到这批文物在展柜中被标以“匈奴西岔沟文化”之名时，只注意到“匈奴”的族名，而并没有理解孙先生还要缀以“西岔沟”三字的深意。其实，孙先生在 1960 年的文章中就已经指出“铁剑上的一种如双鸟首对环式的铜柄，和日本九州地方出土的一把铜剑上的铜柄极为接近”，是很难能可贵的。

吴荣曾先生以曾庸的笔名在《考古》1961 年第 6 期上发表了《辽宁西丰西岔沟古墓群为乌桓文化史迹论》一文。这篇文章在论证西岔沟墓地非匈奴遗存这方面是很有道理的，但提出汉代以“东胡”之名取代先秦的“貉”等观点，我是不同意的，所以在讨论该墓地族属为乌桓的问题上，并未引起我的重视。

自从吉林省的李健才先生在《社会科学战线》1982 年第 4 期发表《夫余的疆域和王城》，提出吉林市东团山城是夫余早期王都，武国勋和董学增两位先生便实地重新测绘了东团山的“南城子”（武国勋：《夫余王城新考——前期夫余王城的发现》），并以此为起点，开始从考古遗存寻找古夫余踪迹。先后发掘了榆树老河深中层墓地（1980 ~ 1981 年）、吉林市泡子沿遗址（1982 年）、吉林市帽儿山墓葬群（1989 ~ 1990 年）。蔺新建（笔名田耘）首先提出西岔沟墓地为夫余遗存（《西岔沟古墓群族属问题浅析》，《黑龙江文物丛刊》1984 年第 1 期）。其后李殿福、栾兆鹏、孙进己也均主夫余说，是因为西岔沟和老河深墓地出土物有相似性。

记得 1992 年在呼和浩特的“中国古代北方民族考古文化国际学术讨论会”上，孙守道先生放映了相当多的西岔沟墓地出土陶器的幻灯片，明显和老河深墓地出土的有很大不同。

1992 年为了参加在韩国召开的国际学术会议，我写了《西岔沟型铜柄铁剑与老河深、彩岚墓地的族属》（见《林沄学术文集》），指出“老河深和西岔沟两地的随葬品的确有很多共同性，但是陶器有很大差别。”“而且，西岔沟墓地的葬俗、葬式迄今未正式报道，无法和老河深墓地作详细比较。在这种情况下，不宜贸然断言西岔沟墓地和老河深墓地属同一考古文化。西岔沟墓地的文化属性和族属，应留待正式报告发表而弄清遗存全貌后再行讨论。”

这批十分丰富而珍贵的东北考古材料，是东北博物馆（1959 年更名为辽宁省博物馆）文物工作队在 1956 年发掘的。1959 ~ 1960 年曾编写过发掘报告初稿，但始终没能出版。所以这批文物在博物馆的库房里沉睡了多年。实物分散到了中国历史博物馆和铁岭博物馆，原始记录和报告初稿则仍在省考古研究所。2007 年省考古所领导才策划要重新编写发掘报告，而勇于担当这个艰巨任务的是醉心于东北考古的吉林大学边疆考古研究中心的潘玲。那时离这批材料的出土已经有半个世纪之久了。孙守道先生也已经于 2004 年离世。所以当西岔沟发掘报告作为国家社会科学基金资助的项目于 2013 年正式启动时，我对项目的课题负责人潘玲实在是非常佩服而充满期望的。尤其可喜的是她在繁忙的科研和教学工作之余，能在辽宁省考古博物馆各方面领导的积极协调及吉林大学同事和研究生的协助努力下，如期完成了新报告的编写。不负考古先辈的工作，把这批重要资料高质量公布于世。其意义不仅在这批材料本身，而是为各地文博单位积压了几十年的重要材料能早见天日提供了一个好榜样！

这批材料的全面而详尽的公布，对我来说，确实有眼花缭乱、目不暇接之感，需要慢慢消化。只能先就最突出的几点感受说一说。

从全部随葬陶器来看，和已知的夫余文化遗存的陶器完全不同，所以族属上的夫余说可以休矣！和已知的匈奴陶器也大相径庭，匈奴说当然不能成立。

西岔沟墓葬和汉书二期文化特别是平洋墓葬的关系，从全部随葬品来看，相似性大大增加了。单就陶器而言，如斜颈壶等几种壶，单耳大口罐、鬲、红衣陶、篦齿纹及其构图、珍珠纹、口沿的刻齿纹、底缘的刻齿或刻点……无不若合符节。过去因为西岔沟型Ⅱ式剑柄（即柱状柄首而穿算盘珠状铜环者）的铜柄铁剑为老河深及西岔沟共有，所以把西岔沟墓葬也归属夫余遗存，其实西岔沟型Ⅱ式剑柄之有铜剑身者，是吉林舒兰发现的一件（见董学增：《吉林舒兰发现一件青铜剑》，《考古》1987 年第 4 期）。属于东北系突脊曲刃剑。但这种剑分布甚广，我记得吉林大学在发掘大安汉书遗址时，在汉书二期文化地层中就出土一件东北系铜剑的石质剑把头，形制甚复杂，应是晚期的（见《大安汉书遗址发掘的主要收获》图三，《东北考古与历史》第 1 辑，文物出版社，1982 年）。可见汉书二期文化也是有东北系突脊曲刃剑的考古学文化。西岔沟墓葬之所以有突脊曲刃剑系统的铜柄铁剑，是和金丝拧成的耳饰一样，也可以从汉书二期文化来的。而沈阳故宫博物院曾展出过一件西岔沟型Ⅱ式剑柄的铜柄铁剑，说明牌所标地点为沈阳郊区柏官屯，很可能也是和西岔沟有关的人群所遗留的。

潘玲在报告结语部分重新提出了西岔沟遗存是乌桓的可能性，我认为是值得注意的。所以研读这本报告的重点，应该放在找出这批遗存特有的文化因素上。作者认为墓中出土的带背纽的马形牌饰就是特有的文化因素，这是对的。过去西岔沟墓葬的材料未能全面公布，潘玲、萨仁毕力格在讨论鲜卑马形牌饰的来源时，除了1960年已发表的一件外，只补充了2014年在辽宁省博物馆新展出的一件（即本报告图二七八之2）。所以不能全面阐明西汉时西岔沟的马形牌饰和东汉鲜卑马形牌饰的渊源关系。实际上两者的主要共性应该是头前都有一个蕈状突起，我把它解释为把前额的鬃毛结扎后散开形成的，并引辽墓壁画中契丹人的马的前额鬃毛处理方式为证，迄今未见不同意见。应该可以作为东胡系统人群马鬃处理的特点。从西岔沟的六件马形牌饰可以看出，使马尾的末端向前弯曲，和曲折的双腿形成“U”字形的框子，在西汉已经这样了，并非东汉才形成的特点。前后腿双蹄交叠的痕迹，西岔沟时期还有很明显的例子，东汉时也没有完全消失。在前腿折起的部分和腹部之间加一竖条，在西岔沟时期已不止一例（本报告图二七七之1、2），看来应该是起支撑作用的，并不是作为站立的马腿。因为在它前面的显然是马的前腿的上部，竖条本身无法看作站立的一条腿。所以东汉时有竖条的马只是这种造型的变体，不能看作受匈奴四条腿站立式造型影响的结果。而且，东汉时马背上立小马的造型，西岔沟时期也已经出现了，早先孙守道先生发表的那件，马背上就是缺失了前半身的小马，两条后腿之间的空档没有铸出来，尾巴的下段缺失，成了鸟喙形，所以被误认为小鸟了。东京国立博物馆所藏的一件，也是小马前半身残缺的，可以互相参证（见东京国立博物馆：《东京国立博物馆所藏中国北方系青铜器》图160，2005年）。所以东胡系统的马形牌饰的造型，从西汉到东汉并无重大变化，只是越来越抽象，越图案化，最后加上了一个马镫，而且把前面的竖条也变成马镫而成了双马镫。

不过只有这一个特有文化因素还不足以论定族属必为乌桓，所以大家还应该继续分辨出西岔沟遗存特有的不同于匈奴和夫余的文化因素。过去我因为东胡和匈奴都称为“胡”，推断乌桓在人种上也是北亚蒙古人种，究竟对不对，还是要靠考古新发现来检验的。

看起来，西岔沟墓葬新报告的出版，会给东北考古中久已存在的乌桓之谜带来新的解谜的契机，让我们一起来努力吧！

2020年1月8日

目 录

第四章　非发掘清理器物

第五章 器物分类

第六章　年代、文化性质和族属

附表

附录

附件

插图目录

第一章 绪 论

第一节 地理环境及历史沿革

一 墓地位置

西岔沟墓地位于西丰县县城西偏北3千米处的乐善乡执中村西（2002年乐善乡并入西丰镇），地理坐标为东经124°6′51.78″，北纬42°7′34.55″（图一）。

执中村旧名姜家街，村西北有一条东北—西南走向的小山岗，山岗的尽头为平面呈“人”字形的山脊台地，海拔235～274米，相对高度30余米。这个丘陵状的小山岗，当地俗名西岔沟，西岔沟墓地即由此得名。墓地分布在山岗尽头向阳的山脊台地上，地势北高南低，面积约12000平方米（图二；彩版一）。墓地南临岔沟河，该河向西南流入辽河的支流寇河。

二 地理环境

西丰县位于辽宁省东北部，隶属铁岭市。县境西北与吉林省四平市铁东区相邻，东与吉林省辽源市的东辽县和东丰县接壤，西和西南与辽宁省铁岭市清河区和开原市为邻，东南与辽宁省抚顺市的清原县相接。这里处于中温带湿润区，属于大陆性季风气候，四季分明，气候温和，雨量充沛。县境年平均气温5.1°C，年平均降水量738毫米，无霜期135天左右。

西丰县处于长白山脉西侧的丘陵山麓地带。发源于吉林哈达岭的寇河横穿西丰县中部，向西与南面的清河汇合流入辽河。沿西岔沟墓地南面的寇河谷地向西顺流而下不到40千米，即是纵贯东北、西接科尔沁草原的松辽平原。背倚长白山地，面向松辽平原和内蒙古东部草原，这一特殊的地理位置，使西丰县成为山地渔猎民族和西部草原游牧民族的汇合聚集地。

三 历史沿革

西丰县境内相当于中原夏商时期的考古遗存以马城子文化早期为代表。商周之际考古遗存与新乐上层文化、高台山文化有较多相似之处。西周时期属双房类型早期遗存的分布地域。进入战国时期，出现以高柄豆为代表的凉泉类型遗存，融合了辽西北和吉林中东部地区的文

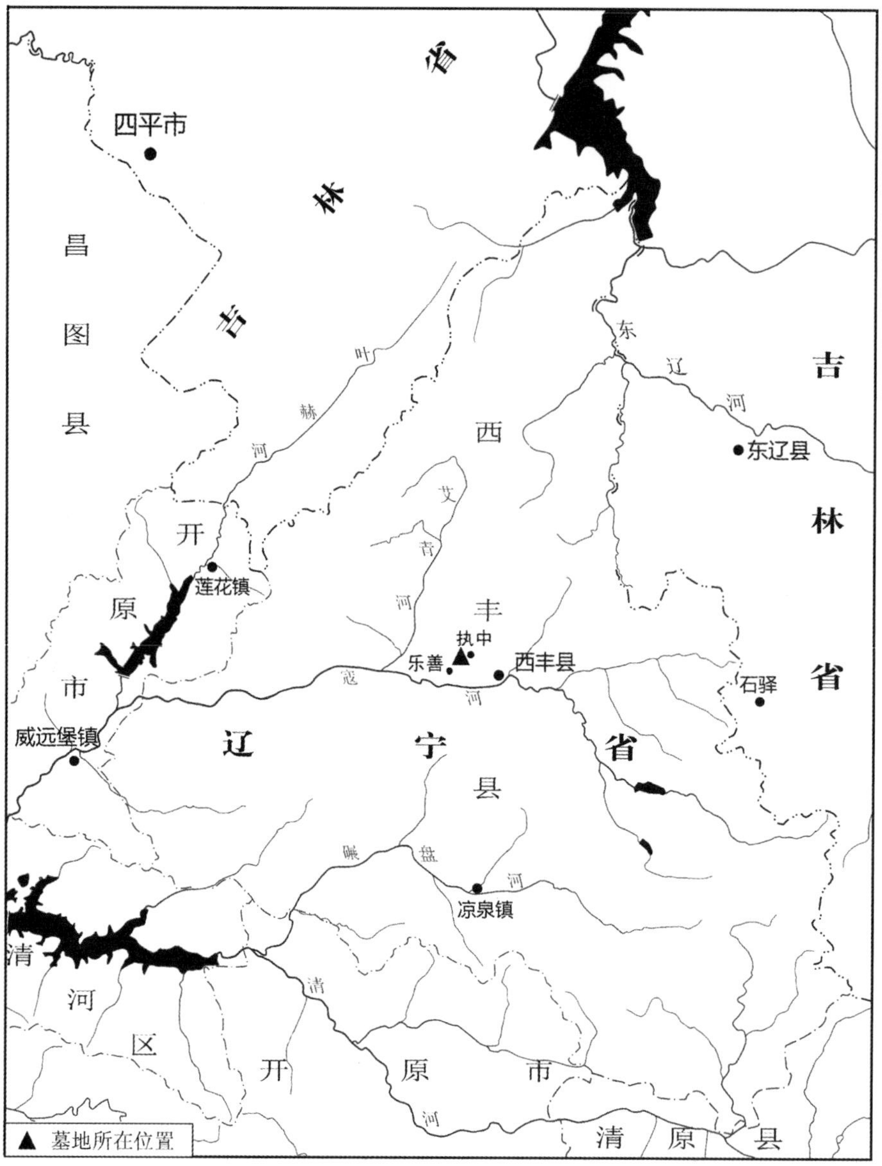

图一 西岔沟墓地地理位置图

化特点，同时也吸收了燕文化的某些因素。战国晚期燕国占领辽海地区，筑长城，置辽西、辽东郡。西岔沟墓地南距燕的辽东边塞约 40 千米。

秦和西汉时期延续了战国燕在东北的行政设置和长城边塞体系。西汉中期以前，辽东、辽西边塞以外地区是匈奴、乌桓、夫余等民族活动的舞台。特别是匈奴在西汉前期频繁骚扰东北边郡，辽东塞外长期被匈奴左部控制，乌桓成为匈奴的附庸。西汉武帝元朔年间开始反击匈奴，后在辽东以东及朝鲜半岛北部设立郡县，以阻断匈奴，玄菟郡就是武帝在这一时期在朝鲜半岛设立的四郡之一。西汉昭帝时期，玄菟郡内迁到今西丰县东南的浑河上游和鸭绿江流域。东汉时期，今西丰县境内属夫余活动区。

随着高句丽的兴起，东汉政权对东北地区的治理日渐废弛，玄菟郡一再向西南迁移。

东汉晚期至曹魏时期，西丰县境内居民仍以夫余为主。西晋至前燕时期，慕容鲜卑势力已经到达今西丰县境内。唐代靺鞨建立渤海国，西丰县境成为渤海国长岭府辖地。唐朝末年辽西契丹崛起，其势力向东扩张，926年吞并渤海国，西丰县为辽的辽阳府辖境。起源于松花江下游的女真强大后建立金政权，取代辽对东北的统治，西丰县为金的咸平府辖地。

元朝结束了东北地区长期游离于中原政权的局面，东北全境纳入统一的元朝行政管理体系，西丰县境元初属于咸平府的东北境，之后属于开元路。明代在东北境内修建辽东边墙以防御蒙古和迅速崛起的女真诸部，西丰县境在辽东边墙之外，是女真叶赫部活动地域。明代在辽东边墙沿线设立的军事要塞——威远堡，即在西丰县以西几千米处。

独特的地理位置和自然环境，使西丰县成为东北地区畜牧、农耕、渔猎民族的舞台。至今西丰县的养鹿业仍驰名全国，林地经济与农业经济并存，居民来自汉、满、蒙、朝等20余个民族。

西丰县的自然地理和历史、现状，对认识、理解西岔沟墓地性质具有重要参考价值。

第二节 发现、发掘经过及墓地布局

一 发现和发掘经过

西岔沟墓地分布在山脊台地上，因水土流失使部分墓葬受到破坏。在中华人民共和国成立之前，当地村民在开山耕地时无意中发现了墓葬及金银器。中华人民共和国成立初，曾有零星盗掘活动。1955年春，西岔沟小山的古墓埋有金银财宝的消息在当地村民中传开，当时正值农闲，于是一些村民一起到山上乱掘寻找古墓。此时的盗掘规模尚不大，西丰县政府一方面制止盗掘，一方面向省文化局反映情况并将一部分文物带去鉴定。但是当时省文化局对这批出土文物的断代出现失误，认为年代较晚没有保护价值。当地政府因此没有进一步制止盗掘，从而导致更大规模的盗掘活动，参与盗掘的人数和范围不断扩大，在1955年的秋天达到高潮。盗掘出的陶容器基本上在墓地现场就被抛弃或打碎，盗掘出的金丝拧绕的耳饰、金片等多被村民变卖或自用，铜器多卖给私人或废品收购站，珠子或管等串饰多被私自收藏或佩戴。

1956年5月17日，西丰县凉泉乡国营畜牧场职工李柏梁到东北博物馆，反映西岔沟墓地发现古代宝剑、金子、珠子并遭到乱掘的情况。东北博物馆非常重视，当即报告辽宁省文化局，并在当日即派专人前往现场调查。5月23日，调查人员返回沈阳后立即向辽宁省文化局汇报。5月29日，东北博物馆文物工作队前往西岔沟墓地现场进行清理发掘。工作队成员有孙守道、陈大为、王增新、李庆发、张彦儒、冯永谦、王宝善、苍涛等。

针对当时墓地受破坏的情况，发掘和清理工作分三个步骤进行。

（1）准备阶段

首先在墓地进行测绘、绘图、拍照（图版一）。之后在墓地周围边缘地带做钻探和小规模发掘，共开600多条探沟，确定了墓地的范围。然后将墓地划分为94个清理区。每个清理区东西宽15米，南北长10米，作用相当于探方[1]（图二）。

（2）试掘阶段

6月下旬开始试掘。在墓地西岗梁的中部选定一个清理区（第60区），首先确定墓葬被盗掘后留下的12个盗掘坑的边界线，并编号，将这类盗掘坑命名为清理坑。然后开始试掘。首先清理扰土，出土器物按照所在清理坑编号收集。扰土清理干净后露出残存的墓葬填土。清理发掘表明，清理区内的绝大部分堆积被扰动过（图版二）。

（3）正式发掘阶段

根据试掘阶段总结出的经验，确定了从清理坑发掘中识别出残存墓葬的方法。发掘首先从60区的东（53区）、西（69区）两清理区开始，并依次向北推进。

9月7日发掘清理工作全部结束。共历时3个月零5天，发掘63座被破坏的墓葬，清理72个清理区（图二、三；附表一至三；图版三至六）。

二　文物回收和征集

在发掘清理的同时，6月5日由东北博物馆派出2名专业人员，与西丰县文化部门联合，开展西岔沟墓地被盗掘出文物的回收征集工作，一直持续到发掘结束前的9月6日。回收征集的范围最初包括执中村的10个居民点，逐渐扩展到乐善、公合、新安、林昌、怀庆、九岭、东昌、西北沟以及城关区等10个村屯。

回收和征集的器物均来自于当地居民。在征集过程中不是简单的记录文物种类和数量，而是同时记录上交者仍然能回忆起来的墓葬结构和位置、随葬品出土状况、组合关系等方面信息。这些回收器物与墓葬和清理坑出土器物特征非常一致，说明可以确信它们出自于墓地。经过分析可知，回收的器物可能出自至少70余座墓葬，其中大多数位于中心墓区。共回收文物5323件。

三　出土器物分类

根据出土和收藏状况的差别，可将西岔沟墓地出土器物分为四类。

第一类为考古队在墓地残留的63座墓葬内发掘出土的器物。

第二类是在墓地被盗扰区域内清理出土的器物，这些器物应该是从被盗掘的墓葬内盗扰出来的，或者是已经被破坏墓葬内残存的器物。每个清理坑内清理出的器物可能是出自一座

[1] 西岔沟墓地旧报告记录清理区的尺寸为长15米、宽10米，即长宽比为1.5:1。但是墓地档案保留的带清理区界限的盗坑测绘图的硫酸透图（简称“硫酸纸图”）、用铅笔绘制的墓地平面图（简称“铅笔平面图”）上，清理区的长、宽不统一，长宽比有1.4、1.44、1.43、1.46、1.56、1.57等多种。正常发掘的探方尺寸均取整数，西岔沟墓地清理区的作用类似探方，发掘时也应该用整数尺寸划分清理区。所以，旧报告记录的清理区长15米、宽10米应该没有问题，是“硫酸纸图”“铅笔平面图”上的清理区尺寸有误。西岔沟墓地档案留下的所有墓地平面图（“盗坑测绘图”“硫酸纸图”“铅笔平面图”）均绘在没有尺寸刻度的白纸或硫酸纸上，在反复临摹、透图过程中很容易出现误差，这可能是造成图上清理区尺寸不一的主要原因。但是因为没有可参照材料纠正上述错误，报告的图二只能以“铅笔平面图”为底图来绘制，该图为墓地平面示意图，不是准确的实测图。

墓葬或几座墓葬，出土位置不会距离原墓葬太远。这些器物大多数为陶器、珠子、铜镞、铜泡等经济价值较小或者形体较小的器物，能够一定程度上反映出所在墓地区域随葬品的特征。

第三类是回收征集的器物，有铁兵器、农具、手工工具、马具等可回收利用的器物，也有数量较多的珠子、青铜器等。这类器物均为从墓葬中取走的有一定经济价值的器物，其中一半左右能够大致复原原始出土位置，有一少部分还可复原器物组合关系。这类器物在墓地的分区、随葬品组合研究方面可发挥重要作用[1]。

第四类是流散在外没有收回来的器物，主要是被盗掘走的金、银等贵重金属器物，其中应包括数量较多的金、银耳饰。

四 墓地分区

根据地形、墓葬出土器物以及墓葬分布密度的差别，可以将墓地分为三个区，即中区、东区、西区。每个区根据地形的差别还可以再区分出小区（图三；表一）。

（1）中区

位于墓地中部，由岗洼、西岗梁中上部两部分组成。

岗洼部分位于中区的东部，包括 29 ～ 32、34 ～ 39、41 ～ 46 等 16 个清理区。共发掘 9 座墓葬，分别为 M37、M42、M43、M44、M46、M47、M49、M50、M52。

西岗梁中上部位于中区的中西部，包括 48 ～ 53、55 ～ 62、66 ～ 72、77 ～ 79、85 等 25 个清理区。共发掘 16 座墓葬，分别为 M11、M13、M14、M18、M20、M21、M22、M23、M24、M26、M29、M45、M59、M60、M62、M63。

中区虽然发掘墓葬数量没有西区多，但是清理坑非常密集，说明这一区域原来墓葬密度非常大，相应受破坏的程度也最严重。发掘的墓葬数量不多，是因为墓葬被破坏的程度严重，残存的墓葬太少。该区也是红衣陶器、铜柄铁剑、鎏金带具等器物分布比较集中的区域，是墓地的核心区。

---

[1] 有 61 件回收的器物发现地点不确定，有可能出土于墓地，也有可能为墓地附近地点出土。这 61 件回收器物中有 48 件可核对出馆藏实物，分别是：鼓腹直颈陶罐（Z188 ： 5）、铜矛（Z10 ： 2）、矩形镂空动物纹铜牌饰（Z167 ： 1）、“P”字形镂空动物纹铜牌饰（Z149 ： 2）、亚腰形铜牌饰（Z60 ： 1）、马形铜牌饰（Z76 ： 1、Z153 ： 1）、连珠纹铜牌饰（Z114 ： 6）、中原式铜带扣（Z163 ： 12）、北方式铜带扣（Z76 ： 2、Z82 ： 3、Z93 ： 1、Z158 ： 1）、勺形铜带饰（Z158 ： 6）、铜轮（Z52 ： 2）、北方式铜铃（Z62 ： 1、Z99 ： 1）、铜泡（Z158 ： 8）、铜车軎（Z183 ： 4）、五铢钱（Z163 ： 2）、蟠螭纹铜镜（Z151 ： 1）、草叶纹铜镜（Z75 ： 1、Z160 ： 2、Z175 ： 1）、四螭纹铜镜（Z132 ： 1、Z175 ： 2）、星云纹铜镜（Z176 ： 1）、镜形铜器（Z143 ： 3）、心形鎏金铜片（Z154 ： 1）、铁锛（Z25 ： 1）、环首铁刀（Z82 ： 4）、环首铁锥（Z66 ： 4）、甲类铜柄铁剑（Z68 ： 1、Z157 ： 1、Z158 ： 10、Z191 ： 1）、乙类铜柄铁剑（Z160 ： 1）、中原式铁剑（Z183 ： 1）、铁矛（Z188 ： 1、Z189 ： 1、Z187 ： 1、Z163 ： 1、Z183 ： 2）、铁马衔（Z166 ： 1）、铁带扣（Z180 ： 1）、石斧（Z75 ： 2、Z179 ： 1）、环状石器（Z179 ： 2）。

有 12 件器物没有核对出对应的馆藏实物，分别是：圆形穿孔铜器（Z82 ： 5）、穿孔坠饰（Z71 ： 1）、陶碗（Z174 ： 1）、环首铁刀（Z25 ： 2）、铁矛（Z82 ： 6）、铜环（Z143 ： 1）、铜剑格（Z114 ： 2）、勺形铜带饰（Z114 ： 7）、重圈纹铜泡（Z64 ： 9）、带柄铜铃（Z64 ： 10）、铁器（Z83 ： 2）、中原式铁剑（Z145 ： 1）。

有 1 件器物为村民利用多件墓葬出土器物再加工而成，新报告没有将其列入回收器物。该器物为串饰，原始编号为 Z58 ： 1。为村民将玛瑙珠、玛瑙管、琉璃珠、天河石或绿云母管、滑石管、天河石或绿云母扁体多孔珠用皮条和铁环穿坠而成。

表一　西岔沟墓地分区表

分区 清理区及墓葬	东区		中区		西区	
	岗顶	东岗梁	岗洼	西岗梁中上部	西岗梁下部	西岗梁东坡
清理区	1、8、9、10、11、18、19、20、26、27、28	1、2、3、4、5、6、7、11、12、13、14、15、16、17、20、21、22、23、24、25、28、29	29、30、31、32、34、35、36、37、38、39、41、42、43、44、45、46	48、49、50、51、52、53、55、56、57、58、59、60、61、62、66、67、68、69、70、71、72、77、78、79、85	72、73、74、75、76、80、81、82、83、84、86、87、88、89、90、91、92、93、94	53、54、60、61、62、63、71、72
墓葬	M53、M55、M56、M57、M58	M48、M51、M54	M37、M42、M43、M44、M46、M47、M49、M50、M52	M11、M13、M14、M18、M20、M21、M22、M23、M24、M26、M29、M45、M59、M60、M62、M63	M1、M2、M3、M4、M5、M6、M7、M8、M9、M10、M12、M15、M16、M17、M19、M25、M27、M28、M30、M31、M32、M33、M34、M35、M36、M38、M39、M40、M41、M61	

注：带下划线的清理区编号表示只包括该清理区的一部分。

（2）东区

位于墓地的东部，由岗顶、东岗梁两部分组成。

岗顶部分为墓地的最高处，包括 1、8 ~ 11、18 ~ 20、26 ~ 28 等 11 个清理区。共发掘墓葬 5 座，分别为 M53、M55、M56、M57、M58。

东岗梁位于东区的中南部，包括 1 ~ 7、11 ~ 17、20 ~ 25、28、29 等 22 个清理区。共发掘 3 座墓葬，分别为 M48、M51、M54。

东区面积略小于中区，清理坑分布很稀疏，说明这一区域原来的墓葬密度较小。虽然处于墓地的最高处，但不是墓地的核心区域。

（3）西区

位于墓地的西部，由西岗梁下部、西岗梁东坡两部分构成。

西岗梁下部位于西区的西南部，为西岗梁南端向下倾斜的南坡，可以再细分为中部、东坡、北坡等三部分，包括 72 ~ 76、80 ~ 84、86 ~ 94 等 19 个清理区。共发掘 30 座墓葬，分别为 M1 ~ M10、M12、M15 ~ M17、M19、M25、M27、M28、M30 ~ M36、M38 ~ M41、M61。

西岗梁东坡位于西区的东北部，包括 53、54、60、61、62、63、71、72 等 8 个清理区，这个区域没有发掘的墓葬。

西区的面积最小，为西岗梁的西南、东部的两个下倾的山坡。该区发掘的墓葬数量最多，墓葬保存状况最好，可以看出墓葬呈西南—东北向成排分布。但是从墓葬和清理坑出土器物可以看出，这里不是墓地的核心区域，只是因为被破坏程度较轻才保留下来较多墓葬。

五　清理坑概述

西岔沟墓地发掘的主要工作对象是清理坑，即清理墓葬被破坏后留下的盗掘坑。西岔沟墓地平面图的主要内容也是清理坑，发掘的63座墓葬在墓地中所占面积很小。

（1）清理坑数据来源

西岔沟墓地发掘档案中没有清理坑的统计数据，本报告对清理坑的统计，依据的是发掘档案保留下来的墓地平面图上标注的清理坑信息。

西岔沟墓地发掘档案中有三幅墓地平面图。第一幅自名为“西丰西岔沟破坏掘坑测图”（简称“盗坑测绘图”），为白地的白纸，用蓝色钢笔绘制，图上标注绘制时间为1956年6月9日。该图只绘出了盗坑及其编号，无墓葬和清理区，图上标注比例尺为1∶500。第二幅是自名为“盗坑测绘图”的硫酸纸透图（简称“硫酸纸图”），该图在“盗坑测绘图”的基础上，加上了棋盘状的清理区分界线，用红笔标出了清理区编号。这幅硫酸纸图上的盗坑编号大多数已经模糊不清。第三幅为用铅笔绘制的墓地平面图（简称“铅笔平面图”）。该图为白地，无比例尺，无图名，图上绘有清理区、清理坑、墓葬，均标注了清理区、清理坑和墓葬的编号。

根据以上三幅墓地平面图的图上信息可知，“盗坑测绘图”是最早绘制的墓地平面图。“硫酸纸图”是以盗坑测绘图为底图的透图，但是加上了清理区信息。“铅笔平面图”是在硫酸纸图的基础上，进一步放大比例，图上添加了63座墓葬，并根据发掘现场清理情况，将盗坑线图扩大、修改成清理坑线图。

根据三幅地图上的信息可知，清理坑编号实际上是延续了盗坑的编号。最早出现的是盗坑编号，之后从盗坑编号转换成清理坑编号。“铅笔平面图”上的清理坑线图，是在“盗坑测绘图”上的盗坑线图的基础上进一步扩大而成。

“铅笔平面图”上的清理坑比“盗坑测绘图”上同号盗坑的面积明显扩大，其原因有可能是清理盗坑时，清理的范围明显超出了盗坑范围，绘制“铅笔平面图”时将清理某盗坑的所有清理范围，都算入了同号清理坑的范围内。

西岔沟墓地发掘档案保留的铅笔平面图，是信息最全面、绘制时间最晚的墓地平面图。本报告的图二（墓葬、清理坑及清理区分布示意图），是以该图为底图，用绘图软件加工编辑而成。铅笔平面图上有少数清理坑的编号或者数字模糊，或者有笔误，或者遗漏，对于这些清理坑编号的辨识和增补，主要依据核对“盗坑测绘图”上保留的盗坑编号，以及标注了清理区和清理坑编号的“清理坑出土器物登记表”、清理区发掘记录[1]。

（2）清理坑数据统计及说明

本报告清理坑的统计数据均来自报告的图二。

[1] 报告的图二虽然以西岔沟墓地发掘档案中的墓地“铅笔平面图”为底图，但是纠正或补充了该图存在的23个错误或漏洞，具体情况见图二的插图说明。

根据图二可知，西岔沟墓地共有 562 个清理坑（清理坑在各清理区分布情况见附表二、附表三）。

西岔沟墓地的清理坑编号不是连续编号。数值最大的清理坑编号是 691，最小的编号是 14 号。在 1 ~ 691 之间，有 142 个数值不是清理坑的编号，即空号。这 142 个空号分别是：1、2、3、4、5、6、7、8、9、10、11、12、13、15、20、22、23、32、33、38、49、50、53、54、55、57、84、85、89、91、106、107、108、109、110、114、115、116、117、118、119、121、122、123、124、125、126、127、128、129、144、146、147、148、149、150、151、152、153、154、155、156、158、159、160、161、164、165、166、167、168、169、170、177、194、195、196、197、203、204、205、225、229、231、232、233、243、260、261、283、285、286、288、290、334、342、344、345、346、347、348、349、353、377、402、407、408、410、436、438、448、449、506、530、561、563、579、581、587、588、597、612、621、622、623、624、625、626、651、652、663、665、667、668、669、670、671、673、675、677、681、690。

经核对“盗坑测绘图”可知，墓地发掘前测绘出的盗坑数量应该是 691 个。可能后来发掘清理时有的盗坑没有出土器物，或者被认定不属于盗坑，或者与其他盗坑合并，因此将这些原来认定的盗坑都排除在清理坑之外，没有绘在“铅笔平面图”上，也没有出土器物登记表。这些被排除的盗坑数量共计 142 个。但是，因为所有清理坑都使用了当初认定的盗坑编号，这些被剔除的盗坑编号仍然保留下来没有剔除。也就是说，142 个清理坑的空号，就是 142 个没有出土器物或者与其他盗坑合并了，以及最后没有被认定的盗坑的编号。

在 562 个清理坑的编号中，有 26 个清理坑的编号两两相同，共享 13 个清理坑编号。

大多数清理坑分布在一个清理区内，少数清理坑跨两个清理区，极少数清理坑跨三个清理区。具体情况是有 454 个清理坑只分布在一个清理区内，97 个清理坑跨两个清理区，11 个清理坑跨三个清理区（详见附表三）。

六　清理区概述

根据发掘档案保留的铅笔平面图可知，西岔沟墓地发掘队将墓地划分出 94 个清理区，清理区的编号从北向南纵向排列，从东向西递增（详见图二）。这些清理区的作用类似于探方，但是与常规发掘的探方有两点明显差别。第一是清理区的平面不是方形，而是东西宽 15、南北长 10 米的长方形。第二是清理区没有留隔梁，未起到控制剖面的作用，只用作分区。

根据发掘档案的记录可知，只在 72 个清理区做了发掘清理，其余的 22 个清理区只给了编号，没有发掘[1]。未发掘的清理区都分布在墓地的边缘附近（详见图二）。

[1] 西岔沟墓地发掘档案记录共发掘了 72 个清理区。发掘档案中的“铅笔平面图”上共有 94 个清理区编号，因此应有 22 个清理区没有做发掘，经核对可知，这 22 个没有做发掘清理的清理区编号分别是：1、7、8、16、17、23、24、25、31、32、33、38、39、40、46、64、65、76、84、92、93、94。根据墓地发掘档案的记录可知，在 94 个清理区发掘结束后，为了解西岗梁南端发现的小型遗物点的情况，又在西岗梁的南端开了 6 个清理区，编号为 95 至 100。这 6 个清理区出土的陶片等器物均出自耕土层，未发现盗坑或遗迹。因此，发掘档案中的“铅笔平面图”没有绘制出这 6 个清理区，它们应该超出了墓地范围。

第三节 资料整理与报告编写

一 资料整理及1960年发掘报告原稿编写

1959年12月，辽宁省博物馆组织了西岔沟墓地发掘报告编写小组，并抽调了测绘、陶器修复岗位的人员参与发掘资料修复整理工作。首先开展的是器物整理修复工作，在此基础上拟定发掘报告编写提纲，确定报告各部分的撰稿人。

发掘报告初稿的具体分工如下（初稿详见附件3）：

第一章为绪论，撰稿人陈大为，预计8000字左右。

第二章为墓葬部分，撰稿人孙守道。

第三章为文物部分，撰稿人朱贵、陈大为。约7万～8万字。

第四章为探讨部分，撰稿人孙守道，第二、四章合计约7万字。

第五章结语，由李文信编写，约5000字。

共计15万字左右。

器物绘图、照相和排版，由相关章节的撰稿人根据实际情况分头进行。陶器修复工作由孙守道负责，数据统计由陈大为负责。

根据保留下来的发掘报告初稿档案可知，按照编写计划，1960年8月至9月上旬完成报告初稿。初稿完成后，李文信先生进行了进一步的修改。

二 档案资料的整理和出土器物的收藏

1960年发掘报告初稿完成后，因为各种原因，没有进一步编辑出版，发掘资料和报告初稿存放在辽宁省博物馆。1986年，辽宁省博物馆文物工作队从辽宁省博物馆分出，成立辽宁省文物考古研究所。西岔沟墓地的发掘文字记录资料、发掘报告初稿划归辽宁省文物考古研究所收藏，出土文物作为考古发掘类藏品，在辽宁省博物馆收藏。2002年9月，辽宁省文物考古研究所组织人员将保存在考古所的西岔沟墓地发掘文字资料整理归档，装订成60卷的档案。但是在2013年发现，2002年整理完的档案资料缺少了第3、5、6、7、9、12、13卷，即发掘墓葬中的M13～M15、M20～M35、M41～M45、M57～M63的发掘记录档案。

西岔沟墓地出土器物绝大多数收藏于辽宁省博物馆。1958年年底，中国历史博物馆从东北博物馆征调50余件西岔沟墓地出土器物，均为保存状况完好、适合展览的征集回收器物。1961年10月，中国科学院古脊椎动物与古人类研究所对西岔沟墓地出土的6枚人牙齿做了性别和年龄鉴定，对6枚动物牙齿做了物种鉴定。上述人和动物的牙齿，包括一段人上肢骨一直保留在该研究所。2001年，铁岭市博物馆新馆筹备展览，从辽宁省博物馆借调75件西岔沟墓地出土器物，以及9串各种质地的珠子。

三　报告编写经过及分工

（1）编写经过

2007 年 6 月，辽宁省文物考古研究所田立坤开始策划西岔沟墓地发掘报告的重新编写工作。2007 年年底，初步拟定由吉林大学考古系教师潘玲负责，在原有档案资料和馆藏器物的基础上，重新编写西岔沟墓地发掘报告，田立坤本人负责各博物馆、省考古所相关资料的借调等协调性的工作。但是因工作关系，编写计划一直未实施。2010 年，经辽宁省文物考古研究所所长李向东、副所长李新全和华玉冰三位领导商定，由潘玲作为课题负责人，申请国家社科基金资助编写西岔沟墓地报告，课题组成员有田立坤、李新全、华玉冰、李向东、刘宁、蒋璐。2011 年 6 月，西岔沟墓地发掘报告被批准为 2011 年度国家社科基金一般项目。

2013 年年初，发掘报告的资料整理工作正式启动。最初在辽宁省博物馆库房逐件测量、描述墓葬出土器物。后来为了便于集中时间整理，将辽宁省博物馆收藏的大部分西岔沟墓地出土器物借调到辽宁省文物考古研究所。资料整理的方法是，首先进行出土器物的测量、分类和文字描述。除了珠子、铜泡、铜镞等几类数量较多、形状重复率较高的器物以外，其余的器物均逐件测量、描述，钱币和铜镜全部做拓片。2013 ~ 2014 年，对器物分批拍照。器物照片分两类，第一类是为绘图而拍摄的多角度正投影照片，第二类是发表图版用的制版照片。2014 ~ 2016 年，完成大部分器物图的绘制。2014 年扫描了辽宁省文物考古研究所保留下来的西岔沟墓地档案，2015 年完成墓地航拍照片。2014 年和 2016 年，辽宁省博物馆分别委托三家科研单位开展了出土金属器物工艺和成分的鉴定分析、玻璃珠的表面成分分析、玻璃珠和石质珠管的成分和加工工艺分析等三项科学鉴定分析工作。

2017 年 7 月初，西岔沟墓地发掘报告的国家社科基金项目结项报告完成，2018 年 6 月下发结项证书。2018 年，辽宁省博物馆申请国家文物局专项经费，资助西岔沟墓地报告出版。2019 年 7 月，西岔沟墓地报告完成初稿。2019 年 11 月初，中国国家博物馆提供馆藏的大部分西岔沟墓地出土器物的彩色照片。2019 年 12 月初，报告彩版编辑完成。2020 年 3 月，文物出版社编辑与作者完成初步核对，发现器物号和插图需要核对修改的工作量非常大，此后编辑与作者做了大量的发稿前的修改核对工作，一直到 2021 年 9 月完成一校稿。

（2）工作分工

潘玲负责报告的文字部分和统稿、修改。田立坤修改了报告初稿的第一章和第六章。

插图由多人集体完成。墓葬出土的陶器以外的器物、清理和非发掘清理器物中铁器以外的大部分小件器物图均由林雪川绘制。墓葬出土陶器和墓葬以外的所有小型陶器、所有的铁器、铁岭博物馆收藏的西岔沟墓地器物、辽宁省博物馆展厅展览的西岔沟墓地器物由王宇绘制器物图。孙丹玉负责绘制大型陶器的器物图、清绘墓地平面图。王卉绘制了大部分铜镜线图。潘玲负责修改器物的线图、补绘遗漏器物图、修改遗迹图、制作钱币和铜镜残片的拓片、编排所有插图、彩版和图版的初稿。

器物照片主要由林雪川、张达夫负责。林雪川拍摄墓葬出土的陶器以外的器物、清理和非发掘清理器物中的大部分铁器以外的小件器物图。张达夫负责拍摄铁岭博物馆收藏器物、所有陶器、铁剑等大型器物的照片。林利负责辽宁省博物馆展厅展出的西岔沟墓地器物照片，王宇拍摄清理坑出土的和非发掘清理的小型铁器照片，图旭刚拍摄大部分铜镜照片。墓地航拍照片由孙力负责。

在 2013 ~ 2019 年历时 6 年的报告资料整理和编写过程中，田立坤承担了前期的联络协调工作。刘宁始终代表辽宁省博物馆负责报告编写的具体协调和联络，以及申请经费和出版的总体协调工作。李新全负责辽宁省文物考古研究所的相关协调工作。辽宁省博物馆馆长马宝杰、辽宁省文物考古研究所所长李向东对报告编写给予大力支持，辽宁省文物考古研究所吴炎亮所长为报告材料初期的整理工作提供便利条件。辽宁省博物馆提供经费资助铜器科学分析、玻璃和石质珠饰的检测分析。

2013 年，吉林大学何雨濛同学参加在辽宁省博物馆库房进行的西岔沟墓地墓葬出土器物整理工作。2018 年，吉林大学考古学院研究生谭文妤将 1960 年发掘报告初稿打字录入成电子版文档。吉林大学考古系研究生王卉、孙丹玉、周冰、胡娟、孙立斌、张振腾、郭丽娜、马博、张婕妤、谭文妤等先后参加了器物拍照、绘图、图表编排、校对等工作。

2013 ~ 2021 年，辽宁省文物考古研究所的王宇女士一直协助西岔沟墓地报告的编写工作，除了绘制大量器物图，还负责藏品借调、器物拍照、档案管理拍照等工作。

四　发掘报告编写体例

（1）编写原则

报告遵循目前国内考古报告主流的编写原则，即主观内容和客观内容分开，尽可能完整发表所有发掘资料。

客观内容包括清理发掘的墓葬、墓葬被盗掘后分区清理的清理坑、被村民取走后回收的非发掘清理器物等三部分。发掘墓葬部分全部发表遗迹、遗物资料；清理坑部分按照清理单位发表出土器物；非发掘清理器物根据获得遗存信息的程度分为五类，分别为出土区域和共存关系明确且有墓葬示意图的器物、出土区域和共存关系明确但无墓葬示意图的器物、出土区域明确但共存关系不详的器物、出土区域不详但共存关系明确的器物、出土区域和共存关系均不详的器物。

主观内容主要为器物分类部分。除了镞、铜泡、珠管等数量多且重复率高的小型器物只能绘制部分器物的器物图以外，其余的绝大多数器物均有器物图并编入分类部分的插图中。采用这一做法有两个原因。第一是西岔沟墓地有大量非发掘清理器物只能确定出在西岔沟墓地，共存关系不详，这些器物无法在报告的客观内容部分介绍。第二是除了墓葬出土器物以墓葬为单位编号收藏以外，其他收藏在辽宁省博物馆的西岔沟墓地出土器物，均以质地和类别为编号依据，分类收藏，即一个分类号下有很多出自不同清理坑或回收单位的器物。辽宁省博物馆在近六十年时间里经历了四次搬迁，保留在器物上的原始记录编号因磨损和氧化等原因很多已经不清晰无法确认，其中除了一部分器物能够通过档案材料核对出原始记录号码以外，其余大多数器物无法确定所出自的清理坑单位或回收记录号，使这些器物均无法在报告的客观内容部分介绍。器物分类部分均做了数量统计。

（2）遗迹和遗物编号

1）墓地记录档案和1960年报告原稿中的遗迹、遗物编号前两位均为CC，代表西丰县西岔沟墓地。当时还没有汉语拼音，完全是按照英文字母发音与汉字发音对应。按照目前通用的做法，是以遗址所在地名首字汉语拼音第一个字母为遗存编号前两位字母，那么西岔沟墓地遗存编号前两位字母应该是XX。因此，新报告的遗存编号均删除了头两位字母——CC。如2号墓的第二件随葬品，编号为M2：2，而不是CCM2：2。

2）发掘档案和旧报告[1]的出土器物顺序号与遗迹单位之间用“–”号分隔，如2号墓的第三件随葬品，编号为CCM2–3，这与目前考古报告通用的器物顺序号之前用“：”的做法不同。为了规范器物编号，避免读者误解，新发掘报告的器物顺序号前均用“：”，如M2：3为2号墓的第三件器物。

3）在发掘档案和旧报告中，清理坑和回收征集器物的编号非常容易混淆。如第77号清理坑的第52件器物编号，有的写为CC77–52，有的加上清理区号，变为CC12–77–52，在1960年旧报告中这类的器物可能写为“清77–52”；回收的第95组器物中的第1件器物编号，有的在档案里写为CC95–1，在1960年旧报告中写成“回.95–1”。新报告将清理坑出土器物编号前加“K”，征集回收器物编号前加“Z”，用这种方法将两类器物区分开。而且清理坑出土器物，在新报告中加上所在清理区编号，如77号清理坑的第52件器物编号为K12–77：52，即第12清理区的第77号清理坑出土的第52件器物。Z95：1表示第95组回收征集器物中的第1号器物。

4）现收藏于辽宁省博物馆、铁岭市博物馆的西岔沟墓地出土器物有两套编号系统，一套是馆藏器物的四位数分类号（如：考3930，即考古发掘品类的第3930号），每件器物均有分类号，但是在一个分类号下通常有几个甚至几十个器物。对于这种情况，个别的由博物馆在一个分类号下又区分出若干小号，用小数点与分类号隔开。如考3930.3、考3930.8为一个分类号（考3930）下的两件器物。但是，大多数情况下，博物馆没有进一步区分，只是一类若干器物共享一个分类号。对于这种情况，新发掘报告做了专门的区分，做到一件器物一个编号。区分的方法是在分类号后加“–”。如考3712–1、考3712–2，即是新发掘报告对同一分类号下2件藏品做的进一步区分编号。同样的情况也存在于另一套编号系统，即墓地出土器物的原始登记号，如M15：8–1、M15：8–2、M15：8–3、M15：8–4，是原来的一个原始登记号下有4件器物，新发掘报告对其做了进一步区分，使每件器物都有相应的编号。

5）原始登记号和藏品分类号在新报告的正文和插图中出现情况的差别。对于原始登记

[1] 为了行文方便，以下将1960年发掘报告原稿简称为“旧报告”，将2022年出版的《西丰西岔沟——西汉时期东北民族墓地》简称为“新报告”。

号、藏品分类号两者都可核实的器物，在新报告的正文中出现时，两种编号都使用，采用原始登记号在前、藏品分类号随后放在括号里的办法。如：M1：2（考 3647），即为原始编号为 M1：2，其馆藏分类号为考 3647。但是，在插图的图注中，只标出每件器物的一种编号，对于同时具备原始登记号和馆藏分类号的器物，只在图注中标出原始登记号。对于只保留了藏品分类号，或者只有原始登记号（如借调到中国历史博物馆的器物）的器物，则在正文和插图图注中均使用保留下来的唯一一种编号。

6）新报告加的顺序号代号。个别的清理坑出土器物、非发掘清理器物的原始编号不全，只保留下编号的前半部分，后半部分的顺序号不清晰或不存。对于这类器物，保留下来的清理坑编号和征集回收分组号仍然有其科学价值。因此，在报告中仍保留这些器物的原始编号的前半部分，后半部分不明或缺失的顺序号用“n”来代替。如 K18–25：n 代表第 18 清理区的第 25 号清理坑的一件顺序号不详的器物；Z45：n 代表第 45 组回收征集器物中的一件顺序号不详的器物。

个别墓葬出土铜镞或铁镞的器物号不详，新报告的器物顺序号部分加“TZ”。如 M59：TZ–1 代表 59 号墓的编号不详的铁镞中的第一件。

表二例举了新、旧报告和档案中的器物编号的对应关系。

7）征调到中国国家博物馆（原中国历史博物馆）的西岔沟墓地出土器物中，有 24 件器物的原始编号不详。对于征调到国博的器物，新报告根据 2019 年 11 月中国国家博物馆发给辽宁省博物馆的器物彩色照片上的临时编号，编制出“国”字开头的器物编号（“国”代表国博）。有的同一个照片编号上有几件器物，则用“–”号再进一步区分。如国 0040–2，代表国家博物馆收藏的西岔沟墓地器物照片临时编号为 0040 的第 2 件器物。

（3）器物绘图和照片

数量较多、形制重复率比较高的铜镞、铜泡、铜环、北方式铜铃、各种质地的珠子和管以及残损较重的器物只绘制一部分器物，其余的器物均绘制器物线图，或者制作拓片。绘图方法为利用多角度的正投影照片直接绘出电子版器物图，尽量表现出器物表面的质感。以上电子版器物图数量占新报告器物线图的 90% 左右。在以下三种情况下使用发掘档案中的器物图。第一种情况是因原始编号氧化脱落，核对不出原始编号对应的实物，导致无法拍照的，这种器物图主要出现在第三章，即清理坑出土的器物。第二种情况是原始编号明确，但是因收藏、借调等原因导致无法拍到器物的正投影照片，这类器物数量在 10 件以内。新报告中的此类器物绝大多数使用了发掘档案中的线图，个别的只有照片，没有线图。第三种情况是 20 世纪 50 年代征调到中国历史博物馆的西岔沟墓地出土的 50 余件器物，因条件所限，编写新报告期间无法测量这些器物并拍摄正投影照片。其中大多数器物根据中国国家博物馆提供的只有一个角度的低分辨率彩色照片无法绘制线图，只能利用发掘档案中保留的器物图；少数器物因中国国家博物馆没有提供彩色照片，只能利用发掘档案中的器物图或者黑白照片。

表二　西岔沟墓地出土器物编号对应关系举例表

原报告、墓地记录档案中的，或写在器物上的器物编号	馆藏器物分类号	新发掘报告正文中的器物编号	在新报告插图中的编号	编号指代的内容
墓 2–2、CCM2–2	考 3650	M2：2（考 3650）	M2：2	2 号墓出土的顺序号为 2 的器物，该器物的馆藏分类号为：考 3650
墓 61–1、CCM61–1	考 3883	M61：1–2（考 3883）	M61：1–2	61 号墓出土的顺序号为 1 的器物，该器物的馆藏分类号为：考 3883。M61 的 1 号顺序号下有 2 件器物，该器物是新发掘报告区分出的 1 号顺序号下的第二件器物
墓 16–9、CCM16–9	考 3709	M16：9（考 3709–1）	M16：9	16 号墓出土的顺序号为 9 的器物。该器物馆藏分类号为考 3709，这一分类号下有若干件器物，这是新发掘报告区分出的“考 3709”分类号下的第一件器物
不详	考 3868	M59：TZ–1（考 3868–1）	M59：TZ–1	59 号墓出土的编号不详的铁镞中的第一件，是新发掘报告区分出的原馆藏分类号“考 3868”下的第一件器物
CC238：8	考 4119.3	K37–238：8（考 4119.3）	K37–238：8	第 37 清理区的第 238 号清理坑出土的第 8 号遗物，该器物的馆藏分类号为：考 4119.3
回 13–6、CC13–6	考 3920.3	Z13：6（考 3920.3）	Z13：6	第 13 组回收器物中的顺序号为 6 的器物，该器物的馆藏分类号为：考 3920.3
回 55–1、CC55–1	考 3925.（小数点后数字不清）	Z55：1（考 3925.n）	Z55：1	第 55 组回收器物中的顺序号为 1 的器物，馆藏分类号为：考 3925。该分类号下有若干件器物，分类号后用“.”再进一步区分出若干个顺序号，但是这件器物“.”后的顺序号已经模糊不清无法识读
CC68–（器物顺序号不详）	考 3927.3	Z68：n（考 3927.3）	Z68：n	第 68 组回收器物，器物上的顺序号模糊无法识读，该器物的藏品分类号为：考 3927.3
CC13–9	不详	Z13：9	Z13：9	第 13 组回收器物中的顺序号为 9 的器物，该器物的馆藏分类号不详
不详	考 3996.8	考 3996.8	考 3996.8	馆藏分类号为“考 3996.8”的器物，原始登记号不详

五　新报告与 1960 年报告原稿、墓地记录档案的关系

（1）与旧报告、墓地记录档案的联系和差别

旧报告只有正文的手写文字稿，并没有进行到文字和线图、照片对应的阶段，尚未编排报告的遗迹、遗物图，所有线图均分散保存在各部分发掘档案之内。而且经过 50 余年的发展，旧报告的很多内容已经不符合当今考古学界公认的考古发掘报告编写规范。新报告的编写，吸收了旧报告和档案记录资料的很多基础材料，同时也有很多修改和补充。

新报告使用旧报告和档案记录资料的内容主要有七项。

1）发掘档案的墓地平面图，包括清理区、清理坑和墓葬。新报告以这些图为底图用电脑清绘出“墓葬及清理区、清理坑分布示意图”“墓地分区示意图”。

2）旧报告、发掘档案中对墓葬遗迹状况的文字描述、墓葬平面图。

3）发掘档案中的每座清理坑出土器物登记表、一部分清理坑出土器物的线图。两者是新报告附表四的文字、第三章一部分插图的来源。

4）发掘档案中的回收器物登记表，是新报告第四章文字和墓葬示意图的主要依据。

表三　西岔沟墓地新报告与旧报告、墓地记录档案内容关联表

章节	类别	遗迹图	器物图	文字
第一章 绪论	新内容	墓地地理位置图为新绘制		第一节的第三小节、第二节的第五和第六小节、第三节的第二至第五小节
	利用原有资料	遗迹分布图、分区图为以墓地记录档案为底图并参照旧报告文字绘制的电子版图		第一节的第一和第二小节、第二节的第一至第四小节、第三节的第一小节
第二章 墓葬	新内容		90% 以上的器物图为根据 2013 年以后拍摄的多角度器物正投影照片绘制的电子版器物图	绝大多数“随葬品”部分的文字内容均为重新编写
	利用原有资料	将墓地记录档案中的硫酸纸或米格纸的墓葬平面图描成电子版图	约 1% 的器物图为从墓地记录档案的原图清绘成的电子版图	M13 ~ M15、M20 ~ M35、M41 ~ M45、M57 ~ M63 的“墓葬概述”文字来自于旧报告。其余墓葬的“墓葬概述”部分来源于墓地记录档案
第三章 清理坑出土器物	新内容		50% 左右的器物图为根据 2013 年以后拍摄的器物照片绘制的电子版器物图	全部文字内容为重新编写
	利用原有资料		约 50% 器物图为从墓地记录档案原图清绘成电子版图	
第四章 非发掘清理器物	新内容		95% 以上为根据器物正投影照片重新绘制的电子版器物图	“随葬品”部分均为新内容
	利用原有资料	所有墓葬器物分布示意图为根据墓地记录档案中的回收器物登记表中的草图绘制	不超过 5% 的器物图或拓片为利用墓地记录档案中的器物线图或拓片	“概述”部分主要根据墓地记录档案中的“回收器物登记表”，少数内容为旧报告
第五章 器物分类	新内容		99% 左右的器物线图、50% 左右的拓片为重新制作	所有表格以外的文字、大多数表格均为新内容
	利用原有资料		1% 左右的器物图、50% 左右的拓片为利用墓地记录档案中的原图或以原图为底图绘成电子版器物图	钱币部分表一四、表一五的一部分内容来自于旧报告
第六章 年代、文化性质和族属	新内容			所有文字均为新内容
	利用原有资料			

5）发掘档案中的一部分征调到中国历史博物馆的西岔沟墓地出土器物的线图及拓片，以及旧报告中对这些征调器物的文字描述内容，是新报告中这些器物的文字和图片材料的来源（附表五）。

6）发掘档案中大部分铜镜的拓片、少量钱币的拓片，均被新报告采用。

7）旧报告中关于墓地发掘经过和发掘方法、墓地周围环境、清理坑分布及区域划分等文字内容，是新报告同类内容的主要来源。

新报告增添的不见于旧报告和档案记录的内容主要有以下四项。

1）除了数量较多、重复率较高的铜泡、铜镞、珠管等只绘了一部分器物的线图以外，其余的绝大多数器物均重新绘制器物图。绘制方法是以多角度的电子版正投影照片为底图，用图像编辑软件绘制。

2）墓葬登记表、清理坑与清理区对照表、各清理区包含的清理坑和墓葬对照表均为新编写的，不见于发掘档案和旧报告。第二章墓葬遗物文字描述部分，绝大多数为全新内容。

3）所有器物的分类介绍均为重新分类，没有参考旧报告的分类。

4）墓地的年代、文化性质和族属分析为全新内容。

新报告各章与旧报告、墓地记录档案内容的关系，详见表三。

（2）与旧报告的主要区别

虽然墓地受到严重破坏，但是在20世纪60年代初编写的旧报告对墓地的分区、布局、墓葬等级、社会组织结构、生产方式、随葬器物用法等做出了很多判断和推测，这些主观内容所占篇幅相对较大，这也体现了60年代发掘报告的特征。新报告更加注重对遗迹、遗物客观状况的介绍，主观内容主要为器物的分类介绍，新报告中器物图所占篇幅大致相当于正文文字的1.6倍，而对墓地的性质、族属、经济形态等方面分析的内容所占篇幅非常少。新报告的附表和附录部分新增的客观内容，包括篇幅与报告正文相当的统计表，以及铜器、铁器、珠子的检测报告。

第二章　墓　葬

西岔沟墓地共清理出墓葬63座。所有墓葬的上半部分都被不同程度扰动，绝大多数墓葬都受到破坏，一部分墓葬只残存墓底的一部分。墓葬均为土坑竖穴墓，方向绝大多数为西偏北（见附表一、二）。

因墓地土质的关系以及墓葬保存状况较差，有机质的遗存保留下来的非常少。未发现明显的葬具痕迹，只有个别的墓葬保留有席片残块，不能确定是否为葬具。人骨保存状况很差，只发现个别人骨残段和牙齿。

根据发掘者估计，原来墓地应有近500座的墓葬，清理出的63座墓葬只是其中很少一部分。随葬品丰富并有贵重金属的墓葬绝大多数被破坏、盗掘。

（一）M1

（1）墓葬概述

位于西区西岗梁下的75清理区西北部。墓葬方向为西偏北40°。墓葬东南部被破坏，边线不清。推测应为土坑竖穴墓，葬具不明。墓葬残长1.55、宽0.65 ~ 0.75、残深0.12米（图四）。

随葬品多出于墓葬西北部。2件陶器位于墓葬西部。在墓葬西北角有陶器残片。珠子和管82枚，一处分布较集中，穿孔相对，尚可看出其排列情况；其余均甚散乱。

墓内出牙齿3枚，此外不见其他人骨。

（2）随葬品

共计84件。

1）陶器

共2件。

陶罐　1件。

M1：1（考3646），为B型无耳大口夹砂陶罐。略残，可复原。夹砂褐陶，陶色不均。侈口，圆唇，鼓腹，平底。口径11.4、底径6.5、高10厘米（图五，1；彩版二，1）。

残陶器　1件。

M1：2（考3647），残存部分下腹部器壁和器底残片，不能复原。夹砂黄褐陶，器表抹细泥。鼓腹，平底，近底部的外壁由外鼓变为斜收，底内壁略显圆弧。底径9厘米，底厚

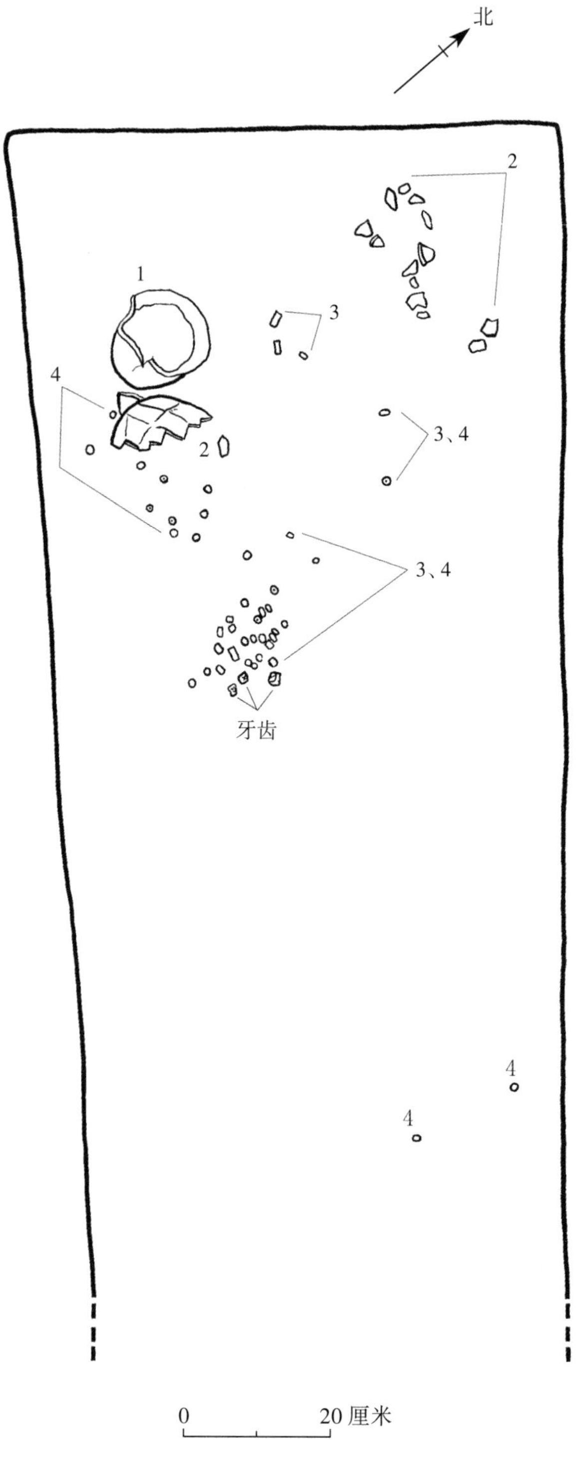

图四　M1平面图
1. 陶罐　2. 残陶器　3. 滑石管　4. 珠子和管

0.75 ~ 0.85、下腹部壁厚0.7厘米（图五，2）。

2）珠子和管

共82枚。

蓝色玻璃珠　69枚。

M1：4-1 ~ 4-69（考3648），绝大多数完整，2枚残，少量珠子因土壤侵蚀变为灰白色。绝大多数为蓝色或浅蓝色，1枚为深蓝灰色。近球形和算珠形。较大的直径0.7 ~ 0.75厘米，较小的0.4 ~ 0.5厘米（图六，1 ~ 3；彩版二，2）。

浅绿色玻璃珠　2枚。

M1：4-72、4-73（考3648），完整。1枚为环形，直径0.5厘米（图六，4；彩版二，3）；1枚为葫芦形，底宽0.55、厚0.35、高0.6厘米（图六，5；彩版二，3）。

蓝色玻璃管　2枚。

M1：4-70、4-71（考3648），1枚直径0.4、高0.8厘米（图六，6；彩版二，4）；1枚残，直径0.5、残高0.6厘米（图六，7；彩版二，4）。

滑石管　5枚。

M1：3-1 ~ 3-5（考3648），1枚残，其余均完整。灰白色。形状相似，尺寸略有差别。圆柱形，中部有一纵向穿孔。3枚直径0.5 ~ 0.6、高1.3厘米；1枚直径0.49、高1.1厘米（图六，8、9；彩版二，5）。

有4枚珠子整理时未见，具体形状、质地不详。

（二）M2

（1）墓葬概述

位于西区西岗梁下的75清理区西部，在M1西南1.5米处（图七）。墓葬方向为西偏北40°。墓葬东南部被破坏不存，墓圹边线不甚明显。推测应为土坑竖穴墓，葬具不清。

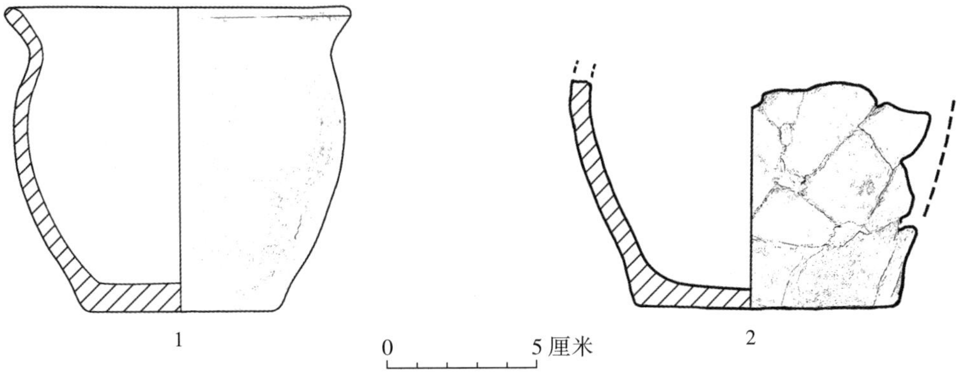

图五 M1出土器物

1. 陶罐（M1∶1） 2. 残陶器（M1∶2）

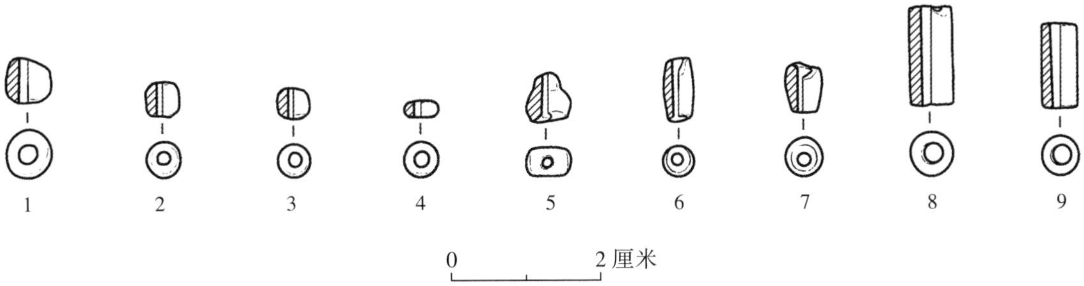

图六 M1出土器物

1～3. 蓝色玻璃珠（M1∶4-1～4-3） 4、5. 浅绿色玻璃珠（M1∶4-72、M1∶4-73） 6、7. 蓝色玻璃管（M1∶4-70、M1∶4-71） 8、9. 滑石管（M1∶3-1、M1∶3-2）

墓葬长约1.8、宽0.9、残深0.1米（图八）。

随葬品均出自于墓葬西北部。其中陶器和铜泡、铁刀位于中部，珠子靠近墓葬的西南壁。

人骨仅见1枚牙齿，经鉴定年龄为18岁以上，性别不详。

（2）随葬品

共计41件。

1）陶器

共3件。

陶罐 1件。

M2∶1（考3649），为鼓腹直颈夹砂陶罐。底、口沿残，可复原。夹砂灰褐陶，泥条盘筑。直领，圆唇，鼓腹，平底，肩部有四个横盲耳。口径10、腹径14、底径8、高15厘米（图九，1；彩版三，1）。

陶碗 1件。

M2∶2（考3650），为Ba型夹砂陶碗。口沿残，可复原。夹砂黄褐陶，陶色不均。侈口，圆尖唇，斜腹微外鼓，平底，底部部分边缘微外凸。口径8.8、底径4.6、高5.2厘米（图九，

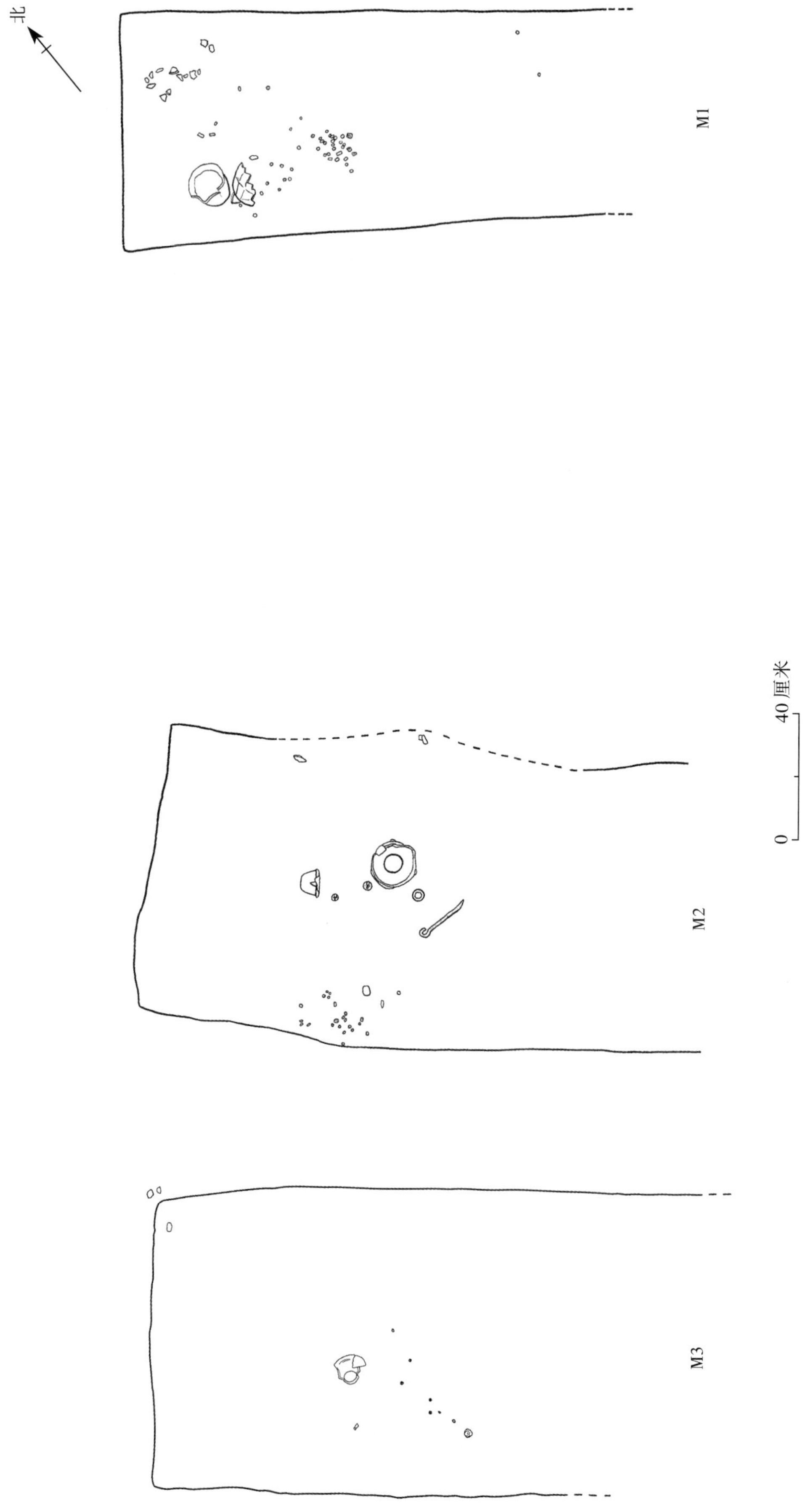

图七　M1～M3 相对位置图

2；彩版三，2）。

陶纺轮　1 件。

M2 : 3（考 3651），为 C 型夹砂陶纺轮。完整。夹砂灰褐陶，表面略粗糙。近算珠形，中部有一纵向穿孔。穿孔为对钻而成，中部孔径较细，向两端逐渐变粗。直径 3.8、孔外径 0.9、高 2.3 厘米（图九，3；彩版三，3）。

2）铜器

共 2 枚，均为铜泡。

M2 : 5-1、5-2（考 3654），均为 Aa 型中高斗笠形铜泡。1 件完整，背面中部有一穿孔纽。直径 2.5、高 0.6 厘米（图九，13；彩版三，5）。1 件边缘略残，背面中部有一穿孔纽。直径 1.8、高 0.5 厘米（图九，12；彩版三，4）。

3）铁器

只有铁刀 1 件。

M2 : 4（考 3653），为椭圆形环首刀。残存刃部和环首三段，刃部可复原，柄部残缺。窄直刃，背部有较窄的平面。柄部环首应为椭圆形。刃部长 14.2、刃中部宽 0.9、背厚 0.4 厘米，环首残长 2.8、横截面直径 0.45 厘米（图九，4）。

4）珠子、管

共 34 枚。

蓝色玻璃珠　21 枚。

M2 : 8-1 ~ 8-21（考 3655.2），大多数完整，少数略残。17 枚深蓝色，2 枚浅蓝色，2 枚变质为灰白色。近算珠形或近球形。大者直径 0.5 ~ 0.6、高 0.5 厘米，小者直径 0.3、高 0.15 ~ 0.2 厘米（图九，5 ~ 8；彩版二，6）。

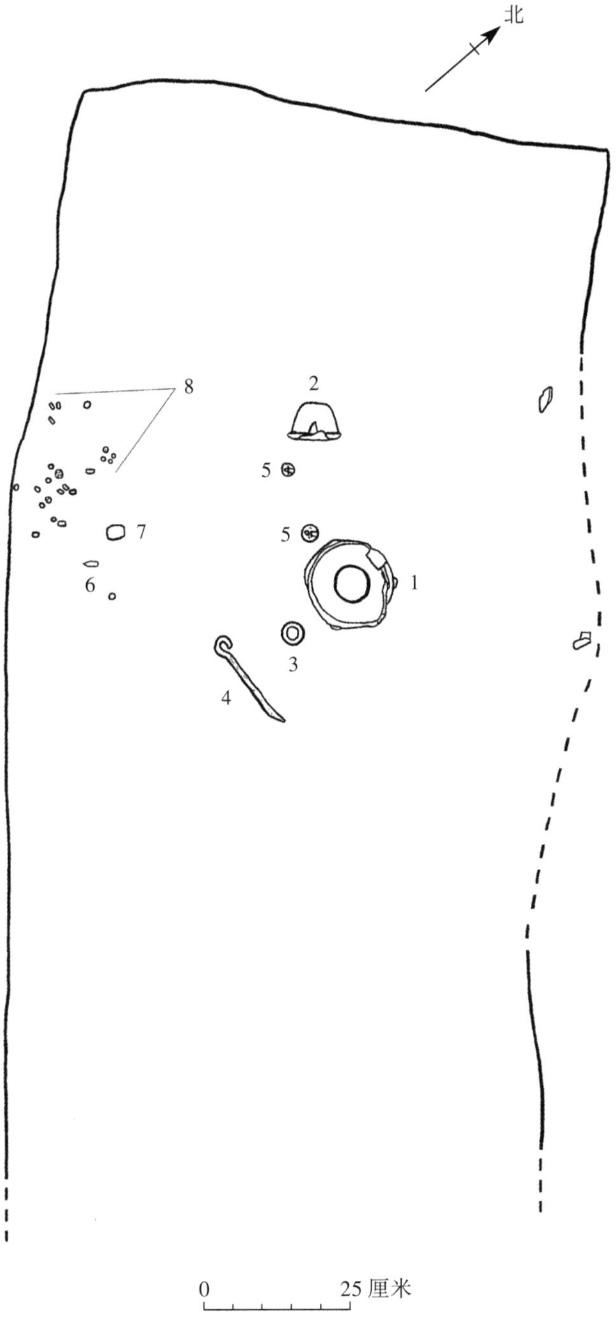

图八　M2 平面图

1. 陶罐　2. 陶碗　3. 陶纺轮　4. 铁刀　5. 铜泡　6. 石叶　7. 滑石珠　8. 串饰（蓝色玻璃珠、浅绿色玻璃珠）

浅绿色玻璃珠　11 枚。

M2 : 8-22 ~ 8-32（考 3655.2），完整。浅灰绿色。均为近略扁的圆柱形。直径 0.3 ~ 0.5、高 0.2 ~ 0.55 厘米（图九，9 ~ 11；彩版二，7）。

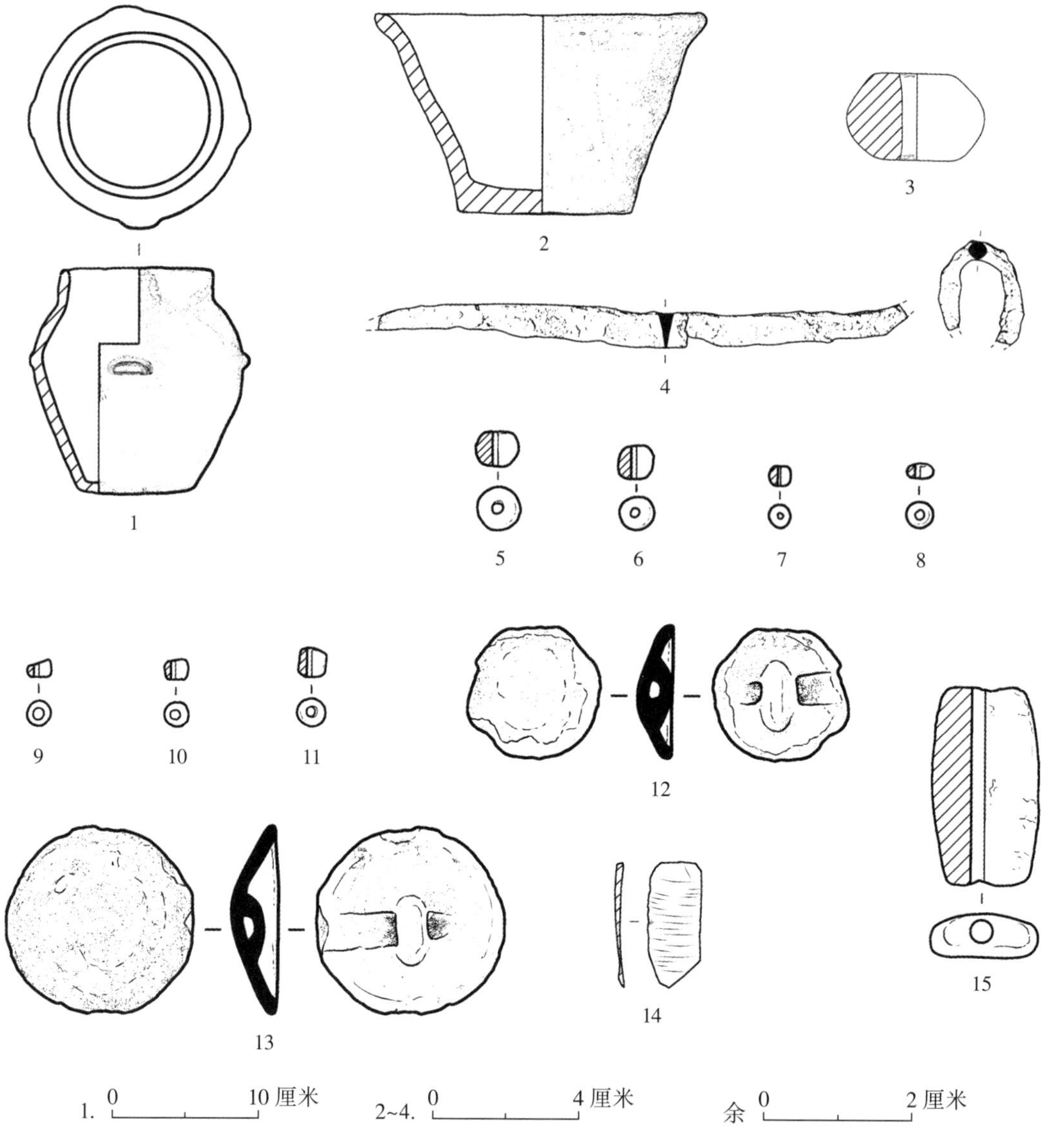

图九　M2 出土器物

1. 陶罐（M2：1）　2. 陶碗（M2：2）　3. 陶纺轮（M2：3）　4. 铁刀（M2：4）　5 ~ 8. 蓝色玻璃珠（M2：8-1 ~ 8-4）　9 ~ 11. 浅绿色玻璃珠（M2：8-22 ~ 8-24）　12、13. 铜泡（M2：5-2、M2：5-1）　14. 石叶（M2：6）　15. 滑石珠（M2：7-1）

滑石珠　2 枚。

M2：7-1、7-2（考 3655.1），1 枚残，1 枚完整。浅灰蓝色。两枚形状相似。扁长方形，中部两侧缘略外鼓，中部有一纵向穿孔。完整的一枚长 2.7、中部宽 1.4、厚 0.6 厘米（图九，15；彩版二，8）。

5）石器

只有石叶 1 件。

M2：6（考 3652），完整。浅黑灰色半透明，有横的黑色条纹。压制而成，为近长条形薄片，尖端为三角形，正面有纵向切割线，背面平整。长 1.7、宽 0.8、台面最厚处厚 0.1 厘米（图九，

14；彩版三，6）。

（三）M3

（1）墓葬概述

位于西区西岗梁下的75清理区西南部，在M2西南0.42米处（见图七）。墓葬方向为西偏北40°。墓葬东南部被破坏不存，其他部分的墓圹边线清晰。推测应为土坑竖穴墓，葬具不清。墓葬残长1.75、宽0.97、残深0.07米（图一〇）。

随葬品发现于墓葬西北部。陶碗、珠子和铜泡位于中部偏南处，1枚滑石珠位于墓葬西北角。

（2）随葬品

共计13件。

1）陶器

只有陶碗1件。

M3∶1（考3656），为Ba型夹砂陶碗。残，可复原。夹砂黄褐陶。侈口，圆唇，斜腹，平底。口沿下有一周篦齿纹。口径9、底径5.6、高6.2厘米（图一一，1；彩版四，1、2）。

2）铜器

2枚，均为铜泡。

M3∶4-1、4-2（考3657），均为Aa型矮斗笠形铜泡。边缘略残，锈蚀。铸制。背面中部有一穿孔纽，在纽下有一楔形凹槽直通泡一侧的边缘。1枚直径约2.2、高0.55厘米（图一一，2；彩版四，3）。1枚表面黑色，直径2.55、高0.5厘米（图一一，3；彩版四，4）。

3）珠子、管

共10枚。

蓝色玻璃珠 7枚。

M3∶3-1～3-7（考3658.3），其中4枚近算珠形，3枚近圆柱形；3枚为深蓝色，4枚为浅蓝色。较大的4枚直径0.55厘米，较小的3枚直径0.35～0.45厘米（图一一，6～8；彩版四，5）。

浅绿色玻璃珠 1枚。

M3∶3-8（考3658.3），完整。浅绿色。近圆柱形。直径0.22、高0.3厘米（图一一，9；彩版四，6）

滑石珠 1枚。

M3∶2（考3658.2），略残。浅蓝色。为中部侧缘略外鼓的扁长方体，中部有一纵向穿孔。长2.5、宽1.45、厚0.6厘米（图一一，4；彩版四，7）。

叶蜡石管 1枚。

M3∶5（考3658.1），完整。乳白色。圆柱形，中部有一纵向穿孔。直径0.5、高1.1厘米（图一一，5；彩版四，8）。

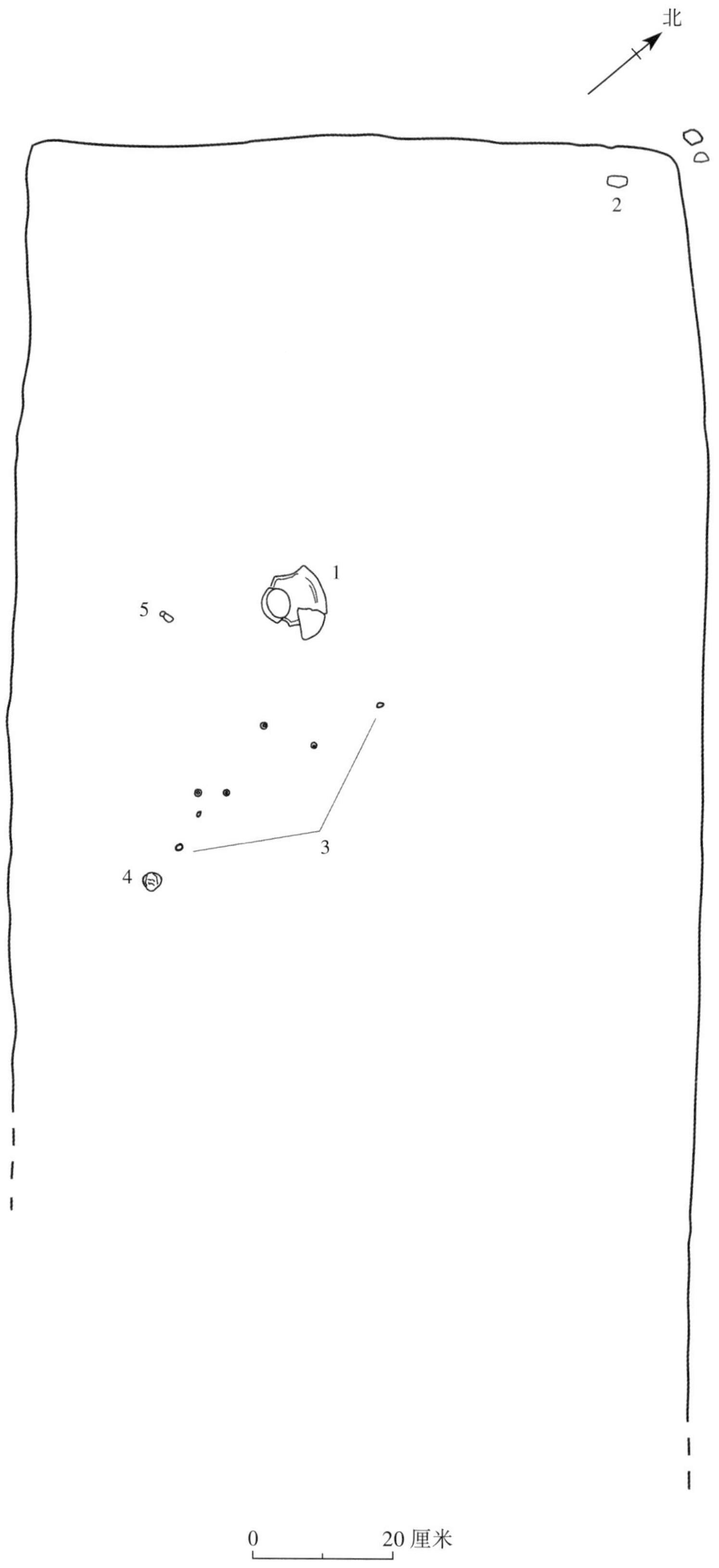

图一〇 M3平面图

1. 陶碗 2. 滑石珠 3. 玻璃珠 4. 铜泡 5. 叶蜡石管

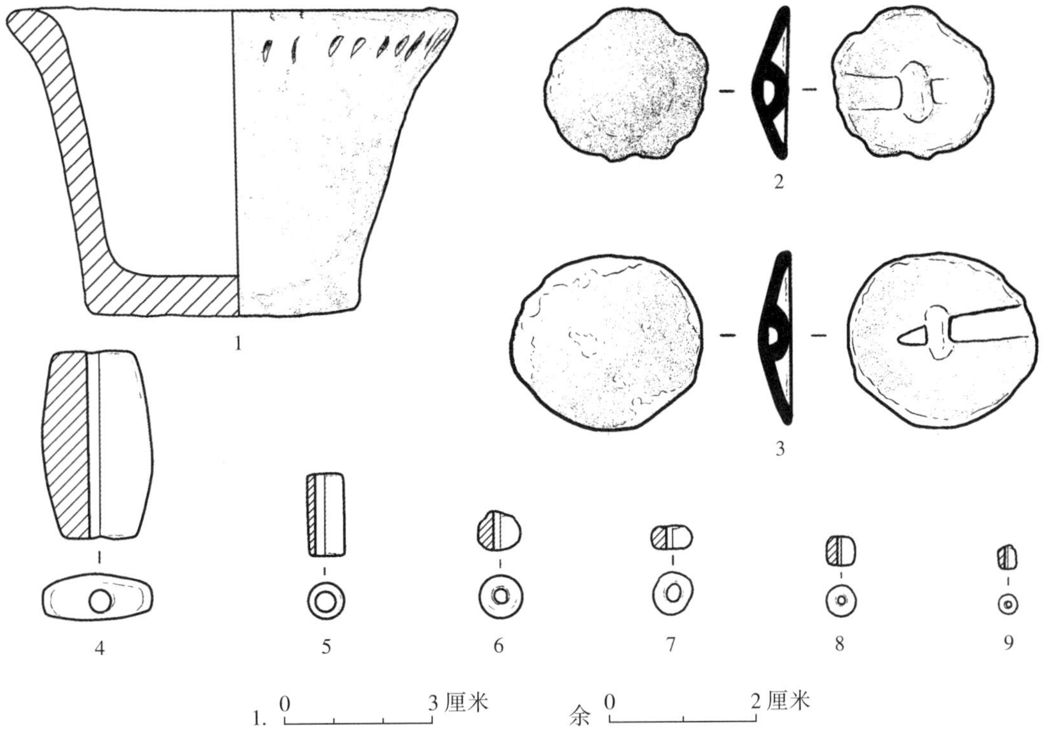

图一一　M3出土器物

1. 陶碗（M3：1）　2、3. 铜泡（M3：4-1、M3：4-2）　4. 滑石珠（M3：2）　5. 叶蜡石管（M3：5）　6～8. 蓝色玻璃珠（M3：3-1～3-3）　9. 浅绿色玻璃珠（M3：3-8）

（四）M4

（1）墓葬概述

位于西区西岗梁下的75清理区中部，在M1东3.2米处。墓葬方向为西偏北40°。墓葬保存较差，长度不明。推测应为土坑竖穴墓，葬具不清。墓葬宽1、残深0.12米（图一二）。

随葬品出于墓葬的西北部，陶器位于西北壁的前部，铜镞出于西北壁下。铁镞位于西北壁前陶器的两侧，大致呈一排分布。铜泡位于陶杯南部，1枚正面朝上，1枚正面朝下，1枚侧立。珠子和滑石管位于墓葬西北部的偏北处（图版七，1）。

人骨腐烂，仅在铜泡下面出一小块人骨。

（2）随葬品

共计19件。

1）陶器

共2件，均为陶杯。

M4：2（考3659.1-2），为Aa型夹砂陶杯。口残，可复原。夹砂黄褐陶。侈口，圆唇，斜腹，平底。底边缘有不甚清晰的浅刻线。口径8.8、底径6、高6.8厘米（图一三，1；彩版五，3）。

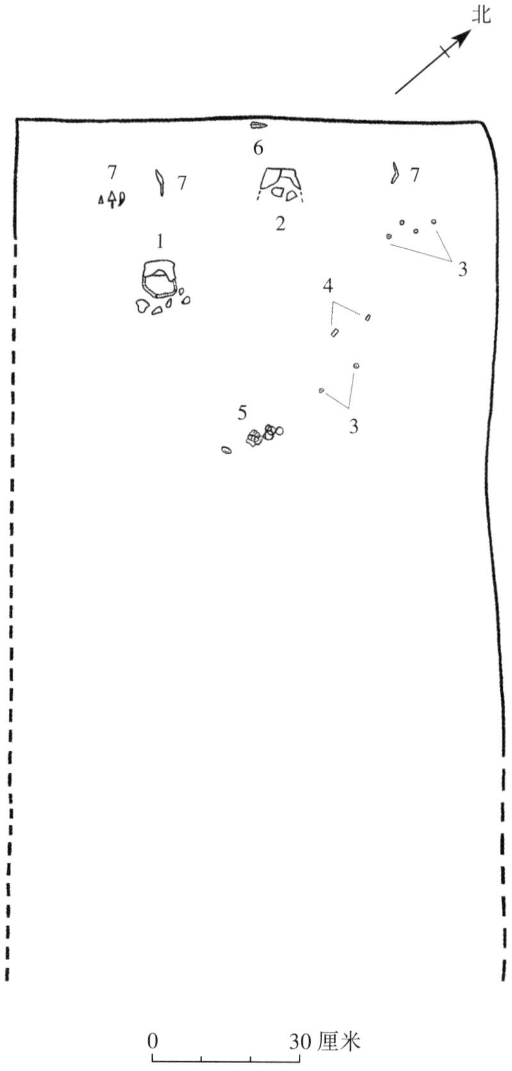

图一二　M4平面图

1、2. 陶杯　3. 蓝色玻璃珠　4. 滑石管　5. 铜泡　6. 铜镞　7. 铁镞

M4：1（考3659.1–1），为Ca型夹砂陶杯。残，可复原。夹砂黄褐陶。直口，圆唇，斜腹，底边缘微外凸。口径7.5、底径5.6、高5.7厘米（图一三，2；彩版五，1）。

2）铜器

共4件。

铜镞　1件。

M4：6（考3660），残存部分镞身，整体形状不明。镞身为四棱形，镞身下半部中空，两侧缘斜直。根据残存形状推测，镞身原形状可能为三角形。残长2.45厘米，镞身最厚处残宽0.85、厚0.4厘米（图一三，3；彩版五，2）。

铜泡　3枚。

M4：5–1、5–2（考3661–1、考3661–2），为Bb型椭圆形铜泡。边缘略残，表面氧化。正面外鼓，背面有一个扁横梁。长1.8、宽1.15厘米（图一三，7）。

M4：5–3（考3661–3），为A型椭圆形铜泡。完整，铜泡外表面鎏金，部分鎏金层脱落。正面外鼓，背面有两个圆柱形横梁。长2.15、宽1.05厘米（图一三，8；彩版五，4）。

3）铁器

4件，均为铁镞[1]。

M4：7–1、7–2（考3660–1、考3660–2），为F型扁体扁铤铁镞。完整，锈蚀。镞身为柳叶形，铤部与镞身交界处弯折，短铤。镞身横截面为扁椭圆形。铤部横截面为长方形，自上向下逐渐变窄。1件镞身长1.75、宽0.95、厚0.25厘米，铤长1.45、厚0.32厘米（图一三，4）。1件镞身长2.2、宽0.75、厚0.3厘米，铤长1.55、厚0.45厘米。

M4：7–3（考3660–3），为B型扁体柱铤铁镞。镞身为柳叶形，铤末端弯折。镞身尖部残缺。略扁铤。镞身横截面为扁椭圆形。铤横截面为长方形，自上向下逐渐变窄，末端向一侧弯折。残长4.5、镞身宽0.8、厚0.25厘米，铤厚0.3厘米（图一三，5）。

[1] 整理时发现铁镞实物4件，辽宁省博物馆藏器物卡片记录铁镞4件。该墓的发掘记录中的随葬品描述部分记录铁镞4件，有4件铁镞的线图，但是器物登记表登记铁镞共5件。旧报告正文记录铁镞共5件。

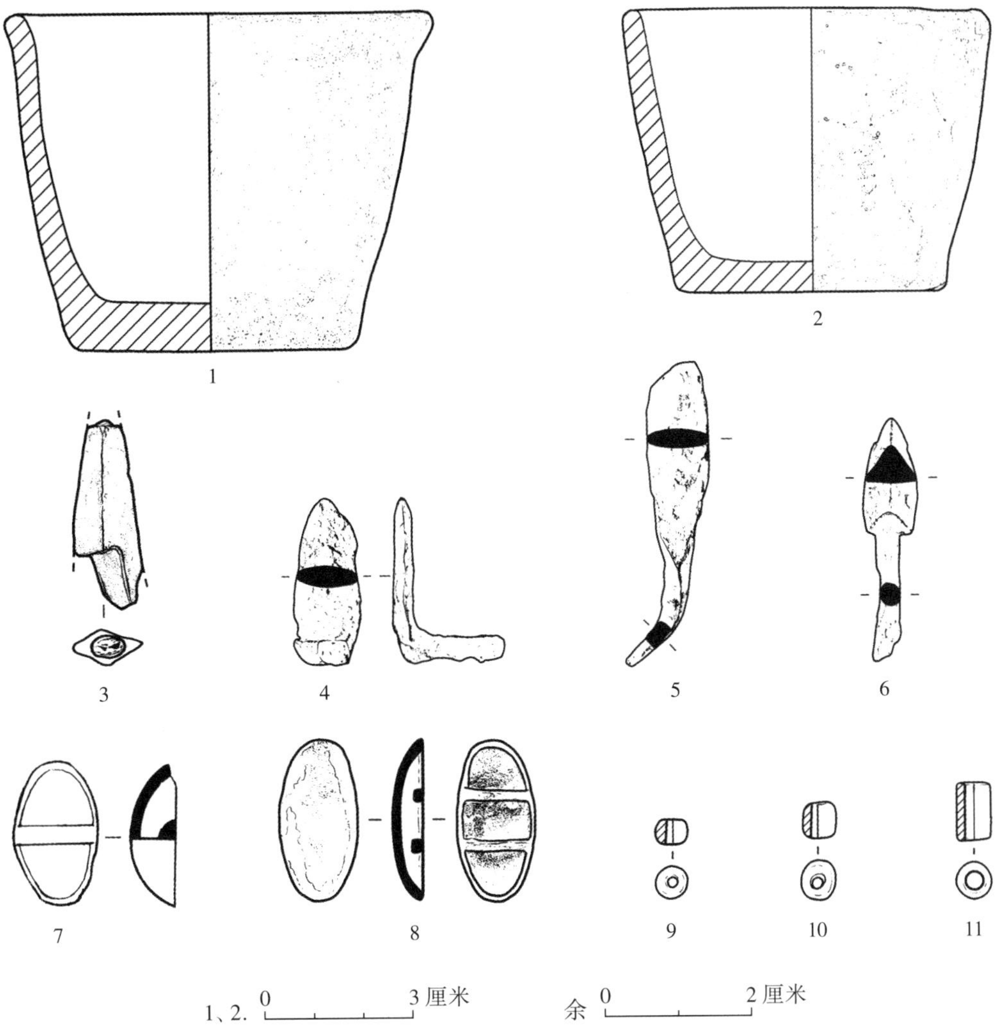

图一三 M4 出土器物

1、2. 陶杯（M4：2、M4：1） 3. 铜镞（M4：6） 4 ~ 6. 铁镞（M4：7–1、M4：7–3、M4：7–4） 7、8. 铜泡（M4：5–1、M4：5–3） 9、10. 蓝色玻璃珠（M4：3–1、M4：3–2） 11. 滑石管（M4：4–1）

M4：7–4（考 3660–4），为 Ab 型三棱铁镞。完整。镞身为三棱形，圆铤。镞身与铤部分界明显。通长 3 厘米，镞身长 1.4、末端厚 0.65 厘米，铤部横截面直径 0.3 厘米（图一三，6）。

4）珠子、管

共 9 枚。

蓝色玻璃珠　7 枚。

M4：3–1 ~ 3–7（考 3662），完整。深蓝色。均为略长的近算珠形，形状略不规整，横截面均不是正圆形。4 枚尺寸相近，直径 0.45 ~ 0.5、高 0.35 ~ 0.45 厘米；3 枚较小，直径 0.4 ~ 0.45、高 0.32 ~ 0.4 厘米（图一三，9、10；彩版五，5）。

滑石管　2 枚。

M4：4–1、4–2（考 3662），1 枚完整，1 枚残。为较规整的圆柱形，中部有一纵向穿孔。完整的一枚直径 0.48、高 0.75 厘米，残的一枚直径 0.55、高 1.25 厘米（图一三，11；彩版五，6）。

（五）M5

（1）墓葬概述

位于西区西岗梁下的 75 清理区北部，在其西南 2.2 米处为 M1。墓葬方向为西偏北 38°。墓葬东南部被毁不存，墓葬中部略宽，西北部稍窄。推测应为土坑竖穴墓，葬具不清。墓葬残长 0.82、宽 1 ~ 1.25、残深 0.12 米（图一四；图版七，2）。

陶器集中摆放于墓葬西北部，其中 4 件陶器大致呈南北向排列。镞、铜泡和珠子以及管散出于陶器附近及其东南方。

（2）随葬品

共计 43 件。

1）陶器

共 5 件。

陶壶　2 件。

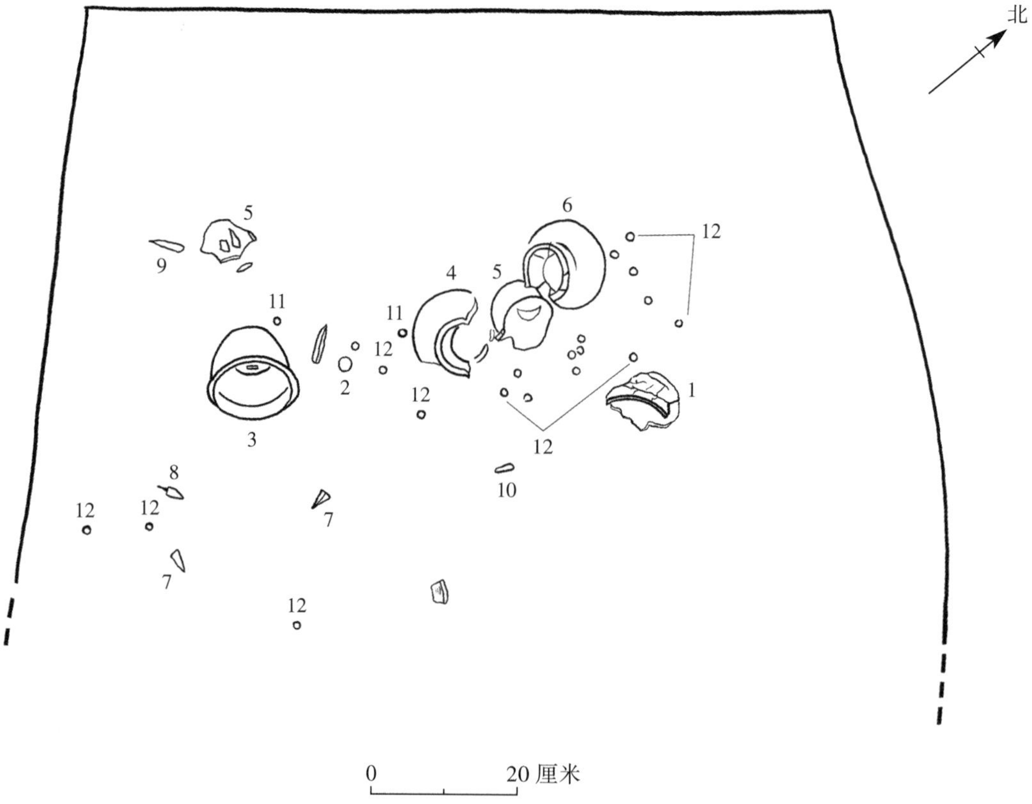

图一四　M5 遗物分布图

1. 残陶器　2. 铜泡　3、5. 陶罐　4、6. 陶壶　7. 铜镞　8. 铁镞　9. 残铁器　10. 铁块　11. 滑石管　12. 蓝色玻璃珠

M5：6（考 3665.2），为 B 型敞口夹砂陶壶。微残。夹砂黑褐陶。侈口，圆唇，颈部略外敞，鼓腹，平底。底部边缘有稀疏的浅斜线纹，底内壁中部略鼓。口径 11、腹径 13.2、底径 7.1、高 15.6 厘米（图一五，1；彩版六，1）。

M5：4（考 3665.1），为 Ab 型束颈夹砂陶壶。残存约二分之一，可复原。夹砂黑褐陶。侈口，圆唇，长圆腹较深，平底。口径 7.9、腹径 9.8、底径 6、高 12 厘米（图一五，2；彩版六，3）。

陶罐　2 件。

M5：5（考 3665.3），为鼓腹夹砂陶罐。口部残缺。夹砂黄褐陶，陶色不均，部分器表呈黑褐色，器表抹细泥。鼓腹，平底。腹径 8.9、底径 5.8、残高 7.6 厘米（图一五，3；彩版六，2）。

M5：3（考 3664），为 B 型无耳大口夹砂陶罐。残，可复原。夹砂黑褐陶。侈口，圆唇，微鼓腹，平底，底部略外凸。口径 9.8、底径 6.4、高 7.9 厘米（图一五，5；彩版六，5）。

残陶器　1 件。

M5：1（考 3663），口部残缺不能复原。夹砂灰陶。大口，深腹，平底。素面磨光。底径 6.5、残高 6.6 厘米（图一五，4；彩版六，4）。

2）铜器

共 3 件。

铜镞　2 件。形状相似，均为双翼銎孔镞。

M5：7–1（考 3666–1），残底部。器身横截面为菱形，在銎孔和镞身之间有不甚规则的椭圆形镂孔。残长 2.5 厘米（图一五，6；彩版七，1）。

M5：7–2（考 3666–2），器身横截面为菱形，在銎孔和镞身之间有不甚规则的镂孔，底部较平。长 2.1、宽 1.2 厘米（图一五，7；彩版七，1）。

铜泡　1 枚。

M5：2（考 3667），为 Aa 型中高斗笠形铜泡。边缘残。背面中部有一穿孔纽，在纽的一侧有一长方形凹槽直通泡的边缘。残径 2.1、高 0.6 厘米（图一五，10；彩版七，2）。

3）铁器

共 5 件。

铁镞　3 件。

M5：8–1（考 3666–3），为 Bb 型有脊柱铤铁镞。双翼，柳叶形镞身，有铤，镞横截面为菱形。长 4.2、镞身宽 0.85 厘米（图一五，8；彩版七，4）。

M5：8–2（考 3666–4），为 B 型管銎铁镞。残损严重。镞身为锥形，管銎。长 4.2 厘米（图一五，9）。

M5：8–3（考 3666–5），残损严重，形制不明。

发掘档案平面图标出 1 件残铁器、1 块铁块，推测编号应分别为 M5：9、M5：10，整理时未见。

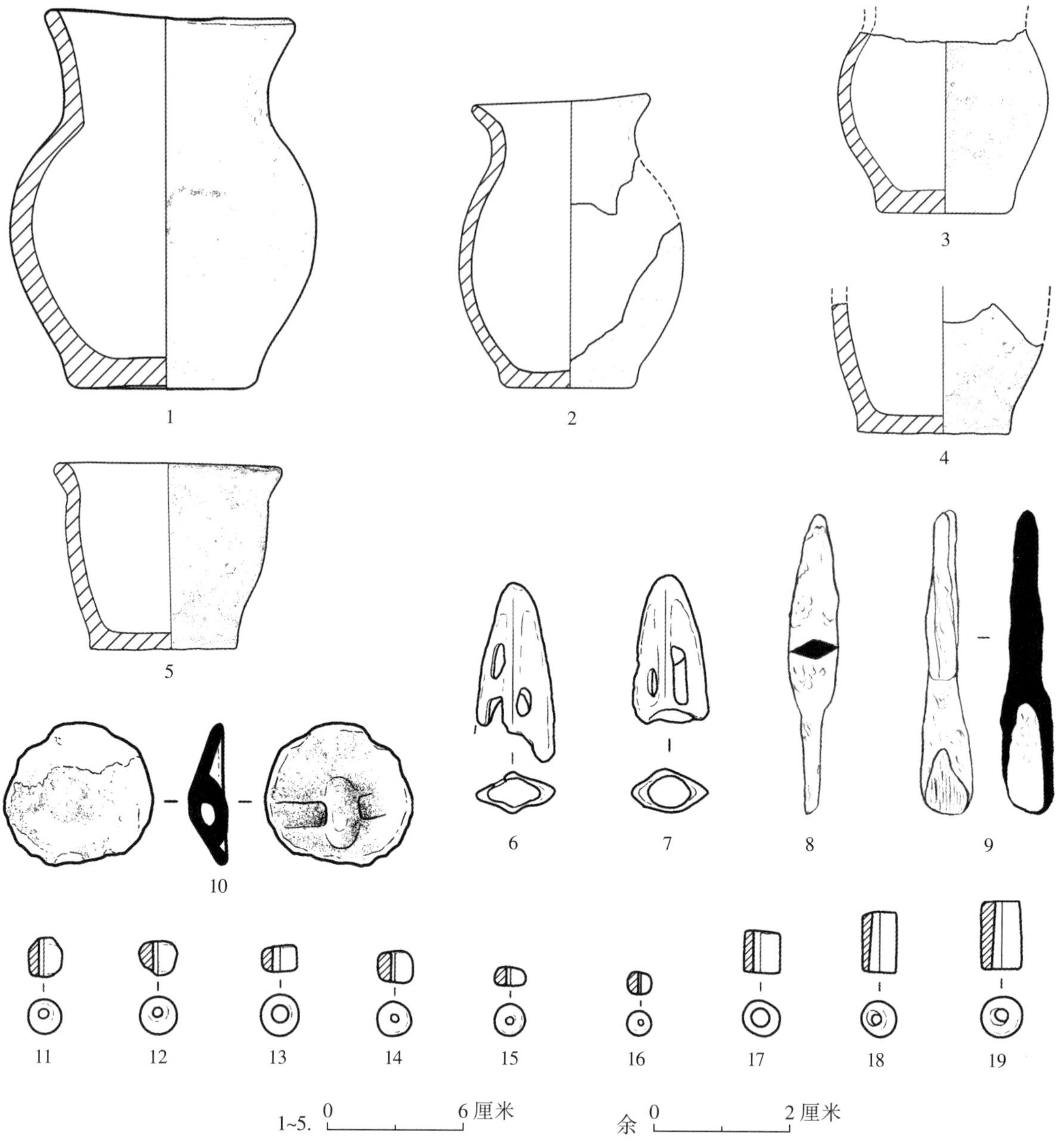

图一五　M5 出土器物

1、2. 陶壶（M5：6、M5：4）　3、5. 陶罐（M5：5、M5：3）　4. 残陶器（M5：1）　6、7. 铜镞（M5：7-1、M5：7-2）　8、9. 铁镞（M5：8-1、M5：8-2）　10. 铜泡（M5：2）　11 ~ 16. 蓝色玻璃珠（M5：12-1 ~ 12-6）　17 ~ 19. 滑石管（M5：11-1 ~ 11-3）

4）珠子、管

共 30 枚。

蓝色玻璃珠　27 枚[1]。

M5：12-1 ~ 12-27（考 3668），8 枚为浅蓝色，其余为深蓝色。有近球形、近算珠形、近圆柱形三种形状。较大的直径 0.55 厘米，尺寸居中的直径 0.5 厘米，较小的直径 0.4 厘米（图

[1] 整理时发现玻璃珠实物 27 枚，辽宁省博物馆藏器物卡片记录琉璃珠共 27 枚，旧报告正文和该墓的发掘记录均记录为 38 枚。

一五，11 ～ 16；彩版七，5）。

滑石管　3 枚。

M5：11–1 ～ 11–3（考 3668），乳白色。圆柱形，中部有一纵向穿孔。直径 0.5 ～ 0.55 厘米，高分别为 0.55、0.8、0.95 厘米（图一五，17 ～ 19；彩版七，3）。

（六）M6

（1）墓葬概述

位于西区西岗梁下的 73 清理区东南部，墓葬方向为西偏北 6°。墓葬仅存靠近西部的一小部分。推测应为土坑竖穴墓，葬具不清。墓葬残长 0.85、宽 1.17、残深 0.07 米（图一六）。

陶杯出自墓葬西壁附近。铜空首斧出自陶杯东侧，珠子出于铜空首斧的西南侧（图版七，3）。

人骨腐烂不存，仅在铜空首斧下发现零星碎骨片。

（2）随葬品

共计 28 件。

1）陶器

只有陶杯 1 件。

M6：1（考 3669），为 Bb 型夹砂陶杯。部分口沿残，可复原。夹砂黄褐陶。侈口，圆尖唇，

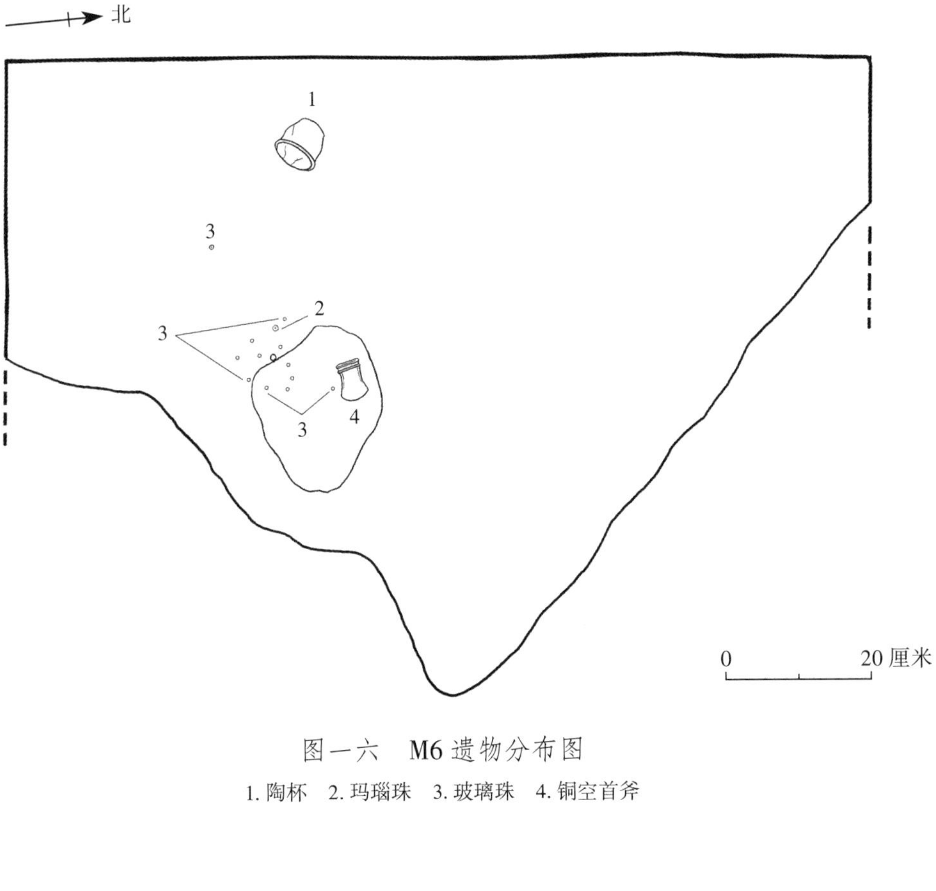

图一六　M6 遗物分布图

1. 陶杯　2. 玛瑙珠　3. 玻璃珠　4. 铜空首斧

微鼓腹，平底，器底边缘略外凸。口径 7.3、底径 5.2、高 5.5 厘米（图一七，1；彩版七，6）。

2）铜器

只有铜空首斧 1 件。

M6：4，完整。铸造。整体近亚腰形，近椭圆形銎孔，弧形双面刃，侧面为三角形，銎口部有两周凸棱。长 5、宽 3.4 厘米，銎口外缘长 3.2、宽 2 厘米，壁厚 0.2 ~ 0.35 厘米（图一七，2；彩版七，7）。

3）珠子、管

共 26 枚。

玛瑙珠　1 枚。

M6：2（考 3670），为 C 型瓜棱形玛瑙珠，完整。红色。近算珠形，外壁有七个凸棱，近穿孔一侧的器表略内凹。直径 0.85、高 0.5 厘米（图一七，3；彩版七，8）。

蓝色玻璃珠　3 枚。

M6：3-1 ~ 3-3（考 3670），完整。深蓝色。2 枚近球形，直径 0.6、高 0.45 ~ 0.55 厘米；1 枚近橄榄形，直径 0.55、高 0.6 厘米（图一七，4 ~ 6；彩版七，9）。

棕红色玻璃珠　22 枚。

M6：3-4 ~ 3-25（考 3670），完整。深棕红色。近算珠形，个别的较扁或较厚。较大者直径 0.55 厘米，较小者直径 0.4 ~ 0.45 厘米，高 0.35 ~ 0.5 厘米（图一七，7 ~ 9；彩版

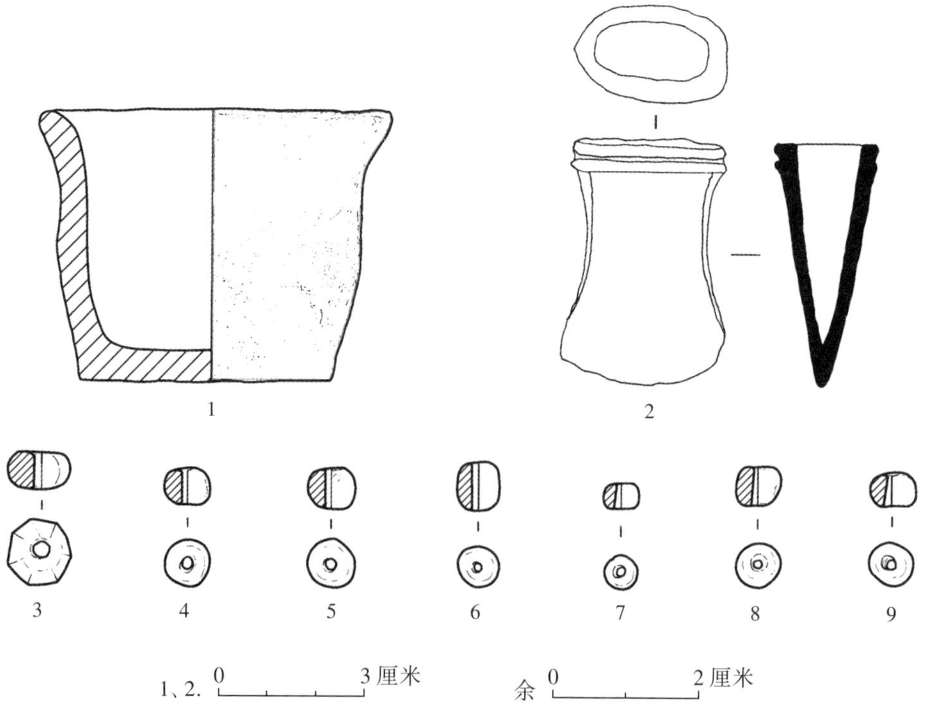

图一七　M6 出土器物

1. 陶杯（M6：1）　2. 铜空首斧（M6：4）　3. 玛瑙珠（M6：2）　4 ~ 6. 蓝色玻璃珠（M6：3-1 ~ 3-3）　7 ~ 9. 棕红色玻璃珠（M6：3-4 ~ 3-6）

七，10）。

（七）M7

（1）墓葬概述

位于西区西岗梁下的74清理区东南角，南距M4为7.3米，与M8 ~ M10连成一排。墓葬方向为西偏北29°。墓葬东南部被毁不存。推测应为土坑竖穴墓，葬具不清。墓葬残长1.4、宽0.95、残深0.2米（图一八）。

随葬品只发现2件陶器，均出自墓葬西北壁附近。

（2）随葬品

只有陶器2件。

陶罐　1件。

M7∶1（考3671），为C型无耳大口夹砂陶罐。残，可复原。夹砂黄褐陶。侈口，圆唇，略鼓腹，平底。口沿下有一周附加堆纹，堆纹上有不甚规整的纵向浅刻齿纹，器底边缘有不甚清晰的斜向浅刻齿纹。口径13.5、底径9.7、高14.4厘米，口沿厚0.6厘米（图一八，1；彩版八，1）。

陶杯　1件。

M7∶2（考3672），为Bb型夹砂陶杯。口沿残，可复原。夹砂黄褐陶。捏制而成。侈口，

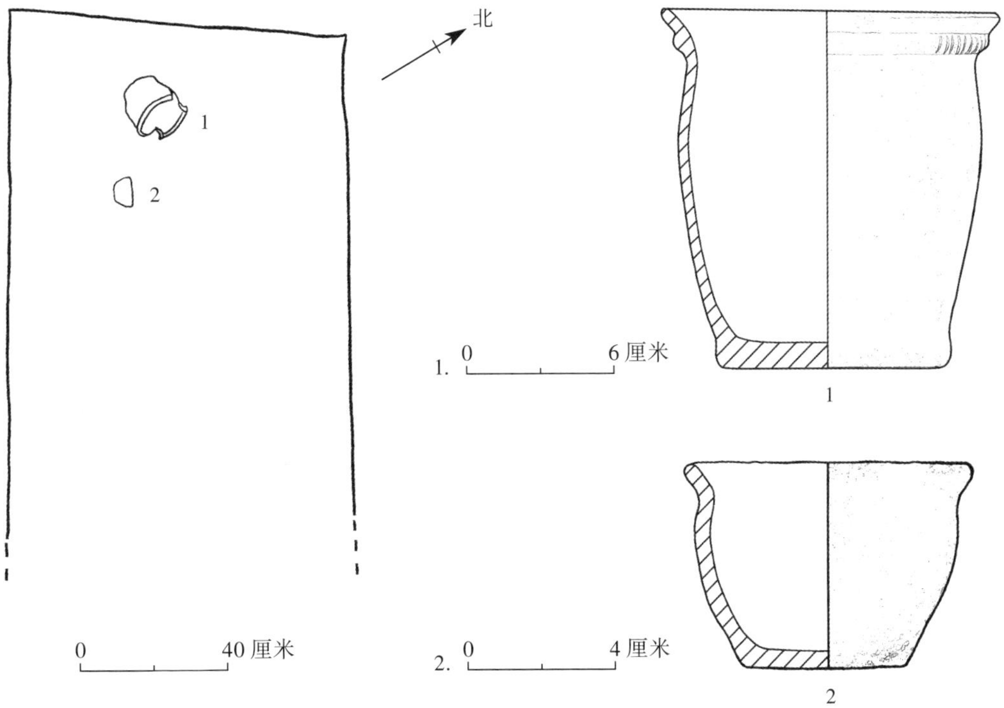

图一八　M7平面图及出土器物

1. 陶罐　2. 陶杯

圆唇，略鼓腹，平底，底部边缘较圆弧。口径 7.9、底径 4.5、高 5.5 厘米（图一八，2；彩版八，2）。

（八）M8

（1）墓葬概述

位于西区西岗梁下的 74 清理区东部，南距 M7 为 0.7 米（图一九）。墓葬方向为西偏北 21°。墓葬东南部被毁不存。墓葬残长 1.2、宽 0.8、残深 0.12 米（图二〇）。

随葬品只发现陶碗 1 件。

（2）随葬品

只有陶碗 1 件。

M8：1（考 3673），为 Aa 型夹砂陶碗。残，可复原。夹砂灰褐陶，陶色不均，部分外壁有黑灰色烟炱。侈口，圆尖唇，斜腹微外弧，平底。口径 13.3、底径 6.9、高 7.8 厘米（图二〇，1；彩版八，3）。

（九）M9

（1）墓葬概述

位于西区西岗梁下的 74 清理区东部边缘，南距 M8 为 1 米（见图一九）。墓葬方向为西偏北 17°。墓葬东半部已被毁不存。推测应为土坑竖穴墓，葬具不清。墓葬残长 1.4、宽 0.85、残深 0.2 米（图二一）。

随葬品均发现于墓葬西北壁的前方（图版八，1）。

（2）随葬品

共计 6 件。

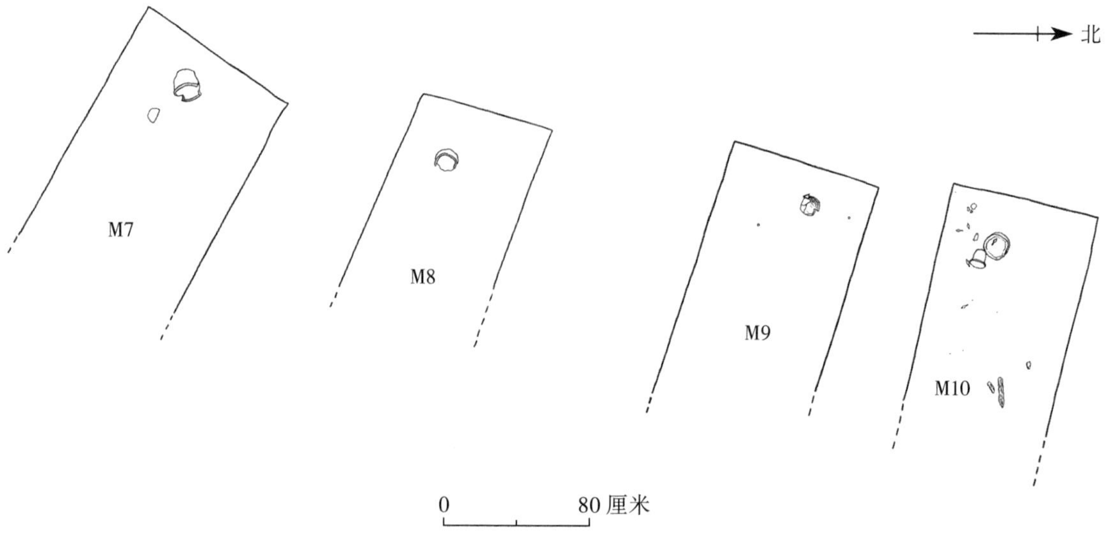

图一九　M7 ~ M10 相对位置图

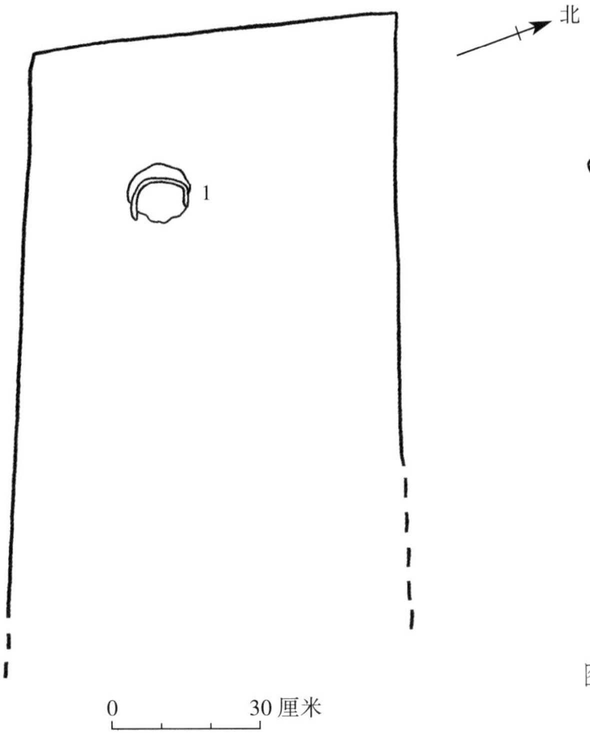

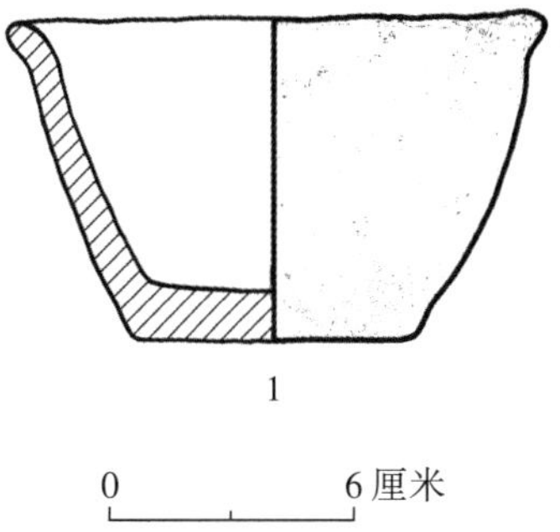

图二〇　M8平面图及出土器物

1. 陶碗

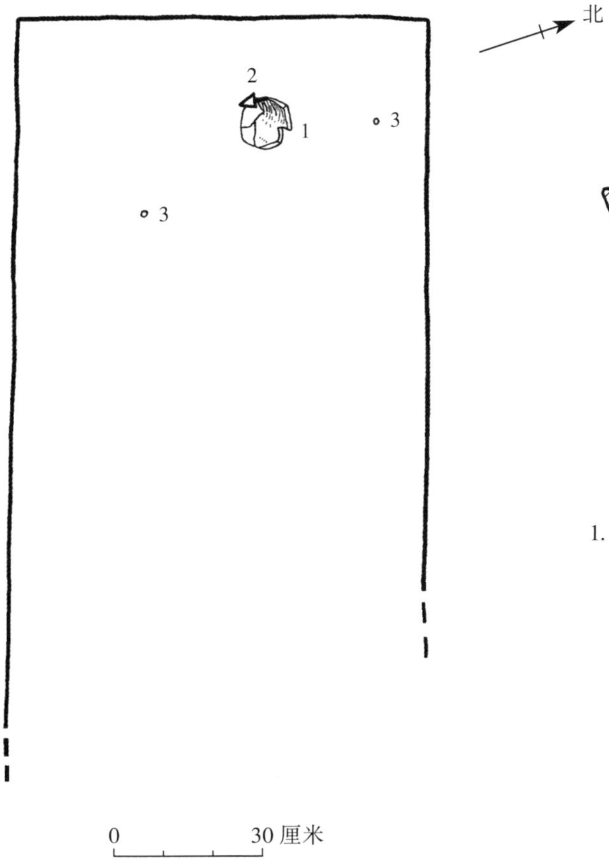

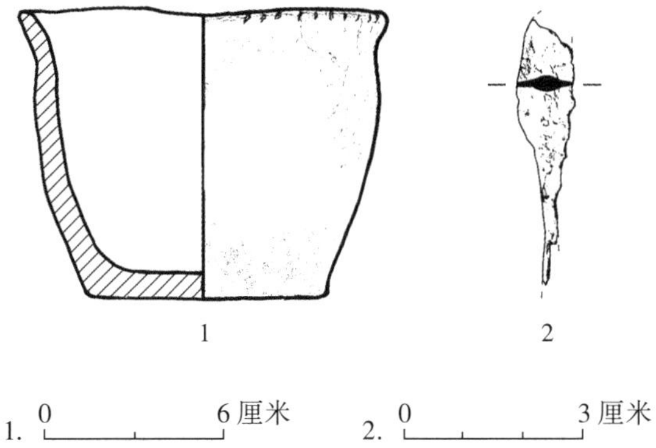

图二一　M9平面图及出土器物

1. 陶罐　2. 铁镞　3. 蓝色玻璃珠

1）陶器

只有陶罐 1 件。

M9：1（考 3674），为 B 型无耳大口夹砂陶罐。口、底残，可复原。夹砂黄褐陶，陶色不纯，内壁色较浅，部分外壁呈黑褐色。侈口，圆唇，腹略外弧，平底。腹最大径位于上腹近口沿处。口沿上有一周不甚清晰的刻齿纹。口径 12.4、底径 8.2、高 9.5 厘米，壁厚 0.6 ~ 0.8 厘米（图二一，1；彩版八，4）。

2）铁器

只有铁镞 1 件。

M9：2（考 3675），为 Bb 型有脊柱铤镞。尖部残缺。近柳叶形镞身，有铤。镞身中部略起脊。残长 4.35、镞身宽 1、镞身厚 0.3 厘米，铤部厚 0.55 厘米（图二一，2）。

3）珠子和管

只有蓝色玻璃珠 4 枚。整理时未见，形状不明。

（一〇）M10

（1）墓葬概述

位于西区西岗梁下的 74 清理区东缘，南距 M9 为 0.4 米（见图一九）。墓葬方向为西偏北 13°。墓葬东南部被毁不存。墓葬残余部分的墓圹边线清晰。推测应为土坑竖穴墓，葬具不清。墓葬残长 1.2、宽 0.8、残深 0.17 米（图二二）。

随葬品发现于墓葬西部。陶器出于墓葬偏西南角处，铁镞位于陶器附近，镞身上均残留有纤维痕迹，纤维纹理与镞身垂直。

蓝色玻璃珠位于墓葬南部。

在墓葬中部发现两段人骨，为左桡骨和尺骨。在这两段骨骼的南侧和西北方发现若干碎骨块。

（2）随葬品

共计 16 件。

1）陶器

共 2 件。

陶罐　1 件。

M10：1（考 3676），为 C 型无耳大口夹砂陶罐。口沿残，可复原。夹砂灰褐陶。器底和器身分别塑造，套接而成。略侈口，外叠唇，筒状腹略外鼓，底微内凹。唇上、下缘有篦齿状纵向刻纹。口径 11.3、底径 9、

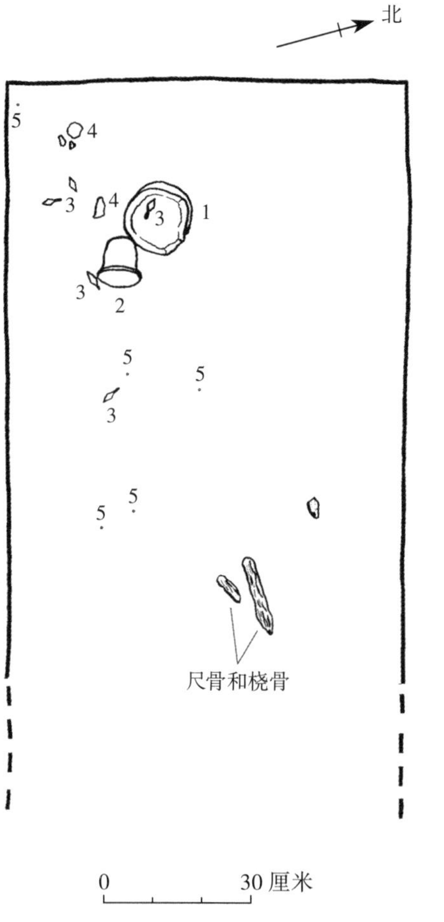

图二二　M10 平面图

1. 陶罐　2. 陶杯　3. 铁镞　4. 铁片　5. 蓝色玻璃珠

高 12.7 厘米（图二三，1；彩版九，1）。

陶杯　1 件。

M10：2（考 3677），为 Aa 型夹砂陶杯。完整。夹砂灰褐陶，陶色不均，器内、外壁有烟炱。侈口，圆尖唇，斜腹微外鼓，平底。口径 5.9、底径 4.3、高 5.9 厘米（图二三，2；彩版九，2）。

2）铁器

共 9 件。

铁镞　5 件。

M10：3–1（考 3678–1），为 A 型扁体扁铤铁镞。镞身一侧略残，铤末端残缺。双翼，有铤。镞身较薄，近三角形，两翼有倒刺。铤上半部较薄，向下逐渐变厚。残长 2.85 厘米（图二三，3）。

M10：3–2（考 3678–2），为 E 型扁体扁铤铁镞。镞身尖部、铤末端残，锈蚀。镞身呈菱形。整体较薄，扁铤较镞身略厚。残长 3.55、镞身宽 1.1 厘米（图二三，4）。

M10：3–3（考 3678–3），为 C 型扁体柱铤铁镞。镞身尖部残，锈蚀。近菱形镞身，有铤。镞身较扁，镞身与铤部分界不明显。铤较厚，铤末端残留有木质纤维痕迹。残长 5.2、镞身宽 0.9、镞身厚 0.2、铤厚 0.5 厘米（图二三，5）。

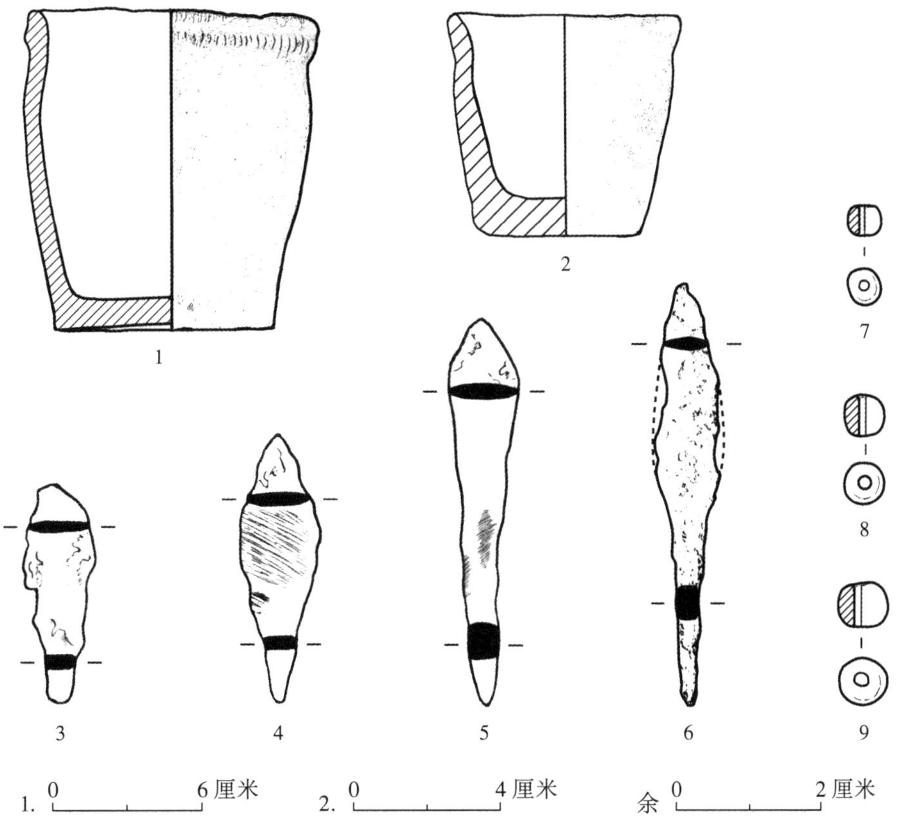

图二三　M10 出土器物

1. 陶罐（M10：1）　2. 陶杯（M10：2）　3 ~ 6. 铁镞（M10：3–1 ~ 3–4）　7 ~ 9. 蓝色玻璃珠（M10：5–1 ~ 5–3）

M10∶3–4（考 3678–4），为 B 型扁体柱铤铁镞。镞身边缘、铤末端略残。柳叶形镞身，有铤。两翼向下斜收。残长 5.6、镞身宽 0.8、镞身厚 0.2、铤厚 0.45 厘米（图二三，6）。

铁片　4 块。

M10∶4–1 ～ 4–4，残碎。形制不明。

3）珠子、管

只有蓝色玻璃珠 5 枚。

M10∶5–1 ～ 5–5（考 3679），1 枚略残，其余完整。3 枚为深蓝色，1 枚浅蓝色，1 枚蓝色。近算珠形，中部有一纵向穿孔。1 枚较大者直径 0.6 ～ 0.7、高 0.5 厘米；3 枚尺寸居中者直径 0.55、高 0.5 厘米；最小者直径 0.4、高 0.35 厘米（图二三，7 ～ 9；彩版九，3）。

（一一）M11

（1）墓葬概述

位于中区西岗梁的 60 清理区西南角，北距 M18 为 6.5 米。墓葬被破坏，墓圹边缘不清。墓葬形制和葬具不明。

随葬品大多数出自于墓葬西北部，均已被扰动。

（2）随葬品

共计 6 件。

1）陶器

只有陶杯 1 件。

M11∶1（考 3680），为 Ba 型夹砂陶杯。口沿残，可复原。夹砂黄褐陶，陶色不均，夹砂的颗粒较粗。侈口，圆唇，微鼓腹，平底。口径 8、底径 5、高 6.5 厘米（图二四，1；彩版九，4）。

2）铜器

共 2 件。

铜环　1 件。

M11∶2（考 3681），为 A 型铜环。外缘残。形状规整。圆环形，扁体两面外鼓，内侧缘较厚，向外侧缘逐渐变薄。直径现存 4、厚 0.25 厘米（图二四，2；彩版九，5）。

铜泡　1 枚。

M11∶3（考 3682），为 D 型中高斗笠形铜泡。边缘略残。背面有一圆柱形横梁。直径 2.5、高 0.85 厘米（图二四，3；彩版九，6）。

3）珠子、管

只有绿云母管 3 枚。

M11∶4–1 ～ 4–3（考 3683），完整。浅绿色。圆柱形，中部有一纵向穿孔。1 件较长，2 件较短。3 枚直径相同，直径 0.7 厘米；较大的一件高 2.3 厘米，另两件高分别为 1.7、1.3 厘米（图二四，4 ～ 6；彩版九，7）。

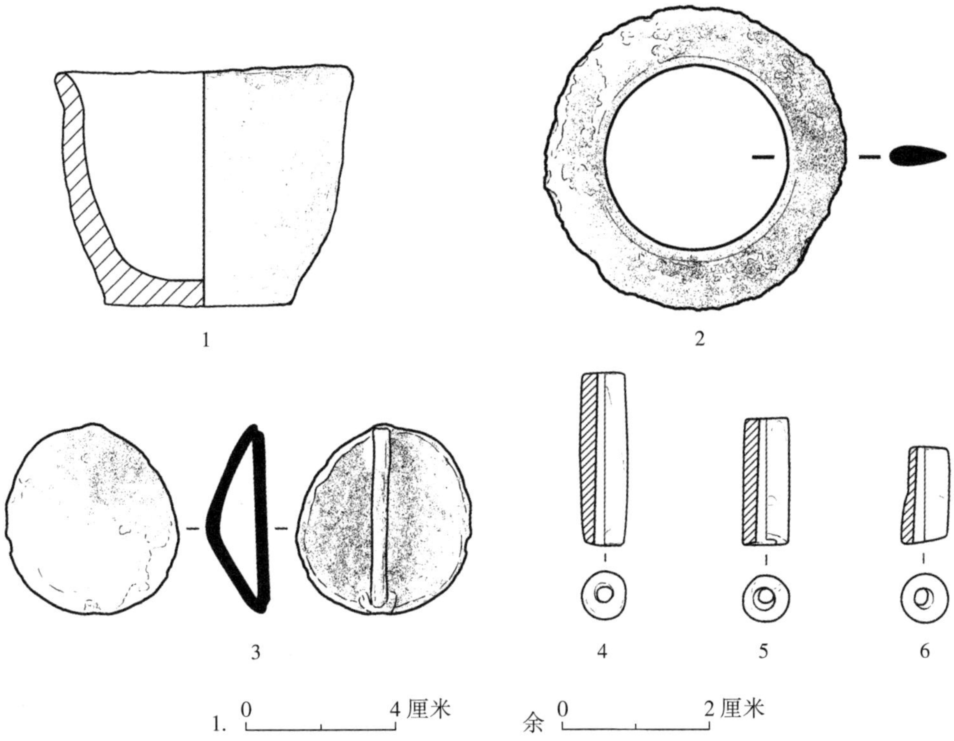

图二四　M11出土器物

1. 陶杯（M11：1）　2. 铜环（M11：2）　3. 铜泡（M11：3）　4～6. 绿云母管（M11：4-1～4-3）

（一二）M12

（1）墓葬概述

位于西区西岗梁下的74清理区南部，南距M5为4.3米。墓葬方向为西偏北20°。墓葬保存较好。墓葬以上的耕土层厚0.3米。长方形土坑竖穴墓，墓葬长1.7、宽0.75米，墓深0.58米。墓葬口略大于底。葬具不详。墓内填土为黑色，混杂有小石块（图二五；图版八，2）。

随葬品种类和数量较多，主要分布于墓葬中部和西北部。

陶罐位于墓葬西北角附近的墓壁下。活纽鎏金铜泡位于陶罐东南20厘米处，出土时侧立。铜泡大多数出于墓葬中部的带扣附近，均正面朝上；1枚位于活纽鎏金铜泡南部。铜泡表面都保留有平纹组织的粗麻布纤维痕迹，在铜泡下面还保留有皮革，呈黑灰色，皮革宽度与铜泡相等，并在皮革上保留有缝铜泡留下的针眼（图版八，3）。

铜带扣2件位于墓葬中部，3件位于墓葬东南部的人下肢骨下面。除了位于墓葬东南部最外面的1件带扣以外，其余的带扣均正面朝上。铁带扣位于墓葬中部铜泡的前方。

铜环位于大型带扣的东南侧（图版九，1）。

双翼铜镞2件，位于墓葬西北部，锋部向下。镞身附有木质纤维残留，纤维的纹理与镞身垂直。

4件铁镞与铜镞共出，另外1件在陶罐东南侧，1件在铜带扣西北。镞身皆附着木质纤维，

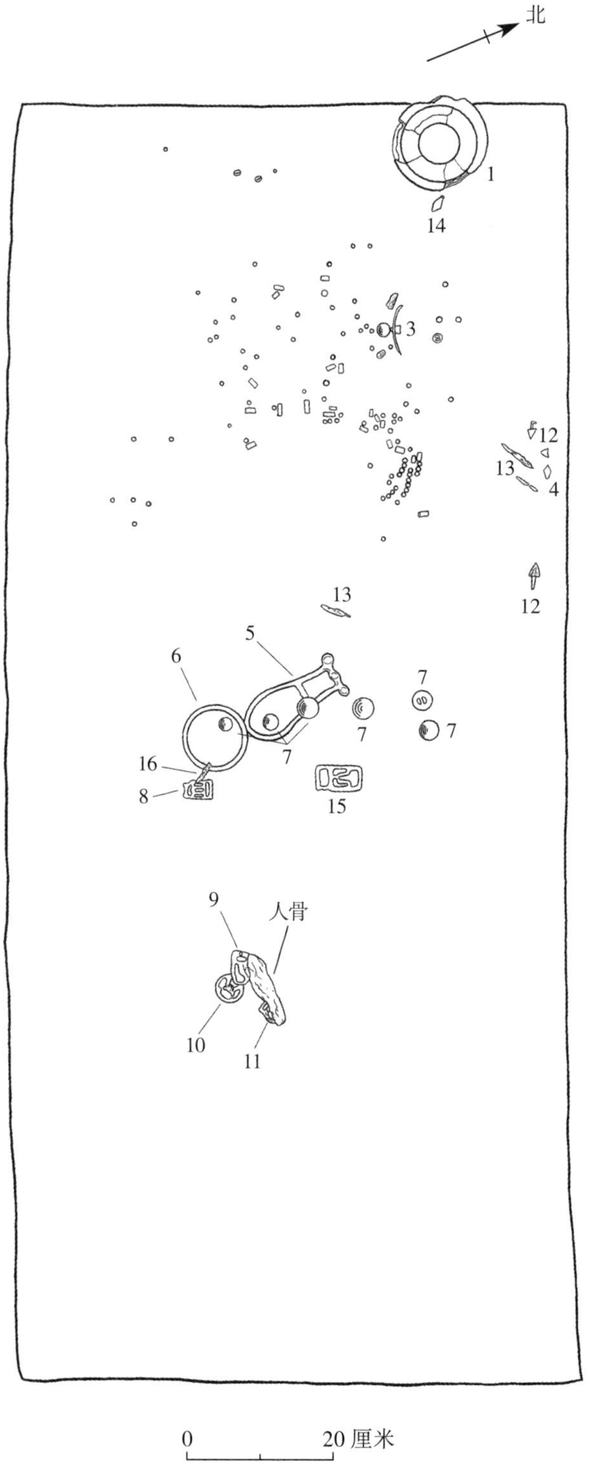

图二五　M12 平面图

1. 陶罐　3. 活纽鎏金铜泡　4. 铜镞　5、8 ~ 11. 铜带扣　6. 铜环　7. 铜泡　12 ~ 14. 铁镞　15. 铁带扣　16. 铁刀（图中未标注编号的器物为珠子和滑石管）

纤维的纹理与镞身垂直。

珠子均分布于墓葬西北部。有些仍可看出原来串饰的形态（图版九，2）。

在铜镞附近发现乌木 1 块。

在墓葬的中部和西北部很大的范围内发现红色漆片，在一小块木片上发现两面有漆，在中部的铜带具下面的木片上也附有漆片。用放大镜观察木片，发现其由多层纤维组织构成，一纵一横共有 4 层。每层甚薄，犹如刨花，表面光滑，似为桦树皮。

人骨大部分腐烂不存，仅存一些残段和残片。在墓葬西北部活纽鎏金铜泡东南侧发现头骨残片，应该是颞骨。在其前方发现 1 枚牙齿，齿根向后，珐琅质几乎磨蚀干净，齿面已平。在墓葬东南部铜带扣上面发现一段股骨。

（2）随葬品

共计 145 件。

1）陶器

只有陶罐 1 件。

M12：1（考 3684），为 B 型无耳大口夹砂陶罐。残，可复原。夹砂黄褐陶，陶色不均，内壁有褐色的类似焦糊状的薄层。侈口，圆尖唇，上腹略外弧，平底。最大腹径位于上腹部。口径 12.5、底径 8、高 11 厘米，壁厚 0.6 ~ 0.8 厘米，口沿略薄（图二六，1；彩版一〇，1）。

2）铜器

共 18 件。

铜镞　2 件。

M12：4–1（考 3687.1），为双翼銎孔铜镞。器身、尖部略残。器身中部起脊。銎孔上有两个形状不规整的镂孔，器身四面各有两条纵向凹槽。残长 3.1、底边残宽 1 厘米（图二六，2；彩版一〇，2）。

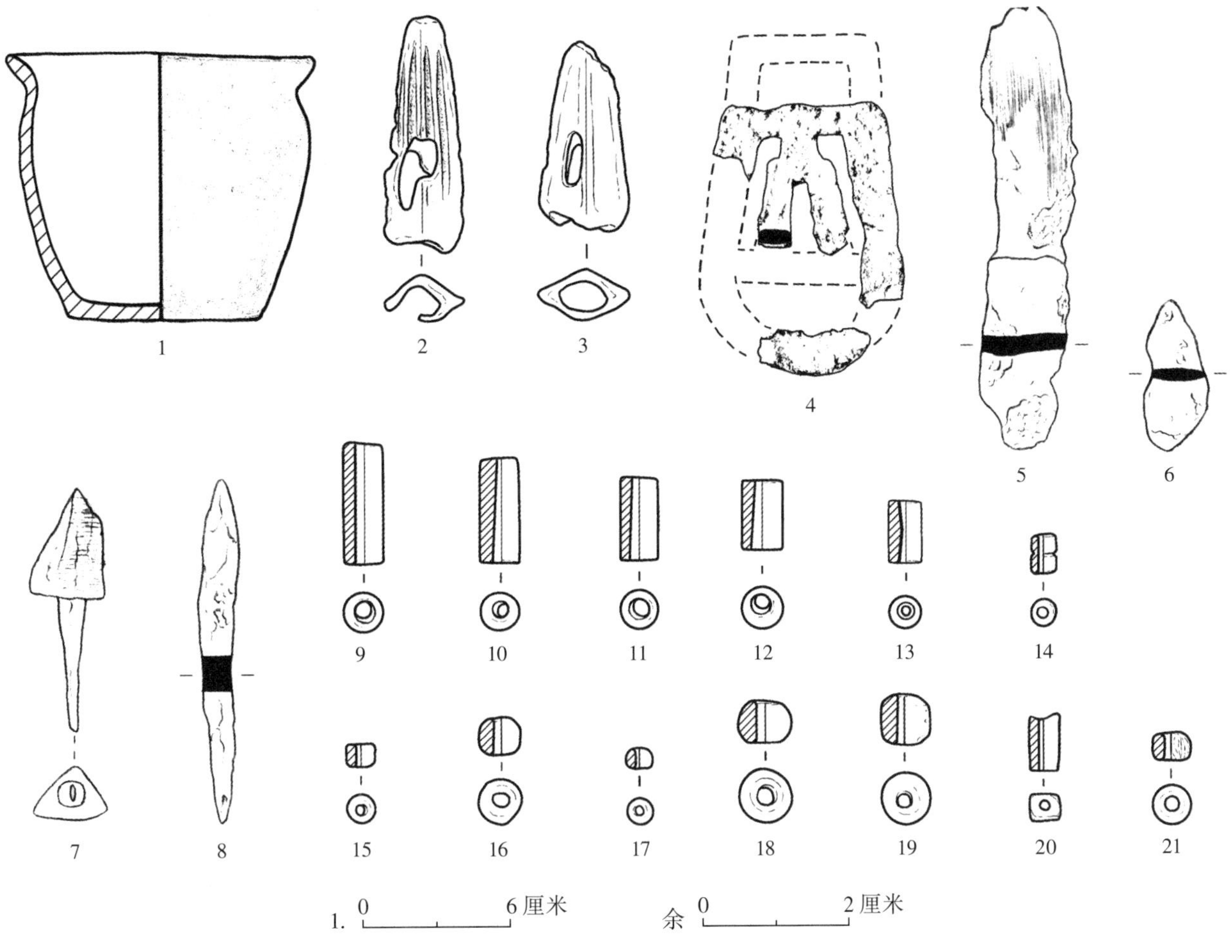

图二六　M12 出土器物

1. 陶罐（M12：1）　2、3. 铜镞（M12：4-1、M12：4-2）　4. 铁带扣（M12：15）　5. 铁刀（M12：16）　6～8. 铁镞（M12：12、M12：13、M12：14-1）　9～13. 滑石管（M12：17-1～17-5）　14、20. 蓝色玻璃管（M12：18-1、M12：18-93）　15～19. 蓝色玻璃珠（M12：18-2～18-6）　21. 白色玻璃珠（M12：18-94）

M12：4-2（考 3687.2），为双翼銎孔铜镞。底部和肩部略残。器身中部起脊，在銎孔部有两个近长椭圆形镂孔，銎口平面近椭圆形。残长 2.5、底边残宽 1.2 厘米（图二六，3；彩版一〇，2）。

铜带扣　5 件。

M12：8（考 3686-1），为 B 型北方式铜带扣。略残。近圆角梯形，前端略宽，正面略外鼓。带扣的边框内有四个圆角长方形和一个“凸”字形镂孔。扣纽位于前端边框的中部，垂直于带扣边框，现仅残存扣纽的底部。长 3.5、宽 2.3、厚 0.2 厘米（图二七，3；彩版一一，1）。

M12：9（考 3686-2），为 Aa 型北方式铜带扣。略残。近圆边长梯形，前端略宽。正面略外鼓。前半部有一圆角长方形镂孔，后半部现存镂孔为曲尺形，原带扣表面可能有一动物纹饰。带扣后半部的部分边缘可见斜向刻纹。扣纽位于带扣前缘的中部，为垂直于边框的钩状纽。长 4、宽 2.4、厚 0.27 厘米（图二七，4；彩版一一，2）。

M12：11（考 3686.5），为 C 型北方式铜带扣。完整。锈蚀。带扣上半部为长方形框，下半部为较大的圆环，在圆环的底部正面有一垂直外凸的扣纽。圆环上饰旋涡状刻线。长 3.9、宽 3.23 厘米，长方形框厚 0.25、环形框厚 0.4 厘米（图二七，5；彩版一一，3）。

M12：10（考 3686.3），为 E 型北方式铜带扣。略残。圆形轮状，圆环内有由四个镂孔隔成的十字交叉形隔梁，两隔梁交叉处有一外凸的小泡，小泡的背面内凹。在环状边缘上有一垂直的略外钩扣纽。直径 3.8、厚 0.25 厘米（图二七，6；彩版一一，4）。

M12：5（考 3686.1），为 Ac 型北方式铜带扣。完整。整体为椭方形，前半部分圆弧状，

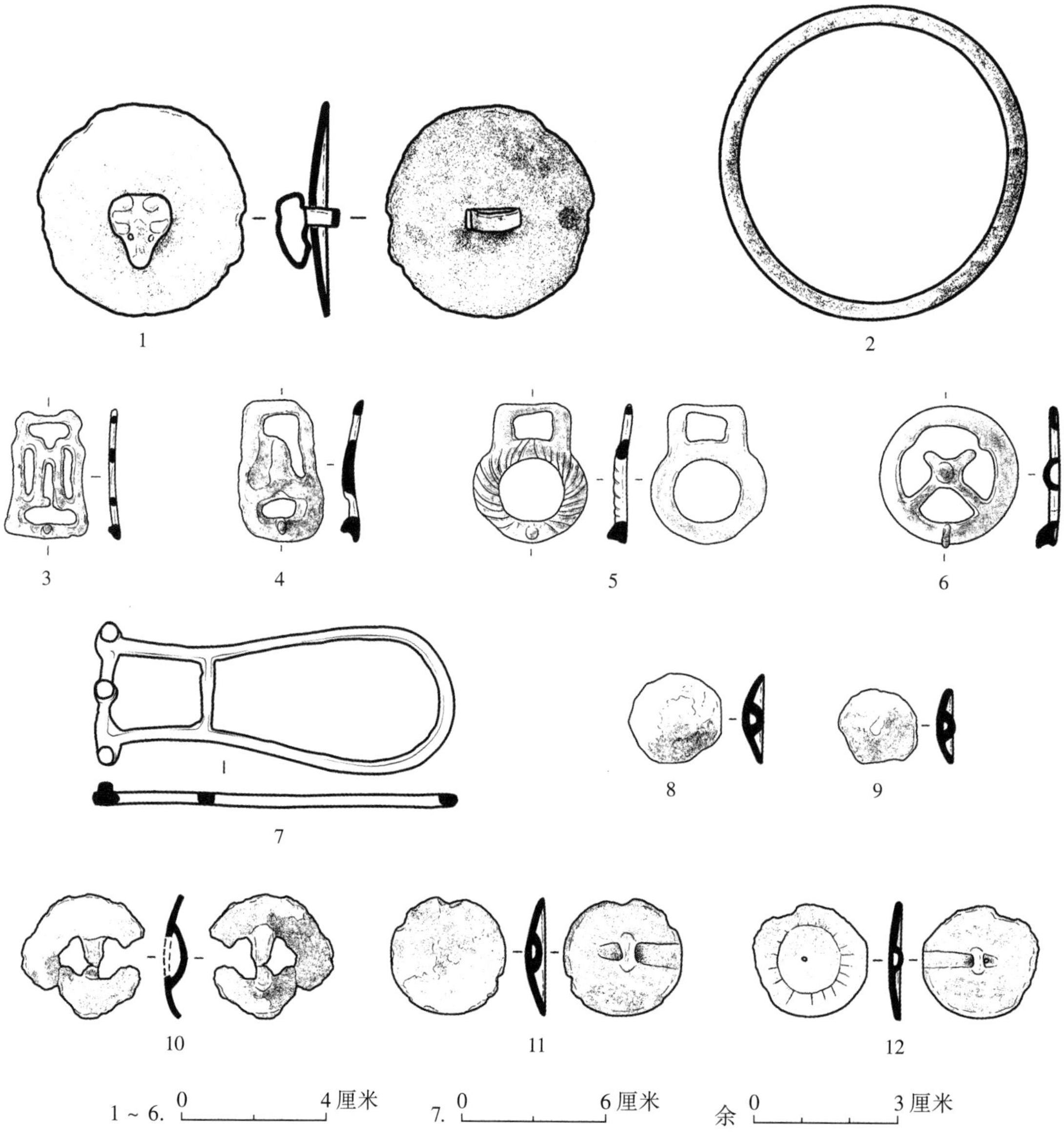

图二七　M12 出土器物

1. 活纽鎏金铜泡(M12：3)　2. 铜环(M12：6)　3～7. 铜带扣(M12：8、M12：9、M12：11、M12：10、M12：5)　8～12. 铜泡(M12：7-5、M12：7-6、M12：7-1、M12：7-3、M12：7-4)

后半部为近方形，中后部有一横梁，尾部正面有三个圆形凸纽。正面外鼓，背面较平。长15、宽6.15厘米（图二七，7；彩版一一，8）。

铜泡 9枚。铜泡表面都保留有平纹组织的粗麻布纤维痕迹，铜泡下面保留有皮条，皮条的宽度与铜泡的相当，并且在皮条上有穿缝铜泡留下的针眼。

M12：7-1（考3690-1），残，不能复原。应为矮弧形铜泡。正面外鼓，背面中部有一弧形穿孔纽。直径约3、壁厚0.1厘米（图二七，10）。

M12：7-2（考3690-2），为Aa型矮斗笠形铜泡。完整，锈蚀。边缘为不甚规整的圆形。背面中部有一穿孔纽，在纽的下面有一直通泡边缘的楔形凹槽。直径约2.55、高0.5、壁厚0.2厘米。

M12：7-3（考3690-3），为Aa型矮斗笠形铜泡。边缘略残。锈蚀。背面中部有一穿孔纽，在纽的下面有一直通泡边缘的楔形凹槽。直径2.5、高0.5、壁厚0.15厘米（图二七，11；彩版一一，7）。

M12：7-4（考3690-4），为A型放射线纹铜泡。边缘残，锈蚀。矮弧形，泡面上有一圆圈凹纹，圆圈纹与边缘之间有纵向的放射线状短凹线。背面有一较小的弧形穿鼻状纽，在纽的下面有一直通泡边缘的楔形凹槽。直径约2.6、高0.3、壁厚0.1厘米（图二七，12；彩版一一，6）。

M12：7-5（考3690-5），为Aa型中高斗笠形铜泡。边缘略残。边缘为不甚规整的圆形。背面中部有一穿孔纽，在纽的下面有一直通泡边缘的楔形凹槽。泡边缘略薄，向中部逐渐变厚。直径2、高0.42、壁厚0.15 ~ 0.2厘米（图二七，8；彩版一一，5）。

M12：7-6（考3690-6），边缘残。近斗笠状，边缘为不甚规整的圆形。背面中部有一穿孔纽，在纽的下面有一直通泡边缘的楔形凹槽。直径1.8、高0.4、壁厚0.15厘米（图二七，9；彩版一一，5）。

M12：7-7（考3690-7），边缘略残。近斗笠状，边缘为不甚规整的圆形。背面中部有一穿孔纽，在纽的下面有一直通泡边缘的楔形凹槽。直径1.65、高0.4、壁厚0.15 ~ 0.18厘米。

M12：7-8（考3690-8），只残存一残片，应为泡中部的残片。

M12：7-9（考3690-9），残损较重，形状不明。

活纽鎏金铜泡 1件。

M12：3（考3691），边缘略残。由可拆分的漫弧形圆盖、带羊头造型的纽组成。圆盖正面、羊头外表面鎏金，羊头外表面的大部分鎏金层脱落。圆盖中部有一长方形孔。纽上半部为一中空的羊头，下半部为一近“U”字形纽。组装在一起后羊头位于铜泡的正面中央，“U”字形纽位于铜泡背面的中央。圆盖直径5.5、厚0.12厘米，穿孔长1.4、宽0.5厘米，带兽头纽长1.82厘米，通高1.8厘米（图二七，1；彩版一〇，9）。

铜环 1件。

M12：6（考3688），为Da型铜环。完整，略锈蚀。铸制，铸造较精致。为规整的圆环形，横截面为圆形。直径8.6、横截面直径0.5厘米（图二七，2；彩版一〇，10）。

3）铁器

共 8 件。

铁刀　1 件。

M12：16（考 3685），残存两段。尖部和柄末端残。直刃，直柄，略外弧刃。背部较薄。近刀身末端有木质痕迹。残长 5.9、刃宽 1.05、刃背部厚 0.28 ~ 0.3 厘米（图二六，5；彩版一○，3）。

铁镞　6 件。镞身皆附着有纤维痕迹，纤维的纹理与镞身垂直。

M12：12（考 3687-1），为 Ca 型无铤扁体铁镞。残断，不能复原。镞身近扁叶形。镞身残长 2、厚 0.24 厘米（图二六，6）。

M12：13（考 3687-2），为 B 型三棱铁镞。完整。锈蚀。镞身为三棱锥形，锥形铤。通长 3.1 厘米，镞身长 1.3 厘米（图二六，7）。

M12：14-1（考 3687-3），为锥形铁镞。完整。锈蚀。长柳叶形镞身，横截面为长方形。镞身和铤部分界不明显。铤部近锥形。长 4.4 厘米（图二六，8）。

M12：14-2（考 3687-4），完整。锈蚀。为三棱铁镞。镞身为三棱锥形。铤中部弯折。长 3.4 厘米。

M12：14-3（考 3687-5），只残留铤部。铤横截面近长方形。铤残长 2.4 厘米。

1 件铁镞整理时未见，编号不详。

铁带扣　1 件。

M12：15（考 3689），为 D 型铁带扣。残碎、锈蚀较重，只能根据遗迹照片复原整体形制。器身扁平，原状为椭方形，前端圆弧，末端平直，边框内分隔出五个镂孔。形状与编号为 M12：8 的铜带扣相似。残存部分边框为长方形。残长 2.7、宽 2.6、厚 0.2 厘米。推测原长约 4.5、原宽约 2.8 厘米（图二六，4；彩版一○，4；图版二九，1）。

4）珠子、管

共 118 枚[1]。

蓝色玻璃珠　91 枚。

M12：18-2 ~ 18-92（考 3692），17 枚受侵蚀变为浅蓝色，表面略粗糙；1 枚残存一半，其余均完好。42 枚为深蓝色，32 枚为蓝色，17 枚为浅蓝色。形状均不甚规整。深蓝色的大多数为近算珠形，少数为近圆柱形。直径 0.45 ~ 0.6、高 0.3 ~ 0.55 厘米。中等蓝色玻璃珠大多数为近圆柱形，少数为近算珠形。较大的 5 枚直径 0.65 ~ 0.75、高 0.55 ~ 0.67 厘米，中等的直径 0.5、高 0.32 ~ 0.52 厘米，较小的直径 0.32 ~ 0.45、高 0.27 ~ 0.47 厘米。浅蓝色玻璃珠绝大多数为近圆柱形或近算珠形。直径 0.35 ~ 0.42 厘米，绝大多数高 0.23 ~ 0.3 厘米，长圆柱形的 1 枚高 0.5 厘米（图二六，15 ~ 19；彩版一○，8）。

白色玻璃珠　1 枚。

---

[1] 整理时发现珠子和管实物共 118 枚，旧报告正文记录有 128 枚，辽宁省博物馆藏器物卡片登记 117 枚，该墓的发掘记录缺失。

M12∶18–94（考 3692），完整，有裂痕。算珠形，形状较规整，中部有一纵向穿孔。直径 0.5、高 0.34 厘米（图二六，21；彩版一〇，7）。

蓝色玻璃管 2 枚。

M12∶18–93（考 3692），四棱柱形。横截面长 0.35、宽 0.45、高 0.75 厘米（图二六，20；彩版一〇，6）。

M12∶18–1（考 3692），圆柱形，外壁中部有一周凹沟。横截面直径 0.3、高 0.55 厘米（图二六，14；彩版一〇，6）。

滑石管 24 枚。

M12∶17–1 ~ 17–24（考 3692），1 枚残断，其余均完整。乳白色。均为圆柱形，中部有一纵向穿孔。2 枚较小的直径 0.45 厘米，2 枚直径 0.5 厘米，其余直径 0.52 ~ 0.55 厘米；长 0.7 ~ 1.6 厘米（图二六，9 ~ 13；彩版一〇，5）。

（一三）M13

（1）墓葬概述

位于中区西岗梁上的 70 清理区东南角。根据残存部分判断墓葬为西偏北约 20°。仅存墓葬的中部和西北部的一部分。仅能分辨出一部分两侧的墓圹边缘。应为土坑竖穴墓。葬具不详（图二八）。

随葬品中马形铜牌饰平放于东部。铜铃出于马形铜牌饰的西北，均相互颠倒放置。珠子、管出于铜铃的西部，可以大致看出串饰的珠子原始排列状况。铜泡出于墓葬西北部，正面朝下（图版一〇，1）。

墓仅残存少量人骨残段，以及 2 枚牙齿。牙齿位于铜泡附近。

（2）随葬品

共计 42 件。

1）陶器

仅有一陶器底部。

M13∶7（考 3698），残存一小部分器底。夹砂黄褐陶，器壁略厚，制法为器壁包底。底径约 8 厘米，底厚 0.95、壁厚 0.55 厘米。

2）铜器

共 7 件。

铜牌饰 1 件。

M13∶1（考 3695），为 B 型带背纽的马形铜牌饰。完整。铸制。正面略鼓，背面略内凹，背面有两个穿孔纽。牌饰为蜷腿奔跑状的马形象，马的头部略向下倾斜，头顶有一蕈状凸，颈部有平行刻线表现出的鬃毛。尾部有平行斜向刻线，尾部与后腿连成一线。前、后腿相对内蜷，前后腿和腹部之间有一镂孔。马的腹部、前肩和臀部的正面略外鼓。长 5.8、宽 4.45、器身厚 0.2 ~ 0.25 厘米（图二九，1；彩版一二，1）。

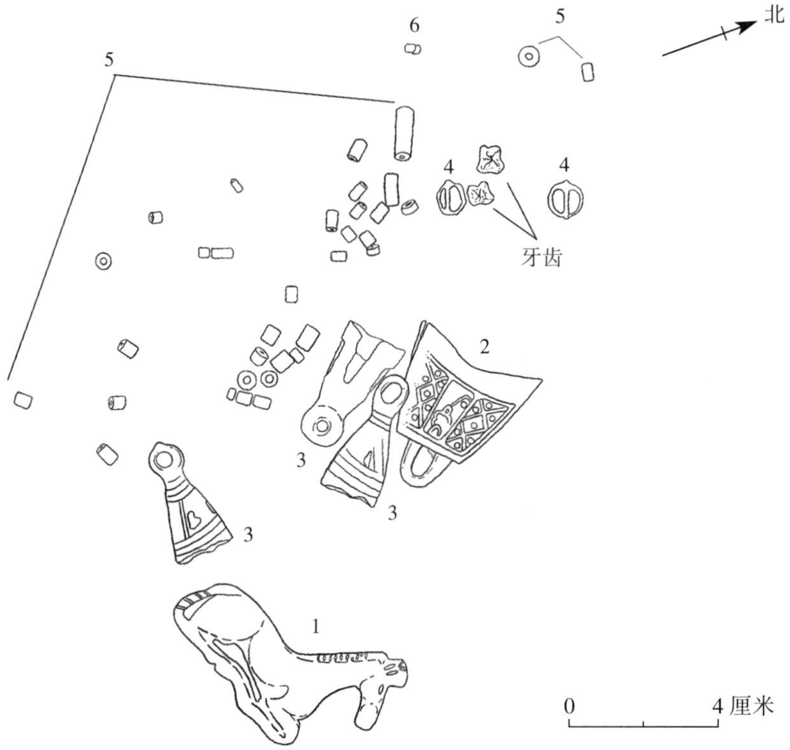

图二八 M13 遗物分布图

1. 铜牌饰 2、3. 铜铃 4. 铜泡 5. 滑石管、滑石环、天河石珠 6. 白色玻璃珠（指北针指示的是大致方向）

铜泡 2 枚。

M13：4-1、4-2（考 3694-1、考 3694-2），均为 A 型珠形铜泡。1 件完整，1 件边缘略残。两件形状、尺寸基本相同。近小半球形，背面有一圆柱形横梁。边缘铸造不精。直径 1、高 0.45 厘米（图二九，6、7；彩版一二，5）。

铜铃 4 件。

M13：2（考 3693.1），为 A 型中原式带纹饰铜铃。底部略残，铃舌残缺。铸制。钟形，顶部有一“U”字形纽，器身横截面为橄榄形，底边内卷。器表有略外凸的由小乳丁和斜线、直线组成的纹饰。铃身内顶部连接铃舌处只残留两个小的短柱。底边长 3.5、宽 2 厘米，高 4.3 厘米，壁厚 0.1 厘米（图二九，2；彩版一二，2）。

M13：3-1（考 3693.2 -1），为 A 型北方式不规则镂孔或无镂孔铜铃。近底部残，锈蚀。铸制。铃身为近中空的棱锥形，铃身上有四个长三角形镂孔。铃顶部有一穿孔纽，铃身上有刻线纹。铃底部横截面为菱形。高 3.45 厘米（图二九，3；彩版一二，3）。

M13：3-2（考 3693.2-2），为 A 型北方式不规则镂孔或无镂孔铜铃。完整。铸制。铃身为中空的圆锥形，顶部有一圆形穿孔纽，底部内卷。铃身上有两个长三角形和一个长梯形镂孔，铃纽以下和底部各有三周刻划线，在铃身的镂孔之间有纵向刻线。底部横截面为椭圆形。底边长 1.4、宽 1.2 厘米，高 3.35 厘米（图二九，4）。

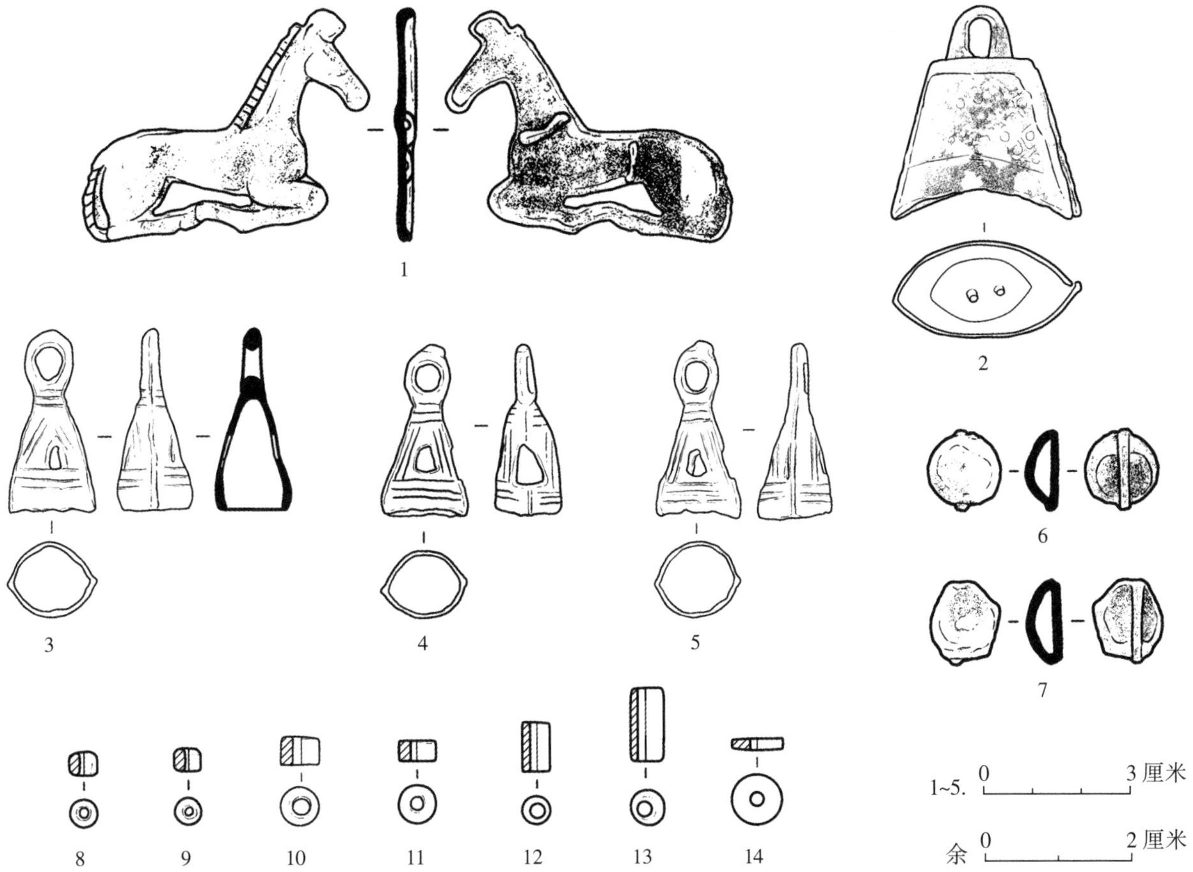

图二九　M13 出土器物

1. 铜牌饰（M13：1）　2 ~ 5. 铜铃（M13：2、M13：3-1、M13：3-2、M13：3-3）　6、7. 铜泡（M13：4-1、M13：4-2）　8、9. 白色玻璃珠（M13：6-1、M13：6-2）　10. 天河石珠（M13：5-1）　11 ~ 13. 滑石管（M13：5-2 ~ 5-4）　14. 滑石环（M13：5-32）

M13：3-3（考 3693.2-3），为 A 型北方式不规则镂孔或无镂孔铜铃。完整。铸制。整体形状和纹饰与 M13：3-2 基本相同，差别是铃身上只有一个长三角形和一个长条形镂孔。底边长 1.48、宽 1.28 厘米，高 3.45 厘米（图二九，5；彩版一二，4）。

3）珠子、管

共 34 枚[1]。

白色玻璃珠　2 枚。

M13：6-1、6-2（考 3696），2 枚形状、尺寸基本相同。近短柱状。直径 0.4、高 0.3 厘米（图二九，8、9；彩版一二，6）。

天河石珠　1 枚。

M13：5-1（考 3696），完整。短圆柱形。直径 0.5、高 0.35 厘米（图二九，10；彩版一二，7）。

[1] 整理时发现珠子和管实物 34 枚，辽宁省博物馆藏器物卡片记录共 34 枚，旧报告正文记录共 38 枚，该墓的发掘记录缺失。

滑石管　30 枚。

M13：5–2 ~ 5–31（考 3696），3 枚残，其余完整。乳白色。大多数直径接近，少量略大。直径 0.37 ~ 0.51、高 0.2 ~ 0.95 厘米（图二九，11 ~ 13；彩版一二，8）。

滑石环　1 枚。

M13：5–32（考 3696），扁环状。直径 0.68 厘米（图二九，14；彩版一二，9）。

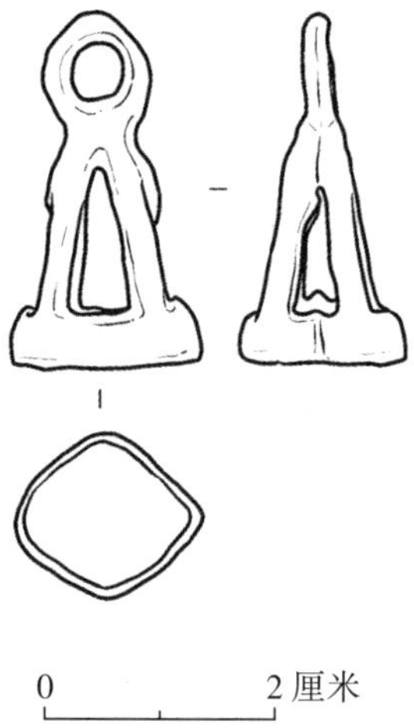

图三〇　M14 出土器物

铜铃（M14：1–1）

（一四）M14

（1）墓葬概述

位于中区西岗梁上的 70 清理区东北角，南距 M13 为 7.1 米。墓葬被破坏，墓圹线不清晰。

随葬品只发现铜铃 3 件。

（2）随葬品

只有铜铃 3 件。

M14：1–1 ~ 1–3（考 3697–1 ~ 考 3697–3），为 Aa 型北方式三角形镂孔铜铃。2 件完整，1 件底边残断，可复原。3 件形状、尺寸基本相同。铸制，两侧缘从纽中部向下有一段铸缝。铃身呈近中空的四棱锥形，顶部有一圆形穿孔纽，铃身上有四个长三角形镂孔，底边横截面近菱形。底边长 1.5、宽 1.3 厘米，高 3.2 厘米，厚 0.14 厘米（图三〇；彩版一二，10 ~ 12）。

（一五）M15

（1）墓葬概述

位于西区西岗梁下的 73 清理区西南部，东距 M6 为 4.1 米。墓葬方向为西偏北 25°。墓葬平面略呈梯形，头端窄，足端宽。土坑竖穴墓，葬具不详。墓葬长 1.5、宽 0.75 ~ 0.84 米（图三一）。

随葬品绝大多数位于墓葬的西北部（图版一〇，2、3；图版一一，1）。

陶罐位于墓葬西北部。四乳四虺纹铜镜位于陶罐的西南部，镜面朝上。星云纹铜镜位于墓葬中部偏东北处，镜面朝下。

近西北壁处横列 3 枚铜泡。墓葬中部偏东北处呈“V”字形连续分布 5 枚铜泡，4 枚铜泡散出于墓葬中部偏西南处。近墓葬西角出土 1 枚铜泡。所有铜泡均泡面朝下。

铜环位于两面铜镜之间。

4 件铜坠饰中有 3 件与铜铃在一起，1 件位于墓葬中部偏东南处。

珠子和管分布较分散，位于墓葬中部和西北部。

人骨保存状况较差，大多腐烂不存。可辨认的有：2 件铜环（M16：5–1、M16：5–2）之间有一块锁骨；墓葬西南部的铜环附近有一块肩胛骨，在其西南侧有肱骨；在星云纹铜镜的南面有左肱骨。发现3枚牙齿，均磨蚀严重，出土不久即粉碎。

（2）随葬品

共计56件。

1）陶器

只有陶罐1件。残碎，形状、尺寸不清。

2）铜器

共29件。

铜坠饰 4件。形制相似。坠饰顶部有圆形穿孔纽，下半部纵剖面呈倒“U”字形，底部开口。

M15：8–1（考3703–1），完整。铸制。锈蚀较重无法分辨是否有纹饰。宽1.3、高2.6厘米（图三二，1；彩版一三，1）。

M15：8–2（考3703–2），完整，略变形。两面饰阴刻的“五”字形图案。宽1.6、高3.1厘米（图三二，2；彩版一三，2）。

M15：8–3（考3703–3），完整。铸制。材质较精，表面黑褐色，有光泽。两面饰阴刻的“五”字形图案。宽1.5、高2.9厘米（图三二，3；彩版一三，3）。

M15：8–4（考3703–4），完整。铸制。材质较精，表面黑褐色，有光泽。两面饰阴刻的“五”字形图案。宽1.3、高2.7厘米（图三二，4）。

铜泡 13枚。

M15：9–1（考3702–1），为D型放射线纹铜泡。边缘残。为较平缓的斗笠状，正面边缘饰一周斜线纹带，背面中部有一穿孔纽，纽的底部有一个直通铜泡一侧边缘的楔形凹槽。直径2.5、高0.6、厚0.15厘米（图三二，5；彩版一三，4）。

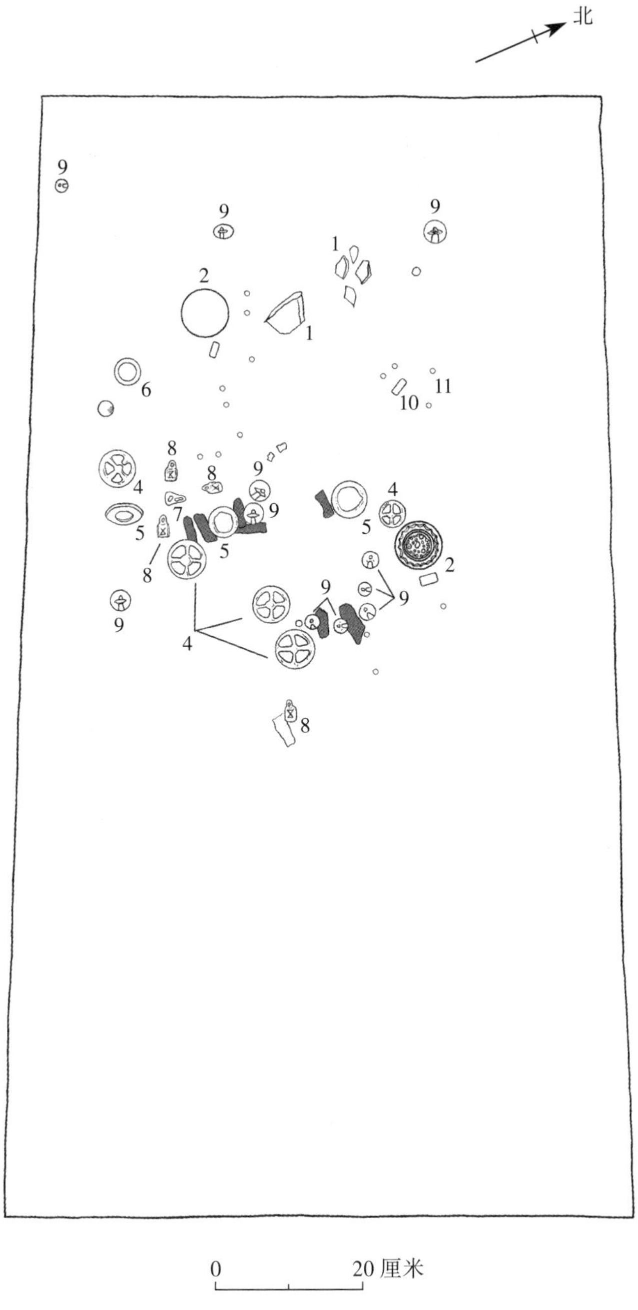

图三一 M15平面图

1. 陶罐 2. 铜镜 4. 铜轮 5、6. 铜环 7. 铜铃 8. 铜坠饰 9. 铜泡 10. 滑石管 11. 蓝色玻璃珠（图中未标注编号的圆圈均为蓝色玻璃珠，涂灰色区域为人骨）

M15：9–2、9–3（考3702–2、考3702–3），为A型矮弧形铜泡。边缘略残。2件形状、尺寸基本相同。背面中部有一穿孔纽，在纽的下面有一个直通铜泡一侧边缘的楔形凹槽。直径2.9、高0.5、厚0.15厘米（图三二，9；彩版一三，5）。

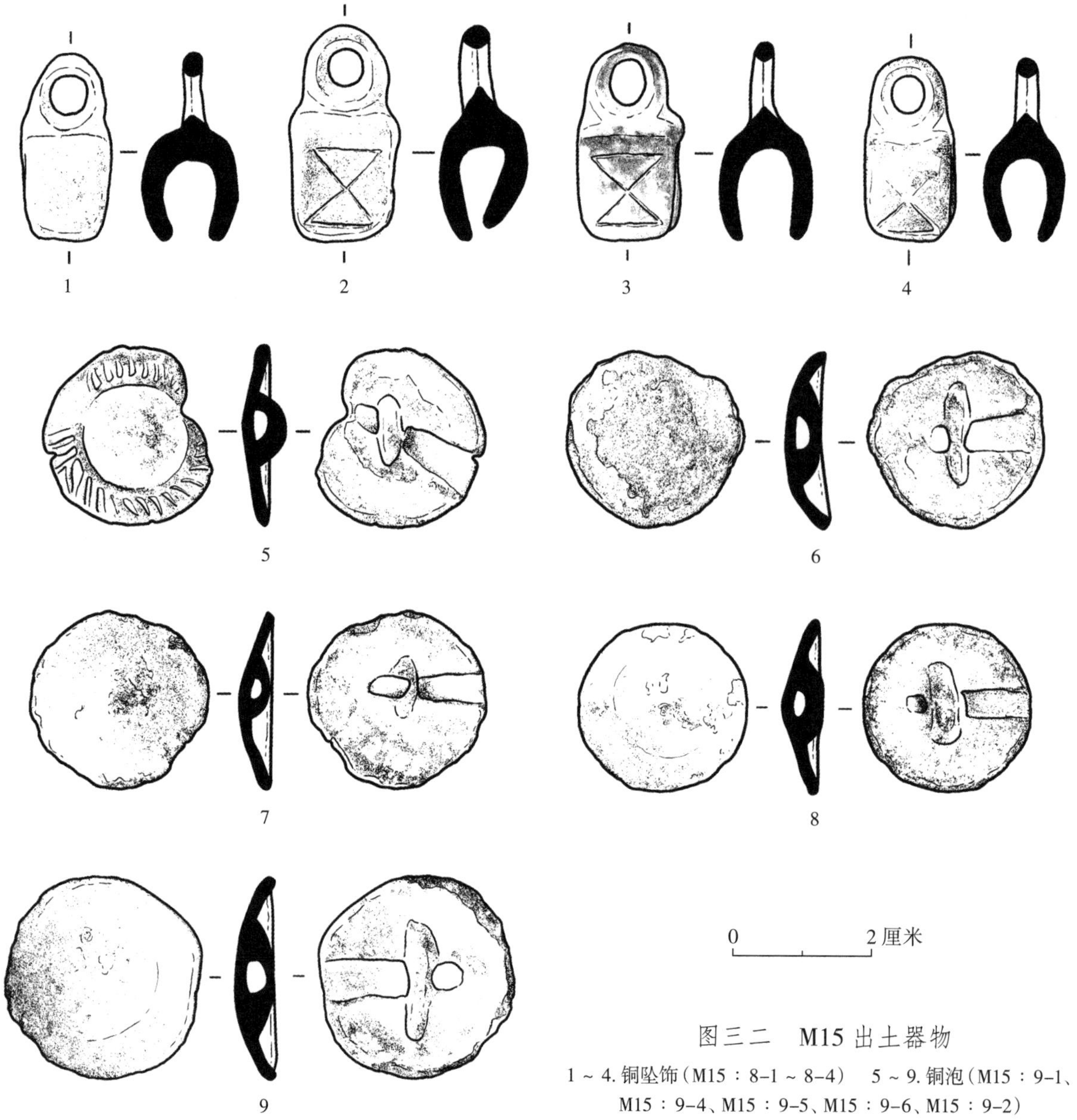

图三二　M15出土器物

1～4.铜坠饰（M15：8-1～8-4）　5～9.铜泡（M15：9-1、M15：9-4、M15：9-5、M15：9-6、M15：9-2）

M15：9-4～9-8（考3702-4），直径基本相同。1件完整，其余的边缘略残或微残。背面中部有一穿孔纽，在纽的下面有一个直通铜泡一侧边缘的楔形凹槽。M15：9-4为A型矮弧形铜泡（图三二，6），余为Aa型矮斗笠形铜泡（图三二，7、8）。直径2.55、高0.6厘米。

其余5枚残损严重，具体形状不明。

铜铃　1件。

M15：7（考3701），为C型北方式不规则镂孔或无镂孔铜铃。完整，锈蚀。带穿孔纽，铃身为梯形，有两个不规整镂孔，铃身横截面为菱形。铃纽外轮廓为近梯形，穿孔为圆形，穿孔和铃身之间有铸造时留下的透孔。底部长1.55、宽1.2厘米，高2.8厘米，铃身厚0.15厘米（图三三，1；彩版一三，6）。

铜环　5件。

M15∶5–1（考3700–1），为C型铜环。边缘略残。铸制。器身较扁。内缘较厚，向外缘逐渐变薄。内缘为不规整的圆形，其中一段内缘向外弧突，可能是穿系皮带磨损而成。直径5.1、厚0.35厘米（图三三，2；彩版一三，7）。

M15∶5–2（考3700–2），为A型铜环。完整。铸制。铸造不精，边缘不甚规整。器身较扁。内缘较厚，向外缘逐渐变薄。内缘形状不甚规整。直径3.92、厚0.4厘米（图三三，3；彩版一三，8）。

M15∶5–3（考3700–3），为C型铜环。完整，锈蚀较重。边缘铸造略显粗糙。器身较扁。正面略鼓，背面略内凹。直径4.1、厚0.35厘米（图三三，4）。

M15∶6–1（考3700–4），为A型铜环。外缘略残。铸制。器身较扁。内缘较厚，向外

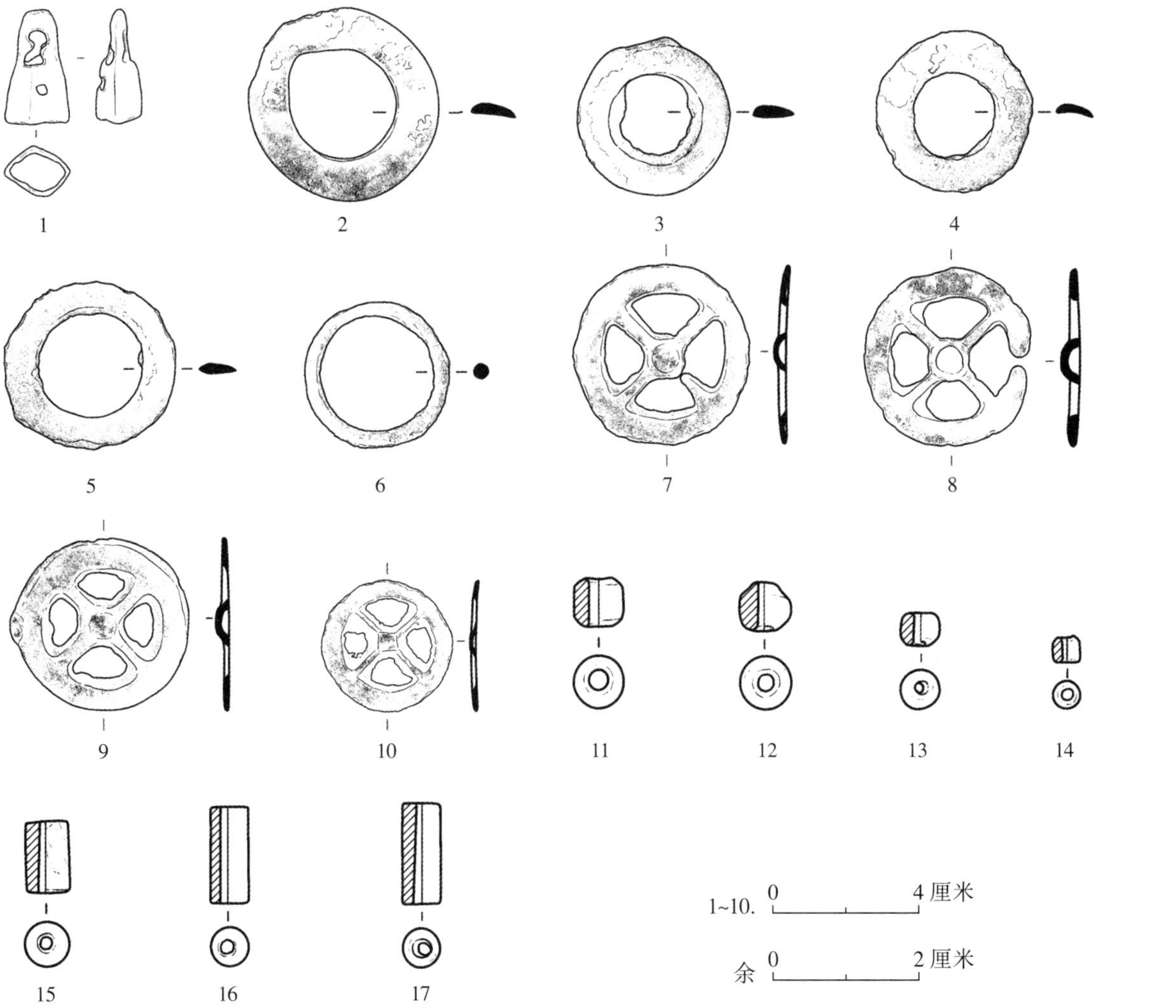

图三三　M15出土器物

1.铜铃（M15∶7）　2～6.铜环（M15∶5–1、M15∶5–2、M15∶5–3、M15∶6–1、M15∶6–2）　7～10.铜轮（M15∶4–1～4–4）　11～14.蓝色玻璃珠（M15∶11–1～11–4）　15～17.滑石管（M15∶10–1～10–3）

缘逐渐变薄，内、外缘均有略平缓的刃。内缘有铸造时留下的瑕疵。直径4.45、厚0.3厘米（图三三，5）。

M15：6-2（考3700-5），为D型铜环。完整，锈蚀严重。铸制。横截面为圆形，环的一部分略变细，可能是系绳磨损而成。表面粗糙，凹凸不平。直径3.7、横截面直径0.32 ~ 0.42厘米（图三三，6）。

铜轮 4件。

M15：4-1 ~ 4-4（考3699-1 ~考3699-4），均为C型铜轮。4件形状相似。铸制，边缘为一圆环，环内有由四个镂孔相隔形成的十字交叉形隔梁，两隔梁交叉处为一外凸圆泡。正面微外鼓，背面较平，背面中部小泡处内凹。有的镂孔形状不规则，边缘残留未穿透的薄铜片。最大的2件直径分别为4.7厘米（图三三，7）、4.65厘米（图三三，8；彩版一三，11）；尺寸居中的1件边缘有一突节，直径4.55厘米（图三三，9）；最小的1件直径3.5厘米（图三三，10）。

铜镜 2面。

M15：2-1（考3704.1），为四乳四虺纹镜。边缘微残。半球形纽，素平缘略窄有折棱，镜面微外鼓。纽区有一周成组的短线纹和一周略倾斜的短斜线纹，每个虺纹的颈部外侧各有一线条简略的鸟纹。纹饰带外侧为一周短斜线纹。直径6.25、边缘厚0.2厘米（图三四，1；彩版一四，1）。

M15：2-2（考3704.2），为A型星云纹镜。边缘微残。连峰纽上半部磨损变形，内向连弧纹边缘略向外倾斜，镜面微外鼓。纽孔较大，偏向一侧，无纽座。镜背面纹饰为星云纹，纹饰不清晰，镜面近中部有一长条形凹槽，三带座乳丁之间各分布一组六个小乳丁。乳丁之外隐约可见凸曲线纹。直径6.4、边缘厚0.2厘米，从纽部测得通高0.65厘米（图三四，2；彩版一四，2）。

3）珠子、管

共26枚。

蓝色玻璃珠 23枚。

M15：11-1 ~ 11-23（考3705），完整。大部分为蓝色，少部分为深蓝色，2枚为浅蓝色。一部分为近算珠形，一部分为近圆柱形。直径0.4 ~ 0.7厘米（图三三，11 ~ 14；彩版一三，9）。

滑石管 3枚。

M15：10-1 ~ 10-3（考3705），完整。乳白色。圆柱形，中部有一纵向穿孔，两端的孔径基本相同。2枚直径0.5、高1.3厘米；1枚直径0.6、高0.9厘米（图三三，15 ~ 17；彩版一三，10）。

（一六）M16

（1）墓葬概述

位于西区西岗梁下的73清理区西北角，北距M19为3.8米。墓葬方向为西偏北31°。墓

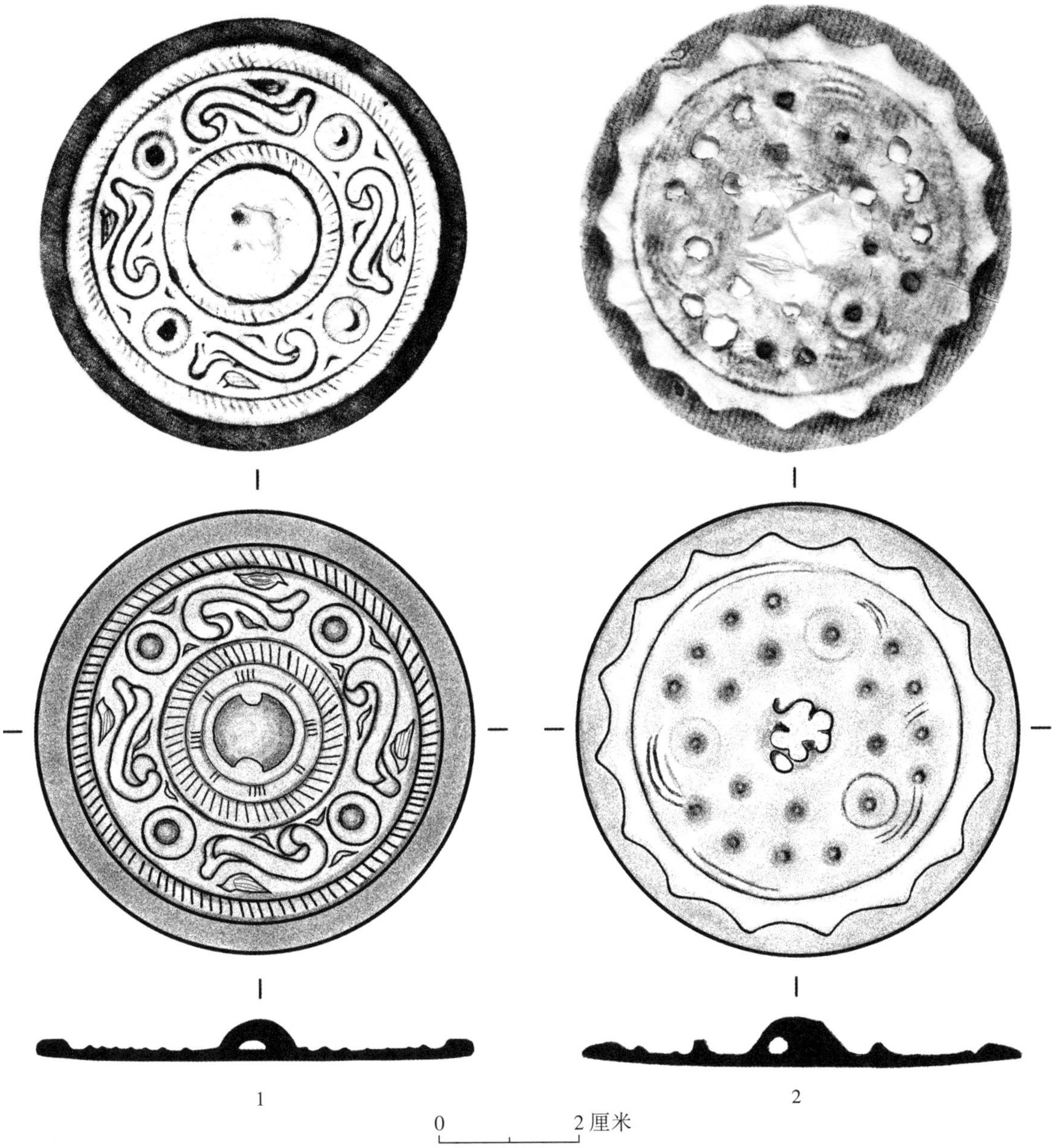

图三四 M15出土器物

1. 四乳四虺纹镜（M15：2–1） 2. 星云纹镜（M15：2–2）

葬保存状况相对较好。长方形土坑竖穴墓。随山坡地势而挖成，墓葬的西北部高，东南部低。墓圹边缘清楚，四壁及墓底为风化的淡青色角砾岩碎石。葬具不详。墓内填土为五花土。墓葬长1.7、宽0.91、残深0.2米（图三五）。

随葬品较多，共257件。陶器位于墓葬西北壁附近。2枚铜泡位于陶器的东部，均背面朝上。金耳饰位于陶罐前方的近墓葬西南壁处，前端朝东南（图版一一，2、3）。

蓝色玻璃珠有4组，共计233枚。第一组55枚分布于金耳饰附近，第二组41枚位于第一组的左侧与其相对分布。第三组由102枚珠子组成，位于第一组的东部，除了一枚以外，

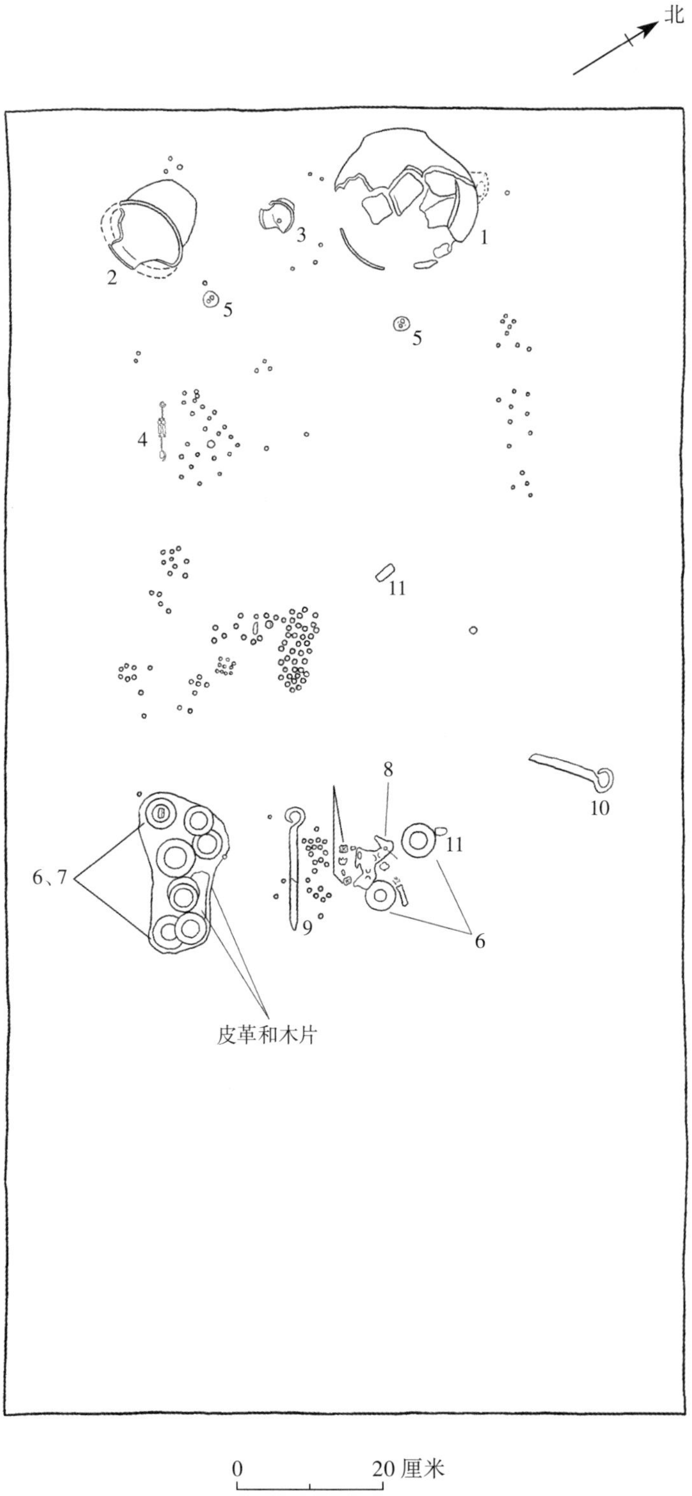

图三五 M16平面图

1. 陶壶 2. 陶罐 3. 陶杯 4. 金耳饰 5. 铜泡 6、7. 铜环 8. 铜牌饰 9、10. 铁刀 11. 铁管（图中未标注编号的器物均为珠子）

这些珠子应该绝大多数位于人的头、颈部。与第三组蓝色玻璃珠在一起的还有 1 枚绿色球状石珠、3 枚紫色玻璃珠。

以下器物应位于墓主人的腰部附近：

第四组蓝色玻璃珠 35 枚，位于环首铁刀东北一侧。

在第三组珠子附近有 1 段铁管和 1 枚铜泡。

铜环 10 件，出于墓葬中部偏东南侧，铜环下面有大片皮革。皮革下有木片。

马形铜牌饰位于第四组珠子的东北一侧，用皮条与 2 件铜环连接在一起。

较小的铁刀位于马形铜牌饰的北侧。

墓内人骨大多腐烂没有保留下来，只在墓葬中部马形铜牌饰附近出一段指骨和一些零碎的骨骼，其中保存较好的是在其附近有五、六枚牙齿，其中有臼齿和门齿。根据牙齿磨损程度推测，墓主人大约 20 岁。

（2）随葬品

共计 257 件。

1）陶器

共 3 件。

陶壶　1 件。

M16：1（考 3706），残，口部不能复原，器耳大部分残缺。夹砂黄褐陶，陶色不均，部分器表有斑驳的黑灰色痕迹，可能是烟炱。手制。鼓腹，平底，腹部有一对较扁的横耳。腹径 18、底径 10、残高 16.1 厘米（图三六，1；彩版一五，1）。

陶罐　1 件。

M16：2（考 3707），器身残缺较多，可复原。为 B 型无耳大口夹砂陶罐。夹砂黄褐陶，器表抹细泥磨光。手制。侈口，方唇，腹略鼓，平底。口沿外一侧有两周带刻齿的附加堆纹，口径 13、底径 7、高 9.3 厘米（图三六，2；彩版一五，2）。

陶杯　1 件。

M16：3（考 3708），为 Cb 型夹砂陶杯。残，可复原。夹粗砂红褐陶。手制。侈口，斜壁，平底，器壁较厚。口径 8、底径 5.2、高 4.5 厘米（图三六，3；彩版一五，3）。

2）铜器

共 13 件。

铜牌饰　1 件。

M16：8（考 3710），为 Aa 型带背纽的马形铜牌饰。底部和部分边缘残。铸制，工艺不甚精细。为半卧状马形象，正面略鼓，背面略内凹。马头部的蕈状凸残断，鬃毛分布在颈、背部，腹前半部向下有一小立柱。牌饰底部残留一段横边。牌饰的边缘略薄，正面较平整，没有表现出前肩和臀部凸起的肌肉。背面有两个半环形穿孔纽，其中一个纽内残留一段皮条或线绳。长 4.6、高 3.4 厘米（图三六，4；彩版一五，4）。

铜泡　2 枚。

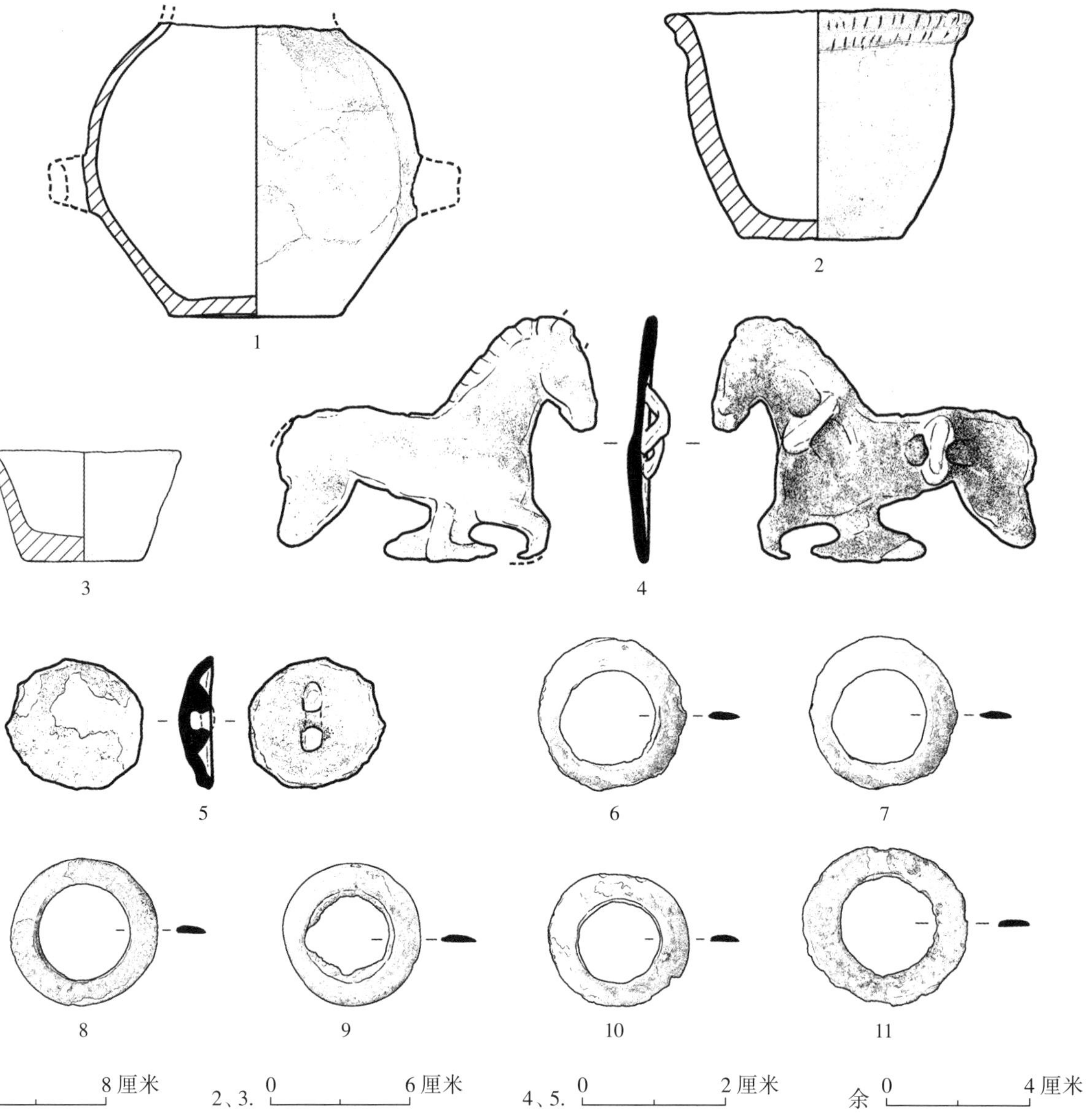

图三六　M16出土器物

1. 陶壶（M16：1）　2. 陶罐（M16：2）　3. 陶杯（M16：3）　4. 铜牌饰（M16：8）　5. 铜泡（M16：5–1）　6 ~ 11. 铜环（M16：6–1 ~ 6–5、M16：7）

M16：5–1、5–2（考3712–1、考3712–2），为近矮弧形铜泡。1件边缘略残，1件残损略重，背纽均残。2件形状、尺寸基本相同。背面中部有一穿孔纽。略残的一件（M16：5–1）直径1.95、高0.4、壁厚0.31厘米（图三六，5）。

铜环　10件。

M16：6–1 ~ 6–9（考3711），M16：6–1、6–2、6–4、6–8、6–9为A型铜环（图三六，6、7、9；彩版一五，6），M16：6–3、6–5 ~ 6–7为B型铜环（图三六，8、10；彩版一五，5）。大多数边缘略残。个别的内缘因铸造不精而参差不齐。最小的4件，直径4.3、厚0.2厘米；尺寸居中的3件，直径4.4 ~ 4.5、厚0.3厘米；较大的2件，直径4.7、厚分别为0.2和0.3

厘米。

M16∶7（考3711），为B型铜环。外缘残。两面环肉较平，部分内缘不平整，正面近内缘处有斜棱，形成较缓的折棱。背面环肉较平，内缘微上翘。直径约4.7、厚0.15～0.2厘米（图三六，11）。

3）铁器

共3件。

铁刀　2件。

M16∶9（考3709-1），为圆形环首铁刀。刃部残断，可复原。锈蚀。环首，直刃。环首部与刀身连为一体。环首为较规整的圆形，底部有开口。刀身较窄，直背直刃，尖部从两侧内收呈尖状。刀身有一侧残留有平纹纺织品纤维。通长18.2、刀身最宽处宽1厘米，环首直径2.6厘米，刀背部厚0.27厘米（图三七，1；彩版一六，1）。

M16∶10（考3709-2），为椭圆形环首铁刀。略残。锈蚀。环首，直背，刃部不平整。环首部与刀身分界不明显，环首为横椭圆形，有开口。刀身较薄，刀背平直。刀身上半部略宽，向下逐渐变窄。通长10.6、刀身最宽处宽1.3厘米，背部厚0.22厘米（图三七，2；彩版一六，2）。

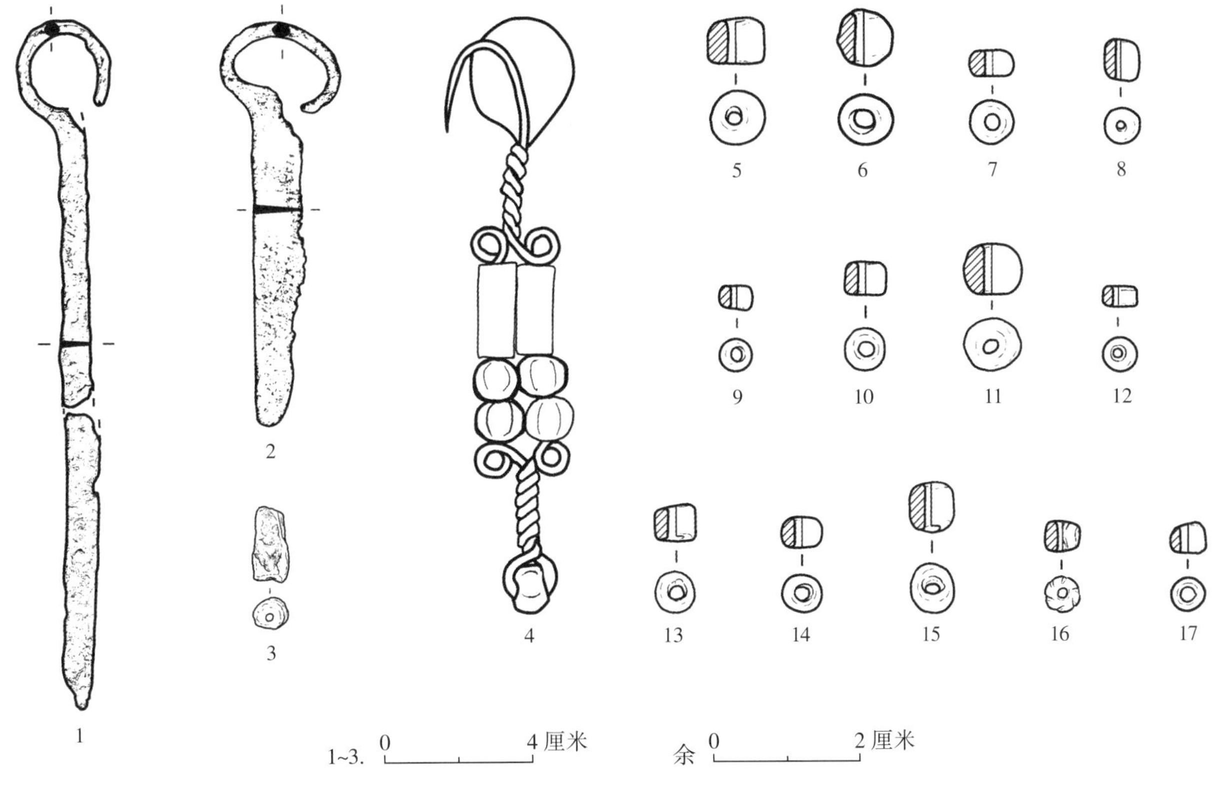

图三七　M16出土器物

1、2. 铁刀（M16∶9、M16∶10）　3. 铁管（M16∶11）　4. 金耳饰（M16∶4）　5～17. 蓝色玻璃珠（M16∶12-1～12-5、M16∶13-1～13-4、M16∶15-1～15-4）

铁管　1 件。

M16：11（考 3711），锈蚀严重。两端残，原始长度不明。圆柱形，中部有一较细的纵向穿孔。残长 2.05、直径 1 厘米（图三七，3）。

4）金器

只有金耳饰 1 件。

M16：4，为 A 型金耳饰。完整。由 1 根金丝对折后拧绕而成。耳饰底部拧出一个环并穿 1 枚玛瑙珠，两根金丝在玛瑙珠上部拧出一个立柱，然后两侧各拧出一个圆环，在圆环以上两根金丝各穿入 2 枚玛瑙珠和 1 枚滑石管，然后金丝再在两侧各拧出一个圆环，在圆环以上拧出一段立柱，最后一根金丝弯成钩状，另一根金丝压成扁叶状。玛瑙珠表面均有纵向的凸棱。通长 7.9 厘米（图三七，4；彩版一六，3）。

5）珠子、管

共 237 枚。

蓝色玻璃珠　233 枚。

M16：12-1 ～ 12-30（考 3715），共 30 枚。部分珠子略残。4 枚为深蓝色，其余为蓝色或浅蓝色。形状有近圆柱形、近球形、近算珠形三种。一枚近球形的珠子最大，直径 0.7 厘米；其余的直径 0.3 ～ 0.5 厘米（图三七，5 ～ 9；彩版一六，4）。

M16：13-1 ～ 13-50（考 3715），共 50 枚。少量珠子残，其余均完整。大多数为蓝色或浅蓝色，3 枚为深蓝色。珠子大部分为略短的近圆柱形，少量近球形和算珠形。一枚最大的珠子为近球形，直径 0.7 厘米；其余的直径 0.45 ～ 0.5 厘米（图三七，10 ～ 13；彩版一六，5）。

M16：15-1 ～ 15-34（考 3715），共 34 枚。少量珠子残，大部分完整，一部分表面受侵蚀呈浅灰蓝色。1 枚为深蓝色，大部分为蓝色或浅蓝色。一部分近较短的圆柱形，一部分为近算珠形，有的珠子表面不甚平整。2 枚近圆柱形珠子的表面有纵向平行的灰白色曲线（图三七，16）。一枚珠子最大，直径 0.62 厘米；其余的直径均为 0.45 ～ 0.5 厘米（图三七，14 ～ 17；彩版一六，6）。

有 119 枚蓝色玻璃珠整理时未见，编号不详。

紫色玻璃珠　3 枚。整理时未见，编号不详。

绿石珠[1]　1 枚。整理时未见，编号不详。

（一七）M17

（1）墓葬概述

位于西区西岗梁下的 73 清理区北边缘中部。墓圹边线不清。墓葬形制不清，墓葬方向

[1] 部分珠子类遗物受条件限制未进行鉴定，质地不详，根据发掘记录描述为石珠。根据对珠饰的科技分析可知，西岔沟墓地出土绿石珠（管）的质地，绝大多数应是绿云母，极少数可能为天河石。

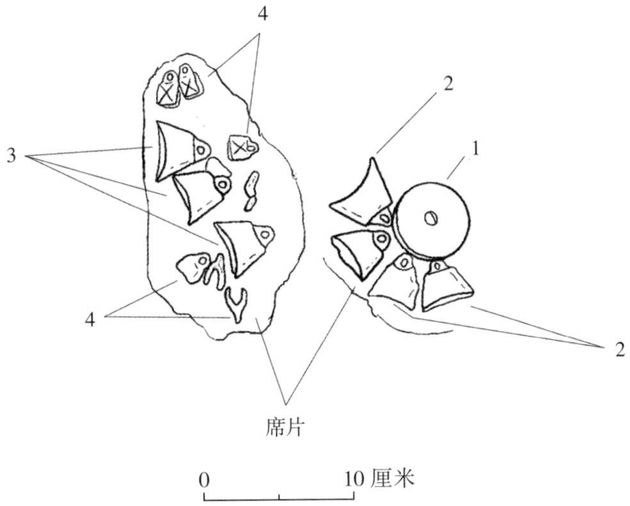

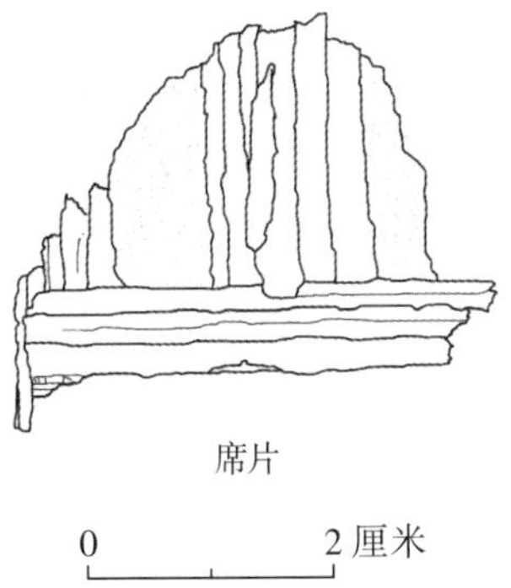

图三八　M17遗物分布图及出土席片

1. 陶纺轮　2、3. 铜铃　4. 铜坠饰

不明。

只残留一小部分随葬品。随葬品分布比较集中，可分两组：一组以陶纺轮为中心，外围有4件铜铃呈半圆形分布，铃身向外。另一组在其左侧，有铜铃3件、铜坠饰6件、铁管1件[1]。在所有遗物的下面都有席纹，尚可看出其编织方法（图三八；图版一二，1；图版二九，2）。

在墓葬中也发现骨骼残片。

（2）随葬品

共计15件。

1）陶器

只有陶纺轮1件。

M17：1（考3716），为A型夹砂陶纺轮。完整。夹砂黑褐陶。圆饼形，边缘平直，中部有一圆形穿孔。一面较平滑、微外鼓，一面略粗糙、微显内凹，可能是用形体较大的陶器残片加工而成。直径4.8、高0.8厘米（图三九，1；彩版一七，1）。

2）铜器

共13件。

铜坠饰　6件。

M17：4–1 ~ 4–6（考3718–1 ~ 考3718–6），6件形状基本相同，有大、小两种尺寸。1件略残，其余完整。铸制，铸造不精，有的位于穿孔纽和器身交界处的合范处有外流铜液的残留。坠饰顶部有圆形穿孔纽，下半部纵剖面呈倒“U”字形，底部开口。两面饰阴刻的“五”字形图案，1件锈蚀图案不清晰。最大的一件宽1.9、高2.5、壁厚0.3 ~ 0.47厘米。其余的5

[1] M17没有墓葬平面图，发掘档案只保留一幅没有标明方向的局部遗物分布图。

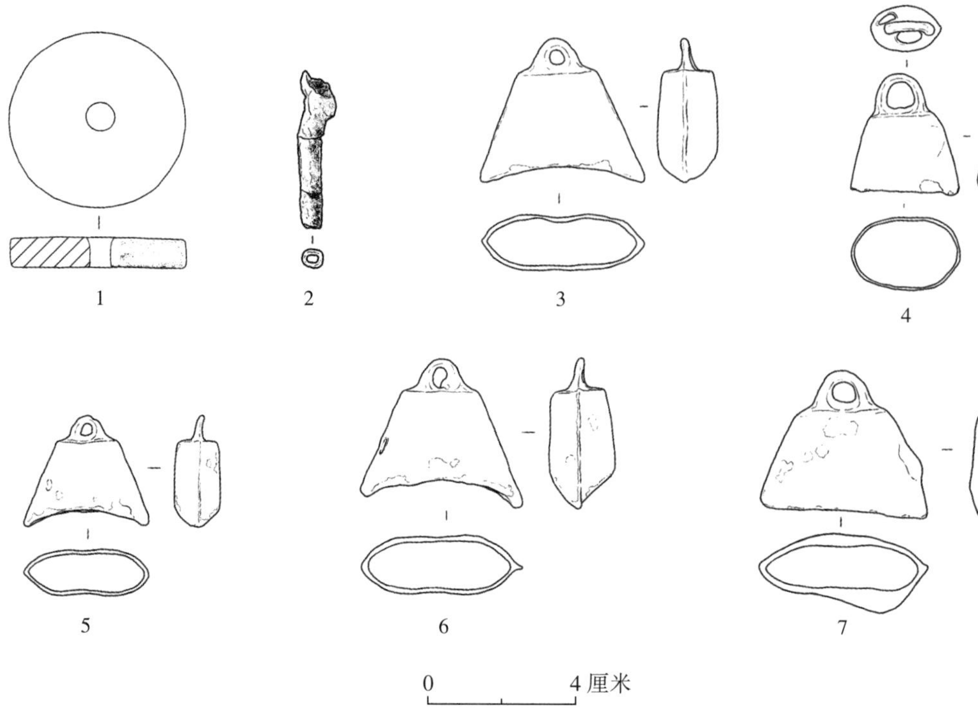

图三九　M17 出土器物

1. 陶纺轮（M17：1）　2. 铁管（M17：3 附件）　3 ~ 7. 铜铃（M17：2-1、M17：2-2、M17：3-1、M17：3-2、M17：3-4）

件宽 1.34 ~ 1.6、高 2.2 ~ 2.44、壁厚 0.2 ~ 0.45 厘米（图四〇；彩版一七，8 ~ 12）。

铜铃　7 件。

M17：2-1（考 3717.1-1），为 A 型中原式素面铜铃。完整。锈蚀。铸制。钟形，顶部有一半环形穿孔纽。底边内凹，铃身横截面为近橄榄形。在穿孔纽下有一近圆形透孔，可能是穿系铃舌所用。底边部的器壁略内收。底边长 4.35、宽 1.7 厘米，高 4 厘米，壁厚 0.2 厘米（图三九，3；彩版一七，3）。

M17：2-2（考 3717.1-2），为 Ba 型中原式素面铜铃。微残，锈蚀。铸制。钟形。底边平直，铃身横截面为椭圆形。顶部有一大半圆形穿孔纽，纽下有两个镂孔，应为穿系铃舌所用。底边长 3、宽 2 厘米，高 3.3 厘米（图三九，4；彩版一七，4）。

M17：3-1 ~ 3-3（考 3717.2-3 ~ 考 3717.2-5），均为 A 型中原式素面铜铃。形状基本相同。钟形，顶部有一半环形穿孔纽。底边内凹，铃身横截面为近橄榄形。底边部的器壁略内收。2 件铃身顶部近纽处有镂孔。较小的 1 件底边长 3.5、宽 1.3 厘米，高 3.1 厘米（图三九，5；彩版一七，5）。较大的 2 件底边长 4.5、宽 1.6 厘米，高 4 厘米，壁厚 0.15 厘米（图三九，6；彩版一七，6）。

M17：3-4（考 3717.2-6），为 Bb 型中原式素面铜铃。底边略直。锈蚀。钟形，顶部有一半环形穿孔纽。铃身近梯形，铃身横截面为近橄榄形。底边部的器壁略内凹。铃身上有一个铸造时留下的不规整形状透孔。铃身沿底边有一周外凸的较缓的凸带，铃身一面隐约可见

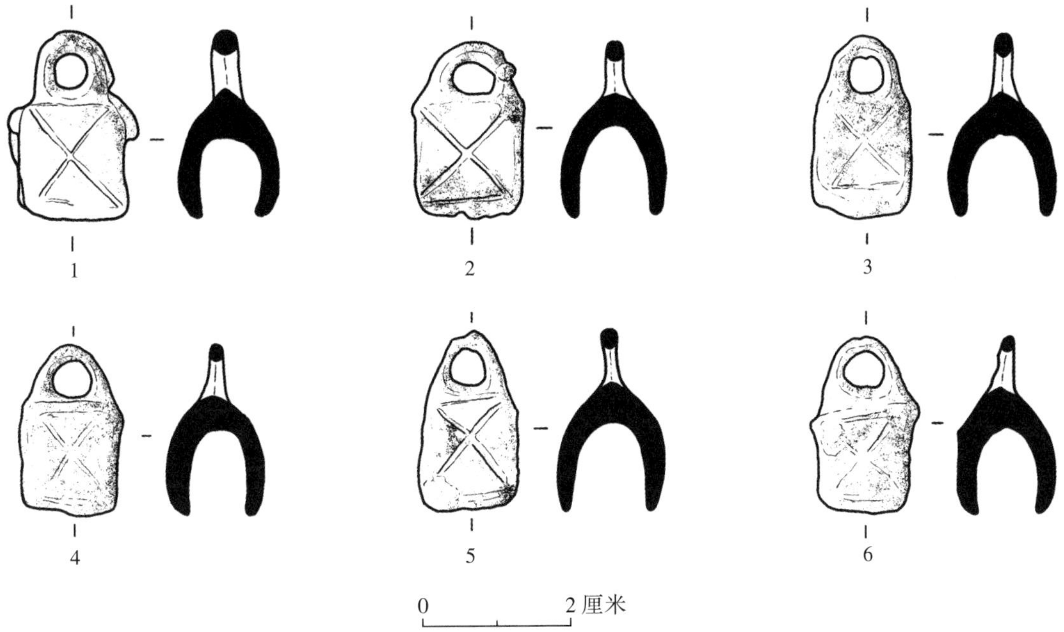

图四〇 M17出土铜坠饰

1. M17：4-1 2. M17：4-2 3. M17：4-3 4. M17：4-4 5. M17：4-5 6. M17：4-6

残留的内填大凸点的菱形纹，铃身中部的一条纵向粗线将纹饰带分为左、右两部分。铃身正面的中部有一条与底边凸带垂直的纵向平缓的凸棱。底边长4.48、宽1.6厘米，高3.9厘米，壁厚0.15厘米（图三九，7；彩版一七，7）。

根据发掘记录可知还有1件铜铃，整理时未见。尺寸、形制不详。

3）铁器

只有铁管1件。

M17：3附件（考3717附件），两端残，锈蚀较重。残存部分近圆柱形，中部有一较细的穿孔。横截面为椭圆形。可能是青铜铃的铃舌。残长4.1厘米，横截面长径0.7、短径0.53厘米（图三九，2；彩版一七，2）。

（一八）M18

（1）墓葬概述

位于中区西岗梁上的59清理区南部边缘，东北距M29为12米。墓葬被破坏严重，墓圹边缘不清。推测墓葬方向是西北向。

随葬品只发现1件铁矛。

在铁矛的西北侧扰土中发现大量铜泡、扁体铁镞的残片以及绿色珠子等，很可能是从该墓盗扰出的遗物。

（2）随葬品

只发现铁矛1件。

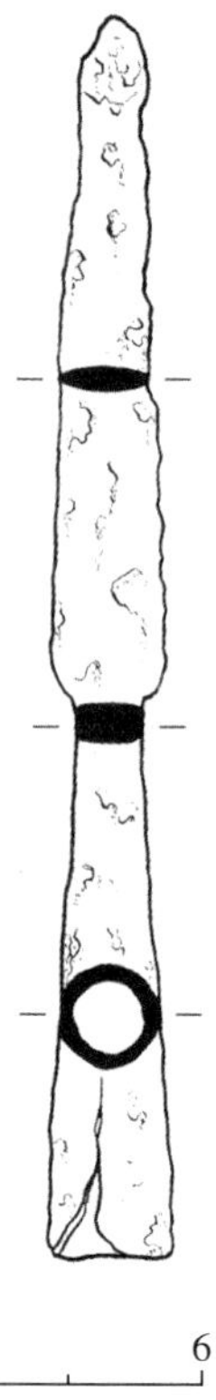

图四一　M18出土器物
铁矛（M18：1）

M18：1（考3719），为Bb型铁矛。完整，锈蚀。锻制。近窄圭形矛叶，圆筒形骹。矛叶横截面为凸透镜形，柄部横截面为圆角长方形。近骹口处有缝隙。长27.4、刃宽2.4、骹口直径2.8厘米（图四一；图版二九，5）。

（一九）M19

（1）墓葬概述

位于西区西岗梁下的72清理区西南角。墓葬方向为西偏北33°。墓葬保存状况较好，为长方形土坑竖穴墓。墓葬挖在淡青色角砾岩层上。葬具不清。墓葬长1.5、宽0.8、残深0.17米（图四二）。

随葬品集中于墓葬西北部。

陶器大致呈西南—东北向一排分布。蓝色玻璃珠位于陶器附近。铜泡位于墓葬中部，背面朝上。

（2）随葬品

共计13件。

1）陶器

共6件。

陶壶　2件。

M19：1（考3720.1），为Ab型束颈夹砂陶壶。口沿残，可复原。夹砂黄褐陶，陶色不均。侈口，圆唇，鼓腹，平底。口沿下有一对对称分布的穿孔。口径10.7、腹径13.5、底径7.8、高18.4厘米（图四三，1；彩版一八，1）。

M19：2（考3720.2），为B型敞口夹砂陶壶。残，可复原。夹砂黄褐陶，陶色不均。敞口，圆唇，鼓腹，平底，最大腹径居中。口径9.1、腹径11.1、底径5.8、高13.5厘米（图四三，2；彩版一八，2）。

陶罐　1件。

M19：3（考3722），残，口、颈部不能复原。夹砂黄褐陶，陶色略纯，夹砂量较大。器形较小。鼓腹，平底，最大腹径近上腹部，近颈部的器壁略厚。腹径6.8、底径4.5、残高6厘米，壁厚0.5～0.6厘米（图四三，3；彩版一八，3）。

陶碗　1件。

M19：4（考3721），为Aa型夹砂陶碗。微残。夹砂红褐陶，火候不均。手制。侈口，圆唇，腹微外弧，平底。口径11.3、底径7.6、高6.5厘米（图四三，4；彩版一八，4）。

陶杯　1件。

M19：5（考3723），为Cb型夹砂陶杯。口沿残，可复原。夹砂黄褐陶。手捏制。口略外侈，圆唇，斜腹，平底。口径6.5、底径5.1、高3.9厘米（图四三，5；彩版一八，5）。

陶纺轮　1件。

M19：6（考 3724），为 B 型夹砂陶纺轮。边缘略残。夹砂黄褐陶。小半球形，平底，中部有一纵向穿孔。直径 5.3、孔径 0.8 ~ 0.95、高 2.6 厘米（图四三，6；彩版一八，6）。

2）铜器

只有铜泡 1 枚。

M19：7（考 3725），为 Aa 型中高斗笠形铜泡。边缘残。背面中部有一穿孔纽，纽下有一直通泡一侧边缘的楔形凹槽。直径约 1.95、高 0.6、壁厚 0.2 厘米（图四三，7）。

3）珠子、管

共 6 枚，均为蓝色玻璃珠。

M19：8-1 ~ 8-5（考 3726），完整。最大的一枚为深蓝色，其余的为蓝色。最大的一枚近算珠形，其余的近圆柱形。最大的直径 0.5 厘米，其余直径约 0.3 厘米（图四三，8、9；彩版一八，7）。

1 枚蓝色玻璃珠整理时未见。

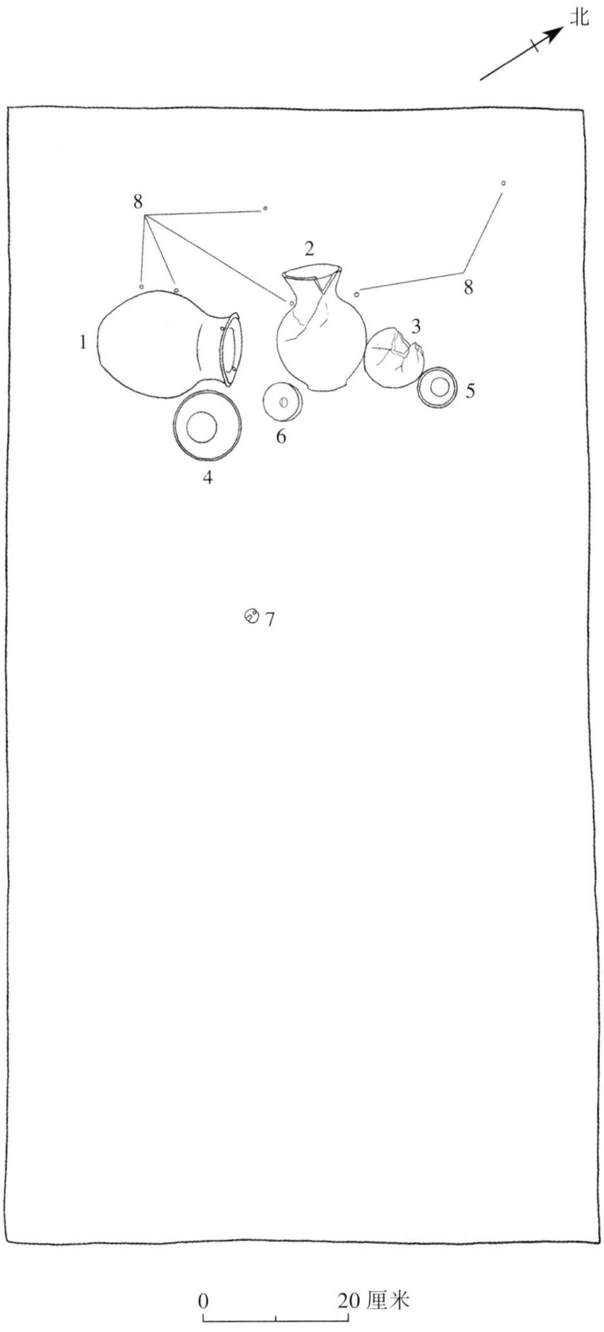

图四二　M19 平面图

1、2. 陶壶　3. 陶罐　4. 陶碗　5. 陶杯　6. 陶纺轮　7. 铜泡　8. 蓝色玻璃珠

（二〇）M20

（1）墓葬概述

位于中区西岗梁上的 58 清理区南部，北距 M22 为 5.4 米。墓葬被毁严重，形状不明。

仅在相当于墓圹内的西部出土陶罐 1 件。

（2）随葬品

只有陶罐 1 件。

M20：1（考 3727），为无耳大口夹砂陶罐。残，口沿残缺。夹砂黄褐陶，陶色不均，内外壁均有斑驳的黑灰色烟炱。口部略外侈，鼓腹，平底。颈部残留一周珍珠纹，其中大部分只残留从内壁向外壁未穿透的孔，外壁上只保留三个完整的珍珠纹。底径 7.7、残高 9.3 厘米（图四四；彩版一九，1、2）。

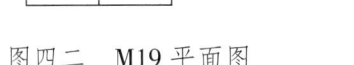

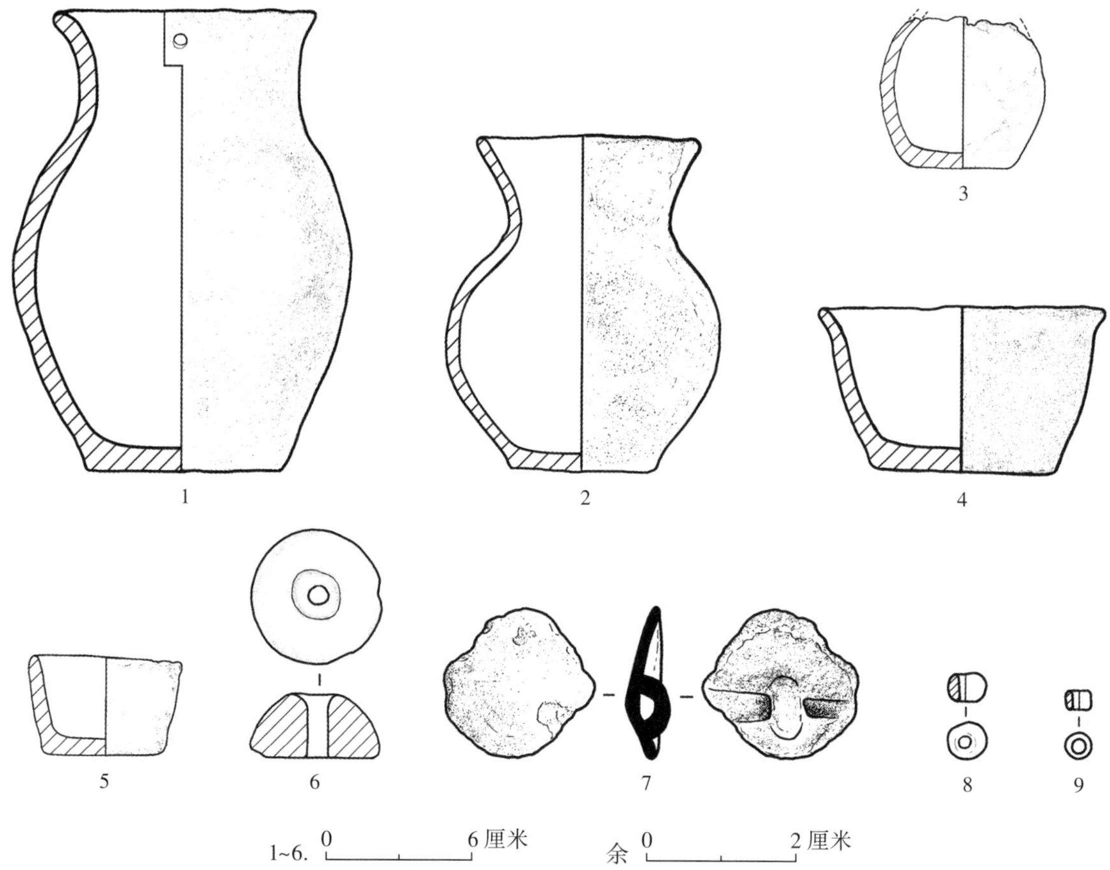

图四三　M19出土器物

1、2. 陶壶（M19：1、M19：2）　3. 陶罐（M19：3）　4. 陶碗（M19：4）　5. 陶杯（M19：5）　6. 陶纺轮（M19：6）　7. 铜泡（M19：7）　8、9. 蓝色玻璃珠（M19：8-1、M19：8-2）

（二一）M21

（1）墓葬概述

位于中区西岗梁上的57和58清理区之间，东北距M26为5.4米。墓葬方向为西偏北18°。墓葬被破坏，只保留有墓葬中部（图四五）。

铜镜位于墓葬西南壁附近。环首铁刀位于墓葬中部偏东北处。4件铜铃位于环首铁刀附近，3件铜铃位于铜镜东侧。铃纽均向西北方，在铃纽上各有一段小铁管，管内均有穿绳痕迹。推测应是佩带在腰部的装饰品。

小型铜泡位于铜镜、铜铃和环首铁刀之间。

在环首铁刀的东北侧出2枚叠放着的一化圜钱。从出土状况分析，该钱币应是作为坠饰类使用（图版一二，2）。

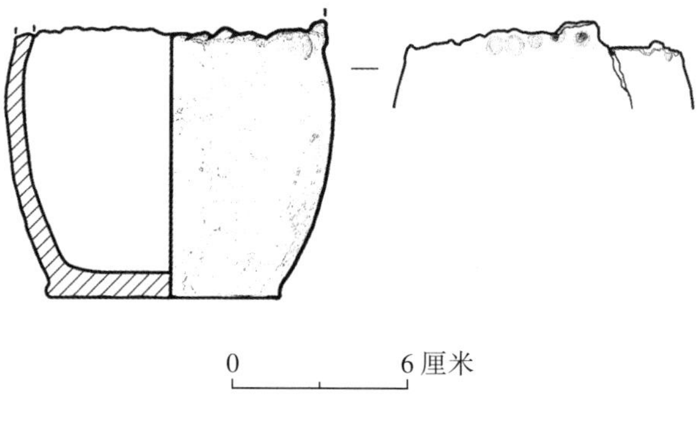

图四四　M20出土器物

陶罐（M20：1）

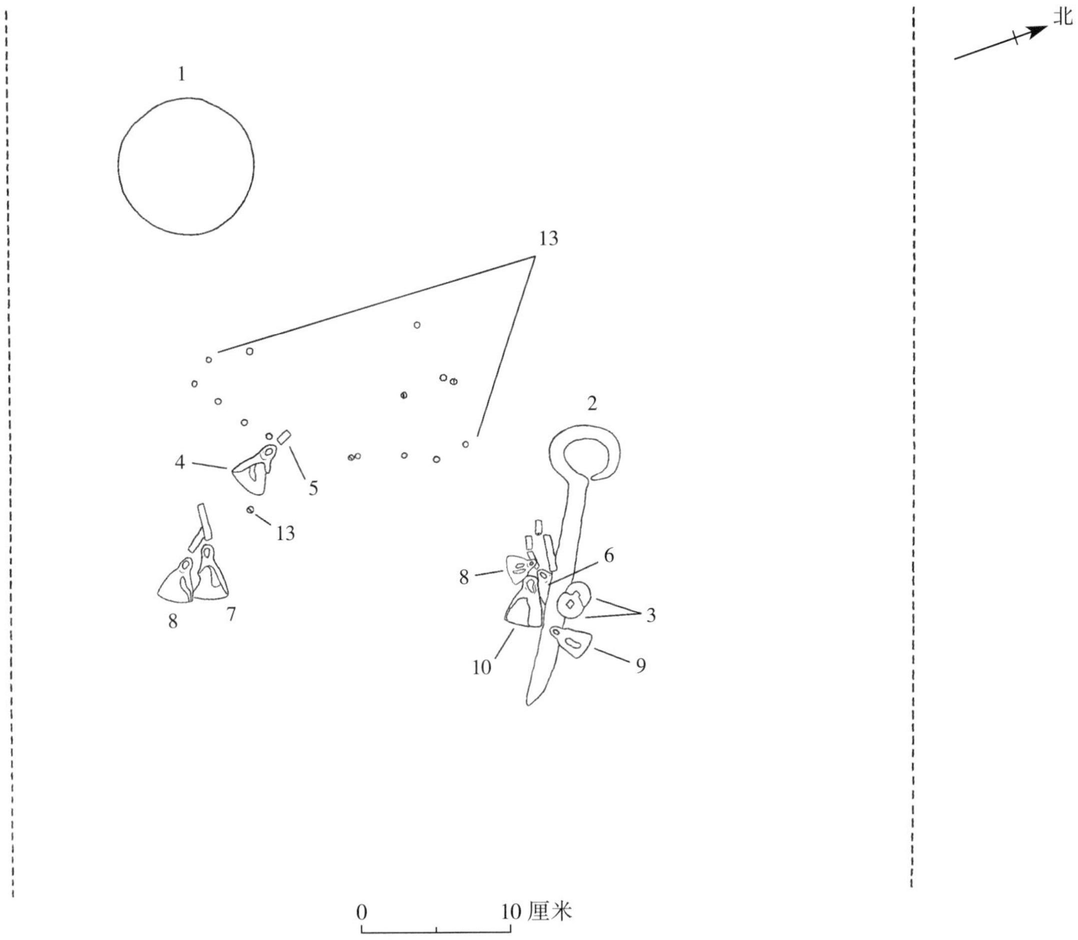

图四五　M21 遗物分布图

1. 铜镜　2. 铁刀　3. 一化圜钱　4 ~ 10. 铜铃及铁管　13. 铜泡

仅残留一部分人骨，保存较差，无法辨认部位。

（2）随葬品

共计 31 件。

1）铜器

共 23 件。

铜泡　13 枚[1]。

M21：13-1 ~ 13-13（考 3730-1 ~ 考 3730-13），为 A 型珠形铜泡。10 件完整或微残，3 件残。形状、尺寸基本相同。近小半球形，底部有一圆柱形横梁。直径 0.75、高 0.4 厘米，横梁直径 0.1 厘米（图四六，1；彩版二〇，6）。

铜铃　7 件。均为北方式铜铃。在铃纽上各有一小铁管，在管内和铃纽内均有穿绳痕迹。

M21：4（考 3729.1），为 B 型北方式不规则镂孔或无镂孔铜铃。铃身残。铃身为三角形，

[1] 整理时发现铜泡实物 13 枚，辽宁省博物馆藏器物卡片记录铜泡共 13 枚，旧报告正文记录铜泡 21 枚，该墓的发掘记录缺失。

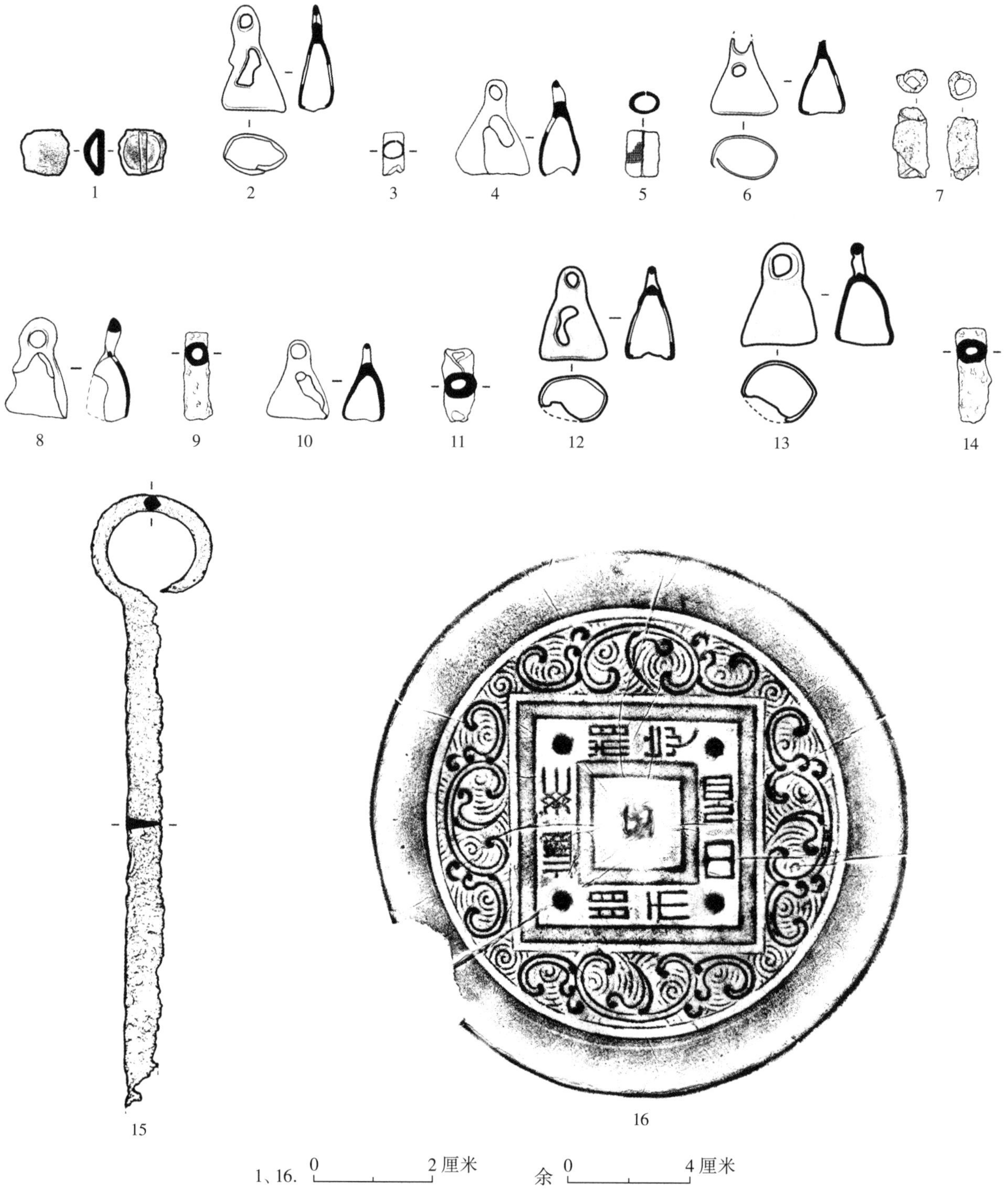

图四六　M21出土器物

1. 铜泡（M21：13-1）　2、4、6、8、10、12、13. 铜铃（M21：4～10）　3、5、7、9、11、14. 铁管（M21：4附、M21：5附、M21：6附、M21：7附、M21：8附、M21：10附）　15. 铁刀（M21：2）　16. 铜镜（M21：1）

顶部有一圆环形穿孔纽。铃身横截面近厚凸透镜形，铃身上有不规则形状的镂孔，口边缘略内卷。铃口长 2.1、宽 1.4 厘米，高 3.65 厘米，铃身壁厚 0.1 厘米（图四六，2；彩版二〇，1）。附残断的圆柱形铁管一段（图四六，3）。

M21：5（考 3729.2），为 B 型北方式不规则镂孔或无镂孔铜铃。铃身残。铃身近三角形，顶部有一圆形穿孔纽。铃身上有不规则形状的镂孔，横截面应为厚凸透镜形。铃口为平口，边缘略内卷。铃口长 2.2、宽 1 厘米，高 3.15 厘米，铃身壁厚 0.1 厘米（图四六，4）。附残断的圆柱形铁管 2 段，均锈蚀。残长分别为 1.45 和 2.1 厘米，直径分别为 1.05 和 0.7 厘米，其中一段铁管表面有平纹纺织品痕迹（图四六，5）。

M21：6（考 3729.2），为 B 型北方式不规则镂孔或无镂孔铜铃。铃纽残，铃身略残。铃身为圆角三角形。顶部有一圆形穿孔纽。铃身横截面近厚凸透镜形。近顶部的铃身两面有圆形镂孔。铃口部为平口，口边缘略内卷。铃口长 2.1、宽 1.5 厘米，残高 2.3 厘米，铃身壁厚 0.1 厘米（图四六，6）。附 2 段铁管，均残断，锈蚀。为圆柱形管，中部有一较粗的穿孔。残长分别为 1.98 和 2.25 厘米，直径分别为 1.05 和 0.95 厘米（图四六，7；彩版二〇，3）。

M21：7（考 3729.7），为 B 型北方式不规则镂孔或无镂孔铜铃。铃身残。铃身近三角形，顶部有一圆形穿孔纽。铃身残存部分无镂孔，铃身横截面为厚凸透镜形。铃口略倾斜，边缘略内卷。高 3.3 厘米，铃身壁厚 0.1 厘米（图四六，8；彩版二〇，5）。附铁管一段，长 2.8 厘米（图四六，9）。

M21：8（考 3729.1），为 B 型北方式不规则镂孔或无镂孔铜铃。顶部纽残。铃身为三角形，顶部有一穿孔纽。铃身横截面为厚凸透镜形，铃身上有不规则形状的镂孔。铃口部为平口，口边缘略内卷。铃口长 2、宽 1.3 厘米，高 2.5 厘米，铃身壁厚 0.5 ~ 1.5 厘米（图四六，10；彩版二〇，4）。附铁管一段，横截面为椭圆形，长 2.4 厘米（图四六，11）。

M21：9（考 3729.3），为 B 型北方式不规则镂孔或无镂孔铜铃。铃身残。铃身为三角形，顶部有圆形穿孔纽。铃身横截面近厚凸透镜形，铃身两侧有不规则形状的镂孔。铃口部为平口，口边缘内卷。铃口长 2.2、宽 1.5 厘米，高 3 厘米，铃身壁厚 0.1 厘米（图四六，12）。

M21：10（考 3729.2），为 B 型北方式不规则镂孔或无镂孔铜铃。铃身残约三分之一。铃顶部有圆形穿孔纽，纽顶部有一小突节。铃身上有不规则形状的镂孔，根据残存部分推测铃身横截面应为近圆形。铃口为平口，口边缘器壁略内卷。铃口长 2.4、宽约 1.4 厘米，高 3.55 厘米，铃身壁厚 0.1 厘米（图四六，13；彩版二〇，2）。附铁管 1 段，横截面为椭圆形，铁管内残留木质纤维。长 3 厘米（图四六，14）。

铜镜 1 面。

M21：1（考 3731），为 B 型蟠虺纹镜。边缘残。凸棱内弧缘，三弦纽，镜面微外弧。方形双凸线纹纽座，内区由方形双凸线组成铭文区，铭文为篆体“见日之明长毋相忘”。蟠虺纹之下有简化的羽状地纹。直径 8.9、边缘厚 0.21 厘米，镜身最薄处厚 0.07 厘米（图四六，16；彩版一九，3）。

一化圜钱 2 枚。

M21：3-1、3-2，一枚残，一枚残碎。铜质较差。圆形方孔，较轻薄。正面有内、外郭，方孔左侧有一“9”字形字，右侧有一不清晰的“一”字。背面素面无郭。直径1.85、穿宽0.65、厚0.1厘米，重1.5克。出土时叠放于环首铁刀上。整理时未见（图版二九，3）。

2）铁器

共8件。

铁刀 1件。

M21：2（考3728），为椭圆形环首铁刀。刃部和尖部略残。环首，直背，直刃。表面凹凸不平，应为锻制。环首略厚，与刀身连为一体，为横椭圆形，底部有开口。残长19.8、刀身最宽处宽1厘米，环首长径4、短径3.4厘米，刀身背部厚0.35厘米（图四六，15；彩版一九，4）。

铁管 7段。与铜铃搭配使用（见铜铃部分）。

（二二）M22

（1）墓葬概述

位于中区西岗梁上的58清理区北部，北距M21为1米。墓葬被破坏，仅残留墓葬中部，墓圹边缘不清（图四七）。

随葬品中发现一组佩饰，出土位置大致相当于墓主人的腰部。佩饰用绳穿着叠压在一起，排列状况是：两端分别有1枚大铜泡和1件大铜铃，在大铜泡和铜铃之间连接17段小铁管。

小铜铃位于墓葬中部偏左侧位置。45枚小铜泡分布于佩饰的左侧，大致呈横向两排排列，似乎也是腰带上的饰品。

2件管銎铁镞分别出土于佩饰和小型铜泡的两侧，尖向下倾斜。2件双翼铁镞位于腰部佩饰以下的股骨下方。

5件铜镞均位于腰部小铜泡以下，绝大多数尖向下，在镞的銎内保留有木质箭杆。

1件石镞出于铜泡和股骨之间。

1件小铜管位于左侧2件铜镞的右侧，管内有骨头痕迹（图版一二，3）。

发现一段股骨，保存状况较差。

（2）随葬品

共计70件。

1）铜器

共54件。

铜镞 5件。

M22：17（考3734-1），为C型双翼銎孔铜镞。倒刺略残。铸造较精致。三角形镞身。两翼有倒刺，镞身中部起脊，中脊和两侧缘之间有内凹的血槽。銎孔近末端有一规整的圆形小穿孔。銎孔横截面为规整的圆形。长2.4、底残宽1.4厘米，銎孔底部直径0.63厘米，銎孔底部壁厚0.15厘米（图四八，1；彩版二一，3）。

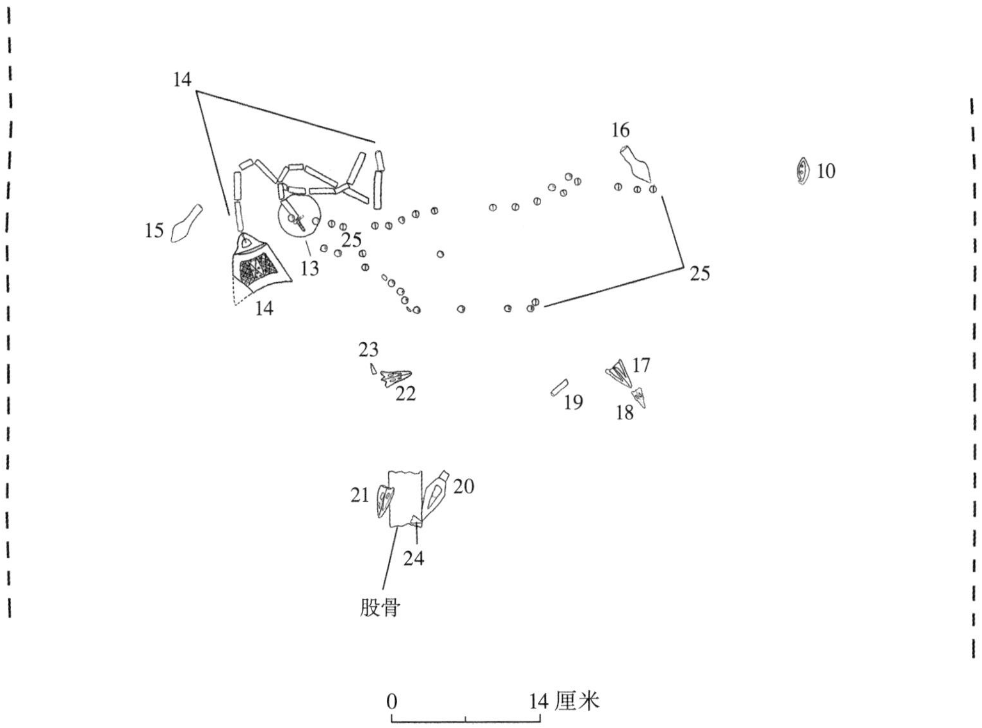

图四七　M22 遗物分布图

10. 北方式铜铃（小）　13. 铜泡（矮弧形）　14. 中原式铜铃（大）和铁管　15、16. 铁镞（管銎）　17、18、20 ~ 22. 铜镞　19. 铜管　23. 石镞　24. 铁镞（扁体，在股骨以下）　25. 铜泡（珠形）（墓葬方向不详）

M22：18（考 3734–2），为 Aa 型三翼銎孔铜镞。边缘略残。镞身为三角形，尾翼有倒刺。两面镞身和銎孔之间各有一个形状不甚规整的镂孔，镞身两侧缘内侧有内凹的血槽。銎孔横截面近圆形。长 2.09 厘米，銎孔底部直径 0.62 厘米，壁厚 0.05 ~ 0.1 厘米（图四八，2；彩版二一，2）。

M22：20（考 3734–3），为 B 型三翼管銎镞。完整。铸造精致。镞身上半部侧面为三角形，下半部翼边缘内收。銎孔中部外鼓，横截面为规整的圆形。銎孔上半部和镞身之间有三个规整的长圆角三角形镂孔，镂孔两侧的镞身上各有一条凸棱。长 3.32 厘米，銎孔底部直径 0.81 厘米，銎孔壁厚 0.12 厘米（图四八，3；彩版二一，1）。

M22：21（考 3734–4），为 D 型三翼銎孔铜镞。完整，铸造较精致。三翼边缘为流线型，尾翼略内弧形成倒刺。三面镞身和銎孔之间各有一个近圆形或椭圆形的镂孔。三翼边缘和銎孔之间有略内凹的血槽，一面镞身上半部有两个对称分布的三角形凹槽。銎孔横截面为圆形。长 2.18 厘米，銎孔底部直径 0.78 厘米，銎底部壁厚 0.1 厘米（图四八，4；彩版二一，1）。

M22：22（考 3734–5），为 Aa 型三翼銎孔铜镞。两个尾翼残。镞身为三角形，三翼边缘与銎孔之间形成内凹的血槽，尾翼形成倒刺。銎孔和两面镞身之间有近椭圆形镂孔。銎孔横截面为规整的圆形。长 2.86 厘米，銎孔底部直径 0.68 厘米，壁厚 0.1 厘米（图四八，5；彩版二一，9）。

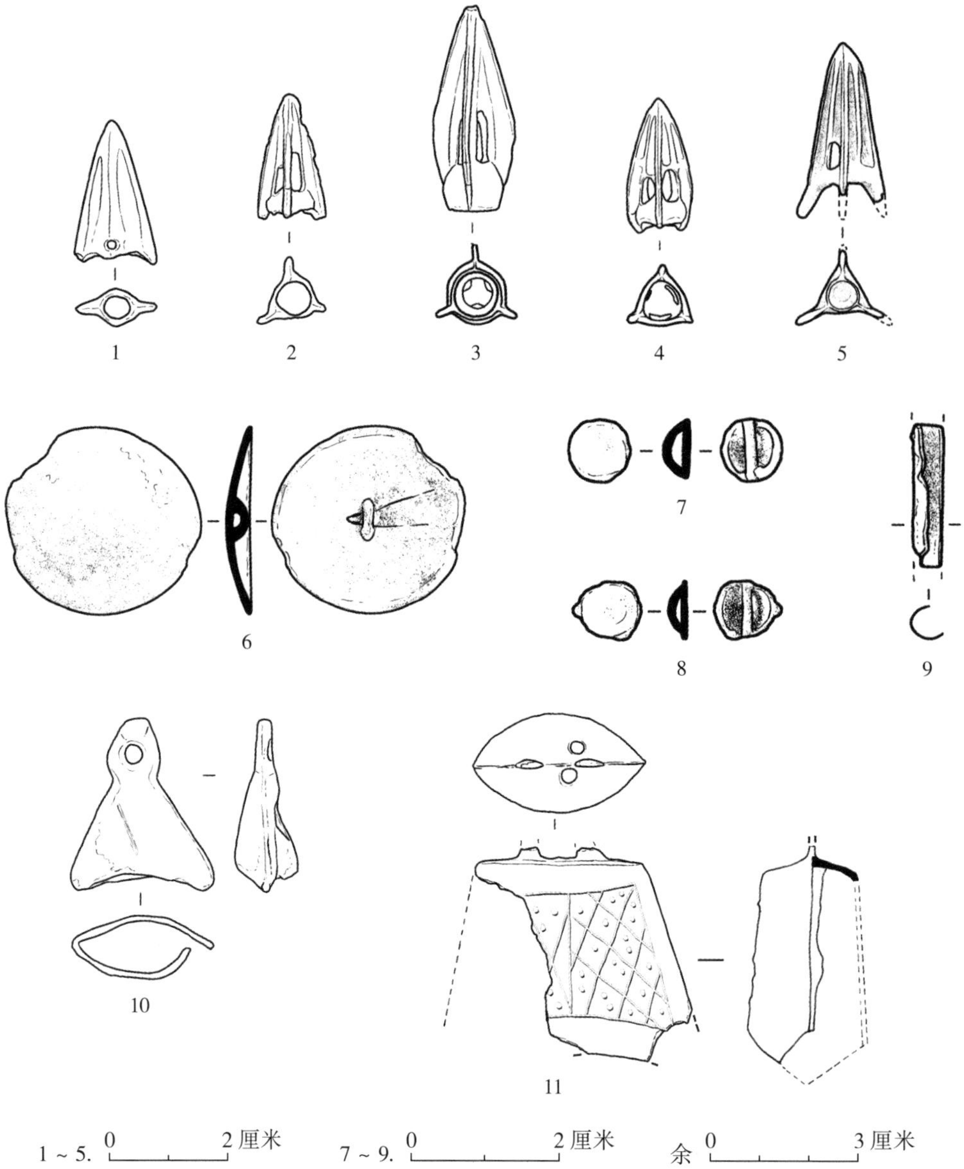

图四八　M22出土器物

1～5. 铜镞（M22：17、M22：18、M22：20、M22：21、M22：22）　6～8. 铜泡（M22：13、M22：25-1、M22：25-2）　9. 铜管（M22：19）　10、11. 铜铃（M22：10、M22：14-12）

铜泡　46枚。

M22：13（考3735），为A型矮弧形铜泡。边缘略残。矮弧形，背纽较小，纽下有楔形凹槽。直径3.8、高0.5、壁厚0.04～0.1厘米（图四八，6；彩版二一，5；图版二九，4）。

M22：25-1～25-45（考3736），为A型珠形铜泡。45枚。形状、尺寸基本相同。12枚完整，11枚残，其余22枚整理时未见。近小半球形，背面有一个圆柱形横梁。直径0.9、高0.3厘米，横梁横截面直径0.1厘米（图四八，7、8；彩版二一，4）。

铜铃　2件。

M22：10（考 3737–1），为 B 型北方式不规则镂孔或无镂孔铜铃。铃身残断，锈蚀。铃身近三角形，顶部有一圆形穿孔纽。铃身底边中部内弧，底部的铃壁略向内卷。铃身一面有两个不甚规整的镂孔。底边长 3、宽 1.25 厘米，高 3.35 厘米（图四八，10；彩版二一，6）。

M22：14–12（考 3737–2），为 A 型中原式带纹饰铜铃。仅残存部分铃身。铃身为底边内弧的梯形，顶部有穿孔纽。铃身横截面近橄榄形，铃身顶部近穿孔纽处有两个较规整的圆形穿孔，应为系铃舌所用。铃顶部内壁有合范缝。铃身正面有小乳丁和菱形纹组成的几何形纹饰。铃顶部长 3.2、宽 1.85 厘米，残高 4.5 厘米，器壁厚 0.09 ~ 0.1 厘米（图四八，11；彩版二一，7）。

铜管　1 件。

M22：19（考 3737–3），残存约一半。用薄铜片卷制而成，残存部分横截面近“V”字形。长 1.9、残宽 0.4、厚 0.04 厘米（图四八，9）。

2）铁器

共 15 件。

铁镞　4 件。

M22：24（考 3734–6），只残存柳叶形镞身残段。镞身为扁柳叶形，为双翼镞，原应有铤。残长 4.3、宽 1.3、厚 0.27 厘米（图四九，1；彩版二一，8）。

M22：15（考 3734–7），为 A 型管銎铁镞。镞身、銎末端残，锈蚀。镞身为菱形或叶形，较平。残长 3.9、镞身中部宽 1.25 厘米，銎底部直径 0.9 厘米（图四九，2）。

M22：16（考 3734–8），为 A 型管銎铁镞。残长 4.15、镞身中部宽 1.35 厘米，銎底部直径 0.9 厘米（图四九，3；彩版二二，1）。

另有 1 件双翼铁镞残碎，推测原编号也应为 M22：24。

铁管　11 段。

M22：14–1 ~ 14–11（考 3737 附件），7 段为直的圆柱形管。均残，完整形状不明，锈蚀。残存部分近圆柱形，中部有一纵向穿孔。直径 0.7 ~ 0.9、残长 3 ~ 5.7 厘米（图四九，4 ~ 10；彩版二二，2）。4 段为有弯折的铁管，锈蚀。中部有一纵向穿孔。直径 0.85 ~ 0.95 厘米，最长的一段长 6 厘米（图四九，11 ~ 14；彩版二二，2）。

3）石器

只有石镞 1 件。

M22：23（考 3734–9），整理时仅残存少量薄片。残存部分为三角形镞身顶部，横截面为略扁的菱形。残长 0.9、残宽 0.3 厘米（图四九，15）。

（二三）M23

（1）墓葬概述

位于中区西岗梁上的 79 清理区东北部，墓葬方向为西偏北 30°。墓葬被破坏严重，残长 1、宽 0.9、残深 0.16 米。未见葬具痕迹，但是在铁镞下面发现有腐烂的木头痕迹，或者有可能

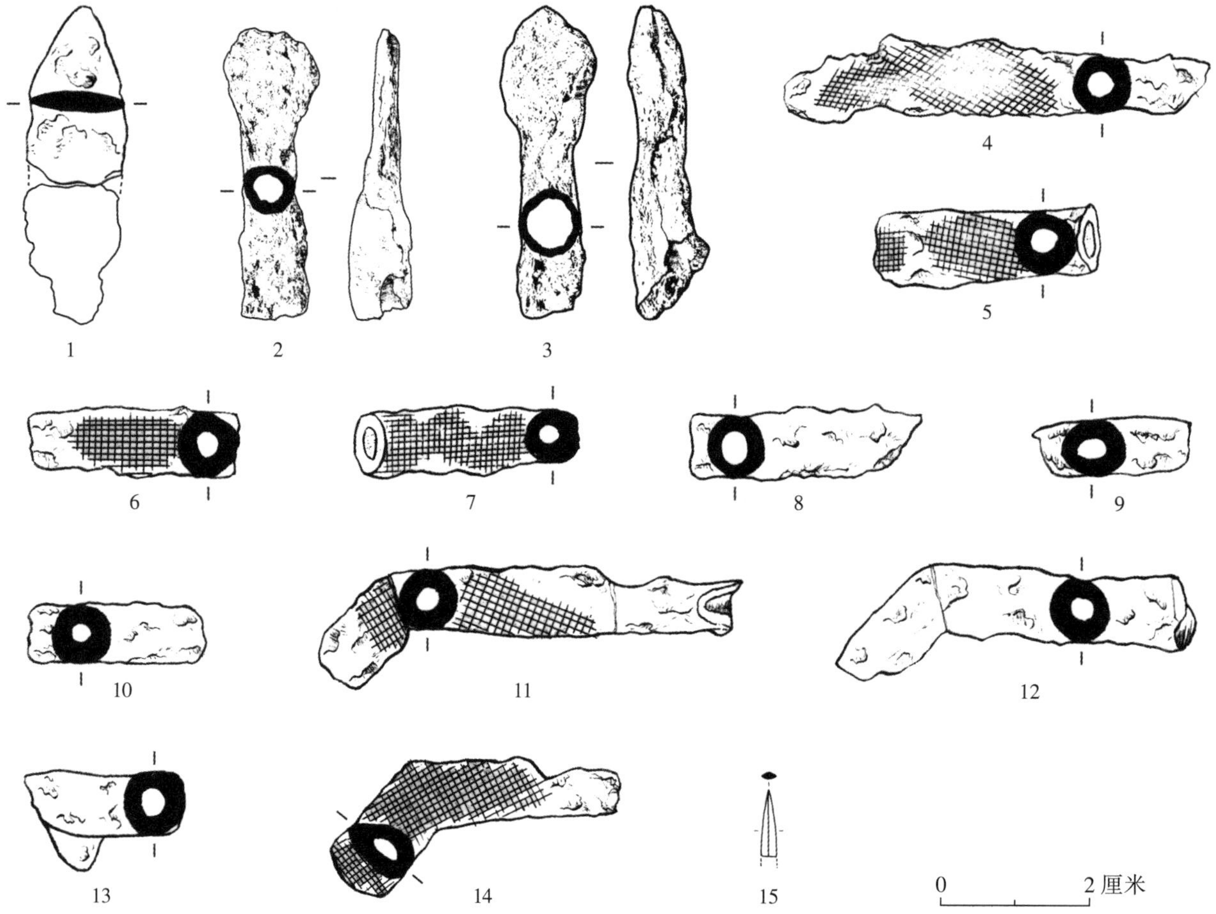

图四九　M22出土器物

1～3. 铁镞（M22：24、M22：15、M22：16）　4～14. 铁管（M22：14-1～14-11）　15. 石镞（M22：23）

与葬具有关（图五〇）。

发现的随葬品绝大多数出自墓葬的西北部。

铁衔镳位于墓葬西北部的中部，在其西侧发现细石镞1件。7件铁镞、1件勺形铜带饰分布于铁衔镳附近。在墓葬的东南角发现1枚小型铜泡（图版一三，1）。

墓内未见人骨。

（2）随葬品

共计14件（套）。

1）铜器

共2件。

铜泡　1枚。

M23∶8（考3742），为A型珠形铜泡。顶部残。近小半球形，底部有一圆柱形横梁。直径0.82、高0.25厘米，横梁直径0.1厘米（图五一，2；彩版二二，3）。

勺形铜带饰　1件。

M23：1（考3743），为Da型第一类勺形铜带饰。略残，锈蚀。呈不完整的管状，背面有一与器身连成一体的横梁。正面原有纹饰已模糊难辨，可辨纹饰为中部一上下贯通的凸棱。残长3.3、宽0.98、壁厚0.13～0.15厘米（图五一，1；彩版二二，4）。

2）铁器

共8件（套）。

铁镞　7件。

M23：7-1（考3739-1），为F型扁体扁铤铁镞。铤部和镞身残。镞身横截面为扁椭圆形。铤部较宽，和镞身分界不清。铤部残留有木质纤维痕迹。残长2.1、残宽0.9厘米（图五一，3）。

M23：7-2（考3739-2），为A型有脊柱铤铁镞。铤部残，锈蚀。镞身为扁三角形，中部略起脊，扁铤。残长2.52、残宽1.3、厚0.35厘米（图五一，4）。

M23：7-3（考3739-3），为Aa型三棱铁镞。铤部残。三棱镞。镞身横截面为等边三角形。铤部残留有木质纤维。残长3.3、宽0.9厘米（图五一，5）。

其余4件残碎较重，形制不明。

铁衔镳　1套。

镳的两端、衔的一个外环残。衔（M23：2-1（考3741-1））为C型两节衔，内环较小，外环较大，两内环套接在一起。镳穿入衔的外环。衔杆横截面为长方形，衔的外环横截面为扁长方形。镳（M23：2-2（考3741-2））为Ad型铁镳，螺旋桨形，中部有两个椭圆形穿孔，镳的两端较薄。衔一节长9.7厘米，外环长径2.8、短径2.4厘米；镳通长14.6厘米（图五一，7；彩版二二，6）。

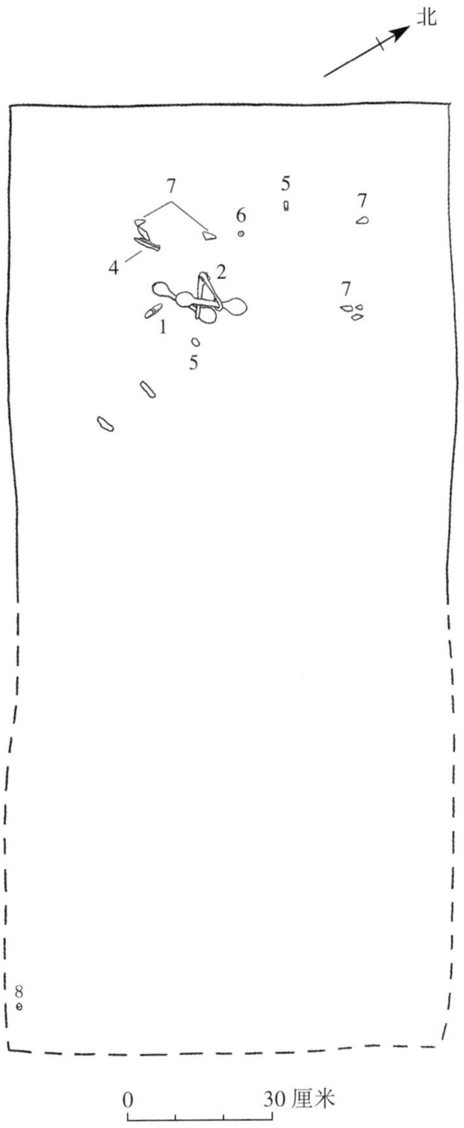

图五〇　M23平面图

1. 勺形铜带饰　2. 铁衔镳　4. 石镞　5、6. 绿云母管、绿云母珠　7. 铁镞　8. 铜泡

3）珠子、管

共3枚。

绿云母珠　1枚。

M23：5-1（考3744），完整。近算珠形。长径1、短径0.9、高0.7厘米（图五一，8；彩版二二，7）。

绿云母管　2枚。

M23：5-2（考3744），完整。为规整的圆柱形。长1.52、直径0.55厘米（图五一，9；彩版二二，8）。

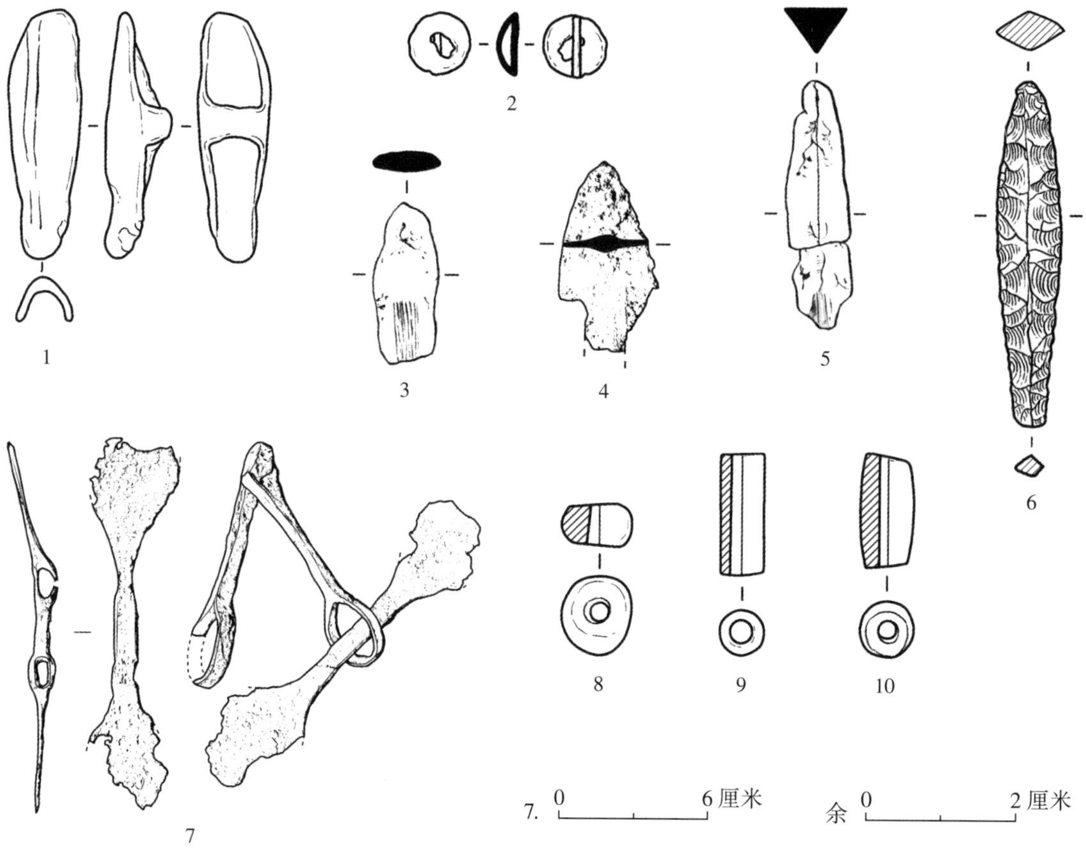

图五一　M23出土器物

1. 勺形铜带饰（M23：1）　2. 铜泡（M23：8）　3～5. 铁镞（M23：7-1～7-3）　6. 石镞（M23：4）　7. 铁衔镳（M23：2-1、M23：2-2）　8. 绿云母珠（M23：5-1）　9、10. 绿云母管（M23：5-2、M23：5-3）

M23：5-3（考3744），完整。为中部外鼓的柱形，一端略倾斜。长1.5、中部直径0.7厘米（图五一，10；彩版二二，8）。

4）石器

只有石镞1件。

M23：4（考3740），为Ac型石镞。完整，黑绿色。为压制的近桂叶形带铤石镞，镞身中部起脊直通到铤部末端。镞的两侧刃部有细密的压制痕迹。长4.65、镞身宽0.85厘米，镞身最厚处厚0.62厘米（图五一，6；彩版二二，5）。

（二四）M24

（1）墓葬概述

位于中区西岗梁上的61清理区中部偏南处，西北距M14为10米。墓葬方向为西偏北19°。墓葬被破坏，仅保留有墓葬的西北部。保留下来的东北部一侧的墓壁较长。墓葬长0.95、宽0.9、残深0.15米（图五二）。

随葬品中1件陶杯的位置最靠近西北壁。8件铜镞散出于偏东北一侧。其中在接近东北

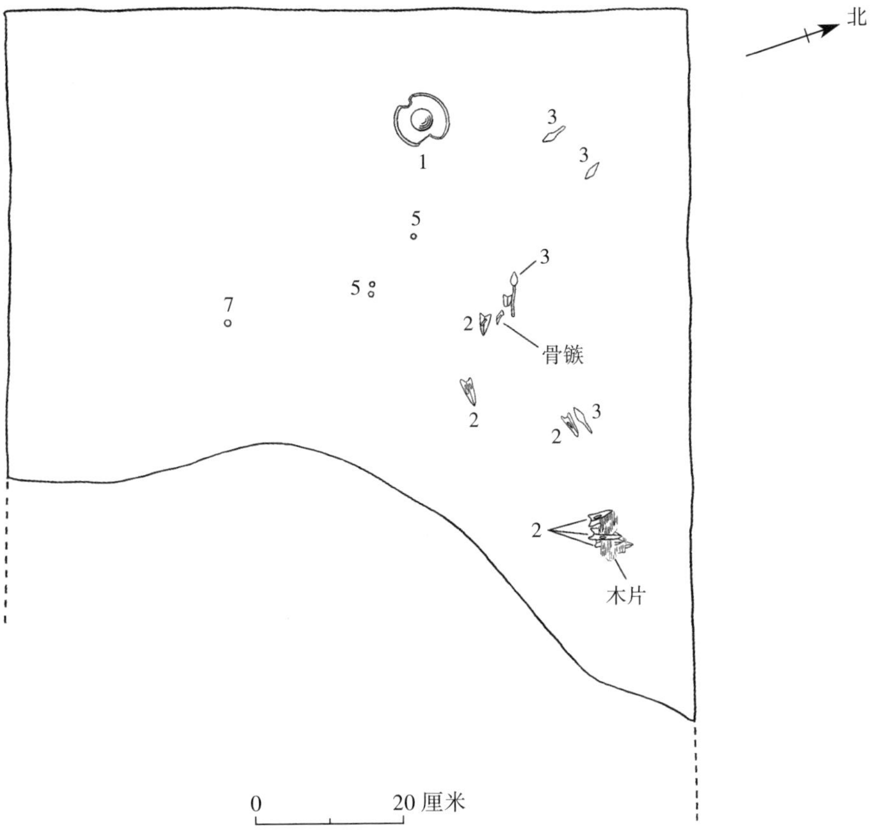

图五二　M24 平面图

1. 陶杯　2. 铜镞　3. 铁镞　5. 蓝色玻璃珠　7. 铜泡

壁处有 4 件铜镞分两层横置，铜镞放在木板内，镞的銎部向西南，銎内残留有木质的铤。根据观察可知，木板的厚度约相当于镞身的长度。

4 件铁镞散出于墓葬西北半部。骨镞与铜镞和铁镞共出。小型铜泡位于墓葬西北部的偏南处，背面朝上。珠子出于陶杯的东南侧（图版一三，2）。

（2）随葬品

共计 22 件。

1）陶器

只有陶杯 1 件。

M24 : 1（考 3745），为 Bb 型夹砂陶杯。口部残，可复原。夹砂黄褐陶。部分器表略不平整，近底部外壁有手捏留下的浅坑。侈口，圆唇，腹部略外弧，近底部器壁略直，平底。口沿上、器底外缘各有一周纵向的平行刻齿纹。口径 7.2 ~ 7.5、底径 4、高 4.9 厘米，壁厚 0.4 ~ 0.6 厘米（图五三，1；彩版二三，1）。

2）铜器

共 9 件。

铜泡　1 枚。

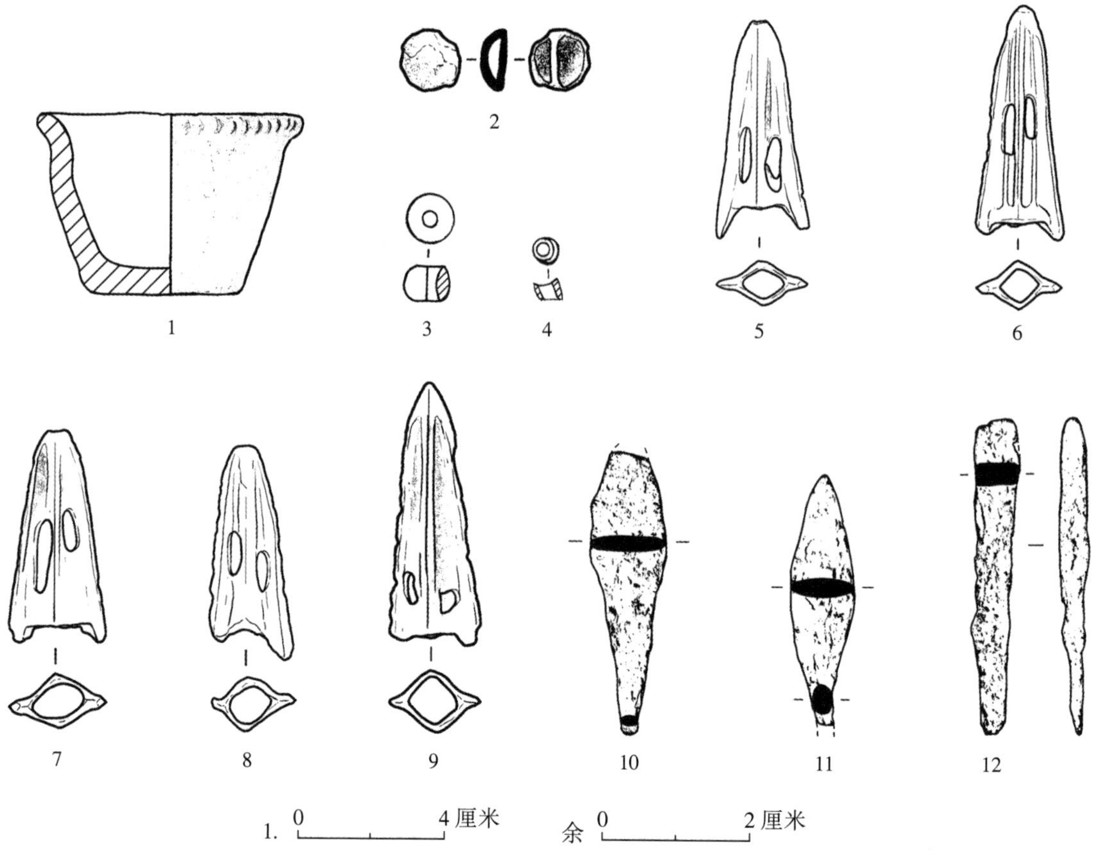

图五三　M24出土器物

1. 陶杯（M24：1）　2. 铜泡（M24：7）　3. 蓝色玻璃珠（M24：5-1）　4. 黑色石管（M24：8）　5 ~ 9. 铜镞（M24：2-1、M24：2-3、M24：2-5、M24：2-4、M24：6-1）　10 ~ 12. 铁镞（M24：3-2、M24：3-3、M24：3-1）

M24：7（考3748），为A型珠形铜泡。边缘略残。近小半球形，背面有一圆柱形横梁。直径0.8、高0.3、壁厚0.15厘米，横梁横截面直径0.1厘米（图五三，2）。

铜镞　8件。

M24：2-1、2-2（考3746-1、考3746-2），为B型双翼銎孔铜镞。2件形状相同。略残。镞身为长三角形，中部起脊，两翼有倒刺，镞身的每面均有两条纵向凹线组成的血槽。銎孔部有与镞身相通的不规则透孔。銎孔横截面为菱形或近菱形的椭圆形。M24：2-1，残长2.9、宽1.4、底部厚0.58厘米（图五三，5；彩版二三，4）。M24：2-2，尺寸略小，尖部和倒刺部均略残（彩版二三，4）。

M24：2-3（考3746-3），为A型双翼銎孔铜镞。两翼倒刺部残断。镞身为长三角形，中部起脊外凸，两翼有倒刺，镞身的每面均有内凹的血槽。銎孔与镞身之间有两个不甚规整的椭圆形透孔。銎孔横截面为较方正的菱形。长2.95、残宽1.02、底部厚0.8厘米（图五三，6；彩版二三，4；图版三〇，1）。

M24：2-4（考3746-4），尖部和一个倒刺残。锈蚀。为双翼銎孔镞。镞身为长三角形，中部起脊明显，两翼末端形成倒刺。在銎孔和一侧镞身之间有两个不甚规整的长椭圆形透孔。

銎孔横截面为菱形。长 2.8、残宽 1.15、銎孔底部厚 0.75 厘米（图五三，8；彩版二三，4）。

M24：2–5（考 3746–5），为 B 型双翼銎孔铜镞。两翼和尖部微残。镞身为长三角形，中部起脊外凸，两翼有倒刺。銎孔与镞身之间有两个不甚规整的椭圆形透孔。銎孔横截面为椭圆形。残长 2.8、宽 1.35、底部厚 0.7 厘米（图五三，7；彩版二三，4）。

M24：6–1、6–2（考 3746–6），2 件形状、尺寸相同。1 件略残，1 件略变形。为 A 型双翼銎孔镞。镞身为长三角形，中部起脊外凸，两翼有倒刺，镞身的每面均有血槽。銎孔与镞身之间有两至三个不规整形状的透孔。銎孔横截面为正方形。其中一件銎孔内残留有一段木质箭杆。长 3.5、底宽 1.3、底部厚 0.7 厘米（图五三，9；彩版二三，4）。

1 件铜镞残碎严重，编号、形状不明。

3）铁器

共 5 件，均为铁镞。

M24：3–1（考 3746–7），完整。扁凿形有铤镞。镞身为扁凿形，从下向上逐渐变薄，顶部有直刃。铤部与镞身分界不明显，铤横截面近方形。长 4.2、镞身顶部宽 0.6 厘米，铤厚 0.45 厘米（图五三，12；彩版二三，6）。

M24：3–2（考 3746–8），为 E 型扁体扁铤铁镞。镞锋部残。镞身为菱形。镞身下半部向下缓收，与铤部分界不明显。镞身与铤部均较扁。残长 3.8、宽 1.02、厚 0.2 厘米（图五三，10；彩版二三，6；图版三〇，2）。

M24：3–3（考 3746–10），为 A 型扁体柱铤铁镞。铤末端残。为近长菱形镞身。镞身下半部内收，与铤部分界不明显。铤较厚。残长 3.35、宽 0.85、铤厚 0.4 厘米（图五三，11；彩版二三，6；图版三〇，2）。

M24：3–4（考 3746–11），只残存镞身。扁平三角形镞身，有铤，镞身两侧缘略外弧。铤部与镞身交接处较扁平。近一面的铤部残留有纵向的木质纤维痕迹。残长 1.8、镞身宽 1.1 厘米，镞身厚 0.1 厘米。

M24：3–5（考 3746–12），只残存大部分镞身和一小段铤部。形状与 M24：3–4 相似，扁平三角形镞身，有铤，镞身中部近两侧边各有一个小穿孔。镞身近三角形，镞身和铤部均扁平。残长 2.1、残宽 1、镞身厚 0.1 厘米。

4）珠子、管

共 3 枚[1]。

黑色石管 1 枚。

M24：8（考 3747），完整。黑色。圆柱形，一端略倾斜，中部有一较粗的纵向穿孔。直径 0.32、高 0.3 厘米（图五三，4；彩版二三，2）。

蓝色玻璃珠 2 枚。

M24：5–1、5–2（考 3747），完整。蓝色。近圆柱形，中部有一纵向穿孔。较大者直径

[1] 整理时发现珠子和管实物 3 枚，辽宁省博物馆藏器物卡片记录共 3 枚，旧报告正文记录共 5 枚，该墓的发掘记录缺失。

0.6、高 0.5 厘米，较小者直径 0.48、高 0.4 厘米（图五三，3；彩版二三，3）。

5）骨器

骨镞 1 件。残，横截面为菱形。与铜镞和铁镞共出。整理时未见。

6）桦树皮器

有 3 片桦树皮残片，可能是箭囊残片（彩版二三，5）。

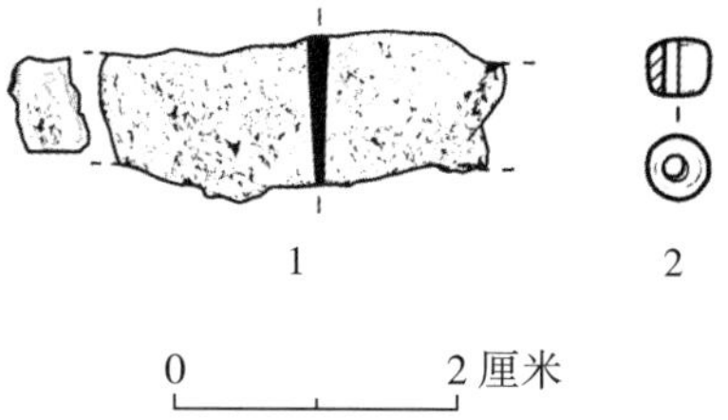

图五四　M25 出土器物
1. 铁刀（M25：1）　2. 石珠（M25：2）

（二五）M25

（1）墓葬概述

位于西区西岗梁下的 83 清理区西南角。墓葬方向为西偏北 40°。墓葬被破坏严重，仅保留有东南部一角。

在墓葬的西北部发现 1 件残铁刀。在铁刀的东南侧发现 1 枚珠子。

人骨基本腐烂不见，只发现一段已经腐烂的肱骨。

（2）随葬品

共计 2 件。

1）铁器

只有铁刀 1 件。

M25：1（考 3732），残存中部一段，原始形状不明[1]。锈蚀。残存部分刃部略直，背部可能是直背。残长 3.6、刀身宽 1 厘米，背部厚 0.25 厘米（图五四，1）。

2）珠子、管

只有石珠 1 枚。

M25：2（考 3733），完整。浅蓝绿色，可能是绿云母。近圆柱形，中部有一纵向穿孔，两端孔径基本相同。直径 0.55、高 0.4 厘米（图五四，2）。

（二六）M26

（1）墓葬概述

位于中区西岗梁上的 57 清理区东南部。墓葬方向为西偏北 16°。墓葬大部分被破坏，仅残存墓葬中部和西部的一小部分。墓葬长度和宽度不详，现存深度约 0.2 米。葬具情况不详（图五五）。

陶罐出于接近墓葬西北角处。在陶罐的东南侧发现一组排列整齐的串饰，位置大致相当于人骨的颈部。

在串饰的南侧发现 1 件银耳饰，其位置应相当于人头骨一侧。在串饰的西北侧散布 13

[1] 整理时此段铁刀已残成两段。

枚铜泡和3枚珠子。铁刀、铁锥出于银耳饰的西南侧。

（2）随葬品

共计21件（组）。

1）陶器

只有陶罐1件。

M26：1（考3749），为折腹夹砂陶罐。残，可复原。夹砂黄褐陶。颈部略外侈，圆唇，折腹，平底。口径约6.8、腹径约9、底径5.3、高10厘米（图五六，1；彩版二四，1）。

2）铜器

共13枚，均为铜泡。

铜泡 M26：8-1 ~ 8-12（考3751-1 ~ 考3751-12），为A型珠形铜泡。7件完整或微残，5件残。铸造较粗糙，边缘不规整。形状、尺寸基本相同。近半球形，背面有一圆柱形横梁。直径0.95 ~ 1.1、高0.4厘米，横梁横截面的直径0.11厘米（图五六，2；彩版二四，2）。

1枚铜泡整理时未见。

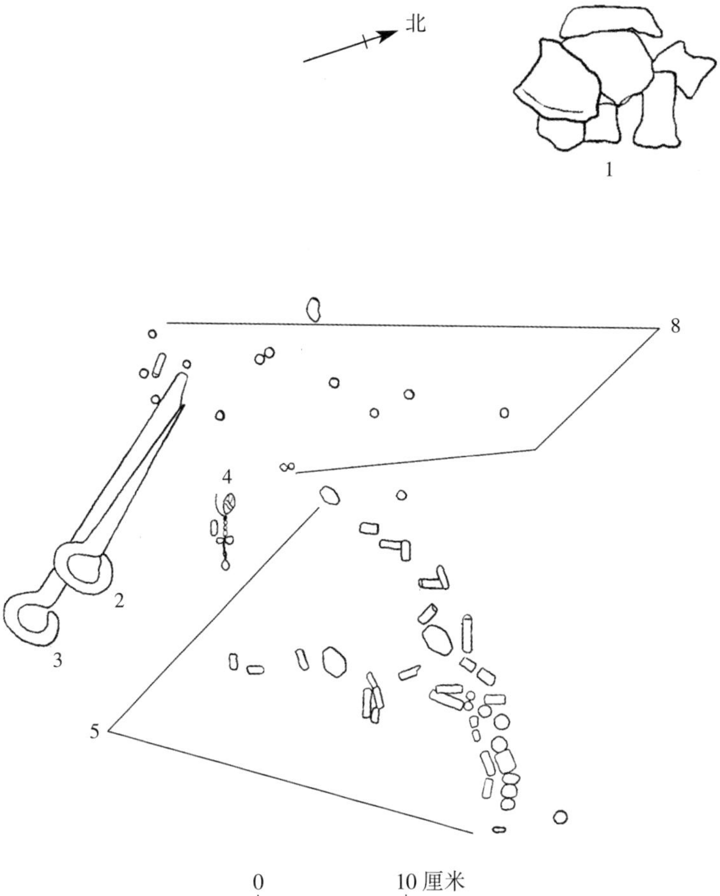

图五五 M26遗物分布图

1. 陶罐 2. 铁锥 3. 铁刀 4. 银耳饰 5. 串饰 8. 铜泡

3）铁器

共2件。

铁刀 1件。

M26：3，为椭圆形环首铁刀。锻制。略残。直背，刃部略外弧，柄部较窄，横椭圆形环首，环首与柄部之间有缝隙。环首横截面为圆形。残长20.3、刃宽2、环首宽4厘米，背部厚0.35厘米（图五六，10）。整理时未见。

铁锥 1件。

M26：2（考3750），为Ab型椭圆形环首铁锥。完整。锻制。柄部较扁，横截面为三角形。环首为横椭圆形，环首末端与锥柄之间有缝隙。长14.3、环首长径4厘米，锥体最厚处厚0.5厘米（图五六，9；彩版二四，4）。

4）银器

仅银耳饰1件。

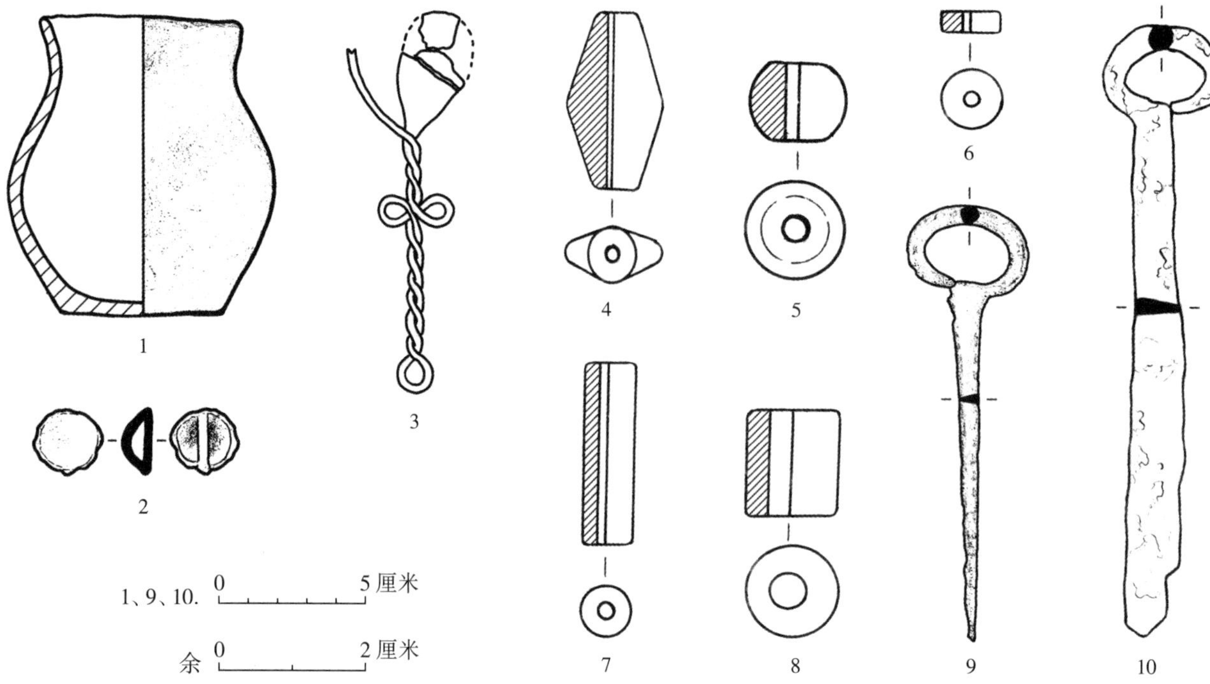

图五六 M26出土器物

1. 陶罐（M26：1） 2. 铜泡（M26：8-1） 3. 银耳饰（M26：4） 4 ~ 6. 天河石珠（M26：5-1、M26：5-2、M26：5-3） 7、8. 玛瑙管（M26：5-4、M26：5-5） 9. 铁锥（M26：2） 10. 铁刀（M26：3）

M26：4（考3753），为C型银耳饰。银丝的两端残。由一根银丝对折后拧制而成，两股银丝拧出一个立柱，底部拧出一个小环，立柱中部拧出一对小环，银丝两端在耳饰上部引出，一端弯成钩状，一端压成扁叶状。残长5.1厘米，银丝横截面直径0.12厘米（图五六，3）。

5）珠子、管

共4件（组）。

串饰 1串。

M26：5（考3752），由24枚圆柱形天河石管、3枚扁菱形天河石珠、8枚算珠形天河石珠、2枚短圆柱形天河石珠、3枚玛瑙管组成。其中最大的一枚玛瑙管应位于项链的底部，其两侧的算珠形天河石珠直径逐渐递减，天河石管和近菱形天河石珠位置更靠后。其中24枚天河石管近圆柱形，直径接近，长短不一，直径0.65 ~ 1、长1 ~ 2.6厘米。3枚扁菱形天河石珠中较小者长1.45、宽1.05、厚0.5厘米，两枚较大者长2.35、宽1.3、厚0.6厘米（图五六，4）。8枚算珠形天河石珠中较大者直径1.35厘米（图五六，5）。2枚短圆柱形天河石珠直径0.8厘米（图五六，6）。玛瑙管中2枚较细长，直径0.7、高2.4厘米（图五六，7）；1枚较短粗，直径1.35、高1.4厘米（图五六，8）。根据出土时的位置和串饰尺寸推测，该串饰应该为项链（图五七；彩版二四，3）。

白石珠 3枚。档案记载位于串饰后方。整理时未见。

（二七）M27

（1）墓葬概述

位于西区西岗梁下的80清理区东北角。墓葬方向为西偏北35°。长方形土坑竖穴墓。墓圹边缘清晰，长1.75、宽0.82、残深0.15米。葬具情况不明（图五八；图版一三，3）。

随葬品分布于墓葬的西北部。陶罐位于墓葬的西北壁附近，在其东北侧有11枚铜、铁镞和1枚骨镞。镞的下面有木质纤维痕迹。

1件铁衔位于西北壁下。在镞的东南侧分布有由各种珠子和管组成的串饰。在串饰的南侧发现1块铁片，在铁片上有纺织品纤维痕迹。

在墓葬内发现1块木片，其上散见有零星的漆片。

在串饰的南侧发现1枚牙齿。

（2）随葬品

共计69件。

1）陶器

仅陶罐1件。

M27：1（考3754），为B型无耳大口夹砂陶罐。残，可修复。夹砂黄褐陶，陶色不均，器表抹较薄一层泥浆。大口外侈，方唇，肩部略外鼓，平底，底部边缘略外凸。口沿外侧有纵向的刻齿纹。口径13.6、底径6.7、高11.7厘米（图五九，1；彩版二五，1）。

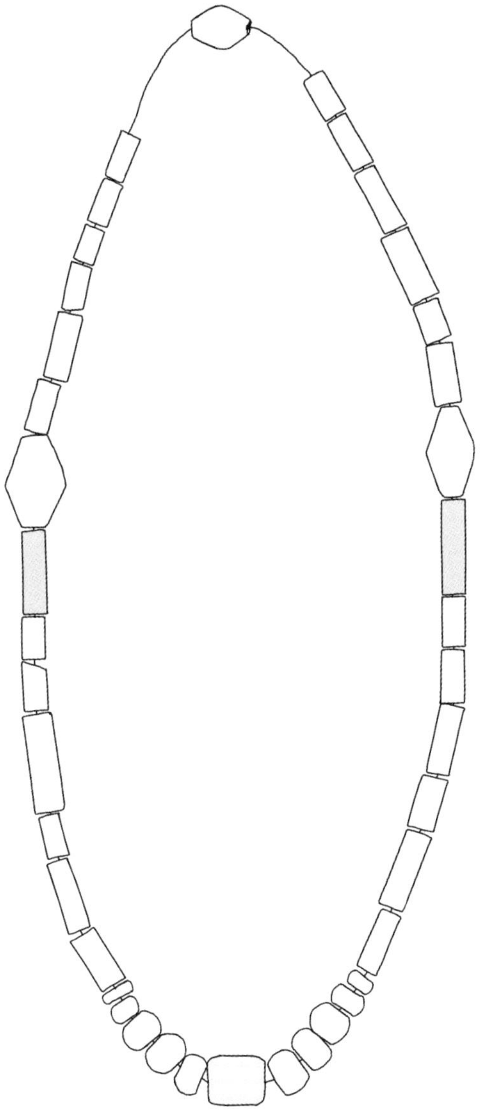

图五七　M26串饰复原示意图（M26：5）
灰色的为玛瑙管，无色的为天河石管、天河石珠

2）铜器

共9件，均为铜镞。

M27：2-1、2-2（考3756-1），为C型双翼銎孔铜镞。均略残，倒刺残断。三角形镞身，有倒刺。镞身上半部为四棱形，中部起脊，两翼和銎孔之间有凹槽形成血槽。镞身部的銎孔上有不规则形状的镂孔。较大的一件銎孔横截面为椭圆形，残长2.8、残宽1.5、底部厚0.6厘米（图五九，3；彩版二五，4）。较小的一件镞身横截面为菱形，残长2.7、残宽1.1、底部厚0.6厘米（图五九，4；彩版二五，4）。

M27：2-3 ~ 2-5（考3756-2），均略残，倒刺残断，锈蚀较重。3件形状、尺寸相似。双翼銎孔镞，有倒刺。镞身上半部为四棱形，中部起脊。镞身部的銎孔上有不规则形状的镂孔，其中一件銎孔内残留一段木质箭杆。銎孔底部横截面为椭圆形。残长2.75 ~ 3.1、残宽

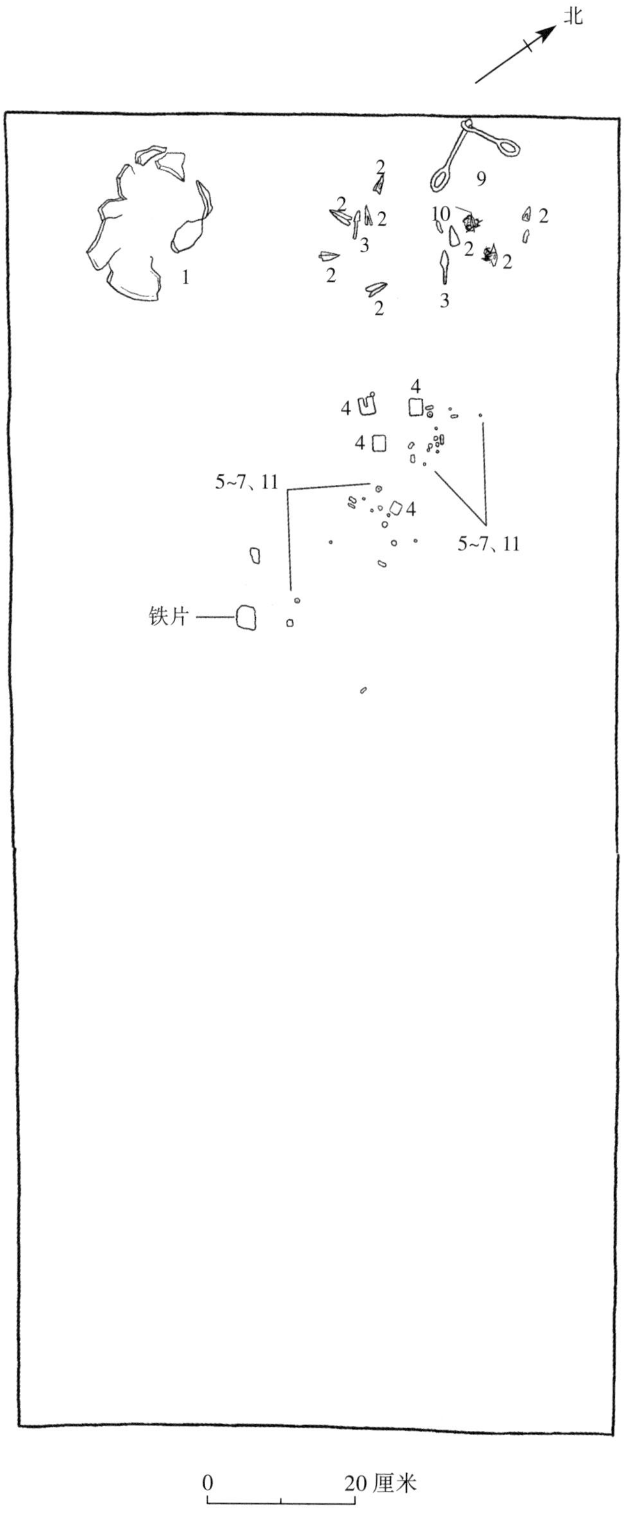

图五八　M27 平面图

1. 陶罐　2. 铜镞　3. 铁镞　4. 绿云母珠　5. 玛瑙珠　6. 绿云母管、滑石管　7. 黑色石珠（4 ~ 7 组成一组串饰）　9. 铁衔　10. 骨镞　11. 黑色石管

1.1 ~ 1.25 厘米（图五九，5；彩版二五，4）。

M27：2–6（考 3756–3），为 A 型双翼銎孔铜镞。残损较重，锈蚀。镞身为三角形，镞身上半部为四棱形，镞身中部起脊，銎孔上有两个不规则形状的镂孔。残长 2.5、残宽 0.8 厘米（图五九，6）。

M27：2–7（考 3756–4），为 B 型双翼銎孔铜镞。略残，镞身下半部弯折，应为铸造失误而成。三角形镞身，两翼末端有倒刺，镞身中部起脊。銎孔部有不规则形状的镂孔。残长约 4 厘米（图五九，7；彩版二五，4）。

M27：2–8（考 3756–5），为 Aa 型三翼銎孔铜镞。残。镞身上半部为三棱形，镞身三面各有一至二条凹槽形成血槽。三面镞身部銎孔上各有一个形状不规则的镂孔。銎孔底部横截面为圆形。残长 2.4 厘米，銎孔底部直径 0.7 厘米，銎孔底部壁厚 0.1 厘米（图五九，8；彩版二五，5）。

M27：2–9（考 3756–6），残损严重，形制不明。

3）铁器

共 4 件。

铁镞　2 件。

M27：3–1（考 3757），为 E 型扁体扁铤铁镞。完整，锈蚀。器身扁平，镞身为菱形，镞身下半部逐渐内收与铤部相接，镞身与铤部分界不明显。长 4.55、宽 1.2 厘米，铤宽 0.45 厘米，镞身厚 0.25 厘米（图五九，9；彩版二五，2）。

M27：3–2（考 3757），残，锈蚀。整体形状不明，残存部分为扁片状。残长 2.6、残宽 1、厚 0.25 厘米（图五九，10；彩版二五，3）。

铁衔　1 件。

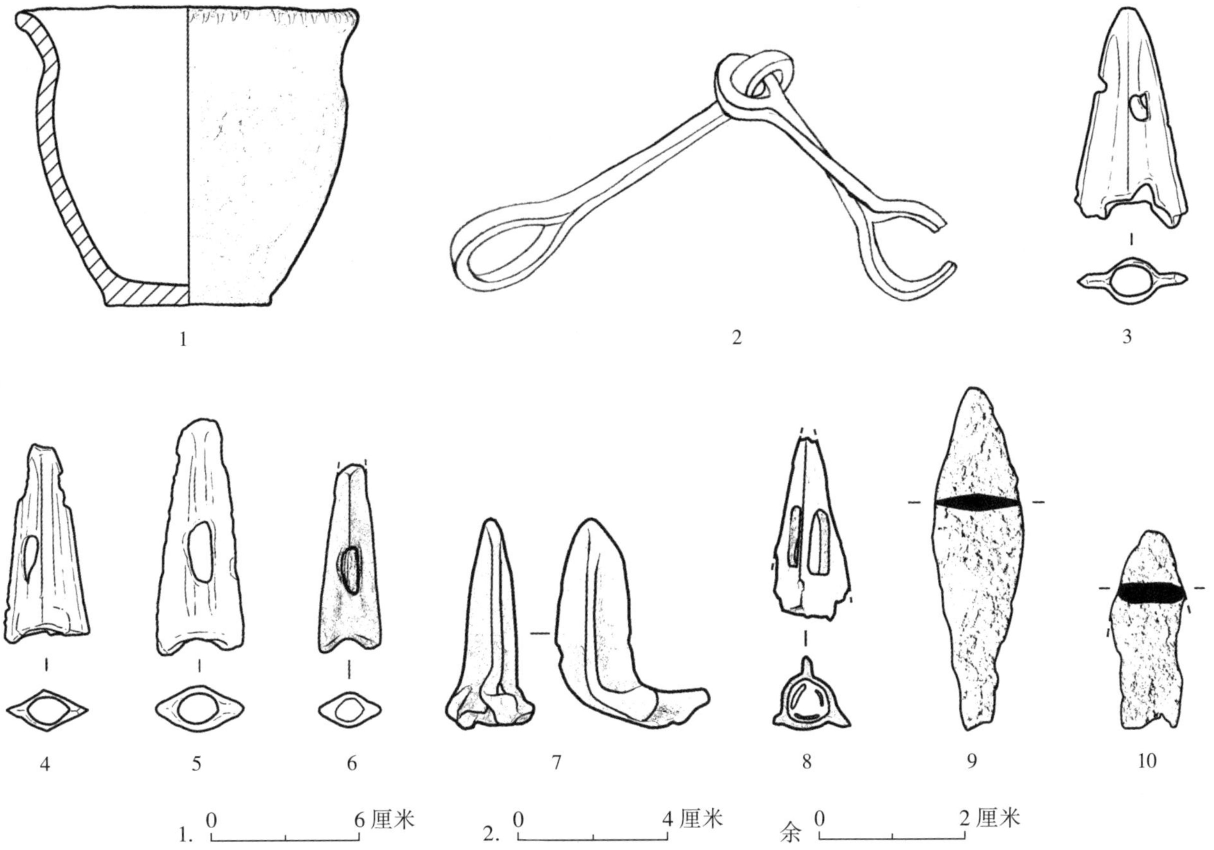

图五九 M27出土器物

1. 陶罐（M27：1） 2. 铁衔（M27：9） 3～8. 铜镞（M27：2-1～2-3、M27：2-6～2-8） 9、10. 铁镞（M27：3-1、M27：3-2）

M27：9（考3755），为C型双节铁衔。一个外环残，锈蚀。锻制，表面略不平整。由两节套接而成，两节的长度、厚度有别，较长的一节内、外环在一个平面上，较短的一节内环和外环垂直。较小的一节杆部拧转约90°。内环较小，两环套接在一起。外环较大。衔杆部横截面为方形。外环近圆形，横截面为长方形，外环外侧略薄而窄，近杆部横截面逐渐变厚变宽。一节长10.65厘米，杆部横截面边长0.65厘米，外环外径3.2厘米。另一节长约9厘米，杆部横截面边长0.62厘米，外环直径约3.2厘米（图五九，2；彩版二五，6）。

另有铁片1块，表面有纺织品纤维痕迹。整理时未见。

4）骨器

共1件，为骨镞。

M27：10（考3756-7），残存三段，不能复原。为较小的双翼镞，推测镞身可能为三角形。

5）珠子、管

共54枚[1]。

[1] 整理时发现珠子和管实物54枚，辽宁省博物馆藏器物卡片记录共53枚，旧报告正文记录共55枚，该墓的发掘记录缺失。

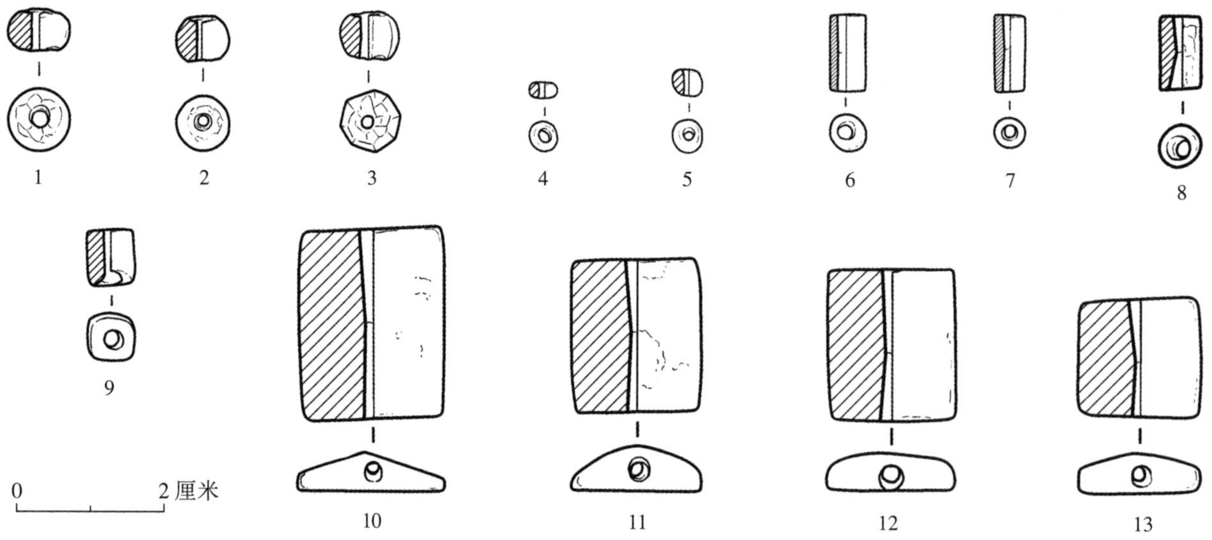

图六〇 M27出土器物

1～3. 玛瑙珠（M27：5-1～5-3） 4、5. 黑色石珠（M27：7-1、M27：7-2） 6、7. 滑石管（M27：6-1、M27：6-2） 8. 绿云母管（M27：6-19） 9. 黑色石管（M27：11） 10～13. 绿云母珠（M27：4-1～4-4）

玛瑙珠 6枚。

M27：5-1～5-6（考3758），完整。棕红色或浅棕红色。尺寸接近。近算珠形，其中三枚外壁有六个纵向凸棱。直径0.7～0.78厘米（图六〇，1～3；彩版二五，7）。

黑色石珠 23枚。

M27：7-1～7-23（考3758），完整。黑色有光泽。大多数为近算珠形，少数为近圆柱形或球形。尺寸接近。直径0.29～0.42厘米（图六〇，4、5；彩版二五，8）。

绿云母珠 4枚。

M27：4-1～4-4（考3758），1枚穿孔部残，其余完整。较大的一枚为墨绿色，其余为浅绿色。形状相似，尺寸有别。为略扁的片状，平面为长方形，一面外鼓，一面平整，其中最大的一枚外鼓一面的中部有一纵向突脊。中部有一纵向穿孔。两面穿孔直径相同，应为对穿而成。较大的一枚长2.45、宽1.9、厚0.58厘米；最小的一枚长1.5、宽1.6、厚0.55厘米（图六〇，10～13；彩版二五，10）。

绿云母管 2枚。

M27：6-19、6-20（考3758），完整。形状、尺寸基本相似。圆柱形，中部有对穿的孔。直径分别为0.5、0.55厘米，高1.15厘米（图六〇，8；彩版二五，9）。

滑石管 18枚。

M27：6-1～6-18（考3758），大部分完整，少数残。乳白色。直径基本相似，长短有别。直径0.4～0.45厘米，最长者长1厘米，最短者0.2厘米（图六〇，6、7）。

黑色石管 1枚。

M27：11（考3758），完整。一部分黑灰色，一部分为灰褐色。四棱柱形，一端略倾斜。

中部有一纵向穿孔。横截面边长 0.65、高 0.7 厘米（图六〇，9；彩版二五，11）。

（二八）M28

（1）墓葬概述

位于西区西岗梁下的 82 清理区东南部，西北距 M30 为 6 米。墓葬方向为西偏北 43°。墓葬绝大部分被破坏。仅墓葬西北一端的墓圹边缘清楚。墓葬残长 1.45、宽 0.87 米。

随葬品均发现于墓葬中部，其中 4 枚铜泡位于接近西南壁处。

（2）随葬品

共计 19 件。

1）铜器

共 12 件。

铜镞　8 件。均为双翼銎孔铜镞。

M28：1–1 ～ 1–4（考 3759–1 ～ 4），为 A 型双翼銎孔铜镞。尺寸、形状基本相同。均略残。长三角形镞身，有比较短的倒刺。镞身两面起脊，脊与两翼边缘之间有凹槽形成血槽。銎孔上有不规则形状的镂孔，銎孔底部为菱形或近椭圆形。长 2.6 ～ 3.4、底宽 1.1 ～ 1.45、底部厚 0.7 厘米（图六一，1、2；彩版二六，1）。

M28：1–5（考 3759–5），残。銎孔上无镂孔。长三角形镞身，中部起脊，尾翼有倒刺。镞身横截面为菱形。一侧表面黏有桦树皮的纤维。残长 2.8、残宽 1.2、底部厚 0.6 厘米（图六一，3；彩版二六，1）。

M28：1–6（考 3759–6），为 C 型双翼銎孔铜镞。器身较短，銎孔上有镂孔。顶部略残。三角形镞身，中部起脊，两翼末端有倒刺。銎孔上有三个形状不规整的镂孔。銎孔底部横截面近椭圆形。残长 2.6、宽 1.45、底部厚 0.7 厘米（图六一，4；彩版二六，1）。

M28：1–7（考 3759–7），只残存镞身上半部。为三翼有銎镞，尖部为三角形，中部有外凸的脊。残存的銎孔顶部横截面为正菱形。残长 1.72 厘米。

M28：1–8（考 3759–8），残损较重，形状不明。

铜泡　4 枚。

M28：3–1（考 3761–1），为 Aa 型矮斗笠形铜泡。背面中部有一穿孔纽，纽下有一直通铜泡一侧边缘的近楔形凹槽。直径 2.6、高 0.55、壁厚 0.2 厘米（图六一，6；彩版二六，4）。

M28：3–2（考 3761–2），为 Ab 型中高斗笠形铜泡。微残，背面有一穿孔纽，纽下有一形状较不规则的浅凹槽。直径 2.65、高 0.55、壁厚 0.15 厘米，背纽横截面直径 0.2 厘米（图六一，7；彩版二六，3）。

M28：3–3（考 3761–3），为 Aa 型矮斗笠形铜泡。微残。背纽下有一连通铜泡一侧的较窄沟槽。直径 1.95、高 0.5、壁厚 0.2 厘米（图六一，8；彩版二六，3）。

M28：3–4（考 3761–4），为 Aa 型中高斗笠形铜泡。边缘残损较重，纽下有一直通铜泡一侧边缘的楔形凹槽。现存直径 1.4、高 0.5、壁厚 0.17 厘米（图六一，9；彩版二六，3）。

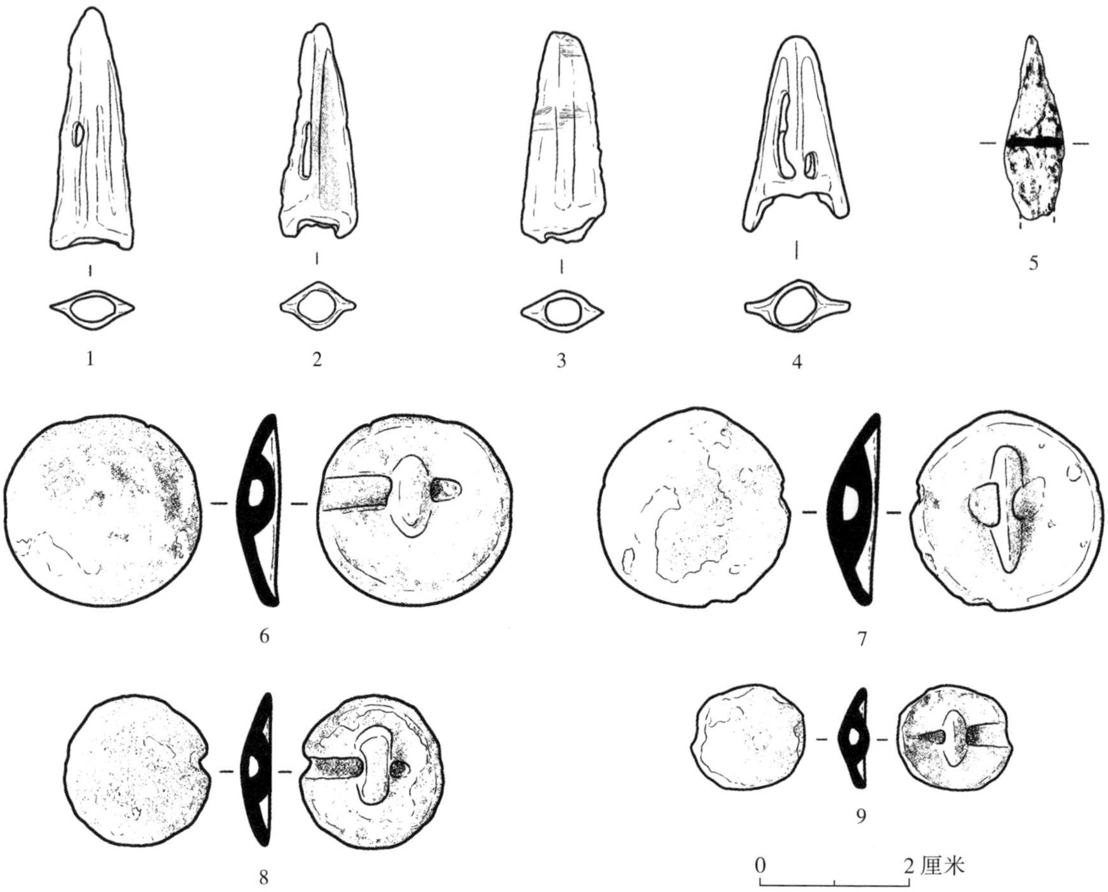

图六一　M28 出土器物

1 ~ 4. 铜镞（M28：1-1、M28：1-2、M28：1-5、M28：1-6）　5. 铁镞（M28：2-1）　6 ~ 9. 铜泡（M28：3-1 ~ 3-4）

2）铁器

共 7 件。均为铁镞。

M28：2-1（考 3760-1），长菱形带铤镞，器身较扁，铤部与镞身无分界。残长 2.3、镞身宽 0.8、厚 0.2 厘米（图六一，5；彩版二六，2）。

M28：2-2（考 3760-2），为 Bb 型有脊柱铤铁镞。残断，可复原。锈蚀。镞身为柳叶形，较扁，中部略起脊。镞身与铤部分界不明显。铤部横截面近长方形。残长 5.3、镞身宽 0.7、镞身中部厚 0.25 厘米（彩版二六，5）。

M28：2-3 ~ 2-7（考 3760-3 ~ 考 3760-7），均残损较重，其中 1 件为菱形镞身带铤镞，尺寸较小。1 件为较小的柳叶形镞的镞尖部。有 3 个镞的铤部，均为横截面近长方形的较长的铤。

（二九）M29

（1）墓葬概述

位于中区西岗梁上的 52 清理区西部。墓葬方向为西偏北 20°。墓葬破坏严重，墓圹边线不明。

发现的随葬品只有 1 件素面红衣陶壶。

（2）随葬品

只有陶壶 1 件。

M29：1（考 3713），为斜颈夹砂陶壶。残碎，颈部不能复原。夹砂黄褐陶，内、外壁抹细泥，器外壁细泥层之上涂红陶衣，器表红陶衣大部分脱落。颈下半部略内斜，斜肩，弧折腹，平底。最大腹径位于中腹略偏下处。由于器表保存状况较差，不能确定是否有纹饰。颈部与器身用泥片套接法连接。腹径 12.5、底径 5.5、残高 12 厘米。颈部、上腹部厚 0.55 ~ 0.6 厘米，下腹至底部器壁较薄，壁厚约 0.5 ~ 0.6 厘米（图六二；彩版二六，6）。

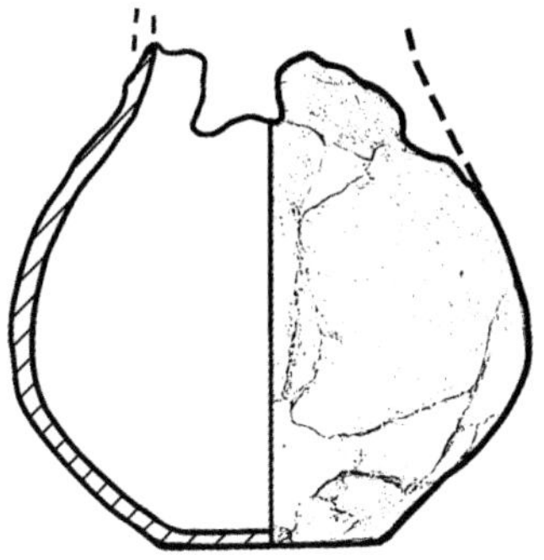

图六二 M29 出土器物
陶壶（M29：1）

（三〇）M30

（1）墓葬概述

位于西区西岗梁下的 82 清理区北部，南距 M28 为 5.8 米。墓葬方向为西偏北 43°。墓葬东南部被破坏，墓葬长度不明，残宽 0.8、深 0.29 米（图六三）。

随葬品出于墓葬的西北部。

陶杯位于墓葬西南角附近。在陶杯附近从西南向东北呈大致一斜排排列 6 件镞，排列顺序为：铁镞 1、铜镞 1、铁镞 2、铜镞 1、铁镞 1。其中偏南的 4 件镞尖部向西，偏北的 2 件尖部分别向下和向西北。镞身都附着有木片。

铜泡出于陶杯附近，均正面朝下。

珠子和坠共 118 枚，分布于墓葬中部偏西南处，分左、右两个区域分布。

在珠子附近发现铁刀、带空腔铁器、铁镞各 1 件。

人骨大部分腐烂不存，只在铁刀的铁锈上残留有腐朽的骨片。

（2）随葬品

共计 132 件。

1）陶器

只有陶杯 1 件。

M30：12（考 3762），为 Aa 型夹砂陶杯。残，可复原。夹砂黄褐陶。器壁略薄，器表涂抹泥浆。尖唇略外侈，斜腹上半部略外弧，平底，底外缘略外凸。器壁上半部有一个较低缓的疣状突。口径 7.7、底径 4.9、高 5.5 厘米（图六四，1；彩版二七，1）。

2）铜器

共 5 件。

铜镞 2 件。

M30：2-1、2-2（考 3766-1、考 3766-2），均只残存镞身上半部。为双翼有銎镞，很

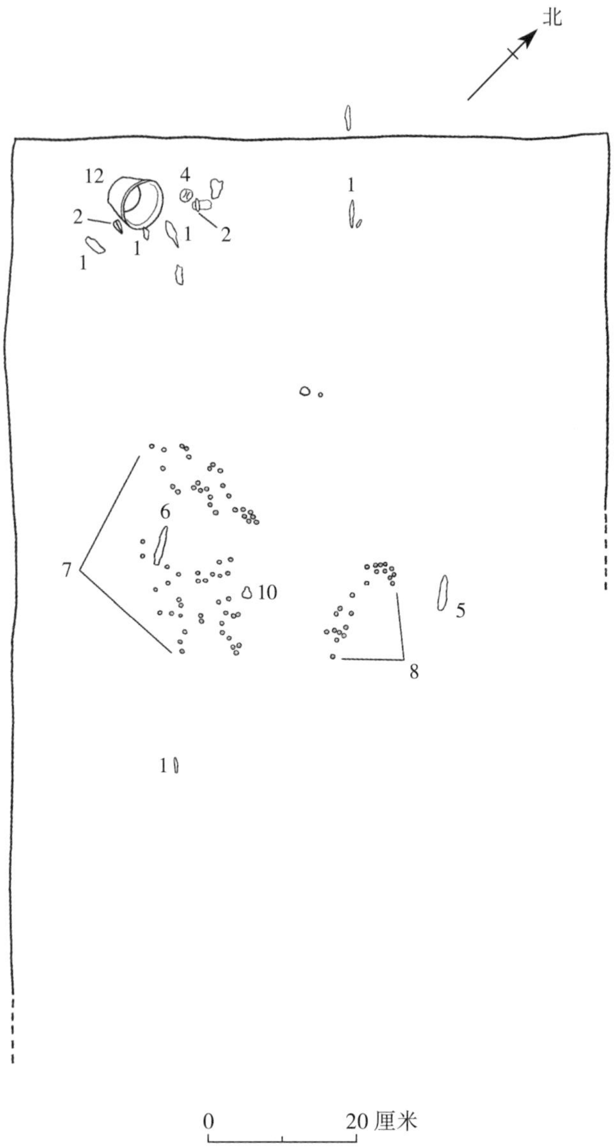

图六三 M30平面图

1.铁镞 2.铜镞 4.铜泡 5.铁刀 6.带空腔铁器残片 7.蓝色玻璃珠、棕红色玻璃珠、黑色石珠 8.蓝色玻璃珠 10.玻璃坠 12.陶杯

可能是銎孔镞。镞身较窄长，推测应为三角形镞身，镞身中部起脊，脊的两侧有两个纵向凹槽形成的血槽。銎孔横截面近椭圆形。残长分别为1.85和1.95厘米（图六四，5、6；彩版二七，2）。

铜泡 3枚。

M30：4–1～4–3（考3765–1～考3765–3），为Aa型矮斗笠形铜泡。1件略残，2件残损较重。锈蚀。形状基本相似。背面中部有一穿孔纽，纽下有一直通铜泡一侧边缘的近楔形凹槽。略残的1件直径1.92、高0.5、壁厚0.15厘米（图六四，2；彩版二七，3）。

3）铁器

共7件。

铁刀 1件。

M30：5（考3763），锈蚀，柄和刀尖部残。直背，斜刃，残存部分为直柄。器身较扁。柄两侧残留有骨质的纤维。残长4.1厘米，刃部最宽处宽0.8厘米，柄部宽0.7厘米，刃背部厚0.25厘米，柄背部厚0.3厘米（图六四，9；彩版二七，5）。

铁镞 5件。

M30：1–1（考3767–1），为A型扁体柱铤铁镞。镞身为叶形，向下弧收与铤部相接，铤和镞身分界不明显。镞身略扁，两面略鼓。铤自上向下逐渐变细。铤横截面近菱形。残长3.95、镞身宽1.2、镞身厚0.25厘米（图六四，7；彩版二七，4）。

M30：1–2（考3767–2），为锥形铁镞。铤中部横截面近方形。残长4厘米（图六四，8）。

M30：1–3（考3767–3），仅残存镞身的尖部，镞身应较窄。

M30：1–4（考3767–4），残碎严重，形制不明。

1件铁镞残损严重，形制、编号不详。

带空腔铁器残片 1件。

M30：6（考3764），残存部分为近中空棱锥形，器表有两个对称分布的棱脊。在一面器身的两棱脊之间有一圆形穿孔。残长6.4厘米（图六四，10；彩版二七，9）。

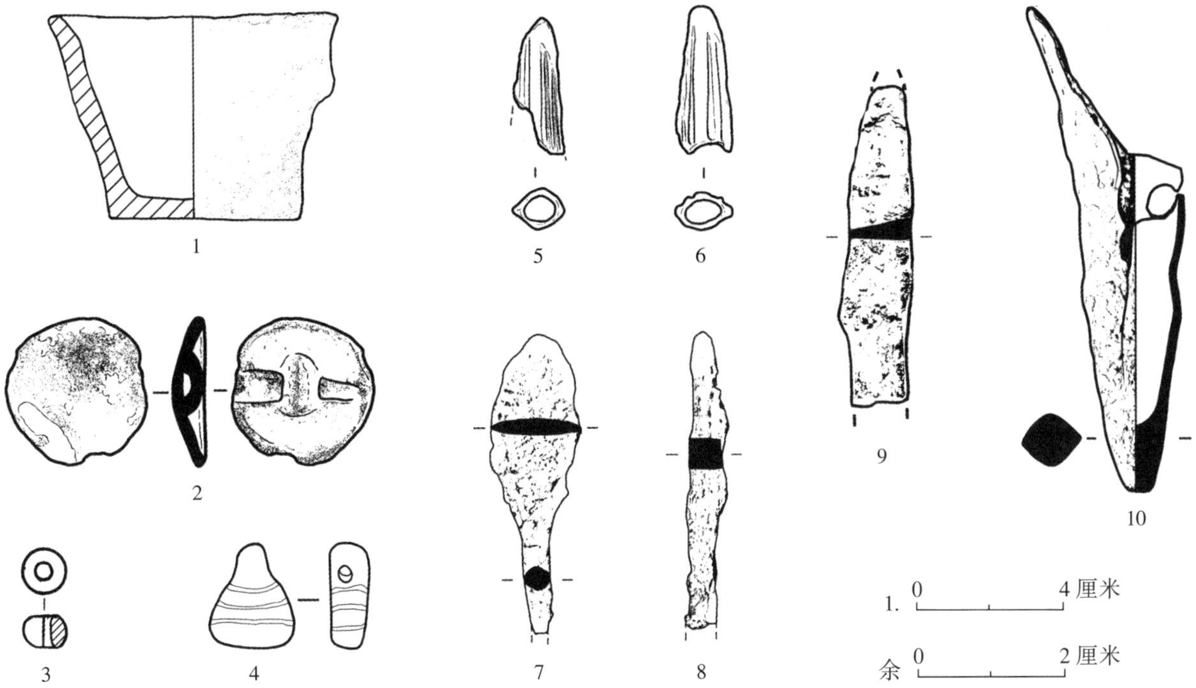

图六四　M30出土器物

1. 陶杯（M30：12）　2. 铜泡（M30：4–1）　3. 蓝色玻璃珠（M30：8–1）　4. 玻璃坠（M30：10）　5、6. 铜镞（M30：2–1、M30：2–2）　7、8. 铁镞（M30：1–1、M30：1–2）　9. 铁刀（M30：5）　10. 带空腔铁器残片（M30：6）

4）珠子、管

共118枚。

蓝色玻璃珠　25枚。

M30：8–1 ~ 8–25（考3768），完整。其中9枚为蓝色，13枚为深蓝色，其余残碎。均为算珠形或近圆柱形。其中一枚较大，直径0.62厘米；3枚较小，直径0.38厘米；其余的尺寸接近，直径0.4 ~ 0.52厘米（图六四，3；彩版二七，8）。

串饰　1串，由84枚珠子及1枚玻璃坠组成。

M30：7（考3768）、M30：10（考3768），部分蓝色玻璃珠残。由77枚蓝色玻璃珠、4枚棕红色玻璃珠、3枚黑色石珠、1枚玻璃坠组成。蓝色玻璃珠中19枚为深蓝色、1枚为浅蓝色、57枚为普通蓝色，均为近算珠形或近圆柱形，尺寸差别较小，直径0.35 ~ 0.6厘米。棕红色玻璃珠4枚，近算珠形，直径0.3 ~ 0.4厘米。黑色石珠3枚，有光泽，均为算珠形，直径0.25 ~ 0.35厘米（以上编号为M30：7）（彩版二七，6）。玻璃坠（M30：10）主体呈黑色，器身上有三周乳白色横线。近三角形，器身略扁，近顶部有一横向穿孔。长1.4、底边长1.1、厚0.45 ~ 0.5厘米（图六四，4；彩版二七，7）。

有8枚玻璃珠整理时未见，编号不详。

（三一）M31

（1）墓葬概述

位于西区西岗梁下的81清理区东南部，西南距M39为0.55米。墓葬方向为西偏北37°。墓葬被破坏较严重，仅残存墓葬中部。墓葬长度不明，墓圹宽0.95、残深0.1米（图六五；图版一四，1）。

随葬品位于墓葬中部。

铁刀与一铜环相连，似乎两者是系在一起。在铁刀的东北侧有12枚铜泡，均缝在皮条上，分上下两层呈一横排分布。上层的铜泡正面朝上，下层的铜泡正面朝下。铜泡东西延伸约25厘米。

9件铜环分布于铁刀和铜泡的附近，呈前、后两排分布（图版一四，2）。

8件铁镞位于铜泡以上，1件位于铜泡的西北侧。在铁刀的南侧分布2件铜镞。

26枚珠子、1枚铜泡散出于铜泡的西北侧。

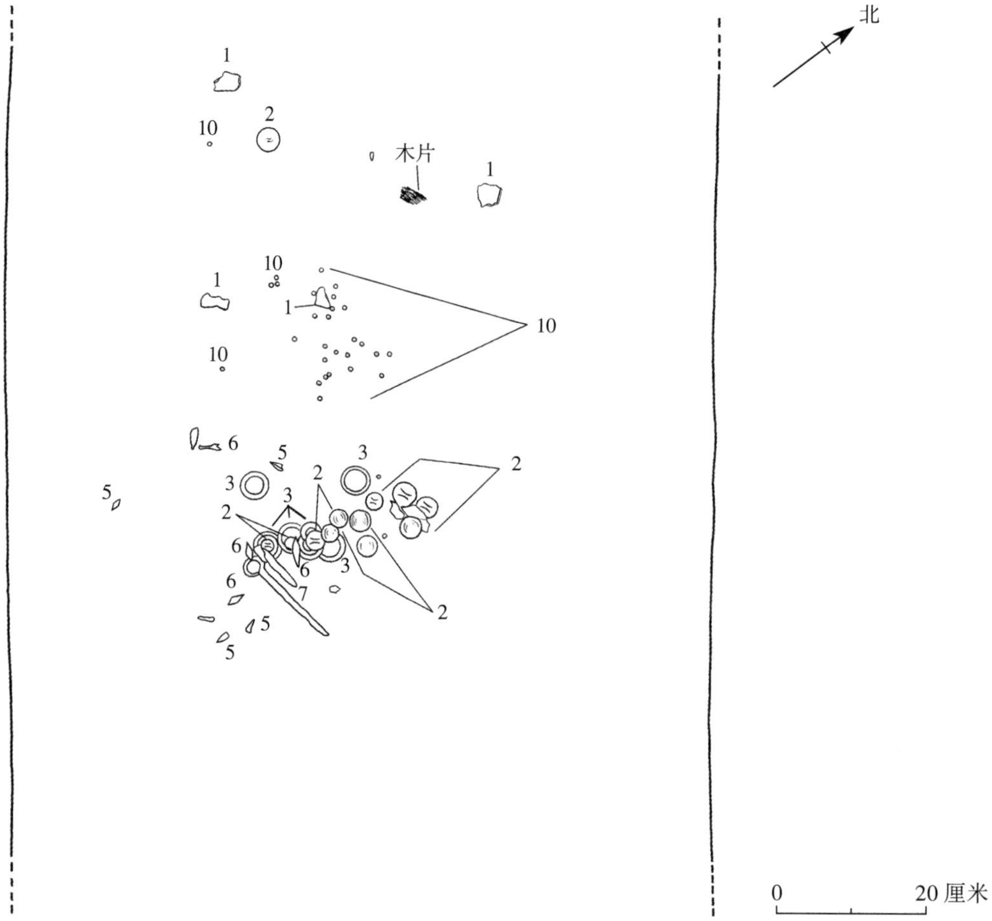

图六五 M31平面图

1. 陶片 2. 铜泡 3. 铜环 5. 铜镞 6. 铁镞 7. 铁刀 10. 珠子

此外，墓内还发现陶片和木片等。

人骨大部分腐烂，只在中部的铜泡附近残留零星碎骨。

（2）随葬品

共计62件。

1）陶器

有2件陶器上的残片6块。

M31：1–1（考3771），1件陶器上的5片陶片。夹砂黑褐陶，部分器表有烟炱。残存部分为器底和腹片。器形较小。器底为平底，其中一个陶片上有一个圆形穿孔，可能为修补所用。腹部残片略外鼓。可能是一件小型陶罐或陶杯的残片。底部残片厚0.65厘米，腹部残片厚0.73厘米（图六六，1）。

M31：1–2（考3771），1片。为夹砂黄褐陶，外壁抹少量泥，为腹部残片。从剖面观察，近内壁一侧陶色呈红褐色，近外壁的一侧陶色呈黄褐色。略外鼓。陶片壁厚0.65 ~ 0.97厘米（图六六，2）。

2）铜器

共24件。

铜镞　2件。

M31：5–1（考3769–1），仅残存尖部。铸制。为双翼有銎镞，应为三角形镞身，中部起脊，銎孔横截面近椭圆形。残长1.85、残宽0.9厘米，残存底部厚0.6厘米（图六六，3；彩版二八，7）。

M31：5–2（考3769–2），残损严重。形制不明。

铜泡　13枚。其中圆形铜泡12枚、鱼形铜泡1枚。

M31：2–1 ~ 2–12（考3772–1 ~考3772–12），均完整或微残，锈蚀。铸制。形状相似，大多数尺寸基本相同。M31：2–1、2–3、2–5为Aa型中高斗笠形铜泡，M31：2–2为B型中高斗笠形铜泡，M31：2–4为Aa型矮斗笠形铜泡。铜泡背面均有一穿孔纽，大多数纽下有一端直通泡边缘的楔形凹槽。最大的1枚直径3.5、高0.8厘米，纽上残留一段皮条（图六六，5；彩版二八，1；图版三〇，4）。较大的1枚背纽较窄，泡背面无凹槽，直径2.9、高0.65、壁厚0.13厘米，背纽横截面直径0.2厘米（图六六，6）。其余10枚尺寸相当，直径2.2 ~ 2.5厘米（图六六，7、8、12），其中1枚泡的背面残留一段穿过穿孔纽的皮条，穿纽方法为从皮条中部纵向裁出一条皮条后插入穿孔纽（图六六，8；彩版二八，3；图版三〇，4）。与铜泡共出一些皮革残片、一块残骨头，推测铜泡原来都是固定在皮质表面上。

M31：2–13（考3772），为鱼形铜泡。尾部残。正面残留少量鎏金层。器壁较薄，外壁做出鱼形轮廓，中部起脊，器表铸造出鱼鳞、鱼鳍、眼睛和嘴，泡底部两侧缘各有两个略外凸的鱼鳍。背面有两个圆柱形横梁。残长2.75、宽1.1、壁厚0.1厘米，横梁横截面直径0.13厘米（图六六，4；彩版二八，2）。

铜环　9件。

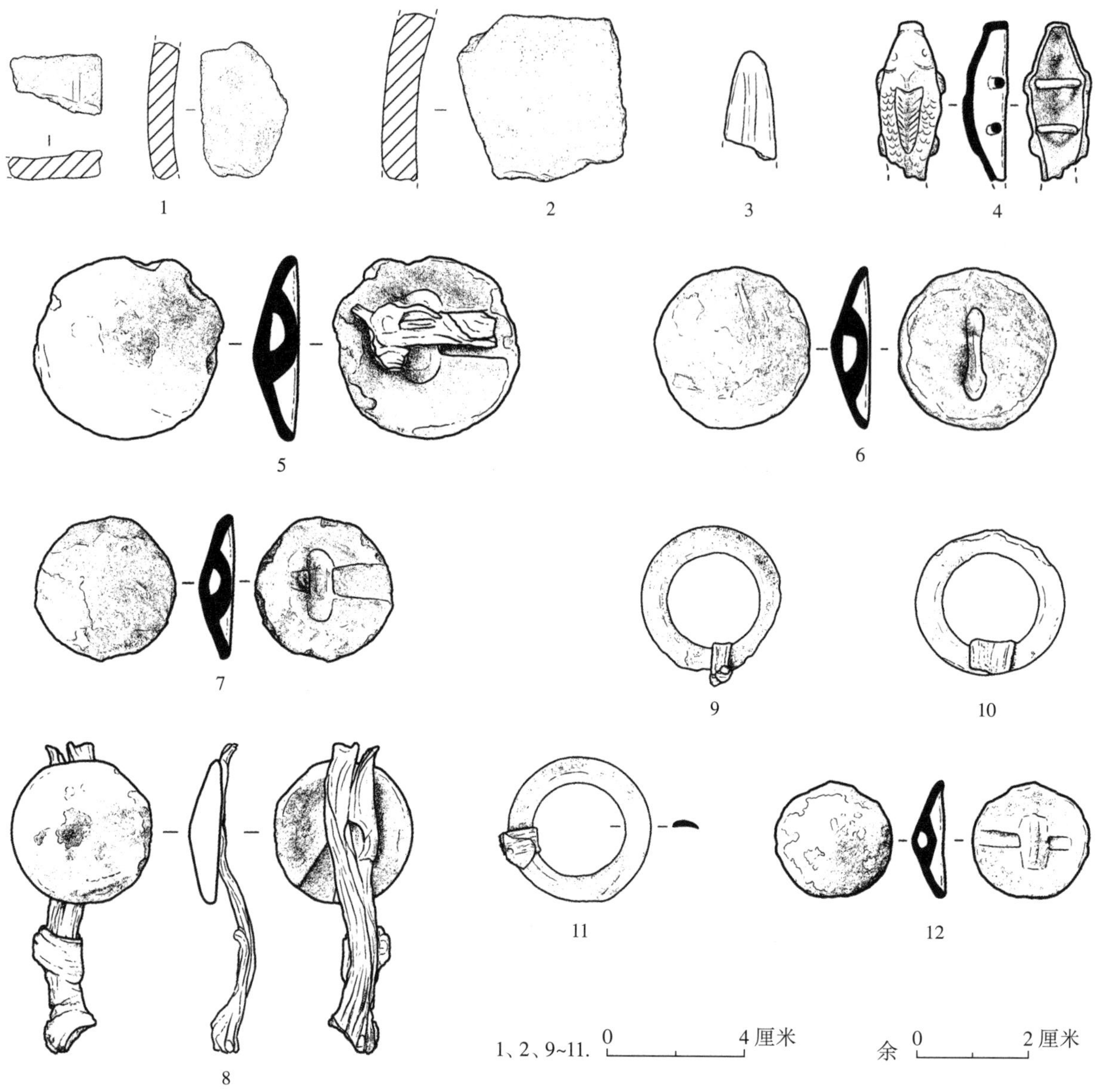

图六六　M31 出土器物

1、2. 陶片（M31：1–1、M31：1–2）　3. 铜镞（M31：5–1）　4 ~ 8、12. 铜泡（M31：2–13、M31：2–1 ~ 2–5）　9 ~ 11. 铜环（M31：3–1 ~ 3–3）

M31：3–1 ~ 3–9（考 3773），3 件边缘略残，其余完整或微残。锈蚀。尺寸基本相同，形状近似。器身较扁，内、外缘有较钝的刃。6 件为 C 型铜环，正面略外鼓，背面略内凹（图六六，11）；3 件为 B 型铜环，正面略外鼓，背面较平整（图六六，9、10；图版三〇，3）。3 件环上残留有皮条（彩版二八，4）。最大的一件直径 4.6、厚 0.15 ~ 0.25 厘米；其余的直径 4.15、壁厚 0.15 ~ 0.25 厘米。

3）铁器

共 10 件。

铁刀　1 件。

M31：7（考 3770），为圆形环首铁刀。残断，可复原。锈蚀。锻制，表面略不平整。直刃，直背，刀身略扁，环首横截面为圆形。环首部为圆形，开口较小，位于底部。刀身上有纵向的木质纤维和纺织品纤维痕迹。通长 14.8、刃中部宽 1 厘米，环首直径 2.85 厘米，环首横截面直径 0.4 厘米，刀背厚 0.3 厘米（图六七，1；彩版二九，1）。

铁镞 9 件。

M31：6–1 ~ 6–3（考 3769–1 ~ 考 3769–3），1 件残断。为 Ca 型扁体无铤铁镞。近菱形，镞身和铤部连为一体，器身扁平，较大的一件长 2.7、宽 1.1、厚 0.18 厘米；尺寸居中的一件长 2.62、宽 0.9、厚 0.2 厘米；最小的一件长 2.5、宽 0.9、厚 0.15 厘米（彩版二八，8）。

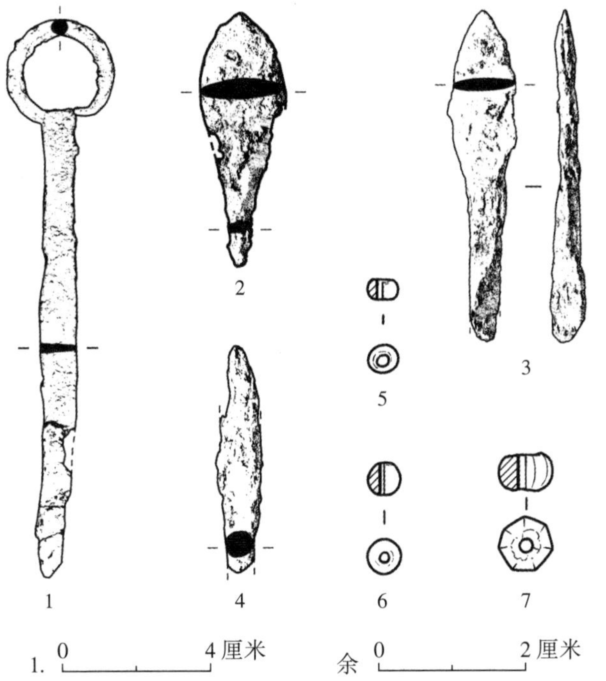

图六七 M31 出土器物

1. 铁刀（M31：7） 2 ~ 4. 铁镞（M31：6–4 ~ 6–6） 5、6. 棕色玻璃珠（M31：10–20、10–21） 7. 玛瑙珠（M31：10–17）

M31：6–4（考 3769–4），为 E 型扁体扁铤铁镞。完整，有铤，镞身近扁菱形，器身两面略鼓。铤部与镞身无明显分界，自上向下逐渐变窄、变薄，末端为锥形。长 3.35、宽 1.15、镞身厚 0.3 厘米（图六七，2；彩版二八，9）。

M31：6–5（考 3769–5），为 A 型扁体柱铤铁镞。完整，有铤，叶形镞身。镞身扁平，两面略外鼓。铤部自上向下逐渐变窄、变薄，末端为锥形。长 4.4、宽 0.9、镞身中部厚 0.15 厘米（图六七，3；彩版二八，9）。

M31：6–6（考 3769–6），仅残存铤部。铤横截面近长方形。残长 2.9 厘米（图六七，4；彩版二八，9）。

其余 3 件铁镞残碎严重，形制不明。

4）珠子、管

共 26 枚。

蓝色玻璃珠 18 枚。

M31：10–1 ~ 10–16（考 3774），7 枚深蓝色、9 枚浅蓝色，大多数为近算珠形或近球形，少数为近圆柱形。直径 0.4 ~ 0.53 厘米。

M31：10–25、10–26（考 3774），残碎，尺寸、形制不明。

玛瑙珠 3 枚。

M31：10–17 ~ 10–19（考 3774），棕红色。均为近算珠形，其中最大的一枚有七个纵向凸棱，居中的一枚有六个纵向凸棱。玛瑙珠最大的 1 枚直径 0.7 厘米，其余的直径 0.55 厘米（图六七，7；彩版二八，6）。

棕色玻璃珠　5 枚。

M31：10–20 ～ 10–24（考 3774），近算珠形或球形。直径 0.4 ～ 0.5 厘米（图六七，5、6；彩版二八，5）。

（三二）M32

（1）墓葬概述

位于西区西岗梁下的 80 清理区西北角，东距 M27 为 8.7 米。墓葬方向为西偏北 21°。墓葬被破坏，仅残留有墓葬的东、北两壁。

随葬品均位于墓葬的东北角。铜镞的銎内尚暴露有箭杆，并且箭杆上缠绕有麻线。铁镞的镞身下面残留有腐朽的木片（图版一四，3）。

（2）随葬品

共计 8 件。

1）铜器

只有铜镞 5 件。

M32：1–1、1–2（考 3738–1、考 3738–2），为 Aa 型三翼銎孔铜镞。均略残。1 件銎孔和三面器身之间有三个椭圆形镂孔，銎孔横截面为圆形。残长 2.5、銎孔底部直径 0.73 厘米（图六八，1；彩版二九，4）。1 件翼的末端残留有倒刺，两面器身和銎孔之间有近椭圆形镂孔。銎孔横截面为圆形。残长 2、銎孔底部直径 0.68 厘米，銎孔壁厚 0.08 厘米（图六八，2；彩版二九，4）。

M32：1–3 ～ 1–5（考 3738–3 ～考 3738–5），为 C 型双翼銎孔铜镞。均残。1 件锋部和

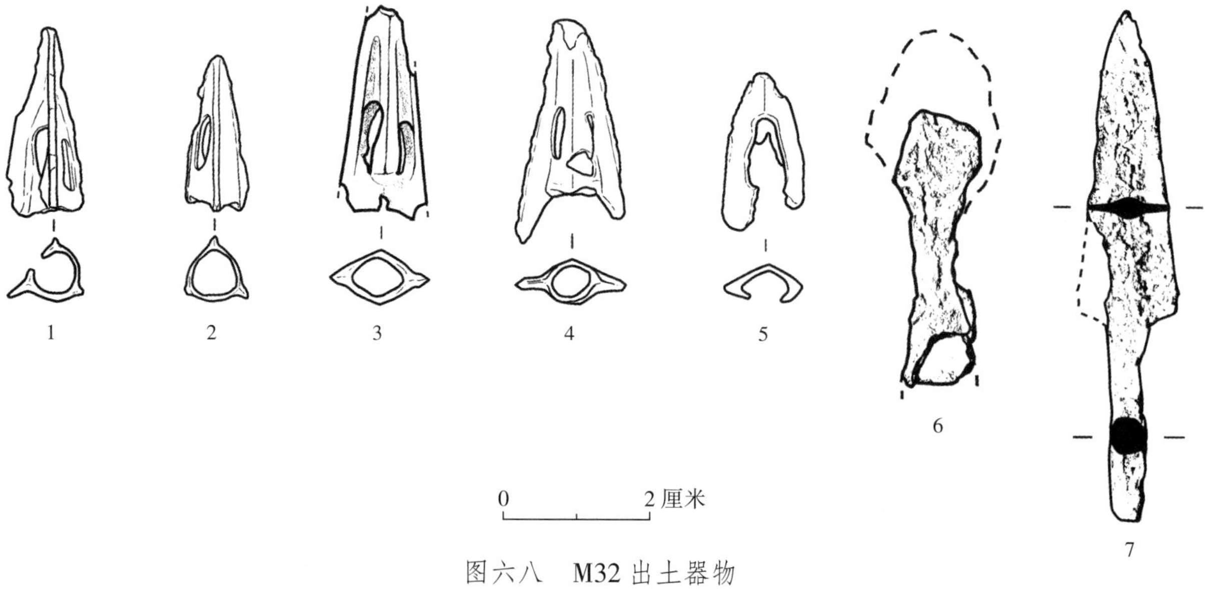

图六八　M32 出土器物

1 ~ 5. 铜镞（M32：1–1 ~ 1–5）　6、7. 铁镞（M32：2–2、M32：2–1）

倒刺均残缺。三角形镞身，两翼侧缘和銎孔之间形成内凹的血槽。銎孔和器身之间有四个不规则的镂孔。銎孔横截面为菱形。残长 2.78、銎孔底部横宽 0.75 厘米（图六八，3；彩版二九，5）。1 件锋部和一侧倒刺残。双翼尾部形成倒刺。銎孔上有三个不规则形状的镂孔，銎孔横截面为椭圆形。残长 2.96 厘米，銎孔底部内径长径 0.6、短径 0.43 厘米（图六八，4；彩版二九，5）。1 件残存镞身顶部和两侧边缘部。镞身部銎孔上有镂孔。残长 2.1 厘米（图六八，5；彩版二九，5）。

2）铁器

只有铁镞 3 件。

M32：2–1（考 3738–6），为 Ba 型有脊柱铤铁镞。一侧翼残，锈蚀。长三角形镞身，双翼底部略向上倾斜，镞身中部有较圆缓的脊。铤横截面为圆形。长 6.8、镞身宽 1.4 厘米，铤横截面直径 0.5 厘米（图六八，7；彩版二九，2）。

M32：2–2（考 3738–7、考 3738–8），为 A 型管銎镞。镞身残，銎部残。镞身较扁，原状为略宽的纵向菱形。銎自上向下逐渐变粗。銎孔横截面为圆形。镞身残宽 1 厘米，銎中部横截面直径 0.88 厘米[1]（图六八，6；彩版二九，3；图版三〇，5）。

M32：2–3（考 3738–9），为 E 型扁体扁铤镞。只残存镞身下半部和铤上半部。有铤，镞身为扁片状。铤横截面为扁椭圆形。残长 2.5、镞身厚 0.25 厘米，铤部横截面长 0.35 厘米（图版三〇，5）。

图六九　M33 平面图

1. 陶碗　2. 蓝色玻璃珠

（三三）M33

（1）墓葬概述

位于西区西岗梁下的 87 清理区西部。墓葬方向为西偏北 9°。土坑竖穴墓。墓圹边缘尚存。墓葬长 1.7、宽 0.65、残深 0.06 米。墓内填土非常杂，中间的一条填土颜色很黑。当为人骨骼腐朽所致。未见葬具痕迹（图六九；图版一五，1）。

[1] 线图照片反映的是镞身残损后的形状，原状见图版三〇，5。

随葬品数量较少。

1件陶碗位于墓葬的东北角。珠子主要分布于陶碗的南侧。在墓葬的东北角发现若干块木炭。

（2）随葬品

共计11件。

1）陶器

只有陶碗1件。

M33：1（考3775），为Ca型夹砂陶碗。残，可复原。夹砂黄褐陶。圆尖唇，唇内侧微外侈，斜壁，底部外壁略内凹，底部边缘略外凸。口径约11、底径7.9、高11.7厘米（图七〇，1；彩版二九，8）。

2）珠子、管

共10枚。

蓝色玻璃珠　9枚。

M33：2-1（考3903），完整。深蓝色。算珠形，最宽处有折棱。中部有一纵向穿孔，一端孔径较细，一端较粗。直径0.75、高0.8厘米（图七〇，2；彩版二九，6）。

M33：2-2～2-8、M33：2-10（考3903），1枚略残。5枚较大，深蓝色；3枚较小，浅蓝色。较大的5枚中1枚近较短的圆柱形，其余4枚近算珠形，其中2枚穿孔孔径不均，一端孔径较大，一端略小。最大的1枚直径0.85、高0.7厘米；3枚直径0.7～0.75、高0.55～0.6厘米（图七〇，3；彩版二九，6）；最小的1枚直径0.7、高0.5厘米。3枚较小的浅蓝色珠子中，1枚近圆柱形，直径0.6、高0.5厘米；另外2枚为算珠形，直径0.45、高0.3厘米（图七〇，4；彩版二九，6）。

浅绿色玻璃珠　1枚。

M33：2-9（考3903），近橄榄形，中部有一纵向穿孔。中部直径0.45、高0.6厘米（彩版二九，7）。

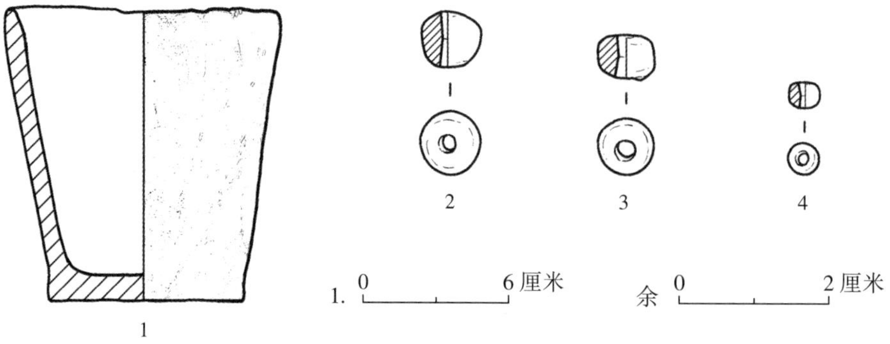

图七〇　M33出土器物

1. 陶碗（M33：1）　2～4. 蓝色玻璃珠（M33：2-1～2-3）

（三四）M34

（1）墓葬概述

位于西区西岗梁下的87清理区西部，东距M33为2米。墓葬方向为西偏北36°。墓葬被破坏严重，仅残存墓葬的西北部。墓葬宽0.87、残深0.05米（图版一五，2）。

随葬品出于墓葬的西北部。

（2）随葬品

共计2件。

1）陶器

只有陶碗1件。

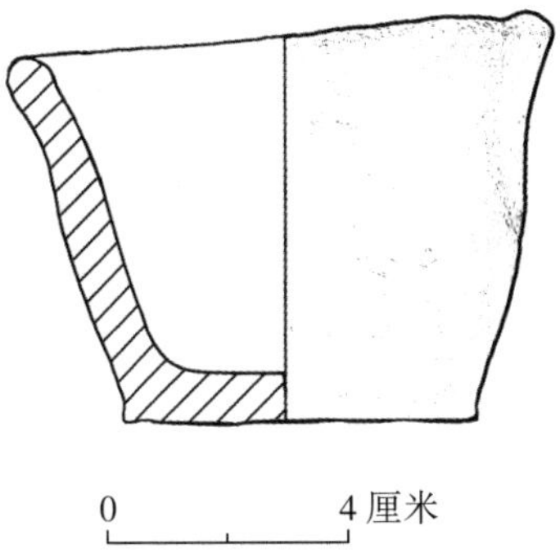

图七一　M34出土器物

陶碗（M34：1）

M34：1（考3776），为Ba型夹砂陶碗。残，可修复。夹砂黄褐陶，陶色不均，器表有黑灰色烟炱，部分器表不平整。侈口，圆唇，略鼓腹，平底。底部边缘略外凸。口沿倾斜。口径8.8、高6.6厘米，底径长径6、短径5.3厘米（图七一；彩版二九，9）。

2）珠子、管

只有蓝色玻璃珠1枚。

M34：2（考3777），完整。深蓝色，近圆柱形，横截面形状不甚规整。横截面长径0.55、短径0.45、高0.45厘米。

（三五）M35

（1）墓葬概述

位于西区西岗梁下的86清理区南部，南距M33为6.7米。墓葬方向为西偏北12°。墓葬东南部被破坏，仅存墓葬西北部。墓葬宽0.65、残深0.1米（图七二；图版一五，3）。

随葬品中铜牌饰分布于最靠东南一侧，在其东侧有1件铜环。在铜牌饰的西侧有1件铁环和1件铜镞（图版一六，1）。

珠子和管分布于铁环的南侧和西北侧。铁衔镳出于近墓葬西南壁处。1件陶杯位于铁衔镳附近。

在墓葬西北部的扰土中采集到1件陶杯、1枚铜泡、1枚玛瑙珠、1件残铁器。

（2）随葬品

共计19件。

1）陶器

共2件，均为陶杯。

M35：6-1（考3778），为Ab型夹砂陶杯。口沿残，可复原。夹砂灰褐陶，质地粗糙，器表不平整。口微外侈，圆唇，斜腹，平底，底部外缘略外凸。口径7.4、底径5.4、高4.6厘米（图七三，1；彩版三〇，1）。

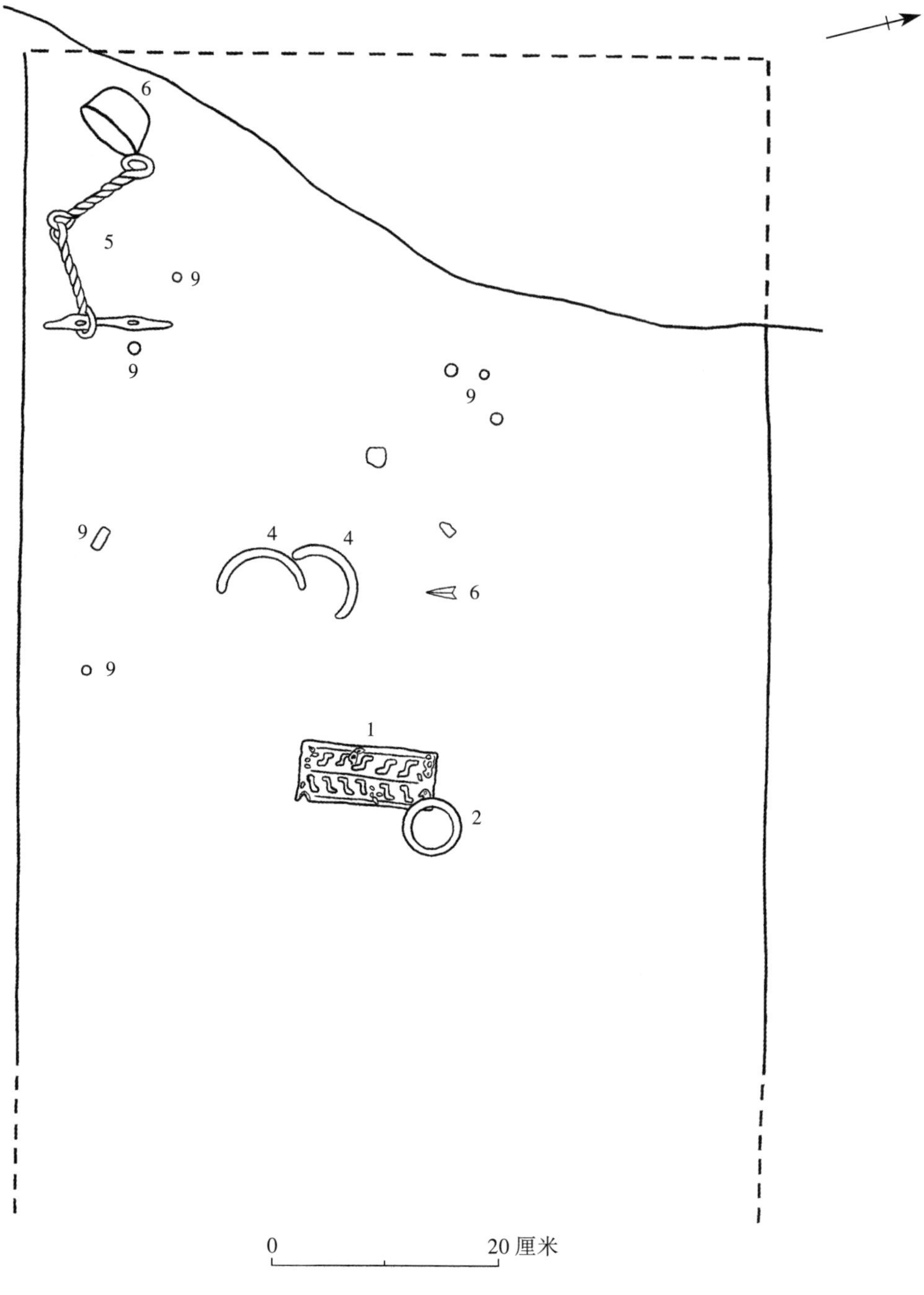

图七二 M35 平面图

1. 铜牌饰 2. 铜环 4. 铁环 5. 铁衔镳 6. 铜镞、陶杯 9. 珠子和管

M35：10（考 3781），为 Cb 型夹砂陶杯。残，可复原。夹砂黄褐陶，质地粗糙。圆唇内侧微外侈，斜腹微外鼓，平底。口径约 7.9、底径 5.4、高约 5 厘米（图七三，2；彩版三〇，2）。

2）铜器

共 4 件。

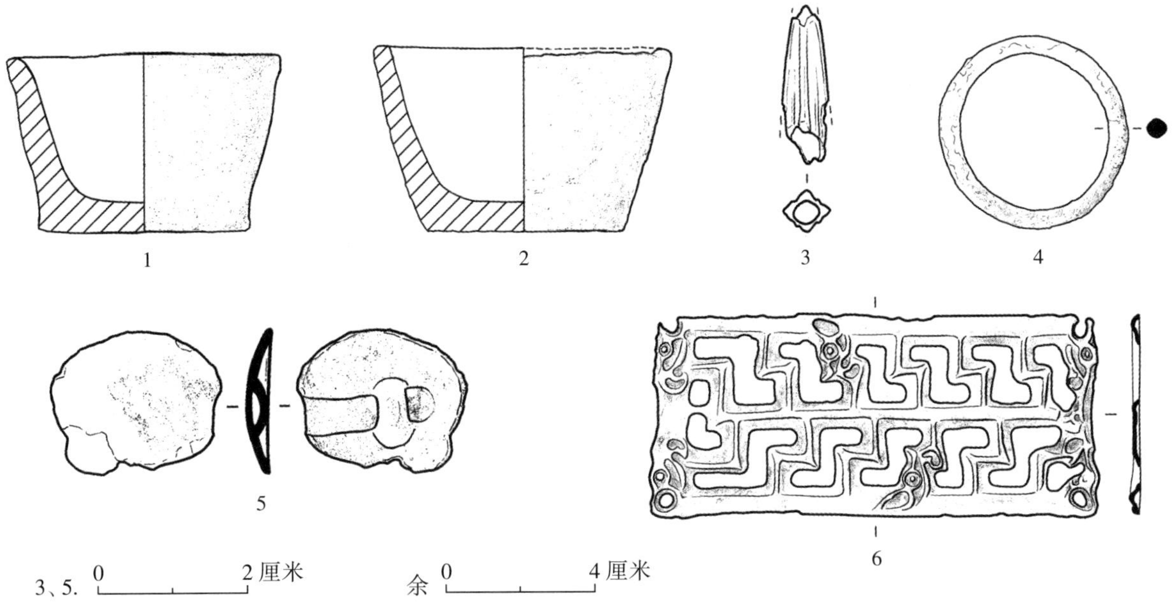

图七三　M35 出土器物

1、2. 陶杯（M35∶6-1、M35∶10）　3. 铜镞（M35∶6-2）　4. 铜环（M35∶2）　5. 铜泡（M35∶11）　6. 铜牌饰（M35∶1）

铜镞　1件。

M35∶6-2（考3779），残存镞身上半部的一段。为双翼銎孔铜镞。镞身近尖部为四棱形，中部起脊，器身四面均有一个凹槽形成血槽。銎孔横截面为椭圆形。残长2.12、残存部分最厚处厚0.53厘米（图七三，3）。

铜牌饰　1件。

M35∶1（考3785），为B型矩形镂空阶梯纹铜牌饰。边缘略残。铸制。长方形，镂空阶梯状纹饰，在牌饰的四角和两侧边的中部有格里芬头。四角有圆形穿孔，背面略平无背纽。长12.1、宽5.3、厚0.15厘米（图七三，6；彩版三〇，3）。

铜泡　1枚。

M35∶11（考3783），为A型矮弧形铜泡。边缘残损较重。背面中部有一略扁的穿孔纽，纽下有一近楔形凹槽。残宽2.3、壁厚0.1厘米（图七三，5）。

铜环　1件。

M35∶2（考3784），为Da型铜环。完整，略锈蚀。圆环形，横截面为圆形。直径5.03厘米，横截面直径0.55厘米（图七三，4；彩版三〇，4）。

3）铁器

共4件。

铁衔镳　1套，共2件。

M35∶5-1（考3780-1），为A型双节铁衔。衔内环残。锻制。两节套接而成，外环较大，内环较小。一节衔的内环和外环在同一平面，另一节内环与外环垂直，其中后者略短而小。

衔的制法为用一根铁丝对折，对折处拧出外环，两股铁丝拧绕出一段绳索状的衔杆，然后两股铁丝再拧出较小的内环，两端在内环处汇合。较长的一节衔长 11 厘米，外环长径 3.7、短径 3 厘米，外环横截面直径 0.6 厘米；较短的一节衔残长 10 厘米，外环长径 3.02、短径 2.6 厘米，外环横截面直径 0.45 厘米（图七四，1；彩版三〇，5）。

M35：5–2（考 3780–2），为 Ab 型铁镳。仅存 1 个，完整。双孔，窄螺旋桨形，中部较厚，两端较薄。通长 13.5 厘米，镳环内径长径 1.3、短径 0.6 厘米（图七四，2；彩版三〇，6）。

铁环　1 件。

M35：4（考 3787），残断成两段，可修复。锻制。圆环形，宽窄略不均，有一较小的开口。横截面近圆角长方形。直径 6.5 厘米，横截面长 0.5 ～ 0.75、宽 0.2 ～ 0.35 厘米（图七四，4）。

残铁器　1 件。

M35：13（考 3782），残存近锥状的一段，整体形状不明，可能是铁锥的锥身部。锻制。表面不平整，横截面形状不规则。一个残端可能是环首的底部；另一个残段略细，可能是锥的近末端处。残长 5.6 厘米，器身最宽处横截面宽 0.6 厘米（图七四，3）。

4）珠子、管

共 9 枚。

蓝色玻璃珠　4 枚。

M35：9–1、9–2（考 3786），完整。深蓝色。为中部略鼓的近柱形。直径 0.5 厘米。

2 枚整理时未见。

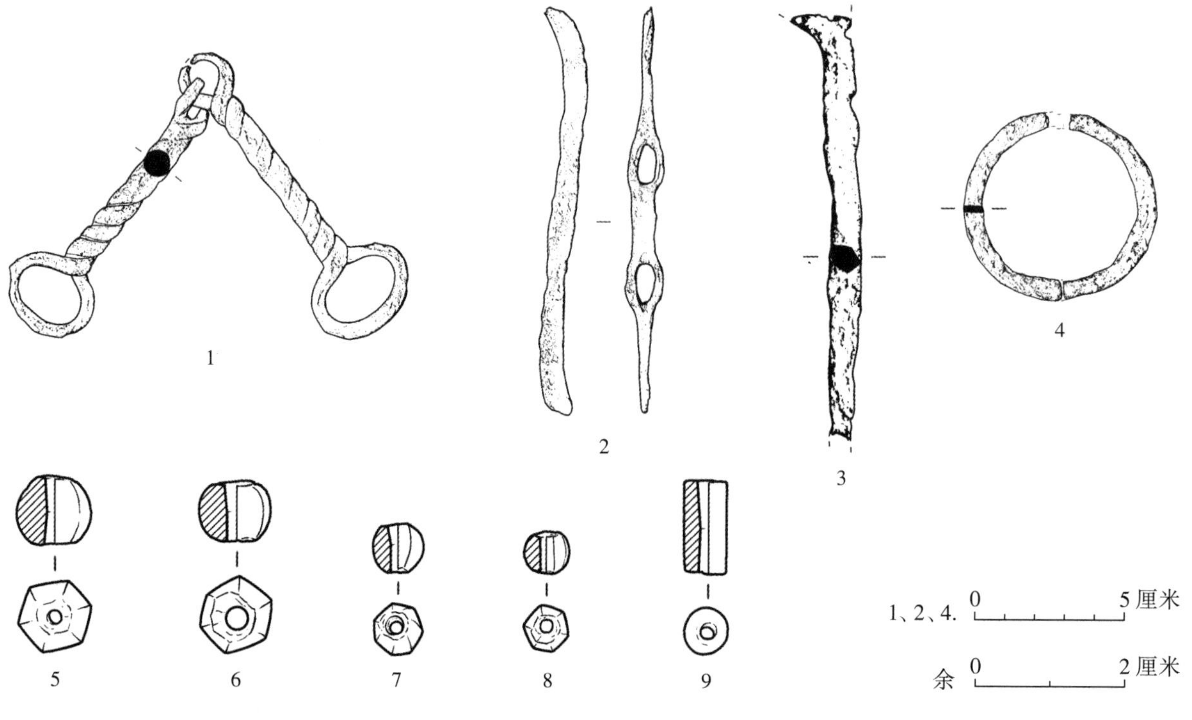

图七四　M35 出土器物

1. 铁衔（M35：5–1）　2. 铁镳（M35：5–2）　3. 残铁器（M35：13）　4. 铁环（M35：4）　5 ~ 8. 玛瑙珠（M35：9–3 ~ 9–6）　9. 滑石管（M35：9–7）

玛瑙珠 4 枚。

M35：9–3 ~ 9–6（考 3786），完整。均为深棕红色。近球形或算珠形，表面有纵向凸棱。2 枚较大，2 枚较小。较大者直径 1 厘米，居中的一枚直径 0.65 厘米，最小的一枚直径 0.6 厘米（图七四，5 ~ 8；彩版三〇，7）。

滑石管 1 枚。

M35：9–7（考 3786），完整。乳白色。为较规整的圆柱形。直径 0.6、长 1.2 厘米（图七四，9；彩版三〇，8）。

（三六）M36

（1）墓葬概述

位于西区西岗梁下的 86 清理区东南角。墓葬方向为西偏北 30°。墓葬大部分被破坏，仅保留墓葬的西北角（图七五）。

随葬品发现于墓葬的西北部，包括陶碗、砺石、珠子和管等。陶碗位于近西北壁，口朝上。砺石位于陶碗东北侧，其下压着 1 枚滑石管和 1 枚绿云母管。串饰位置居中，呈西北—东南向排列，排列顺序为 2 枚玻璃珠、2 枚滑石管、2 枚玛瑙珠。在相当于墓葬中部近西南壁处有 1 件铜镞和 1 枚滑石管、1 枚绿云母管、1 件铜镞（图版一六，2）[1]。

（2）随葬品

共计 19 件。

1）陶器

只有陶碗 1 件。

M36：1（考 3788），为 Ab 型夹砂陶碗。口沿微残。夹砂黑褐陶。质地粗糙，器表略不平整。外折沿，圆尖唇，微鼓腹平底，器底外缘略外凸。口沿外侧有纵向的平行刻线。口径 9.3、底径 5.9、高 5.7 厘米（图七六，2；彩版三一，1）。

2）铜器

只有铜镞 1 件。

M36：7（考 3789），为 A 型双翼銎孔铜镞。尾翼倒刺，尖部略残。器身近长三角形，中部起突脊。两侧缘有较锋利的刃，两侧边缘近尖部外弧，中部略内弧，呈流线型。镞身四面各有一个凹槽形成血槽。在镞身下半部的銎孔上有两个不规则形状的镂孔。銎孔底部横截面为椭圆形。残长 3.7、残宽 1.3、底部厚 0.7 厘米（图七六，1；彩版三一，2）。

3）珠子、管

共 16 枚[2]。

[1] M36 的原报告、发掘记录、馆藏文物、遗迹图、遗迹照片反映出的遗物分布状况有矛盾之处，墓葬概述中的珠子、管分布情况主要根据发掘记录、遗迹图和遗迹照片整理。

[2] 整理时发现珠子和管实物 16 枚，辽宁省博物馆藏器物卡片记录共 15 枚，旧报告正文记录共 17 枚，该墓的发掘记录中的器物登记表登记珠子和管共 14 枚。

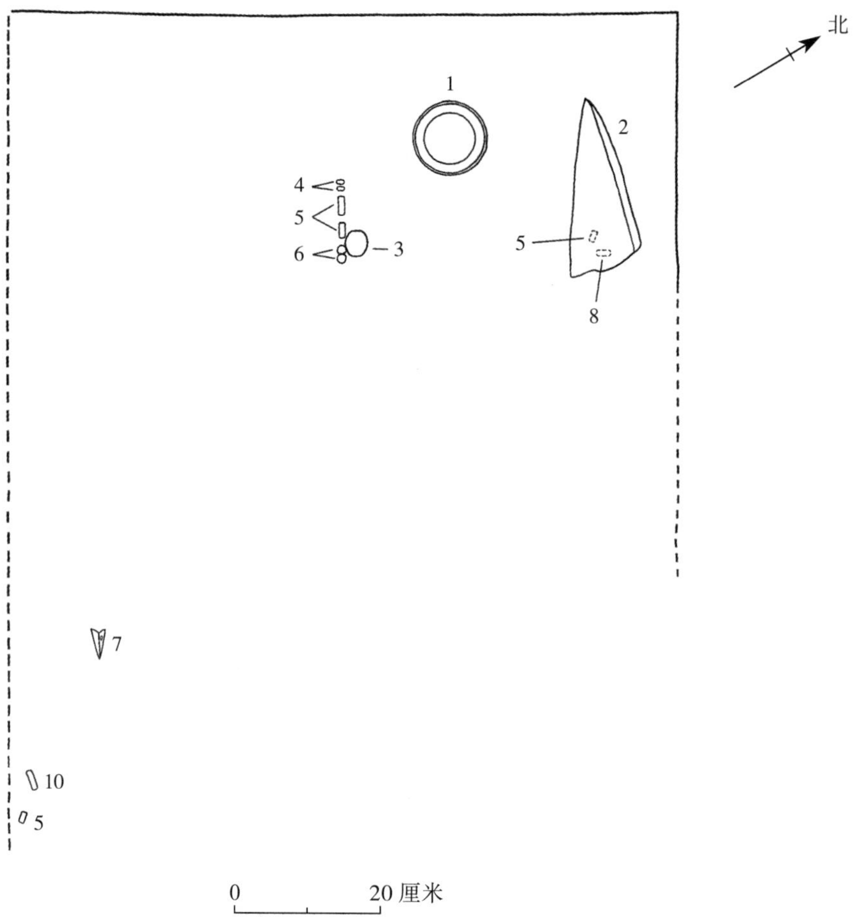

图七五　M36 遗物分布图

1. 陶碗　2. 砺石　3. 绿石珠　4. 玻璃珠　5. 滑石管　6. 玛瑙珠　7. 铜镞　8、10. 绿云母管

蓝色玻璃珠　2 枚。

M36∶4-1、4-2（考 3790），完整。近算珠形。1 枚孔径较大，一端表面内凹；1 枚孔径较小，两端平整。直径 0.7 厘米（图七六，3、4；彩版三一，3）。

绿色玻璃珠　1 枚。

M36∶4-3（考 3790），完整。近算珠形。直径 0.5、高 0.2 ~ 0.3 厘米（图七六，5；彩版三一，4）。

浅黄色玻璃珠　2 枚。

M36∶4-4、4-5（考 3790），完整。浅黄色，半透明状。近算珠形。直径 0.35 厘米（图七六，6；彩版三一，5）。

玛瑙珠　2 枚。

M36∶6-1、6-2（考 3790），完整。深红色。尺寸、形状基本相同。近算珠形，边缘有纵向凸棱。直径 0.7 厘米（图七六，7；彩版三一，6）。

滑石管　6 枚。

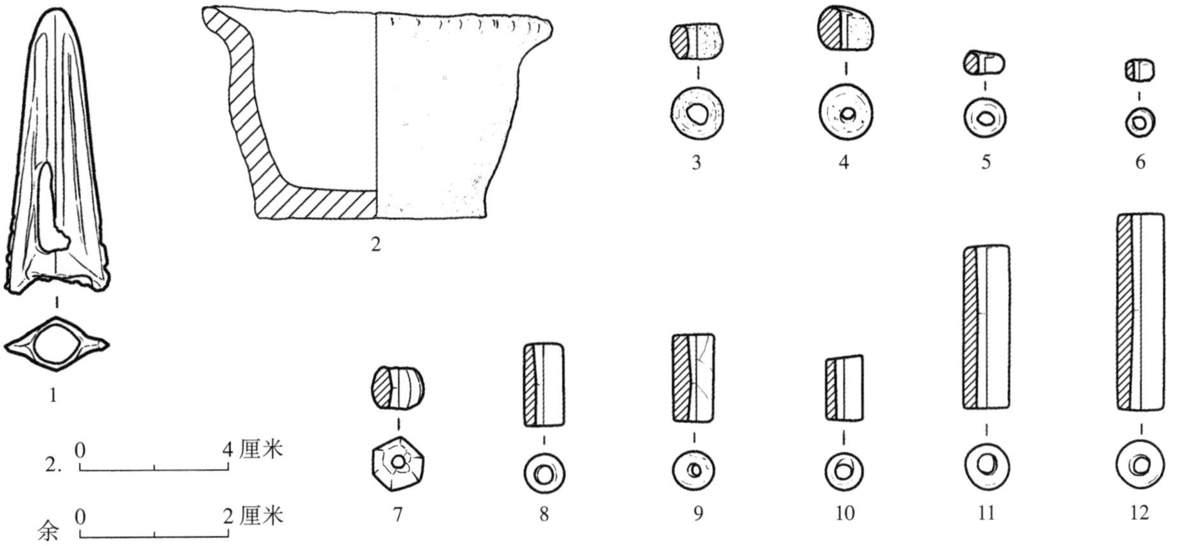

图七六　M36出土器物

1. 铜镞（M36：7）　2. 陶碗（M36：1）　3、4. 蓝色玻璃珠（M36：4-1、M36：4-2）　5. 绿色玻璃珠（M36：4-3）　6. 浅黄色玻璃珠（M36：4-4）　7. 玛瑙珠（M36：6-1）　8～10. 滑石管（M36：5-1、M36：9、M36：11）　11、12. 绿云母管（M36：8、M36：10）

M36：5-1～5-4（考3790），1枚残。乳白色。为较规整的圆柱形，中部有一纵向穿孔。直径0.5、高0.8～1.5厘米（图七六，8；彩版三一，7）。

M36：9（考3790），一侧边缘残。乳白。为规整的圆柱形，中部有一纵向穿孔。直径0.5、高1.1厘米（图七六，9；彩版三一，7）。

M36：11（考3790），略残。乳白色。为规整的圆柱形，中部有一纵向穿孔。直径0.5、高0.75厘米（图七六，10；彩版三一，7）。

绿云母管　2枚。

M36：8（考3790），完整。浅墨绿色。为规整的圆柱形，中部有一纵向穿孔。直径0.6、高2.15厘米（图七六，11；彩版三一，8）。

M36：10（考3790），完整。浅墨绿色。为规整的圆柱形，中部有一纵向穿孔。直径0.65、高2.6厘米（图七六，12；彩版三一，8）。

绿石珠　1枚。

M36：3，整理时未见。根据原始记录推测应该为扁体的绿云母珠或天河石珠，为六边形扁体珠。

4）石器

只有砺石1块。

M36：2（考3791），残存带边缘的一块，整体形状不明。磨制而成，残存部分为板状的边缘部，两面磨制平整，边缘平直，近残存部分中部边缘略薄。残长23、残宽8.5、厚2.1～3.2厘米（图版三〇，6）。

（三七）M37

（1）墓葬概述

位于中区岗洼处的44清理区东南角。仅残存墓葬西北半部东边的一个小角。现存墓圹深0.3米。

随葬品仅发现带瓜棱玛瑙珠1枚。

（2）随葬品

只有玛瑙珠1枚。

M37：1（考3792），略残。棕红色。带瓜棱形，外壁有七条纵向凸棱。直径0.9、高0.5厘米（图七九，7；彩版三二，4）。

（三八）M38

（1）墓葬概述

位于西区西岗梁下的81清理区东北部，南距M31为1.1米。墓葬方向为正西向。墓葬被破坏严重，仅残存墓葬西半部的墓圹边线。

随葬品中的1件陶壶，位于墓葬的西部。在墓圹范围以外发现残陶罐1件，推测应为该墓内随葬品（图版一六，3）。

（2）随葬品

只发现陶器2件。

陶壶　1件。

M38：1（考3793），为Ca型敞口夹砂陶壶。流部残断。夹砂黄褐陶。侈口，圆尖唇，

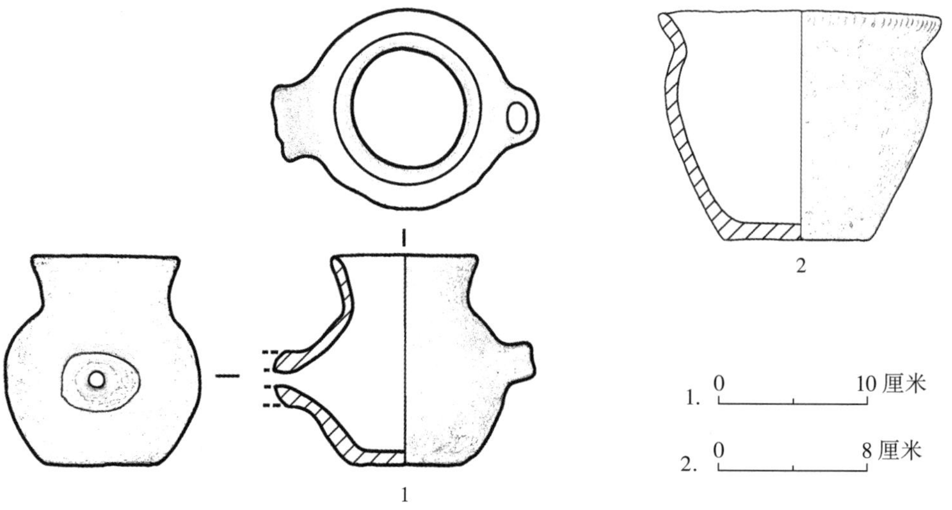

图七七　M38出土器物

1. 陶壶（M38：1）　2. 陶罐（M38：2）

颈部略内凹，鼓腹，平底，最大腹径略偏下。腹部有一近环状扁横耳，与器耳相对的一侧腹部有一管状流。口径 10、腹径 13.2、底径 8.2、高 14 厘米，近器壁部的管状流内径 0.85 厘米（图七七，1；彩版三一，9）。

陶罐 1 件。

M38：2（考 3794），为 B 型无耳大口夹砂陶罐。残，可复原。夹砂黄褐陶，陶色不均。侈口，圆唇，深腹，尖部略外鼓，平底。口沿外侧有纵向平行刻纹。口径 14.8、底径 7.8、高 12.2 厘米（图七七，2；彩版三一，10）。

（三九）M39

（1）墓葬概述

位于西区西岗梁下的 81 清理区东南部，北距 M31 为 0.35 米。方向为西偏北 36°。墓葬大部分被破坏（图七八）。

残存随葬品有蓝色玻璃珠 45 枚。在墓圹内、外的扰土中还采集到 16 枚蓝色玻璃珠、1 枚带瓜棱玛瑙珠、4 枚铜泡和 1 件陶器的残片等。

（2）随葬品

共计 67 件。

1）陶器

只有残陶器 1 件。

M39：5（考 3795），残存部分底部、腹部、近口沿部陶片，不能复原。夹砂黑褐陶，外壁抹一层较薄的黄褐色泥浆。应为器形较小的罐类。口沿器壁较厚，近口沿部逐渐变薄，口沿略外侈，腹部略鼓。平底，底边缘为弧形，应为用壁包底的制法制成。口沿厚 0.62、底部厚 1.05 厘米。

2）铜器

共 4 件，均为铜泡。

M39：2-1（考 3796），为 A 型矮弧形铜泡。顶部、边缘略残，锈蚀。铸制。背面中部有一穿孔纽，纽下有一直通铜泡一侧边缘的楔形凹槽。直径 2.6、高 0.4、壁厚 0.2 厘米（图七九，1；彩版三二，1）。

M39：2-2（考 3796），残，形状、尺寸与 M39：2-1 相似。

M39：2-3（考 3796），为 Aa 型矮斗笠形铜泡。边缘残，锈蚀。背面中部有一穿孔纽，纽下有一直通铜泡一侧边缘的楔形凹槽。直径 2.4、高 0.55 厘米，器壁最厚处厚 0.22 厘米（图七九，2；彩版三二，2）。

M39：2-4（考 3796），残损较重，形状不明。

3）珠子、管

共 62 枚。

蓝色玻璃珠 61 枚。

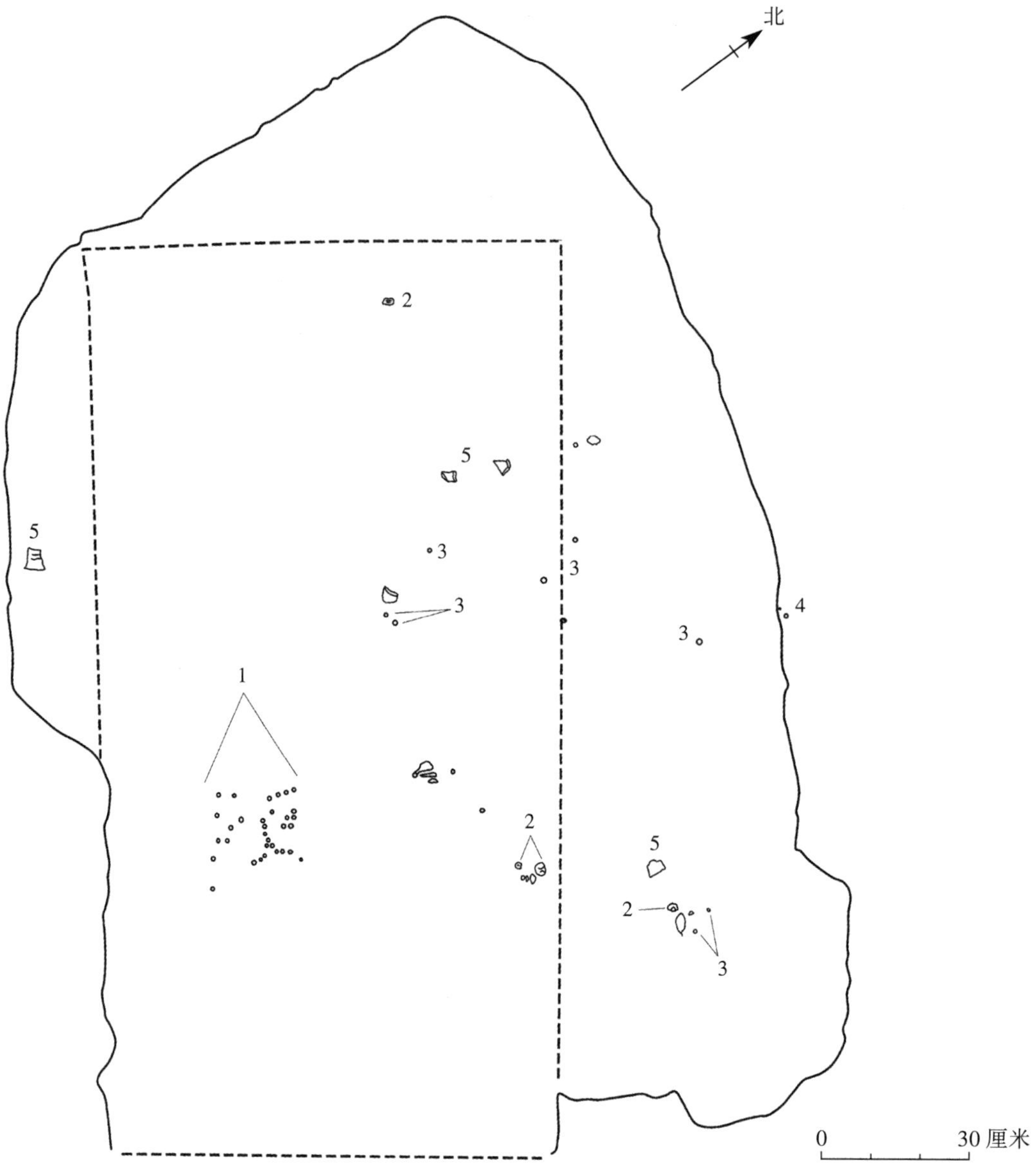

图七八　M39 平面图

1、3. 蓝色玻璃珠　2. 铜泡　4. 玛瑙珠　5. 残陶器（虚线内为墓葬大致的范围，墓葬方向为根据记录推测的大致方向）

M39：1-1 ～ 1-45 （考 3797），45 枚。绝大多数完整，个别的珠子略残。绝大多数为普通蓝色，1 枚为浅蓝色，1 枚为浅灰蓝色。形状均略显不规整，有近算珠形、近球形或近圆柱形三种形状。大多数珠子的直径、尺寸相近，直径 0.5 ～ 0.6 厘米，两枚较小者直径 0.4 和 0.43 厘米（图七九，3、4；彩版三二，5）。

M39：3-1 ～ 3-16（考 3797），16 枚。完整。绝大多数为蓝色，1 枚为浅蓝色。大多数为近算珠形或近球形，3 枚为近圆柱形。直径 0.45 ～ 0.55 厘米（图七九，5、6；彩版三二，5）。

玛瑙珠　1 枚。

M39：4（考 3797），完整。棕红色。边缘有六个凸棱的算珠形，一端器表内凹、孔径

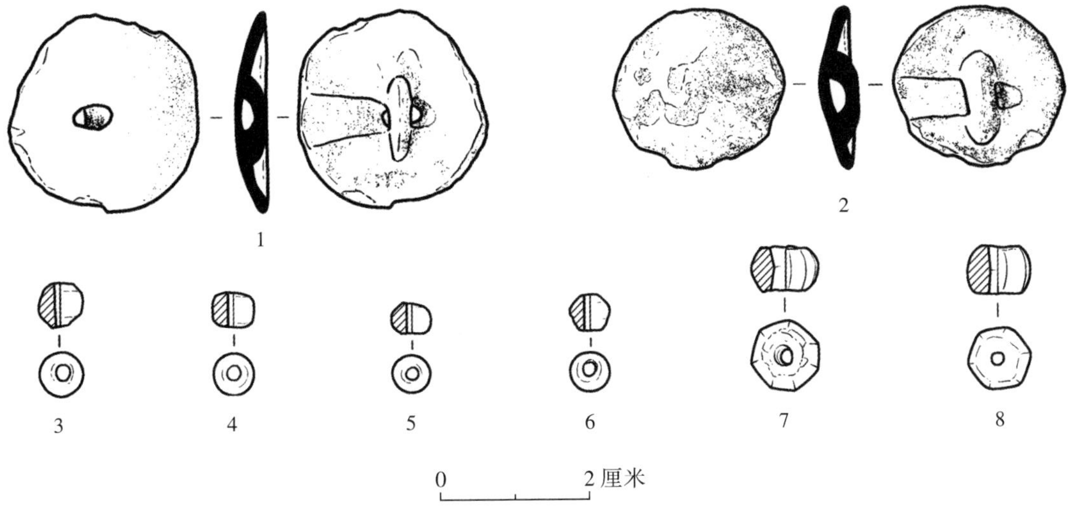

图七九　M37、M39出土器物

1、2. 铜泡（M39：2-1、M39：2-3）　3～6. 蓝色玻璃珠（M39：1-1、M39：1-2、M39：3-1、M39：3-2）　7、8. 玛瑙珠（M37：1、M39：4）

较小，另一端器表平整，孔径较大。直径0.85、高0.6厘米（图七九，8；彩版三二，3）。

（四〇）M40

（1）墓葬概述

位于西区西岗梁下的82清理区北部边缘，北距M39为2.3米。墓葬方向为西偏北10°。墓葬被毁严重，只保留下来墓葬东南部和中部的一部分，其余部分仅可见墓圹边线（图八〇）。

发现的随葬品有4件铜镞、2件铁镞，均位于东南部。

（2）随葬品

共计6件。

1）铜器

4件，均为铜镞[1]。

M40：1（考3798-1），A型双翼銎孔铜镞。尖部、边缘微残。镞身为长三角形，镞身上半部为四棱形。两翼末端形成倒刺，镞身中部起脊，每面镞身上有两个纵向凹槽形成血槽。镞身部两面的銎孔上各有一个不规整的长椭圆形镂孔。銎孔底部横截面为菱形。残长3.35、宽1.15厘米，銎底部厚0.7厘米（图八一，1；彩版三二，7）。

M40：2（考3798-2），为Aa型三翼銎孔铜镞。边缘、尖部残。三角形镞身，镞身部三面的銎孔上均有一个不规整圆形镂孔，三面銎孔中部有一纵向的突脊。銎孔横截面为圆形。残长2.05厘米，銎孔底部直径0.64厘米，銎孔底部壁厚0.1厘米（图八一，2；彩版三二，8）。

M40：4-1（考3798-3），略残。镞身和铤的上半部为青铜质地，铤下半部为铁质。为

[1] 整理时发现铜镞实物4件，该墓的发掘记录中的器物登记表登记铜镞共4件，旧报告正文记录为3件。

三棱形有铤镞。镞身近三角形，侧缘末端略内收，镞身和铤部均为三棱形。残长 3.3 厘米，其中青铜部分残长 2.3 厘米，青铜部分铤的末端厚 0.7 厘米（图八一，3；彩版三二，9）。

M40：4-2（考 3798-4），残存部分镞身，不能复原。管銎镞，銎孔顶部接近镞身的顶部，镞身部的銎孔上有不规则形状的镂孔，镞身三面均有一个纵向凹槽形成血槽。残长 2.6 厘米（图八一，4；彩版三二，10）。

2）铁器

2 件，均为铁镞。

M40：3-1（考 3798-5），残，不能复原，锈蚀。为扁体扁铤镞。镞身近菱形，铤和镞身分界不明显，铤和镞身均为扁片状。镞下半部残段残长 3、宽 1、厚 0.15 厘米（彩版三二，6）。

M40：3-2（考 3798-6），镞身残，不能复原，锈蚀。铤部弯折，铤部与镞身分界不明显。

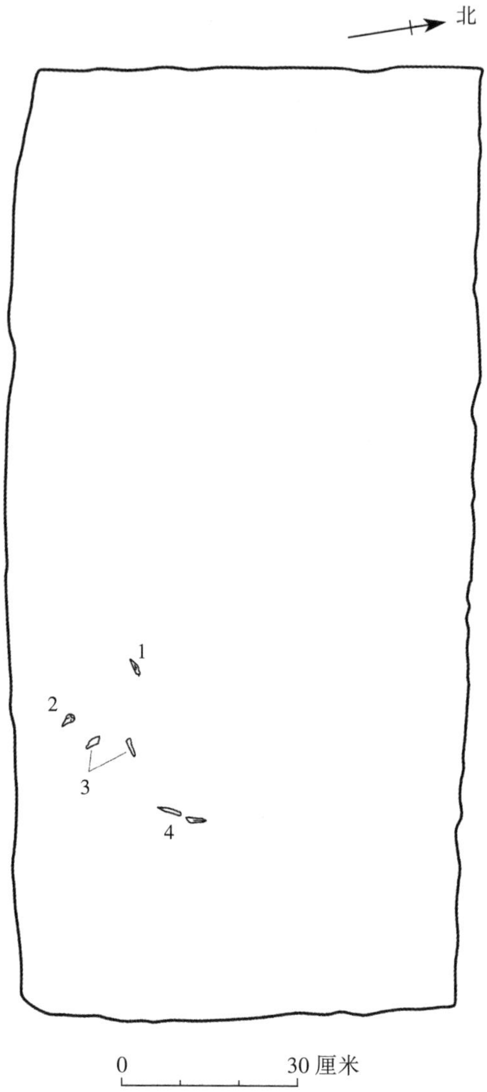

图八〇　M40 平面图

1、2、4. 铜镞　3. 铁镞

（四一）M41

（1）墓葬概述

位于西区西岗梁下的 81 清理区北部，东距 M38 为 2.6 米。方向西偏北 41°。墓葬被破坏，但墓圹边线尚存。墓葬长 1.45、宽 1.05、残深 0.1 米（图八二）[1]。

发现的随葬品较少。在墓葬中部发现玻璃珠 9 枚。此外，在墓圹范围内的扰土中还发现 12 枚蓝色玻璃珠、1 枚玛瑙珠、3 枚铜泡和 3 件残陶器[2]。

（2）随葬品

共计 28 件。

1）陶器

3 件。

陶杯　1 件。

[1] M41 的发掘记录缺失，墓地发掘档案中只保留下来一幅硫酸纸清绘的墓葬平面图。该图上的墓葬宽度与旧报告记录的墓葬宽度相当，但是墓葬长度明显长于旧报告记录的 M41 的长度。因无其他关于 M41 墓葬尺寸的记录，新报告只能使用旧报告记录的 M41 尺寸数据，将档案中的 M41 硫酸纸绘墓葬平面图中大致超出文字记录的墓葬长度部分的墓葬边线，用虚线表示。

[2] 旧报告记录为 2 件残陶器，但是整理时发现编号为 M41 ：5 的一块器底和一块腹片不属于同一件器物。据此新报告改为共 3 件残陶器。

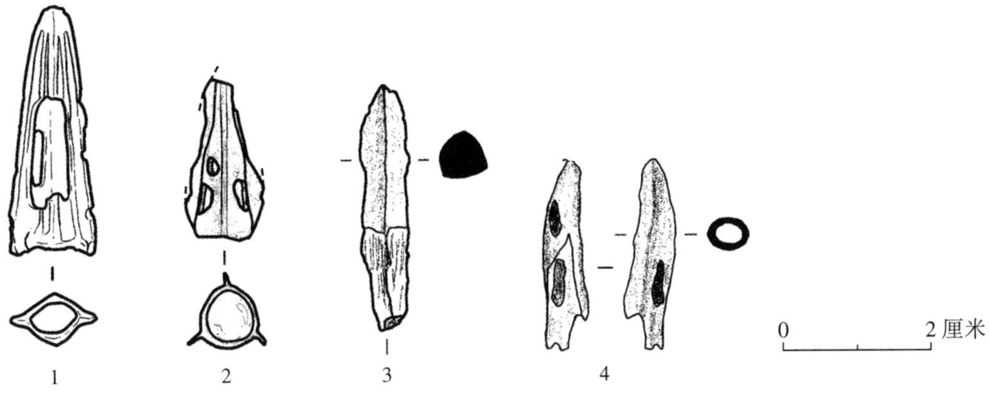

图八一　M40 出土器物

1 ~ 3. 铜镞（M40 ：1、M40 ：2、M40 ：4–1）　4. 残铜镞（M40 ：4–2）

M41：采集（考 3799），为 Cb 型夹砂陶杯。残，可复原。夹砂黑褐陶。器表略不平整。直口，方唇，斜腹略外弧，平底，底部边缘微外凸。口径 7.5、底径 5、高 4.8 厘米（图八三，1；彩版三三，1）。

陶器底　1 件。

M41：5–1（考 3800），为陶器的器底。夹砂黄褐陶，夹砂颗粒较大，器表粗糙，呈黄褐色。底径 6.2 厘米，近底部壁厚 1 厘米，底厚 0.85 厘米（图八三，2）。

陶器腹部残片　1 块

M41：5–2（考 3800），夹砂陶，内层为红褐色，夹砂颗粒较大；外层为灰褐色，夹砂颗粒较小。为腹径较大器物的残片，外壁表面较光滑，内壁略粗糙（图八三，3）。

2）铜器

共 3 件，均为铜泡。

M41：4–1、4–2（考 3801–1、考 3801–2），为 Aa 型中高斗笠形铜泡。2 件。大部分边缘残缺。形状、尺寸接近。背面中部有一穿孔纽，纽的下面有一楔形凹槽。残存较大的一件残径 2 厘米，背纽横截面宽 0.25 厘米，壁厚 0.15 厘米（图八三，4），另一枚直径 2.3、高 0.55 厘米。

M41：4–3，残碎，形制、尺寸不详。

3）珠子、管

共 22 枚。

蓝色玻璃珠　12 枚。

M41：1–1 ~ 1–4（考 3802），完整。3 枚为浅蓝色，1 枚为深蓝色。浅蓝色玻璃珠直径分别为 0.4、0.5、0.6 厘米，深蓝色玻璃珠直径 0.45 厘米（图八三，5 ~ 7；彩版三三，3）。

M41：2–1 ~ 2–8（考 3802），6 枚深蓝色，2 枚普通蓝色。深蓝色的直径 0.45 ~ 0.55 厘米，普通蓝色的直径分别为 0.73、0.5 厘米（图八三，8 ~ 11；彩版三三，3）。

玛瑙珠　1 枚。

M41：3（考 3802），完整。棕红色。近算珠形，器表有六个纵向凸棱。直径 0.85、高 0.7

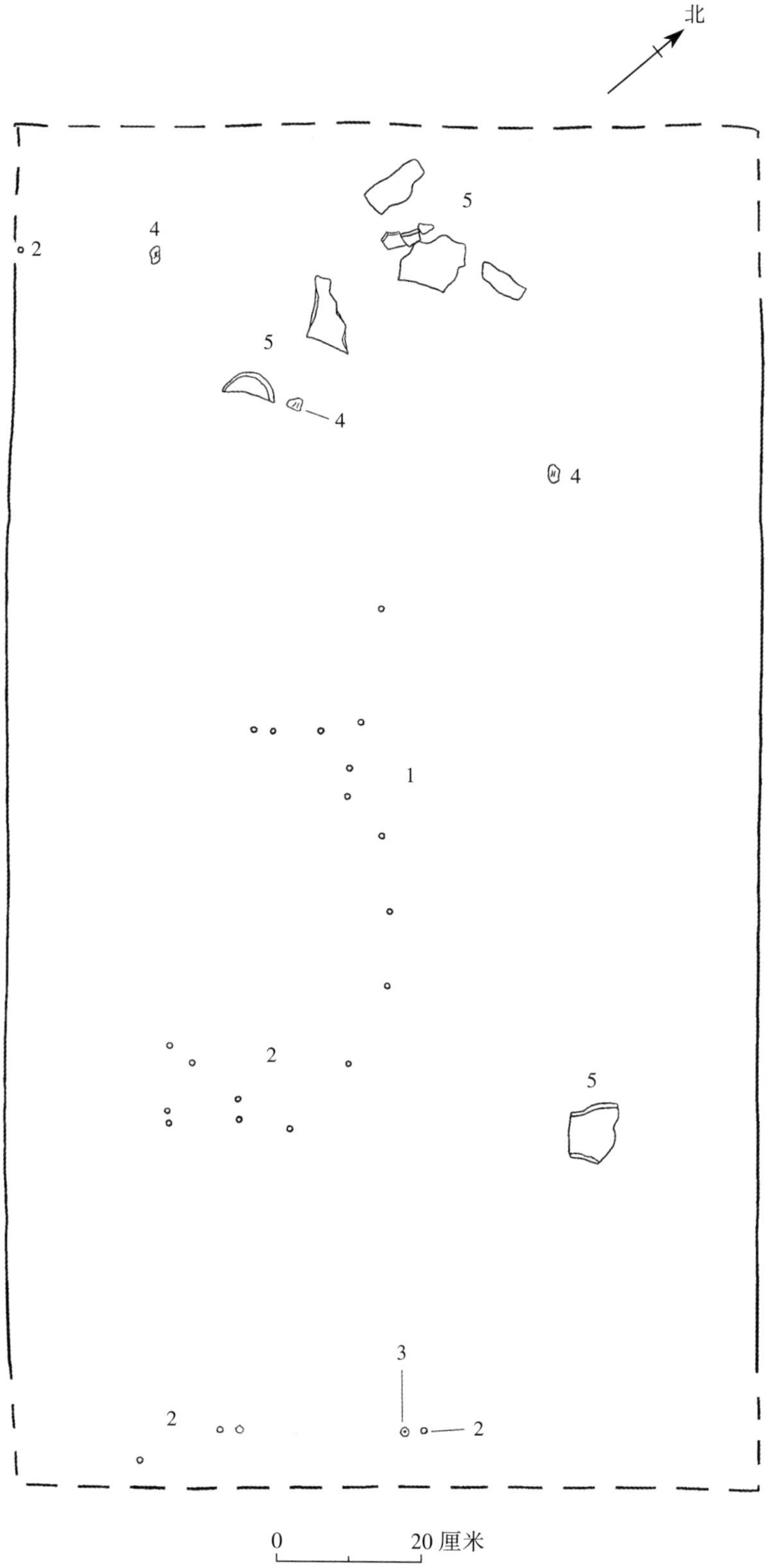

图八二　M41 平面图

1. 玻璃珠（出于墓底）　2. 玻璃珠（出于扰土）　3. 玛瑙珠　4. 铜泡　5. 残陶器

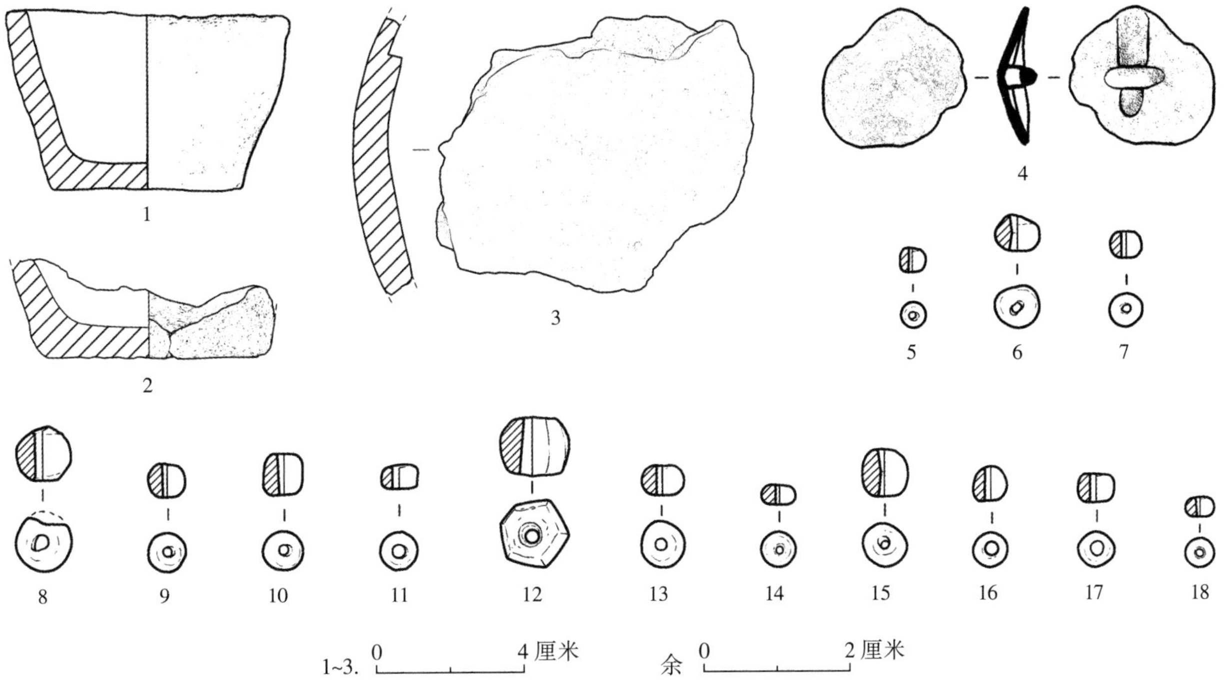

图八三　M41 出土器物

1. 陶杯（M41：采集）　2. 陶器底（M41：5-1）　3. 陶器腹部残片（M41：5-2）　4. 铜泡（M41：4-1）　5 ~ 11. 蓝色玻璃珠（M41：1-1 ~ 1-3、M41：2-1 ~ 2-4）　12. 玛瑙珠（M41：3）　13 ~ 18. 棕红色玻璃珠（M41：1-5、M41：1-6、M41：2-9 ~ 2-12）

厘米（图八三，12；彩版三三，2）。

棕红色玻璃珠　7 枚。

M41：1-5 ~ 1-7（考 3802），完整。1 枚较大者为长球形，直径 0.6 厘米；2 枚较小者为算珠形，直径 0.48 厘米（图八三，13、14；彩版三三，4）。

M41：2-9 ~ 2-12（考 3802），完整。有近圆柱形、近算珠形和近球形三种形状。最大者直径 0.6 厘米，其余直径 0.4 厘米（图八三，15 ~ 18；彩版三三，5）。

浅绿色玻璃珠　1 枚。

M41：1-8（考 3802），完整。浅绿色。近算珠形。直径 0.38 厘米。

1 枚玻璃珠整理时未见。

（四二）M42

（1）墓葬概述

位于中区岗洼南部的 37 清理区西北角，东距 M43 为 1 米。墓葬方向为西偏北 26°。墓葬被破坏，墓圹边界不明，仅墓葬的东南角有一部分大致可分辨出墓圹边线。为长方形土坑竖穴墓。墓葬长约 1.65、宽约 0.9、残深 0.15 米。

随葬品发现于墓葬西北部的东南角。3 枚铜泡位于铁镞右侧，均正面朝下。珠子和管分布比较分散，随葬品中还有 1 件铁镞（图版一七，1）。

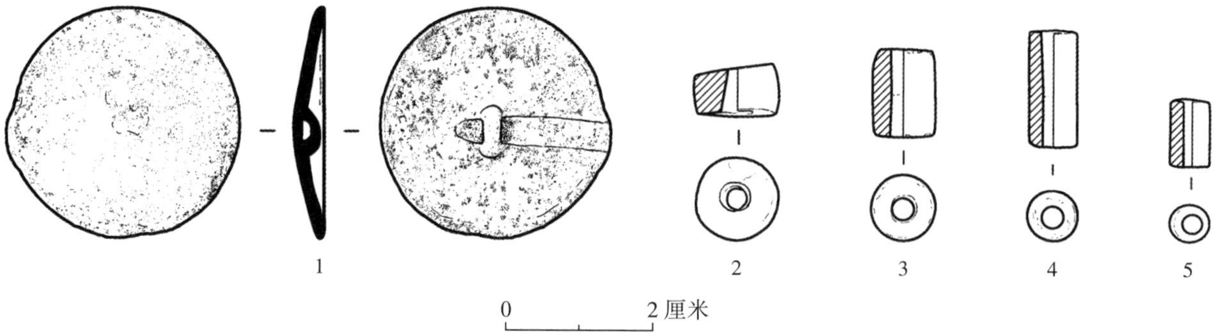

图八四　M42出土器物

1. 铜泡（M42：1–1）　2. 天河石珠（M42：3）　3. 玛瑙管（M42：4–1）　4. 绿云母管（M42：5–1）　5. 滑石管（M42：5–5）

（2）随葬品

共计21件。

1）铜器

3枚，均为铜泡。

M42：1–1 ~ 1–3（考3804），边缘微残。为Aa型矮斗笠形铜泡。尺寸、形状基本相同。圆形，背面中部有一较小的穿孔纽，纽下有一直通泡的一侧边缘的楔形凹槽。直径3.1、高0.4、壁厚0.1厘米，纽横截面直径0.23厘米（图八四，1；彩版三三，6）。

2）铁器

只有铁镞1件。

M42：2（考3803），残断，锈蚀。有铤，镞身近柳叶形。镞身较厚，两侧无刃，镞身和铤部厚度相当，两者分界不明显。残长3.8、镞身宽0.6、镞身厚0.3厘米。

3）珠子、管

共17枚[1]。

天河石珠　1枚。

M42：3（考3805），完整。浅蓝绿色。近圆柱形，一端平整，一端略倾斜，中部有一纵向穿孔。直径1.1、高0.65厘米（图八四，2；彩版三三，10）。

玛瑙管　6枚。

M42：4–1、4–2（考3804），完整。棕红色。尺寸、形状相似。近圆柱形，中部有一纵向穿孔，其中一枚中部略鼓。直径0.75、高1.25厘米（图八四，3；彩版三三，8）。

M42：6–1 ~ 6–4（考3804），完整。浅棕红色，有的带深红色条纹。圆柱形，中部有一纵向穿孔。最粗的一枚直径0.9厘米，其余的直径0.8厘米，最高者高1.7厘米，其余的高1.28 ~ 1.42厘米（彩版三三，7）。

绿云母管　6枚。

[1]整理时发现珠子和管实物17枚，辽宁省博物馆藏器物卡片记录18枚，旧报告正文记录21枚，该墓的发掘记录缺失。

M42：5–1 ～ 5–4（考 3805），完整。浅绿色。3 枚圆柱形，1 枚中部外鼓。圆柱形的管直径 0.6、高 1.35 ～ 1.7 厘米；中部外鼓的一枚中部直径 0.75、高 1.3 厘米（图八四，4；彩版三三，11）。

M42：7–1、7–2（考 3805），完整。1 枚圆柱形，1 枚中部略外鼓。1 枚直径 0.55、高 1.6 厘米，1 枚直径 0.8、高 1.25 厘米。

滑石管　4 枚。

M42：5–5（考 3805），完整。乳白色。圆柱形。直径 0.5、高 0.85 厘米（图八四，5；彩版三三，9）。

M42：7–3 ～ 7–5（考 3805），完整。乳白色。圆柱形。2 枚直径 0.55、高 1.45 ～ 1.6 厘米，1 枚直径 0.45、高 0.75 厘米。

（四三）M43

（1）墓葬概述

位于中区岗洼南部的 37 清理区西北部，东北距 M44 为 2.7 米。墓葬方向为西偏北 30°。墓葬东南部被冲毁，墓圹边缘不甚清晰，推测为梯形土坑竖穴墓。墓葬残长 1.43 米，西北端宽 1 米，推测东南端宽约 0.6 米，残深 0.13 米。在铜泡下面的铜锈上保留有木质纤维和席子残片，可能是葬具残片（图八五）。

随葬品大部分出于墓葬西北部，即相当于人头骨和上肢骨骼处。

陶罐位于墓葬的西南角。铜泡出土于陶罐东北侧，均正面朝下。铜泡表面有皮革痕迹，皮革下残存木片。珠子和管位于陶罐的东南方，再向东南方有 2 件陶片。在陶片之间有 1 件铜环。大多数铜泡位于墓葬的西北部，一枚大铜泡位于墓葬的东南部靠近墓壁处，铜泡的正面朝下。根据铜环形状推测，墓葬原来可能随葬 1 件铜柄铁剑（图版一七，2）。

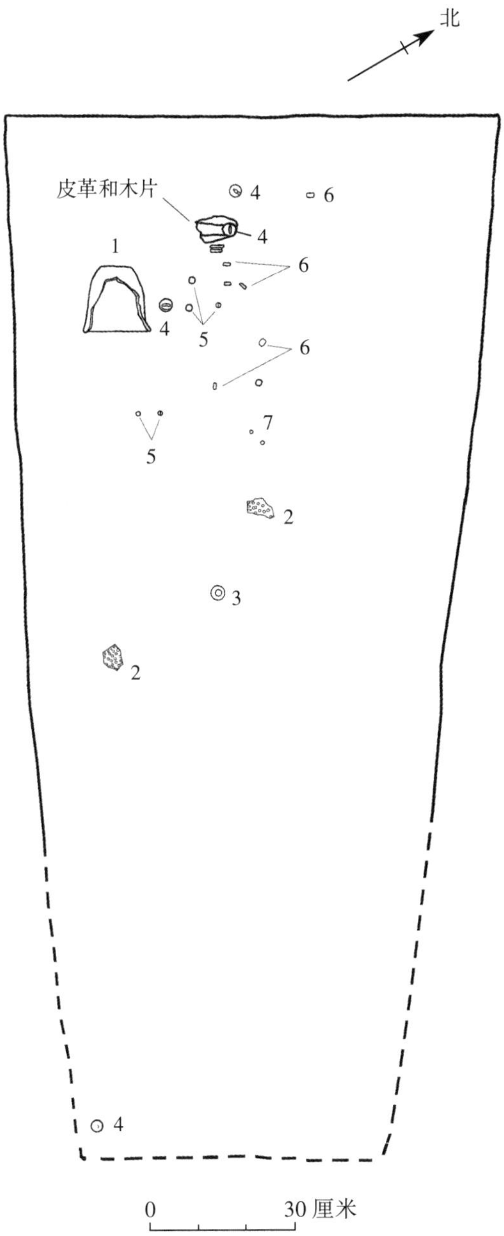

图八五　M43 平面图
1. 陶罐　2. 陶鬲口沿　3. 铜环　4. 大铜泡　5. 珠形铜泡　6. 绿云母管　7. 玛瑙珠

（2）随葬品

共计 25 件。

1）陶器

共 2 件。

陶罐　1 件。

原始编号应为M43∶1。20世纪50年代入馆登记时缺失。根据遗迹图推测为无耳大口深腹罐，口径约9、器高约9厘米。

陶鬲口沿 1片。

M43∶2（考3806），残存可拼对的两片口沿残片，应为陶鬲口沿。夹砂黑褐陶。表面抹一薄层泥浆。可能是直口，方唇，口沿至颈腹转折处高约4.7厘米。口沿外侧饰纵向刻齿纹，刻齿纹下至颈腹转折处饰五周略扁的珍珠纹，相邻两排珍珠纹相间分布。在陶片的断面上可观察到，大多数断面上的凸起珍珠纹泡下的内外壁之间有不规则形状的未透的孔。与部分凸起珍珠纹泡位置相对的内壁有不规则形状的凹坑，凹坑尺寸大小不一，大者直径0.3、小者直径0.1厘米。根据残存部分推测，陶器口径约24厘米（图八六，1；彩版三四，1）。

2）铜器

共10件。

铜泡 9枚。

M43∶4-1（考3808-1），为Aa型矮斗笠形铜泡。边缘略残。背面中部有一略扁的穿孔纽，纽下有一直通泡一侧边缘的楔形凹槽。直径2.5、高0.5、壁厚0.15厘米（图八六，3；彩版三四，3）。

M43∶4-2～4-4（考3808-2～考3808-4），为饼形铜泡。边缘均残损较重，仅存中部。推测应为圆形，泡面水平，背部有一较长的穿孔纽。其中残存部位较多的一枚残径2.3、高0.4、壁厚0.15厘米（图八六，4；彩版三四，8）；另外两件壁厚分别为0.1和0.15厘米。

M43∶5-1～5-5（考3809-1～考3809-5），为A型珠形铜泡。3枚完整，2枚残。锈蚀较重。为小型铜泡。半球形，背面有一圆柱形横梁。直径0.8、高0.4、壁厚0.1厘米，横梁横截面直径0.15厘米（图八六，5～7；彩版三四，4、5）。

铜环 1件。

M43∶3（考3807），为E型铜环。内缘略残。圆形，正面内缘外鼓，中部有一椭圆形穿孔。环底部较厚，向上逐渐变薄。环肉一侧较宽、较厚，向另一侧逐渐变扁、变薄。根据形状和尺寸判断应为铜柄铁剑柄部的穿环。直径3.2、肉宽0.7～0.9、高0.55厘米（图八六，2；彩版三四，2）。

3）珠子、管

共13枚。

玛瑙珠 2枚。

M43∶7-1、7-2（考3810），完整。棕红色，算珠形。形状规整，两枚尺寸相似。直径分别为0.5、0.6厘米，高分别为0.4、0.3厘米（图八六，8、9；彩版三四，7）。

绿云母管 11枚。

M43∶6-1（考3810），完整。为中部外鼓的近圆柱形。直径0.9、高1.45厘米（图八六，10；彩版三四，6）。

M43∶6-2（考3810），完整。为中部外鼓的近圆柱形。直径0.8、高1.3厘米（图

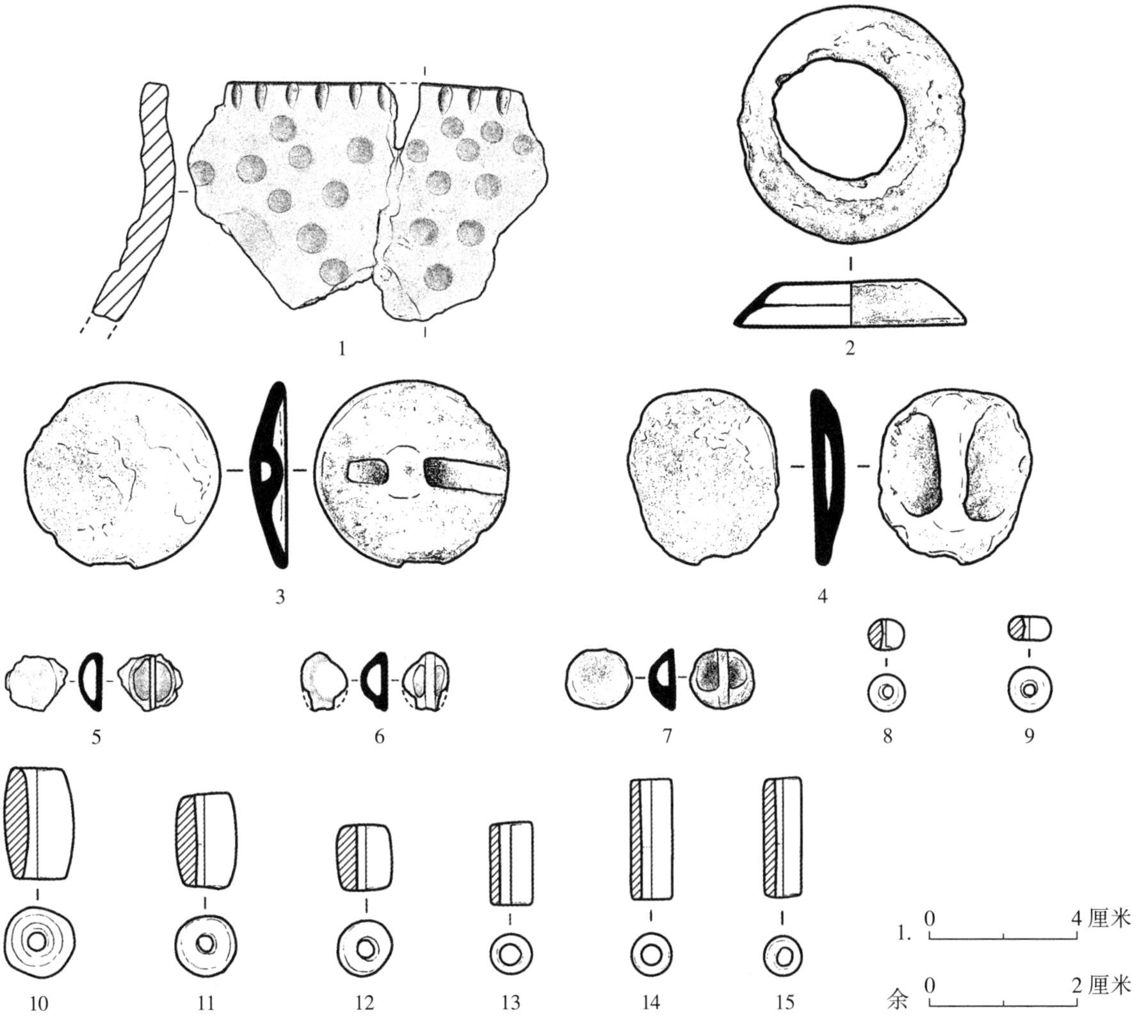

图八六　M43 出土器物

1. 陶鬲口沿（M43：2）　2. 铜环（M43：3）　3 ~ 7. 铜泡（M43：4-1、M43：4-2、M43：5-3、M43：5-1、M43：5-2）　8、9. 玛瑙珠（M43：7-1、M43：7-2）　10 ~ 15. 绿云母管（M43：6-1 ~ 6-6）

八六，11）。

M43：6-3（考 3810），完整。近圆柱形。直径 0.8、高 0.85 厘米（图八六，12；彩版三四，6）。

M43：6-4（考 3810），完整。圆柱形。直径 0.5、高 1.1 厘米（图八六，13；彩版三四，6）。

M43：6-5、6-6（考 3810），完整，圆柱形。直径分别为 0.6、0.5 厘米，高 1.6 厘米（图八六，14、15）。

M43：6-7 ~ 6-11（考 3810），直径 0.5 ~ 0.6、高 0.8 ~ 1.15 厘米。

（四四）M44

（1）墓葬概述

位于中区岗洼南部的 37 清理区中部，东北距 M47 为 4.9 米。墓葬方向为西偏北 13°。墓

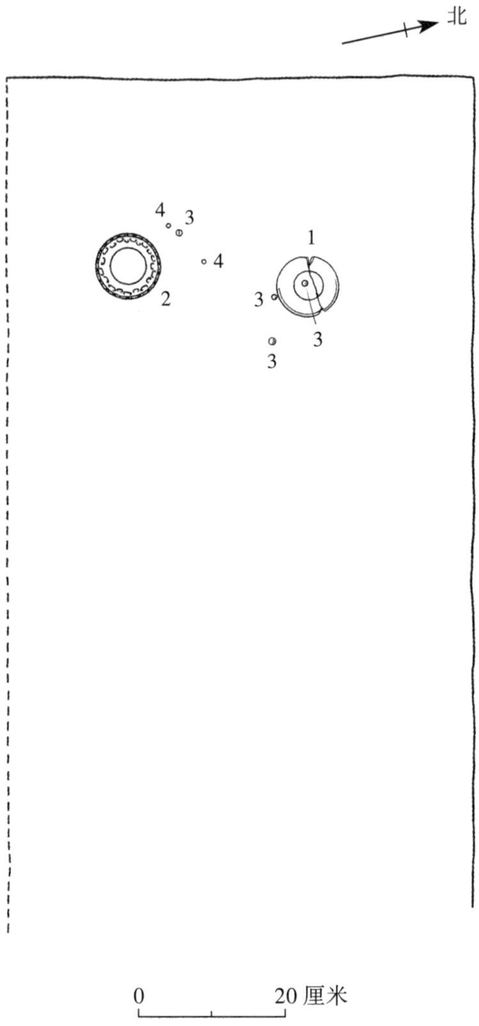

图八七　M44 平面图

1、2. 陶杯　3. 铜泡　4. 蓝色玻璃珠

葬大部分被破坏，只残留西、北两面的墓圹。推测应为长方形土坑竖穴墓。墓葬残长 1.1、宽约 0.63、残深 0.1 米（图八七）。

随葬品发现于墓葬西北部。

2 件陶杯位于西壁以东，其中位于南侧的 1 件倒置。北侧陶杯的下面有 1 枚铜泡，其余的铜泡位于陶杯之间和墓葬西北角。蓝色玻璃珠位于南侧陶杯的西北侧（图版一七，3）。

（2）随葬品

共计 8 件。

1）陶器

共 2 件，均为陶杯。

M44：1（考 3811），为 Ab 型夹砂陶杯。残，可修复。夹砂黄褐陶，陶色不均，器表抹有泥浆。侈口，圆唇，斜腹微外弧，平底。口沿外侧和底部边缘有纵向刻齿纹。器壁较其他陶杯略薄。口径 8.2、底径 5.9、高 5.4 厘米（图八八，1；彩版三四，10）。

M44：2（考 3812），为 Aa 型夹砂陶杯。口沿微残。夹砂黄褐陶，陶色不均，器表抹有少量泥浆。侈口，圆唇较厚，直腹略内斜，平底。口沿饰较细密的刻齿纹，口沿下的器表饰两周略扁的珍珠纹，两周珍珠纹交替分布。大多数珍珠纹对应的内壁有未穿透的小孔，有四个小孔穿透形成穿孔。口径 9、底径 5.8、高 6.4 厘米（图八八，2；彩版三四，9）。

2）铜器

共 4 枚，均为铜泡。

M44：3-1 ~ 3-4（考 3813），为 A 型珠形铜泡。1 件略残，3 件完整。锈蚀。形状基本相同，1 件较大，其余尺寸基本相同。近半球形，背面有一圆柱形横梁。较小的 3 件直径 0.75、高 0.35、壁厚 0.15 厘米，横梁横截面直径 0.1 厘米；较大的 1 件直径 0.8、高 0.4、壁厚 0.1 厘米，横梁横截面直径 0.1 厘米（图八八，3）。

3）珠子、管

共 2 枚，均为蓝色玻璃珠。

M44：4-1（考 3814），完整。深蓝色。近算珠形，中部有一纵向穿孔。长径 0.56、短径 0.5、高 0.29 ~ 0.32 厘米（图八八，4）。

M44：4-2（考 3814），残损严重，形制不明。

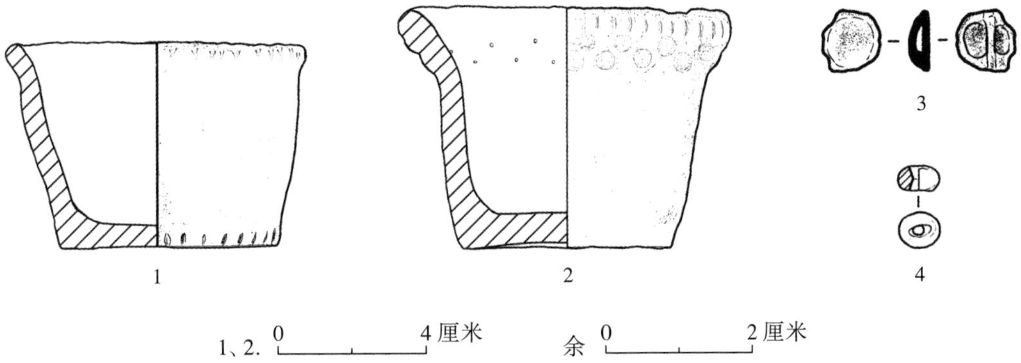

图八八　M44出土器物

1、2.陶杯（M44：1、M44：2）　3.铜泡（M44：3–1）　4.蓝色玻璃珠（M44：4–1）

（四五）M45

（1）墓葬概述

位于中区西岗梁上的49清理区南部。墓葬方向为西偏北12°。墓葬被破坏较严重，东南半部残缺，残长约1.7、宽0.81、残深0.05米[1]（图版一八，1）。

随葬品出于墓葬中部和东北部，相当于墓主人腰腹部和下肢位置（图八九）。

位于腰部的随葬品呈横向两排排列，应为腰带及相关的饰品，鱼形、兔形、螺形等形状的鎏金铜泡成组对称排列，附带残留皮革及其痕迹。其自南向北的排列次序是：兔形泡（头向右侧）2枚，椭圆形泡4枚，螺形泡4枚，鱼形泡（头向右侧）2枚，螺形泡4枚，椭圆形泡2枚，螺形泡4枚；椭圆形泡4枚。上述各种鎏金铜泡、革带出土时均正面朝上。在它们的下面还有排列次序已经不甚清晰的各种形状的鎏金铜泡，大体呈两排排列，均正面朝下，铜泡之间有皮革，这些鎏金铜泡应该都是缝在皮革上的（图版一八，2、3；图版三〇，7）。

环首铁刀出于腰带的西北侧，最初应佩带在腰间。3枚珠形铜泡散出于腰带的东南侧，3件石镞位于墓葬的东部，1件双翼铁镞与最东面的2枚石镞并列。环首铁锥位于偏西的1件石镞的西侧。

（2）随葬品

共计60件。

1）铜器

共54枚，均为铜泡。有些铜泡背面纽或横梁上残留有皮条。除珠形铜泡外，其余铜泡正面均鎏金。

珠形铜泡　10枚。

[1] 发掘记录缺失，发掘档案只保留现场照片及一幅墓葬局部器物分布图，图上随葬品情况与旧报告原文有出入，墓葬概述参考旧报告原文。

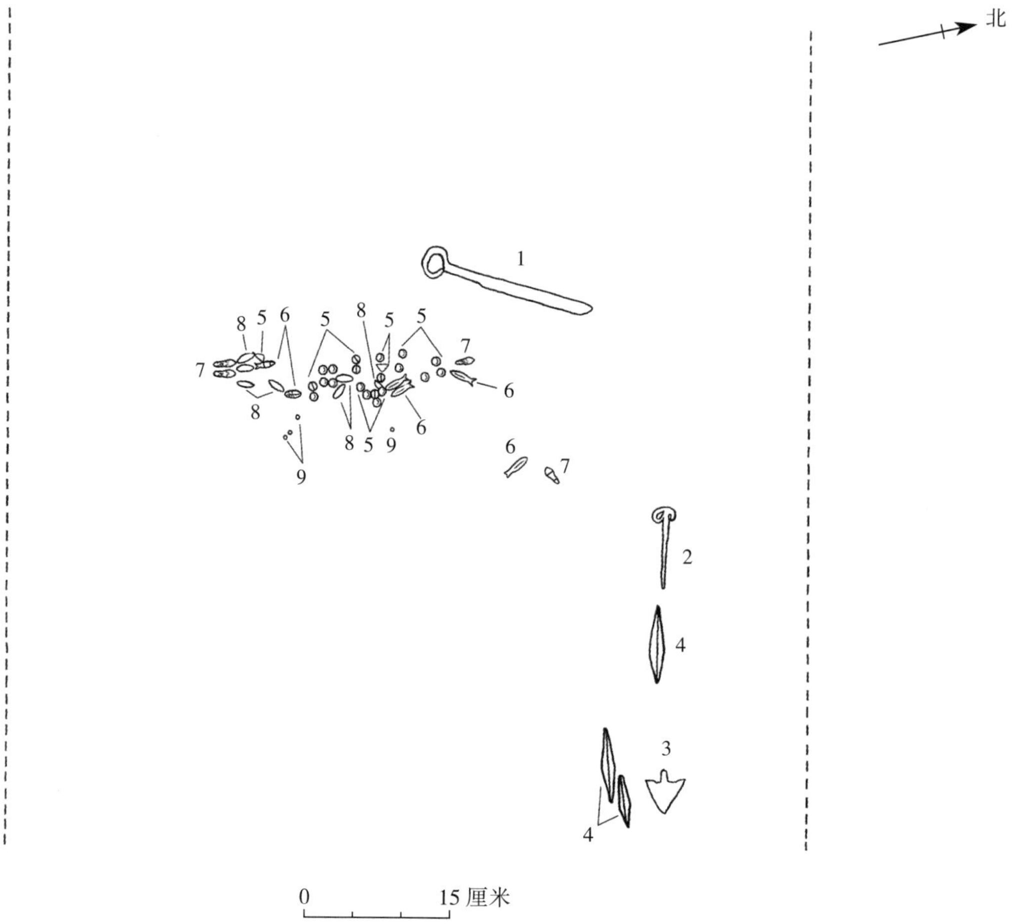

图八九　M45 遗物分布图

1. 铁刀　2. 铁锥　3. 铁镞　4. 石镞　5. 螺形铜泡　6. 鱼形铜泡　7. 兔形铜泡　8. 椭圆形双梁铜泡　9. 珠形铜泡

M45：9-1 ～ 9-6（考 3819-1 ～考 3819-6），6 枚。3 枚略残，3 件残损较重。M45：9-1、9-2 为 A 型珠形铜泡；M45：9-3 为 B 型珠形铜泡。略残的 3 件近小半球形，中空，背面有一圆柱形横梁。较大的 2 枚直径 0.8、高 0.4、壁厚 0.2 厘米，横梁横截面直径 0.1 厘米（图九〇，1、2）；较小的一枚直径 0.6、高 0.4、壁厚 0.1、横梁横截面直径 0.1 厘米（图九〇，3）。

M45：n，4 枚。为 A 型珠形铜泡。微残。铸制，有的边缘略不规整。1 件较小，3 件略大。半球形，背面有一圆柱形横梁。较大的 3 枚直径 0.85、高 0.3、壁厚 0.05 厘米，横梁横截面直径 0.1 厘米；较小的一枚直径 0.7、高 0.32、壁厚 0.02 厘米，横梁横截面直径 0.1 厘米（图九〇，4）。

椭圆形铜泡　10 枚。

M45：8-1 ～ 8-6（考 3820-1 ～考 3820-6），为 A 型椭圆形铜泡。2 枚完整，2 枚残，2 枚残碎。锈蚀。形状、尺寸基本相同。铸制。底部和横梁上残留少量鎏金层。为中空外鼓的椭圆形，底部平整，背面有两个圆柱形横梁。长径 2.1、短径 1.1、高 0.4、壁厚 0.05 厘米，横梁横截面直径 0.15 厘米（图九〇，5；彩版三五，1）。4 枚整理时未见，编号不详。

螺形铜泡　22 枚。

M45：5-1 ～ 5-22（考 3820-7 ～考 3820-28），6 枚残，1 枚顶部残，15 枚完整。形状、尺寸基本相同。铸制。表面残留少量鎏金层。斗笠状，中空，外壁有四周螺旋状盘绕的凹线。底部平整。背面有一个圆柱形横梁。直径 1.25、高 0.75、壁厚 0.08 ～ 0.15 厘米，横梁横截面直径 0.15 厘米（图九〇，6；彩版三五，2）。

鱼形铜泡　6 枚。

M45：6-1 ～ 6-4（考 3820-29 ～考 3820-32），1 枚完整，2 枚尾部略残，1 枚仅残存部分鱼身。形状、尺寸基本相同。铸制。底部边缘和横梁上残留少量鎏金层。为外鼓中空的铜泡，表面塑造出脊背向上的鱼形，塑造出鱼的嘴、眼睛、鱼鳞、鱼鳍和向两侧摆动的鱼尾。底部平整，背面有两个圆柱形横梁。完整的一件长 3.2、宽 1.25、高 0.72、壁厚 0.05 ～ 0.1 厘米，横梁横截面直径 0.15 厘米（图九〇，7；彩版三五，4）。

M45：6-5、6-6（考 3820-33、考 3820-34），为鱼形鎏金铜泡。残损严重，尺寸不详。

兔形铜泡　6 枚。

M45：7-1 ～ 7-6（考 3820-35 ～考 3820-40），4 枚完整，2 枚残。形状、尺寸基本相同。铸制。底部边缘和横梁上残留少量鎏金层。为外鼓中空的铜泡，表面塑造出俯卧状的兔子形象，表现出兔子的鼻子、眼睛、耳朵、尾巴和向前蜷曲的四条腿。底部平整，背面有两个圆柱形横梁。长 2.8、宽 1.15、高 0.75、壁厚 0.1 ～ 0.15 厘米，横梁横截面直径 0.15 厘米（图九〇，8、9；彩版三五，3）。

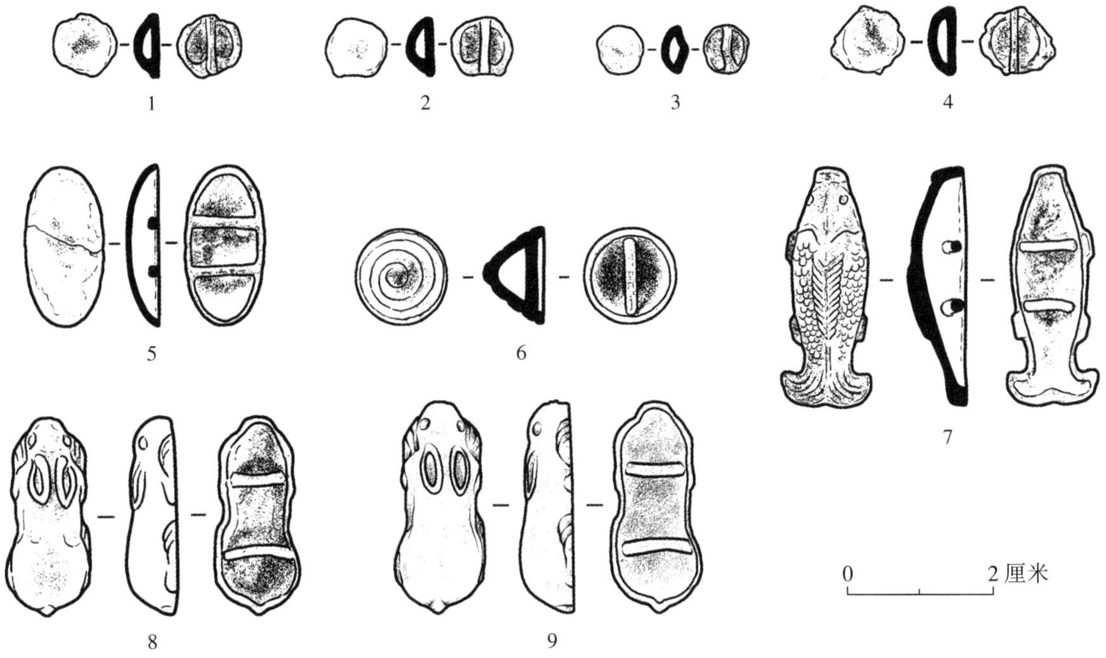

图九〇　M45 出土铜泡

1 ～ 4. 珠形铜泡（M45：9-1、M45：9-2、M45：9-3、M45：n）　5. 椭圆形铜泡（M45：8-1）　6. 螺形铜泡（M45：5-1）　7. 鱼形铜泡（M45：6-1）　8、9. 兔形铜泡（M45：7-1、M45：7-2）

2）铁器

共 3 件。

铁刀　1 件。

M45：1（考 3816），为椭圆形环首铁刀。尖部微残。锈蚀。锻制，器表略不平整。刀身和柄首为一根铁条锻造而成。柄首为横椭圆形，底部与刀柄封闭，未留开口。刀柄和刀身分界不明显，刀柄背部略厚。刀身为直背直刃，近尖部刀刃向上弧收。长 19.9 厘米；环首长径 3.5、短径 2.5 厘米，横截面直径 0.5 ~ 0.6 厘米；柄部宽 1.35 厘米，刀身宽 1.6 厘米，刀背部厚 0.45 厘米（图九一，1；彩版三五，6）。

铁锥　1 件。

M45：2（考 3817–1），为 A 型倒心形环首铁锥。环首残缺一半。锈蚀。锻制。锥身粗细均匀，近尖部逐渐变细收成锥尖，横截面近方形。长 8.35 厘米，锥身横截面边长 0.4 厘米，环首长 1.6 厘米（图九一，2；彩版三五，7）。

铁镞　1 件。

M45：3（考 3817–2），为 B 型扁体扁铤铁镞。残存大部分镞身，锈蚀严重。有双翼，

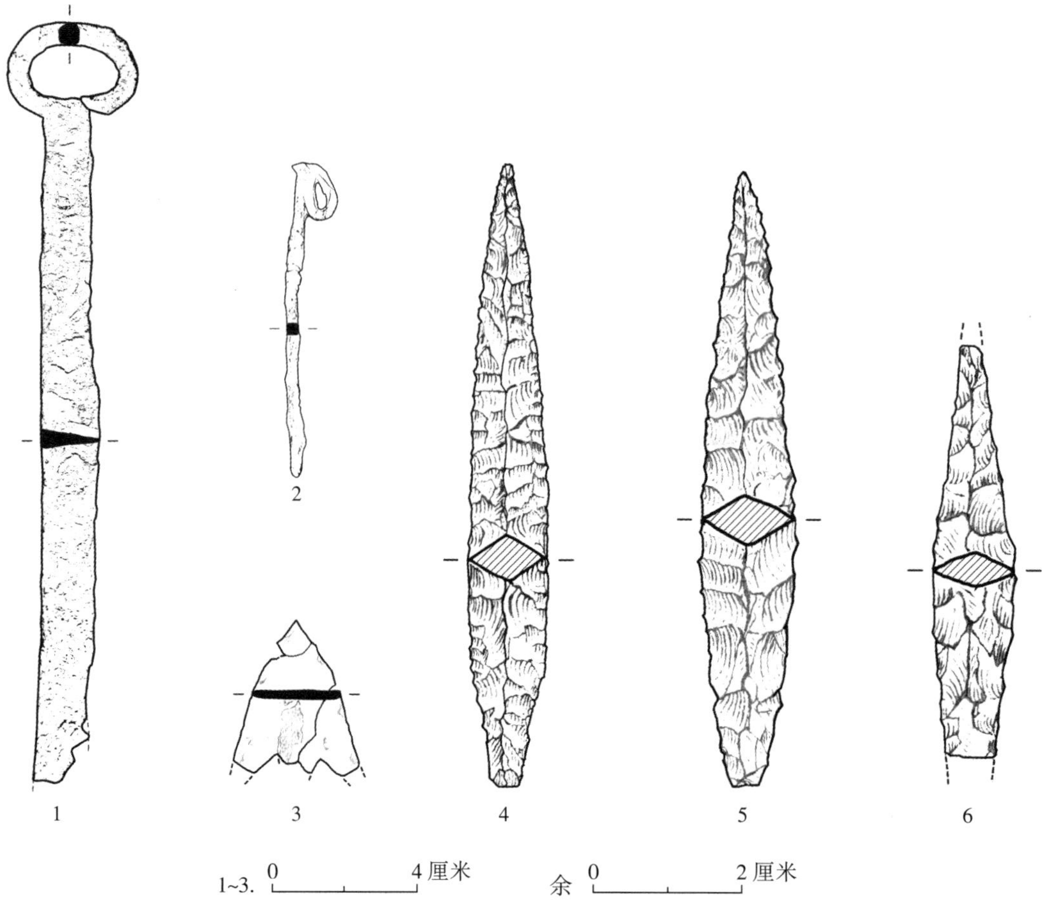

图九一　M45 出土器物

1. 铁刀（M45：1）　2. 铁锥（M45：2）　3. 铁镞（M45：3）　4 ~ 6. 石镞（M45：4–1 ~ 4–3）

镞身较扁，呈宽三角形。残长 4、残宽 3.5、厚 0.3 厘米（图九一，3；彩版三五，5）。

3）石器

共 3 件，均为石镞。

M45：4–1（考 3818.1），为 Aa 型石镞。完整。青灰色。压制，有短铤，铤与镞身无明显分界。柳叶形镞身，镞身中部有脊，镞身横截面为菱形。长 8.25 厘米，镞身最厚处厚 0.7 厘米（图九一，4；彩版三五，8）。

M45：4–2（考 3818.2），为 Aa 型石镞。完整。青灰色，压制。形制同 M45：4–1。长 8.1 厘米，镞身最厚处厚 0.72 厘米（图九一，5；彩版三五，9）。

M45：4–3（考 3818.3），为 Ab 型石镞。尖部残。镞身上半部较窄，横截面为菱形。铤部略长。残长 5.5 厘米，镞身最厚处厚 0.55 厘米（图九一，6；彩版三五，10）。

（四六）M46

（1）墓葬概述

位于中区西岗梁顶部的 42 清理区东南角。墓葬方向为西偏北 29°。墓葬被破坏，仅墓葬中部的墓圹轮廓清楚。应为长方形土坑竖穴墓。墓葬残长 0.95、宽 0.85、深 0.08 米（图九二）。

随葬品在墓葬中部分布得较为集中。

环首铁刀位于西北部，刀身上残存数层纺织品纤维（原始档案记录为绢片）。

4 枚铜五铢钱呈一斜排分布，用 0.5 厘米宽的皮条穿上编结在一起，应是作为装饰品使用。五铢钱朝上一面的铜锈上残留有纹理较细的纺织品残片，朝下一面的铜锈上残留有皮革，皮革下面为一层木屑。

6 枚铜泡中 5 枚的正面朝上，并都附有穿连用的皮条，推测应是皮带上的装饰。1 枚铜泡正面朝下。

在墓葬残存部分的西北角发现 1 枚带凸点的铜泡，推测原来应不止一枚。

珠子和管出于墓葬中部相当于腰部的位置，已经散乱（图版一八，4）。

不见人骨架，应已腐烂不存。

（2）随葬品

共计 35 件。

1）铜器

共 11 件。

铜泡　7 枚。

M46：1–1、1–2（考 3822–1、考 3822–2），均为 Ab 型中高斗笠形铜泡。均顶部或边缘略残。2 枚形状、尺寸基本相同。背面有一穿孔纽，纽下有一不规则形状的较浅的凹槽，纽横截面近三角形，中部有脊。直径 2.75、高 0.65、壁厚 0.1 厘米，横梁横截面宽 0.4 厘米（图九三，1；彩版三六，3）。

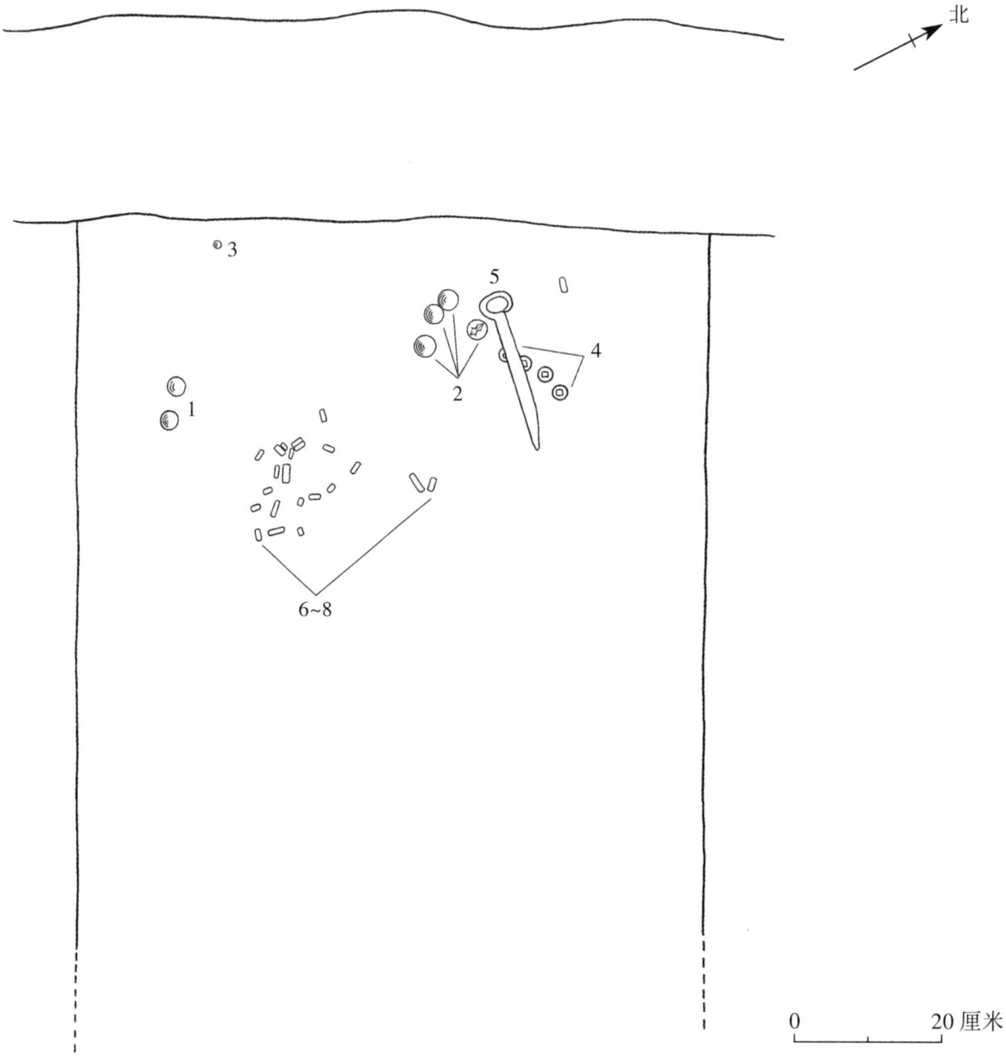

图九二　M46遗物分布图

1、2.（大）铜泡　3. 珠形铜泡　4. 铜五铢钱　5. 铁刀　6. 玛瑙珠　7. 玛瑙管　8. 绿云母或天河石管

M46：2–1 ～ 2–4（考3822–3 ～考3822–6），均为B型中高斗笠形铜泡。尺寸与M46：1–1基本相同。有的背纽内残留皮条。

M46：3，为A型珠形铜泡。直径0.9、高0.5厘米（图九三，2）。

铜五铢钱　4枚。

M46：4–4（考3823），为A型五铢钱。完整。两面有外郭，背面有内郭，较薄。正面穿下有半月。"五"字交笔较直，上、下两横未外出。"朱"字头方折。外郭正面较厚，背面较薄。正面上穿至外缘之间有较纤细的纺织品纤维痕迹，很可能是穿过穿孔的绢绳残块。直径2.5 ～ 2.52、穿宽0.92、外郭厚0.14厘米，正面外郭宽0.13 ～ 0.15厘米，背面外郭宽0.1厘米，背面内郭宽0.1厘米（图九三，3；彩版三六，1）。

M46：4–1（考3824–1），残存大部分。表面残留有丝织品痕迹。两面有外郭，背面有内郭，较薄。“五”字交笔较直，上、下两横未外出。外郭正面较厚，背面较薄。背面内郭转角处内缘不甚规整。直径 2.6、穿宽 0.9、外郭厚 0.18 ~ 0.2 厘米，正面外郭宽 0.12 ~ 0.15 厘米，背面外郭宽 0.1 ~ 0.15 厘米，背面内郭宽 0.1 厘米（彩版三六，2）。

M46：4-2（考 3824-2），残碎较重。外郭正面较厚，背面较薄，正面内郭情况不清，背面有内郭。残存的“铢”字的“金”字头为等边三角形，“朱”字头方折。

M46：4-3（考 3824-3），残碎。可见“铢”字的大部分“金”字旁和一部分“朱”字的下半部。两面有外郭，背面可见内郭。

根据发掘档案记载，4 枚五铢钱斜放成一排，用 0.5 厘米宽的皮条穿上编在一起，有的五铢钱上黏附一段皮条（图九三，4）。

2）铁器

只有铁刀 1 件。

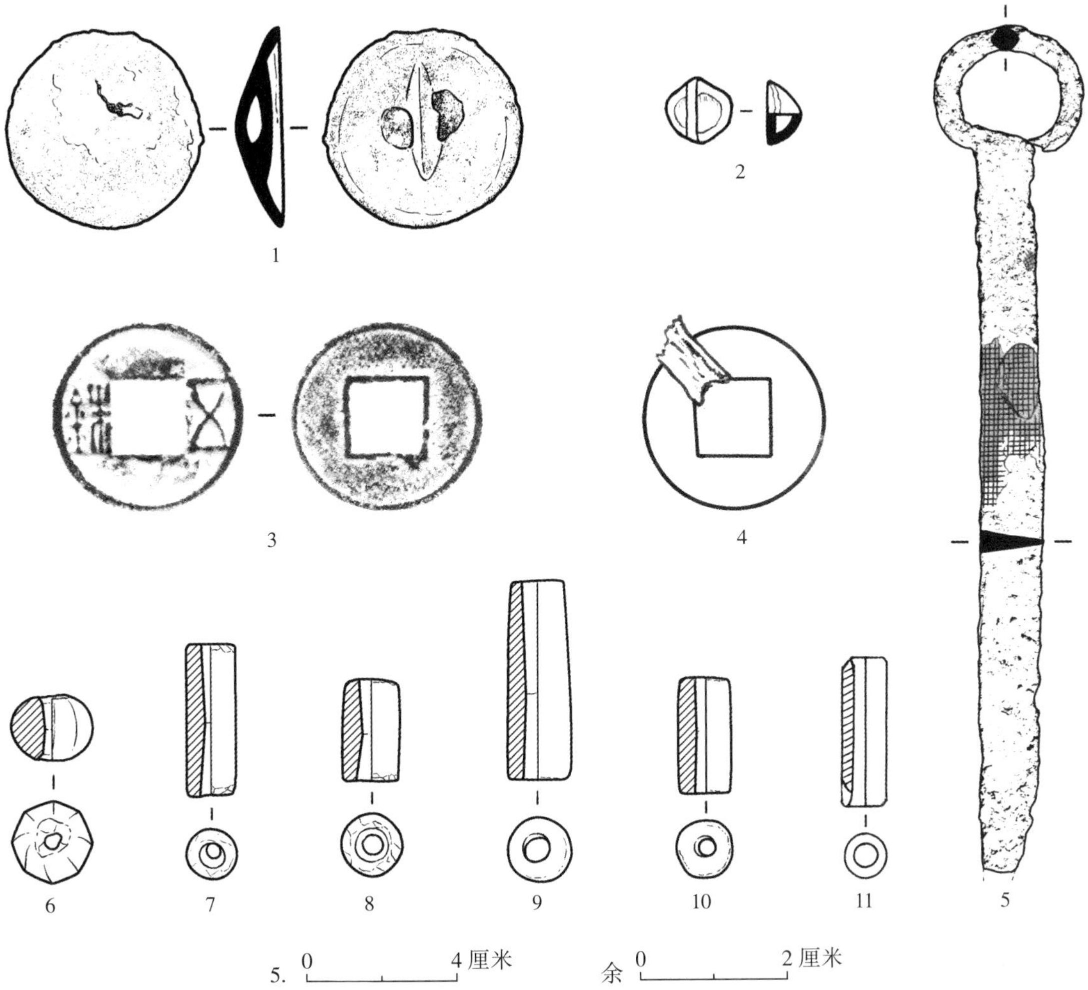

图九三　M46 出土器物

1、2. 铜泡（M46：1-1、M46：3） 3. 铜五铢钱（M46：4-4） 4. 铜五铢钱出土时缠皮条状况 5. 铁刀（M46：5） 6. 玛瑙珠（M46：6） 7、8. 玛瑙管（M46：7-2、M46：7-3） 9. 天河石管（M46：8-1） 10、11. 绿云母管（M46：8-3、M46：8-4）

M46：5（考 3821），为椭圆形环首铁刀。尖部微残。锈蚀。锻制，器表略不平整。刀身和柄首为一根铁条锻造而成。柄首为横椭圆形，底部与刀柄封闭，未留开口。刀柄和刀身分界不明显，刀柄背部略厚。刀身为直背直刃，近尖部刀刃向上弧收。刀身上残存若干层纺织品残片。长 22.4 厘米，环首长径 4、短径 3.3 厘米，横截面直径 0.53 ~ 0.78 厘米；柄部宽 1.55 厘米，刀身宽 1.7 厘米，刀背部厚 0.45 厘米（图九三，5；彩版三六，8）。

3）珠子、管

共 23 枚。

玛瑙珠　1 枚。

M46：6（考 3825），完整。近算珠形，表面有八个纵向凸棱，一端的穿孔较粗，向另一端逐渐变细。直径 1.02、高 0.8 厘米（图九三，6；彩版三六，4）。

玛瑙管　4 枚。

M46：7–1 ~ 7–4（考 3825），完整。棕红色掺杂不同比例的乳白色。圆柱形，中部有一纵向穿孔。直径接近。最短而粗的一件直径 0.75、高 1.3 厘米，其余的直径 0.65、高 1.9 厘米（图九三，7、8；彩版三六，6）。

天河石管　2 枚。

M46：8–1、8–2（考 3825），浅蓝绿色。圆柱形。1 枚直径 0.75 ~ 0.85、高 2.6 厘米（图九三，9；彩版三六，7）。

绿云母管　15 枚。

M46：8–3 ~ 8–17（考 3825），大多数完整，少数略残。浅墨绿色。为圆柱形，中部有一纵向穿孔。最小的一枚直径 0.5、高 1.4 厘米；14 枚较短略粗，其中 1 枚直径 0.7、高 1.5 厘米，1 枚直径 0.6、高 2 厘米（图九三，10、11；彩版三六，5）。

另有 1 枚珠子整理时未见，具体质地不详。

（四七）M47

（1）墓葬概述

位于中区西岗梁顶部和岗洼之间的 36 清理区东南角。墓葬方向推测为西偏北 5° ~ 60° 之间（原始记录无墓葬方向记录，根据墓地平面图推测）。墓葬大部分被破坏，仅北部的墓圹边缘清晰，长约 1.6、宽约 0.7、残深 0.08 米（图九四）。

发现的随葬品均为镞。位于墓葬的东南部。大多数出于墓底，少数出于距离墓底 5 ~ 8 厘米的填土中。在铁镞的下面均发现木屑。

未见人骨。

（2）随葬品

共计 13 件。

1）铜器

共 3 件，均为铜镞。

M47：1–1 ～ 1–3（考 3826–1 ～ 考 3826–3），尖部、倒刺略残。锈蚀。形状基本相同，尺寸有别。为 B 型双翼銎孔镞。长三角形镞身，有倒刺。镞身中部起脊，镞身上半部呈四棱形。镞身下半部的銎孔上有不规则形状的镂孔。1 件銎孔底部横截面为菱形，其余 2 件为近椭圆形。最大的一件（M47：1–1）残长 3.2、残宽 1.3、底部厚 0.75 厘米（图九五，1；彩版三六，9）；尺寸居中的一件（M47：1–2）残长 2.8、宽 1.15、底部厚 0.6 厘米（图九五，2）；最小的一件（M47：1–3）残长 2.55、宽 1.02、底部厚 0.75 厘米（图九五，3；彩版三六，10）。

2）铁器

共 10 件，均为铁镞[1]。其中 9 件可区分出 5 种形制，1 件残损较多整体形制不明。

无铤扁体铁镞　2 件。

M47：5（考 3827–1），B 型无铤扁体铁镞。残存镞身下半部。三角形镞身底部内凹。底中部残留木质纤维痕迹，可能夹在劈开的木质箭杆上使用。残长 1.4、底宽 1.7 厘米（图九五，4）。

M47：3（考 3827–2），B 型无铤扁体铁镞。完整。一侧刃部外弧。底部残留有木质纤维痕迹，可能夹在劈开的木质箭杆上使用。长 2.3、宽 1.6 厘米（图九五，5）。

管銎铁镞　1 件。

M47：4（考 3827–3），为 A 型管銎铁镞。銎和尖部残，锈蚀。镞身为菱形，较扁无脊。銎自上向下逐渐变粗，銎孔近圆形。残长 4.5、镞身宽 1.25、镞身厚 0.2 厘米，銎孔底部横截面直径约 0.7 厘米（图九五，6；彩版三六，11）。

扁体扁铤铁镞　2 件。

M47：2–2（考 3827–4），为 E 型扁体扁铤铁镞。镞身上半部残。为近菱形扁体镞，有铤。

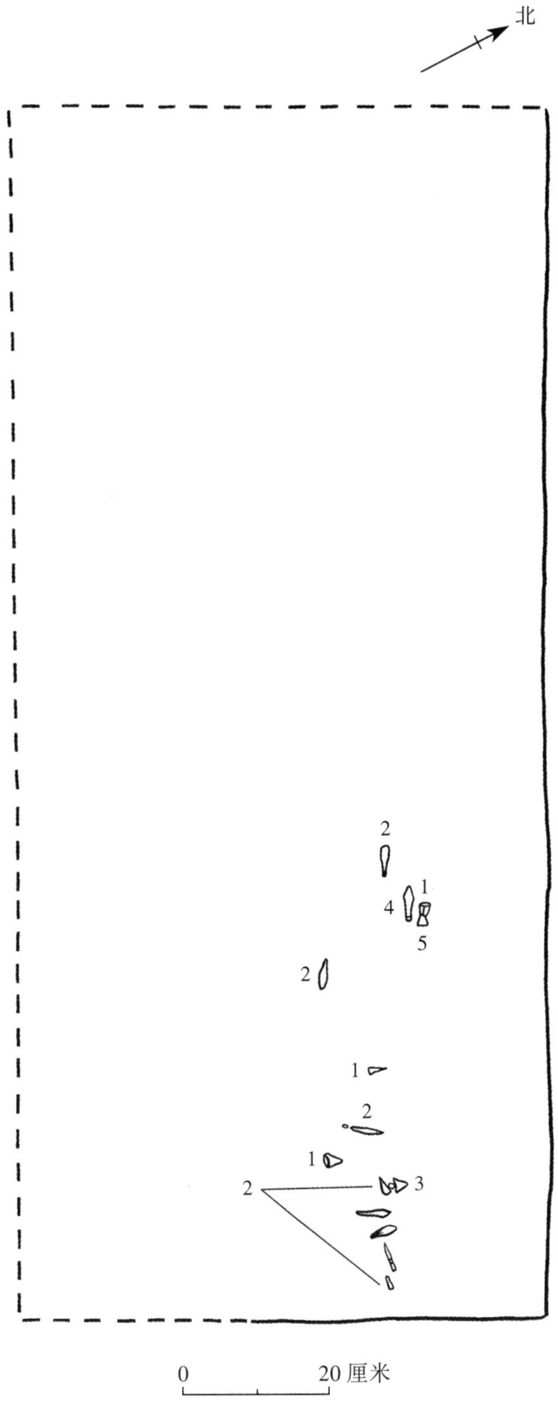

图九四　M47 平面图

1. 铜镞　2 ~ 5. 铁镞（墓葬方向为根据墓地平面图推测的大致方向，非精确值）

[1] 整理时发现铁镞实物 10 件，辽宁省博物馆藏器物卡片记录 9 件，旧报告正文记录 11 件，该墓的发掘记录未记铁镞数量。

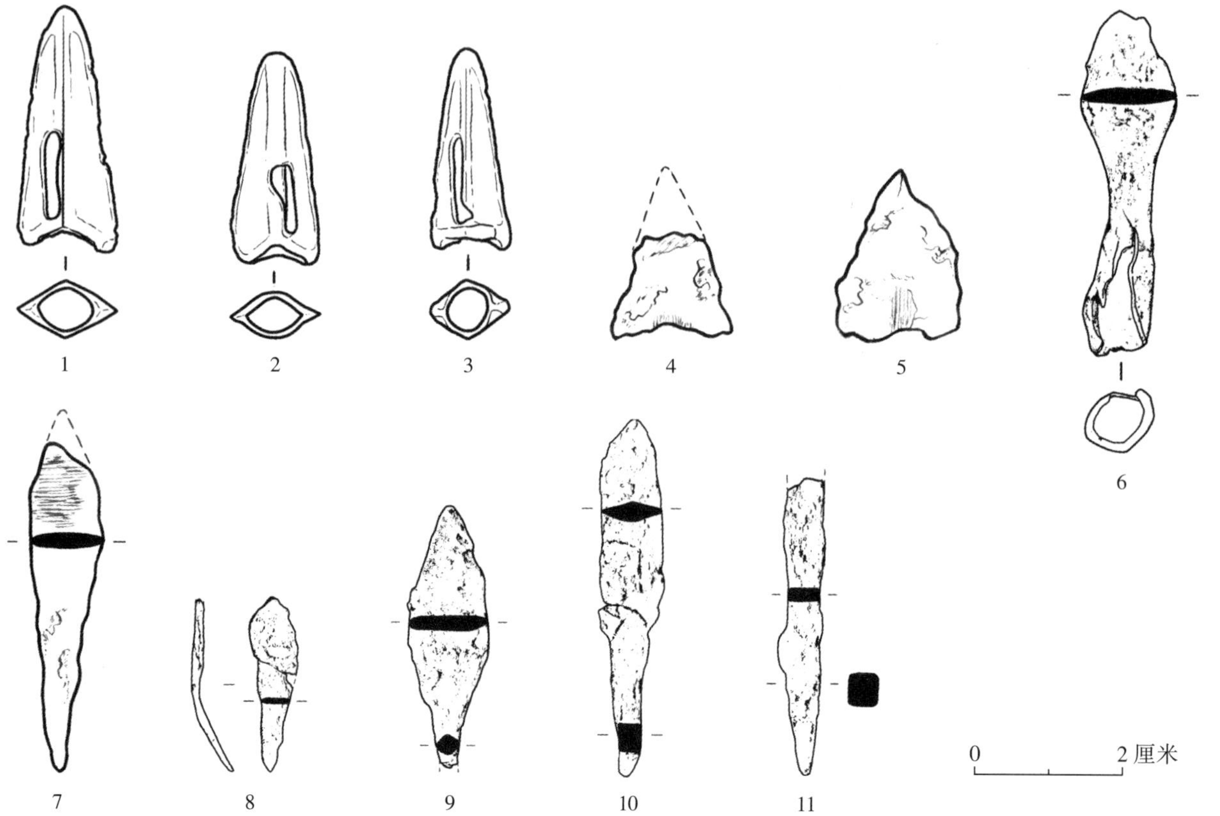

图九五　M47 出土器物

1 ~ 3. 铜镞（M47：1-1 ~ 1-3）　4 ~ 11. 铁镞（M47：5、M47：3、M47：4、M47：2-2、M47：2-5、M47：2-3、M47：2-4、M47：2-1）

镞身无脊。铤部自上向下逐渐变细，横截面为长方形。残长 4.3、镞身宽 0.9、镞身厚 0.2 厘米，铤中部厚 0.25 厘米（图九五，7）。

M47：2-5（考 3827-5），为 E 型扁体扁铤铁镞。残断。镞身向一侧弯曲。残长 2.3、残宽 0.7、厚 0.15 厘米（图九五，8；彩版三六，13）。

残铁镞铤　1 件。

M47：2-1（考 3827-6），仅残存铤部，锈蚀。铤较长，末端近锥尖状，上半部横截面为扁长方形，下半部横截面变厚，截面呈近方形和窄长方形。残长 3.95、上残断面宽 0.55 厘米，铤中部厚 0.3 厘米（图九五，11；彩版三六，13）。

扁体柱铤铁镞　1 件。

M47：2-3（考 3827-7），为 A 型扁体柱铤铁镞。铤末端残。器身为菱形，镞身下半部内收形成铤部，器身扁平，铤和镞身没有分界。铤下半部略变厚。残长 3.4、镞身宽 1、镞身厚 0.1 ~ 0.2 厘米，铤中部厚 0.3 厘米（图九五，9；彩版三六，13）。

有脊柱铤铁镞　2 件。

M47：2-4（考 3827-8），为 Bb 型有脊柱铤铁镞。残断，尖部残缺。近柳叶形镞身。镞身中部略起脊。铤部横向压扁，向下逐渐变薄而厚。残长 4.7、镞身宽 0.85、镞身厚 0.3 厘米，铤中部厚 0.5 ~ 0.6 厘米（图九五，10；彩版三六，12）。

M47：2–6（考 3827–9），应为 Bb 型有脊柱铤铁镞。铤、锋部残。残存部分形状与 M47：2–4 基本相似。残长 2.9、镞身宽 0.8、镞身厚 0.25 厘米，铤残端厚 0.4 厘米（彩版三六，13）。

扁体铁镞　1 件。

M47：2–7（考 3827–10），铤部残缺，仅残存两段镞身。镞身一面黏有木质纤维痕迹。为较扁而宽的镞身，镞身近叶形，镞身下半部向下逐渐变窄。残长 3.1、镞身宽 1.5、镞身厚 0.12 厘米（彩版三六，13）。

（四八）M48

（1）墓葬概述

位于东区东岗梁上的 14 清理区北缘的东部。墓葬方向为西偏北 5°。墓葬被毁，墓壁残缺，仅存一部分墓底，根据墓底形状推测墓葬平面为长方形。

发现的随葬品均被扰动，无法推测其原始位置。

（2）随葬品

共计 11 件。

1）陶器

陶器残片 1 块，具体情况不明。

2）铜器

共 5 件。

铜泡　4 枚。

M48：1–1 ~ 1–4（考 3929–1 ~ 考 3929–4），M48：1–1 为 Aa 型矮斗笠形铜泡，M48：1–2 为 A 型中高斗笠形铜泡。边缘均残。其中较大和较小的一件边缘残损较重。形状相似，尺寸有差别。均为斗笠状，背面中部有一穿孔纽，纽下有一一端直通铜泡边缘的楔形凹槽。较大者残直径 2.7、残高 0.38、壁厚 0.1 厘米，背纽横截面宽 0.25 厘米（图九六，1）。居中的两件残直径 2.1、高 0.45、壁厚 0.1 厘米，背纽横截面宽 0.4 厘米（图九六，2）；最小的一件残直径 1.9、残高 0.4、壁厚 0.12 厘米，背纽中部横截面宽 0.4 厘米。

铜管　1 枚。

M48：5（考 3828–1），两端均残。为用较薄的长方形铜片卷制而成，应为中空的圆柱形。残长 2.1、壁厚 0.02 厘米，横截面直径 0.6 厘米（图九六，3；彩版三七，1）。

3）铁器

共 2 件，均为铁管。

M48：4–1、4–2（考 3828–2、考 3828–3），锈蚀。两件形状相似，长短有别。为中空的柱状管，横截面近椭圆形，一面略平，一面外鼓。表面锈蚀严重，但仍能看出表面原有横向的凸棱。较长的一件长径 0.9、短径 0.6、高 2.4 厘米；较短的一件长径 0.8、短径 0.6、高 1.95

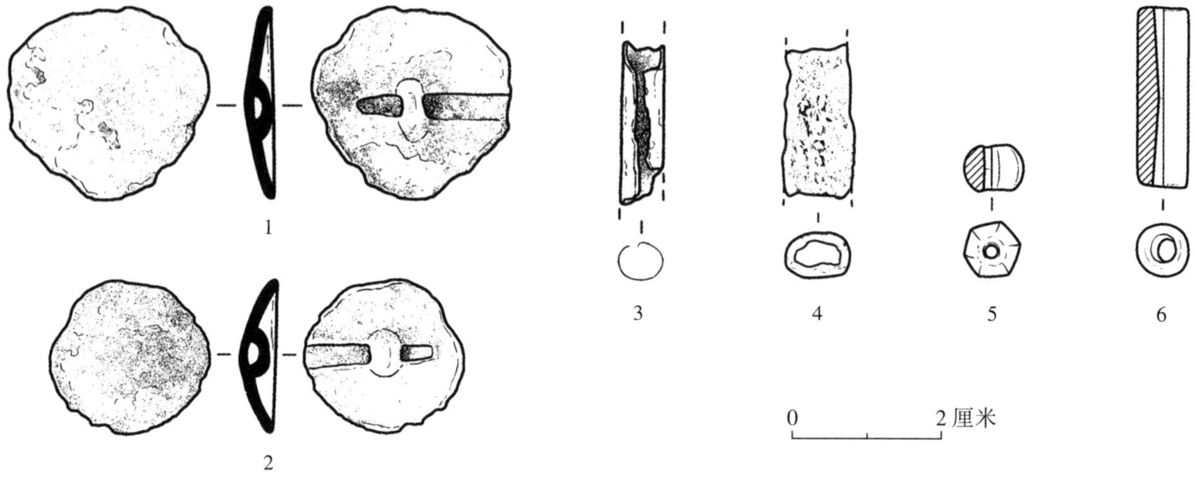

图九六　M48 出土器物

1、2. 铜泡（M48：1-1、M48：1-2）　3. 铜管（M48：5）　4. 铁管（M48：4-1）　5. 玛瑙珠（M48：3）　6. 绿云母管（M48：2-1）

厘米（图九六，4；彩版三七，2）。

4）珠子、管

共 3 枚。

玛瑙珠　1 枚。

M48：3（考 3830），完整。棕红色。形状规整，近算珠形，表面有六个纵向凸棱。中部的穿孔孔径略大。直径 0.75、高 0.52 厘米（图九六，5；彩版三七，3）。

绿云母管　2 枚。

M48：2-1（考 3830），完整。墨绿色。圆柱形。直径 0.7、高 2.3 厘米（图九六，6；彩版三七，4）。

M48：2-2（考 3830），残。浅蓝色。圆柱形。直径约 0.7、残高 1.2 厘米。

（四九）M49

（1）墓葬概述

位于中区岗洼顶部的 35 清理区东南角，北面与 M50 相距约 8 米。墓葬方向约为西偏北 26°。墓葬大部分被破坏，只保留一小部分墓底。

（2）随葬品

共计 5 件。

1）陶器

只有陶壶 1 件。

M49：5（考 3831-1），为泥质陶壶。残，可修复。夹细砂泥质灰陶。方唇，束颈，弧折肩，鼓腹。肩部以下有五周不明显的凸弦纹。口径 9.4、腹径 14.4、底径 8.5、高 15.5 厘米（图九七，1；彩版三七，7）。

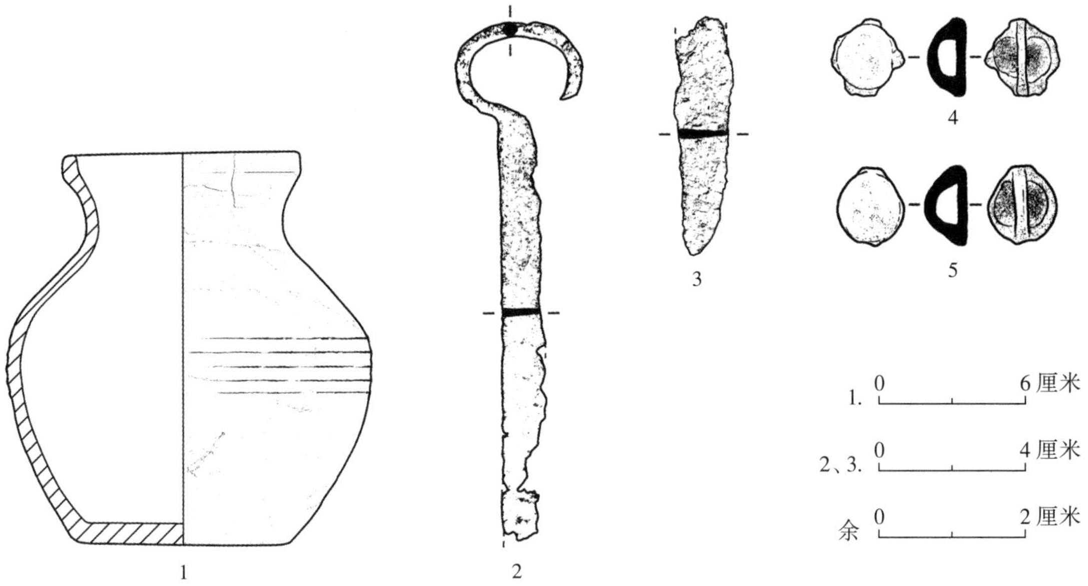

图九七 M49出土器物

1. 陶壶（M49：5） 2、3. 铁刀（M49：2、M49：1） 4、5. 铜泡（M49：3-1、M49：3-2）

2）铜器

只有铜泡2枚。

M49：3-1、3-2（考3831-2、考3831-3），为A型珠形铜泡。微残，锈蚀。半球形，背面有一横纽，边缘有突节，应为铸造时留下的瑕疵。1枚直径1.1、高0.6厘米（图九七，4；彩版三七，5）；1枚直径0.9、高0.55厘米（图九七，5；彩版三七，6）。

3）铁器

共2件铁刀。

M49：2（考3832-1），为椭圆形环首铁刀。刀身略残。锈蚀。锻制。为一根铁片锻制而成。柄首较厚，为横椭圆形环首，底部有较大的开口，横截面近圆形。直柄，柄部和刀身连为一体，柄部略厚，刀身略薄。刀身背部较直，刃部略残，推测为直刃。残长13.7厘米，环首长径3.6、短径2.4厘米，横截面直径0.35厘米；柄部长约5.6、宽1厘米，柄背部厚0.25厘米，底缘厚0.1厘米；刀身宽1.05～1.2厘米，刀背厚0.15厘米（图九七，2；彩版三七，8）。

M49：1（考3832-2），仅残存刀身的前半部。锈蚀。为直背，刃略外弧，刃刀身中部向刀尖部逐渐向上弧收。残长6.4厘米，残端刀身宽1.4厘米，刀背厚0.28厘米（图九七，3）。

（五〇）M50

（1）墓葬概述

位于中区岗洼北部的35清理区北部，西面与M46相距14米。推测墓葬方向为西偏北5°～60°之间。墓葬被破坏，墓葬的中部和东南、西北部的一角均残缺。推测为长方形土坑竖穴墓，宽约0.97、残深0.09米（图九八）。

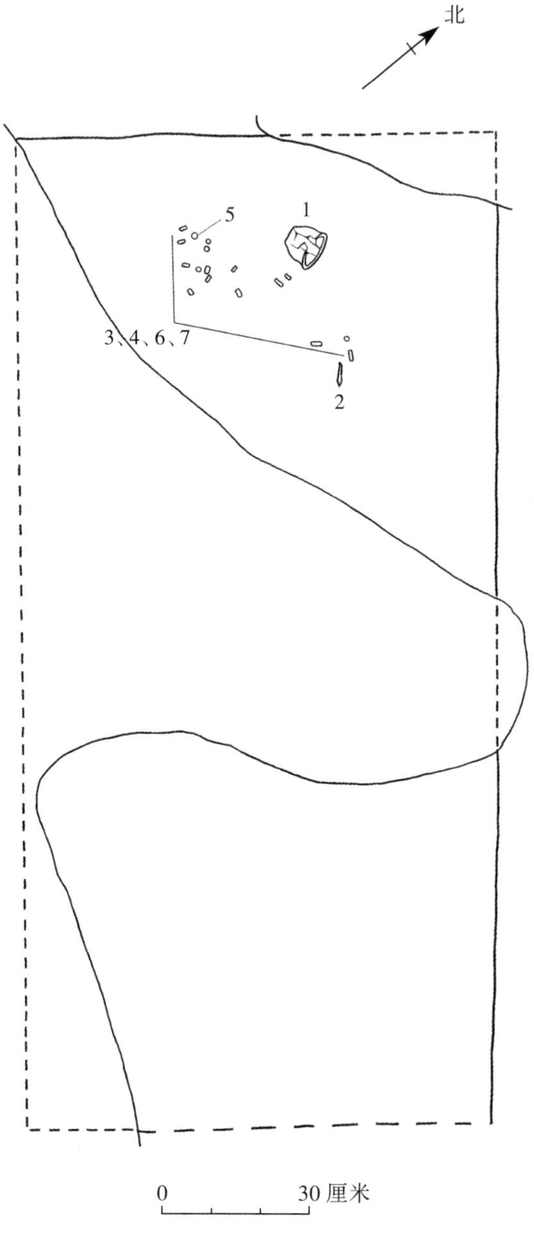

图九八　M50 平面图

1. 陶杯　2. 铁镞　3. 铜泡　4. 绿云母管　5. 玛瑙珠　6. 玛瑙管　7. 蓝色玻璃珠、绿云母珠

（指北针所指的方向为根据文字记录推测的方向）

随葬品均发现于墓葬西北部。其中陶杯位于接近墓壁的中部偏东北处，在其附近和东南侧有铁镞、铜泡和绿云母管。在陶杯的西南侧有玛瑙珠、玛瑙管、蓝色玻璃珠、铜泡等，分布比较集中。

墓中未发现人骨。

（2）随葬品

共计 19 件。

1）陶器

只有陶杯 1 件。

M50：1（考 3834），为 Bb 型夹砂陶杯。残，可复原。夹砂黄褐陶，陶色不均，部分器表有烟炱。侈口，圆唇，深腹略外鼓，平底，底部边缘略外凸。口径 7.9、底径 4.7、高 6.1 厘米（图九九，1；彩版三八，1）。

2）铜器

共 2 件，均为铜泡。

M50：3–1、3–2（考 3836–1、考 3836–2），为 A 型珠形铜泡。完整。两件形状、尺寸基本相同。近半球形，中空，背面有一圆柱形横梁。直径 0.9、高 0.4、壁厚 0.15 厘米，横梁横截面直径 0.1 厘米（图九九，3、4；彩版三八，3）。

3）铁器

只有铁镞 1 件。

M50：2（考 3835），为锥形铁镞。完整。锈蚀。镞身为较窄的叶形，中部起脊，镞身的中脊向下延伸到铤部。镞身下半部缓收，与铤部分界不明显。铤横截面近菱形，末端逐渐变扁。长 3.75、镞身宽 0.5 厘米，镞身中部最厚处厚 0.5 厘米；铤中部宽 0.4、厚 0.3 厘米（图九九，2；彩版三八，2）。

4）珠子、管

共 15 枚。

蓝色玻璃珠　1 枚。

M50：7–1（考 3837），侵蚀较重，呈灰白色，表面不平整。近算珠形。长径 0.8、短径 0.65、高 0.5 厘米（图九九，5；彩版三八，4）。

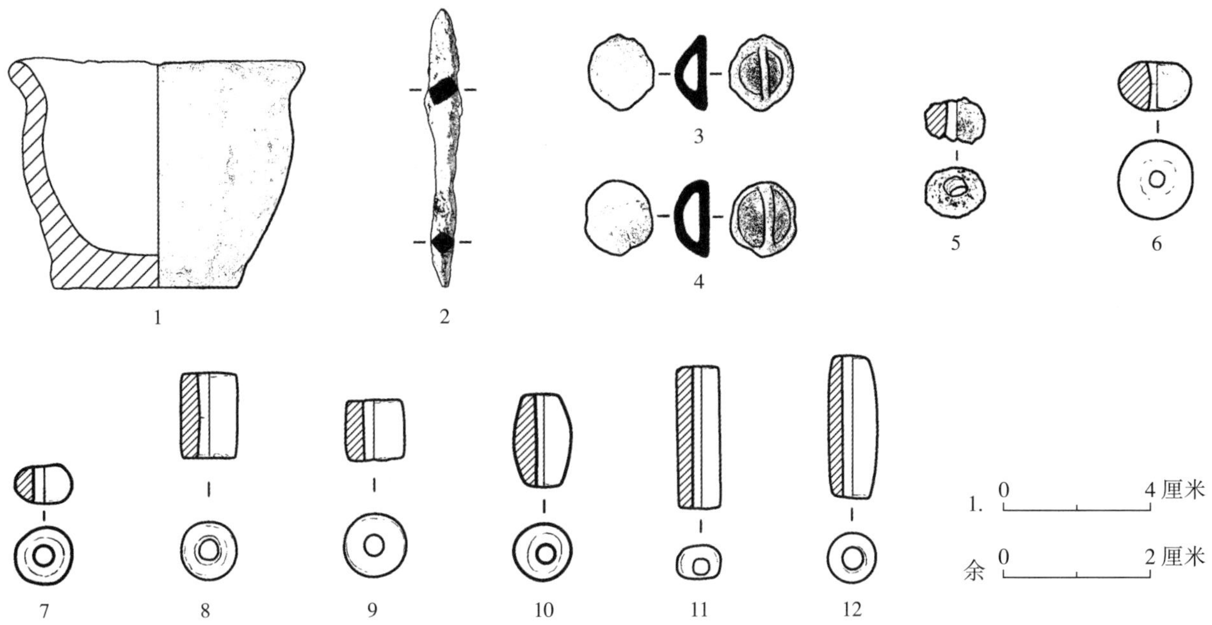

图九九　M50出土器物

1. 陶杯（M50：1）　2. 铁镞（M50：2）　3、4. 铜泡（M50：3-1、M50：3-2）　5. 蓝色玻璃珠（M50：7-1）　6. 玛瑙珠（M50：5）　7. 绿云母珠（M50：7-2）　8、9. 玛瑙管（M50：6-1、M50：6-2）　10～12. 绿云母管（M50：4-1、M50：4-2、M50：4-3）

玛瑙珠　1枚。

M50：5（考3837），完整。棕红色。算珠形，中部有一纵向穿孔。孔径一端较大，另一端较小，较大的一端器表略内凹。直径1、高0.7厘米（图九九，6；彩版三八，6）。

绿云母珠　1枚。

M50：7-2（考3837），完整。墨绿色。近算珠形，两端有较小的平面，穿孔略偏。直径0.7、高0.5厘米（图九九，7；彩版三八，5）。

玛瑙管　4枚。

M50：6-1～6-4（考3837），完整。浅棕红色。两件较小，两件较大。形状相似。均为圆柱形，中部有一纵向穿孔。均一端孔径较大，一端较小。较长的两枚直径0.75、高1.1厘米；较短的两枚直径0.8、高0.75厘米（图九九，8、9；彩版三八，7）。

绿云母管　8枚。

M50：4-1～4-8（考3837），完整。墨绿色。1枚为中部外鼓的近纺锤形，中部有一纵向穿孔，两端有较窄的平面。中部直径0.7、高1.2厘米（图九九，10；彩版三八，8）。7枚为圆柱形，形状相似，直径0.5～0.65、高1.2～1.8厘米（图九九，11、12；彩版三八，8）。

（五一）M51

（1）墓葬概述

位于东区东岗梁上的12清理区东南角，南距M48为12米。墓葬方向为西偏北30°。墓

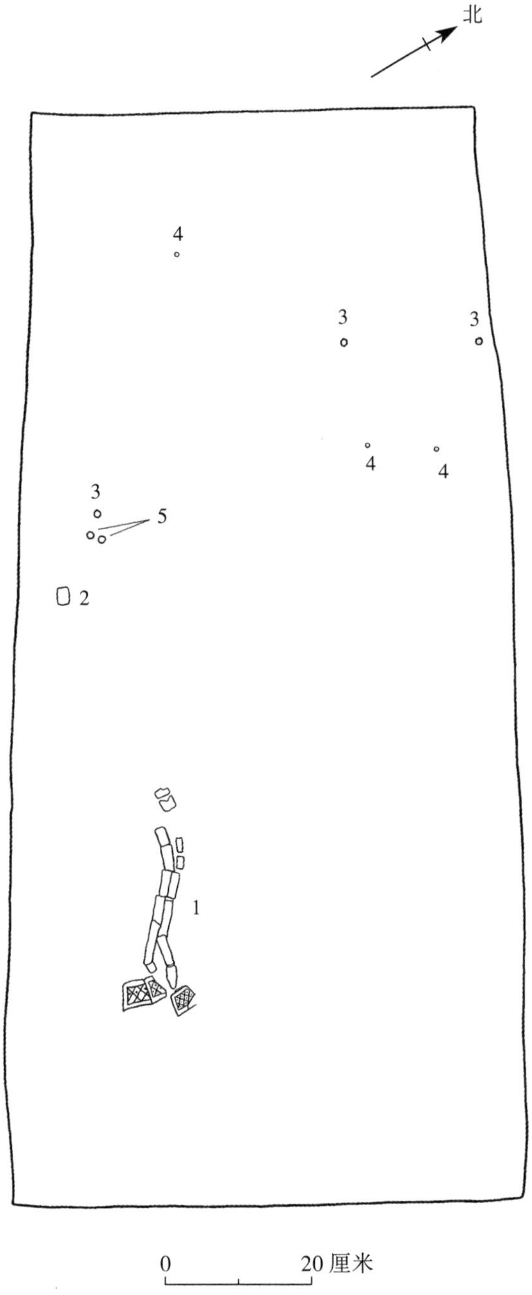

图一〇〇　M51 平面图
1. 穿铁管的铜铃　2. 绿云母珠　3. 六棱玛瑙珠　4. 蓝色玻璃珠　5. 算珠形玛瑙珠

葬被破坏，根据现存墓圹的边缘推测，墓葬形状不甚规整，平面形状为脚端宽、头端稍窄的梯形。墓葬长约 1.45、宽 0.61 ~ 0.7、存深 0.06 米（图一〇〇）。

随葬品分布较分散。

4 件铜铃位于墓葬的东南部偏南侧，铃的纽上都穿连铁管。珠子分散出土于墓葬的中部和北部。

（2）随葬品

共计至少 14 件。

1）铜器

共 4 件，均为铜铃。

M51：1–1、1–2（考 3838–1、考 3838–2），为 A 型中原式带纹饰铜铃。残存铃舌和部分上半部铃身，铃纽和下半部铃身残缺。铸制。2 件形状、尺寸基本相同。铃顶部残留穿孔纽的底部。铃顶部为扁椭圆形，内壁有一梯形环，内穿一铃舌。铃身两侧有合范之处留下的凸棱。表面饰略凸的菱形纹，每个菱形内填小乳丁。菱形纹带的上、下边缘各有一周凸弦纹。铃舌上半部为倒三角形穿孔，套接在梯形环内；铃舌下半部近豌豆形，中部较厚，边缘较薄。铃舌长 2.4、宽 0.75 厘米，底部厚 0.5 厘米，铃残高 3 厘米（图一〇一，1；彩版三九，1）。

2 件铜铃残损严重无法分辨形状。根据发掘档案记录可知，与 M51：1–1 和 M51：1–2 的尺寸、形状、纹饰基本相似，也应该为中原式带纹饰铜铃。

2）铁器

只有铁管若干段。

M51：1–3，残。与铜铃串连在一起使用。残存的一段为横截面近椭圆形的扁管。残长 3.3 厘米，横截面长径 1.3、短径 0.9 厘米，壁厚约 0.15 厘米（图一〇一，2；彩版三九，2）。

3）珠子、管

共 9 枚。

蓝色玻璃珠　3 枚。

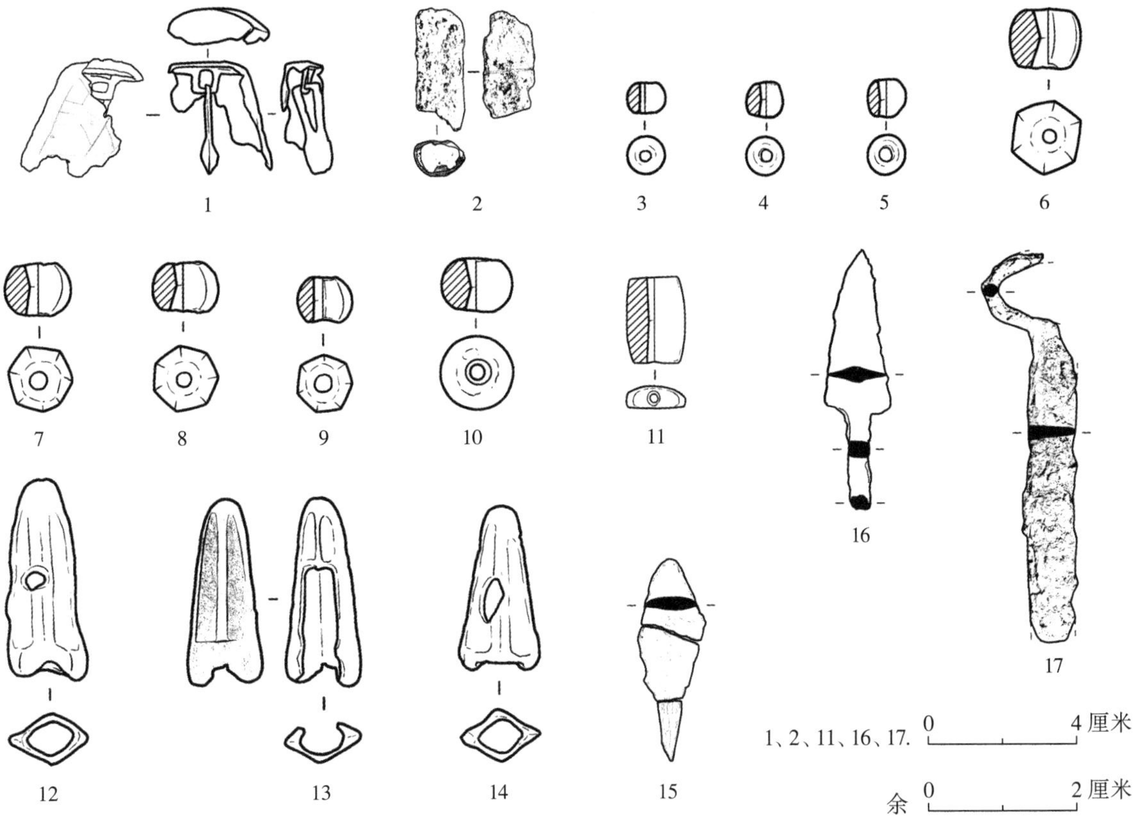

图一〇一 M51、M52 出土器物

1. 铜铃（M51：1-1） 2. 铁管（M51：1-3） 3 ~ 5. 蓝色玻璃珠（M51：4-1 ~ 4-3） 6 ~ 10. 玛瑙珠（M51：3-1 ~ 3-4、M51：5） 11. 绿云母珠（M51：2） 12 ~ 14. 铜镞（M52：5-1 ~ 5-3） 15、16. 铁镞（M52：4、M52：2） 17. 铁刀（M52：1）

M51：4-1 ~ 4-3（考 3839），完整。2 枚为深蓝色，有光泽；1 枚为浅蓝色，表面略粗糙。尺寸、形状基本相同。近球形，中部有一纵向穿孔，穿孔一端孔径略大，一端略小。直径 0.5 ~ 0.55、高 0.43 ~ 0.5 厘米（图一〇一，3 ~ 5；彩版三九，5）。

玛瑙珠 5 枚。

M51：3-1 ~ 3-4（考 3839），完整。1 枚为深红色，2 枚棕红色，1 枚浅红色。形状相似，均为近算珠形，表面有纵向凸棱，最大的一枚有六个纵向凸棱，其余的有七个纵向凸棱。中部有一纵向穿孔，一端的孔径较大，向另一端逐渐变小，较大一端穿孔的器表略内凹。最大的直径 1、高 0.7 厘米（图一〇一，6；彩版三九，3）；2 枚直径 0.85、高 0.65 厘米（图一〇一，7、8；彩版三九，3）；1 枚直径 0.75、高 0.6 厘米（图一〇一，9；彩版三九，3）。

M51：5（考 3839），完整。棕红色。算珠形，形制规整。中部有一纵穿孔，一端的孔径较大，向另一端逐渐变小，较大一端穿孔的器表略内凹。直径 0.9、高 0.65 厘米（图一〇一，10；彩版三九，3）。

绿云母珠 1 枚。

M51：2（考 3839），完整。墨绿色。为近长方形，较扁，两端平直，两侧缘略外弧。

正面略鼓，背面平直，两端有较窄的平面。中部有一纵向穿孔。长2.2、宽1.5、厚0.55厘米（图一〇一，11；彩版三九，4）。

（五二）M52

（1）墓葬概述

位于中区岗洼东部的29清理区西北角，墓葬方向为西偏北2°。墓葬被破坏，仅存墓葬的东半部和北侧的墓圹边缘。墓葬残长1.5、宽约0.85、残深0.18米（图一〇二）。

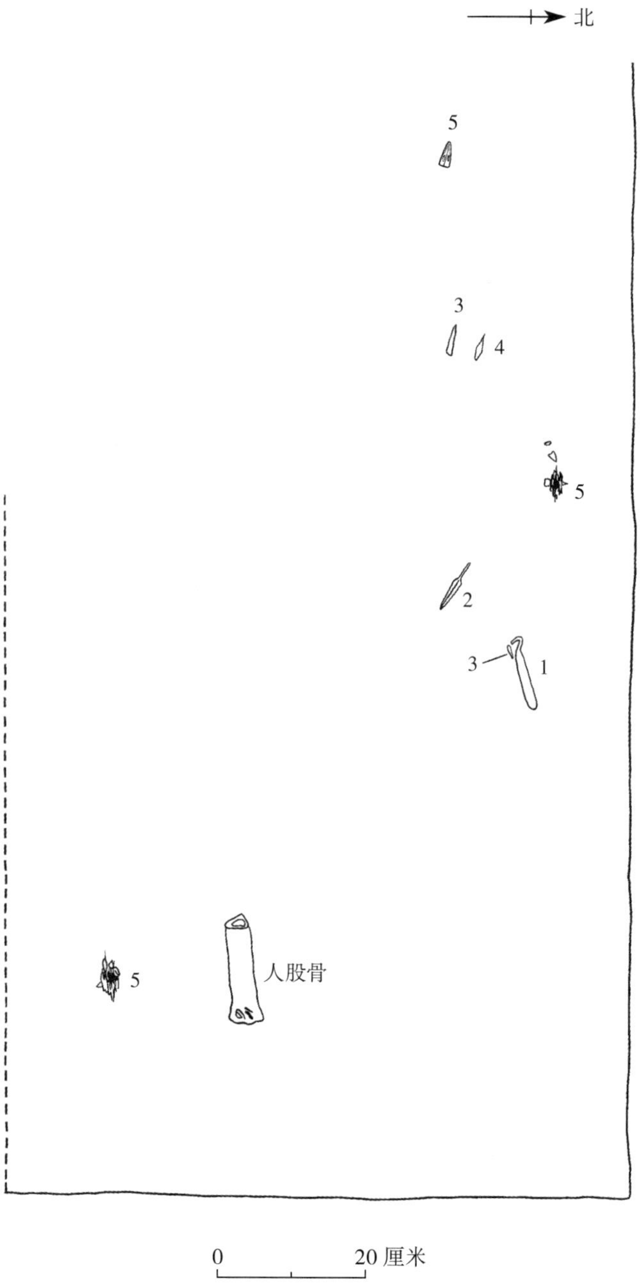

图一〇二　M52平面图

1. 铁刀　2～4. 铁镞　5. 铜镞（2件附着木质纤维）

发现的随葬品数量较少。

1件环首铁刀位于墓葬的近北壁处，可能是位于墓主人腰间。3件铜镞分别出于墓葬的西北部、中部偏北处和东南角附近。其中2件镞表面的铜锈上有木纤维痕迹，纤维纹理与镞身垂直。

铁镞位于墓中部偏北处。

墓葬的东半部有一段人股骨远端。骨骼斜立，骨关节远端向上。根据观察推测骨骼已经被扰动，不是其原始位置。

（2）随葬品

共计7件。

1）铜器

共3件，均为铜镞。

M52：5-1～5-3（考3841-1～考3841-3），均略残，尾翼的倒刺大部分残缺。形状基本相同，尺寸有别。为双翼銎孔镞。镞身为长三角形，尾翼末端有倒刺。镞身中部起脊，镞身上半部为四棱形，镞身下半部的銎孔上有形状不规则的镂孔。銎孔底部横截面为菱形。与铜镞一起出土有木质残片，可能是箭囊上的木构件。最大的一件残长2.75、残宽1.1、底部厚0.65厘米，銎孔壁厚0.1厘米（图一〇一，12；彩版四〇，2）；其余的2件残长2.2～2.5、残宽1、底部厚0.7厘米，銎孔底部壁厚0.12厘米

（图一〇一，13、14；彩版四〇，1、2）。

2）铁器

共4件。

铁刀 1件。

M52：1（考3840-1），为椭圆形环首铁刀。环首、刀身前半部残。锻造，锈蚀。环首和刀身为一体锻造而成。环首较厚，为横椭圆形。刀身为直背，刃部可能是直刃略外弧。残长10.4、刃部宽1.3～1.4厘米（图一〇一，17；彩版四〇，8）。

铁镞 3件。

M52：2（考3842-2），为Ba型有脊柱铤铁镞。整理时已残碎、锈蚀。根据发掘档案绘图可知为双翼三角形镞，有铤。镞身为长三角形，镞身横截面为扁菱形，中部略起脊。铤部横截面近方形。长6.8、宽2厘米（图一〇一，16）。

M52：4（考3842-3），为E型扁体扁铤铁镞。残，可拼对修复。镞身为菱形，扁平无脊，镞身下半部内收与铤部相接，铤部与镞身厚度相同，无明显分界。铤部自上向下内收，末端为锥状。长2.7、宽0.9、厚0.3厘米（图一〇一，15；彩版四〇，3）。

M52：3（考3842-4），整理时已残碎、锈蚀。仅残存一段铤部，横截面为长方形，自上向下逐渐变窄，末端为锥状。残长1.92厘米（彩版四〇，7）。

（五三）M53

（1）墓葬概述

位于东区岗顶的27清理区中部偏南处。墓葬方向为西偏北5°。墓圹保存状况较好，长方形土坑竖穴墓。长1.5、宽0.62、残深0.15米（图一〇三；图版一九，1）。

随葬品数量较少。

1件陶罐出于墓葬西部近北侧墓壁处，口向前倾斜。1件陶杯出于陶罐的西南侧，口向前倾斜。残陶杯出于陶罐的东侧，口向前倾斜。珠子和管均散出于陶罐的南侧和东南方（图版一九，2）。

人骨已经腐烂不存。

图一〇三 M53平面图

1. 陶罐 2、3. 陶杯 4、5. 残陶器 6. 蓝色玻璃管 7. 滑石管 8. 绿云母管

（2）随葬品

共计 15 件。

1）陶器

共 3 件。另有若干陶器残片。

陶罐 1 件。

M53：1（考 3843–1），为 A 型无耳大口夹砂陶罐。残，可复原。夹砂黑褐陶，陶色不均，器表光滑，应抹泥浆层。侈口，折沿，圆唇，鼓腹弧折，平底。最大腹径位于腹中上部。底部边缘有底包边制作后留下的痕迹。口径 13.5、腹径 17、底径 8.5、高 15.8 厘米（图一〇四，1；彩版四〇，10）。

陶杯 2 件。

M53：2（考 3844.1），为 Aa 型夹砂陶杯。口沿、器外壁微残。夹砂黄褐陶。侈口，圆唇，腹微外弧，平底，近底约 1 厘米处的外壁较直。口沿上有一周因磨损而不甚清晰的略倾斜平行浅刻线，底外缘有一周隐约可见的略倾斜的浅平行刻线。口径 8、底径 5.2、高 5.4 厘米，壁厚 0.5 ~ 0.6 厘米（图一〇四，2；彩版四〇，9）。

M53：3（考 3844.2），残存陶器底部和器底以上 2 厘米高的器壁。夹砂黑褐陶，平底，底外缘略外凸，近底部的器壁略外弧，底内壁为圜底。底径约 5.5、底厚 0.55 厘米（图一〇四，3）。

陶器口沿残片 4 片。

M53：4（考 3843–2），为小型陶罐口沿残片。夹砂灰褐陶，器壁较薄。侈口，方唇外侈，

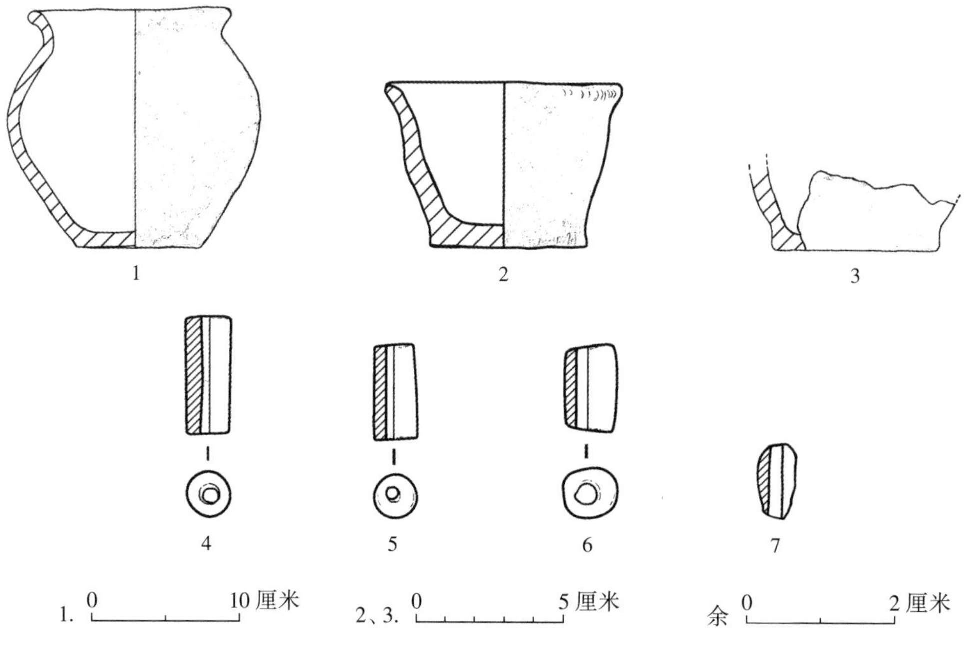

图一〇四 M53 出土器物

1. 陶罐（M53：1） 2、3. 陶杯（M53：2、M53：3） 4. 绿云母管（M53：8） 5. 滑石管（M53：7–1） 6. 黑色石管（M53：9） 7. 蓝色玻璃管（M53：6）

类似深腹侈口罐的腹部。口径约 10、壁厚 0.35 ~ 0.4 厘米。

陶器腹部残片 3 片。

M53：5（考 3843–3），夹砂黄褐陶。为尺寸较大的陶器腹部残片。壁厚 0.4 ~ 0.7 厘米。

2）珠子、管

共 12 枚。

蓝色玻璃管 1 枚。

M53：6（考 3845），表面残。圆柱形。直径 0.5、高 1 厘米（图一〇四，7）。

绿云母管 1 枚。

M53：8（考 3845），完整。圆柱形，浅绿色。直径 0.6、高 1.6 厘米（图一〇四，4；彩版四〇，4）。

滑石管 9 枚。

M53：7–1 ~ 7–9（考 3845），表面有磨损。乳白色。圆柱形。形状、尺寸相似。其中 1 件直径 0.6、高 1.3 厘米（图一〇四，5；彩版四〇，6）。

黑色石管 1 枚。

M53：9（考 3845），完整。两端倾斜，中部略鼓。中部直径 0.7、高 1.1 厘米（图一〇四，6；彩版四〇，5）。

（五四）M54

（1）墓葬概述

位于东区东岗梁上的 20 清理区西南部。墓葬方向为西偏北 40°。墓葬被破坏，仅残存西北半部。墓葬长度不明，宽 0.65、残深 0.07 米（图一〇五）。

发现的随葬品均位于墓葬的西北部。陶杯和陶纺轮位于近墓葬西北角处。2 枚大铜泡位于陶纺轮西南侧。蓝色玻璃珠和珠形铜泡分布于陶器的西南侧（图版一九，3）。

此外，在铜泡附近发现分布较零星的红色漆片。

（2）随葬品

共计 38 件。

1）陶器

共 2 件。

陶杯 1 件。

M54：1（考 3846），为 Ab 型夹砂陶杯。残，可复原。夹砂黄褐陶，陶色不均。手制。侈口，圆唇，斜腹微外鼓，平底。口径 8、底径 5.4 ~ 5.7、高 5 厘米（图一〇六，1；彩版四一，1）。

陶纺轮 1 件。

M54：2（考 3847），为 B 型夹砂陶纺轮。边缘微残。夹砂红褐陶。近半球形，正面外鼓，背面平直，中部有一纵向穿孔。边缘圆弧。直径 4.4、高 2.3、孔径 0.66 厘米（图一〇六，2；彩版四一，2）。

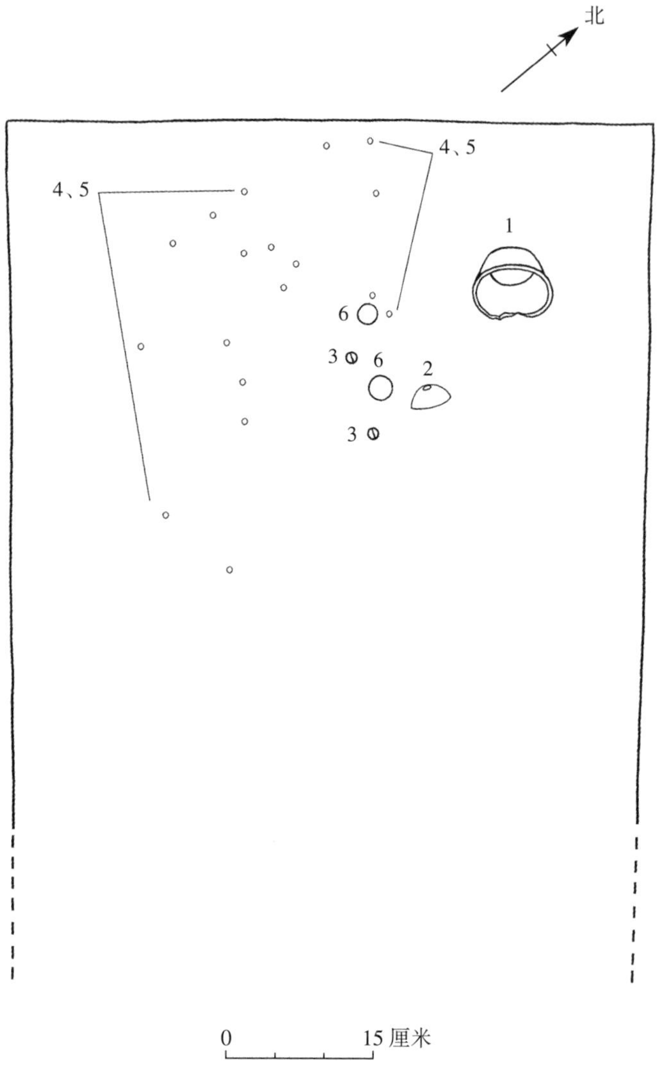

图一〇五　M54平面图

1. 陶杯　2. 陶纺轮　3. 珠形铜泡　4、5. 蓝色玻璃珠　6.（大）铜泡

2）铜器

共4枚，均为铜泡。

铜泡　4枚。

M54：6–1、6–2（考3848–1、考3848–2），其中M54：6–1为A型矮弧形铜泡，M54：6–2为Aa型矮斗笠形铜泡。边缘残。铸制。尺寸相似。背面中部有一穿孔纽，纽的底部有直通铜泡边缘的凹槽，其中一枚的凹槽为近楔形，一枚的凹槽为三角形。残径2.4、高0.5、壁厚0.15厘米（图一〇六，3、4）。

M54：3–1、3–2（考3848–3、考3848–4），为A型珠形铜泡。边缘残、横梁残缺。铸制。形状、尺寸相似。背面仅残留横梁的两端。直径1、高0.4、壁厚0.2厘米（图一〇六，5、6）。

3）珠子、管

共32枚，均为蓝色玻璃珠。

M54：5–1 ~ 5–9（考3857），完整。浅蓝色。一部分为近球形，一部分近算珠形，个别的表面有纵向折棱。大多数直径0.75、高0.7厘米左右，1枚直径0.58、高0.5厘米，最小的一枚直径0.55、高0.45厘米（图一〇六，7、8）。

M54：5–10 ~ 5–21（考3857），完整。深蓝色。均尺寸较小，直径接近，大部分为近球形，少量为近算珠形。直径0.4 ~ 0.6、高0.4 ~ 0.5厘米（图一〇六，9）。

M54：5–22（考3857），完整。黑蓝色。陀螺形，腹中部有折棱，穿孔一端的孔径较大、周围有一小片器表略内凹，一端孔径较小。直径1、高0.8厘米（图一〇六，10；彩版四一，3）。

M54：4–1 ~ 4–7（考3857），2枚残，其余完整。黑蓝色。形状基本相似，尺寸略有差别。近陀螺形，腹中部有折棱，中部有一纵向穿孔，一端的孔径略大，另一端的略小。直径0.9 ~ 0.95、高0.7 ~ 0.85厘米（图一〇六，11 ~ 14；彩版四一，4）。

3枚残碎，形状不明。

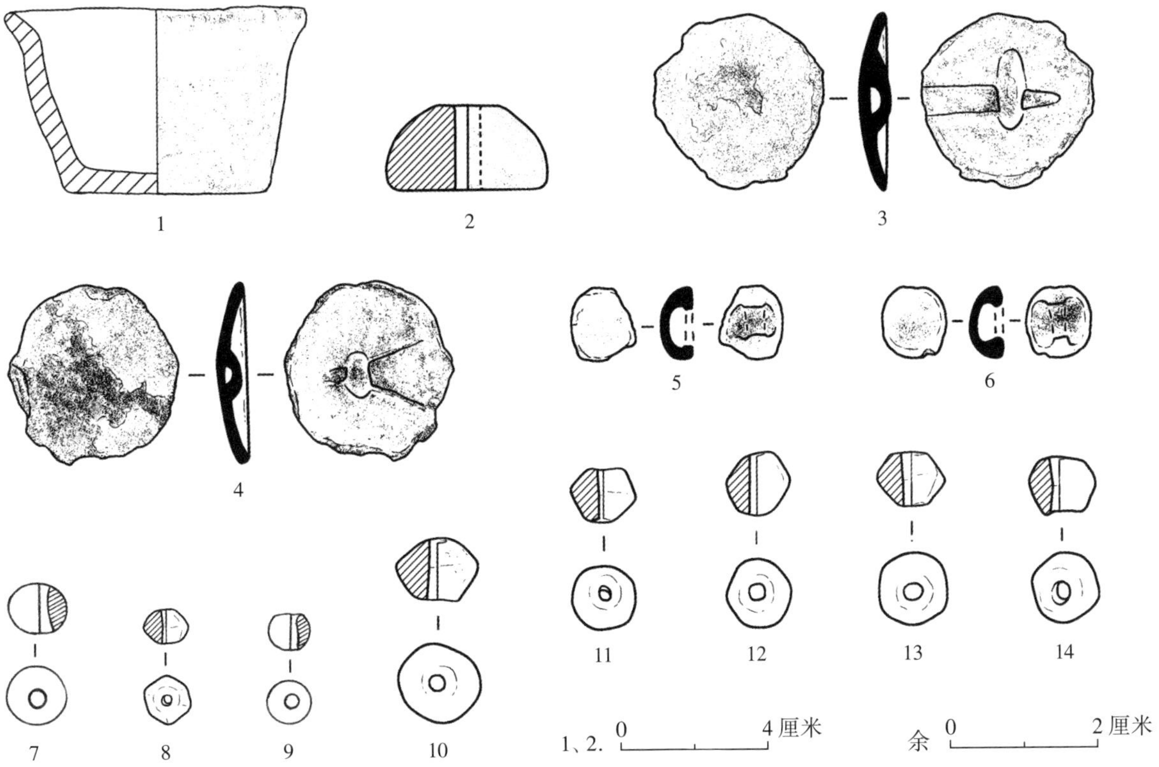

图一〇六　M54出土器物

1. 陶杯（M54：1）　2. 陶纺轮（M54：2）　3～6. 铜泡（M54：6-1、M54：6-2、M54：3-1、M54：3-2）　7～14. 蓝色玻璃珠（M54：5-1、M54：5-2、M54：5-10、M54：5-22、M54：4-1～4-4）

（五五）M55

（1）墓葬概述

位于东区岗顶的11清理区东北部。墓葬方向为西偏北23°。墓葬大部分被破坏，形状不详（图一〇七；图版二〇，1）。

发现的随葬品均为陶器，其中陶罐位于西南一侧，放在陶钵内。2件陶器口向东倾斜，2件陶器口向南倾斜，1件口向西倾斜（图版二〇，2）。

（2）随葬品

共计5件，均为陶器。

陶罐　1件。

M55：1（考3849），为鼓腹直颈夹砂陶罐。残，可复原。夹砂黄褐陶。直颈略外侈，鼓腹，平底。口沿上有两个圆形穿孔，外侧孔径较大，内侧孔径较小。口颈部器壁较薄，向下逐渐变厚。口径6.1～6.4、腹径7.8～8.1、底径4.5～4.8、高8.3厘米，孔外径0.2、内径0.1厘米（图一〇八，1；彩版四二，1）。

陶杯　1件。

M55：2-1（考3851.3），为Aa型夹砂陶杯。口沿略残。夹砂黄褐陶。手捏制。侈口，

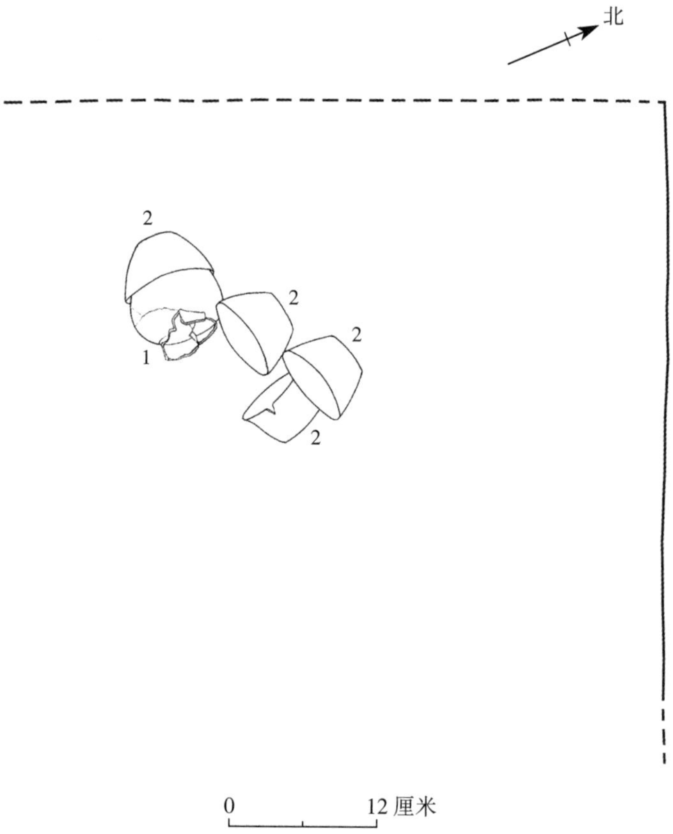

图一〇七　M55遗物分布图
1. 陶罐　2. 陶杯、钵、碗

圆唇，斜腹微外鼓，平底。口径5.65、底径3.6、高3.9厘米（图一〇八，2；彩版四二，2）。

陶钵　1件。

M55：2-2（考3850），为夹砂陶钵。口沿微残。夹砂黑褐陶，器表陶色不均。敛口，方唇，弧腹，平底，底部外缘略外凸。口沿外侧局部和底部外缘一周饰纵向刻齿纹。口长径7.4、口短径7.2、底径4.7、高4.3厘米（图一〇八，3；彩版四二，4）。

陶碗　2件。

M55：2-3（考3851.1），为Cb型夹砂陶碗。残，可修复。夹砂黄褐陶。部分口沿为较薄的圆唇，大部分口沿为较厚的方唇。斜腹，平底。部分底部边缘微外凸。口径7.2、底径4.9、高3.9厘米（图一〇八，4；彩版四二，3）。

M55：2-4（考3851.2），为Cb

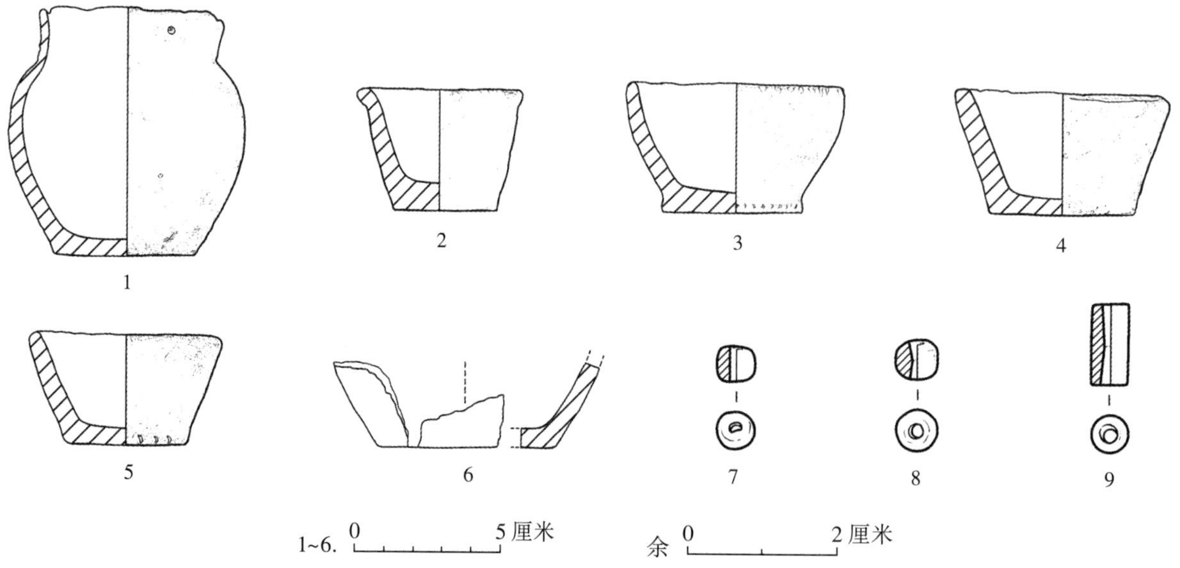

图一〇八　M55、M56出土器物
1. 陶罐（M55：1）　2. 陶杯（M55：2-1）　3. 陶钵（M55：2-2）　4、5. 陶碗（M55：2-3、M55：2-4）　6. 残陶器（M56：1）　7、8. 蓝色玻璃珠（M56：3-1、M56：3-2）　9. 滑石管（M56：2）

型夹砂陶碗。口沿微残。夹砂黄褐陶。手制。圆唇，斜腹，平底，底部外缘外凸。底部外缘饰较稀疏的间距不等的刻齿纹。口径 6.5、底径 4.1、高 3.7 厘米（图一〇八，5；彩版四二，5）。

（五六）M56

（1）墓葬概述

位于东区岗顶的 11 清理区西北角，东距 M55 为 7 米。墓葬方向为西偏北 33°。墓葬大部分被破坏，仅残存墓葬的西北部（图一〇九；图版二〇，3）。

（2）随葬品

共计 4 件。

1）陶器

只有残陶器 1 件。

M56：1（考 3852），仅残存大部分器底和一部分器身下半部。夹砂黄褐陶，夹砂比例较小、夹砂颗粒较小。为壁包底制法，器壁和底部转折处形状规整，折棱明显。底近边缘部较厚，向中部逐渐变薄。底径约 6 厘米，底近中部厚 0.6 厘米，器壁厚 0.5 厘米（图一〇八，6）。

图一〇九　M56 平面图
1. 残陶器

2）珠子、管

共 3 枚。

蓝色玻璃珠　2 枚。

M56：3-1、3-2（考 3853），完整。深蓝色。两件形状、尺寸基本相同。近圆柱形。直径 0.5 ~ 0.52、高 0.42 ~ 0.45 厘米（图一〇八，7、8；彩版四一，5）。

滑石管　1 枚。

M56：2（考 3853），完整。乳白色。形状规整，圆柱形，中部有一纵向穿孔。直径 0.5、高 1.05 厘米（图一〇八，9；彩版四一，6）。

（五七）M57

（1）墓葬概述

位于东区岗顶的 27 清理区东北角。墓葬方向为西偏北 30°。墓葬挖在夹石块的生土层，墓底为岩石层。墓葬东南部被破坏，只残存西北部。残长 0.75、宽 0.75、残深 0.05 米（图一一〇）。

随葬品均出于墓葬的西北部。陶器位于墓葬西北部居中位置。蓝色玻璃珠分布于陶器的南侧。

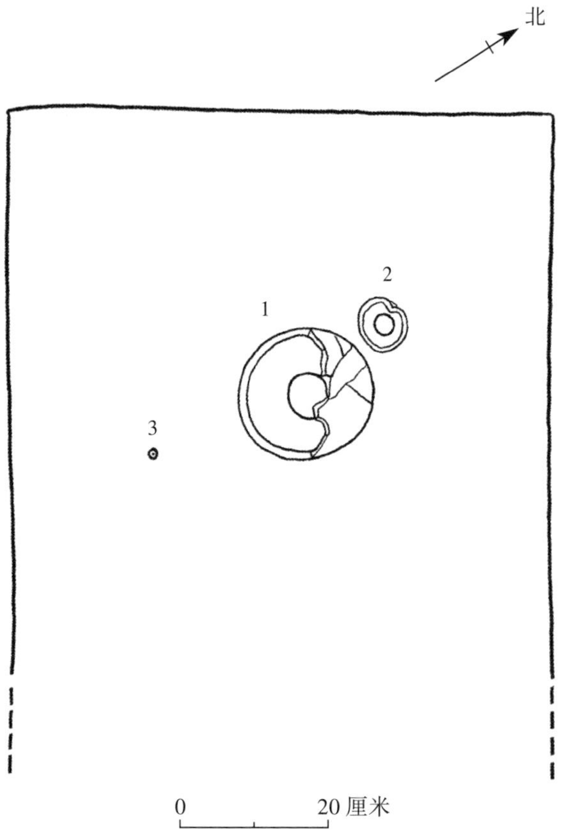

图一一〇　M57平面图
1. 陶壶　2. 陶杯　3. 蓝色玻璃珠

（2）随葬品

共计4件。

1）陶器

共2件。

陶壶　1件。

M57：1（考3854），残，颈部和口部不能复原。夹砂灰褐陶，陶色不均，部分表面呈黑褐色，少部分表面呈黄褐色。圆鼓腹，平底。底部与器壁结合部呈平滑的弧形。腹径17.8、底长径7.2、底短径6.2、残高16厘米（图一一一，1；彩版四一，8）。

陶杯　1件。

M57：2（考3855），为Ab型夹砂陶杯。残损较重，可复原。夹砂黄褐陶。手制。侈口，斜腹微外弧，平底，底部边缘略外凸。口径7.8、底径5.4、高5厘米（图一一一，2；彩版四一，9）。

2）铜器

只有铜泡1枚。

编号模糊不清，暂编为M57：n[1]。为Aa型矮斗笠形铜泡。边缘残。铸制。背纽较小。纽下有一穿过背纽直通铜泡一侧边缘的凹槽。直径约2.5、残高0.4厘米（图一一一，3）。

3）珠子、管

只有蓝色玻璃珠1枚。

M57：3（考3856），完整。浅蓝色，有蓝色纵向条纹。近算珠形，中部有一纵向穿孔，两面有较窄的平面。直径0.72、高0.45厘米（图一一一，4；彩版四一，7）。

（五八）M58

（1）墓葬概述

位于东区岗顶的27清理区东北部，北距M57为1.2米。墓葬方向为西偏北约45°（图一一二）。墓葬被毁严重，墓葬边缘不清楚，形制不明（图一一三）。

随葬品有残陶器1件；陶杯1件，出于残陶器北侧；铁镞2件，1件在残陶器前，1件在残陶器后方；铜泡1枚，出于陶杯东北侧，铜泡下面有木质痕迹。珠子和管出自于陶器的

[1] M57：n为整理时发现实物，不见于辽宁省博物馆藏器物卡片，不见于旧报告正文，该墓的发掘记录缺失。

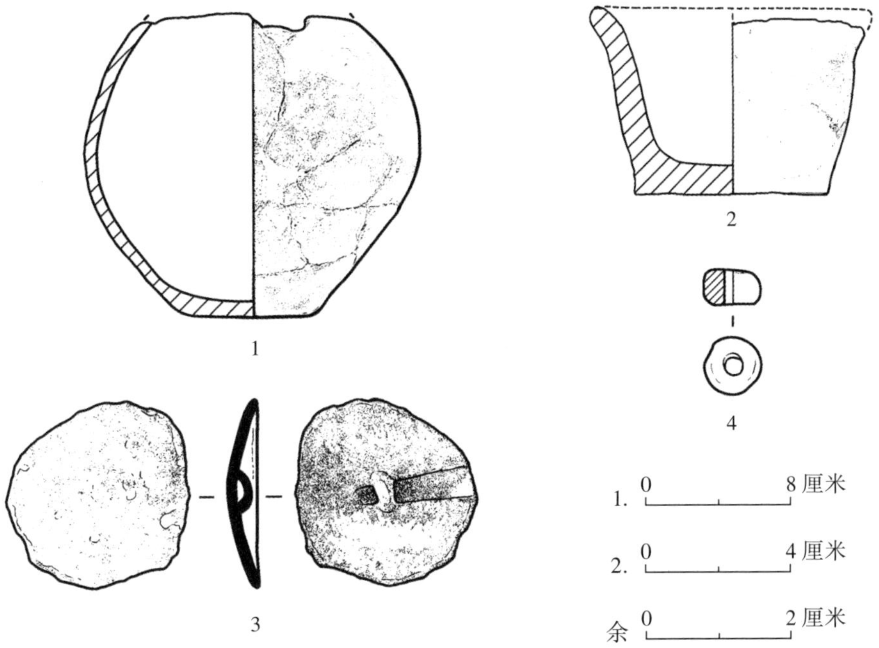

图一一一　M57 出土器物

1. 陶壶（M57：1）　2. 陶杯（M57：2）　3. 铜泡（M57：n）　4. 蓝色玻璃珠（M57：3）

东方，距墓底约 8 厘米（图版二一，1）。

另外，在 187、190 号清理坑内清理出三节铁衔 1 件、勺形铜带饰 1 件、带瓜棱玛瑙珠 1 枚，它们很可能是从 M58 内被扰出的随葬品。

（2）随葬品

共计 23 件。

1）陶器

共 2 件。

陶杯　1 件。

M58：2（考 3858），为 Bb 型夹砂陶杯。残，可修复。夹砂黑褐陶。侈口，圆唇，斜腹略外弧，平底。器底边缘外凸明显，明显可见是器壁、器底分制后黏合而成。口径 7.5、底径 5.1、高 5.3 厘米（图一一四，1；彩版四三，1）。

残陶器　1 件。

M58：1（考 3859），器底可修复。应为陶罐或陶壶。腹部及以上残，不能复原，口沿残缺。夹砂黄褐陶，陶色不均。器底较厚，为边包底的制法，底中部较薄，向边缘逐渐变厚。腹部陶片上残存三周由纵向按压的指甲纹组成的纹带，腹部器壁略薄。底径 9 厘米，底中部厚 0.7 厘米，近底部壁厚 0.9 厘米，腹部壁厚 0.5 厘米（图一一四，2；彩版四三，2）。

2）铜器

只有铜泡 1 枚。

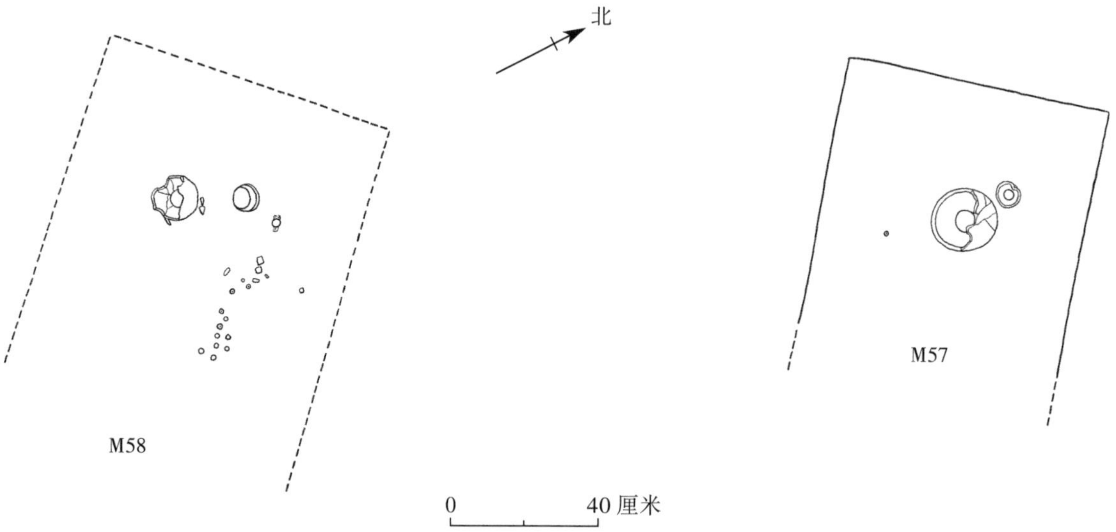

图一一二　M57、M58相对位置图

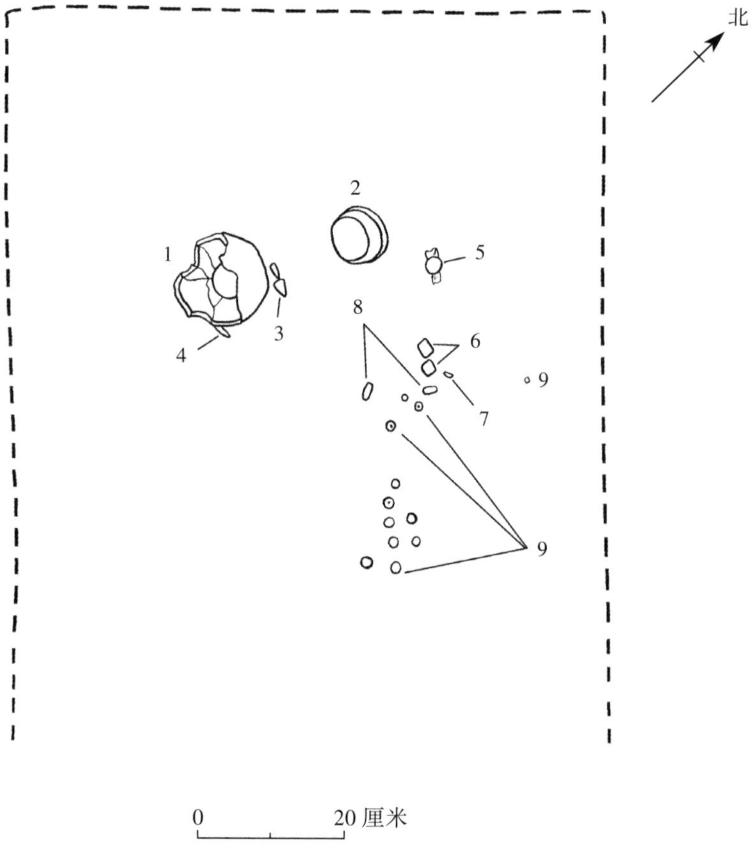

图一一三　M58平面图

1. 残陶器　2. 陶杯　3、4. 铁镞　5. 铜泡　6. 滑石珠　7. 滑石管　8. 绿云母管　9. 绿云母珠、蓝色玻璃珠

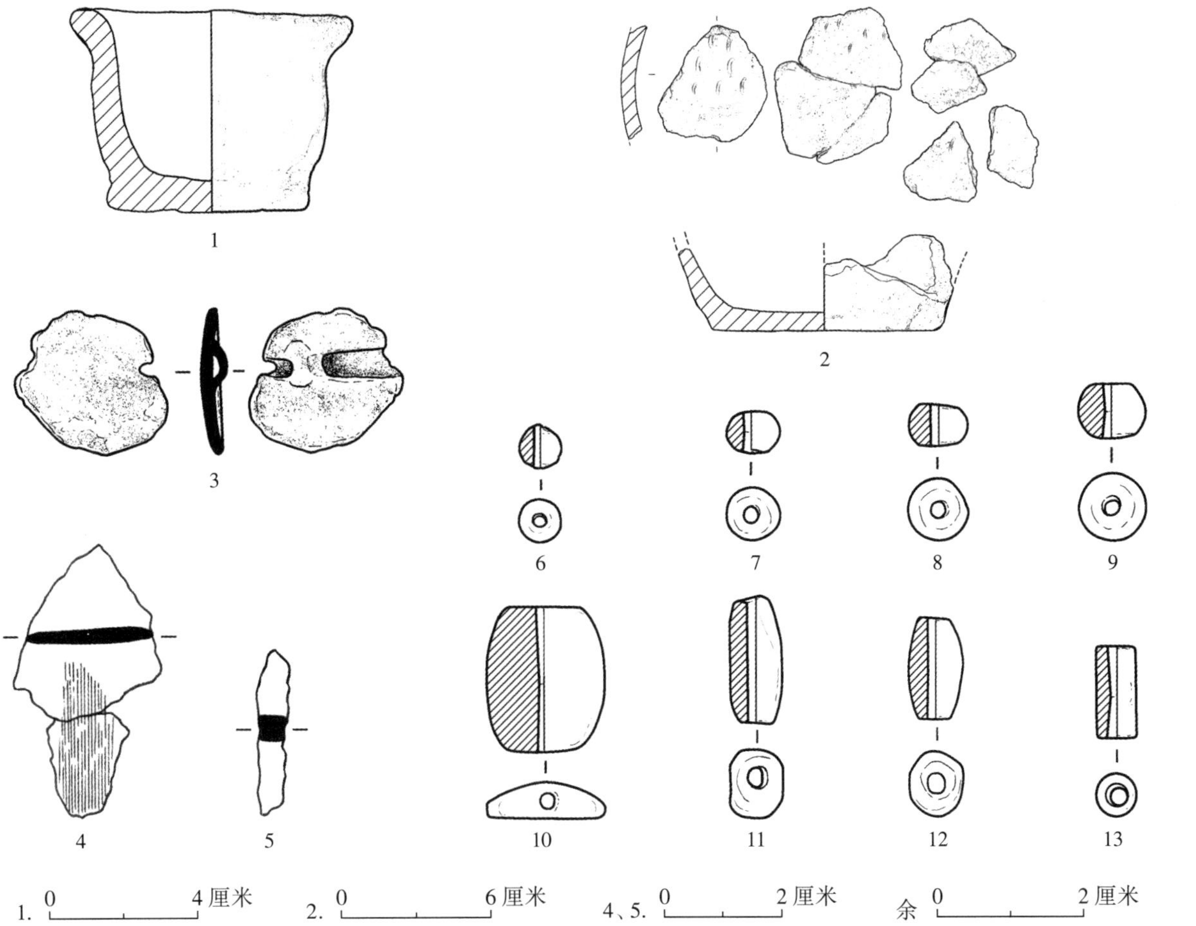

图一一四　M58出土器物

1. 陶杯（M58∶2）　2. 残陶器（M58∶1）　3. 铜泡（M58∶5）　4、5. 铁镞（M58∶4、M58∶3）　6. 蓝色玻璃珠（M58∶9–1）　7～9. 绿云母珠（M58∶9–2～9–4）　10. 滑石珠（M58∶6–1）　11、12. 绿云母管（M58∶8–1、M58∶8–2）　13. 滑石管（M58∶7）

M58∶5（考3861），为A型矮弧形铜泡。边缘残。铸制。矮斗笠状，背面中部有一较扁的穿孔纽，纽下有一一端直通铜泡边缘的近楔形凹槽。残径2、高0.3、壁厚0.1厘米（图一一四，3）。

3）铁器

共2件，均为铁镞。

M58∶4（考3860–1），为B型扁体扁铤铁镞。镞身、铤下半部残。双翼，有铤。器身扁平，镞身近三角形，两侧缘略外弧。扁铤厚度与镞身相当，自上向下逐渐变窄，末端残缺。铤部和镞身下半部两面保留有箭杆的木质纤维。镞和箭杆的固定方法可能为将箭杆的顶部劈开，镞铤部插入箭杆，箭杆的两面夹住铁镞。残长4.6、残宽2.45、镞身厚0.2厘米（图一一四，4；彩版四三，8）。

M58∶3（考3860–2），为锥形铁镞。锈蚀。仅残存铤部，横截面近椭圆形，略扁，末端形状不明。残长2.7、横截面宽0.45厘米（图一一四，5）。

4）珠子、管

共 18 枚[1]。

蓝色玻璃珠 1 枚。

M58：9–1（考 3862），完整。浅蓝色。近球形，穿孔处有小瘤凸。直径 0.55、高 0.5 厘米（图一一四，6；彩版四三，3）。

绿云母珠 12 枚。

M58：9–2 ～ 9–13（考 3862），完整。墨绿色。形状较规整，均为算珠形，两端有较小的平面。最大者直径 0.9、高 0.7 厘米，较大的 4 枚直径 0.75、高 0.6 厘米，较小的 7 枚直径 0.65、高 0.5 厘米（图一一四，7 ～ 9；彩版四三，4）。

滑石珠 2 枚。

M58：6–1、6–2（考 3862），表面受侵蚀，穿孔部残。浅绿色。近长方形，两侧缘略外弧，两端平直。一面外弧，一面平整。中部有一纵向穿孔。长 1.9 和 2.1、宽 1.55 和 1.4、厚 0.5 厘米（图一一四，10；彩版四三，5）。

绿云母管 2 枚。

M58：8–1、8–2（考 3862），完整。墨绿色。两件形状接近。近柱形，中部外鼓，两端平直，中部有一纵向穿孔。一枚的两端有较窄的平面，中部直径 0.7、高 1.4 厘米（图一一四，12；彩版四三，7）；一枚两侧有窄的平面，中部横截面长 0.75、宽 0.45 厘米，高 1.7 厘米（图一一四，11；彩版四三，7）。

滑石管 1 枚。

M58：7（考 3862），完整。乳白色。为规整的圆柱形，中部有一略粗的纵向穿孔。直径 0.5、高 1.2 厘米（图一一四，13；彩版四三，6）。

（五九）M59

（1）墓葬概述

位于中区西岗梁上的 78 清理区东南部，东南距 M23 为 2.3 米。墓葬方向为西偏北 14°。墓葬近底部保存状况相对较好，大部分墓壁边缘清晰，只有西壁被破坏。长方形土坑竖穴墓，墓葬填土为黄褐色土。葬具情况不明。墓葬长约 1.8、宽 0.75、深 0.06 米（图一一五；图版二一，2、3）。

该墓发现的随葬品数量最多，分布于整个墓葬内，可分为东南、西北部和中部三个区域。

墓葬东南部的随葬品均为镞。有 25 件铜镞和 19 件铁镞，镞锋的朝向不一。

墓葬中部的随葬品有铁刀、铁环、铁带扣、铜扁管、勺形铜带饰、铜泡和扁体的绿云母（或天河石）珠等，这些随葬品应为腰带上的配件和挂在腰带上的器物，位置均未被扰动，呈一横排排列。器物的排列顺序为：位于最左侧的是椭方形铁带扣 1 件，其次是铁环 2 件，

[1] 整理时发现珠子和管实物 18 枚，辽宁省博物馆藏器物卡片记录共 18 枚。旧报告记录共 19 枚，该墓的发掘记录缺失。

圆形铁带扣1件，铁环1件。在最右侧的铁环的东南侧有1件小型铁带扣，圆形铁带扣的西北侧有一环首铁刀（有木质纤维痕迹）。在小型铁带扣的东侧有2件铜扁管。在带具附近及其西北侧有30枚铜泡，其中10枚略大，20枚为小型铜泡。有的铜泡背面附着纺织品纤维。在腰带具附近及其东南侧有7枚扁方形绿云母（或天河石）珠。

墓葬西北部的随葬品的分布可分为三个区域。中部均为珠子和管，在其分布集中处尚可看出串饰的排列状况，在串饰的东北部有1枚铜泡。串饰的东北部有1件环首的长铁刀、1件大型铁镞（图版二二，1）。西北部有1件铁衔、1件铁矛，矛的右侧有1件残陶器（图版二二，2）。

此外，在墓葬中部金属器物中还发现残碎的皮革和木片，但是腐烂严重，无法分辨其原始形状。

人骨大多数腐烂，只在中部金属器物上保留下一些骨骼残片，已无法分辨骨骼的部位。

（2）随葬品

共计216件。

1）陶器

只有残陶器1件。

M59：1（考3863），残存部分器底、口沿和腹部陶片，不能复原。夹砂黄褐陶。器底为底包边制法，底部边缘略外凸。器底中部略薄，边缘略厚。口沿外侈，圆尖唇，唇外侧缘内斜，外侈的领部宽2.3厘米。口沿上有纵向刻齿纹。口径约12、底径7.5厘米。器身口沿附近略薄，壁厚约0.55厘米；器底近中部厚0.6厘米（图一一六，5）。

2）铜器

共63件。

铜镞　25件。有四种形制。

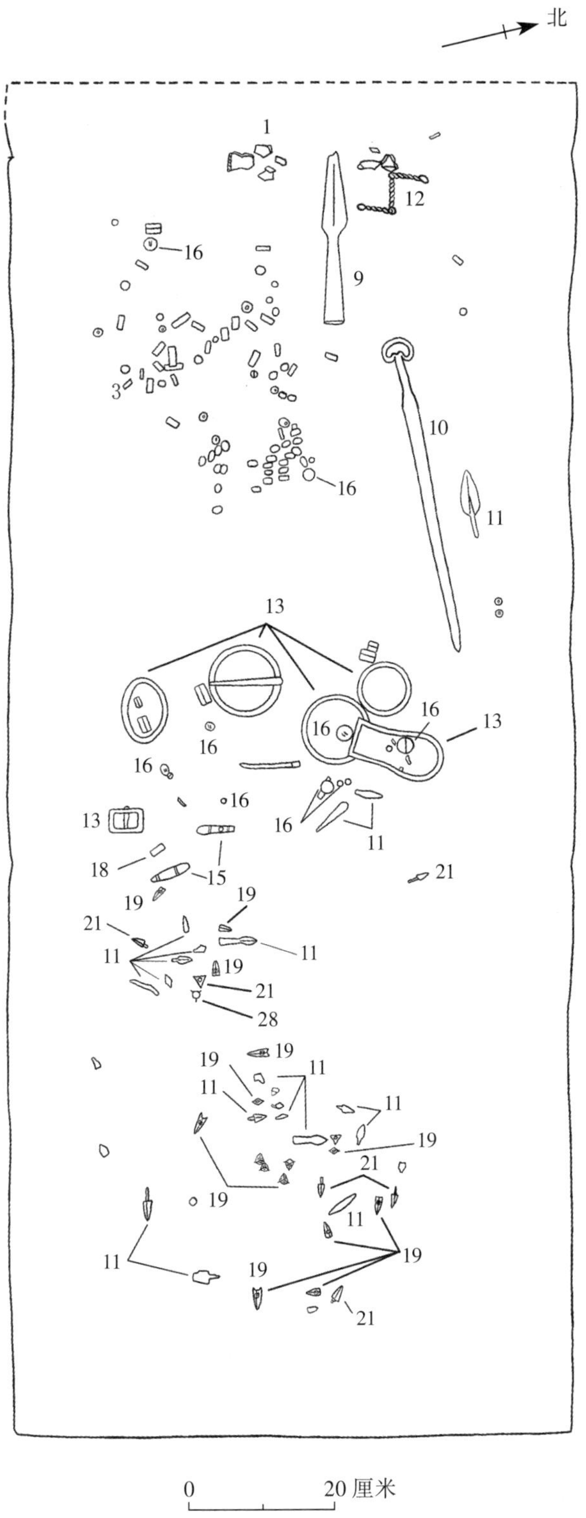

图一一五　M59平面图

1.残陶器　9.铁矛　10.长铁刀　11.铁镞　12.铁衔　13.铁带扣、铁环　15.勺形铜带饰　16.铜泡　18.铜扁管　19、21、28.铜镞（图中未标注编号的小圈和长方块为珠子和管）

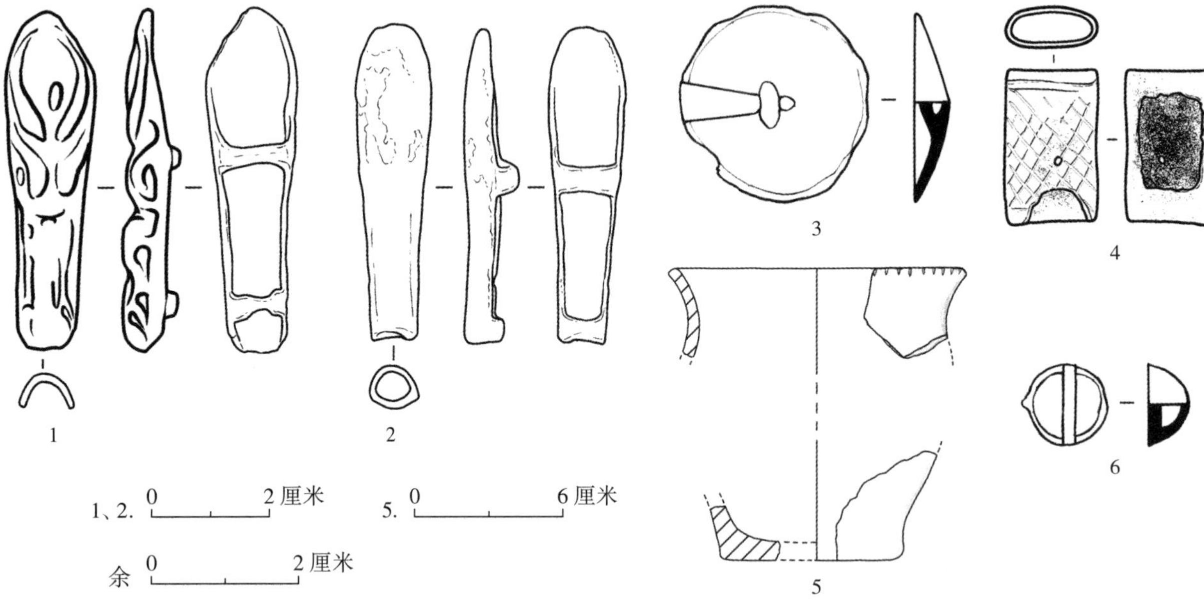

图一一六 M59出土器物

1、2. 勺形铜带饰（M59：15-1、M59：15-3） 3、6. 铜泡（M59：16-1、M59：n） 4. 铜扁管（M59：18） 5. 残陶器（M59：1）

三棱铁铤铜镞 7件。

M59：21-1 ~ 21-7（考3867-1 ~考3867-7），M59：21-1、21-2为B型三棱有铤铜镞，M59：21-3为C型三棱有铤铜镞，M59：21-4、21-5为Ab型三棱有铤铜镞。多数铁铤残断。大多数铸造精致，镞身有光泽。6件在镞身的一面或两面有三角形凹槽。镞身近长三角形，2件镞身较长，4件较短。镞身侧缘微外弧，镞尾翼略向下斜。关部横截面为六棱形。镞身的铁质内芯与铁铤为一体，铤横截面近圆形。镞身较长的3件中2件尺寸相似，铜质部分通长3.6、镞身最宽处宽1厘米，关部宽0.7厘米，铁铤横截面直径0.45厘米（图一一七，1、2；彩版四四，1）；较小的一件通长3.1、镞身最宽处宽1、铁铤横截面直径0.56厘米（图一一七，3；彩版四四，2）；1件铜质部分通长2.6、镞身最宽处宽0.9厘米，铤横截面宽0.7厘米（图一一七，4；彩版四四，1）；1件铜质部分长2.6、镞身宽0.9厘米（图一一七，5；彩版四四，2）。

双翼銎孔铜镞 12件。

M59：19-1 ~ 19-9（考3867-8 ~考3867-16），M59：19-1、19-2为B型双翼銎孔铜镞，M59：19-3为C型双翼銎孔铜镞。1枚微残，其余均残。形状相似，尺寸略有差别。镞身近三角形，两侧刃上半部为流线型，尾部有倒刺，镞身中部有脊，两翼近边缘处内凹，有的形成凹槽。镞身中下部的銎孔上有不规则形状镂孔。多数銎孔底部横截面为椭圆形，少数近菱形。微残的一件尺寸最大，通长3.7、镞身宽1.6厘米，镞身最厚处厚0.7厘米，銎孔壁厚0.1厘米（图一一七，6；彩版四四，3）；其余的尺寸略小（图一一七，7；彩版四四，4）。

M59：19-10 ~ 19-12（考3867-17 ~考3867-19），为C型双翼銎孔铜镞。均残。形状相似，尺寸略有差别。镞身近三角形，两侧刃略外弧，上半部为流线型，尾翼形成倒刺。镞

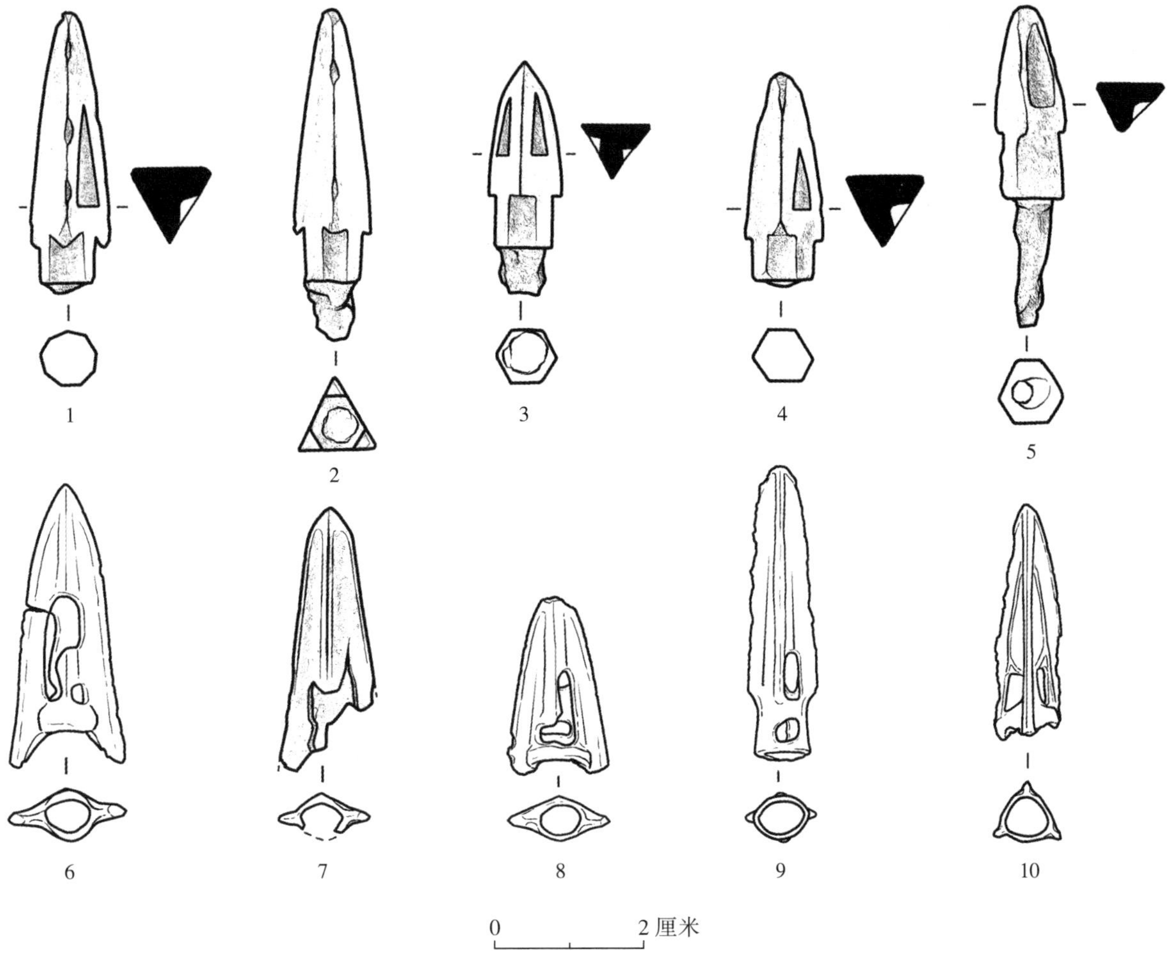

图一一七 M59 出土铜镞

1. M59：21-1 2. M59：21-2 3. M59：21-3 4. M59：21-4 5. M59：21-5 6. M59：19-1 7. M59：19-2 8. M59：19-10 9. M59：19-13 10. M59：28

身中部起脊，镞身四面有凹槽形成血槽。镞身上半部为四棱形，镞身中下部的銎孔上有不规则形状的镂孔，銎孔底部横截面近菱形或椭圆形。残损程度较小的一件残长 2.4、镞身宽 1.4、厚 0.6 厘米，銎孔壁厚 0.1 厘米（图一一七，8；彩版四四，4）。

双翼管銎铜镞 1 件。

M59：19-13（考 3867-20），略残。镞身近矛形。镞身为长三角形，两翼末端斜收。镞身中部起近柱状脊，短銎，銎孔末端有凸棱。銎孔直通到镞身下半部，镞身下半部的銎孔上、短銎上各有两个不规则形状的镂孔。残长 3.9、镞身宽 0.9、厚 0.5 厘米，銎横截面长径 0.7、短径 0.6 厘米（图一一七，9；彩版四四，6）。

三翼銎孔铜镞 1 件。

M59：28（考 3867-21），为 Bb 型三翼銎孔铜镞。尾翼残断。镞身为三角形，侧边有较锋利的刃，略外弧，尾翼形成倒刺。镞身上半部三面内凹，近镞身底部的銎孔上三面均有不规则形状的镂孔。銎孔底部近圆形。残长 3.2、残宽 0.9 厘米，銎部横截面直径 0.8、銎孔壁厚 0.1

厘米（图一一七，10；彩版四四，5）。

4 件铜镞残损严重，形制不明。

勺形铜带饰　4 件。

M59：15-1、15-2（考 3873-1、考 3873-2），为 Aa 型第一类勺形铜带饰。1 件边缘略残，1 件残损略重。正面有浅浮雕状纹饰。两件纹饰、形状相似。铸制。下半部器壁较厚，上半部为窄弧形，器壁略薄。正面外鼓，背面内凹，背面有两个横梁。正面装饰浅浮雕状的带角兽头纹饰，可看出角、外凸的眼睛和鼻子、鼻孔的形状。边缘略残的一件长 5.7、宽 1.5、高 0.9 厘米，壁厚 0.13 ~ 0.15 厘米，背部横梁横截面宽 0.3 ~ 0.4 厘米（图一一六，1；彩版四五，3、4）。

M59：15-3、15-4（考 3873-3、考 3873-4），为 Da 型第一类勺形铜带饰。正面无纹饰。形状、尺寸基本相同。铸制。下半部器壁较厚，上半部器壁较薄。正面外鼓，背面内凹，背面有两个横梁。完整的一件一个横梁位于底部，长 5.2、宽 1.3、高 0.95 厘米，背面横梁横截面宽分别为 0.4 和 0.5 厘米（图一一六，2；彩版四五，1、2）。

铜泡　31 枚。

M59：16-1 ~ 16-5（考 3874-1 ~考 3874-5），为 Aa 型矮斗笠形铜泡。边缘均残。锈蚀。形状、尺寸相似。背面中部有一穿孔纽，纽下有一直通铜泡一侧边缘的楔形凹槽。保存状况最好的一件直径 2.5、高 0.4、壁厚 0.1 厘米（图一一六，3）。

M59：16-6 ~ 16-10（考 3874-6 ~考 3874-10），残碎严重，具体形制不明，推测与 M59：16-1 ~ 16-5 形状相似。

无编号铜泡，20 枚。根据发掘档案记录可知为珠形铜泡，有器物图的一枚（M59：n）直径约 1、高约 0.5 厘米（图一一六，6）。

1 枚铜泡整理时未见，编号不详。

铜扁管　2 件。

M59：18（考 3875-1），略残。铸制。为横截面扁椭圆形的中空扁柱状，正面饰交叉阴线形成的菱形纹，背面中部有一较大的长方形镂孔。内壁残存纺织品纤维痕迹，为平纹纺织品，纹理纤细。长 2.1、宽 1.3、高 0.5 厘米，壁厚 0.1 厘米（图一一六，4；彩版四五，5）。

M59：30-1（考 3875-2），仅残存管的一侧边缘。铸制。根据残存形状推测，应是横截面为扁椭圆形的扁柱状管，一面残留阴线表现出的纹饰残段。长 2.05、宽 1.3、壁厚 0.1 ~ 0.2 厘米。

残铜器　1 件。

M59：30-2（考 3875-3），残，不能复原，整体形状不明。铸制。残存部分为一长方形条，中部外弧。残长 2.3、宽 0.6、厚 0.2 厘米。

3）铁器

共 31 件。

铁刀　2 件。

M59：10（考 3865），为 A 型长铁刀。刀刃部略残，刀尖残缺。柄首为铜质，其余部位为铁质。锻造，表面不甚平整。环首，直背，直刃。环首及与其相连的柄部 1.5 厘米长的部分为铜质，环首近倒心形，为用一根铜丝弯制而成，横截面近椭圆形，铜丝的一端弯向环首内部。柄部与刃部同厚，略窄于刃部。柄和刀身的背部较厚，向下逐渐变薄。残长 40.8 厘米，近柄部的刀身宽 1.8、背厚 0.55 厘米，近尖部刀身宽 0.98、刀背厚 0.2 厘米，刀柄宽 1.55 厘米；环首长径 4.75、短径 3.3 厘米，横截面长径 0.7、短径 0.6 厘米（图一一八，1；彩版四六，8）。

M59：29（考 3866），为椭圆形环首铁刀。刀柄部残，环首残断。锈蚀。锻制。直背直刃，背部略厚，近刀尖处的刃略向上弧收。刀身与柄部的厚度相当，分界不明显。圆形柄首与刀柄连为一体锻制，环首一端与刀柄之间有开口。柄部残留有木质纤维。刀身残长 18、中部宽 1.4、刀背厚 0.25 厘米；环首长径 2.9、短径 2.2 厘米，横截面直径 0.3 ~ 0.6 厘米（图一一八，2；图版三一，1）。

铁矛　1 件。

M59：9（考 3864），尖部和骹末端残，无法判断类型。锈蚀。锻制，表面不平整。矛叶细长，横截面为窄凸透镜形，矛叶中上部的侧缘有刃，下半部的侧缘逐渐变厚。骹孔横截

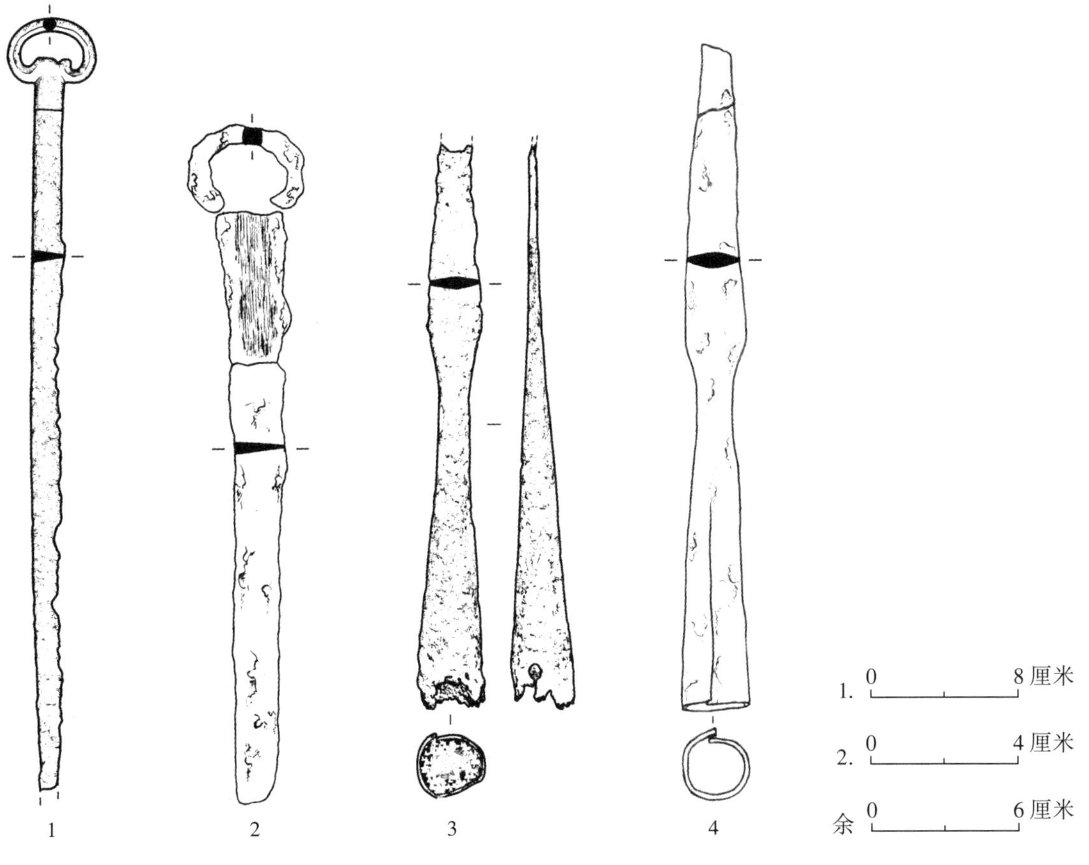

图一一八　M59 出土铁器

1、2. 铁刀（M59：10、M59：29）　3、4. 铁矛（M59：9）（铁矛的两幅器物图分别为 2014 年根据器物正投影照片绘图、发掘档案中收藏的器物绘图）

面为圆形，骹下半部有接缝。现残长 22.4、矛叶宽 2.1、矛叶中部厚 0.35 厘米；骹孔底部横截面直径 2.7 厘米，底部骹孔壁厚 0.1 厘米（图一一八，3、4；彩版四六，7；图版三一，2）。

铁镞　21 件。

档案中仅记录 8 个器物编号，编号分别为 M59：11、M59：14、M59：22、M59：23、M59：24、M59：25、M59：26、M59：27。整理时因锈蚀严重，除了 M59：11 以外，其余编号均无法辨认。因此，报告以 M59：TZ- 为铁镞编号。有七种形状。

无铤扁体铁镞　4 件。

M59：TZ-1 ~ TZ-4（考 3868-1 ~考 3868-4），为 Ca 型无铤扁体铁镞。1 件略残，3 件残较重。锈蚀。略残的 1 件整体为菱形，镞身和铤部较扁，镞身下半部斜收，与铤部分无明显分界。铤部两面残留有木质纤维。残长 2、宽 0.98、厚 0.15 厘米（图一一九，1；彩版

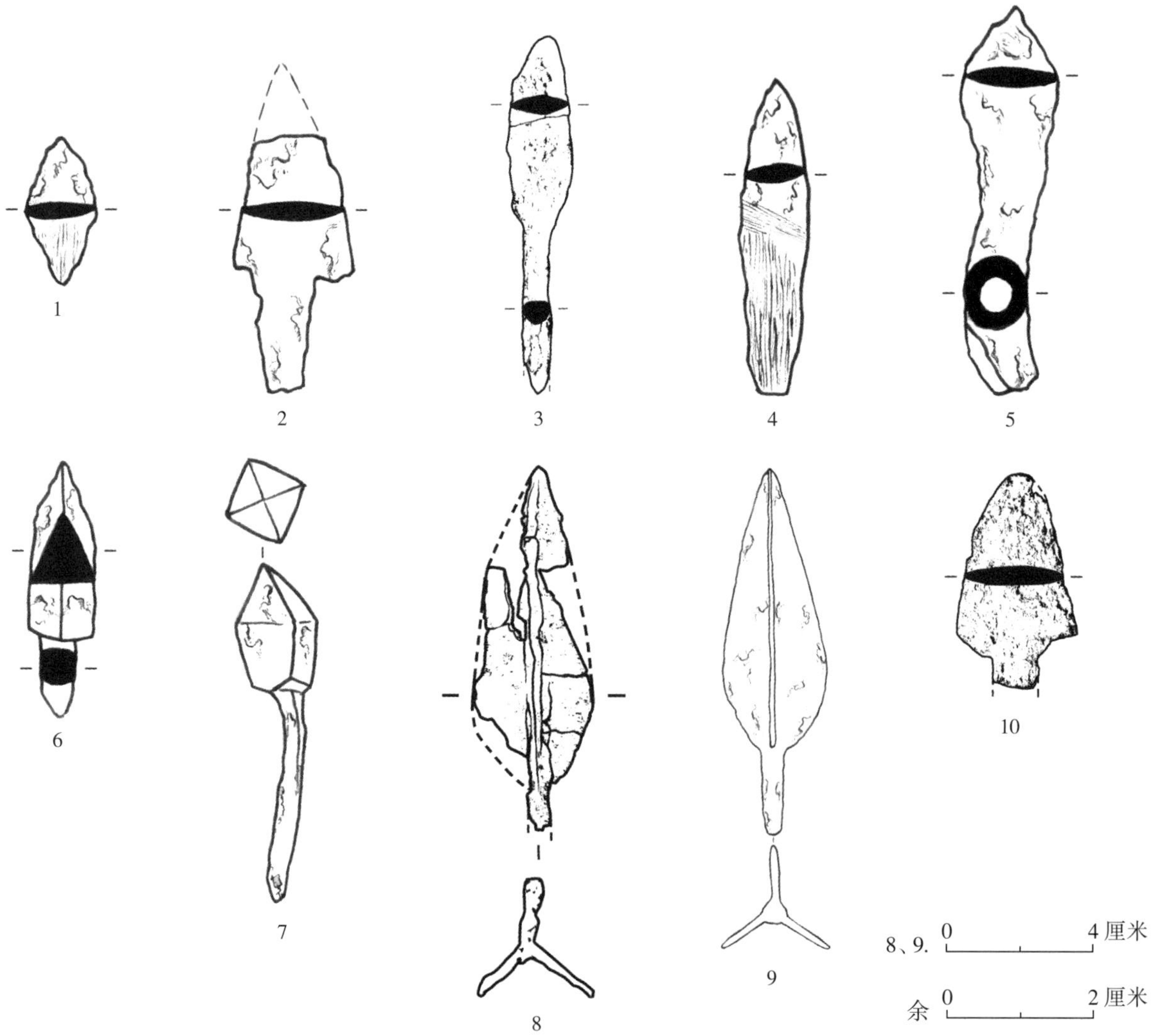

图一一九　M59 出土铁镞

1. M59：TZ-1　2. M59：TZ-5　3. M59：TZ-8　4. M59：TZ-10　5. M59：TZ-11　6. M59：TZ-13　7. M59：TZ-17　8. M59：11（据现存实物绘制）　9. M59：11（发掘档案中的线图）　10. M59：TZ-6

四六，1；彩版四七，6 ~ 8）。

扁体扁铤铁镞 4件。

M59：TZ-5 ~ TZ-7（考3868-5 ~考3868-7），为A型扁体扁铤铁镞。2件略残，1件仅残存镞身大半部。镞身扁平，刃略外弧。两翼略斜收。扁铤，与镞身等厚。镞身、铤略残的1件（M59：TZ-5）残长3.5、宽1.6、厚0.2厘米（图一一九，2；图版三一，3）。铤略残的1件残长2.9、镞身宽1.6厘米（图一一九,10；彩版四六，2）。

M59：TZ-10（考3868-10），为F型扁体扁铤铁镞。略残。镞身与铤无明显分界，镞身横截面为扁凸透镜形。扁铤宽度与镞身相当，铤表面残留木质纤维。长4.2、宽1厘米（图一一九，4；图版三一，3）。

有脊柱铤铁镞 2件。

M59：TZ-8、TZ-9（考3868-8、考3868-9），为Bb型有脊柱铤铁镞。1件镞身残断、铤末端略残；1件仅残存部分镞身。锈蚀。镞身为较扁的柳叶形，中部有脊。铤横截面为圆角三角形。残长4.8、镞身宽0.9、镞身厚0.29厘米（图一一九，3；彩版四六，4）。

管銎铁镞 2件。

M59：TZ-11、TZ-12（考3868-11、考3868-12），为A型管銎铁镞。銎末端残。2件形状相似，尺寸有别。1件镞身扁平，近菱形，上半部略外弧。銎自上向下逐渐变粗，銎孔横截面为圆形。长5.2、镞身宽1.3、镞身中段厚0.25 ~ 0.3厘米，銎孔底部横截面直径0.8厘米（图一一九，5；彩版四六，5；图版三一，3）。另一件略小，残损较重。

三棱铁镞 4件。

M59：TZ-13 ~ TZ-16（考3868-13 ~考3868-16），为Ab型三棱铁镞。残损较重。锈蚀。形制相似。镞身为长三角形，横截面为等边三角形。残存部分较多的一件残长3.4、镞身宽1厘米（图一一九，6）。

四棱铁镞 1件。

M59：TZ-17（考3868-17），铤末端略残。镞身为较厚的四棱形，平面近五边形，横截面近方形。镞身下半部较直，上半部向上弧收呈较钝的镞尖。铤横截面为圆柱形。镞身和铤部为同时铸成。残长4.5、镞身宽0.8厘米，铤横截面直径0.35厘米（图一一九，7；彩版四六，3）。

三翼铁镞 1件。

M59：11（考3870），为C型三翼铁镞。残，铤底部残缺，镞身可修复。锈蚀较重。为尺寸非常大的巨型镞。三翼夹角不均，一个夹角较大。三翼形状相同，为下垂的弧形，翼最宽处位于镞身中部以下，刃部为流线型。通长9.75、镞身长8.4厘米，每个翼宽1.5、厚0.22厘米，铤横截面直径0.6厘米（图一一九，8、9；彩版四六，6；图版三一，4）。

其余3件铁镞残损严重形制不明。

铁带扣 3件。

M59：13-5，为C型铁带扣。锈蚀。带扣边框为扁圆角长方形，活动扣针固定在一侧边框上。

边框横截面近椭圆形。长 3.1、宽 4.9 厘米，扣针长 3.6 厘米（图一二〇，1；图版三一，8）。

M59：4（考 3872），为 E 型铁带扣。锈蚀，残断成四段。椭方形，无扣针，中后部较窄。边框横截面近椭圆形。表面黏附有纺织品纤维。长 14、宽 7 厘米，横截面长径 0.78、短径 0.6 厘米（图一二〇，2；彩版四七，4；图版三一，7）。

M59：13-1（考 3871-1），为 B 型铁带扣。锈蚀，边框残断，表面不平整。边框为一根铁丝锻造而成，有不闭合的接缝。边框为圆形，活动扣针为锥形。边框横截面直径近圆形。扣针为锥形，横截面近长方形。直径 10 厘米，扣针长 9 厘米，边框横截面直径 0.6 厘米（图一二〇，3；图版三一，6）。

铁环　3 件。均为一根铁丝锻造而成，铁丝两端不闭合。

M59：13-2（考 3871-2），残缺一段。椭圆形。长径 9.6、短径 8.9 厘米，横截面直径 0.6 厘米（图一二〇，4；彩版四七，1）。

M59：13-3、13-4（考 3871-3、考 3871-4），残断。椭圆形。2 件尺寸相同，长径 7.2、短径 6.6 厘米，横截面直径 0.5 厘米（图一二〇，5、6；彩版四七，2、3）。

铁衔　1 件。

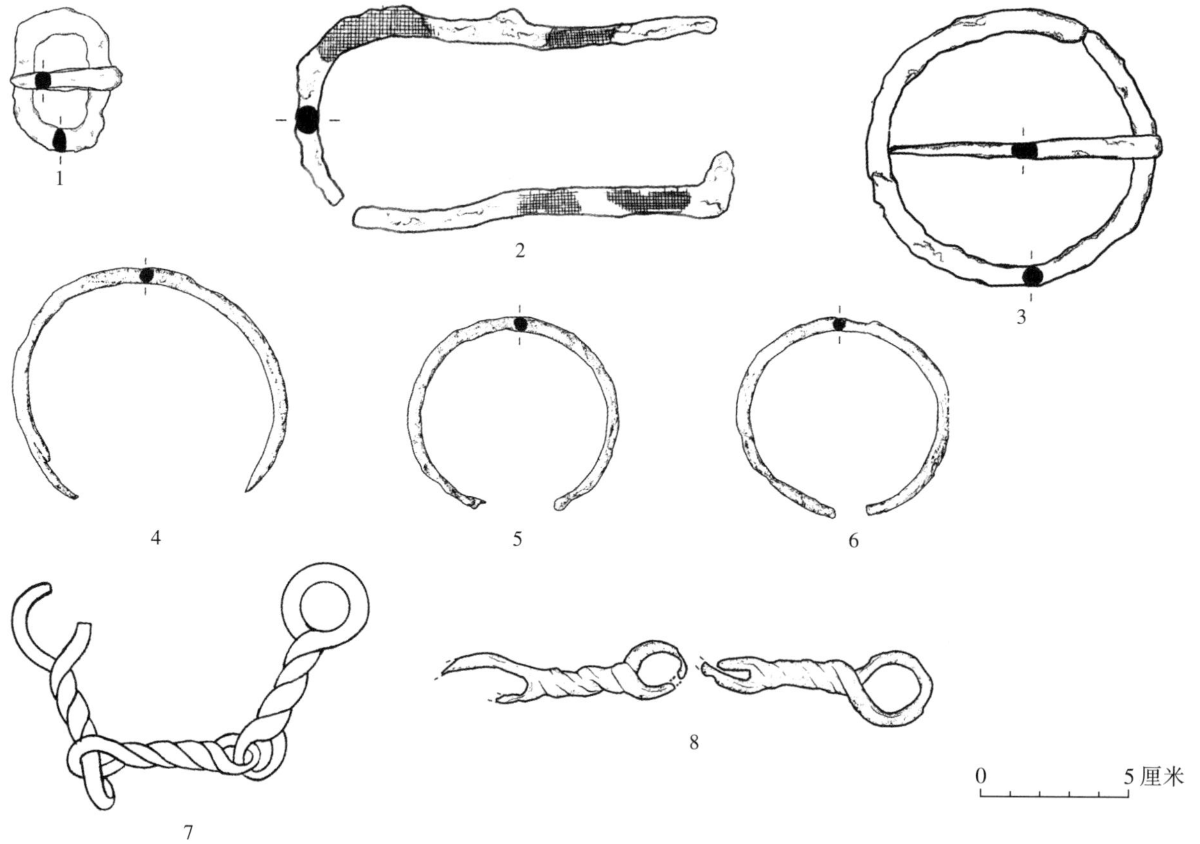

图一二〇　M59 出土铁器

1～3. 铁带扣（M59：13-5、M59：4、M59：13-1）　4～6. 铁环（M59：13-2、M59：13-3、M59：13-4）　7. 铁衔（M59：12）（发掘档案中的线图）　8. 铁衔（M59：12）（根据现存实物绘制）

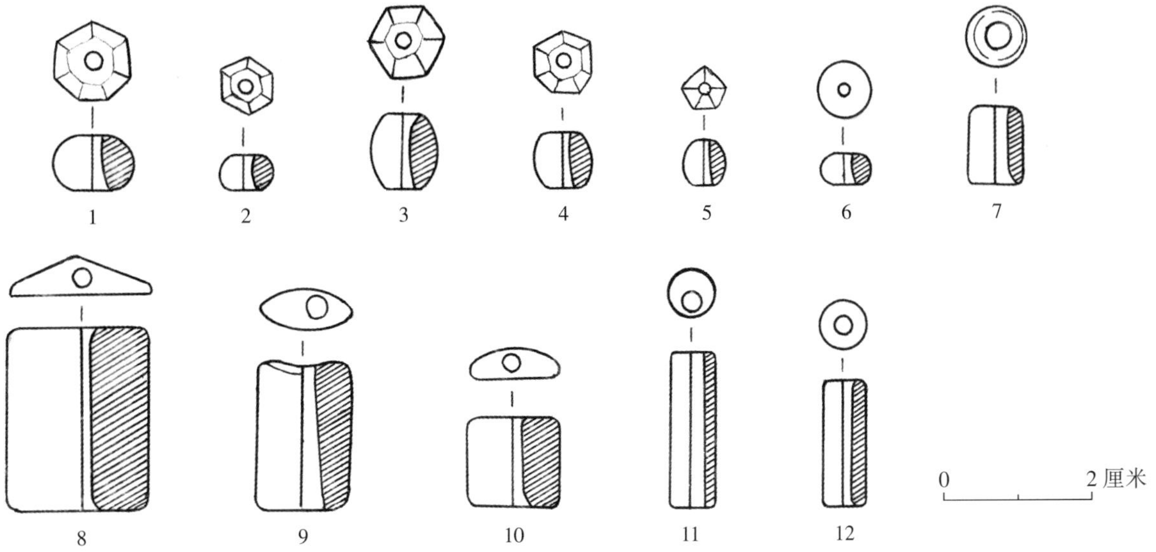

图一二一 M59出土器物

1～6. 玛瑙珠（M59：ZG5～ZG9、M59：ZG61） 7. 玛瑙管（M59：ZG85） 8～10. 绿云母（或天河石）珠（M59：ZG72～ZG74） 11、12. 绿云母管（M59：ZG86、M59：ZG87）

M59：12（考3869），为A型三节铁衔。残断。锻制。三节，绳索状，由两端较长的两节和中部较短的一节连接而成。通长19厘米；外侧两节的外环直径2.2厘米，内环直径1.6厘米（图一二〇，7、8；彩版四七，5；图版三一，5）。

4）珠子、管

共121枚。无藏品分类编号和原始号，暂编号为M59：ZG[1]。

蓝色玻璃珠 4枚。

M59：ZG1～ZG4，均为球形，尺寸不详。

玛瑙珠 67枚。

M59：ZG5～ZG60，56枚。表面带瓜棱。有近算珠形、长球形两种，器表有五至七个纵向凸棱。算珠形较大的一枚直径1、高0.7厘米（图一二一，1），较小的直径0.7、高0.5厘米（图一二一，2）；长球形的较高者直径0.9、高1厘米（图一二一，3），居中的直径0.75、高0.75厘米（图一二一，4），较小的直径0.55、高0.6厘米（图一二一，5）。

M59：ZG61～ZG70，10枚。素面。圆盘状。其中一枚直径0.75、高0.4厘米（图一二一，6）。

M59：ZG71，1枚。水滴状。尺寸不详。

绿云母（或天河石）珠 4枚。

M59：ZG72～ZG74，为扁片状。1枚一面扁平，另一面中部起脊，长2.4、宽1.9、厚0.5厘米（图一二一，8）；1枚两面外鼓，长2、宽1.3、厚0.55厘米（图一二一，9）；1枚一

[1] M59的发掘记录缺失，整理时未见珠子和管的实物和馆藏卡片，发掘档案只保留了未标注器物号的珠子和管的硫酸纸线图。文中M59的珠子和管的文字内容为将旧发掘报告的相关描述文字与硫酸纸线图核对后整理而成。

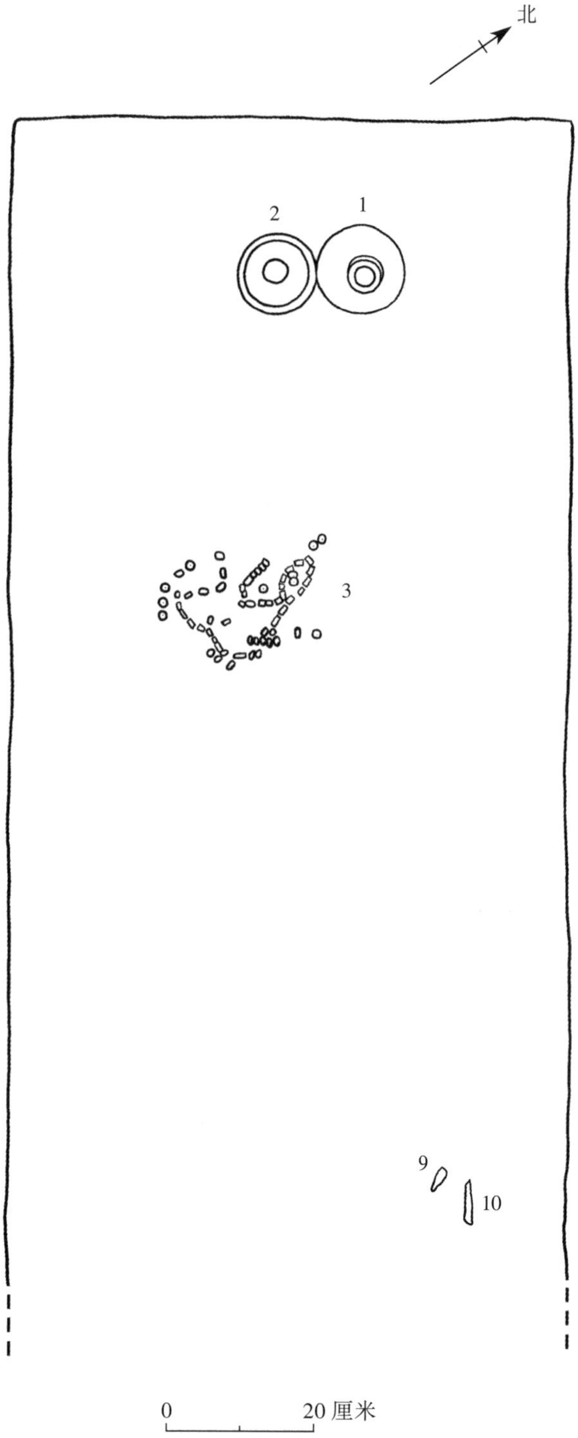

图一二二 M60 平面图

1. 陶壶 2. 陶罐 3. 串饰（详见图一二三） 9. 勺形铜带饰 10. 铁刀

面扁平，一面外鼓，长 1.15、宽 1.25、厚 0.5 厘米（图一二一，10）。

M59：ZG75，圆盘状。尺寸不详。

玛瑙管 10 枚。

M59：ZG76 ~ ZG85，圆柱形。其中一枚直径 0.8、高 1 厘米（图一二一，7）。

绿云母管 5 枚。

M59：ZG86 ~ ZG90，圆柱形。其中 1 枚直径 0.65、高 2.1 厘米（图一二一，11），1 枚直径 0.6、高 1.7 厘米（图一二一，12）。

滑石管 24 枚。

M59：ZG91 ~ ZG114，应为圆柱形。尺寸不详。

绿石珠 7 枚。根据发掘档案记录为一面有脊的扁方形绿石珠，整理时未见，编号不详。推测应为绿云母或天河石珠，形制与 M59：ZG72 ~ ZG74 相似。

（六〇）M60

（1）墓葬概述

位于中区西岗梁上的 78 清理区东北部，西南距 M59 约 4.2 米。墓葬方向为西偏北 36°。墓葬东南段被毁，其他部分保存状况较好。长方形土坑竖穴墓。墓壁较直，墓葬挖在夹石块的黄色生土层上，墓内填土也夹石块，略显灰色，土质较疏松。墓葬残长 1.5、宽 0.75、残深 0.12 米（图一二二；图版二二，3）。

随葬品分布于三个区域。

西北部靠近墓壁处为 2 件陶器，陶罐的口朝上。墓葬中部偏西北处有一串珠饰，由 63 枚珠子和管组成，颜色和形状搭配不对称。与串饰共出 14 枚铜泡，大多数正面朝下，只有 1 枚正面朝上（图一二三；图版二二，4）。墓葬东南部靠近东壁出土 1 件铁刀和 1 件勺形铜带饰。

（2）随葬品

共计 81 件。

1）陶器

共 2 件。

陶壶　1 件。

M60∶1（考 3876），为斜颈夹砂陶壶。口沿残，器壁外层大部分脱落。夹砂红褐陶。手制。唇部残，可能是直口（现存口沿可能不是原始的口沿）。颈略内斜，鼓腹，腹中部弧折，平底。腹径 12.7、底长径 5、短径 4.5、残高 13.4 厘米，颈部壁厚 0.55 ~ 0.82 厘米（图一二四，1；彩版四八，1）。

陶罐　1 件。

M60∶2（考 3877），为 B 型无耳大口夹砂陶罐。残，可复原。夹砂黄褐陶，陶片内胎为黑褐色，器表为黄褐色。侈口，圆唇，腹部略外弧，平底。器壁厚度较均匀，唇部略厚。

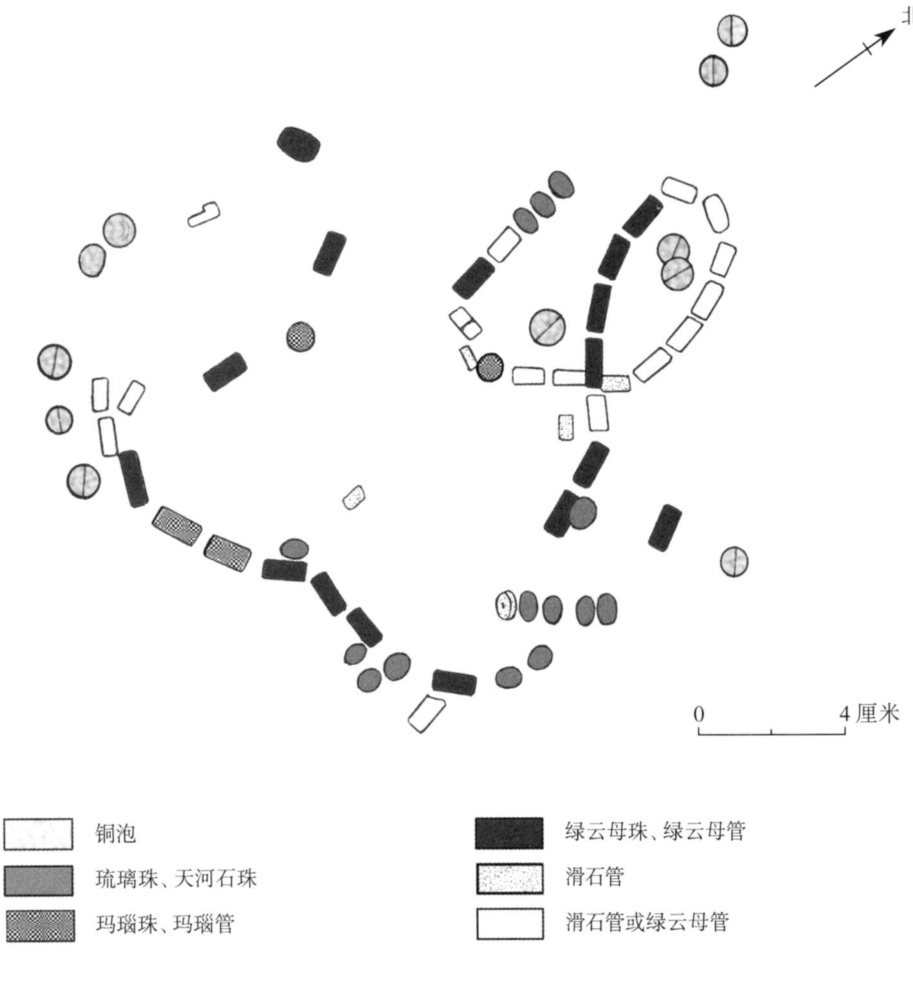

图一二三　M60 串饰和铜泡分布示意图

（根据发掘档案中的绘图和记录文字整理）

口沿上有不甚清晰的纵向浅刻线。口径 10.5、底径 6.4、高 7.5 厘米，壁厚 1 ~ 1.2 厘米（图一二四，3；彩版四八，2）。

2）铜器

共 15 件。

勺形铜带饰　1 件。

M60：9（考 3879），为 Ba 型第一类勺形铜带饰。略残。锈蚀。铸制。正面外鼓，背面内凹，背面有两个横梁。下半部窄而厚，上半部呈窄弧形，略宽而薄。顶部较直。横截面近三角形，正面中部起脊，中下部有两处内凹，表面装饰浅浮雕状的兽面纹。长 4.02、宽 1.15、厚 1.1 厘米，壁厚 0.13 厘米，横梁横截面宽分别为 0.5 和 0.58 厘米（图一二四，2；彩版四八，3）。

铜泡　14 枚。

M60：3-1 ~ 3-8（考 3880-1 ~考 3880-8），为 A 型珠形铜泡。4 件微残，其余均较残或残损较重。形状、尺寸相似。铸制。半球形，背面有一圆柱形横梁。横梁突出于泡的底缘，横梁两端与泡边缘焊接处有不规则形状的外凸。直径 1、高 0.4、壁厚 0.1 厘米，横梁横截面直径 0.12 厘米（图一二四，4、5；彩版四八，4）。

根据发掘档案文字记录，还有 6 枚形制与 M60：3-1 ~ 3-8 相似的铜泡，整理时未见。

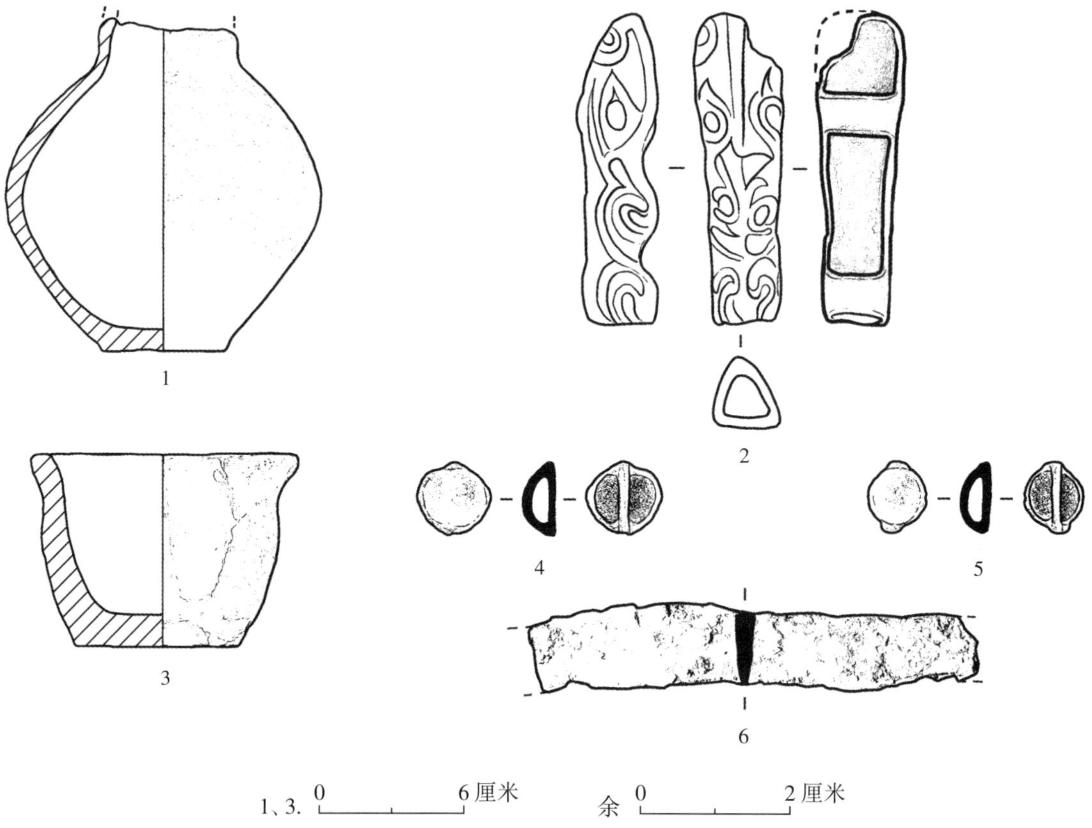

图一二四　M60 出土器物

1. 陶壶（M60：1）　2. 勺形铜带饰（M60：9）　3. 陶罐（M60：2）　4、5. 铜泡（M60：3-1、M60：3-2）　6. 铁刀（M60：10）

3）铁器

只有铁刀 1 件。

M60：10（考 3878），残存一段刀身。锈蚀。锻制。表面锈蚀，不平整。残存部分刀背略外弧，刀刃不平整，略有凹凸。残长 6、宽 1.1、刀背厚 0.25 厘米（图一二四，6）。

4）珠子、管

共 63 枚。

蓝色玻璃珠 11 枚。

M60：8-1 ~ 8-10（考 3881），2 枚略残，其余完整。表面均受侵蚀无光泽。深蓝色 2 枚，其余为浅蓝色。有大、小两种规格。大部分为近球形，少数为近算珠形。较大者直径 0.7 ~ 0.8、高 0.6 ~ 0.65 厘米，较小者直径 0.6、高 0.5 厘米（图一二五，1 ~ 3；彩版四八，5）。

M60：6-1（考 3881），完整。蓝色。近球形，两端有较窄的平面，穿孔较粗。直径 0.82、高 0.7 厘米（图一二五，4）。

玛瑙珠 2 枚。

M60：5-1、5-2（考 3881），完整。棕红色。近球形，表面分别有六个和七个纵向凸棱。

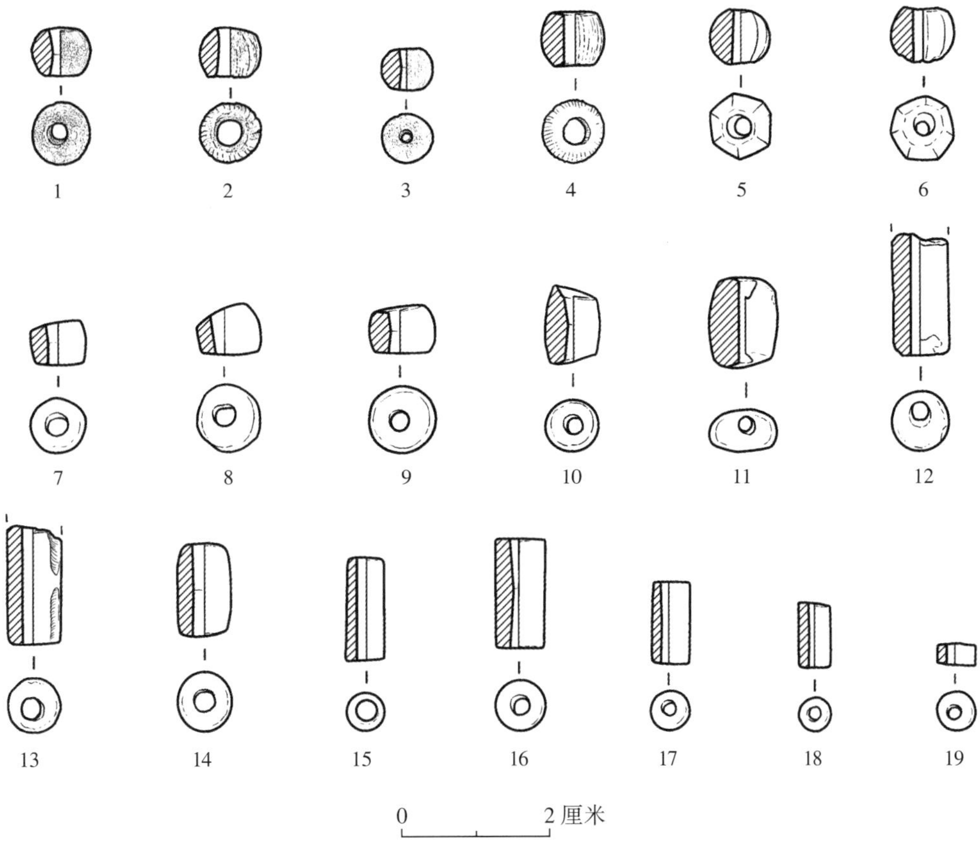

图一二五 M60 出土器物

1 ~ 4. 蓝色玻璃珠（M60：8-1、M60：8-2、M60：8-3、M60：6-1） 5、6. 玛瑙珠（M60：5-1、M60：5-2） 7 ~ 10. 天河石珠（M60：6-2 ~ 6-5） 11. 绿云母珠（M60：6-6） 12、13. 玛瑙管（M60：4-1、M60：4-2） 14 ~ 16. 绿云母（或天河石）管（M60：6-7 ~ 6-9） 17 ~ 19. 滑石管（M60：6-31 ~ 6-33）

中部有一纵向穿孔，穿孔一端的孔径较大，一端的较小，较小一端所在器表略内凹。直径0.8、高0.72厘米（图一二五，5、6；彩版四八，6）。

天河石珠 4枚。

M60：6–2 ~ 6–5（考3881），完整。浅绿色。3枚为较短、一端表面内凹的短柱形，直径0.65 ~ 0.8、高0.6 ~ 0.65厘米（图一二五，7 ~ 9；彩版四八，7）；1枚为中部外鼓的短柱形，直径0.75、高1.02厘米（图一二五，10；彩版四八，7）。

绿云母珠 1枚。

M60：6–6（考3881），完整。墨绿色。为横截面呈椭圆形、两端略倾斜的近扁柱形。长1.2厘米，横截面长径0.9、短径0.52厘米（图一二五，11）。

玛瑙管 2枚。

M60：4–1、4–2（考3881），均残。棕红色。圆柱形，表面光滑平整，中部有一纵向穿孔。直径0.7、残高分别为1.5和1.6厘米（图一二五，12、13；彩版四八，8）。

绿云母（或天河石）管 24枚。

M60：6–7 ~ 6–30（考3881），完整。墨绿色，3枚较浅色的有可能是天河石管。大多数为直径接近的略长的圆柱形。直径0.5 ~ 0.7、高1.05 ~ 1.6厘米（图一二五，14 ~ 16；彩版四八，9）。

滑石管 16枚。

M60：6–31 ~ 6–46（考3881），大多数完整，个别的微残。乳白色。圆柱形，有长、短两种规格，中部有一纵向穿孔。较长者直径0.4 ~ 0.55、高0.8 ~ 1.4厘米（图一二五，17、18；彩版四八，10），较短者直径0.4 ~ 0.55、高0.25 ~ 0.35厘米（图一二五，19；彩版四八，10）。

3枚珠子或管整理时未见，编号、形制不详。

（六一）M61

（1）墓葬概述

位于西区西岗梁下的89清理区西北部。墓葬方向为西偏北17°。墓葬东南部被毁，墓葬长度不明，宽约0.68米（图一二六）。

2件陶器出于墓葬西北部。珠子、管散见于陶器的东南部和南侧。墓葬中部相当于人腰部的位置出7枚铜泡，呈一横排排列，右侧5枚正面朝下，有的铜泡上有纺织品纤维痕迹和皮革残块。在铜泡的东北侧发现1件残铁刀。

在墓葬东北部的残铁刀下发现一小段人骨。

（2）随葬品

共计56件。

1）陶器

共2件。

陶罐　1件。

M61：1–1（考3882），为折腹夹砂陶罐。残，可复原。夹砂黄褐陶。手制。尖唇，口略外侈，短颈，折腹，平底。最大径位于肩部。底部为椭圆形。口径11、腹径14厘米，底长径9.2、短径7.8厘米，高12.8厘米（图一二七，1；彩版四九，1）。

残陶器　1件。

M61：1–2（考3883），仅残存陶器下半部的部分陶片。夹砂黄褐陶，夹砂比例较高，器表略抹泥。为一鼓腹平底陶器。为边包底制法。部分底部边缘微外凸。底部较厚。底径8厘米，距底约2厘米处器壁厚0.9厘米，底近边缘处厚1.25～1.3厘米（图一二七，2）。

2）铜器

共7枚，均为铜泡。

M61：8–1～8–5（考3885），M61：8–1为A型矮弧形铜泡，M61：8–2、8–3为Aa型中高斗笠形铜泡。1件微残，其余均不同程度残损。锈蚀。形状基本相同，尺寸略有差别，1枚较大，3枚尺寸接近，1枚较小。背面中部有一穿孔纽，纽下有一端直通铜泡边缘的楔形凹槽。微残的1枚尺寸居中，直径2.3、高0.4、壁厚0.1厘米，背纽横截面宽0.3厘米（图一二七，3；彩版四九，2）；其余的铜泡中较大的1枚直径约2.5、高0.6厘米（图一二七，4）；较小的1枚直径约1.5、高0.4厘米（图一二七，5）。

2枚铜泡残损，形状编号不明。

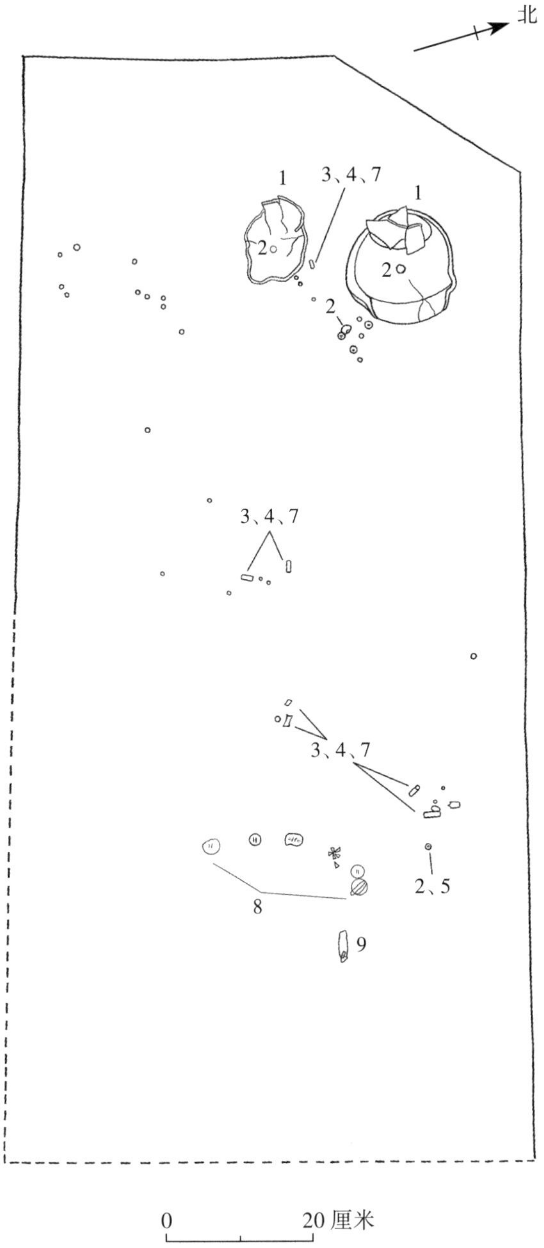

图一二六　M61平面图

1. 陶器　2、5. 玻璃珠　3. 滑石管　4. 黑色石管　7. 玛瑙管　8. 铜泡　9. 铁刀（图中未标注编号的小圈均为玻璃珠）

3）铁器

只有铁刀1件。

M61：9（考3884），仅残存刀身的两段，不能复原，原始形状不明。锈蚀。锻制。残存部分为刀身前半部，背部略外弧，刃部略直。残长6、最宽处残宽1.7厘米，刀背厚0.25厘米（图一二七，6；彩版四九，9）。

4）珠子、管

共46枚。

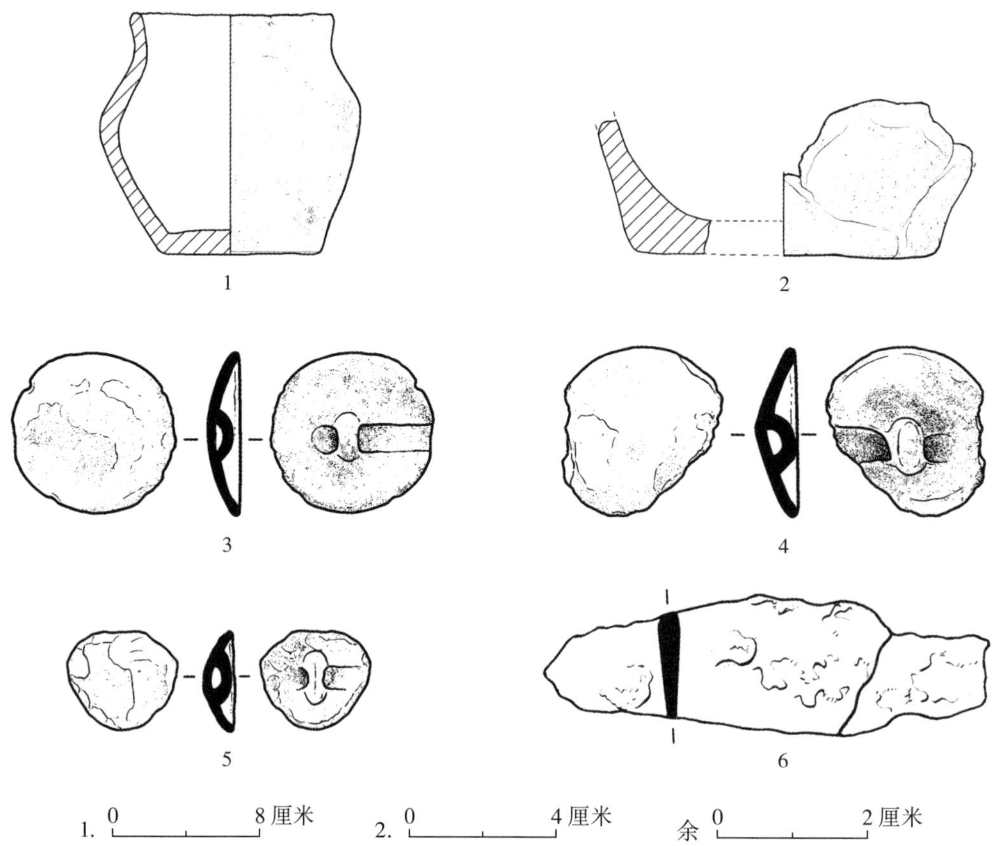

图一二七　M61出土器物

1.陶罐（M61：1-1）　2.残陶器（M61：1-2）　3～5.铜泡（M61：8-1～8-3）　6.铁刀（M61：9）

蓝色玻璃珠　32枚。

M61：2-1～2-32（考3886），完整，包括A、B、C、D型四种形状的蓝色玻璃珠。一部分为深蓝色，一部分为蓝色。一部分近算珠形，一部分近短柱形。最大的一枚为算珠形，直径0.7、高0.55厘米；其余大多数直径0.35～0.6、高0.25～0.45厘米（图一二八，1～5；彩版四九，5）。

玛瑙珠　3枚。

M61：6-1～6-3（考3886），完整。棕红色或浅棕红色。算珠形，表面光滑，中部有一纵向穿孔。穿孔两端所在的器表略内凹且不甚平整。2枚穿孔一端孔径较大，一端较小；1枚穿孔两端孔径相当。直径1.2～1.4、高0.9～0.95厘米（图一二八，9；彩版四九，4）。

棕红色玻璃珠　3枚。

M61：5-1～5-3（考3886），完整。深棕红色。2枚近圆柱形，1枚为算珠形。圆柱形的2枚直径0.48和0.55、高0.56和0.6厘米，算珠形的1枚直径0.45、高0.3厘米（图一二八，6～8；彩版四九，3）。

玛瑙管　2枚。

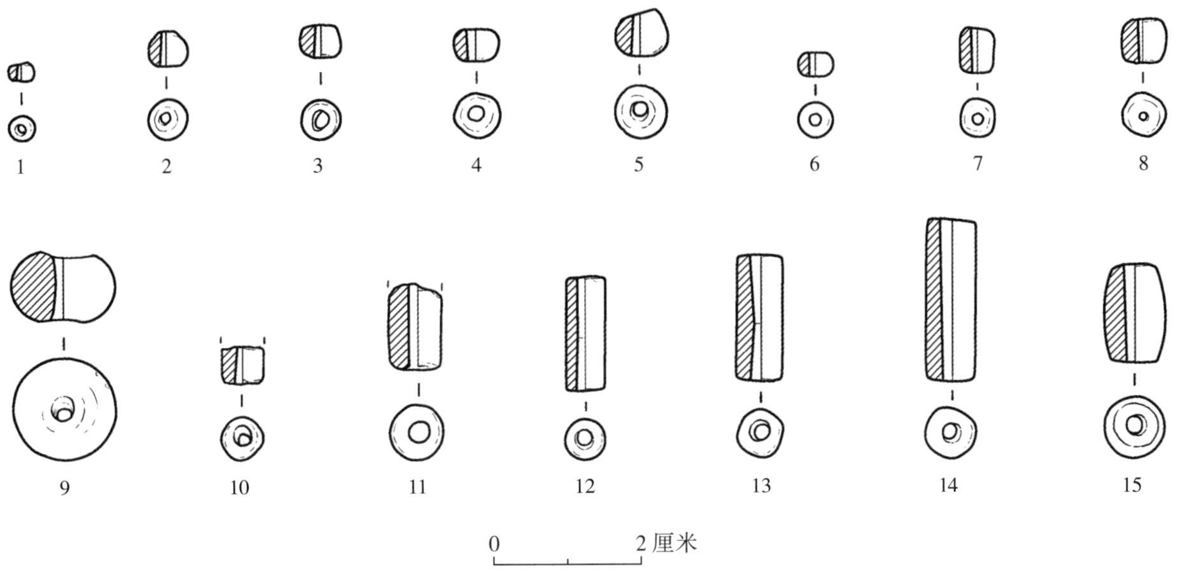

图一二八　M61 出土器物

1 ~ 5. 蓝色玻璃珠（M61：2-1 ~ 2-5）　6 ~ 8. 棕红色玻璃珠（M61：5-1 ~ 5-3）　9. 玛瑙珠（M61：6-1）　10、11. 玛瑙管（M61：7-1、M61：7-2）　12、13. 滑石管（M61：3-1、M61：3-2）　14、15. 黑色石管（M61：4-1、M61：4-2）

M61：7-1、7-2（考 3886），均残断。棕红色。圆柱形，中部有一纵向穿孔。较大者直径 0.75、残高 1.2 厘米，较小者直径 0.55、残高 0.45 厘米（图一二八，10、11；彩版四九，6）。

滑石管　3 枚。

M61：3-1 ~ 3-3（考 3886），完整。乳白色。圆柱形。直径 0.48 ~ 0.5、高 1.25 ~ 1.7 厘米（图一二八，12、13；彩版四九，7）。

黑色石管　3 枚。

M61：4-1 ~ 4-3（考 3886），完整。黑色。2 件圆柱形，1 件为中部外弧的近柱形。圆柱形的 2 枚直径 0.75、高分别为 1.6 和 2.1 厘米（图一二八，14；彩版四九，8）；中部外鼓的 1 枚直径 0.8、高 1.25 厘米（图一二八，15；彩版四九，8）。

（六二）M62

（1）墓葬概述

位于中区西岗梁上的 56 清理区西南部，东略偏南 14 米为 M45。墓葬方向为西偏北 36°。墓葬所在位置的地层堆积为：第 1 层为耕土层，厚 0.3 米；第 2 层为黄土，厚约 0.2 米；第 3 层为岩石。墓底挖在岩石层上。墓葬轮廓保存较好，为土坑竖穴墓，长 1.7、宽 0.85、残深 0.09 米（图一二九；图版二三，1）。

随葬品主要出于墓葬的西北部。

在墓葬西北部接近墓壁处从北向南依次分布 1 件陶罐、1 件铁矛、1 件铁刀、1 件铁锥（压在铁刀的下面）。在铁矛的东侧有 1 件双翼铁镞（图版二三，2）。

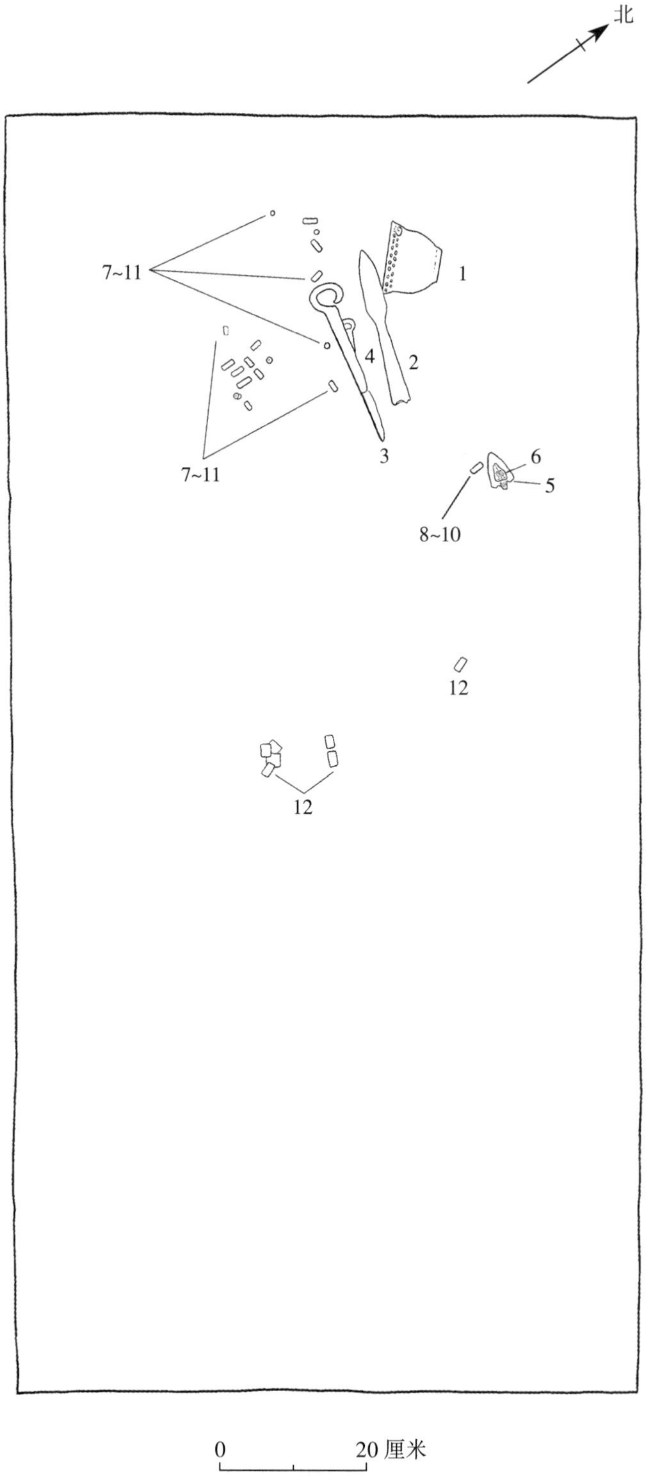

图一二九 M62平面图

1. 陶罐 2. 铁矛 3. 铁刀 4. 铁锥 5. 铁镞 6. 铜镞 7. 蓝色玻璃珠 8. 滑石管 9. 绿云母管 10. 玛瑙管 11. 玛瑙珠 12. 绿云母珠

大多数珠子和管分布于铁刀的南侧，仍可推测出原来的大致位置，应为一组串饰。

8枚扁体绿云母珠分布于墓葬中部，出土时均为外鼓的一面朝下，其中南侧的4枚相互叠压，中部的2枚穿孔相对。

（2）随葬品

共计32件。

1）陶器

只有陶罐1件。

M62：1（考3887），为A型单耳大口夹砂陶罐。口残，可复原。夹砂黄褐陶，陶色不均。手制。侈口，圆唇，略鼓腹，平底。底边缘微外凸。口沿部有一纵向的穿孔耳，耳横截面为圆形。口沿外侧饰两排珍珠纹，珍珠纹不甚规整清晰。口径9.7 ~ 10、底径5.3、高8.4厘米（图一三〇，1；彩版五〇，1）。

2）铜器

只有铜镞1件。

M62：6（考3891），为Aa型三翼銎孔铜镞。残，不能复原。锈蚀。镞身近三角形，侧缘略外弧。銎孔位于器身底部，横截面为圆形。镞身中部相当于銎孔的位置为近长椭圆形镂孔。銎内残留一小段木质箭杆。残长2.5、残宽1.6、翼厚0.13厘米，銎直径0.9、厚0.15厘米（图一三一，4；彩版五一，5）。

3）铁器

共4件。

铁刀 1件。

M62：3（考3889），为椭圆形环首铁刀。残断，刃部略残。锻制，表面不甚平整。环首，直背，直刃。为一根铁片锻制而成。环首为横椭圆形，一端变细，

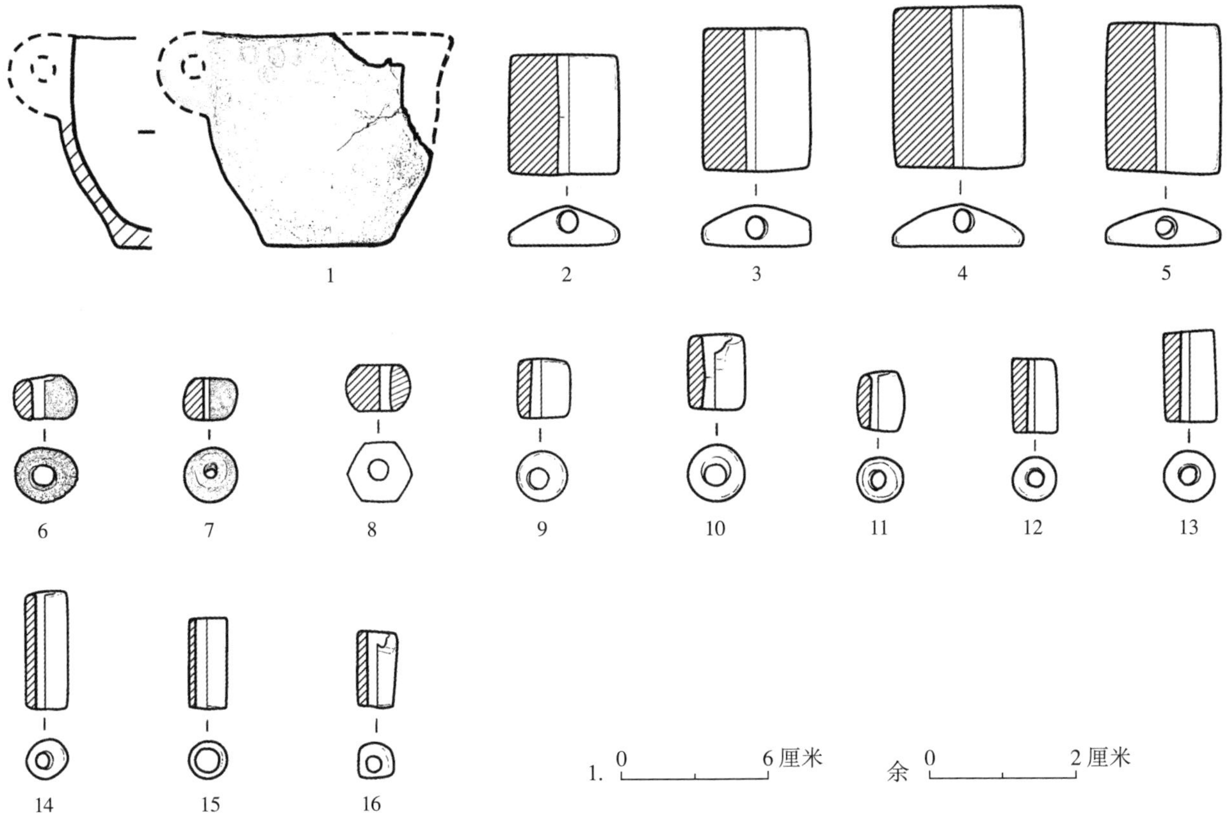

图一三〇 M62 出土器物

1. 陶罐（M62 ∶ 1） 2 ~ 5. 绿云母珠（M62 ∶ 12-1 ~ 12-4） 6、7. 蓝色玻璃珠（M62 ∶ 7-1、M62 ∶ 7-2） 8. 玛瑙珠（M62 ∶ 11-1） 9、10. 玛瑙管（M62 ∶ 10-1、M62 ∶ 10-2） 11 ~ 14. 绿云母管（M62 ∶ 9-1 ~ 9-4） 15、16. 滑石管（M62 ∶ 8-1、M62 ∶ 8-2）

与柄顶部之间有一小段开口，大部分横截面近长方形。柄部和刀身同厚，略窄于刀身。刀柄和刀身背部较厚，向下逐渐变薄。刀身近柄部较厚较宽，向尖部逐渐变薄变窄。残长 23.5、刀身最宽处宽 1.6、刀背厚 0.4 厘米，刀柄长 6、宽 1.45 厘米，环首长径 4.4、短径 2.85 厘米，横截面宽 0.3 ~ 0.6 厘米（图一三一，1；彩版五一，1）。

铁锥 1 件。

M62 : 4（考 3890），为 Aa 型椭圆形环首铁锥。微残。锻制，表面不甚平整。为一根铁片或铁丝锻造而成。环首部为不闭合的椭圆形，底部开口，近开口部逐渐变细，横截面近椭圆形。锥身为扁片状，一侧较厚，向另一侧逐渐变薄，锥身从上向下逐渐变窄，近尖部逐渐变薄，内收成尖。可能为直背环首刀的刃部残损后重新利用加工而成。长 15.1、锥身最宽处宽 1.2、背厚 0.25 厘米，环首长径 3.15、短径 2.5 厘米，横截面宽 0.4 厘米（图一三一，2；彩版五一，2）。

铁矛 1 件。

M62 : 2（考 3888），为 A 型铁矛。完整。锈蚀。锻制，表面不甚平整。为有骹矛。矛叶为柳叶形，横截面为窄凸透镜形，中部略鼓，两侧有刃。柄部横截面为长方形。骹孔自上

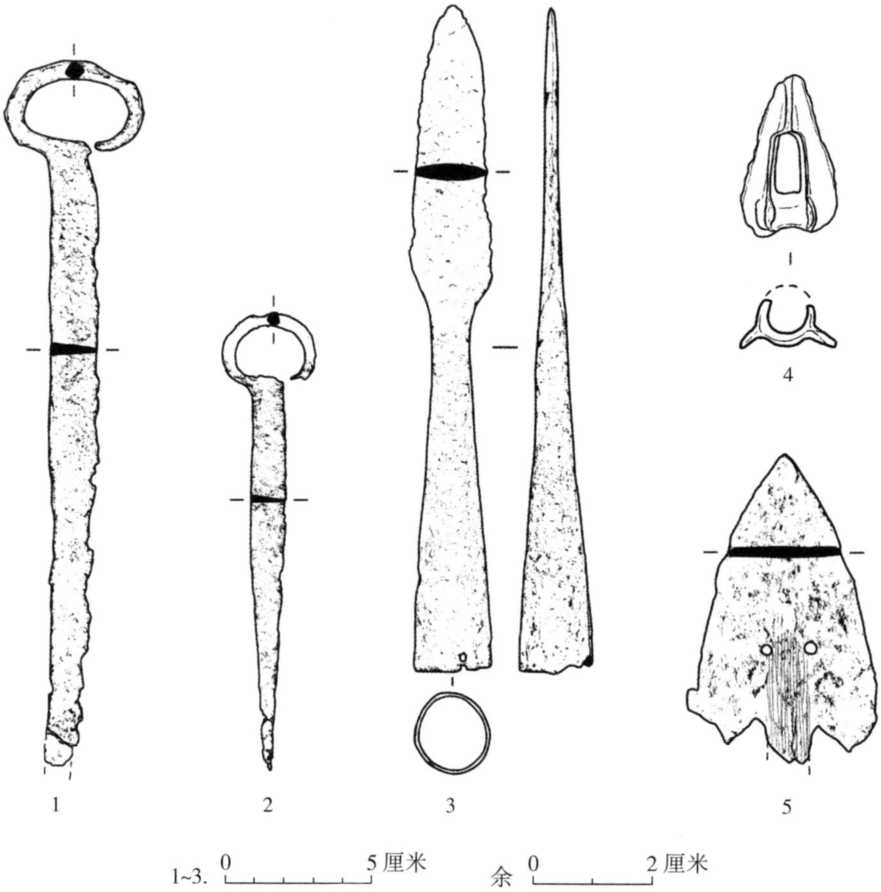

图一三一　M62出土器物

1. 铁刀（M62∶3）　2. 铁锥（M62∶4）　3. 铁矛（M62∶2）　4. 铜镞（M62∶6）　5. 铁镞（M62∶5）

向下逐渐变宽，骹下半部有一纵向窄开口，骹孔横截面为圆形。骹下半部的侧面有一较大的圆形穿孔，近底部正面有一较小的穿孔。通长22厘米，矛叶最宽处宽2.9厘米，矛叶厚0.3～0.7厘米，骹底部横截面直径2.8厘米，壁厚0.15厘米（图一三一，3；彩版五一，3）。

铁镞　1件。

M62∶5（考3892），为B型扁体扁铤铁镞。铤部残。扁体，两翼。锻制，表面略不平整。镞身近扁三角形，两侧缘外弧，尾翼有倒刺。镞身中下部有一对圆形穿孔。铤的两面残留有木质纤维痕迹。推测铤部应插入劈开的木质箭杆。残长5.05、残宽3、厚0.15厘米，穿孔内径0.2厘米（图一三一，5；彩版五一，4）。

4）珠子、管

共26枚。

蓝色玻璃珠　2枚。

M62∶7-1、7-2（考3893），表面侵蚀较重，无光泽。1枚为深蓝色，1枚为蓝色。近算珠形，中部有一纵向穿孔，蓝色的一枚穿孔孔径较粗。直径分别为0.8、0.7厘米，高分别为0.58

和 0.55 厘米（图一三〇，6、7；彩版五〇，2）。

玛瑙珠　2 枚。

M62：11–1、11–2（考 3893），完整。棕红色。近算珠形，1 枚器表有六个纵向凸棱。较大的一枚直径 0.9、高 0.7 厘米；有凸棱的一枚直径 0.8、高 0.6 厘米（图一三〇，8；彩版五〇，3）。

绿云母珠　8 枚。

M62：12–1 ～ 12–8（考 3893），完整。墨绿色。形状相似，尺寸有别。长方形，正面外弧或中部起脊，背面平直，两端有较窄的平面，中部有一纵向穿孔。长 1.5 ～ 2、宽 1.4 ～ 1.7、厚 0.5 ～ 0.6 厘米（图一三〇，2 ～ 5；彩版五〇，7）。

玛瑙管　2 枚。

M62：10–1、10–2（考 3893），略残。棕红色。圆柱形，中部有一略粗的穿孔。直径 0.68、0.72 厘米，高 0.8、0.95 厘米（图一三〇，9、10；彩版五〇，4）。

绿云母管　10 枚。

M62：9–1 ～ 9–10（考 3893），完整。墨绿色。9 枚为圆柱形，1 枚为中部略鼓的近圆柱形。圆柱形直径 0.55 ～ 0.7、高 0.9 ～ 1.5 厘米，近圆柱的一枚直径 0.6、高 0.7 厘米（图一三〇，11 ～ 14；彩版五〇，5）。

滑石管　2 枚。

M62：8–1、8–2（考 3893），略残。乳白色。圆柱形或近棱柱，中部有一纵向穿孔。一枚直径 0.5、高 1.2 厘米，另一枚残高 0.95 厘米（图一三〇，15、16；彩版五〇，6）。

（六三）M63

（1）墓葬概述

位于中区西岗梁上的 85 清理区东南角，东南距 M32 为 3.8 米。墓葬方向为西偏北 20°。墓葬保存状况较好，为长方形土坑竖穴墓，墓底挖在角砾岩层上。墓葬长 1.7、宽 0.7、存深约 0.24 米（图一三二；图版二四，1）。

随葬品出于墓葬上半部和中部。

墓葬上半部的随葬品分布于偏东北部，位于最西北端的是 1 件陶杯，在其东侧有 1 件铁剑。15 件镞分布于铁剑的东北方。其中 3 件铜镞处在木片之内，其余的较分散，该区域的镞共有铜镞 6 件、铁镞 9 件。在镞的附近有 1 块铁块。

在墓葬中部出 2 件铁刀。铁刀的南侧分布 28 枚珠子和管，有玛瑙管 2、滑石管 24、绿云母管 2。在珠子和管的周围有 10 枚铜泡（铜泡不见于墓葬平面图），在墓葬中部偏东南处有 11 件铜环，除了其中 1 件靠近珠饰以外，其余的分布较集中，其中一处有 6 件铜环前后排成纵向一排，一处 3 件铜环呈三角状分布。铜环外有皮革，在皮革下有 0.5 厘米厚的木板。在铜环的附近出 3 段铁管（图版二四，2）。

在铜环的南侧接近墓壁处出土 1 件铁镰刀。

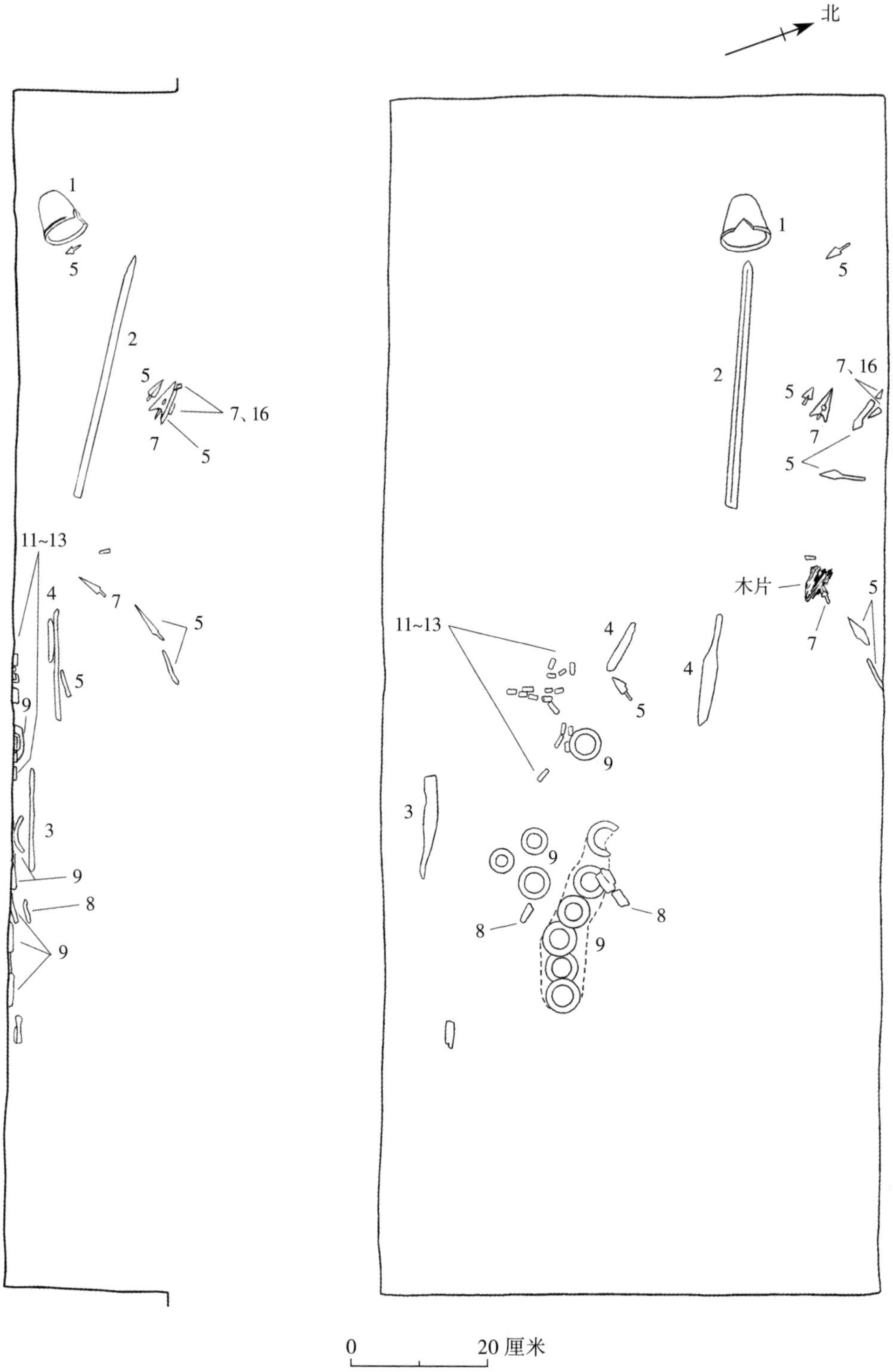

图一三二 M63平面、剖视图

1. 陶杯 2. 铁剑 3. 铁镰刀 4. 铁刀 5. 铁镞 7、16. 铜镞 8. 铁管 9. 铜环 11. 玛瑙管 12. 滑石管 13. 绿云母管

（2）随葬品

共计 72 件。

1）陶器

只有陶杯 1 件。

M63：1（考 3894），为 Aa 型夹砂陶杯。口部残，可复原。夹砂黄褐陶，陶色不均。手制。侈口，斜腹略外弧，平底。口沿微倾斜。口沿上有纵向刻齿纹。口径 7.4、底径 4.3、高 5.3 ~ 5.8 厘米（图一三三，1；彩版五二，1）。

2）铜器

共 27 件。

铜镞 6 件。有三种形制。

双翼銎孔镞 2 件。

M63：16–1、16–2（考 3897–1、考 3897–2），M63：16–1 为 A 型双翼銎孔铜镞，略残。镞身为长三角形，形状规整，中部起脊，翼末端有倒刺。銎孔末端横截面近菱形，銎孔三面有形状不规则的镂孔。残长 3.3、末端镞身宽 1.1、厚 0.7 厘米，末端銎孔壁厚 0.1 厘米（图一三四，1；彩版五二，5）。M63：16–2 为 C 型双翼銎孔铜镞，略残。较小。镞身为三角形，中部起脊，翼末端有较长的倒刺。銎孔横截面为长椭圆形，两面有不规则形状的镂孔。残长 2.35、末端镞身宽 1.4、末端中部厚 0.5 厘米，銎孔壁厚 0.1 厘米（图一三四，2；彩版五二，6）。

三翼銎孔镞 2 件。

M63：7–1（考 3897–3），为 Ac 型三翼銎孔铜镞。略残。三角形镞身，三翼呈三角形，末端有较长的倒刺。銎孔三面均有形状不规则的镂孔，銎口横截面为等边三角形。长 4 厘米，翼末端间距 2.25 厘米，翼厚 0.1 ~ 0.15 厘米，末端较厚。銎口边长 0.63、厚 0.1 厘米（图一三四，3；彩版五二，8）。

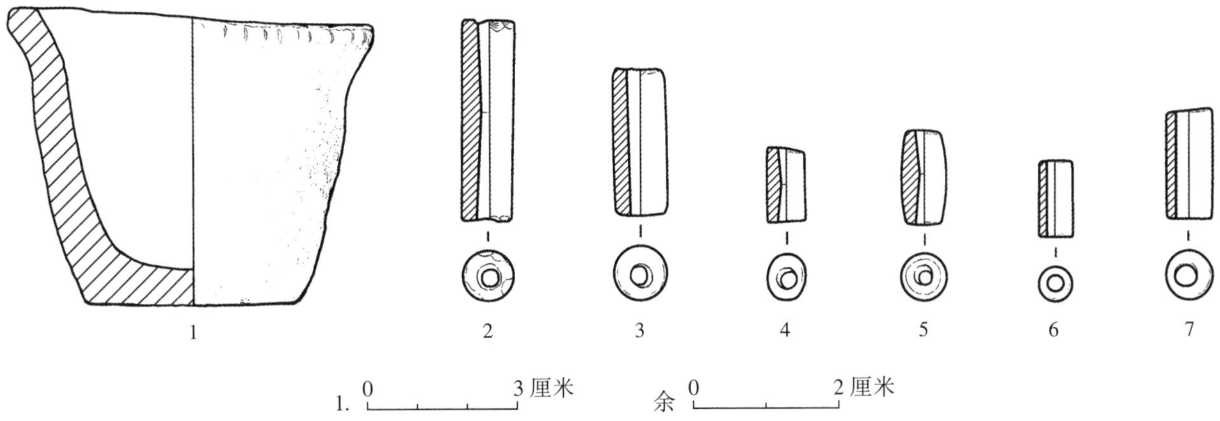

图一三三 M63 出土器物

1. 陶杯（M63：1） 2、3. 玛瑙管（M63：11–1、M63：11–2） 4、5. 绿云母管（M63：13–1、M63：13–2） 6、7. 滑石管（M63：12–1、M63：12–2）

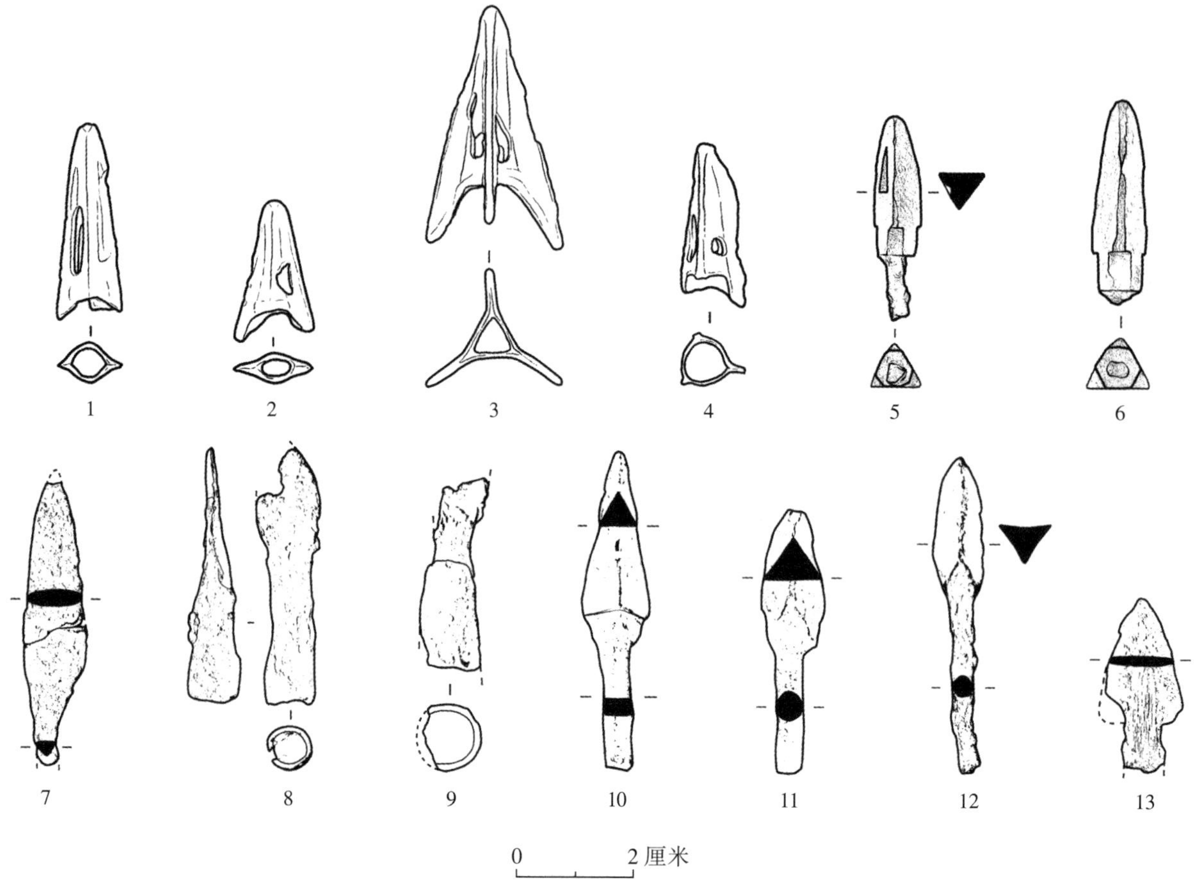

图一三四　M63出土器物

1～6. 铜镞（M63：16-1、M63：16-2、M63：7-1、M63：7-2、M63：7-3、M63：7-4）　7～13. 铁镞（M63：5-1、M63：5-3、M63：5-4、M63：5-5、M63：5-6、M63：5-7、M63：5-2）

M63：7-2（考3897-4），为Aa型三翼銎孔铜镞。残存镞身上半部分。较轻薄，銎孔三面各有一个镂孔，其中一个为较规整的圆形，一个为近圆形，一个为不规则的较大镂孔。銎口横截面为圆形。残长2.7、壁厚0.05厘米，翼厚约0.05厘米（图一三四，4）。

三棱铁铤铜镞　2件。

M63：7-3（考3897-5），为Ab型三棱有铤铜镞，M63：7-4（考3897-6）为Aa型三棱有铤铜镞。铤部均残。镞身外层为青铜，镞身内芯和铤为铁质。镞身为三棱形，一侧镞身上有一个三角形凹槽，镞身末端直收。关部为六棱柱形。镞身的铁芯与铁铤相连，铁铤横截面近圆形。M63：7-3，残长3.3、镞身长2.3、镞身最宽处宽0.9厘米，铤横截面宽0.75厘米（图一三四，5；彩版五二，7）。M63：7-4，残长3.4、镞身长2.4厘米，镞身最宽处宽0.9厘米，铜铤部横截面宽0.6厘米（图一三四，6；彩版五二，7）。

铜泡　10枚。

M63：10-1、10-2（考3899-1、考3899-2），为A型珠形铜泡。1件完整，1件横梁残断。锈蚀。形状相似。半球形，背面有一圆柱形横梁。直径0.9和0.95、高0.4和0.45厘米，壁厚约 0.1 厘米，横梁横截面直径 0.1 ~ 0.13 厘米（图一三五，1、2）。

其余 8 枚铜泡残碎，形状不明。

铜环 11 件。均为铸造。有四种形状。

第一种 2 件。

M63：9–1、9–2（考 3900–1、考 3900–2），为 C 型铜环。1 件边缘残，1 件略残。外缘

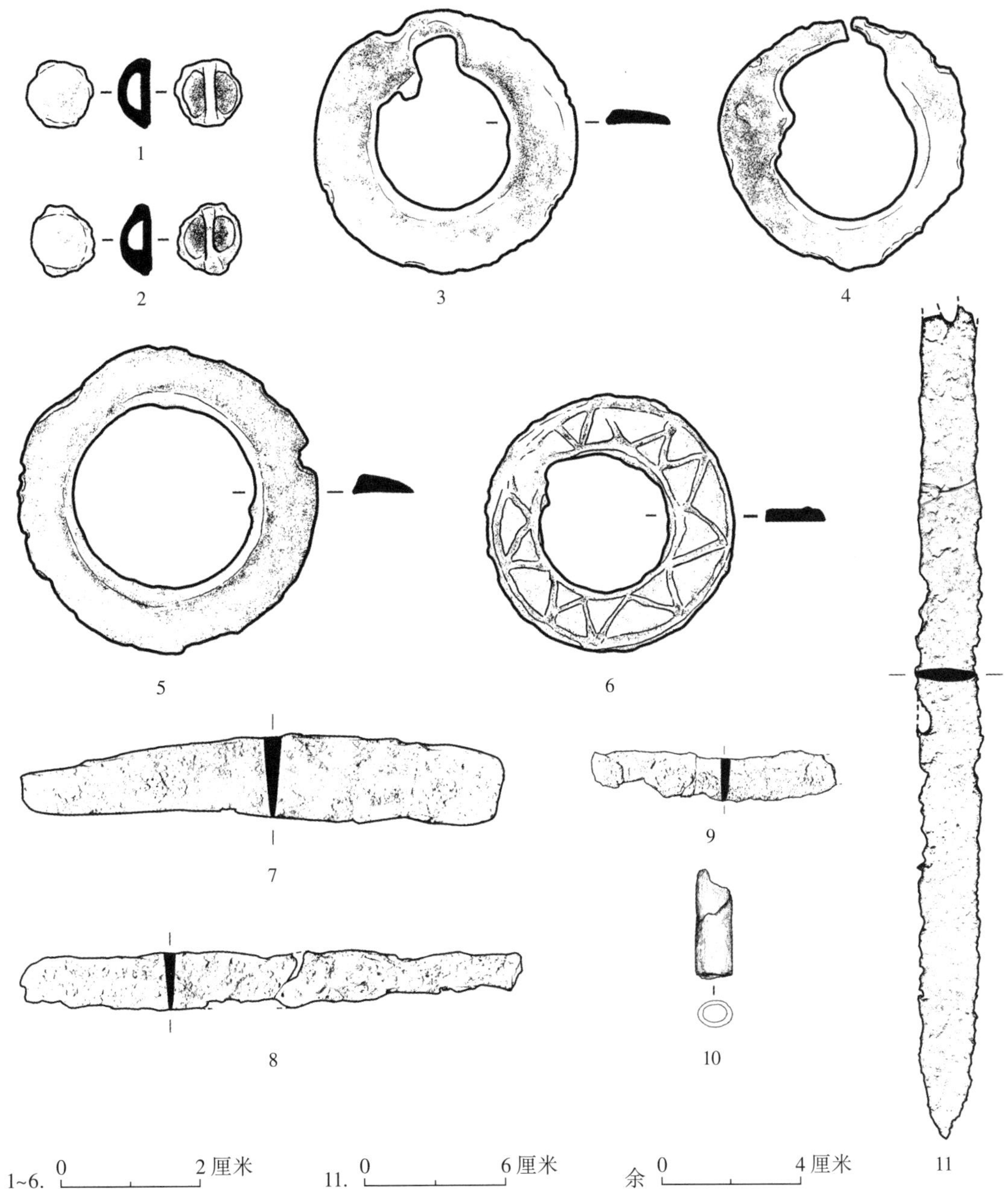

图一三五 M63 出土器物

1、2. 铜泡（M63：10–1、M63：10–2） 3 ~ 6. 铜环（M63：9–1、M63：9–2、M63：9–3、M63：9–10） 7. 铁镰刀（M63：3） 8、9. 铁刀（M63：4–1、M63：4–2） 10. 铁管（M63：8–1） 11. 铁剑（M63：2）

铸造略不整齐。轮廓为圆环形，内缘有一处向外弧突。正面外鼓，背面略内凹。正面近内侧缘最厚，向外侧缘逐渐变薄。微残的一件直径 3.7、肉宽 0.9、厚 0.3 厘米（图一三五，3；彩版五三，3）。略残的一件直径约 3.6、厚 0.2 厘米（图一三五，4；彩版五三，2）。

第二种 7 件。

M63：9–3 ~ 9–9（考 3900–3 ~ 考 3900–9），为 B 型铜环。1 件残存一半，1 件边缘残，其余边缘略残。背面扁平，正面外鼓，正面近内侧缘最厚，向外侧缘逐渐变薄。较大的 6 件直径 4.15、肉宽 0.85、厚 0.3 厘米（图一三五，5；彩版五三，1）；较小的一件直径 3.5、肉宽 0.8、厚 0.25 厘米。

第三种 1 件。

M63：9–11（考 3900–11），为 A 型铜环。微残。内、外缘略铸造不平整。两面中部略外鼓。两侧边缘有较钝的刃。直径 4.4、肉最宽处宽 0.8、厚 0.25 厘米。

第四种 1 件。

M63：9–10（考 3900–10），为 Fa 型铜环。完整。边缘铸造略不平整。两面均较平，内、外缘从背面向正面略斜收形成折棱，正面有略外凸的凸线组成的三角纹。内缘有一处向外侧外弧。直径 3.5、肉最宽处宽 0.9、厚 0.3 厘米（图一三五，6；彩版五三，4）。

3）铁器

共 16 件。

铁镰刀 1 件。

M63：3（考 3896–1），刀身完整。锈蚀。锻制。为形状较小的镰刀。弧背，刃略直，两端略直。刀身尖部较窄，向后逐渐变宽、变厚。近末端 3.8 厘米处刃部变圆钝，应为绑缚木柄的部分。背部有较窄的平面。长 13.7 厘米，前端宽 0.75、厚 0.2 厘米，末端宽 1.8、厚 0.4 厘米（图一三五，7；彩版五三，6）。

铁刀 2 件。

M63：4–1（考 3896–2），残存两段，可拼对。锈蚀。锻制。刀身较窄长，刃部和背部略直。柄部较窄，柄的背部较厚，向下逐渐变薄。长 14.2、刀身最宽处宽 1.7、背厚 0.3 厘米（图一三五，8；彩版五三，5）。

M63：4–2（考 3896–3），仅残存刀身的一部分。锻制。残存部分刃部较直，背部略弧。残长 7、最宽处宽 1.4、背部厚 0.4 厘米（图一三五，9）。

铁剑 1 件。

M63：2（考 3895），仅存剑身，剑柄残缺。略锈蚀，锻制。表面凹凸不平，现存刃部不平整，有较多不规则锯齿。剑身为长柳叶形，横截面为窄长凸透镜形。近剑身末端变厚，末端有一残存一半的穿孔（直径 0.6 厘米）。剑残长 35、剑身最宽处宽 2.68、厚 0.35 厘米，剑身末端宽 2.4、厚 0.42 厘米（图一三五，11；彩版五三，7）。

铁镞 9 件。

双翼有铤铁镞 2 件。

M63：5–1（考 3898–1），为 B 型扁体柱铤铁镞。残断。镞身较扁，近柳叶形，中部略厚无脊，镞身末端内收与铤部相接。铤较短，横截面为三角形。残长 4.6、镞身最宽处宽 1.1、厚 0.3 厘米（图一三四，7；彩版五二，9）。

M63：5–2（考 3898–2），为 A 型扁体扁铤铁镞。铤末端残。锈蚀严重。镞身为弧边三角形，镞身扁平无脊，两翼末端直收，有较扁的铤，铤的两面一直到镞身中部残留有木质纤维。镞与箭杆的固定方式可能为将镞铤部和下半部镞身插入劈开的木质箭杆。残长 2.9、镞身宽 1.3 厘米，铤宽 0.75、厚 0.4 厘米，镞身原厚约 0.2 ~ 0.3 厘米（图一三四，13；彩版五二，13）。

管銎铁镞　2 件。

M63：5–3（考 3898–3），为 A 型管銎铁镞。镞身残。镞身为较短的叶形，扁平无脊。有较长的銎，在銎的一侧有接缝，銎直径从上向下逐渐变大，銎孔横截面为圆形。残长 4.25 厘米，镞身中部宽 1.1、厚 0.2 厘米，銎孔末端横截面直径 0.85 厘米（图一三四，8；彩版五二，14；图版三一，9）。

M63：5–4（考 3898–4），为管銎铁镞。镞身大部分残断，形状不明。銎部形状同 M63：5–3。残长 3.25 厘米（图一三四，9）。

三棱铁镞　3 件。

M63：5–5（考 3898–5），为 Aa 型三棱铁镞。锈蚀。完整。镞身为长三角形，三面镞身略内凹，镞身横截面为三边略内凹的等边三角形。铤略粗，横截面为长方形。长 5.3 厘米，铤横截面长 0.25、宽 0.5 厘米（图一三四，10；彩版五二，10）。

M63：5–6（考 3898–6），为 Ab 型三棱铁镞。锈蚀。镞身略短，为三角形。铤略粗，横截面为圆形。长 4.4、镞身末端宽 0.95 厘米，铤横截面直径 0.4 厘米（图一三四，11；彩版五二，11）。

M63：5–7（考 3898–7），为 Ab 型三棱铁镞。锈蚀。镞身横截面为三边略内凹的等边三角形。镞身顶部和末端均弧收，铤较长，横截面近圆形。长 5.3、镞身末端厚 0.8 厘米，铤横截面直径 0.4 厘米（图一三四，12；彩版五二，12）。

器身形状不明铁镞　1 件。

M63：5–8（考 3898–8），残存铤部，镞身形状不明。铤长 4.2 厘米。

另有 1 件铁镞残碎，形状不明。

铁管　3 件。

M63：8–1（考 3900 附），残。锈蚀较重。残存部分为略扁的管，残存一端较细，向另一端逐渐变粗。残长 3.3 厘米，端部横截面长径 1、短径 0.7 厘米（图一三五，10）。

M63：8–2（考 3901–1），残存一段，原始形状不明。表面黏一小块木质纤维。残长 2.8、直径 1.5 厘米。

M63：8–3（考 3901–2），残存一段，原始形状不明。一端较粗，一段略细。残长 2.3、直径 0.9 ~ 1.2 厘米。

4）珠子、管

共28枚。

玛瑙管　2枚。

M63：11-1、11-2（考3902），一端略残。浅棕红色。2件直径相似，长度不同。圆柱形，中部有一纵向穿孔。较短的一枚一端孔径较大，另一端孔径较小。较长的一枚孔径较大。较大的直径0.7、高2.7厘米（图一三三，2；彩版五二，4），较小的直径0.7、高1.9厘米（图一三三，3；彩版五二，4）。

绿云母管　2枚。

M63：13-1、13-2（考3902），完整。一枚为柱形，横截面为椭圆形，中部有一纵向穿孔。短径0.5、长径0.6、高1厘米（图一三三，4；彩版五二，2）。一枚为柱形，中部略外鼓，中部有一纵向穿孔。中部直径0.6、高1.2厘米（图一三三，5；彩版五二，2）。

滑石管　24枚。

M63：12-1 ~ 12-24（考3902），绝大多数完整，个别的微残。乳白色。大部分为圆柱形，直径和长度有差别。管状的直径0.4 ~ 0.6、高0.6 ~ 1.4厘米（图一三三，6、7；彩版五二，3）。3枚近圆环形，直径0.8 ~ 1.1、高0.15 ~ 0.25厘米。

第三章　清理坑出土遗物

西岔沟墓地每个清理区内又区分出数量不等的清理坑，墓地共划分出 562 个清理坑。绝大多数清理坑是墓葬被盗掘之后形成的形状不规则的盗掘坑，已经很难分辨出墓圹的轮廓。发掘者推测墓地有约 387 座墓葬被盗掘。虽然墓内贵重的和有一定经济价值的随葬品大多数被盗走，但是陶器、小件的铁器和铜器、珠子等被扰动后有很大一部分遗留在被盗掘的墓葬附近，其中陶器保持在原有墓葬范围的可能性最大。因此，每个清理坑内出土的器物，可在一定程度上反映出清理坑附近原有墓葬的随葬品状况，以及部分随葬品的组合关系。

西岔沟墓地发掘者将墓地划分出 94 个清理区，然后在发掘墓葬之前，将各清理区内的盗坑编号（后来大多数成为清理坑编号）。每个清理坑内出土遗物均按照清理区、清理坑编号收集、登记。清理坑出土遗物的登记表格绝大多数保存下来，但是因为大多数器物形体太小，而且金属器物表面容易锈蚀脱落，在发掘五十余年之后再整理时，有些器物上的原始清理坑器物编号已经不完整或无法识别，只能识别和核对出博物馆收藏品的总号和分类号。所以，本发掘报告介绍的清理坑出土器物，只是根据现存器物号和发掘档案能识别出的清理坑出土器物，这些器物有的能与馆藏实物对应，有的只能与发掘档案中保留的带器物原始编号的器物图对应。

本章主要发表的是可以核对出的部分清理坑出土遗物，包括器物描述和器物图，分东区、中区、西区三部分介绍。清理坑整体出土器物的情况，详见附表四。

第一节　清理坑出土器物

本章的清理坑出土器物图，一部分是 2013 年以后绘制的可核对出原始编号的馆藏器物的线图，一部分是墓地档案资料中保留下来的少数清理坑出土器物的线图。

清理坑出土器物的编号组合为 K 某清理区 – 某清理坑：该清理坑器物顺序号，如 K3–86：1 为 3 号清理区的 86 号清理坑的第 1 号器物。可核对出博物馆藏品分类号的器物，则在器物编号后的括号内标出其藏品分类号。未标注藏品分类号的，均为整理时未核对出实物。

一　东区

东区面积小于中区，清理坑出土器物数量不多，陶器所占比例较高。

（一）第3清理区

共4件。

陶碗　1件。

K3-93：1（考4114.3），为Bb型夹砂陶碗。残存约二分之一，可复原。夹砂黄褐陶，陶色不均，外壁局部呈黑褐色，内壁有类似烟炱的黑褐色薄层。侈口，圆唇，腹微外弧，小平底。口沿上有较稀疏的不甚清晰的斜向浅刻线纹，底外缘有一周隐约可见的纵向浅刻线纹。口径12.2 ~ 12.5、底径5.8 ~ 6、高8.9厘米，壁厚0.6 ~ 0.7厘米（图一三六，1）。

铁衔　1件。

K3-92：7，残。为绳索状衔。锻制。两节套接在一起，内环较小，外环较大。保留完整的一节衔长10.6、外环宽3.2厘米（图一三六，2）。

铜带扣　1件。

K3-86：1（考4059-3），为A型中原式铜带扣。带扣后半部残，扣针锈蚀。在带扣中部横梁上有一对带穿孔的扁立纽，内铆穿一个铁扣针。扣体较扁。残长2.8、宽3.4厘米，铜质带扣主体厚0.25厘米（图一三六，3）。

鎏金铜片　1片。

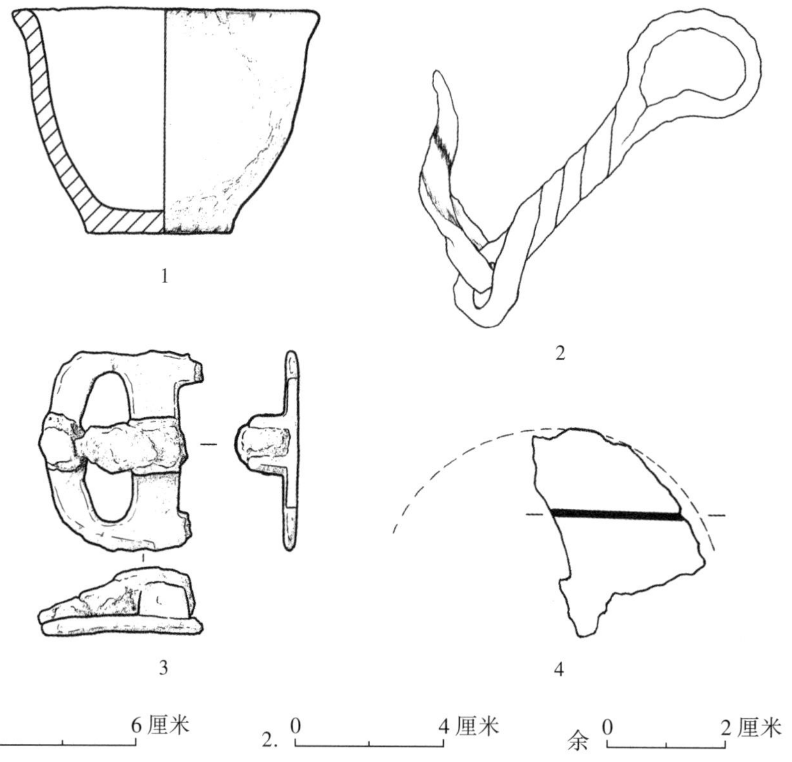

图一三六　东区第3清理区出土器物

1. 陶碗（K3-93：1）　2. 铁衔（K3-92：7）　3. 铜带扣（K3-86：1）　4. 鎏金铜片（K3-92：4）

K3-92：4，残存一片。表面鎏金。较平整，根据边缘形状推测可能原为圆形铜片。残长3.4、宽2.3、厚0.1厘米（图一三六，4）。

（二）第5清理区

仅铜泡1枚。

K5-103：1（考4065-43），为E型放射线纹铜泡。边缘残。铸制。矮斗笠形。近边缘处有一周三角形组成的纹带，背面有一弧形纽。直径3.4、高0.62、壁厚0.11 ~ 0.12厘米（图一三七）。

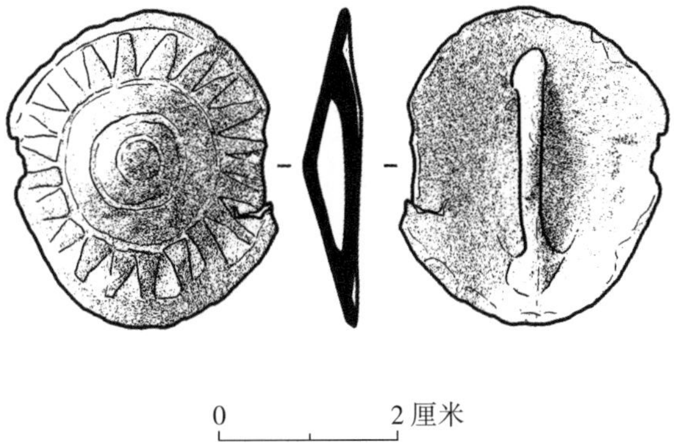

图一三七　东区第5清理区出土器物
铜泡（K5-103：1）

（三）第11清理区

共5件，均为陶器。

陶壶　1件。

K11-62：1(考4097)，为Cb型敞口夹砂陶壶。残，可复原。夹砂黄褐陶。敞口，圆唇略方，圆肩，鼓腹，平底。颈肩部有两个对称分布的纵向穿孔耳，耳横截面为圆形。颈部饰一周填满纵向刻点的正三角形纹。肩部饰两周纵向刻点组成的倒三角纹，两排三角形纹带的上缘各有一周凹弦纹。口径10、腹径13.5、底径10、高16.4厘米，口沿厚0.6厘米，器耳横截面直径1.85厘米（图一三八，1）。

陶罐　1件。

K11-175：14（考4113），为A型单耳大口夹砂陶罐。残存约三分之二，器身可复原，器耳中部不能复原。夹砂黄褐陶。侈口，圆唇，腹略外弧，平底。口沿下有一纵向的近半环形的单耳。口径10.5、底径6、高7.2厘米，壁厚0.7厘米（图一三八，2）。

陶杯　1件。

K11-175：17（考4029-3），为Ab型夹砂陶杯。口略残缺，可复原。夹砂黑褐陶。侈口，圆尖唇，腹略外弧，底略内凹。腹部饰由凹点组成的上、下交错分布的三角形纹饰，相邻的三角纹之间用斜刻线相隔，有的刻线弯曲不规则，下排的一个三角形内无凹点纹。底边缘隐约可见几个稀疏的浅刻线。口沿较薄，向下逐渐变厚。口径7、底径4.8 ~ 5、高4.6厘米，壁厚0.4 ~ 0.7厘米（图一三八，3）。

陶碗　2件。

K11-175：5（考4114.2），为Bb型夹砂陶碗。残存约三分之一，可复原。夹砂黄褐陶，内壁有黑褐色的较斑驳的薄层。侈口，圆唇，上腹略外弧，平底。腹最大径位于上腹近口沿处。口沿上有一周纵向的刻齿纹，纹饰因磨损不甚清晰。口径14、底径7.5、高10.2厘米，壁厚0.6 ~ 0.8厘米（图一三八，4）。

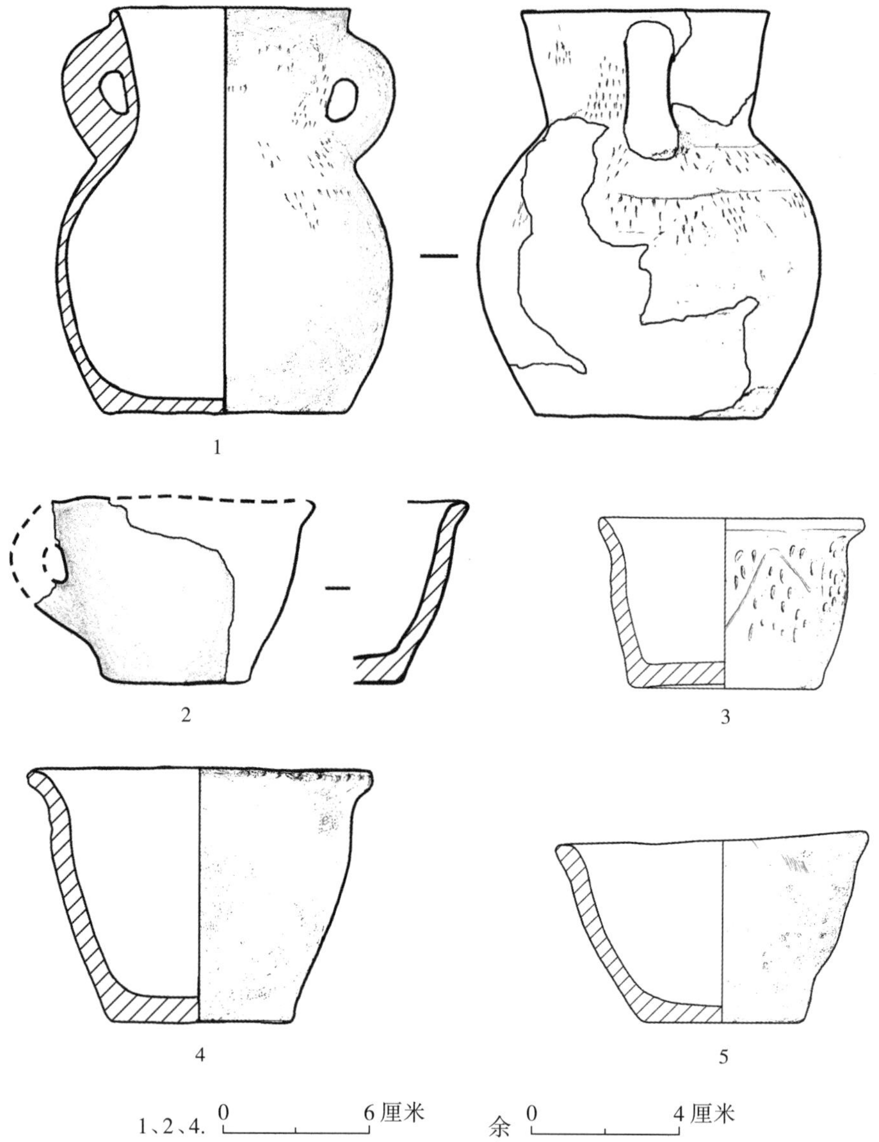

图一三八　东区第11清理区出土器物

1. 陶壶（K11-62：1）　2. 陶罐（K11-175：14）　3. 陶杯（K11-175：17）　4、5. 陶碗（K11-175：5、K11-175：15）

K11-175：15（考4120.4），为Aa型夹砂陶碗。器壁残缺约二分之一，可复原。夹砂黄褐陶，陶色不均，器表有黑褐色烟炱。器壁略不平整，有手捏留下的浅坑。侈口，圆唇，斜腹略外弧，平底，底内壁为圜底。口沿上残留少量不甚清晰的浅刻斜刻线。口径8.3、底径4.5、高5厘米；口部厚0.65厘米，向下渐变薄（图一三八，5）。

（四）第12、13清理区

共5件。

陶罐　1件。

K12–79：7（考 4109.1），为双耳鼓腹夹砂陶罐。残存约三分之一，器身可复原，器耳外侧不能复原。夹砂黄褐陶，陶色不均。侈口，圆唇，鼓腹，平底。最大腹径略偏于中腹以下，腹最大径处有一对横耳。口径 9、底长径 8.2、底短径 7.9、高 14.5 厘米，壁厚约 0.7 厘米（图一三九，1）。

铜五铢钱　1 枚。

K13–135：13（考 3999.3），为 A 型五铢钱。边缘略残。两面有外郭，正面穿下有半月，背面有内郭。直径 2.5、穿宽 1 厘米，残重 2.3 克（图一三九，4）。

铁泡　1 枚。

K12–77：48（考 4065–30），纽残，锈蚀。泡面为矮斗笠形，背部有方纽。直径约 2.9、残高 1.8 厘米（图一三九，2）。

铁锄板残片　1 件。

K12–77：7，为锄板中部残片。锈蚀，底部残断处可见一残留一半的穿孔。表面铁锈上黏有纺织品纤维痕迹。残长 9.4、残宽 7.8、厚 0.4 厘米（图一三九，3）。

金片　1 件。

K12–77：52（考 4017），近圆形薄片，正面饰錾压出的凹点组成的纹饰。金片中部为不甚清晰的较大的凹点，凹点外围四角星图案，从四角星的两角之间向外延伸出两条直线。沿金片的边缘有两周较大凹点组成的圆圈。在近金片边缘处有四对等距离分布的圆形穿孔。

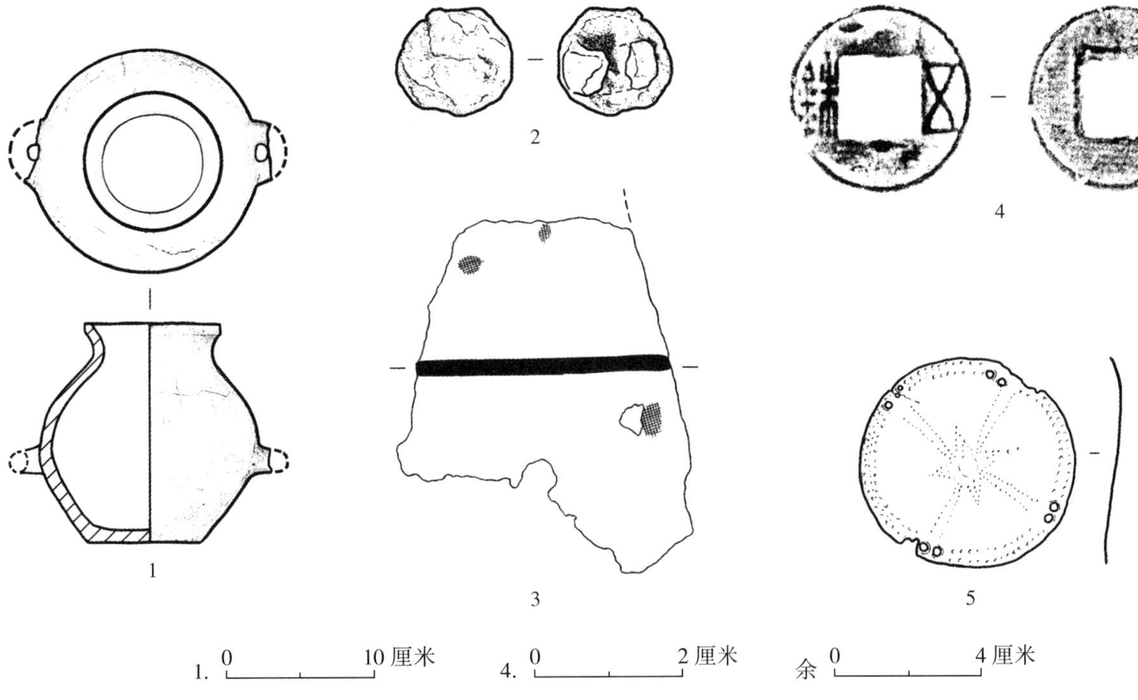

图一三九　东区第 12、13 清理区出土器物

1. 陶罐（K12–79：7）　2. 铁泡（K12–77：48）　3. 铁锄板残片（K12–77：7）　4. 铜五铢钱（K13–135：13）　5. 金片（K12–77：52）

长径 5.9、短径 5.5、厚 0.02 ~ 0.03 厘米（图一三九，5）。

（五）第 14 清理区

共 5 件。

陶壶 1 件。

K14–162：24（考 4022），为 D 型敞口夹砂陶壶。残，可复原。夹砂黄褐陶，陶色不均，部分器表呈灰褐色。侈口，圆尖唇，直颈，圆肩，鼓腹，平底。器表残存三个器耳，根据残存部分推测应为桥形带孔耳。三个器耳在器身上的高度有别，位于器身的一面。口径 13.9、腹径 17.3、底径 9 ~ 9.5、高 20.5 厘米（图一四〇，1）。

铜牌饰 1 件。

K14–100：5（考 4058–1），为 Ab 型亚腰形铜牌饰。铸制。正面锈蚀较重，背面银灰色，有光泽，略锈蚀。顶部、底部略残。整体为亚腰形，正面有八排凸点，底部向上弯折成钝角，弯折处有一排纵向的近椭圆形镂孔，其中一个镂孔只穿透一个小眼。近上缘有三个圆形穿孔，其中一个穿孔残。残长 5.7、顶部宽 3.2、底部宽 4.2 厘米，无凸点处器身厚 0.2 ~ 0.25 厘米（图一四〇，4）。

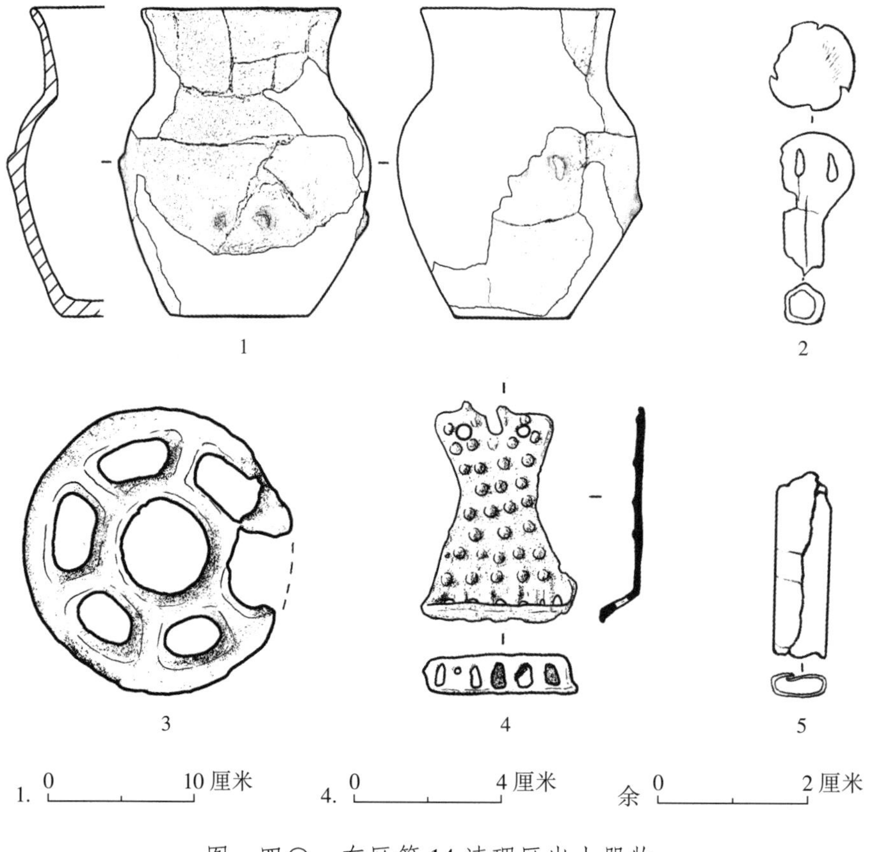

图一四〇 东区第 14 清理区出土器物

1. 陶壶（K14–162：24） 2. 铜铃（K14–162：2） 3. 铜轮（K14–162：9） 4. 铜牌饰（K14–100：5） 5. 铜管（K14–162：3）

铜轮　1件。

K14-162：9（考4057），为Ab型铜轮。边缘略残。正面略外鼓，背面大部分平整。由内、外两个同心圆和两同心圆之间的短连线组成，两同心圆之间有六条连线。两个连线之间有近椭圆形镂孔，小同心圆内为圆形镂孔。直径3.8、厚0.26～0.3厘米（图一四〇，3）。

铜铃　1件。

K14-162：2，残。带柄铜铃，由球形镂空的铃首部和管状的柄部组成。铃首部有四个纵向的近长椭圆形镂孔。据旧报告描述，出土时在管状柄内有竹杆残段。长1.8、铃首部直径1.1厘米（图一四〇，2）。

铜管　1枚。

K14-162：3，略残。由铜片卷制而成。横截面近椭圆形。长2.4、宽0.7、壁厚0.05厘米（图一四〇，5）。

（六）第18、19清理区

（1）27清理坑

共8件。

陶杯　1件。

K18-27：9，残存上腹部的一部分。夹砂红褐陶。侈口，略鼓腹。口沿外侧有三个一组的刻点纹（图一四一，1）。

铜镞　2枚。

K18-27：6，下半部残。双翼銎孔镞，中部起脊。残长3厘米（图一四一，2）。

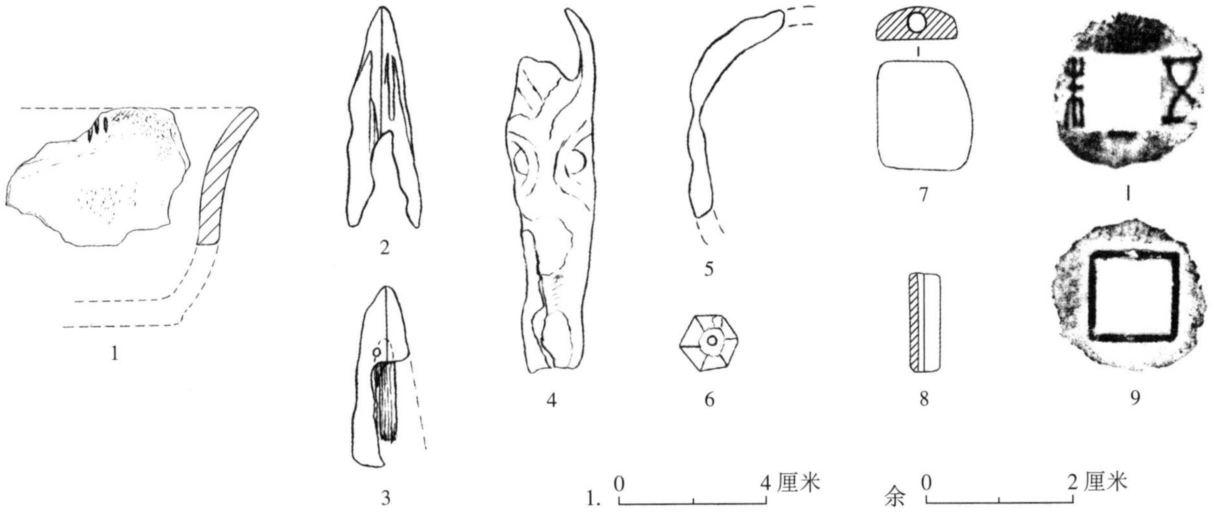

图一四一　东区第18、19清理区出土器物

1. 陶杯（K18-27：9）　2、3. 铜镞（K18-27：6、K18-27：5）　4. 勺形铜带饰（K18-27：1）　5. 铜器残件（K18-27：4）　6. 玛瑙珠（K18-27：3）　7. 绿云母扁方珠（K18-27：2）　8. 滑石管（K18-27：8）　9. 铜五铢钱（K19-66：1）

K18-27：5，残存一部分。双翼銎孔镞，中部起脊，銎孔内残留有木质箭杆。残长2.5厘米（图一四一，3）。

勺形铜带饰 1件。

K18-27：1，为A型第一类勺形铜带饰。上半部残。正面有兽头纹饰，可分辨出两个大眼和头顶上的双角。残长4.8、宽1.1厘米（图一四一，4）。

铜器残件 1件。

K18-27：4，残存一段，为长条状（图一四一，5）。

玛瑙珠 1枚。

K18-27：3，完整。器表有六个纵向凸棱。宽0.8厘米（图一四一，6）。

绿云母扁方珠 1枚。

K18-27：2，完整。平面近长方形，一侧边外鼓。一面平整，一面外鼓，两端平行。宽1.3、高1.5厘米（图一四一，7）。

滑石管 1枚。

K18-27：8，残。乳白色，圆柱形。直径0.4、高1.3厘米（图一四一，8）。

（2）66清理坑

只有一枚铜五铢钱。

K19-66：1（考3999.12），为A型五铢钱。边缘残缺，穿下有半月。穿宽0.93厘米（图一四一，9）。

（七）第21、22清理区

共4件。

陶壶 1件。

K21-138：21（考4027），为矮颈双耳夹砂陶壶。残，可复原。夹砂红褐陶。直口，圆唇，广肩，斜腹，平底。口沿外侧有两个对称分布的穿孔耳。口径4.2、腹径11.2、底径9.3、高9.9厘米（图一四二，1）。

陶纺轮 1件。

K22-140：1（考4094-7），为B型夹砂陶纺轮。微残。夹砂黄褐陶。近窝头形。在顶部穿孔外侧有一周小凹点。直径3.75、高2.5厘米（图一四二，2）。

铜镞 1枚。

K22-157：1，底部和顶部残。铸制。双翼銎孔镞。镞身为三角形，中部起脊，两翼末端形成倒刺。銎孔开口部为椭圆形，銎孔内残留一段木质箭杆。残长2.8厘米（图一四二，3）。

铜牌饰 1件。

K22-136：15（考4068），为Aa型带背纽的马形铜牌饰。残存一半。为半卧状的马形象，正面略鼓，背面内凹，残存部分在背面相当于马颈胸部的位置有一小半环形穿孔纽。马

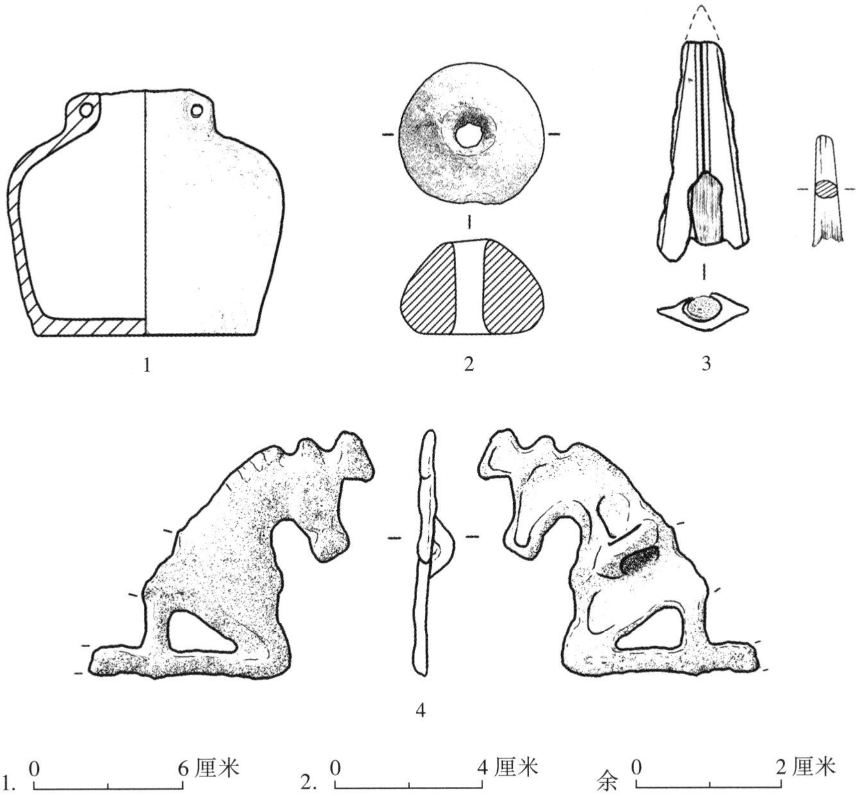

图一四二　东区第21、22清理区出土器物

1. 陶壶（K21-138：21）　2. 陶纺轮（K22-140：1）　3. 铜镞及内部箭杆（K22-157：1）　4. 铜牌饰（K22-136：15）

头顶有一蕈状凸，颈部用短竖线表现出鬃毛。牌饰底部有一横栏。残长3.8、高3.4厘米（图一四二，4）。

（八）第28清理区

共4件，均为陶器。

陶罐　2件。

K28-211：17（考4032），为D型无耳大口夹砂陶罐。部分器壁残缺，可复原。夹砂黑褐陶，陶色不均，部分内壁呈黑褐色。夹砂量较大，器表较粗糙。侈口，圆唇，腹略外弧，平底。口径10.7、底径8.7、高7.5厘米（图一四三，1）。

K28-252：2（考4031），为四耳大口夹砂陶罐。器壁残存约三分之一，可复原。夹砂黄褐陶，部分器表呈黑褐色，内壁有黑色烟炱。敛口，圆唇，略鼓腹，平底。肩部有四个横盲耳，耳上缘中部有小的凹槽。口径8.3、腹径10、底径7、高9.8厘米，壁厚0.5 ~ 0.6厘米（图一四三，2）。

陶碗　1件。

K28-250：19（考4116附件），为Bb型夹砂陶碗。部分器壁残缺，可复原。夹砂黄褐陶，

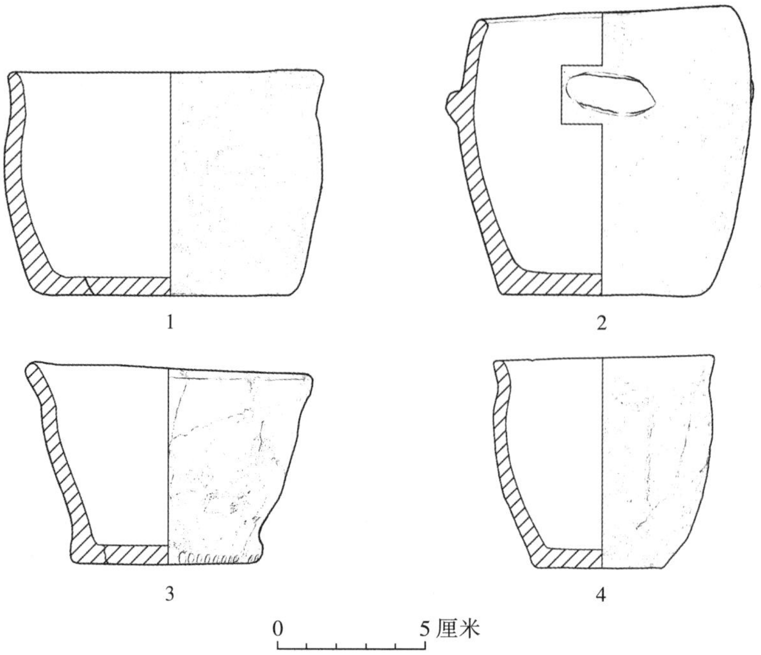

图一四三 东区第28清理区出土器物

1、2. 陶罐（K28-211：17、K28-252：2） 3. 陶碗（K28-250：19） 4. 陶杯（K28-250：14）

陶色不均。侈口，斜腹微外弧，平底。口沿外侧残留少量纵向的浅刻齿纹，大部分仅残留刻齿纹的下半部；底部边缘有较深的纵向刻齿纹。口径9.5、底径6、高6.5厘米，壁厚0.5厘米（图一四三，3）。

陶杯 1件。

K28-250：14（考4117.4），为Ba型夹砂陶杯。部分器壁残缺，可复原。夹砂黄褐陶，砂粒较细。器体较轻薄。侈口，圆尖唇，深腹略鼓，平底。口径7.2、底径4、高7厘米，壁厚0.4 ~ 0.6厘米（图一四三，4）。

（九）第29清理区

共3件

铁锛 1件。

K29-212：6（考3921.6），为Aa型铁锛。完整。铸制，表面经过锻打。单面弧形刃，侧面为三角形，长方形銎口。一侧面銎口下有弧形凹陷。长7.8、宽7.3厘米，銎口部长6.1、宽2厘米（图一四四，1）。

铜泡 1枚。

K29-212：19（考4065-11），为A型凸点纹铜泡。边缘残。泡面略外鼓，泡面近边缘处饰一周方形凸点组成的纹带，背面中部有一较小的穿孔纽，纽下有一直通铜泡边缘的楔形凹槽，纽顶部略高于泡底边。直径约2.2、高0.4厘米（图一四四，3）。

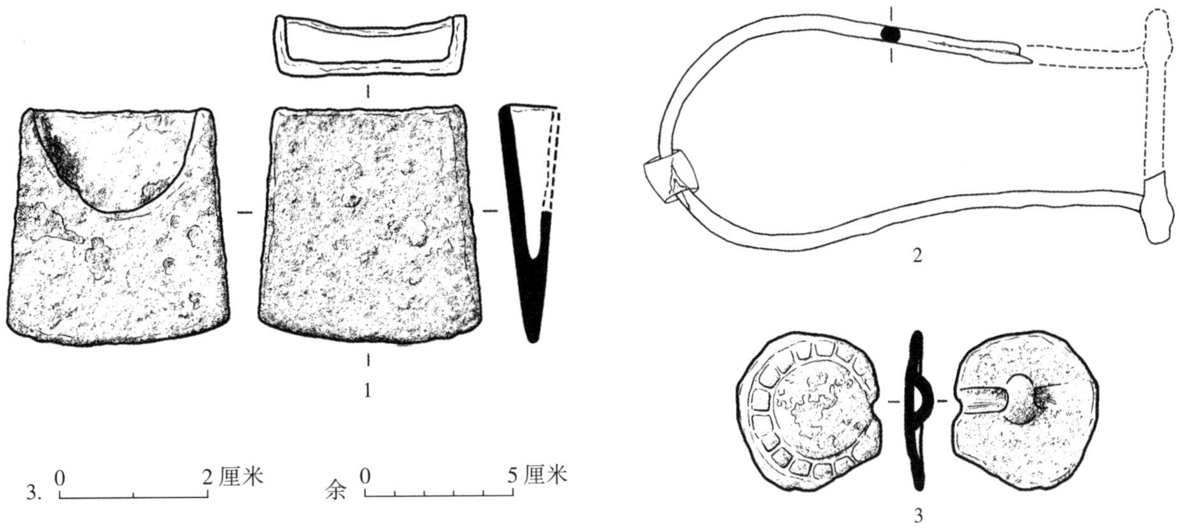

图一四四　东区第29清理区出土器物

1. 铁锛（K29–212：6）　2. 铁带扣（K29–212：4）　3. 铜泡（K29–212：19）

铁带扣　1件。

K29–212：4（考4047–1），为E型铁带扣。一端残。椭方形，用横截面近椭圆形的铁丝制成，前部为圆弧形，后半部两侧略内弧。前端缠绕一段皮条。长17.5、宽7.8厘米（图一四四，2）。

二　中区

墓地清理坑出土遗物主要集中于这一区。

（一）第30清理区178清理坑

共9件。

陶壶　1件。

K30–178：4（考4102.2），为Ba型束颈夹砂陶壶。残，可复原。夹砂黑褐陶，陶色不均，部分器表呈灰褐色。器身略细长，侈口，圆唇，束颈，溜肩，鼓腹，平底。器底外缘有纵向刻齿纹。口径8.8、腹径12、底径6.7、高18.3厘米（图一四五，1）。

铁带扣　1件。

K30–178：12，一侧残。用截面近圆形的铁丝制成。整体呈椭方形，前半部圆弧，末端平直。长11、宽8厘米（图一四五，2）。

铁刀　1件。

K30–178：25，为环首铁刀。环首部残断，锈蚀。锻制。柄较窄，刀身为直刃，刀背下半部略外弧。环首末端与柄端之间不闭合。环首部横截面为椭圆形。残长17.6、刀身最宽处宽1.2厘米，刀背厚约0.25厘米（图一四五，3）。

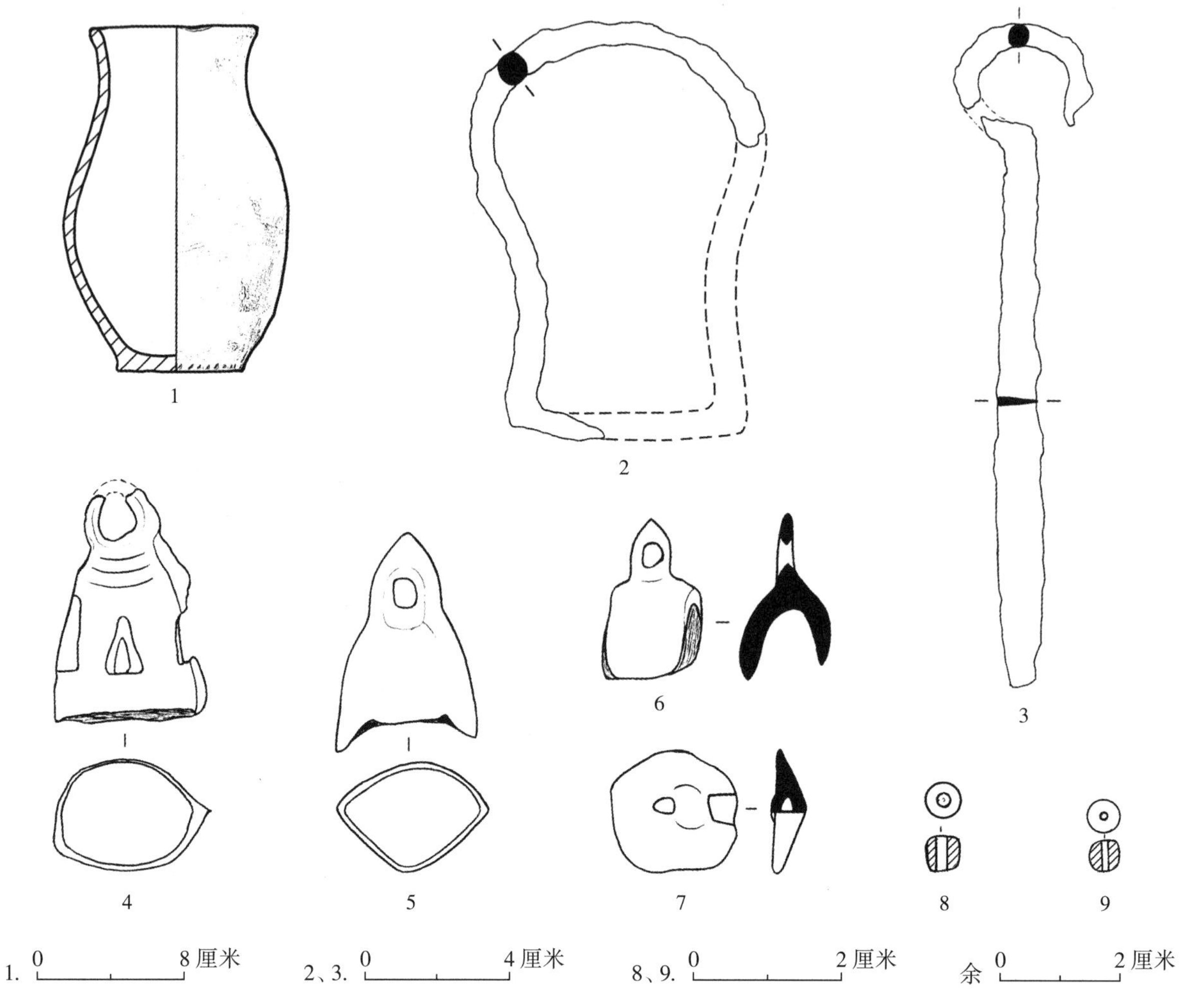

图一四五　中区第 30 清理区 178 清理坑出土器物

1. 陶壶（K30–178：4）　2. 铁带扣（K30–178：12）　3. 铁刀（K30–178：25）　4、5. 铜铃（K30–178：6、K30–178：9）　6. 铜坠饰（K30–178：8）　7. 铜泡（K30–178：23）　8、9. 蓝色玻璃珠（K30–178：17、K30–178：10）

铜铃　2 件。

K30–178：6，为 B 型北方式不规则孔或无孔铜铃。残。椭圆形铃口，铃身上有约五个近三角形镂孔，铃纽以下有三周凸弦纹。宽 2.5、残高 3.8 厘米（图一四五，4）。

K30–178：9，为 B 型北方式不规则孔或无孔铜铃。完整。铃身一面外弧，一面中部起脊，铃口为不规则的菱形。铃纽与铃身分界不明显。宽 2.5、高 3.6 厘米（图一四五，5）。

铜坠饰　1 件。

K30–178：8，完整。顶部有圆形穿孔纽，下半部纵剖面呈倒“U”字形，底部开口。表面无纹饰。宽 1.7、高 2.6 厘米（图一四五，6）。

铜泡　1 枚。

K30–178：23，为 Aa 型矮斗笠形铜泡。边缘略残。泡背中部有背纽，有一穿过背纽的直通泡背面一侧缘的长三角形凹槽。直径约 2 厘米（图一四五，7）。

蓝色玻璃珠　2 枚。

K30–178：17，完整。近圆柱形。直径 0.4、高 0.5 厘米（图一四五，8）。

K30–178：10，完整。近长球形。直径 0.4、高 0.5 厘米（图一四五，9）。

（二）第 42 清理区 272、273 清理坑

共 14 件。

陶壶　1 件。

K42–273：1（考 4100.2），为 A 型敞口夹砂陶壶。残，可复原。夹砂黄褐陶。敞口，唇内斜，溜肩，折腹，平底。最大腹径位于下腹部。颈部、中腹以上的器表涂红陶衣。口径 9.4、腹径 13.6、底径 7、高 15.7 厘米，口沿厚 0.8 厘米（图一四六，1）。

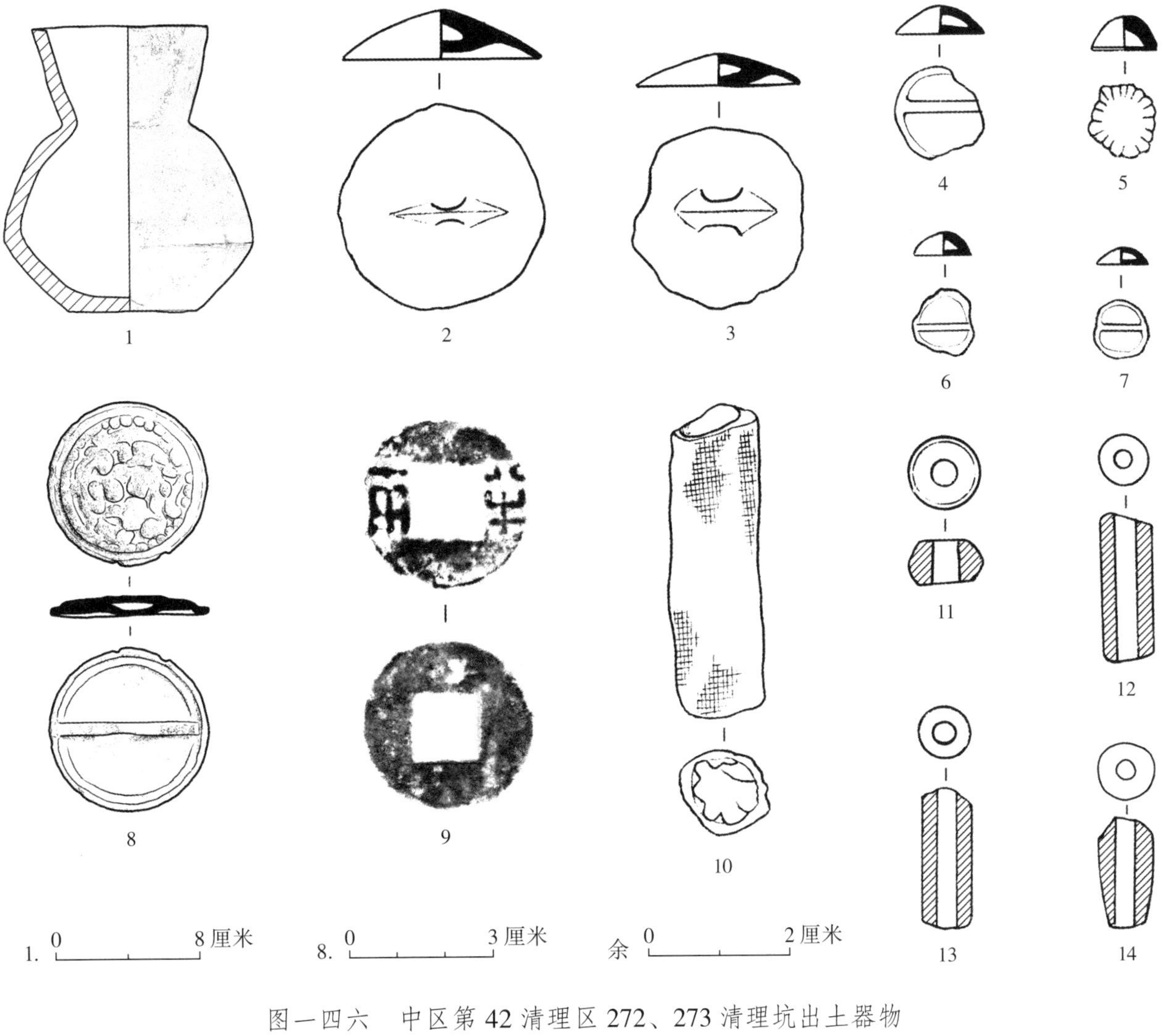

图一四六　中区第 42 清理区 272、273 清理坑出土器物

1. 陶壶（K42–273：1）　2 ~ 8. 铜泡（K42–272：14、K42–272：15、K42–272：23、K42–272：19、K42–272：20、K42–272：16、K42–272：27）　9. 铜半两钱（K42–272：17）　10. 铁管（K42–272：13）　11. 绿云母（或天河石）珠（K42–272：2）　12、13. 玛瑙管（K42–272：25、K42–272：7）　14. 绿云母管（K42–272：4）

铜泡　7枚。

K42–272：14，为中高斗笠形铜泡。边缘微残。素面，背面中部有一穿孔纽。直径2.8、高0.6厘米（图一四六，2）。

K42–272：15，为矮斗笠形铜泡。边缘略残。素面，背面中部有一穿孔纽。直径2.4、高0.4厘米（图一四六，3）。

K42–272：23，残。近斗笠形。素面，背纽为横梁状单纽。残径1.2、高0.4厘米（图一四六，4）。

K42–272：19，为D型放射线纹铜泡。完整。近矮半球形。泡面边缘有较钝的锯齿纹。直径0.9、高0.4厘米（图一四六，5）。

K42–272：20，为A型珠形铜泡。残。近矮半球形。素面，背纽为横梁状单纽。直径0.7、高0.3厘米（图一四六，6）。

K42–272：16，为A型珠形铜泡。完整。近斗笠形。素面，背纽为横梁状单纽。直径0.7、高0.25厘米（图一四六，7）。

K42–272：27（考4064–9），为A型熊纹铜泡。完整。泡面略鼓，有两周折棱，泡面中部为较模糊的熊纹，似乎有后腿翻转的特征。动物纹外围为一周不清晰的斜线纹。背纽为横梁状单纽。直径3.3、高0.5厘米（图一四六，8）。

铜半两钱　1枚。

K42–272：17（考4076–7），为C型半两钱。边缘微残。无内、外郭。直径2.35、穿宽0.82、厚0.1厘米，重1.8克（图一四六，9）。

铁管　1件。

K42–272：13，略残。圆柱形，内壁不平整，外壁铁锈上黏有纺织品纤维痕迹。直径1.3、长4.2厘米（图一四六，10）。

绿云母（或天河石）珠　1枚。

K42–272：2，完整。近算珠形。直径1、高0.6厘米（图一四六，11）。

玛瑙管　2枚。

K42–272：25，完整。近圆柱形，两端倾斜。直径0.7、高2厘米（图一四六，12）。

K42–272：7，完整。近圆柱形，两端外弧。直径0.7、高1.8厘米（图一四六，13）。

绿云母管　1枚。

K42–272：4，完整。略外鼓的圆柱形。直径0.8、高1.5厘米（图一四六，14）。

（三）第34、35、42清理区265、266、268清理坑

共14件。

陶罐　1件。

K35–265：9（考4026），为D型泥质陶罐。残存部分器壁，中腹以下不能复原。夹细砂泥质灰陶。轮制。器形极小。器表残留斑驳的黄褐色薄层。侈口，圆唇，束颈，斜肩，鼓腹。

腹部饰六周凹弦纹。口径 3.8、腹径 6.7、残高 4.9 厘米（图一四七，1）。

陶杯　1 件。

K35-268：4（考 4111.2），为 Ba 型夹砂陶杯。夹砂黄褐陶。略侈口，尖唇，弧腹，平底。口沿上有少量因磨损而不甚清晰的浅刻齿纹。口径 7.2、底径 5.8、高 6.9 厘米（图一四七，14）。

铜镞　1 件。

K34-265：33，为 B 型三翼銎孔铜镞。完整。三角形镞身，镞身边缘为流线型，尾翼形成倒刺，銎孔处的镞身上有镂孔。长 3.5、宽 1.5 厘米（图一四七，2）。

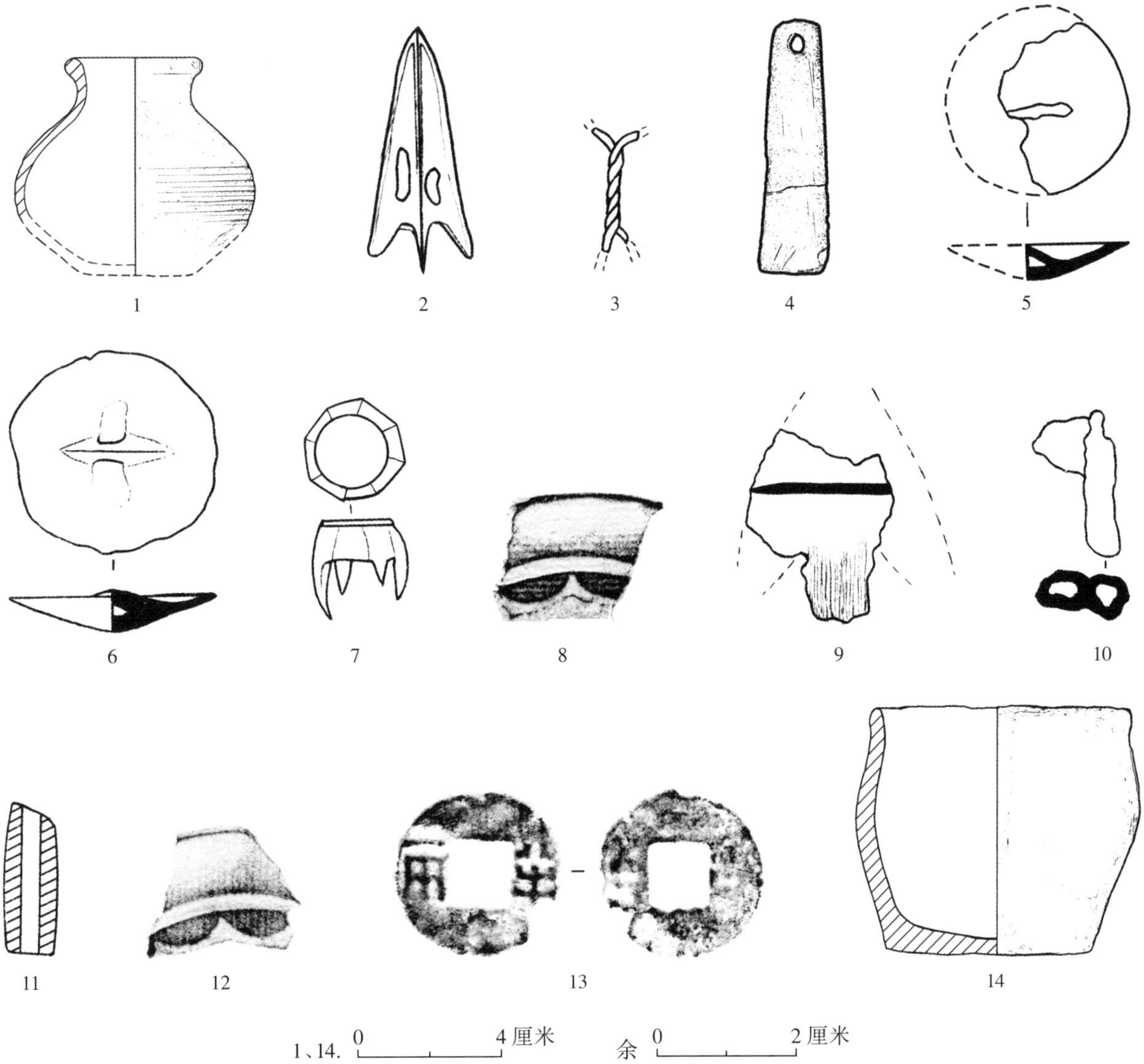

图一四七　中区第 34、35、42 清理区 265、266、268 清理坑出土器物

1. 陶罐（K35-265：9）　2. 铜镞（K34-265：33）　3. 铜耳饰（K34-265：35）　4. 穿孔铜片（K35-265：6）　5、6. 铜泡（K42-265：3、K42-265：2）　7. 四尖足铜器（K35-265：11）　8、12. 铜镜残片（K35-265：17、K35-266：48）　9. 铁镞（K34-265：40）　10. 铁管（K35-265：12）　11. 绿云母管（K42-265：4）　13. 铜半两钱（K42-265：1）　14. 陶杯（K35-268：4）

铜耳饰　1 件。

K34–265：35，残存一段。为两根铜丝拧绕而成的耳饰的一段。残长 1.5 厘米，铜丝横截面直径约 0.1 厘米（图一四七，3）。

穿孔铜片　1 件。

K35–265：6（考 4070 附件 –2），断裂，可复原。近长方形薄铜片，略窄的一端有穿孔。长 3.55、厚 0.05 厘米（图一四七，4）。

铜泡　2 枚。

K42–265：3，为矮斗笠形铜泡。残存一半。背面中部有背纽。直径约 2.5、高 0.5 厘米（图一四七，5）。

K42–265：2，为 B 型矮斗笠形铜泡。边缘微残。背面中部有背纽，背纽下有凹槽。直径 2.8、高 0.5 厘米（图一四七，6）。

四尖足铜器　1 件。

K35–265：11，足部略残。近圆桶形，一端有向下伸出的四个尖足，一端为平整的圆形，外壁有折棱。用途不明。直径 1.3、高 1.4 厘米（图一四七，7）。

铜镜残片　2 块。

K35–265：17（考 4075–6），残存一块铜镜边缘。为较低的凸棱内弧缘，保留有纹饰区外侧的内向连弧纹，推测应为连弧蟠螭纹或四乳四螭纹、四螭纹镜的边缘。边缘厚 0.16 ~ 0.18 厘米，无纹饰处器身厚 0.05 ~ 0.07 厘米。根据残存边缘的弧度推测，铜镜直径 7 ~ 8 厘米（图一四七，8）。

K35–266：48（考 4075–7），残存一块铜镜边缘。为较低的凸棱内弧缘，保留有纹饰区外侧的内向连弧纹，推测应为连弧蟠螭纹或四乳四螭纹、四螭纹镜的边缘。边缘厚 0.16 ~ 0.18 厘米，无纹饰处器身厚 0.05 ~ 0.07 厘米（图一四七，12）。

铜半两钱　1 枚。

K42–265：1（考 4076–4），为 C 型半两钱。边缘略残。表面较平整，钱文清晰，穿边缘整齐。直径 2.35、穿宽 0.85、边缘厚 0.08 ~ 0.12 厘米，重 1.6 克（图一四七，13）。

铁镞　1 件。

K34–265：40，为 B 型扁体扁铤铁镞。残。三角形镞身，尾翼形成倒刺，有铤。铤部表面残留木质纤维痕迹。残长 2.5、残宽 2、中部厚 0.1 厘米（图一四七，9）。

铁管　1 件。

K35–265：12，残。为两个连在一起的铁管，一根铁管只残留一小段。残长 2 厘米，较长一段铁管宽 1.3 厘米（图一四七，10）。

绿云母管　1 枚。

K42–265：4，完整。为中部微鼓的圆柱形，一端平整，一端倾斜。中部直径 0.7、高 2.1 厘米（图一四七，11）。

（四）第 29、36、37 清理区

共 8 件。

陶罐　1 件。

K29-215：16（考 4101.2-1），为折腹夹砂陶罐。夹砂黄褐陶。直颈略外侈，方唇，溜肩，折腹，平底。口径 9.2、腹径 13.2、底径 5.6、高 15.2 厘米，口沿部厚 0.65 厘米（图一四八，1）。

陶碗　1 件。

K36-224：2（考 4116.2），为 Bb 型夹砂陶碗。大部分器壁残缺，可复原。夹砂黄褐陶。侈口，圆唇，腹微外弧，平底。口径约 9.8、底径 5.7、高 6.5 厘米（图一四八，2）。

陶杯　2 件。

K29-220：2（考 4115.3），为 Bb 型夹砂陶杯。残存约二分之一，可复原。夹砂黄褐陶。侈口，圆唇，腹微外弧，平底。口沿上、器底外缘有隐约可见的斜向的刻划纹。口径 9.4、底径 5.9、高 6.2 厘米，壁厚 0.8 厘米（图一四八，3）。

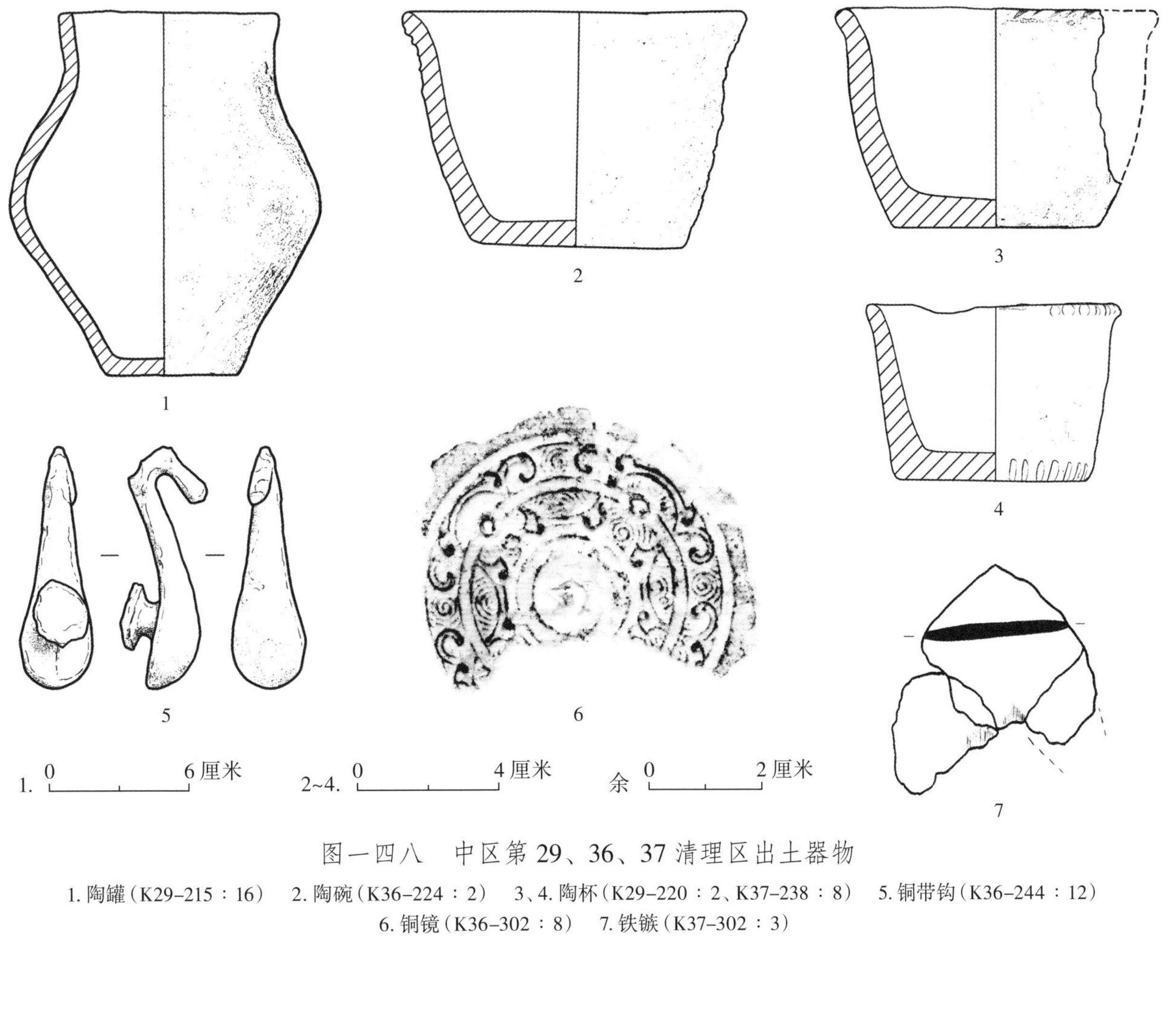

图一四八　中区第 29、36、37 清理区出土器物

1. 陶罐（K29-215：16）　2. 陶碗（K36-224：2）　3、4. 陶杯（K29-220：2、K37-238：8）　5. 铜带钩（K36-244：12）　6. 铜镜（K36-302：8）　7. 铁镞（K37-302：3）

K37–238：8（考 4119.3），为 Ca 型夹砂陶杯。器壁残缺约二分之一，可复原。夹砂黄褐陶，陶色不均，部分器壁呈灰褐色。侈口，圆唇，斜腹较直，平底。口沿外侧、器底边缘饰纵向刻齿纹。口径 7.3、底径 5.6、高 4.9 厘米，壁厚 0.5 ～ 0.8 厘米（图一四八，4）。

铜带钩　1 件。

K36–244：12（考 4051–1），为 A 型铜带钩。完整。琵琶形。钩中部不甚平整，背纽正面近圆形。纽柱横截面为纵向椭圆形。带钩背面中部有一条纵向铸缝。长 4.25、宽 1.25 厘米，背纽直径 1.15 厘米（图一四八，5）。

铜坠饰　1 件。

K29–215：3（考 4056–5），残存二分之一（彩版二二八，9）。

铜镜　1 件。

K36–302：8（考 4075–2），为缠绕式蟠螭纹铜镜。小三弦纽，素圆纽座，凸棱内弧缘，镜面较平，镜体较薄。两重纹饰，主纹是四个相互缠绕的蟠螭纹，蟠螭纹中部被一圈宽弦纹带所横断，弦纹上饰四个小乳丁纹。地纹为圆涡纹。根据残存部分推测，直径约 7.5 ～ 8、边缘厚 0.17 厘米，纽部高 0.35 厘米，镜厚 0.06 ～ 0.09 厘米（图一四八，6）。

铁镞　1 件。

K37–302：3，为 Aa 型扁体无铤铁镞或 B 型扁体扁铤铁镞。残。扁体双翼镞，三角形镞身，刃部略外弧。尾翼形成倒刺，无法判断是否有铤，近底部正中处有木质纤维痕迹。残长 4 厘米（图一四八，7）。

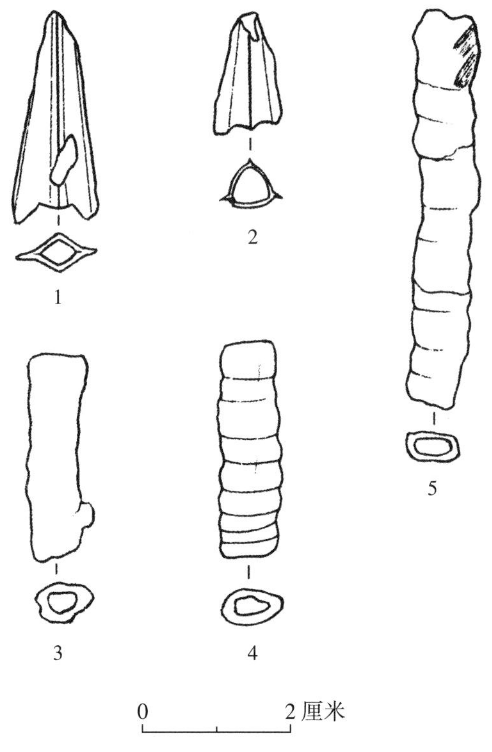

图一四九　中区第 41 清理区 264 清理坑出土器物

1、2. 铜镞（K41–264：14、K41–264：16）　3 ～ 5. 铁管（K41–264：12–1、K41–264：12–2、K41–264：9）

（五）第 41 清理区 264 清理坑

共 5 件。

铜镞　2 件。

K41–264：14，尖部、尾翼略残。双翼銎孔铜镞，三角形镞身，尾翼形成倒刺，镞身中部起脊，銎孔上有镂孔，銎孔口部为菱形。残长 2.7、残宽 1.1 厘米（图一四九，1）。

K41–264：16，残存一段。三翼銎孔铜镞，銎孔中部横截面为弧边圆角三角形。残长 1.5 厘米（图一四九，2）。

铁管　3 件。

K41–264：12–1，锈蚀。为略扁的圆柱形。长 2.7、横截面长径 0.7 厘米（图一四九，3）。

K41–264：9，锈蚀。扁柱形，略弯，器表有凸棱。

器表有木质纤维痕迹。长 5.2、横截面长径 0.7 ～ 0.9 厘米（图一四九，5）。

K41–264∶12–2，锈蚀。扁柱形，器表有凸棱。长 2.8、横截面长径 0.9 厘米（图一四九，4）。

（六）第 42、43、44 清理区

共 6 件。

陶罐　1 件。

K44–303∶5（考 4024），为 B 型泥质陶罐。残，可复原。泥质夹细砂黄褐陶。轮制。侈口，折沿，方唇，斜折肩，弧腹，平底。器底和器壁转折处较圆弧。上腹部饰四至五周不甚清晰的凹弦纹，下腹部饰横向的绳纹。口径 15.2、腹径 22.8、底径 10 ～ 10.5、高 18.3 厘米，口沿厚 0.75 厘米（图一五〇，1）。

陶碗　1 件。

K44–340∶4（考 4114.1），为 Bb 型夹砂陶碗。残存约二分之一，可复原。夹砂黄褐陶，器身上半部内、外壁有黑色烟炱状薄层。略侈口，方唇略圆，上腹略外弧，平底，底外缘略外凸。口沿外侧饰一周纵向刻齿纹，口沿下饰两周珍珠纹，珍珠纹上下交错分布。在内壁与珍珠纹对应的位置有小的凹坑。口径 13、底径 7、高 9.3 厘米，壁厚 0.6 ～ 0.8 厘米（图一五〇，3）。

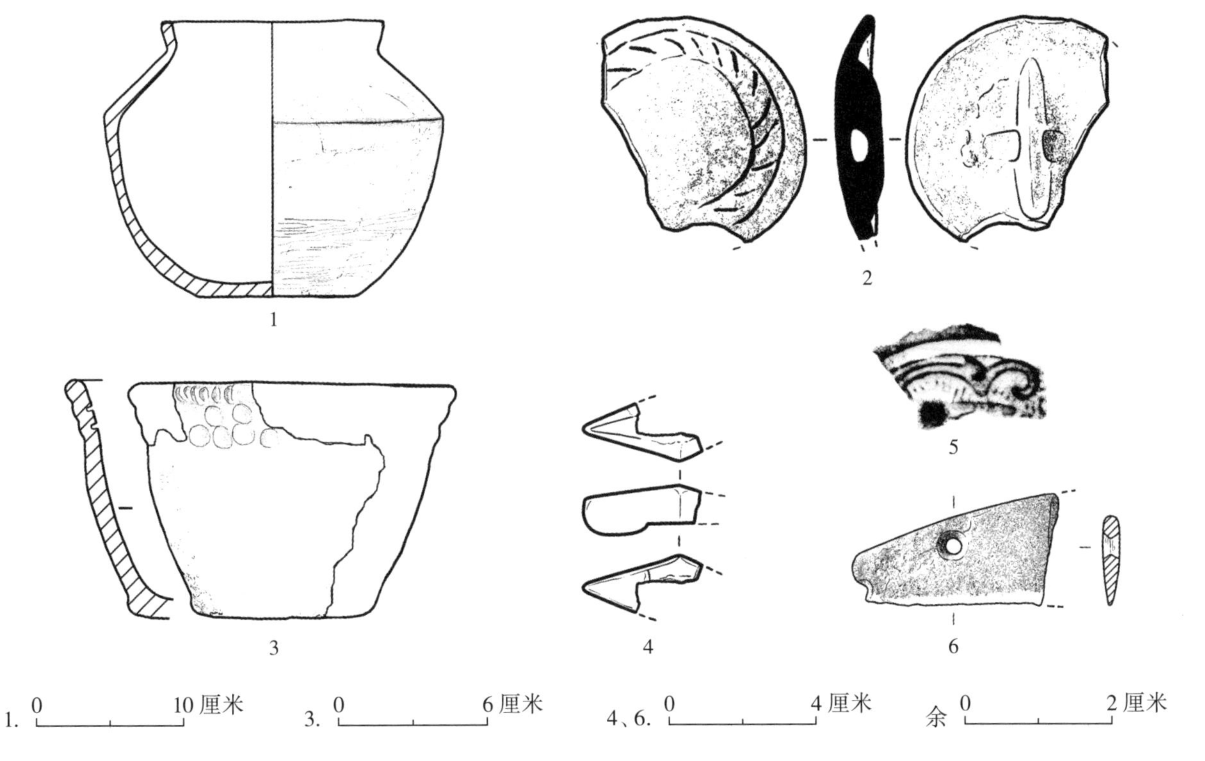

图一五〇　中区第 42、43、44 清理区出土器物

1. 陶罐（K44–303∶5）　2. 铜泡（K43–318∶12）　3. 陶碗（K44–340∶4）　4. 铜剑格（K43–271∶5）　5. 铜镜残片（K44–304∶17）　6. 石刀（K42–270∶27）

铜泡 1枚。

K43-318：12（考4065-31），为B型放射线纹铜泡。残存二分之一。泡面为矮弧形，近边缘处饰一周平行斜凹线组成的纹带。背面有一直纽，纽中部有一穿孔，纽中部略高于泡底边。直径3.3、高0.65厘米，壁厚0.17厘米（图一五○，2）。

铜剑格 1件。

K43-271：5（考4040-2），残存近二分之一。铸制，器表面光亮。根据残存部分推测整体为菱形，穿孔为长方形，向剑身的一侧中部有菱形的凹槽。残长3.3、厚1.1厘米（图一五○，4）。

铜镜残片 1片。

K44-304：17（考3994.14-2），缠绕式蟠螭纹镜残片，残存部分为近边缘处，残留一个蟠螭纹的一段和一个乳丁，地纹为圆涡纹或线条纹。残长2.2厘米（图一五○，5）。

石刀 1件。

K42-270：27（考4091-3），残存近一半，一个穿孔残。直刃弧背，近背部和近一端处各有一个穿孔。完整的穿孔为圆形、对钻。残长5.6、残宽3、厚0.5厘米（图一五○，6）。

（七）第45清理区

共5件。

陶壶 1件。

K45-341：6（考4102.3），为D型敞口夹砂陶壶。残，可复原。夹砂灰褐陶，陶色不均，部分器表近黄褐色。手制，部分器表略不平整。侈口，圆唇，直颈略外斜，圆肩，鼓腹，平底。最大腹径位于上腹部。口径11.8、腹径13.5、底径7.5、高17.5厘米（图一五一，1）。

陶罐 1件。

K45-235：1（考4115.1），为D型无耳大口夹砂陶罐。残存约三分之一，可复原。夹砂黑褐陶，含砂比例较高，器表粗糙。侈口，圆唇，腹微外弧，平底。口径10、底径7.9、高7厘米，壁厚0.6厘米（图一五一，4）。

陶碗 2件。

K45-234：4（考4116.1），为Ab型夹砂陶碗。口略残，可复原。夹砂黄褐陶，内、外壁有黑色烟炱。侈口，圆唇，略鼓腹，平底。口沿外侧和器底边缘有较深的纵向刻齿纹，口沿下有三排珍珠纹，最下一排珍珠纹有一小段中断无纹饰。在内壁与珍珠纹相对应的位置均有圆形小坑。口径10.5、底径5.3～5.5、高7.1厘米，壁厚0.6～0.7厘米（图一五一，2）。

K45-235：8（考4029-1），为Ab型夹砂陶碗。部分器壁残，可复原。夹砂黄褐陶。侈口，尖唇，腹略外弧，底边缘外凸，平底微内凹。口沿外侧饰刻齿纹；颈部饰三排珍珠纹，纹饰外凸不明显，内壁与部分珍珠纹对应的位置有小圆坑；肩部以下和器底饰较大而深的篦点纹，器底边缘饰较浅的纵向刻齿纹。器表残留少量红衣。口径10.4、底径7.2、高7.2厘米，口沿厚0.55厘米（图一五一，3）。

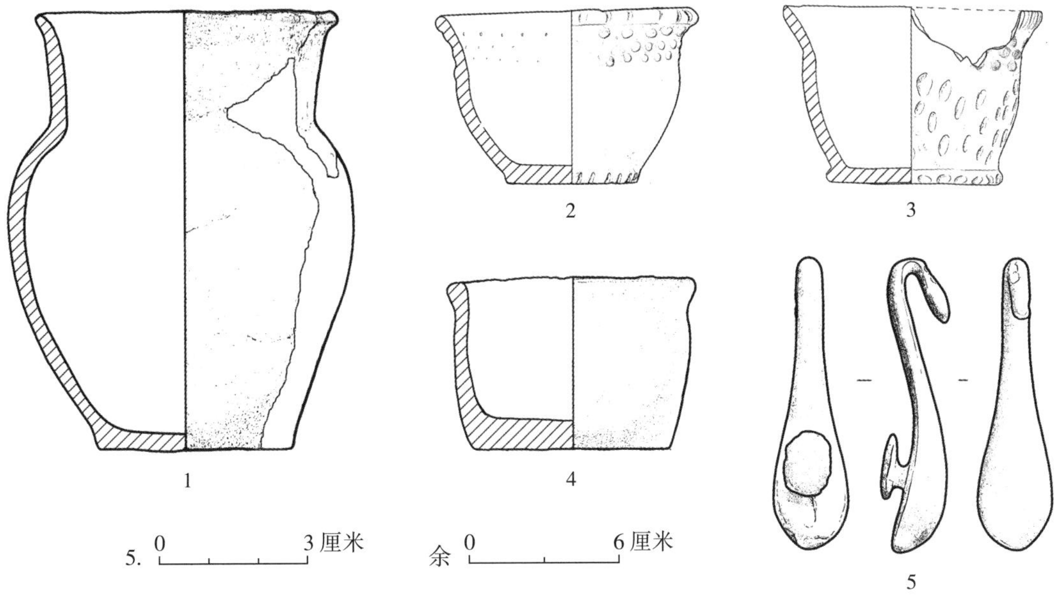

图一五一　中区第45清理区出土器物

1. 陶壶（K45-341：6）　2、3. 陶碗（K45-234：4、K45-235：8）　4. 陶罐（K45-235：1）　5. 铜带钩（K45-235：11）

铜带钩　1件。

K45-235：11（考4051-2），为A型铜带钩。完整。铸制。琵琶形。纽面近椭圆形，纽柱横截面为纵向椭圆形。钩部有磨损痕迹。带钩背面中部有一条纵向铸缝。长5.95、宽1.55厘米，纽纵长1.5厘米（图一五一，5）。

（八）第49清理区

共10件。

陶壶　2件。

K49-315：7（考4021），为曲颈夹砂陶壶。残，可复原。夹砂黄褐陶。侈口，圆尖唇，高颈略内敛，鼓腹略扁，平底，器底和器壁交接处为弧形。颈部饰红色陶衣，上腹部饰两周交错分布的格子组成的纹带，纹带的上、下边缘为二至三周凹弦纹，中部为一周凹弦纹。中部凹弦纹的上、下饰由四个竖条为一组组成的方格和空白无纹饰器表相间分布组成的格子纹。凹弦纹和竖条纹均为用带细齿的工具压制而成的细长凹点。口径7.6、腹径14.4、底径7.6～8、高15.3厘米（图一五二，1）。

K49-356：8（考4069-1），为曲颈夹砂陶壶。残，下腹及器底不能复原。夹砂红褐陶，器表残留部分红色陶衣。直口，圆唇，直颈略外鼓，圆肩，鼓腹。肩部饰篦点纹组成的三周双线的弦纹，两个弦纹之间饰篦点纹组成的平行四边形。口径8.5、腹径17.5、高约20厘米，口沿部厚0.7厘米（图一五二，3）。

陶鬲　1件。

K49-315：16（考4095），为夹砂陶鬲。残，足部仅残存一个器足的部分陶片，上腹有

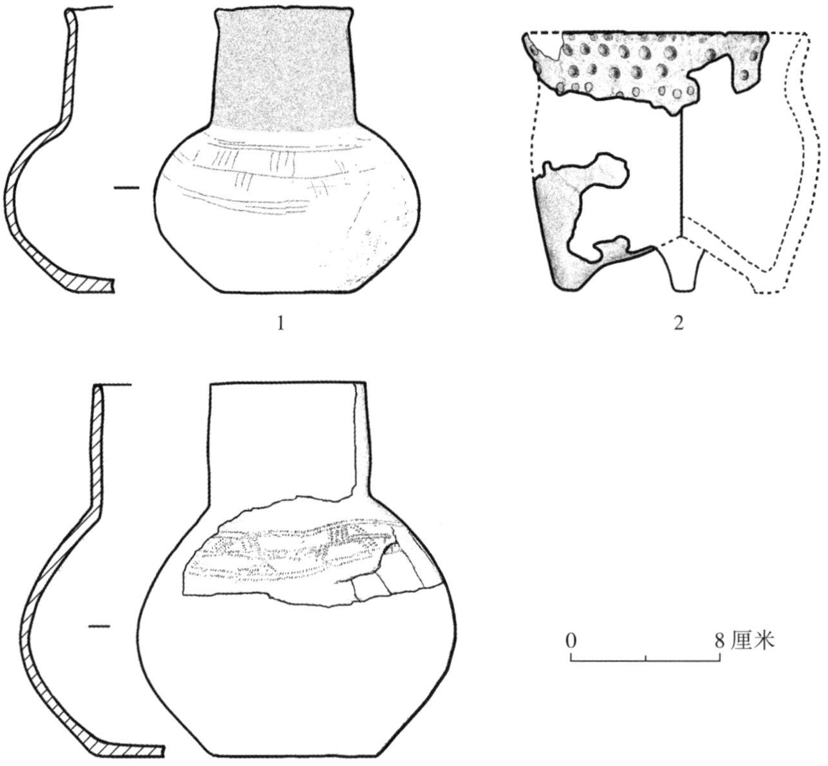

图一五二　中区第49清理区出土器物

1、3. 陶壶（K49-315：7、K49-356：8）　2. 陶鬲（K49-315：16）

一段不能复原。夹砂褐陶，陶色不均，口沿部为黑灰色，足部为红褐色。口略外侈，三袋足，足底部较平。口沿外侧有由连续大凹点组成的凹点纹，口沿下有两排珍珠纹，珍珠纹以下有一周大凹点纹。口径15～15.5、高约13.5厘米，壁厚约0.7厘米（图一五二，2）。

鎏金铜片　1件。

K49-356：7（考4071-3），存三片。正面鎏金。推测原始形状为圆形，残存部分较平。正的一面有两周较缓的凸棱，另一面较平。无凸棱部分厚0.11厘米，可拼对起来的最大一片长6.8、宽4厘米（图一五三，1）。

铜五铢钱　1枚。

K49-314：16（考4077-4），边缘残。A型五铢钱。直径2.5、穿宽1厘米（图一五三，7）。

铁镞　1件。

K49-329：2，应为B型扁体扁铤铜镞。残。镞身中部略厚，推测为三角形镞身，尾翼形成倒刺，根据残存部分推测有铤，铤部附近镞身有木质纤维痕迹。残长4.6、残宽3.6、中部厚0.5厘米（图一五三，2）。

铁剑　1件。

K49-356：6，残存剑身近尖部的一段。应为锻制而成，中部起脊，横截面为扁菱形。残

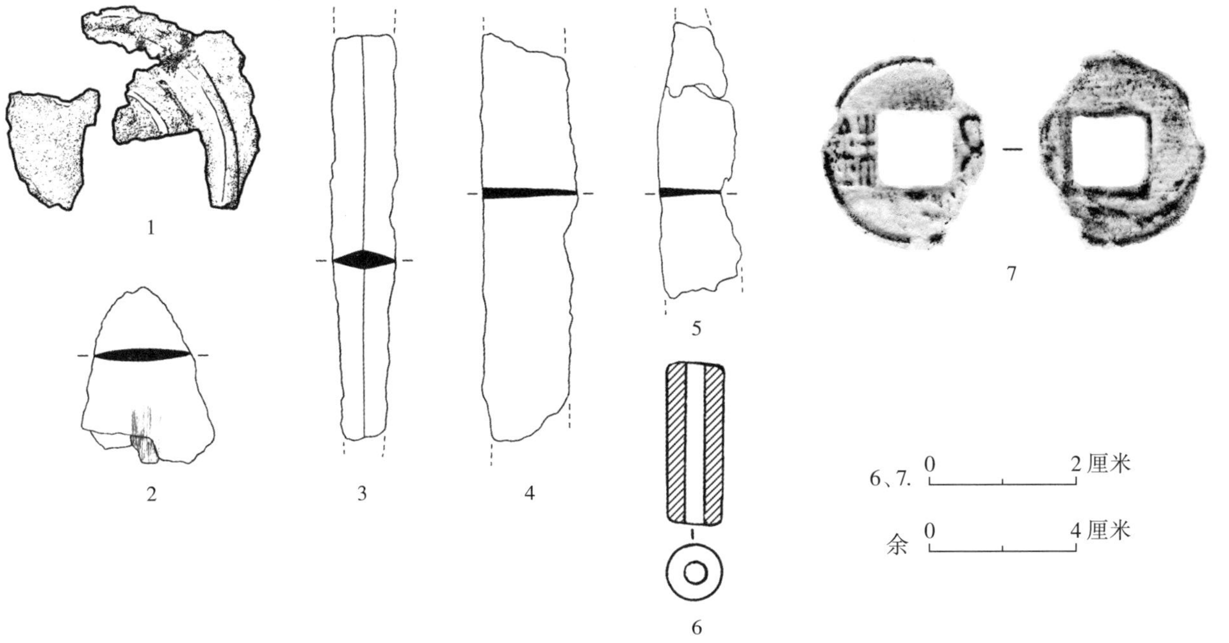

图一五三　中区第49清理区出土器物

1. 鎏金铜片（K49-356：7）　2. 铁镞（K49-329：2）　3. 铁剑（K49-356：6）　4、5. 铁刀（K49-356：5、K49-356：1）　6. 绿云母管（K49-329：1）　7. 铜五铢钱(K49-314：16)

长10.6、宽1.8、中部厚0.4厘米（图一五三，3）。

铁刀　2件。

K49-356：5，残存一段刀身。直背，背部较平。残长10.6、残宽2.4、背厚0.25厘米（图一五三，4）。

K49-356：1，残存近刀尖部的一段刀身。刀背略外弧。残长7.2、残宽2、背厚0.2厘米（图一五三，5）。

绿云母管　1枚。

K49-329：1，完整。圆柱形。直径0.8、高2.1厘米（图一五三，6）。

（九）第50清理区

共6件。

铜泡　3枚。

K50-353：26（考4064-1），为Ba型熊纹铜泡。残。残存约三分之二，背纽残。泡面鎏金。泡体较大而轻薄，正面饰一坐着的熊的正面图案。泡背面有一纽，纽体横截面为圆形。推测直径约3.5、泡体厚0.1厘米（图一五四，1）。

K50-355：27，为A型中高斗笠形铜泡。边缘略残。泡面无纹饰，近边缘处泡面逐渐变薄，背面中部有一背纽。直径2.7、高1.1厘米（图一五四，2）。

K50-355：21（考4065-29），为B型凸点纹铜泡。边缘残。整体近矮半球形，边缘不整齐，

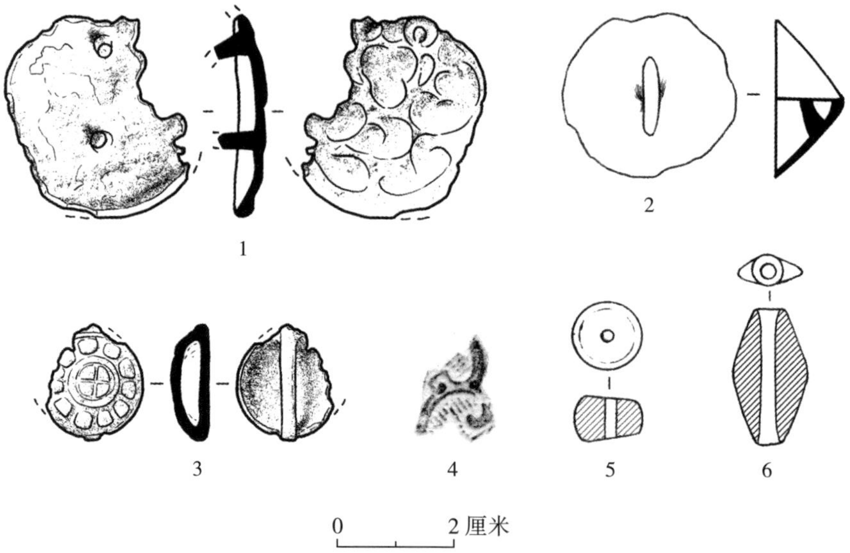

图一五四　中区第50清理区出土器物

1～3. 铜泡（K50–353：26、K50–355：27、K50–355：21）　4. 铜镜残片（K50–340：1）　5、6. 天河石珠（K50–355：32、K50–355：30）

泡面装饰放射线状纹饰，泡面中心部位有一“十”字纹。背纽为横梁状单纽。直径2、高0.6、泡面厚0.1厘米（图一五四，3）。

铜镜残片　1片。

K50–340：1（考4075–4），为连弧蟠螭纹镜或蟠虺纹镜残片。仅残存一小块，地纹为平行线条纹。残长1.8厘米（图一五四，4）。

天河石珠　2枚。

K50–355：32，完整。为中部外鼓的短柱形，两端略倾斜。中部直径1.1、高0.7厘米（图一五四，5）。

K50–355：30，完整。扁体，六边形，两面略外鼓。中部宽1.1、高2.2厘米（图一五四，6）。

（一〇）第51清理区

共10件。

陶豆　1件。

K51–382：8（考4030），为夹砂陶豆柄部。仅残存一段豆柄部。夹细砂灰褐陶。豆柄为空心，残存部分为器壁略内弧的柱形。柄中部横截面直径4.2厘米，残高5.6厘米（图一五五，9）。

铜镞　4件。

K51–382：1，为Ac型三翼銎孔镞。略残。刃部略呈流线型，尾翼形成倒刺。銎孔部有镂孔。銎口部为三角形。残长4厘米（图一五五，1）。

K51–383：9，为Ac型三翼銎孔镞。残。刃部略呈流线型，尾翼形成倒刺，镞身有血槽。

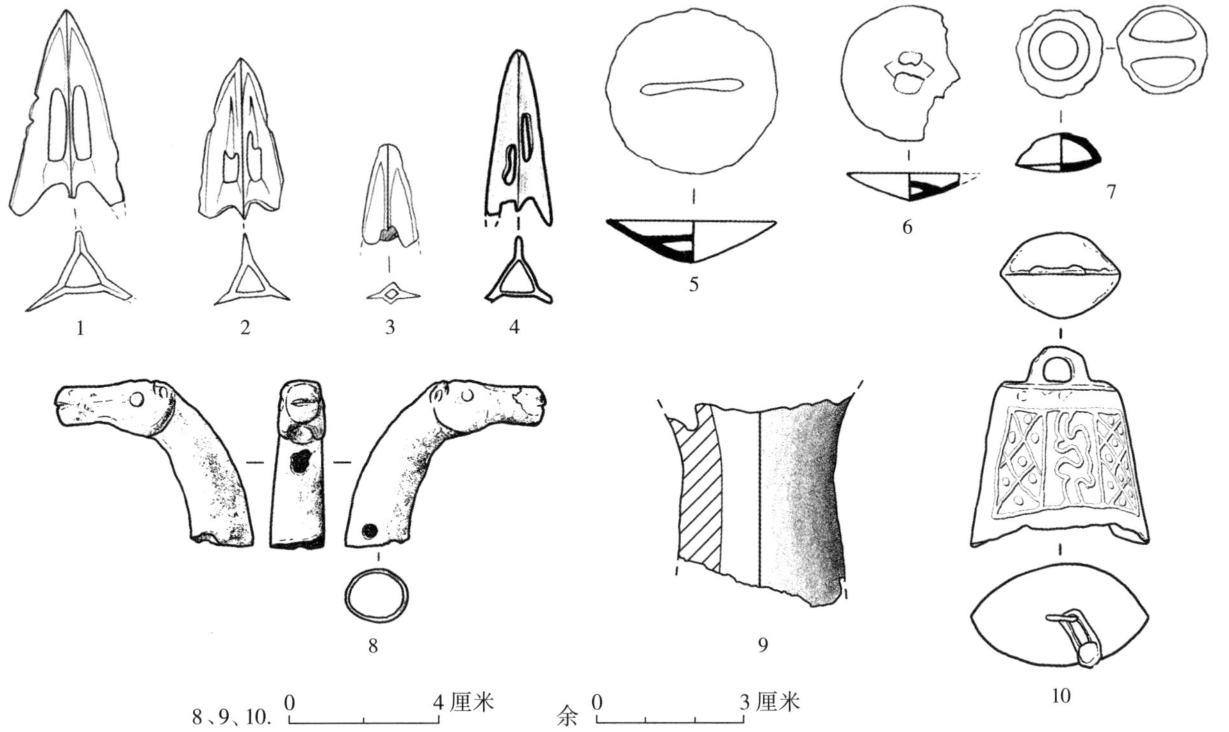

图一五五　中区第51清理区出土器物

1～4. 铜镞（K51-382：1、K51-383：9、K51-384：9、K51-384：6）　5～7. 铜泡（K51-384：24、K51-384：25、K51-387：6）
8. 马首形铜杆头饰（K51-383：10）　9. 陶豆柄（K51-382：8）　10. 铜铃（K51-384：8）

銎孔部有镂孔。銎口部为三角形。残长3.2厘米（图一五五，2）。

K51-384：9，残。双翼銎孔镞。镞身为三角形，中部起脊。尾翼形状不明。銎口为菱形。残长2厘米（图一五五，3）。

K51-384：6，为Bc型三翼銎孔镞。略残。镞身为三角形，有倒刺，銎孔上有孔，銎口为等边三角形。残长3.5厘米（图一五五，4）。

铜铃　1件。

K51-384：8（考4054-7），为B型中原式带纹饰铜铃。边缘略残。钟形，横截面为橄榄形，底边内弧，顶部有扁体的倒“U”字形立纽，与纽相对的铃内背面有一近曲尺形扁纽，纽上套接铃舌。铃舌上半部为套接在铃内扁纽上的长方形孔，下半部加厚近橄榄形。顶部中线有一条横向的铸缝。铃两面装饰内填凸点的凸线菱形纹，中部为凸曲线组成的较抽象的类似卷云状纹饰。底边宽4.7、高5.15厘米，底缘壁厚0.05～0.07厘米（图一五五，10）。

铜泡　3枚。

K51-384：24，为中高斗笠形铜泡。边缘略残。泡面素面无纹饰，背面中部有较细而长的背纽。直径3.4、高0.8厘米（图一五五，5）。

K51-384：25，为Ab型矮斗笠形铜泡。残。正面无纹饰，背面中部有背纽，纽下有较短的凹槽。直径2.6、高0.6厘米（图一五五，6）。

K51-387：6，为重圈纹铜泡。边缘微残。矮半球形。泡面有两周同心圆纹，背面有贯通的背纽，纽中部外凸。直径 1.8、高 0.8 厘米（图一五五，7）。

马首形铜杆头饰　1 件。

K51-383：10（考 4033），下半部略残。铸制。主体为铜管，末端雕塑出一马头形象，表现出马的鼻子、眼睛和耳朵，马的颈部向一侧弯曲。马头后半部和颈部中空，颈部横截面为圆形，近残端处有一圆形穿孔。在中空的颈部内残存一段木芯，木芯的残段上有一圆形穿孔，应为嵌入杆头近残断处的木芯。长 7.5 厘米，残端处直径 1.4 ~ 1.6、壁厚 0.12 厘米（图一五五，8）。

（一一）第 52 清理区

共 12 件。

铜镞　1 件。

K52-485：23，残存约二分之一。双翼銎孔铜镞。銎孔横截面为菱形。残长 1.5 厘米（图一五六，2）。

铜环　1 件。

K52-485：39，为 E 型铜环。边缘残。为铜剑柄上的穿环。环中部外鼓，外缘较薄。直径 3.1、内径 1.35 厘米（图一五六，1）。

铜泡　1 枚。

K52-485：33，为矮弧形铜泡。边缘略残。泡面素面，背面有一较大的背纽，纽下有短凹槽。直径 2.9、高 0.5 厘米（图一五六，3）。

铜铃　1 件。

K52-485：13（考 4055-n），为 A 型北方式不规则镂孔或无镂孔铜铃。边缘略残。器身细长，近跳棋状。铃身上有上、下两排斜向平行凹线组成的三角形纹，纹饰上、下各有三周凹弦纹。铃身上有不规则的较小的镂孔。底径 1.7、高 4.1 厘米（图一五六，4）。

带纹饰铜片　1 件。

K52-485：31（考 4058-2），残存带两个相垂直边缘的一块。边缘略向背面弧凸，正面沿一个边缘有一排外凸的方格纹，方框纹的内侧有一内凹直线。另有两条纵向平行的凹线，凹线的背面外弧。在有方格纹一侧的边沿处有一圆形穿孔。残长 2.5 厘米，无纹饰处厚 0.1 ~ 0.12 厘米（图一五六，5）。

圆形鎏金铜饰片　1 件。

K52-485：40，已残。饰片外围压印凸点纹一周，中心为针刻的浅细线条描绘的羽人，羽人的头部剩有脑后三角形披发，两臂平端前伸，腰部围有绦带，胯间遮以鳞片和垂条饰，赤足。整理时未见实物，尺寸不详。

铁刀　1 件。

K52-433：16，残存刀身的一段。残存部分为直背。残长 4.8、宽 1.4、背厚 0.4 厘米（图

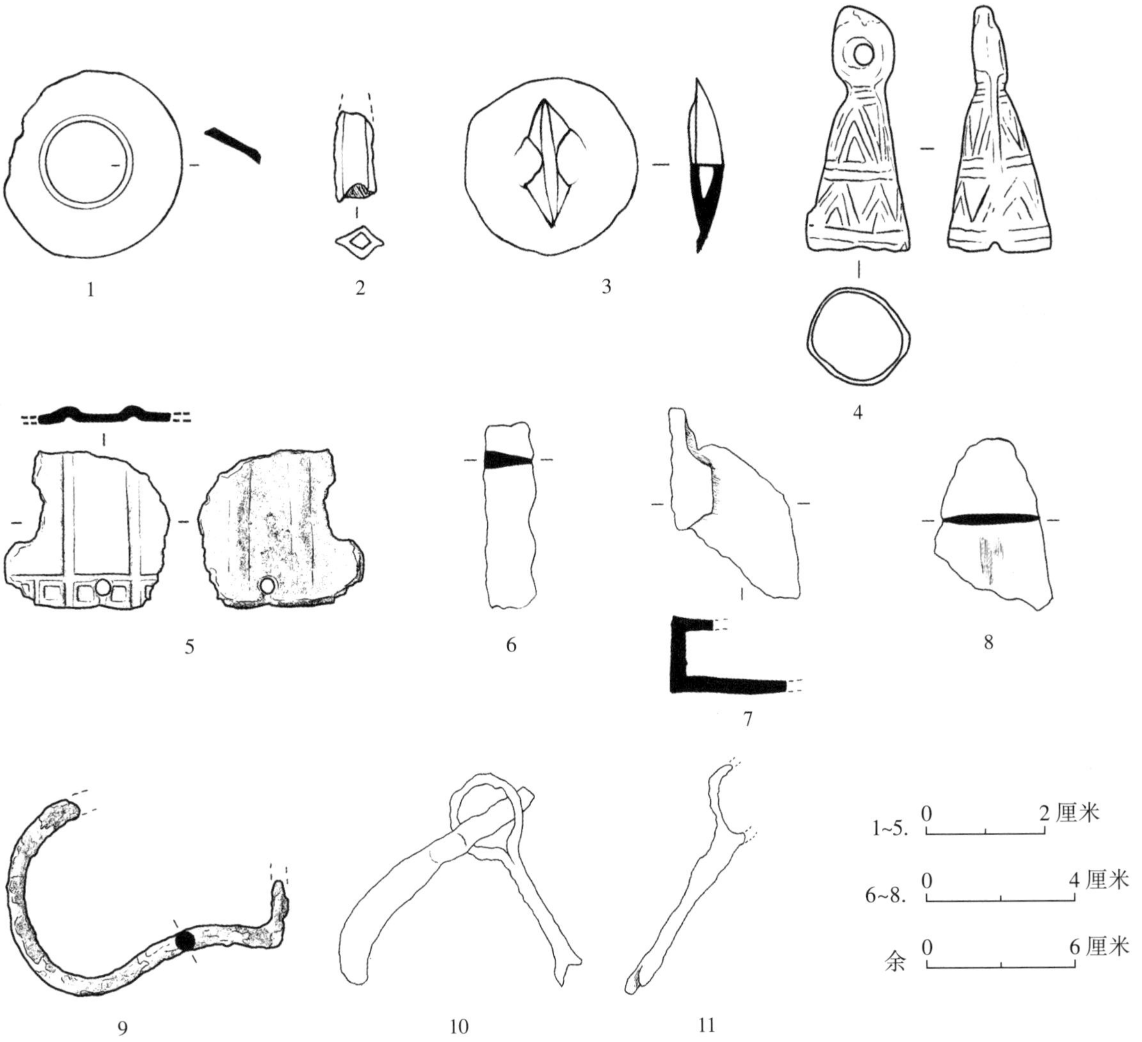

图一五六　中区第52清理区出土器物

1. 铜环（K52-485：39）　2. 铜镞（K52-485：23）　3. 铜泡（K52-485：33）　4. 铜铃（K52-485：13）　5. 带纹饰铜片（K52-485：31）　6. 铁刀（K52-433：16）　7. 方銎铁器残片（K52-485：1）　8. 铁镞（K52-485：42）　9. 铁带扣（K52-485：4）　10. 铁衔镳（K52-433：17）　11. 铁衔（K52-485：43）

一五六，6）。

方銎铁器残片　1件。

K52-485：1，残存方銎部的一部分。銎部为长方形。残长5厘米，銎宽2、銎部器身厚0.4厘米（图一五六，7）。

铁镞　1件。

K52-485：42，残存镞身的一部分。扁体双翼镞，根据残存部分推测镞身为近三角形，近底部的中部有木质纤维痕迹。残长4.5、残宽3厘米，镞身中部厚0.2厘米（图一五六，8）。

铁带扣　1件。

K52-485：4（考4047-4），为E型铁带扣。残。用一根横截面为圆形的铁丝锻制而成。

前半部为圆弧形，后半部内收，两端形成直角，末端有一横梁。长 11.1 厘米，前半部宽 7.9 厘米（图一五六，9）。

铁衔镳　1 套。

K52–433：17，衔、镳均只残存约二分之一。衔为直杆式，外环较大，内环较小。镳为较窄的螺旋桨形，中部有两个穿孔。衔残长 9.4 厘米，外环直径约 3 厘米；镳残长 10.6 厘米，最宽处宽 1.3 厘米（图一五六，10）。

铁衔　1 件。

K52–485：43，残存近二分之一。为直杆式，外环较大，内环较小。残长 10 厘米（图一五六，11）。

（一二）第 53 清理区

第 53 清理区西北部在中区，西南部在西区。

共 3 件。

绿云母坠　1 枚。

K53–458：13，完整。扁片状，平面为梯形，窄端有一穿孔。长 2.1、宽 1.2 厘米（图一五七，1）。

滑石管　1 枚。

K53–458：14，完整。乳白色。圆柱形。直径 0.6、高 1.3 厘米（图一五七，2）。

绿石珠　1 枚。

K53–458：32，完整。近算珠形，一端倾斜。直径 0.4、高 0.3 厘米（图一五七，3）。

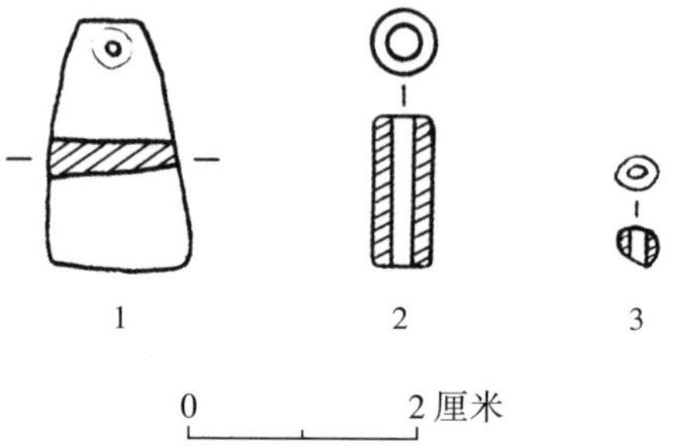

图一五七　中区第 53 清理区出土器物

1. 绿云母坠（K53–458：13）　2. 滑石管（K53–458：14）　3. 绿石珠（K53–458：32）

（一三）第 57、58 清理区

共 8 件。

陶壶　1 件。

K58–419：8（考 4019），为高颈夹砂陶壶。残，可复原。夹砂灰褐陶，陶色不均，部分器表呈黄褐色。侈口，圆唇，高颈，鼓肩，鼓腹，小平底。上腹部部分器表有较浅的成组刻划线。口径 9.9、腹径 17.3、底径 6.5、高 24.8 厘米（图一五八，4）。

陶罐　1 件。

K57–367：21（考 4106），为 A 型泥质陶罐。残，可复原。夹细砂泥质灰陶，器表抹细泥，陶色均匀。轮制。折沿，矮领略外斜，圆肩，鼓腹，平底，底外缘较圆弧。上腹部饰较平缓的凸棱纹，器底和近底部的器壁拍印绳纹。口径 17、腹径 28.5、底径 11.5、高 22 厘米，壁厚约 0.6 ~ 0.7 厘米（图一五八，1、2）。

铜泡　2 枚。

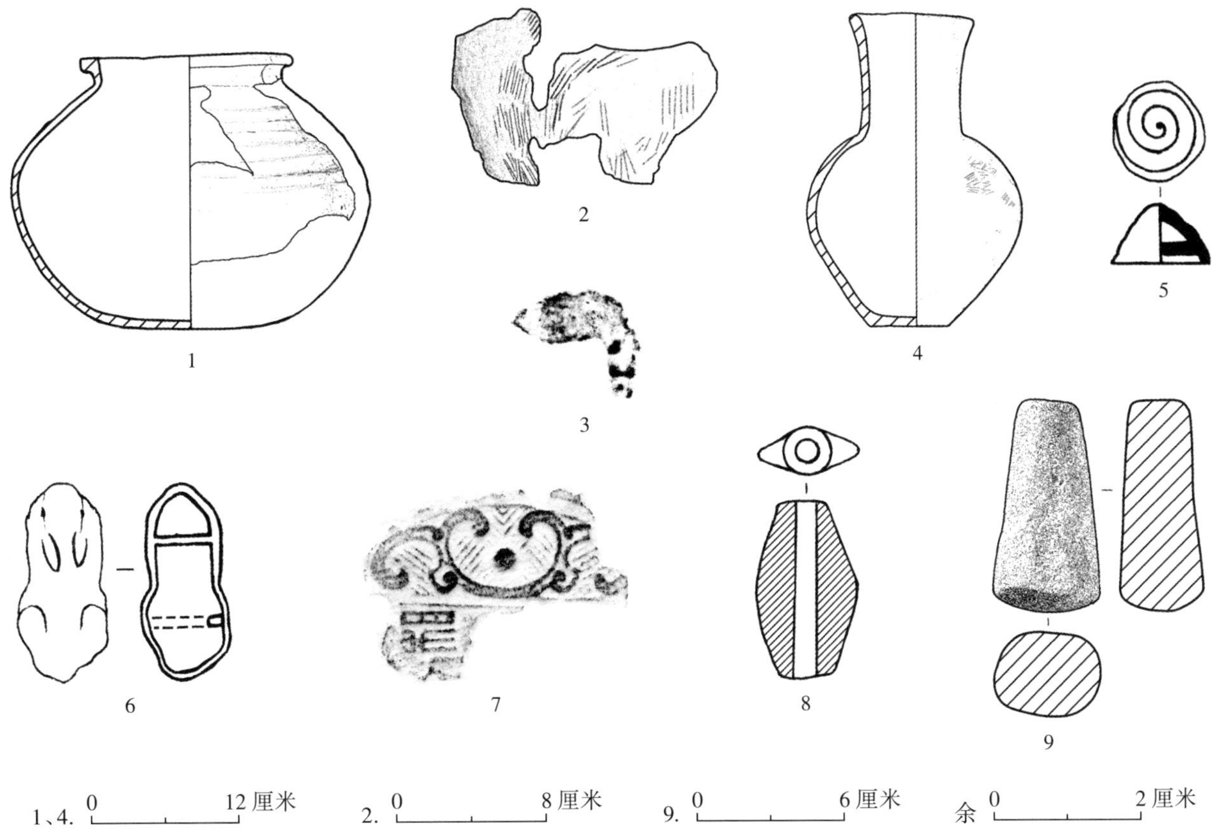

图一五八　中区第 57、58 清理区出土器物

1、2. 陶罐（K57-367：21）（2 为饰绳纹的器底及下腹部残片）　3. 铜半两钱（K57-370：1）　4. 陶壶（K58-419：8）　5、6. 铜泡（K57-368：16、K57-370：3）　7. 铜镜残片（K57-403：3）　8. 天河石扁珠（K57-368：18）　9. 石研磨器（K58-426：4）

K57-368：16，为螺形铜泡。边缘略残。泡正面鎏金。深斗笠形，泡面有螺形凹线纹，背面有一横梁状直纽。底径 1.3、高 0.8 厘米（图一五八，5）。

K57-370：3，为兔形铜泡。边缘微残，一个背纽残。正面鎏金。铜泡正面为一俯卧的兔子形象。背面有横梁状纽。长 2.6、宽 1.2 厘米（图一五八，6）。

铜镜残片　1 片。

K57-403：3（考 4075-1），为 A 型蟠虺纹镜。仅残存纽座外的一块，表面有一个铭文和大半个蟠虺纹，蟠虺纹中部有一乳丁，地纹为平行线条纹。残存的铭文为篆体的“相”字。残长 3.5 厘米，无纹饰处厚 0.06 厘米（图一五八，7）。

铜半两钱　1 枚。

K57-370：1，残存约三分之一，具体类型不详。残存部分有一部分“半”字的上半部（图一五八，3）。

天河石扁珠　1 枚。

K57-368：18，完整。扁体，平面为长六边形，两端平行。两面略外鼓。宽 1.3、高 2.4 厘米（图一五八，8）。

石研磨器　1件。

K58-426：4（考4092-1），完整。深灰褐色。顶部较细，向下逐渐变粗，平顶，研磨面外弧。长8.3厘米，研磨面长4.25、宽3.3厘米（图一五八，9）。

（一四）第59清理区

共6件。

陶壶　2件。

K59-487：40（考4099.2），为A型敞口夹砂陶壶。残，下腹不能复原。夹砂灰褐陶。侈口，圆唇，颈部略外敞，溜肩，弧折腹，平底。口径11.2、底径6.5、高约20.6厘米（图一五九，1）。

K59-480：2（考4099.1），为高颈夹砂陶壶。残，可复原。夹砂黄褐陶，陶色不均，有的器表呈黑褐色，有的呈红褐色。微侈口，圆唇，高颈略外敞，圆肩，鼓腹，平底。最大腹径位于中腹部。口径10、腹径16.2、底径6.4～6.7、高24厘米（图一五九，2）。

陶罐　1件。

K59-478：7（考4025）。为C型泥质陶罐。残，可复原。泥质灰陶。轮制。器形规整。直口，圆唇，矮颈，圆肩，鼓腹，下腹部有较缓的折棱，平底。腹部饰六周略圆弧的凸棱纹，凸棱纹以下的下腹部饰一周不甚规整的凹弦纹。口径7.7、腹径14.3、底径8～8.4、高12厘米（图一五九，3）。

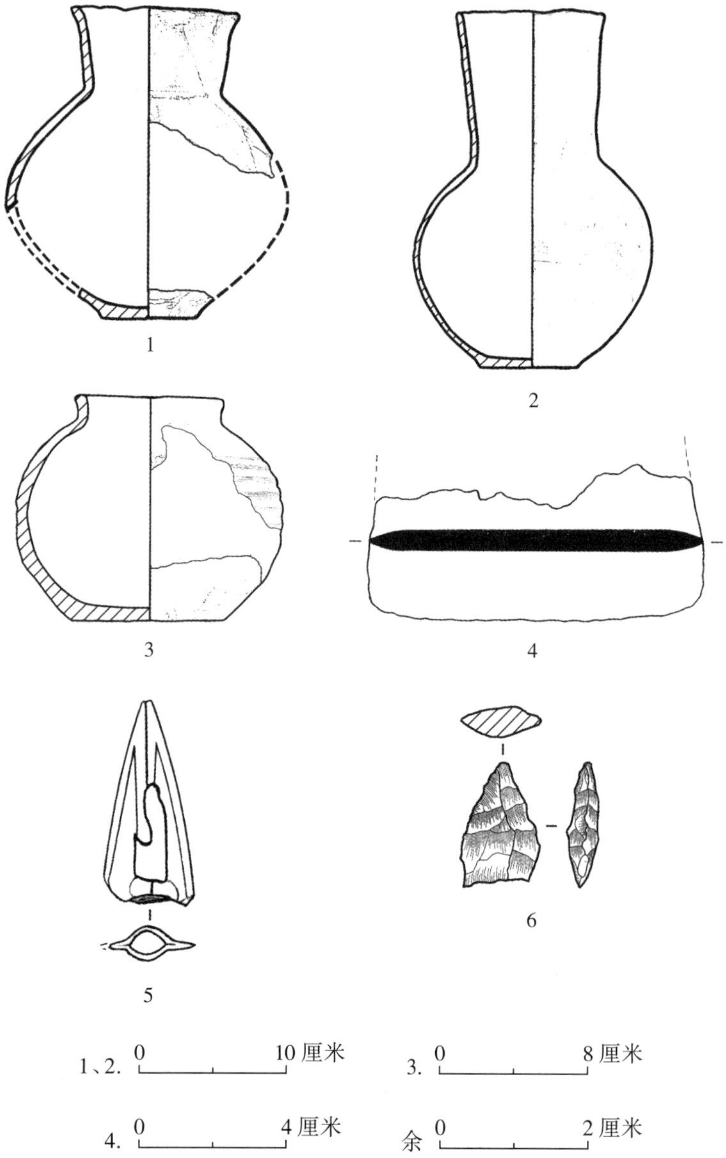

图一五九　中区第59清理区出土器物

1、2. 陶壶（K59-487：40、K59-480：2）　3. 陶罐（K59-478：7）　4. 铁锄板残片（K59-480：38）　5. 铜镞（K59-480：35）　6. 石镞（K59-480：29）

铜镞　1件。

K59-480：35，尾翼和尖部残。双翼銎孔铜镞。镞身中部起脊，刃部略外弧，尾翼形成倒刺，銎口略近椭圆形。残长 2.7 厘米（图一五九，5）。

铁锄板残片　1 件。

K59–480：38，残存刃部。器身扁平，近刃部变薄。残长 4、宽 9、厚 0.5 厘米（图一五九，4）。

石镞　1 件。

K59–480：29（考 4090–3），为 B 型石镞。完整。压制。镞身为五边形，平底，镞身横截面为凸透镜形。长 1.7、宽 1.1 厘米（图一五九，6）。

（一五）第 60 清理区 460、463、464、465 清理坑

共 21 件。

陶罐　1 件。

K60–460：11（考 4111.1），为 B 型单耳大口夹砂陶罐。残，可复原。夹砂黄褐陶，陶色不均，部分器外壁呈红褐色。侈口，圆唇，腹部略外弧，平底，器底外缘略外凸。口沿下有一残耳，器耳的横截面为纵向的椭圆形。口沿外侧有一周刻齿纹。口径 9、底径 5.5、高 8.8 厘米，壁厚 0.5 ~ 0.6 厘米（图一六〇，1）。

铜镞　1 件。

K60–465：1，为 C 型双翼銎孔铜镞。一侧倒刺残。凹底三角形镞身，銎孔上有不规则镂孔，銎口为椭圆形。长 3.2、残宽 1.5 厘米（图一六〇，21）。

铜铃　1 件。

K60–463：采集 5（考 4055–14），为 A 型北方式三角形镂孔铜铃。器身残。铃身近三角形，有长三角形镂孔，顶部有圆形纽，铃底部边缘较平。底宽 2.2、高 3.2 厘米（图一六〇，3）。

铜泡　5 枚。

K60–464：3（考 4064–3），为 Bb 型熊纹铜泡。边缘略残。泡面鎏金。泡面中部略外鼓，边缘有斜折棱，正面有一类似熊的正面坐着的图案。泡的背面有两个平行的纽。直径 3.1、高 0.6 厘米（图一六〇，2）。

K60–463：6，为 A 型椭圆形双梁铜泡。略残。泡面鎏金。椭圆形，泡面外鼓，背部有两个平行的横梁。残长 2、宽 1.1 厘米（图一六〇，4）。

K60–463：5，为 A 型椭圆形双梁铜泡。边缘微残。泡面鎏金。椭圆形，泡面外鼓，背部有两个平行的横梁。长 2、宽 1.1、高 0.6 厘米（图一六〇，5）。

K60–463：采集 3，为 A 型珠形铜泡。完整。矮半球形，背面有横梁状的背纽。直径 1.1、高 0.3 厘米（图一六〇，6）。

K60–464：2（考 4061–2），为 B 型双连珠形铜泡。边缘残。连珠正面有三周重圈纹，每个连珠背面各有一纵向背纽。原长约 3.7、高 0.5 厘米（图一六〇，9）。

带銎铁器残片　1 件。

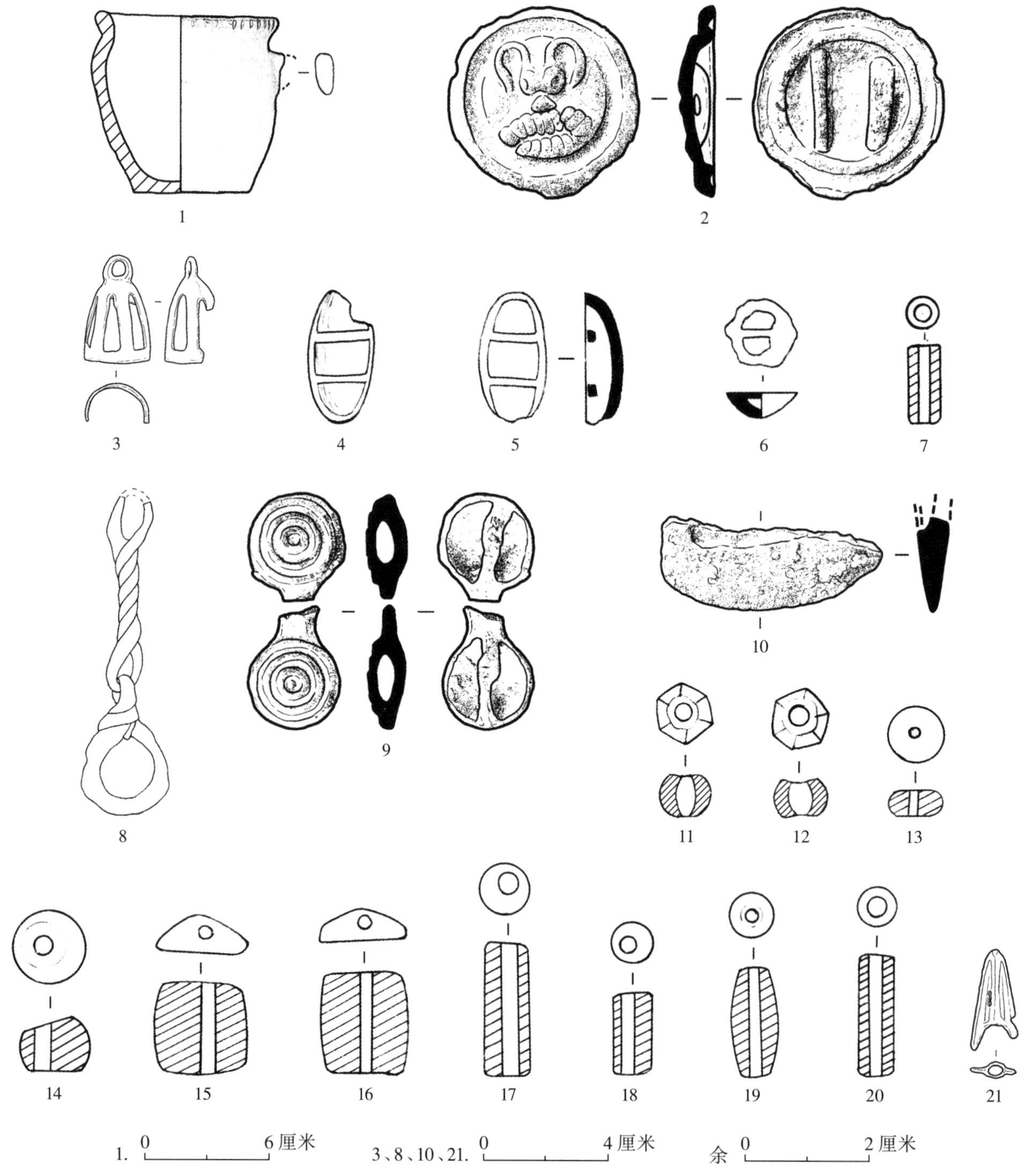

图一六〇　中区第60清理区460、463、464、465清理坑出土器物

1. 陶罐（K60-460：11）　2、4～6、9. 铜泡（K60-464：3、K60-463：6、K60-463：5、K60-463：采集3、K60-464：2）　3. 铜铃（K60-463：采集5）　7. 滑石管（K60-465：21）　8. 铁衔（K60-463：采集6）　10. 带銎铁器残片（K60-460：9）　11～13. 玛瑙珠（K60-463：采集10-1、K60-465：19-1、K60-465：19-2）　14、15. 天河石珠（K60-465：22、K60-463：采集13-1）　16. 绿云母珠（K60-463：采集13-2）　17. 玛瑙管（K60-465：17）　18、19. 天河石管（K60-465：20、K60-465：23）　20. 绿云母管（K60-463：采集12-1）　21. 铜镞（K60-465：1）

K60–460：9（考 4044），为锛、斧类等带銎弧刃器刃部残片。残存刃部附近的一段。铸制。弧刃。銎孔前端距刃部 2.1 厘米，刃宽 7.1 厘米（图一六〇，10）。

铁衔 1 件。

K60–463：采集 6，应为三节马衔。残存一半。残存部分为两节套接在一起，两节中部均为铁丝相互拧绕形成绳索状。外环所在的一节较短，内环所在的一节较长。残长 10 厘米，外环宽 2.8、内环宽 1.4 厘米（图一六〇，8）。

玛瑙珠 3 枚。

K60–463：采集 10–1，完整。近算珠形，一端略内凹。表面有六条纵向凸棱。直径 0.9、高 0.6 厘米（图一六〇，11）。

K60–465：19–1，完整。近算珠形，两端内凹。表面有六条纵向凸棱。直径 0.9、高 0.6 厘米（图一六〇，12）。

K60–465：19–2，完整。近圆盘形，两端平直。直径 0.9、高 0.4 厘米（图一六〇，13）。

天河石珠 2 枚。

K60–465：22，完整。近算珠形，穿孔偏于一侧，一端平直，另一端倾斜。直径 1.2、高 0.9 厘米（图一六〇，14）。

K60–463：采集 13–1，完整。近方形，两侧边略外鼓，一面平整，另一面中部起脊。长 1.5、宽 1.5、厚 0.7 厘米（图一六〇，15）。

绿云母珠 1 枚。

K60–463：采集 13–2，完整。近方形，两侧边略外鼓，一面平整，另一面中部起脊。长 1.6、宽 1.5、厚 0.6 厘米（图一六〇，16）。

玛瑙管 1 枚。

K60–465：17，完整。圆柱形，一端略倾斜。直径 0.7、高 2.1 厘米（图一六〇，17）。

天河石管 2 枚。

K60–465：20，完整。圆柱形。两端略外鼓。直径 0.6、高 1.3 厘米（图一六〇，18）。

K60–465：23，完整。为中部外鼓的柱形。中部直径 0.7、高 1.8 厘米（图一六〇，19）。

绿云母管 1 枚。

K60–463：采集 12–1，完整。圆柱形，两端略外鼓。直径 0.55、高 2 厘米（图一六〇，20）。

滑石管 1 枚。

K60–465：21，完整。圆柱形。直径 0.5、高 1.2 厘米（图一六〇，7）。

（一六）第 60 清理区 462 清理坑

共 16 件。

铜泡　3 枚。

K60–462：2–1（考 4072–10），为 C 型放射线纹铜泡。边缘残。泡面为较矮的圆弧形，泡面上有由凹弦纹隔开的两周放射线状短竖线纹。背面中部有背纽，纽下有短凹槽。直径 2.8、高 0.6 厘米（图一六一，1）。

K60–462：2–2，为矮斗笠形铜泡。边缘微残。泡面素面，背面中部有一背纽。直径 3.4、高 0.6 厘米（图一六一，2）。

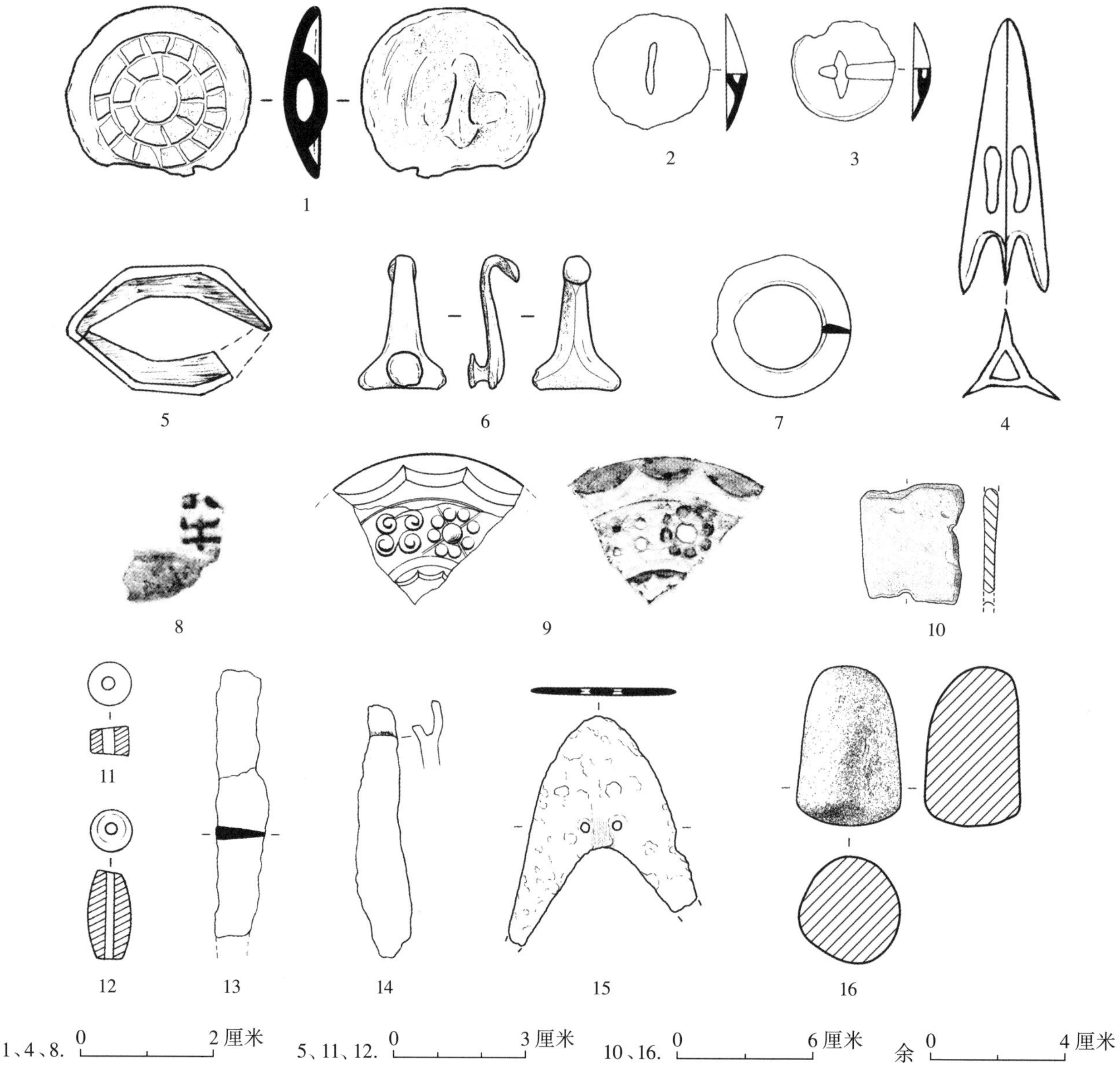

图一六一　中区第 60 清理区 462 清理坑出土器物

1 ~ 3. 铜泡（K60–462：2–1、K60–462：2–2、K60–462：2–3）　4. 铜镞（K60–462：1–1）　5. 铜剑格（K60–462：8）　6. 铜带钩（K60–462：5）　7. 铜环（K60–462：4）　8. 铜半两钱（K60–462：7）　9. 铜镜残片（器物图和拓片）（K60–462：6）　10. 砺石（K60–462：18）　11. 天河石珠（K60–462：23）　12. 天河石管（K60–462：24）　13. 铁刀（K60–462：12）　14. 铁镳（K60–462：13）　15. 铁镞（K60–462：9）　16. 石研磨器（K60–462：19）

K60–462：2–3，为 A 型矮斗笠形铜泡。边缘残。泡面素面，背面中部有背纽，纽下有一端直通边缘的长凹槽。直径 3、高 0.5 厘米（图一六一，3）。

铜镞　1 枚。

K60–462：1–1，为 Bb 型三翼銎孔镞。完整。三角形镞身，尾翼形成倒刺，器身銎孔部有镂孔。銎口为等边三角形。长 3.9、底宽 1.3 厘米（图一六一，4）。

铜剑格　1 件。

K60–462：8，残。为铁剑的剑格，轮廓为六边形，形状似张开的嘴唇。长约 4.6、宽约 2.8 厘米（图一六一，5）。

铜带钩　1 件。

K60–462：5（考 4051–5），为 D 型铜带钩。完整。近“T”字形。纽边缘残。正面中部起脊，背面中部有一条纵向铸缝。长 4.2、宽 2.55 厘米，纽横宽 1 厘米（图一六一，6）。

铜环　1 件。

K60–462：4，为 B 型铜环。边缘残。一面平直，一面略外鼓，近内缘处较厚，向外缘逐渐变薄。直径 4.2、肉宽 1、厚 0.2 厘米（图一六一，7）。

铜镜残片　1 片。

K60–462：6（考 4075–10），为 B 型星云纹铜镜。残存带边缘的一块。不能复原。质地较精，镜面灰白色有光泽，背面黑灰色。镜体厚重。边缘为内向连弧纹平缘，星云纹带的内侧有一周较小的内向连弧纹。残留有一乳丁，乳丁外围有八连珠纹。残长 5.8、残宽 4.3、边缘厚 0.37 ~ 0.38 厘米，无纹饰处器壁厚 0.1 厘米。根据残存部分推测铜镜的直径为 10 厘米（图一六一，9）。

铜半两钱　1 枚。

K60–462：7（考 4076–n），残存约三分之一。残存部分有一个“半”字。无内外郭（图一六一，8）。

铁刀　1 件。

K60–462：12，残存刀身的一段。直背，背部表面略外弧。残长 7.8、刃宽 1.6、背厚 0.4 厘米（图一六一，13）。

铁镞　1 件。

K60–462：9，为 Aa 型无铤扁体铁镞。尾翼末端残。刃部呈流线型，尾翼较长形成长倒刺。近底缘中部有两个穿孔，穿孔之间有木质纤维痕迹。残长 6.4、残宽 5.6 厘米，镞身中部厚 2.3 厘米（图一六一，15）。

铁镳　1 件。

K60–462：13，残存一少半。根据残存部分推测，为较窄的螺旋桨形。残长 7.4、残宽 1.6 厘米（图一六一，14）。

天河石珠　1 枚。

K60–462：23，完整。近圆柱形，一端平直，一端倾斜。直径 1、高 0.75 厘米（图一六一，11）。

天河石管　1枚。

K60–462：24，完整。为中部外鼓的柱形，一端平直，一端略倾斜。中部直径1、高2厘米（图一六一，12）。

砺石　1件。

K60–462：18（考4093–4），残存砺石中部近长方形的一段，一端近中部残存部分穿孔边缘。残长5、宽4.6厘米（图一六一，10）。

石研磨器　1件。

K60–462：19（考4092–2），完整。柱状，圆顶，研磨面略外鼓，横截面近圆形。研磨面长4.8、宽4.2厘米，高7厘米（图一六一，16）。

（一七）第60清理区475、476清理坑

共13件（套）。

铜铃　1件。

K60–476：8（考4050–9），为B型中原式带纹饰铜铃。边缘微残。钟形，器表有平行交叉斜凸线组成的菱形纹，每个菱形中部有一凸点，在菱形纹带之间有抽象的曲线纹。铃身内与纽相对的位置有一“U”形环，内穿铃舌。宽5、高5.6厘米（图一六二，12）。

铜镞　1件。

K60–476：1，为C型双翼銎孔铜镞，略残。三角形镞身，有倒刺，銎孔底部为椭圆形。残长2.5厘米（图一六二，11）。

铜半两钱　4枚。

1枚（K60–475：4–1）（考4000.4）略残，为C型半两钱（图一六二，1）；2枚（K60–475：4–2、4–3）（考4076–9、考4076–10）为C型半两钱，残存近二分之一（图一六二，2、3）；1枚（K60–476：7）（考4076–6）为B型半两钱（图一六二，4）。

铁镞　3件。

K60–476：11–1（考4038–6），为A型扁体扁铤铁镞。残。三角形镞身，刃部略外弧。残长4、宽1.6厘米，镞身中部厚0.2厘米（图一六二，5）。

K60–476：10，残。无铤扁体铁镞。近底缘中部有木质纤维痕迹。残长2.6、残宽2厘米，镞身中部厚0.2厘米（图一六二，6）。

K60–476：11–2（考4038–30），为A型有脊柱铤铁镞。微残。镞身为三角形，尾翼底部较平，铤横截面近方形。长4.6、残宽1.6厘米（图一六二，7）。

铁刀　2件。

K60–476：29，残存刀身近尖部的一段。残存部分为直背。残长9.4、残宽2.4厘米，中段刀背厚0.3厘米（图一六二，8）。

K60–476：9，残存刀身近尖部的一段。残存部分刀背微外弧。残长8.4、残宽1.8厘米，

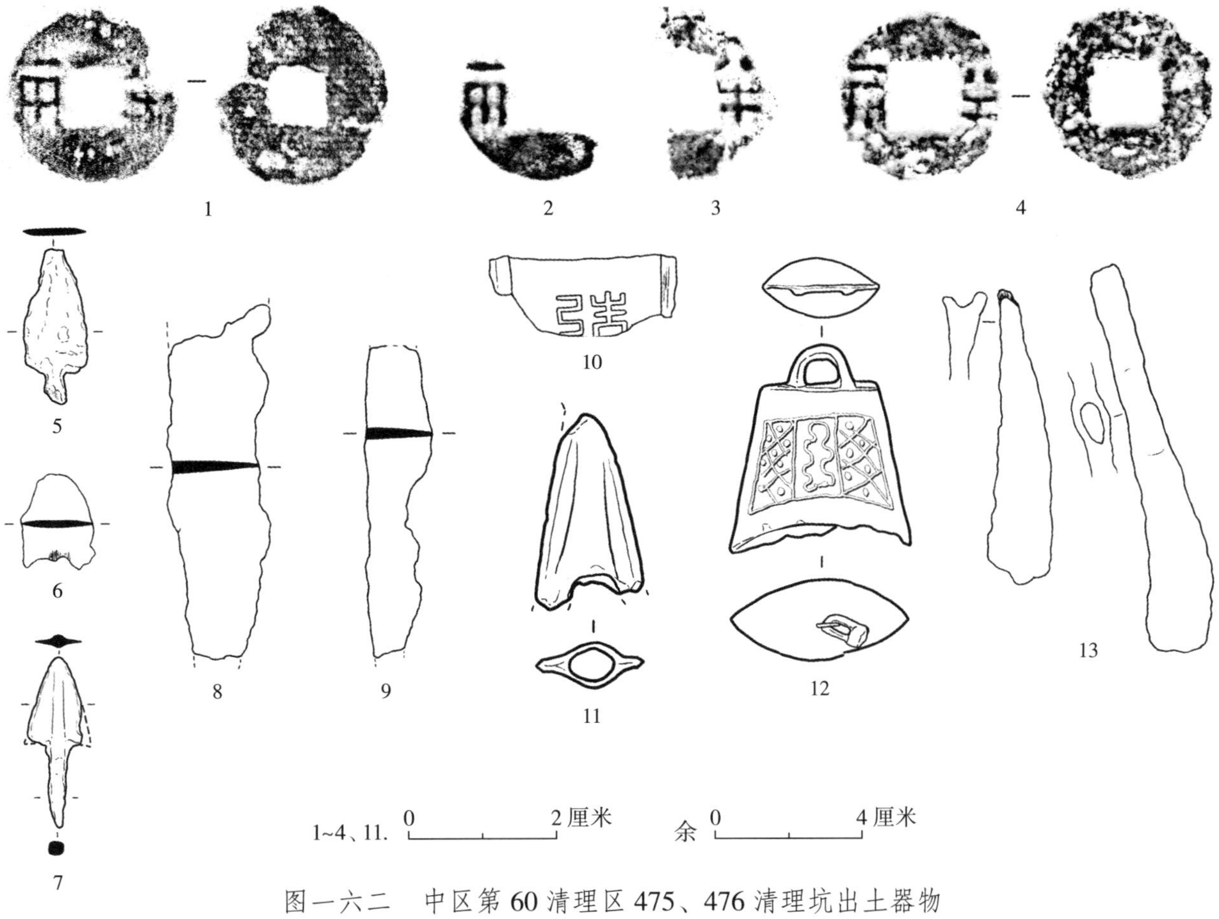

图一六二　中区第 60 清理区 475、476 清理坑出土器物

1～4. 铜半两钱（K60－475：4－1、K60－475：4－2、K60－475：4－3、K60－476：7）　5～7. 铁镞（K60－476：11－1、K60－476：10、K60－476：11－2）　8、9. 铁刀（K60－476：29、K60－476：9）　10. 方銎铁器残片（K60－475：16）　11. 铜镞（K60－476：1）　12. 铜铃（K60－476：8）　13. 铁镳（K60－476：36）

中段刀背厚 0.2 厘米（图一六二，9）。

方銎铁器残片　1 件。

K60－475：16，残存方銎部的一部分器壁，可能是铁䦆或铁锛的銎部。正面铸篆体的汉字“遼”，残存字的上半部。残长 2、残宽 5 厘米（图一六二，10）。整理时未见实物。

铁镳　1 对。

K60－476：36，残。为窄螺旋桨形镳。2 件最宽处宽均为 1.6 厘米，残存最长的一段残长 10.4 厘米（图一六二，13）。

（一八）第 61、62 清理区

61 清理区的 474 清理坑在中区，62 清理区的 540 清理坑的大部分属于中区，少部分属于西区。

共 7 件。

陶纺轮　1 件。

K61–474∶5（考 4094–6），为 C 型泥质陶纺轮。底边微残。近圆台形，器身中部微内凹。平底。顶部直径 2.5、底径 4.45、高 2.6 厘米（图一六三，3）。

铜泡　3 枚。

K61–471∶1（考 4064–2），为 Bb 型熊纹铜泡。边缘残，锈蚀。铸制。正面略外鼓，背面内凹，背面有一较高的方形穿带孔，孔体横截面为长方形。泡面饰一类似熊的正面图案。直径约 2.9 ~ 3、高 1.7 厘米（图一六三，1）。

K62–540∶6，为 B 型半球形铜泡。边缘残。泡面素面，边缘略外撇，背面有一横梁状纽。直径 2.4、高 0.85 厘米（图一六三，2）。

K61–471∶n（考 4065–45），为 B 型矮斗笠形铜泡。边缘残。素面铜泡，背面有一桥形纽，纽下的扣体有较短的凹槽。直径 2.5、高 0.6 厘米（图一六三，6）。

带柄铜铃　1 件。

K62–540∶5，完整。铜铃上半部为中空的球形，下半部为管状，器身有若干形状不规则的小镂孔。长铃首部直径 1.4 厘米，高 3 厘米（图一六三，4）。

铜半两钱　1 枚。

K61–466∶1（考 4076–1），为 B 型半两钱。钱表面不平整，钱文细长不清晰。直径 2.2、穿宽 1、边缘厚 0.09 ~ 0.1 厘米（图一六三，5）。

铜五铢钱　1 枚。

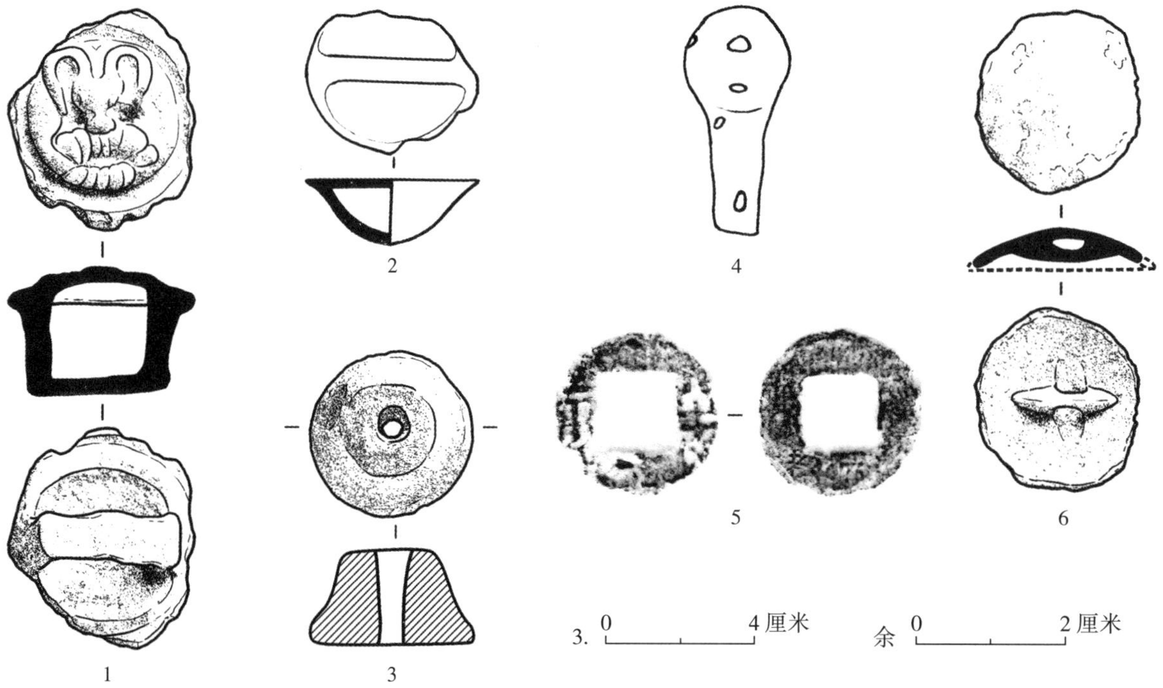

图一六三　中区第 61、62 清理区出土器物

1、2、6. 铜泡（K61–471∶1、K62–540∶6、K61–471∶n）　3. 陶纺轮（K61–474∶5）　4. 带柄铜铃（K62–540∶5）　5. 铜半两钱（K61–466∶1）

K62-540：11（考 4077-6），残，可拼对出大部分。类型不详，尺寸不详。残存部分不见记号，“五”字交笔较直。正面无内郭，背面有内郭（彩版一三七，8）。

（一九）第 66、67 清理区

共 5 件。

陶碗　1 件。

K67-489：20（考 4116.3），为 Ab 型夹砂陶碗。器壁残缺二分之一，可复原。夹砂黄褐陶，器表有黑色烟炱，器表略不平整。侈口，方唇，斜腹略外弧，平底。口沿外侧有纵向刻齿纹，颈部有二排珍珠纹，在颈部内壁与珍珠纹相对的位置可见小圆坑。器底外缘略外凸，边缘隐约可见几条较浅的斜刻线。器壁厚度较均匀。口径 9.5、底径 6、高 6.2 厘米，壁厚 0.5 ~ 0.6 厘米（图一六四，1）。

铜镞　1 件。

K66-412：2（考 4035-9），为 E 型三翼銎孔铜镞。镞身近中空的三棱形，銎口为等边三角形，镞身底部平齐。也有可能是用下半部残的 A 型三翼銎孔镞改制而成。长 2.4、宽 1.3 厘米（图一六四，5）。

铜泡　1 枚。

K67-493：2（考 4065-12），为带纹饰铜泡。残。泡面为矮半球形，正面中部饰一凹线圆圈，背面有一略外弧的扁纽，纽长略短于直径，纽顶部略高于泡底边。直径约 2.6、高 0.78 厘米，壁厚 0.1 厘米（图一六四，2）。

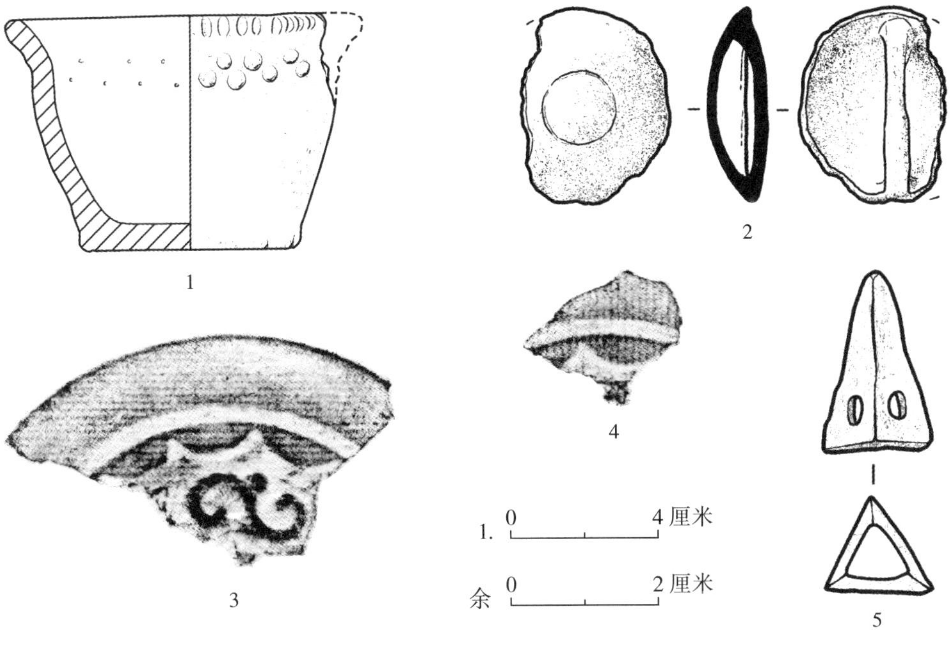

图一六四　中区第 66、67 清理区出土器物

1. 陶碗（K67-489：20）　2. 铜泡（K67-493：2）　3、4. 铜镜残片（K67-489：13-1、K67-489：13-2）　5. 铜镞（K66-412：2）

铜镜残片　2 块。

K67–489：13–1（考 4075–5），残存带边缘的一块。为四乳四螭纹镜残片，边缘为较低缓的凸棱内弧缘，纹饰区的外缘为一周内向连弧纹，残片保留下一个完整的蟠螭纹。直径约8、残长 5.2 厘米（图一六四，3）。

K67–489：13–2（考 4075–8），为连弧蟠螭纹镜、四乳四螭纹或四螭纹铜镜残片。残存近边缘处的一块。根据残存部分纹饰推测为连弧蟠螭纹或四乳四螭纹、四螭纹镜的残片，残片上保留有两个内向连弧纹，应为纹饰区外缘的纹饰。残长 2.3 厘米（图一六四，4）。

（二〇）第 68 清理区

共 22 件。

铜镞　2 件。

K68–496：78，为 Bb 型三翼銎孔铜镞。尖部和尾翼略残。镞身近三角形，刃部略外弧，尾翼形成倒刺，镞身有血槽。銎孔上有形状不规则的镂孔，銎口为等边三角形。残长 3.4、残宽 1.4 厘米（图一六五，1）。

K68–496：79，为 B 型双翼銎孔铜镞。略残。镞身近三角形，中部起脊，刃部略外弧，尾翼形成倒刺。銎孔及附近的镞身上有形状不规则的镂孔，銎口近菱形。残长 3.2、残宽 1.5

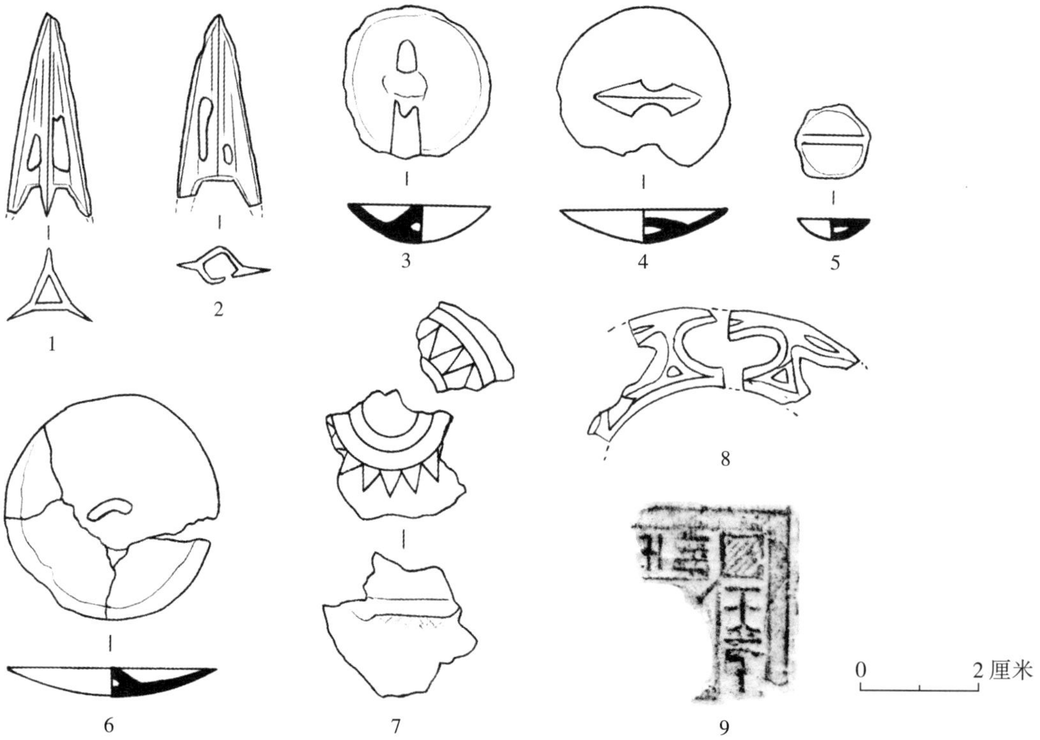

图一六五　中区第 68 清理区 496 清理坑出土器物

1、2. 铜镞（K68–496：78、K68–496：79）　3 ~ 7. 铜泡（K68–496：39、K68–496：72、K68–496：80–1、K68–496：25、K68–496：89）　8. 铜环（K68–496：69）　9. 铜镜残片（K68–496：31）

厘米（图一六五，2）。

铜泡　5枚。

K68–496∶39，为A型矮弧形铜泡。边缘略残。泡面素面，背面中部有一较短的弧形穿孔纽，纽下有一段连通泡边缘的凹槽。直径2.4、高0.6厘米（图一六五，3）。

K68–496∶72，为矮斗笠形铜泡。略残。泡面素面，背面中部有一弧形穿孔纽。直径2.8、高0.5厘米（图一六五，4）。

K68–496∶80–1，为B型珠形铜泡。边缘略残。矮半球形。泡面素面，背面有一横梁状直背纽。直径1.2、高0.3厘米（图一六五，5）。

K68–496∶25，为矮弧形铜泡。残，可复原。较矮的半球形。泡面素面，背面中部有一较小的弧形穿孔纽。直径3.7、高0.5厘米（图一六五，6）。

K68–496∶89，为E型放射线纹铜泡。残存约三分之一，边缘不能复原。泡面中部有三周同心圆，同心圆外有一周锯齿纹，在锯齿纹外侧有两周弦纹。背面中部有一背纽。根据残存部分推测，铜泡直径约4～4.5厘米（图一六五，7）。

铜环　1件。

K68–496∶69，残存两段。环上有大、小两种镂孔，根据同类的完整器物的形状可知，环的肉部等距离分布水滴状的大镂孔，在大镂孔之间有较小的镂孔。根据残存的两段形状推测，铜环的直径约6、肉宽1.3厘米（图一六五，8）。

铜镜残片　1块。

K68–496∶31（考4075–9），可能为B型四乳草叶纹铜镜残片。残存带铭文的一片。为铜镜中部的方框形铭文区，残存顺时针方向读的“之明”“天下”四个方形篆体字，两组字之间的转角处有内填平行斜凸线的小方框。残片长3.2、宽2.6厘米，无纹饰处厚0.07～0.08厘米（图一六五，9）。

铁刀　1件。

K68–496∶22，两端残。直背略外弧，刀身中部较厚，近柄部逐渐变薄，刀柄略窄于刀身。刀身表面有纺织品纤维痕迹。残长19、刃宽2.2厘米，刀背厚0.2～0.4厘米（图一六六，1）。

铁剑　1件。

K68–498∶1，残存剑身的一小段。残存部分为长条形，横截面为扁菱形，两面中部起脊。残长10、残宽2.6厘米，中部厚0.6厘米（图一六六，5）。

铁镞　3件。

K68–496∶82，为A型三翼铁镞。尖部、尾翼残。三角形镞身，圆铤较短，铤表面残留有木质纤维痕迹。残长3.5、宽1.6厘米（图一六六，2）。

K68–496∶n，为A型扁体扁铤铁镞。镞身上半部、铤下半部残。镞身近三角形，尾翼形成倒刺，镞身中部略外弧。扁铤，铤表面残留有木质纤维。残长3、残宽1.9厘米，镞身中部厚0.2厘米（图一六六，3）。

K68–496∶81，应为A型三翼铁镞。镞身一侧残。镞身近菱形，扁铤，铤表面有木质纤

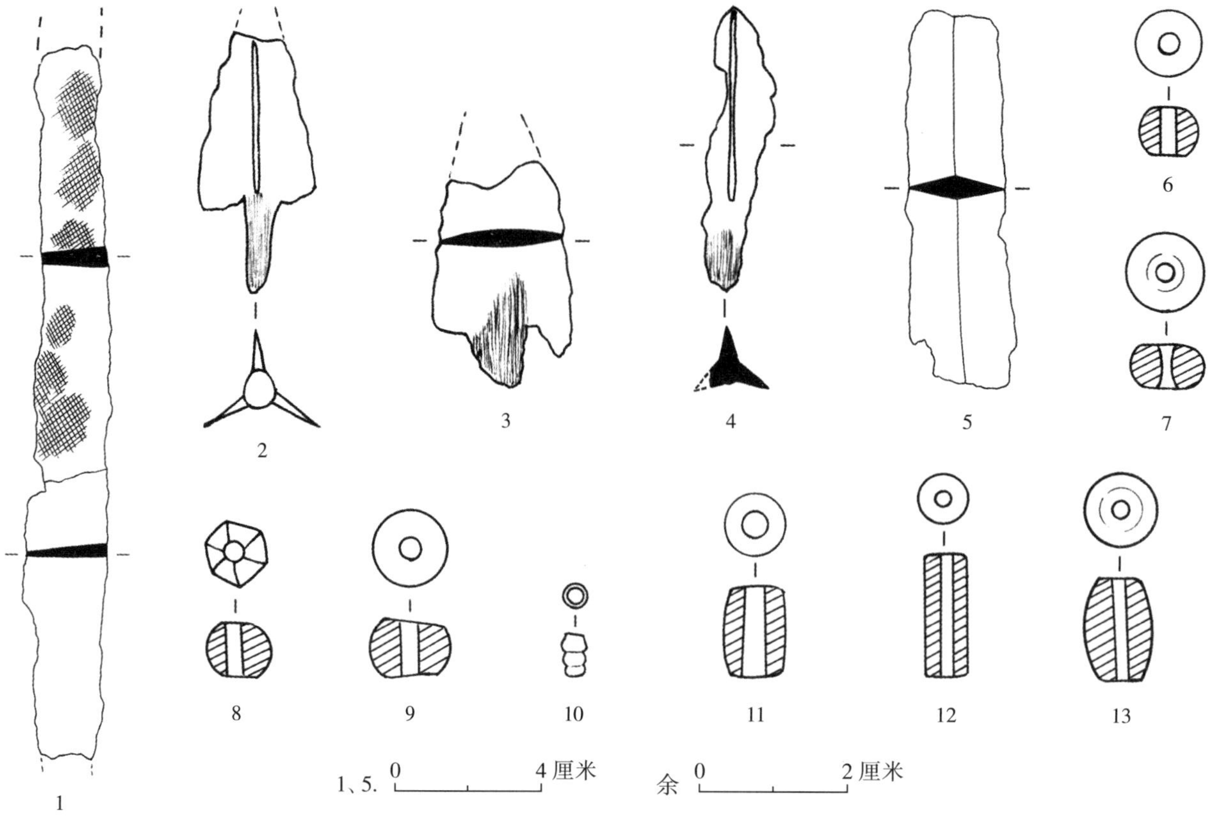

图一六六　中区第 68 清理区出土器物

1. 铁刀（K68-496：22）　2 ~ 4. 铁镞（K68-496：82、K68-496：n、K68-496：81）　5. 铁剑（K68-498：1）　6. 蓝色玻璃珠（K68-496：83-1）　7、8. 玛瑙珠（K68-496：18、K68-496：65）　9. 天河石珠（K68-496：29）　10. 蓝色玻璃管（K68-496：83-2）　11 ~ 13. 绿云母管（K68-496：68、K68-496：77、K68-496：71）

维痕迹。残长 3.7 厘米（图一六六，4）。

蓝色玻璃珠　1 枚。

K68-496：83-1，完整。近算珠形。直径 0.9、高 0.7 厘米（图一六六，6）。

玛瑙珠　2 枚。

K68-496：18，完整。算珠形。直径 1.1、高 0.6 厘米（图一六六，7）。

K68-496：65，完整。近球形，表面有六条纵向凸棱。直径 0.9、高 0.7 厘米（图一六六，8）。

天河石珠　1 枚。

K68-496：29，完整。近算珠形，两端向一侧倾斜。直径 1.1、高 0.8 厘米（图一六六，9）。

蓝色玻璃管　1 枚。

K68-496：83-2，完整。近圆柱形，表面有三个圆缓的凸棱。直径 0.3、高 0.55 厘米（图一六六，10）。

绿云母管　3 枚。

K68-496：68，完整。近圆柱形，中部略外鼓，一端略外鼓。最大直径 0.9、高 1.2 厘米（图一六六，11）。

K68–496：77，完整。圆柱形。直径 0.6、高 1.6 厘米（图一六六，12）。

K68–496：71，完整。为中部外鼓的柱形，两端平直。中部直径 0.9、高 1.3 厘米（图一六六，13）。

（二一）第 69 清理区

共 20 件（套）。

铜镞　3 件。

K69–503：3，为 B 型三翼銎孔铜镞。锋、尾翼残。镞身近三角形，刃部近流线型，尾翼形成倒刺，镞身有血槽，銎孔处的镞身有形状不规则的镂孔。銎口为等边三角形。残长 3.7、残宽 1.3 厘米（图一六七，1）。

K69–524：1，为 B 型双翼銎孔铜镞。完整。镞身近三角形，刃部流线型，尾翼形成倒刺，镞身上的銎孔处有形状不规则的镂孔。銎口近椭圆形。长 3.5、宽 1.9 厘米（图一六七，2）。

K69–516：4，为 A 型双翼銎孔铜镞，肩部和尾翼略残。镞身为长三角形，尾翼形成倒刺，銎孔两面有近方形镂空。銎口近菱形。残长 3.7、宽 1.45 厘米（图一六七，14）。

勺形铜带饰　1 件。

K69–498：17，为 B 型第二类勺形铜带饰。残断。下半部为管状，正面有纵向的线纹。正面下半部有形状不规则镂孔。长 4.5、宽 1.3 厘米（图一六七，3）。

铜泡　8 枚。

K69–513：23（考 4065–1），为 A 型凸点纹铜泡。微残。矮半球形，泡面饰一周较大的近圆形凸点纹，背面有一略外弧的直纽。直径 2.2、高 0.6 厘米（图一六七，4）。

K69–503：8，为 B 型珠形铜泡。完整。泡面素面，背面有一外凸的贯通的背纽。直径 1.3、高 0.6 厘米（图一六七，5）。

K69–498：2，为 A 型珠形铜泡。边缘略残。边缘不平整，背面有一横梁状的直背纽。直径 1、高 0.3 厘米（图一六七，6）。

K69–504：6，为 D 型放射线纹铜泡。完整。矮半球形。泡面有一周短线组成的放射线状纹带，背面有一横梁状的直背纽。直径 0.9、高 0.35 厘米（图一六七，7）。

K69–504：11，为 A 型矮斗笠形铜泡。完整。泡面素面，背面正中有一弧形背纽，纽下有一端连通铜泡边缘的凹槽。直径 2.9、高 0.5 厘米（图一六七，9）。

K69–504：18，为中高斗笠形铜泡。边缘略残。泡面素面，背面正中有一“V”字形背纽。直径 3、高 0.7 厘米（图一六七，10）。

K69–498：12，为 B 型矮斗笠形铜泡。边缘略残。泡面素面，背面正中有一略平缓的背纽，纽下有一短凹槽。直径 2.7、高 0.6 厘米（图一六七，11）。

K69–504：15，为兔形铜泡。完整。正面为一俯卧状兔子的造型，背面有两个平行的横梁。长 2.5、宽 1 厘米（图一六七，8）。

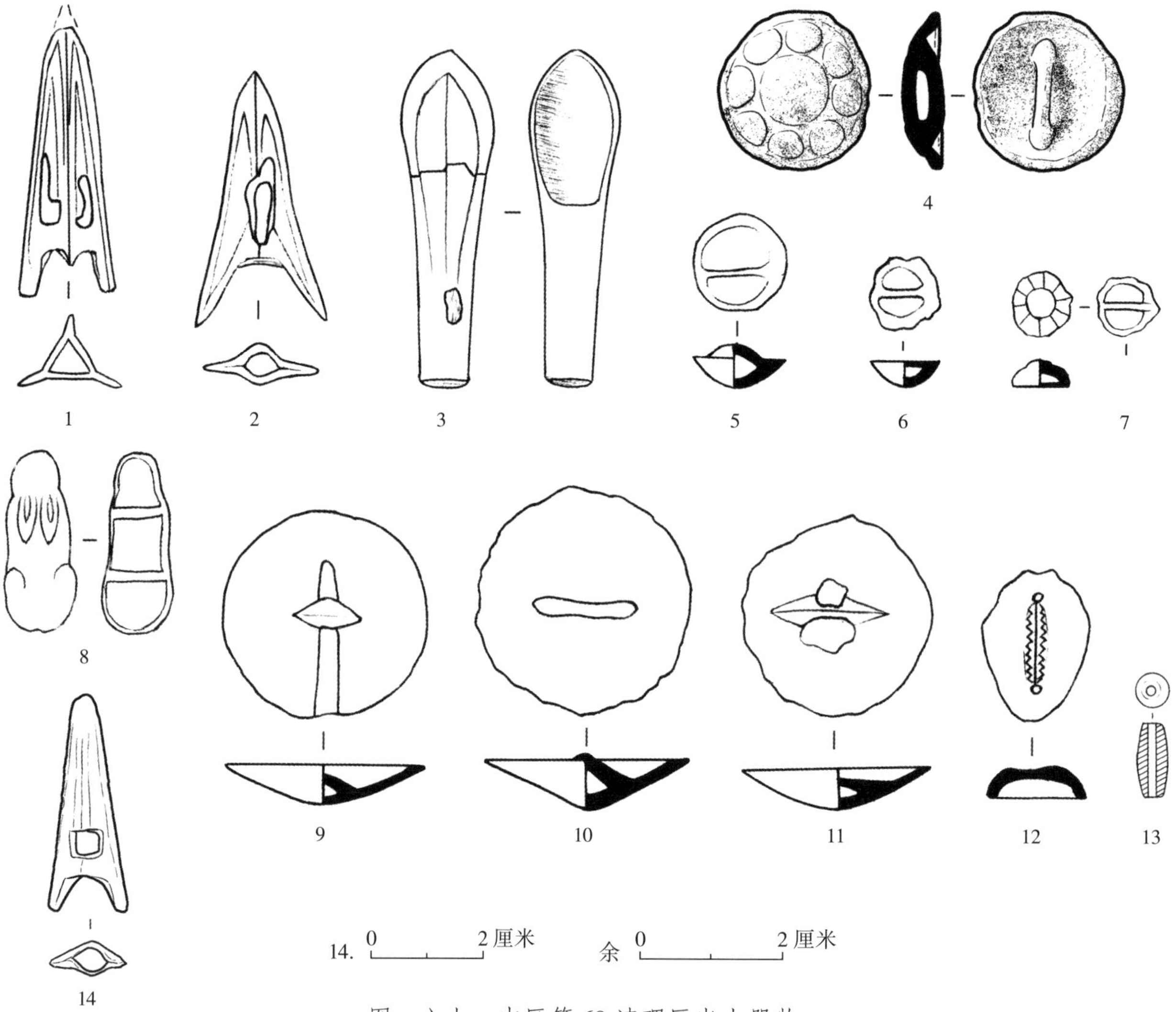

图一六七　中区第 69 清理区出土器物

1、2、14. 铜镞（K69–503：3、K69–524：1、K69–516：4）　3. 勺形铜带饰（K69–498：17）　4 ~ 11. 铜泡（K69–513：23、K69–503：8、K69–498：2、K69–504：6、K69–504：15、K69–504：11、K69–504：18、K69–498：12）　12. 铜贝（K69–514：32）　13. 天河石管（K69–498：9）

铜贝　1 枚。

K69–514：32，为 A 型铜贝。边缘略残。仿照贝壳造型，正面略外鼓，背面无纽。正面中部有仿照贝壳边缘的两条平行的锯齿纹，锯齿纹的两端各有一个圆形穿孔。长 2.1、宽 1.5、厚 0.4 厘米（图一六七，12）。

铁空首斧　1 件。

K69–523：7，完整。整体近圆角梯形，长方形銎口，单面弧刃，銎口外侧有两周凸棱。长 9.2、刃宽 6.6 厘米，銎口宽 5.6 厘米，器壁厚 0.4 厘米（图一六八，1）。

方銎铁器残片　1 片。

K69–504：24，残存带銎的一块，可能为铁空首斧的一部分。根据残存部分推测，銎孔应为长方形。残长 4.4、残宽 3、壁厚 0.4 ~ 0.5 厘米（图一六八，2）。

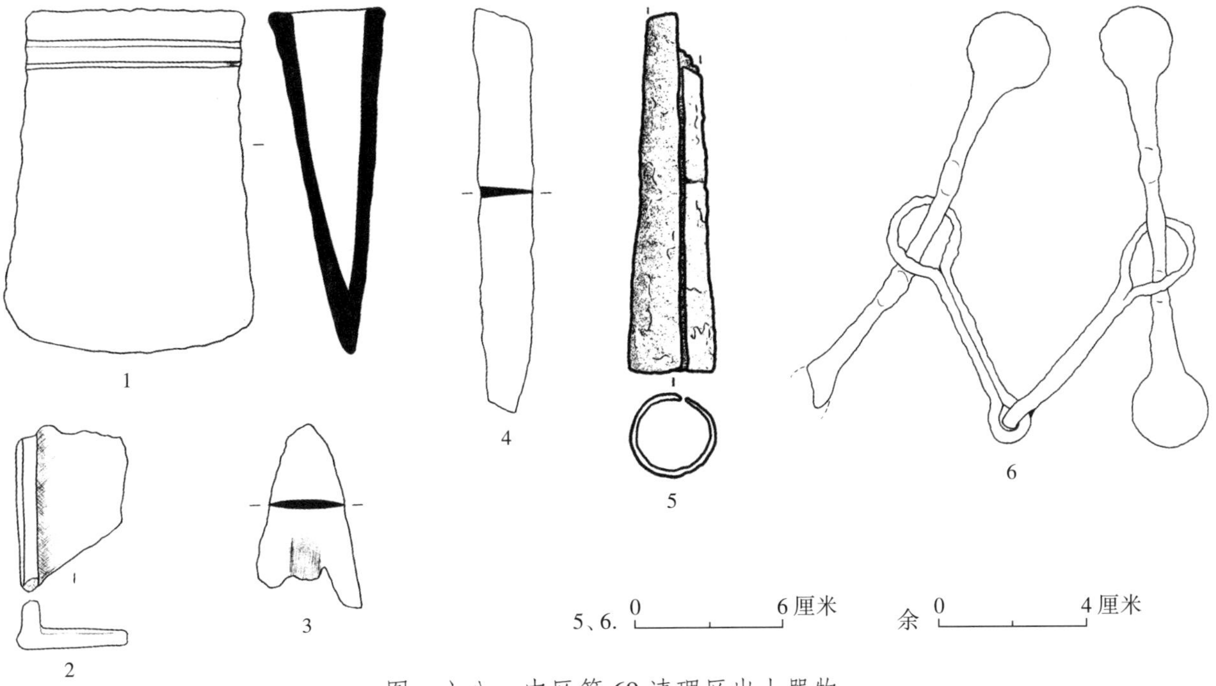

图一六八　中区第69清理区出土器物

1. 铁空首斧（K69-523：7）　2. 方銎铁器残片（K69-504：24）　3. 铁镞（K69-503：12）　4. 铁刀（K69-498：3）　5. 铁矛（骹部）（K69-498：5）　6. 铁衔镳（K69-523：26）

铁刀　1件。

K69-498：3，残存近刀尖部的一段刀身。残存部分为直背，刃近尖部弧收。残长10.6、刃最宽处宽1.4厘米，中部刀背厚0.3厘米（图一六八，4）。

铁镞　1件。

K69-503：12，为A型扁体扁铤铁镞。残。双翼有铤扁体镞。镞身近三角形，尾翼形成倒刺，器身与铤连接处有木质纤维痕迹。残长4.8、残宽2.8厘米，镞身中部厚0.2厘米（图一六八，3）。

铁矛（骹部）　1件。

K69-498：5（考4039-3），残存骹部的大部分。以铁片锻制而成，圆筒状，接缝处不闭合。从上向下逐渐变粗，骹口为圆形。残长14、骹口直径3.3厘米，骹壁厚约0.2厘米（图一六八，5）。

铁衔镳　1套。

K69-523：26，一个镳的一段残。由一个衔和一对镳组成。衔为双节直杆式，外环较大，内环较小。镳两端为圆饼状，中部有两个穿孔。衔单节长11、外环宽2.6厘米，镳长17.6、宽3.1厘米（图一六八，6）。

天河石管　1枚。

K69-498：9，完整。为中部外鼓的柱状。中部直径0.9、高2.05厘米（图一六七，13）。

（二二）第 70 清理区 520、521 清理坑

共 8 件。

铜镞　1 件。

K70–520 : 1，为 Ac 型三翼銎孔铜镞。略残。镞身近三角形，尾翼形成倒刺。刃部呈流线型，镞身有血槽，镞身的銎孔上有形状不规则的镂孔。銎口为等边三角形。长 3、宽 1.1 厘米（图一六九，1）。

铁镞　4 件。

K70–520 : 7–1，为 A 型扁体柱铤铁镞。略残。镞身柳叶形，中部略外鼓，铤略短，为扁长方形。长 3.95、宽 1、镞身中部厚 0.2 厘米（图一六九，2）。

K70–520 : 7–2，为 C 型扁体扁铤铁镞。尖部和尾翼略残。镞身为三角形，尾翼形成倒刺。扁铤，铤部及与铤相接的器身中部有木质纤维痕迹。残长 3.1、残宽 1.3、镞身中部厚 0.15 厘米（图一六九，4）。

K70–520 : 7–3（考 4038–31），为 C 型扁体扁铤铁镞。尖部和尾翼略残。镞身为较长的三角形，尾翼形成较短的倒刺。刃部略呈流线型。扁铤，铤部及与铤部相连的镞身中部有木质纤维痕迹。残长 5.4、残宽 1.4、镞身中部厚 0.2 厘米（图一六九，3）。

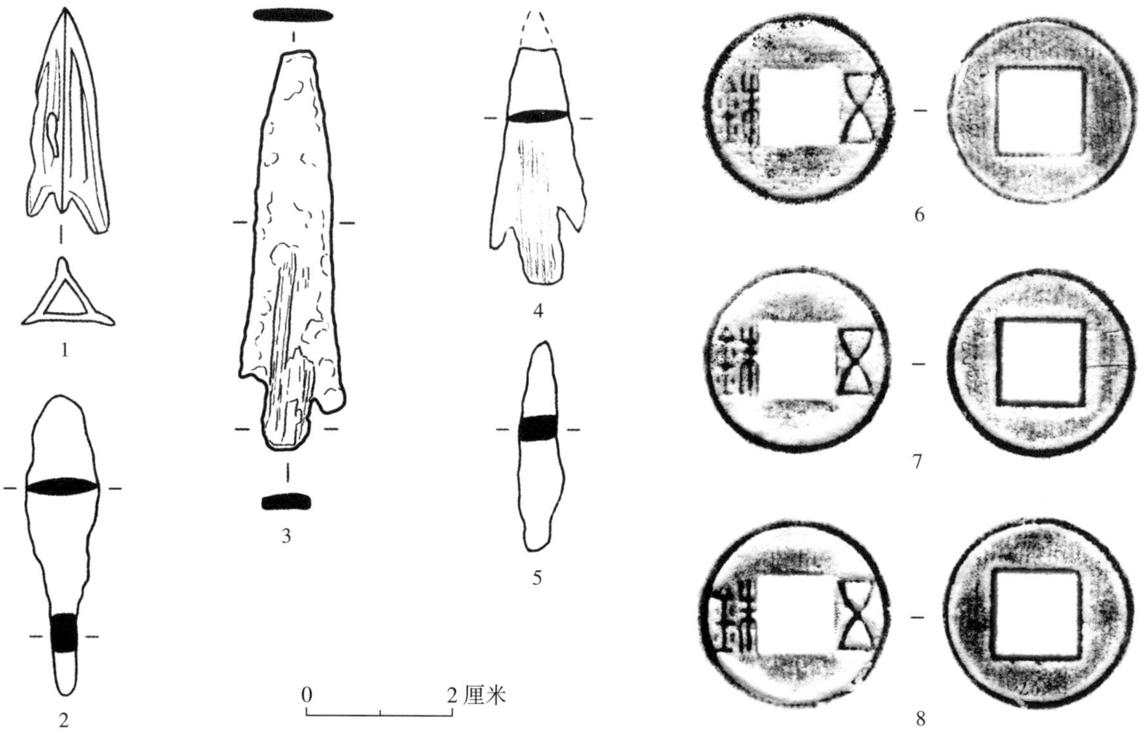

图一六九　中区第 70 清理区 520、521 清理坑出土器物

1. 铜镞（K70–520 : 1）　2 ~ 5. 铁镞（K70–520 : 7–1、K70–520 : 7–3、K70–520 : 7–2、K70–520 : 7–4）　6 ~ 8. 铜五铢钱（K70–520 : 5–2、K70–520 : 5–1、K70–521 : 1）

K70–520：7–4，为锥形铁镞。微残。镞身较窄，横截面为长方形。短铤，铤与镞身分界不明显。长 2.8、宽 0.6、镞身中部厚 0.3 厘米（图一六九，5）。

铜五铢钱　3 枚。

K70–520：5–2（考 4077–3），为 C 型五铢钱。完整。两面有外郭，背面有内郭。钱文略模糊。“五”字交笔均较直或微弯曲，“朱”字头方折，“金”字头为三角形。直径 2.56、穿宽 1 厘米，正面外郭宽 0.13 厘米，背面外郭宽 0.1 厘米，背面内郭宽 0.11 厘米，边缘厚 0.18 ~ 0.19 厘米（图一六九，6）。

K70–520：5–1（考 4077–2），为 D 型五铢钱。完整。两面有外郭，背面有内郭。钱文较清晰。“五”字交笔均较直或微弯曲，“朱”字头方折，“金”字头为三角形。直径 2.54、穿边长 0.94 厘米，外郭宽 0.13 厘米，内郭宽 0.12 厘米，边缘厚 0.18 ~ 0.19 厘米（图一六九，7）。

K70–521：1（考 4077–1），为 D 型五铢钱。微残。两面有较窄的外郭，正面无内郭，背面有内郭。“五”字交笔均较直或微弯曲，“朱”字头方折，“金”字头为三角形。背面内郭内缘不甚整齐。直径 2.45、穿边长 0.98 厘米，正面外郭宽 0.1 厘米，背面外郭宽 0.09 厘米，背面内郭宽 0.1 厘米，边缘厚 0.14 厘米（图一六九，8）。

（二三）第 70、71 清理区

共 9 件。

陶壶　3 件。

K70–538：3（考 4020），为曲颈夹砂陶壶。残，可复原。夹砂黄褐陶。除近底部的下腹部以外，其余器表涂红陶衣，部分红陶衣脱落。微侈口，圆唇，内斜的高颈略外弧，圆肩，鼓腹，平底。腹中部有两个对称分布的桥形耳。口径 10.4、腹径 20.5、底径 10.8、高 23.7 厘米（图一七〇，1）。

K70–516：33（考 4102.1），为 Aa 型束颈夹砂陶壶。残，可复原。夹砂灰褐陶，陶色不均，部分器表近黄褐色。侈口，圆唇，束颈，圆肩，鼓腹，平底。颈部饰两周凹弦纹，弦纹下饰一周圆点纹。口径 10.4、腹径 13.5、底径 6.4、高 16.9 厘米（图一七〇，2）。

K71–539：18（考 4098），为泥质陶壶。残，可复原。夹细砂泥质灰陶。侈口，方唇略外侈，束颈，斜肩，鼓腹，平底。肩部饰由两周凹弦纹内填一周波浪纹组成的纹带。口径 9.3、腹径 14.4、底径 9、高 15.5 厘米（图一七〇，3）。

陶罐　1 件。

K71–576：39（考 4117.3），为 B 型无耳大口夹砂陶罐。残存二分之一，可复原。夹砂黄褐陶。侈口，圆唇，略鼓腹，平底。口沿外侧有较浅的刻齿纹，刻齿纹以下的颈部饰两周较浅的珍珠纹，在与较大珍珠纹相对应的内壁有小圆坑。口径 8.3、底径 6.1、高 6.7 厘米，壁厚 0.6 厘米（图一七〇，4）。

陶碗　1 件。

K71–536：11（考 4029–2），为 Ba 型夹砂陶碗。大部分器壁残缺，可复原。夹砂黄褐陶，

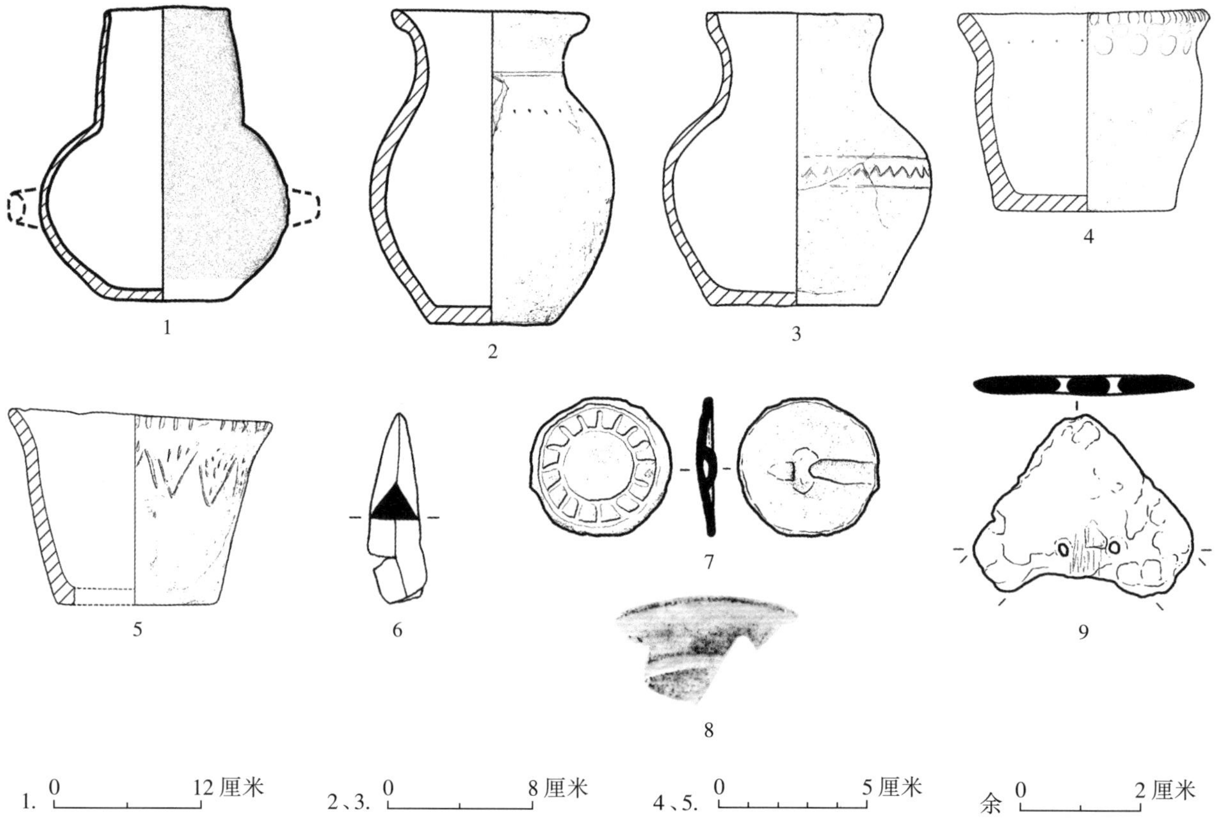

图一七〇　中区第 70、71 清理区出土器物

1 ~ 3. 陶壶（K70-538 : 3、K70-516 : 33、K71-539 : 18）　4. 陶罐（K71-576 : 39）　5. 陶碗 (K71-536 : 11）　6. 铜镞（K70-537 : 13）　7. 铜泡（K70-516 : 38）　8. 铜镜残片（K70-532 : 2）　9. 铁镞（K70-555 : 2）

部分器表呈黑褐色，部分外壁有一薄层黑褐色烟炱。侈口，尖唇，斜腹微外鼓，平底。口沿外侧饰刻齿纹，口沿下饰一周由短凹线组成的倒三角纹，三角的两个斜边为长刻线。口径约 8.8、底径 5.5、高 6.5 厘米（图一七〇，5）。

铜镞　1 件。

K70-537：13，为三棱铜镞。铤部残，镞身铸造时弯折变形。三角形镞身，镞身横截面为等边三角形。铤部形状不详。残长 3.2、底部宽 1 厘米（图一七〇，6）。

铜泡　1 枚。

K70-516：38（考 4072-20），为 B 型放射线纹铜泡。边缘微残。泡体为较低的矮弧形，泡面有一周短直线组成的放射线状纹带。泡背面中部有一较小的弧形穿孔纽，纽下有一端贯通到泡边缘的凹槽。直径 2.3、高 0.35 厘米（图一七〇，7）。

铜镜残片　1 块。

K70-532：2（考 4075-11），可能为蟠螭纹、螭虺纹、四乳四螭纹、四螭纹铜镜中的一种残片。残存带边缘的一块。矮凸棱内弧缘，近边缘处有一周较宽的凹线。根据残留部分纹饰推测，最有可能是四乳四螭镜的残片。根据残存边缘推测，铜镜直径约为 8 厘米。残片长

3 厘米（图一七〇，8）。

铁镞　1 件。

K70–555：2（考 4038–3），为 Aa 型无铤扁体铁镞。尖部和尾翼残。镞身近宽三角形，尾翼形成倒刺。近镞身底边中部有两个对称分布的圆形穿孔，穿孔之间残留木质纤维痕迹。残长 3、残宽 3.6 厘米，镞身中部厚 0.2 厘米（图一七〇，9）。

（二四）第 78 清理区

共 6 件。

铜铃　1 件。

K78–531：25，为 A 型北方式不规则镂孔或无孔铜铃。完整。跳棋形，铃身较细长，顶部有圆形穿孔纽，领口为椭圆形。铃身上、下各有一组弦纹，中部有交叉线组成的纹饰和形状不规则的镂孔。铃口长 1.5、宽 1.1、高 3.4 厘米（图一七一，1）。

铜镜残片　2 块。

K78–531：6（考 4075–3）、K78–531：20（考 4075–12），为缠绕式蟠螭纹铜镜。为一面铜镜上的边缘残片和中部残片。残存部分主纹和地纹与 K36–302：8 完全相同。铜质较好，呈灰色，有光泽。三弦纽，素圆纽座。直径约 7.5、边缘厚 0.14 厘米，纽顶高 0.35 厘米，无纹饰处器壁厚 0.08 厘米（图一七一，3、4）。

铁刀　1 件。

K78–531：14，残存刀身的一段。残存部分为直背，直刃。残长 10、刃宽 2.8 厘米，背部厚 0.3 厘米（图一七一，2）。

玛瑙珠　1 枚。

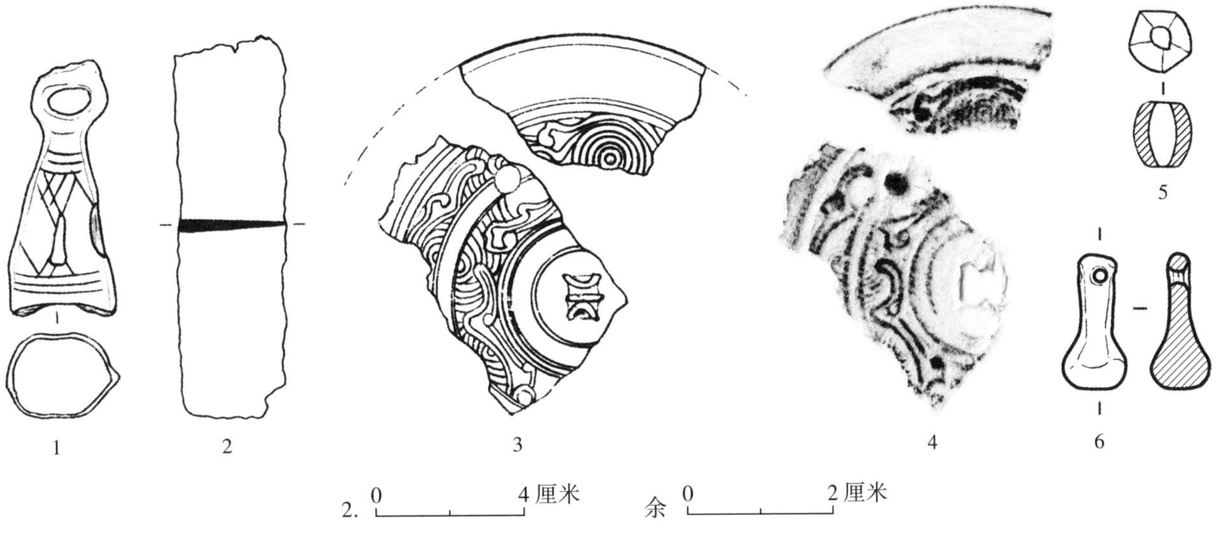

图一七一　中区第 78 清理区出土器物

1. 铜铃（K78–531：25）　2. 铁刀（K78–531：14）　3. 铜镜残片（K78–531：6、K78–531：20）　4. 铜镜残片的拓片（K78–531：6、K78–531：20）　5. 玛瑙珠（K78–531：3）　6. 玛瑙坠（K78–531：22）

K78–531：3，完整。为带瓜棱的长球形，表面有五个纵向凸棱。直径 0.8、高 0.9 厘米（图一七一，5）。

玛瑙坠 1 枚。

K78–531：22（考 4080–3），完整。浅棕红色，近葫芦形，由圆柱形柄和圆球两部分组成，近柄的末端有一穿孔。长 1.8、球部直径 0.8 厘米（图一七一，6）。

（二五）第 79 清理区

共 5 件。

陶罐 2 件。

K79–558：9（考 4110），为溜肩鼓腹夹砂陶罐。残存部分口沿至中、下腹部的陶片，下腹近底部和器底不能复原。夹砂黄褐陶。侈口，方唇，短束颈，广肩，弧折腹。颈下饰由大篦点组成的倒梯形纹组合成的纹带；肩部饰交叉的平行划线组成的菱形纹带，纹饰带的上、下边缘各有一条凹弦纹。口径约 5.9 ~ 6、腹径约 10、残高 6.8 厘米，壁厚 0.5 ~ 0.7 厘米（图一七二，1）。

K79–575：21（考 4107），为 A 型泥质陶罐。泥质黄褐陶，轮制。侈口，口沿平折，圆鼓腹，平底。口径 12.8、腹径 23.7、底径 11、高 18.4 厘米（图一七二，2）。

铜泡 1 枚。

K79–574：n（考 4065–5），B 型半球形铜泡。边缘微残。泡面近半球形，背部有一贯通的背纽。直径 2.2、高 1 厘米（图一七二，11）。

铜环 1 件。

K79–571：11，为 A 型铜环。完整。扁体环，两面近内缘处略外鼓、肉较厚，向外缘处肉逐渐变薄。直径 4.1、环肉宽 0.8、厚 0.2 厘米（图一七二，5）。

砺石 1 件。

K79–574：56（考 4093–1），中部残断，可复原。呈扁平的鞋底形。近较窄的一端和中部近一个侧缘处各有一个圆形对钻孔。长 13、宽 5.25、厚 0.6 ~ 0.7 厘米（图一七二，4）。

三 西区

可核对出的清理坑出土遗物较少。

（一）第 53 清理区

共 6 件。

陶壶 1 件。

K53–441：23（考 4100.1），为 B 型敞口夹砂陶壶。残，可复原。夹砂黄褐陶，陶色略不均。略敞口，方唇，溜肩，鼓腹，平底。最大腹径位于中腹部。口径 11.5、腹径 15.5、底径 9.3、高 19.8 厘米，壁厚 0.4 ~ 0.6 厘米，颈部略薄（图一七二，3）。

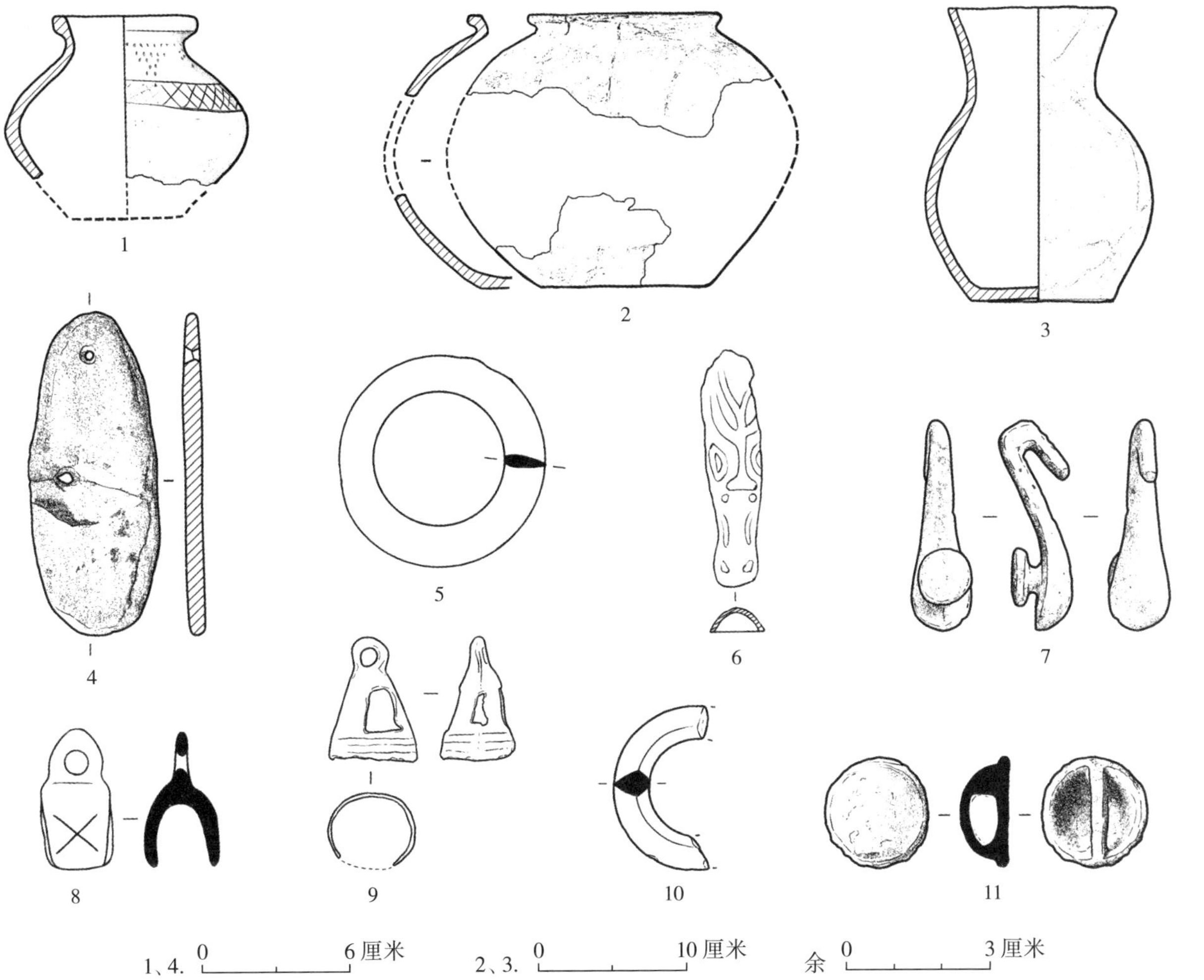

图一七二　中区第79清理区、西区第53清理区出土器物

1、2. 陶罐（K79-558：9、K79-575：21）　3. 陶壶（K53-441：23）　4. 砺石（K79-574：56）　5. 铜环（K79-571：11）　6. 勺形铜带饰（K53-441：1）　7. 铜带钩（K53-441：9）　8. 铜坠饰（K53-441：2）　9. 铜铃（K53-455：1）　10. 水晶环（K53-441：5）　11. 铜泡（K79-574：n）

勺形铜带饰　1件。

K53-441：1，为A型第一类勺形铜带饰。边缘略残。正面外鼓，背面内凹，背面结构不详。正面有兽面纹。残长4.8、中部宽1.1、壁厚0.1厘米（图一七二，6）。

铜带钩　1件。

K53-441：9（考4051-4），为A型铜带钩。完整。铸制。琵琶形。纽面近圆形，纽柱横截面为纵向椭圆形。带钩背面中部有一条纵向铸缝。长4.25、宽1.25厘米，纽面直径1.15厘米（图一七二，7）。

铜坠饰　1件。

K53-441：2，完整。顶部有穿孔纽，器身为倒“U”字形，底部开口，两面有两条交叉的凹直线组成的纹饰。长2.8、底部宽1.2厘米（图一七二，8）。

铜铃　1件。

K53–455：1（考4055–n），为B型北方式不规则镂孔或无镂孔铜铃。微残。铸制。铃身略短宽，有四个镂孔，铃身近底缘有三周凹弦纹。铃口近圆形。圆形纽。底宽1.8、高2.5厘米（图一七二，9）。

水晶环　1件。

K53–441：5（考4081–17），残存约二分之一。浅乳白色，半透明。横截面为菱形。直径3.3、环肉部宽0.7、厚0.55厘米（图一七二，10）。

（二）第54、74、80、86、91清理区

共13件。

陶壶　1件。

K80–604：35（考4103.1），为斜颈夹砂陶壶。完整。夹砂黄褐陶。侈口，斜颈，鼓腹，平底，下腹斜收。口径11.9、腹径15.7、底径8.3、高15.4厘米（图一七三，1）。

陶罐　1件。

K80–575：32（考4112.2），为双耳大口夹砂陶罐。残存约三分之一，部分下腹部不能复原。夹砂黄褐陶，陶色不均。口微外侈，口沿下有一对对称分布的柱状耳，器耳的末端正面略内凹。口沿上残留不甚清晰的斜向刻线纹。口径约9.9、壁厚0.5 ~ 0.7厘米（图一七三，2）。

陶杯　1件。

K54–450：1（考4119.4），为Ca型夹砂陶杯。器壁残缺约三分之二，可复原。夹砂黄褐陶，器表有灰褐、黑褐色薄附着层。侈口，圆唇，斜腹，平底。口沿外侧、底部边缘饰纵向刻齿纹，底部外壁有刻划的菱形纹，菱形内填对角交叉的阴刻十字图案。口径7.4、底径4.3、高5厘米（图一七三，3）。

铜镞　1件。

K74–632：5，为A型双翼銎孔铜镞。略残。三角形器身，刃部略内凹近流线型，镞身有血槽。可能尾翼形成倒刺。銎孔附近的镞身上有不规则形状的镂孔。銎口为菱形。残长3.3、残宽1.1厘米（图一七三，10）。

铜带钩　1件。

K74–632：3（考4051–3），为B型铜带钩。背纽残缺，纽柱横截面为椭圆形，带钩背面中部有一条纵向铸缝。长2.6、宽1厘米（图一七三，11）。

铜泡　2枚。

K74–632：1，为B型椭圆形双梁铜泡。边缘微残。泡面鎏金。泡背面有两条平行的扁横梁。长2.3、宽1.5、高0.6厘米（图一七三，4）。

K80–604：26（考4066），残。泡面中部外鼓形成一圆形凸泡，边缘平直，背面有两个平行的背纽，纽体横截面为圆形。推测直径约4.5、高1.25、厚0.15厘米（图一七三，6）。

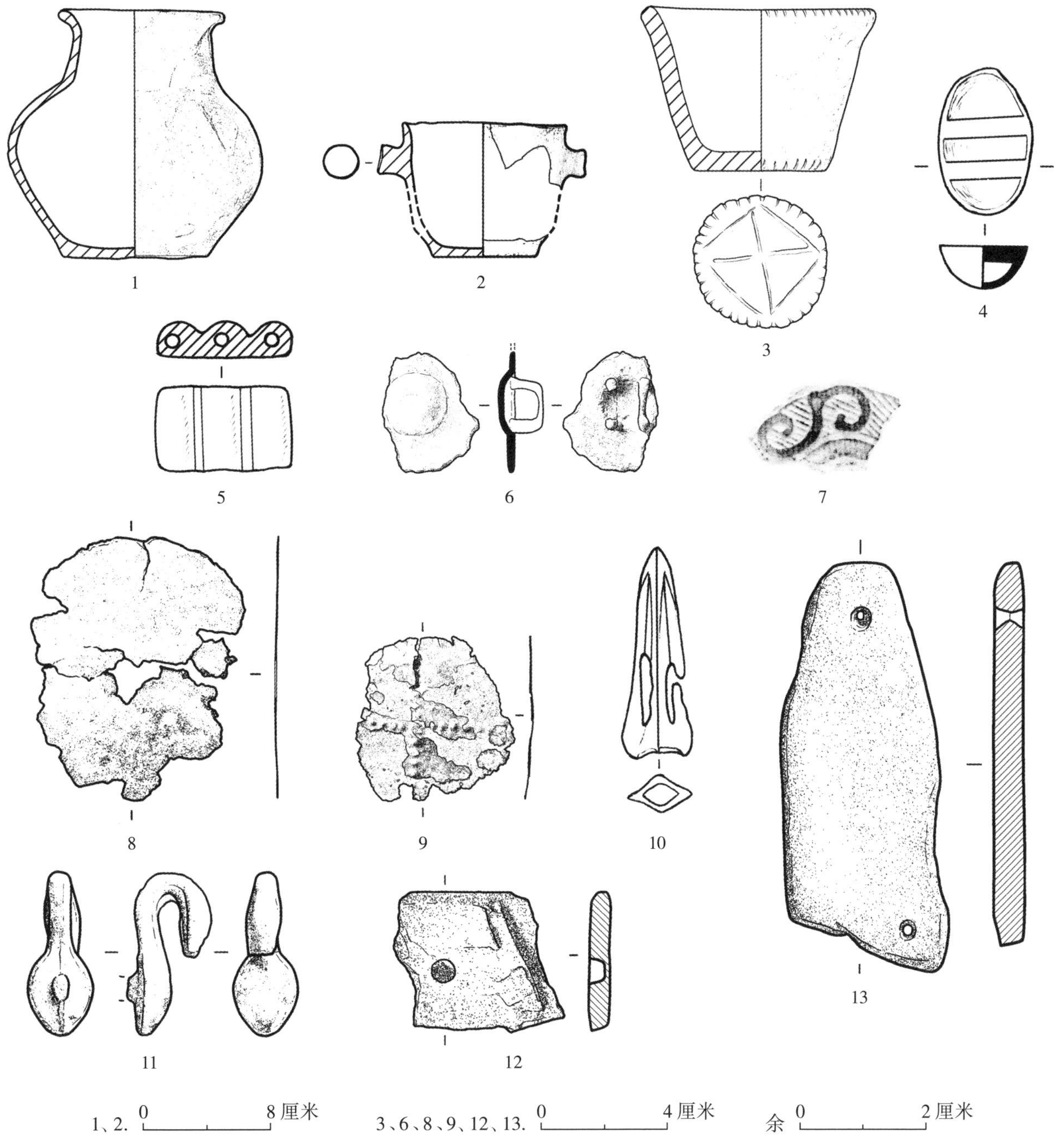

图一七三　西区第 54、74、80、86、91 清理区出土器物

1. 陶壶（K80-604：35）　2. 陶罐（K80-575：32）　3. 陶杯（K54-450：1）　4、6. 铜泡（K74-632：1、K80-604：26）　5. 绿云母珠（K91-684：4）　7. 铜镜残片（K80-615：5）　8、9. 鎏金铜片（K80-604：21-1、K80-604：21-2）　10. 铜镞（K74-632：5）　11. 铜带钩（K74-632：3）　12、13. 砺石（K86-568：3、K86-607：2）

鎏金铜片　2 片。

K80-604：21-1（考 4071-1），残存约一半。正面残留一片鎏金层。正面略外鼓，残存部分素面无装饰。直径约 8、厚 0.04 ~ 0.05 厘米（图一七三，8）。

K80-604：21-2（考 4071-2），边缘残。正面鎏金。正面略外鼓。正面饰两条十字交叉的由内向外錾压出的凸点组成的直线。直径约 6、厚 0.03 厘米（图一七三，9）。

铜镜残片　1 块。

K80–615：5（考 4075–13），为四乳四螭纹或四螭纹铜镜残片。残存铜镜中部的一片。残片上有一个完整的螭纹，螭纹下有平行线条地纹，螭纹的内侧有一周浅凹槽带。根据螭纹的尺寸推测，该铜镜的直径较大，直径应大于 8.5 厘米。残长 2.4 厘米，无纹饰处器身厚 0.07 厘米（图一七三，7）。

绿云母珠　1 枚。

K91–684：4，完整。长方形，扁体，一面平整，另一面在穿孔处有外鼓的凸棱，在珠子的侧面有三个纵向平行的穿孔。长 2.1、宽 1.4、厚 0.6 厘米（图一七三，5）。

砺石　2 件。

K86–607：2（考 4093–2），近鞋底形，近较窄的一端和近一侧缘处各有一个穿孔。长 12.5、宽 5.5、厚 0.95 ~ 1.05 厘米（图一七三，13）。

K86–568：3（考 4093–3），为砺石中部的残段，近中部有一未钻透的圆孔。残长 5.3、宽 4.2、厚 0.7 厘米（图一七三，12）。

第二节　清理区出土人骨和兽骨

一　人骨

因墓地被破坏和土质原因，人骨保存状况较差，清理坑和墓葬内只发现少量腐烂的人骨或少量残断肢骨和牙齿。其中 12 枚牙齿、1 段肱骨送到中国科学院古脊椎动物与古人类研究所做性别和年龄鉴定。1961 年 10 月 20 日，中国科学院古脊椎动物与古人类研究所做出了保存完好的 6 枚牙齿的鉴定报告（表四），对肱骨做了形态学观察报告（发掘档案中未见此报告）。

表四　中国科学院古脊椎动物与古人类研究所鉴定西岔沟墓地出土人牙齿结果表

序号	标本编号	部位	年龄推测	性别推测
1	467–2	左下第二臼齿（M_2）	12 岁左右	男
2	499–17	左下第一臼齿（M_1）	8 ~ 10 岁	女
3	463–14	左上第一或第二臼齿（M^1 或 M^2）	10 岁以上	女
4	2 号墓 –9	左上第三臼齿（M^3）	18 岁以上	?
5	464–19	左上第一前臼齿（P^1）	18 岁以上	女
6	381	右下第二前臼齿（P_2）	13 岁以上	女

说明：标本编号“–”前为清理坑编号，“–”后的数字为与同一单位出土器物混在一起编排的器物顺序号。

值得注意的是，6 枚牙齿标本性别和年龄鉴定结果主要为妇女和儿童。

二　兽骨

在墓地中区和东区的 58 个清理坑内发现马牙，数量一般为 1 颗到几颗，最多的有 18 颗。在东区的 26 号清理区发现 3 个完整的马头骨，有可能是埋在专门的葬马头坑内。

发掘档案中有一份写在中国科学院古脊椎动物与古人类研究所抬头稿纸上的西岔沟墓地动物牙齿鉴定报告（表五），共 7 枚动物牙齿标本，均出自清理坑，鉴定结果分别为猪、牛科（2 枚）、牛、野驴、马属（2 枚）。

表五　中国科学院古脊椎动物与古人类研究所鉴定西岔沟墓地出土动物牙齿结果表

序号	标本编号	动物种类	牙齿部位
1	573–2	猪（*Sus* sp.）	上犬齿
2	330–6	牛科（Bovidae indel）	右下第三臼齿
3	396–41	牛科（Bovidae indel）	牙齿残片
4	442–1	牛（*Bos*. sp.）	左下第四前臼齿
5	442–1	野驴（*Equus hemionus*）	右下第一臼齿
6	394–2	马属（*Equus* sp.）	上颊齿
7	475–17	马属（*Equus* sp.）	下颊齿

说明：标本编号“–”前为清理坑编号，“–”后的数字为与同一单位出土器物混在一起编排的器物顺序号。

附：墓地附近发现遗物、遗迹概述

西岔沟墓地发掘队还在墓地周边地区做了考古调查和探掘。

在距离墓地西南边缘 33 米处试掘发现陶片、烧土块、石刀残片、蓝色玻璃珠，陶片中有陶鬲残片。发掘者认为是约 5 米见方的遗址，东部被水沟冲毁，并推测是陶窑或加工陶器作坊遗迹。但是根据档案记录内容无法确定是陶窑，有可能是与西岔沟墓地有关的一个遗迹，也有可能是与墓地相关的次生堆积。

在发掘后期，发掘队派一名队员在墓地周边做了 3 天的考古调查和试掘，包括与西岔沟墓地邻近的共和屯的西山、北岗、东山，乐善村的后山，执中村的东湾沟等五个地点。发现的遗物绝大多数为陶片，与西岔沟墓地的特征相同。

第四章　非发掘清理器物

1956 年文物工作者到西岔沟墓地发掘以前，墓地大部分墓葬已经被破坏。被破坏墓葬中有一定经济价值的随葬品，尤其是金、银质地的器物大多数被盗掘者取走。在墓地发掘、清理过程中，发掘队派出专人负责征集、收购墓地出土器物。除了贵重金属器物，上述被盗走的随葬品大多数都回收回来，并以交送器物的人次为单位，编号收藏。这些征集、收购的墓地出土器物，统称为非发掘清理器物。非发掘清理器物是西岔沟墓地出土器物的主体之一。

西岔沟墓地出土器物入藏辽宁省博物馆后，又根据质地和器类，编辑了藏品分类号。回收器物时的编号，作为原始号仍继续保留。但是辽宁省博物馆 50 年期间经过了几次搬迁，在 2013 年开始整理西岔沟墓地出土器物时，很多器物上的回收记录编号已经模糊不清。通过核对回收器物记录档案、辽宁省博物馆的藏品分类卡片备注的器物原始登记号，可以恢复部分非发掘清理器物的回收记录编号。

根据出土器物组合关系、出土地点两方面信息保留情况的差别，可将西岔沟墓地非发掘清理器物分为五类。

第一类器物可确定出土地点的大致范围，每组器物可确定或很可能出于同一座墓葬，并有墓葬的器物分布草图。这类器物共有 32 组，即出自 32 座墓葬。回收这些器物时，都根据村民的回忆，绘制了墓葬器物分布草图。该草图中既绘出了大部分村民交回来的器物，也绘出了一部分没有交回的器物。

第二类器物可确定出土地点的大致范围，每组器物可确定或很可能出于同一座墓葬，但是没有墓葬的器物分布草图。这类器物共有 20 组，即出自 20 座墓葬。

第三类器物可确定出土地点的大致范围，但是组合关系不详。

第四类器物出土地点不详，但是可确定出自同一座墓葬。这类器物只有 1 组，即出自 1 座墓葬。

第五类器物的出土地点和组合关系均不详，只能确定出自西岔沟墓地。器物的回收登记号只有统计数量作用，与出土地点和组合关系无关。这类器物的数量占西岔沟墓地非发掘清理器物总数的二分之一以上。

第一类、第二类器物，下面将以组合为单位详细介绍。但是，这两类器物中有一部分器物的编号能与现有馆藏器物对应，新报告发表了所有这些器物的线图或拓片；有一部分器物因原始的回收记录号模糊不清，无法确定原始编号所对应的实物，新报告只能发表这类器物的文字记录材料，无法提供器物图。第三类、第四类器物中也有一部分器物与第一类、第二类器物相似，无法找到原始编号对应的实物，新报告将以墓地区域或墓葬为单位，发表核对出原始编号器物的线图。第五类器物只能确定出自西岔沟墓地，报告不做专门介绍，这类器物的线图只在新报告的第五章出现，与墓葬出土器物以及其他非发掘清理器物一起分类介绍。

非发掘清理器物编号组合为：Z 非发掘清理器物分组号：器物顺序号。如器物号 Z13：5，表示第 13 组非发掘清理器物的第 5 号器物。

第一节　第一类非发掘清理器物

共 32 组器物，可确定出土地点的范围，每组器物有所属墓葬的器物分布草图。这些草图为根据村民回忆绘制，村民只能记得器物的大致分布位置，其中有些器物的位置有记忆错误的可能。有一部分器物村民只能记得共出于同一墓葬，但是在墓葬中的具体位置已经记不清，这些器物在草图中没有出现。

每组非发掘清理器物，应该只是相应被破坏墓葬的一部分随葬品。报告对每组非发掘清理器物中的珠子类器物不做详细介绍。没有核对出馆藏实物的器物，只根据回收记录档案简单描述。墓葬尺寸和方向均为根据交回器物村民的回忆推测，未必准确，只做参考。

非发掘清理器物的分组按照自东向西的顺序分组编号。非发掘清理器物分布图为根据回收记录档案保留的回收器物登记表中的草图修改而成，图中的绝大多数器物属于符号性质，并非按照实物绘制。

（一）第 1 组非发掘清理器物——（Z135–3[1]，东区）

（1）概述

墓葬位于墓地东区中部的东缘，即东岗梁的上部，在 3 号清理区一带。交回文物的村民回忆墓葬长约 1.7 米（即 5 尺）。墓葬可能为东—西向。随葬品有铁剑、铁衔、铜斧。根据随葬品推测，墓主人可能是男性（图一七四）。

（2）随葬品

共计 4 件。

a. 回收器物

共 3 件。

铁剑　1 件。

Z135：26（考 3927.14），尖部残。为中原式铁剑，保存有较长的铁剑柄。剑身横截面

[1] Z135–3 是指第 135 组回收器物中的第 3 座墓葬出土的器物。该组回收器物出自 3 座墓葬，分别编号 1、2、3。发掘档案将 3 座墓葬的回收器物统一编顺序号，但是大多数器物都注明了出自哪座墓葬。新报告将三座墓葬分别编号 Z135–1、Z135–2、Z135–3。以下均同。

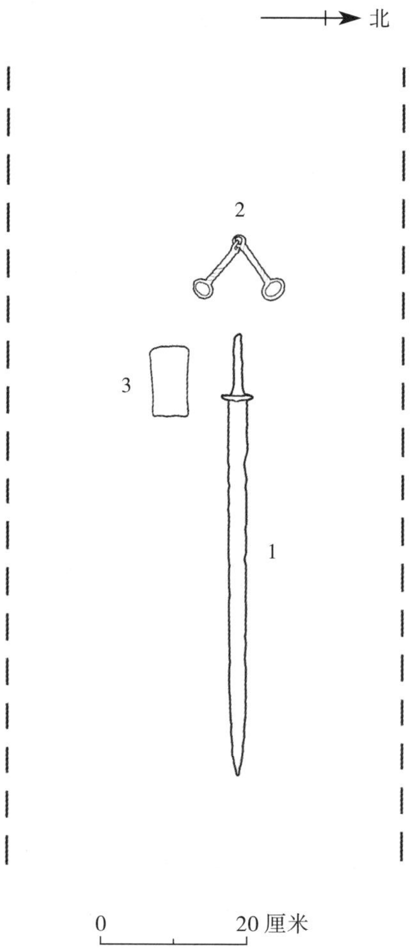

图一七四　第1组非发掘清理器物分布平面示意图（Z135-3，东区）
1. 铁剑（Z135：26）　2. 铁衔（Z135：22）
3. 铜斧（比例尺为估计结果，非精确值）

为扁菱形，中部起脊。剑身上有木质纤维痕迹。残长76、柄芯长21厘米（图一七五，1）。

铁衔　1件。

Z135：22，为双节衔，外环外穿一圆角长方形铁环。

b. 未回收器物

只有铜斧1件。具体形状不详。

（二）第2组非发掘清理器物——（Z182-1，东区）

（1）概述

墓葬位于墓地东区中部偏西处，在20号清理区一带。交回文物的村民回忆墓葬为西北—东南向，随葬品有铁衔、铜铃、铁环。根据随葬铁衔推测，墓主人有可能是男性（图一七六）。

（2）随葬品

共计6件。均为回收器物。

中原式和北方式铜铃　3件。

Z182：17，3件。1件（Z182：17-1）（考3965）为C型北方式三角形镂孔铜铃。器身上有三角形镂孔，其中三个镂孔未穿透（图一七五，5）。纽下有一穿孔。高6.3厘米。1件为中原式铜铃，应为A型，有铃舌，器表有菱形纹饰。

球形铜铃　1件。

Z182：18（国0050-5），器身近球形，底部有座。器表有上、下对称分布的三角形镂孔。直径3.5厘米（图一七五，4）。

铁衔　1件。

Z182：9（考3945.3），残存一节。外环较大，内环较小。

铁环　1件。

Z182：8，残存两段。

（三）第3组非发掘清理器物——（Z92，东区）

（1）概述

墓葬位于墓地东区东部，位于东岗梁东北坡。交回文物的村民回忆墓葬为西北—东南向。在墓葬的中部有一铁剑，铁剑柄部两侧有铜环、勺形铜带饰、铜泡、带穿孔铜片。根据随葬铁剑推测，墓主人有可能是男性（图一七七）。

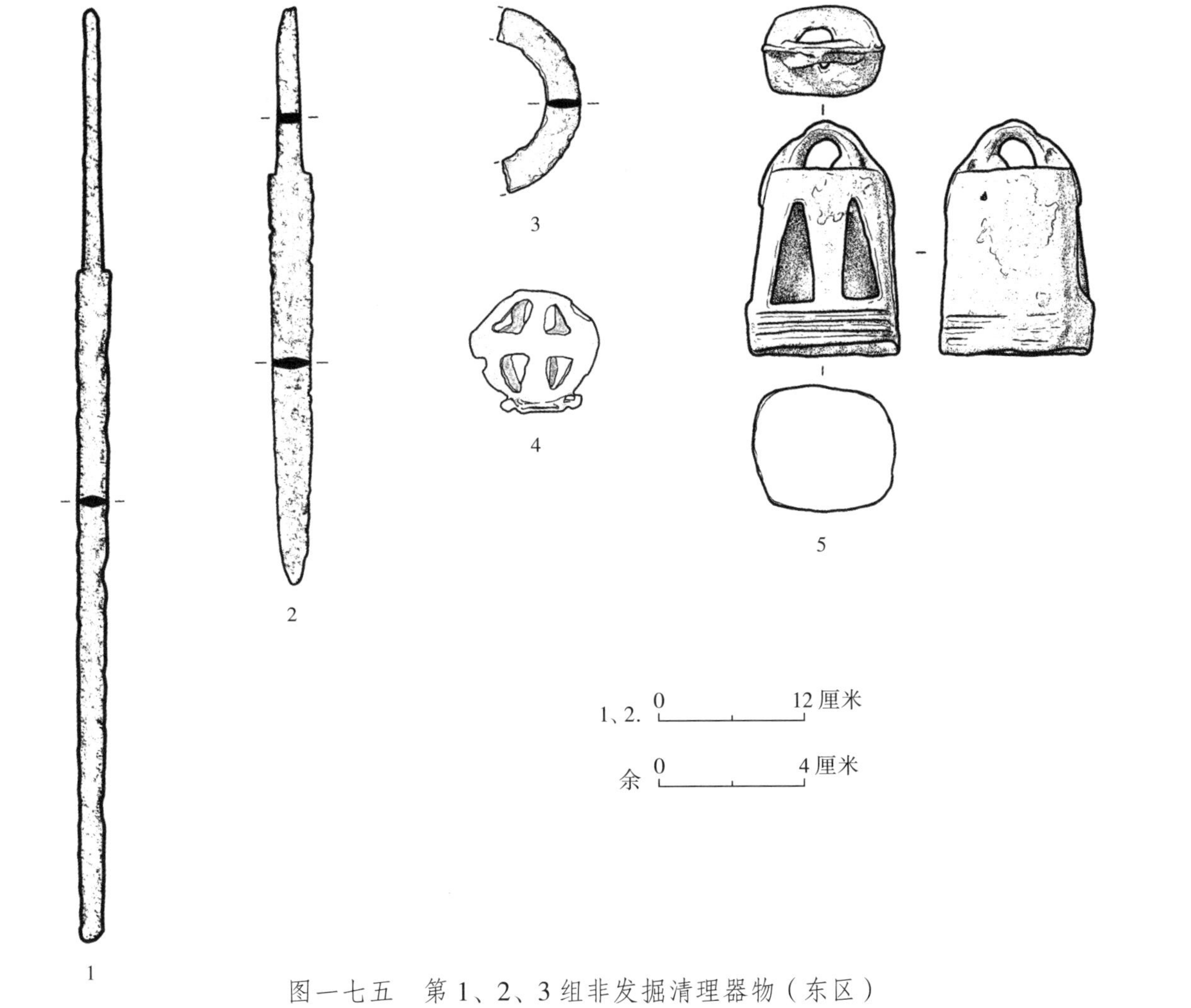

图一七五 第 1、2、3 组非发掘清理器物（东区）

1. 2. 铁剑（Z135：26、Z92：1） 3. 铜环（Z92：2） 4、5. 铜铃（Z182：18、Z182：17–1）（1. 第 1 组，2、3. 第 3 组，4、5. 第 2 组）

（2）随葬品

共计 12 件。均为回收器物。

铜环 5 件。

Z92：2（考 3988.11），5 件。4 件形状不详，其中 1 件残存一部分，为 A 型铜环，扁体两面外弧。直径 5.2 厘米（图一七五，3）

穿孔铜片 1 件。

Z92：3，器体较薄，尺寸、形状不详。

铜泡 2 枚。

Z92：4（考 3954.1），形状不详。

Z92：5，为珠形铜泡。

勺形铜带饰 1 件。

Z92：6–1，素面。具体尺寸、形状不详。

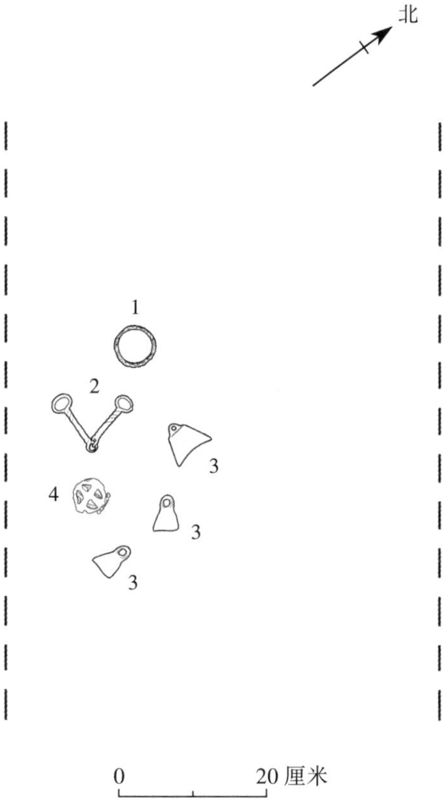

图一七六　第 2 组非发掘清理器物分布平面示意图（Z182–1，东区）

1. 铁环（Z182∶8）　2. 铁衔（Z182∶9）　3、4. 铜铃（Z182∶17、Z182∶18）（比例尺和方向均为估计结果，非精确值）

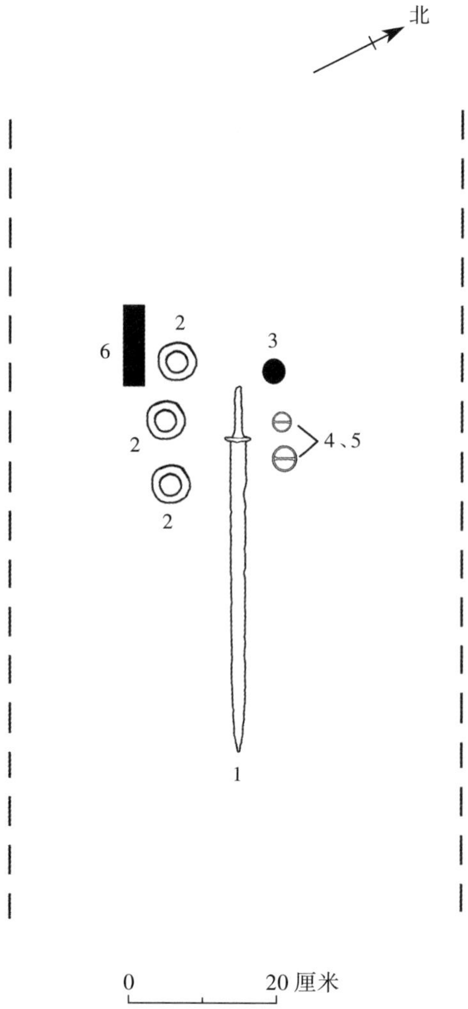

图一七七　第 3 组非发掘清理器物分布平面示意图（Z92，东区）

1. 铁剑（Z92∶1）　2. 铜环（Z92∶2）　3. 穿孔铜片（Z92∶3）　4、5. 铜泡（Z92∶4、Z92∶5）　6. 残铜器（Z92∶6）（比例尺和方向均为估计结果，非精确值）

残铜盖弓帽　1 件。

Z92∶6–2，具体尺寸、形状不详。

残铜片　1 件。

Z92∶6–3，具体尺寸、形状不详。

铁剑　1 件。

Z92∶1（考 3927.9），为残中原式铁剑。剑身横截面为扁菱形，中部起脊。通长 46.7、柄芯长 13.4 厘米（图一七五，2）。

（四）第 4 组非发掘清理器物——（Z43，东区）

（1）概述

墓葬位于墓地东区的西北部，在东岗梁西端中部。交回文物的村民回忆墓葬为南—

北向，可能略有误差。墓葬（可能为墓底）距地表深约 0.6 米（2 尺多深），墓圹长约 1.5 米（约 5 尺）。随葬品有陶罐、铁剑、铜环、铁环、铜泡、玛瑙珠等。蓝色玻璃珠位于铁剑剑柄外侧，其余随葬器物位于铁剑剑身西侧。根据随葬铁剑推测，墓主人可能为男性（图一七八）。

（2）随葬品

共计至少 18 件。

a. 回收器物

共 12 件。

铜泡　2 枚。编号为 Z43：2（考 3953.5）。

铁剑　1 件。

Z43：1（考 3926.7），应为中原式铁剑，有铜剑格。长 79、剑身宽 3.3 厘米。

玛瑙管　1 枚。编号为 Z43：3。

玛瑙珠　4 枚。编号为 Z43：4。大小相同，均为六菱形珠子。

蓝色玻璃珠　4 枚。编号为 Z43：5。

b. 未回收器物

至少 6 件。

陶罐　2 件。形制、尺寸不明。

金耳饰　1 件。推测为金丝拧绕而成，重 5 分 8 厘，合 0.58 克。

铜环　至少 1 件。形制、尺寸不详。

铁环　2 件。尺寸不详。

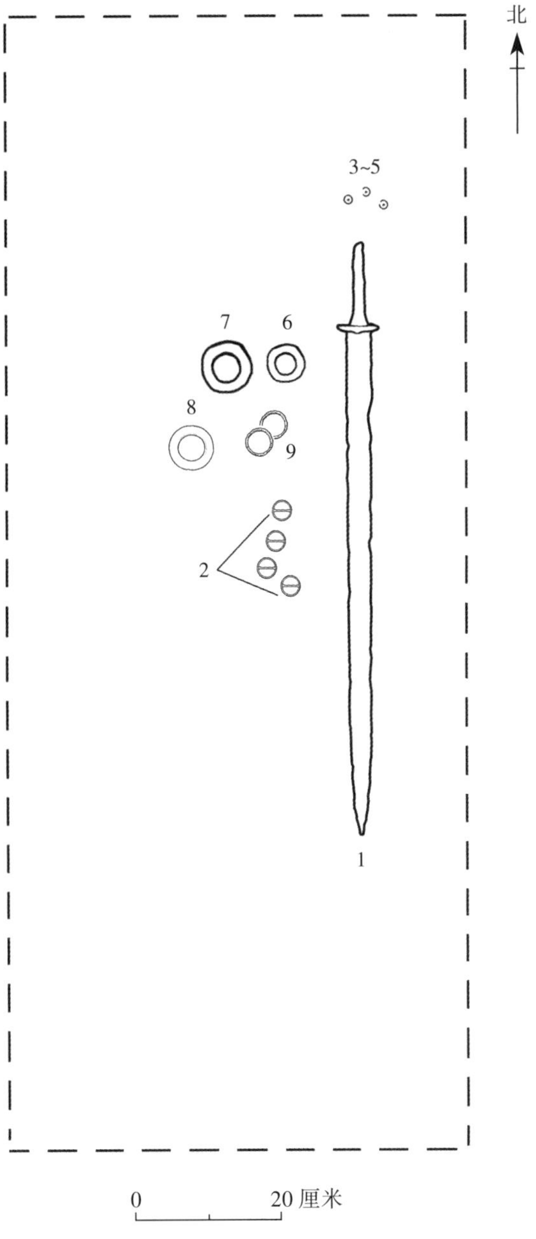

图一七八　第 4 组非发掘清理器物分布平面示意图（Z43，东区）

1. 铁剑（Z43：1）　2. 铜泡（Z43：2）　3 ~ 5. 玛瑙管、玛瑙珠、蓝色玻璃珠（Z43：3、Z43：4、Z43：5）　6、7. 陶罐　8. 铜环　9. 铁环
（比例尺和方向均为估计结果，非精确值）

（五）第 5 组非发掘清理器物——（Z146，东区）

（1）概述

墓葬位于墓地东区的东北部，在岗顶北侧的第 8 号清理区一带。墓葬方向、尺寸不详。接近墓葬中部的位置横放一排铜泡，在铜泡的靠近墓葬一端的一侧有一侧置的陶杯，陶杯的外侧有一铜环和一勺形铜带饰（图一七九）。

（2）随葬品

共计 12 件。均为回收器物。

陶杯　1 件。

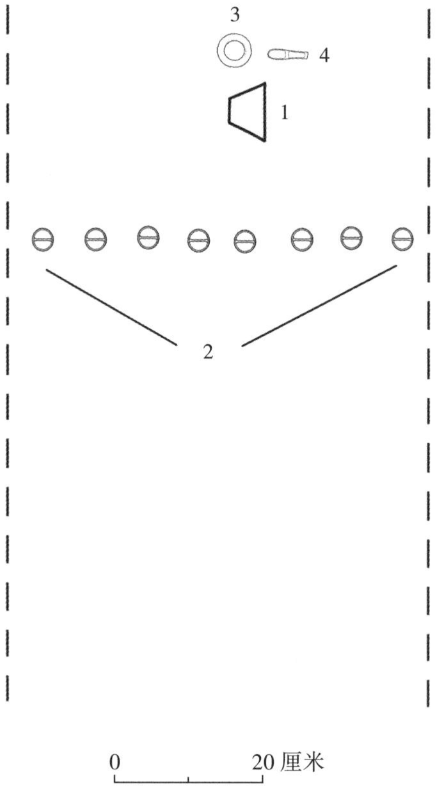

图一七九　第 5 组非发掘清理器物分布平面示意图（Z146，东区）
1. 陶杯（Z146：1）　2. 铜泡（Z146：2）　3. 铜环（Z146：3）　4. 勺形铜带饰（Z146：4）
（比例尺为估计结果，非精确值）

Z146：1（考 3911.2），为 Bb 型夹砂陶杯。口沿残。夹砂黄褐陶。口长径 7.1、口短径 6.8、底径 4、高 4.5 ~ 5 厘米，口部厚 0.55 厘米（图一八〇，8）。

勺形铜带饰　1 件。

Z146：4（考 3975.8），为 Ab 型第一类勺形铜带饰。长 5、宽 1.4 厘米（图一八〇，1）。

铜泡　9 枚。

Z146：2（考 3955.5），9 枚。其中 1 枚编号为 Z146：2–1（考 3955.5–1），为 Aa 型矮斗笠形铜泡，直径 3.2 厘米（图一八〇，3）；1 枚编号为 Z146：2–2（考 3955.5–2），为 B 型中高斗笠形铜泡，直径 2.2 厘米（图一八〇，4）。

铜环　1 件。

Z146：3（考 3988.15），为 A 型铜环。外缘残。为两面外鼓的扁体铜环，近内缘处的肉较厚。直径 3.9 ~ 4.2 厘米（图一八〇，7）。

（六）第 6 组非发掘清理器物——（Z8，中区）

（1）概述

墓葬位于墓地中区东南部，在岗洼中部。墓葬可能为南—北向，根据随葬品摆放情况推测，墓主人头向北。在墓葬中部有一排铜泡，排成约 0.8 米的略弯曲的纵排。在铜泡的西侧靠近墓圹壁处有一铜短剑，东侧有铜镞。根据随葬短剑和铜镞等武器推测，墓主人可能是男性（图一八一）。

（2）随葬品

共计 16 件。

a．回收器物

共 15 件。

铜镞　2 枚。编号为 Z8：4。

勺形铜带饰　1 枚。

Z8：6（考 3975.5），背纽残。为 Ca 型第一类勺形铜带饰，兽面两竖耳相分离，兽面纹饰较简略。长 5.3、宽 1.4 厘米（图一八〇，2）。

铜泡　10 枚。

Z8：1（考 3952.2），8 枚。其中 1 枚（Z8：1–2）为 Aa 型矮斗笠形铜泡，直径 2.6 厘米（图一八〇，6）；1 枚（Z8：1–1）为 D 型放射线纹铜泡，直径 2.5 厘米（图一八〇，5）。

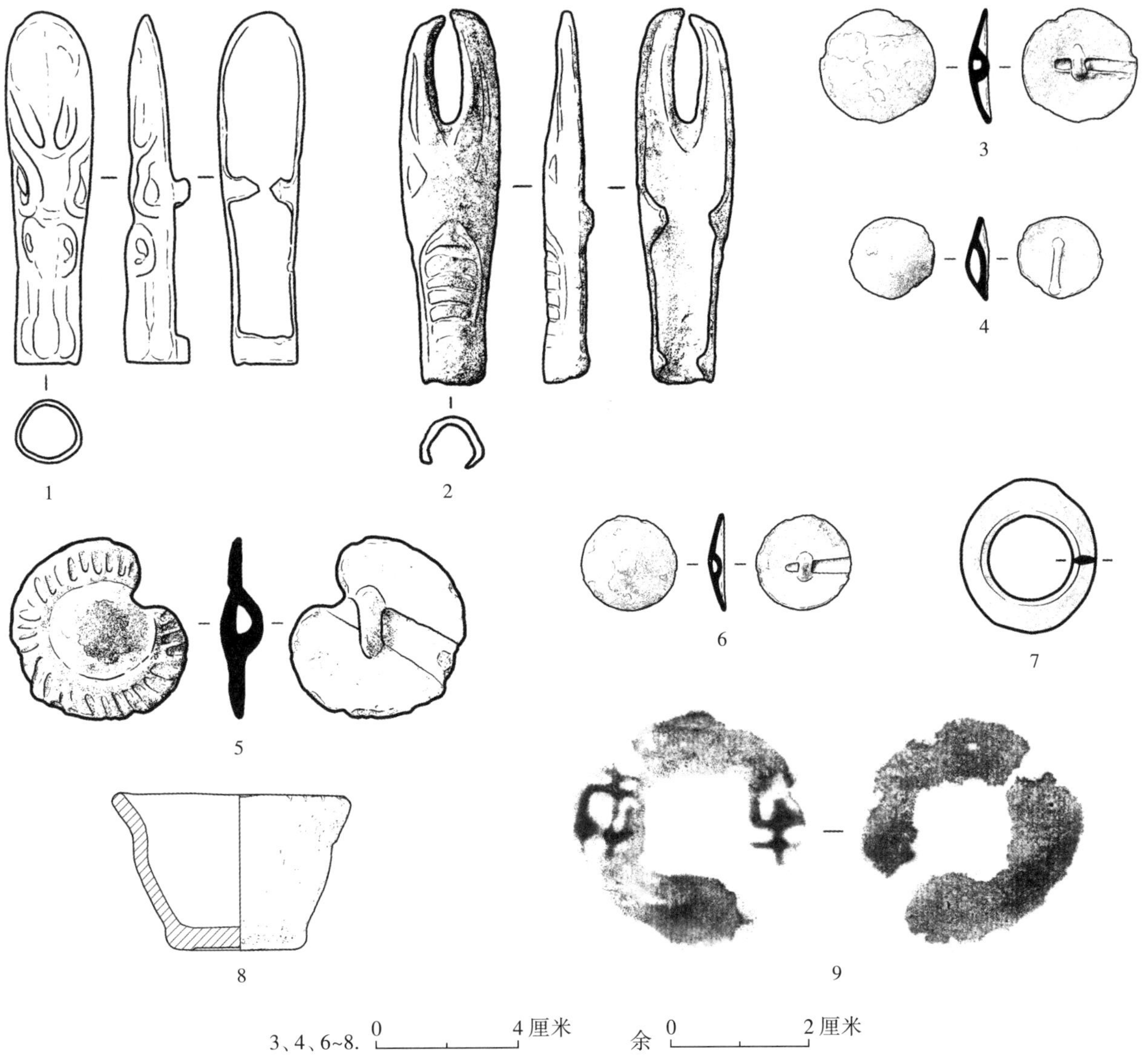

图一八〇　第 5、6 组非发掘清理器物（东区、中区）

1、2. 勺形铜带饰（Z146：4、Z8：6）　3 ~ 6. 铜泡（Z146：2-1、Z146：2-2、Z8：1-1、Z8：1-2）　7. 铜环（Z146：3）　8. 陶杯（Z146：1）　9. 铜半两钱（Z8：5）（1、3、4、7、8. 第 5 组，2、5、6、9. 第 6 组）

Z8：2，2 枚。为椭圆形铜泡。

铜环　1 件。

Z8：3（考 3930.1），为铜柄铁剑的剑柄部穿环，即 E 型铜环。

铜半两钱　1 枚。

Z8：5，为 A 型半两钱。“两”字上角处有一可能是用于穿系的圆孔。直径 3.3、肉厚 0.1 厘米（图一八〇，9）。

b. 未回收器物

根据回收记录档案可知，有 1 件未回收器物。

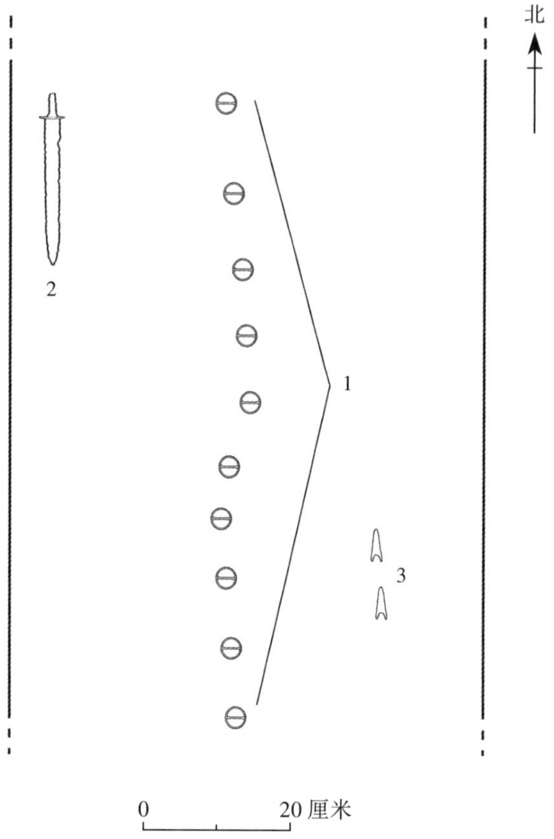

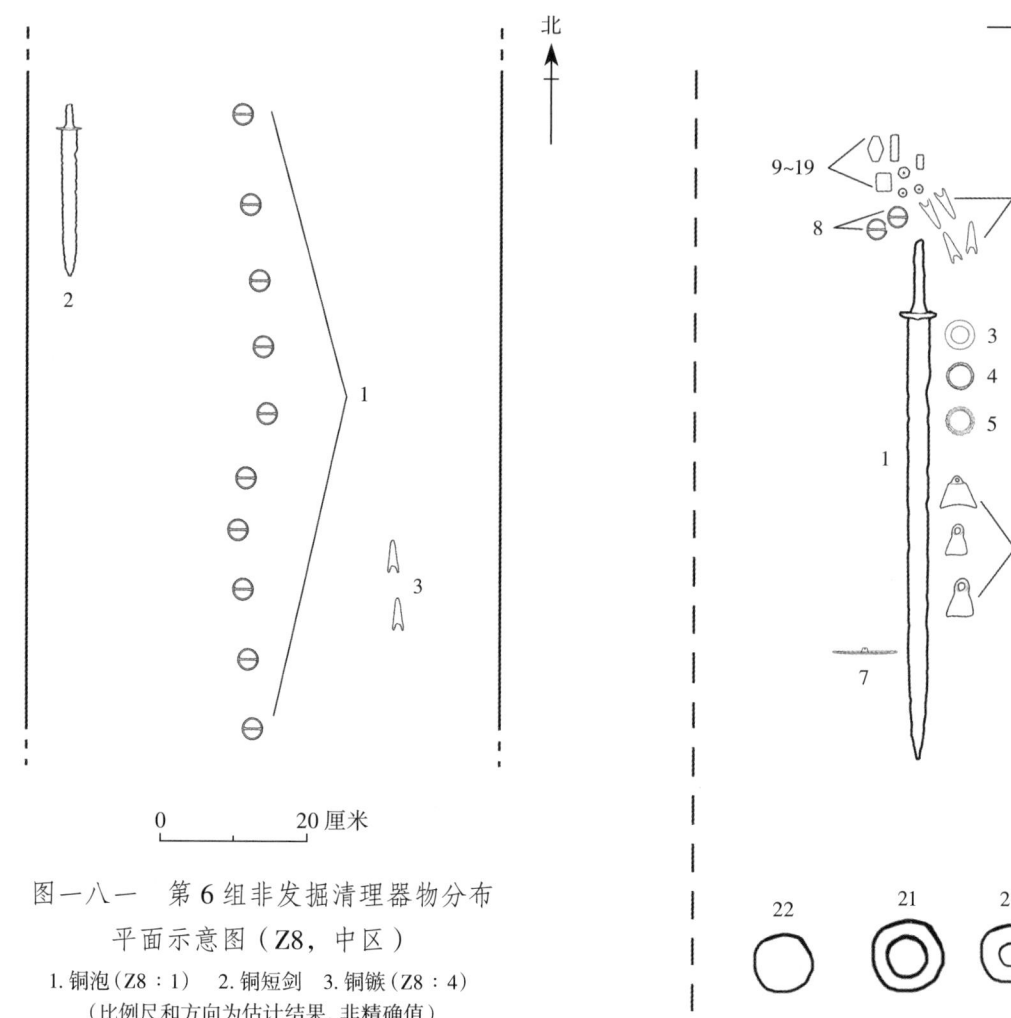

图一八一　第6组非发掘清理器物分布平面示意图（Z8，中区）

1. 铜泡（Z8：1）　2. 铜短剑　3. 铜镞（Z8：4）
（比例尺和方向为估计结果，非精确值）

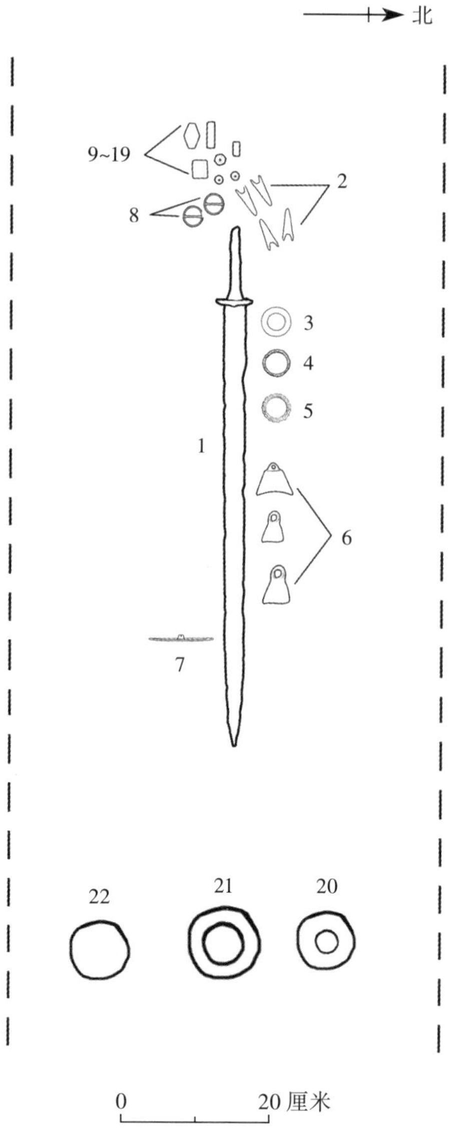

图一八二　第7组非发掘清理器物分布平面示意图（Z103，中区）

1. 铁剑（Z103：1）　2 铜镞（Z103：2）　3～5. 铜环（Z103：3、Z103：4、Z103：5）　6. 铜铃（Z103：6）　7. 铜镜（立置）（Z103：7）　8. 铜泡（Z103：8）　9～19. 绿石珠、绿石管、玛瑙珠、玛瑙管、玻璃珠、滑石管、铜珠（Z103：9～19）　20. 陶碗状灯　21. 陶罐　22. 陶碗
（比例尺和方向为估计结果，非精确值）

铜短剑　1件。形制、尺寸不明。

（七）第7组非发掘清理器物——（Z103，中区）

（1）概述

墓葬位于墓地中区东南部，在岗洼西部。墓葬可能为东—西向，根据随葬品摆放情况推测，墓主人可能头向西。在墓葬中部偏北处纵向放置1件铁剑，剑的北侧自上向下分别放置3件铜环、3件铜铃。剑的南侧下半部放置一面铜镜。剑柄的西侧有铜泡、铜镞、串珠。在墓葬的东端呈一横排放置3件陶器。根据随葬铁剑推测，墓主人可能是男性（图一八二）。

（2）随葬品

共计81件。

a. 回收器物

共 78 件。

铜镞　1 件。

Z103：2（考 3941.10），为三翼銎孔镞，銎孔上有不规则形镂孔。

铜铃　3 件。

Z103：6，3 件。其中 Z103：6–1（考 3966–3）为 A 型中原式带纹饰铜铃。器身两面有菱形纹纹饰带，铃身内有带穿孔的铃舌，纽下的铃顶部有一圆形穿孔。宽 3.5、高 3.2 厘米（图一八三，3）。Z103：6–2（考 3968–11）为 Ba 型北方式三角形镂孔铜铃，器身有三角形镂孔。高 4.6 厘米（图一八三，4）。

铜泡　2 枚。

Z103：8（考 3954.4），2 枚。其中 1 枚（Z103：8–1）为 B 型矮斗笠形铜泡，直径 2.9 厘米（图一八三，6）。

铜环　3 件。

Z103：3，为扁体铜环。直径约 8 厘米。

Z103：4，为圆体铜环。直径 5.3、肉宽 0.5 厘米。

Z103：5，为 Fb 型铜环。波浪形边缘。直径 5 厘米（图一八三，5）。

铜镜　1 面。

Z103：7（考 3994.8），为 A 型蟠虺纹镜。三弦纽，凸棱内弧缘的边缘较矮，镜体较轻薄。地纹为成组的平行线条，每个蟠虺纹中部有一个小乳丁。方形铭文带，铭文为转体的“常贵乐未央毋相忘”八字。直径 8.65、边缘厚 0.2 ~ 0.3 厘米（图一八三，1、2）。

铁剑　1 件。

Z103：1（考 3927.1），为中原式铁剑。柄芯为上窄下宽的扁条形，从下向上逐渐变薄。柄芯下半部有一圆形穿孔。剑身横截面为扁菱形，中部有脊。长 67.6 厘米，柄芯长 13 厘米（图一八三，7）。

扁体近方形绿石珠　9 枚。编号为 Z103：9。

菱形绿石珠　1 枚。编号为 Z103：10。

绿石管　32 枚。编号为 Z103：11。

玛瑙管　6 枚。其中 5 枚编号为 Z103：12。1 枚编号为 Z103：13，表面有七棱。

玛瑙珠　5 枚。编号为 Z103：14。

蓝色玻璃珠　9 枚。7 枚编号为 Z103：15，形制普通。腹部带棱的蓝色玻璃珠 2 枚。编号为 Z103：16–1、16–2。

滑石管　2 枚。编号为 Z103：17。

绿石珠　1 枚。编号为 Z103：18。

绿石管　1 枚。编号为 Z103：19。鼓腹。

铜珠　1 枚。编号为 Z103：16–3。算珠形。

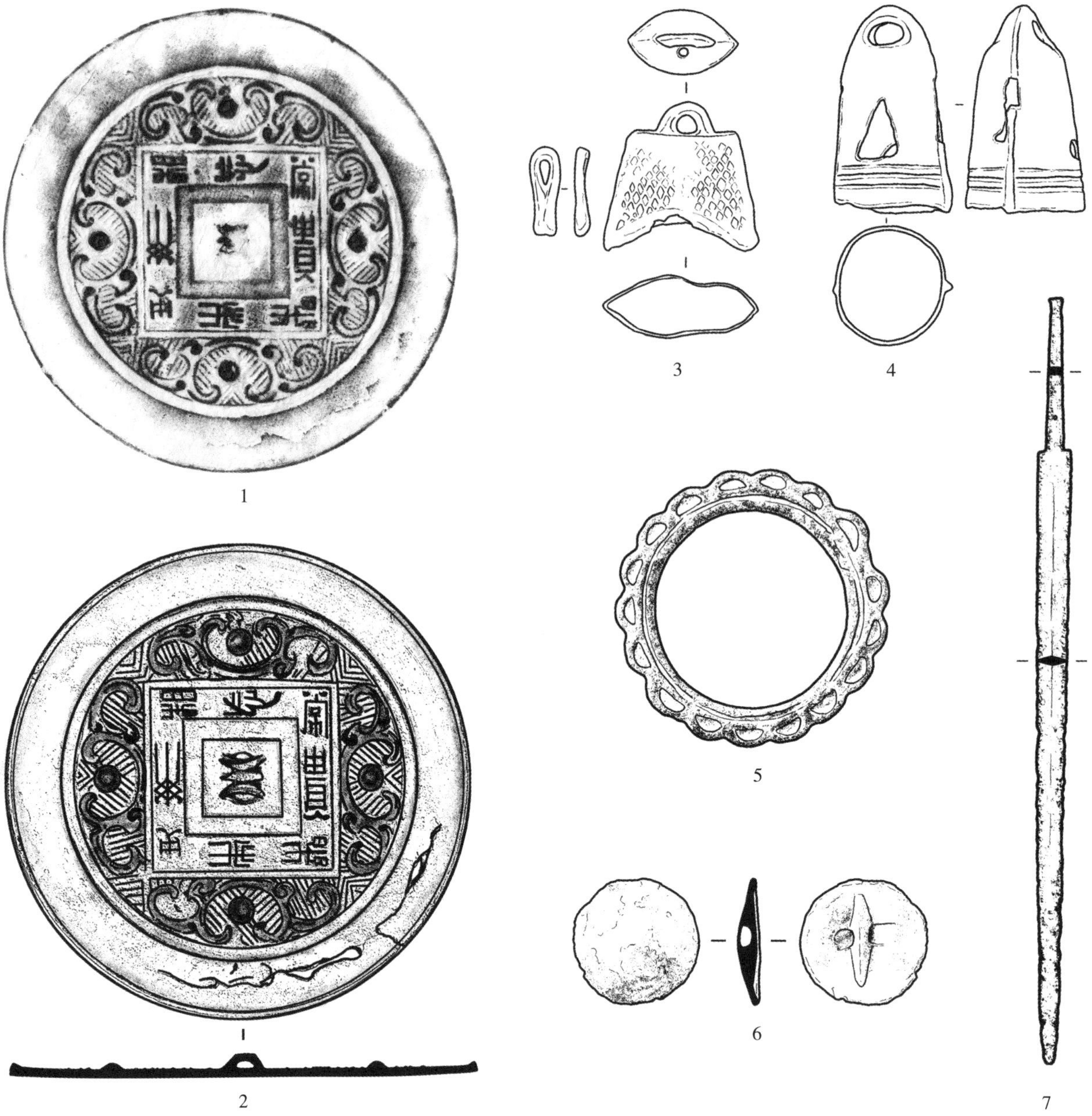

1、2、5. 0　2厘米　7. 0　12厘米　余 0　3厘米

图一八三　第7组非发掘清理器物（Z103，中区）

1、2. 铜镜拓片及线图（Z103：7）　3、4. 铜铃（Z103：6-1、Z103：6-2）　5. 铜环（Z103：5）　6. 铜泡（Z103：8-1）　7. 铁剑（Z103：1）

b. 未回收器物

根据记录档案可知有3件未回收器物。

陶碗状灯（为回收记录上写的器物名）　1件。具体尺寸、形状不详。

陶碗　1件。具体尺寸、形状不详。

陶罐　1件。具体尺寸、形状不详。

（八）第8组非发掘清理器物——（Z104，中区）

（1）概述

墓葬位于墓地中区的东南部，在岗洼中部。墓葬方向可能为南—北向，墓圹长约1.7米（档案中草图标记2尺5寸应有误）。在墓葬近西壁处放置1件铁矛和1件铁锛，铁矛的东侧偏北部有纵向分布的铜泡，在铜泡北侧近中部的位置有1组串珠。根据墓葬随葬铁矛推测，墓主人有可能是男性（图一八四）。

（2）随葬品

共计21件。均为回收器物。

铜泡　6枚。

Z104：3（考3954.5），6枚。均为素面，其中1枚（Z104：3–1）为Ab型矮斗笠形铜泡，直径3厘米（图一八五，1）。

铁锛　1件。

Z104：2（考3920.2），为B型铁锛。较缓的弧形刃，銎口近五边形，一侧面较窄。长9.8、宽7.2厘米（图一八五，2）。

铁矛　1件。

Z104：1（考3937.3），为Bb型铁矛。骹下半部残。叶长于茎、骹长度之和。长32厘米（图一八五，5）。

玛瑙珠　3枚。编号为Z104：5。表面有六个瓜棱。

玛瑙管　1枚。编号为Z104：6。

红石珠　1枚。编号为Z104：7。

蓝石珠　1枚。编号为Z104：8。

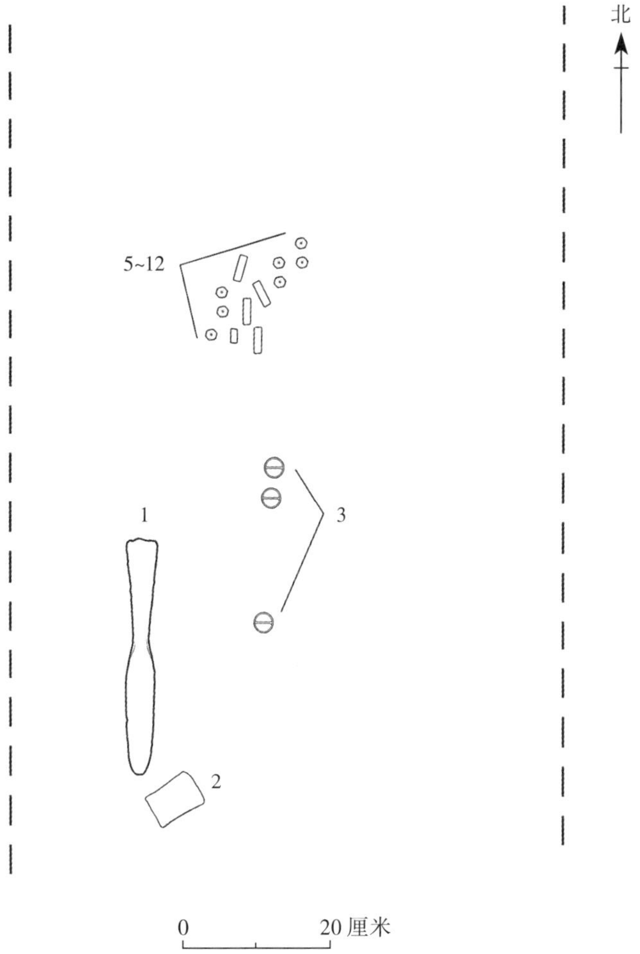

图一八四　第8组非发掘清理器物分布平面示意图（Z104，中区）

1. 铁矛（Z104：1）　2. 铁锛（Z104：2）　3. 铜泡（Z104：3）　5～12. 玛瑙珠、玛瑙管、红石珠、蓝石珠、绿石珠、绿石管、滑石管、玻璃珠（Z104：5～12）（比例尺为估计结果，非精确值）

绿石管　3枚。2枚鼓腹，编号为Z104：9。1枚圆柱形，编号为Z104：10。

滑石管　1枚。编号为Z104：11。

蓝色玻璃珠　3枚。编号为Z104：12。

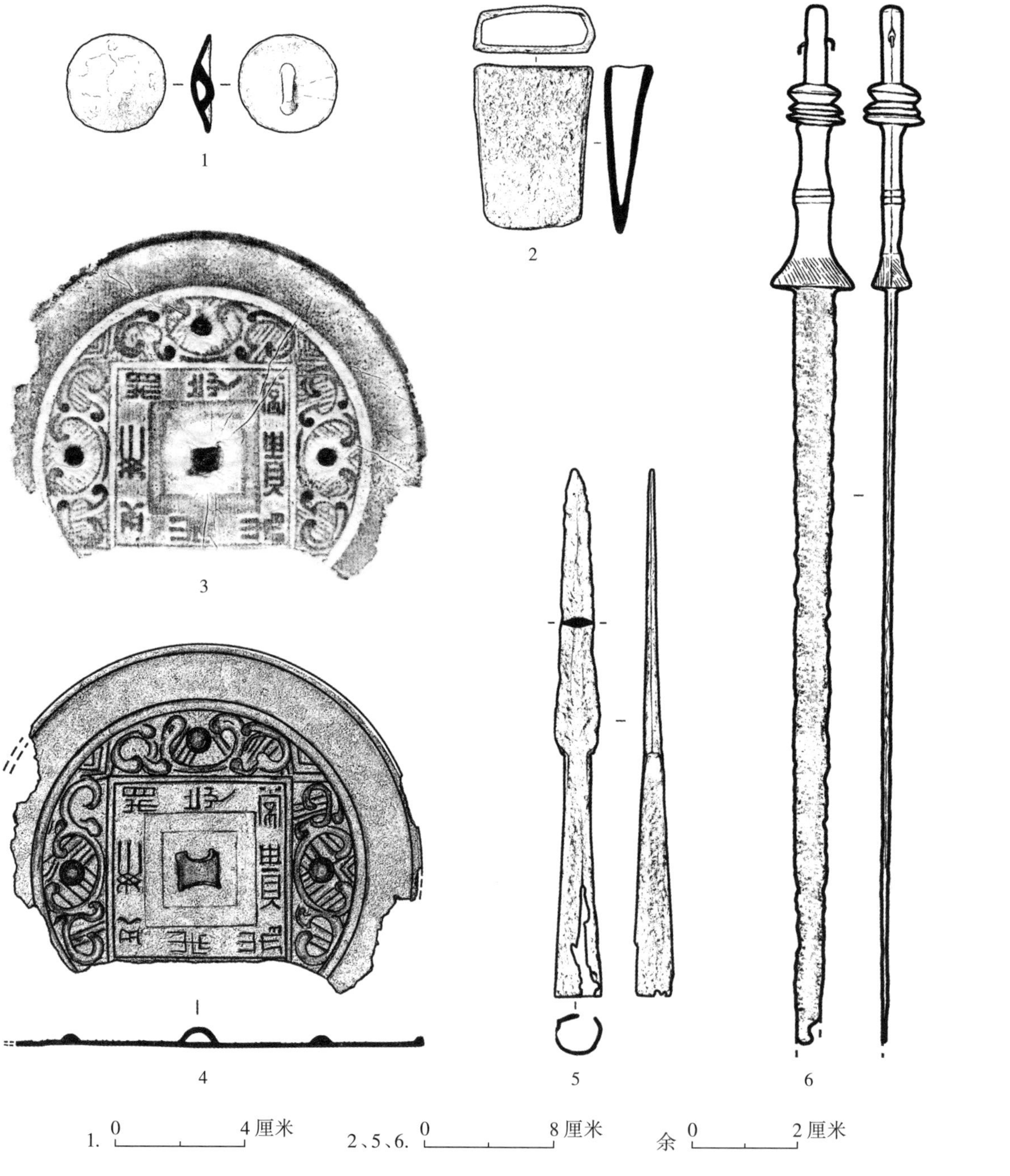

图一八五　第8、9、10组非发掘清理器物（中区）

1. 铜泡（Z104：3-1）　2. 铁锛（Z104：2）　3、4. 铜镜（Z116：1）　5. 铁矛（Z104：1）　6. 铜柄铁剑（Z29：1）（1、2、5. 第8组，3、4. 第9组，6. 第10组）

（九）第9组非发掘清理器物——（Z116，中区）

（1）概述

墓葬位于墓地中区东南部，在岗洼西部。墓葬方向可能为东—西向。在墓葬的西端放置

1 件陶盆，在陶盆东侧自西向东分别放置铜镞、铜镜、银耳饰、串珠、铁衔（图一八六）。

（2）随葬品

共计至少 30 件。

a. 回收器物

共 23 件。

铜镜　1 面。

Z116：1（考 3994.11），为 A 型蟠虺纹镜。残存约三分之二。桥形纽，凸棱内弧缘，镜体较轻薄。地纹为平行线条纹，每个蟠虺纹中部各有一个小乳丁。铭文为篆体的“常贵乐未央毋相忘”八字。直径 8.6、边缘厚 0.2 ～ 0.3 厘米，纽部高 0.4 厘米（图一八五，3、4）。

绿石管　18 枚。编号为 Z116：2。

扁体绿石珠　4 枚。编号为 Z116：3。

b. 未回收器物

根据回收记录档案可知，至少有 7 件。

陶盆　1 件。口径约 25、高约 15 厘米。

铜镞　至少 4 件。

铁衔　1 件。为两节的衔。

银耳饰　1 件。为银丝拧绕而成。

（一〇）第 10 组非发掘清理器物——（Z29，中区）

（1）概述

墓葬位于墓地中区的东南部，在岗洼西南部。墓葬方向可能为东—西向。根据随葬武器摆放位置推测，墓主人头向为西向。墓圹长约 2 米（6 尺），宽约 0.6 米（2 尺），墓底距地表深约 0.33 米（1 尺）。随葬品放置于墓葬的中东部。在墓葬中部偏北处纵向放置 1 件铁矛，铁矛南侧放 1 件陶碗。铁矛的东侧纵向放置 1 件铜柄铁剑，剑柄的南侧放置一组串珠。铁剑东侧近墓圹东端处放置若干铜镞。根据随葬武器推测，墓主人可能为男性（图一八七）。

（2）随葬品

共计至少 25 件。

a. 回收器物

共 23 件。

铜镞　13 枚。编号为 Z29：2（考 3942.13），其中 4 件为三翼铜镞，3 件尺寸较大；6 件为双翼铜镞。

铜柄铁剑　1 件。

Z29：1（考 3924.5），为 Ab 型甲类铜柄铁剑。剑锋残。剑身横截面为扁菱形，剑柄上残留六个铜穿环，近柄端穿孔内有铁丝。残长 62.6 厘米，柄长 16.7 厘米（图一八五，6）。

扁体石珠　3 枚。编号为 Z29：3。

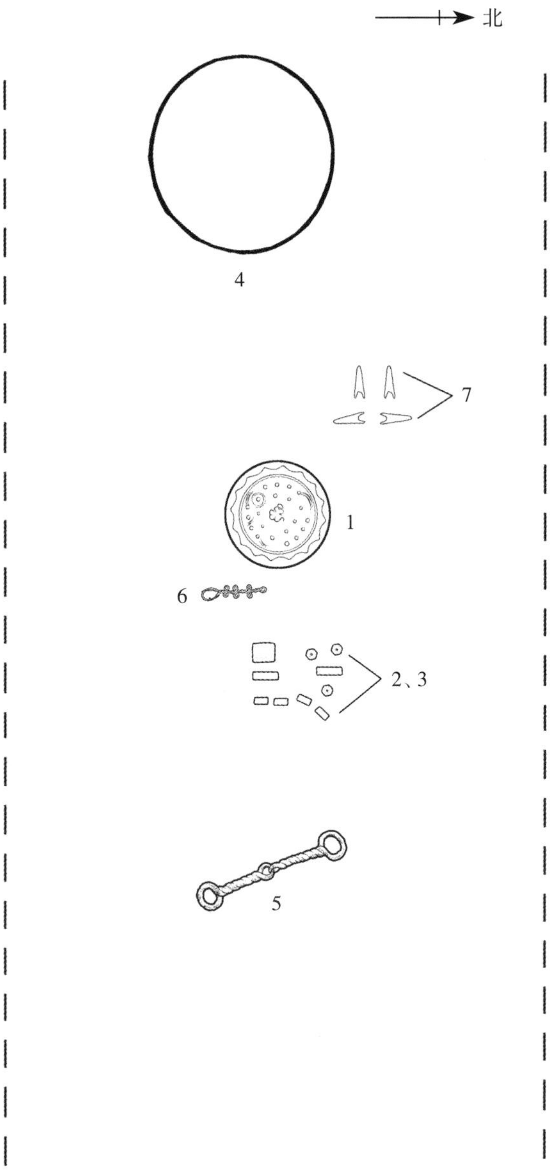

图一八六　第9组非发掘清理器物分布平面示意图（Z116，中区）

1. 铜镜（Z116：1）　2、3. 绿石管、绿石珠（Z116：2、3）　4. 陶盆　5. 铁衔　6. 银耳饰　7. 铜镞
（比例尺和方向为估计结果，非精确值）

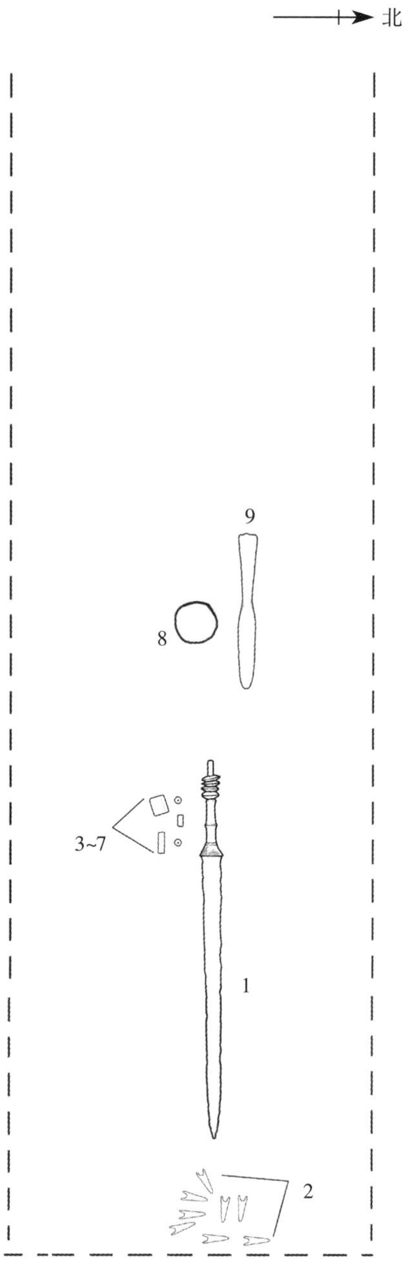

图一八七　第10组非发掘清理器物分布平面示意图（Z29，中区）

1. 铜柄铁剑（Z29：1）　2. 铜镞（Z29：2）　3～7. 扁体石珠、绿石管、滑石管、绿石珠、蓝色玻璃珠（Z29：3～7）　8. 陶碗　9. 铁矛
（比例尺和方向为估计结果，非精确值）

绿石管　1 枚。编号为 Z29：4。

滑石管　2 枚。编号为 Z29：5。

绿石珠　1 枚。编号为 Z29：6。

蓝色玻璃珠　2 枚。编号为 Z29：7（考 4001-n）。

b. 未回收器物

根据回收记录档案可知，至少有 2 件未回收器物。

陶碗　1 件。为灰陶，形状、尺寸不详。

铁矛　1 件。形状、尺寸不详。

（一一）第 11 组非发掘清理器物——（Z55，中区）

（1）概述

墓葬位于墓地中区东南，在岗洼的西南部。墓葬方向可能为东—西向，墓葬宽约 0.60 米（2 尺）。墓葬中部略偏北处纵向放置 1 件铁剑和 1 件铁矛，铁剑的剑锋和铁矛的尖部均朝东。铁剑的南侧纵向放置 1 件环首铁刀，西侧分别放置铜泡和铜环。铁矛的南侧有绿石珠和铜泡。根据随葬武器推测，墓主人可能是男性（图一八八）。

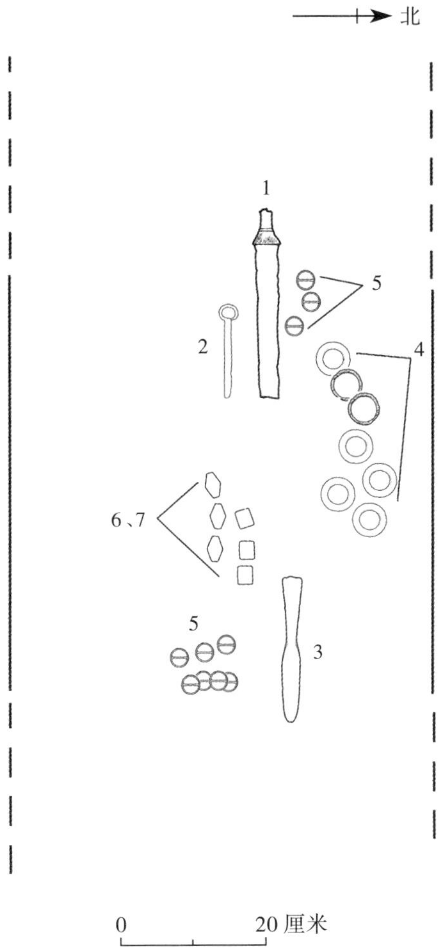

图一八八　第 11 组非发掘清理器物分布平面示意图（Z55，中区）

1. 铜柄铁剑（Z55：1）　2. 铁刀（Z55：2）　3. 铁矛（Z55：3）　4. 铜环（Z55：4）　5. 铜泡（Z55：5）　6、7. 绿石珠（Z55：6、7）
（比例尺和方向为估计结果，非精确值）

（2）随葬器物

共计 29 件。均为回收器物。

铜泡　13 枚。

Z55：5，13 枚。均为素面。其中 1 枚（Z55：5-1）为 Aa 型矮斗笠形铜泡，直径 3 厘米（图一八九，4）；1 枚（Z55：5-2）为 B 型中高斗笠形铜泡，直径 3.2 厘米（图一八九，5）。

铜环　7 件。

Z55：4，7 件。其中 5 件为扁体铜环，2 件为圆体铜环。1 件为 A 型铜环（Z55：4-1），直径 4.1 厘米（图一八九，6）；1 件为 C 型铜环（Z55：4-2），直径 4.7 厘米（图一八九，7）。

铁刀　1 件。

Z55：2（考 3913.2），为椭圆形环首铁刀。刀身残。残长 12.3 厘米（图一八九，2）。

铜柄铁剑　1 件。

Z55：1（考 3925.n），剑柄残断，无法确定类型。可能为 Ab 型或 Bb 型甲类铜柄铁剑。剑柄上半部残断后在断口处磨平。护手表面饰平行斜凸线纹，护手上部有两周凸弦纹。护手一面的底部向下延伸出一小段铜柱脊。剑身横截面为扁菱形，中脊略显。残长 38.2 厘米，剑柄残长 3.6、剑柄底部宽 5 厘米，厚 2.2 厘米（图一八九，1）。

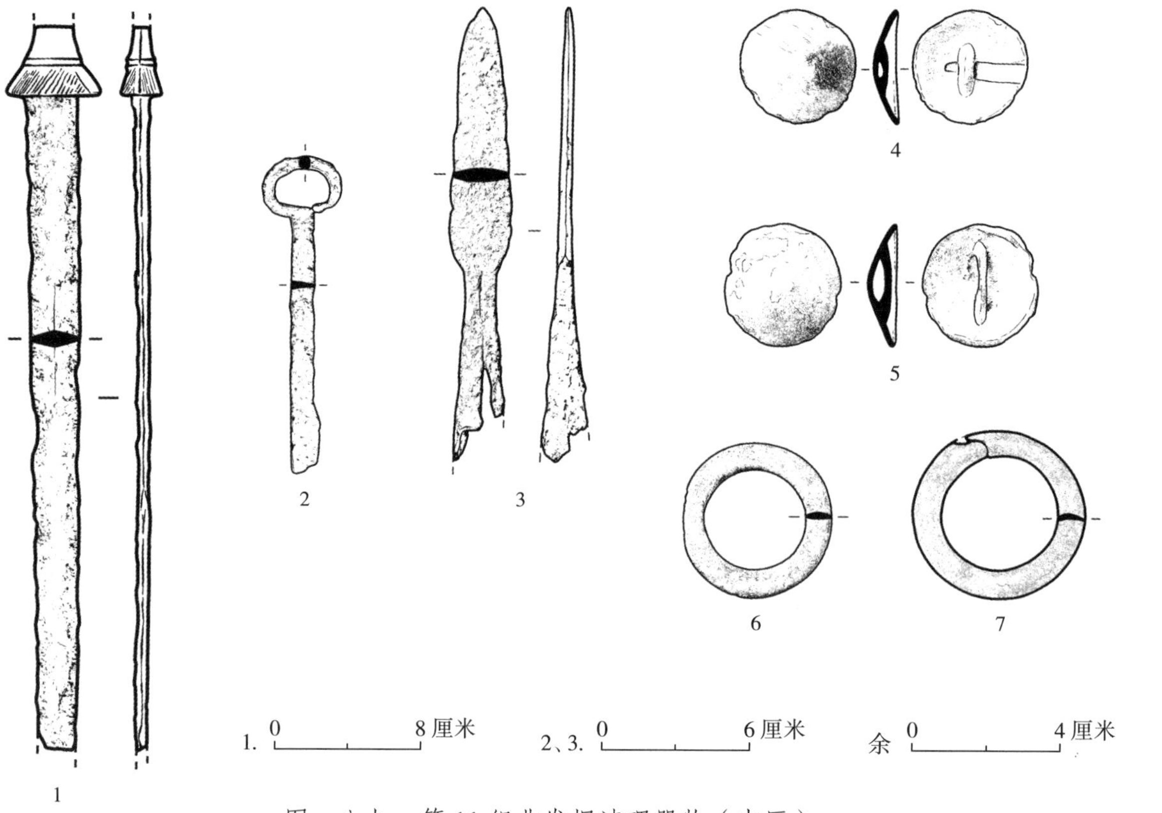

图一八九　第 11 组非发掘清理器物（中区）

1. 铜柄铁剑（Z55：1）　2. 铁刀（Z55：2）　3. 铁矛（Z55：3）　4、5. 铜泡（Z55：5-1、Z55：5-2）　6、7. 铜环（Z55：4-1、Z55：4-2）

铁矛　1 件。

Z55：3（考 3934.7），为 A 型铁矛。骹部残。矛叶较扁，横截面为凸透镜形。残长 18 厘米（图一八九，3）。

绿石珠　6 枚。

Z55：6，3 枚。为菱形扁体绿石珠。一面平整，另一面起脊。

Z55：7，3 枚。为方形扁体绿石珠。一面平整，另一面起脊。

（一二）第 12 组非发掘清理器物——（Z118，中区）

（1）概述

墓葬位于墓地中区的东南部，接近岗洼的南部。交回文物的村民回忆墓葬方向为西南—东北向，回收记录者推测墓向可能为西北—东南向。墓葬中部纵向放置 2 件铁剑，1 件剑柄向东，1 件剑柄向西。在墓葬东部放置 2 件陶罐，陶罐西侧放 1 件动物纹铜牌饰。铁剑的一侧有铜泡、铜环、勺形铜带饰、金耳饰（图一九〇）。

（2）随葬品

共计至少 27 件。

a. 回收器物

共24件。

铜牌饰　1件。

Z118：6（考3986.2），为B型矩形浅浮雕动物纹铜牌饰。正面鎏金，牌饰边缘略向后卷，近牌饰左侧边缘有一圆形穿孔，背面有两个纵向背纽，其中一个背纽残。正面装饰浅浮雕状神兽纹，神兽长角末端的格里芬头演变成一排类似山羊的头，神兽俯卧，头部不清晰，身上有两只后蹄翻转的大角羊。牌饰的边缘无纹饰。长12、宽5.6厘米（图一九一，1）。

勺形铜带饰　1件。

Z118：5，为Ac型第一类勺形铜带饰。完整。正面有兽面纹。长5.2厘米（图一九一，2）。

铜泡　2枚。

Z118：7（考3955.1），2枚。均素面。其中1枚为B型矮斗笠形铜泡（Z118：7–1），直径2.8厘米（图一九一，3）。

铜环　1件。

Z118：3，为扁体铜环。直径4.5厘米。

残铁剑剑身　1件。

Z118：1（考3927.4），剑柄残，近残端处的剑身略变窄，剑身横截面为扁菱形。残长62、剑身宽2.7厘米（图一九一，5）。

残铜柄铁剑　1件。

Z118：2（考3927.12），应为铜柄铁剑的剑身。剑身下半部残缺，铜柄和剑柄铁芯的上半部残缺。剑身横截面为扁菱形，柄芯横截面为长方形。残长28.3、剑身宽3厘米（图一九一，4）。

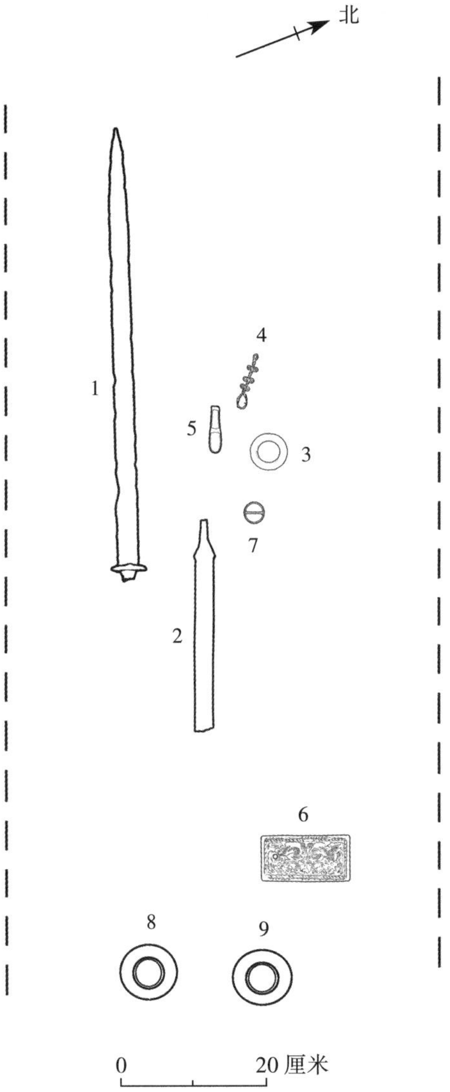

图一九〇　第12组非发掘清理器物分布平面示意图（Z118，中区）

1. 铁剑（Z118：1）　2. 铜柄铁剑（Z118：2）　3. 铜环（Z118：3）　4. 金耳饰　5. 勺形铜带饰（Z118：5）　6. 铜牌饰（Z118：6）　7. 铜泡（Z118：7）　8、9. 陶罐（比例尺和方向为估计结果，非精确值）

绿石管　2枚。编号为Z118：8。

扁体绿石珠　2枚。编号为Z118：9。

绿石珠　12枚。编号为Z118：10。

蓝色玻璃珠　1枚。编号为Z118：11。均为小型珠子。

b. 未回收的器物

根据回收记录档案可知，至少有3件未回收器物。

陶罐　2件。1件为红色，1件为灰色，尺寸、形状不详。

金耳饰　1件。为金丝拧绕而成。尺寸、形状不详。

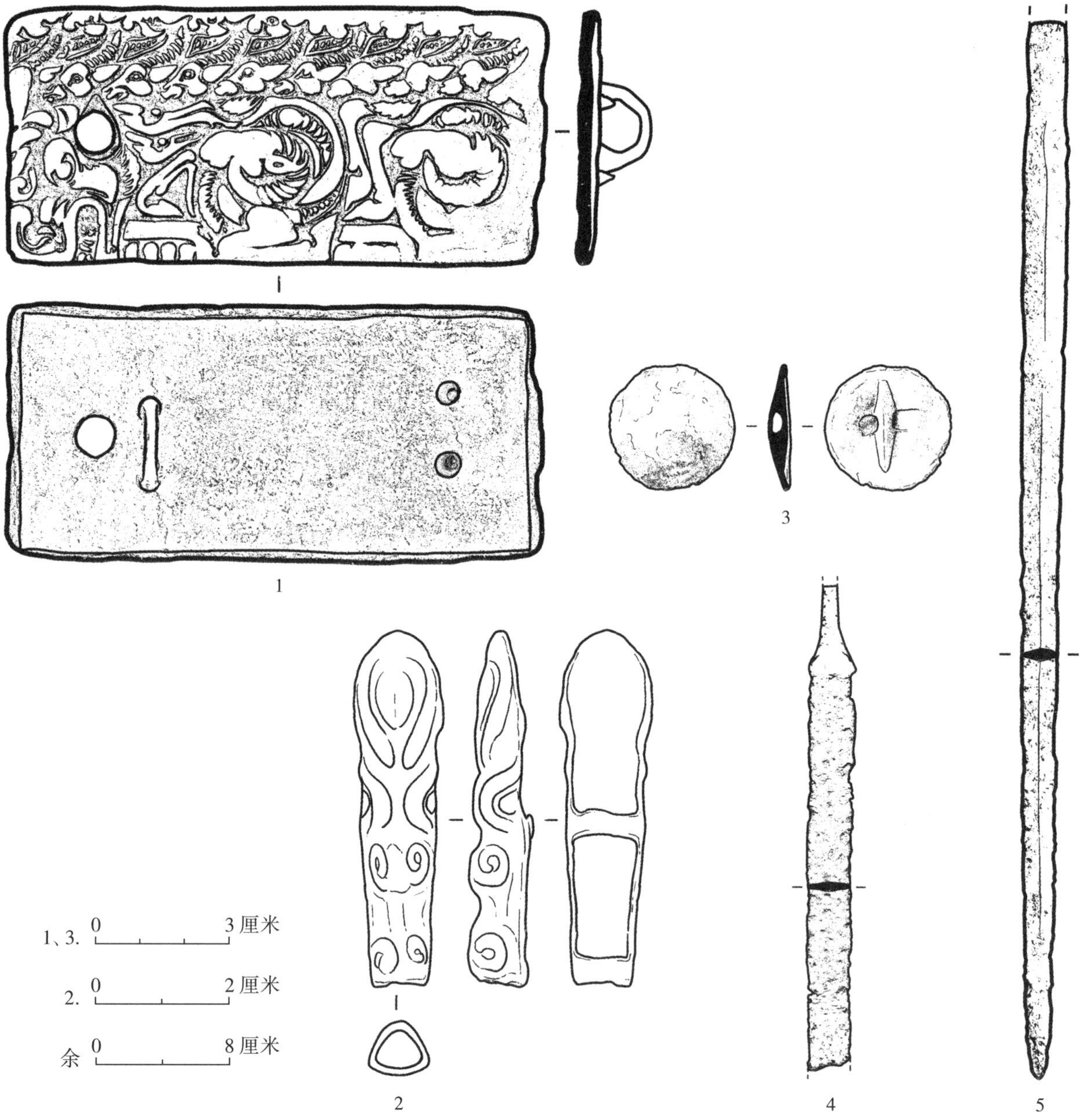

图一九一　第 12 组非发掘清理器物（中区）

1. 铜牌饰（Z118：6）　2. 勺形铜带饰（Z118：5）　3. 铜泡（Z118：7–1）　4. 残铜柄铁剑（Z118：2）　5. 残铁剑剑身（Z118：1）

（一三）第 13 组非发掘清理器物——（Z109，中区）

（1）概述

墓葬位于墓地中区的东北部，位于岗洼的北部。墓葬方向可能为东—西向。在近墓葬西端的位置放置 1 件陶罐。墓葬上半部偏北处放置 1 件铁矛，矛锋向西。墓葬中部偏东处放置 1 件铜柄铁剑，铁剑附近放 1 件铁锥和 1 件环首铁刀。根据随葬武器推测，墓主人可能是男性（图一九二）。

（2）随葬品

共计至少 5 件。

a. 回收器物

共 4 件。

铁刀　1 件。

Z109：4（考 3918 附件），为环首铁刀。条形，无锋。

铁锥　1 件。

Z109：3（考 3917.13），为 Aa 型椭圆形环首铁锥。锥身较扁。长 10.6 厘米（图一九三，3）。

铜柄铁剑　1 件。

Z109：1（考 3923.1），为 A 型乙类铜柄铁剑。护手下半部饰平行凸线，护手下缘中部延伸出一小段铜柱脊。剑身横截面为扁菱形。通长 65.5、柄长 13 厘米，柄底部宽 4.8 厘米（图一九三，1）。

铁矛　1 件。

Z109：2（考 3933.1），为 Bb 型铁矛，矛叶较长，骹部较短，矛叶横截面为凸透镜形。长 36 厘米（图一九三，2）。

b. 未回收器物

根据回收记录档案可知，未回收器物至少有 1 件，为陶罐，尺寸、形状不详。

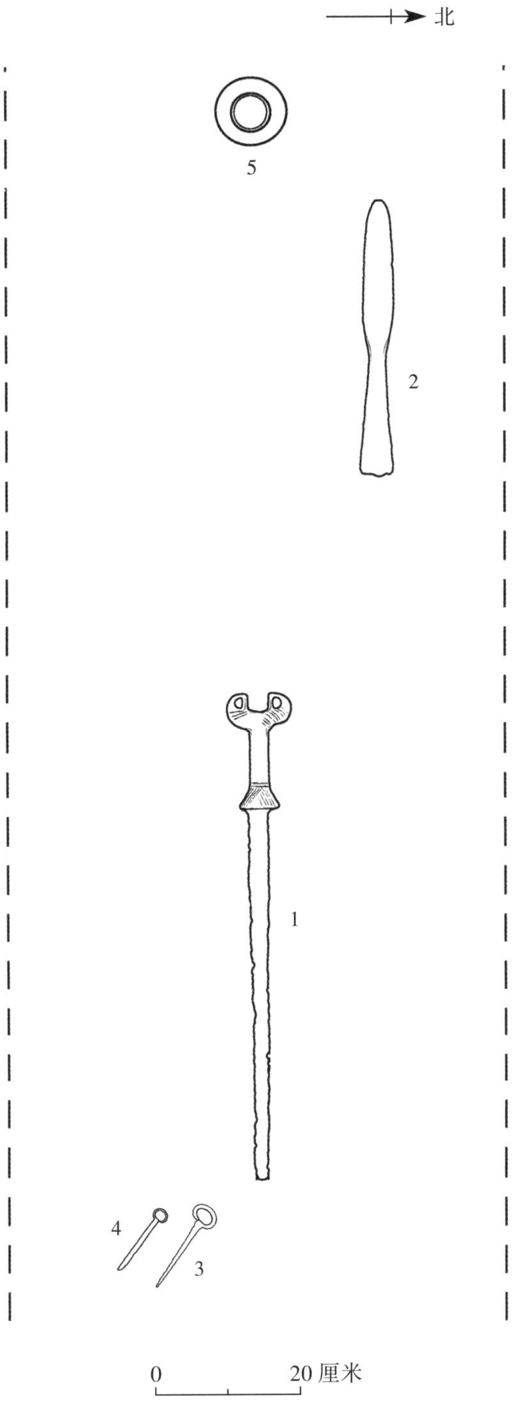

图一九二　第 13 组非发掘清理器物分布平面示意图（Z109，中区）

1. 铜柄铁剑（Z109：1）　2. 铁矛（Z109：2）　3. 铁锥（Z109：3）　4. 铁刀（Z109：4）　5. 陶罐（比例尺和方向为估计结果，非精确值）

（一四）第 14 组非发掘清理器物——（Z46，中区）

（1）概述

墓葬位于墓地中区中部偏东处，位于岗洼北部的北岗中部。墓葬方向大致为西北—东南向。交回文物的村民回忆墓葬长约 2.4 米（8 尺），宽约 0.45 米（1 尺 5 寸），很可能有误。墓葬的上部近两侧墓圹壁部各有一个金耳饰。近墓葬的东南端，分别有鎏金铜当卢 1 件、铜泡若干、铜铃 1 件（图一九四）。

（2）随葬品

共计至少 8 件。

a. 回收器物

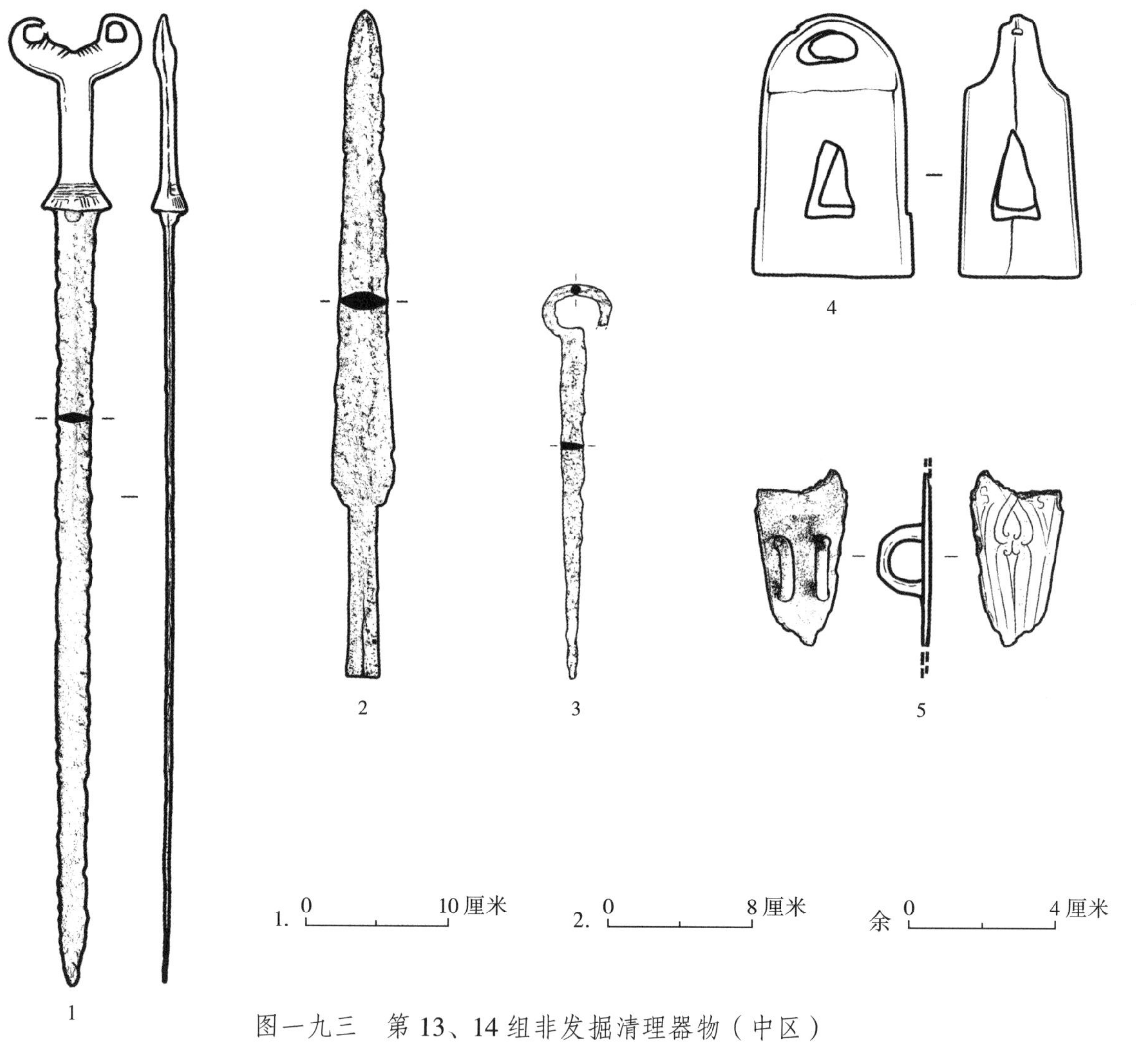

图一九三　第 13、14 组非发掘清理器物（中区）

1. 铜柄铁剑（Z109：1）　2. 铁矛（Z109：2）　3. 铁锥（Z109：3）　4. 铜铃（Z46：1）　5. 铜当卢（Z46：3）（1 ~ 3. 第 13 组，4、5. 第 14 组）

共 3 件。

铜铃　1 件。

Z46：1，为 C 型北方式三角形镂孔铜铃。完整。铃身横截面为方形，四面各有一个三角形镂孔。形体较大，应属于马具铜铃。长 7、宽 4.3、厚 3.3 厘米（图一九三，4）。

鎏金铜当卢　1 件。

Z46：3（考 3949），残存一小块背面带“U”字形背纽的部分，应为当卢的下半部。正面饰细线刻纹，两条线条之间的纹饰带内鎏金。残长 4.7、厚 0.1 ~ 0.18 厘米（图一九三，5）。

残铜剑柄　1 件。

Z46：2（考 3924 附件 –1），为甲类铜柄铁剑的铜柄。残存铜柄上半部带凸节的一段，柄中空，铁芯残缺。残长 3.3 厘米（彩版一六二，3）。

b. 未回收器物

根据回收器物记录档案可知，未回收的器物至少有 5 件。

铜泡　至少 3 枚。具体尺寸、形状不详。

金耳饰　2 件。为金丝拧绕而成，具体尺寸、形状不详。

（一五）第 15 组非发掘清理器物——（Z32，中区）

（1）概述

墓葬位于墓地中区的中南部，位于西岗梁中部。墓葬方向可能为南—北向。墓葬长约 2 米（6 尺），宽约 1 米（3 尺），墓底距地表深约 0.6 米（2 尺）。随葬品位于墓葬的上半部，最靠上的为北方式铜铃、铜半两钱，向下有铜泡、陶碗、石珠、椭圆形双梁铜泡。最靠下的是呈一横排分布的铜镞（图一九五）。

（2）随葬品

共计至少 24 件。

a. 回收器物

共 22 件。

铜镞　4 件。

Z32：3（考 3941.9），4 件。均为双翼铜镞，其中 1 件铜镞为 A 型或 B 型双翼銎孔铜镞，銎孔上有不规则形状镂孔，长 3.8 厘米。

铜铃　2 件。

Z32：1（考 3969–5），2 件。均为北方式铜铃。其中一件（Z32：1–1）为 B 型北方式不规则镂孔或无镂孔铃。宽 2.6、高 3.8 厘米（图一九六，3）。

铜泡　15 枚。

Z32：2，8 枚。应为斗笠形或弧形，大小不一，其中 3 件表面有纺织品纤维痕迹。1 件（Z32：2–1）为 C 型中高斗笠形铜泡，直径 3.2 厘米（图一九六，4）。

Z32：5（考 3964.2），2 枚。为珠形铜泡。

Z32：4（考 4013–1 ～ 4013–4），4 枚。为椭圆形双梁铜泡。其中 1 枚（Z32：4–1）表面鎏金，长 2.1、宽 1.1 厘米（图一九六，5）。

Z32：6，为兔形铜泡。

铜半两钱　1 枚。编号为 Z32：7。

b. 未回收器物

根据回收记录档案可知，未回收器物至少有 2 件。

陶碗　1 件。灰色，尺寸、形状不详。

石珠　若干。尺寸、形状和颜色不详。

（一六）第 16 组非发掘清理器物——（Z135–1，中区）

（1）概述

墓葬位于墓地中区西岗梁中部，大约在第 61 清理区附近。根据发掘墓葬墓向推测，头

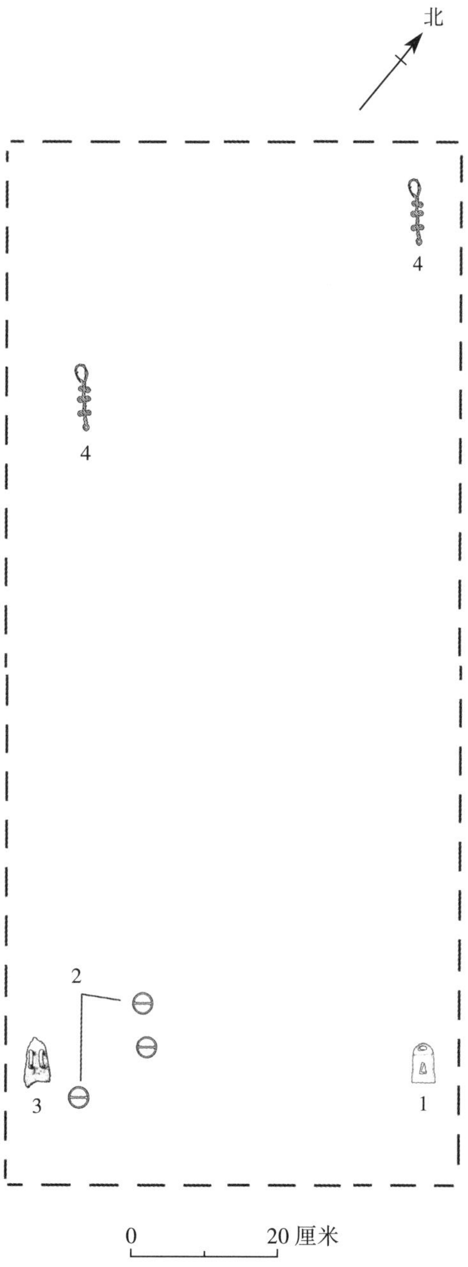

图一九四　第14组非发掘清理器物分布平面示意图（Z46，中区）

1. 铜铃（Z46：1）　2. 铜泡　3. 铜当卢（Z46：3）
4. 金耳饰（比例尺和方向为估计结果，非精确值）

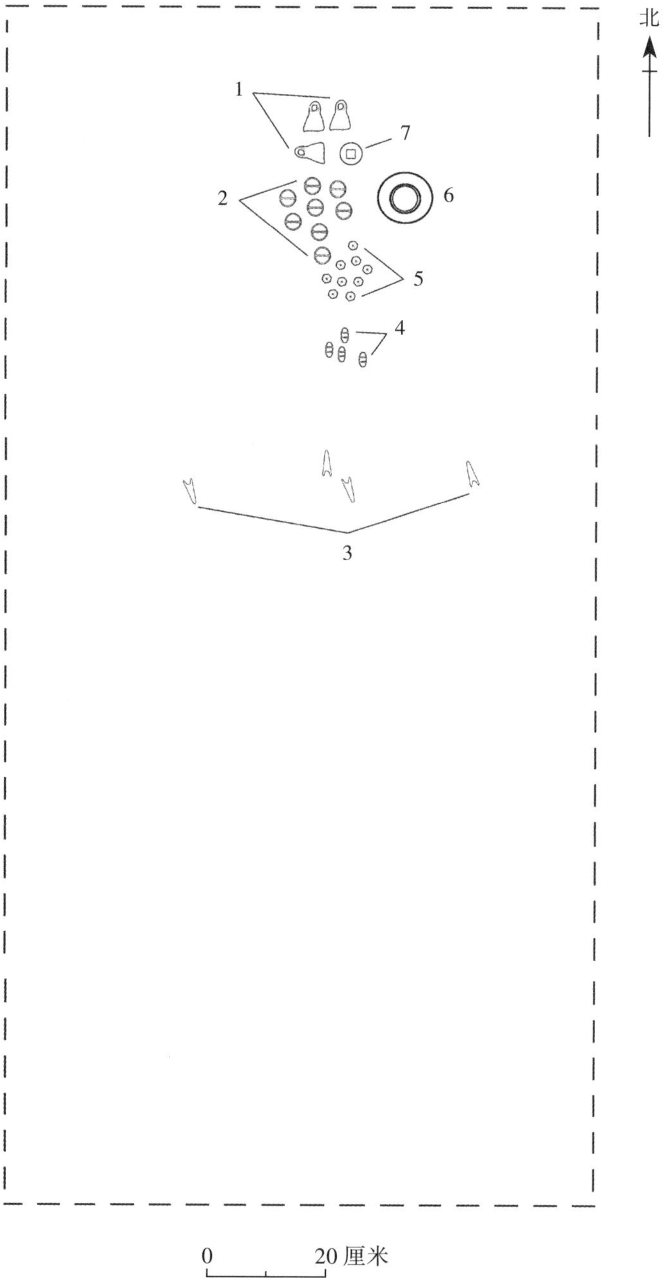

图一九五　第15组非发掘清理器物分布平面示意图（Z32，中区）

1. 铜铃（Z32：1）　2. 铜泡（Z32：2）　3. 铜镞（Z32：3）
4. 铜泡（Z32：4）　5. 石珠　6. 陶碗　7. 铜半两钱（Z32：7）
（比例尺为估计结果，非精确值）

向很可能是西北向。墓葬中部纵向放置1件铜柄铁剑，其他随葬品主要位于墓葬的上半部，从上向下分别为铜镞、勺形铜带饰、铜泡、铜铃盖、陶碗、陶壶。剑柄的左侧近墓圹壁部有铜铃和一段人骨。在剑锋前方有串珠和金耳饰（图一九七）。

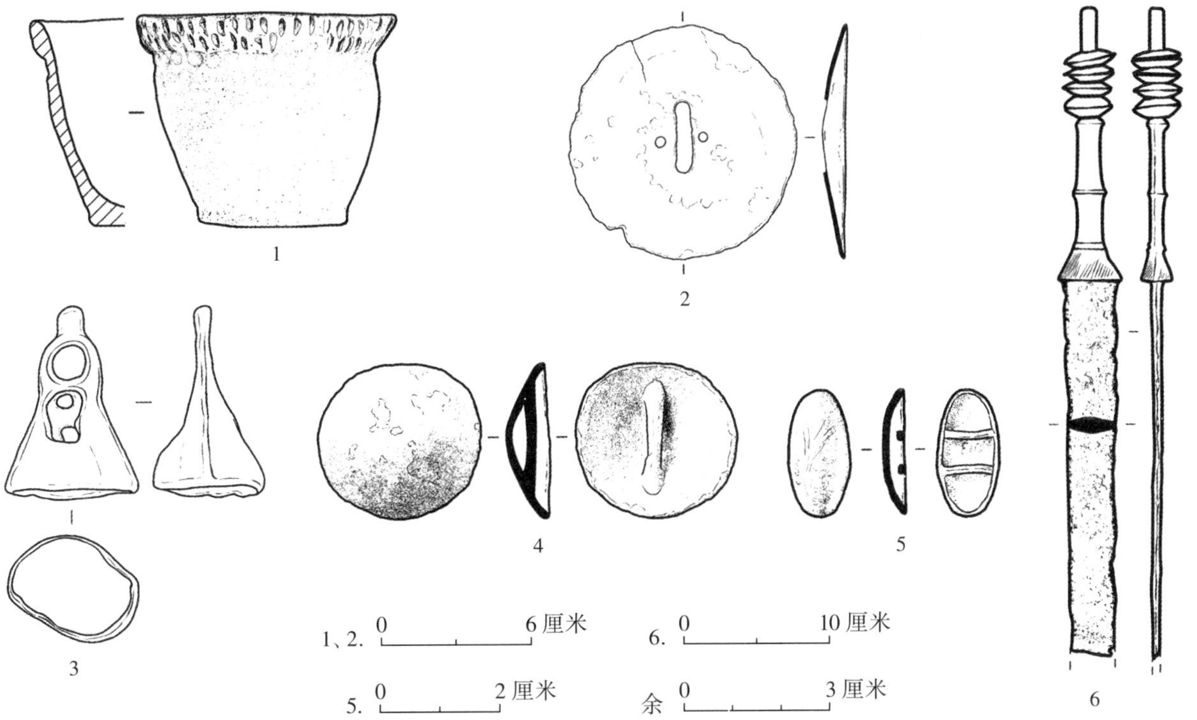

图一九六　第 15、16 组非发掘清理器物（中区）

1. 陶碗（Z135：27）　2. 铜铃盖（Z135：20）　3. 铜铃（Z32：1–1）　4、5. 铜泡（Z32：2–1、Z32：4–1）　6. 铜柄铁剑（Z135：24）
（1、2、6. 第 16 组　3~5. 第 15 组）

（2）随葬品

共计至少 79 件。

a. 回收器物

共 76 件。

陶碗　1 件。

Z135：27（考 3909），为 Bb 型夹砂陶碗。口沿残。夹砂黄褐陶。侈口外侧加厚并饰两排纵向刻齿纹，颈部饰两排珍珠纹。上排的部分珍珠纹上半部被加厚的口沿下缘覆盖，应为先加工出珍珠纹，后做出的叠唇。口径 10.6、底径 6、高 8.5 厘米（图一九六，1）。

铜镞　1 件。

Z135：17（考 3942.1），残。

勺形铜带饰　1 件。

Z135：16，正面带纹饰。

铜环　2 件。

Z135：21（考 3988.14），2 件。应为 B 形铜环，一面外鼓，一面扁平。直径 4.1 厘米。

铜铃盖　1 件。

Z135：20（考 3978.1），为正面略外鼓的圆形铜片，中部有长方形穿孔，穿孔的两侧

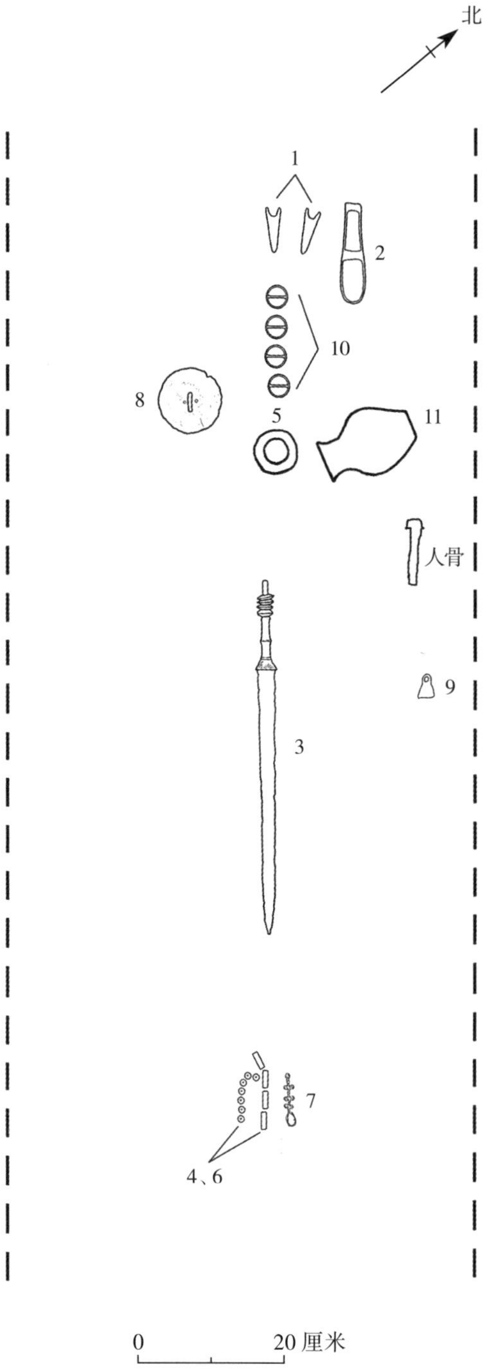

图一九七　第16组非发掘清理器物分布平面示意图（Z135–1，中区）

1. 铜镞（Z135：17）　2. 勺形铜带饰（Z135：16）　3. 铜柄铁剑（Z135：24）　4. 绿石管（Z135：4）　5. 陶碗（Z135：27）　6. 滑石管（Z135：6）　7. 金耳饰（穿珠子）　8. 铜铃盖（Z135：20）　9. 铜铃　10. 铜泡　11. 陶壶（比例尺和方向为估计结果，非精确值）

各有一个圆形穿孔。原应有铃的扁条形颈部穿过铃盖中部的穿孔。直径9.2、厚0.07 ~ 0.1厘米（图一九六，2）。

铜柄铁剑　1件。

Z135：24（考3924.2），为Ab型甲类铜柄铁剑。剑身下半部残缺。柄部保留有四对穿环，近柄首部穿孔内穿一根两端弯折的铁丝。剑身横截面为扁菱形。残长43厘米，柄长18、柄底部宽4.6厘米（图一九六，6）。

玛瑙管　12枚。编号为Z135：1。

绿石管　37枚。编号为Z135：4。

滑石管　20枚。编号为Z135：6。

b. 未回收器物

根据回收记录档案可知，未回收器物至少3件。

陶壶　1件。带单耳，细颈，尺寸不详。

铜铃　1件。尺寸、形状不详。

金耳饰　1件。金丝拧绕而成，耳饰上穿珠子。

（一七）第17组非发掘清理器物——（Z164，中区）

（1）概述

墓葬位于中区南部的78号清理区一带，位于西岗梁中部。墓葬可能为东—西向，墓底距离地表深约1米。交回器物的村民只记得部分随葬品的分布位置，这些器物集中分布在一个区域。最西面为1件陶碗，陶碗东侧中部为1件铃形铜器，铜器的两侧分别有铜泡和铜环（图一九八）。

（2）随葬品

共计至少24件。

a. 回收器物

共23件。

铜牌饰　2件。

Z164：4，2件。为A型矩形镂空阶梯纹铜牌饰。2件形状基本相同，边缘饰水滴状纹，中部饰镂空的阶梯状纹饰，近一端的中部有圆角长方形穿带孔。Z164：4–1（考3987.2）的穿带孔略大而圆，孔的外侧有一凸纽。长 10.8、宽 5.2 厘米（图一九九，6）；Z164：4–2（考 3987.1）的穿带孔略小而规整，孔外侧的凸纽已经磨平。长 10.8、宽 5.45 厘米（图一九九，7）。

勺形铜带饰　1 件。

Z164：6（考 3975.9），为 Ab 型第一类勺形铜带饰。正面有兽面纹饰。长 5 厘米（图一九九，2）。

铜铃　1 件。

Z164：5（考 3968.13），高 4 厘米。

铜泡　6 枚。

Z164：10（考 3955.6），6 枚。均为素面。其中 1 枚（Z164：10–2）为 Ab 型中高斗笠形铜泡，直径 2.6 厘米（图一九九，4）；1 枚（Z164：10–1）为 B 型矮斗笠形铜泡，直径 2.9 厘米（图一九九，5）。

扁体铜环　9 件。

Z164：7（考 3988.16），6 件。为 A 型、B 型或 C 型铜环。均扁平器身。

Z164：8（考 3990.6），为 D 型铜环。器身较圆。直径 4 厘米。

Z164：9（考 3930.8），2 件。为 E 型铜环。铜柄铁剑的剑柄部的穿环，后改为他用，内缘有磨损的凹缺。

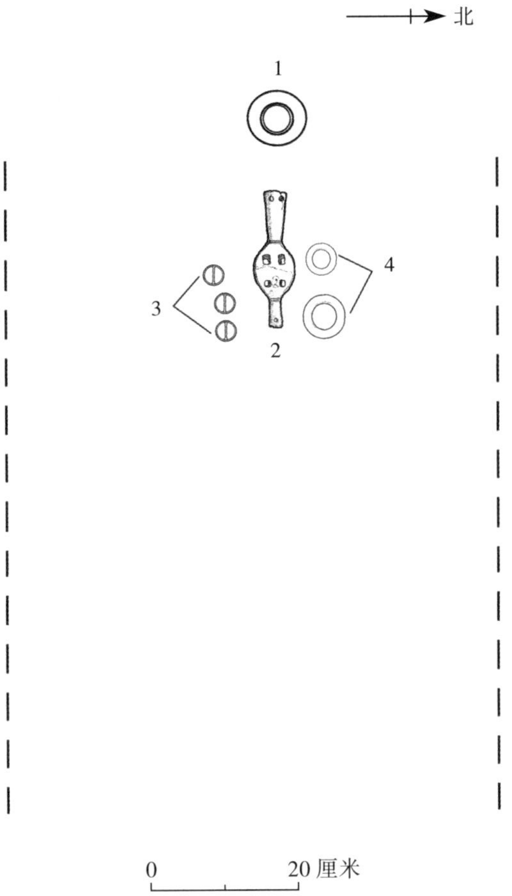

图一九八　第 17 组非发掘清理器物分布平面示意图（Z164，中区）

1. 陶碗　2. 铃形铜器（Z164：2）　3. 铜泡（Z164：10）
4. 铜环（Z164：8）（比例尺和方向为估计结果，非精确值）

铃形铜器　1 件。

Z164：2（考 3981.1），略残，纽残。器身中部为带镂孔的中空扁铃形，两端各有一圆柱状管，管和铃部相通。铃身两面各有四个方形镂孔，上排镂孔之间有一纵向纽。铃身与两管连接处有两周凸棱。铜管均向两端逐渐变粗，较短的管近末端有一周凸棱，近凸棱处有两个对称的穿孔。较长的管近末端有四个圆形穿孔。器身两侧有铸缝。原中空的扁铃内应有能碰撞发声的石子之类的发声物。其用法应为竖立使用，较粗管的一端固定在圆柱形木棍上，有可能是固定在车上使用。长 18.9、中部宽 5.75 厘米（图一九九，1）。

铁刀的铜环首　1 件。

Z164：11（考 3913.5），椭圆形环首下连接一小段铜柄，柄下端残留铁锈痕迹。残长 3.6、环首宽 2.7 厘米（图一九九，3）。

星云纹铜镜　1 面。

Z164：3（考 3995.4），为 B 型星云纹铜镜。残存近二分之一，残断后经修补。连峰纽，内向连弧平缘，在裂缝外侧有修补用的锔孔。直径 11 厘米（图一九九，8）。

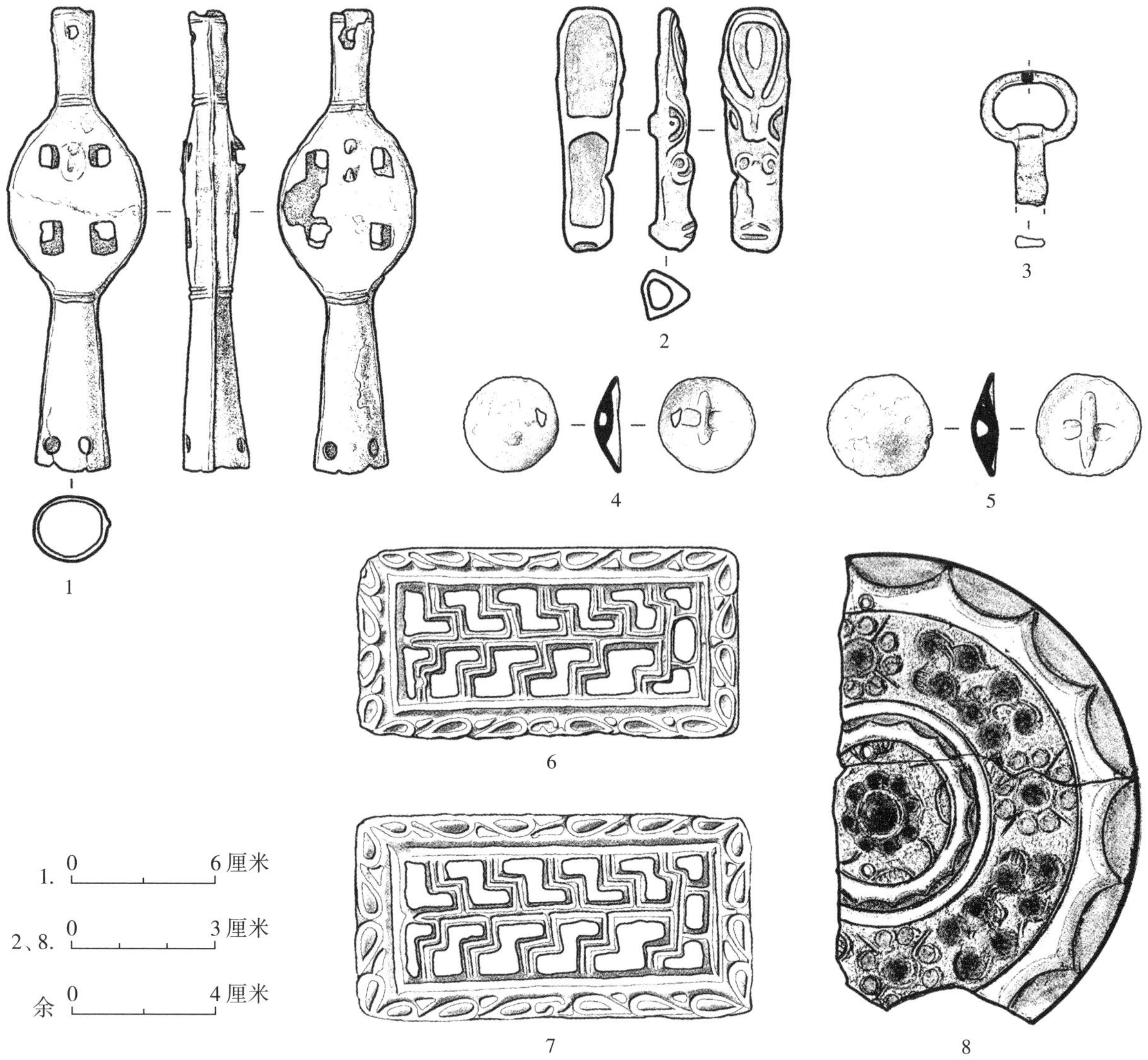

图一九九　第17组非发掘清理器物（中区）

1. 铃形铜器（Z164：2）　2. 勺形铜带饰（Z164：6）　3. 铁刀的铜环首（Z164：11）　4、5. 铜泡（Z164：10-2、Z164：10-1）　6、7. 铜牌饰（Z164：4-1、Z164：4-2）　8. 铜镜（Z164：3）

铁矛　1件。

Z164：1，长25厘米，具体形状不详。

b. 未回收器物

根据回收记录档案可知，未回收器物至少有1件。

陶碗　1件。具体形状、尺寸不详。

（一八）第18组非发掘清理器物——（Z34，中区）

（1）概述

墓葬位于墓地中区南部，位于西岗梁中部偏南处。墓葬方向可能为东—西向。墓葬宽约

1米（约3尺），墓地距地表深约0.6米（1尺8寸或1尺9寸），墓葬被扰乱，长度不清，中部保存相对较好，器物皆发现于中部。墓葬中部略偏南处纵向放置1件铜柄铁剑，铁剑柄的西侧有陶罐、铜铃和石珠；铁剑东北侧有1件铁衔。根据随葬铁剑和马具推测，墓主人可能是男性（图二〇〇）。

（2）随葬器物

共计至少5件。

a. 回收器物

共3件。

铜铃　1件。

Z34：3（考3853.1），为北方式铜铃。残。残高4.3厘米。

铜柄铁剑　1件。

Z34：1（考3924.10），为Ab型甲类铜柄铁剑。剑身只残存一小段。发现时剑柄上有五个铜穿环，整理实物时穿环已不存。铜柄上有两节凸棱，护手的下半部有平行凸斜线，上半部有凸弦纹。护手两面向下延伸出一小段铜柱脊。剑身横截面为扁菱形。残长27、剑柄长16.5、柄底宽4.5厘米（图二〇一，2）。

铁衔　1件。

Z34：2，只残存1节。外环较大，内环较小。残长9.3厘米。

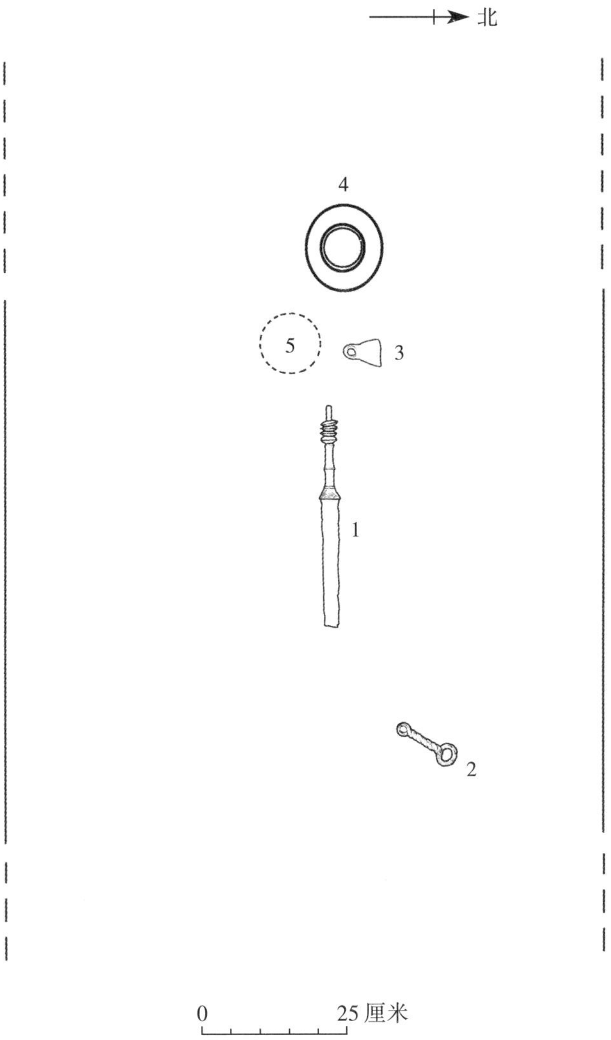

图二〇〇　第18组非发掘清理器物分布平面示意图（Z34，中区）

1. 铜柄铁剑（Z34：1）　2. 铁衔（Z34：2）　3. 铜铃（Z34：3）　4. 陶罐　5. 石珠分布范围（比例尺和方向为估计结果，非精确值）

b. 未回收器物

根据回收器物记录档案可知，未回收的器物至少有2件。

陶罐　1件。灰陶，具体尺寸、形状不详。

石珠　若干。可能为一个串珠上的珠子，具体数量、尺寸不详。

（一九）第19组非发掘清理器物——（Z49-1，中区）

（1）概述

墓葬位于墓地中区的偏南处，位于西岗梁中部南坡。墓葬方向可能为东—西向。铁剑位于墓葬中部略偏南处，纵向放置。铁剑的西侧有金器、串珠；北侧有铜泡、一对“P”字形

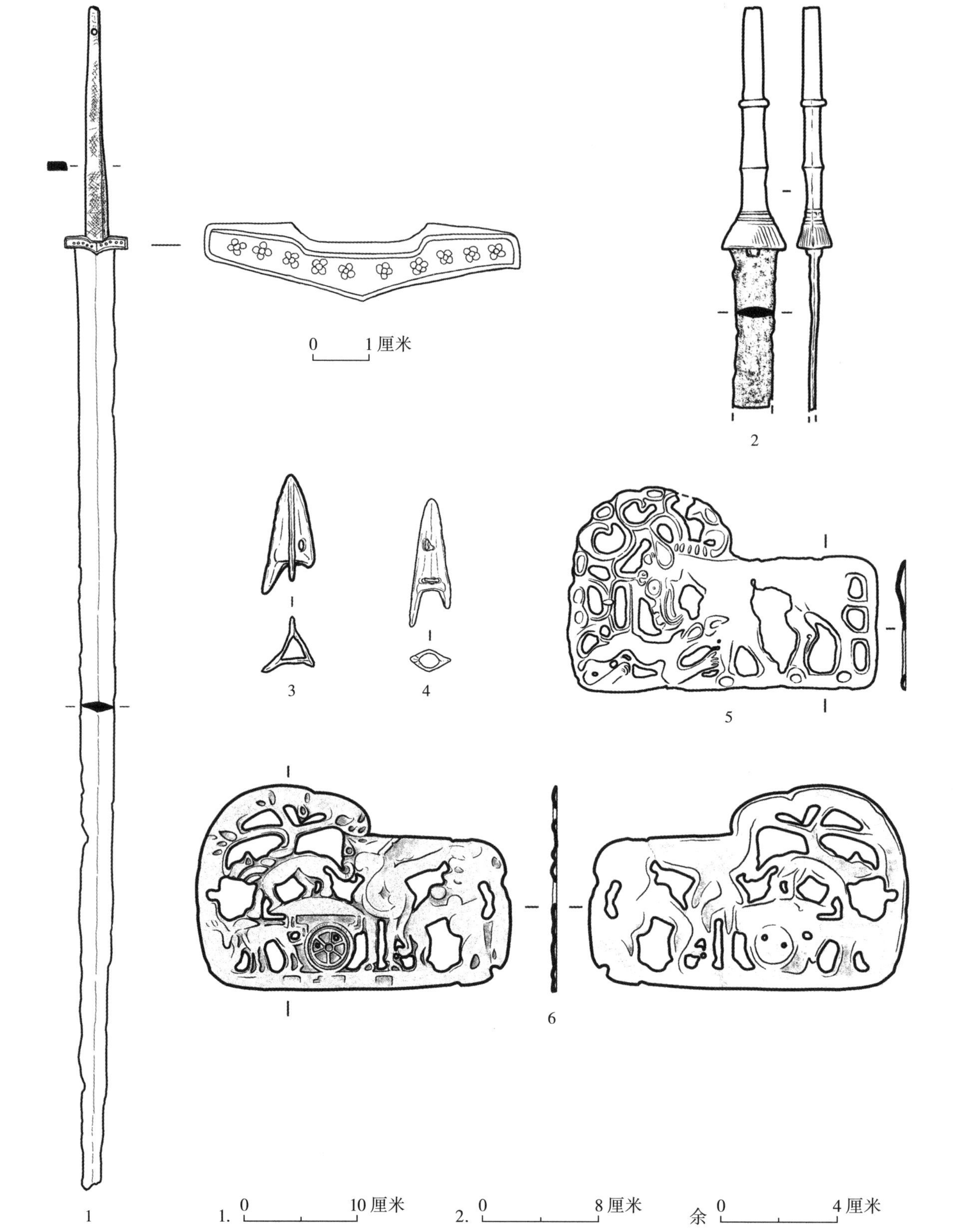

图二〇一 第18、19组非发掘清理器物（中区）

1. 铁剑（Z49：1） 2. 铜柄铁剑（Z34：1） 3、4. 铜镞（Z49：5-3、Z49：5-1） 5、6. 铜牌饰（Z49：12、Z49：11）（2. 第18组，其余为第19组）

铜牌饰。铁剑锋东侧有 1 组铜镞。根据墓葬随葬铁剑推测，墓主人可能是男性（图二〇二）。

（2）随葬品

共计至少 16 件。

a. 回收器物

至少 14 件。

铜镞　10 件。

Z49：5，10 件。其中双翼 9 件，三翼铜镞 1 件。其中 1 件（Z49：5–1）（考 3942.18）为 A 型双翼銎孔铜镞，銎孔上有不规则形状的镂孔，长 4.4 厘米（图二〇一，4）；1 件（Z49：5–3）（考 3942.10）为 Ac 型三翼銎孔镞，长 4.1 厘米（图二〇一，3）。

铜牌饰　2 件。

Z49：11（考 3984.1），为 B 型“P”字形镂空动物纹牌饰。铸造不甚精细，纹饰不清晰。近中部为一带车厢和弧形顶盖的双轮车，车前有动物牵引。车顶上站立一猛兽，车后有一右手持刀的武士，在武士的后面有一猛兽和一人撕扭在一起，猛兽的下半身清晰，人可见头、左臂、腹部和左腿的轮廓。牌饰的左上角为一有较大树冠的树木，在牌饰的边缘用三个一组的小凹坑表现树冠上的树叶。牌饰的底部和右侧边缘为不甚规整的竹节状纹。近牌饰的右边缘有一近长椭圆形穿孔，在近左侧缘有一形状不规则的穿孔，这两个穿孔应分别为穿系皮条和固定牌饰所用。长 10.8、宽 6.9、厚 0.16 厘米，重 55 克（图二〇一，6）。

Z49：12（考 3985.3），为 Ab 型“P”字形镂空动物纹铜牌饰。纹饰为一带大角、钩喙的神兽，神兽头下有一较小的野兽噬咬神兽的前腿。神兽的大角演变成近树冠状。近牌饰宽端中部有一长椭圆形穿带孔，孔的外侧有一小凸纽。长 10.7、宽 7、厚 0.15 厘米（图二〇一，5）。

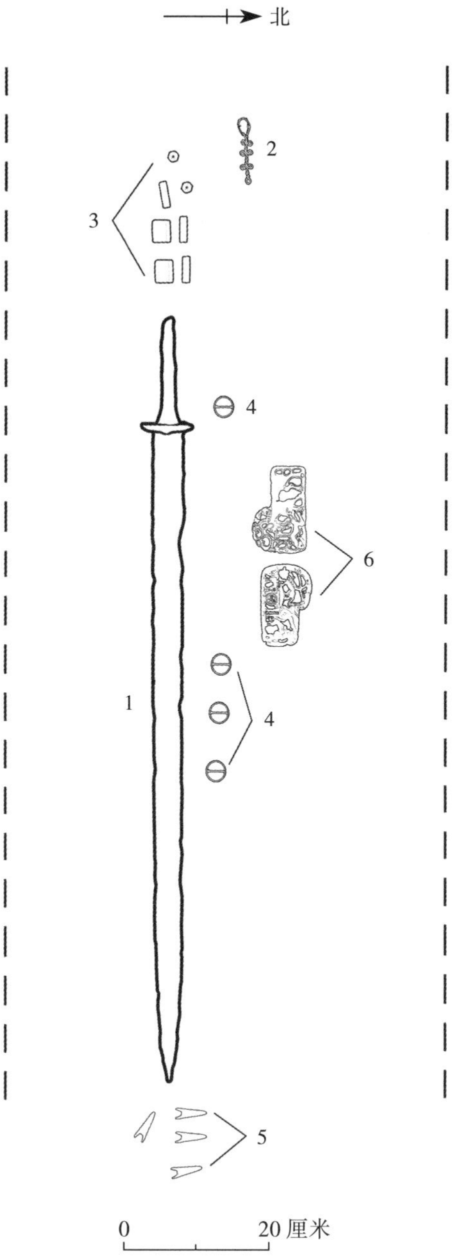

图二〇二　第 19 组非发掘清理器物分布平面示意图（Z49–1，中区）

1. 铁剑（Z49：1）　2. 金耳饰　3. 串饰　4. 铜泡　5. 铜镞（Z49：5）　6. 铜牌饰（Z49：11、12）

（比例尺和方向为估计结果，非精确值）

铁剑　1 件。

Z49：1，为中原式铁剑。剑锋残。铜剑格，扁柱状柄芯，剑身横截面为扁菱形。剑格俯视形状为菱形，中部有与柄芯同宽的穿孔。剑格侧视为较缓的“V”字形，两侧面装饰十字梅花图案。柄芯表面有细纤维痕迹，近柄芯顶部有圆形穿孔。残长 100.25 厘米（图二〇一，1）。

铜泡　不少于 1 枚，编号为 Z49：10（考 4964.7）。与另一组回收器物的铜泡混杂在一起，共计 3 枚。

b. 未回收器物

根据回收记录档案可知，未回收器物至少有 2 件。

金耳饰　1 件。金丝拧绕成并穿珠子，尺寸不详。

另外还有珠子和管组成的串珠，位于剑柄西侧。

（二〇）第 20 组非发掘清理器物——（Z95，中区）

（1）概述

墓葬位于墓地中区的南部，位于西岗梁中部东坡边缘。墓葬方向可能为西北—东南向。墓葬宽约 1 米，墓底距地表深约 0.8 米。铁剑位于墓葬中部，东北侧有一铜泡，剑柄西北侧有一组串珠，串珠西北有 1 件陶罐、1 件铜当卢。根据随葬武器和马具推测，墓主人可能是男性（图二〇三）。

（2）随葬品

共计至少 9 件。

a. 回收器物

共 6 件。

铜当卢　1 件。

Z95：1（考 3948），完整。用薄铜板制成，上半部较宽带凸尖，下半部较窄，背面有三个背纽。长 19.7、宽 6、厚 0.15 ~ 0.18 厘米（图二〇四，2）。

玛瑙珠　2 枚。圆形。编号为 Z95：2（考 4001）。

玛瑙珠　1 枚。六棱形。编号为 Z95：3（考 4001）。

玛瑙管　1 枚。编号为 Z95：4（考 4001）。管为花色。

蓝色玻璃珠　1 枚。编号为 Z95：5（考 4001）。为蓝色。

b. 未回收器物

根据回收记录档案可知，未回收的器物

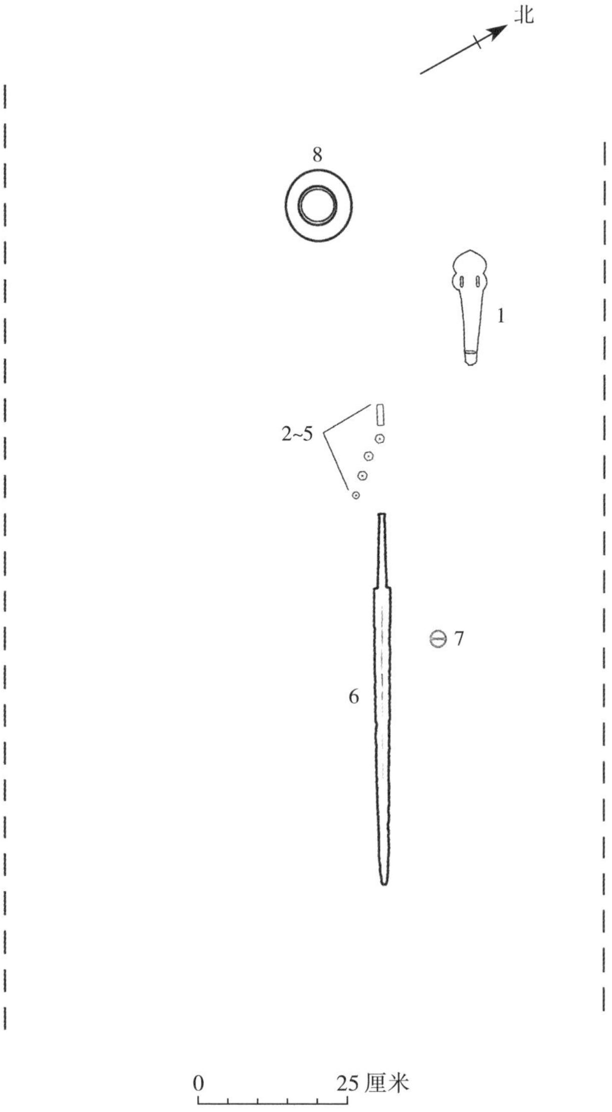

图二〇三　第 20 组非发掘清理器物分布平面示意图（Z95，中区）

1. 铜当卢（Z95：1）　2 ~ 5. 玛瑙珠、玛瑙管、蓝色玻璃珠（Z95：2 ~ 5）　6. 铁剑　7. 铜泡　8. 陶罐（比例尺和方向为估计结果，非精确值）

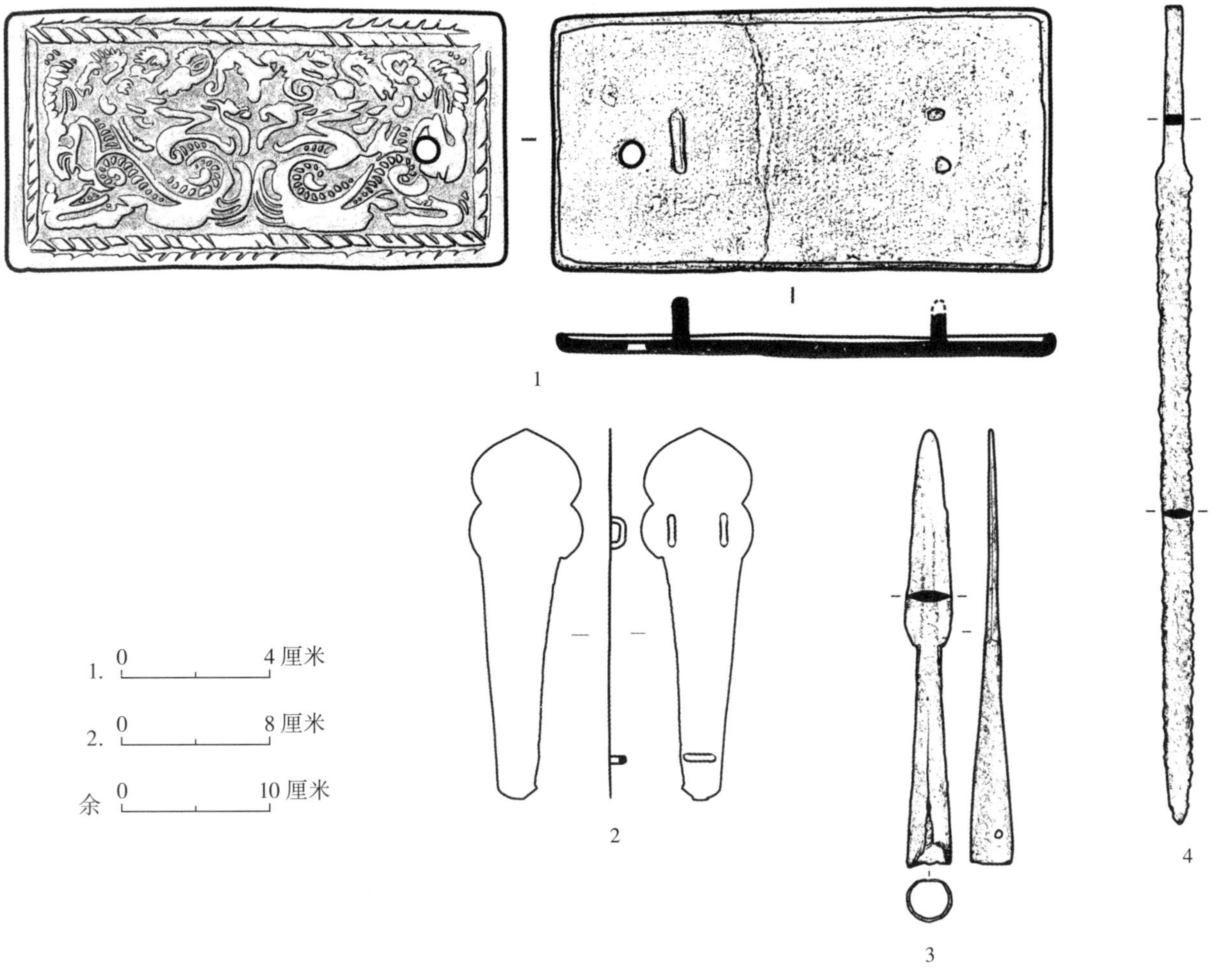

图二〇四　第20、21、22组非发掘清理器物（中区）

1. 铜牌饰（Z121∶4）　2. 铜当卢（Z95∶1）　3. 铁矛（Z48∶2）　4. 铜柄铁剑（Z121∶1）（1、4. 第21组，2. 第20组，3. 第22组）

至少3件。

陶罐　1件。尺寸、形状不详。

铁剑　1件。尺寸、形状不详。

铜泡　至少1枚。尺寸、形状不详。

（二一）第21组非发掘清理器物——（Z121，中区）

（1）概述

墓葬位于墓地中区的南部，位于西岗梁中部偏南。墓葬方向可能为东—西向。铁剑纵向摆放，与墓圹两侧壁距离相当，在铁剑剑柄以上约0.66米（约2尺）处，有一铜牌饰（图二〇五）。

（2）随葬品

回收器物共计2件。

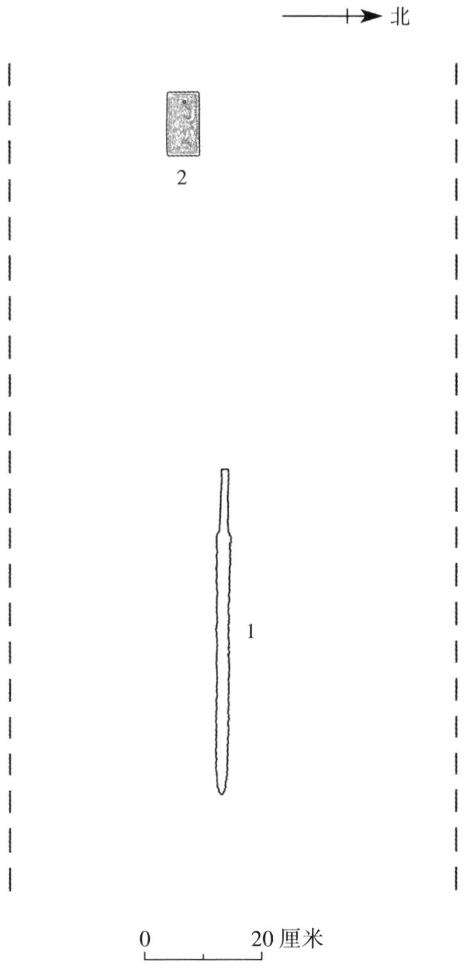

图二〇五 第21组非发掘清理器物分布平面示意图（Z121，中区）

1. 残铜柄铁剑（Z121：1） 2. 铜牌饰（Z121：4）
（比例尺和方向为估计结果，非精确值）

铜柄铁剑 1件。

Z121：1（考3927.1），铜柄脱落，仅存带柄芯的剑身。柄芯扁宽，横截面为长方形。剑身横截面为扁菱形，中部略起脊。柄芯与剑身交界处为弧形过渡，与铜柄铁剑的护手形状对应，推测或者为铜柄脱落的铜柄铁剑的带柄芯的剑身，或者剑柄为有机质，形状与铜柄铁剑的剑柄类似。长54厘米（图二〇四，4）。

铜牌饰 1件。

Z121：4（考3986.1），为A型矩形浅浮雕动物纹铜牌饰。正面鎏金，背面有两个纵向的背纽，牌饰边缘向后弧折，近牌饰的右侧边有一圆形穿孔。主体纹饰为两个背对分布的俯卧的神兽，神兽后蹄翻转，两个神兽之间有两只相对的格里芬头。神兽带格里芬头的长角末端讹变成一排兽头，牌饰边缘装饰叶脉纹。长13.4、宽7厘米（图二〇四，1）。

该墓出动物纹鎏金铜牌饰，但是回收器物只有2件。推测大多数随葬品没有回收回来，其中应该包括较贵重的随葬品。

（二二）第22组非发掘清理器物——（Z48，中区）

（1）概述

墓葬位于墓地中区的西岗梁东端偏南，墓葬方向可能为东—西向。墓葬偏东处放置1件铁矛，其余的随葬品分布于铁矛以西。与铁矛距离最近的是一组呈一纵排的绿石珠，石珠以西是圆形铜泡、兔形铜泡、金耳饰，再向北有1件陶罐（图二〇六）。

（2）随葬品

共计至少22件。

a. 回收器物

共21件。

陶罐 1件。

Z48：1，应属于A型单耳大口陶罐。夹粗砂红陶。口沿外侧有刻齿纹，单耳两侧有麦穗状刻齿纹。口径11.2、底径4.5、高7厘米。整理时未见实物。

铜泡 5枚。

Z48：3（考3953.6），2枚。为圆形铜泡。

Z48：4，为珠形小铜泡。

Z48：5（考 4013–5），2 枚。为兔形鎏金铜泡。

铁矛　1 件。

Z48：2（考 3937.5），为 Ba 型铁矛。骹部较长，矛身略短，矛身横截面为六边形，中部无脊。近骹的底部一侧有一圆形穿孔。长 29、骹口直径 3 厘米（图二〇四，3）。

菱形扁体蓝石珠　1 枚，编号为 Z48：6（考 4001）。

扁方体绿石珠　13 枚。

Z48：7，13 枚。一面平整，一面中部有脊。

b. 未回收器物

根据回收记录档案可知，至少有 1 件未回收器物。

金耳饰　1 件。为金丝拧绕成的耳饰。

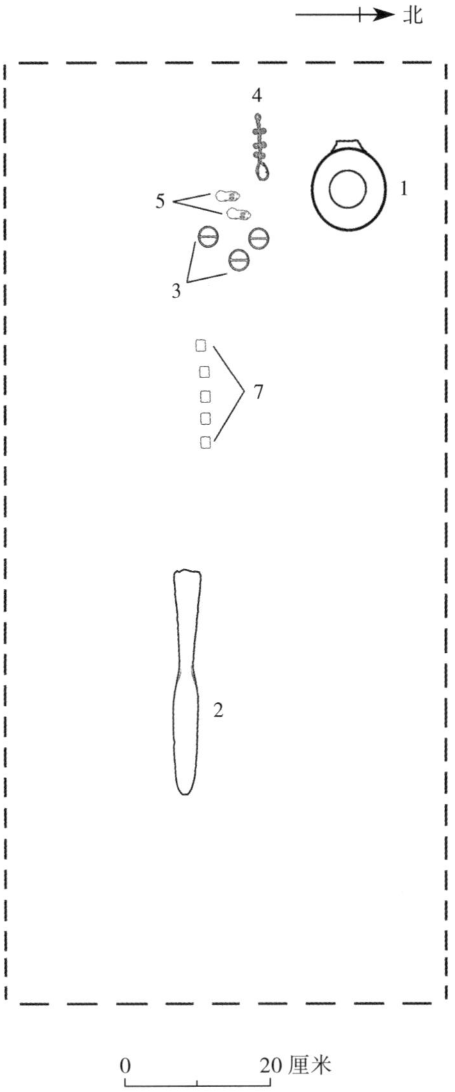

图二〇六　第 22 组非发掘清理器物分布平面示意图（Z48，中区）

1. 陶罐（Z48：1）　2. 铁矛（Z48：2）　3、5. 铜泡（Z48：3、Z48：5）　4. 金耳饰　7. 绿石珠（Z48：7）（比例尺和方向为估计结果，非精确值）

（二三）第 23 组非发掘清理器物——（Z13–1，中区）

（1）概述

墓葬位于墓地中区中部，在西岗梁第 51 清理区的第 427 号清理坑附近。墓葬可能为西北—东南向，长约 2.3 米（7 尺），宽约 0.66 米（2 尺），墓底距地表深约 0.5 米（1 尺半）。墓内填土为黄色沙土夹杂碎石块，墓底未发现人骨。随葬品集中分布于墓葬的一半面积内，推测为西半部。铁剑纵向放置于中部，铁剑一侧放置环首铁刀和环首铁锥，另一侧放置铁镬、铁锛和铁衔镳。铁剑柄部西侧放置 1 件陶罐。根据随葬武器和马具推测，墓主人可能是男性（图二〇七）。

（2）随葬品

共计至少 13 件。

a．回收器物

共 12 件。

铁镬　1 件。

Z13：6（考 3920.3），器身略细长，长方形銎口，弧刃。两侧面中部有一条不明显的纵向铸缝。一侧面有四个形状不规则的镂孔。长 12.3、宽 8 厘米（图二〇八，2）。

铁锛　1 件。

Z13：5（考 3921.5），为 Ab 型铁锛。銎孔残。侧缘略内弧，器身上半部和銎口横截面为圆角长方形，器身下半部横截面为长方形。一面近銎口处有两个不规则形状的穿孔。长 8.2、刃宽 5.6 厘米，銎口长 3.8、宽 1.9、深 4.15 厘米，銎口处壁厚 0.17 ~ 0.2 厘米（图二〇八，1）。

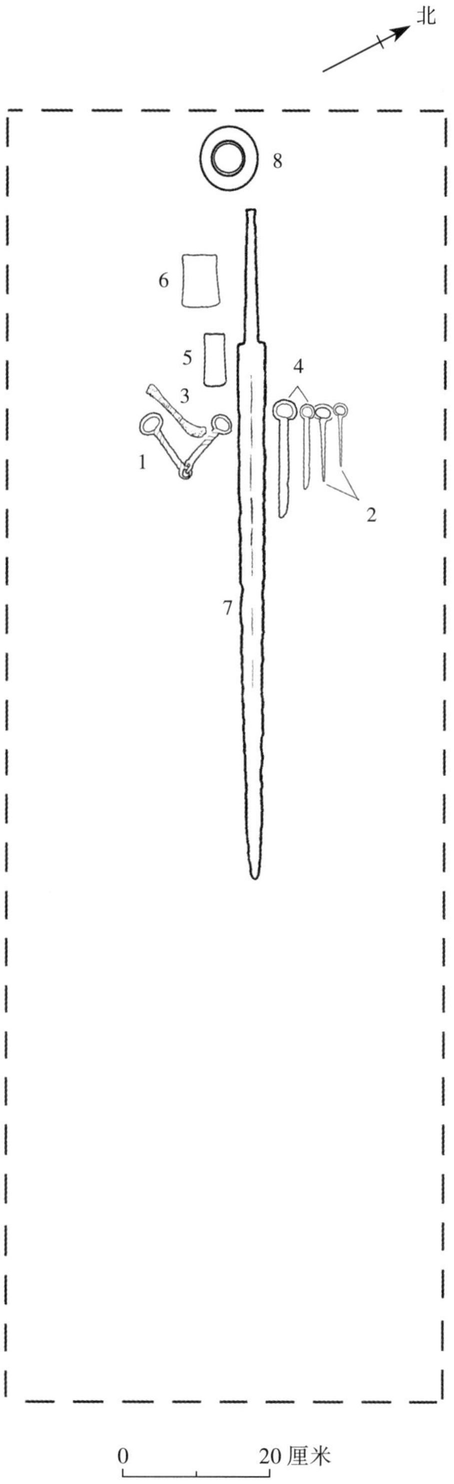

图二〇七　第 23 组非发掘清理器物分布平面示意图（Z13–1，中区）

1. 铁衔（Z13：1）　2. 铁锥（Z13：9）　3. 铁镳（Z13：3）　4. 铁刀（Z13：4）　5. 铁锛（Z13：5）　6. 铁镬（Z13：6）　7. 铁剑（Z13：10）　8. 陶罐（比例尺和方向为估计结果，非精确值）

铁刀　2 件。

Z13：4（考 3915），2 件。因与另外 6 件环首铁刀混编为一个器物号，无法区分哪 2 件为此墓所出。

铁锥　2 件。

Z13：9，2 件。其中 1 件（Z13 ： 9–1）（考 3917.8）为 B 型椭圆形环首锥，长 11.2、环首宽 3.6 厘米（图二〇八，6）。

铁剑　1 件。

Z13：10（考 3926.1），为中原式铁剑。剑身较长，剑柄为扁体，剑身与剑柄交界处平直。长 96.7 厘米。

铁衔　1 件。

Z13：1（考 3946–1），为 B 型三节铁衔。中间一节较短，两端环连接两侧两节铁衔的内环，两侧两节铁衔的中部加厚。长 24 厘米（图二〇八，3）。

铁镳　4 件。

Z13：3，4 件。其中 1 件（Z13：3–1）（考 3947.4）为 Bb 型镳，残，器身为杆状，近“S”形，残长 11.7 厘米（图二〇八，4）；1 件（Z13：3–2）（考 3947.2）为 Ad 型镳，残，器身近螺旋桨形，残长 15.3 厘米（图二〇八，5）。

b. 未回收器物

根据回收记录档案可知，未回收器物至少有 1 件。

陶罐　1 件。红色，尺寸、形状不详。

（二四）第 24 组非发掘清理器物——（Z135–2，中区）

（1）概述

墓葬位于墓地中区中东部，在西岗梁东端。墓葬方向可能为西北—东南向。墓葬长约 1.7 米（约 5 尺）。铁剑纵向摆放，位于墓葬中部南侧。铁剑北侧斜放一环首铁刀；铁剑南侧下半部放置一铁刀、约 20 枚珠子和管、铜镞、勺形铜带饰、铜轮。铁剑柄西侧放 1 件陶罐。根据随葬铁剑推测，墓主人可能是男性（图二〇九）。

（2）随葬品

共计至少 37 件。

a. 回收器物

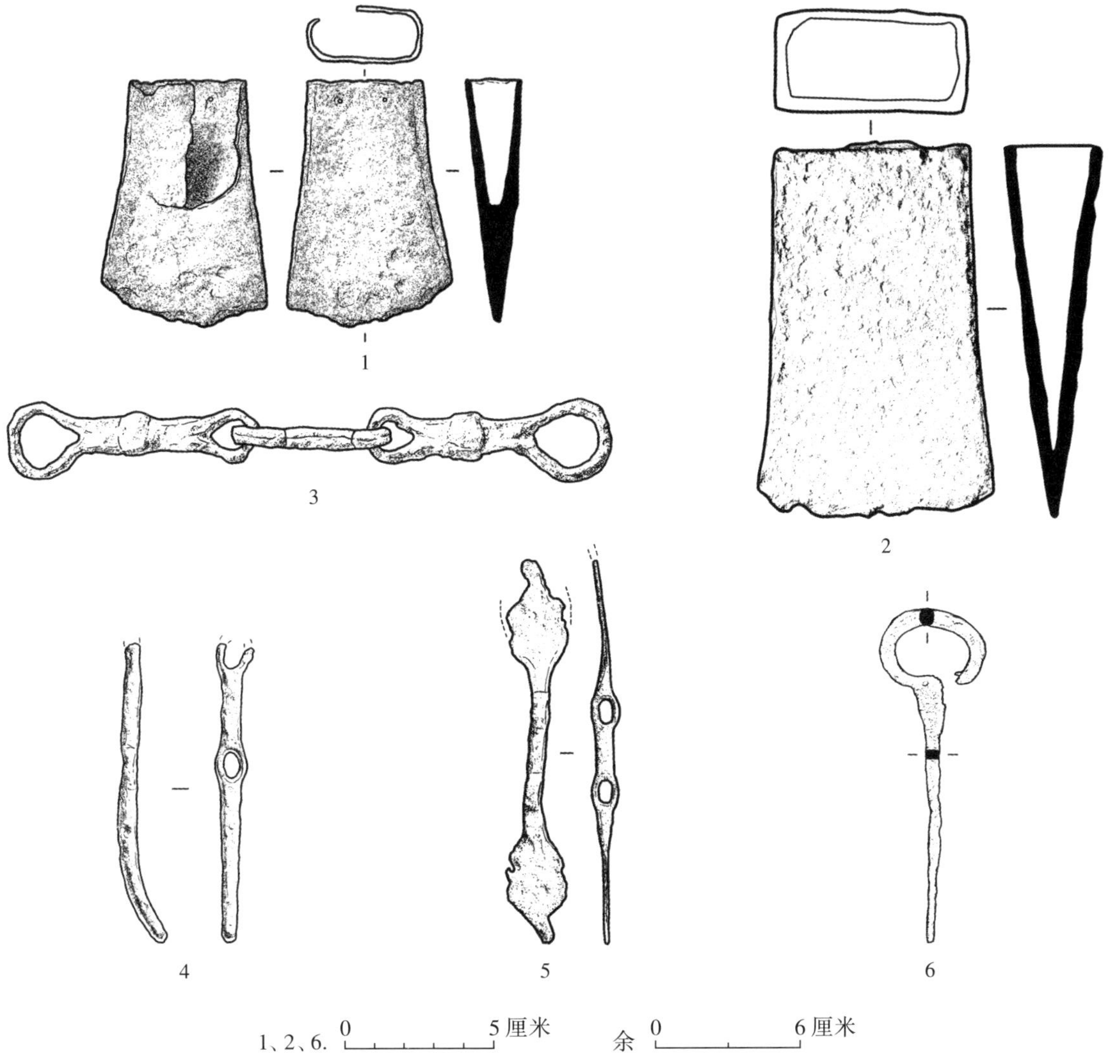

图二〇八　第23组非发掘清理器物（中区）

1. 铁锛（Z13：5）　2. 铁䦆（Z13：6）　3. 铁衔（Z13：1）　4、5. 铁镳（Z13：3–1、Z13：3–2）　6. 铁锥（Z13：9–1）

至少35件。

勺形铜带饰　1件，编号为Z135：18。

铜轮　1件。

Z135：19，为C型铜轮。有十字形横梁，横梁交叉处有圆形凸泡。直径3.8厘米。

铁刀　2件。

Z135：23（考3914.1），为圆形环首铁刀。尖部略残。圆形环首，刀身较宽，环首较小。残长18.8厘米（图二一〇，2）。

Z135：25（考3929.1），为A型素首铁刀。刀身前锋部残。刀柄与刀身连为一体，刀柄，柄端为平顶。残长28.7厘米（图二一〇，3）。

铁剑　1件。

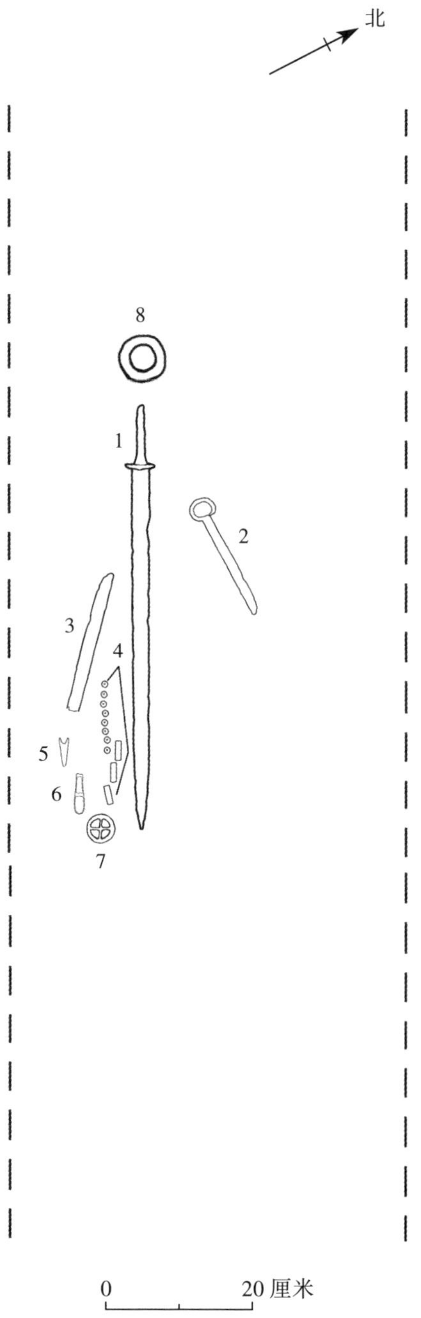

图二〇九　第24组非发掘清理器物分布平面示意图(Z135-2，中区)

1. 铁剑(Z135：28)　2、3. 铁刀(Z135：23、Z135：25)　4. 绿石珠等珠子、管　5. 铜镞　6. 勺形铜带饰(Z135：18)　7. 铜轮(Z135：19)　8. 陶罐(比例尺和方向为估计结果，非精确值)

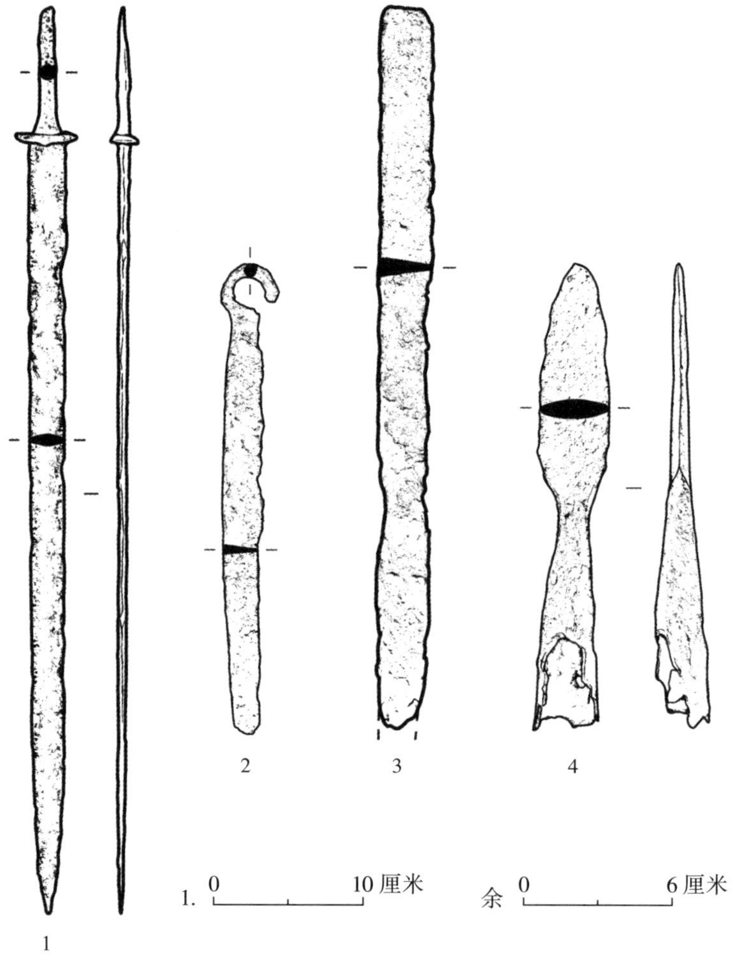

图二一〇　第24、25组非发掘清理器物(中区)

1. 铁剑(Z135：28)　2、3. 铁刀(Z135：23、Z135：25)　4. 铁矛(Z131：1)(1～3. 第24组，4. 第25组)

Z135：28(考3927.5)，为中原式铁剑。柄芯横截面近椭圆形，向顶部逐渐变薄。剑身横截面近扁菱形，中部略起脊。剑格俯视形状为扁菱形，侧视形状为较缓的“V”字形，剑格中部有一装配柄芯的凹槽。通长59.5、剑格宽4.45厘米(图二一〇，1；彩版一七〇，1)。

绿石珠　26枚。编号为Z135：7(考4001)。

玛瑙珠、绿石管、滑石管、蓝色玻璃珠　至少4件。具体数量不详，编号不详。与其他组回收器物混合在一起统计，无法区分。

b. 未回收器物

根据回收记录可知，未回收器物至少有2件。

陶罐　1件。尺寸、形状不详。

铜镞　若干。尺寸、形状、数量不详。

（二五）第 25 组非发掘清理器物——（Z131，中区）

（1）概述

墓葬位于中区的西岗梁西北角。墓葬为长方形，可能近西北—东南向。墓底距地表深约 1 米以上，墓底为坚硬的砾石。在墓底发现 1 件铁釜，在铁釜以上 30 余厘米（约 1 尺）处发现蓝色玻璃珠。在蓝色玻璃珠以上约 0.2 米（6 寸）处发现 2 件陶罐和 1 件铁矛，后两者在一同一水平面上（图二一一）。

（2）随葬品

共计至少 17 件。

a. 回收器物

共 13 件。

铁矛　1 件。

Z131：1（考 3934.5），为 A 型铁矛。骹部残。矛叶较宽，矛叶横截面为凸透镜形。残长 18.4、叶宽 3 厘米（图二一〇，4）。

绿石管　12 枚，编号为 Z131：2（考 4001）。

b. 未回收器物

根据回收记录档案可知，未回收器物至少有 4 件。

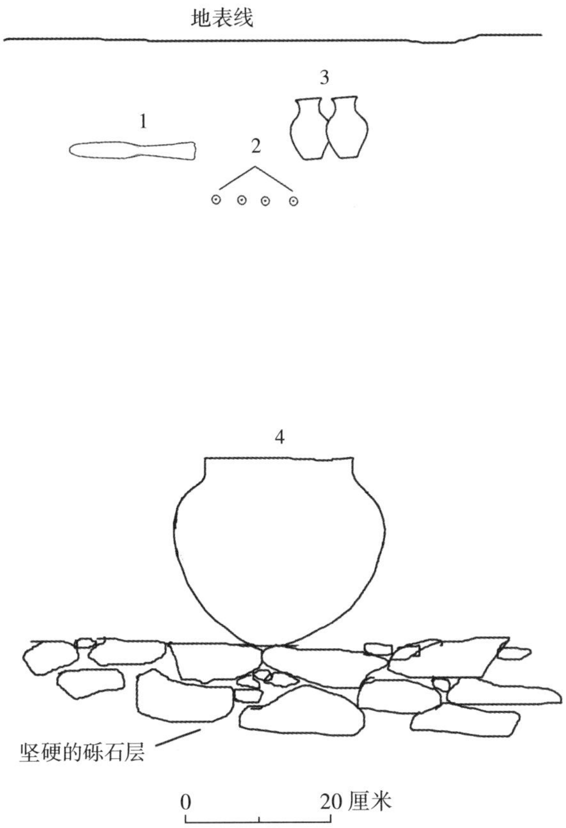

图二一一　第 25 组非发掘清理器物分布剖面示意图（Z131，中区）

1. 铁矛（Z131：1）　2. 蓝色玻璃珠　3. 陶罐　4. 铁釜（比例尺为估计结果，非精确值）

陶罐　2 件。1 件为灰陶，1 件为红陶。尺寸、形状不详。

铁釜　1 件。折沿，直颈，鼓腹，圜底。口径约 20、腹径约 28、高约 25 厘米，颈高约 3 厘米，器壁厚约 0.8 厘米。

蓝色玻璃珠　若干。具体尺寸、形状、数量不详。

（二六）第 26 组非发掘清理器物——（Z105，中区）

（1）概述

墓葬位于中区南部，邻近西区，位于西岗梁顶部南端。墓葬方向可能为东—西向。墓葬宽近 1 米（3 尺）。铁剑纵向放置于墓葬中部略偏左侧壁处，剑柄后方从南向北分别有金耳饰、铁镞、椭圆形铜泡、珠子、铜镞和圆形铜泡。在铁剑前锋的南侧有 1 件陶罐。根据随葬铁剑推测，墓主人可能是男性（图二一二）。

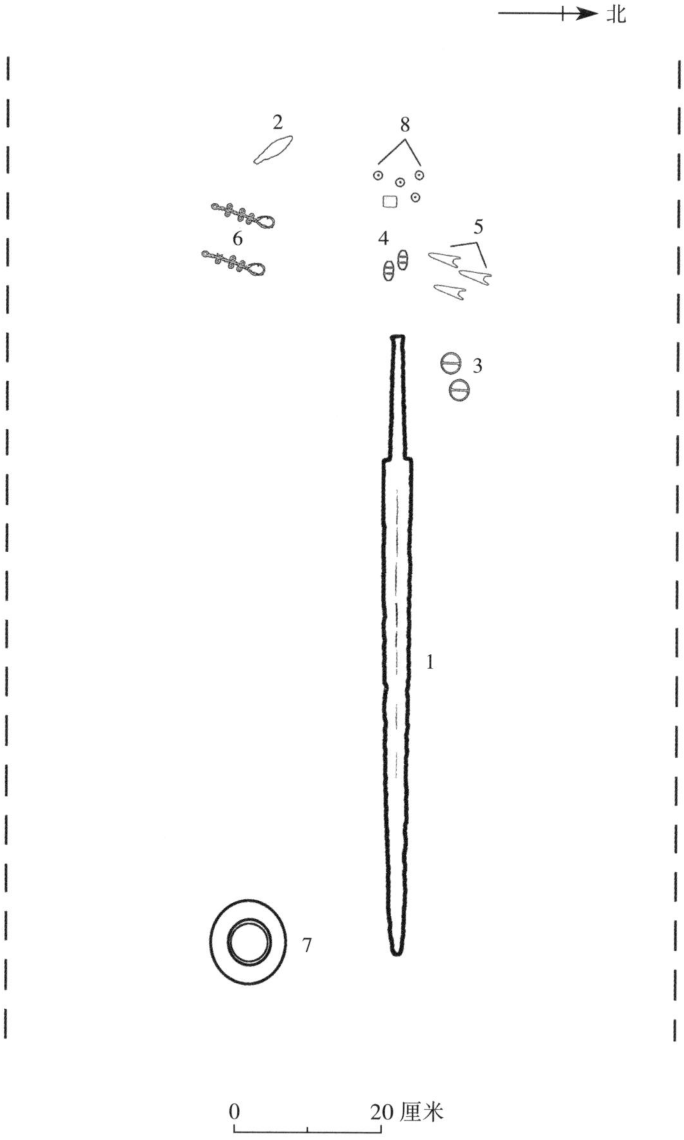

图二一二　第 26 组非发掘清理器物分布平面示意图
（Z105，中区）

1. 铁剑（Z105：1）　2. 铁镞（Z105：2）　3、4. 铜泡（Z105：3、Z105：4）
5. 铜镞　6. 金耳饰　7. 陶罐　8. 珠子（比例尺和方向为估计结果，非精确值）

（2）随葬品

共计至少 14 件。

a. 回收器物

共 9 件。

铜泡　7 枚。

Z105：3（考 3954.6），2 枚。均为斗笠形。纽均略扁，纽下均有一端直通泡边缘的近楔形凹槽。

Z105：4，5枚。为椭圆形双梁铜泡。均正面鎏金。

铁剑　1件。

Z105：1（考3926.3），为中原式铁剑。剑柄残，柄芯弯折。

铁镞　1件。

Z105：2（考3943.3），为A型管銎铁镞。菱形镞身。长4.8厘米。

b. 未回收器物

根据回收记录档案可知，未回收器物至少有5件。

陶罐　1件。形状、尺寸不详。

金耳饰　2件。为金丝拧绕而成，具体形状、尺寸不详。

铜镞　若干。具体尺寸、形状、数量不详。

珠子　若干。具体形状、数量不详。

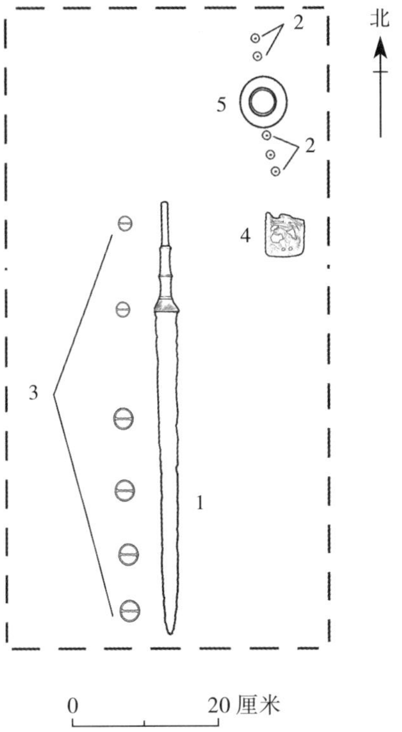

图二一三　第27组非发掘清理器物分布平面示意图（Z35，中区）

1. 铜柄铁剑（Z35：1）　2. 绿石珠（Z35：11）　3. 铜泡（Z35：3）　4. 铜牌饰（Z35：9）　5. 陶壶（Z35：15）（比例尺和方向为估计结果，非精确值）

（二七）第27组非发掘清理器物——（Z35，中区）

（1）概述

墓葬位于墓地中区中部，在西岗梁偏北处。墓葬方向可能为南—北向。据交回器物村民回忆，墓葬长约0.83米（约2尺5寸），宽约0.43米（1尺2～3寸）。墓底距地表深约0.83米（约2尺5寸）。铁剑纵向放置于墓葬的南半部和中部，铁剑西侧有一排铜泡。墓葬北部有1件陶壶，陶壶两侧各有几枚珠子。在陶壶和铁剑之间有1件铜牌饰。根据随葬铁剑推测，墓主人可能是男性（图二一三）。

（2）随葬品

共计24件。均为回收器物。

陶壶　1件。

Z35：15（考4104.2），为B型敞口夹砂陶壶。口沿残缺。夹砂灰褐陶，器表抹泥略光滑。粗颈外敞，鼓腹，平底。颈部的部分器表有不清晰的纵向刮抹痕迹。腹径8.4、底长径5.7、底短径5、残高10.2厘米（图二一四，9）。

铜牌饰　1件。

Z35：9（考3984.2），为B型"P"字形镂空动物纹铜牌饰。残存牌饰右侧的一半。近一端边缘中部有两个纵向对称分布的近圆形穿孔，应为固定牌饰所用。纹饰为骑马持刀的武士的左手抓住一猛兽的头部，猛兽为一张开大口的动物的侧面形象，在猛兽左侧有一带长尾的动物。牌饰边缘装饰不甚规整的竹节状纹饰。残长5.6、宽4.9、边缘厚0.2厘米（图二一四，1）。

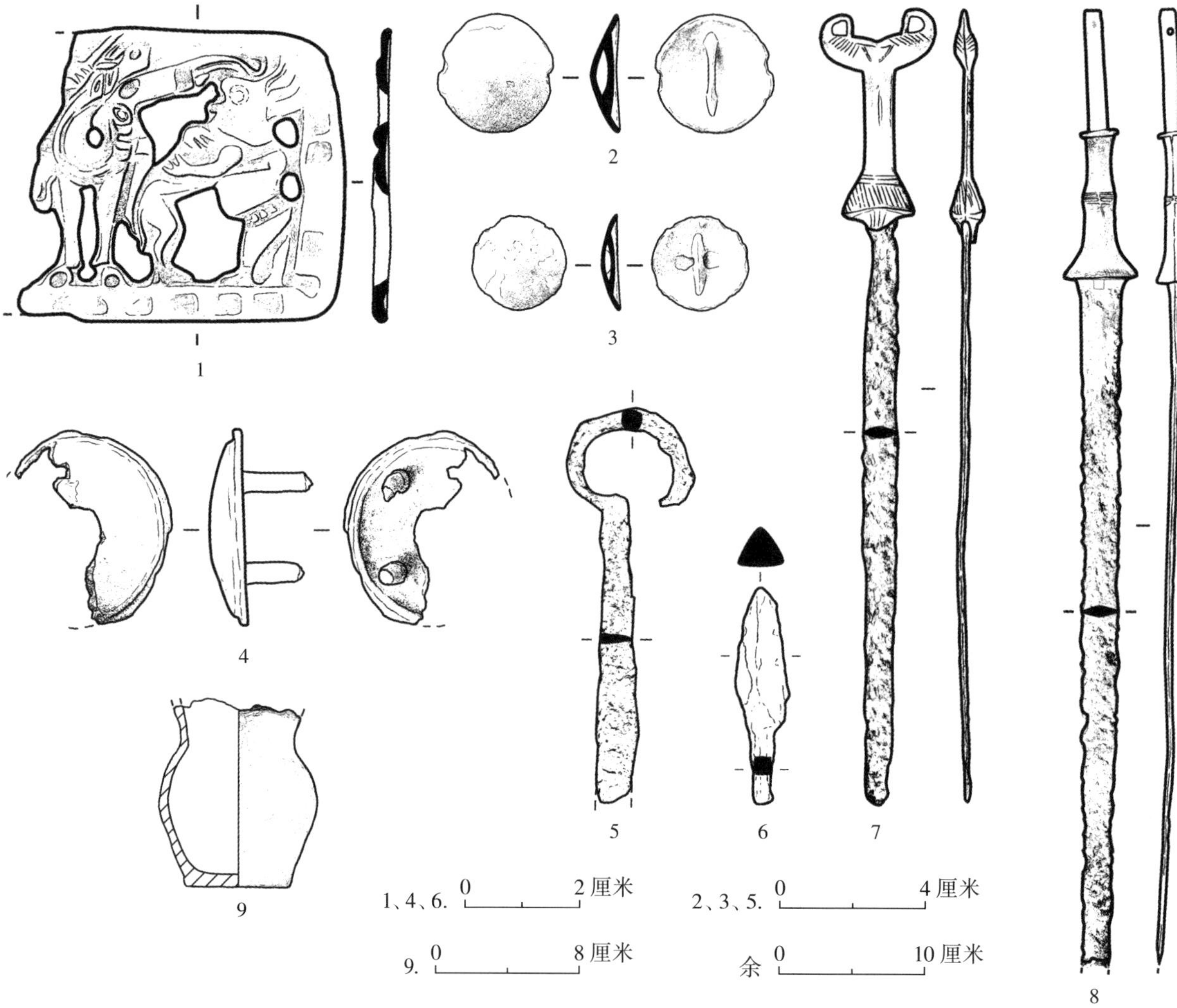

图二一四　第27、28、29组非发掘清理器物（中区）

1. 铜牌饰（Z35：9）　2～4. 铜泡（Z35：3-1、Z54：5-1、Z54：5-2）　5. 铁刀（Z54：2）　6. 铁镞（Z101：4）　7、8. 铜柄铁剑（Z54：1、Z35：1）　9. 陶壶（Z35：15）（1、2、8、9. 第27组，6. 第28组，3～5、7. 第29组）

铜泡　9枚。

Z35：3（考3953.2），9枚。均为素面。1枚为矮弧形铜泡，其余均为斗笠形。矮弧形的1枚背纽较扁。斗笠形铜泡中2枚为中高斗笠形铜泡，其余的6枚为矮斗笠形铜泡。1枚（Z35：3-1）为B型中高斗笠形铜泡，直径3.2厘米（图二一四，2）。

铜柄铁剑　1件。

Z35：1（考3924.4），为Ab型甲类铜柄铁剑。锋部残。剑身细长，中脊不明显，横截面为扁凸透镜形。剑柄护手向下延伸出一小段铜柱脊。剑柄上半段为圆柱形，中部有一凸环；下半段变扁宽，底部为扁喇叭状，中部有一突节。突节部有三周凸弦纹，喇叭状柄底部饰斜凸线纹。柄一面纹饰略清晰且表面略平整，另一面柄底部的纹饰不清晰且表面略不平整。近柄首处有一横向的穿孔。残长64、柄底部宽5.1、厚2.5厘米（图二一四，8）。

绿石珠　12枚。编号为Z35：11。

（二八）第 28 组非发掘清理器物——（Z101，中区）

（1）概述

墓葬位于墓地中区的中部偏西处。墓葬可能为西北—东南向。根据铁剑出土位置推测，墓主人头向应为西北向。铁剑位于墓葬中部，铁剑南侧有铜泡，铁剑柄西侧有铜镞、铁镞、玛瑙管等。根据随葬铁剑推测，墓主人可能是男性（图二一五）。

（2）随葬品

共计 21 件，均为回收器物。

铜镞　4 枚。编号为 Z101∶1，均为双翼銎孔铜镞。

铜泡　5 枚。

Z101∶2（考 3954.3），4 枚。1 枚为矮弧形铜泡。2 枚为矮斗笠形，其中较大的一件纽略扁，弧形；较小的一件纽略纵向窄长。1 枚形状不详。

Z101∶3（考 3964.8），为珠形小铜泡。

铁剑　1 件。

Z101∶5，表面布满木纤维痕迹。残长 20.9 厘米。

铁镞　1 件。

Z101∶4（考 3941.7），为 Ab 型三棱铁镞。完整。镞身不甚平整，一面略内凹。铤和镞身之间有一小段近六棱柱形关。铤横截面近方形，向下逐渐变细。长 3.7 厘米（图二一四，6）。

圆柱形玛瑙管　2 枚。编号为 Z101∶6。

多棱柱形玛瑙管　8 枚。编号为 Z101∶7。

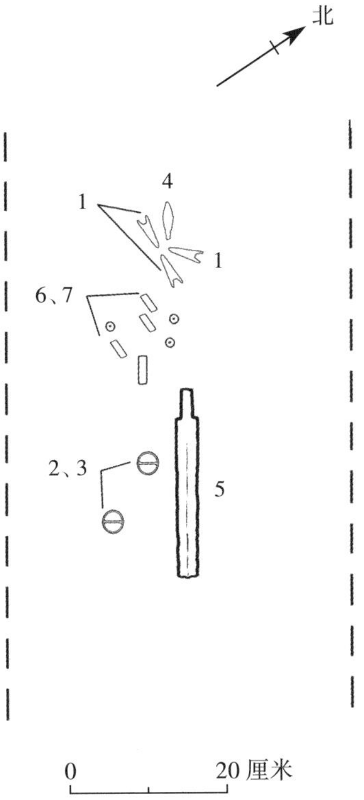

图二一五　第 28 组非发掘清理器物分布平面示意图（Z101，中区）

1. 铜镞（Z101∶1）　2、3. 铜泡（Z101∶2、Z101∶3）
4. 铁镞（Z101∶4）　5. 铁剑（Z101∶5）
6、7. 玛瑙管（Z101∶6、Z101∶7）
（比例尺和方向为估计结果，非精确值）

（二九）第 29 组非发掘清理器物——（Z54，中区）

（1）概述

墓葬位于墓地西区南部，位于西岗梁中部偏南。墓葬方向可能为东—西向。墓葬中部的轮廓较清晰。根据铁剑出土情况推测，墓主人头向可能是西向。墓葬中部偏北纵向放置 1 件铜柄铁剑，其他随葬品主要发现于剑身南侧和东侧。剑身以南与铁剑平行放置一件环首铁刀，铁刀南侧和东侧有若干铜泡、串珠。在剑锋以东有铜镞、铜铃。根据随葬铁剑推测，墓主人可能是男性（图二一六）。

（2）随葬品

共计 50 件。均为回收器物。

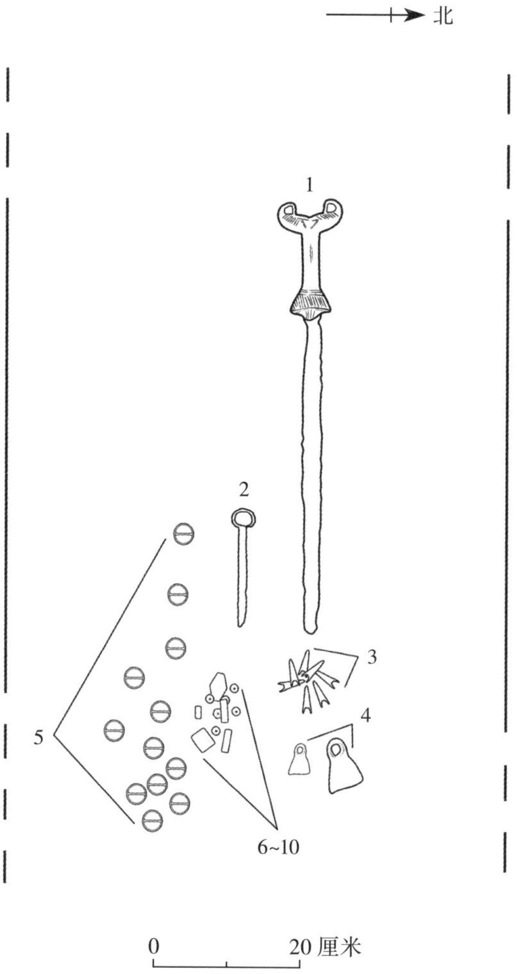

图二一六　第 29 组非发掘清理器物分布平面示意图（Z54，中区）

1. 铜柄铁剑（Z54∶1）　2. 铁刀（Z54∶2）　3. 铜镞（Z54∶3）　4. 铜铃（Z54∶4）　5. 铜泡（Z54∶5）　6 ~ 10. 玛瑙珠、绿石管、绿石珠（Z54∶6 ~ 10）

（比例尺和方向为估计结果，非精确值）

铜镞　8 件。

Z54∶3（考 3942.11），8 件。应均为銎孔铜镞，其中 7 枚为双翼镞，1 枚为三翼镞。

铜铃　2 件。

Z54∶4，2 件。均为北方式铜铃。1 件为 Bb 型北方式三角形孔铃，高约 8 厘米；1 件为 Aa 或 Ab 型北方式三角形孔铃，高 4.2 厘米。

铜泡　22 枚。

Z54∶5，22 枚。其中 1 枚（Z54∶5-1）为 B 型矮斗笠形铜泡，直径 2.6 厘米（图二一四，3）；1 枚为双背纽铜泡（Z54∶5-2）（考 3961.3），残存一半，较轻薄，泡边缘有向下的折棱，直径 3.2、泡面厚 0.4 厘米（图二一四，4）。1 枚为鎏金的大铜泡。

铁刀　1 件。

Z54∶2（考 3913.3），为椭圆形环首铁刀。刀身残，环首横截面近方形。刀柄略窄于刀身，直背直刃，背部略厚。残长 10.5 厘米，环首长 2.7、宽 3.4 厘米（图二一四，5）。

铜柄铁剑　1 件。

Z54∶1（考 3923.2），为 A 型乙类铜柄铁剑。剑身略残，剑身横截面为扁菱形。剑身顶部内收有一细长柄芯铸入铜柄内。铜柄顶部为两个相背回首的水禽状造型，柄中部为扁条形，柄底部为扁喇叭形。柄底在中部紧贴剑身向下延伸出一小段铜柱脊。柄首和柄底部饰斜凸线纹，在柄底部凸弦纹的上缘有三条凸弦纹，柄首两个水禽之间有一倒三角形纹。柄的一面纹饰清晰，柄中部平整；另一面柄首的纹饰略不清晰，柄中部不平整且有一纵向的不甚规则的浅凹槽。长 53.8 厘米，剑身宽 2.5 厘米，柄中部宽 2、厚 0.5 厘米（图二一四，7）。

玛瑙珠　5 枚。编号为 Z54∶6。

圆柱形绿石管　5 枚。编号为 Z54∶7。

鼓腹绿石管　4 枚。编号为 Z54∶8。

菱形扁体绿石珠　1 枚。编号为 Z54∶9。

扁体方形绿石珠　1 枚。编号为 Z54∶10。

（三〇）第 30 组非发掘清理器物——（Z182-2，中区）

（1）概述

墓葬位于墓地中区南部，位于 71 清理区一带。墓葬方向可能为西北—东南向。交回文物的村民回忆，墓葬长约 2 米（约 2 尺）。墓葬近中部纵向分布一排铜环，铜环的东南放有铁矛和铁镞、铜镞各一件。其他随葬品均分布于铜环的西北方，有铜铃、铜泡、铜镜、绿石珠、金耳饰等。2 面铜镜镜面朝上，1 面铜镜镜面朝下，其中正面朝下的铜镜与正面朝上的铜镜上、下叠放在一起（图二一七）。

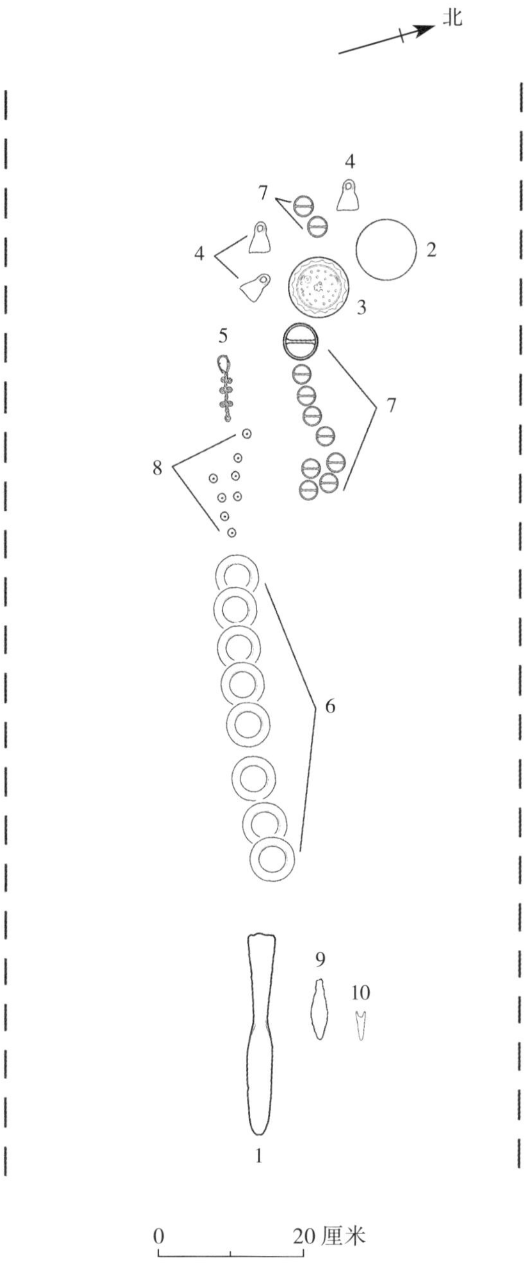

图二一七　第 30 组非发掘清理器物分布平面示意图（Z182-2，中区）

1. 铁矛（Z182：1）　2、3. 铜镜（Z182：2、Z182：3）　4. 铜铃（Z182：12）　5. 金耳饰　6. 铜环（Z182：6）　7. 铜泡（Z182：7）　8. 绿石珠（Z182：20）　9. 铁镞（Z182：14）　10. 铜镞（Z182：13）（比例尺和方向为估计结果，非精确值）

（2）随葬品

共计至少 85 件。

a. 回收器物

共 84 件。

铜镞　1 枚。编号为 Z182：13（考 3941.13）。

勺形铜带饰　1 件。

Z182：10（考 3975.7），为 Bc 型第一类勺形带饰。正面有兽面纹。长 4.8 厘米（图二一八，1）。

铜铃　8 件。

Z182：12（考 3966.1），8 件。均为北方式铜铃。

铜泡　41 枚。

Z182：7，41 枚。34 枚编号为考 3955.7，其中 4 枚为矮弧形铜泡，5 枚为中高斗笠形铜泡，25 枚为矮斗笠形铜泡。1 枚铜泡表面有放射线形纹饰。Z182：7-2 为 Aa 型中高斗笠形铜泡，Z182：7-3 为 Ab 型中高斗笠形铜泡、Z182：7-1 为 C 型中高斗笠形铜泡，直径分别为 2.6、3.3、3 厘米；Z182：7-4 为 C 型半球形铜泡，直径 2.7 厘米（图二一八，4 ～ 7）。

铜环　有 2 种，共 11 件。

Z182：5（考 3990.5），3 件。为圆体环。直径分别为 1.8、2.9、3.6 厘米。

Z182：6，8 件。为扁体环。其中 3 件一面平整，一面外弧；5 件两面外弧。Z182：6-1（考

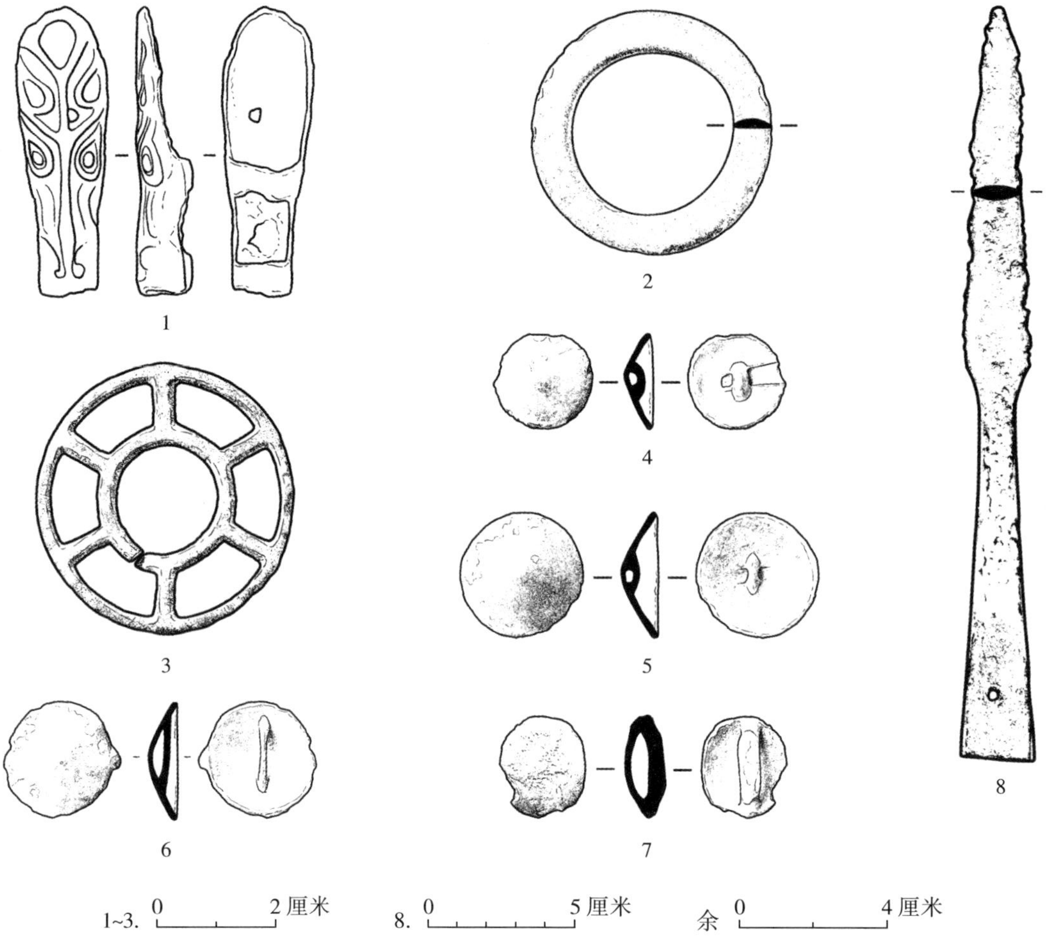

图二一八 第30组非发掘清理器物（中区）

1. 勺形铜带饰（Z182∶10） 2. 铜环（Z182∶6-1） 3. 铜轮（Z182∶11） 4～7. 铜泡（Z182∶7-2、Z182∶7-3、Z182∶7-1、Z182∶7-4） 8. 铁矛（Z182∶1）

4988-16）为B型铜环，一面较平，一面外弧，直径4厘米（图二一八，2）。

铜轮 1件。

Z182∶11（考3991.2），为Ab型铜轮。直径4.5厘米（图二一八，3）。

铜镜 3面。

Z182∶3（考3997），为博局草叶纹铜镜。残，可复原。纹饰不甚清晰，镜体略厚重。直径11.1、边缘厚0.25～0.28厘米，镜纽处高0.7厘米（图二一九，1～4）。

Z182∶2-1，为B型四乳草叶纹镜。边缘残。半球形纽，内向连弧纹平缘纽外的方形铭文带区有顺时针方向读的篆体“见日之明天下大明”八字。直径约9厘米（图二一九，5）。

Z182∶2-2，为C型日光铭文镜。残。三弦纽，有“见日之光天下大明”8个铭文。直径8.3厘米（图二一九，6）。整理时未见实物。

铜五铢钱 2枚。

Z182∶16（考3999.4-1、考3999.4-2），2枚。均为C型五铢钱，1枚（Z182∶16-2）

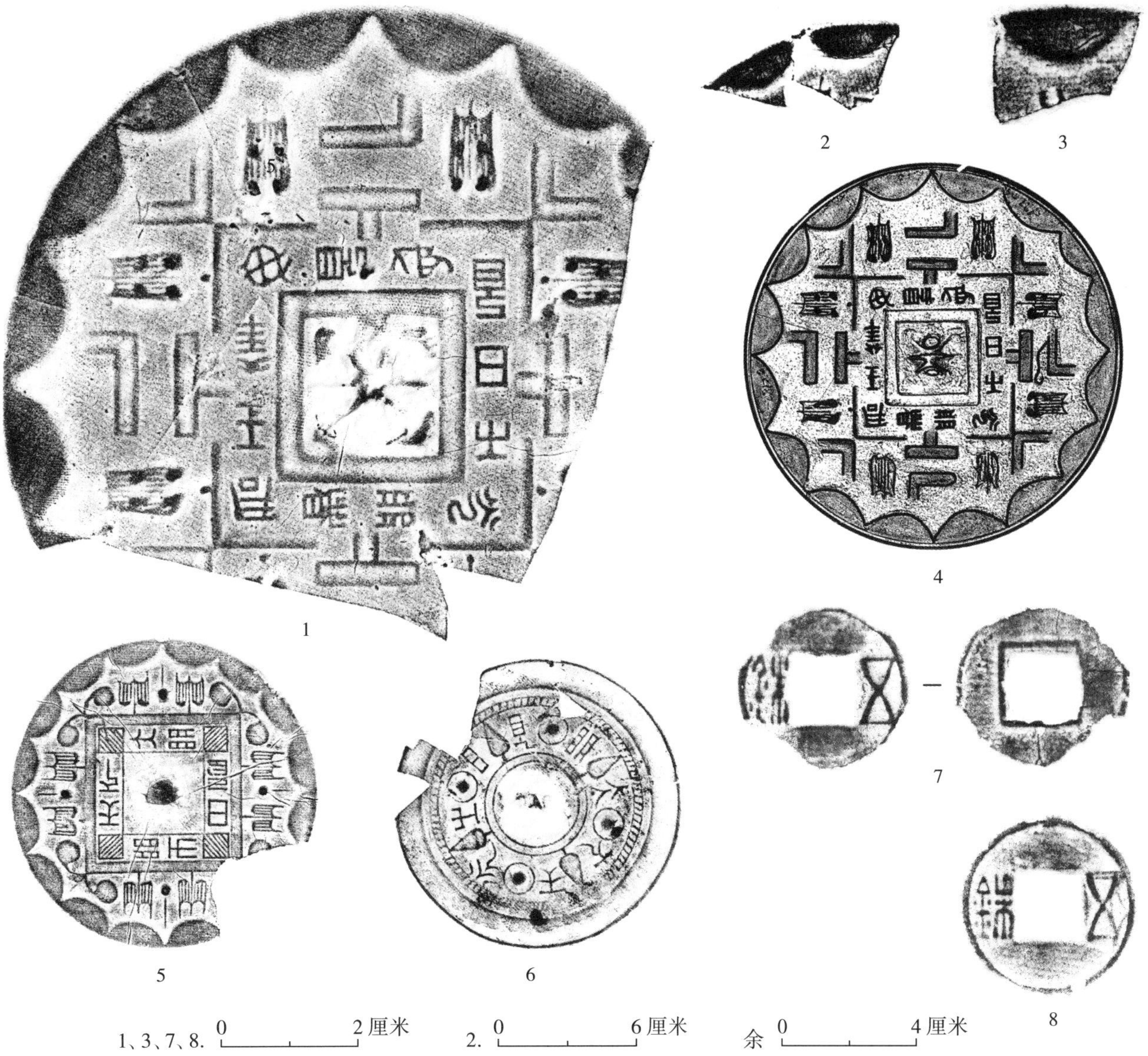

图二一九　第30组非发掘清理器物（中区）

1～3. 铜镜未修复前拓片（Z182：3-1~3-3）　4. 铜镜线图（Z182：3）　5、6. 铜镜拓片（Z182：2-1、Z182：2-2）　7、8. 铜五铢钱（Z182：16-1、Z182：16-2）

边缘略残。两面有外郭，背面有内郭。直径2.55、穿宽0.95厘米，残重1.76克（图二一九，8）。1枚（Z182：16-1）边缘残损较多，形状、尺寸与第一枚类似（图二一九，7）。

铁矛　1件。

Z182：1（考3935.4），为Ba型铁矛。矛叶、骹部略残。矛近窄叶形，横截面近凸透镜形，中部有纵向的窄平面，无脊。矛叶末端斜收。骹横截面为圆形，背面有纵向开口，正面近骹口处有一圆形穿孔。长25厘米，骹口直径2.4、厚0.1厘米，矛叶最宽处宽2、中部厚0.5厘米（图二一八，8）。

铁镞　1件。编号为Z182：14。

铁管　1件。编号为Z182：15。为小型铁管。

绿石珠　13枚。编号为Z182：20（考4001）。

b. 未回收器物

根据回收记录档案可知，未回收记录至少1件。

金耳饰　1件。据村民回忆，应该是金丝拧绕成的耳饰，耳饰上有珠子。

（三一）第31组非发掘清理器物——（Z119，中区）

（1）概述

墓葬位于墓地中区南部，墓葬方向大致为东—西向。墓葬中部纵向放置1件铁剑，剑身中部的北侧有3件勺形铜带饰和若干铜泡，剑柄的西侧有铜带钩、金耳饰、铜矛、串珠。剑锋以东放置1件陶碗和1件陶罐。根据随葬铁剑推测，墓主人可能是男性（图二二〇）。

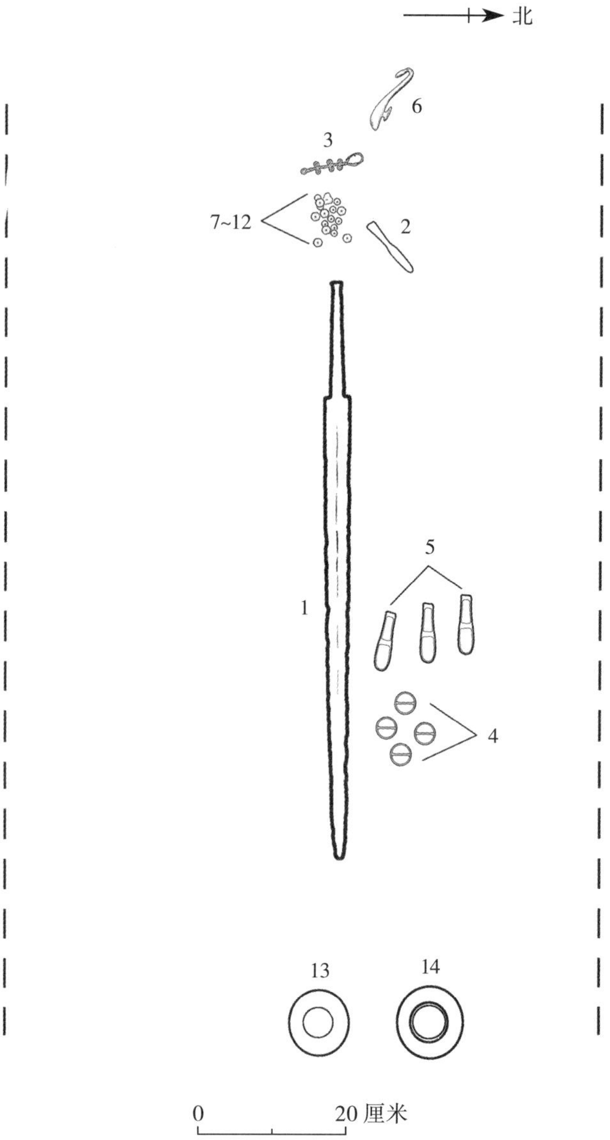

图二二〇　第31组非发掘清理器物分布平面示意图（Z119，中区）

1. 铁剑（Z119：1）　2. 铜矛（Z119：2）　3. 金耳饰　4. 铜泡（Z119：4）　5. 勺形铜带饰（Z119：5）　6. 铜带钩（Z119：6）　7～12. 珠串（Z119：7～12）　13. 陶碗　14. 陶罐（比例尺和方向为估计结果，非精确值）

（2）随葬品

共计至少55件。

a. 回收器物

共52件。

铜矛　1件。

Z119：2（考3932.2），骹部残。铸制，器表有较小的砂眼。矛叶近菱形，中部有柱状脊，矛两翼较缓斜收。骹孔直达距前锋3.5厘米处，骹口残端横截面为菱形。残长10厘米，骹口残端横截面长1.65、宽1.2厘米，矛叶最宽处宽2.6厘米（图二二一，1）。

铜镞　2件。编号为Z119：3（考3941.1）。

勺形铜带饰　3件。

Z119：5（考3975.6），3件。1件（Z119：5–1）残，为Bb型第一类勺形带饰，正面有兽头图案，长5.1厘米（图二二一，2）；1件（Z119：5–2）顶部略残，为Ac型第一类勺形铜带饰，残长4.8厘米（图二二一，3）；1件（Z119：5–3）正面有兽头图案，具体类型、

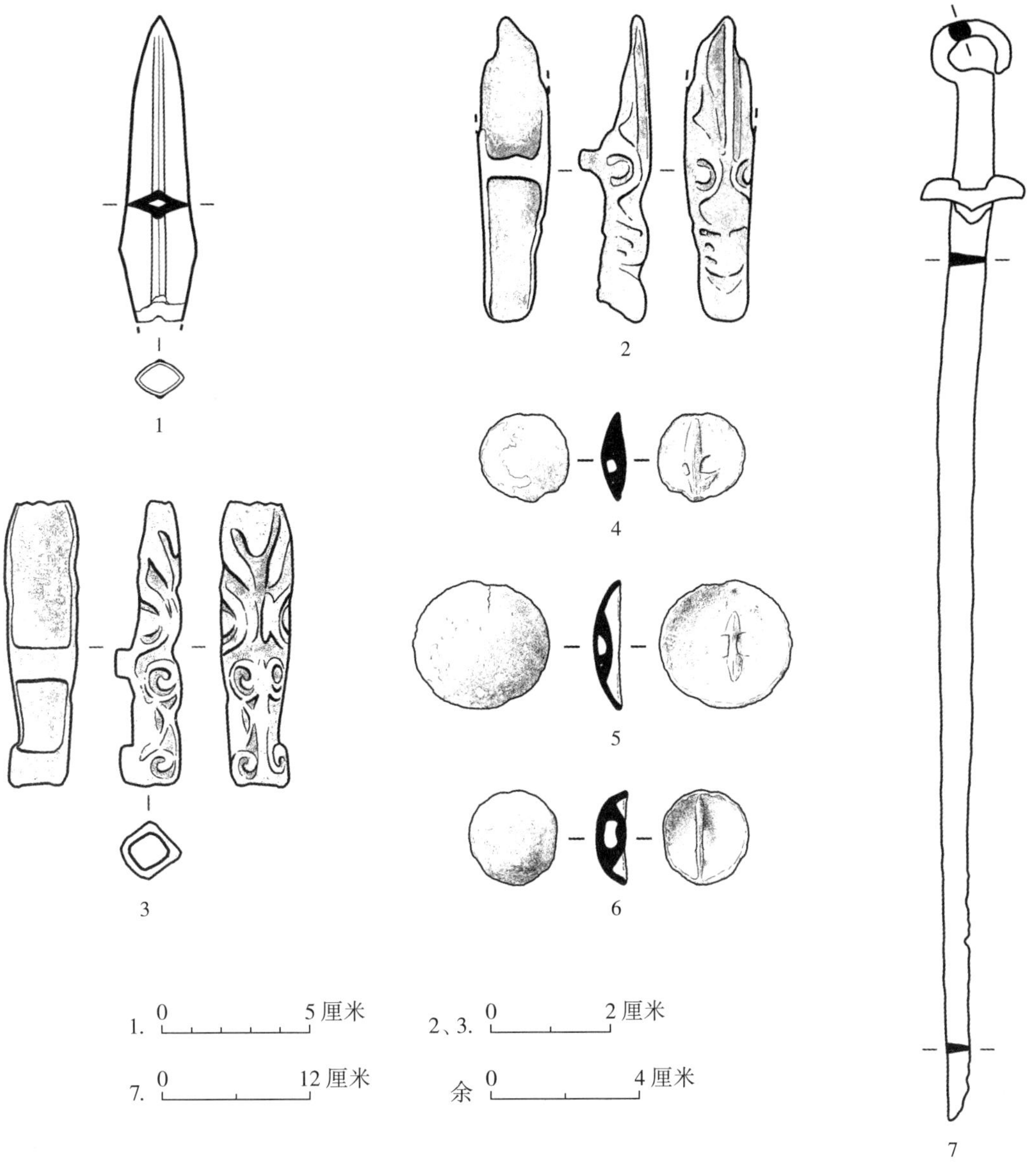

图二二一　第31、32组非发掘清理器物（中区）
1. 铜矛（Z119：2）　2、3. 勺形铜带饰（Z119：5-1、Z119：5-2）　4～6. 铜泡（Z119：4-1～4-3）　7. 铁刀（Z49：2）（1～6. 第31组，7. 第32组）

尺寸不详。

铜带钩　1件。

Z119：6，完整，形状瘦长，下半部形状接近D型。

铜泡　5枚。

Z119：4（考3955.2），5枚。其中1枚（Z119：4-1）为B型矮斗笠形铜泡，直径2.4厘米（图二二一，4）；1枚（Z119：4-2）为B型矮弧形铜泡，直径3.5厘米（图二二一，5）；1枚（Z119：4-3）为A型半球形铜泡，直径2.4厘米（图二二一，6）。

铁剑　1件。

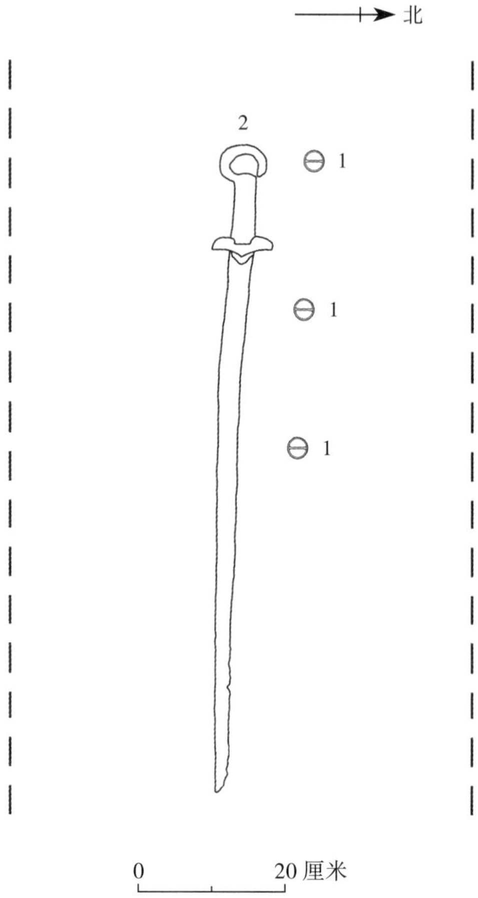

图二二二 第32组非发掘清理器物分布平面示意图（Z49-2，中区）
1. 铜泡（Z49：10） 2. 铁刀（Z49：2）（比例尺和方向为估计结果，非精确值）

Z119：1，剑柄部只存柄芯，剑身与剑柄交界处呈一横向直线，推测应为中原式铁剑。长77厘米。

玛瑙珠 28枚。编号为Z119：7。表面有棱。

玛瑙坠 2枚。编号为Z119：8。

红色玻璃珠 3枚。编号为Z119：9。

浅蓝色玻璃珠 4枚。编号为Z119：10。

蓝白相间的玻璃珠 1枚。编号为Z119：11。

蓝色玻璃珠 1枚。编号为Z119：12。

b. 未回收器物

根据回收记录档案可知，至少有3件未回收器物。

陶碗 1件。尺寸、形状不详。

陶罐 1件。尺寸、形状不详。

金耳饰 1件。为金丝拧绕而成，尺寸、具体形状不详。

（三二）第32组非发掘清理器物——（Z49-2，中区）

（1）概述

墓葬位于墓地中区南部，在西岗梁中部。墓葬方向可能为东—西向。墓葬中部纵向放置1件长铁刀，铁刀的北侧有至少3枚东—西排成一排的铜泡。在刀柄的外侧分布若干小型器物，可能为珠子或铜泡，因记录不清无法确定。根据出土长铁刀推测，墓主人可能为男性（图二二二）。

（2）随葬品

a. 回收器物

至少2件。

铜泡 至少1枚。编号为Z49：10。因与第19组回收器物中的铜泡混合编为一个器物号（共3枚铜泡），无法确认具体形状和数量。

铁刀 1件。

Z49：2（国0136-1），为B型长铁刀。完整，近封闭状的椭圆形环首，刀柄与刀身宽度相当，刀柄与刀身之间有铜格。刀身略向内弧，末端的刃部向外弧收形成刀锋。通长87、柄长12厘米（图二二一，7）。

b. 未回收器物

可能有若干铜泡或珠子没有回收，或者列入回收器物中的墓地采集器物。

第二节　第二类非发掘清理器物

此类器物共计20组，每组器物可确定出自同一座墓葬，但是无墓葬器物分布草图。器物分组的顺序号顺延第一类器物的分组编号。

（一）第33组非发掘清理器物——（Z89，东区）

墓葬位于墓地东区的东部。

共计16件。均为回收器物。

铜铃　1件。

Z89：1（考3969-8），为C型北方式不规则镂孔或无镂孔铜铃。铃身无镂孔，铃口为椭圆形。铃口宽2.3、高3.2厘米（图二二三，8）。

绿石管　6枚。编号为Z89：2。

滑石管　4枚。编号为Z89：3。

扁体绿石珠　1枚。编号为Z89：4。

圆形绿石珠　1枚。编号为Z89：5。

蓝色玻璃珠　3枚。编号为Z89：6。均为蓝色。

（二）第34组非发掘清理器物——（Z115，东区）

墓葬位于墓地东区的东北部。

共计2件。均为回收器物。

铜牌饰　1件。

Z115：6-1（国Y208），为B型椭方形镂空铜牌饰。纹饰为两骑马前行的武士，前面的武士佩长剑，回首，后面的武士似在与前者交谈。牌饰边缘装饰较稀疏的水滴状纹。近牌饰弧形一端的中部有一纵向圆角长方形穿孔，孔的外侧有一小凸纽。长11.5、宽8.9厘米（图二二三，2）。

铜柄铁剑　1件。

Z115：1（考3925.2），为Bb型甲类铜柄铁剑。剑柄中部有突节，突节以上横截面为圆形，突节以下横截面为凸透镜形。突节上和突节以下有数周凸弦纹。剑柄上半部的凸弦纹模糊不清。剑身横截面为扁菱形，有中脊。通长66.5、剑柄长10.8、柄底宽4.2厘米（图二二三，1）。

（三）第35组非发掘清理器物——（Z28，东区）

墓葬位于墓地东区，在东岗梁上。

共计9件。均为回收器物。

铜泡　5枚。

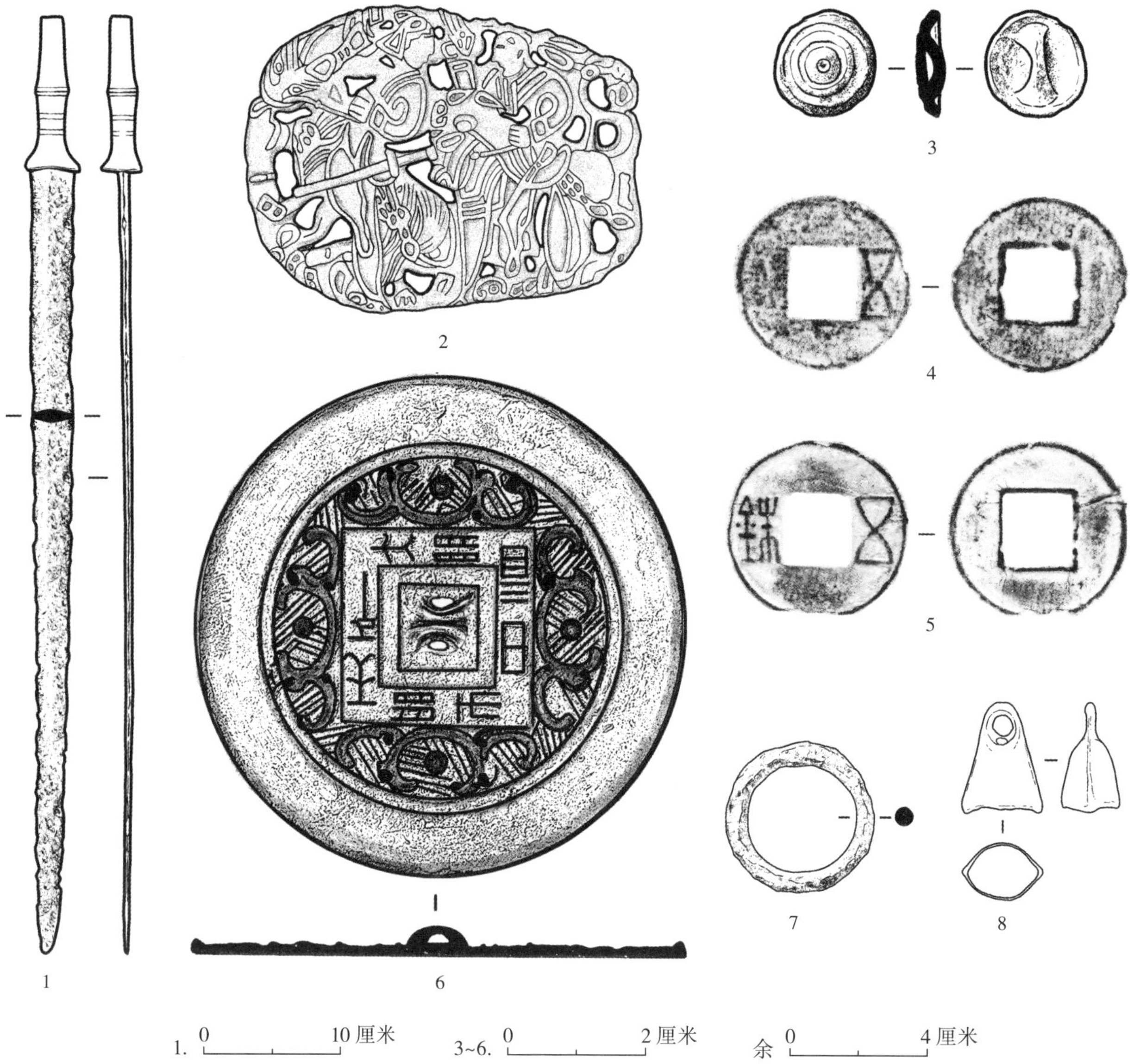

图二二三 第33～36组非发掘清理器物（东区）

1. 铜柄铁剑（Z115：1） 2. 铜牌饰（Z115：6-1） 3. 铜泡（Z28：7-1） 4、5. 铜五铢钱（Z28：6-1、Z28：6-2） 6. 铜镜（Z13：15） 7. 铁环（Z13：16） 8. 铜铃（Z89：1）（1、2. 第34组，3～5. 第35组，6、7. 第36组，8. 第33组）

Z28：5，2枚。

Z28：7，3枚。为带重圈纹铜泡。其中1枚（Z28：7-1）泡面为矮弧形，直径1.5厘米（图二二三，3）。

铜铃 2件。

Z28：8，2件。为B型北方式不规则孔或无孔铃。

铜五铢钱 2枚。

Z28：6，2枚。其中1枚（Z28：6-1）（考3999.7）为C型铜五铢钱。边缘微残。正面无内郭，穿下有半星，背面有内郭，“五”字较窄，“铢”字不清晰。直径2.54、穿宽1、外缘厚 0.13 厘米，残重 1.6 克（图二二三，4）；1 枚（Z28：6–2）（考 3999.10）为 D 型五铢钱。微残。正面无内郭，“五”字较宽。直径 2.55、穿宽 1、外缘厚 0.15 ～ 0.18 厘米（图二二三，5）。

（四）第 36 组非发掘清理器物——（Z13–2，东区）

墓葬位于墓地东区，位于墓地最高处的岗顶一带。

共计 4 件。均为回收器物。

铜镜　1 面。

Z13：15（考 3994.10），为 A 型蟠虺纹铜镜。地纹为成组的平行凸线，共四个蟠虺纹，乳丁位于每个蟠虺纹的中部。中部有方形铭文带，铭文为篆体的“见日之明天下大明”八字。直径 7.2、边缘厚 0.18 ～ 0.2 厘米，纽高 0.44 厘米（图二二三，6）。

铁镞　2 件。

Z13：13（考 3942.14），2 件。均锈蚀，略残。1 件为 A 型管銎铁镞，镞身较短扁平，近菱形。銎较长，向下逐渐变粗，銎口为圆形。长 4.2、镞身宽 1 厘米。1 件为 A 型扁体扁铤镞。扁三角形镞身的有铤镞，铤部横截面为长方形。残长 3.9、镞身长 2.2 厘米。

铁环　1 件。

Z13：16，环横截面为圆形。直径 4.4 厘米（图二二三，7）。

（五）第 37 组非发掘清理器物——（Z14，中区）

墓葬位于中区东部。

共计 71 件。均为回收器物。

铜牌饰　2 件。

Z14：3（考 3985.6），为 D 型矩形镂空动物纹铜牌饰。残存 2 块，不能复原。主体纹饰为一头猛兽噬咬一只带大耳的食草动物的颈部。牌饰边缘饰水滴状纹。近左侧边缘中部有一纵向的长椭圆形穿孔，穿孔的外侧有一顶部向外弯曲的凸纽。可拼对部分分别残长 8.65、3.7、宽 6、边缘厚 0.3 ～ 0.4 厘米，纹饰最高处高 0.6 厘米（图二二四，1）。

Z14：4（考 3974–3），为 Ba 型亚腰形铜牌饰。边缘略残，正面有乳丁纹，近上缘中部有一圆形穿孔，底缘有锯齿并向前折，近上缘的背面中部有一横穿孔纽。长 5.75、底宽 4.55、顶宽 3.9 厘米，器身无乳丁处厚 0.3 厘米（图二二四，2）。

铜环　1 件。

Z14：5（考 3990.1），为 Da 型铜环。环肉横截面为圆形。直径 4.2 厘米（图二二四，3）。

铜扁管　1 件。

Z14：7（考 3977.2），正面略鼓鎏金，背面扁平。正面有三条纵向凸棱。长 2.28、宽 1.42、高 0.53 厘米（图二二四，4）。

铜五铢钱　1 枚。编号为 Z14：6（考 3999.1）。

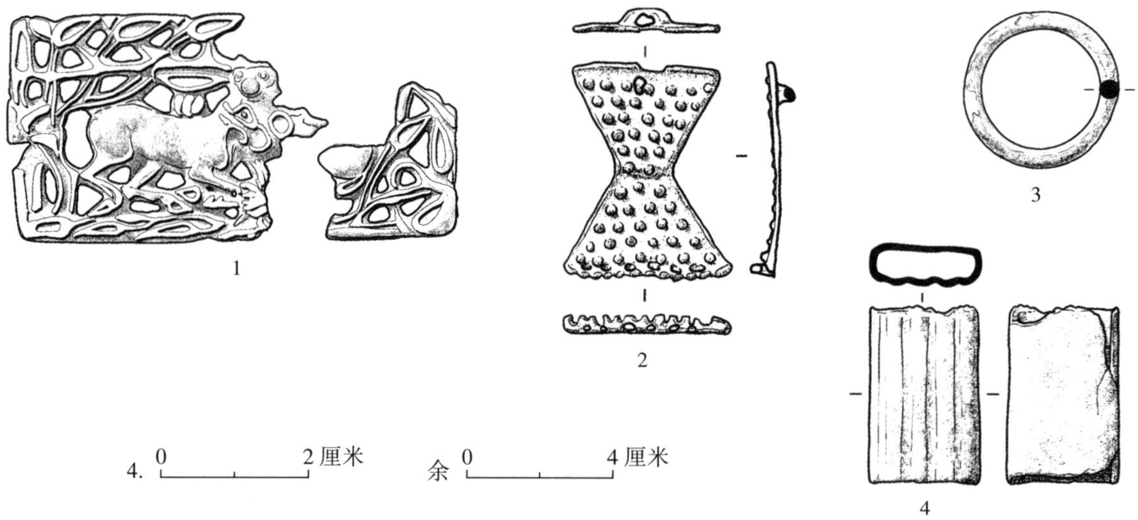

图二二四　第37组非发掘清理器物（中区）

1、2. 铜牌饰（Z14：3、Z14：4）　3. 铜环（Z14：5）　4. 铜扁管（Z14：7）

扁体多孔绿石珠　3枚。编号为Z14：8。

扁体石珠（单孔）　14枚。编号为Z14：10。

蓝色玻璃管　30枚。编号为Z14：11。

绿石管　16枚。编号为Z14：12。

玛瑙管　1枚。编号为Z14：13。

玛瑙珠　2枚。编号为Z14：14。

（六）第38组非发掘清理器物——（Z113，中区）

墓葬位于墓地中区偏东北处。

共计9件。均为回收器物。

铜镞　1件。编号为Z113：3。

铜铃　1件。

Z113：2（考3966–2），为A型中原式带纹饰铜铃。铃两面有菱形纹饰带，每个小菱形内有一小凸点。铃顶中部有合范铸缝，铃内悬挂一铃舌。宽4.8、高5厘米（图二二五，1）。

铁矛　1件。编号为Z113：1。

银耳饰　1件。

Z113：6（考4016–3），为A型银耳饰。略残，由一根银丝对折后拧绕而成，底部拧出一个圆环，器身拧成一个立柱，立柱两侧拧出三对小环。两端均位于顶部，一端压扁呈薄叶状，另一端残断，薄叶的一侧有一小穿孔。长5.2厘米（图二二五，2）。

玛瑙管　2枚。编号为Z113：4。

绿石管　3枚。编号为Z113：5。

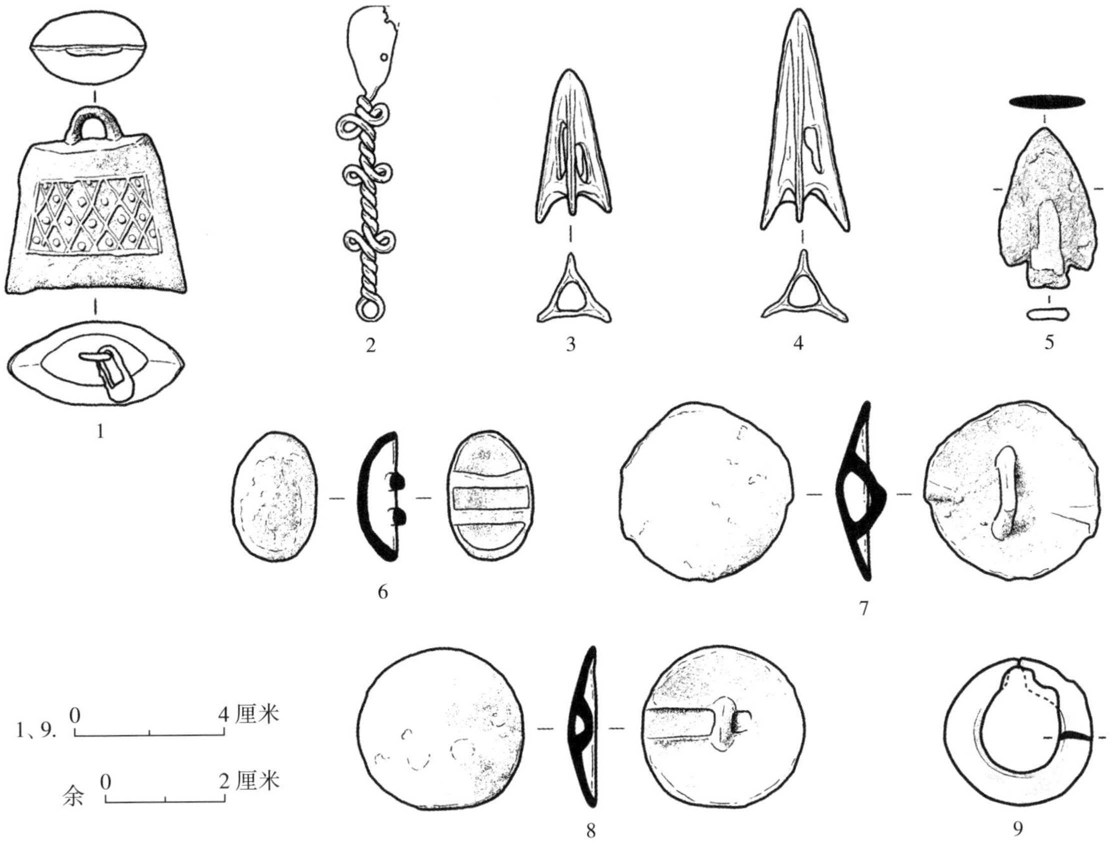

图二二五　第38、39组非发掘清理器物（中区）

1. 铜铃（Z113：2）　2. 银耳饰（Z113：6）　3、4. 铜镞（Z39：5-2、Z39：5-1）　5. 铁镞（Z39：9-1）　6～8. 铜泡（Z39：6-1、Z39：3-2、Z39：4）　9. 铜环（Z39：10-1）（1、2. 第38组，3～9. 第39组）

（七）第39组非发掘清理器物——（Z39，中区）

墓葬位于中区的岗洼处。

共计87件。均为回收器物。

陶杯　1件。

Z39：1，为夹砂黑灰陶杯。圆唇，斜腹，平底。尺寸不详。

铜镞　13件。

Z39：5，13件。其中2件为双翼镞，9枚为双翼镞，2枚为三棱镞。1枚（Z39：5-2）为Ab型三翼銎孔镞，长2.6厘米（图二二五，3）；1枚（Z39：5-1）为Bb型三翼銎孔镞，长3.7厘米（图二二五，4）。

铜铃　1件。

Z39：2，为B型中原式无纹饰铜铃。

铜泡　40枚。

Z39：3、4，38枚。为素面圆形铜泡。20枚残。其中1枚（Z39：3-2）（考3953.4）为

Ab 型矮斗笠形铜泡，直径 3 厘米（图二二五，7）；1 枚（Z39：4）（考 3952.n）为 Aa 型矮斗笠形铜泡，直径 2.8 厘米（图二二五，8）。

Z39：6，2 枚。为椭圆形铜泡，均鎏金。其中 1 枚（Z39：6–1）（考 4013–3）为 Ba 型椭圆形铜泡，有两个略扁的背纽，长 2.2、宽 1.4 厘米（图二二五，6）。

勺形铜带饰　1 件。

Z39：7（考 3975.3），素面。长 5.7、底宽 0.95 厘米。

铜环　3 件。

Z39：10，3 件。均为扁体环。其中 1 件（Z39：10–1）（考 3988.5–1）为 C 型铜环。边缘略残，背面较平，正面略鼓。内缘形状不规整，有两处凹缺。近内缘处较厚，向外缘逐渐变薄。直径 4、厚 0.2 厘米（图二二五，9）。

铁矛　1 件。

Z39：15，应为 A 型矛。矛叶较短。长 20.5 厘米。

铁镞　7 件。

Z39：8（考 3943.2–1），2 件。为三翼铁镞。1 件为 B 型三翼铁镞，无倒刺，铤横截面为菱形，长 6.3、镞身长 3.3、镞身宽 1.1 厘米。另一件为 A 型三翼铁镞，有倒刺，尺寸与第一件相似。

Z39：9，5 件。为双翼铁镞。均扁体有铤，三角形镞身，表面有木质纤维痕迹。其中 1 件（Z39：9–1）（考 3943.2–2）为 A 型扁体扁铤铁镞，长 2.8、宽 1.6 厘米（图二二五，5）。

扁体绿石珠　3 枚。编号为 Z39：11。

圆柱形绿石管　13 枚。编号为 Z39：12。

鼓腹绿石管　1 枚。编号为 Z39：13。

滑石管　3 枚。编号为 Z39：14。

（八）第 40 组非发掘清理器物——（Z107，中区）

墓葬位于墓地中区北部，即岗洼北部的北岗处。

共计 16 件。均为回收器物。

铜带扣　1 件。

Z107：5（考 3972.4），为 C 型中原式铜带扣。扣针残缺。轮廓为椭圆形，中部有一横梁，横梁上的两个凸纽上各有一个圆形穿孔，原来应该有一横轴，将可活动的扣针穿入固定。高 3.65、宽 3.6、边框厚 0.25 厘米（图二二六，5）。

铜铃　1 件。

Z107：4，为 A 型中原式带纹饰铜铃。器表装饰菱形纹。

铜环　2 件。

Z107：3，2 件。其中 Z107：3–1（考 3988.12）为 B 型铜环，扁体，一面平整，一面略外鼓，直径 3.9 厘米（图二二六，6）；Z107：3–2（考 3990.4）为 Da 型铜环，圆体，直径 2.5 厘米

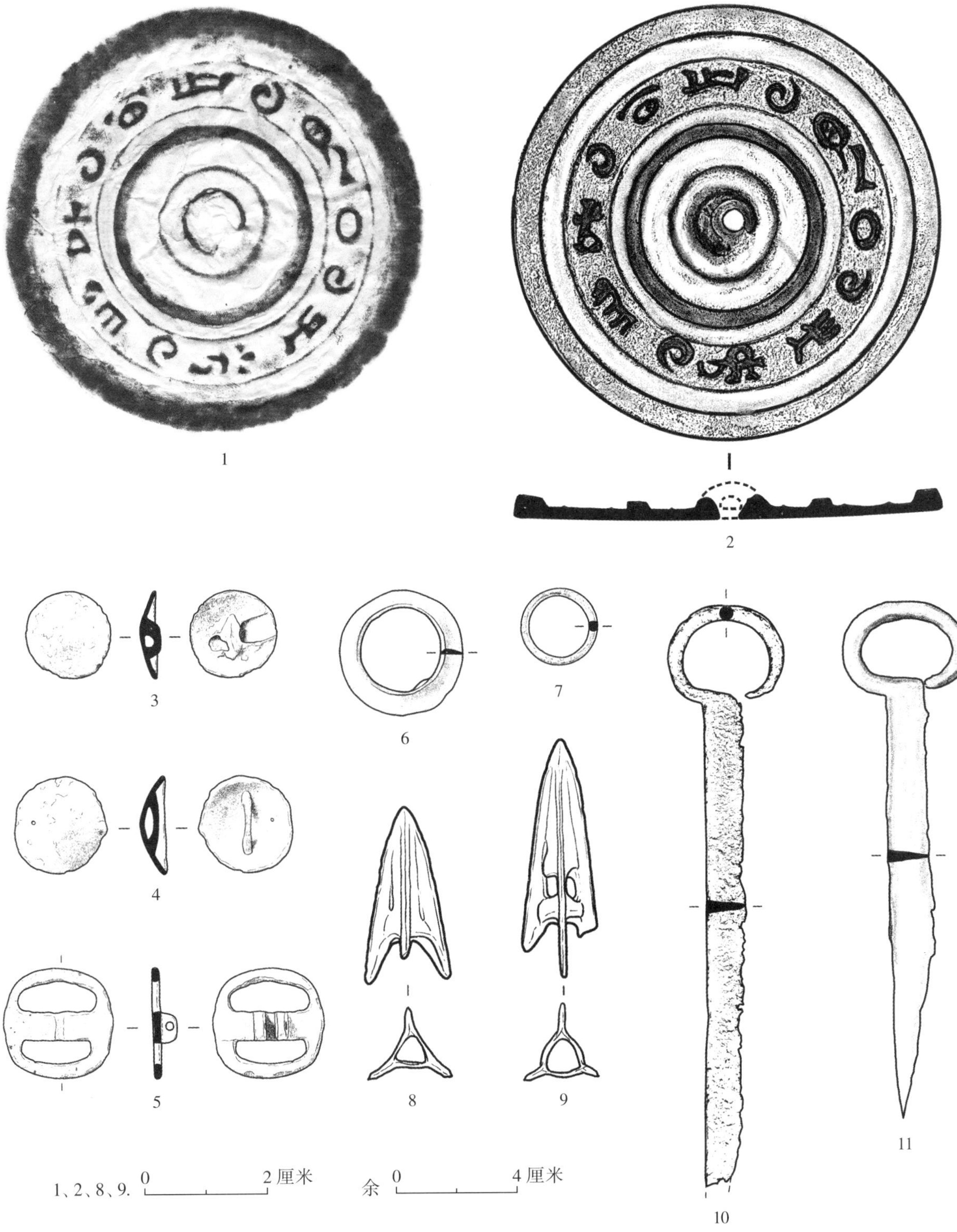

图二二六　第40、41组非发掘清理器物（中区）

1、2. 铜镜拓片及线图（Z107：7）　3、4. 铜泡（Z107：6-1、Z107：6-2）　5. 铜带扣（Z107：5）　6、7. 铜环（Z107：3-1、Z107：3-2）　8、9. 铜镞（Z33：4-1、Z33：4-2）　10. 铁刀（Z33：1）　11. 铁锥（Z33：2）（1～7. 第40组，8～11. 第41组）

（图二二六，7）。

铜泡　3 枚。

Z107：6（考 3954.7），3 枚。其中 Z107：6–1 为 Aa 型矮斗笠形铜泡，直径 2.9 厘米（图二二六，3）；Z107：6–2 为 B 型中高斗笠形铜泡，直径 3.2 厘米（图二二六，4）。

铜镜　1 面。

Z107：7（考 3998.1），为 B 型日光铭文铜镜。纽部被破坏，钻成一圆形穿孔，根据残存部分推测应为半球形纽。表面光亮，呈银灰色。纽座外无纹饰，纽区与铭文带之间有一周 2 毫米宽的凸棱。铭文为顺时针方向读的“见日之光长毋相忘”八字，每两个字之间有一蝌蚪状纹饰。直径 7.1、边缘厚 0.35 厘米（图二二六，1、2）。

铜珠　1 枚。编号为 Z107：8。

扁体绿石珠　1 枚。编号为 Z107：9。

菱形扁体石珠　1 枚。编号为 Z107：10。

圆形绿石珠　1 枚。编号为 Z107：11。

圆柱形绿石管　3 枚。编号为 Z107：12。

鼓腹绿石管　1 枚。编号为 Z107：13。

（九）第 41 组非发掘清理器物——（Z33，中区）

墓葬位于墓地中区东北部。墓底距地表深约 0.66 米（2 尺左右）。

共计至少 43 件。

（1）回收器物

共 41 件。

铜镞　4 件。

Z33：3，为较大的三翼铜镞。长 4.2 厘米。

Z33：4，3 件。其中 Z33：4–1（考 3941.12–1）为 Ab 型三翼銎孔铜镞，长 2.9 厘米（图二二六，8）；Z33：4–2 为 Bb 型三翼銎孔铜镞，长 3.9 厘米（图二二六，9）。

铜泡　12 枚。

Z33：5（考 3952.10），12 枚。1 枚为矮弧形铜泡，7 枚为斗笠形铜泡，其中大多数为矮斗笠形铜泡。大多数纽下均有一端通向铜泡边缘的近楔形凹槽。

铁刀　1 件。

Z33：1（考 3916.1），为椭圆形环首刀。刀尖微残。环首底部有开口。刀柄略窄于刀身，刀身为直背、直刃，近刀尖部刃略向上弧收。残长 18.8 厘米，环首长径 3.8、短径 3 厘米（图二二六，10）。

铁锥　1 件。

Z33：2，为 Aa 型椭圆形环首铁锥。应为用环首刀改制而成，锥身与环首刀的刀身相似，有刃，锥身下半部的刃斜收成锥尖。长 16.8 厘米，环首长径 4、短径 3 厘米（图二二六，11）。

扁体绿石珠　7 枚。编号为 Z33：6。

圆柱形绿石管　5 枚。编号为 Z33：7。

鼓腹绿石管　1 枚。编号为 Z33：8。

滑石管　9 枚。编号为 Z33：9。

双孔绿石珠　1 枚。编号为 Z33：10。

（2）未回收器物

根据回收记录档案，未回收器物至少 2 件。

陶罐　1 件。灰色。

金耳饰　1 件。金丝拧绕而成，有九个环，耳饰上未穿珠子。

（一〇）第 42 组非发掘清理器物——（Z12，中区）

墓葬位于墓地中区东北部。

共计应 7 件以上（未回收器物数量不详）。

（1）回收器物

共 4 件。

铜剑柄　1 件。

Z12：3，应为铜柄铁剑的剑柄。长 18.5 厘米。

铜泡　2 枚。

Z12：4（考 3952.3），2 枚。1 枚为 Aa 型矮斗笠形铜泡。背纽略扁，纽下有一端直通铜泡边缘的长条形凹槽。直径 3.05、高 0.55、壁厚 0.16 ~ 0.2 厘米（图二二八，5）。另一枚不详。

铜镜　1 面。

Z12：2（考 3996.5），为 A 型四乳草叶纹铜镜。残，可复原，裂缝两侧有修补用的锔孔。半球形纽，内向连弧纹平缘。方形纽座，纽座外有方形铭文带，内有顺时针方向读的“见日之光天下大明”八个篆字，其中“大”字处残。铭文带的四角有乳丁纹。方格铭文带外每面只有一个单层草叶纹，草叶纹两侧各有一个蝌蚪状花叶。方格铭文带四角外侧各有一个近三角形纹。直径 8.6 厘米（图二二七）。整理时未见实物。

（2）未回收器物

根据回收记录档案可知，未回收器物包括若干红色和绿色的珠子和管，有管状和扁体两种。推测红色的为玛瑙，绿色的应为绿云母或者天河石。推测这些未回收器物应为玛瑙管、绿云母或天河石的扁体珠。

（一一）第 43 组非发掘清理器物——（Z98-1，中区）

墓葬位于墓地中区中部的西岗梁西坡。

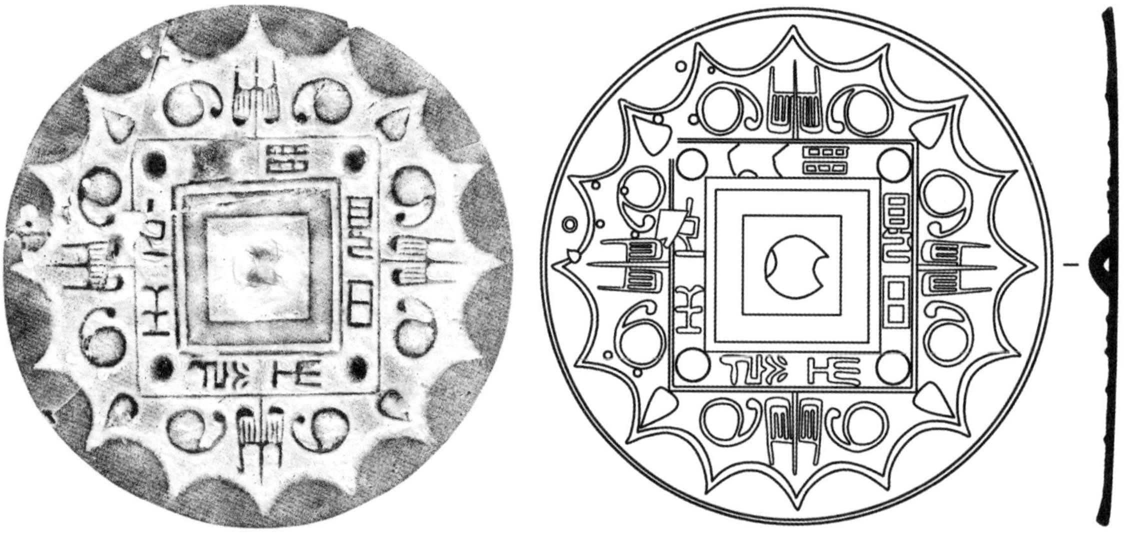

1　　2

0　2厘米

图二二七　第42组非发掘清理器物（中区）
1、2. 铜镜拓片和线图（Z12：2）

共计至少6件。

（1）回收器物

共3件。

铜铃　2件。

Z98：1（考3968-15），为Ba型北方式三角形镂孔铜铃。器身轮廓呈抛物线形，铃身有四个两两对称分布的三角形镂孔，铃身顶部有穿孔，铃口侧视为“V”字形。铃口宽7、高9.4厘米（图二二八，2）。

Z98：3（考4036附件-3），为带柄铜铃。柄部残。铃身为空心球形，铃身下半部有六个镂孔。铃身以下接管状柄。残长1.5、铃身直径1.6厘米（图二二八，3）。

铜环　1件。

Z98：2，环肉为椭圆形。直径3.6厘米。

（2）未回收器物

根据回收记录档案可知，未回收的器物至少有3件，包括陶罐、铁剑、铜泡等。

（一二）第44组非发掘清理器物——（Z98-2，中区）

墓葬位于墓地中区中部的西岗梁东坡。墓葬附近为岩石，墓葬填土为石块。

共计21件。均为回收器物。

铜镞　1枚。

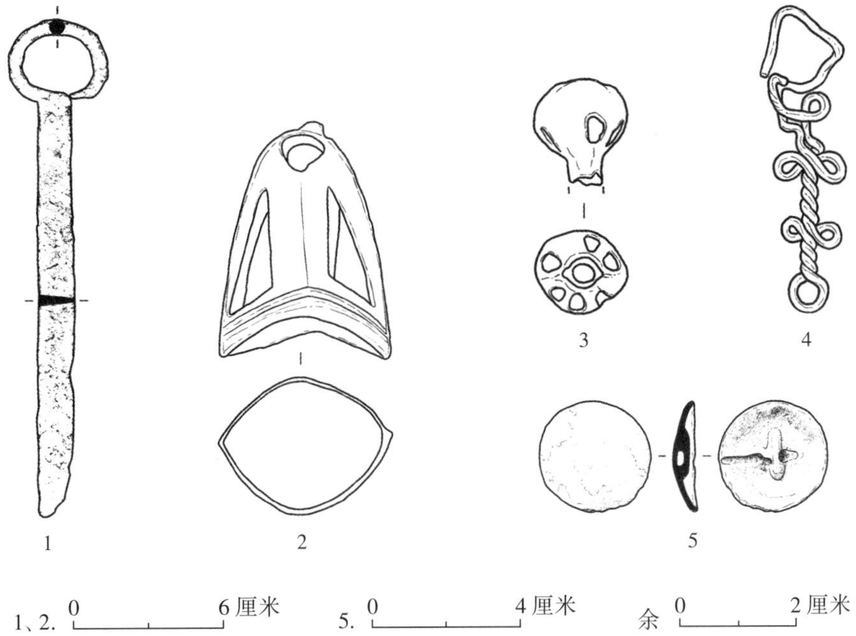

图二二八　第42～45组非发掘清理器物（中区）

1. 铁刀（Z98：6）　2、3. 铜铃（Z98：1、Z98：3）　4. 银耳饰（Z106：4）　5. 铜泡（Z12：4-1）（1. 第44组，2、3. 第43组，4. 第45组，5. 第42组）

Z98：5，为双翼銎孔镞。銎孔内残留铁铤。

铜泡　8枚。编号为Z98：4。1枚纽内残留皮条。

铁刀　1件。

Z98：6（考3915.8），为椭圆形环首铁刀。环首底部有较窄的开口。刀背较直而平，刀柄略窄于刀身。长19.8厘米，环首长径4、短径3.2厘米（图二二八，1）。

铁剑　1件。编号不详。

绿石管　1枚。编号为Z98：7。

滑石管　9枚。编号为Z98：8。

（一三）第45组非发掘清理器物——（Z106，中区）

墓葬位于墓地中区中部偏东北处。

共计至少12件。

（1）回收器物

共10件。

珠形铜泡　1枚。编号为Z106：3。

银耳饰　1件。

Z106：4（考4016-2），为A型银耳饰。略变形。用一根银丝拧绕而成。银丝对折后在底部拧出一个较大的环，然后两根银丝拧出一个立柱，在立柱两侧拧出三对小环，最上部的一对小环被破坏变形。一端银丝拧出钩状。长 5 厘米（图二二八，4）。

绿石管　7 枚。编号为 Z106：1。

玛瑙管　1 枚。编号为 Z106：2。

（2）未回收器物

根据回收记录档案可知，未回收器物至少 2 件，有灰陶罐、红陶罐等。

（一四）第 46 组非发掘清理器物——（Z70，中区）

墓葬位于中区的第 71 清理区一带。

共计 4 件。均为回收器物。

铁衔　1 件。

Z70：1，为 C 型双节铁衔。

铜环　1 件。

Z70：2，为 E 型铜环，是甲类铜柄铁剑的剑柄穿环。

铜环　1 件。

Z70：3，环肉为扁圆形。直径 3.3 厘米。

绿石珠　1 枚。编号为 Z70：4。

（一五）第 47 组非发掘清理器物——（Z100，中区）

墓葬位于墓地中区中部偏东处。

共计至少 71 件。

（1）回收器物

共 68 件。

铜镜　1 面。

Z100：1（考 3994.12），为 B 型连弧蟠螭纹镜。残存近一半。凸棱内弧缘，三弦纽。镜面较平，镜体轻薄。双重纹饰，主纹为无间隔的蟠螭纹。主纹与边缘之间饰一周内向连弧纹，地纹为成组的平行凸线纹。纽外有两周弦纹。直径约 8、边缘厚 0.2 厘米，连弧纹带处厚 0.08 ～ 0.11 厘米（图二二九，1、2）。

铜泡　1 枚。

Z100：2（考 3954.2），为 B 型中高斗笠形铜泡。纽较小。直径 3.5 厘米（图二二九，3）。

铜环　1 件。

Z100：3，为圆体铜环。直径 3.5 厘米。

铜镞　1 件。

Z100：4（考 3941.14），为三翼镞。

铁空首斧　1 件。

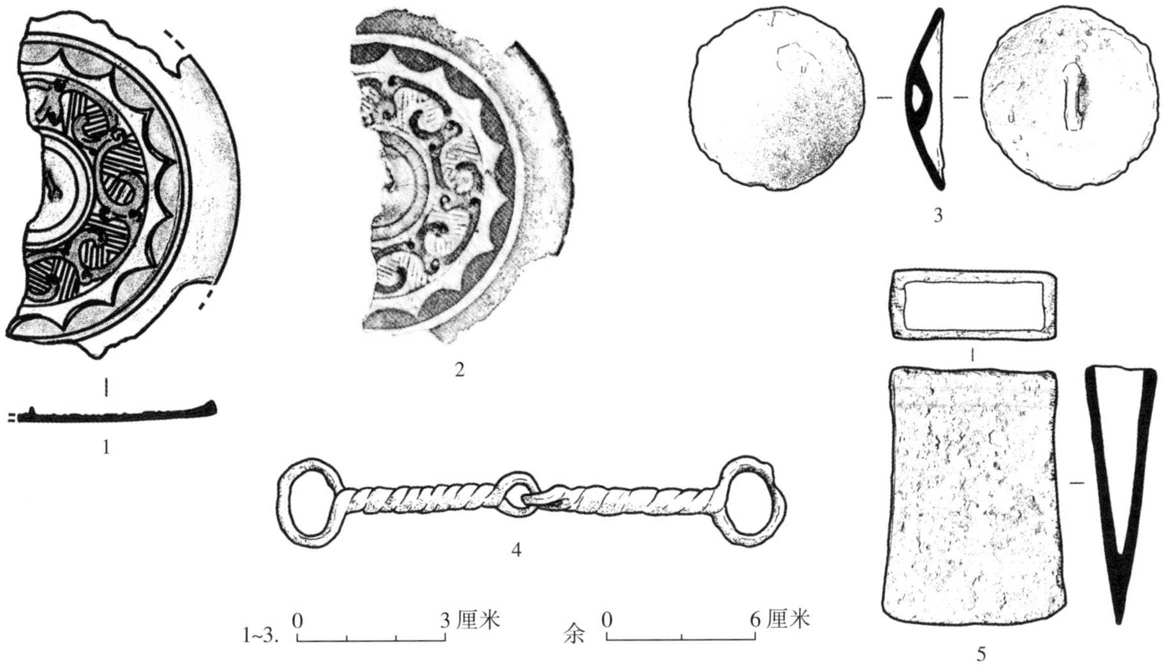

图二二九　第47组非发掘清理器物（中区）

1、2. 铜镜线图及拓片（Z100：1）　3. 铜泡（Z100：2）　4. 铁衔（Z100：6-1）　5. 铁空首斧（Z100：5）

Z100：5（考3920.4），近长方形，刃部略宽，两侧略内凹。銎口为长方形，刃部略外弧。銎口下有两周不明显的凸棱，两侧面中部各有一条不明显的纵向铸缝。长10.1、刃宽7.5、顶宽6.7厘米（图二二九，5）。

铁衔　2件。

Z100：6，2件。其中1件（Z100：6-1）（考3944-1）为A型双节铁衔，两节铁衔的杆部呈绳索状。长20.5厘米（图二二九，4）。

铁箍　1件。

Z100：7，圆形，箍体横截面近纵向的长方形，箍体上有一圆形穿孔。

玛瑙管　7枚。编号为Z100：8。

圆形玛瑙珠　1枚。编号为Z100：9。

带棱玛瑙珠　1枚。编号为Z100：10。

圆柱形绿石管　7枚。编号为Z100：11。

鼓腹绿石管　14枚。编号为Z100：12。

扁体绿石珠　3枚。编号为Z100：13。一面平整，一面有脊。

普通绿石珠　27枚。编号为Z100：14。

（2）未回收器物

根据回收记录档案可知，未回收器物至少3件，有陶罐、陶碗、环首铁刀。

（一六）第 48 组非发掘清理器物——（Z128，中区）

墓葬位于中区中部。

共计 5 件。均为回收器物。

铜铃　1 件。

Z128：4（考 3968–12），为 Bb 型北方式三角形镂孔铜铃。高 3.5 厘米（图二三〇，4）。

铁刀　2 件。

Z128：2，2 件。为环首铁刀。1 件环首残缺，长 25.5 厘米；1 件长 19 厘米。

铁锥　1 件。

Z128：3，为环首铁锥。长 8 厘米。

铁矛　1 件。

Z128：1（考 3935.1），为 Ba 型铁矛。矛叶横截面为凸透镜形，无脊。骹背面有开口，横截面为圆形，近末端处有两个左右对称分布的圆形穿孔。长 25.5 厘米，骹口处壁厚 0.15 厘米，矛叶中部厚 0.7 厘米（图二三〇，1）。

（一七）第 49 组非发掘清理器物——（Z26–1，中区）

墓葬位于墓地中区偏北部。

共计 3 件。均为回收器物。

铜带扣　1 件。

Z26：2，为 F 型北方式铜带扣。正面鎏金，大部分鎏金层已经脱落。形状类似铸环，前半部分圆形，饰镂孔，最前方的镂孔应为穿带孔；后半部为长方形，有两个横长方形镂孔。长 11.2、宽 10、厚 0.4 厘米（图二三〇，3）。

铜镜　1 面。

Z26：1（考 3994.1），为 A 型四乳四螭纹铜镜。三弦纽，凸棱内弧缘，圆形纽座。主体纹饰为四个简化的蟠螭纹，每个蟠螭纹的两侧向外伸出卷须，两个蟠螭纹之间有乳丁相隔，地纹为成组的平行线纹。蟠螭纹带外有内向连弧纹。直径 8.8、边缘厚 0.3 厘米（图二三〇，7）。

铁剑　1 件。

Z26：6，为甲类铜柄铁剑。残。

（一八）第 50 组非发掘清理器物——（Z126，中区）

墓葬位于墓地中区偏北处，位于西岗梁北部。

共计 11 件，均为回收器物。

铜泡　11 枚。5 枚编号为 Z126：1。2 枚编号为 Z126：2，为带重圈纹铜泡，其中 1 枚（Z126：2–1）（考 3957–1）直径 3.2 厘米（图二三〇，5）。2 枚编号为 Z126：3，为带凸

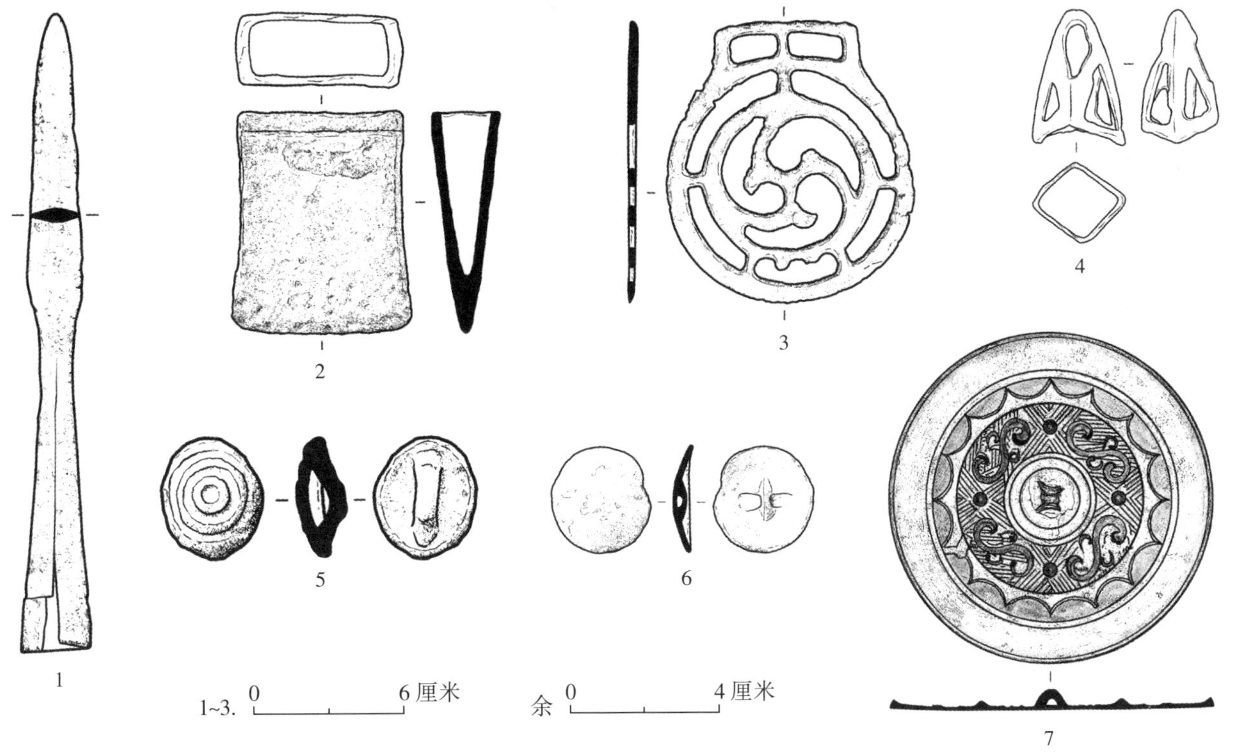

图二三〇 第 48 ~ 52 组非发掘清理器物（中区、西区）

1. 铁矛（Z128：1） 2. 铁空首斧（Z26：4） 3. 铜带扣（Z26：2） 4. 铜铃（Z128：4） 5、6. 铜泡（Z126：2-1、Z30：4-1） 7. 铜镜（Z26：1）（1、4. 第 48 组，2. 第 51 组，3、7. 第 49 组，5. 第 50 组，6. 第 52 组；第 52 组为西区，余为中区）

点纹的铜泡，直径 1.5 厘米。2 枚编号为 Z126：4，为珠形铜泡，直径 0.9 厘米。

（一九）第 51 组非发掘清理器物——（Z26-2，中区）

墓葬位于墓地中区中部偏南。

共计 4 件。均为回收器物。

铁空首斧 1 件。

Z26：4（考 3921.2），器身近长梯形，两侧边略内凹，双面弧刃。圆角长方形銎口，銎口下有两周不清晰的凸棱。两侧面中部有纵向铸缝。长 8.8、宽 7.15 厘米（图二三〇，2）。

铁衔 1 件。

Z26：3，为 C 型双节铁衔。一个外环残。

铁环 2 件。

Z26：5，2 件。一大一小，环肉横截面为圆形。

（二〇）第 52 组非发掘清理器物——（Z30，西区）

墓葬位于墓地西区。位于西岗梁南端南坡。

共计 16 件。

（1）回收器物

共 15 件。

铜泡　2 枚。Z30：4（考 3952.8），为 B 型矮弧形铜泡。其中 1 枚直径 2.9 厘米（图二三〇，6）。

玛瑙管　2 枚。编号为 Z30：5。

绿石管　8 枚。编号为 Z30：6。

滑石管　2 枚。编号为 Z30：7。

蓝色玻璃珠　1 枚。编号为 Z30：8。

（2）未回收器物

档案记录有 1 件铜剑未回收，具体形制不明。

第三节　第三类非发掘清理器物

为可知大致出土地点，但是共存关系不详的回收器物。回收时只知道每件器物的大致出土地点。共计 104 件。仍然以从东向西的顺序，按照墓地分区介绍。每墓区内的回收器物，也基本按照从东向西的顺序介绍。

一　东区

共计至少 15 件。均为回收器物。

铜半两钱　至少 10 余枚。

Z13：17，出土于墓地东区岗上。残。共 10 余枚半两钱共出，只回收了 1 枚。

铁锛　1 件。

Z13：7（考 3921.1），为 Aa 型铁锛。出土于墓地东区的岗上。刃部微残。表面有锻打形成的浅凹坑。轮廓近梯形，一面略窄于另一面。微外弧刃，长梯形銎口。长 9、刃宽 7.8、两侧壁厚 0.5 厘米，銎孔深 5.5 厘米（图二三一，1）。

铜柄铁剑　1 件。

Z130：1（国 K9822），为 Aa 型甲类铜柄铁剑。出土于墓地东区西部。剑柄上半部为圆柱形。护手部为喇叭形，表面饰平行线纹。剑身中部有脊。长 78.5 厘米（图二三一，3）。

铁剑　2 件。

Z18：8（考 3927.11），出土于墓地东区中部。长约 32 厘米。

Z11：2，残存剑的锋部。

铁矛　1 件。

Z11：1，骹末端残，无法判断类型。矛叶横截面为凸透镜形，无脊。近矛叶处的骹背面边缘有凸棱；骹横截面为圆形，背面有开口，近末端处有一个形状不规则的穿孔。残长 27.4 厘米（图二三一，2）。出土时有一剑的锋部斜搭在矛锋上，有可能是编号为 Z11：2 的铁剑。

二　中区

共计86件。均为回收器物。

（一）中区东部岗洼一带

共计41件。均为回收器物。

（1）陶器

共2件。

陶壶　1件。

Z38：1（考3906），为Bb型束颈夹砂陶壶。出土于墓地中区的岗洼一带。口沿残，底部略残。夹砂红褐陶，器表陶色不均，部分表面呈黑褐色，器表较光滑。侈口，圆唇，束颈，鼓腹，平底，底部边缘略外凸。最大腹径位于腹中部偏上处。口径约8、腹径13.2、底径8.9、高16.2厘米，颈部壁厚0.6厘米（图二三二，1）。

陶碗　1件。

Z38：2（考3907），为Ba型夹砂陶碗。出土于墓地中区的岗洼一带。口沿略残。夹砂黄褐陶，陶色略不均。侈口，圆唇，斜腹微外弧，平底。部分底部外缘有纵向刻齿纹。口径9.8、底径6.5、高6厘米（图二三二，2）。

（2）铜器

共32件。

铜牌饰　1件。

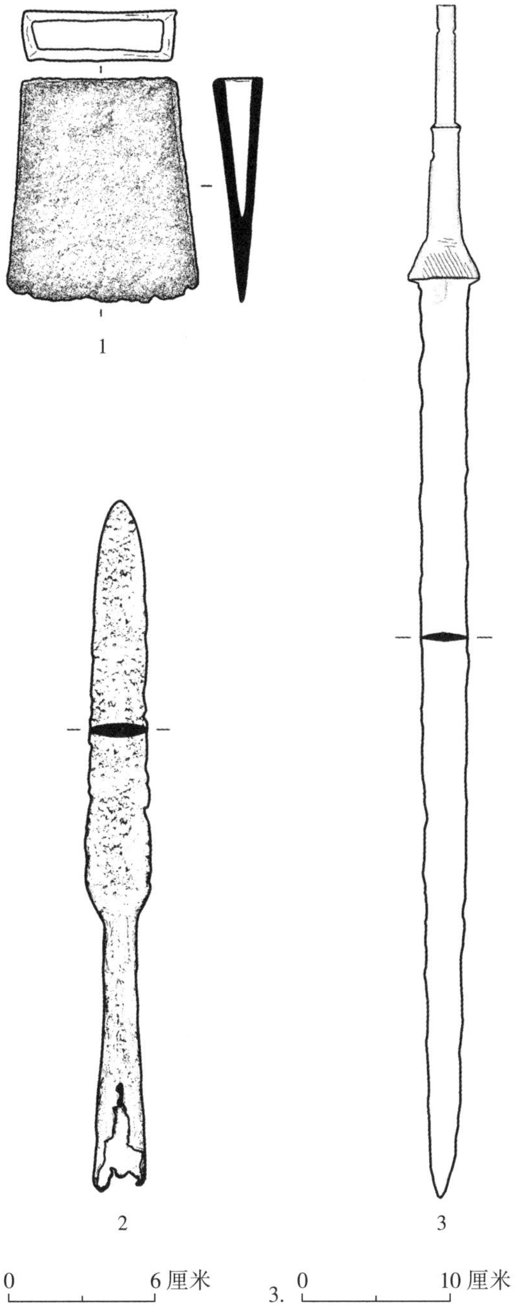

图二三一　共存关系不明的东区非发掘清理器物
1. 铁锛（Z13：7）　2. 铁矛（Z11：1）　3. 铜柄铁剑（Z130：1）

Z55：10（考3985.4），为C型矩形镂空动物纹铜牌饰。在墓地中区岗顶部出土。边缘残损较重，不能完全复原。纹饰主体为两匹相互噬咬的马，动物身体以外的空白处为镂孔，马身体部分为浮雕状，身体的细部表现较精细。牌饰边缘装饰竹节状纹，顶部残留的一段边缘上为水滴状纹。无背纽。长11.3、宽约6.4厘米，纹饰最高处高0.7厘米（图二三二，3）。

铜泡　23枚。

Z14：1，20枚。出土于墓地中区的岗洼一带。其中1枚（Z14：1–1）（考3952.4–1）

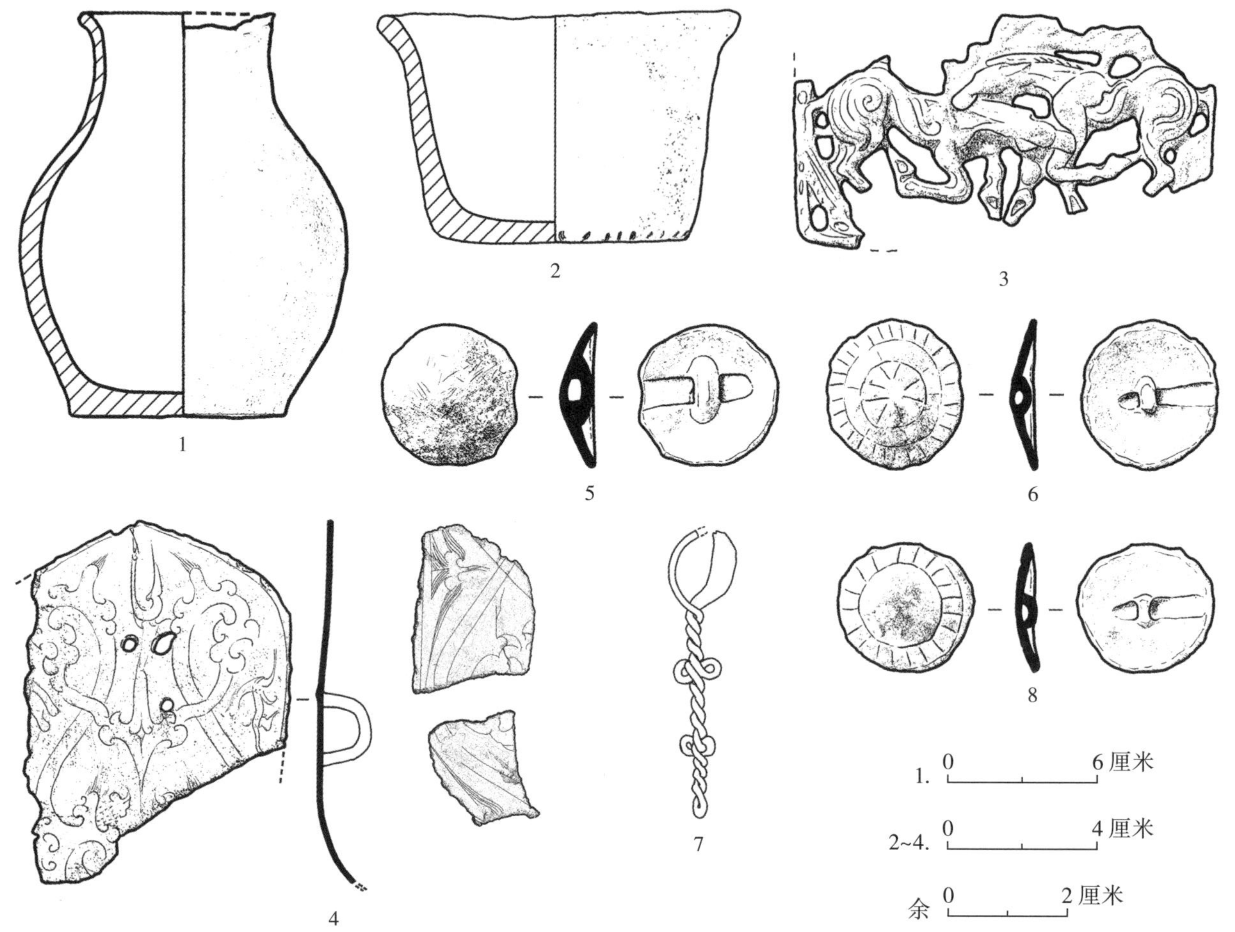

图二三二 共存关系不明的中区非发掘清理器物

1. 陶壶（Z38∶1） 2. 陶碗（Z38∶2） 3. 铜牌饰（Z55∶10） 4. 铜当卢（Z3∶20） 5、6、8. 铜泡（Z14∶1-1、Z14∶1-3、Z14∶1-2）
7. 银耳饰（Z13∶2）

为Aa型矮斗笠形铜泡，直径2.3厘米（图二三二，5）；1枚（Z14∶1-3）（考3960.2）为C型放射线纹铜泡，矮斗笠形，直径2.5厘米（图二三二，6）；1枚（Z14∶1-2）为B型放射线纹铜泡，矮弧形，直径2.3厘米（图二三二，8）。

Z14∶2（考3964.3），3枚。出土于墓地中区的岗洼一带。为珠形泡。直径0.8～1.15厘米。

铜铃 1件。

Z1∶2，位于墓地中区的岗洼西部。

铜当卢 1件。

Z3∶20（考3979-2），出土于墓地中区的岗洼北部。残存3片，不能复原，正面鎏金。用较薄的铜片制成，最大的一片应为当卢的上半部，正面装饰细线阴刻的流云凤鸟纹，背面有一“U”字形纽。残长9.5、残宽7.3、厚0.1～0.18厘米（图二三二，4）。

铜镜 2面。

Z2∶3，为B型星云纹铜镜。出土于墓地中区的北岗西部。有珠子与铜镜共出。连峰纽，内向连弧纹平缘。圆形纽座外缘内侧饰四个半贝壳状纹。纽区外侧有一周内向连弧纹。用四个乳丁分隔星云纹，乳丁外饰八连珠纹。直径 10.1 厘米（图二三三，1）。

Z19：2（考 3994.6），为 A 型四乳四螭纹铜镜。出土于墓地中区的北岗顶部，有蓝色玻璃珠与铜镜共出。外缘残缺。三弦纽，镜体较薄。四个简化螭纹的中部有向两面伸出的近逗号形卷须。残径 6.75 厘米，连弧纹带处镜体厚 0.1 厘米（图二三三，2）。

（3）铁器

共 9 件。包括单纯的铁器和带铜柄的铁剑。

铜柄铁剑及铜剑柄　4 件。

Z4：1（考 3925.1），为甲类铜柄铁剑。位于墓地中区的岗洼西部。剑柄铸造粗糙，中部略鼓，横截面为凸透镜形。护手为扁喇叭形，两面有不清晰的斜向平行凸线纹，其中一面的只在护手底缘可见纹饰。剑柄顶部残，露出一小段铁柄芯。从护手两面底缘中部向下延伸出一小段铜柱脊。残长 67.6 厘米，剑身长 54.6、剑柄长 13 厘米（图二三四，2）。

Z112：1（考 3923.5），为 B 型乙类铜柄铁剑。出土于墓地中区的岗洼北缘。剑身尖部残。剑柄残端处经过修整。剑身细长，中部起脊，横截面为扁菱形。剑柄横截面为凸透镜形。护手部为扁喇叭形，表面有较细的纵向凸棱纹和两周凸弦纹、两条斜线纹。柄底中部紧贴剑身向下延伸出一小段柱脊。剑柄铸造不精，一面表面略不平整，另一面表面粗糙且中部内凹露出铁柄芯。残长 61.3 厘米（图二三四，3）。

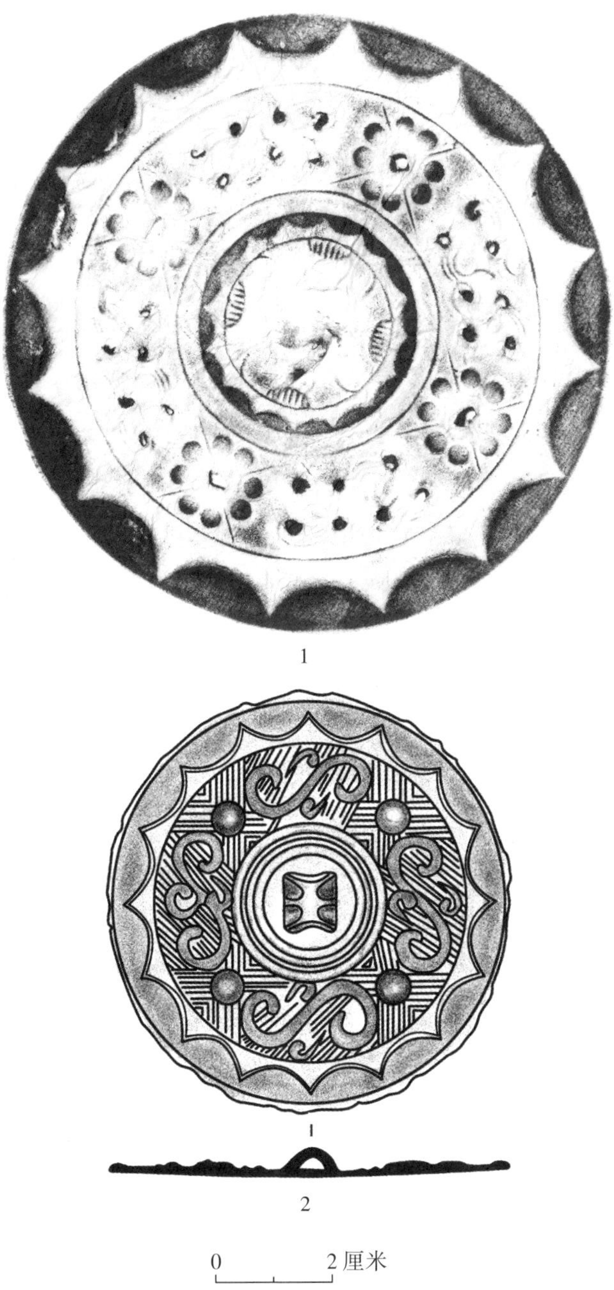

图二三三　共存关系不明的中区非发掘清理器物
1. 铜镜拓片（Z2：3）　2. 铜镜线图（Z19：2）

Z45：1（考 3923.4），为 A 型乙类铜柄铁剑。出土于墓地中区的岗洼处，有金器、珠子与铁剑共出。柄首的水禽身体上有对称分布的平行斜凸线纹，两水禽相接处有一倒三角形纹。护手饰斜向凸平行线纹，平行线纹的上缘有两周凸弦纹。剑柄横截面为长方形，一面露出一

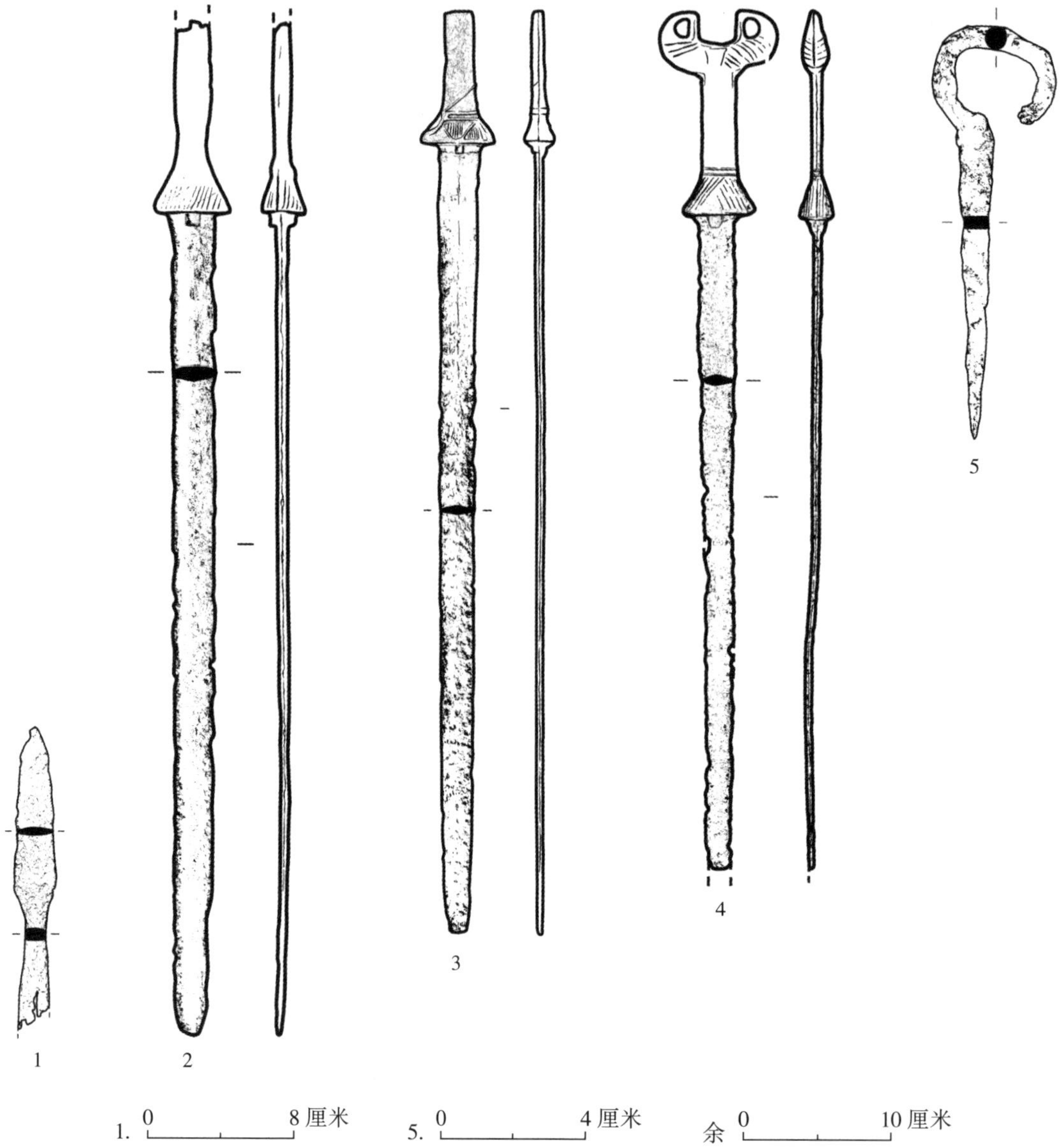

图二三四　共存关系不明的中区非发掘清理器物

1. 铁矛（Z31：1）　2～4. 铜柄铁剑（Z4：1、Z112：1、Z45：1）　5. 铁锥（Z55：9）

段铁芯。护手部向下从剑身的两面伸出两个短柱以护剑身。剑身中部略显脊，横截面为扁菱形。残长 57.5、柄长 13.8 厘米（图二三四，4）。

Z13：11，为甲类铜柄铁剑的剑柄[1]。出土于墓地中区的岗洼北部。

铁刀　2 件。

Z22：1（国 0136–2），为 B 型长铁刀。出土于墓地东区的岗洼东部。完整。椭圆形柄首，柄略窄于刀身。长 51 厘米，柄部有纺织品纤维痕迹（彩版一五七，2）。

[1] 因原始登记号不清，无法核对出该剑柄为馆藏的哪一件实物。辽宁省博物馆收藏西岔沟墓地出土的甲类铜柄铁剑的剑柄，只有馆藏号为考 3925.6 的一件原始号不详，它最有可能是 Z13：11。

Z55：8，出土于墓地中区的岗洼一带。残长 10.2 厘米。

铁锥　1 件。

Z55：9（考 3917.10），为椭圆形环首铁锥。出土于墓地中部的岗洼一带。环首微残。长 11 厘米，环首长径 3.5、短径 2.5 厘米，锥身顶部宽 1、背厚 0.25 厘米（图二三四，5）。

铁矛　1 件。

Z31：1（考 3936.5），出土于墓地中区的北岗东坡。骹下半部残。矛叶横截面近凸透镜形，中部无脊。骹一面有开口，骹近矛叶部横截面为长方形，中下部横截面为圆形。残长 16 厘米（图二三四，1）。

铁环　1 件。

Z124：1，出土于墓地中区的岗洼一带。直径 11 厘米。

（4）银器

共 2 件。

银耳饰　2 件。

Z13：2，为 B 型银耳饰。出土于墓地中区的岗洼一带。据村民回忆，有铜铃和铜泡与银耳饰共出。用一根银丝拧绕而成，底部拧出一个小环，拧出的立柱上拧出两对小环，银丝的两端位于耳饰的上部，一端弯成弧形，一端压扁呈叶形。长 4.7 厘米（图二三二，7）。

Z42：1，出于墓地中区的正岗上。村民回忆有铜轮、铁衔与银耳饰共出。

（二）中区西岗梁一带

共计 45 件。

（1）铜器

共 36 件。

铜镞　7 件。

Z47：2，6 件。出土于墓地中区的西岗东北。大小不一。其中 1 件为带铤的三棱镞，长 3.6 厘米。

Z35：6（考 3942.7），为 Aa 型三翼銎孔镞。出土于墓地中区中部或南部。只有一小段銎孔，銎孔以上镂孔。长 3.7 厘米（图二三五，1）。

铜牌饰　2 件。

Z2：2（考 3973.3）。为无背纽的马形铜牌饰。出土于墓地中区的西岗梁中部。完整。铸造精致，表面光亮，呈黑灰色。纹饰为一半俯卧状的马，牌饰底部略直，底缘和马蹄与腹部之间有较大的水滴状纹饰。长 5.2、宽 3.05、厚 0.1 ～ 0.15 厘米。牌饰最高处位于马的臀部，高 0.5 厘米（图二三五，4）。

Z35：5（考 3992.1），为连珠纹铜牌饰。出土于墓地中区中部或南部。由九个表面略平的小凸泡相连组成，每排三个凸泡，凸泡之间用略低的短梁连接，每两排连珠之间有两个椭圆形镂孔。每个凸泡的背面内凹。长 3.5、宽 3.15 厘米，凸泡高 0.3 厘米（图二三五，5）。

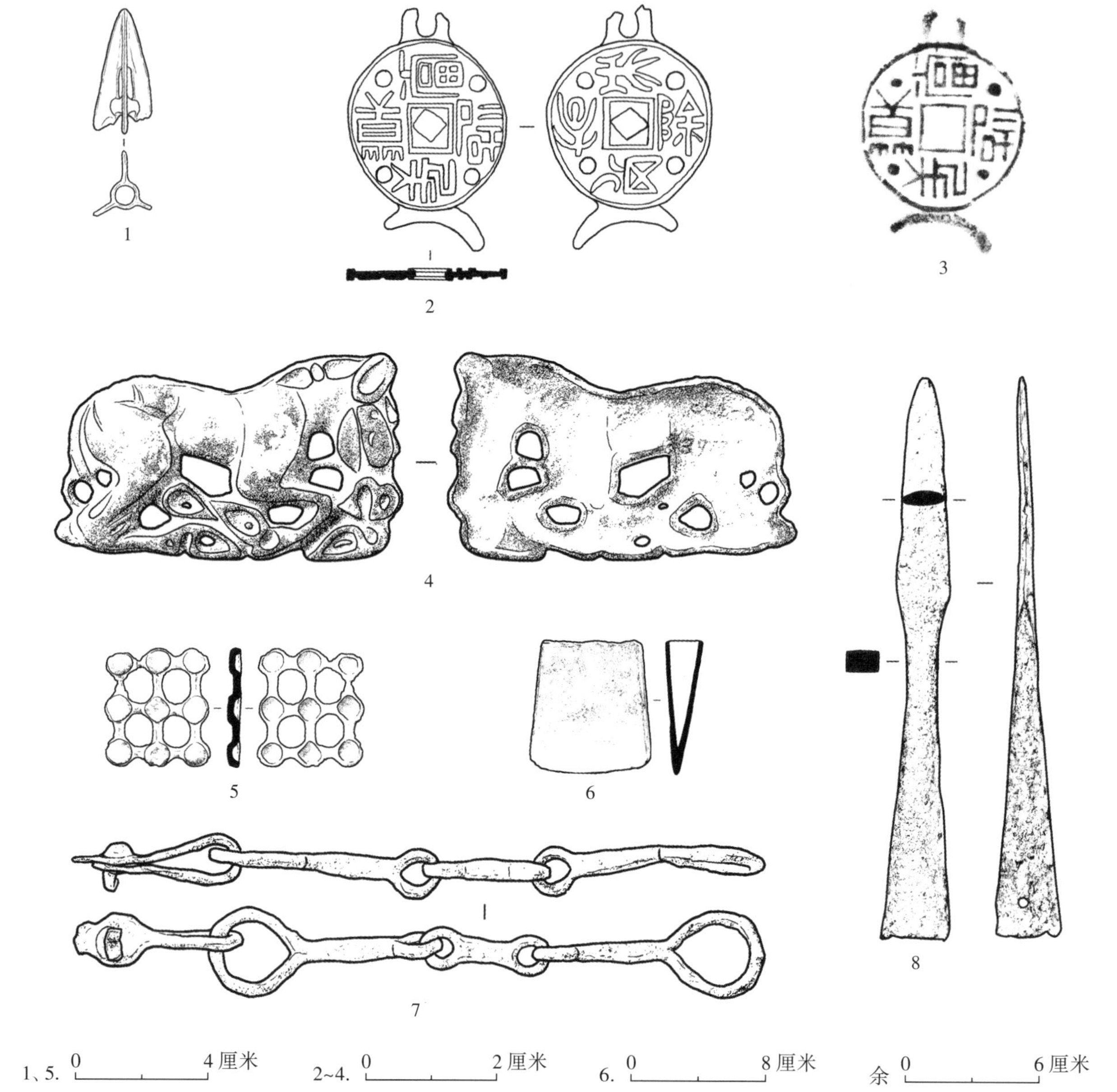

图二三五　共存关系不明的中区非发掘清理器物

1. 铜镞（Z35：6）　2、3. 钱形铜佩饰线图和拓片（Z2：1）　4、5. 铜牌饰（Z2：2、Z35：5）　6. 铁锛（Z144：8）　7. 铁衔（Z144：1）　8. 铁矛（Z30：1）

铜泡　17枚。

Z35：7（考3964.5），为珠形铜泡。出土于墓地中区中部或东南部。

Z35：8，出土于墓地中区中部或东南部。有穿孔，表面有纺织品痕迹。

Z47：4，8枚。出土于墓地中区的西岗东北。大小不一。

Z140：5，7枚。出土于墓地中区的中部偏北，位于57清理区附近。其中1枚边缘有纹饰。

铜铃　4件。

Z41：1，出土于墓地中区的西岗梁中部。有玛瑙管、绿石珠、蓝色玻璃珠等共出。为北方式铜铃，纽残。

Z47：1，2件。1件为A型中原式带纹饰铜铃，1件可能为B型北方式不规则孔或无孔铜铃。出土于墓地中区的西岗东北。

Z30：2（考3967–2），为中原式素面铜铃。出土于墓地中区的西岗梁西北坡。器身下半部残，变形。

铜环　5件。

Z35：4（考3988.4），出土于墓地中区中部或东南部。

Z47：3，2件。为甲类铜柄铁剑的剑柄穿环。出土于墓地中区的西岗梁东北。

Z30：3（考3930.3），2件。为甲类铜柄铁剑的剑柄穿环。出土于墓地中区的西岗梁中部。

钱形铜佩饰　1件。

Z2：1（国0046），出土于墓地中区的西岗梁中部。穿孔残。主体为圆形方孔的钱形，上有穿孔纽，下有一弧形尾刺。器身两面各铸四个隶书文字，每个文字之间以乳丁纹间隔。一面文字为“除凶去央”，一面文字为“辟兵莫当”。直径2.5、残长3.6、边缘厚0.17厘米（图二三五，2、3）。

（2）铁器

共9件。

铁锛　1件。

Z144：8（考3921.3–2），为Aa型铁锛。出土于墓地中区偏北的第56清理区。平面近上窄下宽的梯形，弧形单面刃，銎口为长方形。长7.8、宽7.3厘米，銎口长6.1、宽2厘米（图二三五，6）。

铜柄铁剑　5件。

Z162：6（考3925.4），为甲类铜柄铁剑。出土于墓地中区的西岗梁东坡。剑柄护手表面装饰平行斜凸线纹，护手顶部和残存的剑柄上有三周凸弦纹。护手底部沿剑身两面向下延伸出一小段铜柱脊。剑身横截面为扁菱形，中部略起脊。残长52厘米（图二三六，2）。

Z21：1（考3924.3），为Aa型甲类铜柄铁剑。出土于墓地中区的西岗中部南坡。剑身略残。剑柄下半部无凸节，呈平缓的外弧状，柄上残存五个穿环。剑柄顶部铸造不精，柄身底部纹饰清晰。从剑柄护手底部从两侧向下延伸出长1.3厘米的铜质短柱脊。剑身横截面为扁菱形，中部起脊。通长75.5、剑柄长17.5厘米（图二三六，3）。

Z156：1，根据发掘档案中的草图判断为Aa型或Ac型甲类铜柄铁剑。出土于墓地中区的西岗梁中部。长72.6厘米。

Z140：1（考3923.3–1），为A型乙类铜柄铁剑。出土于墓地中区的第58清理区，位于西岗梁中部偏北。剑柄护手一面饰平行斜凸线，一面饰相对分布的平行斜凸线，护手顶部有两条凸线纹。从护手底边中部沿剑身两面向下延伸出一小段铜柱脊。剑身横截面为扁菱形，中部有脊。残长60、剑柄长13.5厘米（图二三六，1）。

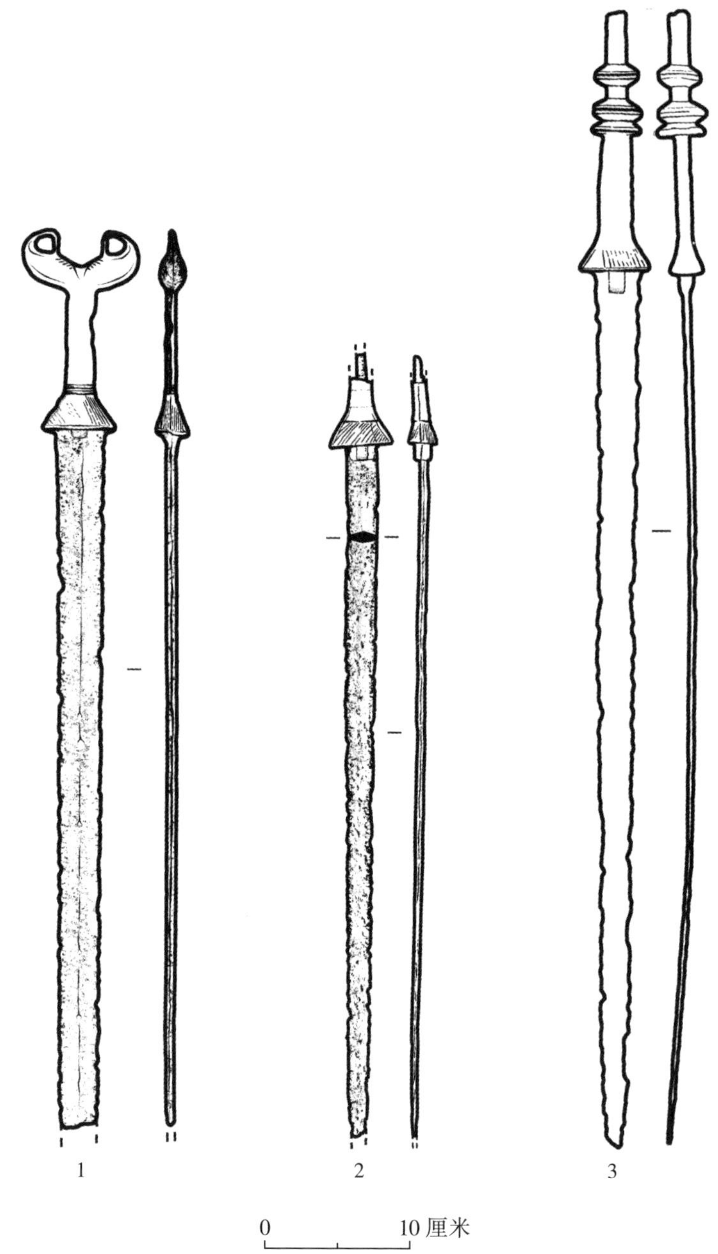

图二三六　共存关系不明的中区非发掘清理器物

1～3. 铜柄铁剑（Z140：1、Z162：6、Z21：1）

Z31：20，为A型乙类铜柄铁剑，出土于墓地中区的西岗中部。出土时剑锋向北。长64.5厘米。

铁剑　1件。

Z147：1，剑柄形状不明。出土于墓地中区的49清理区附近，在西岗梁东北缘。残存大部分剑身。残长39.5厘米。

铁矛　1件。

Z30：1（考 3934.2），为 Ba 型铁矛。出土于墓地中区的西岗梁西北坡。銎略残。矛叶横截面近凸透镜形，中部无脊。骹一面有开口，骹近矛叶部横截面为长方形，骹中下部横截面为圆形，近骹口处有两个左右对称分布的圆形穿孔。长 24.6 厘米（图二三五，8）。

铁衔　1 件。

Z144：1，为 B 型三节铁衔。出土于墓地中区的第 56 清理区一带。中间的一节较短，两端各有一个小环；两侧的两节较长，外环较大。外侧一节衔的外环穿一引手，为弯成近水滴状的铁环，环的两端对合用铆钉连在一起。通长 30.6 厘米（图二三五，7）。

三　西区

共计 3 件。

（1）陶器

仅陶杯 1 件。

Z8：7（考 3911.1），为 Bb 型夹砂陶杯。出土于墓地西区。夹砂黄褐陶，陶色不均，器壁内芯为黑褐色。侈口，圆唇，略鼓腹，平底。口沿外侧、底边缘隐约可见纵向浅刻线。口径 9、底径 6、高 6.4 厘米（图二三七，1）。

（2）铜器

仅铜镜 1 面。

Z12：1（考 3994.7），为 A 型蟠虺纹镜。出土于墓地西区的西岗下北坡，铜镜的附近有蓝色玻璃珠。三弦纽，凸棱内弧缘，方形纽座，镜体较薄。四个蟠虺纹中各有一个乳丁，方格铭文带内有顺时针方向读的篆体“见日之明天下大明”八字。直径 7.2、边缘厚 0.2 厘米（图二三七，2、3）。

（3）铁器

仅铁剑 1 件。

Z1：1（考 3927.8），为中原式铁剑。出土于墓地西区。剑身前半部残缺，柄部只有铁柄芯。剑身横截面为扁菱形，中部起脊。剑身刃部两面有较缓的折棱。剑身顶部直收，从中部向上延伸出一上窄下宽的铁条作为剑柄的内芯。柄芯底部较厚，近顶部逐渐变薄。旧发掘报告记录有菱形铜剑格，整理时未见。残长 48 厘米，剑柄芯顶部厚 0.25、底部厚 0.8 厘米（图二三七，4）。

第四节　第四类非发掘清理器物

共计 37 件。为共存关系明确，但在墓地的具体出土地点不详的回收器物。属于这一类的回收器物只有一组，即出土于一座墓葬。

铜镞　4 件。

Z15：4，4 件。其中 1 件（考 3942.2）为三翼銎孔铜镞，略残。镞身中部有纵向凸棱，

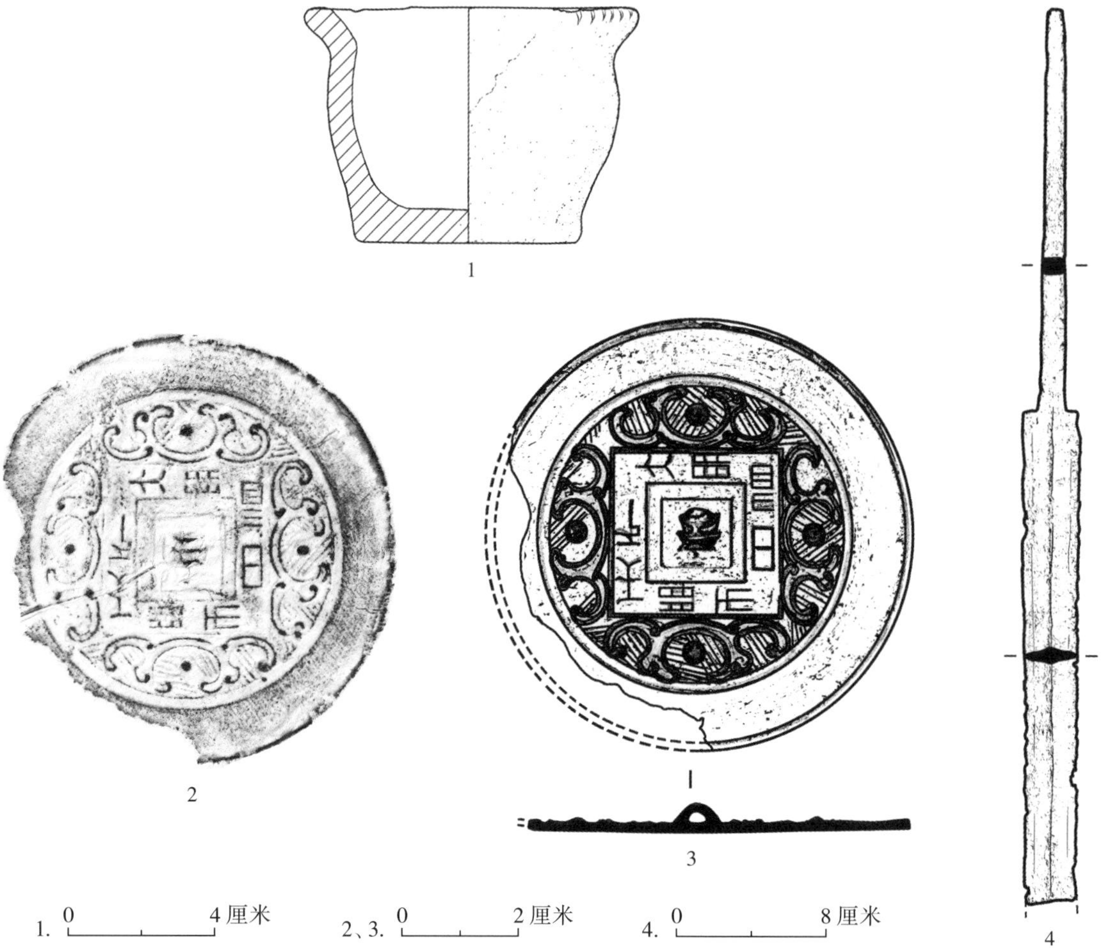

图二三七　共存关系不明的西区非发掘清理器物

1. 陶杯（Z8：7）　2、3. 铜镜拓片和线图（Z12：1）　4. 铁剑（Z1：1）

下半部镞身四面的銎孔上均有不规则镂孔，銎口为等边三角形。残长 3.2 厘米。

勺形铜带饰　3 件。

Z15：5，3 件。其中 Z15：5–1（考 3975–6）为 Aa 型第一类勺形铜带饰，正面有兽面纹，长 4.5 厘米（图二三八，1）；Z15：5–2（考 3975–7）为 Bb 型第一类勺形铜带饰，正面上半部中部起脊，纹饰不清，长 5 厘米（图二三八，2）。

铜轮　1 件。编号为 Z15：6。

铜泡　7 枚。

Z15：3–1（考 3992.5–1），为 B 型矮弧形铜泡。直径 3.6 厘米（图二三八，4）。

Z15：3–2（考 3992.5–2），为 Aa 型中高斗笠形铜泡。直径 2.4 厘米（图二三八，5）。

Z15：10，5 枚。为椭圆形双梁铜泡，泡面鎏金。

铜镜　2 面。

Z15：1（考 3996.2），为 B 型四乳草叶纹镜。边缘残，纽中部被钻孔。半球形纽，柿蒂纹纽座，内向连弧纹平缘。纽座外有方形铭文带，内有顺时针方向读的“见日之光天下大明”八个篆体字，铭文带外每面有两个单层草叶纹，两个草叶纹之间有一个乳丁。铭文带外缘的四角各有一个花叶纹。乳丁纹外有一个水滴状纹饰。直径 10.6 厘米（图二三九，1）。

Z15：7，为 B 型星云纹镜纽部残片。残存连峰纽和纽区外缘内侧的半贝壳状纹、内向连弧纹。纽高 1.2 厘米，无纹饰处镜体厚 0.1 厘米（图二三九，2）。

铜五铢钱　1 枚。

Z15：8（考 3999.2–1），为 C 型五铢钱。边缘略残。正面无内郭。“五”字细长，相交两笔较斜略显弯曲；“朱”字头方折。直径 2.55、穿宽 0.95、外缘厚 0.13 厘米（图二三九，3）。

铁矛　1 件。

Z15：11（考 3937.6），为 Ba 型铁矛。骹口部略残。矛叶中部有窄平面，无脊。骹顶部约 2 厘米处横截面为长方形，向下横截面为圆形，骹下半部一面有开口，近骹口处有两个对称分布的圆形穿孔。长 28.6 厘米，骹口直径 3 厘米，骹口部穿孔直径 0.5 厘米（图

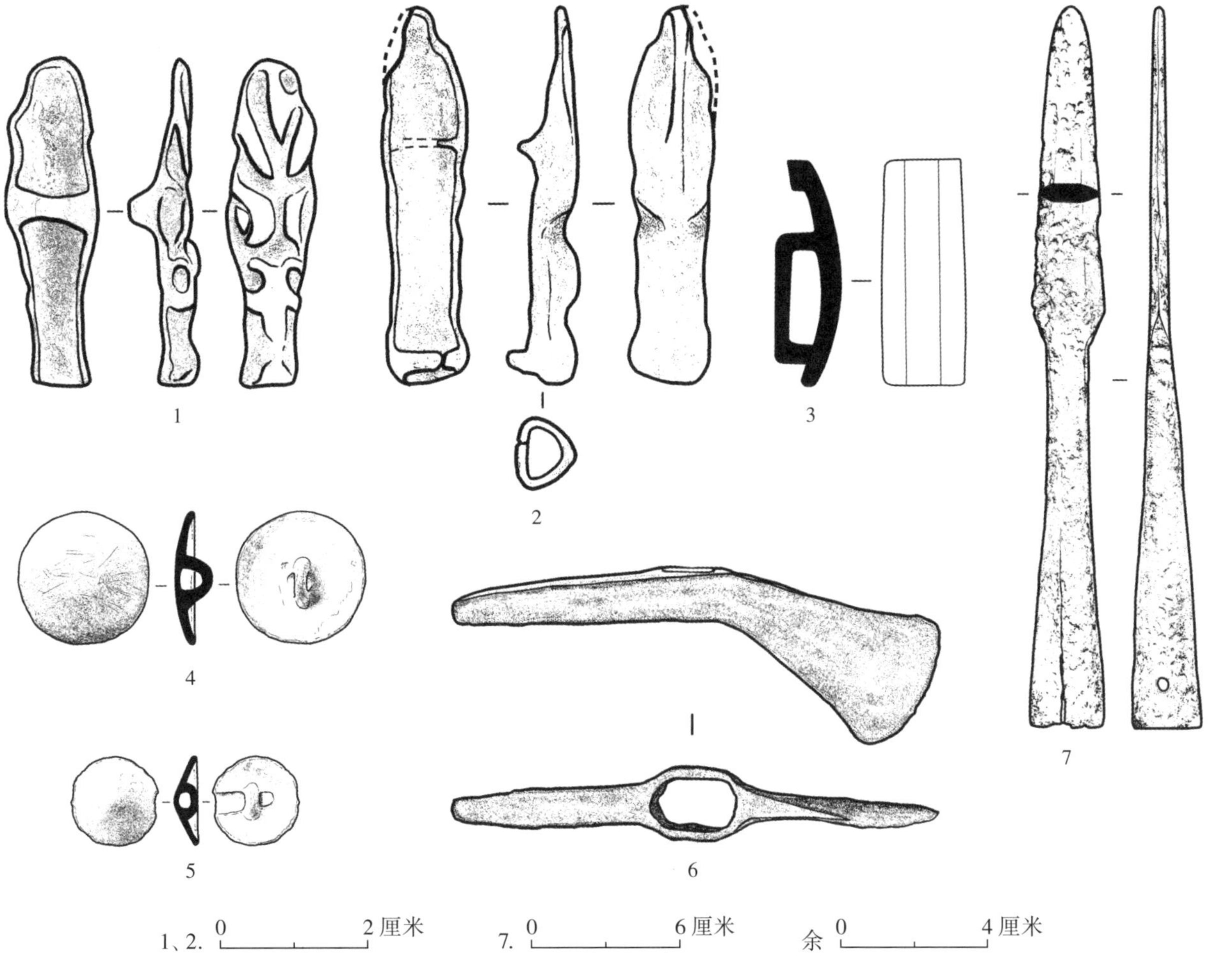

图二三八　位置不详但可能出于同一墓葬的非发掘清理器物（Z15）

1、2. 勺形铜带饰（Z15：5–1、Z15：5–2）　3. 玉剑具（Z15：13）　4、5. 铜泡（Z15：3–1、Z15：3–2）　6. 铁鹤嘴斧（Z15：12）　7. 铁矛（Z15：11）

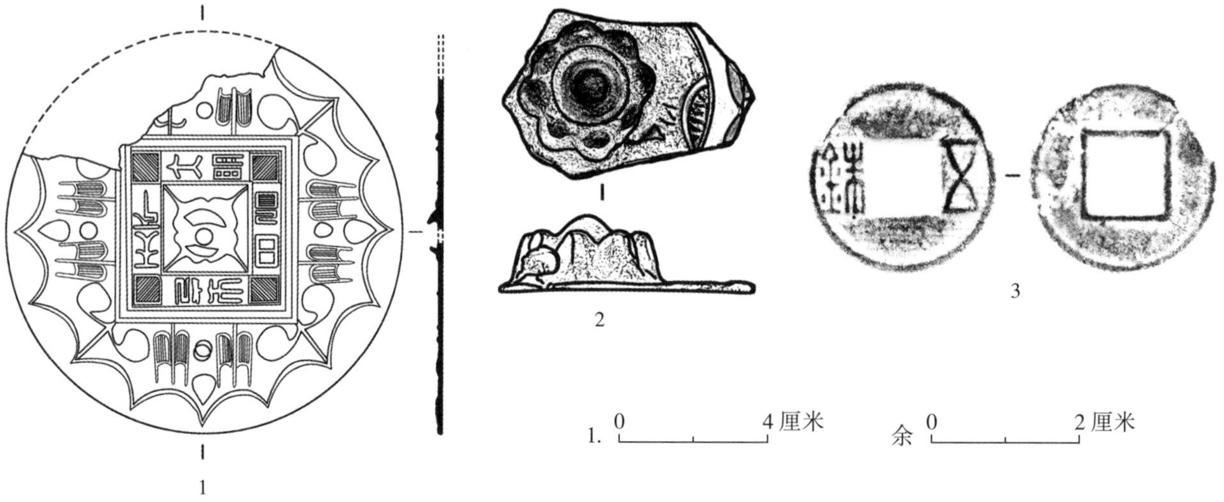

图二三九　位置不详但可能出于同一墓葬的非发掘清理器物（Z15）

1. 铜镜（Z15：1）　2. 铜镜残片（Z15：7）　3. 铜五铢钱（Z15：8）

二三八，7）。

铁鹤嘴斧　1件。

Z15：12（国0036），斧的啄部较窄，横截面为方形。尾部向下倾斜，呈较窄的扇形，向后逐渐变薄，末端有较钝的弧形刃。銎孔横截面为圆角六边形。长13.2、宽0.7～4.2、厚1～2厘米，銎孔长2.4、宽1.3厘米（图二三八，6）。

玉剑具　1件。

Z15：13，正面外弧，有两个纵向刻线。背面有一长方形纽。长6、宽2.2厘米（图二三八，3）。

扁体绿石珠　4枚。编号为Z15：14。

绿石管　4枚。编号为Z15：15。

绿石珠　2枚。编号为Z15：16。

玛瑙管　1枚。编号为Z15：17。

六棱形玛瑙珠　2枚。编号为Z15：18。

蓝色玻璃珠　2枚。编号为Z15：19。

滑石管　1枚。编号为Z15：20。

第五节　第五类非发掘清理器物

为出自墓地的出土位置不详、共存关系不明的回收器物。这类器物数量很多，占墓地非发掘清理器物的多数。报告不单独设立章节专门介绍此类器物。但是，在第五章对器物的详细分类介绍中，包含了第五类非发掘清理器物在内的所有墓地出土器物。

第五章　器物分类

分类对象绝大多数为实物与原始记录或博物馆藏品编号可核对的器物，以及极少数虽然整理时没有见到实物，但是根据保留下来图片和文字记录可确定出土于西岔沟墓地的器物。

清理坑出土的和回收的器物中，大部分原始号不清楚，只保留馆藏分类号。这些器物均以馆藏分类号为编号，纳入到分类器物中。

根据质地差别，西岔沟墓地出土器物可分为陶器、铜器、铁器、金银器、石质和其他质地器物五大类。器物数量统计依据的是馆藏实物，只有极少数为可确定出自墓地的非馆藏实物。

一　陶器

共计 145 件可复原整体或一部分器身的陶器。其中夹砂陶器 135 件，占可复原标本的 93%；泥质陶器 10 件，占 7%。在 145 件陶器中，除了 11 件陶纺轮以外，其余均为陶容器。

西岔沟墓地清理坑内出土大量不能复原的陶器，这些陶器是墓葬被破坏时被打碎的[1]。可做类型学分析的 145 件陶器，只是墓地原有随葬陶器中的一小部分。

（一）夹砂陶器

共 135 件，占陶器的绝大多数。个别陶器夹砂颗粒较粗。均为手制。陶色有黄褐、灰褐、黑褐、红褐等，多陶色不均。有的陶器器表做磨光处理，有的陶器器表或内壁施陶衣，陶衣颜色主要为深红色，有些陶衣只覆盖器身的上半部，或近底部的器壁不施陶衣。陶器纹饰有两大类，一类为刻点纹、刻齿纹，刻齿纹主要施在口沿、底缘以及口、颈部的附加堆纹上；刻点纹相对较小，一般都组合成一定几何形状，装饰在颈部至肩腹部。另一类为珍珠纹，均位于口沿以下，通常与口沿部的刻齿纹组合出现。

夹砂陶容器有壶、罐、碗、钵、杯、鬲、豆七类，此外还有纺轮。

1. 夹砂陶壶

共 29 件。根据颈部形状，可分为敞口壶、曲颈壶、斜颈壶、高颈壶、束颈壶、矮颈双

[1] 根据发掘档案中的清理坑出土器物登记表统计，西岔沟墓地清理坑共出土陶容器 765 件，其中壶 196 件，罐 149 件，杯 333 件；有红陶衣的陶器共 123 件。除了数量占绝大多数的夹砂陶器，汉式的泥质灰陶容器共 21 件，其中有壶 11 件、罐 7 件、钵 1 件、豆 1 件。这些陶容器绝大多数为残器，其中应该包括可拼对成一件的陶器残片统计成两件或者几件的情况，因此数量统计结果只可作为参考。但是这些统计数字可反映出各类陶容器之间的数量比例关系。

耳壶六类。

（1）敞口壶

13件。颈部均较粗。根据口和颈部、腹部形状差别，分四型。

A型　2件。折腹或弧折腹，腹部略扁，颈粗细适中，口外敞程度略大。

K42–273：1（考4100.2），夹砂黄褐陶。颈部、上腹部涂红陶衣。口径9.4、腹径13.6、底径7、高15.7厘米，口沿厚0.8厘米（图二四〇，1；彩版五四，1、2）。

K59–487：40（考4099.2），下腹不能复原。夹砂灰褐陶。口径11.2、底径6.5、高约20.6厘米（图二四〇，2；彩版五四，3）。

B型　5件。圆鼓腹，敞口略外弧。

M19：2（考3720.2），夹砂黄褐陶，陶色不均。口径9.1、腹径11.1、底径5.8、高13.5厘米（图二四〇，3；彩版五四，4）。

M5：6（考3665.2），夹砂黑褐陶。底内壁中部略鼓。底部边缘有稀疏的浅斜线纹。口径11、腹径13.2、底径7.1、高15.6厘米（图二四〇，4；彩版五五，1）。

K53–441：23（考4100.1），夹砂黄褐陶，陶色略不均。口径11.5、腹径15.5、底径9.3、高19.8厘米；壁厚0.4～0.6厘米，颈部略薄（图二四〇，5；彩版五五，2）。

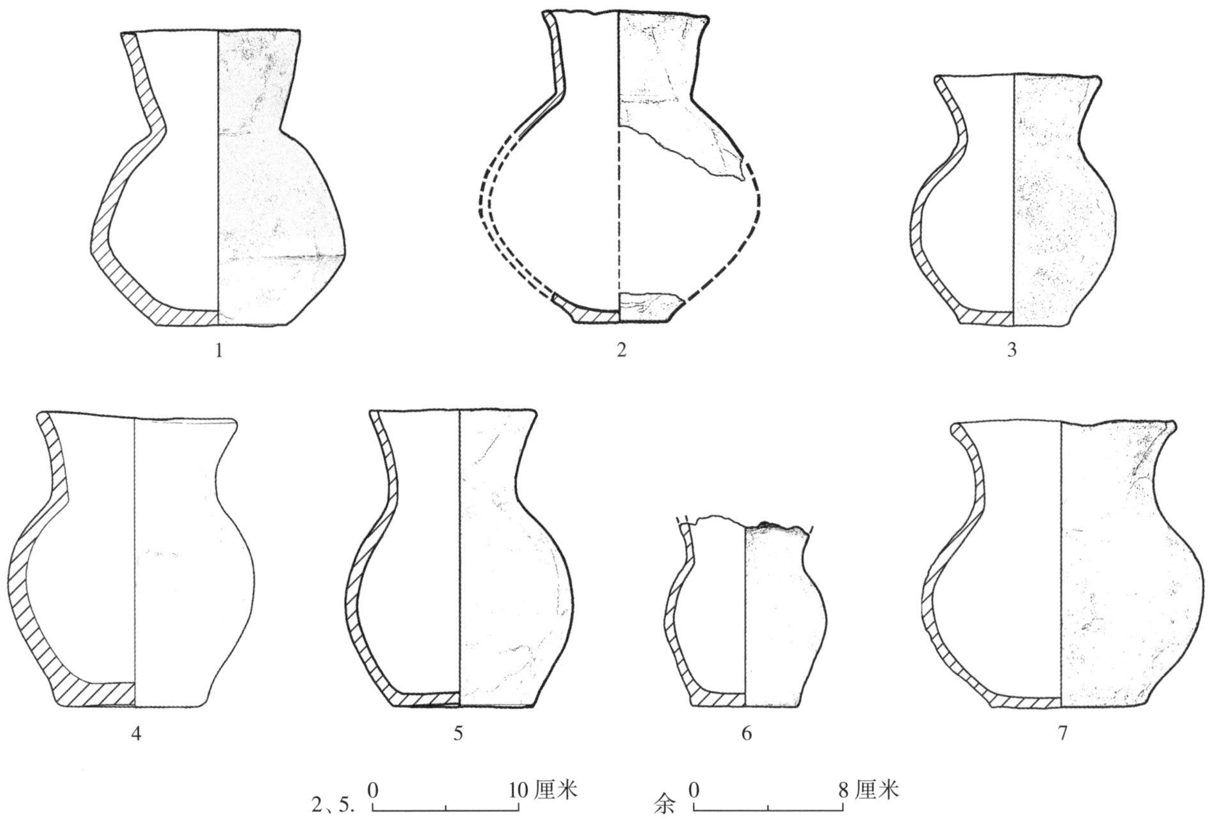

图二四〇　敞口夹砂陶壶

1、2. A型（K42–273：1、K59–487：40）　3～7. B型（M19：2、M5：6、K53–441：23、Z35：15、考4103.2）

Z35：15（考 4104.2），夹砂灰褐陶。器壁略厚，器表抹泥略光滑。颈部的部分器表有不甚清晰的纵向刮抹痕迹。腹径 8.4、底径 5 ～ 5.7、残高 10.2 厘米（图二四〇，6；彩版五五，3）。

考 4103.2，夹砂黄褐陶，陶色不均，部分器表呈黑褐和灰褐色。口径 11.8、腹径 15.6、底径 8.5、高 15.4 厘米（图二四〇，7；彩版五五，4）。

C 型　3 件。圆鼓腹略扁，颈略粗，口斜向外敞，均有器耳。根据器耳形状差别，分两亚型。

Ca 型　2 件。腹部一面有一扁体横耳，一面有一管状流。

考 4023，夹砂灰褐陶，陶色不均。口径 9、腹径 12.9、底径 6.8、高 14.8 厘米（图二四一，2；彩版五六，1、2）。

M38：1（考 3793），夹砂黄褐陶。口径 10、腹径 13.2、底径 8.2、高 14 厘米（图二四一，1；彩版五七，1）。

Cb 型　1 件。颈部有对称半环形耳。

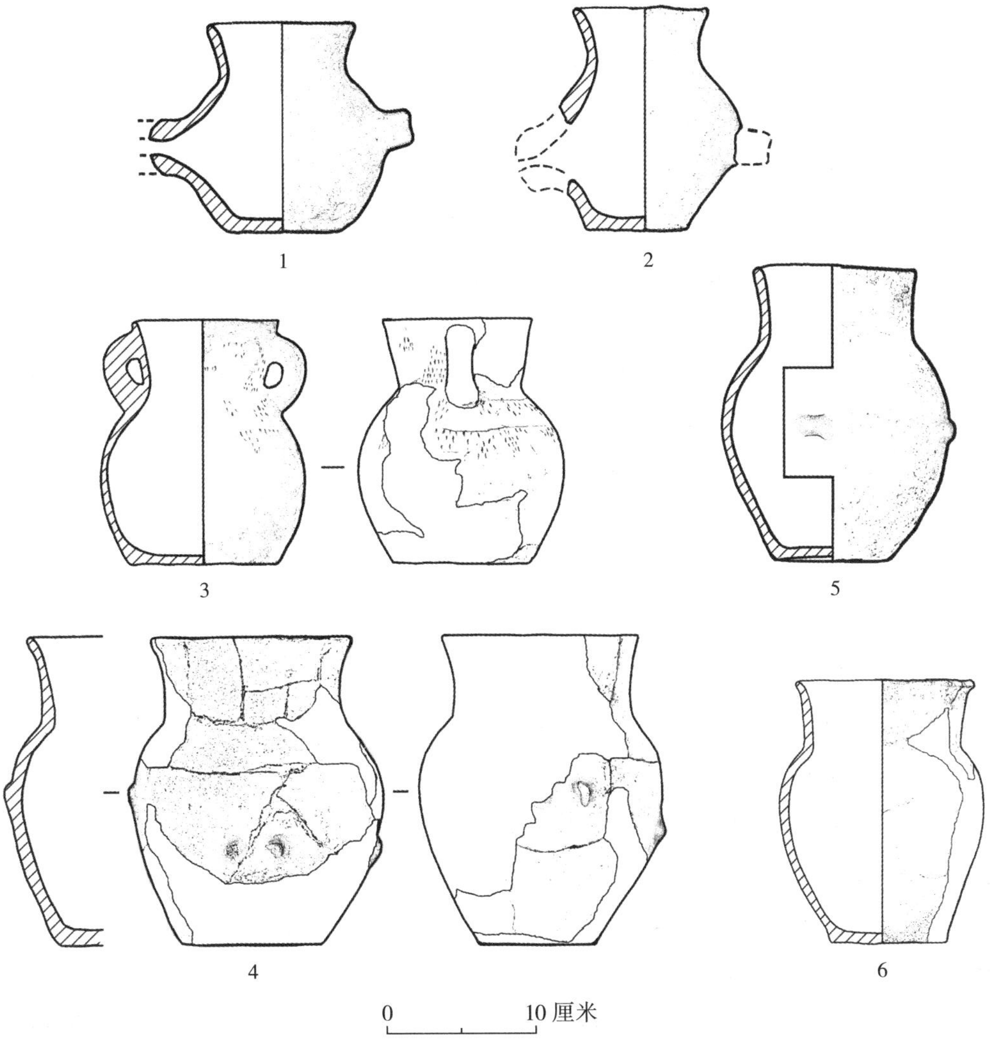

图二四一　敞口夹砂陶壶

1、2. Ca 型（M38：1、考 4023）　3. Cb 型（K11－62：1）　4 ～ 6. D 型（K14－162：24、考 4105、K45－341：6）

K11–62：1（考 4097），夹砂黄褐陶。颈部饰一周填满纵向刻点组成的三角形纹。肩部饰两周纵向刻点组成的倒三角纹。每排倒三角纹的上缘各有一周凹弦纹。器耳较粗，横截面为圆形。口径 10、腹径 13.5、底径 10、高 16.4 厘米（图二四一，3；彩版五六，3、4）。

D 型　3 件。弧腹略长，粗颈，颈外敞程度不明显。

K14–162：24（考 4022），夹砂黄褐陶，陶色不均，部分器表呈灰褐色。器表残存三个器耳，根据残存部分推测应为穿孔耳。三个器耳在器身上的高度有别。口径 13.9、腹径 17.3、底径 9 ~ 9.5、高 20.5 厘米（图二四一，4；彩版五七，3、4）。

考 4105，夹砂灰褐陶，陶色不均，部分器表呈黄褐色。在器身一面的中腹部有两个横盲耳。口径 11.6、腹径 15.9、底径 8、高 19.5 厘米（图二四一，5；彩版五七，2）。

K45–341：6（考 4102.3），夹砂灰褐陶，陶色不均，部分器表近黄褐色。口径 11.8、腹径 13.5、底径 7.5、高 17.5 厘米（图二四一，6；彩版五八，1）。

（2）曲颈壶

3 件。颈部较高，向上略内收，口沿略外弧。扁鼓腹。均饰红陶衣。

K49–356：8（考 4069–1），下腹及器底不能复原。夹砂红褐陶。器表残留部分红色陶衣，肩部饰篦点纹组成的三周双线弦纹，两周弦纹之间饰篦点纹组成的平行四边形。口径 8.5、腹径 17.5、高度约 20 厘米，口沿部厚 0.7 厘米（图二四二，1；彩版五八，2、3）。

K70–538：3（考 4020），夹砂黄褐陶。除近底部的下腹部以外，其余器表涂红陶衣，部分红陶衣脱落。腹中部有两个对称分布的扁圆桥形耳。口径 10.4、腹径 20.5、底径 10.8、高 23.7 厘米（图二四二，2；彩版五九）。

K49–315：7（考 4021），夹砂黄褐陶。颈部饰红陶衣，上腹部饰两周交错分布的格子形纹带，纹带的上、下边缘为二至三周凹弦纹，中部为一周凹弦纹。纹饰均由用带细齿的工具压制而成的细长凹点组成。口径 7.6、腹径 14.4、底径 7.6 ~ 8、高 15.3 厘米（图二四二，3；彩版五八，4）。

（3）斜颈壶

4 件。颈部从下向上内斜。

M29：1（考 3713），颈部不能复原。夹砂黄褐陶。内、外壁抹细泥，外壁细泥层之上涂红陶衣，器表所施红陶衣大部分脱落。由于器表保存状况较差，不能确定器表原来是否有纹饰。腹径 12.5、底径 5.5、残高 12 厘米，颈部、上腹部厚 0.55 ~ 0.6 厘米（图二四三，1）。

M60：1（考 3876），夹砂红褐陶。器壁外层大部分脱落。腹径 12.7、底长径 5、短径 4.5、残高 13.4 厘米（图二四三，2；彩版六〇，1）。

考 4101.1，夹细砂黄褐陶，器表通体涂红衣。口径 6.7、腹径 14.5、底径 5.5、高 18.9 厘米，口沿厚 0.4 厘米（图二四三，3；彩版六〇，2）。

K80–604：35（考 4103.1），夹砂黄褐陶。口径 10.2、腹径 15.7、底径 9、高 15.4 厘米（图二四三，4；彩版六〇，4）。

（4）高颈壶

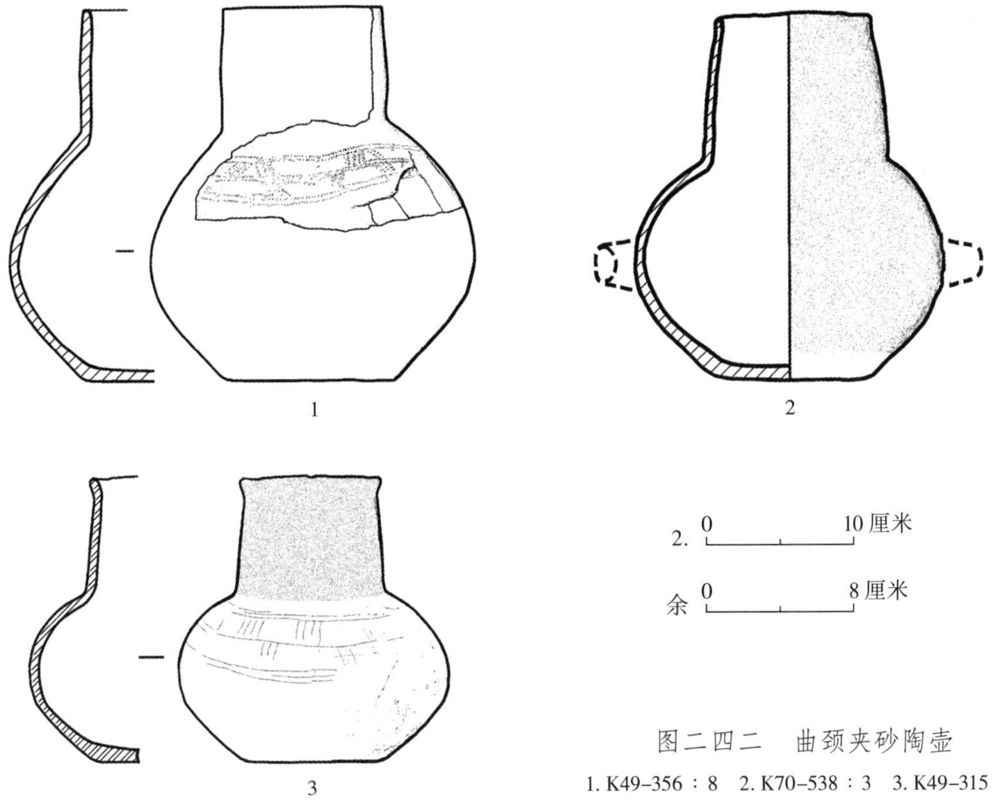

图二四二　曲颈夹砂陶壶

1. K49-356 : 8　2. K70-538 : 3　3. K49-315 : 7

2 件。颈部较高，略外倾，圆鼓腹。

K59-480 : 2（考 4099.1），夹砂黄褐陶，陶色不均，有的器表呈黑褐色，有的呈红褐色。口径 10、腹径 16.2、底径 6.4 ～ 6.7、高 24 厘米（图二四三，5；彩版六〇，3）。

K58-419 : 8（考 4019），夹砂灰褐陶，陶色不均，部分器表呈黄褐色。上腹部部分器表有较浅的成组刻划线。口径 9.9、腹径 17.3、底径 6.5、高 24.8 厘米（图二四三，6；彩版六一，1）。

（5）束颈壶

6 件。根据颈部形状差别分为两型。

A 型　3 件。束颈内凹明显。根据颈部有无装饰可分两亚型。

Aa 型　1 件。颈中部饰两周凹弦纹，弦纹以下的肩部饰一周圆形刻点纹。

K70-516 : 33（考 4102.1），夹砂灰褐陶，陶色不均，部分器表近黄褐色。口径 10.4、腹径 13.5、底径 6.4、高 16.9 厘米（图二四四，1；彩版六一，2）。

Ab 型　2 件。颈部无纹饰。

M19 : 1（考 3720.1），夹砂黄褐陶，陶色不均。侈口，口沿下有一对对称分布的穿孔。口径 10.7、腹径 13.5、底径 7.8、高 18.4 厘米（图二四四，2；彩版六一，3）。

M5 : 4（考 3665.1），夹砂黑褐陶。口径 7.9、腹径 9.8、底径 6、高 12 厘米（图二四四，3；彩版六一，4）。

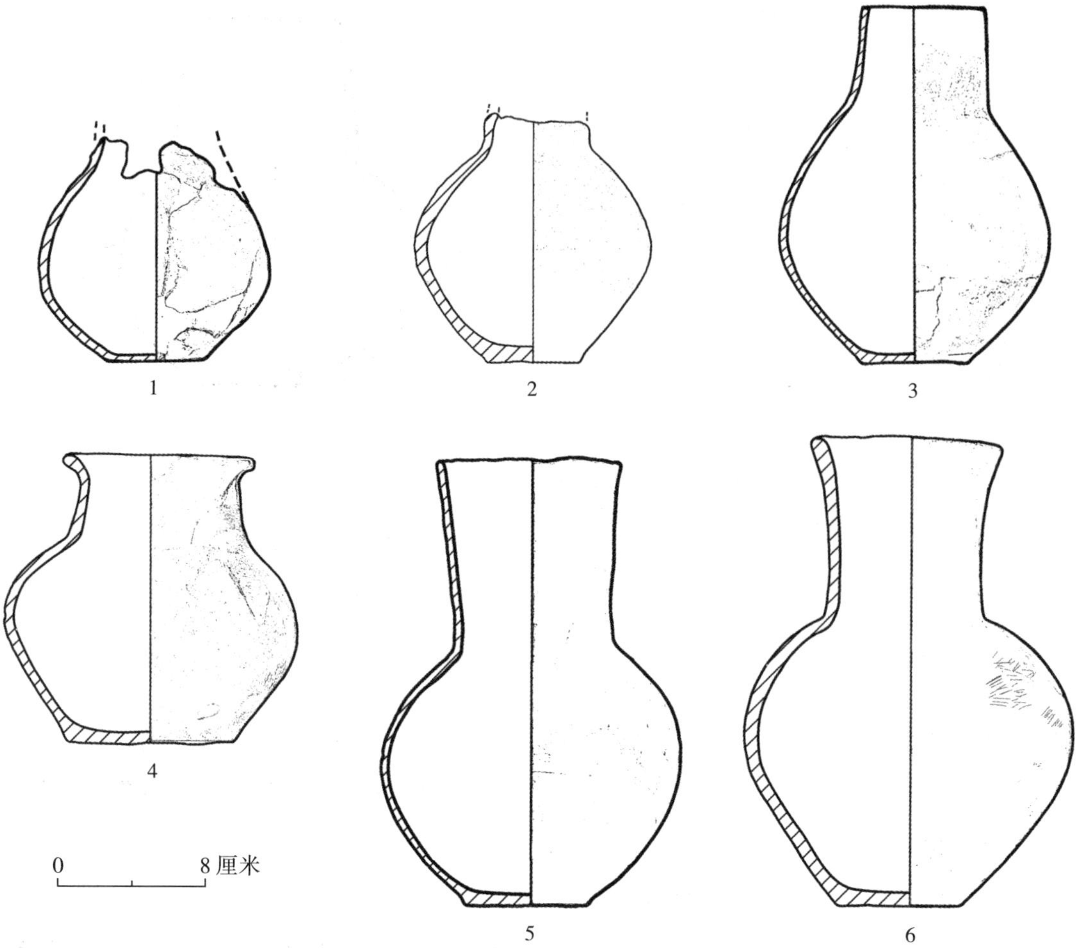

图二四三　夹砂陶壶

1～4. 斜颈壶（M29：1、M60：1、考4101.1、K80-604：35）　5、6. 高颈壶（K59-480：2、K58-419：8）

B型　3件。颈部内凹程度较小。根据腹部形状差别，分两亚型。

Ba型　1件。长腹。

K30-178：4（考4102.2），夹砂黑褐陶。陶色不均，部分器表呈灰褐色。器底边缘有略稀疏的刻齿纹。口径8.8、腹径12、底径6.7、高18.3厘米（图二四四，4；彩版六二，1）。

Bb型　2件。短腹。

Z38：1（考3906），夹砂红褐陶，器表陶色不均，部分表面呈黑褐色，表面较光滑，应为抹泥而成。口径约8、腹径13.2、底径8.9、高16.2厘米（图二四四，5；彩版六二，2）。

考4104.1，夹砂灰褐陶，陶色不均，部分器表呈黄褐色。器表抹一层泥，部分抹泥层脱落的器表露出较大的夹砂颗粒。口径6.2、腹径9.2、底径6.7、高11厘米（图二四四，6；彩版六二，3）。

（6）矮颈双耳壶

只有1件。

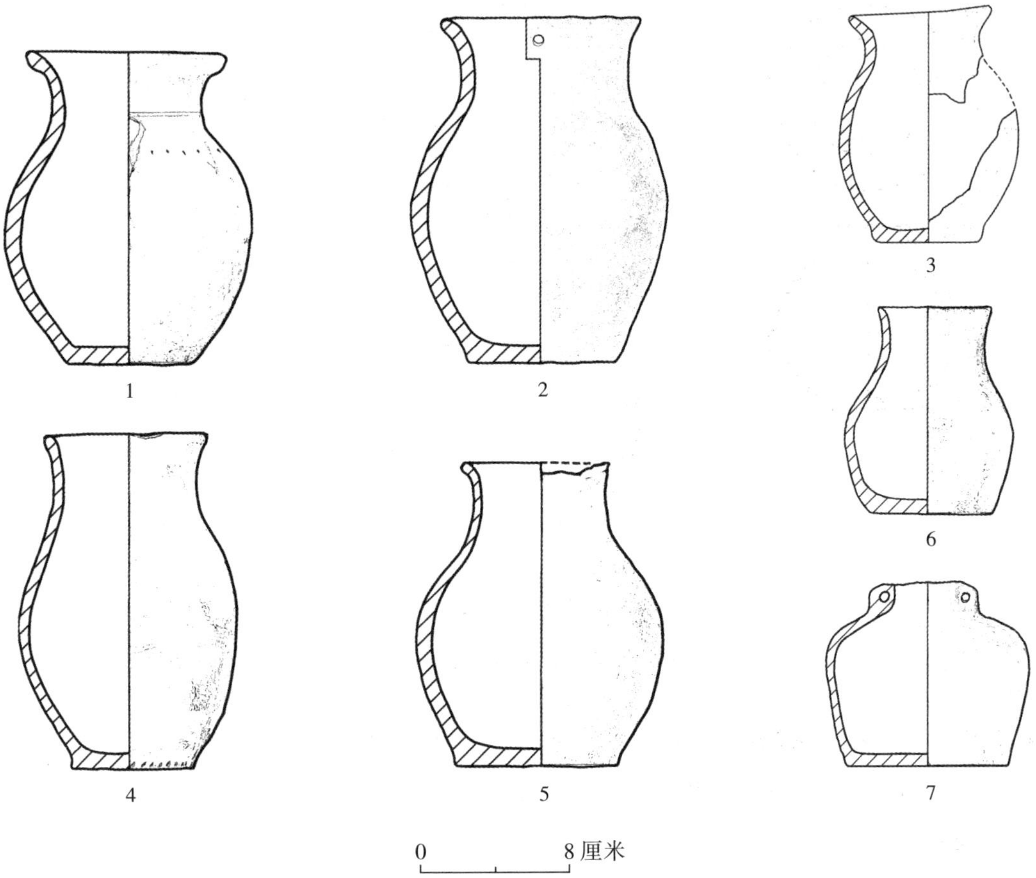

图二四四　夹砂陶壶

1. Aa型束颈壶（K70-516：33）　2、3. Ab型束颈壶（M19：1、M5：4）　4. Ba型束颈壶（K30-178：4）　5、6. Bb型束颈壶（Z38：1、考4104. 1）　7. 矮颈双耳壶（K21-138：21）

K21-138：21（考4027），夹砂红褐陶。直口，圆唇，广肩，斜腹，大平底。口沿外侧有两个对称分布的穿孔耳。口径4.2、腹径11.2、底径9.3、高9.9厘米（图二四四，7；彩版六二，4）。

2. 夹砂陶罐

共36件。形制多样，分八类。

（1）双耳鼓腹罐

3件。腹部有一对对称的横耳，侈口，器身偏矮。

K12-79：7（考4109.1），夹砂黄褐陶，陶色不均。口径9、底长径8.2、底短径7.9、高14.5厘米，壁厚约0.7厘米（图二四五，1；彩版六三，3）。

考4108[1]，夹砂黄褐陶，陶色不均，器表有灰色斑块。口径11 ~ 11.5、底径约12、高18厘米（图二四五，2；彩版六三，1、2）。

[1] 原始号为CC520：12，但是在K70-520号清理坑器物登记表中不见此器物。

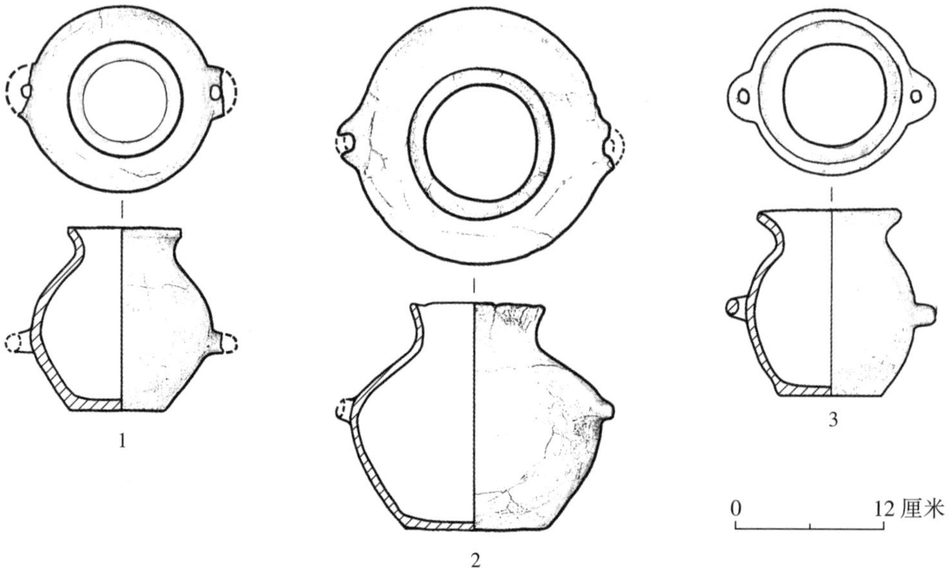

图二四五　双耳鼓腹夹砂陶罐

1. K12–79：7　2. 考 4108　3. 考 4109. 2

考 4109.2[1]，夹砂灰褐陶，内、外壁有少量黑褐色烟炱状薄层。口径 11.7、底长径 8.5、底短径 8.2、高 14.8 厘米（图二四五，3；彩版六三，4）。

（2）折腹罐

3 件。腹部弧折。口均较大，略外侈。

K29–215：16（考 4101.2–1），夹砂黄褐陶。口径 9.2、腹径 13.2、底径 5.6、高 15.2 厘米，口沿部厚 0.65 厘米（图二四六，1；彩版六四，4）。

M61：1–1（考 3882），夹砂黄褐陶。底部为椭圆形。口径 11、腹径 14、底长径 9.2、底短径 7.8、高 12.8 厘米（图二四六，2；彩版六五，1）。

M26：1（考 3749），夹砂黄褐陶。口径约 6.8、腹径约 9、底径 5.3、高 10 厘米（图二四六，3；彩版六五，2）。

（3）鼓腹直颈罐

4 件。

考 4101.2–2，夹砂黄褐陶，陶色不均，部分器表呈红褐色。口径 7.8、腹径 12、底径 5.7 ~ 6、高 13.5 厘米，口沿厚 0.7 厘米（图二四六，4；彩版六四，1）。

Z188 ：5（国 0070），夹砂灰褐陶。口径 4.8、腹径 8、底径 5、高 6.4 厘米（图二四六，5；彩版六三，6）。

M2：1（考 3649），夹砂灰褐陶。肩部有四个横盲耳。口径 10、腹径 14、底径 8、高 15 厘米（图二四六，6；彩版六四，3）。

M55：1（考 3849），夹砂黄褐陶。口沿上有两个圆形穿孔。口径 6.1 ~ 6.4、腹径 7.8 ~ 8.1、

[1] 原始号为 CC450 ：19，但是在 K54–450 号清理坑器物登记表中不见此器物。

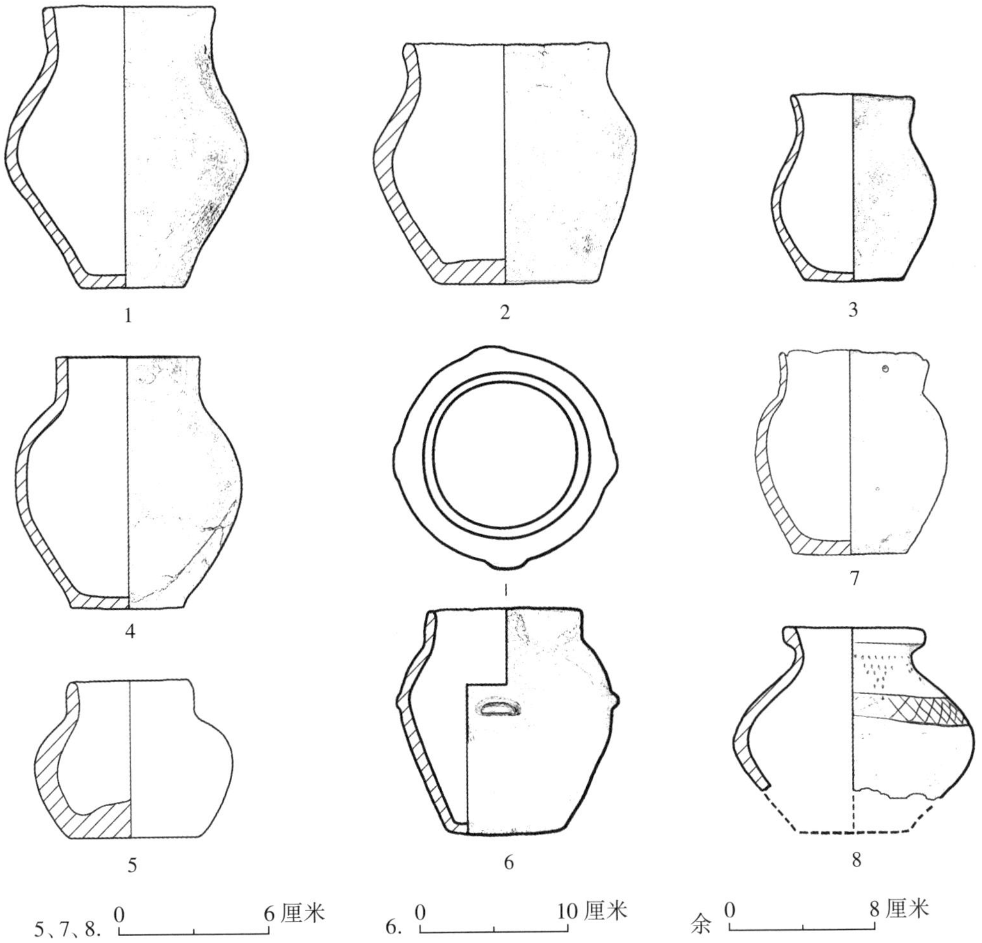

图二四六　夹砂陶罐

1 ~ 3. 折腹罐（K29-215 ：16、M61 ：1-1、M26 ：1）　4 ~ 7. 鼓腹直颈罐（考 4101. 2-2、Z188 ：5、M2 ：1、M55 ：1）
8. 溜肩鼓腹罐（K79-558 ：9）

底径 4.5 ~ 4.8、高 8.3 厘米（图二四六，7；彩版六四，2）。

（4）溜肩鼓腹罐

1 件。

K79-558 : 9（考 4110），夹砂黄褐陶。颈下饰由大篦点组成的倒三角形纹组合成的纹带；肩部饰交叉的平行划线组成的菱形纹带，纹饰带的上、下边缘各有一条凹弦纹。口径约 5.9 ~ 6、腹径约 10、残高 6.8 厘米，壁厚 0.5 ~ 0.7 厘米（图二四六，8；彩版六三，5）。

（5）无耳大口罐

15 件。大多数口径大于腹径，个别的口径略小于腹径。口径均在 8.5 厘米以上。1 件残器未分型，其余 14 件根据整体形状差别，分四型。

A 型　1 件。口径略小于腹径，器高与腹径相当。短束颈，圆鼓腹。

M53 : 1（考 3843-1），夹砂黑褐陶，陶色不均，器表光滑，应抹泥浆层。口径 13.5、腹径 17、底径 8.5、高 15.8 厘米（图二四七，1；彩版六五，3）。

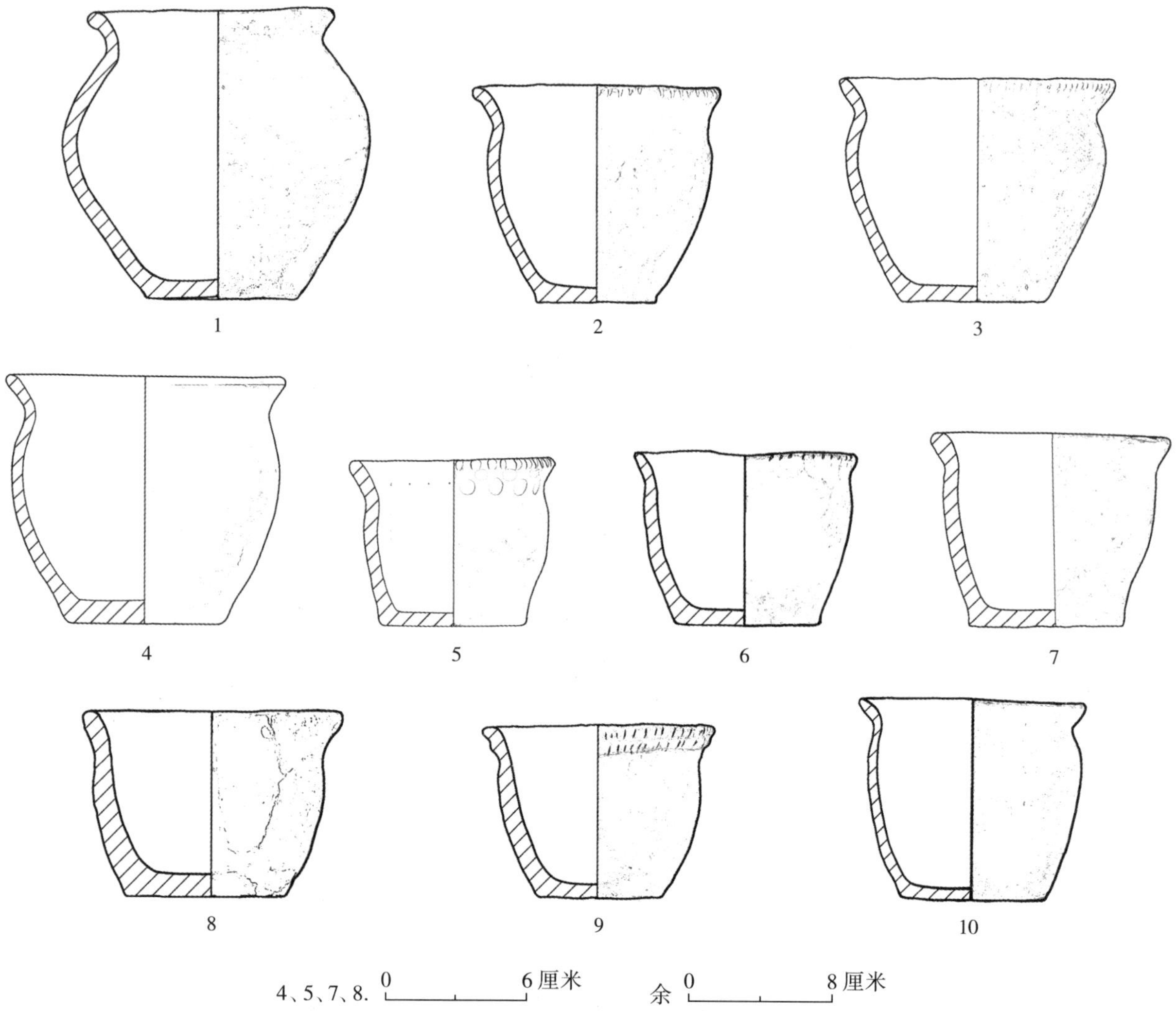

图二四七　无耳大口夹砂陶罐

1. A型（M53：1）　2～10. B型（M27：1、M38：2、M1：1、K71-576：39、M9：1、M5：3、M60：2、M16：2、M12：1）

B型　9件。器身略矮胖，口径大于腹径，口径大于器高，腹部略外鼓。

M27：1（考3754），夹砂黄褐陶，陶色不均，器表抹较薄一层泥浆。口沿外侧有纵向的刻齿纹。口径13.6、底径6.7、高11.7厘米（图二四七，2；彩版六六，1）。

M38：2（考3794），夹砂黄褐陶，陶色不均。口沿外侧有纵向平行刻纹。口径14.8、底径7.8、高12.2厘米（图二四七，3；彩版六六，2）。

M1：1（考3646），夹砂褐陶，陶色不均。口径11.4、底径6.5、高10厘米（图二四七，4；彩版六六，3）。

K71-576：39（考4117.3），夹砂黄褐陶。口沿外侧有较浅的刻齿纹，刻齿纹以下的颈部饰两周较浅的珍珠纹，在与珍珠纹相对应的内壁有小圆坑。口径8.3、底径6.1、高6.7厘米，壁厚0.6厘米（图二四七，5；彩版六六，4）。

M9：1（考 3674），夹砂黄褐陶，陶色不纯，内壁色较浅，部分外壁呈黑褐色。口沿上有一周不甚清晰的刻齿纹。口径 12.4、底径 8.2、高 9.5 厘米，壁厚 0.6 ~ 0.8 厘米（图二四七，6；彩版六六，5）。

M5：3（考 3664），夹砂黑褐陶。口径 9.8、底径 6.4、高 7.9 厘米（图二四七，7；彩版六五，4）。

M60：2（考 3877），夹砂黄褐陶。口沿上有不甚清晰的纵向浅刻线。口径 10.5、底径 6.4、高 7.5 厘米，壁厚 1 ~ 1.2 厘米（图二四七，8；彩版六六，6）。

M16：2（考 3707），夹砂黄褐陶，器表抹细泥磨光。口沿下有一周附加堆纹，口沿外侧和附加堆纹上有纵向的刻齿纹。口径 13、底径 7、高 9.3 厘米（图二四七，9；彩版六七，1）。

M12：1（考 3684），夹砂黄褐陶，陶色不均，内壁有褐色的类似焦糊状的薄层。口径 12.5、底径 8、高 11 厘米，壁厚 0.6 ~ 0.8 厘米，口沿略薄（图二四七，10；彩版六七，2）。

C 型　2 件。口径大于腹径，口径明显小于器高。腹略外鼓，深腹，器身较瘦高。

M7：1（考 3671），夹砂黄褐陶。口沿下有一周附加堆纹，堆纹上有不甚规整的纵向浅刻齿纹，器底边缘有不甚清晰的斜向浅刻齿纹。口径 13.5、底径 9.7、高 14.4 厘米（图二四八，1；彩版六七，3）。

M10：1（考 3676），夹砂灰褐陶。略侈口，外叠唇上、下缘有篦齿状纵向刻纹。口径 11.3、底径 9、高 12.7 厘米（图二四八，2；彩版六七，4）。

D 型　2 件。口径与腹径相当，器身较扁，口径明显大于器高，腹部略外弧。

K28-211：17（考 4032），夹砂黑褐陶，陶色不均，部分内壁呈黑褐色。口径 10.7、底

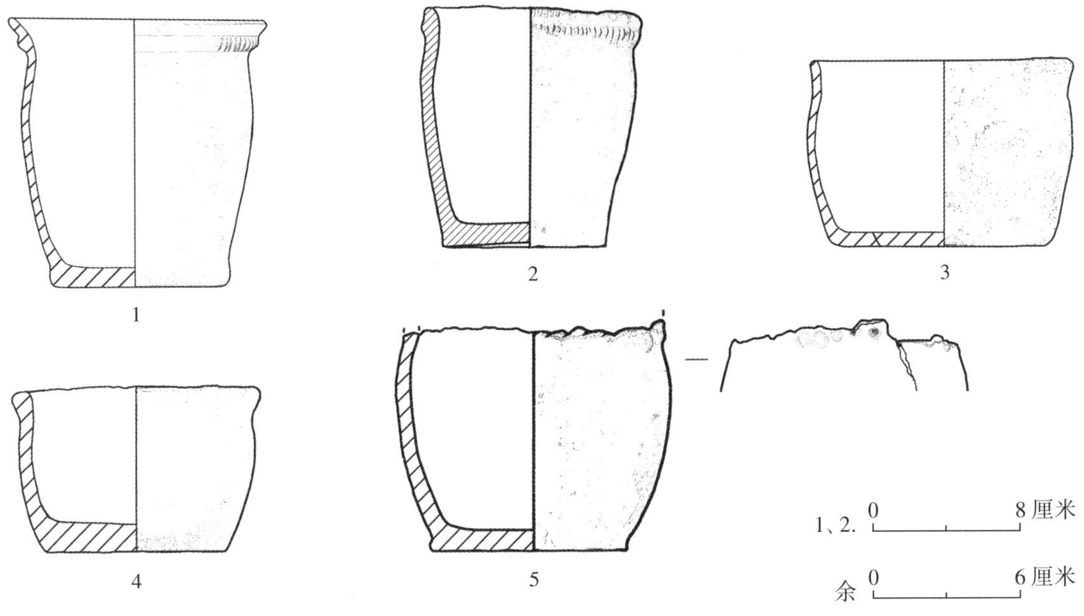

图二四八　无耳大口夹砂陶罐

1、2. C 型（M7：1、M10：1）　3、4. D 型（K28-211：17、K45-235：1）　5. 残无耳大口罐（M20：1）

径 8.7、高 7.5 厘米（图二四八，3；彩版六七，5）。

K45–235：1（考 4115.1），残存约三分之一，可复原。夹砂黑褐陶，含砂比例较高，器表粗糙。口径 10、底径 7.9、高 7 厘米，壁厚 0.6 厘米（图二四八，4；彩版六七，6）。

残无耳大口罐　1 件，形状接近 B 型。

M20：1（考 3727），口沿残缺。夹砂黄褐陶，陶色不均，内外壁均有斑驳的黑灰色烟炱。口部略外侈，鼓腹，平底，底部边缘略外凸。近口沿部有一周较稀疏的纵向刻点纹，其中部分刻点较深，几乎穿透器壁。在口沿下残留三个连续的较缓的凸点，应为珍珠纹。底径 7.7、残高 9.3 厘米（图二四八，5）。

（6）四耳大口罐

只有 1 件。敛口，鼓腹，肩部有四个对称分布的略倾斜横盲耳。

K28–252：2（考 4031），夹砂黄褐陶，部分器表呈黑褐色。肩部有四个横盲耳，耳上缘中部有小的凹槽。口径 8.3、腹径 10、底径 7、高 9.8 厘米（图二四九，1；彩版六八，1、2）。

（7）双耳大口罐

2 件。口微外侈，口沿下有一对柱状鋬耳，耳的表面略内凹。均不能复原。

考 4112.1，器身中、下部不能复原。夹砂黄褐陶。口沿上残留不甚清晰的斜向分布的刻线纹。口径约 9.9、残高 3.6 厘米，壁厚 0.5 ~ 0.7 厘米（图二四九，2；彩版六八，3、4）。

K80–575：32（考 4112.2），部分下腹部不能复原。夹砂黄褐陶，陶色不均。口沿上残留不甚清晰的斜向刻线纹。口径约 9.9、壁厚 0.5 ~ 0.7 厘米（图二四九，3；彩版六八，5、6）。

（8）单耳大口罐

6 件。根据器耳和器身形状差别，分两型。

A 型　5 件。器身较矮胖，口较大，器耳为半环形。形状与 B 型无耳大口罐和 A 型碗接近。

M62：1（考 3887），夹砂黄褐陶，陶色不均。手制。口沿外侧饰两排珍珠纹，珍珠纹不甚规整清晰。口径 9.7 ~ 10、底径 5.3、高 8.4 厘米，耳长 3.1 厘米（图二四九，4；彩版六九，1）。

Z50：1（考 3908），夹砂褐陶，陶色不均。口沿外有一周纵向的刻齿纹，口沿下有两周珍珠纹，与珍珠纹对应的内壁上有小的圆形凹坑。口沿外侧饰长篦点纹。口径 11.8 ~ 12、底径 6.5、高 8 厘米（图二四九，5；彩版六九，5）。

考 4028[1]，夹砂灰褐陶，部分器表有黑灰色烟炱。口沿下有两周纵向刻齿纹，肩部有一周纵向刻点纹。口径 14.5、底径 8.9、高 12.7 厘米，器耳长 6 厘米，器耳底部横截面直径 2.3 厘米（图二四九，7；彩版六九，3）。

K11–175：14（考 4113），夹砂黄褐陶。口径 10.5、底径 6、高 7.2 厘米，壁厚 0.7 厘米（图二四九，8；彩版六九，2）。

国 0069，夹砂黑灰陶，陶色不均。侈口，半环形单耳略扁，耳正面略内凹。口沿上有

[1] 陶器上原始号为 72/582K–5，但是 582 号清理坑登记表上无此陶器。

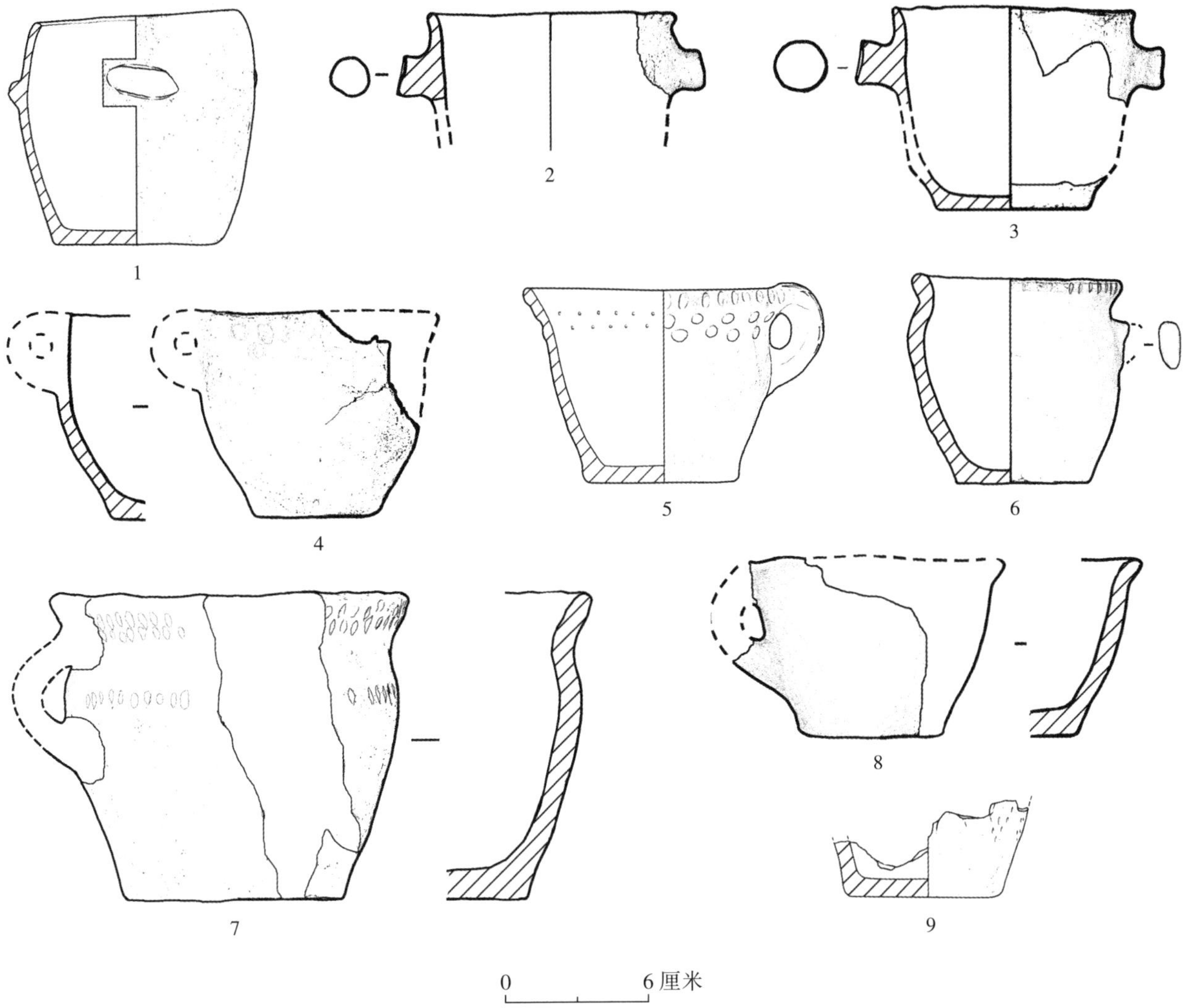

图二四九　大口夹砂陶罐

1. 四耳大口罐（K28-252：2）　2、3. 双耳大口罐（考 4112. 1、K80-575：32）　4、5、7、8. A 型单耳大口罐（M62：1、Z50：1、考 4028、K11-175：14）　6. B 型单耳大口罐（K60-460：11）　9. 残罐（考 4117. 1）

纵向的刻齿纹；耳的两侧缘饰刻齿纹，与口沿上的刻齿纹连为一体。口径约 11.3、高约 8 厘米（彩版六九，4）。

B 型　1 件。器身略瘦高，器耳为纵向的扁柱状。器身形状接近 C 型无耳大口罐。

K60-460：11（考 4111.1），夹砂黄褐陶，陶色不均，部分器外壁呈红褐色。口沿上有刻齿纹。口径 9、底径 5.5、高 8.8 厘米，壁厚 0.5 ~ 0.6 厘米（图二四九，6；彩版六九，6）。

（9）残陶罐

1 件。残存下腹部，根据形状和尺寸推测可能是大口罐。

考 4117.1，夹砂黄褐陶。残存的中腹部有两个由篦点组成的并列的倒三角形纹，推测原器表应有一周倒三角形纹带，下腹近器底处残存一组由篦点纹组成的不规整的三角纹。底径 6.2、残高 4.2 厘米，壁厚 0.6 厘米（图二四九，9）。

3. 夹砂陶碗、钵

（1）碗

21件。根据腹、口部形状差别，分三型。

A型　7件。弧腹，侈口，腹深度中等。根据腹部形状差别分两亚型。

Aa型　3件。腹部微外弧，口沿外侈不明显。

M19∶4（考3721），夹砂红褐陶，火候不均。口径11.3、底径7.6、高6.5厘米（图二五〇，1；彩版七〇，1）。

M8∶1（考3673），夹砂灰褐陶，陶色不均，部分外壁有黑灰色烟炱。口径13.3、底径6.9、高7.8厘米（图二五〇，2；彩版七〇，2）。

K11–175∶15（考4120.4），夹砂黄褐陶，陶色不均，器表有黑褐色烟炱。底内壁为圜底。口沿上残留少量不甚清晰的浅刻斜线。口径8.3、底径4.5、高5厘米（图二五〇，3；彩版七〇，3）。

Ab型　4件。腹外弧略明显，侈口明显，口沿向外弧折。

K45–234∶4（考4116.1），夹砂黄褐陶，内、外壁有黑色烟炱。口沿外侧和器底边缘有较深的纵向刻齿纹，口沿下有三排珍珠纹，最下一排珍珠纹有一小段中断无纹饰。口径10.5、底径5.3～5.5、高7.1厘米，壁厚0.6～0.7厘米（图二五〇，4；彩版七〇，4、6）。

K67–489∶20（考4116.3），夹砂黄褐陶，器表有黑色烟炱。器表略不平整。口沿外侧

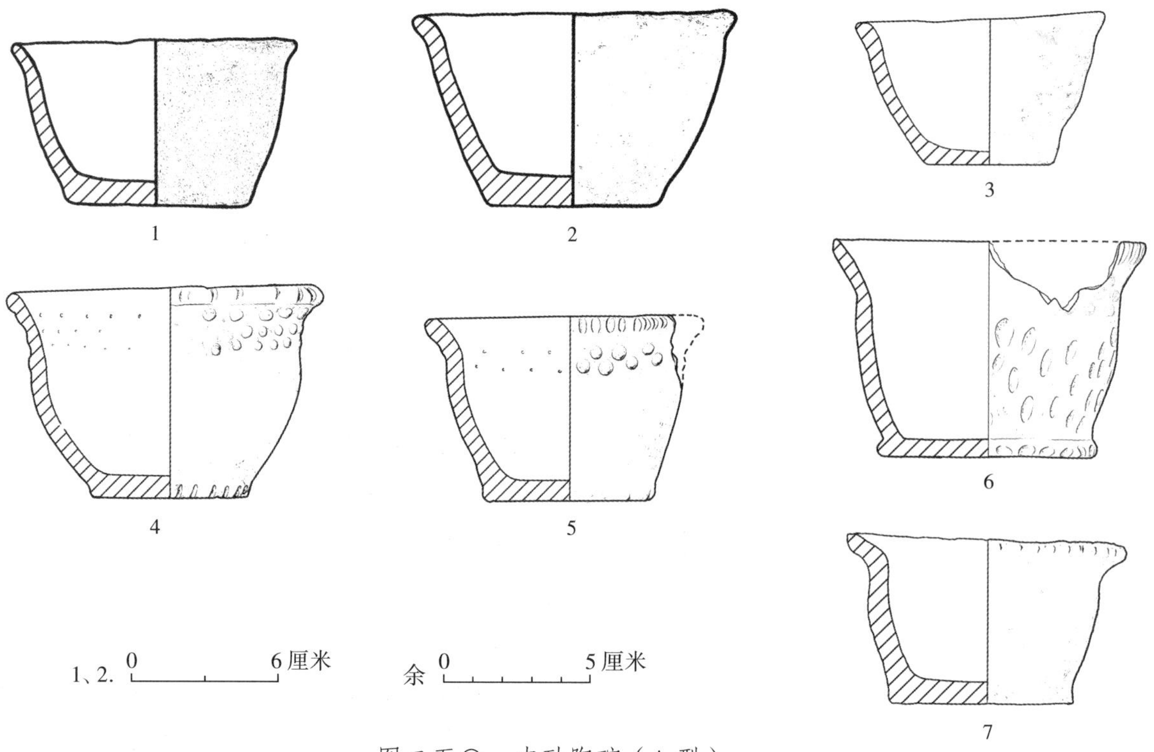

图二五〇　夹砂陶碗（A型）

1～3. Aa型（M19∶4、M8∶1、K11–175∶15）　4～7. Ab型（K45–234∶4、K67–489∶20、K45–235∶8、M36∶1）

有纵向刻齿纹，颈部有两排珍珠纹，器底边缘隐约可见几条较浅的斜刻线。口径 9.5、底径 6、高 6.2 厘米，壁厚 0.5 ~ 0.6 厘米（图二五〇，5；彩版七〇，5）。

K45-235 : 8（考 4029-1），夹砂黄褐陶。口沿外侧饰刻齿纹；颈部饰三排珍珠纹，纹饰外凸不明显；肩部以下和器底饰较大而深的篦点纹，器底边缘饰较浅的纵向刻齿纹。器表残留少量红衣。口径 10.4、底径 7.2、高 7.2 厘米（图二五〇，6；彩版七一，1、2）。

M36 : 1（考 3788），夹砂黑褐陶。质地粗糙，器表略不平整。口沿外侧有纵向的平行刻线。口径 9.3、底径 5.9、高 5.7 厘米（图二五〇，7；彩版七一，3）。

B 型　11 件。器壁外斜，口沿外侈，腹外弧程度较弱，腹部较深。根据腹部形状差别，分两亚型。

Ba 型　5 件。腹部微外弧或近斜壁。

M3 : 1（考 3656），夹砂黄褐陶。口沿下有一周篦齿纹。口径 9、底径 5.6、高 6.2 厘米（图二五一，1；彩版七一，4）。

M2 : 2（考 3650），夹砂黄褐陶，陶色不均。口径 8.8、底径 4.6、高 5.2 厘米（图二五一，2；彩版七一，5）。

Z38 : 2（考 3907），夹砂黄褐陶，陶色略不均。部分底部外缘有纵向刻齿纹。口径 9.8、底径 6.5、高 6 厘米（图二五一，3；彩版七一，6）。

M34 : 1（考 3776），夹砂黄褐陶。口径 8.8、底长径 6、底短径 5.3、高 6.6 厘米（图二五一，4；彩版七二，1）。

K71-536 : 11（考 4029-2），夹砂黄褐陶，部分器表呈黑褐色，部分外壁有一薄层黑褐色烟炱。口沿外侧饰刻齿纹，口沿下饰一周由短凹线组成的倒三角纹，三角的两个斜边为长刻线。口径约 8.8、底径 5.5、高 6.5 厘米（图二五一，5；彩版七二，2）。

Bb 型　6 件。腹部微外弧。

K44-340 : 4（考 4114.1），夹砂黄褐陶，器身上半部内、外壁有黑色烟炱状薄层。口沿外侧饰一周纵向刻齿纹，口沿下饰两周珍珠纹。口径 13、底径 7、高 9.3 厘米，壁厚 0.6 ~ 0.8 厘米（图二五一，6；彩版七二，3）。

Z135 : 27（考 3909），夹砂黄褐陶。侈口外侧加厚并饰两排纵向刻齿纹，颈部饰两排珍珠纹；上排的部分珍珠纹上半部被加厚的口沿下缘覆盖，应为先加工出珍珠纹，后做出的叠唇。口径 10.6、底径 6、高 8.5 厘米（图二五一，7；彩版七二，4）。

K36-224 : 2（考 4116.2），夹砂黄褐陶。口径约 9.8、底径 5.7、高 6.5 厘米（图二五一，8）。

K11-175 : 5（考 4114.2），夹砂黄褐陶，内壁有黑褐色的较斑驳的薄层。口沿上有一周纵向的刻齿纹。口径 14、底径 7.5、高 10.2 厘米，壁厚 0.6 ~ 0.8 厘米（图二五一，9；彩版七二，5）。

K3-93 : 1（考 4114.3），夹砂黄褐陶，陶色不均，外壁局部呈黑褐色，内壁有类似烟炱的黑褐色薄层。口沿上有较稀疏的不甚清晰的斜向浅刻线纹，底外缘有一周隐约可见的纵向浅刻线纹。口径 12.2 ~ 12.5、底径 5.8 ~ 6、高 8.9 厘米（图二五一，10；彩版七二，6）。

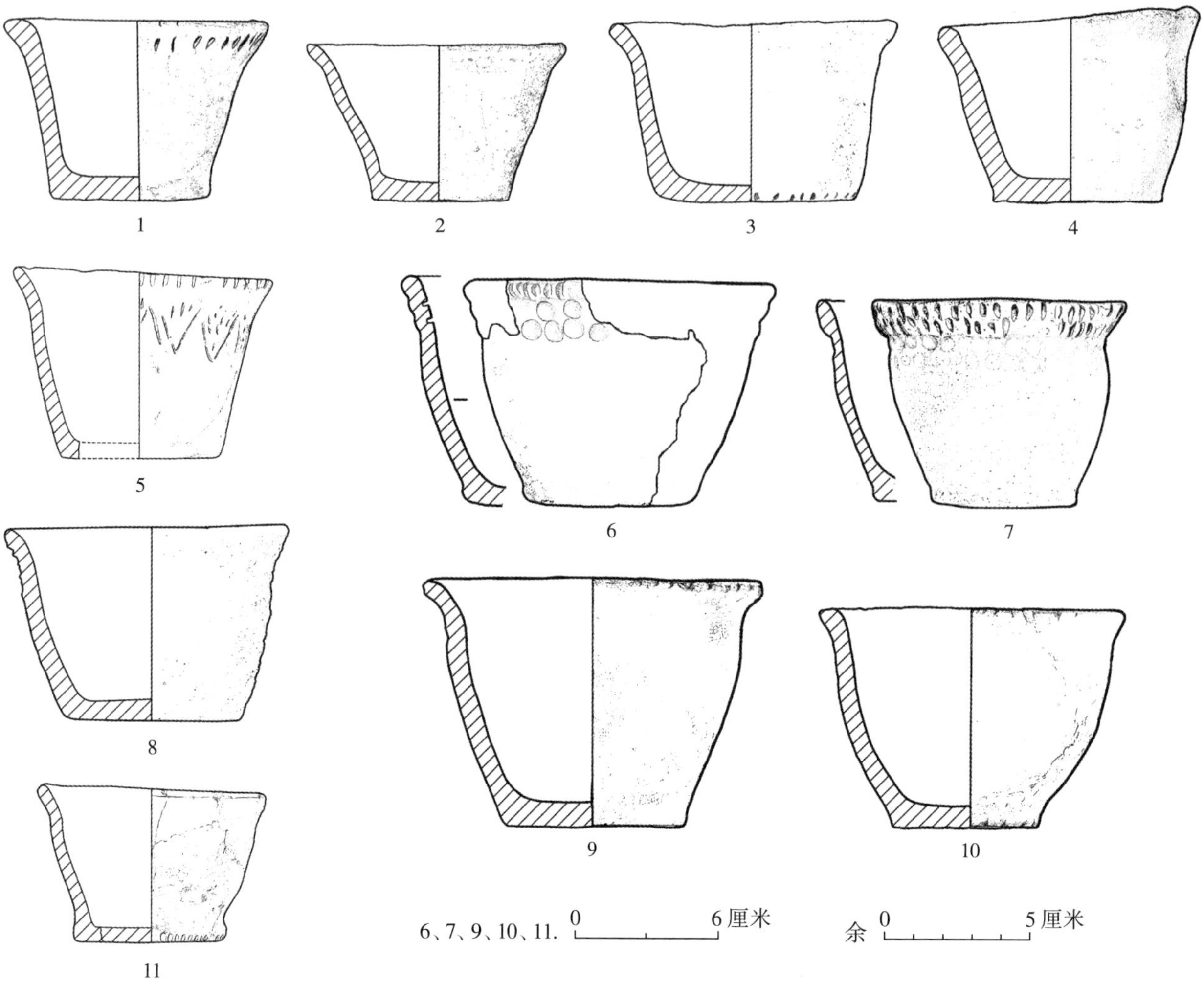

图二五一　夹砂陶碗（B型）

1～5. Ba型（M3：1、M2：2、Z38：2、M34：1、K71-536：11）　6～11. Bb型（K44-340：4、Z135：27、K36-224：2、K11-175：5、K3-93：1、K28-250：19）

K28-250：19（考4116附件），夹砂黄褐陶，陶色不均。口沿外侧残留纵向的浅刻齿纹，大部分仅残留刻齿纹的下半部，底部边缘有较深的纵向刻齿纹。口径9.5、底径6、高6.5厘米，壁厚0.5厘米（图二五一，11；彩版七三，1、2）。

C型　3件。斜腹，直口。根据腹部深度差别，分两亚型。

Ca型　1件。深腹。

M33：1（考3775），夹砂黄褐陶。口径约11、底径7.9、高11.7厘米（图二五二，1；彩版七三，3）。

Cb型　2件。浅腹。

M55：2-4（考3851.2），夹砂黄褐陶。底外缘饰较稀疏的间距不等的刻齿纹。口径6.5、底径4.1、高3.7厘米（图二五二，2；彩版七三，4）。

M55：2-3（考3851.1），夹砂黄褐陶。口径7.2、底径4.9、高3.9厘米（图二五二，3；

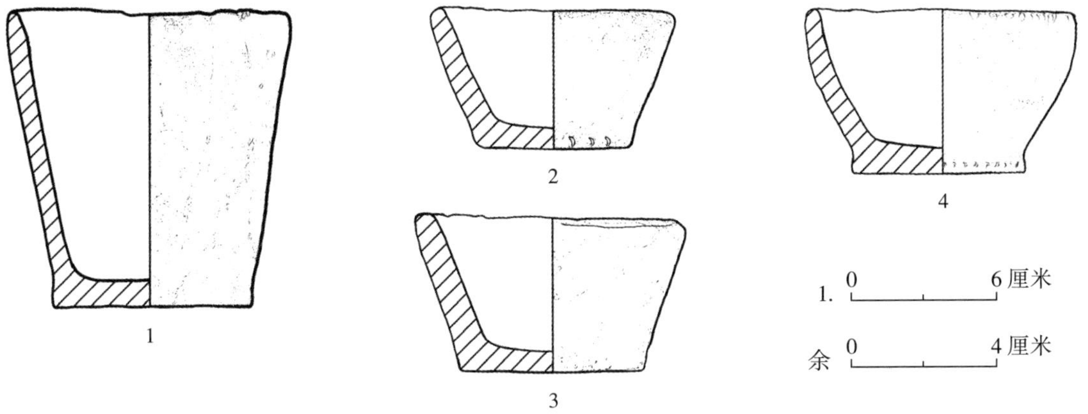

图二五二　夹砂陶碗、钵

1. Ca 型碗（M33：1）　2、3. Cb 型碗（M55：2–4、M55：2–3）　4. 钵（M55：2–2）

彩版七三，5）。

（2）钵

1 件。

M55：2–2（考 3850），夹砂黑褐陶，器表陶色不均。敛口，方唇，弧腹，平底，底部外缘略外凸。口沿外侧局部和底部外缘一周饰纵向刻齿纹。口长径 7.4、口短径 7.2、底径 4.7、高 4.3 厘米（图二五二，4；彩版七三，6）。

4. 夹砂陶杯

共 36 件。器形与无耳大口罐、碗类似，但是尺寸较小，口径均不超过 9 厘米。根据腹部形状差别，分三型。

A 型　15 件。微弧腹。根据腹深度差别，分两亚型。

Aa 型　7 件。深腹。

M55：2–1（考 3851.3），夹砂黄褐陶。口径 5.65、底径 3.6、高 3.9 厘米（图二五三，1；彩版七四，1）。

M63：1（考 3894），夹砂黄褐陶，陶色不均。口沿上有纵向刻齿纹。口径 7.4、底径 4.3、高 5.3 ~ 5.8 厘米（图二五三，2；彩版七四，2）。

M53：2（考 3844.1），夹砂黄褐陶。口沿上有一周因磨损而不甚清晰的略倾斜的平行浅刻线，底外缘有一周隐约可见的略倾斜的浅平行刻线。口径 8、底径 5.2、高 5.4 厘米，壁厚 0.5 ~ 0.6 厘米（图二五三，3；彩版七四，3）。

M4：2（考 3659.1–2），夹砂黄褐陶。底边缘有不甚清晰的浅刻线。口径 8.8、底径 6、高 6.8 厘米（图二五三，4；彩版七四，4）。

M10：2（考 3677），夹砂灰褐陶，陶色不均，器内、外壁有烟炱。口径 5.9、底径 4.3、高 5.9 厘米（图二五三，5；彩版七四，5）。

M30：12（考 3762），夹砂黄褐陶，器表涂抹有泥浆。器壁上半部有一个较低缓的疣状凸。

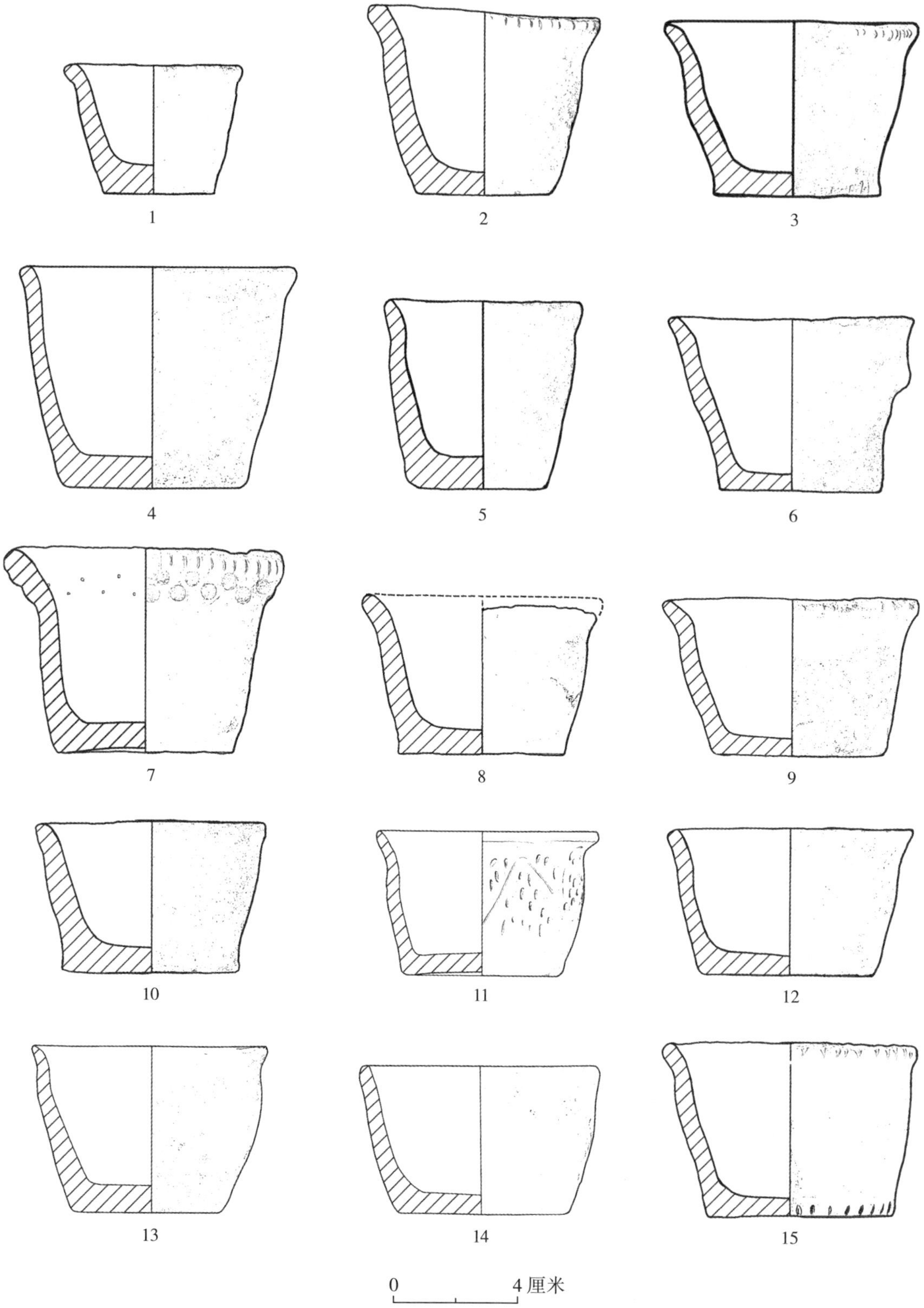

图二五三　夹砂陶杯（A型）

1～7. Aa型（M55：2-1、M63：1、M53：2、M4：2、M10：2、M30：12、M44：2）　8～15. Ab型（M57：2、M54：1、M35：6-1、K11-175：17、考3910.2、考4120.3、考4119.2、M44：1）

口径 7.7、底径 4.9、高 5.5 厘米（图二五三，6；彩版七四，6）。

M44：2（考 3812），夹砂黄褐陶，陶色不均，器表抹有少量泥浆。口沿饰较细密的刻齿纹，口沿下的器表饰两周略扁的珍珠纹，两周的珍珠纹交替分布。在珍珠纹带上的外壁有两对对称分布的未穿透的小孔。口径 9、底径 5.8、高 6.4 厘米（图二五三，7；彩版七四，7）。

Ab 型　8 件。浅腹或腹部略浅。

M57：2（考 3855），夹砂黄褐陶。口径 7.8、底径 5.4、高 5 厘米（图二五三，8；彩版七五，1）。

M54：1（考 3846），夹砂黄褐陶，陶色不均。口径 8、底径 5.4 ~ 5.7、高 5 厘米（图二五三，9；彩版七五，2）。

M35：6–1（考 3778），夹砂灰褐陶。口微外侈。口径 7.4、底径 5.4、高 4.6 厘米（图二五三，10；彩版七五，3）。

K11–175：17（考 4029–3），夹砂黑褐陶。腹部饰由凹点纹组成的上、下交错分布的三角形纹饰，相邻的三角纹之间用斜刻线相隔，底边缘隐约可见几个稀疏的浅刻线。口径 7、底径 4.8 ~ 5、高 4.6 厘米，壁厚 0.4 ~ 0.7 厘米（图二五三，11；彩版七五，4）。

考 3910.2，夹砂黄褐陶，陶色不均，部分器表和内壁呈黑褐色。口径 7.8、底径 5.5、高 4.6 厘米（图二五三，12；彩版七五，5）。

考 4120.3，夹砂黄褐陶。口径约 7.5、底径 4.5、高 5.2 厘米（图二五三，13；彩版七五，6）。

考 4119.2，夹砂黄褐陶，器表抹细泥。口径 7.6、底径 5.5、高 4.6 厘米（图二五三，14；彩版七五，7）。

M44：1（考 3811），夹砂黄褐陶，陶色不均，器表抹有泥浆。口沿外侧和底部边缘有纵向刻齿纹。器壁较其他陶杯略薄。口径 8.2、底径 5.9、高 5.4 厘米（图二五三，15；彩版七五，8）。

B 型　13 件。腹部外弧。根据腹部深度差别，分三亚型。

Ba 型　3 件。深腹。

K28–250：14（考 4117.4），夹砂黄褐陶。口径 7.2、底径 4、高 7 厘米（图二五四，1；彩版七六，1）。

M11：1（考 3680），夹砂黄褐陶。口径 8、底径 5、高 6.5 厘米（图二五四，2；彩版七六，2）。

K35–268：4（考 4111.2），夹砂黄褐陶。口沿上有少量因磨损而不甚清晰的浅刻齿纹。口径 7.2、底径 5.8、高 6.9 厘米（图二五四，3；彩版七六，3）。

Bb 型　8 件。腹部略浅。

M50：1（考 3834），夹砂黄褐陶，陶色不均，部分器表有烟炱。口径 7.9、底径 4.7、高 6.1 厘米（图二五四，4；彩版七六，4）。

Z8：7（考 3911.1），夹砂黄褐陶。口沿外侧、底边缘隐约可见纵向浅刻线。口径 9、底径 6、高 6.4 厘米（图二五四，5；彩版七六，5）。

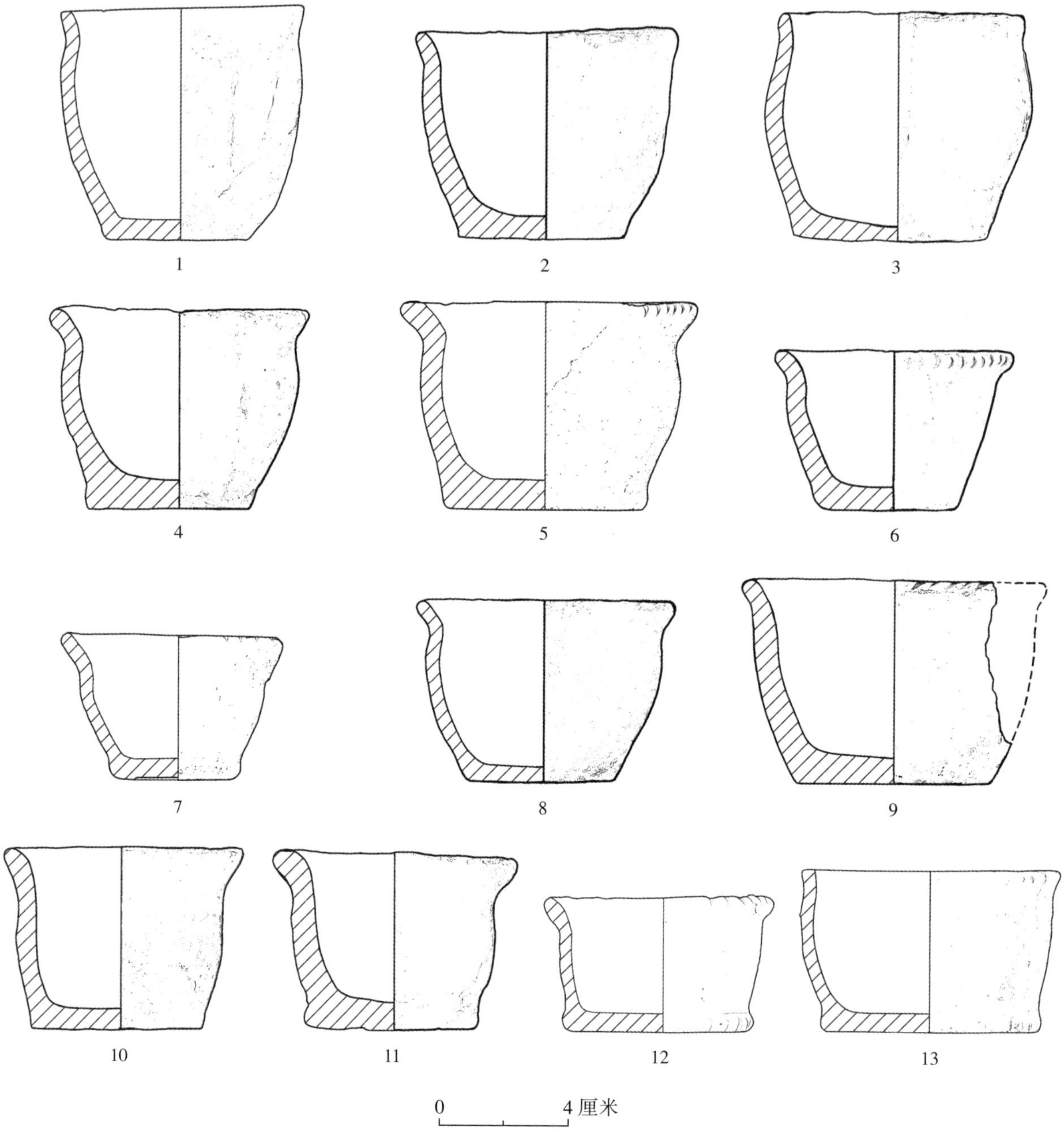

图二五四　夹砂陶杯（B型）

1 ~ 3. Ba型（K28-250：14、M11：1、K35-268：4）　4 ~ 11. Bb型（M50：1、Z8：7、M24：1、Z146：1、M7：2、K29-220：2、M6：1、M58：2）　12、13. Bc型（考4118. 4、考4119. 1）

M24：1（考3745），夹砂黄褐陶。口沿上、器底外缘各有一周纵向的平行刻齿纹。口径7.2 ~ 7.5、底径4、高4.9厘米（图二五四，6；彩版七六，6）。

Z146：1（考3911.2），夹砂黄褐陶。口长径7.1、口短径6.8、底径4、高4.5 ~ 5厘米，口部厚0.55厘米（图二五四，7；彩版七七，1）。

M7：2（考3672），夹砂黄褐陶。口径7.9、底径4.5、高5.5厘米（图二五四，8；彩版七七，2）。

K29–220：2（考 4115.3），夹砂黄褐陶。口沿上、器底外缘有隐约可见的斜向刻划纹。口径 9.4、底径 5.9、高 6.2 厘米（图二五四，9；彩版七七，3）。

M6：1（考 3669），夹砂黄褐陶。侈口。口径 7.3、底径 5.2、高 5.5 厘米（图二五四，10；彩版七七，4）。

M58：2（考 3858），夹砂黑褐陶。器底边缘外凸明显，明显可见是器壁、器底分制后黏合而成。口径 7.5、底径 5.1、高 5.3 厘米（图二五四，11；彩版七七，6）。

Bc 型　2 件。腹部较浅。

考 4118.4，夹砂黄褐陶。口沿上有斜向刻齿纹。口径 7、底径 5.4、高 4 厘米（图二五四，12；彩版七七，5）。

考 4119.1，夹砂黑褐陶，内壁呈黄褐色。口沿、底边缘残存少量隐约可见的纵向浅刻线纹。口径约 7.7、底径约 6.6、高 4.9 厘米（图二五四，13；彩版七七，7）。

C 型　8 件。斜腹。根据腹深度的差别，分两亚型。

Ca 型　4 件。腹部较深。

K54–450：1（考 4119.4），夹砂黄褐陶，器表有灰褐、黑褐色薄附着层。口沿外侧、底部边缘饰纵向刻齿纹，底部外壁有刻划的菱形纹，菱形内填对角交叉的阴刻十字图案。口径 7.4、底径 4.3、高 5 厘米（图二五五，1；彩版七八，1、2）。

考 4120.6，夹砂黄褐陶。器身横截面为椭圆形。口长径 6.9、口短径 6.5、底长径 4.9、底短径 4.5、高 4.5 厘米（图二五五，2；彩版七八，3）。

M4：1（考 3659.1–1），夹砂黄褐陶。口径 7.5、底径 5.6、高 5.7 厘米（图二五五，3；彩版七八，4）。

K37–238：8（考 4119.3），夹砂黄褐陶，陶色不均。口沿外侧、器底边缘饰纵向刻齿纹。口径 7.3、底径 5.6、高 4.9 厘米（图二五五，4；彩版七八，6）。

Cb 型　4 件。腹部略浅。

M16：3（考 3708），夹粗砂红褐陶。口径 8、底径 5.2、高 4.5 厘米（图二五五，5；彩版七八，5）。

M35：10（考 3781），夹砂黄褐陶，质地粗糙。口径约 7.9、底径 5.4、高约 5 厘米（图二五五，6；彩版七九，1）。

M41：采集（考 3799），夹砂黑褐陶。器表略不平整。口径 7.5、底径 5、高 4.8 厘米（图二五五，7；彩版七九，2）。

M19：5（考 3723），夹砂黄褐陶。口径 6.5、底径 5.1、高 3.9 厘米（图二五五，8；彩版七九，3）。

5. 夹砂陶鬲、陶豆

（1）陶鬲

保留部位较多的有 3 件。

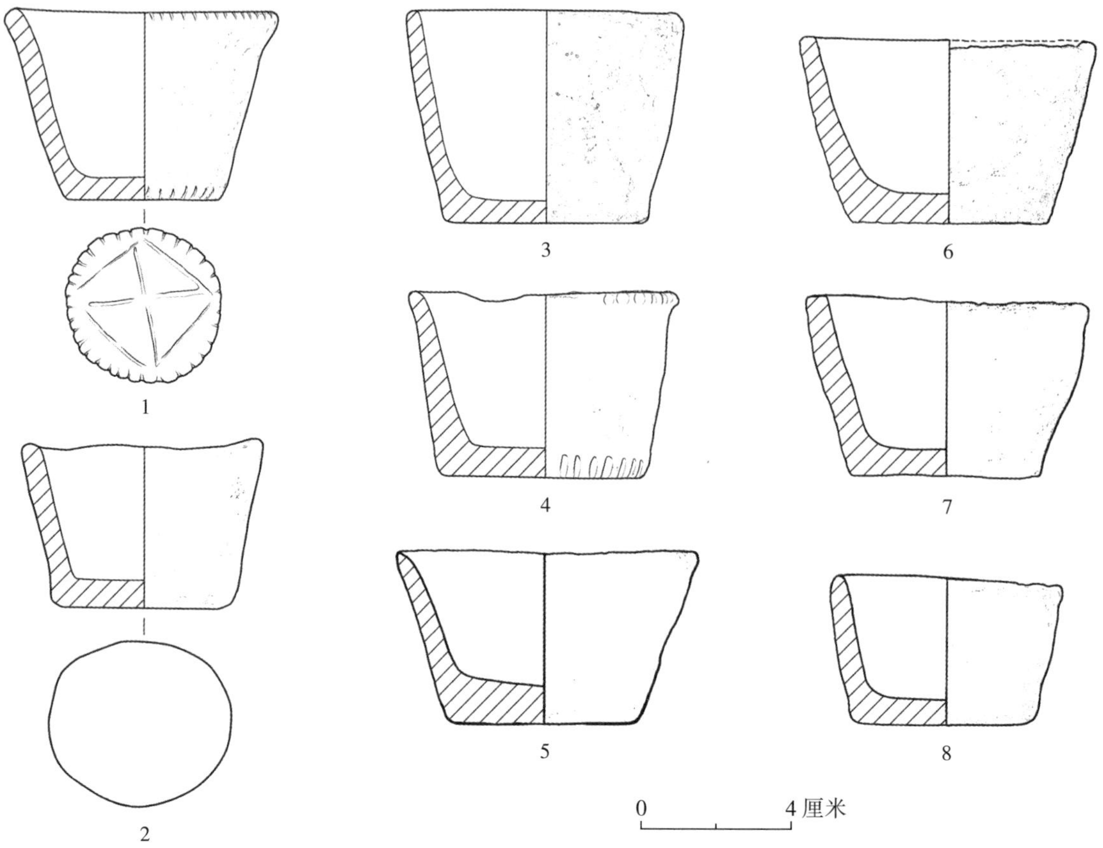

图二五五　夹砂陶杯（C 型）

1 ~ 4. Ca 型（K54-450：1、考 4120. 6、M4：1、K37-238：8）　5 ~ 8. Cb 型（M16：3、M35：10、M41：采集、M19：5）

K49-315：16（考 4095），上腹有一段不能复原。夹砂褐陶，陶色不均。口沿外侧有由连续大凹点组成的凹点纹，口沿下有两排珍珠纹，珍珠纹以下有一周大凹点纹。口径 15 ~ 15.5、高约 13.5 厘米，壁厚约 0.7 厘米（图二五六，1；彩版七九，5）。

M43：2（考 3806），残存可拼对的两片口沿残片。夹砂黑褐陶，表面抹一薄层泥浆。口沿外侧饰纵向刻齿纹，刻齿纹下至颈腹转折处饰五周略扁的珍珠纹，相邻两排珍珠纹相间分布。根据残存部分推测，陶器口径约 24 厘米（图二五六，2；彩版七九，6）。

K43-306：18，残碎，口部形状不明。器表磨光，有红色陶衣。根据清理出土时残存部分推测，鬲足短小，裆甚宽，两足粘接处可见两重泥胎相叠捏合痕迹。可知鬲足制法是先分别制出三个鬲足，然后再捏合在一起[1]。

（2）陶豆

在清理区发现 7 件陶豆或疑似陶豆的残片（详见表六），但是形状明确且残留部位较多的陶豆只有 1 件。其余整理时未见实物。

[1] 整理时未见实物，根据旧发掘报告初稿整理。

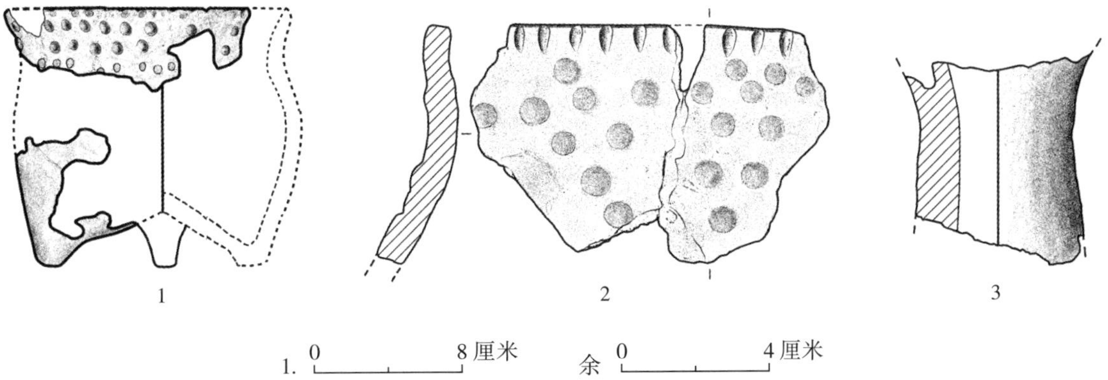

图二五六　夹砂陶鬲、夹砂陶豆

1. 陶鬲（K49-315：16）　2. 陶鬲口沿（M43：2）　3. 陶豆柄残段（K51-382：8）

表六　西岔沟墓地清理坑出土陶豆统计表[1]

序号	器物编号	陶豆部位	陶质	备注
1	K49-329：3	陶豆?	磨光夹砂黑灰红褐陶	
2	K51-391：6	豆器底	夹砂黑灰陶	
3	K51-382：8	豆柄	夹细砂灰褐陶，未淘洗	图二五六，3
4	K52-486：10	豆盘	纯灰色细灰陶，未淘洗，夹少量细砂	
5	K57-370：4	豆柄	粗灰陶	
6	K59-483：48	豆座?	夹砂红胎，有模糊的刀修痕迹	
7	K88-646：646	豆	夹砂粗红陶	

K51-382：8（考4030），仅残存一段豆柄部。夹细砂灰褐陶。柄中部横截面直径4.2厘米，残高5.6厘米（图二五六，3；彩版七九，4）。

有5件陶豆残片质地为夹砂陶，2件为细灰陶，推测后者可能是泥质灰陶。根据东北地区战国至西汉时期的发现可知，东北本地传统的陶豆为夹砂陶，燕文化陶豆是泥质灰陶。

6. 夹砂陶纺轮

共8件。根据整体形状差别，分三型。

A型　1件。器身扁平。

M17：1（考3716），夹砂黑褐陶。直径4.8、高0.8厘米（图二五七，1；彩版八〇，1）。

B型　6件。底部平整，上半部外鼓，近窝头形。

M54：2（考3847），夹砂红褐陶。直径4.4、高2.3、孔径0.66厘米（图二五七，3；彩版八〇，2）。

[1] 根据发掘档案保留的清理坑器物登记表统计。

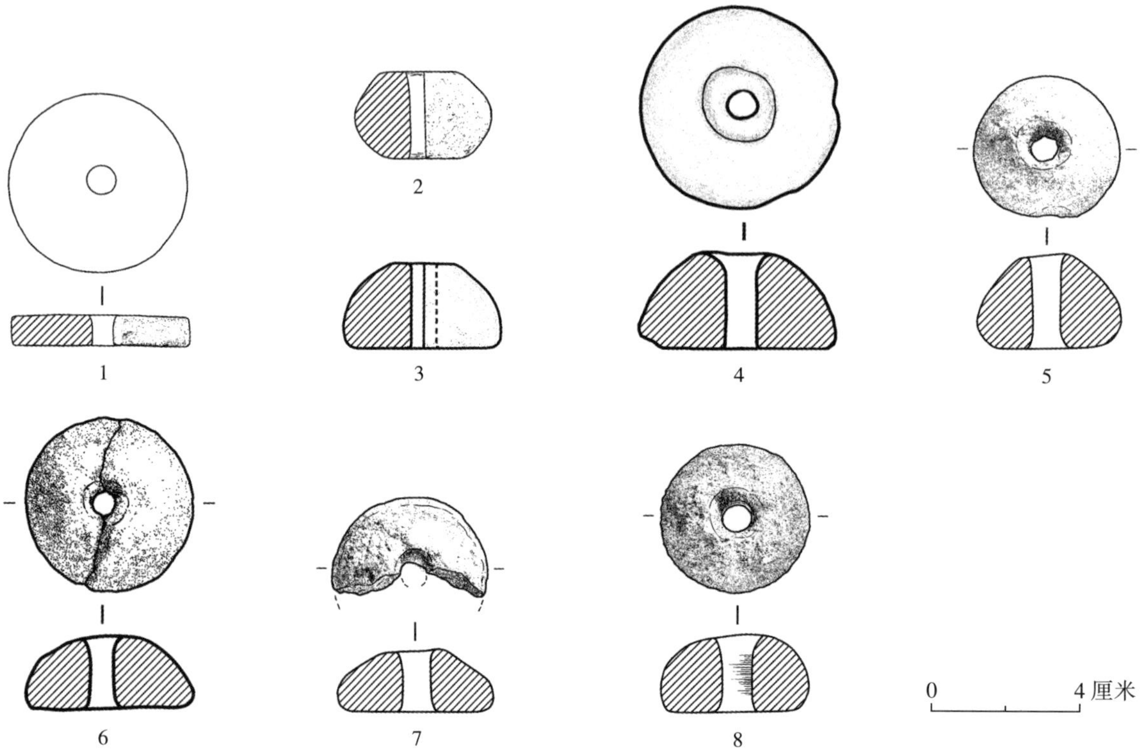

图二五七　夹砂陶纺轮

1. A型（M17：1）　2. C型（M2：3）　3～8. B型（M54：2、M19：6、K22-140：1、考4094-2、考4094-3、考4094-5）

M19：6（考3724），夹砂黄褐陶。顶部孔径变大。直径5.3、高2.6、大部分孔径0.8～0.95厘米，顶部穿孔直径扩展到2.1厘米（图二五七，4；彩版八〇，4）。

K22-140：1（考4094-7），夹砂黄褐陶。在顶部穿孔外侧有一周小凹点。直径3.75、高2.5厘米（图二五七，5；彩版八〇，5）。

考4094-2，夹砂红褐陶。直径4.5、高2厘米（图二五七，6；彩版八〇，7）。

考4094-3，夹砂黄褐陶。直径4.3、高1.7厘米（图二五七，7）。

考4094-5，夹砂黑褐陶。直径3.9、高2厘米（图二五七，8；彩版八〇，6）。

C型　1件。两端平整、中部外鼓的算珠形。

M2：3（考3651），完整。夹砂灰褐陶，表面略粗糙。直径3.8、高2.3、穿孔两端处直径0.9厘米（图二五七，2；彩版八〇，3）。

（二）泥质陶器

共10件。陶质不纯，大多数夹细砂。大多数为灰色，少数为黄褐色。

1. 泥质陶壶

2件。形状相似。

M49：5（考3831-1），夹细砂泥质灰陶。肩部以下有五周不明显的凸弦纹。口径9.4、腹径 14.4、底径 8.5、高 15.5 厘米（图二五八，1；彩版八一，1）。

K71–539∶18（考 4098），夹细砂泥质灰陶。肩部饰由两周凹弦纹内填一周波浪纹组成的纹带。口径 9.3、腹径 14.4、底径 9、高 15.5 厘米（图二五八，2；彩版八一，2）。

2. 泥质陶罐

共 5 件。根据器身、口沿形状差别，分四型。

A 型　2 件。圆鼓腹，侈口，口沿平折。

K79–575∶21（考 4107），泥质黄褐陶。轮制。口径 12.8、腹径 23.7、底径 11、高 18.4 厘米（图二五八，3；彩版八一，3）。

K57–367∶21（考 4106），夹细砂泥质灰陶，器表抹细泥，陶色均匀。轮制。上腹部饰

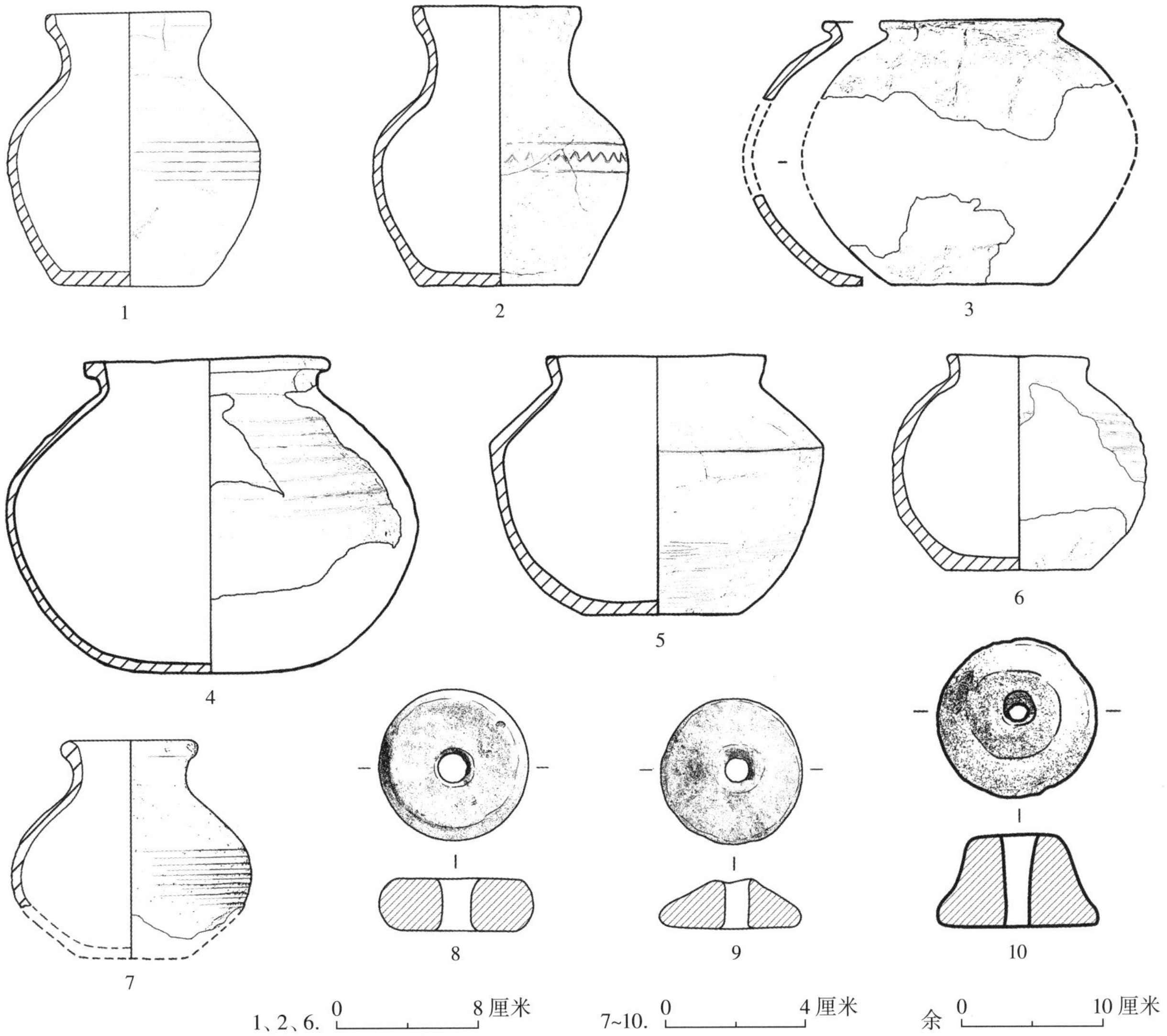

图二五八　泥质陶器

1、2. 陶壶（M49∶5、K71–539∶18）　3、4. A 型陶罐（K79–575∶21、K57–367∶21）　5. B 型陶罐（K44–303∶5）　6. C 型陶罐（K59–478∶7）　7. D 型陶罐（K35–265∶9）　8. A 型陶纺轮（Z136∶7）　9. B 型陶纺轮（考 4094–4）　10. C 型陶纺轮（K61–474∶5）

较平缓的凸棱纹，器底和近底部的器壁拍印绳纹。口径17、腹径28.5、底径11.5、高22厘米（图二五八，4；彩版八一，4、5）。

B型 1件。折肩，矮领略外侈。

K44-303：5（考4024），夹细砂泥质黄褐陶。轮制。上腹部饰四至五周不甚清晰的凹弦纹，下腹部饰横向的绳纹。口径15.2、腹径22.8、底径10～10.5、高18.3厘米（图二五八，5；彩版八二，1、2）。

C型 1件。圆鼓腹，矮直领略外侈。

K59-478：7（考4025），泥质灰陶。轮制。腹部饰六周略圆弧的凸棱纹，凸棱纹以下的下腹部饰一周不甚规整的凹弦纹。口径7.7、腹径14.3、底径8～8.4、高12厘米（图二五八，6；彩版八二，3）。

D型 1件。束颈，溜肩，鼓腹。器形较小。

K35-265：9（考4026），夹细砂泥质灰陶。轮制。腹部饰六周凹弦纹。口径3.8、腹径6.7、残高4.9厘米（图二五八，7；彩版八二，4）。

3. 泥质陶纺轮

共3件。均为泥质灰陶。根据形状差别，分三型。

A型 1件。扁平状。

Z136：7（考4094-1），直径4.1、高1.4厘米（图二五八，8；彩版八〇，10）。

B型 1件。近矮圆锥形。

考4094-4，直径4、高1.3厘米（图二五八，9；彩版八〇，9）。

C型 1件。为两侧内凹的棱台形。

K61-474：5（考4094-6），顶部直径2.5、底径4.45、高2.6厘米（图二五八，10；彩版八〇，8）。

二 铜器

共计3245件。可分为工具、武器、带具及服饰、车马器、铜镜、钱币等六类，另有少数功能不明的铜器。带具服饰类的数量最多，其中铜泡占铜器总数的60%以上。武器类的铜镞数量仅次于铜泡，占铜器总数的17.39%。数量最少的是铜工具，其次是车马器。

（一）工具

共3件。只有空首斧、刀两种。

1. 铜空首斧

共2件。均为铸制。

M6：4，整体近亚腰形，近椭圆形銎孔，弧形双面刃，銎口部有两周凸棱。长5、宽3.4厘米，銎口外缘长3.2、宽2厘米，壁厚0.2～0.35厘米（图二五九，1；彩版八三，2）。

Z27：9（考3919），平面为梯形，顶部略宽；长方形銎孔，刃外弧，两侧面为三角形。

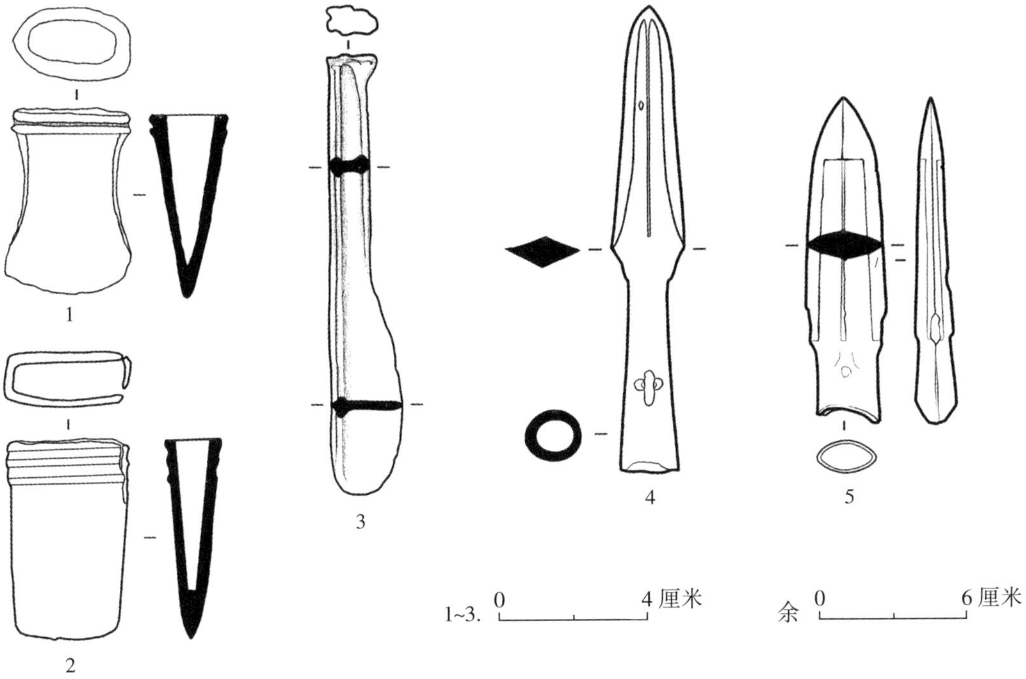

图二五九　铜器

1、2. 铜空首斧（M6：4、Z27：9）　3. 铜刀（Z161：2）　4 ~ 6. 铜矛（Z10：2、Z186：1、Z119：2）

銎孔外缘加厚，形成弧形凸棱。銎孔下有两周凸弦纹。两侧中部各有一条纵向铸缝。长 5.3 厘米，刃宽 2.7 厘米，銎口长 3.4、宽 1.4 厘米，边缘厚 0.3 厘米（图二五九，2；图版三四，1）。

2. 铜刀

只有 1 件。

Z161：2（国 0048），铸制。饼状柄首，平面形状不规则。直柄，刀身部直背，弧形刃。柄部两面有凸棱，一侧的凸棱直通刀背。长 11.6、刃宽 2、背部厚 0.4 厘米（图二五九，3；彩版八三，1）。

（二）武器

绝大多数为铜镞，铜矛只有 3 件。墓地很可能出土 1 件剑身为铜质的铜剑。

1. 铜剑

很可能有 1 件铜短剑，其余的剑均为铁质剑身，其中大多数在铁柄芯外铸出铜柄，即铜柄铁剑。铜柄铁剑归入铁质武器。

有村民称在墓地中区岗洼部的墓葬中发现 1 件铜短剑，位于靠近墓葬侧壁处。该短剑未回收，尺寸、形制不明[1]。

[1] 详见中区第 52 组非发掘清理器物。

2. 铜矛

3 件。形制各不相同。均为铸制。

Z10：2（国 0041），矛叶两侧刃平直向前弧收成锋。圆骹略长。矛叶横截面为菱形，中部起脊。骹上有一穿孔[1]。长 18.5、刃宽 2.8 厘米（图二五九，4；彩版八三，4；图版二八，1）。

Z186：1（考 3932.1），矛叶横截面为菱形，矛叶中部有较窄的突脊，脊两侧的矛叶表面有长方形的纵向浅槽，骹横截面为宽凸透镜形，骹口为马鞍形。一面骹上有一刻字，似为“公”字。长 13、叶宽 3.3、骹口宽 2.6 厘米（图二五九，5；彩版八三，3）。

Z119：2（考 3932.2），骹部残。器表有较小的砂眼。矛叶略厚，中部有柱状脊。骹孔直达距前锋 3.5 厘米处，骹口残端横截面为菱形。残长 10、矛叶最宽处宽 2.6、厚 1.3 厘米，骹口残端横截面长 1.65、宽 1.2 厘米（图二五九，6）。

3. 铜镞

共 564 件。可分为銎孔镞、三棱镞、管銎镞等三大类。銎孔镞可分为双翼銎孔镞、三翼銎孔镞两小类。三棱镞均有铁铤。管銎镞也可分为双翼、三翼两小类。有的銎孔镞或管銎镞的銎孔内残留有箭杆的纤维。其中 27 号清理坑出土的双翼铜镞的銎孔内残一段十分完整的箭杆，其横截面呈方形，顶端呈方锥状。

双翼銎孔镞数量最多，约占铜镞总数的 61%，其次为三翼銎孔镞，管銎镞的数量最少。各类镞的数量见表七。

表七　西岔沟墓地出土铜镞数量及类别统计表

类别＼数量	数量	占总数的百分比
双翼銎孔镞	344	61.00%
三翼銎孔镞	152	26.95%
三棱有铤镞	58	10.28%
管銎镞	5	0.89%
形制不明镞	5	0.89%
合计	564	100%

（1）双翼銎孔镞

344 件。均为三角形或近三角形镞身，尾翼形成倒刺，镞身中部起脊，銎孔上有形状不规则的镂孔，数量不等。大多数镞的倒刺残断。銎口有椭圆形和菱形两种形状。有的镞銎孔内残留有木质纤维，说明木质箭杆直接插到銎孔内使用。根据镞身宽度和形状的差别，分三型。

[1] 旧报告描述孔的上下有文字标记，整理时未见实物，照片上分辨不清是否有文字。

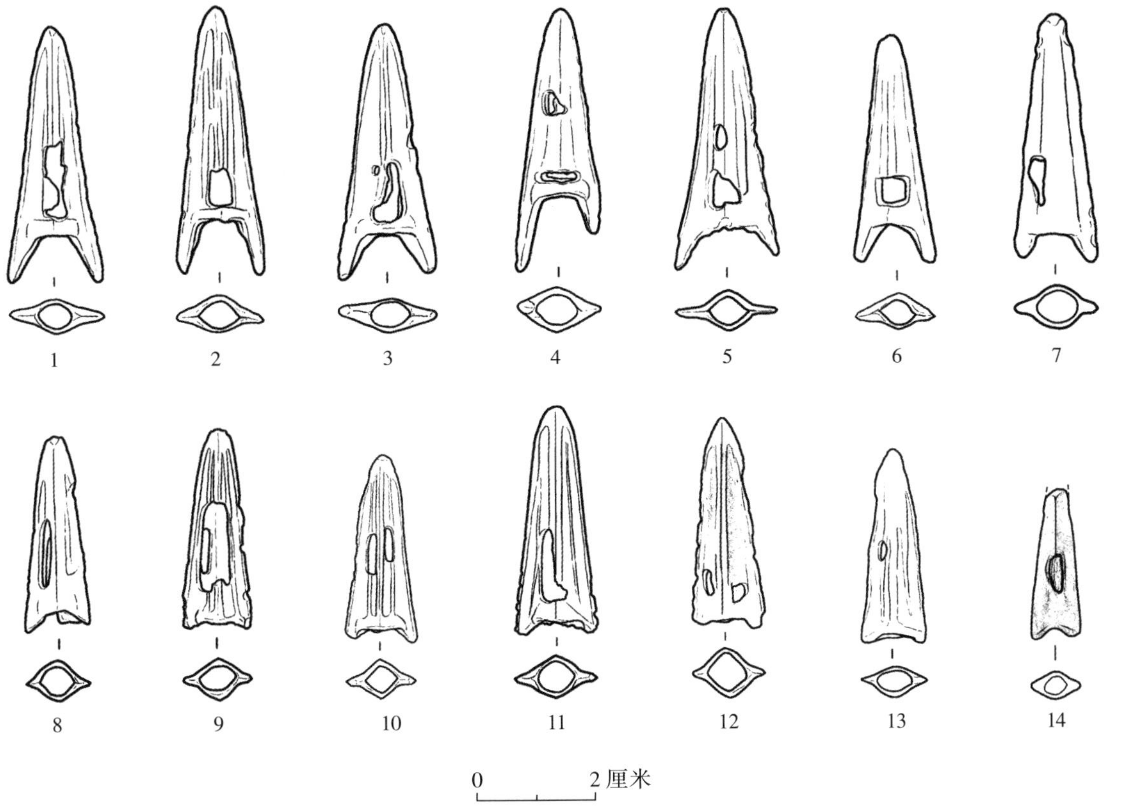

图二六〇　双翼銎孔铜镞（A型）

1. Z45：5-1　2. Z45：5-2　3. 考3941.2　4. Z49：5-1　5. 考4036-6　6. K69-516：4　7. 考3938-2　8. M63：16-1　9. M40：1　10. M24：2-3　11. M36：7　12. M24：6-1　13. M28：1-1　14. M27：2-6

A型　是数量最多的类型[1]。镞身细长。大多数刃部较直，前锋略呈流线型。多数銎口底缘较直（图二六〇；彩版八四，1、2）。

B型　镞身略宽。多数镞身刃部呈流线型，多数镞身下半部的两翼略内凹，前锋内收呈流线型。銎口底缘有的为弧形，有的较直（图二六一；彩版八四，3）。

C型　在三个类型中数量相对最少。镞身较短而宽，尾翼相对较长。前锋内收呈流线型（图二六二；彩版八四，4、5）。

（2）三翼銎孔镞

152件。镞身近三角形，尾翼形成倒刺，大多数镞的倒刺残断。绝大多数銎孔壁与镞身连接处有形状不规则的镂孔。有的镞銎孔内残留有木质纤维，说明木质箭杆直接插到銎孔内使用。根据镞身形状差别，分五型。

A型　是数量最多的类型，占总数的一半以上。镞身呈略宽的长三角形，倒刺外展。根据銎口形状的差别，分三亚型。

Aa型　数量最多。銎口为圆形或近圆形（图二六三；彩版八四，6、7）。

[1] 分类部分没有写明器物数量的，均为受条件所限无法精确统计。数量较多的小件器物中只有较高的分类级别有明确的数量统计。

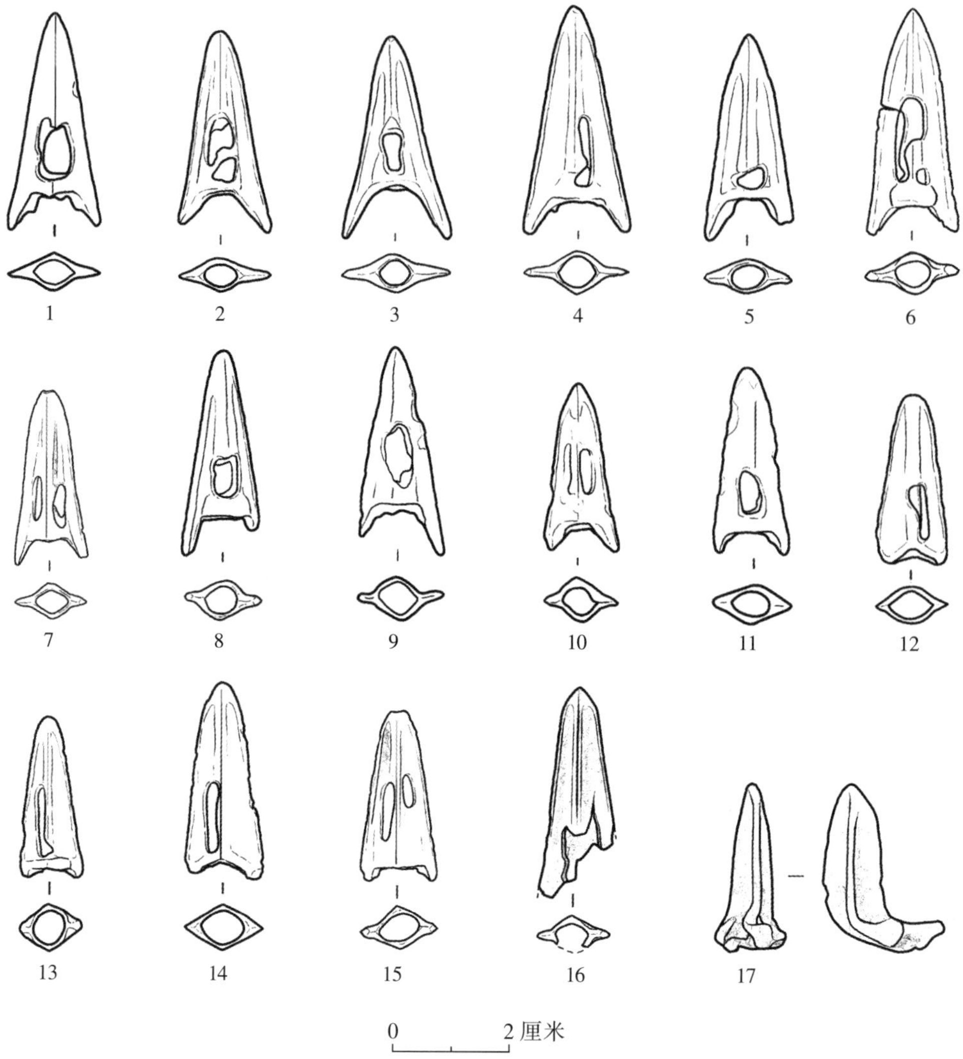

图二六一　双翼銎孔铜镞（B 型）

1. 考 3938-1　2. 考 4036-5　3. 考 4036-9　4. 考 4036-1　5. Z22：2　6. M59：19-1　7. M24：2-1　8. Z38：6-1　9. 考 3938-3　10. 考 4036-4　11. 考 3938-4　12. M47：1-2　13. M47：1-3　14. M47：1-1　15. M24：2-5　16. M59：19-2　17. M27：2-7

Ab 型　数量居中。銎口为圆角等边三角形（图二六四；彩版八四，8）。

Ac 型　数量最少。銎口为等边三角形（图二六五；彩版八四，9）。

B 型　数量中等。镞身为较细长的三角形，倒刺外展程度较小。根据銎口形状的差别，分三亚型。

Ba 型　数量较少。銎口近圆形（图二六六，1 ~ 3）。

Bb 型　数量最多。銎口近圆角等边三角形（图二六六，4 ~ 14；彩版八四，10、11）。

Bc 型　数量最少。銎口近等边三角形（图二六七；彩版八四，12）。

C 型　1 件。镞身平面呈梭形，镞身下半部的三翼呈流线型，略内收（图二六八，1；彩版八四，13）。

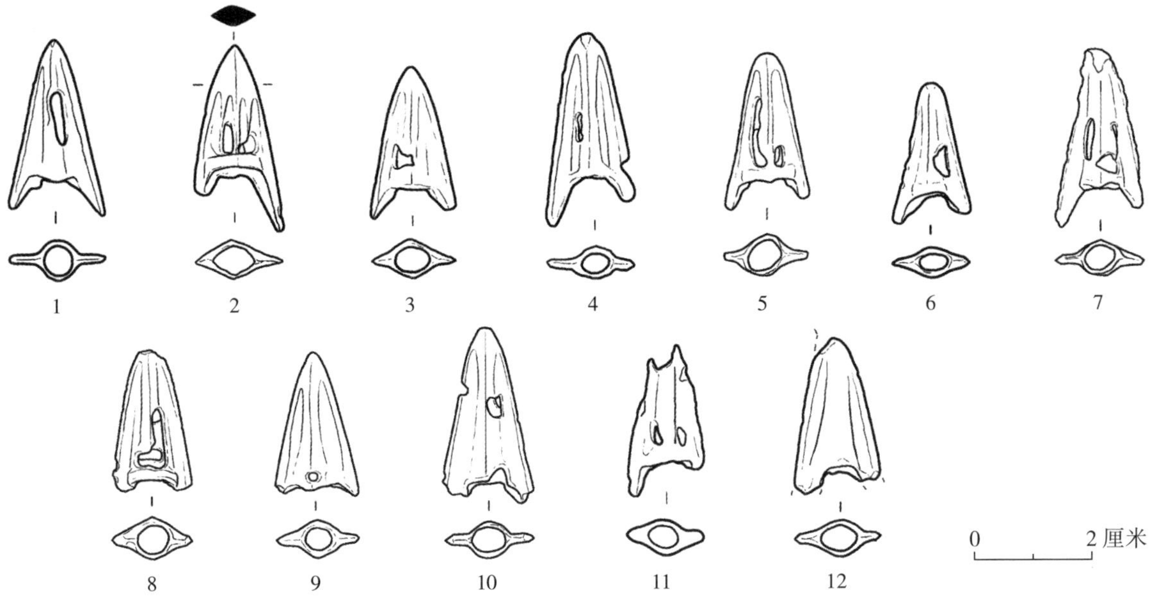

图二六二　双翼銎孔铜镞（C型）

1. 考3938-5　2. 考3941. 22　3. 考4036-8　4. K60-465：1　5. M28：1-6　6. M63：16-2　7. M32：1-4　8. M59：19-10　9. M22：17　10. M27：2-1　11. 考3938-6　12. K60-476：1

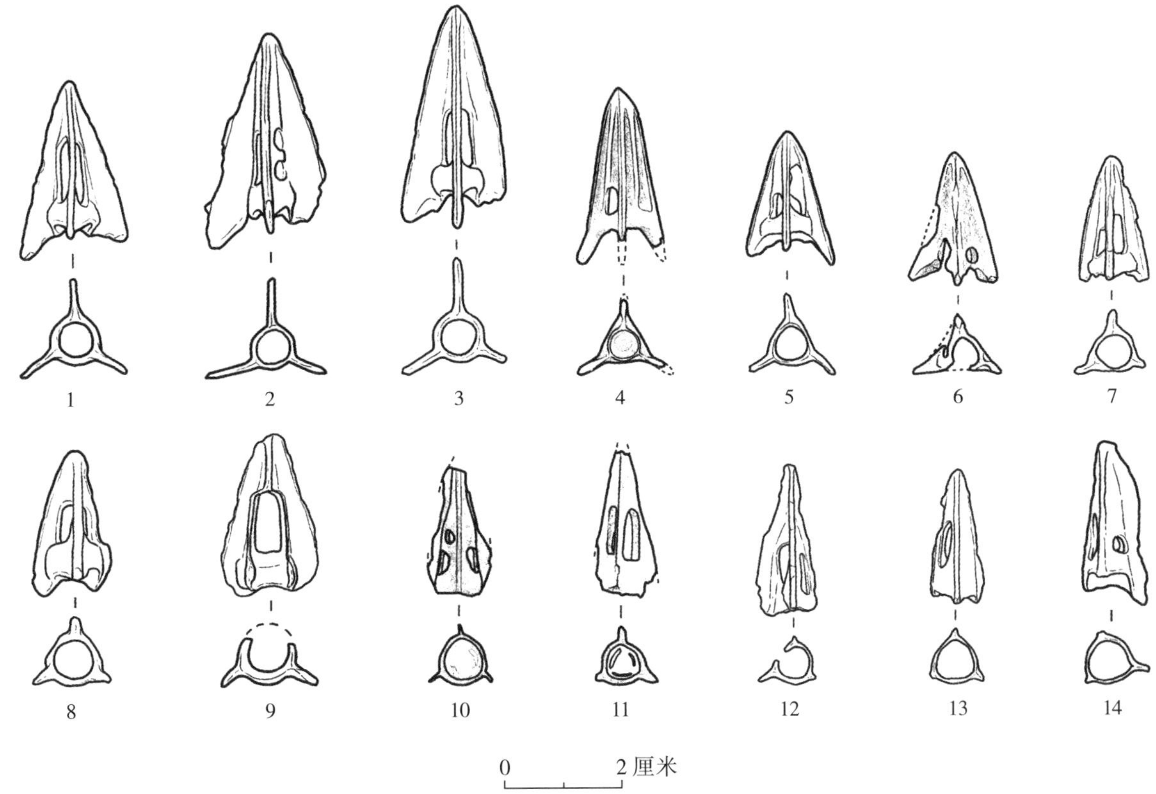

图二六三　三翼銎孔铜镞（Aa型）

1. 考3939-12　2. 考4039-22　3. Z35：6　4. M22：22　5. 考4035-35　6. 考4035-10　7. M22：18　8. 考4035-24　9. M62：6　10. M40：2　11. M27：2-8　12. M32：1-1　13. M32：1-2　14. M63：7-2

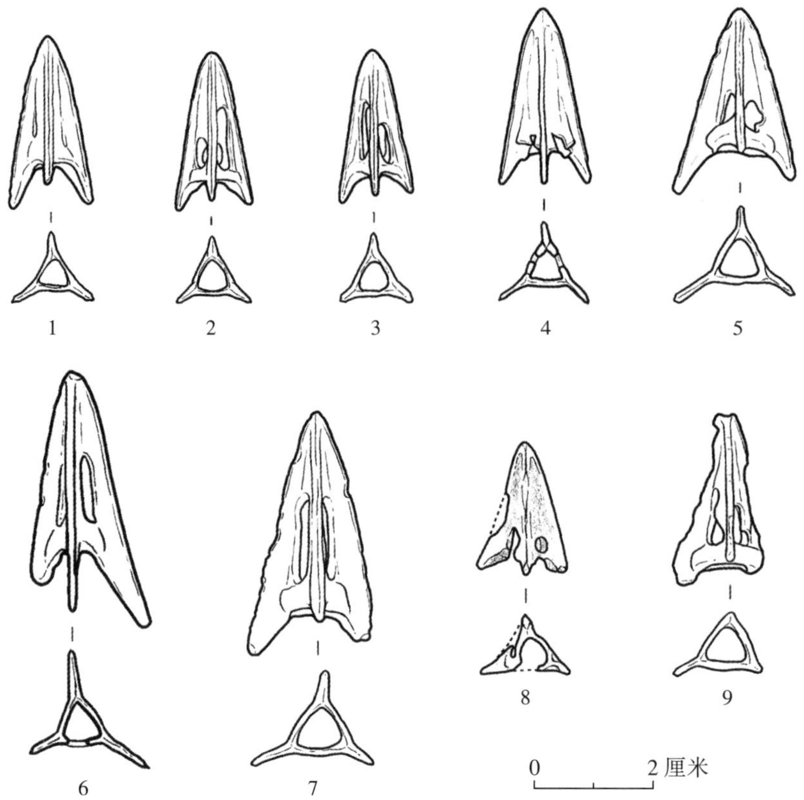

图二六四　三翼銎孔铜镞（Ab型）

1. Z33：4-1　2. 考4035-52　3. Z39：5-2　4. 考3939-10　5. 考3942.8　6. 考4035-31　7. 考4035-33　8. 考4035-20　9. 考4035-21

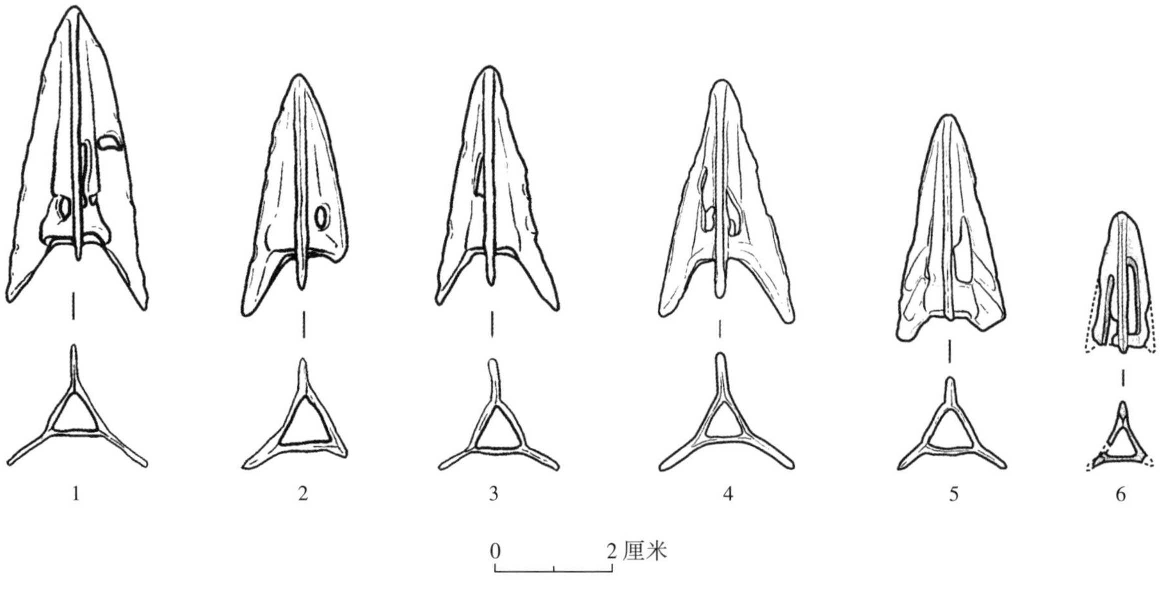

图二六五　三翼銎孔铜镞（Ac型）

1. 考3939-11　2. Z49：5-3　3. 考3941.11　4. M63：7-1　5. 考4035-32　6. 考4035-7

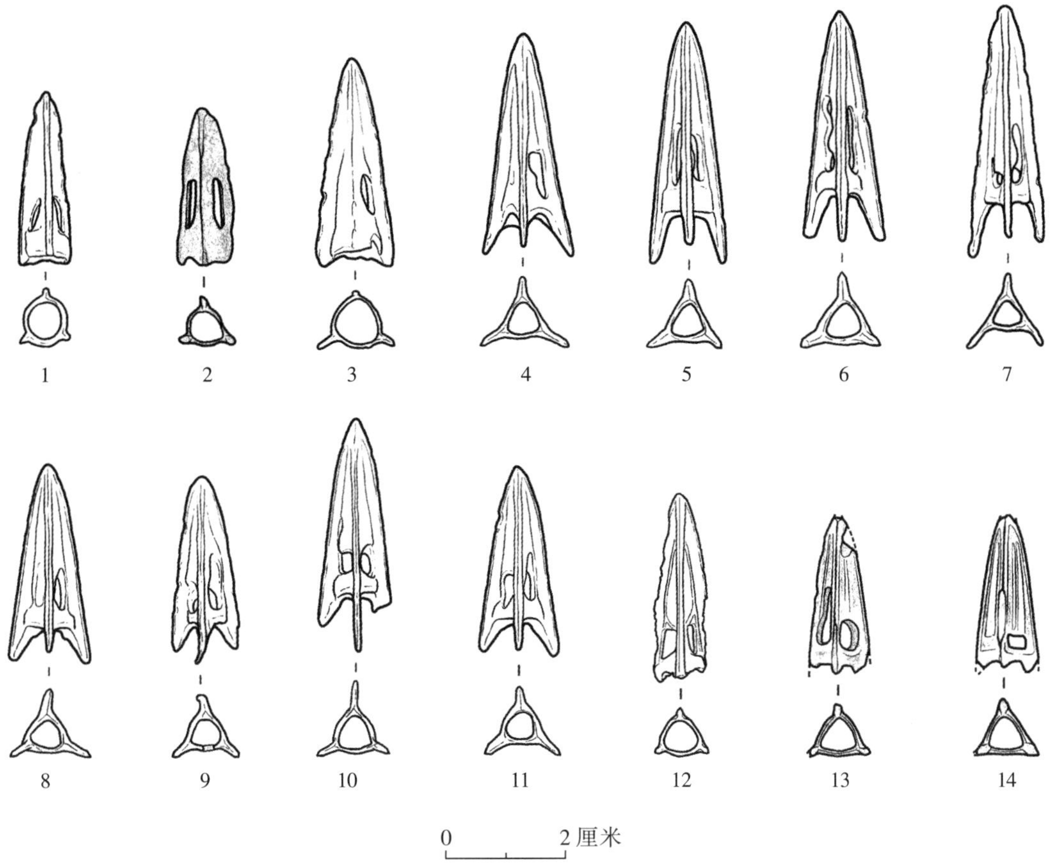

图二六六　三翼銎孔铜镞（Ba、Bb型）

1～3. Ba型（考4035-23、考4035-60、考3941.21）　4～14. Bb型（Z39：5-1、考4035-43、考4035-22、考3939-3、考4035-38、考3939-40、Z33：4-2、考4035-39、M59：28、考4035-5、考4035-45）

D型　1件。镞身呈宽叶形，后锋内收，无倒刺。关部外凸明显（图二六八，2；彩版八四，14）。

E型　1件。镞身近三棱形，銎口为等边三角形，镞身底部平齐。也有可能是用下半部残的A型三翼銎孔镞改制而成（图二六八，3；彩版八五，1）。

（3）三棱有铤镞

58件。镞身平面为长三角形或近三角形，镞身为实心。有关部。铤部均残，残存的铤部均为铁质。镞身上常见1、2个长三角形凹槽。保存完好者关部横截面均为六边形。

从个别镞身断裂的三棱镞可观察到，镞身的内芯为与铁铤连在一起的铁芯，这说明三棱铜镞实际上是铁芯铜镞，是在与铁铤为一体的铁杆的一端上再次浇筑铜液而制成。根据镞身和后锋形状差别，分三型。

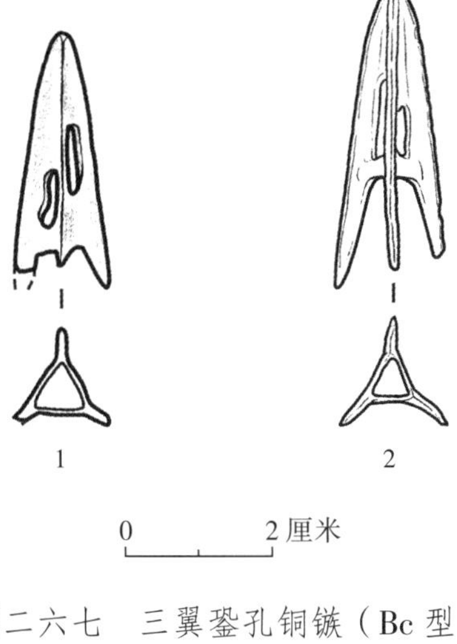

图二六七　三翼銎孔铜镞（Bc型）

1. K51-384：6　2. 考4035-37

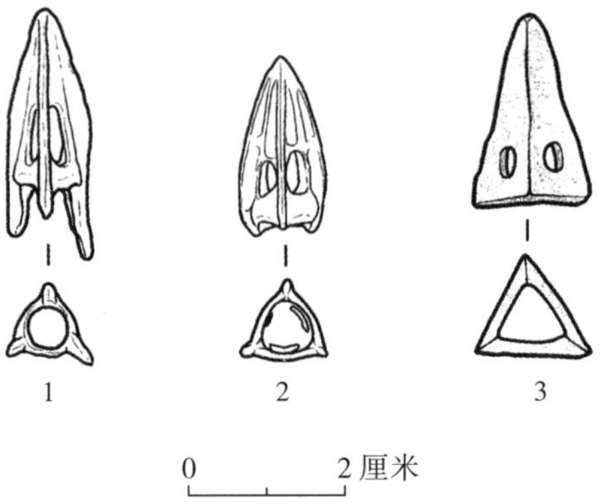

图二六八 三翼銎孔铜镞（C、D、E 型）

1. C 型（考 3939-2） 2. D 型（M22：21） 3. E 型（K66-412：2）

A 型 数量最多。镞身为长三角形，后锋底部平齐，无倒刺。根据镞身相对宽度的差别，分两亚型。

Aa 型 在 A 型中数量最多。镞身细长（图二六九；彩版八三，5）。

Ab 型 数量略少于 Aa 型。镞身略短宽（图二七〇，1 ~ 10；彩版八三，6 ~ 8）。

B 型 数量较少。镞身为长三角形，后锋形成较短的倒刺（图二七〇，11 ~ 14；彩版八三，9 ~ 12）。

C 型 数量较少。镞身较短，刃部略外弧，前锋呈流线型弧收（图二七〇，15、16；彩版八三，13）。

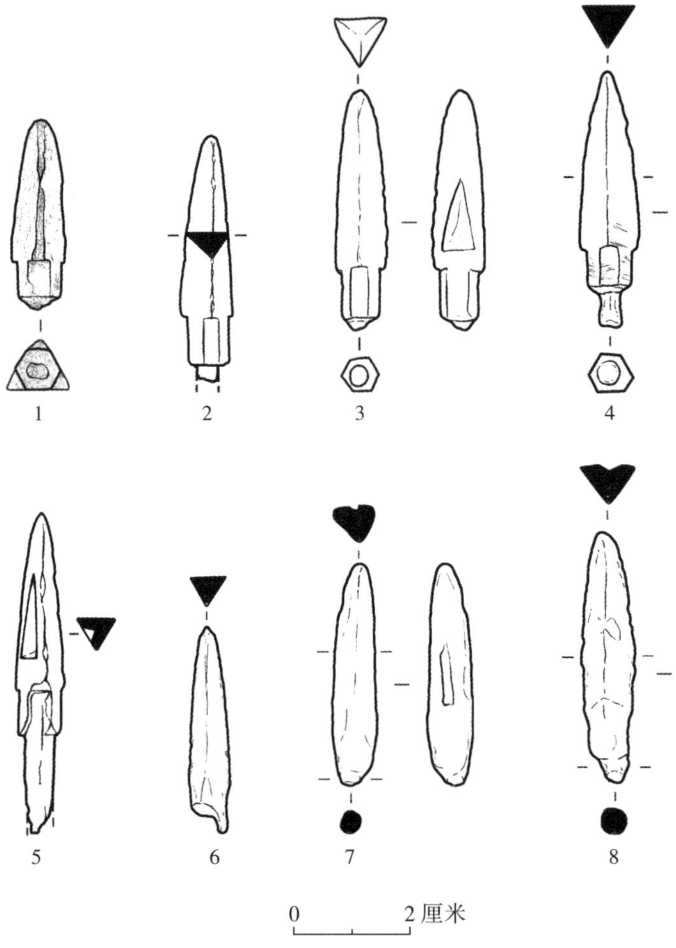

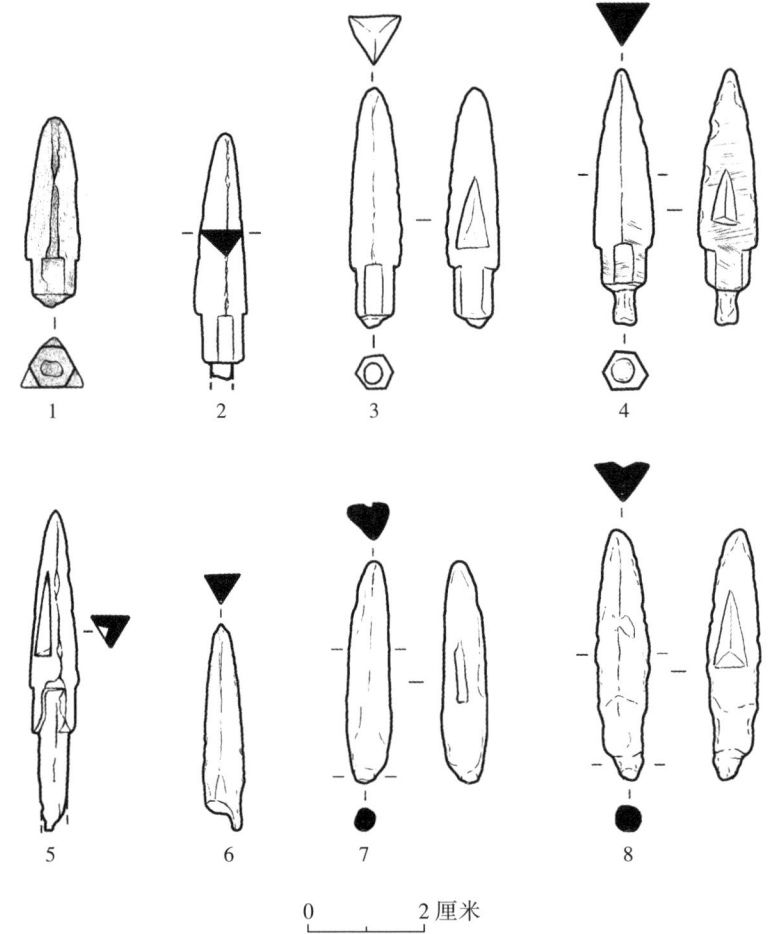

图二六九 三棱有铤铜镞（Aa 型）

1. M63：7-4 2. Z66：2 3. 考 3940-1 4. Z121：33 5. 考 3940-11 6. 考 3940-2 7. 考 4037-2 8. 考 4037-3

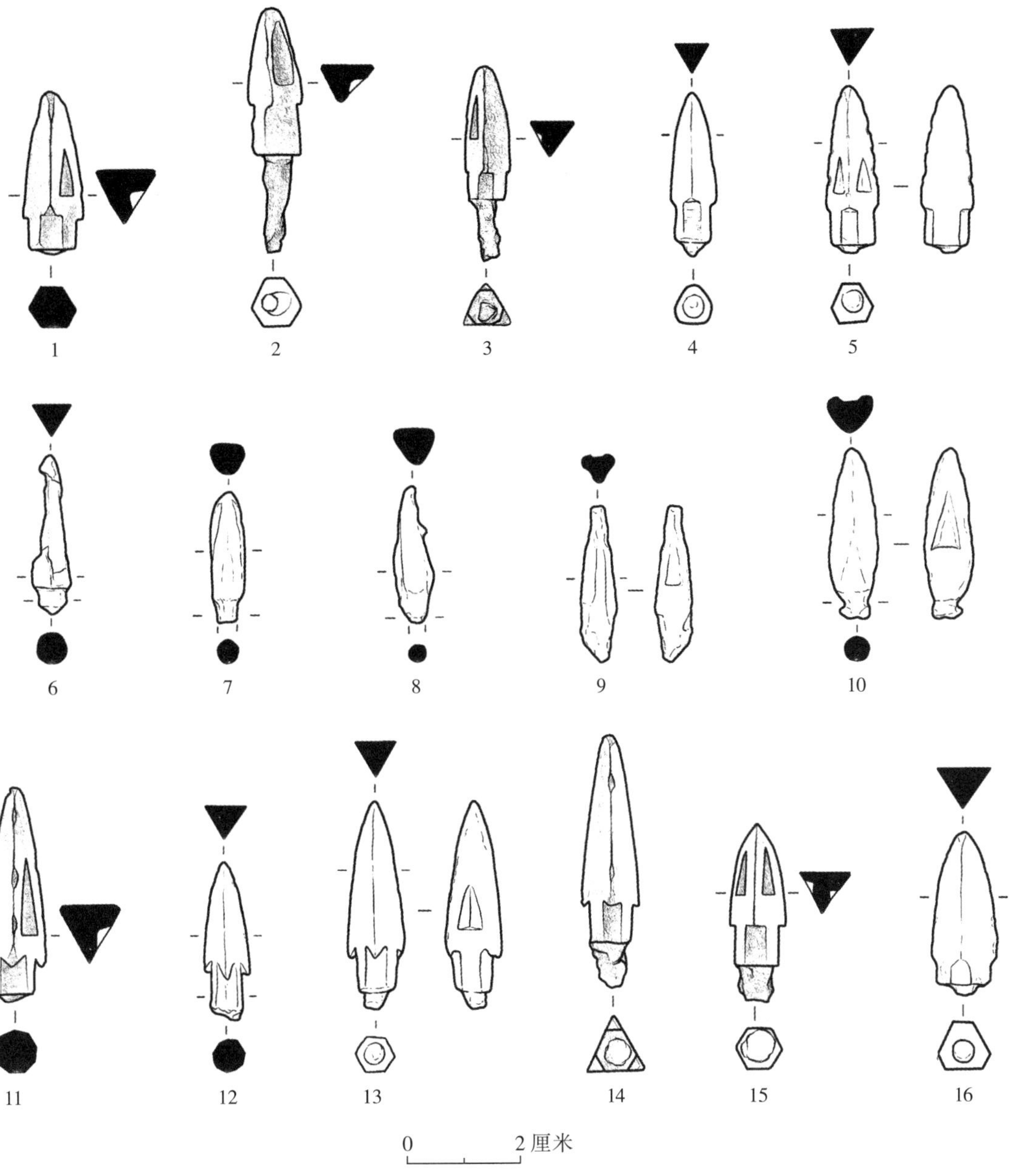

图二七〇　三棱有铤铜镞（Ab、B、C型）

1～10. Ab型（M59：21-4、M59：21-5、M63：7-3、Z115：5、考3943-4、考3940-6、考4037-6、考4037-5、考4037-4、考4037-1）
11～14. B型（M59：21-1、考3940-5、Z38：6-2、考M59：21-2）　15、16. C型（M59：21-3、考3940-3）

（4）管銎镞

5件。可分双翼、三翼两类。

双翼管銎镞　1件（图二七一，1；彩版八五，2）。

三翼管銎镞　4件。根据管銎和镞身形状差别，分两型。

A型　3件。三角形镞身，管銎向下逐渐变粗（图二七一，2～4；彩版八五，3、4）。

B型　1件。镞身为梭形，管銎中部略外鼓（图二七一，5；彩版八五，5）。

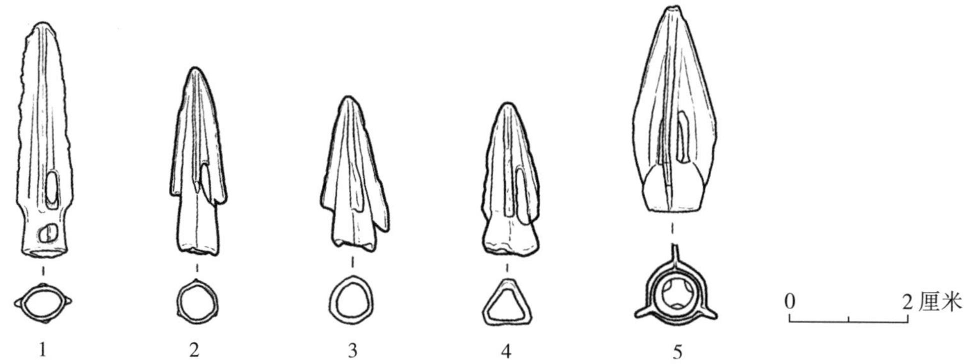

图二七一　管銎铜镞

1. 双翼管銎镞（M59：19-13）　2～4. A型三翼管銎镞（考4035-15、考4035-12、考4035-13）　5. B型三翼管銎镞（M22：20）

（三）服饰、带具

带具和服饰包括各种形状的牌饰、勺形带饰、坠饰、带扣、带钩、铜泡、铜贝、铜铃、铜环、铜轮等10种。其中有的牌饰是腰带上专用的带具，有的应为缝缀在衣服上的服饰；带钩和部分带扣是专用的带具，其余7类还兼有其他功能。

1. 铜牌饰

共33件。均为铸制。是服饰、带具类中形制最丰富、纹饰最复杂的一类，有矩形镂空动物纹牌饰、矩形浅浮雕动物纹牌饰、矩形镂空阶梯纹牌饰、“P”字形镂空动物纹牌饰、椭方形镂空牌饰、马形牌饰、亚腰形牌饰、连珠纹牌饰等八种。各种牌饰在轮廓、纹饰表现方式、纹饰内容等方面均有差别。

（1）矩形镂空动物纹铜牌饰

5件。用将纹饰以外的空间镂空的方法突出所表现的动物纹。均无背纽。正面纹饰轮廓略外鼓，背面相应部分略内凹。5件牌饰纹饰内容均有别，每件均可视为一个型。

A型　双牛纹牌饰。

Z17：1（考3979-1），主体纹饰为两头并列相对的牛。两牛两角相对，头部正面向前，身体上装饰水滴状纹饰。两牛肩部之间有向两侧伸展的树叶。牌饰边缘饰竹节纹，一端边缘中部有一凸纽。长15、宽7.15厘米，厚0.5厘米（图二七二，1；彩版八五，6）。

B型　双驼纹牌饰。

Z37：2-2，正面鎏金。主体纹饰为两峰头相对的骆驼侧面形象。两骆驼之间有一盘绕的藤状树干，树干上的树枝向两侧伸展，两只骆驼口内各衔一树枝。牌饰边缘装饰较稀疏的叶脉纹。长9.5、宽4.8厘米（图二七二，2；彩版八五，7）。

C型　双马纹牌饰。

Z55：10（考3985.4），两侧边缘残缺。主体纹饰为两匹相互噬咬的马。两匹马分别咬住对方的颈部和前腿。长11.3、宽约6.4厘米，纹饰凸起最高处高约0.7厘米（图二七二，3；

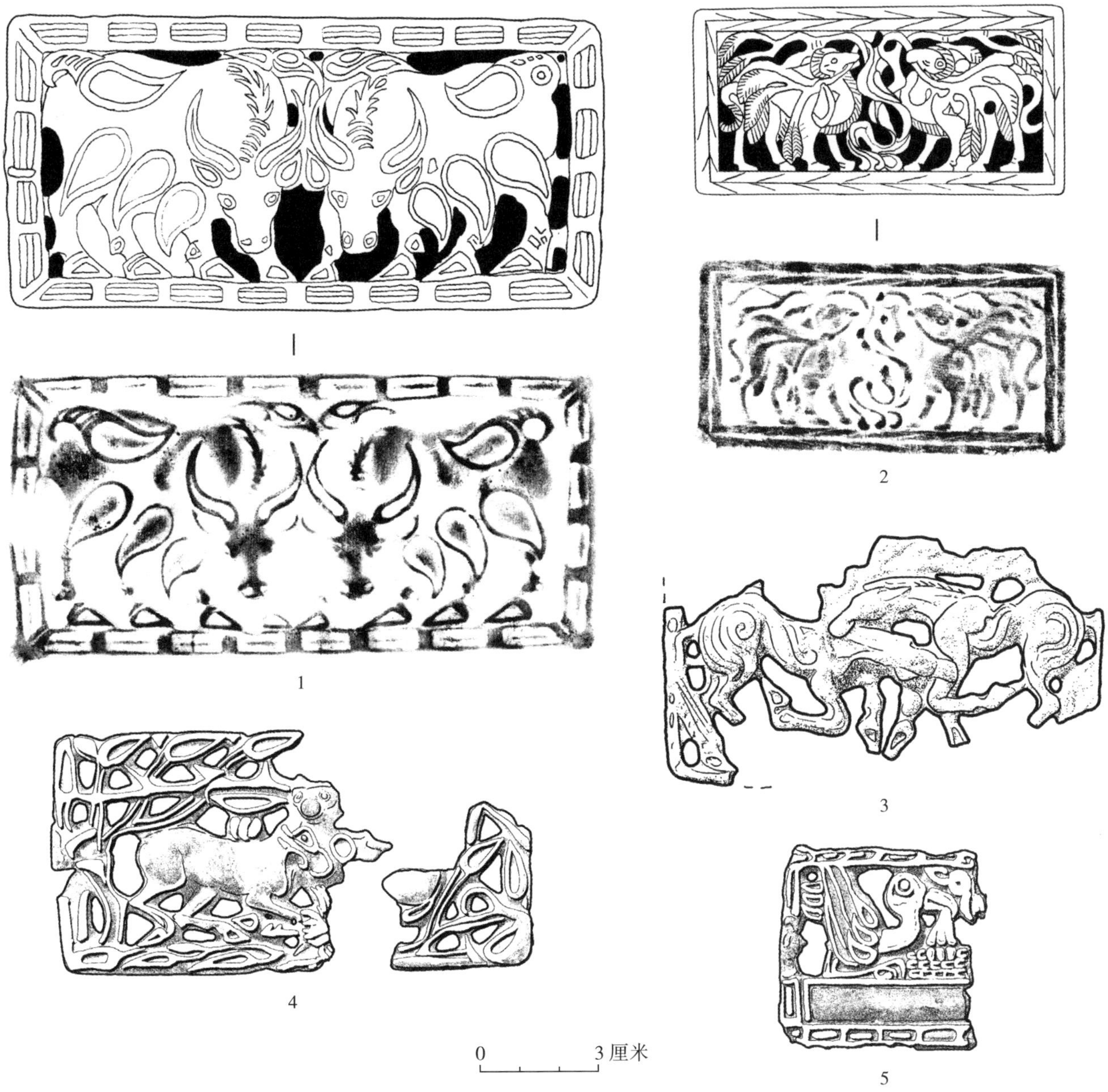

图二七二　矩形镂空动物纹铜牌饰

1. A 型（Z17：1）　2. B 型（Z37：2–2）　3. C 型（Z55：10）　4. D 型（Z14：3）　5. E 型（Z167：1）

彩版八六，1、2）。

D 型　Z14：3（考 3985.6），一部分残缺不能复原。主体纹饰为一头猛兽撕咬一只带大耳的食草动物颈部。牌饰边缘饰水滴状纹。近左侧边缘中部有一纵向的长椭圆形穿孔，穿孔的外侧有一顶部向外弯曲的凸纽。可拼对部分分别残长 8.65、3.7、宽 6、边缘厚 0.3 ~ 0.4 厘米，纹饰最高处高 0.6 厘米（图二七二，4；彩版八六，3、4）。

E 型　对鸟纹牌饰。

Z167：1（考 3985.5），残存约二分之一，边缘不甚平整。残存部分为一个头部向右侧的半俯卧状水禽，水禽以下为一长方形框。在近牌饰左侧边缘中部有一纵向椭圆形穿孔。牌饰边缘装饰竹节纹。残长 5.3、宽 5、边缘高 0.21 ～ 0.3 厘米（图二七二，5；彩版八六，5、6）。

（2）矩形浅浮雕动物纹铜牌饰

3 件。均鎏金。纹饰为浅浮雕状，无镂孔，均有两个纵向的背纽。牌饰边缘略向后弧折。3 件牌饰的纹饰相似，根据主体纹饰构图、边缘纹饰的差别，可分为两个类型。

A 型　2 件。边缘装饰叶脉纹。主体纹饰均为两个背对分布的俯卧的神兽，神兽后蹄翻转，两个神兽之间有两只相对的格里芬头。神兽的末端带格里芬头的长角讹变成一排兽头，位于牌饰的上缘。

Z121：4（考 3986.1），一个背纽残段。近牌饰的右侧边有一圆形穿孔，牌饰边缘装饰叶脉纹。背面有铸造时留下的麻布纹理。长 13.4、宽 7 厘米（图二七三，1；彩版八七，1、2）。

K60–465：9，折断，背纽残。叶脉纹边缘。背面有明显的麻布纹理。纹饰与 Z121：4 特征基本相似。长 10.75、宽 5.3、厚 0.25 厘米，鼻径长 0.36 ～ 0.55、高 0.5 厘米。整理时未见

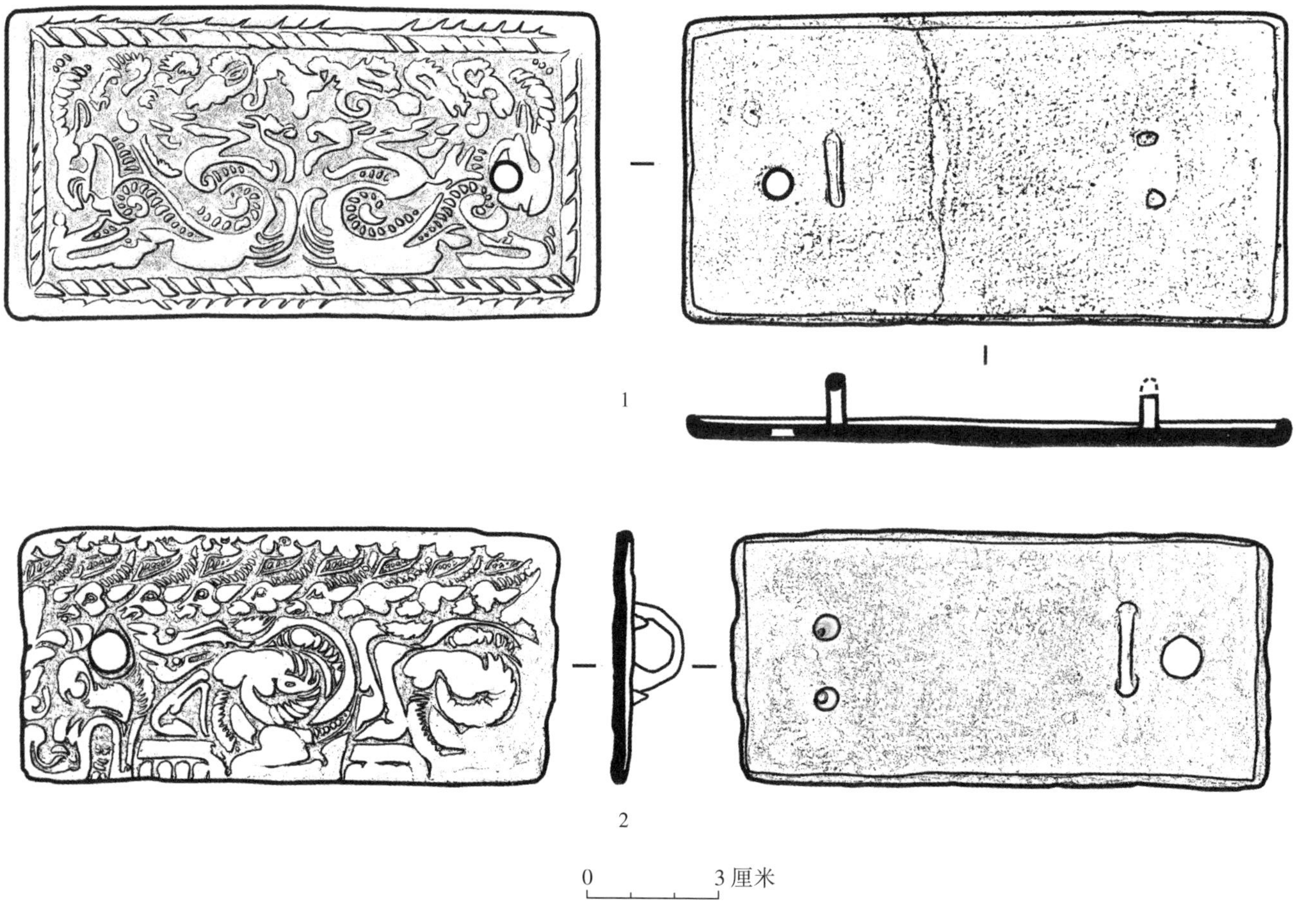

图二七三　矩形浅浮雕动物纹铜牌饰

1. A 型（Z121：4）　2. B 型（Z118：6）

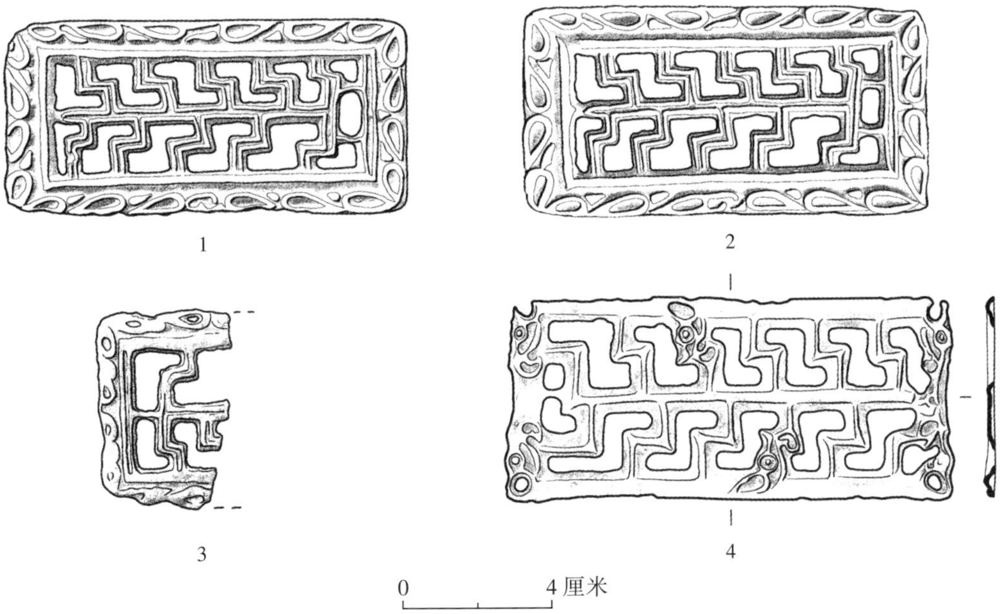

图二七四 矩形镂空阶梯纹铜牌饰

1～3. A型（Z164：4-1、Z164：4-2、Z38：4） 4. B型（M35：1）

实物。

B型 1件。主体纹饰直接分布到牌饰边缘。主体纹饰为一个俯卧的神兽，神兽头在左侧，身体上有两个头向左侧的后蹄翻转的羊。神兽的末端带格里芬头的长角讹变成一排带角的兽头。

Z118：6（考3986.2），一个背纽残段。近牌饰左侧边缘有一圆形穿孔。长12、宽5.6、厚0.45厘米（图二七三，2；彩版八七，3）。

（3）矩形镂空阶梯纹铜牌饰

4件。主体纹饰为两横排交错分布的阶梯纹，两排阶梯之间有一横梁。横梁和阶梯的中部均有一条凹槽。均无背纽，在近牌饰一侧边缘处有较大的镂孔，镂孔外侧有一凸纽，该镂孔应为穿皮条所用。根据边缘装饰纹饰的差别，分两型。

A型 3件。牌饰边缘装饰水滴状纹饰。

Z164：4-1（考3987.2），近右侧缘中部有一长椭圆形镂孔，孔的外侧有一凸纽。长10.8、宽5.2厘米，边缘厚0.18～0.2厘米（图二七四，1；彩版八八，1、2）。

Z164：4-2（考3987.1），近右侧缘中部有一长方形镂孔。长10.8、宽5.45、边缘厚0.18～0.2厘米（图二七四，2；彩版八八，3）。

Z38：4（考3987.3），残存左侧一端，残存部分纹饰与其他2件相同。残长3.6、宽5.25厘米（图二七四，3；彩版八八，4、5）。

B型 1件。牌饰四角和两长边的近中部各装饰一个格里芬头。

M35：1（考3785），四角各有一圆形穿孔。长12.1、宽5.3、厚0.15厘米（图二七四，

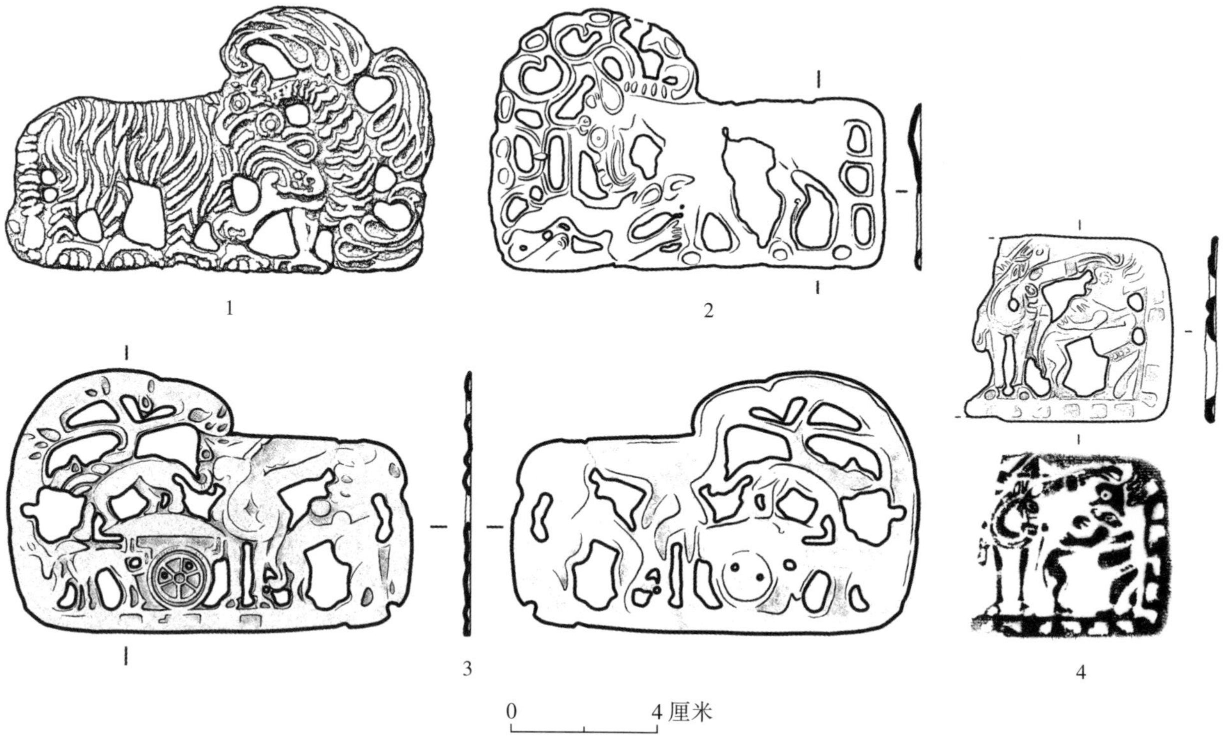

图二七五　“P”字形镂空动物纹铜牌饰

1. Aa型（Z149：2）　2. Ab型（Z49：12）　3、4. B型（Z49：11、Z35：9）

4；彩版八九，1、2）。

（4）“P”字形镂空动物纹铜牌饰

4件。纹饰以外空间镂空，均无背纽。根据纹饰差别，分两型。

A型　2件。纹饰为一神兽与一个动物搏斗。根据纹饰内容差别，分两亚型。

Aa型　1件。纹饰为神兽与格里芬搏斗。

Z149：2（考3985.1），猛兽身躯上和格里芬的躯干上装饰平行的条状凹曲线纹纹饰，格里芬的翅膀上装饰凸线纹和水滴状纹。格里芬形状清楚。牌饰正面的纹饰略外凸，相应背面的位置内凹。长11.5、宽7.1、厚0.15～0.2厘米（图二七五，1；彩版八九，3、4）。

Ab型　1件。纹饰为一较小的动物袭击一带钩喙嘴的神兽，神兽头左侧有一丛类似树冠的镂空纹饰，应为从格里芬讹变而成。

Z49：12（考3985.3），猛兽身上无纹饰，猛兽头部外侧有一纵向椭圆形穿孔，孔的外侧有一凸纽。长10.7、宽7、厚0.15厘米（图二七五，2；彩版八九，5、6）。

B型　2件。纹饰为带人物、车辆和动物的场景。

Z49：11（考3984.1），铸造不甚精细，部分纹饰不清晰。近中部为一带车厢和弧形顶盖的双轮车，车前有动物牵引。车顶上站立一猛兽，车后有一右手持刀的武士，在武士的后面有一猛兽和一人撕扭在一起，猛兽的下半身清晰，人可见头、左臂、腹部和左腿的轮廓。牌饰的左上角为一有较大树冠的树木，在牌饰的边缘用三个一组的小凹坑表现树冠上的树叶。

牌饰的底部和右侧边缘为不甚规整的竹节状纹。近牌饰的右边缘有一近长椭圆形穿孔，在近左侧缘有一形状不规则的穿孔，这两个穿孔应分别为穿系皮条和固定牌饰所用。长 10.8、高 6.9、壁厚 0.16 厘米，重 55 克（图二七五，3；彩版九〇，1、2）。

Z35：9（考 3984.2），残存右侧近长方形的部分。近右侧边缘中部有两个纵向对称分布的近圆形穿孔，应为固定牌饰所用。纹饰与 Z49：11 右半部的基本相同。残长 5.6、宽 4.9、边缘厚 0.2 厘米（图二七五，4；彩版九〇，3）。

（5）椭方形镂空铜牌饰

2 件。根据纹饰内容差别，分两型。

A 型　1 件。纹饰为一行走状的神兽，牌饰边缘饰水滴状纹饰。

Z38：3（考 3985.2），在牌饰背面相当于神兽臀部的位置，有一横向的背纽。纹饰正面略外鼓，背面相应的位置略内凹。近牌饰弧形的一端有一较大的形状不规则的穿孔，孔的外侧有一横向的凸纽。牌饰边缘装饰较小的水滴状纹。长 10.4、宽 7.3 厘米（图二七六，1；彩版九〇，5、6）。

B 型　1 件。纹饰为两骑马前行的武士。

Z115：6-1（国 Y208），纹饰为两骑马前行的武士，前面的武士佩长剑，回首，后面的武士似在与前者交谈。牌饰边缘装饰较稀疏的水滴状纹。近牌饰弧形一端的中部有一纵向圆角长方形穿孔，孔的外侧有一小凸纽。长 11.5、宽 8.9 厘米（图二七六，2；彩版九〇，4）。

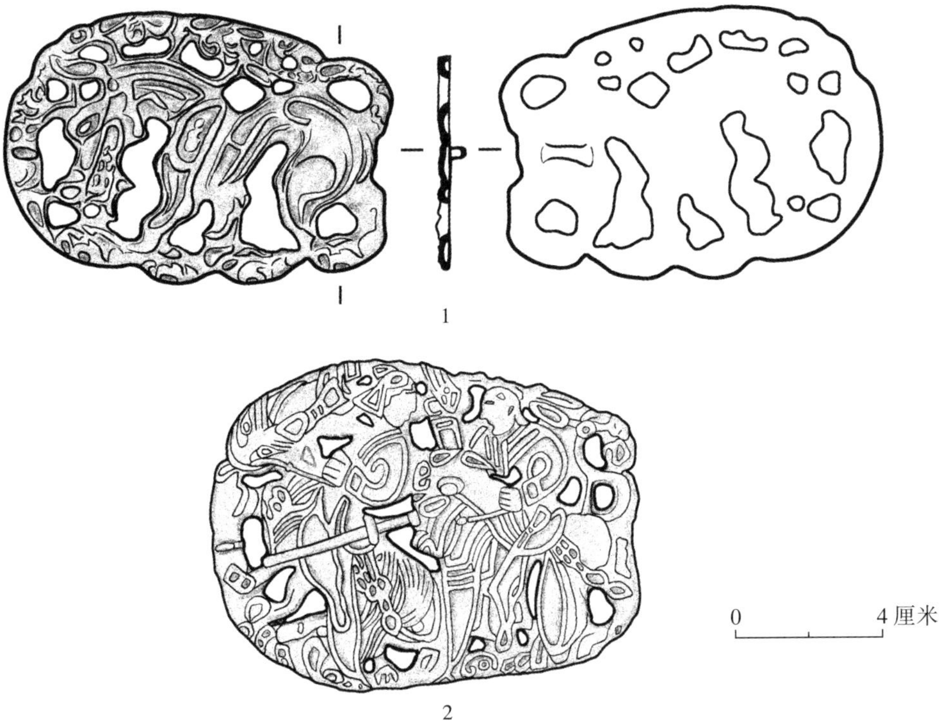

图二七六　椭方形镂空铜牌饰

1. A 型（Z38：3）　2. B 型（Z115：6-1）

（6）马形铜牌饰

7件。牌饰轮廓均为一匹半俯卧状的马，腿部和躯干之间有镂孔。正面略外鼓，背面相应的位置略内凹。可分为带背纽、无背纽两类。

a. 带背纽的马形牌饰

6件。马前、后腿相对蜷曲，有用平行短线表现出的鬃毛，头部有一蕈状凸。背面有两个背纽。根据马体型差别，分两型。

A型　4件。马身材较肥硕，颈部略短。根据背部有无装饰，分两亚型。

Aa型　3件，马背上无装饰，鬃毛位于颈、背部。

M16：8（考3710），马头部的蕈状凸残断。一个背纽内残留一段皮条或线绳。长4.6、高3.4厘米（图二七七，1；彩版九一，1、2）。

K22-136：15（考4068），残存一半。残长3.8、高3.4厘米（图二七七，2；彩版九一，5、6）。

考3973.1，铸造略显粗糙，边缘不甚平整。马前、后蹄相对。蕈状凸较靠近头顶部。长5.7、宽4.45、背纽长1.15厘米（图二七七，3；彩版九一，3、4）。

Ab型　1件。马背上立一鸟。鬃毛从颈部一直分布至臀部，与尾部连为一体。

Z153：1（国0063），马腿和躯干之间的镂孔较小。马前蹄叠在后蹄之上。长6.55、宽4.35厘米（图二七七，4；彩版九一，7；图版二五，3）。

B型　2件。马身材较瘦，颈部略长。鬃毛均位于颈部。

M13：1（考3695），尾部有平行斜向刻线。马前、后蹄相对。长5.8、宽4.45、器身厚0.2～0.25厘米（图二七八，1；彩版九二，3、4）。

Z76：1（考3973.2），铸造较精，呈黑灰色，尾部有平行斜向刻线。前后蹄相接处加宽，塑造出不甚清晰的马蹄形状。马头表现出上、下颌之间的一段缝隙。长5.85、宽3.9厘米，背纽长1.2厘米（图二七八，2；彩版九二，1、2）。

b. 无背纽的马形牌饰

只有1件。马前腿前伸，后腿向前蜷曲，头垂直于地面。无背纽，无蕈状凸。

Z2：2（考3973.3），铸造精致，表面光亮，呈黑灰色。牌饰底部略直，牌饰底缘和马蹄与腹部之间有较大的水滴状纹饰。长5.2、宽3.05、厚0.1～0.15厘米。牌饰最高处位于马的臀部，高0.5厘米（图二七八，3；彩版九二，5、6）。

（7）亚腰形铜牌饰

6件。牌饰正面装饰小乳丁，底缘向前弯折。底缘上有一排镂孔。具体用途不详。根据整体轮廓的差别，分两型。

A型　3件。器身略瘦长。根据纽和穿孔形状的差别，分三亚型。

Aa型　1件。近上缘中部有一横向背纽。

Z143：7（考3974-4），仅残存顶部一段。背纽长1.4、器身无乳丁处厚0.2厘米（图二七九，6；彩版九三，1）。

Ab型　1件。近上缘有三个圆形穿孔，无背纽。

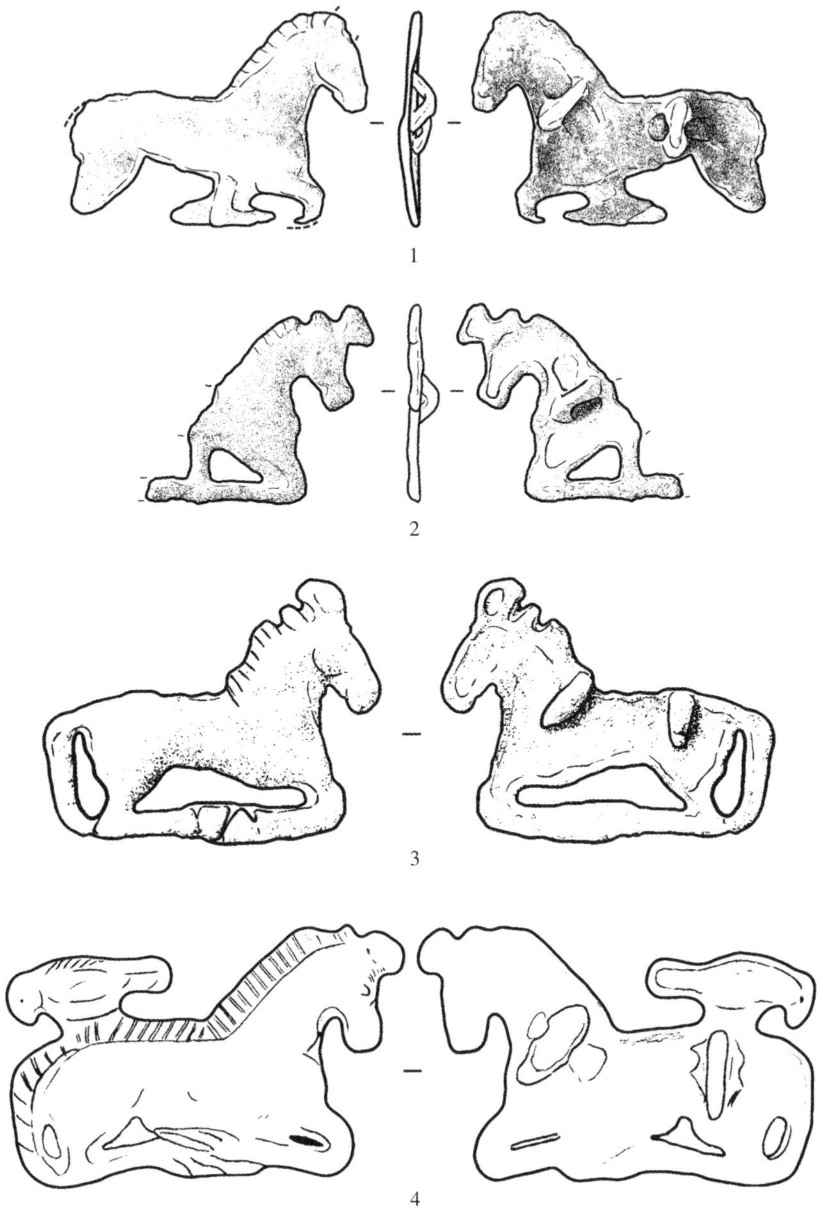

0　2厘米

图二七七　马形铜牌饰

1～3. Aa型带背纽的马形铜牌饰（M16：8、K22-136：15、考3973.1）　4. Ab型带背纽的马形铜牌饰（Z153：1）

K14-100：5（考4058-1），近上缘中部的圆形穿孔残断。底缘弯折处有一排纵向的近椭圆形镂孔，其中一个镂孔只穿透一个小孔。残长5.7、顶部宽3.2、底部宽4.2厘米，无乳丁处器身厚0.2～0.25厘米（图二七九，1；彩版九三，2）。

Ac型　1件。上缘有一半环形凸纽，无背纽。

Z84：2（考3974-2），底缘向前弯折约120°，底缘装饰一排近椭圆形镂孔。长6.4、宽3.65、器身厚0.3厘米（图二七九，3；彩版九三，3）。

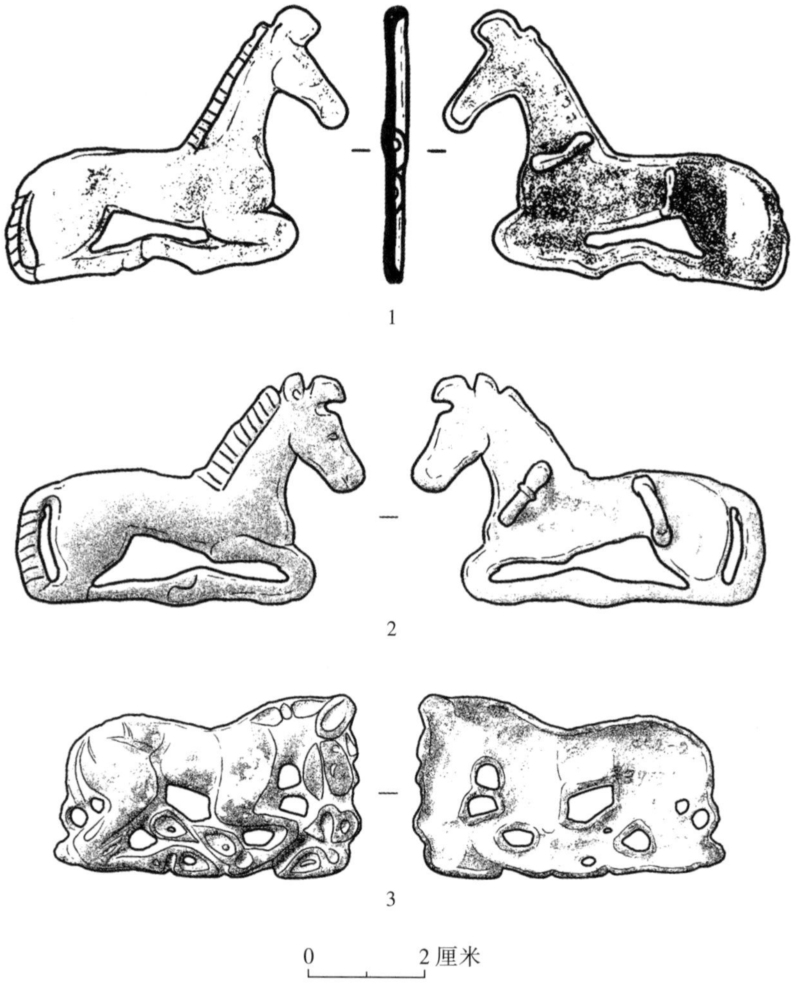

图二七八　马形铜牌饰

1、2. B 型带背纽的马形铜牌饰（M13：1、Z76：1）　3. 无背纽的马形铜牌饰（Z2：2）

B 型　3 件。器身略短宽。根据纽和穿孔形状的差别，分两亚型。

Ba 型　2 件。近上缘处背面有横向背纽。

Z60：1（考 3974–1），背纽残。长 5.35、底宽 4.8、顶宽 3.6 厘米，背纽长 1.35 厘米，器身厚 0.3 厘米（图二七九，4；彩版九三，4）。

Z14：4（考 3974–3），底缘残。长 5.75、底宽 4.55、顶宽 3.9 厘米，背纽长 1.45 厘米，器身厚 0.3 厘米（图二七九，2；彩版九三，5）。

Bb 型　1 件。近上缘中部有一圆形穿孔，无背纽。

Z2：14（国 0055），底缘残，呈锯齿状，应为在原来的一排镂孔处折断所致。长 7、底宽 5.2 厘米，无乳丁处器身厚 0.2 ~ 0.3 厘米（图二七九，5；彩版九三，6；图版二五，1）。

（8）连珠纹铜牌饰

2 件。由九个表面略平的小凸泡相连组成，每排三个凸泡，凸泡之间用略低的短梁连接，

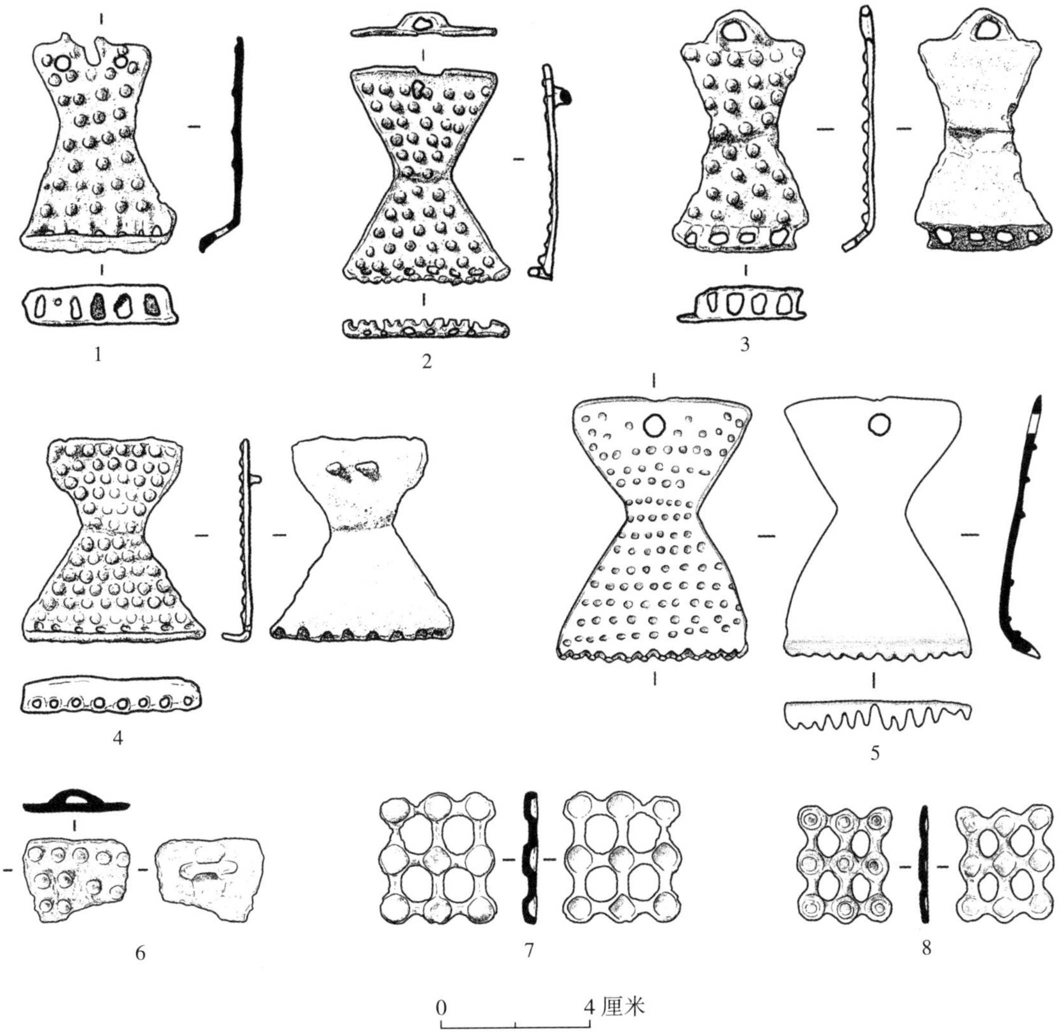

图二七九　铜牌饰

1. Ab 型亚腰形铜牌饰（K14-100：5）　2、4. Ba 型亚腰形铜牌饰（Z14：4、Z60：1）　3. Ac 型亚腰形铜牌饰（Z84：2）　5. Bb 型亚腰形铜牌饰（Z2：14）　6. Aa 型亚腰形铜牌饰（Z143：7）　7、8. 连珠纹铜牌饰（Z35：5、Z114：6）

每两排连珠之间有两个椭圆形镂孔。每个凸泡的背面内凹。

Z35：5（考 3992.1），出土于墓地中区中部或南部。长 3.5、宽 3.15 厘米，凸泡高 0.3 厘米（图二七九，7；彩版九三，7）。

Z114：6（考 3992.2），正面每个凸泡上隐约可见一个凹线圆圈，圈内中心有一个较平的凸点。长 3.05、宽 2.55、高 0.2 厘米（图二七九，8；彩版九三，8）。

2. 勺形铜带饰

共 58 件。类似半剖的管状，较宽而扁的一端形状类似汤勺，背面有两个贯通纽，或者背面下半部为封闭的管状。正面外鼓，多数装饰动物纹。根据背部结构差别，可分为带贯通背纽的第一类、斜口管状的第二类。各类勺形带饰数量情况见表八。

表八　西岔沟墓地出土勺形铜带饰数量及类型统计表

	一类A型	一类B型	一类C型	一类D型	二类	一类无法分型	合计
数量	20	6	4	12	8	8	58
百分比	34.48%	10.34%	6.90%	20.69%	13.79%	13.79%	100%

（1）第一类勺形铜带饰

50件。在背面的底缘和中上部各有一个条状的贯通背纽。除了8件残损程度较重的以外，其余42件根据正面纹饰的差别，分四型。

A型　20件。纹饰为有一对内钩状细长角的兽面，两角之间无凸棱。根据兽面细部的差别，分四亚型。

Aa型　兽面眼、鼻的形状简化、概括，分辨不清具体形状（图二八〇，1；彩版九四，1）。

Ab型　兽面的眼睛、鼻子较清晰，鼻孔为一对内卷的环，口部纹饰简略或无纹饰（图

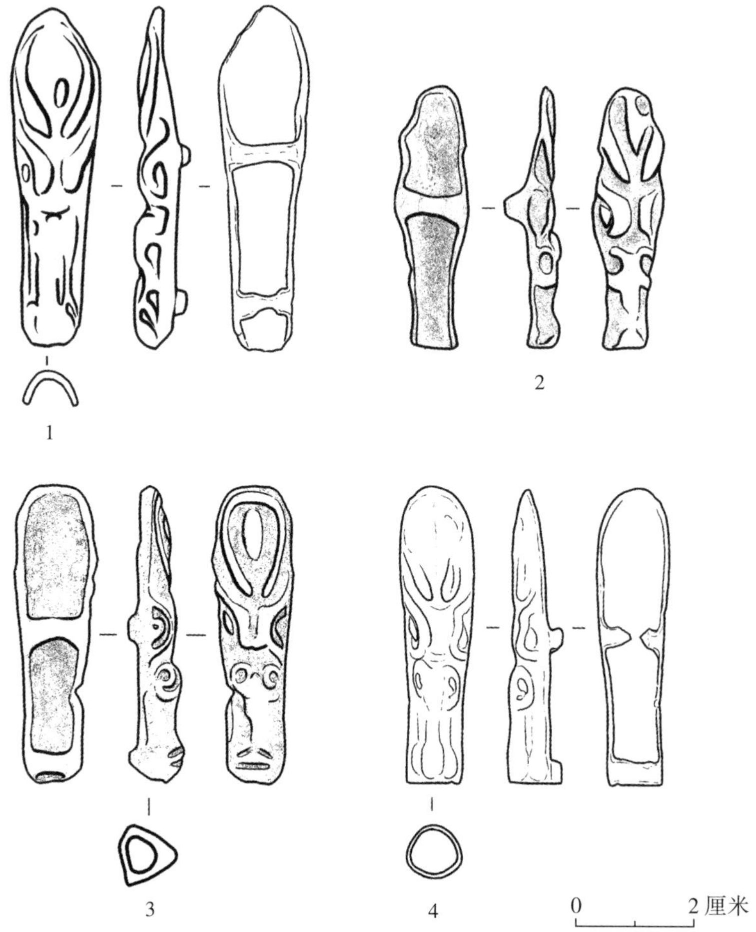

图二八〇　勺形铜带饰（第一类A型）

1. Aa型（M59：15-1）　2～4. Ab型（Z15：5-1、Z164：6、Z146：4）

二八〇，2 ~ 4；彩版九四，2）。

Ac 型　兽面的眼、鼻孔形状与 Ab 型相同，口部也有一对内卷的环（图二八一，1、2；彩版九四，3）。

Ad 型　兽面的鼻子为倒心形，口部无环（图二八一，3、4；彩版九四，4）。

B 型　6 件。兽面的两角之间有一纵向的凸脊，两角较细或不明显。根据兽面细部的差别，分三亚型。

Ba 型　3 件。兽面的鼻、口部各有一对内卷纹饰，两角与中脊不连接（图二八二，1 ~ 3；彩版九四，5）。

Bb 型　2 件。兽面鼻孔和口部均无内卷纹饰，两角与中脊不连接。一件纹饰较清楚，另一件纹饰模糊，根据残存形状推测属于此亚型（图二八二，4、5；彩版九四，6）。

Bc 型　1 件。兽面的鼻、口部均无内卷纹饰，两角从中脊分出向两侧斜出（图二八二，6；彩版九四，7）。

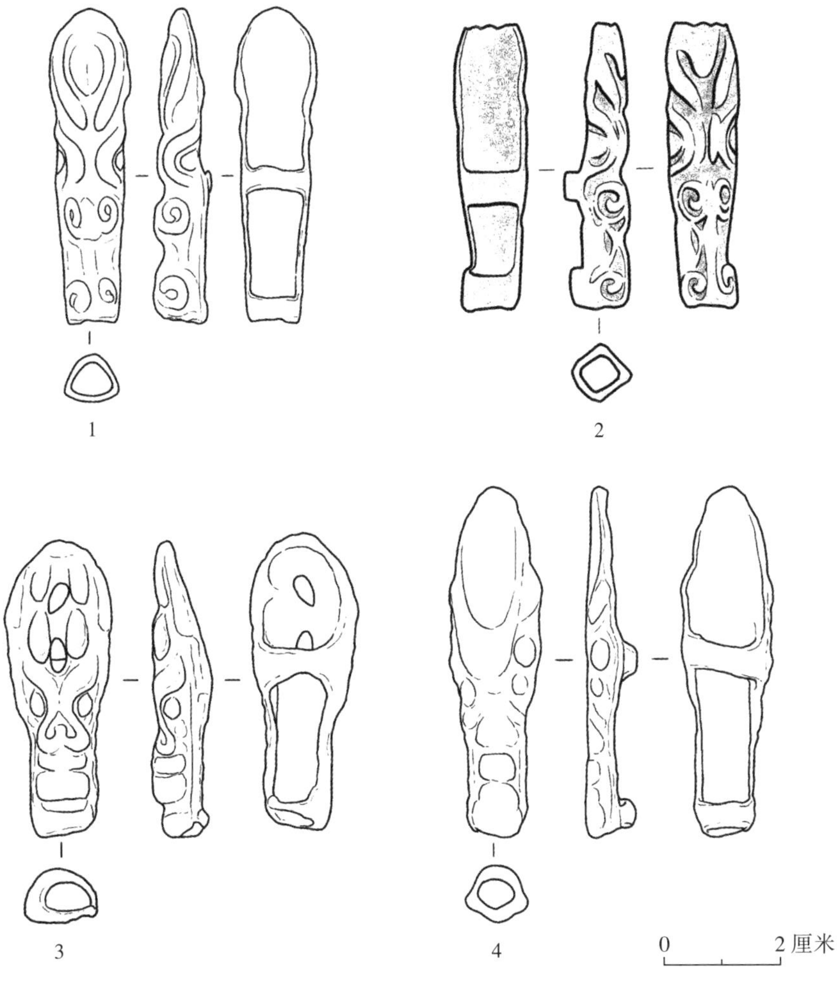

图二八一　勺形铜带饰（第一类 A 型）

1、2. Ac 型（Z118 ：5、Z119 ：5-2）　3、4. Ad 型（考 3975-3、考 3975-2）

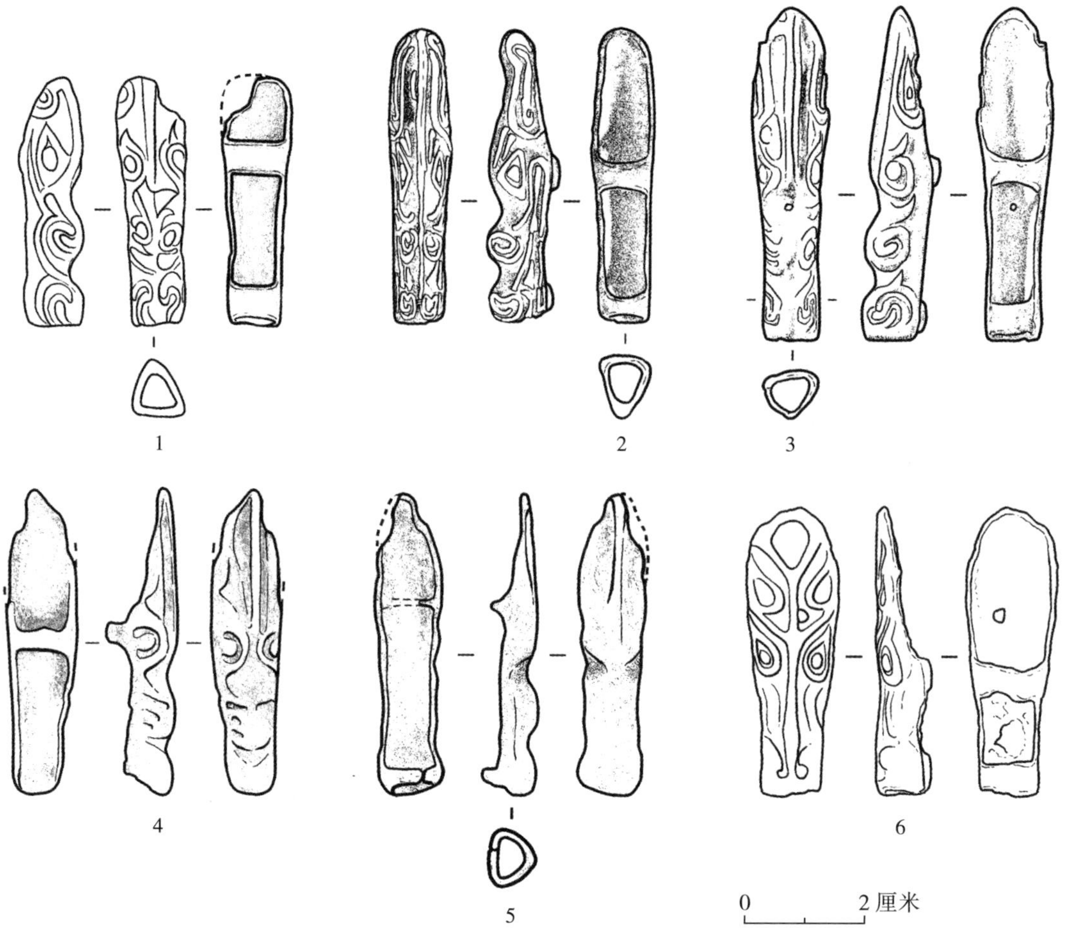

图二八二　勺形铜带饰（第一类B型）

1 ~ 3. Ba型（M60：9、考3975-5、考4069-2）　4、5. Bb型（Z119：5-1、Z15：5-2）　6. Bc型（Z182：10）

C型　4件。兽面上半部为一对竖立的大耳，眼、鼻、口部纹饰简洁或无纹饰。根据纹饰细部差别，分两亚型。

Ca型　兽面两耳之间有缺口，鼻子部位有一组平行横线（图二八三，1；彩版九五，1）。

Cb型　兽面两耳之间无缺口，鼻子部位无纹饰（图二八三，2；彩版九五，2）。

D型　12件。带饰正面无纹饰。根据带饰形状差别，分两亚型。

Da型　带饰两侧斜收，上半部较窄（图二八四，1 ~ 3；彩版九五，3）。

Db型　带饰两侧中部略内凹，上半部较宽（图二八四，4；彩版九五，4）。

（2）第二类勺形铜带饰

8件。带饰下半部为管状，上半部背面为倾斜的切口状。根据有无纹饰，分两型。

A型　1件。上半部有一个带短刻线的外卷的大角，大角的底部有一凸点，大角内有一穿孔（图二八五，1；彩版九五，5）。

B型　7件。正面或无纹饰，或只在上半部的两侧各有一个纵向凹槽（图二八五，2；彩版九五，6）。

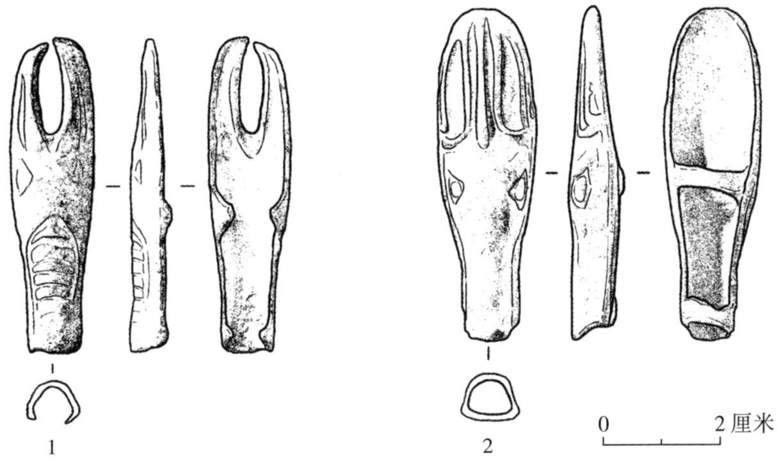

图二八三　勺形铜带饰（第一类C型）

1. Ca型（Z8：6）　2. Cb型（Z49：8-1）

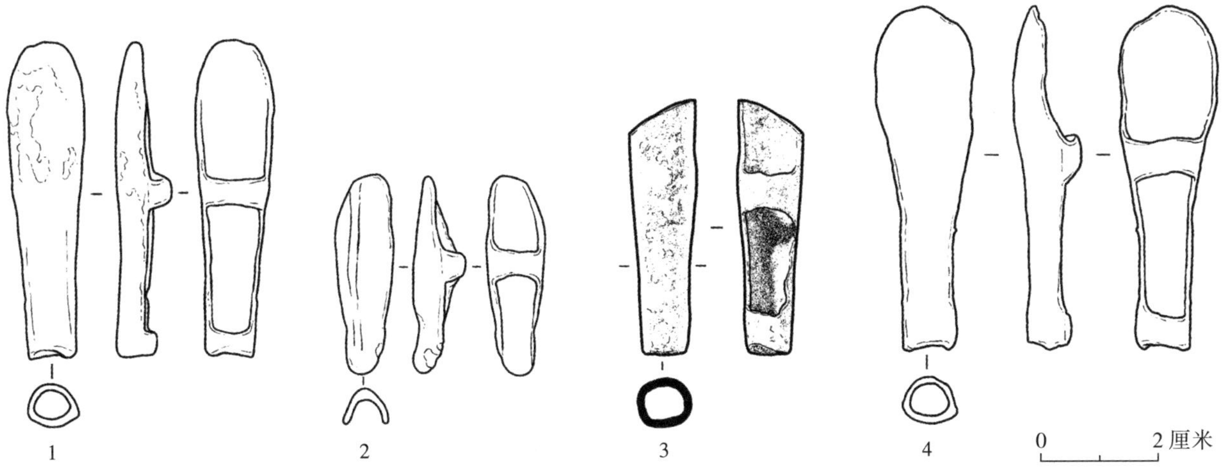

图二八四　勺形铜带饰（第一类D型）

1～3. Da型（M59：15-3、M23：1、考4069-11）　4. Db型（考3975.2）

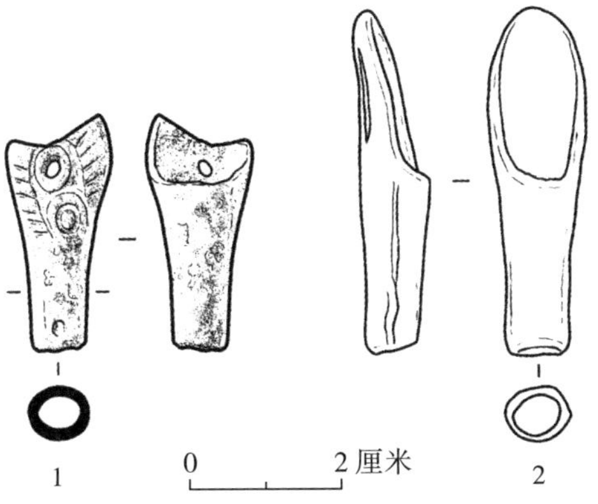

图二八五　勺形铜带饰（第二类）

1. A型（考4069-12）　2. B型（Z158：6）

3. 铜坠饰

共21件。其中10件两面有阴线绘出的“五”字形图案，11件无纹饰。纽的外缘至器身处有铸缝（图二八六；彩版九六，1～4）。

4. 铜带扣

共22件。可分为北方式、中原式两大类。

（1）北方式铜带扣

18件。根据轮廓的差别，分六型。

A型　9件。整体轮廓为椭方形。根据具体形状的差别，分三亚型。

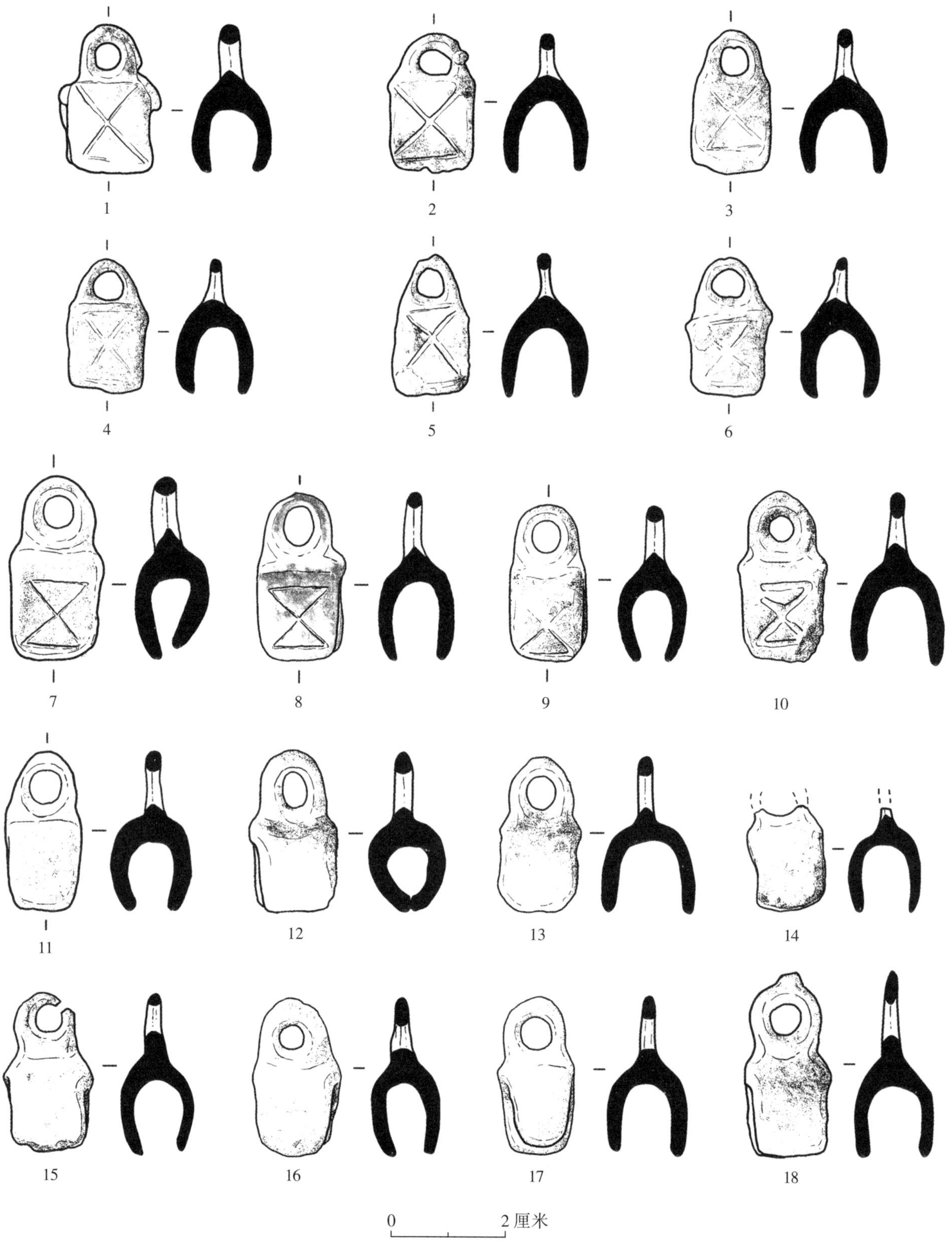

图二八六　铜坠饰

1. M17：4–1　2. M17：4–2　3. M17：4–3　4. M17：4–4　5. M17：4–5　6. M17：4–6　7. M15：8–2　8. M15：8–3　9. M15：8–4　10. 考4056. 3　11. M15：8–1　12. 考4056. 2　13. 考4056. 1　14. 考3970. 4　15. 考3970. 3　16. 考3970. 2　17. 考3970. 1　18. 考4056–4

Aa 型　5 件。前缘中部有一直立的凸纽，无纹饰或只有一对内卷叶状突。

M12：9（考 3686-2），长 4、宽 2.4、厚 0.27 厘米（图二八七，1；彩版九六，5）。

考 4059-2，长 3.3、宽 1.95 厘米（图二八七，2；彩版九六，6）。

考 4059-1，长 5.6、宽 3.6 厘米（图二八七，3；彩版九六，7）。

考 3972-1，长 5.5、宽 4.2 厘米，边框厚 0.15 ~ 0.35 厘米（图二八七，4）。

考 3972-2，宽 4.2、残长 4.6 厘米（图二八七，5）。

Ab 型　2 件。装饰用镂孔表现出的兽头或两个圆环，前缘中部有凸纽。

Z84：1（考 3972.6），长 5.15、宽 3.5 厘米，边框厚 0.2 ~ 0.35 厘米（图二八七，6；彩

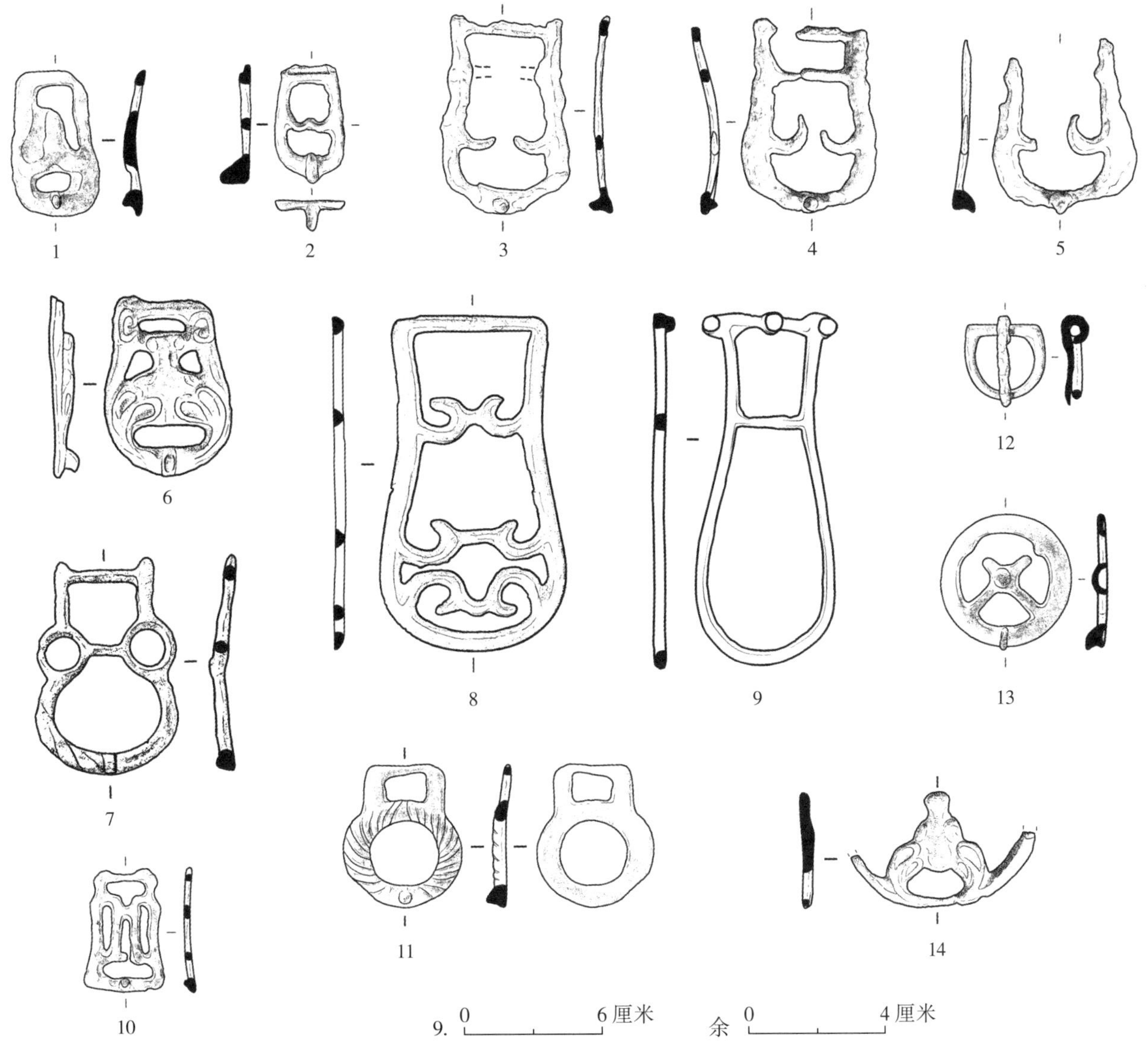

图二八七　北方式铜带扣

1 ~ 5. Aa 型（M12：9、考 4059-2、考 4059-1、考 3972-1、考 3972-2）　6、7. Ab 型（Z84：1、Z93：1）　8、9. Ac 型（Z158：1、M12：5）　10. B 型（M12：8）　11. C 型（M12：11）　12. D 型（Z165：2）　13. E 型（M12：10）　14. 类型不明带扣（Z115：7）

版九六，8）。

Z93：1（考 3972.1），长 6.05、宽 4.05 厘米，边框厚 0.14 ~ 0.25 厘米（图二八七，7；彩版九六，9）。

Ac 型　2 件。带扣为狭长的椭方形，两侧缘略内凹，前缘无凸纽。

Z158：1（国 0064），带扣前部有两组对称分布的内卷小叶，后半部有一组内卷小叶。长 9.6、宽 5.3 厘米（图二八七，8；彩版九六，10；图版二五，2）。

M12：5（考 3686.1），中后部有一横梁，尾部正面有三个圆形凸纽。正面边框外弧，背面较平。长 15、宽 6.15 厘米（图二八七，9；彩版九七，1）。

B 型　1 件。带扣轮廓为两侧内凹的长梯形。

M12：8（考 3686–1），前后各有一横向近圆角长方形穿孔，两孔之间有三个纵向镂孔，前缘中部有凸纽。长 3.5、宽 2.3、厚 0.2 厘米（图二八七，10；彩版九七，3）。

C 型　1 件。带扣前半部为圆形，后半部为长方形。

M12：11（考 3686.5），前缘中部有一凸纽。圆环上饰旋涡状刻线。长 3.9、宽 3.23 厘米（图二八七，11；彩版九七，2）。

D 型　1 件。带扣轮廓为大半圆形，有一活动的扣针。

Z165：2（考 3972.7），扣针为铁质，为用一根铁丝一端弯成圆环套在铜质带扣的边框上。长 2.5、宽 2.2、边框厚 0.15 ~ 0.35 厘米（图二八七，12；彩版九七，4）。

E 型　1 件。形状与铜轮相同，在前缘中部有一凸纽。

M12：10（考 3686.3），直径 3.8、厚 0.25 厘米（图二八七，13；彩版九七，5）。

F 型　4 件。器身较宽，形状类似铸环，前半部较圆，装饰镂空纹饰；后半部为较窄的长方形。三件保存较完好带扣的前半部纹饰的主体为西汉漆器中常见的凤鸟纹的简化图案。

Z26：2（考 3972.8），前缘无凸纽。表面残留少量鎏金层。长 11.2、宽 10、厚 0.4 厘米（图二八八，1；彩版九七，7）。

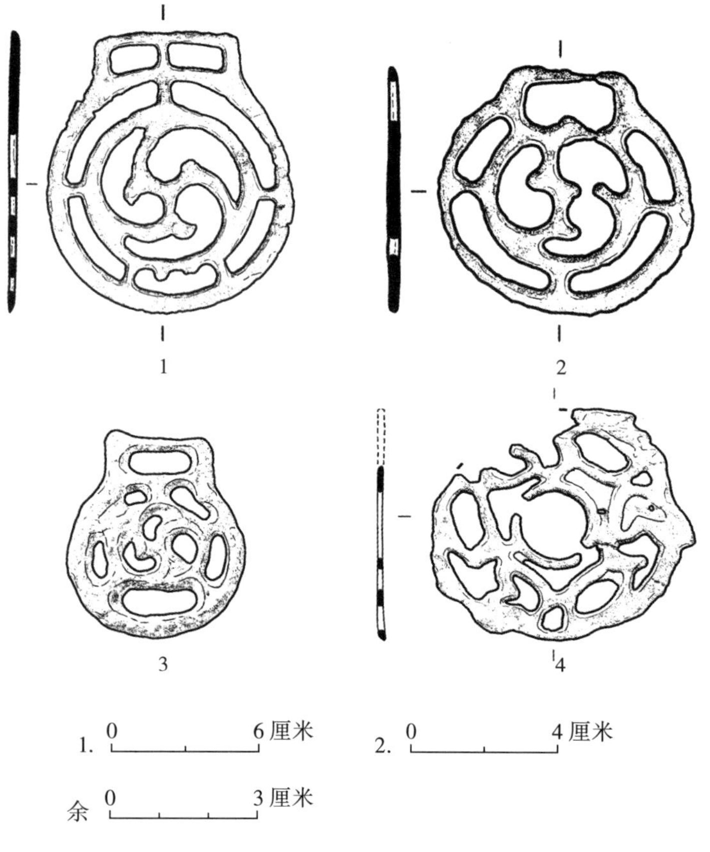

图二八八　F 型北方式铜带扣

1. Z26：2　2. Z76：2　3. Z16：13　4. Z82：3

Z76：2（考 3972.9），前缘无凸纽。长 6.7、宽 6.8、厚 0.2 ～ 0.3 厘米（图二八八，2；彩版九七，10）。

Z16：13（考 3972.5），前缘有一较大横向镂孔，无凸纽。长 4.15、宽 3.5、厚 0.14 ～ 0.25 厘米（图二八八，3；彩版九七，8）。

另有 1 件残损较重的带镂空纹饰的带扣，形状与 F 型的相似，暂归入 F 型。

Z82：3（考 3972.10），器身较薄。长 4.65、宽 5.5、厚 0.1 ～ 0.2 厘米（图二八八，4；彩版九七，9）。

只残存前部一少部分的带扣 1 件。

Z115：7（考 3972 附件），残存部分为带镂孔的牛头图案，根据同类带扣推测属于 A 型至 E 型带扣中的一种（图二八七，14；彩版九七，6）。

（2）中原式铜带扣

4 件。结构相同。中部有一横梁，上有两穿孔立柱，立柱的穿孔内插入一横轴，轴上固定扣针。根据轮廓差别，分三型。

A 型　2 件。轮廓为较宽的椭方形。

K3–86：1（考 4059–3），带扣后半部残，扣针锈蚀。扣针为铁质。在带扣中部横梁上有一对带穿孔的扁立柱，内铆穿一个铁扣针。扣体较扁。残长 2.8、宽 3.4 厘米，铜质边框厚 0.25 厘米（图二八九，1；彩版九八，1）。

Z163：12（考 3972.2），铸造精致。完整。扣针为铜质。长 3.9、宽 3.8 厘米，横梁处边框厚 0.45 ～ 0.55 厘米（图二八九，2；彩版九八，2）。

B 型　1 件。轮廓为两侧缘内凹的椭方形。

Z190：6（考 3972.3），扣针残缺，器身较扁。长 4.1、宽 4、边框厚 0.22 ～ 0.28 厘米（图二八九，3；彩版九八，3）。

C 型　1 件。轮廓为椭圆形。

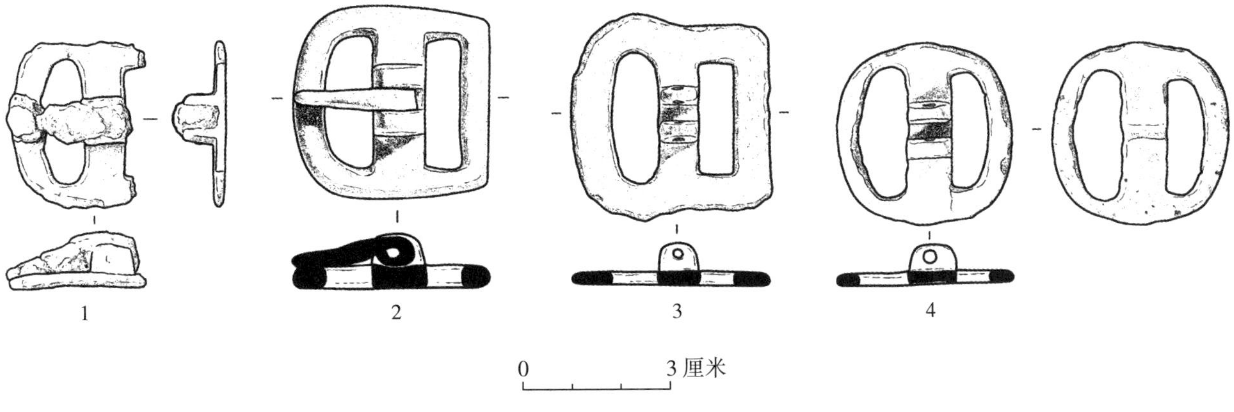

图二八九　中原式铜带扣

1、2. A 型（K3–86：1、Z163：12）　3. B 型（Z190：6）　4. C 型（Z107：5）

Z107：5（考 3972.4），扣针残缺，器身较扁。长 3.65、宽 3.6、边框厚 0.25 厘米（图二八九，4；彩版九八，4）。

5. 铜带钩

共 8 件。根据形状差别，分四型。

A 型　4 件。近琵琶形。

K53–441：9（考 4051–4），纽柱横截面为纵向椭圆形。带钩背面中部有一条纵向铸缝。长 4.25、宽 1.25 厘米（图二九〇，1；彩版九八，5）。

考 3971.2，纽柱横截面为椭圆形。长 4.35、宽 1.1 厘米（图二九〇，2；彩版九八，6）。

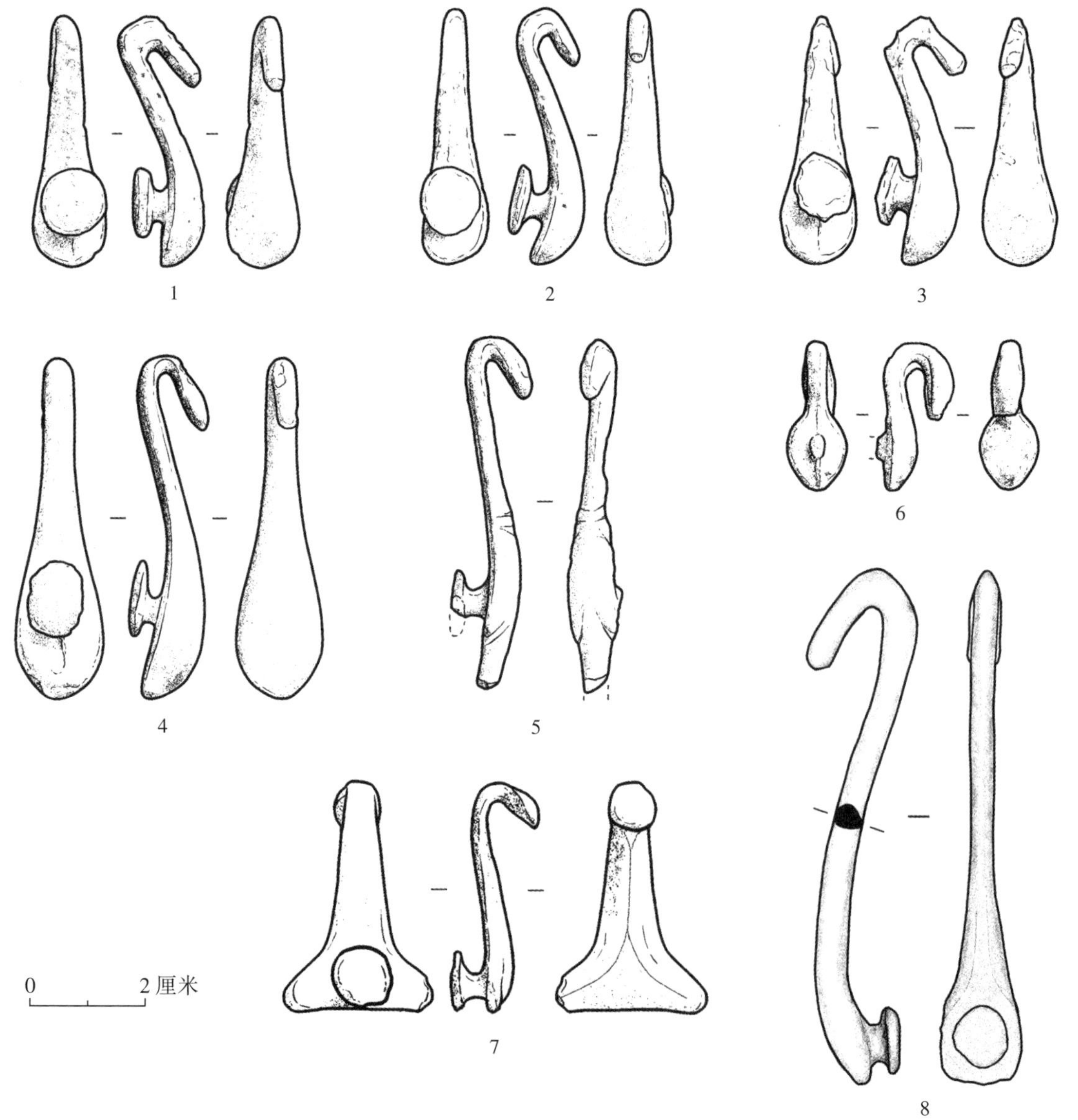

图二九〇　铜带钩

1～4. A 型（K53–441：9、考 3971.2、K36–244：12、K45–235：11）　5、8. C 型（Z49：7、Z115：6–2）　6. B 型（K74–632：3）　7. D 型（K60–462：5）

K36–244：12（考4051–1），纽柱横截面为纵向椭圆形。带钩背面中部有一条纵向铸缝。长4.25、宽1.25厘米（图二九〇，3；彩版九九，1）。

K45–235：11（考4051–2），纽柱横截面为纵向椭圆形。钩部有磨损痕迹。带钩背面中部有一条纵向铸缝。长5.95、宽1.55厘米（图二九〇，4）。

B型　1件。形体较小，近水禽形。

K74–632：3（考4051–3），背纽残缺。带钩背面中部有一条纵向铸缝。长2.6、宽1厘米（图二九〇，6；彩版九九，2）。

C型　2件。器身细长。

Z49：7（考3971.1），尾端残。纽柱横截面为椭圆形。背面中部有一纵向铸缝。残长6、宽0.85厘米（图二九〇，5；彩版九九，3）。

Z115：6–2（国0047），完整。纽近圆形饼状，位于器身末端。长8.7厘米，器身最宽处宽1.4厘米（图二九〇，8；彩版九九，4）。

D型　1件。近倒"T"字形。

K60–462：5（考4051–5），正面中部起脊，背面中部有一条纵向铸缝。长4.2、宽2.55厘米（图二九〇，7；彩版九九，5）。

6. 铜泡

共2005件。是墓地数量最多的一类器物，均为铸制。根据形状和纹饰差别，可分为素面圆形铜泡、带纹饰圆形铜泡、椭圆形铜泡、动物造型铜泡（兔形、鱼形、螺形）、特殊形制铜泡等五大类。其中素面圆形铜泡的数量最多，占总数的90%以上。

（1）素面圆形铜泡

1824枚。在63座墓葬中有35座墓葬出土素面圆形铜泡（表九）。

根据泡面形状差别，可分为矮斗笠形、中高斗笠形、半球形、矮弧形、饼形、珠形等六类。各类素面圆形铜泡数量比例关系见表九、一〇。

表九　西岔沟墓地35座墓葬出土素面圆形铜泡数量及类别统计表

	矮斗笠形	中高斗笠形	半球形	矮弧形	饼形	珠形	形状不明	合计
数量	32	23	0	13	3	136	13	220
百分比	14.55%	10.45%	0	5.91%	1.36%	61.82%	5.91%	100%

表一〇　西岔沟墓地清理坑出土、征集的素面圆形铜泡数量及类别统计表

	矮斗笠形	中高斗笠形	半球形	矮弧形	饼形	珠形	形状不明	合计
数量	约568	约216	12	约111	0	689	8	1604
百分比	约35.41%	约13.47%	0.75%	约6.92%	0	42.96%	0.5%	100%

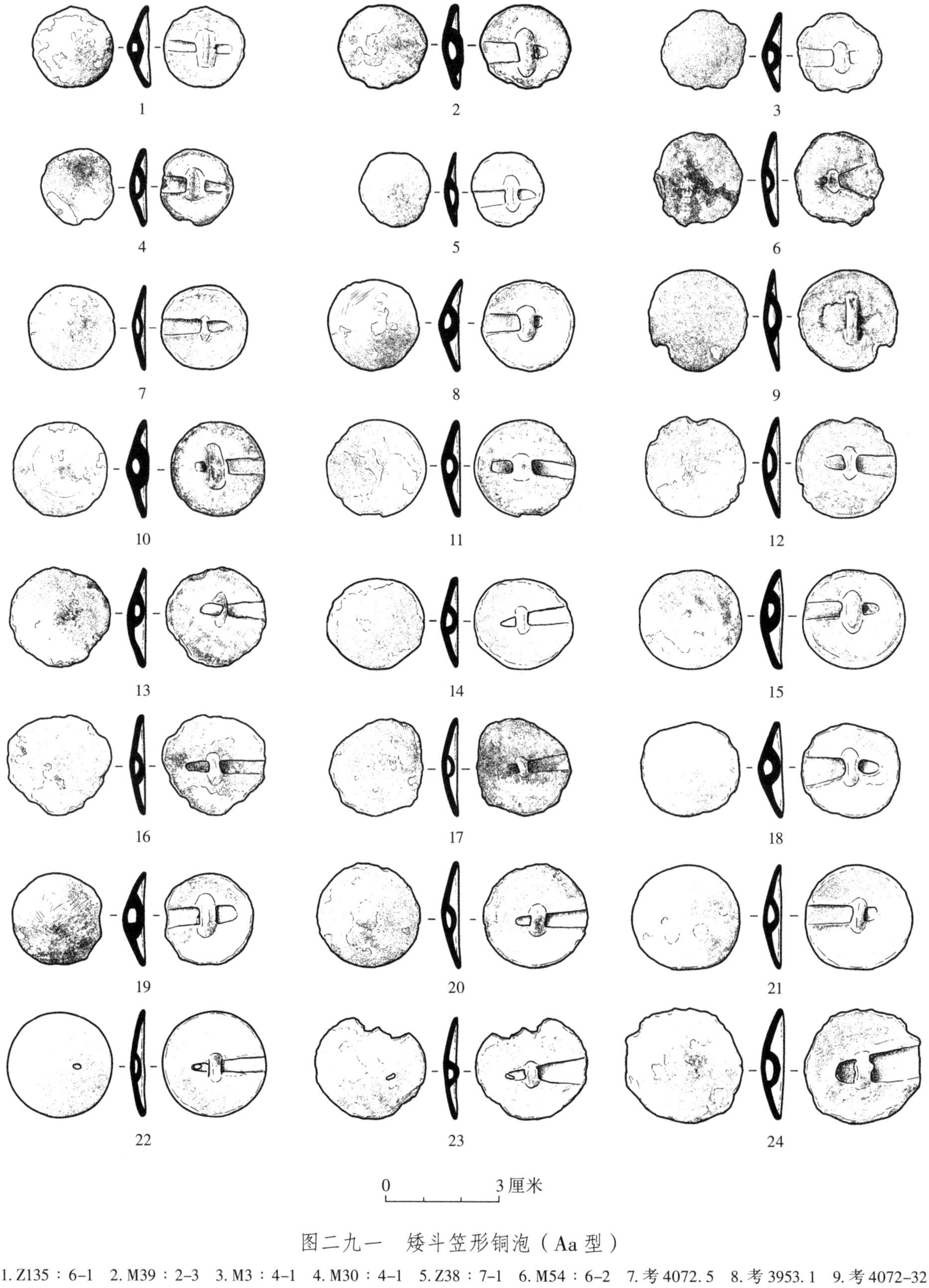

图二九一　矮斗笠形铜泡（Aa型）

1. Z135：6–1　2. M39：2–3　3. M3：4–1　4. M30：4–1　5. Z38：7–1　6. M54：6–2　7. 考4072. 5　8. 考3953. 1　9. 考4072–32　10. M15：9–6　11. M43：4–1　12. M12：7–3　13. M15：9–5　14. M3：4–2　15. M28：3–1　16. M48：1–1　17. M57：n　18. 考3952. 1–1　19. Z14：1–1　20. Z8：1–2　21. Z39：4　22. 考3951–3　23. Z49：n　24. Z20：6

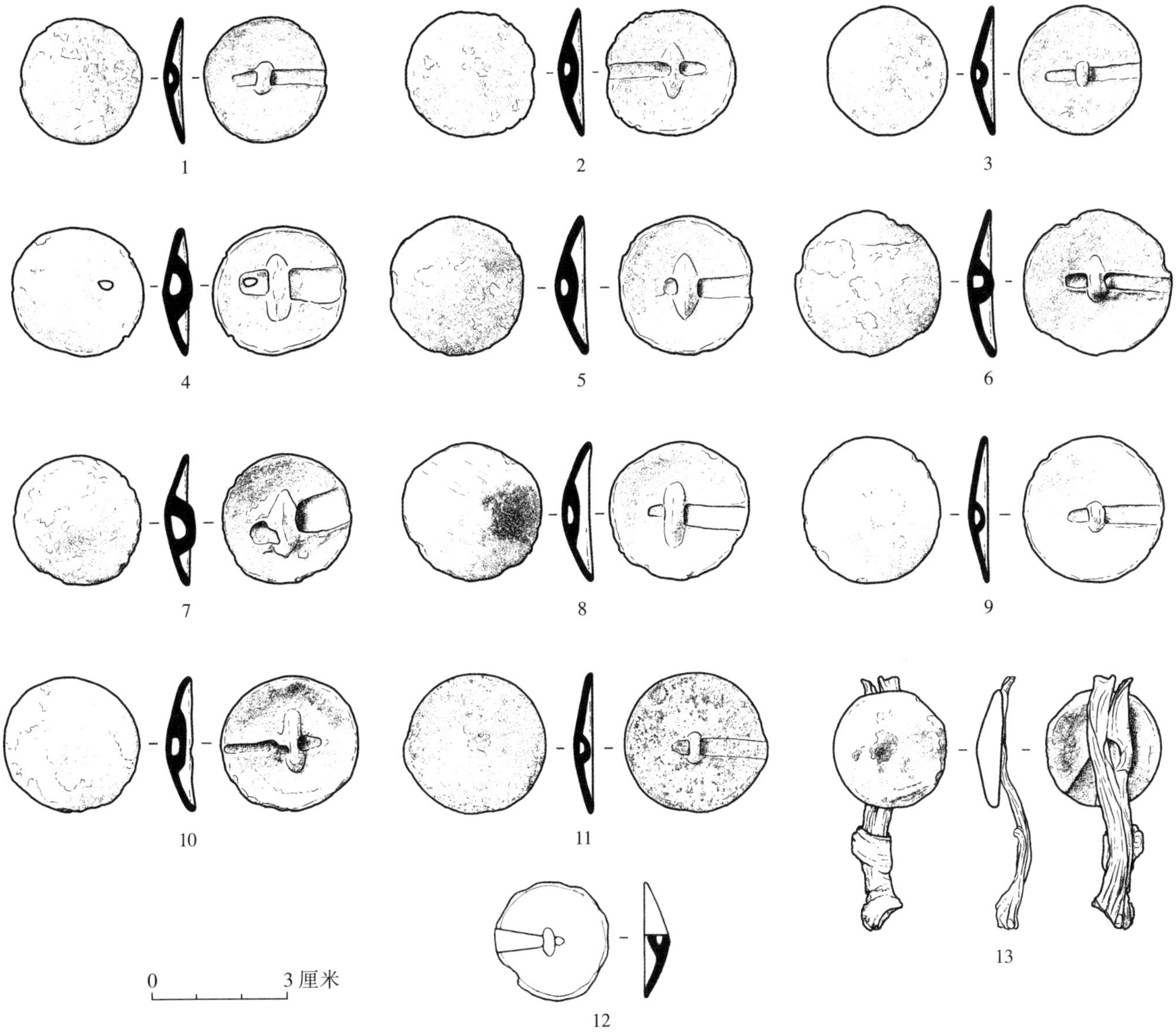

图二九二　矮斗笠形铜泡（Aa型）

1. 考4072-21　2. 考4072-1　3. 考4072-3　4. 考4072. 2　5. 考4072-4　6. Z146：2-1　7. Z107：6-1　8. Z55：5-1　9. 考3951-1　10. Z12：4　11. M42：1-1　12. M59：16-1　13. M31：2-4

a. 矮斗笠形铜泡

约600枚。根据背纽形状差别，分四型。

A型　背纽为半环形小纽。根据纽下凹槽形状，分两亚型。

Aa型　纽下有长三角形凹槽，凹槽的宽端与铜泡边缘相连（图二九一、二九二；彩版一〇〇，1）。

Ab型　纽下只有较短的凹槽，凹槽与泡边缘不连通；或者凹槽极浅形状不清晰（图二九三，1～5；彩版一〇〇，2）。

B型　背纽为较厚的长弧形纽，背纽两端在泡边缘以内（图二九三，6～12；彩版一

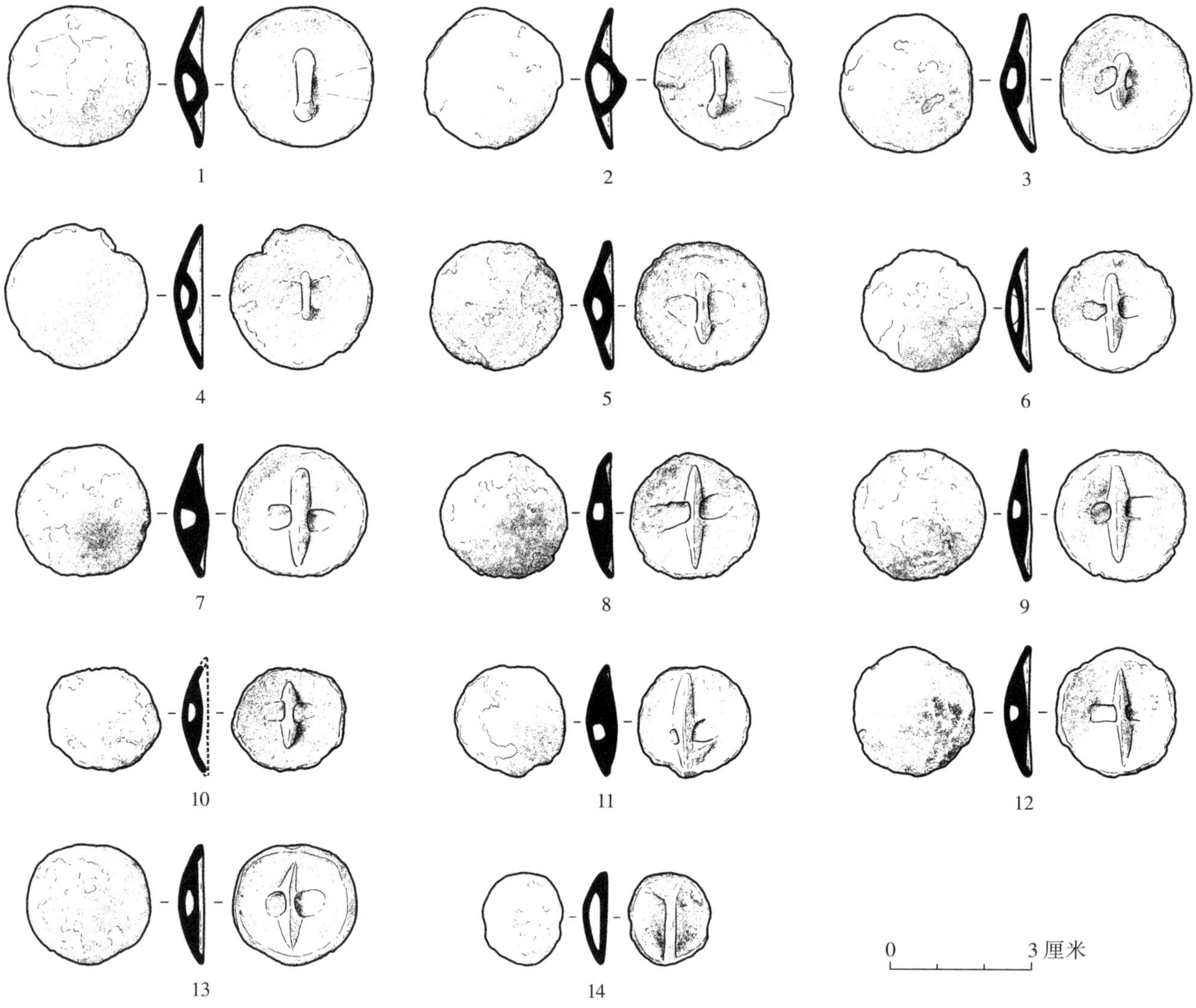

图二九三　矮斗笠形铜泡

1～5. Ab型（Z104：3-1、Z39：3-2、考3952.4-2、考4072-24、考4072-22）　6～12. B型（Z54：5-1、Z164：10-1、Z103：8-1、Z118：7-1、K61-471：n、Z119：4-1、考3952.1-2）　13. C型（考4072-25）　14. D型（考4072-44）

○○，3）。

C型　背纽为较长的直纽，背纽两端在泡边缘以内（图二九三，13；彩版一○○，4）。

D型　背纽为与泡边缘贯通的横梁状（图二九三，14；彩版一○○，5）。

b. 中高斗笠形泡

约239枚。根据背纽形状差别，分四型。类型划分与矮斗笠形完全相同。

A型　背纽为半环形小纽。根据纽下凹槽形状，分两亚型。

Aa型　纽下有长三角形凹槽，凹槽的宽端与铜泡边缘相连（图二九四，1～18；彩版一○○，6）。

Ab型　纽下只有较短的凹槽，凹槽与泡边缘不连通；或者凹槽极浅形状不清晰（图

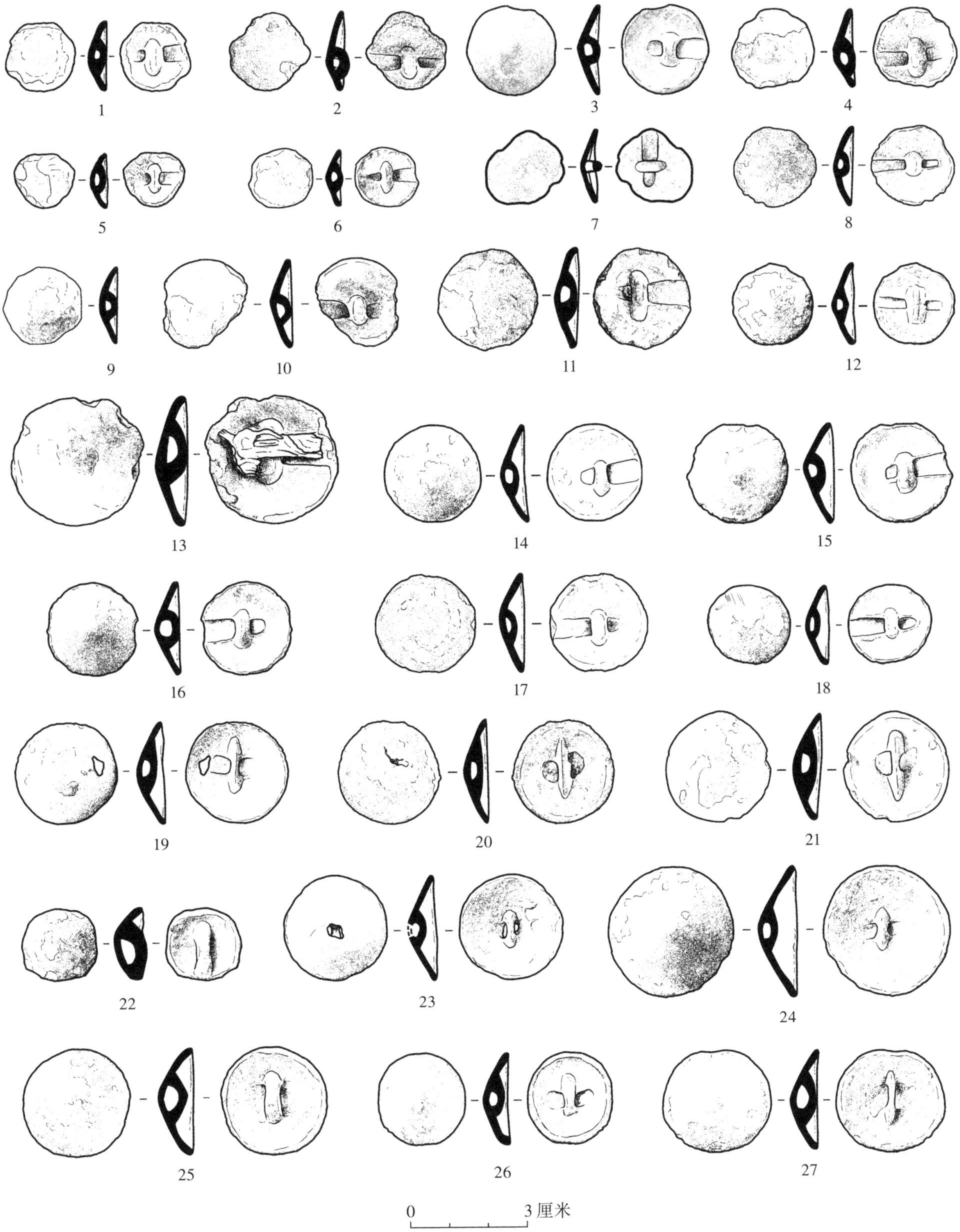

图二九四　中高斗笠形铜泡（A型）

1～18. Aa型（M2：5-2、M19：7、考3952.7、M5：2、M61：8-3、M28：3-4、M41：4-1、M48：1-2、M12：7-5、M61：8-2、M31：2-3、M31：2-5、M31：2-1、Z115：11、Z182：7-2、考3952.5、M2：5-1、Z49：n）　19～27. Ab型（Z164：10-2、M46：1-1、M28：3-2、考3955.7-5、考3953.3、Z182：7-3、考4072-6、考4072-7、考4072-41）

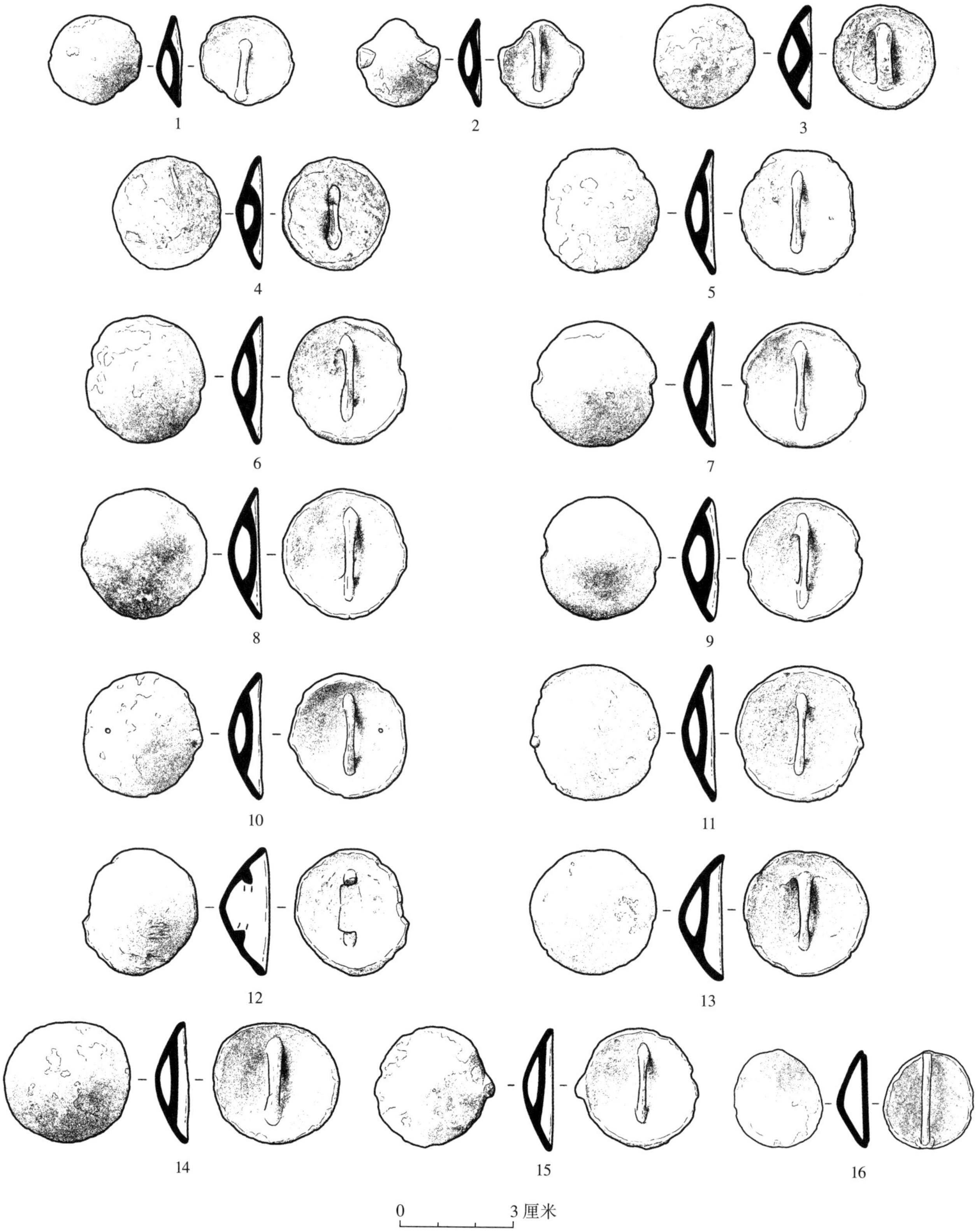

图二九五　中高斗笠形铜泡（B、C、D型）

1～12. B型（Z146：2-2、Z53：5、考4072-42、M31：2-2、Z9：3、Z55：5-2、Z35：3-1、Z115：2-2、Z162：n、Z107：6-2、考4072-33、Z3：16）　13～15. C型（考4072.6、Z32：2-1、Z182：7-1）　16. D型（M11：3）

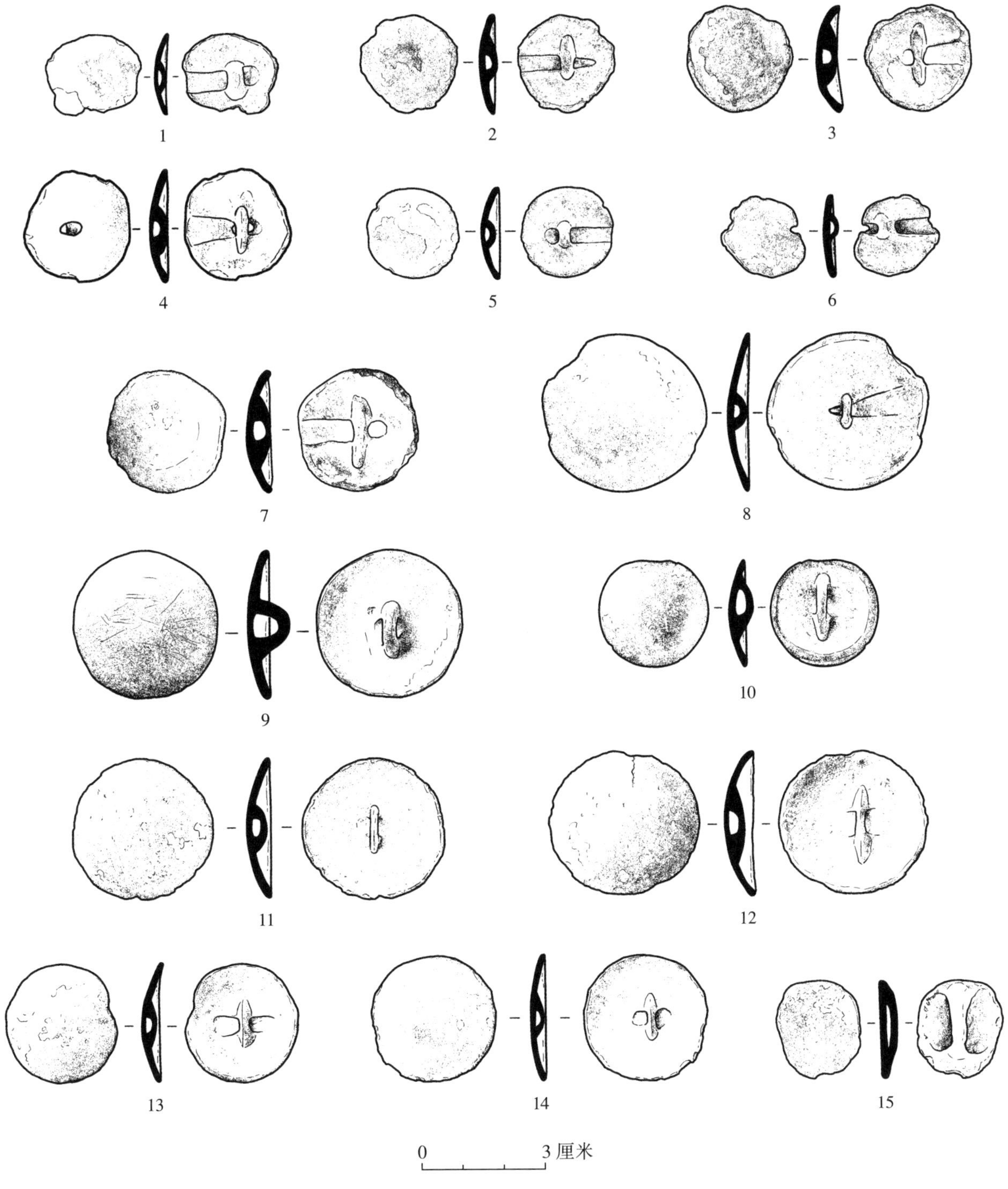

图二九六　矮弧形铜泡、饼形铜泡

1 ~ 8. A 型矮弧形铜泡（M35 : 11、M54 : 6-1、M15 : 9-4、M39 : 2-1、M61 : 8-1、M58 : 5、M15 : 9-2、M22 : 13）　9 ~ 14. B 型矮弧形铜泡（Z15 : 3-1、考 4072-23、考 4072-31、Z119 : 4-2、Z30 : 4-1、考 3951-2）　15. 饼形铜泡（M43 : 4-2）

二九四，19 ~ 27；彩版一〇〇，7）。

B 型　背纽为较厚的长弧形纽，背纽两端在泡边缘以内（图二九五，1 ~ 12；彩版一〇〇，8）。

C 型　背纽为较长的直纽，背纽两端在泡边缘以内（图二九五，13 ~ 15；彩版一〇〇，9）。

D 型　背纽为与泡边缘贯通的横梁状（图二九五，16；彩版一〇〇，10）。

c. 矮弧形铜泡

约 124 枚。泡面为弧度较大的漫弧形。背纽均为较小的半环形。根据纽下凹槽形状，分两型。

A 型　纽下有长三角形凹槽，凹槽的宽端与铜泡边缘相连（图二九六，1 ~ 8；彩版一〇一，1）。

B 型　纽下只有较短的凹槽，凹槽与泡边缘不连通；或者凹槽极浅形状不清晰（图二九六，9 ~ 14；彩版一〇一，2 ~ 4）。

d. 饼形铜泡

3 枚。泡面扁平（图二九六，15；彩版一〇一，5）。

e. 半球形铜泡

12 枚。泡面较圆鼓、较高。近小半球形。根据背纽形状差别，分三型。

A 型　背纽近半环形，纽两端在泡内（图二九七，1 ~ 6；彩版一〇一，6）。

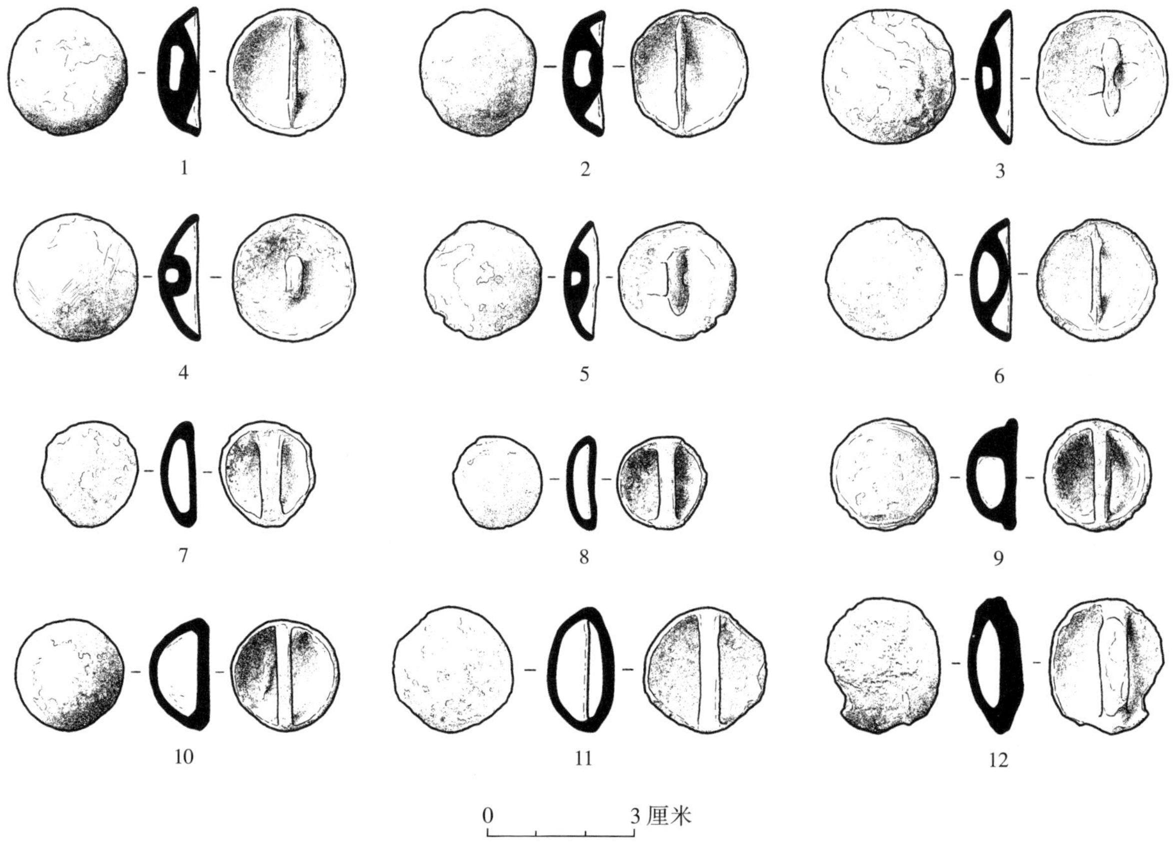

图二九七　半球形铜泡

1 ~ 6. A 型（考 4072-46、Z119：4-3、Z121：7-1、考 3953. 8、考 3954. 8、Z121：7-2）　7 ~ 10. B 型（考 4072-8、考 4072-43、K79-574：n、Z129：4）　11、12. C 型（考 4072-45、Z182：7-4）

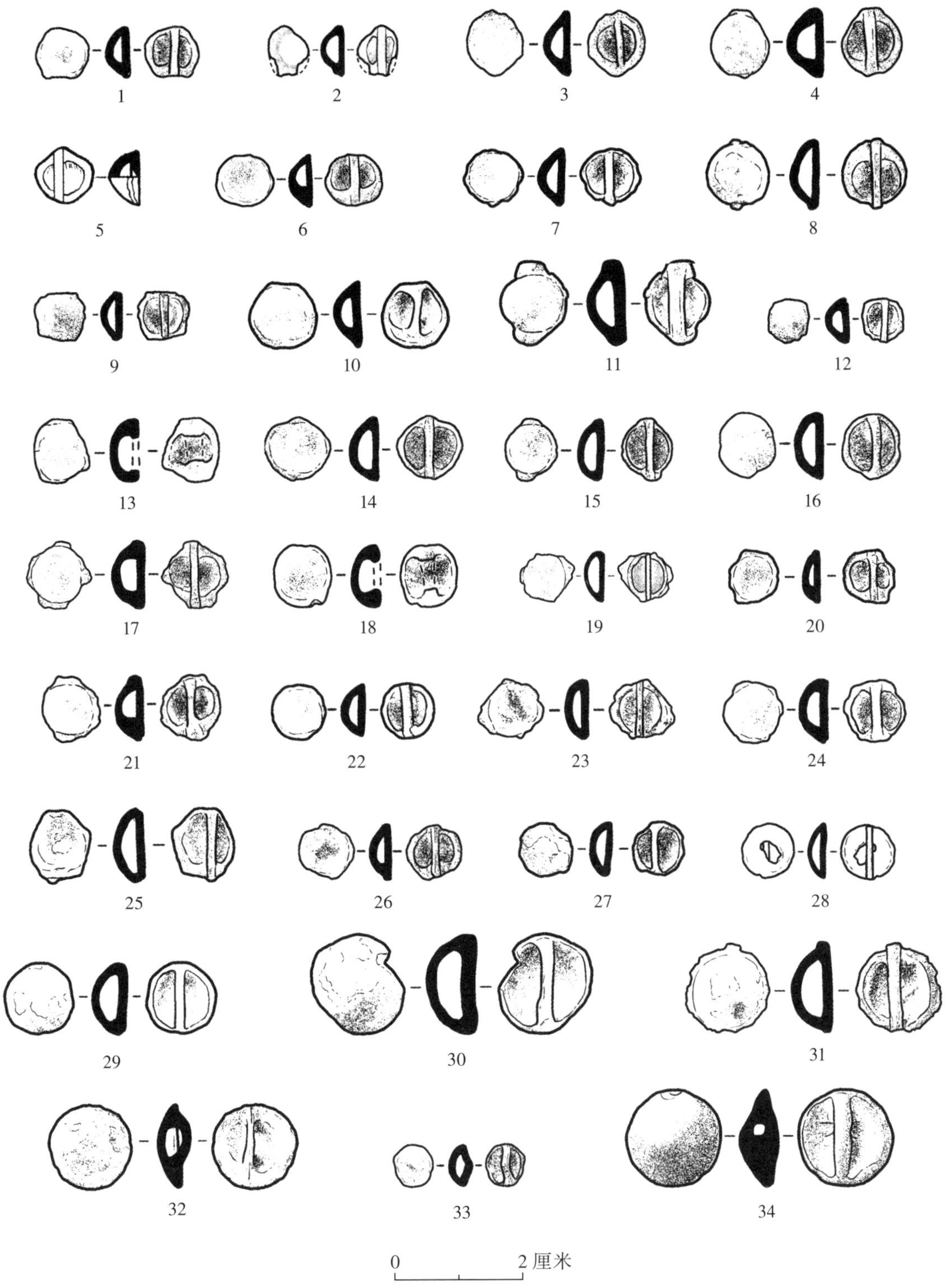

图二九八　珠形铜泡

1. M45：9-2　2. M43：5-1　3. M50：3-1　4. M49：3-2　5. M46：3　6. M43：5-2　7. M26：8-1　8. M13：4-1　9. M21：13-1　10. 考 4073-4　11. 考 4073-3　12. 考 4073-7　13. M54：3-1　14. M60：3-1　15. M60：3-2　16. M50：3-2　17. M49：3-1　18. M54：3-2　19. M43：5-3　20. M44：3-1　21. M63：10-2　22. M22：25-1　23. M45：n　24. M63：10-1　25. M13：4-2　26. M45：9-1　27. M24：7　28. M23：8　29. 考 3964-2　30. 考 3964-3　31. 考 4073-1　32. 考 4073-2　33. M45：9-3　34. 考 3961-4

（1～31 为 A 型，32～34 为 B 型）

B 型 背纽为贯通的横梁状直纽（图二九七，7 ~ 10；彩版一〇一，7）。

C 型 背纽为贯通的弧形纽，纽中部突出于泡边缘以外（图二九七，11、12；彩版一〇一，8）。

f. 珠形铜泡

825 枚。形体较小，大多数直径小于 1 厘米，只有极少数直径在 1 ~ 1.5 厘米之间。泡面外凸程度较大，大多数泡面为半球形或小半球形，少数泡面为中高斗笠形。根据背纽形状差别，分两型。

A 型 数量占绝大多数。背纽为贯通的横梁状直纽（图二九八，1 ~ 31；彩版一〇二，1）。

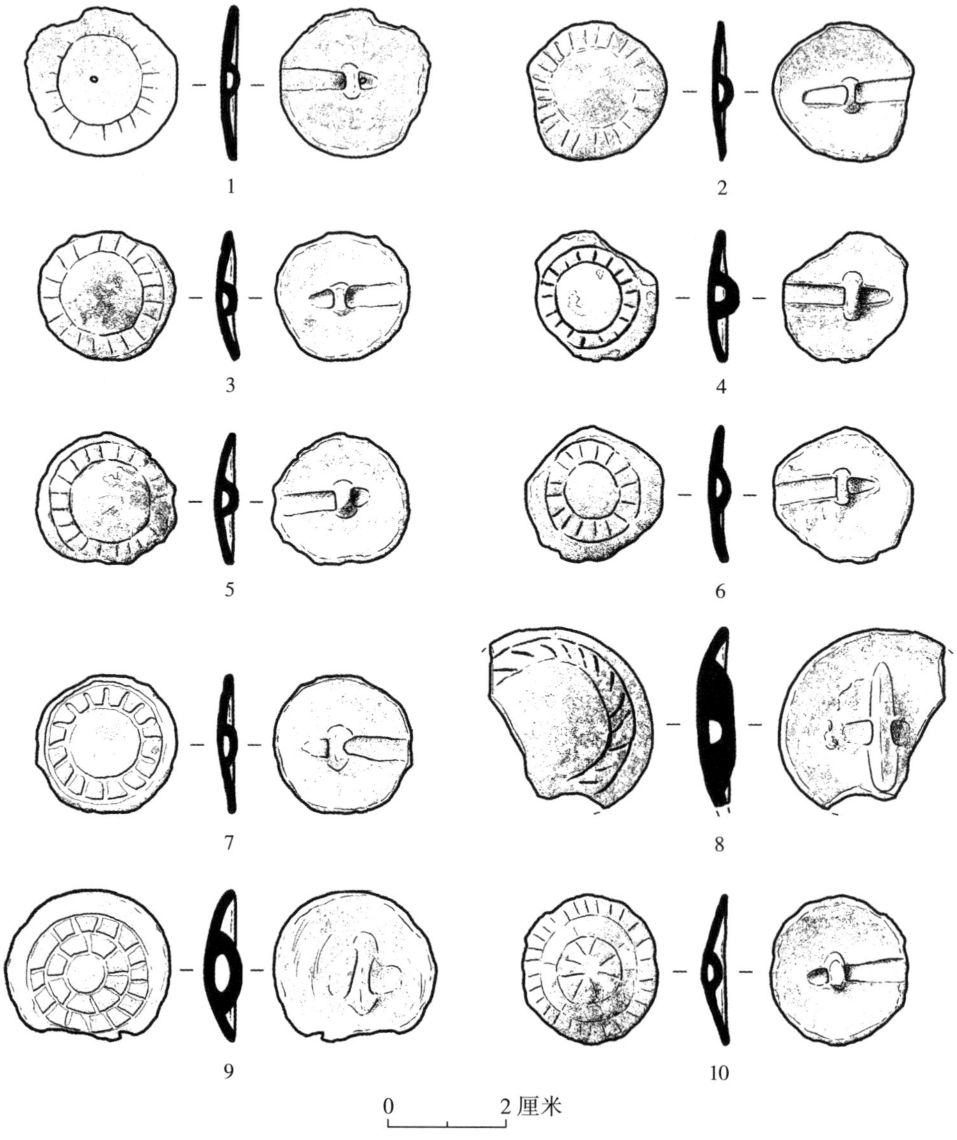

图二九九 放射线纹铜泡（A、B、C 型）

1、2. A 型（M12：7-4、Z135：n） 3 ~ 8. B 型 (Z14：1-2、Z18：n、Z72：1、Z4：2-1、K70-516：38、K43-318：12) 9、10. C 型（K60-462：2-1、Z14：1-3）

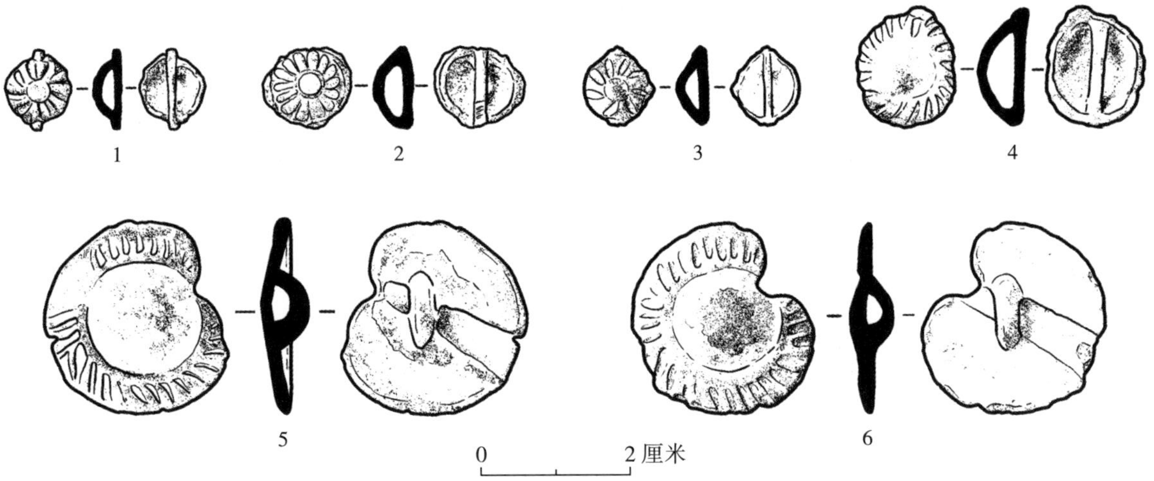

图三〇〇 放射线纹铜泡（D型）

1. 考4065–42 2. 考4065–41 3. 考3964–1 4. 考4065–40 5. M15：9–1 6. Z8：1–1

B型 数量较少。背纽为长弧形或略短的弧形纽（图二九八，32 ~ 34；彩版一〇二，2、3）。

（2）带纹饰圆形铜泡

66枚。泡面上纹饰主要有放射线纹、凸点纹、重圈纹、熊纹、卷云纹等五类，另有饰兽面纹、凹圈纹、凸泡纹铜泡各1枚。

a. 放射线纹铜泡

27枚。用连续的凹短线或凹点组成一周或两周放射线状图案。根据纹饰形状差别，分六型。

A型 单圈短线，位于泡面外缘，短线内侧有一圈凹线纹（图二九九，1、2；彩版一〇二，4）。

B型 单圈短线，位于泡面外缘，短线两侧各有一圈凹线纹（图二九九，3 ~ 8；彩版一〇二，5、6）。

C型 双圈短线组成内、外两重放射线纹（图二九九，9、10；彩版一〇二，7、8）。

D型 在泡面外缘有较深的凹点状短线组成的放射线纹带（图三〇〇；彩版一〇二，9、10）。

E型 由凸起的三角形和凹线组成一周类似放射线状纹带，在其内侧有三周凹线纹，有的外侧也有一周凹线纹（图三〇一，1、2；彩版一〇三，1）。

F型 由短凹点在泡面外缘形成一周较窄的放射线纹带（图三〇一，3、4；彩版一〇三，2）。

b. 凸点纹铜泡

14枚。在泡面外缘由圆形或近方形凸点组成一周纹饰带。分为两型。

A型 凸点纹带以内无纹饰（图三〇二，1 ~ 6；彩版一〇三，3）。

B型 凸点纹带内泡面的中心有由四个凸点组成的十字交叉状图案（图三〇二，7 ~ 9；彩版一〇三，4、5）。

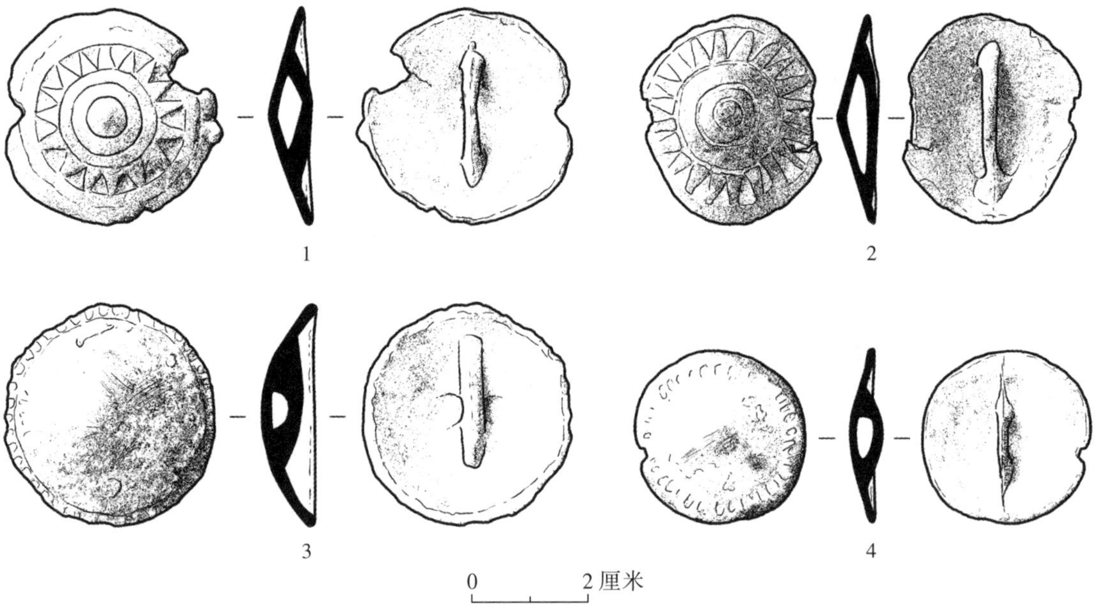

图三〇一　放射线纹铜泡（E、F型）
1、2. E型（Z190：3、K5-103：1）　3、4. F型（考4065-44、考4065.1）

c. 重圈纹铜泡

14枚。泡面上有三周凸起的同心圆（图三〇三；彩版一〇三，6、7）。

d.熊纹铜泡

7枚。泡面均鎏金。纹饰为一坐着猛兽的正面图案，形状与熊很相似。纹饰表现出猛兽的大耳、头、爪，有的可见四肢和腹部。根据纹饰细部的差别，分两型。

A型　2枚。熊头较小，纹饰较复杂。

Z59：1（国0059），边缘装饰叶脉纹（图三〇四，1；彩版一〇四，1）。

K42-272：27（考4064-9），熊纹饰不清晰。边缘的外侧为矮平缘，内侧为凸点纹（图三〇四，2；彩版一〇四，2）。

B型　5枚。熊头所占比例较大，熊纹相对简单，铜泡边缘无纹饰。根据熊耳形状差别，分两亚型。

Ba型　3枚。熊耳较肥硕，没有表现出利爪（图三〇五，1～3；彩版一〇四，3～5）。

Bb型　2枚。熊耳形状类似外卷的大角，重点表现出熊的利爪（图三〇五，4、5；彩版一〇四，6、7）。

e. 卷云纹铜泡

1枚。泡面饰三个平凸的卷云纹（图三〇六，1；彩版一〇五，1）。

f. 其他纹饰铜泡

3枚。1枚铜泡（Z158：8）的纹饰不甚清晰，类似兽面（图三〇六，2；彩版一〇五，3）；1枚（K67-493：2）泡面中部装饰一个凹线圆圈（图三〇六，3；彩版一〇五，2）；1

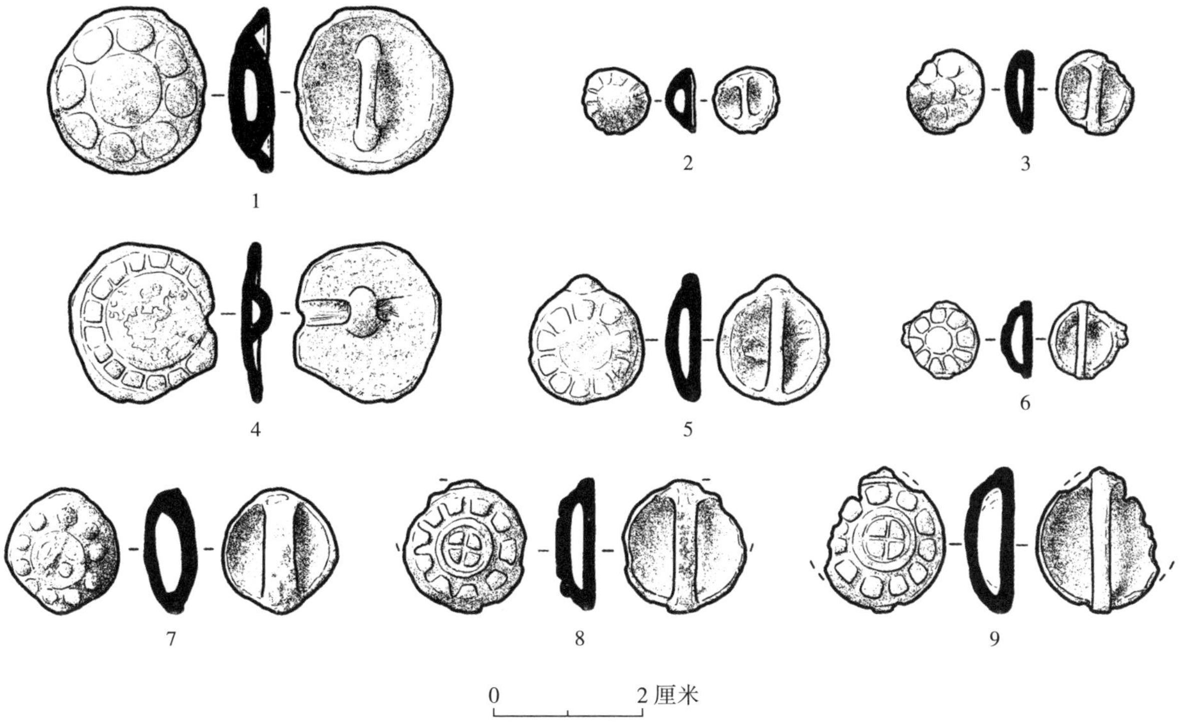

图三〇二　凸点纹铜泡

1～6. A型（K69-513：23、考4065-33、考4065-37、K29-212：19、考4065-35、考4065-34）　7～9. B型（考3956-1、考4065-38、K50-355：21）

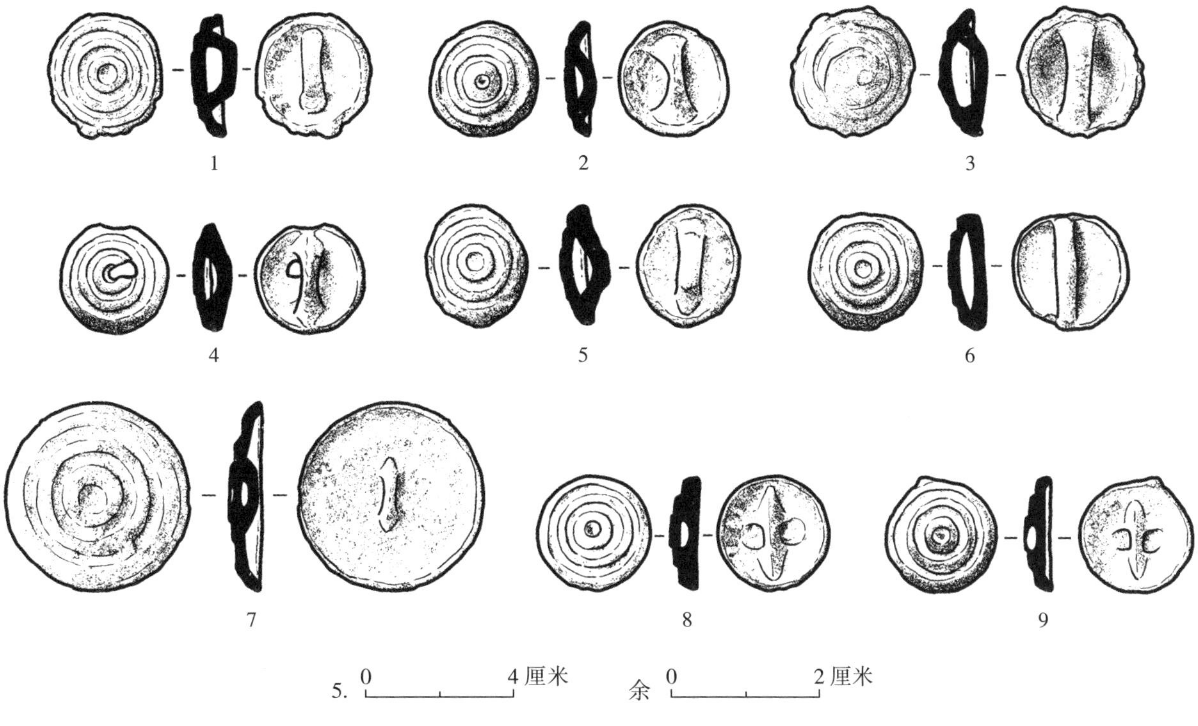

图三〇三　重圈纹铜泡

1. 考4061-3　2. Z28：7-1　3. 考4065-32　4. 考3957-1　5. Z126：2-1　6. 考3957-n　7. 考4061-1　8. 考4061-4　9. 考3957-2

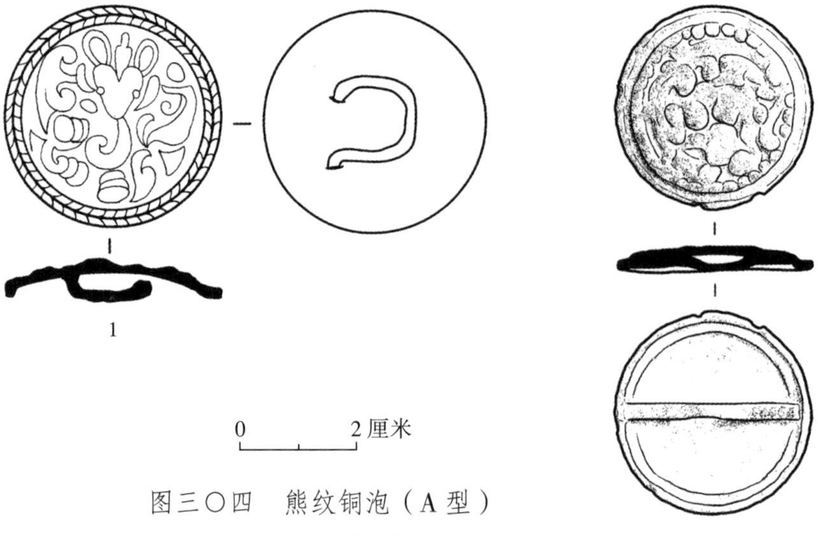

图三〇四　熊纹铜泡（A型）

1. Z59：1　2. K42-272：27

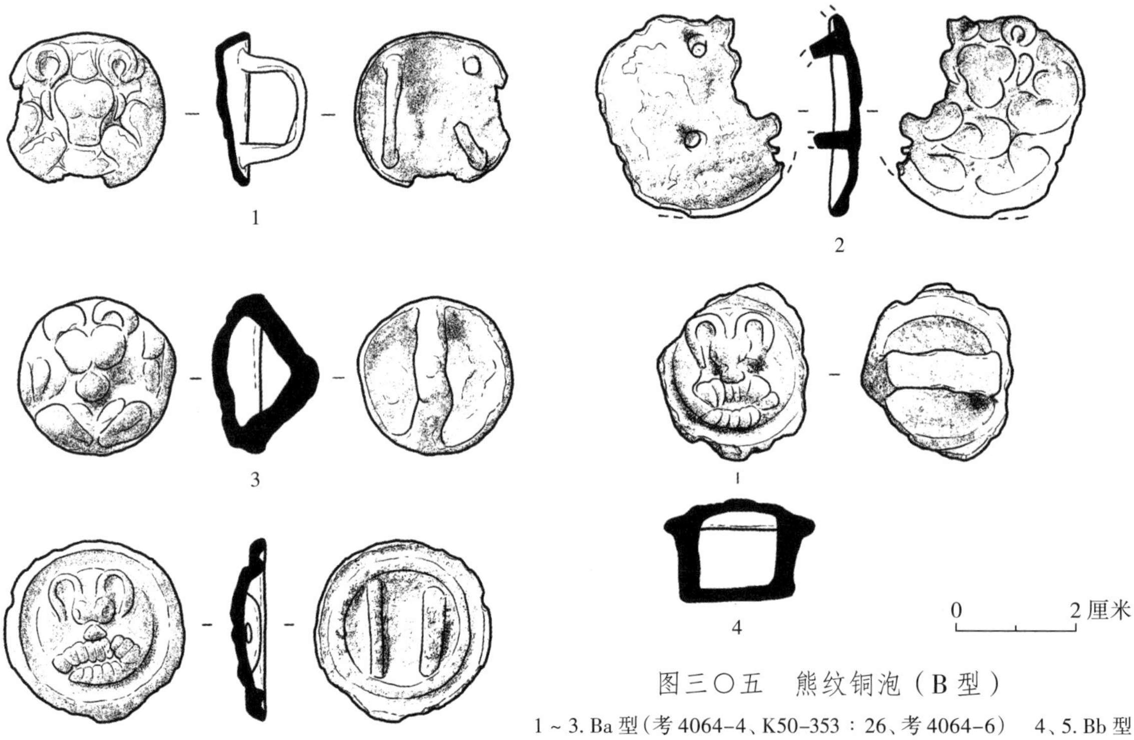

图三〇五　熊纹铜泡（B型）

1～3. Ba型（考4064-4、K50-353：26、考4064-6）　4、5. Bb型（K61-471：1、K60-464：3）

枚（K80-604：26）泡面中部为一外凸圆泡，泡边缘形成一周折棱（图三〇六，4）。

（3）椭圆形铜泡

47枚。泡面为外鼓的椭圆形，大多数背面有平行的双横梁，只有2枚背面为单横梁。所有双横梁铜泡的泡面均鎏金。根据泡面宽度差别，分两型。

A型　数量占大多数。泡面为略窄的椭圆形，均为双梁，双梁均为较细的圆柱形（图三〇七，1～6；彩版一〇五，4；彩版一〇八，1）。

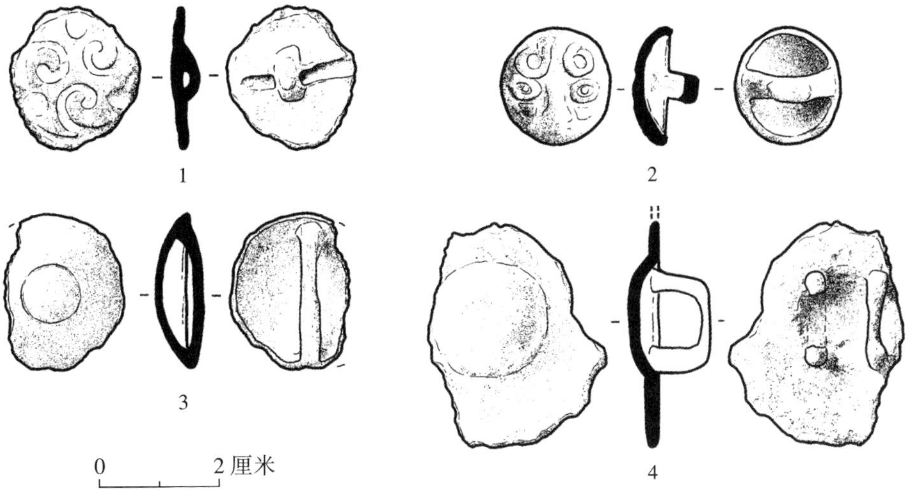

图三〇六 卷云纹、其他纹饰铜泡

1. 卷云纹铜泡（Z16：15） 2～4. 其他纹饰铜泡（Z158：8、K67-493：2、K80-604：26）

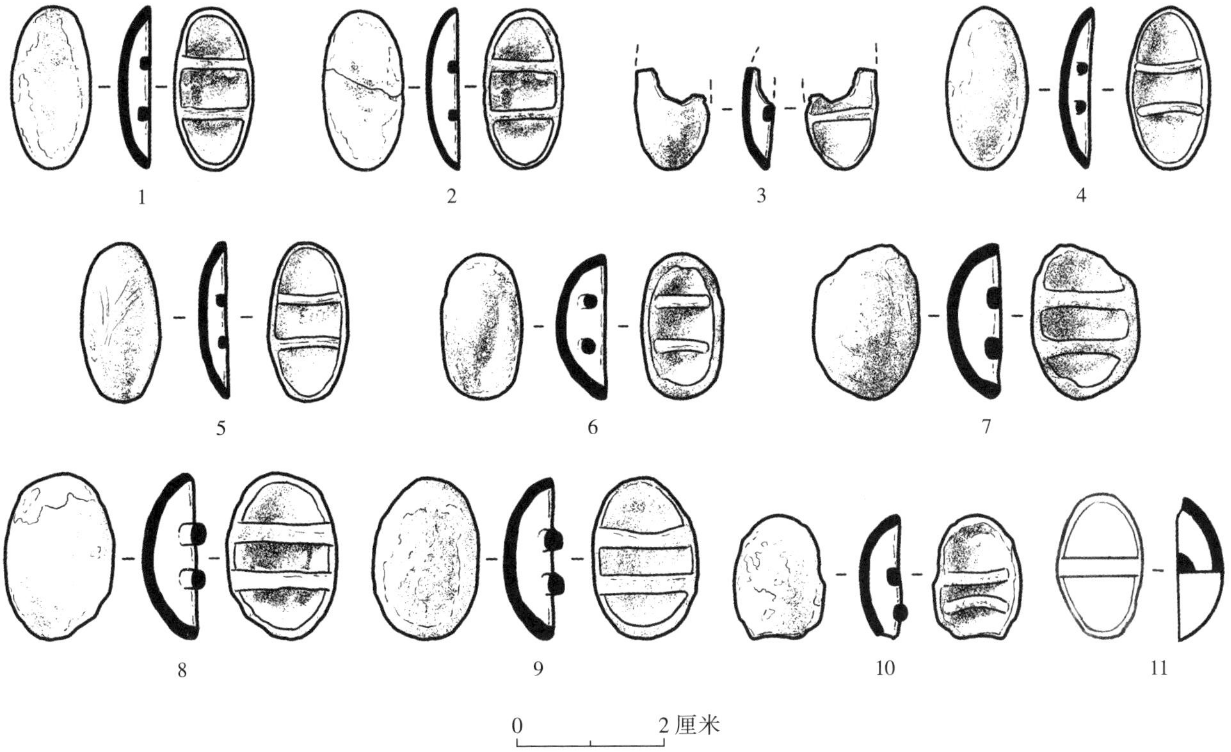

图三〇七 椭圆形铜泡

1～6. A型（M4：5-3、M45：8-1、考3962-3、考4060-1、Z32：4-1、考4060-2） 7～10. Ba型（考3962-1、考4060-3、Z39：6-1、考4060-4） 11. Bb型（M4：5-1）（除11以外均泡面鎏金）

B型 数量较少。泡面为略宽的椭圆形，多数横梁较宽。根据横梁数量差别，分两亚型。

Ba型 背面有两个横梁（图三〇七，7～10；彩版一〇五，5）。

Bb型 背面只有一个横梁（图三〇七，11）。

（4）兔形铜泡

23枚。泡面均鎏金。铜泡轮廓为一俯卧的兔子形象，兔子的眼睛、耳朵、四肢清晰可见。背面均有双横梁。所有兔形铜泡的造型非常相似。长2.4～2.6、宽1～1.1、高0.5～0.7厘米（图三〇八，1～5；彩版一〇五，6；彩版一〇六）。

（5）鱼形铜泡

6枚。泡面均鎏金。泡壁做出鱼形轮廓，中部起脊，铸造出鱼鳞、鱼鳍、眼睛和嘴。泡底部平直，底缘两侧各有一对略外凸的鱼鳍。背面有一对圆柱形横梁。所有鱼形泡的形状非常相似（图三〇八，6～8；彩版一〇七，1、2）。

（6）螺形铜泡

30枚。泡面均鎏金。这类铜泡的形状、尺寸非常相似。为高斗笠状，外壁有四周螺旋

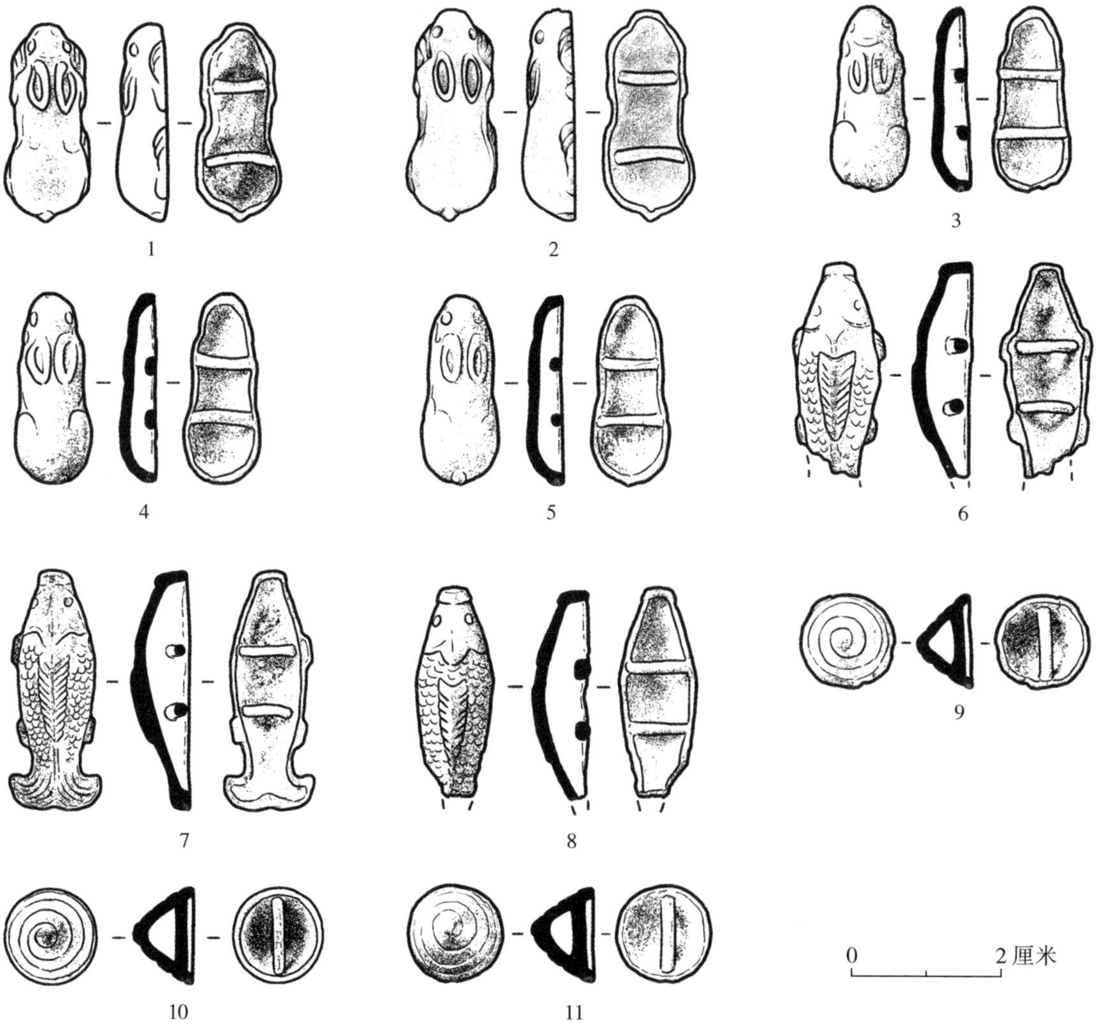

图三〇八　兔形、鱼形、螺形铜泡

1～5. 兔形铜泡（M45：7-1、M45：7-2、考4013. 1-1、Z24：n、考4013. 1-2）　6～8. 鱼形铜泡（M31：2-13、M45：6-1、考3963-1）　9～11. 螺形铜泡（考4063. 2、M45：5-1、考3959-1）

状盘绕的凹线。底部平整。背面有一圆柱形横梁（图三〇八，9 ~ 11；彩版一〇五，7；彩版一〇八，2）。

（7）双连珠形铜泡

6 枚。由两枚形状相同的铜泡连接而成，根据铜泡形状和纹饰的差别，分三型。

A 型 3 枚。由 2 枚高斗笠形铜泡连接而成，泡背面无纽（图三〇九，1、2；彩版一〇七，3）。

B 型 2 枚。由 2 枚带重圈纹的铜泡连接而成，泡的背面各有一个背纽（图三〇九，3、4；彩版一〇七，4）。

C 型 1 枚。由带凸点纹的铜泡连接而成，泡的背面有背纽。残存一半（图三〇九，5）。

（8）其他特殊形制铜泡

3 枚。

2 枚为双背纽铜泡，背纽为一对“U”字形长纽，泡面边缘有折棱（图三一〇，1、2；彩版一〇七，5）。

1 枚为活纽鎏金铜泡（M12：3）（考 3691）。泡面为一矮斗笠形圆盖，中部有一长方形孔，孔内穿一带兽头的“U”字形纽（图三一〇，3；彩版一〇九）。

7. 铜贝

共 27 枚。大多数正面鎏金。为用铜铸造出的仿照贝壳形状的服饰。根据形状差别，分两型。

A 型 22 枚。均正面鎏金。正面外鼓，中部有纵向凹槽，凹槽两侧铸造出锯齿状纹饰，凹槽的两端各有一个圆形穿孔（图三一一，1 ~ 5；彩版一〇八，3 ~ 6）。

B 型 5 枚。均不鎏金。形状简略，尺寸较小，中部凹槽两侧无锯齿，凹槽中部有镂孔（图

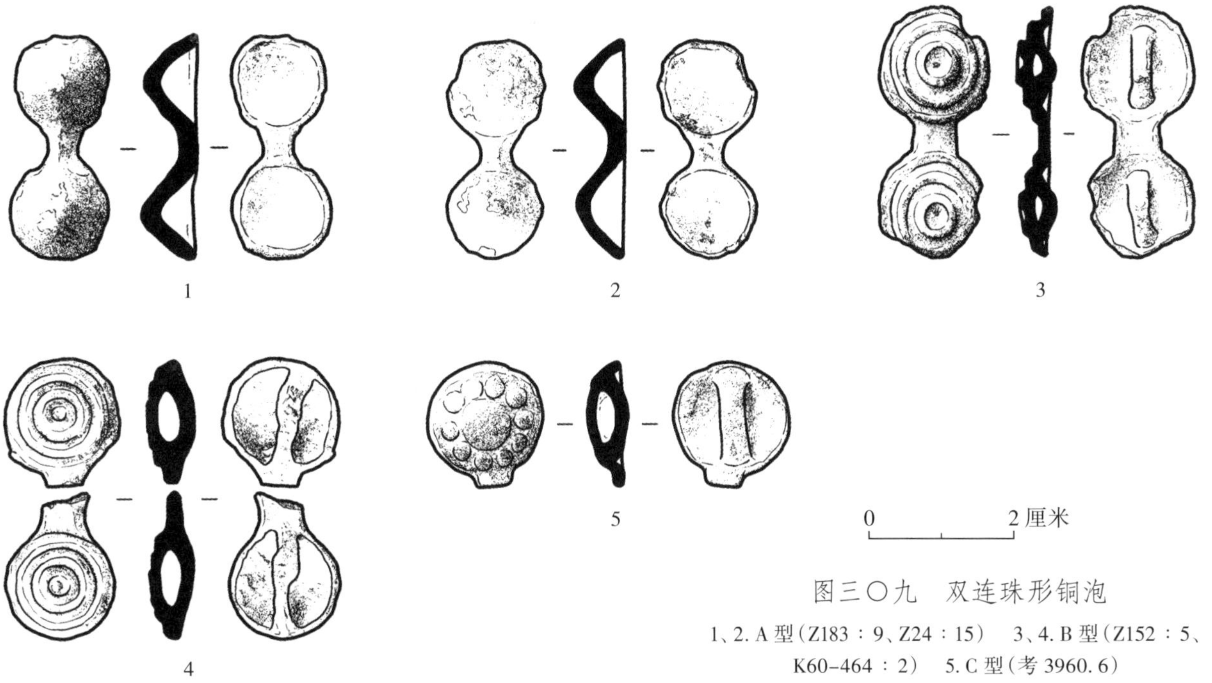

图三〇九 双连珠形铜泡

1、2. A 型（Z183：9、Z24：15） 3、4. B 型（Z152：5、K60-464：2） 5. C 型（考 3960. 6）

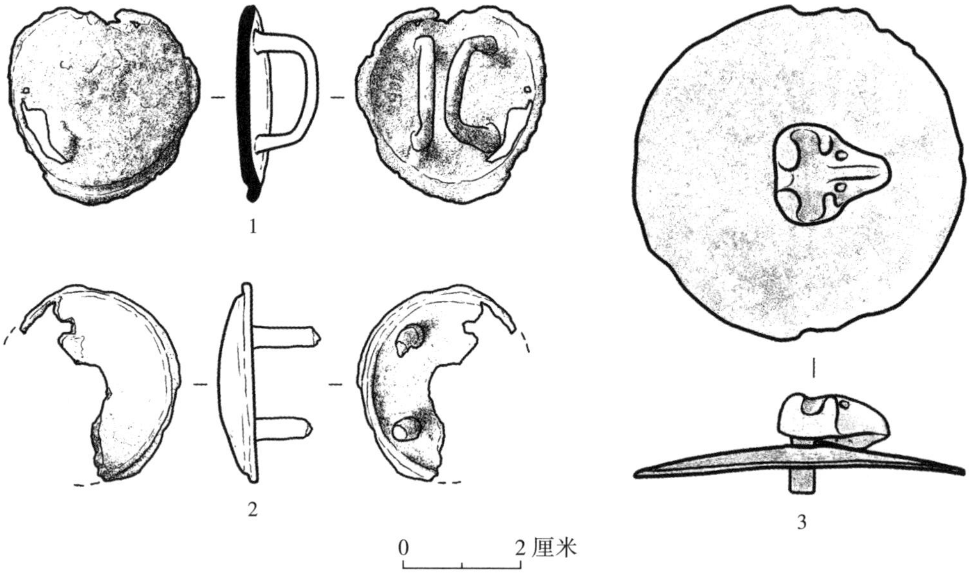

图三一〇　其他特殊形制铜泡

1、2. 双纽铜泡（考 4066-1、Z54 ：5-2）　3. 活纽鎏金铜泡（M12 ：3）

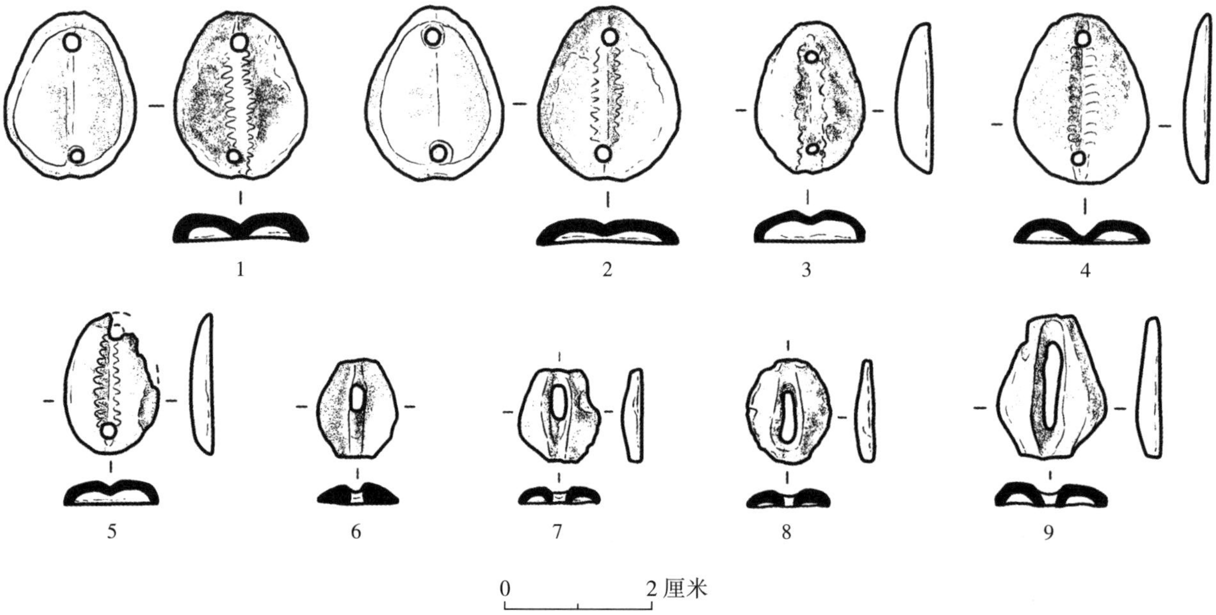

图三一一　铜贝

1 ~ 5. A 型（Z38 ：5-1、Z38 ：5-2、考 4074-2、考 4074-1、考 4074-3）　6 ~ 9. B 型（Z16 ：4、考 4074-5、考 4074-6、考 4074-7）

三一一，6 ~ 9；彩版一〇八，7 ~ 9）。

8. 铜铃

共 149 件，其中 141 件为北方式和中原式铜铃，8 件为形制较特殊的带柄铜铃和球形镂空铃。此外，还发现一件铃盖。

141 件北方式和中原式铜铃中，北方式铜铃数量占 67%，中原式的只占 33%。两类铜铃分类和主要类别数量见表一一。

表一一　西岔沟墓地出土北方式、中原式铜铃数量及类型统计表

类	型	亚型	数量	百分比（%）
北方式不规则镂孔或无孔铃	A 型（环纽与铃身分界明显）		48	34.04%
	B 型（环纽与铃身分界不明显）			
	C 型（穿孔纽与铃身连为一体）			
北方式三角形镂孔铃	A 型（环纽与铃身分界明显）	Aa 铃口侧视平直，菱形口	45	31.91%
		Ab 铃口侧视平直，椭圆形口		
		Ac 铃口侧视为倒“V”字形		
	B 型（纽与铃身连为一体）	Ba 铃身轮廓近抛物线形		
		Bb 铃身轮廓近三角形		
	C（半环形纽立于纽身之上）			
中原式带纹饰铃	A 型（器身饰内填凸点的菱形纹）		32	22.70%
	B 型（两侧为内填凸点的菱形纹，中部为抽象曲线纹）			
	D 型（近铃身上缘有一周窄纹饰带）			
中原式素面铃	A 型（铃口侧视为弧形）		16	11.35%
	B 型（铃口侧视为直口）	Ba 铃口平面椭圆形		
		Bb 铃口平面凸透镜形		
合计			141	100%

（1）北方式铜铃

93 件，绝大多数形体较小，均无铃舌。大多数器身上有镂孔。在保存状况较好的墓葬中，北方式铜铃成组出现，每件铜铃均搭配一段铁管，说明铜铃或是靠碰撞铁管发声，或者是铜铃之间互相撞击发声。个别形体较大的铃可能是马具。

根据铃身镂孔的差别，可分为不规则镂孔或无镂孔铃、三角形镂孔铃两类。

a. 不规则镂孔或无镂孔铃

48 件。根据铃身和纽形状差别，分三型。

A 型　环形纽与铃身分界明显，器身为细长的圆锥形，形状类似跳棋。大多数器身镂孔外装饰平行斜线（图三一二；彩版一一〇，1）。

B 型　环形纽与铃身分界不甚明显，器身为较宽的圆锥或扁锥形（图三一三；彩版一一〇，2 ~ 4）。

C 型　纽与铃身连为一体，类似穿孔状纽，器身整体近三角形（图三一四；彩版一一〇，5、6）。

b. 三角形镂孔铃

45 件。铃身上有三角形镂孔，大多数三角形镂孔较规整，个别的不甚规整。根据铃身和纽的形状差别，分三型。

A 型　环形纽，弧边三角形铃身，纽与铃身分界较清楚。根据铃底部开口形状差别，分三亚型。

Aa 型　铃口侧视平直，平面为菱形（图三一五，1 ~ 7；彩版一一〇，7、8）。

Ab 型　铃口侧视平直，平面为椭圆形（图三一五，8、9；图三一六，1；彩版一一〇，9）。

Ac 型　铃口侧视为倒“V”字形，平面为椭圆形或菱形（图三一六，2、3）。

另外，还有 2 件底部残损后重新利用的 A 型铃，将三角形镂孔下缘剪切平齐，形成只有四个扁条的铜铃（图三一六，4、5）。

B 型　纽与铃身连为一体，形状类似穿孔纽。根据铃身整体轮廓形状差别，分两亚型。

Ba 型　铃身轮廓近抛物线形（图三一六，6 ~ 13；彩版一一一，1 ~ 4）。

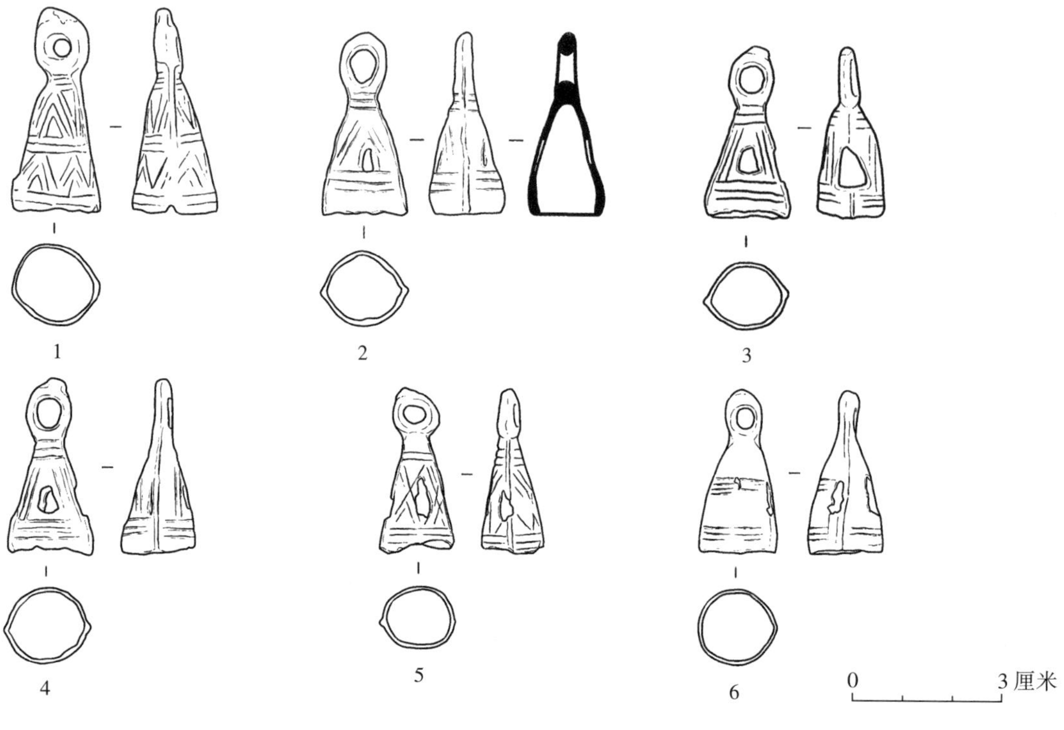

图三一二　北方式不规则镂孔或无镂孔铜铃（A 型）

1. K52-485：13　2. M13：3-1　3. M13：3-2　4. M13：3-3　5. 考 4055-22　6. 考 3969-1

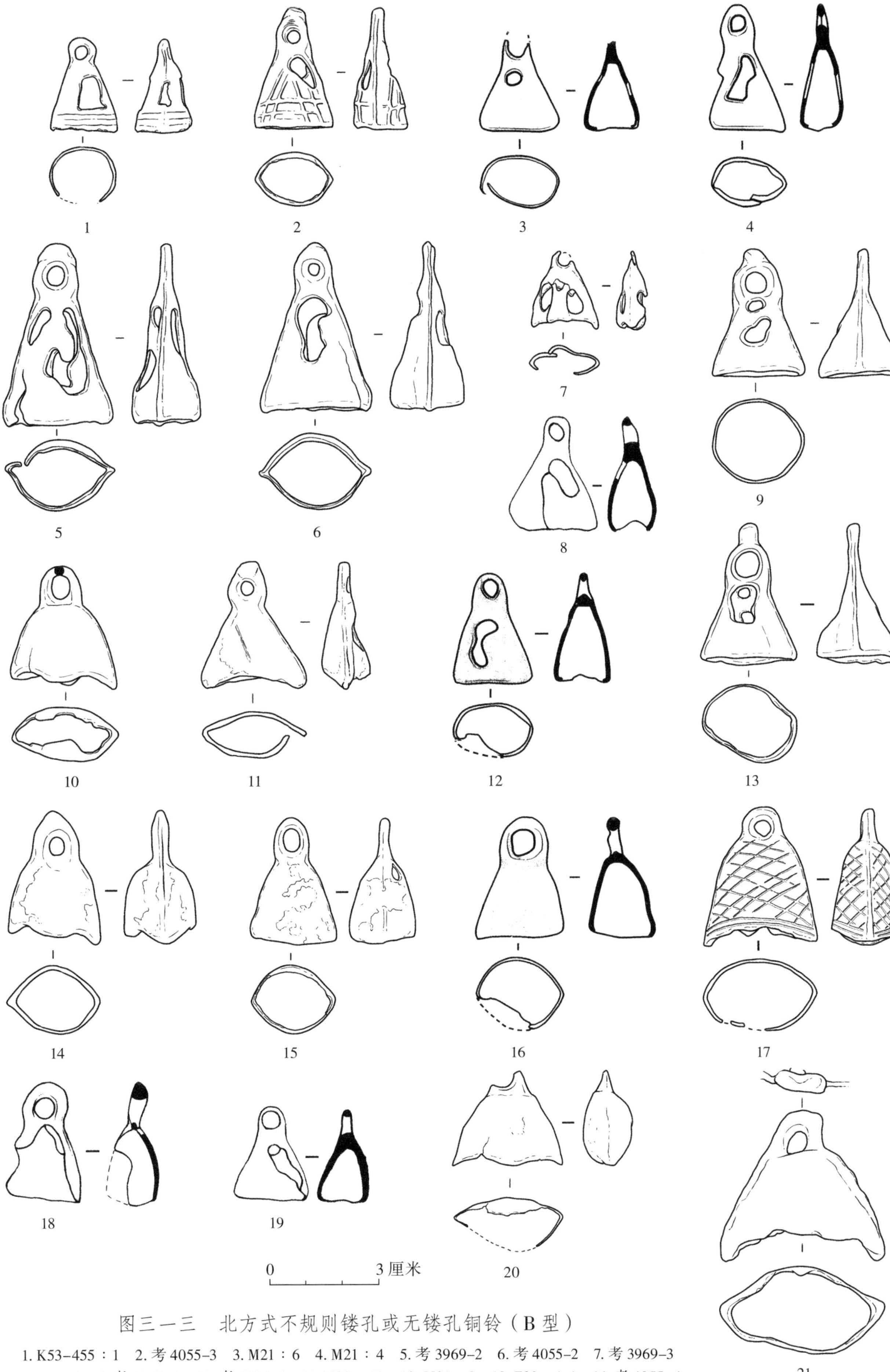

图三一三　北方式不规则镂孔或无镂孔铜铃（B型）

1. K53-455：1　2. 考4055-3　3. M21：6　4. M21：4　5. 考3969-2　6. 考4055-2　7. 考3969-3　8. M21：5　9. 考3969-4　10. 考4054-1　11. M22：10　12. M21：9　13. Z32：1-1　14. 考4055-4　15. 考4055-5　16. M21：10　17. 考4054-6　18. M21：7　19. M21：8　20. Z193：3　21. 考3967-1

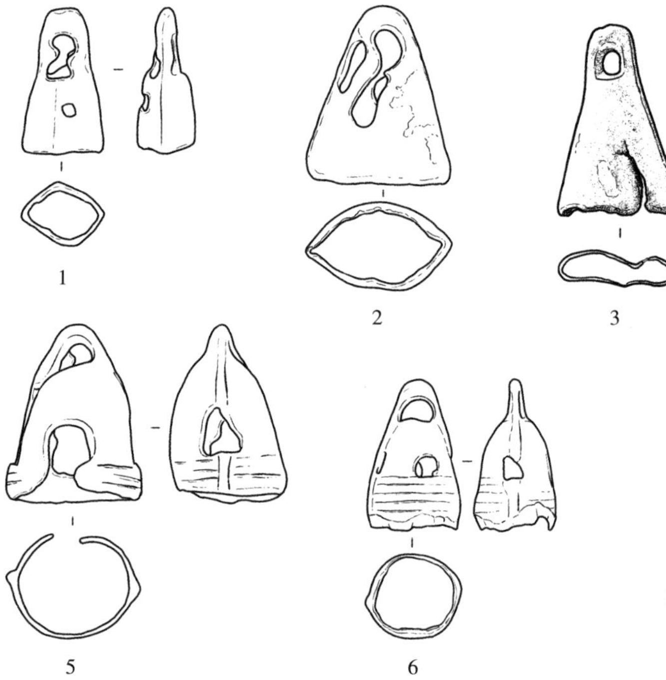

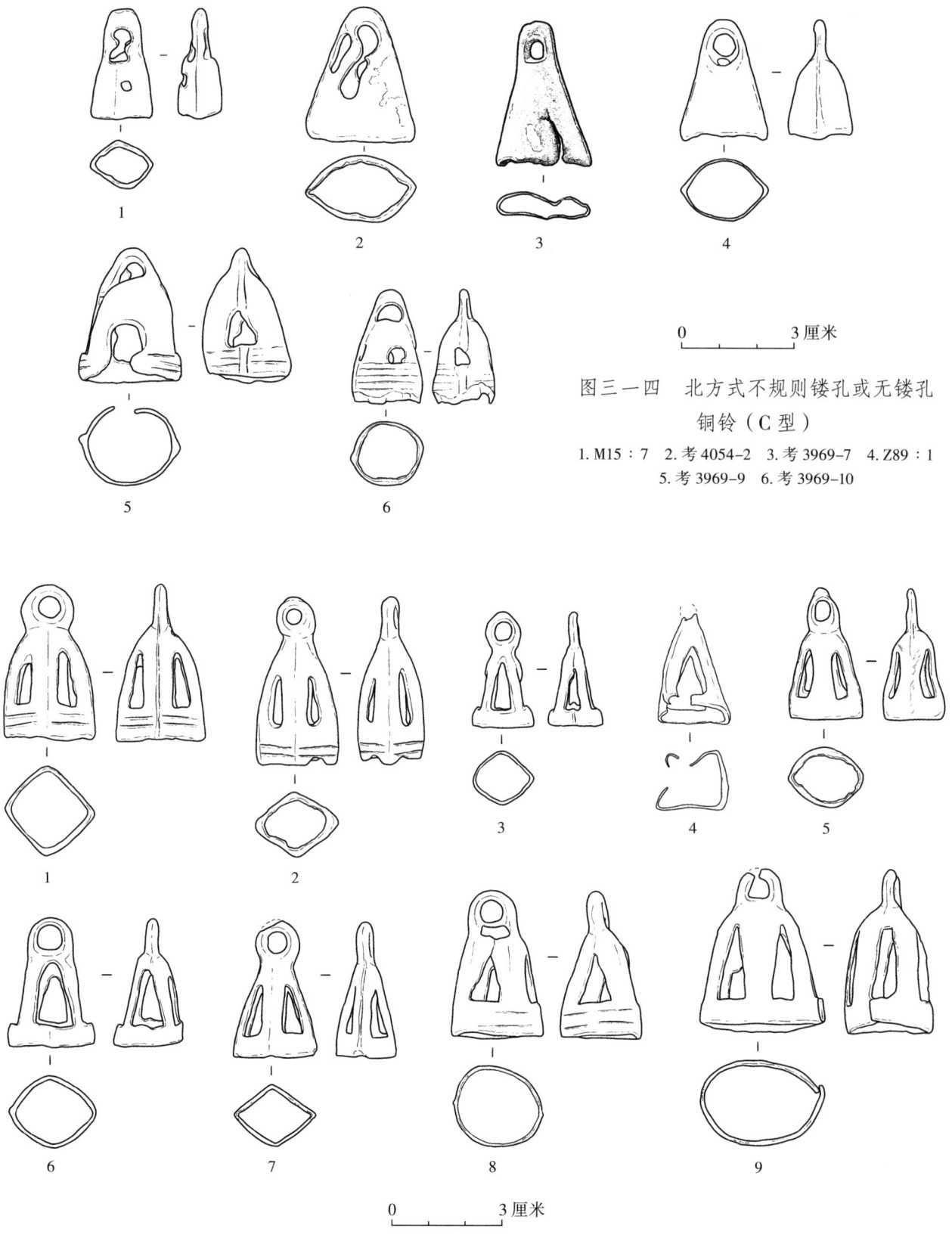

图三一四　北方式不规则镂孔或无镂孔铜铃（C型）

1. M15：7　2. 考4054-2　3. 考3969-7　4. Z89：1　5. 考3969-9　6. 考3969-10

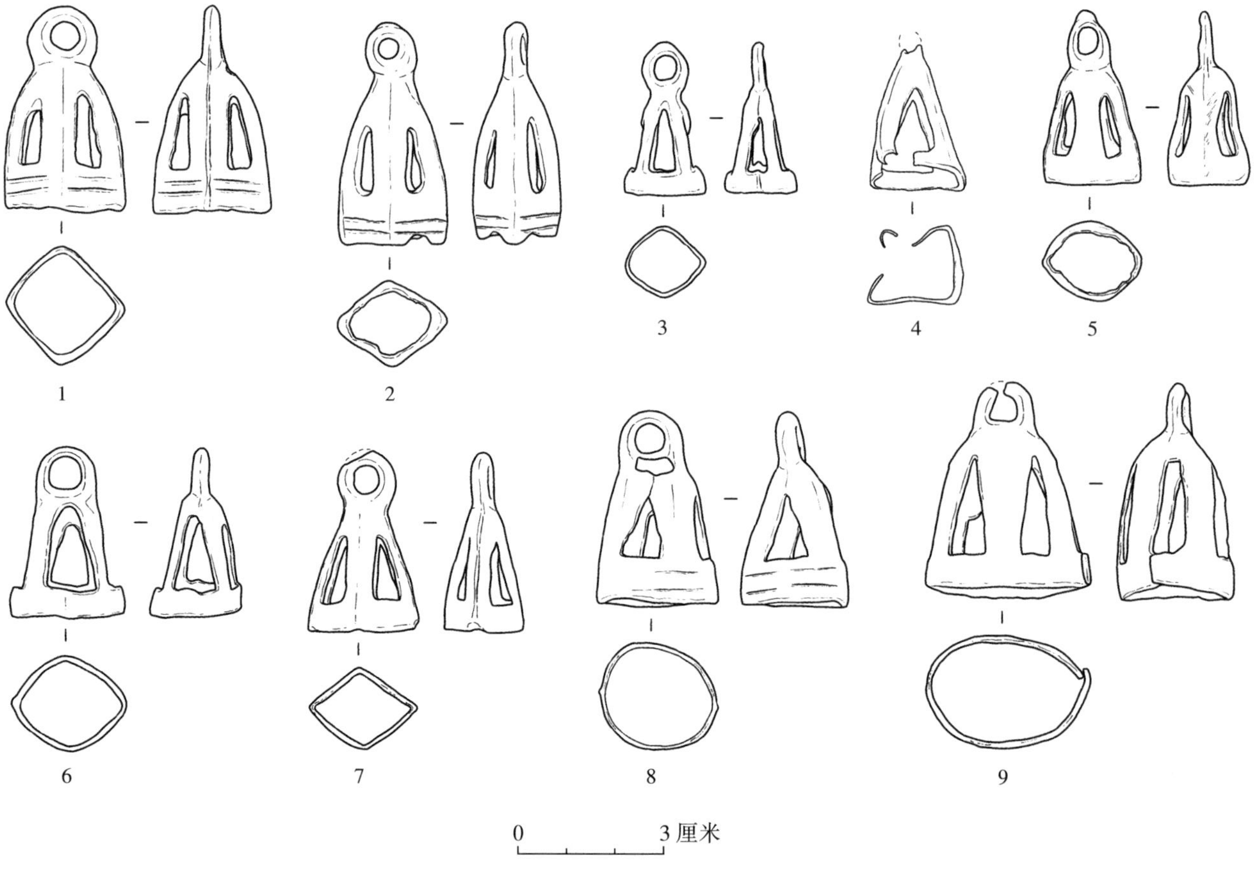

图三一五　北方式三角形镂孔铜铃（A型）

1～7. Aa型（考3968-6、考4055-9、M14：1-1、考3968-7、考4055-10、考4055-11、考4055-12）　8、9. Ab型（考3968-8、考3968-9）

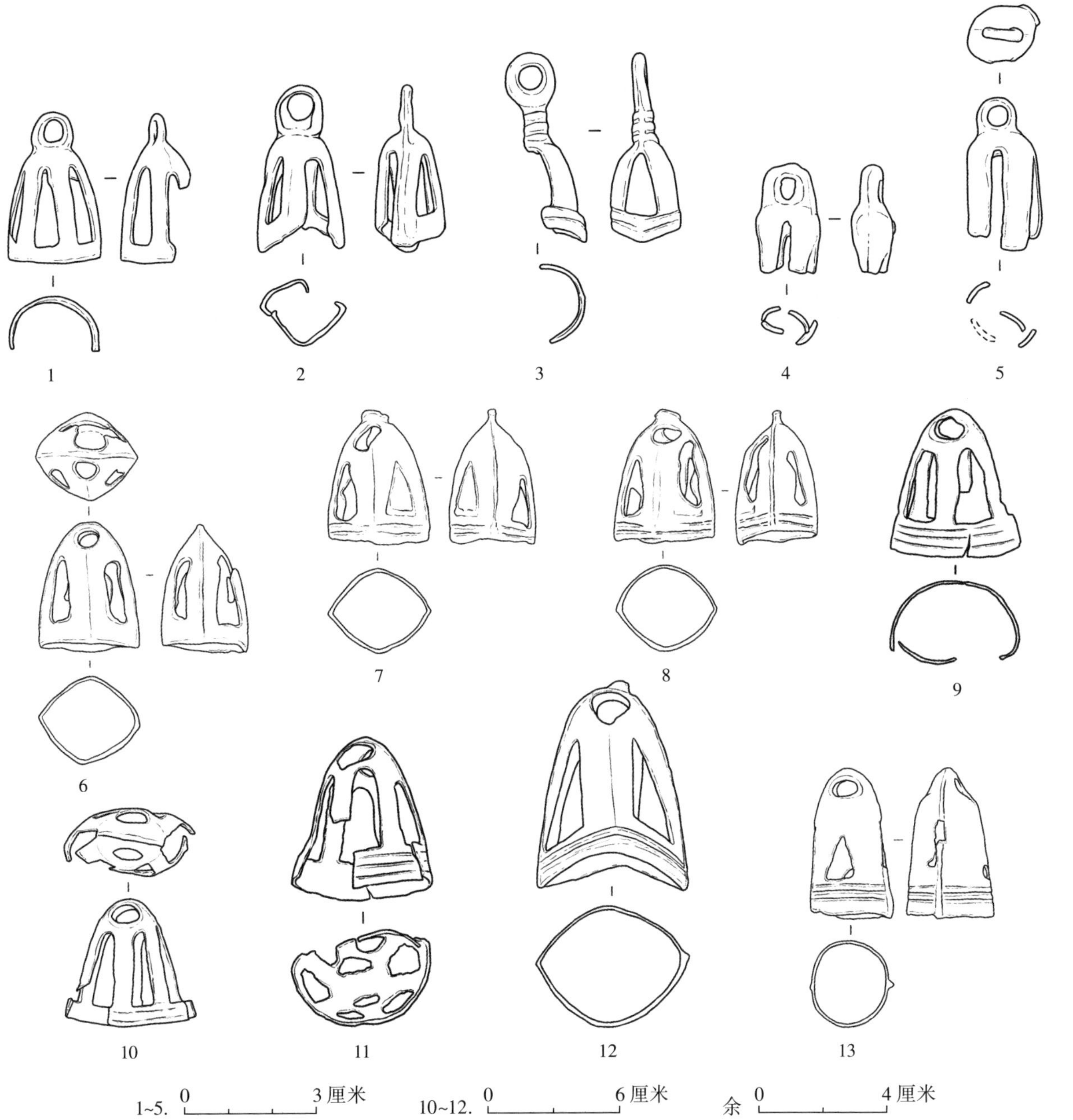

图三一六　北方式三角形镂孔铜铃（A、Ba 型）

1. Ab 型（K60-463：采集 5）　2、3. Ac 型（考 3969-11、考 3969-12）　4、5. 底部残断后重新利用的 A 型铜铃（考 3969-13、考 3969-14）
6 ~ 13. Ba 型（考 3968-4、考 3968-13、考 3968-10、考 3968-1、考 3968-2、考 3968-3、Z98：1、Z103：6-2）

Bb 型　铃身轮廓近三角形（图三一七；彩版一一一，5 ~ 7）。

C 型　半环形纽，铃身近棱台或圆台形（图三一八；彩版一一二，1 ~ 3）。

（2）中原式铜铃

48 件。铃顶部均有一平面，铃纽位于平面中部。铃身较规整，近梯形。可分为带纹饰铃、素面铃两大类。

a. 带纹饰铃

32件。器表有纹饰。铃身内与纽相对的位置有一“U”形环，内穿铃舌。根据纹饰形状差别，分三型。

A型　纹饰为平行交叉斜线组成的菱形纹，每个菱形中部有一凸点（图三一九；彩版一一二，4～6；彩版一一三，1）。

B型　在带凸点的菱形纹带之间有抽象的卷曲凸线纹（图三二〇，1～7；彩版一一三，2、3）。

C型　近铃身的上缘有一周凸点组成的窄纹饰带，铃身大部分无纹饰（图三二〇，8；

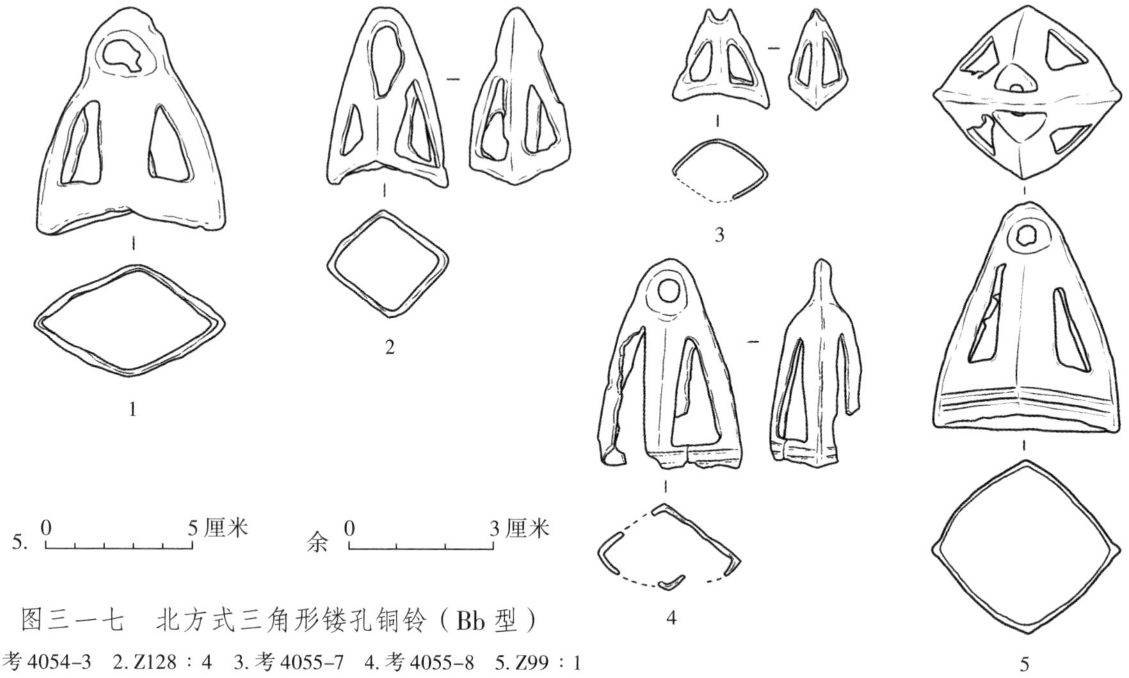

图三一七　北方式三角形镂孔铜铃（Bb型）

1. 考4054-3　2. Z128：4　3. 考4055-7　4. 考4055-8　5. Z99：1

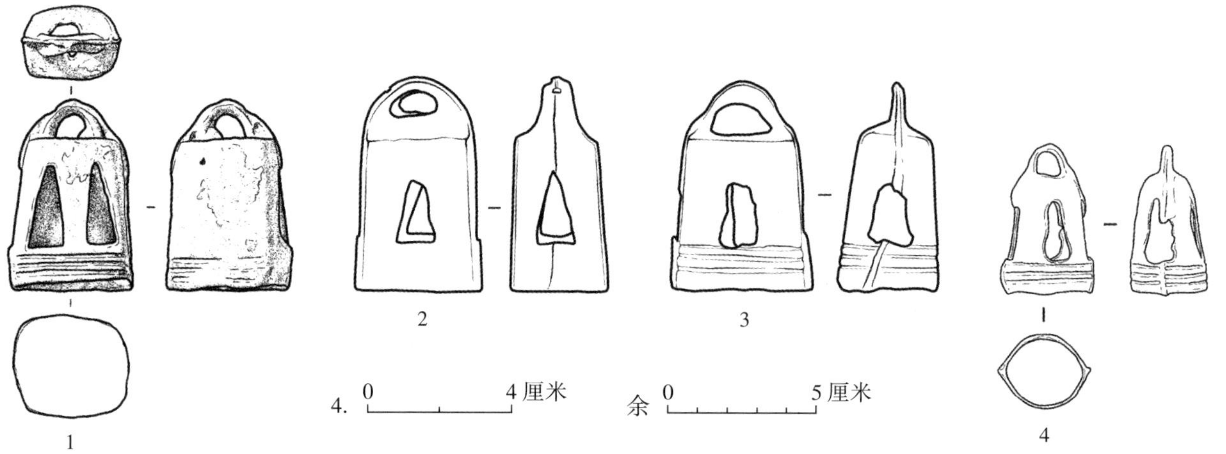

图三一八　北方式三角形镂孔铜铃（C型）

1. Z182：17-1　2. Z46：1　3. Z62：1　4. Z201：10

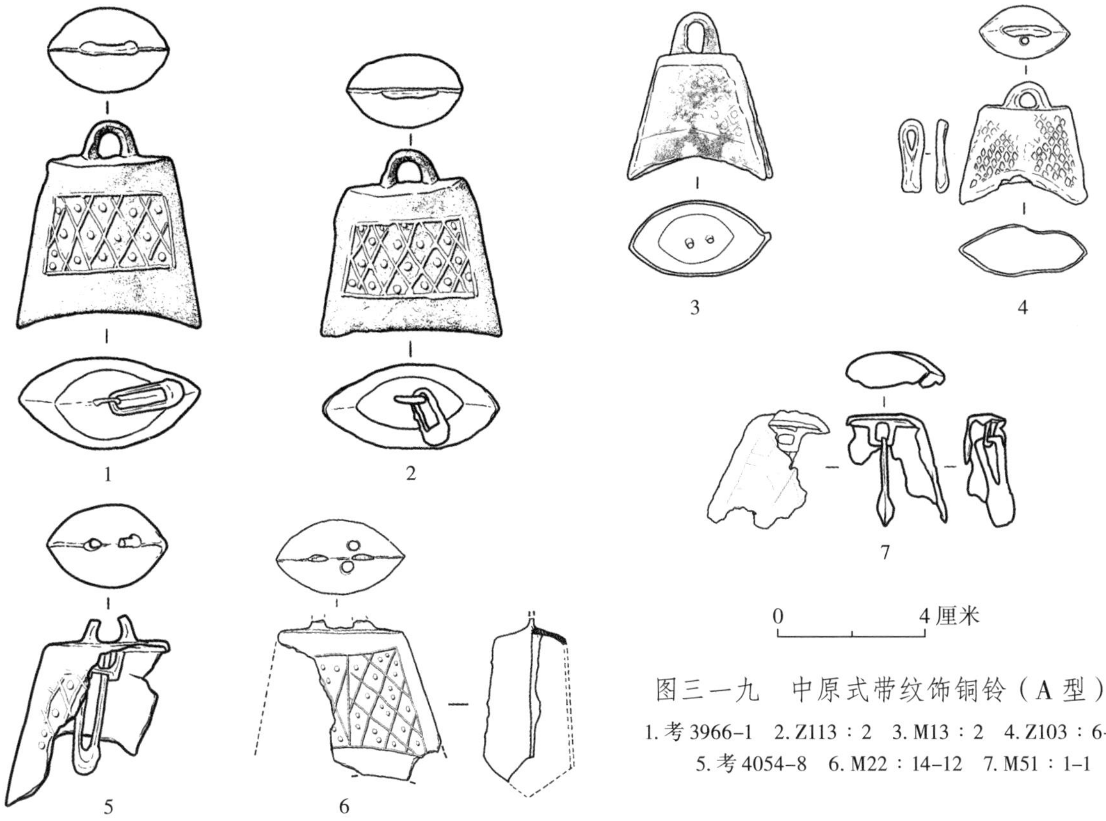

图三一九　中原式带纹饰铜铃（A型）

1. 考3966-1　2. Z113：2　3. M13：2　4. Z103：6-1　5. 考4054-8　6. M22：14-12　7. M51：1-1

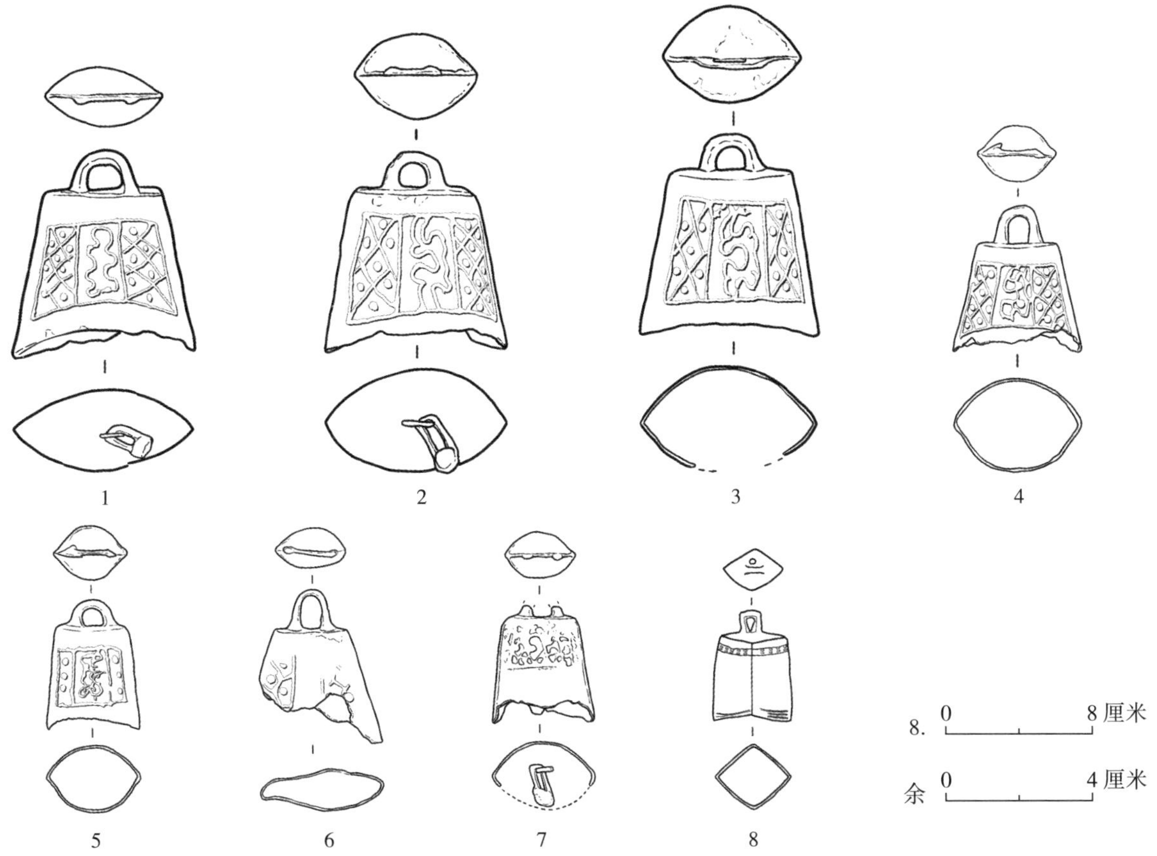

图三二〇　中原式带纹饰铜铃（B、C型）

1～7. B型（K60-476：8、K51-384：8、考3966-4、考3966-5、考3966-6、考3967-10、考4054-4）　8. C型（Z130：2）

彩版一一三，4；图版二五，4）。

b. 素面铃

16件。铃身无纹饰，铃身内无铃舌以及挂铃舌的“U”形环。绝大多数在铃身顶部的纽附近有穿孔，应该为穿系铃舌所用。根据铃口侧视形状差别，分两型。

A型 铃口侧视为弧形（图三二一，1～9；彩版一一三，5、6）。

B型 铃口侧视为直口。根据铃口平面形状差别，分两亚型。

Ba型 铃口平面形状为椭圆形（图三二一，10、11；彩版一一三，8）。

Bb型 铃口平面形状为凸透镜形（图三二一，12、13；彩版一一三，7）。

（3）带柄铜铃

7件。器身上半部为带镂孔的空心球形，下半部为管状柄（图三二二，1～6；彩版

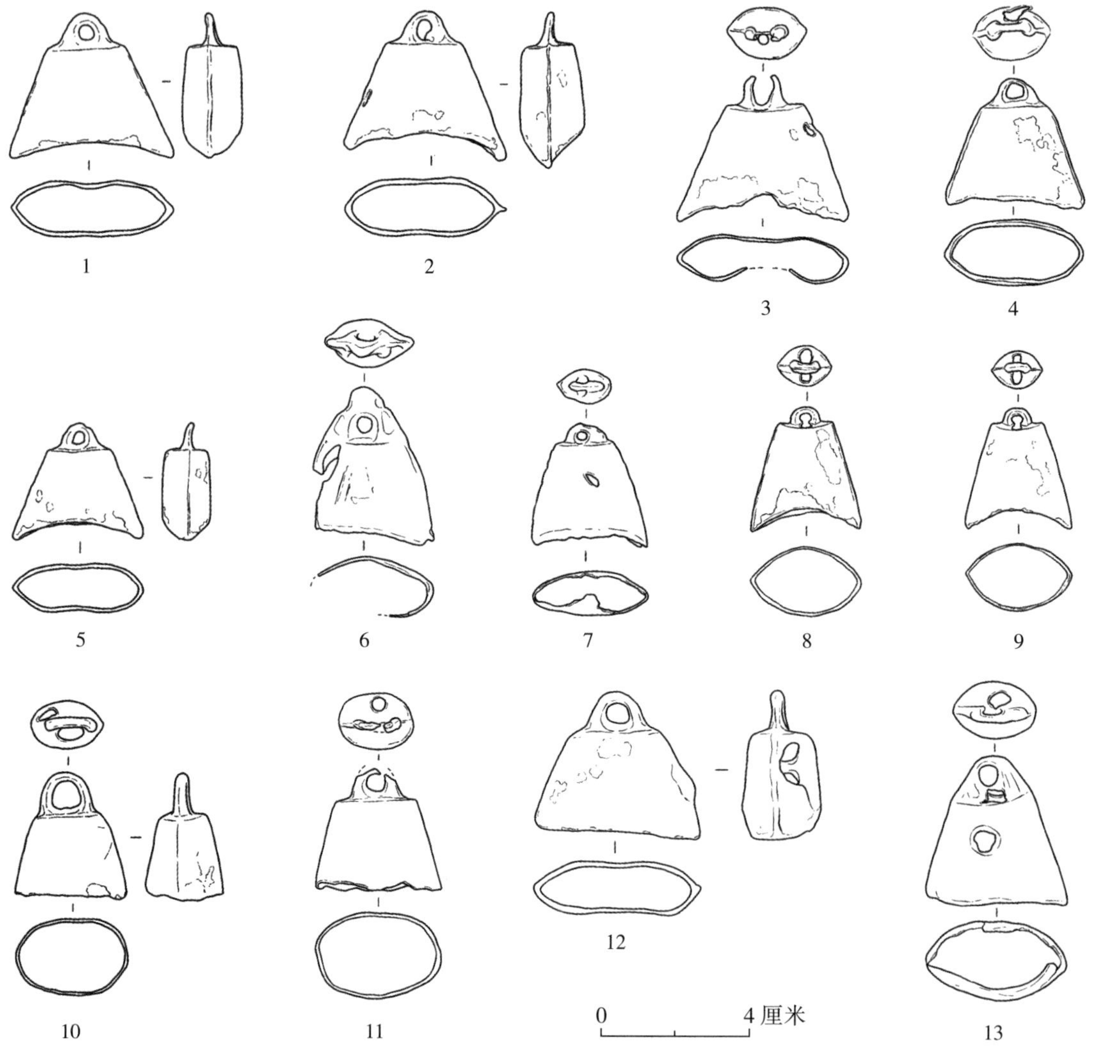

图三二一 中原式素面铜铃

1～9. A型（M17：2-1、M17：3-2、考3967-3、考4054-5、M17：3-1、考3967-4、考3967-5、考3967-6、考3967-7） 10、11. Ba型（M17：2-2、考3967-8） 12、13. Bb型（M17：3-4、考3967-9）

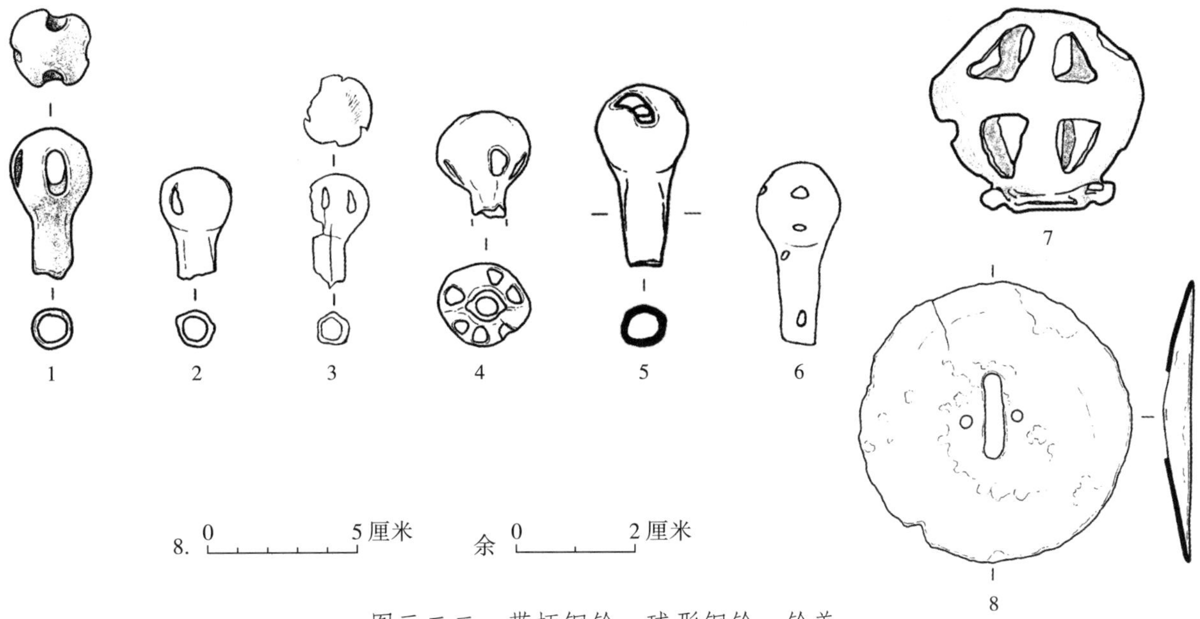

图三二二　带柄铜铃、球形铜铃、铃盖

1 ~ 6. 带柄铜铃（Z24：12、考 4036 附件 -2、K14-162：2、Z98：3、考 4036 附件 -1、K62-540：5）　7. 球形铜铃（Z182：18）　8. 铃盖（Z135：20）

一一四，1 ~ 4）。

（4）球形铜铃

只有 1 件。

Z182：18（国 0050-5），器身近球形，底部有座。器表有上、下对称分布的三角形镂孔。直径 3.5 厘米（图三二二，7；彩版一一四，5；图版二五，5）。

（5）铃铜盖

只有 1 件。

Z135：20（考 3978.1），为正面略外鼓的圆形铜片，中部长方形穿孔，穿孔的两侧各有一个圆形穿孔。推测应为铃盖，原应有铃的扁条形颈部穿过中部的穿孔。直径 9.2、厚 0.07 ~ 0.1 厘米（图三二二，8；彩版一一四，6）。

9. 铜环

共 199 件。大多数为扁体环。在墓葬中多出土于腰部附近，有的扁体环内缘有磨损痕迹，应为穿系皮条所致。根据剖面形状和有无纹饰的差别，分六型。各类型数量比例见表一二。

表一二　西岔沟墓地出土铜环数量及类型统计表

	A 型	B 型	C 型	D 型	E 型	F 型	不明	合计
形制特征	扁体，两面外鼓	扁体，正面外鼓，背面平直	扁体，正面外鼓，背面内凹	圆体	剑柄穿环，内缘向上倾斜	带纹饰	类型不明	
数量	66	66	12	32	17	5	1	199
百分比	33.17%	33.17%	6.03%	16.08%	8.54%	2.51%	0.50%	100%

A 型　66 件。扁体环。环肉两面外鼓。近内缘处较厚，向外缘逐渐变薄，外缘有钝刃（图三二三、三二四；彩版一一五，1）。

B 型　66 件。扁体环。环肉正面外鼓，背面扁平。近内缘处较厚，向外缘逐渐变薄，外缘有钝刃（图三二五；彩版一一五，2、4）。

C 型　12 件。扁体环。环肉正面外鼓，背面略内凹。近内缘处较厚，向外缘逐渐变薄，外缘有钝刃（图三二六；彩版一一五，3）。

D 型　32 件。圆体环。环肉较厚。横截面为圆形或近厚凸透镜形。根据环肉剖面形状和尺寸的差别，分三亚型。

Da 型　环肉横截面为圆形，环肉相对较细（图三二七，1 ~ 10；彩版一一五，5）。

Db 型　环肉横截面为圆形，环肉相对较粗（图三二七，11 ~ 14；彩版一一五，6）。

Dc 型　环肉横截面为厚凸透镜形（图三二七，15、16；彩版一一五，7）。

E 型　17 件。环肉横截面为倾斜的扁条形，内缘上鼓。尺寸较小，为甲类铜柄铁剑的柄上穿环（图三二八；彩版一一五，8、9）。

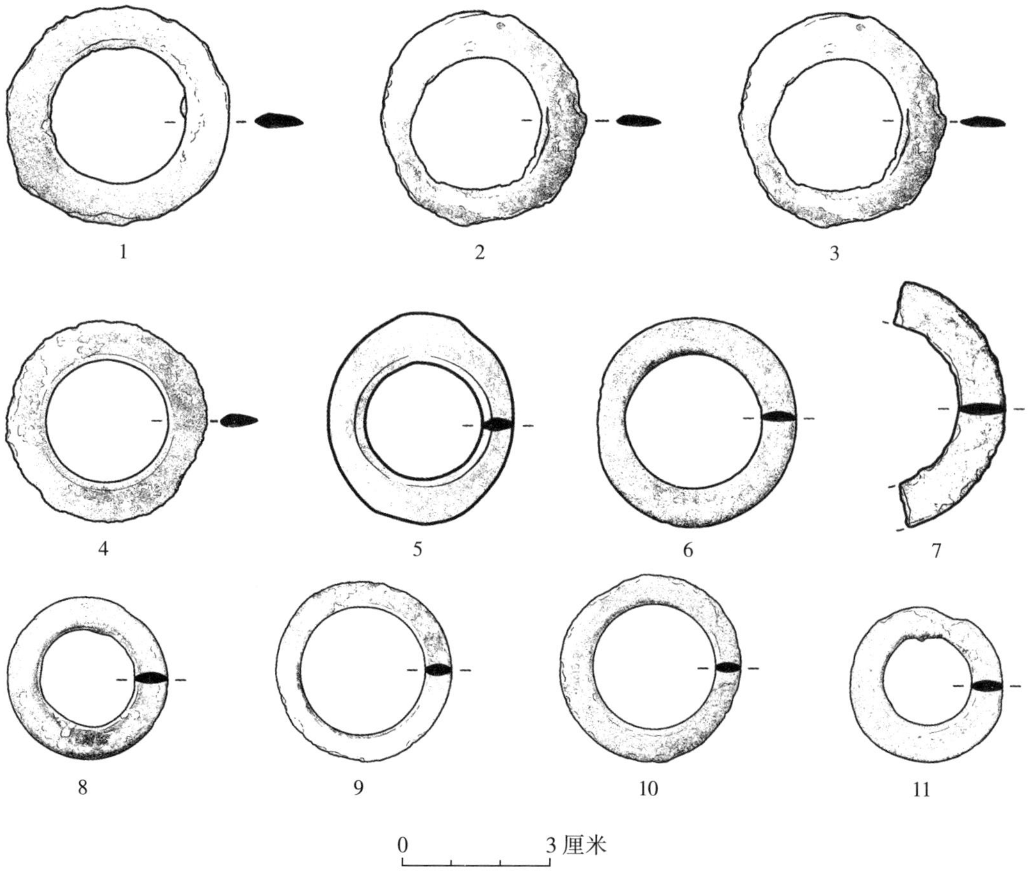

图三二三　铜环（A 型）

1. M15：6-1　2. M16：6-1　3. M16：6-2　4. M11：2　5. Z146：3　6. Z55：4-1　7. Z92：2　8. 考 3989. 1　9. 考 3989. 2　10. 考 3989. 4　11. 考 3989. 3

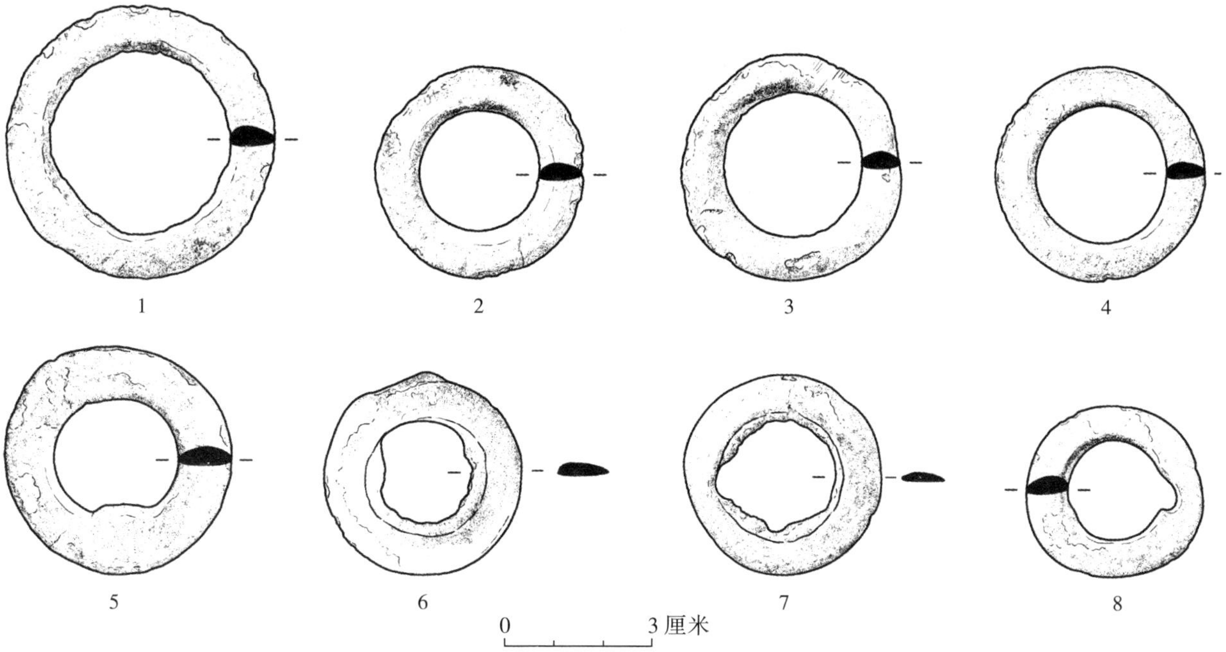

图三二四　铜环（A型）

1. 考4053-1　2. 考4053-2　3. 考4053-3　4. 考4053-4　5. 考3989.5　6. M15：5-2　7. M16：6-4　8. 考4053-5

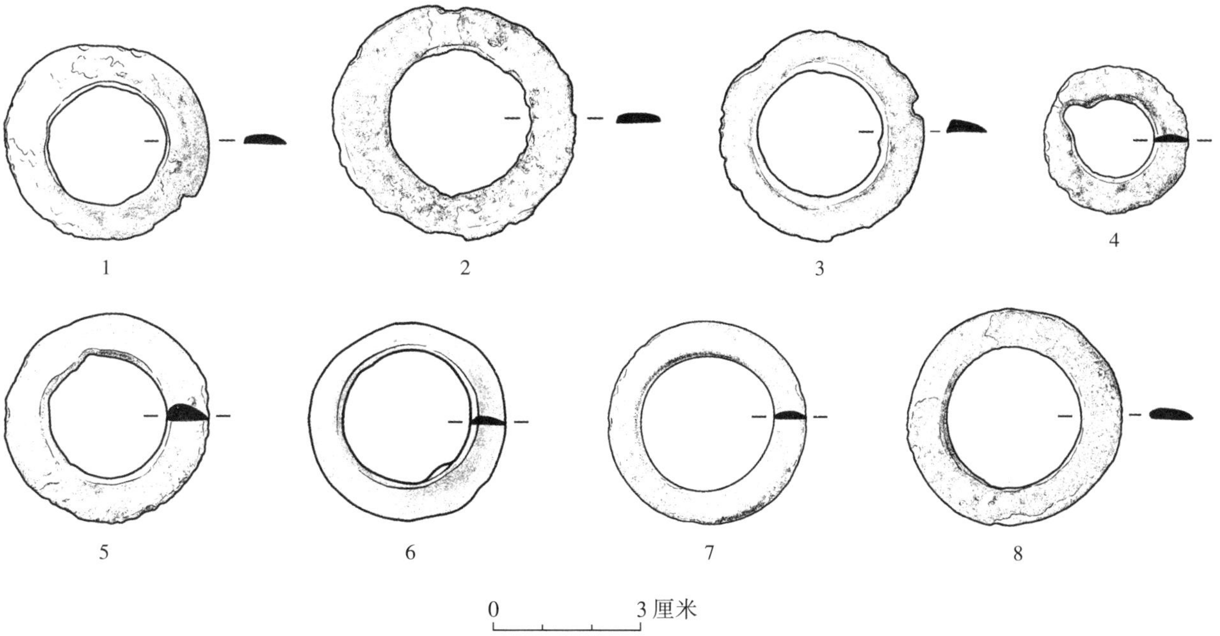

图三二五　铜环（B型）

1. M16：6-5　2. M16：7　3. M63：9-3　4. Z29：9　5. 考4053-6　6. Z107：3-1　7. Z182：6-1　8. M16：6-3

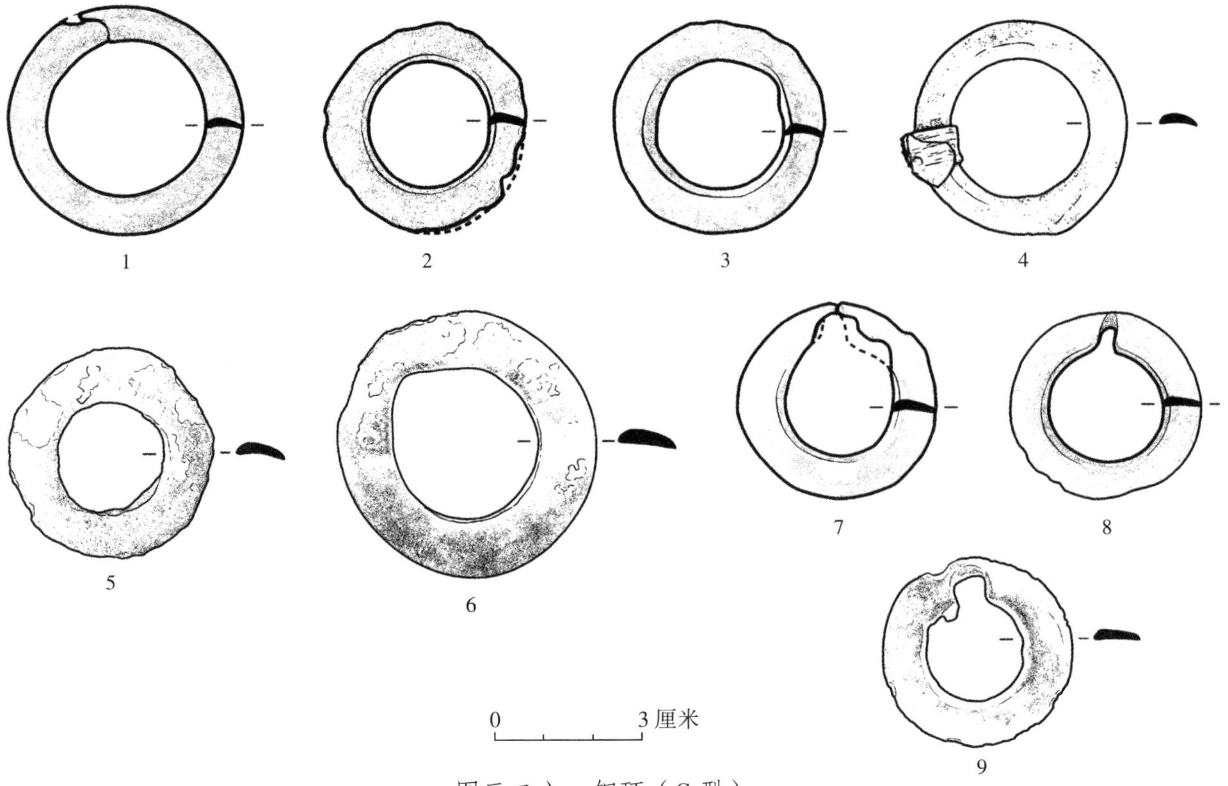

图三二六　铜环（C 型）

1. Z55 : 4-2　2. Z19 : n　3. Z162 : n　4. M31 : 3-3　5. M15 : 5-3　6. M15 : 5-1　7. Z39 : 10-1　8. Z38 : 12　9. M63 : 9-1

F 型　5 件。带纹饰的环。根据纹饰形状差别，分两亚型。

Fa 型　4 件。正面饰锯齿形凸折线（图三二九，1 ~ 4；彩版一一六，1 ~ 3）。

Fb 型　1 件。边缘为波浪形，在正面波浪形边缘的内侧有清晰的半圆形凹坑，在背面有的地方有不清晰的凹坑，有的地方凹坑不明显（图三二九，5；彩版一一六，4）。

10. 铜轮

共 18 件。根据形状差别，分三型。

A 型　7 件。内、外两个圆环之间有辐条状横梁连接。根据横梁数量的差别，分三亚型。

Aa 型　2 件。外环和内环之间有四条辐条状横梁。正面略鼓，背面较平（图三三〇，1、2；彩版一一六，5）。

Ab 型　4 件。外环和内环之间有六条辐条状横梁。正面略鼓，背面较平（图三三〇，3、4；彩版一一六，6、7）。

Ac 型　1 件。外环和内环之间有八条辐条状横梁。两面形状相同（图三三〇，5）。

B 型　1 件。内环较小。用四个等距离分布的圆环将内、外环连接在一起。两面形状相同。考 3991.1，直径 3.72、厚 0.32 厘米（图三三〇，6；彩版一一七，1）。

C 型　10 件。轮中部为一圆形或方形凸泡，环内有四个十字交叉状分布的横梁。均为扁体，正面边缘较圆弧，背面较平（图三三〇，7 ~ 11；彩版一一七，2、3）。

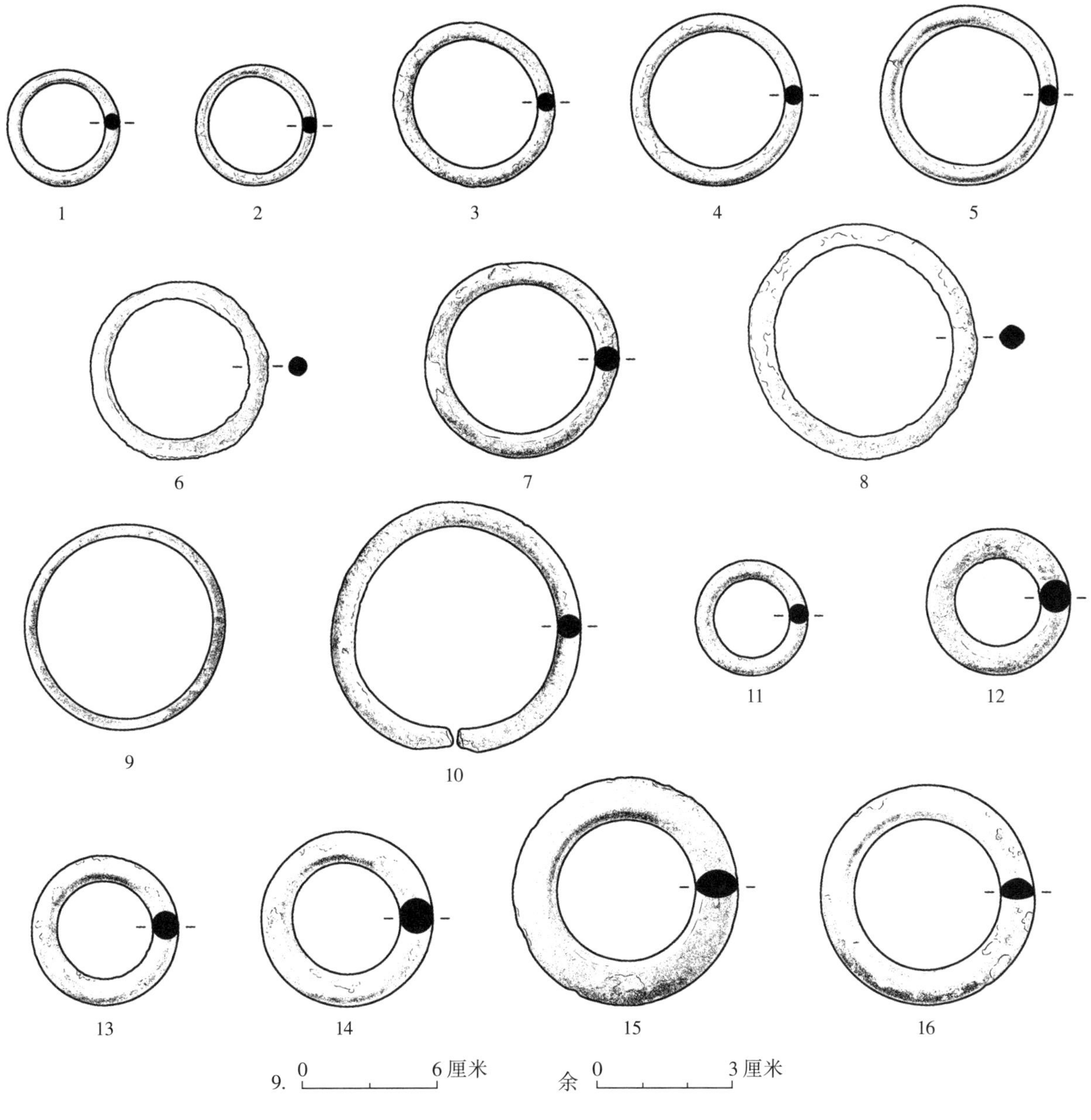

图三二七 铜环（D型）

1～10. Da型（考4053-7、Z107：3-2、考3990-3、考3990-9、考3990-2、M15：6-2、Z14：5、M35：2、M12：6、考4053-8）
11～14. Db型（考4053-9、考3990-7、考4053-10、考4053-11） 15、16. Dc型（考3988-17、考3989.6）

（四）车马器

共17件。分为马身上的器物和车上的部件两种，前者包括扁管、节约、当卢、铃（服饰带具类中的形体较大铜铃应为马具），后者包括盖弓帽、车钗。

1. 铜扁管和节约

（1）铜扁管

6件。为穿在皮条外的装饰用马具。尺寸、纹饰各不相同，大多数正面鎏金。

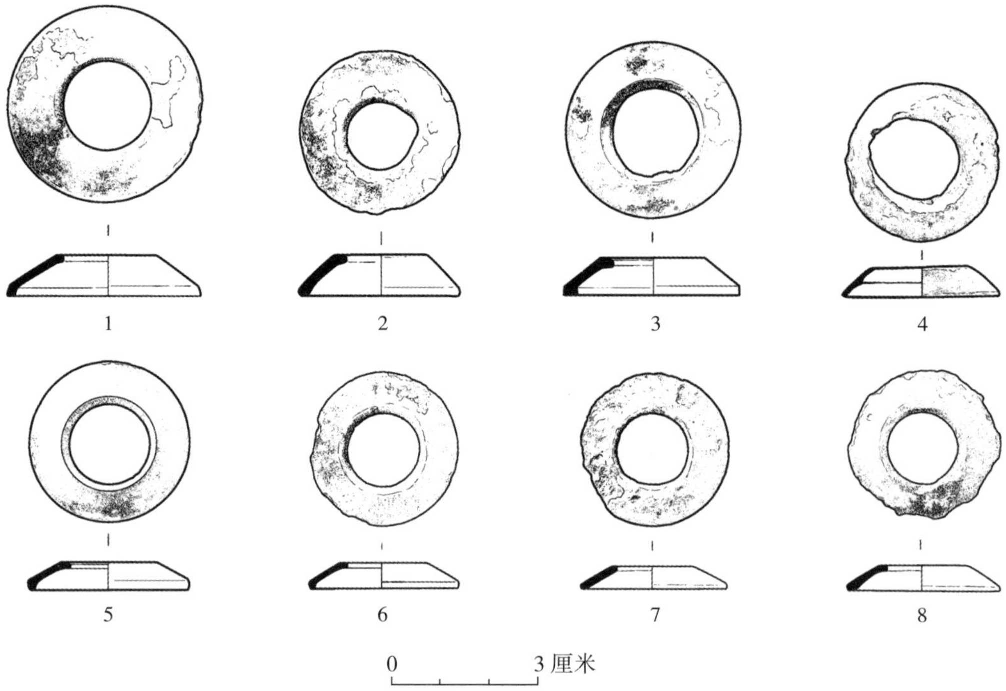

图三二八　铜环（E型）

1. 考4052-1　2. 考4052-3　3. 考4052-4　4. M43：3　5. 考4053-12　6. 考4052-7　7. 考4052-6　8. 考4052-5

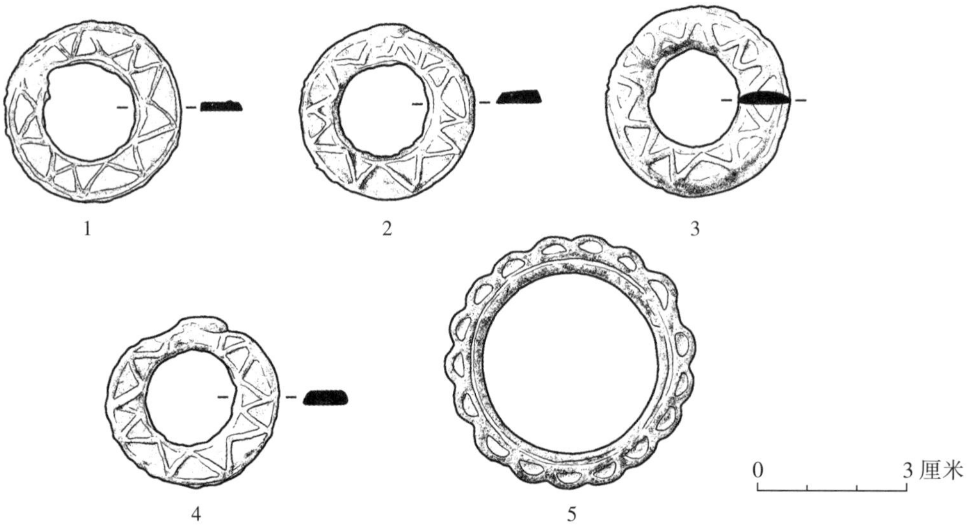

图三二九　铜环（F型）

1～4. Fa型（M63：9-10、考4053-13、考3991. 11、Z172：1）　5. Fb型（Z103：5）

Z14：7（考3977.2），正面略鼓鎏金，背面扁平。正面有三条纵向凸棱。长2.28、宽1.42、高0.53厘米（图三三一，1；彩版一一七，5）。

Z194：8（考3977.1），横截面近扁椭圆形，正面饰平行凹线组成的三角纹，背面中部有一圆角长方形銎孔，銎孔上下的管壁有平行凹线纹。长2.45、宽1.95、高0.55厘米（图

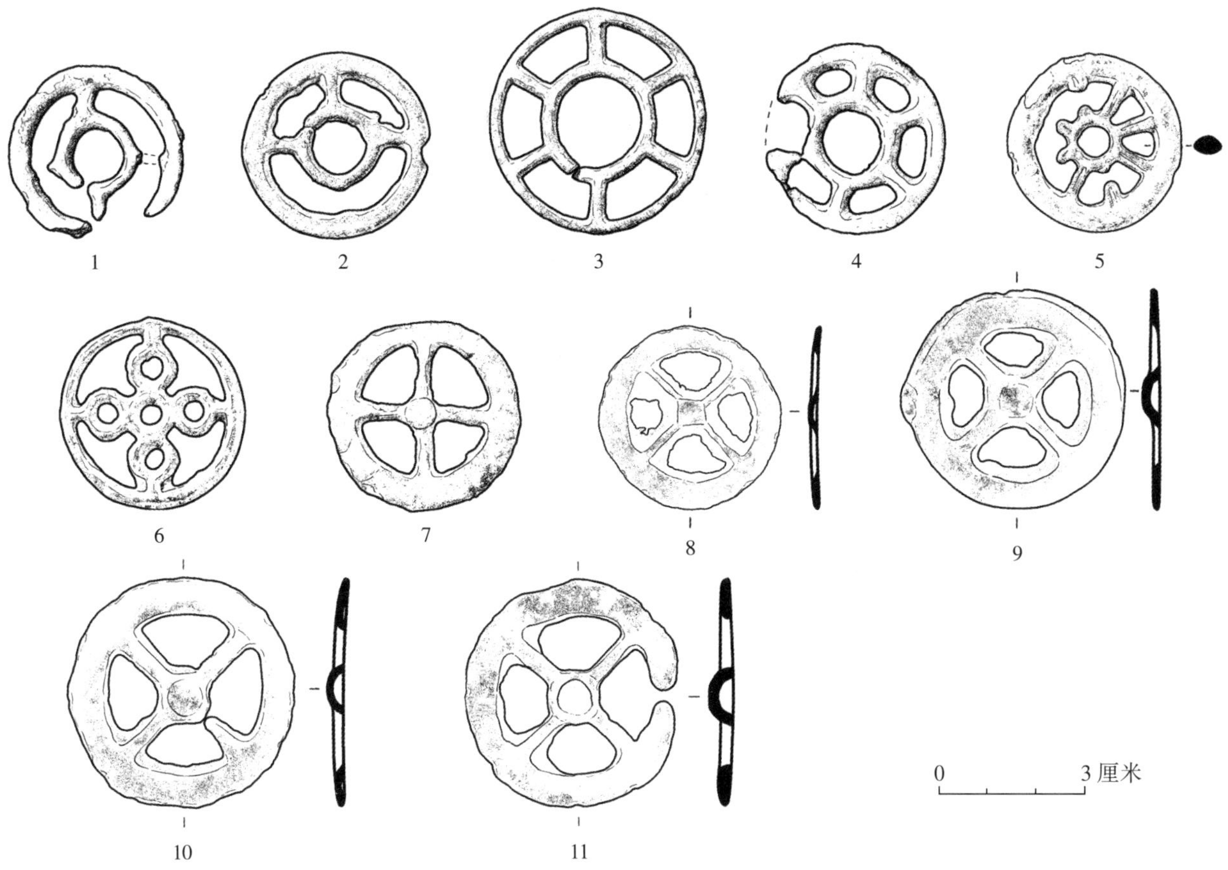

图三三〇　铜轮

1、2. Aa 型（Z5：2、Z52：2）　3、4. Ab 型（Z182：11、K14-162：9）　5. Ac 型（Z84：3）　6. B 型（考 3991.1）　7 ~ 11. C 型（考 3991.6、M15：4-4、M15：4-3、M15：4-1、M15：4-2）

三三一，2；彩版一一七，6）。

M59：18（考 3875-1），横截面为扁椭圆形，正面饰交叉平行凹线组成的菱形纹，背面中部有一长方形镂孔。长 2.1、宽 1.3、高 0.5 厘米（图三三一，3；彩版一一七，7）。

考 3977.3-1，表面鎏银。正面外弧，背面平整，正面有四个纵向凸棱。长 1.7、宽 1.22、高 0.63 厘米（图三三一，4；彩版一一七，8）。

考 3977.3-2，表面残留少量鎏金层。器表有横向凸棱，管内残留有锈蚀的铁条。残长 1.2、宽 1.1 厘米（图三三一，5；彩版一一七，9）。

考 4070，正面有横向和斜向的平缓的平行凸棱，背面中空，两端各有一横向隔梁。长 2.45、宽 1.45 ~ 1.55 厘米，壁厚 1.5 厘米（彩版一一七，4）。

（2）铜节约

2 件。均为十字交叉形，四面各有一个穿带孔。背面中部有近方形镂孔。

Z3：19（考 3950-1），正面中部呈四棱锥形外凸，穿带孔为椭圆形，孔正面外壁有两至三排平行凸棱。长 2.4、宽 2.4、高 1.35 厘米（图三三一，6；彩版一一八，1）。

Z129：2（考 3950-2），正面中部有一圆形凸泡，穿带孔近倒五边形。长 2.8、宽 2.8、高 1.25

厘米（图三三一，7；彩版一一八，2）。

2. 铜当卢

3 件。其中 2 件鎏金。

Z3：20（考 3979–2），残存 3 片，不能复原，正面鎏金。用较薄的铜片制成，最大的一片应为当卢的上半部，正面装饰细线阴刻的流云凤鸟纹，背面有一“U”字形纽。残长 9.5、残宽 7.3、厚 0.08 ~ 0.11 厘米（图三三二，1；彩版一一八，3、4）。

Z46：3（考 3949），仅残存带两个“U”字形背纽的一块，正面鎏金。正面装饰细线刻纹，部分两条线条之间鎏金。残长 4.7、厚 0.1 ~ 0.18 厘米（图三三二，2；彩版一一九，3）。

Z95：1（考 3948），完整，用薄铜板制成，上半部较宽带凸尖，下半部较窄，背面有三

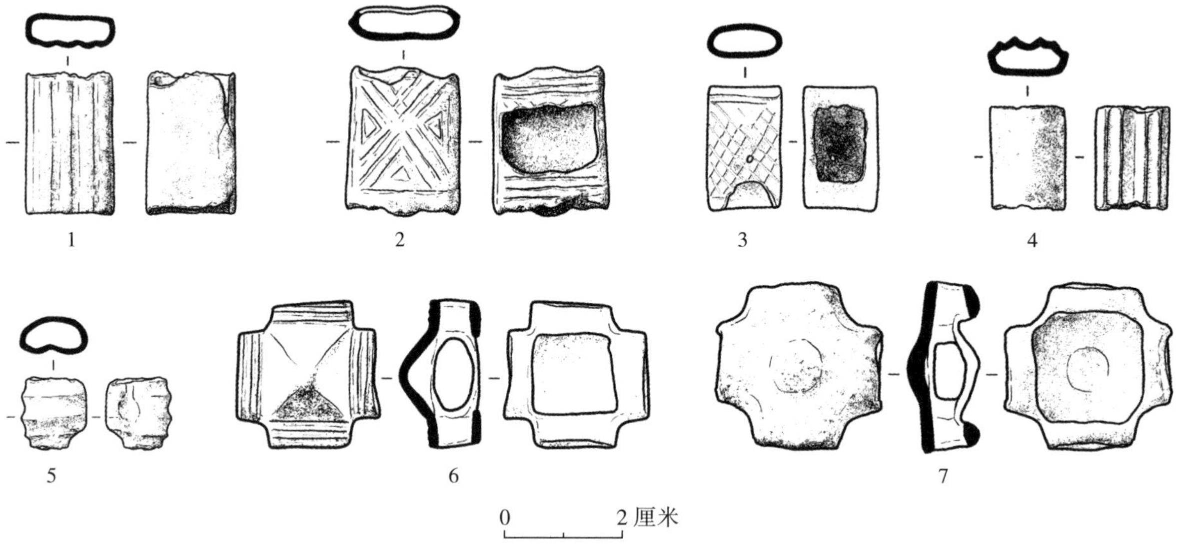

图三三一 铜扁管、铜节约

1 ~ 5. 铜扁管（Z14：7、Z194：8、M59：18、考 3977. 3–1、考 3977. 3–2） 6、7. 铜节约（Z3：19、Z129：2）

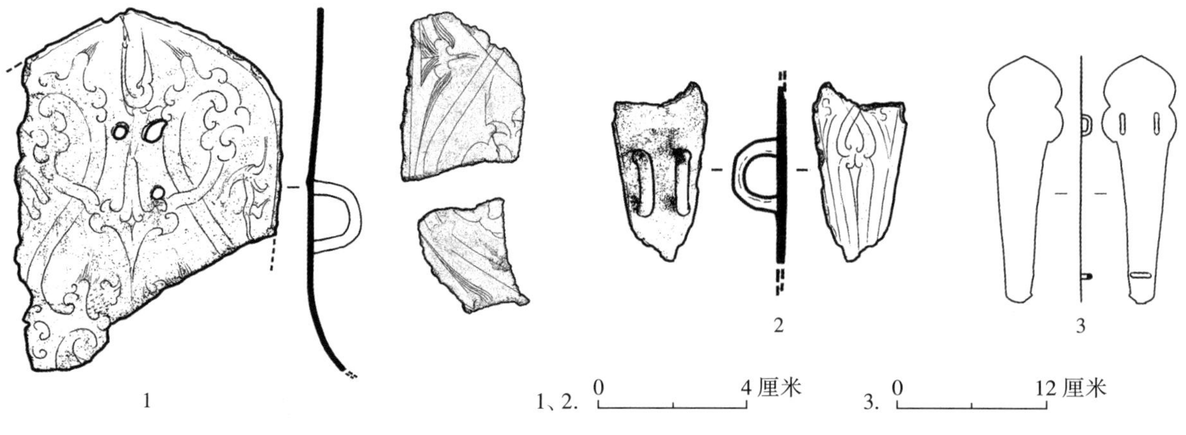

图三三二 铜当卢

1. 铜当卢残片正面纹饰及剖面（Z3：20） 2. 铜当卢残片（Z46：3） 3. 铜当卢（Z95：1）

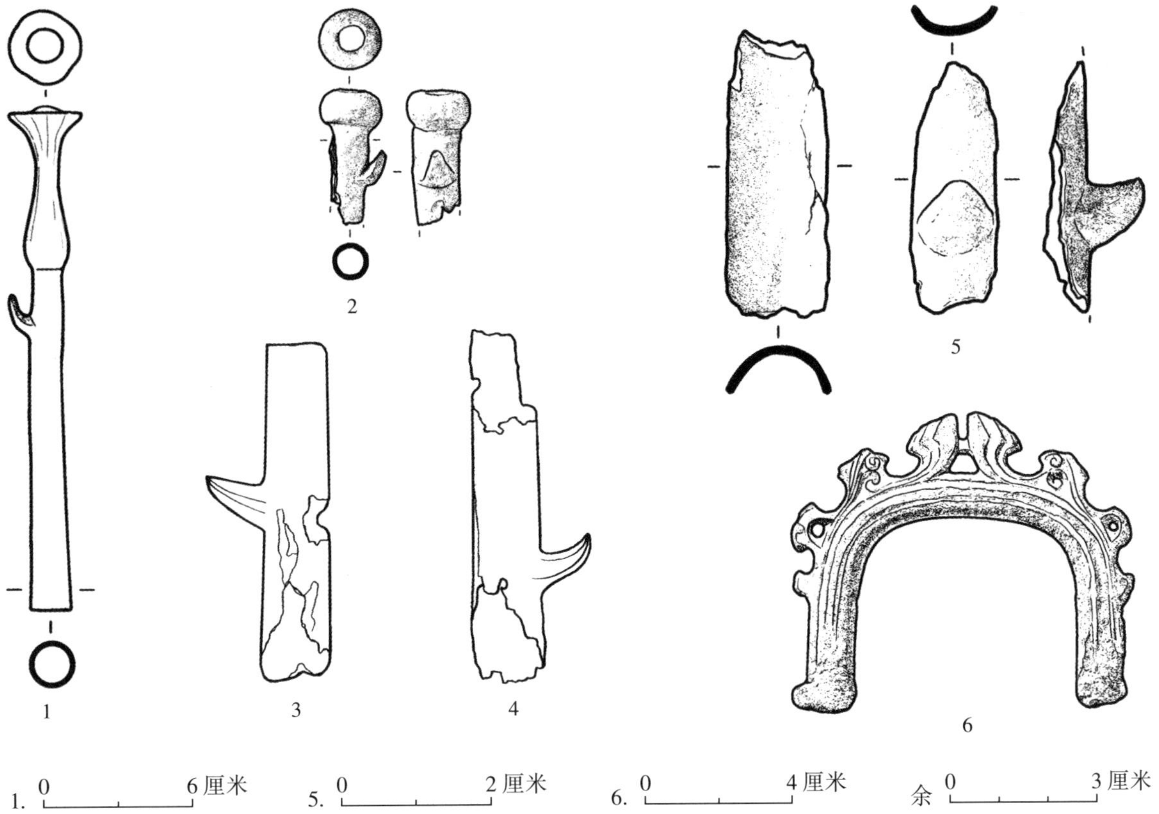

图三三三　铜盖弓帽、铜车轙

1～5. 盖弓帽（考3981.2、考4067–1、编号不详、编号不详、考4067–2）　6. 鎏金铜车轙（Z183：4）

个背纽。长19.7、宽6、厚0.15～0.18厘米（图三三二，3；彩版一一九，1）。

3. 铜盖弓帽

5件[1]。

考3981.2，表面鎏金。顶部金华近圆形，中心有一圆形凸泡。金华的背面有八条纵向凸棱，其中4条向下延伸到葫芦形外鼓处。棘突位于近铜管顶部，铜管自上向下逐渐变粗。长20、顶部直径2.85、底部管径1.8厘米（图三三三，1；彩版一一九，4、5）。

考4067–1，残存上半部。金华部为中空的算珠形，顶部有一穿孔。距离金华部1厘米处有一棘突。残长2.6、金华部直径1.25厘米，管壁厚0.06～0.08厘米（图三三三，2；彩版一一九，2）。

2件残盖弓帽的编号不详。均为管状，中部有一棘突，管自上向下逐渐变粗。第一件残长6.7厘米，管最宽处直径1.4厘米（图三三三，3）。第二件残长7厘米（图三三三，4）。

考4067–2，残存两片管壁，其中一片管壁上有一棘突（图三三三，5）。

[1] 根据发掘档案记录，1件盖弓帽出自368号清理坑，编号为K57–368：43。根据旧发掘报告记录，墓地共清理出土2件盖弓帽。因器物原始编号模糊或脱落，无法确定这2件盖弓帽是以上4件盖弓帽中的哪2件。有一种可能是，旧报告识别出考3981.2、考4067–1为盖弓帽，其余3件残盖弓帽没有识别出来。

4. 鎏金铜车轪

1 件。

Z183∶4（考 3993），整体为倒“U”字形，两端外折。顶部和两侧缘有对称分布的卷云状花边，器身中部有两条横向的浅凹槽。卷云状花边的两面用曲线表现出细部。宽 9、高 7.8、厚 1.05 厘米（图三三三，6；彩版一二〇，1）。

（五）铜镜

至少 40 面。可确定数量的铜镜有 40 面，此外还有若干残片。根据纹饰特征，可分为蟠螭纹镜、蟠虺纹镜、花叶纹镜、草叶纹镜、四乳四螭纹镜、四螭纹镜、星云纹镜、日光铭文镜、四乳四虺纹镜等 9 类（表一三）。

表一三　西岔沟墓地出土铜镜数量及类型统计表

序号	大类	数量	小类	数量	型	数量
1	蟠螭纹镜	6	缠绕式蟠螭纹镜	4		
			连弧蟠螭纹镜	2	A	1
					B	1
2	蟠虺纹镜	6			A	5
					B	1
3	四螭纹镜	2				
4	四乳四螭纹镜	6			A	5
					B	1
5	花叶纹镜	1				
6	草叶纹镜	8	博局草叶纹镜	1		
			四乳草叶纹镜	7	A	1
					B	5
					C	1
7	星云纹镜	7			A	3
					B	4
8	日光铭文镜	3			A	1
					B	1
					C	1
9	四乳四虺纹镜	1				
合计		40				

说明：因尺寸较小的铜镜残片有与较大的铜镜残片拼成一个铜镜的可能，因此表中统计数字不包括较小铜镜残片。

1. 蟠螭纹镜

至少 6 面。根据纹饰形状差别，分为缠绕式蟠螭纹镜、连弧蟠螭纹镜两类。

（1）缠绕式蟠螭纹镜

至少 4 面。1 面磨损纹饰不清，1 面残存一半以上，另有 3 块残片，应属于 2 面铜镜。镜面较平，体较轻薄。均为双重纹饰。主体纹饰为缠绕式蟠螭纹，蟠螭纹的中部和外侧各有一周宽凹弦纹带，内侧弦纹带上有四个乳丁。可观察到的地纹均为圆涡纹。

K36–302：8（考 4075–2），残存一半以上，小三弦纽，素圆纽座。根据残存部分推测，直径约 7.5 ~ 8、边缘厚 0.17 厘米，纽部高 0.35 厘米，镜厚 0.06 ~ 0.09 厘米（图三三四，1；彩版一二一，1）。

Z151：1（考 3994.13），纽残缺，纹饰磨损不清晰。镜面较平。纽以外可见两周凹弦纹，其中内圈凹弦纹上有四个乳丁，两周弦纹之间隐约可见四组蟠螭纹。直径 7.9、边缘厚 0.08 ~ 0.12 厘米（图三三四，2；彩版一二二，1）。

K78–531：6（考 4075–3）、K78–531：20（考 4075–12），为一面铜镜上的边缘残片和

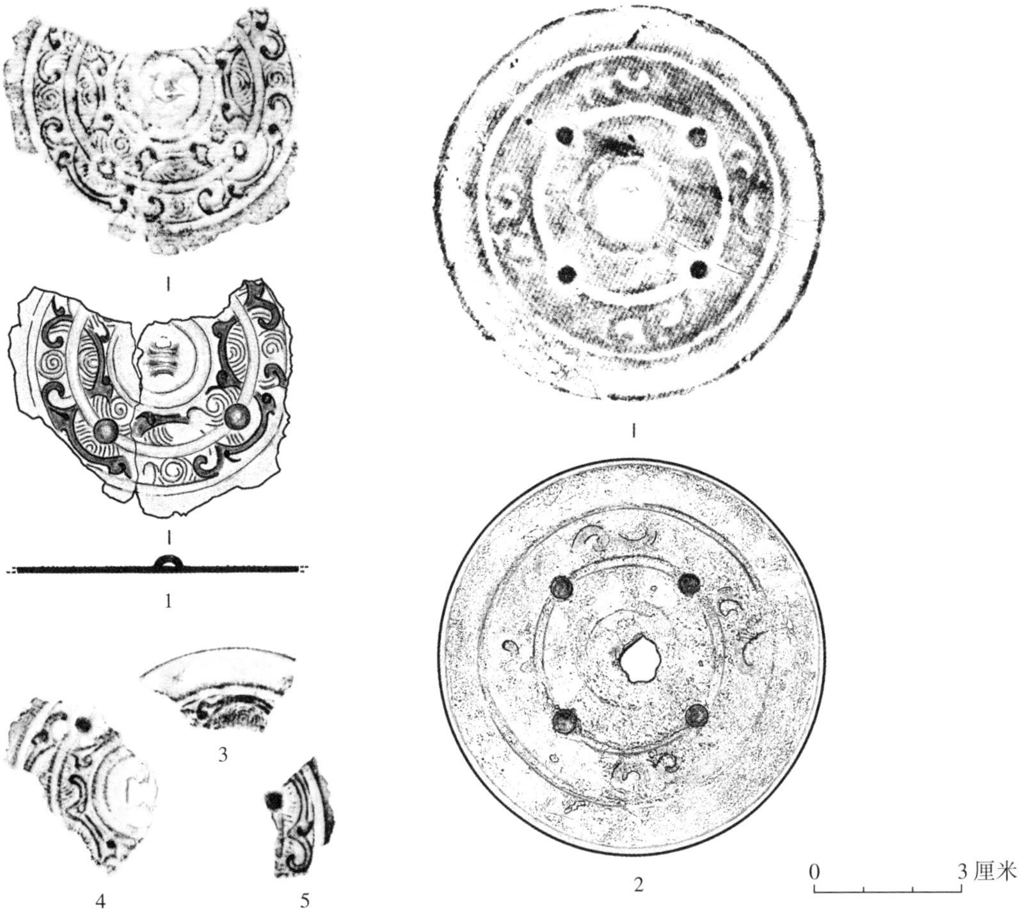

图三三四　缠绕式蟠螭纹铜镜

1. K36–302：8　2. Z151：1　3. K78–531：6　4. K78–531：20　5. K44–304：17

中部残片。残存部分的主纹和地纹与 K36-302∶8 完全相同。铜质较好，呈灰色，有光泽。三弦纽，素圆纽座。直径约 7.5、边缘厚 0.14 厘米，纽顶高 0.35 厘米，无纹饰处器壁厚 0.08 厘米（图三三四，3、4；彩版一二一，2）。

K44-304∶17（考 3994.14-2），缠绕式蟠螭纹镜残片，残存部分为近边缘处的蟠螭纹带，残留一个蟠螭纹的一段和一个乳丁，地纹为圆涡纹或线条纹。残长 2.2 厘米（图三三四，5）。

（2）连弧蟠螭纹镜

2 面。均为残片。凸棱内弧缘。镜面较平，均较轻薄。双重纹饰。主纹为无间隔的蟠螭纹。主纹与边缘之间饰一周内向连弧纹。根据地纹的差别，分为两型。

A 型　1 面。地纹为圆涡纹。

考 3994.14-1，纽及纽座处残缺。直径 9、边缘厚 0.18 厘米，内向连弧纹处厚 0.08 ~ 0.1 厘米（图三三五，1；彩版一二二，2）。

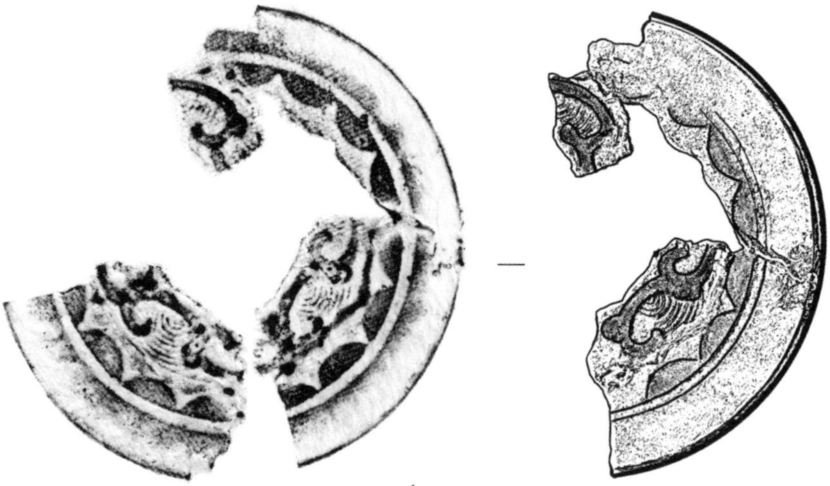
1

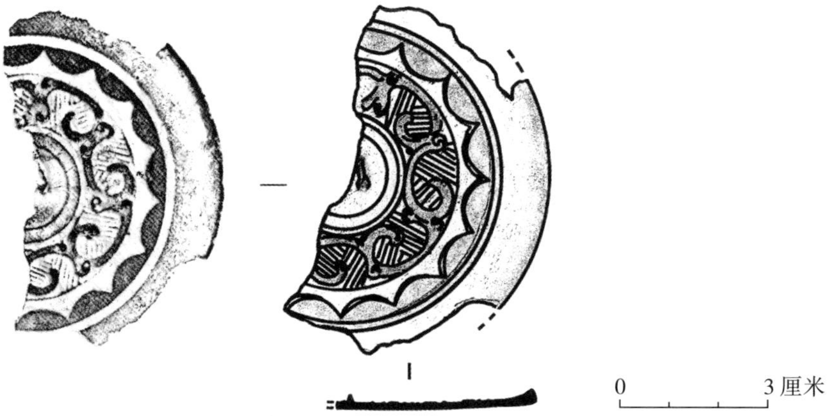

2

图三三五　连弧蟠螭纹铜镜

1. A 型（考 3994. 14-1）　2. B 型（Z100∶1）

B 型　1 面。地纹为成组的平行凸线纹。

Z100∶1（考 3994.12），残存约二分之一。纽外有两周弦纹。直径约 8、边缘厚 0.2 厘米，连弧纹带处厚 0.08 ~ 0.11 厘米（图三三五，2；彩版一二三，1）。

2. 蟠虺纹镜

共 6 面。均为方格四蟠虺纹镜。均有三弦纽，凸棱内弧缘，方形纽座，纽座外的方格内均有铭文。均为双重纹饰，主纹为四个蟠虺纹，配置于方格的四方。根据地纹形状和乳丁位置的差别，分两型。

A 型　5 面。地纹为成组的平行凸线，乳丁位于每个蟠虺纹的中部。

Z13∶15（考 3994.10），铭文为篆体的“见日之明天下大明”八字。直径 7.2、边缘厚 0.18 ~ 0.2 厘米，纽部高 0.44 厘米（图三三六，1；彩版一二三，2）。

Z116∶1（考 3994.11），残存四分之三。铭文为篆体的“常贵乐未央毋相忘”八字。直径 8.6、边缘厚 0.2 ~ 0.3 厘米，纽部高 0.4 厘米（图三三六，2；彩版一二三，3）。

Z12∶1（考 3994.7），铭文为篆体的“见日之明天下大明”八字。直径 7.2、边缘厚 0.2

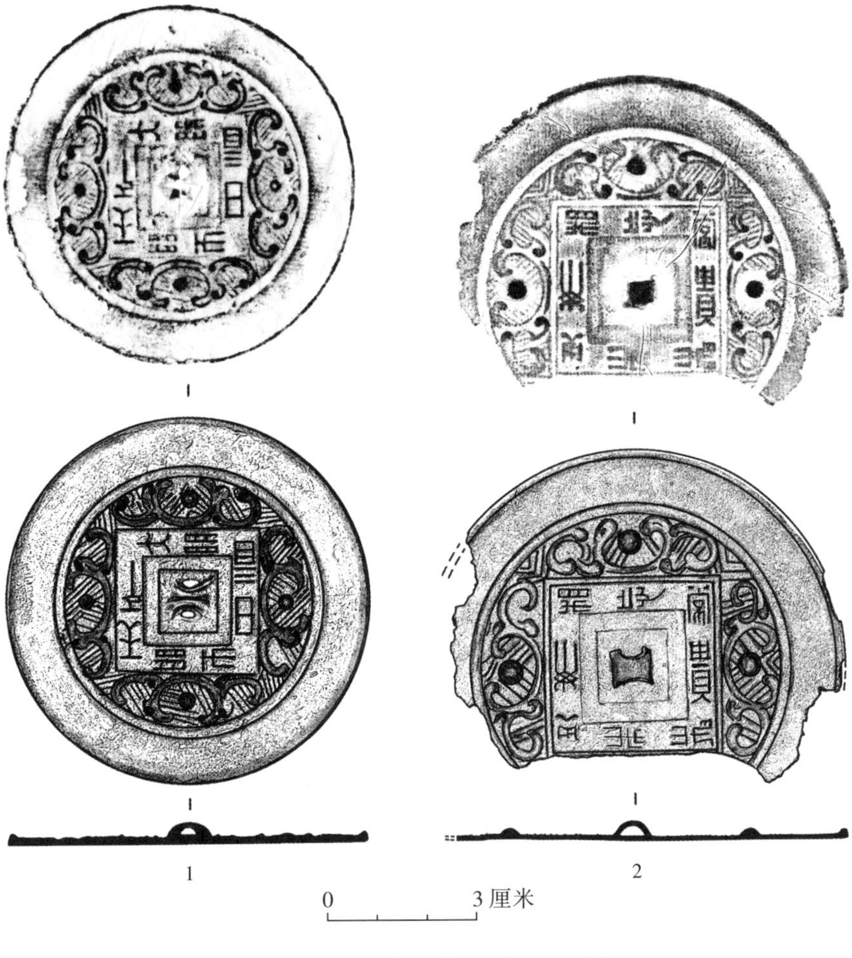

图三三六　蟠虺纹铜镜（A 型）

1. Z13∶15　2. Z116∶1

厘米（图三三七，1；彩版一二四，1）。

Z103：7（考 3994.8），铭文为篆体的“常贵乐未央毋相忘”八字。直径 8.65、边缘厚 0.2 ~ 0.3 厘米，纽部高 0.4 厘米（图三三七，2；彩版一二四，2）。

K57–403：3（考 4075–1），仅残存纽座外的一块，表面有一个铭文和大半个蟠虺纹，蟠虺纹中部有一乳丁，地纹为平行凸线条纹。残存的铭文为篆体的“相”字。残长 3.5、无纹饰处厚 0.06 厘米（图三三七，3）。

B 型　1 面，地纹为圆涡纹，乳丁位于方格的四角。

M21：1（考 3731），铭文为篆体的“见日之明长毋相忘”八字。直径 8.9、边缘厚 0.21 厘米，镜身最薄处厚 0.07 厘米（图三三八；彩版一二五，1）。

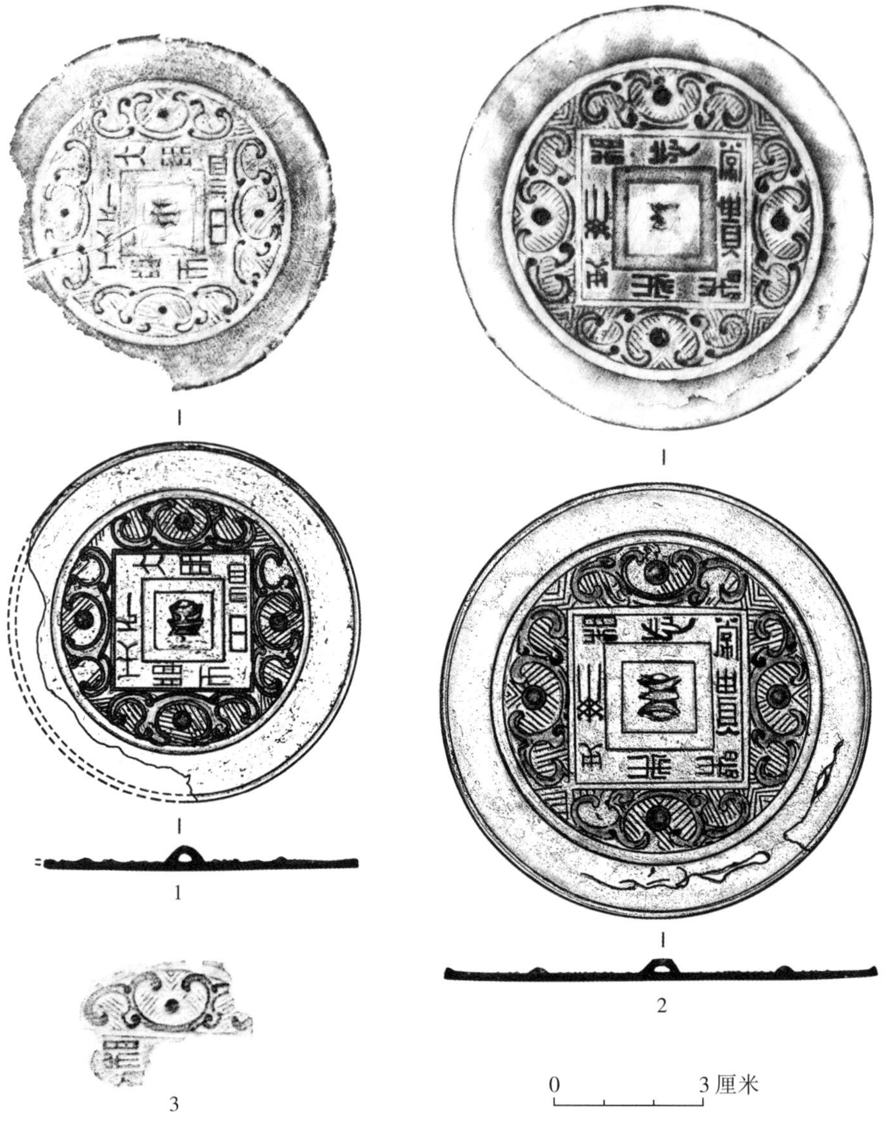

图三三七　蟠虺纹铜镜（A 型）

1. Z12：1　2. Z103：7　3. K57–403：3

3. 四乳四螭纹镜

共6面。均为三弦纽，素圆纽座，保留下来的边缘均为凸棱内弧缘。镜面均较平。双重纹饰，主体纹饰为以四个乳丁相间隔的"S"形简化蟠螭纹，地纹为成组的凸平行线。主体纹饰带以外有一周内向连弧纹，连弧带外有一周宽凹弦纹。根据主体纹饰形状的差别，分两型。

A型　5面。四个简化蟠螭纹的中部有向两面伸出的近逗号形卷须。

Z182∶4（考3994.9），直径8.8、边缘厚0.2～0.23厘米（图三三九，1；彩版一二五，2）。

Z37∶1（考3994.5），直径7.6、边缘厚0.15～0.2厘米，镜纽处高0.5厘米（图三三九，2；彩版一二六，1）。

Z26∶1（考3994.1），直径8.8、边缘厚0.3厘米（图三四〇，1；彩版一二六，2）。

K67–489∶13–1（考4075–5），残存带边缘的一块，保留下一个完整的简化蟠螭纹。直径约8厘米，残长5.2厘米（图三四〇，3）。

Z19∶2（考3994.6），内向连弧纹带以外的边缘被清除掉。残径6.75厘米，连弧纹带处镜体厚0.1厘米（图三四〇，2；彩版一二七，1）。

B型　1面。四个简化蟠螭纹的中部无外伸的卷须，只有略凸起的凸点。

Z6∶10（考3994.3），银灰色，有光泽。直径8.3、边缘厚0.2厘米（图三四一；彩版一二七，2）。

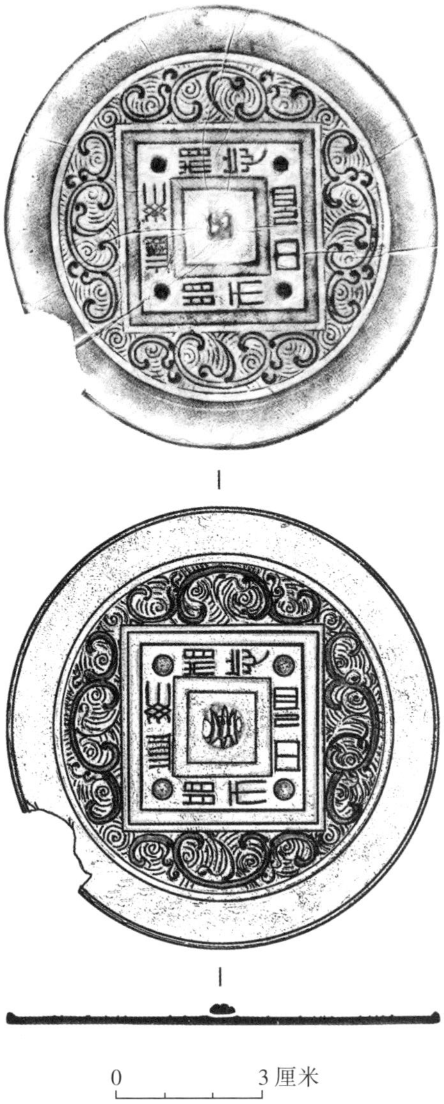

图三三八　蟠虺纹铜镜（B型）（M21∶1）

4. 四螭纹镜

共2面。除了没有乳丁以外，其余纹饰形状和布局、镜边缘和纽的形状均与A型四乳四螭镜相同。

Z175∶2，银灰色，有光泽。直径8.7、边缘厚0.2厘米（图三四二，1）。

Z132∶1（考3994.2），银灰色，器表光亮。镜面微外弧。直径9.1、边缘厚0.25厘米，纽部高0.6厘米（图三四二，2）。

5. 花叶纹镜

只有1面。

考3996.8，残存近三分之一，内区残缺，不能复原。表面较光亮，呈黑灰色。内向连弧

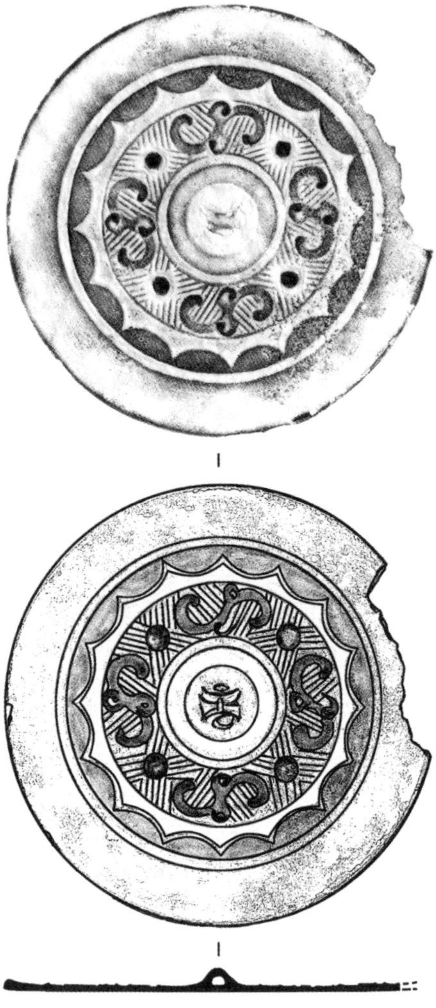
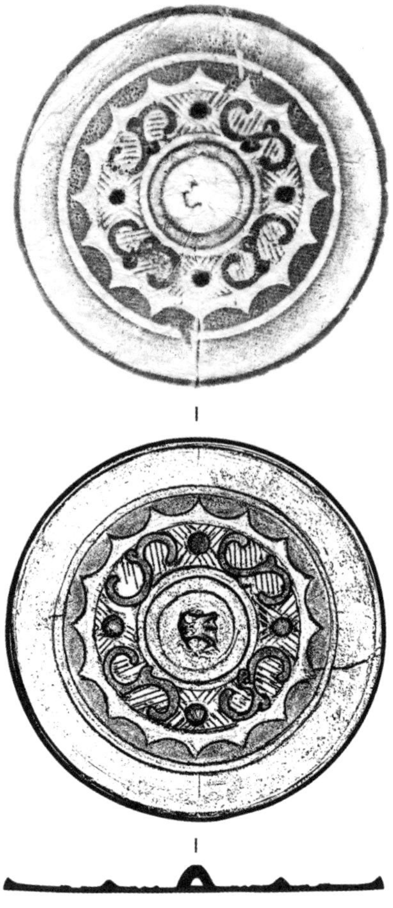

图三三九　四乳四螭纹铜镜（A型）

1. Z182：4　2. Z37：1

平缘。纹饰由内区的方格、方格四角外侧的花叶纹、四个花叶纹之间的乳丁、边缘内侧的内向连弧纹组成。乳丁外有一周凸棱，乳丁和内向连弧纹带之间有一水滴状凸点。推测内区的方格内应有铭文。直径10.3、边缘厚0.23厘米，镜面无纹饰处厚0.1厘米（图三四三，1；彩版一二八，1）。

6. 草叶纹镜

至少8面。纽座外均有大方格铭文带，方格外布置草叶纹。内向连弧纹平缘。根据纹饰布局和内容差别可分为博局草叶纹镜、四乳草叶纹镜两类。

（1）博局草叶纹镜

只有1面。在方格铭文带和内向连弧纹边缘之间布置博局纹，在每面方格纹外的“T”

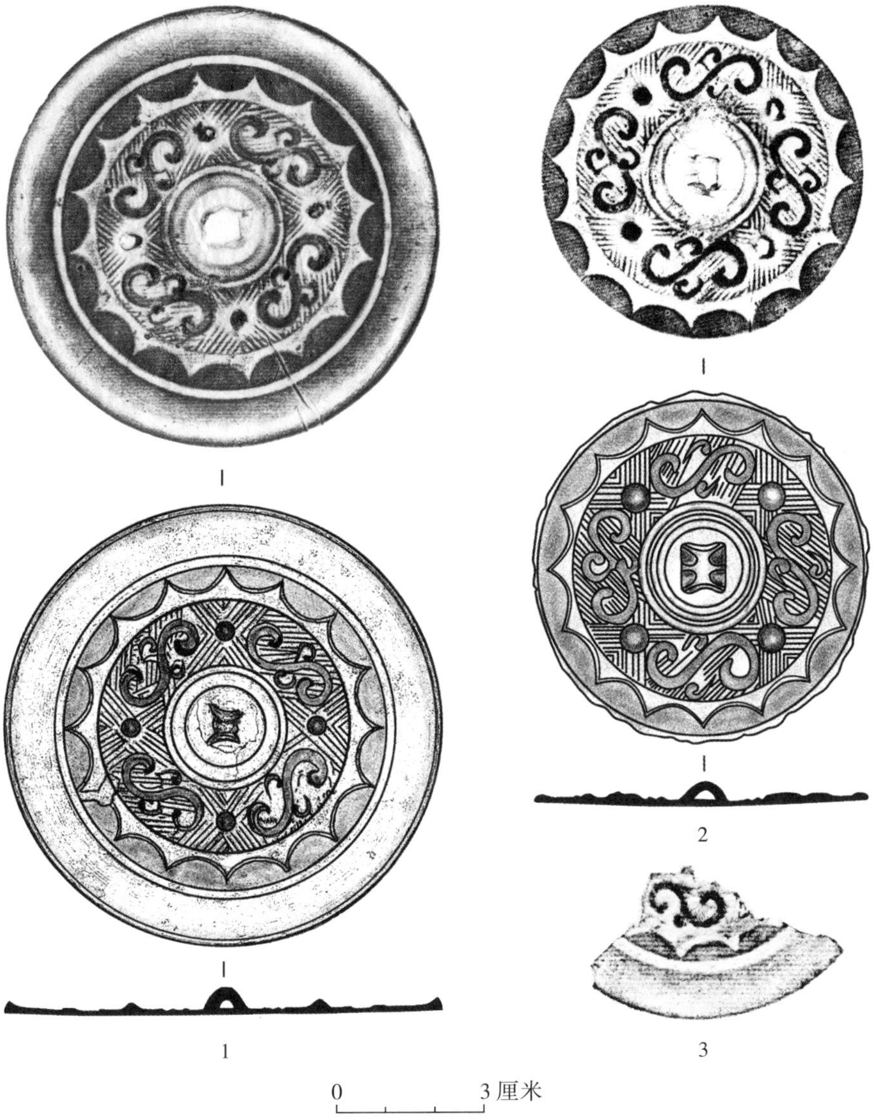

图三四〇　四乳四螭纹铜镜（A型）

1. Z26：1　2. Z19：2　3. K67-489：13-1

形博局纹两侧各有一个较窄的双层草叶纹。

Z182：3[1]（考3997），残成数块可复原。纹饰不甚清晰。三弦纽。铭文为篆体的“见日之光服者君王幸毋见忘”十二字。直径11.1、边缘厚0.25～0.28厘米，镜纽处高0.7厘米（图三四三，2～5；彩版一二八，2）。

（2）四乳草叶纹镜

7面，其中2面只残留一小块。在草叶纹之间或铭文带的四角配置四个乳丁。边缘均为内向连弧平缘。根据乳丁位置和形状、草叶纹数量和形状、铭文带四角外侧纹饰形状的差别，

[1] 未修复前三块残片分别编号为Z182：3-1、Z182：3-2、Z182：3-3。

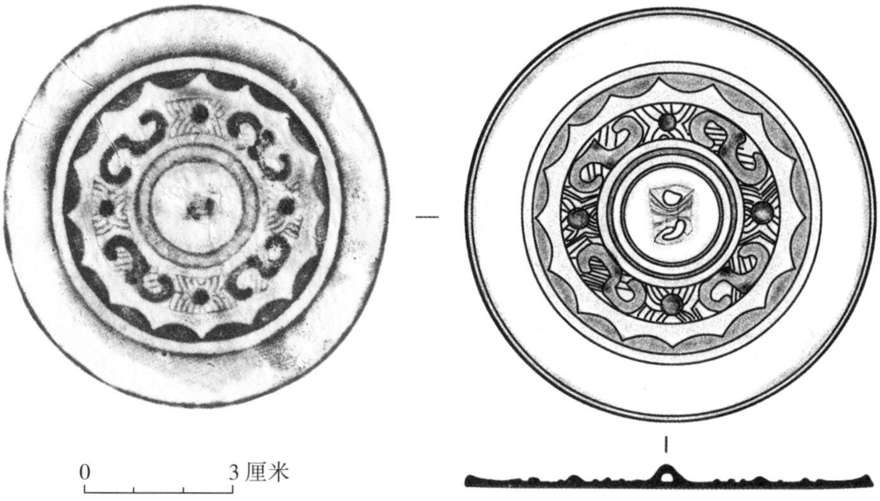

图三四一　四乳四螭纹铜镜（B型）（Z6：10）

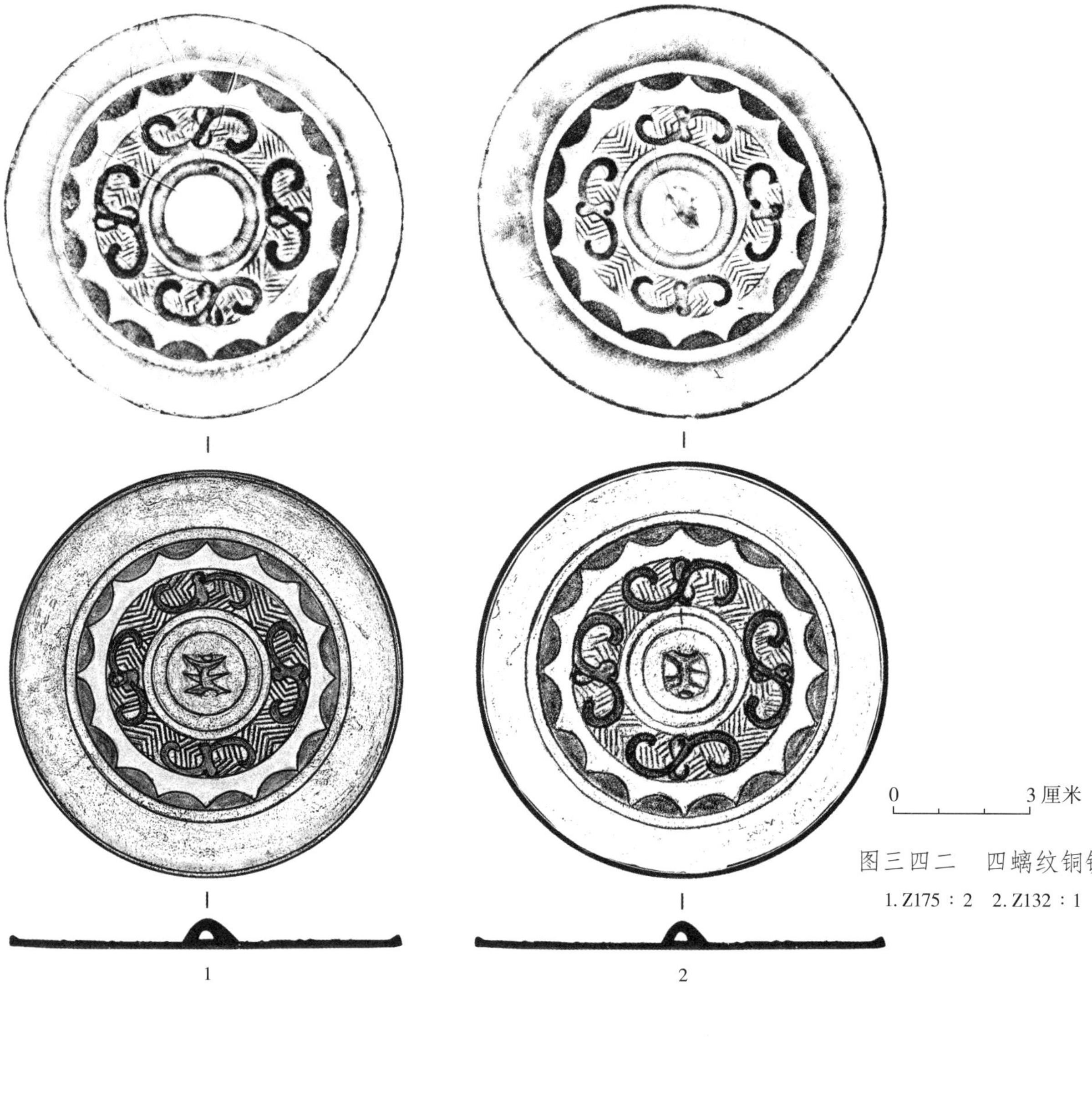

图三四二　四螭纹铜镜

1. Z175：2　2. Z132：1

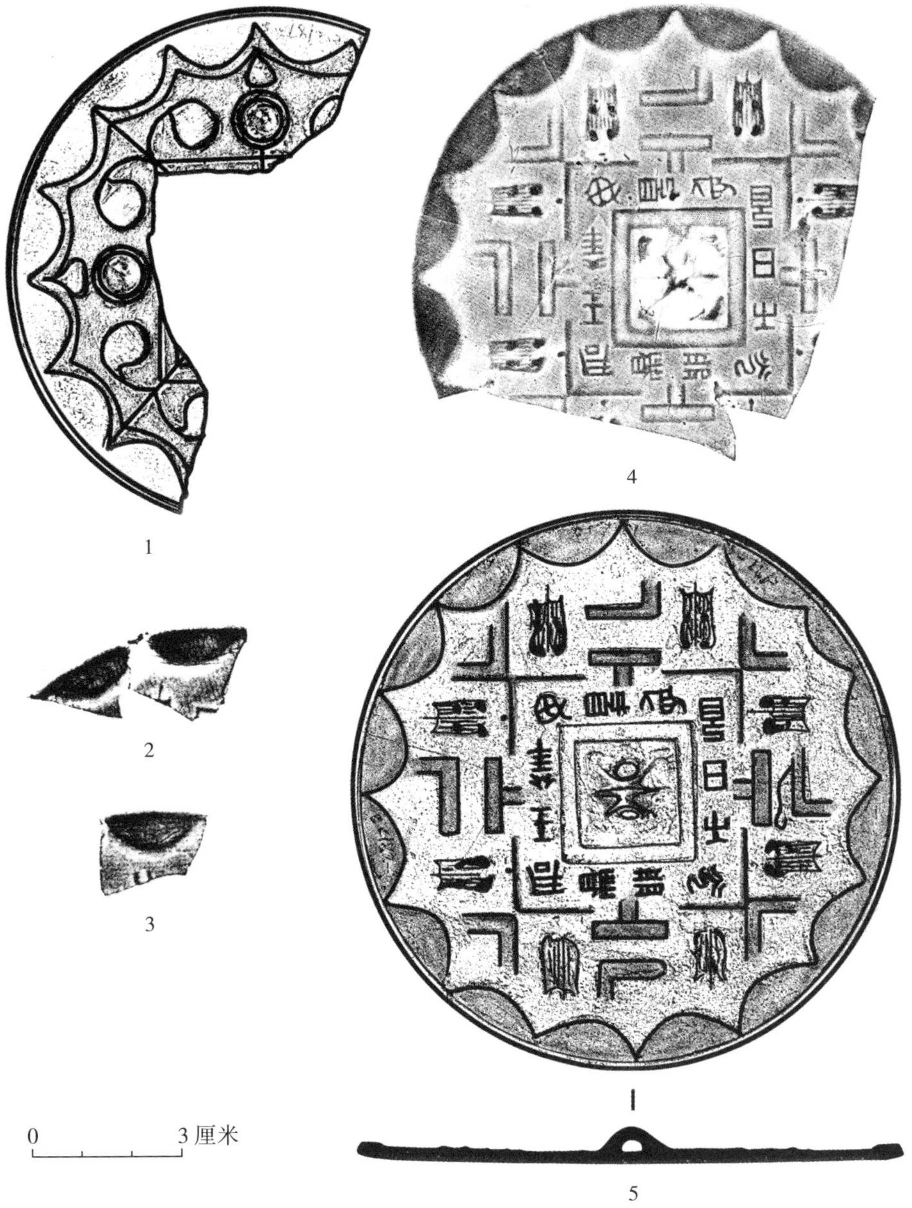

图三四三　花叶纹铜镜、博局草叶纹铜镜

1. 花叶纹铜镜（考 3996. 8）　2 ~ 4. 博局草叶纹铜镜残片（Z182 ∶ 3–2、Z182 ∶ 3–3、Z182 ∶ 3–1）　5. 博局草叶纹铜镜复原图（Z182 ∶ 3）

分三型。

A 型　1 面。乳丁较大，位于方格铭文带的四角，乳丁外无凸线圈。方格铭文带外每面只有一个单层草叶纹，方格铭文带四角外侧各有一个近三角形纹饰。

Z12∶2（考 3996.5），器表有若干小锔孔。草叶纹两侧各有一个蝌蚪状花叶。铭文为篆体的“见日之光天下大明”八字，其中“大”字模糊不清。直径 8.6 厘米（图三四四，1；图版三二，1）。

B 型　5 面。乳丁位于草叶纹之间，乳丁外无凸线圈。方格铭文带外每面有两个单层草叶纹，

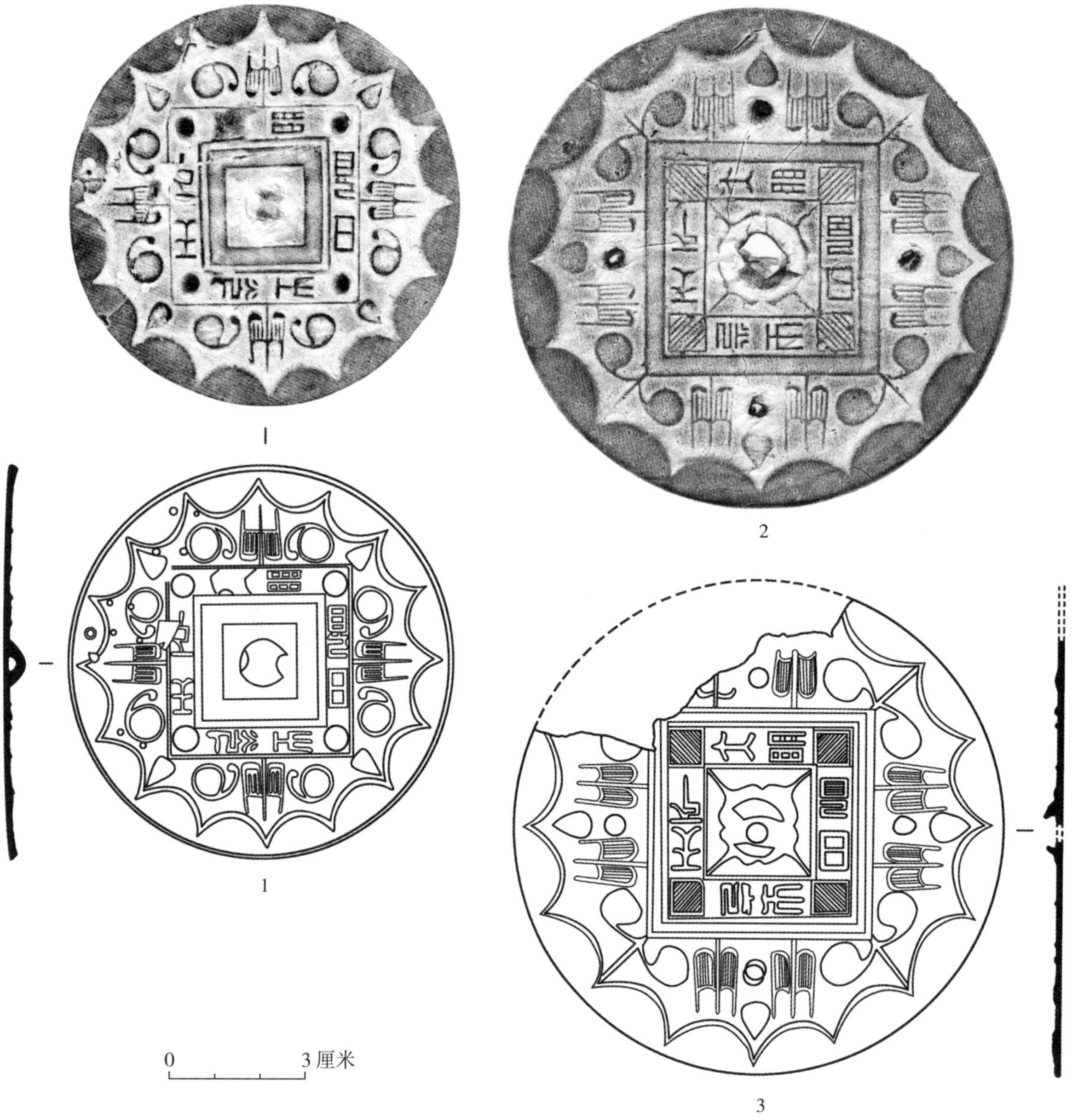

图三四四　四乳草叶纹铜镜

1. A 型（Z12∶2）　2、3. B 型（Z2∶4、Z15∶1）

四角外侧各有一个带对称小叶的花叶纹。方格铭文带四角各有一个内填平行凸线的方框。

Z2∶4（考 3996.1），镜面较平。半球形纽，柿蒂纹纽座。铭文为篆体的“见日之光天下大明”八字。乳丁外有一水滴纹。直径 11.05、边缘厚 0.27 ~ 0.3 厘米，镜纽处高 0.85 厘米（图三四四，2；彩版一二九，1）。

Z15∶1（考 3996.2），边缘、纽残，纽上有锔孔。形状和纹饰与 Z2∶4 基本相同。直径 10.6 厘米（图三四四，3）。

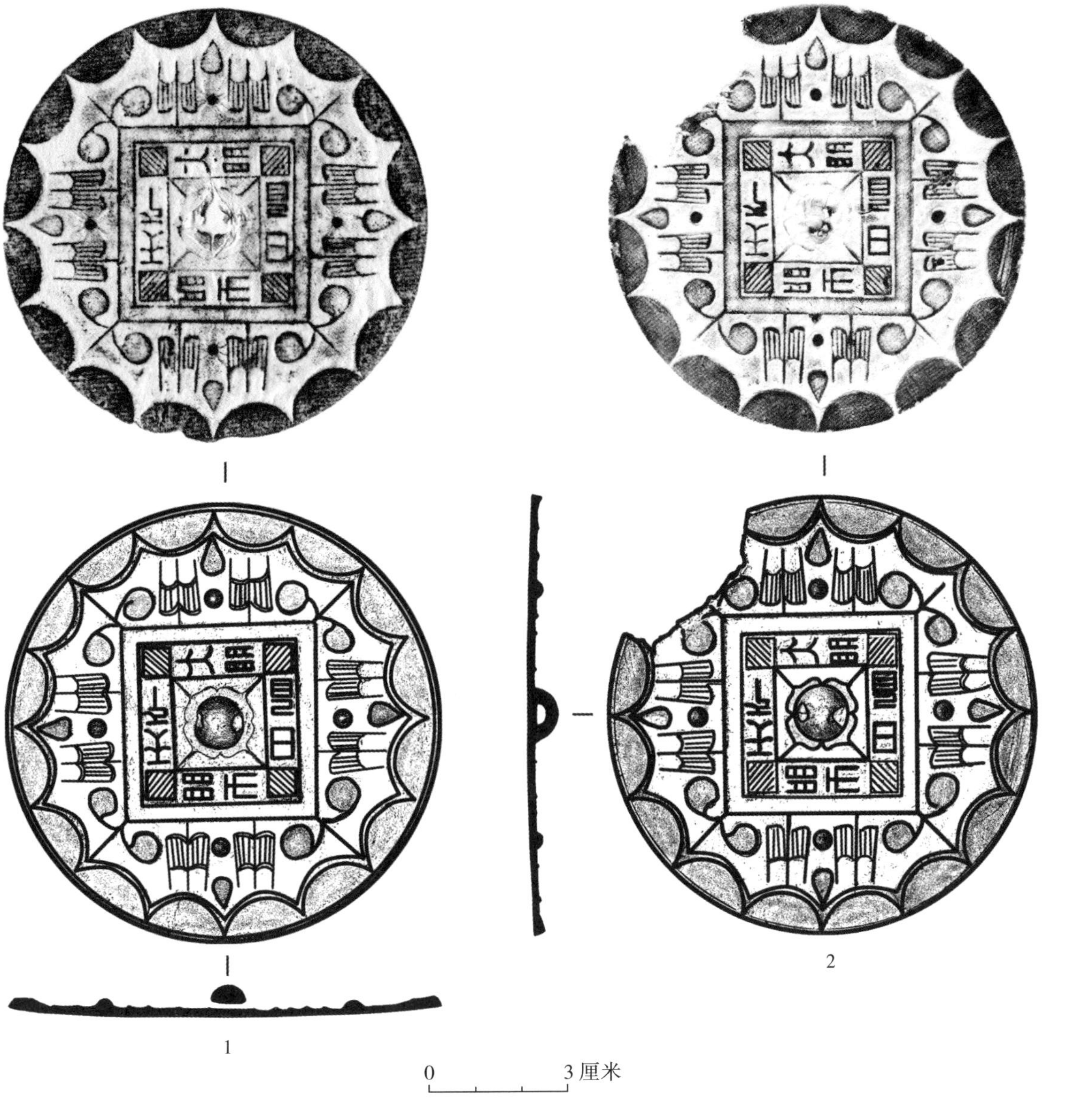

图三四五　四乳草叶纹铜镜（B 型）
1. Z175：1　2. Z160：2

Z175：1（考 3996.3），镜面较平。半球形纽，柿蒂纹纽座。乳丁外有一水滴纹。纽座与方格铭文带之间有对角斜线。铭文为篆体的“见日之明天下大明”八字。直径 9.2、边缘厚 0.13 ~ 0.16 厘米，镜纽处高 0.65 厘米（图三四五，1；彩版一二九，2）。

Z160：2（考 3996.4），镜面较平。半球形纽，柿蒂纹纽座。乳丁外有一水滴纹。纽座与方格铭文带之间有对角斜线。铭文为篆体的“见日之明天下大明”八字，纹饰形状和布局与 Z175：2 相同。直径 9.25、边缘厚 0.15 厘米，镜纽处高 0.65 厘米（图三四五，2；彩版一三〇，1）。

Z182：2-1，边缘残。纹饰、形状与 Z160：2 基本相同。整理时未见实物，根据拓片无

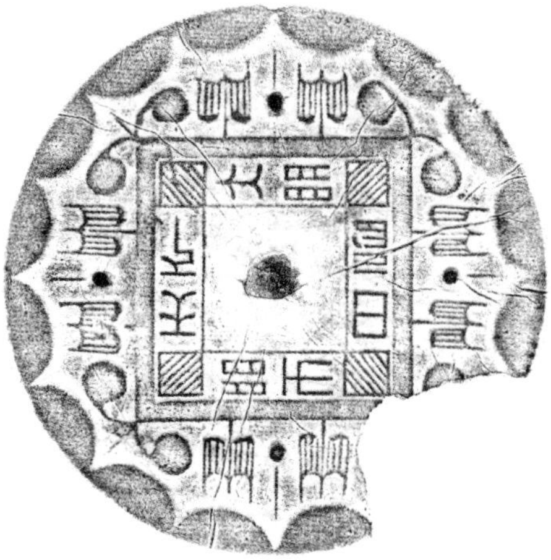

1

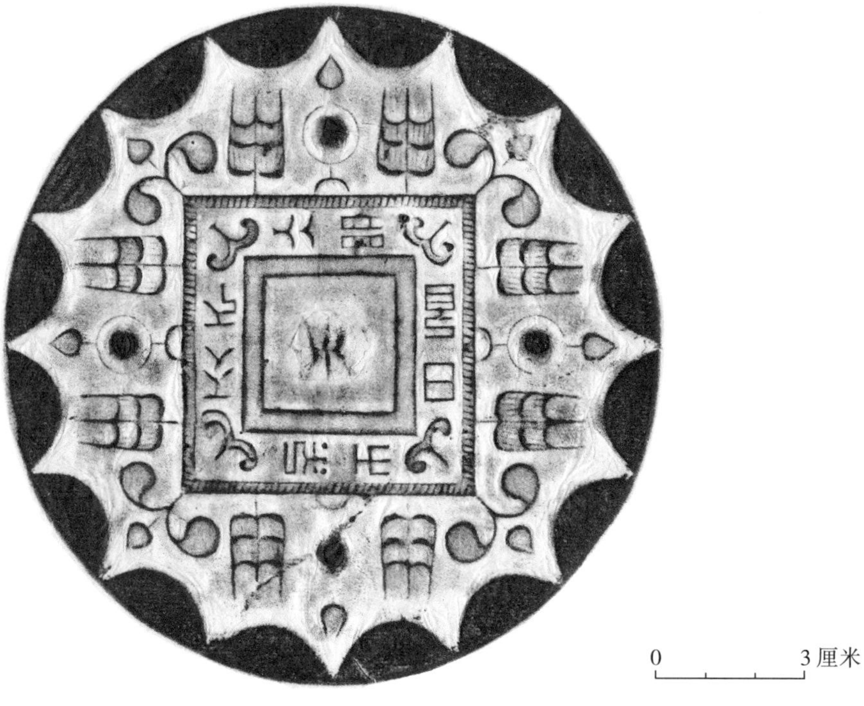

2

图三四六　四乳草叶纹铜镜

1. B型（Z182：2–1）　2. C型（Z75：1）

法判断纽外是否有纽座。直径约9厘米（图三四六，1；图版三二，2）。

C型　1面。乳丁位于草叶纹之间，乳丁外有一周凸线。方格铭文带外每面有两个双层草叶纹，四角各有一个带对称小叶的花叶纹。方格铭文带四角各有一个蝙蝠状纹。

Z75：1（国0043–1），三弦纽，无纽座。乳丁外有一水滴状纹，方格铭文带四面外侧中部各有一个半环形纹。铭文为篆体的“见日之光天下大明”八字。直径13.3厘米（图三四六，2；彩版一三〇，2）。

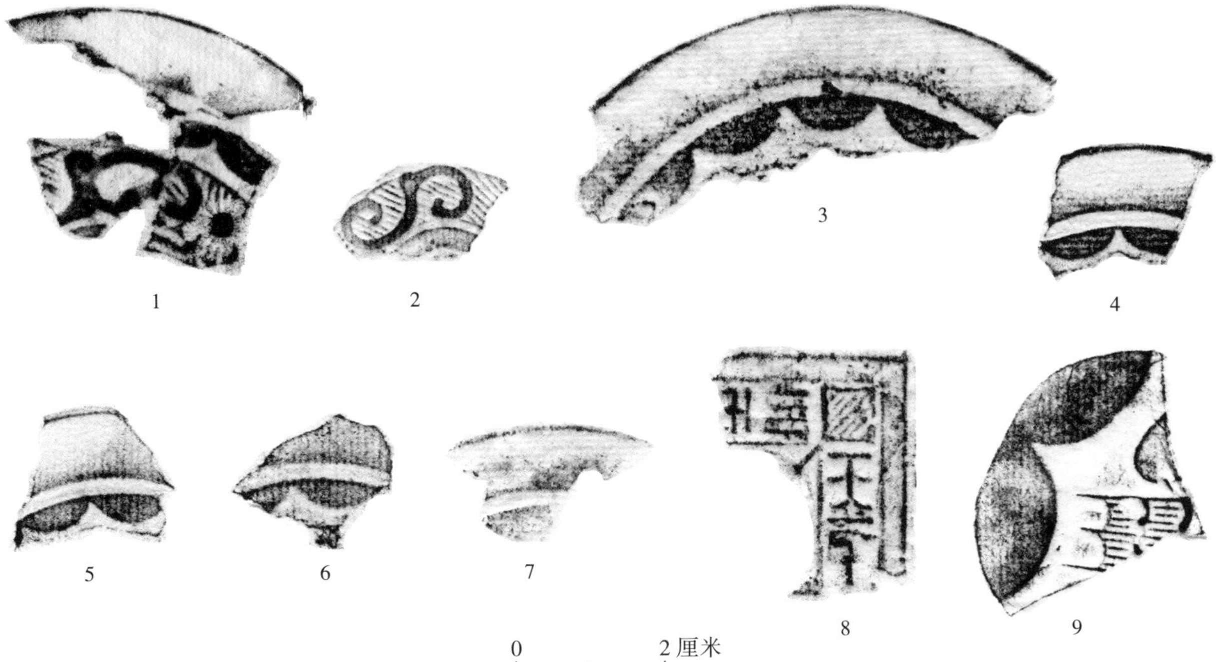

0　2厘米

图三四七　铜镜残片拓片

1～7. 四乳四螭纹镜或四螭纹镜残片（考3994.4、K80-615：5、Z187：2、K35-265：17、K35-266：48、K67-489：13-2、K70-532：2）
8、9. 草叶纹镜残片（K68-496：31、考3998附件-1）

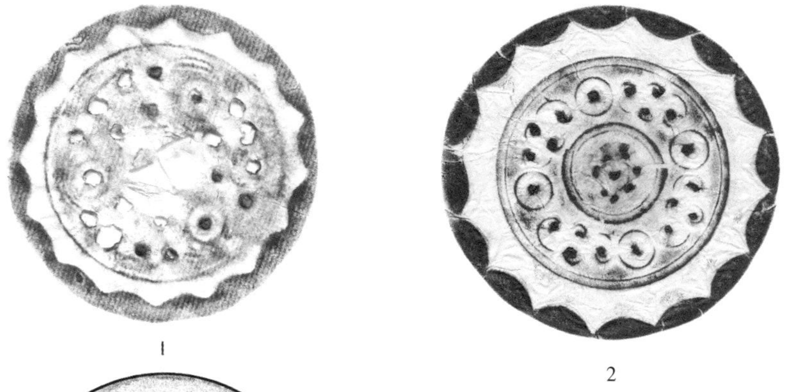

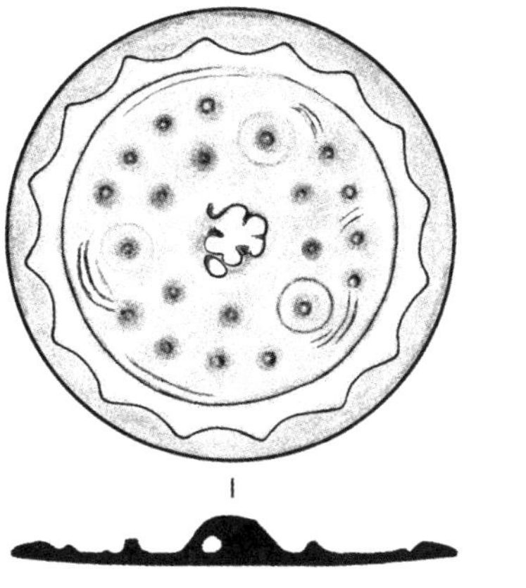

0　3厘米

图三四八　星云纹铜镜（A型）

1. M15：2-2　2. 国0043-2

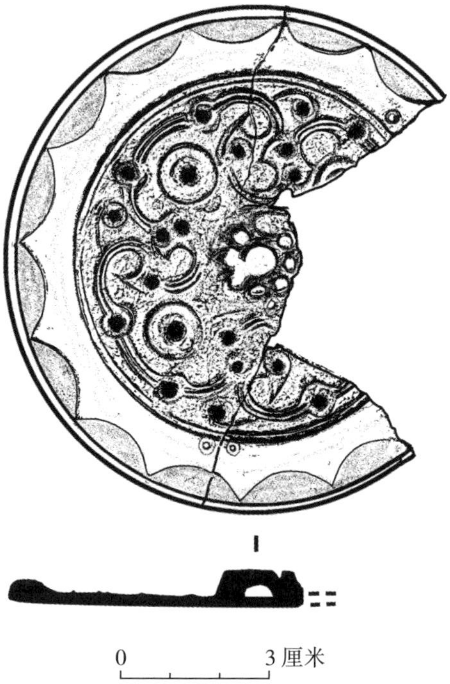

图三四九　星云纹铜镜（A 型）

Z176：1

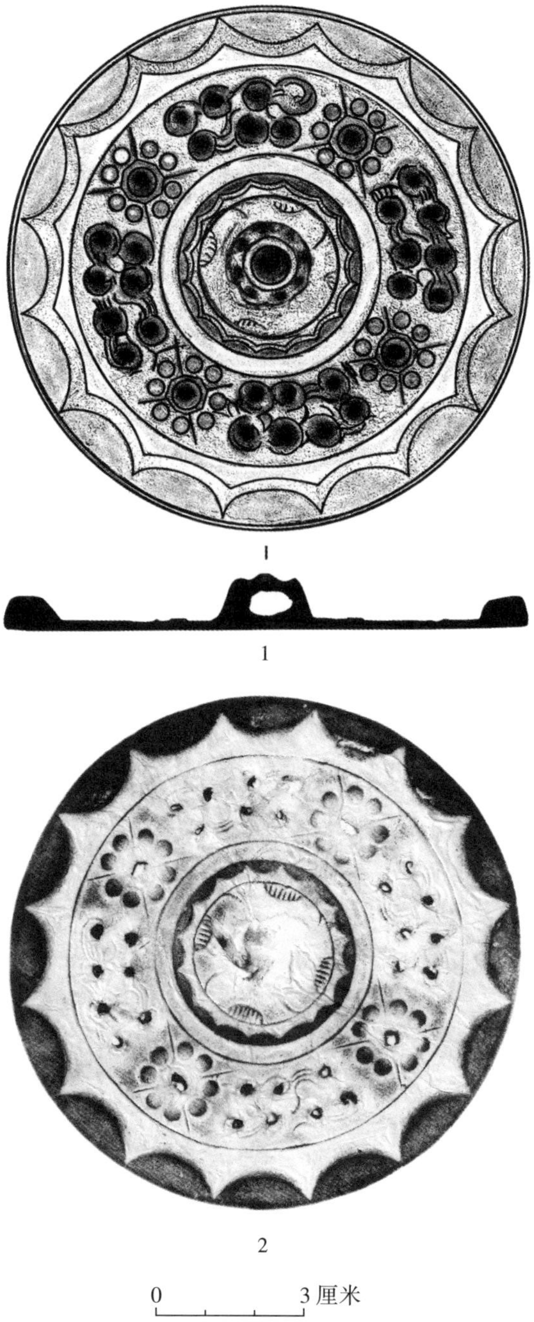

图三五〇　星云纹铜镜（B 型）

1. Z18：3　2. Z2：3

（3）类型不明的草叶纹铜镜残片

只有 1 片（因铜镜残片较小，故未算入草叶纹镜数量）。

考 3998 附件 -1，残留近边缘处的内向连弧纹和一个双层草叶纹（图三四七，9）。

7. 星云纹镜

共 7 面。均为连峰纽，内向连弧纹平缘。根据乳丁外纹饰形状、纽区外侧有无内向连弧纹的差别，分两型。

A 型　3 面。四乳丁或三乳丁外有一周凸线纹组成的座，内区无内向连弧纹。

M15：2-2（考 3704.2），连峰纽顶部磨损。镜面微外鼓。纽外无座，有三个等距分布的带座乳丁，其间各排列一组六个乳丁。镜体较小，纹饰不甚清晰，有可能是本地仿制的汉式铜镜。直径 6.4、边缘厚 0.2 厘米（图三四八，1；彩版一三一，1）。

国 0043-2，纽区外、四乳丁外侧各有两周凸线纹。直径 6.7 厘米（图三四八，2；彩版一三一，2）。

Z176 ：1（考 3995.3），残缺四分之一，在残断处和裂纹处有修补用的小锔孔。表面光亮，呈黑灰色。纽的连峰顶部被磨平，无纽座。星云纹带中有四个等距分布的乳丁。直径 10.2、边缘厚 0.43 厘米（图三四九；彩版一三二，1）。

B 型　4 面。乳丁外饰八连珠纹。纽区外侧有一周内向连弧纹。圆形纽座外缘内侧饰四个半贝壳状纹。

Z18∶3（考 3995.2），纽座的半贝壳状纹之间有短弧线。直径 10.5、缘厚 0.6 厘米（图三五〇，1；彩版一三二，2）。

Z2∶3，纹饰与 Z18∶3 相同。直径 10.1 厘米（图三五〇，2）。

Z164∶3（考 3995.4），残存近二分之一。纹饰形状与 Z18∶3 相同。直径 11 厘米（图三五一，1；彩版一三三，1）。

另有 2 片属于 B 型星云纹镜的残片，至少属于 1 面铜镜。

K60–462∶6（考 4075–10），残存带边缘的一块。镜体厚重。边缘为内向连弧纹平缘，星云纹带的内侧有一周较小的内向连弧纹。残留有一乳丁，乳丁外围有八连珠纹。边缘厚 0.37 ~ 0.38 厘米，推测直径为 10 厘米（图三五一，2）。

Z15∶7，残存连峰纽和纽区外缘内侧的半贝壳状纹、内向连弧纹。纽座高 1.2 厘米，无纹饰处镜体厚 0.1 厘米（图三五一，3）。

有 1 片星云纹铜镜边缘残片（考 4075–14），类型不详，不计入数量统计（彩版二二七，1）。

8. 日光铭文镜

共 3 面。简称日光镜。均为窄平缘。根据纹饰形状差别，分三型。

A 型　1 面。纽座外等距离分布四对短凸线，每对短凸线之间有一条短弧线。纽区与铭文带之间有一周 2 毫米宽的凸棱圈带。铭文的每两个字之间有一菱形内填十字交叉纹。

Z115∶8（考 3998.2），表面光亮，呈黑色。半球形纽，圆形纽座。铭文带的两侧各有一周短竖线纹。铭文内容为顺时针方向读的“见日之光天下大明”。直径 5.95、边缘厚 0.24

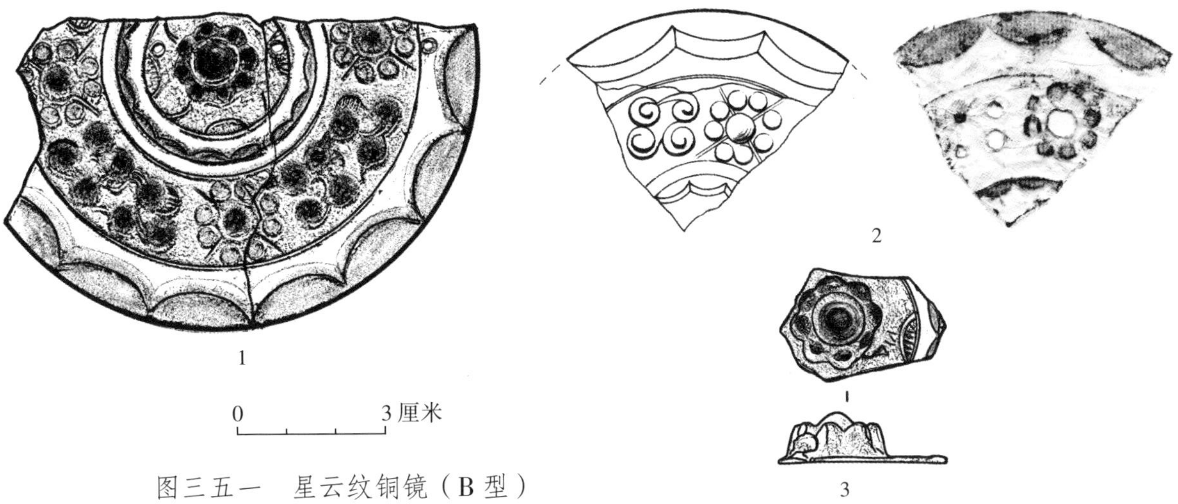

图三五一　星云纹铜镜（B 型）

1. Z164∶3　2. K60–462∶6　3. Z15∶7

厘米，纽部高 0.6 厘米（图三五二，1；彩版一三三，2）。

B 型　1 面。纽座外无纹饰，纽区与铭文带之间有一周 2 毫米宽的凸棱圈带。铭文的每两个字之间有一蝌蚪状纹饰。

Z107：7（考 3998.1），纽部被破坏，钻成一圆形穿孔，根据残存部分推测应为半球形纽。表面光亮，呈银灰色。铭文为顺时针方向读的“见日之光长毋相忘”八字。直径 7.1、边缘厚 0.35 厘米（图三五二，2；彩版一三四，1）。

C 型　1 面。纽区内无纹饰，铭文带与纽区之间有两周凸弦纹。铭文向心分布，为逆时针方向读的“见日之光天下大明”八字，每个字之间交错间隔水滴状纹和外围带一周凸线的乳丁纹。

Z182：2-2（考 3996.7），边缘残。凸棱内弧缘，桥形纽。铭文带外侧有一周短斜线纹。直径 8.3 厘米（图三五二，3；图版三三，1）。

9. 四乳四虺纹镜

只有 1 面。

M15：2-1（考 3704.1），半球形纽，素平缘略窄有折棱，镜面微外鼓。纽外有两周凸线纹，

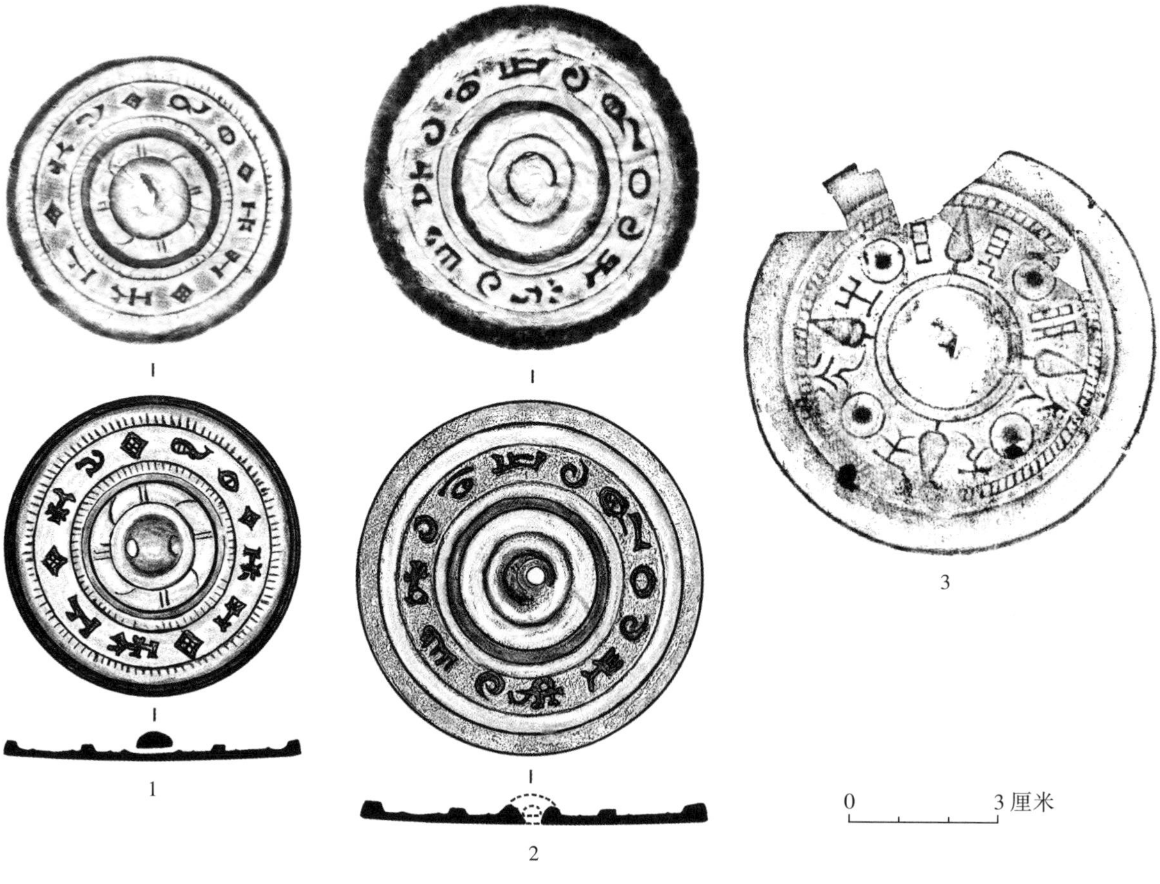

图三五二　日光铭文铜镜

1. A 型（Z115：8）　2. B 型（Z107：7）　3. C 型（Z182：2-2）

凸线纹之间分布有三个一组的和一条的短竖线相间分布的短线纹，之外是一周斜线纹。每个虺纹的颈部外侧均有一线条简略的鸟纹。纹饰带外侧为一周短斜线纹。直径 6.25、边缘厚 0.2 厘米（图三五三；彩版一三四，2）。

10. 类型不确定铜镜残片

共有 8 片铜镜残片属于蟠虺纹或四乳四螭纹、四螭纹镜。

1 片（考 3994.4）很可能是四乳四螭纹镜残片，凸棱内弧缘，可辨内向连弧纹带和螭纹、乳丁、地纹（图三四七，1）。

1 片（K80–615：5）为四乳四螭纹镜或四螭纹镜的残片（图三四七，2）。

4 片（Z187：2、K35–265：17、K35–266：48、K67–489：13–2）为连弧蟠螭纹或者四乳四螭纹、四螭纹镜的边缘残片（图三四七，3 ~ 6）。

1 片（K70–532：2）可能为蟠螭纹、蟠虺纹、四乳四螭纹或四螭纹镜的边缘残片（图三四七，7）。

1 片（K68–496：31）可能为 B 型四乳草叶纹镜的残片，残留方格铭文区的“之明”“天下”四字和转角处的内填斜线的方块纹。残片长 3.2、宽 2.6 厘米，无纹饰处厚 0.07 ~ 0.08 厘米（图三四七，8）。

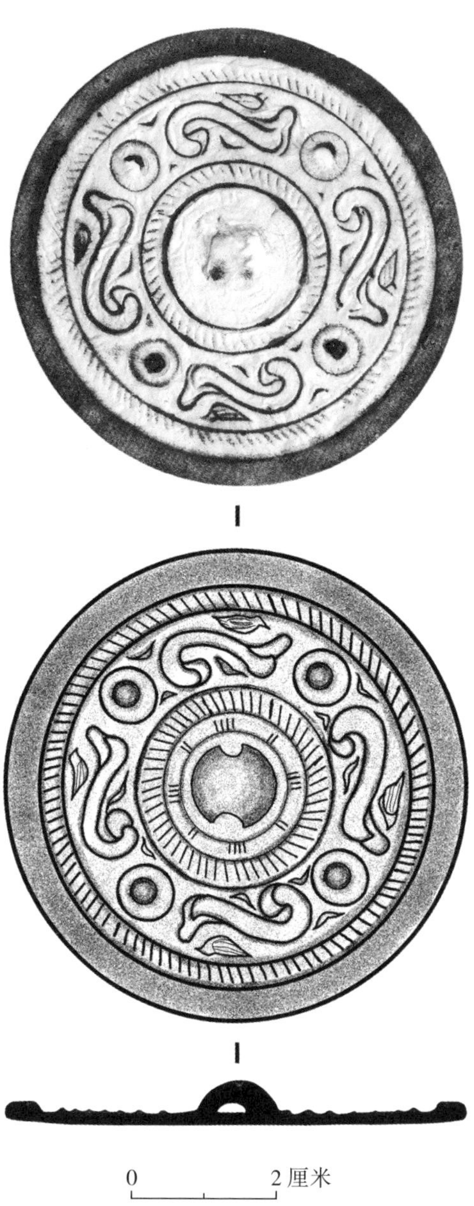

图三五三　四乳四虺纹铜镜（M15：2–1）

（六）钱币

至少 50 枚。根据回收器物记录可知，当地村民见到过至少一个地点有 10 枚半两钱或五铢钱叠放在一起，这些钱币都下落不明没有回收。钱币种类有一化圜钱、半两钱、五铢钱三大类。

1. 一化圜钱

共 2 枚。

M21：3–1、3–2，一枚残，一枚残碎，铜质较差。圆形方孔，较轻薄。正面有内、外郭，方孔左侧有一“9”字形字，右侧有一不清晰的“一”字。背面素面无郭。直径 1.85、穿宽 0.65、厚 0.1 厘米，重 1.5 克。出土时叠放于环首铁刀上（图版二九，3）。

2. 半两钱

共 23 枚。16 枚轮廓清晰的均无内、外郭，分三型；其余 7 枚残损严重，整体形制不明。

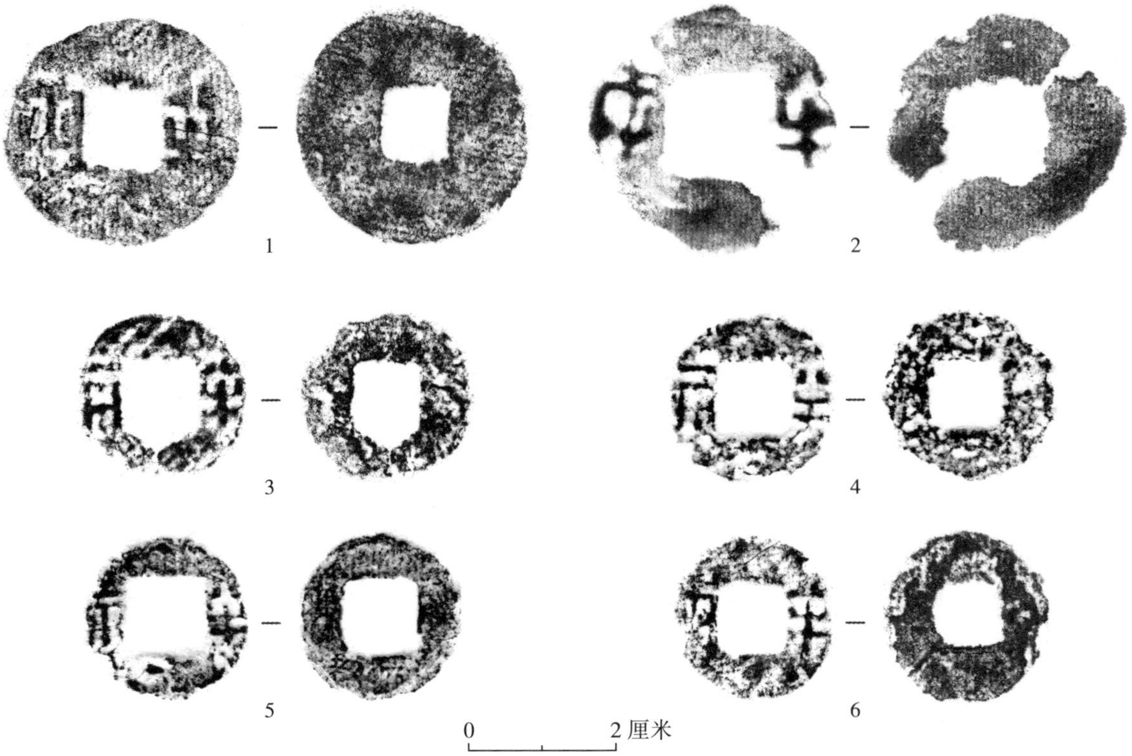

图三五四　铜半两钱拓片

1、2. A型（Z185∶6、Z8∶5）　3～6. B型（考4000.5、K60-476∶7、K61-466∶1、Z152∶4）

根据发掘档案记录，除了有记录的23枚以外，至少还有十余枚墓地出土的半两钱没有回收。

A型　2枚。形体较大，直径大于3厘米。

Z185∶6（考4000.1），形体较大。直径3.05～3.15、穿宽0.95、厚0.08～0.1厘米（图三五四，1）。

Z8∶5，形制与Z185∶6相同，“两”字上角处有一可能是用于穿系的圆孔。钱身通体被均匀磨光变亮，穿被磨大。直径3.3、穿宽1.2、肉厚0.1厘米，重2.3克（图三五四，2）。

该类型半两钱应为西汉早期高后时期的八铢半两。

B型　4枚。钱表面不平整，钱文细长不清晰。直径2.2～2.25、穿宽0.82～1厘米。4枚半两钱编号分别为考4000.5（图三五四，3）、K60-476∶7（考4076-6）（图三五四，4；彩版一三五，1）、K61-466∶1（考4076-1）（图三五四，5；彩版一三五，2）、Z152∶4（图三五四，6）。

此类型半两钱应为西汉初年的三铢半两。

C型　10枚。表面较平整，钱文清晰，穿边缘整齐。完整的6枚直径2.35～2.4、穿宽0.75～0.9、厚0.08～0.12厘米。10枚半两钱编号分别为K60-475∶4-1（考4000.4）（图三五五，1）、Z314∶16（考4076-2）（图三五五，2；彩版一三五，3）、K60-475∶4-2（考4076-9）（图三五五，3）、K42-272∶17（考4076-7）（图三五五，4；彩版一三五，7）、

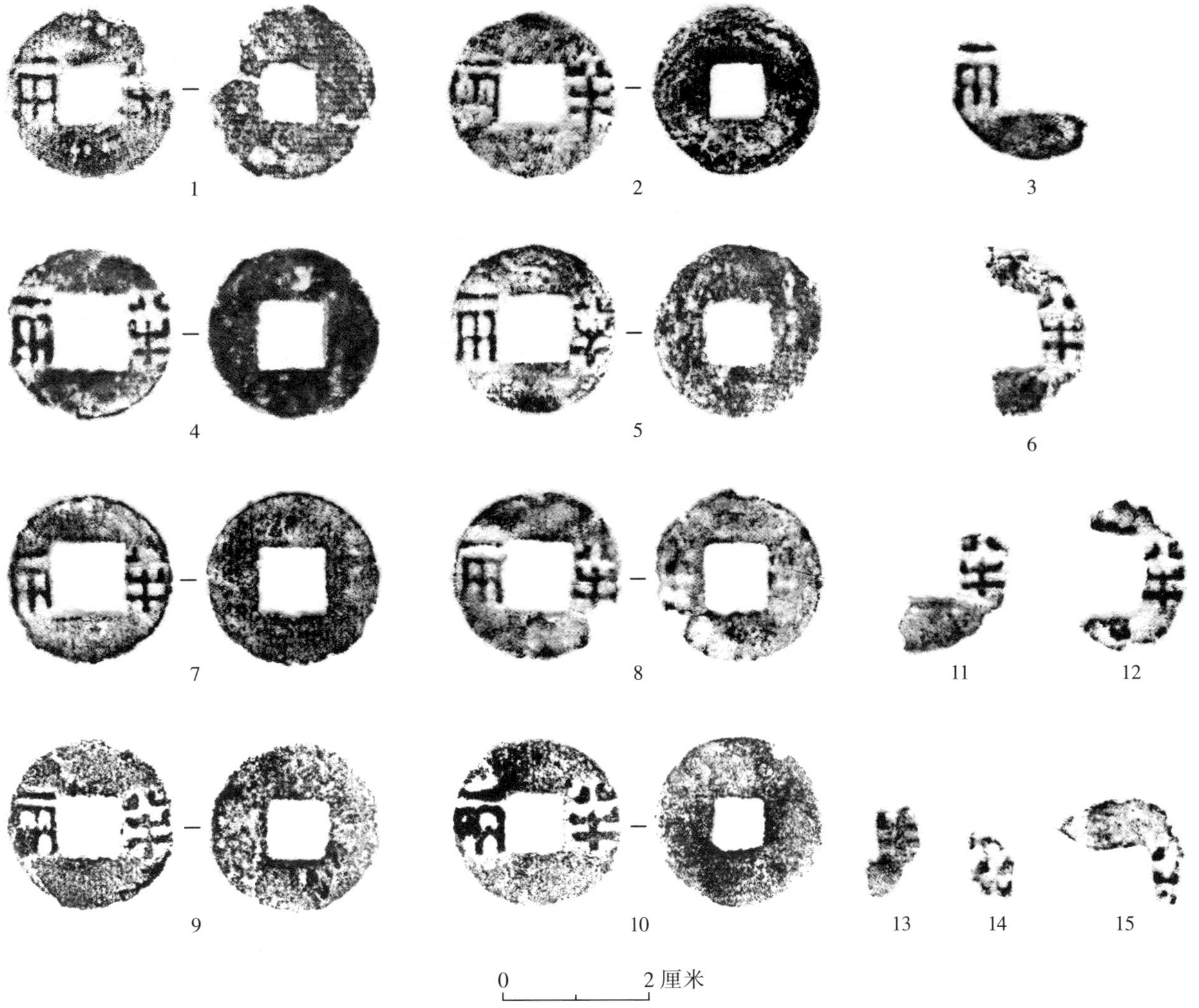

图三五五　铜半两钱拓片

1 ~ 10. C 型（K60-475：4-1、Z314：16、K60-475：4-2、K42-272：17、考 4076-3、K60-475：4-3、考 4076-5、K42-265：1、国 0045-1、国 0045-2）　11 ~ 15. 类型不详的残半两钱（K60-462：7、考 4076-11、考 4076-12、考 4076-13、K57-370：1）

考 4076-3（图三五五，5；彩版一三五，6）、K60-475：4-3（考 4076-10）（图三五五，6）、考 4076-5（图三五五，7；彩版一三五，5）、K42-265：1（考 4076-4）（图三五五，8；彩版一三五，4）、国 0045-1（图三五五，9；彩版一三五，8）、国 0045-2（图三五五，10；彩版一三五，9）。

此类型半两钱应为西汉早期文景时期的四铢半两。

其余 7 枚残损较重者无法确定类型，其中 5 枚保留部分钱文，编号分别为 K60-462：7（考 4076-n）、考 4076-11、考 4076-12、考 4076-13、K57-370：1（图三五五，11 ~ 15）。

半两钱的详细数据见表一四。

3. 五铢钱

共 25 枚，其中 22 枚完整或残存 1 或 2 个完整钱文，其余残损较重，无法确定尺寸和钱

表一四　西岔沟墓地出土铜半两钱类型统计表　（尺寸单位：厘米）

序号	馆藏分类编号	清理坑、征集号	直径	穿宽	厚度	重量（克）	图号、彩版号	类型
1	考 4000.1	Z185：6	3.05 ~ 3.15	0.95	0.08 ~ 0.11	5	图三五四，1	A
2	不详	Z8：5	3.3	1.2	0.1	2.3	图三五四，2	A
3	考 4000.5	不详	2.25	0.9	0.08 ~ 0.1	1.6	图三五四，3	B
4	考 4076-6	K60-476：7	2.25	0.82	0.1	1.13	图三五四，4；彩版一三五，1	B
5	考 4076-1	K61-466：1	2.2	1	0.09 ~ 0.1		图三五四，5；彩版一三五，2	B
6	考 4000.3	Z152：4	2.25	0.85	0.08 ~ 0.1		图三五四，6	B
7	考 4000.4	K60-475：4-1	2.4	0.75 ~ 0.85	0.08 ~ 0.1		图三五五，1	C
8	考 4076-2	Z314：16	2.32	0.75	0.1 ~ 0.12	2.5	图三五五，2；彩版一三五，3	C
9	考 4076-9	K60-475：4-2	不详	不详	不详		图三五五，3	C
10	考 4076-7	K42-272：17	2.35	0.82	0.1	1.8	图三五五，4；彩版一三五，7	C
11	考 4076-3	不详	2.35	0.9	0.08		图三五五，5；彩版一三五，6	C
12	考 4076-10	K60-475：4-3	不详	不详	0.1		图三五五，6	C
13	考 4076-5	不详	2.35	0.9	0.08 ~ 0.1		图三五五，7；彩版一三五，5	C
14	考 4076-4	K42-265：1	2.35	0.85	0.08 ~ 0.12	1.6	图三五五，8；彩版一三五，4	C
15	国 0045-1	不详	2.3				图三五五，9；彩版一三五，8	C
16	国 0045-2	不详	2.3				图三五五，10；彩版一三五，9	C

文形状。根据钱文特征和记号形状，分四型（表一五）。

A 型　4 枚。穿下带半月记号（图三五六，1 ~ 4；彩版一三六，1 ~ 4）。

B 型　2 枚。穿上带横郭（图三五六，5、6；彩版一三六，5）。

C 型　9 枚。无记号。五字细长，相交两笔较斜略显弯曲。朱字头方折（图三五七，1 ~ 9；彩版一三六，6、7；彩版一三七，1 ~ 5）。

D 型　3 枚。无记号。五字略宽，相交两笔弯曲程度略大。朱字头方折（图三五七，10 ~ 12；彩版一三七，6、7）。

以上 4 个类型的五铢钱均具有武帝时期五铢钱的特征，其中带记号的 A、B 型的年代相对较早，流行于武帝前期。

另有 7 枚五铢钱残碎严重，无法区分形制特征（彩版一三六，8 ~ 10；彩版一三七，8、9）。

西岔沟墓地发掘档案中的“清理坑出土器物登记表”登记的五铢钱中，有 6 枚核对不出

表一五　西岔沟墓地出土铜五铢钱类型统计表　（尺寸单位：厘米）

序号	馆藏分类编号	墓葬、清理坑、征集号	直径	穿宽	记号	缘厚	图号、彩版号	类型	重量（克）
1	考 3999.3	K13–135：13	2.5	1	穿下半月	0.12	图三五六，1；彩版一三六，1	A	2.3
2	考 4077–4	K49–314：16	2.5	1	穿下半月		图三五六，2；彩版一三六，2	A	
3	考 3999.12	K19–66：1		0.93	穿下半月		图三五六，3；彩版一三六，3	A	
4	考 3823	M46：4–4	2.5 ~ 2.52	0.92	穿下半月	0.14	图三五六，4；彩版一三六，4	A	
5	考 3999.9–1	Z163：2	2.45	0.95	穿上横郭	0.13 ~ 0.17	图三五六，5	B	3.35
6	考 3999.6	不详	2.45	0.9	穿上横郭		图三五六，6；彩版一三六，5	B	
7	考 3999.4–1	Z182：16–1	2.55	0.97			图三五七，1；彩版一三六，6	C	
8	考 3999.8	Z188：4	2.45	0.95		0.13 ~ 0.18	图三五七，2	C	3
9	考 3999.4–2	Z182：16–2	2.55	0.95		0.11	图三五七，3；彩版一三六，7	C	2.8
10	考 4077–3	K70–520：5–2	2.56	1		0.18 ~ 0.19	图三五七，4；彩版一三七，1	C	
11	考 3999.11	Z5：4	2.42	1		0.15	图三五七，5；彩版一三七，2	C	2.4
12	考 3999.2–1	Z15：8	2.55	0.95		0.13	图三五七，6	C	
13	国 0044–2	不详	约 2.5	1			图三五七，7；彩版一三七，4	C	
14	国 0044–1	不详	约 2.5	0.95			图三五七，8；彩版一三七，3	C	
15	考 3999.7	Z28：6–1	2.54	1		0.13	图三五七，9 彩版一三七，5	C	1.6
16	考 4077–2	K70–520：5–1	2.54	0.94		0.18 ~ 0.19	图三五七，10；彩版一三七，6	D	
17	考 3999.10	Z28：6–2	2.55	1		0.15 ~ 0.18	图三五七，11	D	
18	考 4077–1	K70–521：1	2.45	0.98		0.14	图三五七，12；彩版一三七，7	D	2.5
19	考 4077–6	K62–540：11	残碎				彩版一三七，8	不详	
20	考 3824–1	M46：4–1	2.6	0.9		0.18 ~ 0.2	彩版一三七，9	不详	
21	考 3824–2	M46：4–2	残碎					不详	
22	考 3824–3	M46：4–3	残碎					不详	
23	考 4077–7	K79–573：4	残碎				彩版一三六，8	不详	
24	考 4077–5	不详					彩版一三六，9	不详	
25	不详	不详	残碎				彩版一三六，10	不详	

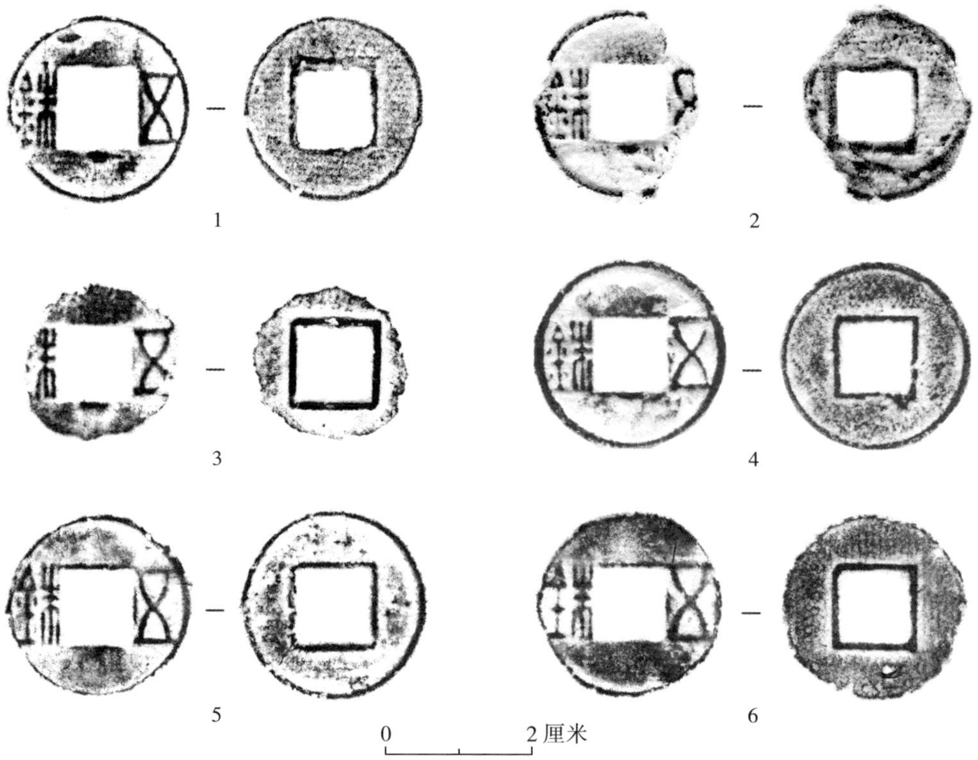

图三五六 铜五铢钱拓片

1 ~ 4. A 型(K13-135 : 13、K49-314 : 16、K19-66 : 1、M46 : 4-4) 5、6. B 型(Z163 : 2、考 3999. 6)

博物馆馆藏分类号，也找不到相应的拓片、照片和尺寸记录。这 6 枚五铢钱中的 4 枚只残存一半，1 枚只有残片，1 枚保存现状不详。目前无法辨别这 6 枚五铢钱与表一五中的核对不出原始号的五铢钱的对应关系，但是可以肯定，这 6 枚五铢钱中有 2 枚很可能就包含在表一五中的未核对出原始号的五铢钱之内（表中序号为 24、25）。为了避免重复统计，表一五只包括有实物照片或拓片的五铢钱，不含上述 6 枚五铢钱。6 枚藏品号不详的五铢钱现存情况见表一六。

表一六 西岔沟墓地清理坑出土、记录不详的铜五铢钱统计表

序号	清理坑出土器物编号	现状
1	K57-367 : 18	残存一半
2	K60-475 : 5	不详
3	K61-466 : 7	残存一半
4	K79-574 : 4	残存一半
5	K80-604 : 39	残片
6	K80-606 : 12	残存一半

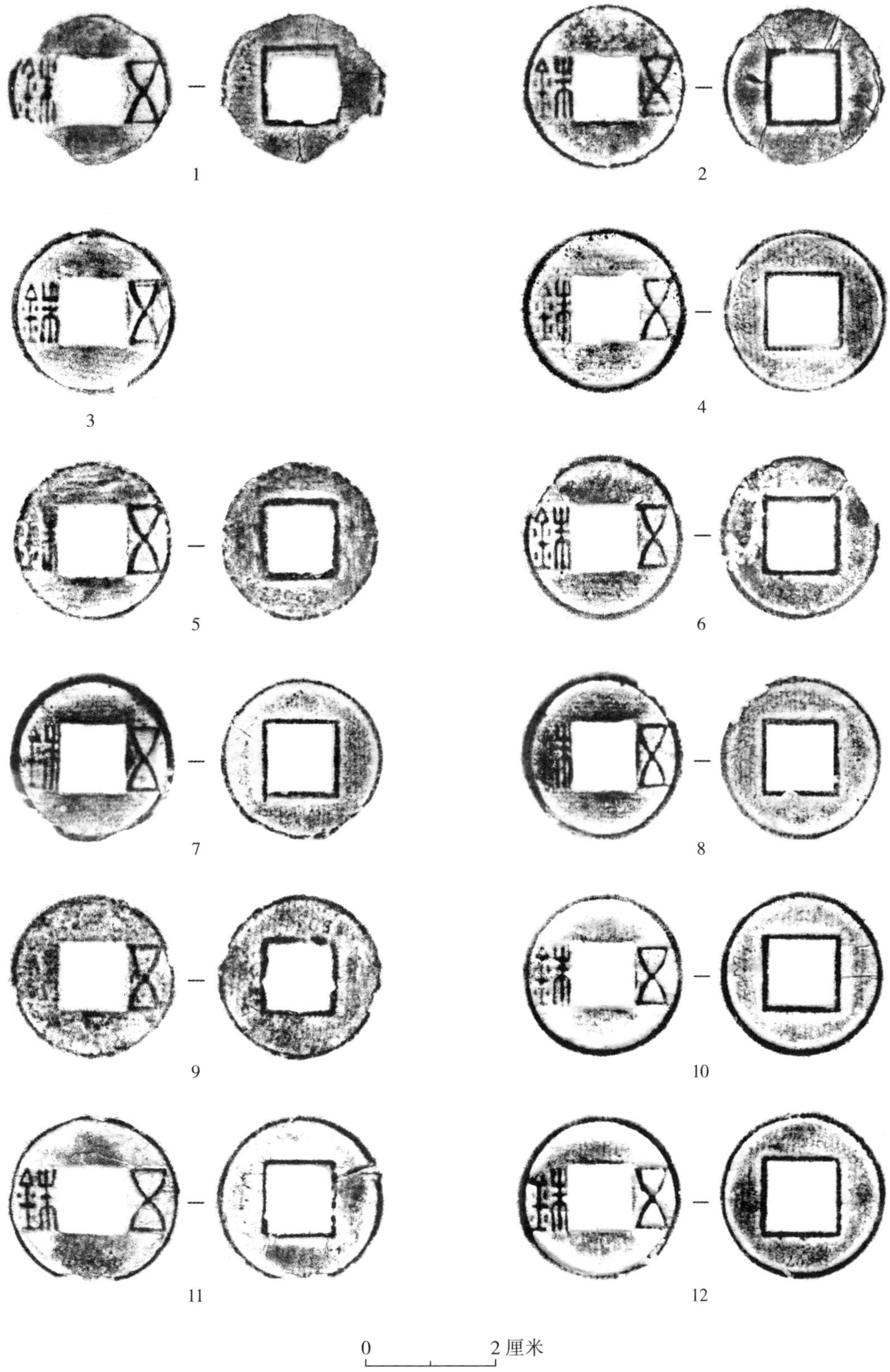

图三五七　铜五铢钱拓片

1～9. C型（Z182：16-1、Z188：4、Z182：16-2、K70-520：5-2、Z5：4、Z15：8、国0044-2、国0044-1、Z28：6-1）　10～12. D型（K70-520：5-1、Z28：6-2、K70-521：1）

（七）其他种类铜器

共21件。包括功能明确但数量较少、功能不明确的铜器，统一分别介绍。

1. 钱形佩饰

只有1件。

Z2：1（国0046），主体为圆形方孔的钱形，上有穿孔纽，下有一弧形尾刺。器身两面各铸4个文字，每个文字之间以乳丁纹间隔。一面文字为“除凶去央”，一面文字为“辟兵莫当”。直径2.5、残长3.6、边缘厚0.17厘米（图三五八，1；彩版一三八，1）。

2. 花形饰件

只有1件。

考3992.3，轮廓近四瓣花形，由中心一个圆圈和周围的四个圆圈组成，其中边缘的一个圆圈较大。残长1.85、宽1.71、厚0.22厘米（图三五八，2；彩版一三八，2）。

3. 小铜壶

只有1件。

Z18：2（国0049），盘口，溜肩鼓腹，圈足。肩部有一对衔环的铺首，肩、腹部有弦纹带，其中腹部的为一条宽弦纹。口径2.55、腹径5.1、高6.9厘米（图三五八，3；彩版一三八，3；图版二六，1）。

4. 铃形铜器

只有1件。

Z164：2（考3981.1），管末端、两纽残。器身中部为带镂孔的中空扁铃形，两端各有一圆柱状管，管和铃内部相通。铃身两面各有四个方形镂孔，上排镂孔之间有一纵向纽。铃身与两管连接处有两周凸棱。铜管均向两端逐渐变粗，较短的管近末端有一周凸棱，近凸棱处有两个对称的穿孔。较长的管近末端有四个圆形穿孔。器身两侧有铸缝。通长18.9、中部宽5.75厘米（图三五八，4；彩版一三八，4）。

5. 镜形铜器

共2件。又称“护心镜”。

Z10：1（国0061），正面鎏金，大多数鎏金层脱落。圆形。正面中部圆形外凸有折棱。背面中部有一较大“U”形纽，近边缘处有三个小纽。直径9厘米，中部器壁厚0.3厘米（图三五八，5；彩版一三九，2、3）。

Z143：3（考3982），铜质较精，表面光亮。圆形，中部呈泡状外凸，凸泡外侧有两周折棱。背面有两个穿孔纽，穿孔下半部陷入镜面。直径8.1、边缘厚0.2厘米（图三五八，6；彩版一三九，1）。

6. 马首形杆头饰

共1件。

K51–383：10（考4033），末端略残。主体为铜管，封闭的一端雕塑出一马头形象，表

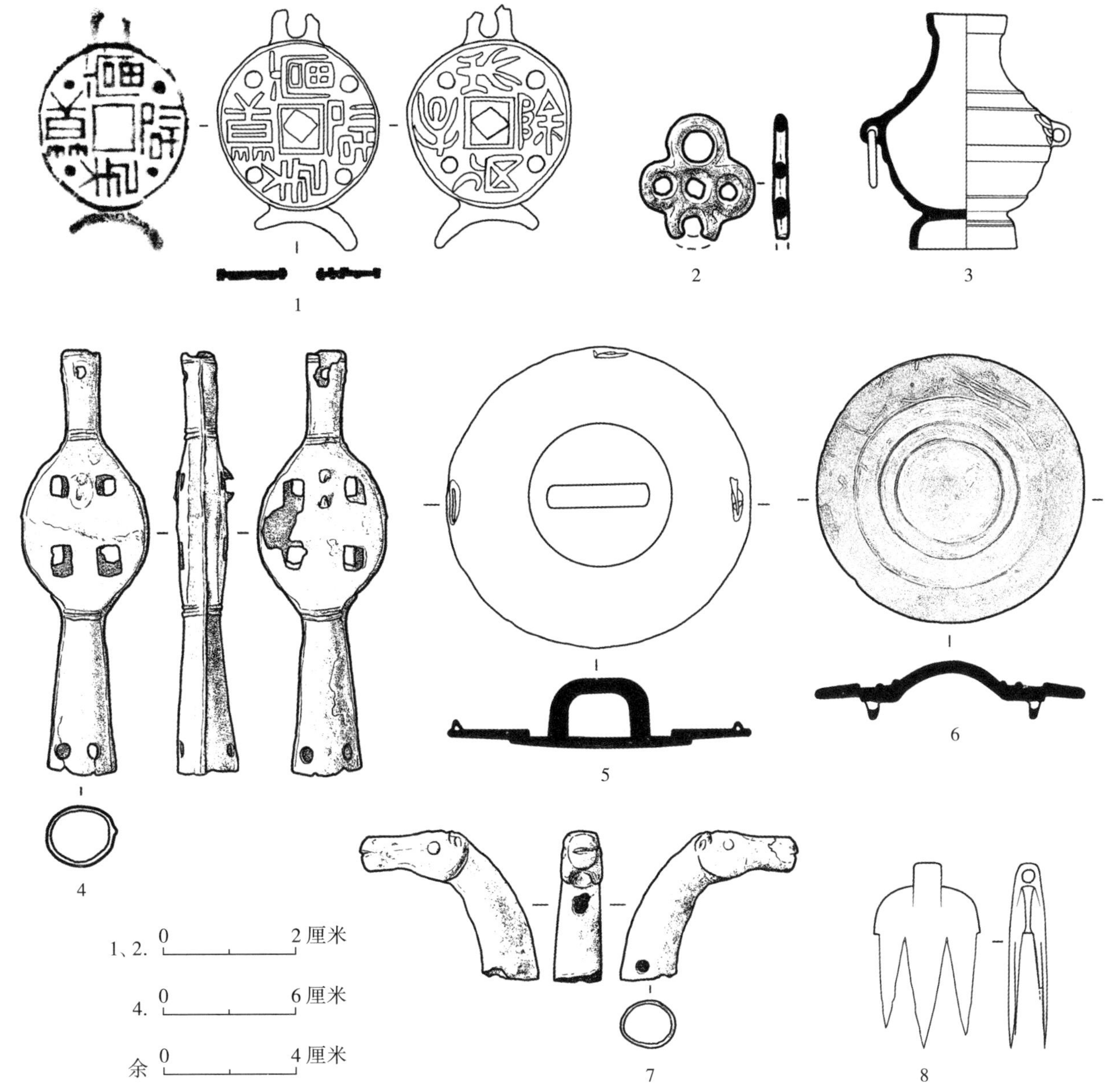

图三五八　其他种类铜器

1. 钱形铜佩饰（Z2：1）　2. 花形铜饰件（考 3992. 3）　3. 小铜壶（Z18：2）　4. 铃形铜器（Z164：2）　5、6. 镜形铜器（Z10：1、Z143：3）　7. 马首形铜杆头饰（K51-383：10）　8. 轭脚形鎏金铜器（Z142：1）

现出马的鼻子、眼睛和耳朵，马的颈部向前弯曲。近末端和马头下部各有一圆形穿孔，管内残留一段近圆锥状木柄。长 7.5 厘米，残断处直径 1.4 ~ 1.6、壁厚 0.12 厘米（图三五八，7；彩版一四〇）。

7. 轭脚形鎏金铜器

只有 1 件。

Z142：1（考 3980），表面光滑，造型规整，外壁鎏金。顶部有一穿孔纽。上半部中空，横截面近凸透镜形。在两面各向下延伸出三个长三角形齿。形状类似轭脚。长 5.45、宽 3.25 厘米，齿部厚 0.08 ~ 0.12 厘米，穿孔直径 0.4 厘米（图三五八，8；彩版一三九，4）。

8. 心形鎏金铜片

只有 1 件。

Z154：1，为心形铜板，正面装饰凤鸟纹图案，在中部的上、下部分别有一对鹦鹉和一对鹿。凤鸟纹图案和动物图案内鎏金。铜片上中部有两个穿孔，下半部中部有一个穿孔。长 23、宽 20.4、厚 0.2 厘米（图三五九；彩版一二〇，2；图版三三，2）。

9. 铜片、铜管

共 8 件。

（1）铜管

3 件。2 件为铜片卷制而成的较细长的管（图三六〇，1、2），1 件为铸制的短粗略外鼓

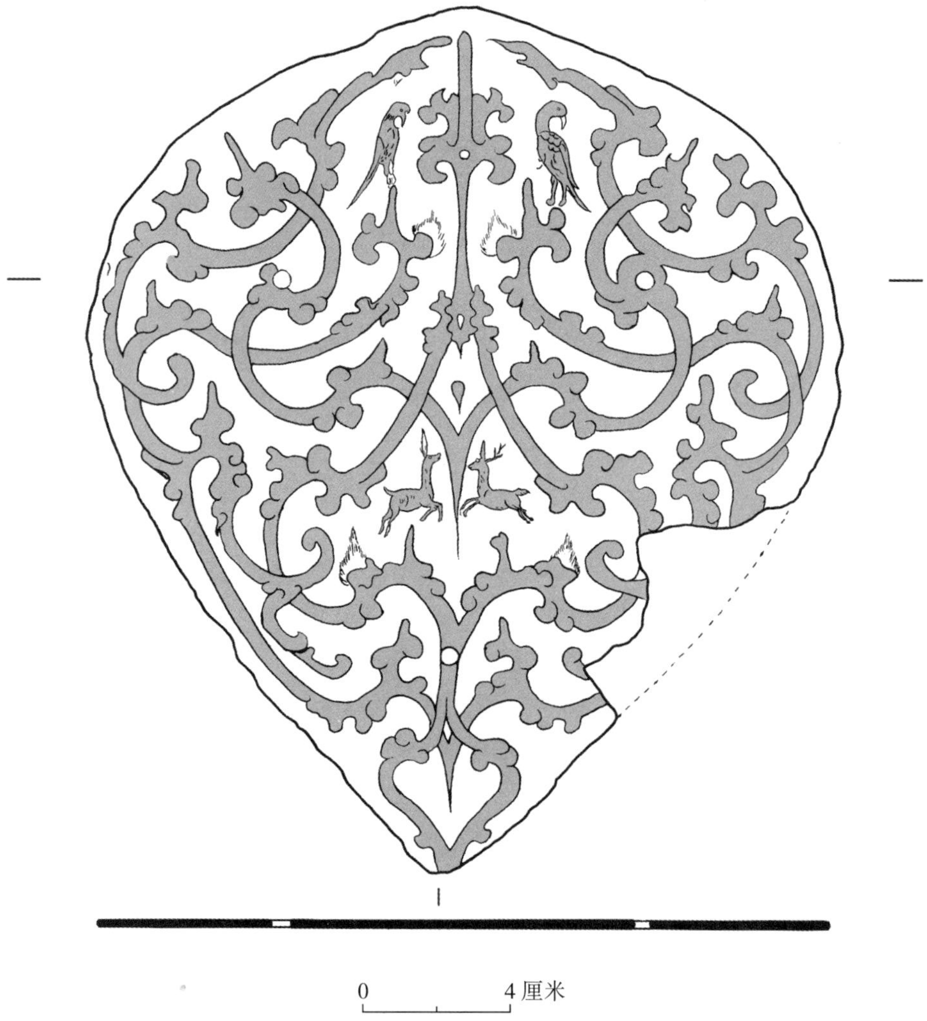

图三五九　其他种类铜器——心形鎏金铜片（Z154：1）

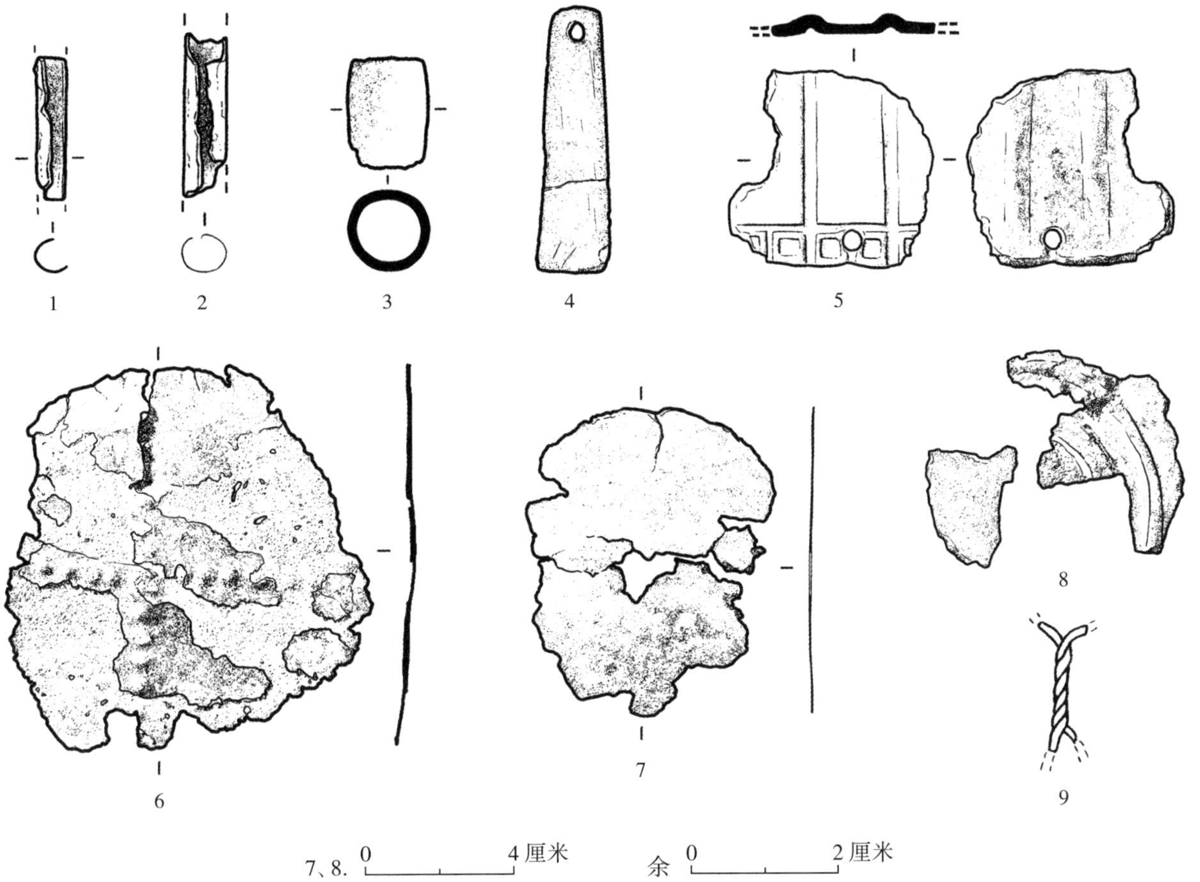

图三六〇 其他种类铜器

1～3. 铜管（M22：19、M48：5、考 4070 附件 -1） 4. 穿孔铜片（K35-265：6） 5. 带纹饰铜片（K52-485：31） 6～8. 鎏金铜片（K80-604：21-2、K80-604：21-1、K49-356：7） 9. 铜耳饰（K34-265：35）

的管（图三六〇，3；彩版一四一，1）。

（2）穿孔铜片

1件。

K35-265：6（考 4070 附件 -2），近长条形，近顶部有一圆形穿孔。长 3.55、厚 0.05 厘米（图三六〇，4；彩版一四一，2）。

（3）带纹饰铜片

1件。

K52-485：31（考 4058-2），残存带两个相垂直边缘的一块。边缘略向背面弧凸，正面沿一个边缘有一排外凸的方格纹，方框纹的内侧有一内凹直线。另有两条纵向平行的凹线，残长 2.5、无纹饰处厚 0.1 ～ 0.12 厘米（图三六〇，5；彩版一四一，3）。

（4）鎏金铜片

3片。根据残存部分推测，轮廓均为近圆形。均正面鎏金。

K80-604：21-2（考 4071-2），正面略外鼓。正面饰两条十字交叉的由内向外錾压出的凸点组成的直线。推测完整器直径约 6 厘米，厚 0.03 厘米（图三六〇，6；彩版一四一，4）。

K80–604：21–1（考 4071–1），正面略外鼓。直径约 8、厚 0.04 ～ 0.05 厘米（图三六〇，7；彩版一四一，5）。

K49–356：7（考 4071–3），残存部分较平。正的一面有两周较缓的凸棱，另一面较平。无凸棱部分厚 0.11 厘米，可拼对起来的最大一片长 6.8、宽 4 厘米（图三六〇，8；彩版一四一，6）。

10. 铜珠

回收的器物中有 3 枚铜珠。1 枚编号为 Z107：8，形状、尺寸不详；1 枚编号为 Z103：16–3，算珠形；1 枚（考 4086–16）近鼓腹管状，长 1.2、腹径 0.6 厘米（彩版一四一，7）。

11. 铜耳饰

仅 1 件。

K34–265：35，残存一段。为两根铜丝拧绕而成的耳饰的一段。残长 1.5 厘米，铜丝横截面直径约 0.1 厘米（图三六〇，9）。

三　铁器

共计 529 件。可分为手工工具和农具、武器、带具及马具和炊器四类，还发现数量极少的其他种类铁器。铁武器的数量最多，其中铁镞数量占铁器总数的 35%。数量其次的是手工工具，其中环首铁刀、环首铁锥的数量最多，两者之和占铁器总数的 17.2%。铁带具和马具约占铁器总数的 19.1%。炊器只有 1 件。还发现 2 件铁泡。

（一）手工工具和农具

共 147 件。手工工具的数量最多，有锛、空首斧、刀、锥四种。农具有镬、锄板、镰刀三种。

1. 铁锛、铁空首斧、铁镬

三种铁器形状相似。铁锛大多数器身较短，单面刃；空首斧器身略长，双面刃。铁镬一般形体较大、细长，以单面刃为主。

（1）铁锛

13 件。均为铸制，表面有不规则的浅坑，可能为经过锻打所致。单面弧形刃，侧面均为长三角形。根据形状差别，分四型。

A 型　7 件。平面近上窄下宽的梯形。根据銎孔形状差别，分两亚型。

Aa 型　6 件。銎孔为长方形。

K29–212：6（考 3921.6），完整。铸制，表面经过锻打。一侧面銎口下有弧形凹陷。长 7.8、宽 7.3 厘米，銎口部长 6.1、宽 2 厘米（图三六一，1；彩版一四二，1）。

Z144：8（考 3921.3–2），长 7.8、宽 7.3 厘米，銎口部长 6.1、宽 2 厘米（图三六一，3；彩版一四二，2）。

考 3922.1，两侧面中部有纵向铸缝。銎口处的两侧面器壁较薄，两端较厚。长 8.4、宽 8.6

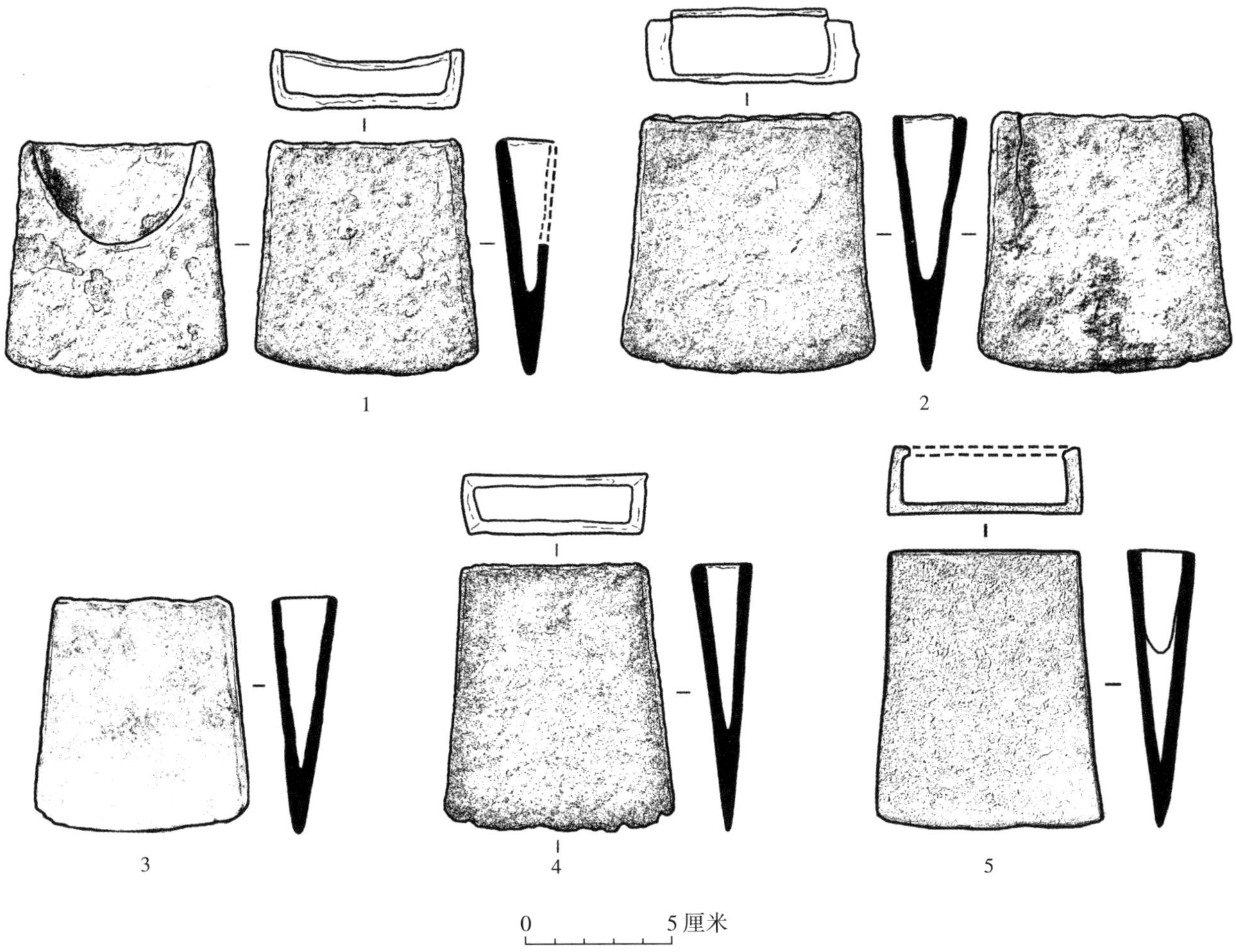

图三六一　铁锛（Aa 型）

1. K29-212∶6　2. 考 3922. 1　3. Z144∶8　4. Z13∶7　5. 考 4045. 3

厘米（图三六一，2；彩版一四二，4）。

Z13∶7（考 3921.1），一面略窄。长 9、宽 7.8 厘米（图三六一，4；彩版一四三，1）。

考 4045.3，一面銎孔残。一面略窄，两侧面无铸缝。銎孔下半部的中部为实心。长 9.2、刃宽 7.8 厘米（图三六一，5；彩版一四三，3）。

Z25∶1（国 0037），形状、尺寸与 Z13∶7 基本相同（彩版一四二，3；图版二六，2）。

Ab 型　1 件。銎孔为圆角长方形。

Z13∶5（考 3921.5），銎孔和刃部残。平面近梯形，刃部可能为弧形。两侧上半部转角处圆弧，下半部有转角为直角。銎孔部器壁较薄，一面近銎口处有两个不规则形状的小孔，銎孔底部为弧形。长 8.2、刃宽 5.6 厘米，銎口长 3.8、宽 1.9、深 4.15 厘米；銎口处壁厚 0.17 至 0.2 厘米（图三六二，1；彩版一四三，2）。

B 型　4 件。平面近上宽下窄的梯形。

Z38∶16-1（考 3922.2），銎口近长方形。侧面上中部可见较浅的铸缝。两面有形状不

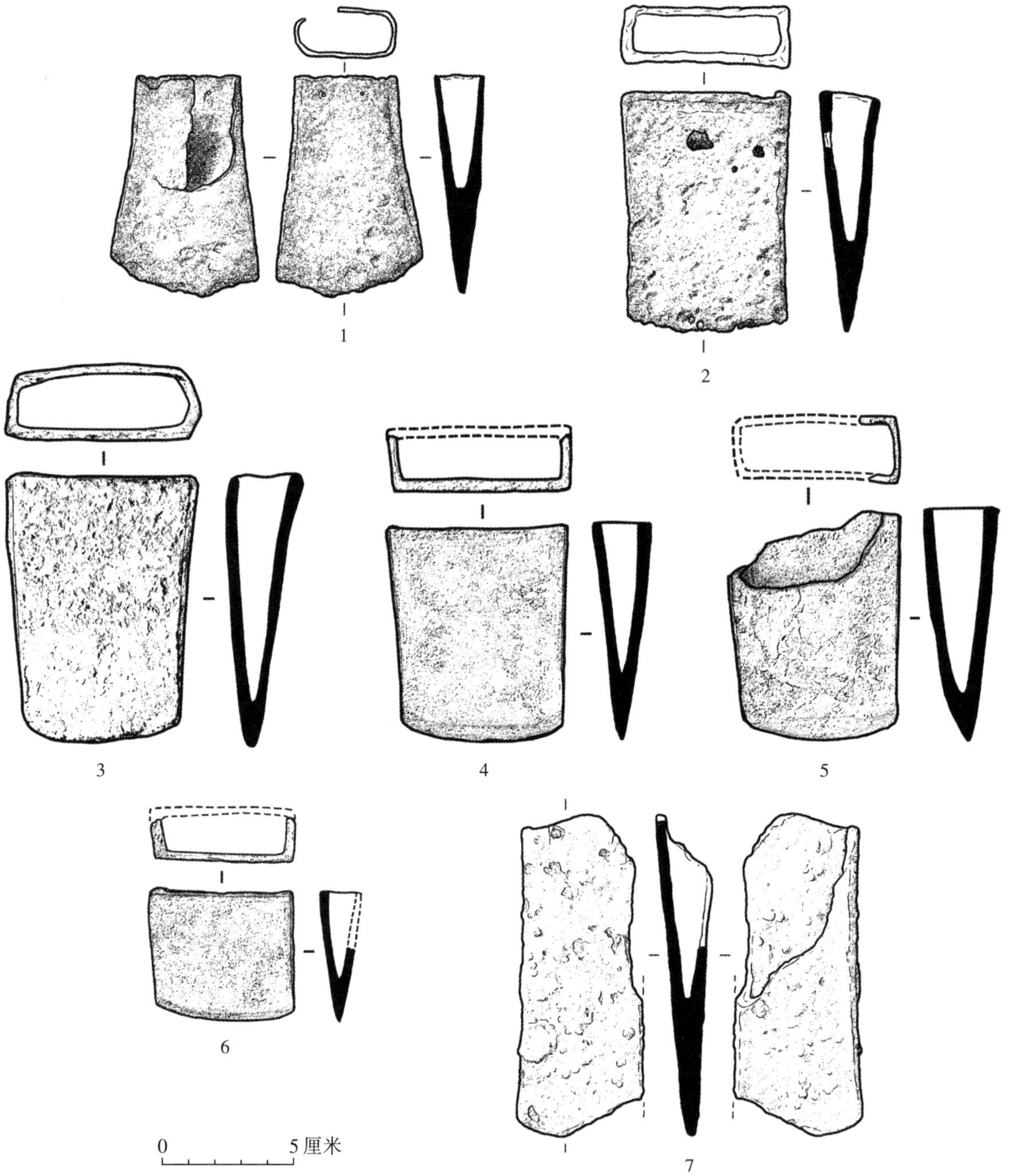

图三六二　铁锛

1. Ab 型（Z13：5）　2 ~ 5. B 型（Z38：16-1、Z104：2、考 4045.4、考 4045.5）　6. C 型（考 4045.6）　7. D 型（考 4044.1）

规则的銎孔。长 8.8、宽 6.3 厘米（图三六二，2；彩版一四四，1）。

Z104：2（考 3920.2），銎口一侧中部外鼓，近五边形。一侧面较窄。长 9.8、宽 7.2 厘米（图三六二，3；彩版一四三，4）。

考 4045.4，近梯形銎口，銎口的一面向下凹缺。长 8、刃宽 6.1 厘米（图三六二，4；彩版一四四，2）。

考 4045.5，銎口残。长 8.4、刃宽 5.55 厘米（图三六二，5）。

C 型　1 件。器身扁宽近平行四边形，銎口与刃部等宽。

考 4045.6，一面的銎孔残，弧刃略倾斜。长 4.9、宽 5.5 厘米（图三六二，6；彩版一四四，3）。

D 型　1 件。器身近窄长方形。

考 4044.1，刃部和器身上半部残。一侧面略窄，推测銎口为扁梯形。残长 11.8 厘米（图三六二，7；彩版一四四，4）。

（2）铁空首斧

3 件。均为铸制，表面有浅坑，可能为锻打所致。器身近长梯形，两侧边略内凹，双面弧刃。

Z26：4（考 3921.2），圆角长方形銎口，銎口下有两周不清晰的凸棱。两侧面中部有纵向铸缝。长 8.8、宽 7.15 厘米（图三六三，1；彩版一四五，1）。

Z100：5（考 3920.4），长方形銎口，銎口下有两周不明显的凸棱。两侧壁中部有一条不明显的纵向铸缝。长 10.1、刃宽 7.5、顶宽 6.7 厘米（图三六三，2；彩版一四五，2）。

考 4045.2，圆角长方形銎口，口下有两周凸棱，两侧面中部有纵向铸缝。一面不甚平整略内凹。长 8.7、刃宽 6.7 厘米（图三六三，3；彩版一四五，3）。

（3）铁鑁

3 件。器身略细长。

Z13：6（考 3920.3），两侧面中部有一条不明显的纵向铸缝。一侧面有四个形状不规则的镂孔。长 12.3、宽 8 厘米（图三六四，1；彩版一四六，1）。

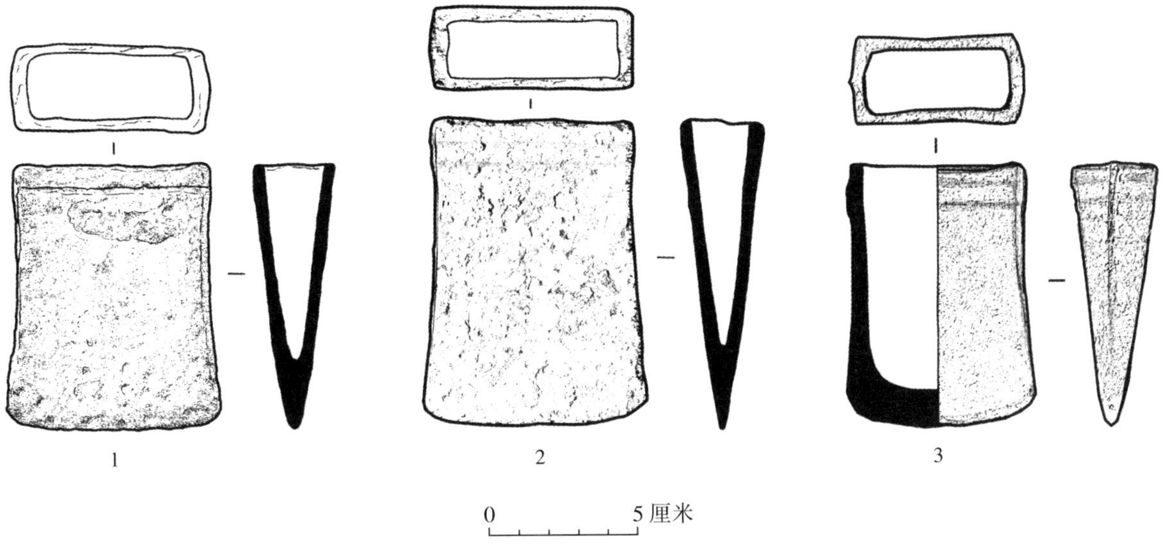

图三六三　铁空首斧

1. Z26：4　2. Z100：5　3. 考 4045. 2

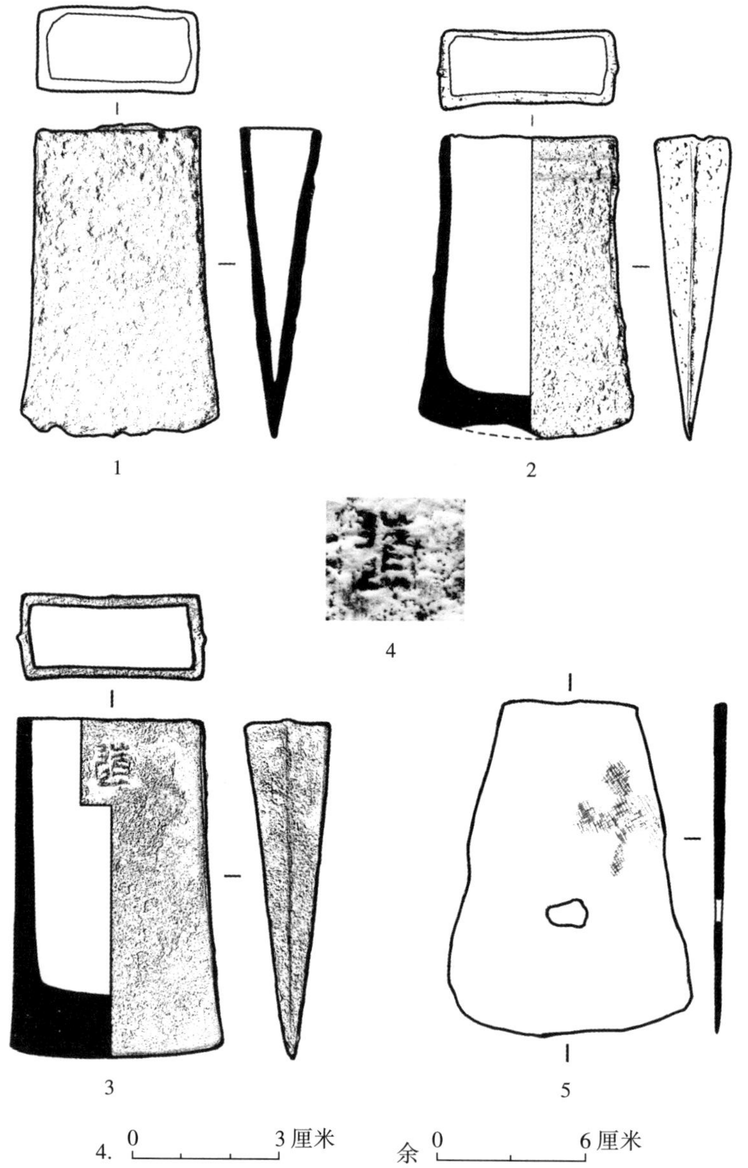

图三六四 铁镬、铁锄板

1 ~ 3. 铁镬（Z13：6、Z38：16-2、考 4045. 1） 4. 铁镬（考 4045. 1）銎部文字拓片 5. 铁锄板（Z27：2）

Z38：16–2（考 3920.1），銎口下有两周凸棱，两侧面中部各有一条纵向的铸缝。一面器壁略薄。长 12.1、宽 8.5 厘米（图三六四，2；彩版一四六，2）。

考 4045.1，长方形銎口，两侧面中部有纵向铸缝。一面略内凹。一面銎孔下铸出一阳文汉字，应为篆体的“遼”字，该字应是西汉辽东郡铁官的标记，说明铁镬是辽东郡官营冶铁作坊所生产。长 13.4、刃宽 8.6 厘米，銎口长 7.15、宽 3.25 厘米，銎孔深 11 厘米（图三六四，3、4；彩版一四六，3；图版三五，1）。

2. 铁锄板

共 4 件。器身为扁片状，近梯形，背部窄而平，弧刃，中部有一穿孔。

完整的 2 件。

国 0213，器身中部有一圆形穿孔。长约 13.4、宽约 9.8、厚 0.6 厘米（彩版一四六，4）。

Z27：2，背部较厚，向刃部逐渐变薄。器身中下部有一不甚规整的穿孔。一面器身附着较纤细的纺织品显微痕迹。整理时未见实物。长 13.4、刃宽 9.6 厘米，背部厚约 0.46 厘米（图三六四，5；图版三四，3）。

2 件为残片。1 件（K59–480：38）只残存刃部，直刃略外弧（图三六五，6）。1 件（K12–77：7）残存器身中部的一段，残断的下缘中部凹缺处可能是器身中部的穿孔（图三六五，7）。

3. 铁工具残片

包括銎部和刃部两个部位的残片，器形应为铁锛或铁空首斧、铁钁。

4 片为方形銎部的残片（图三六五，1 ~ 4），一个銎孔残片（K60–475：16）的正面残留铸造的篆体阳文“遼”字的上半部（图三六五，1）；刃部残片只有 1 片（K60–460：9），残存一段銎孔底部（图三六五，5）；此外还有一件带銎孔铁器的底部，残存部分为近中空的棱锥形（M30：6）（图三六五，8）。

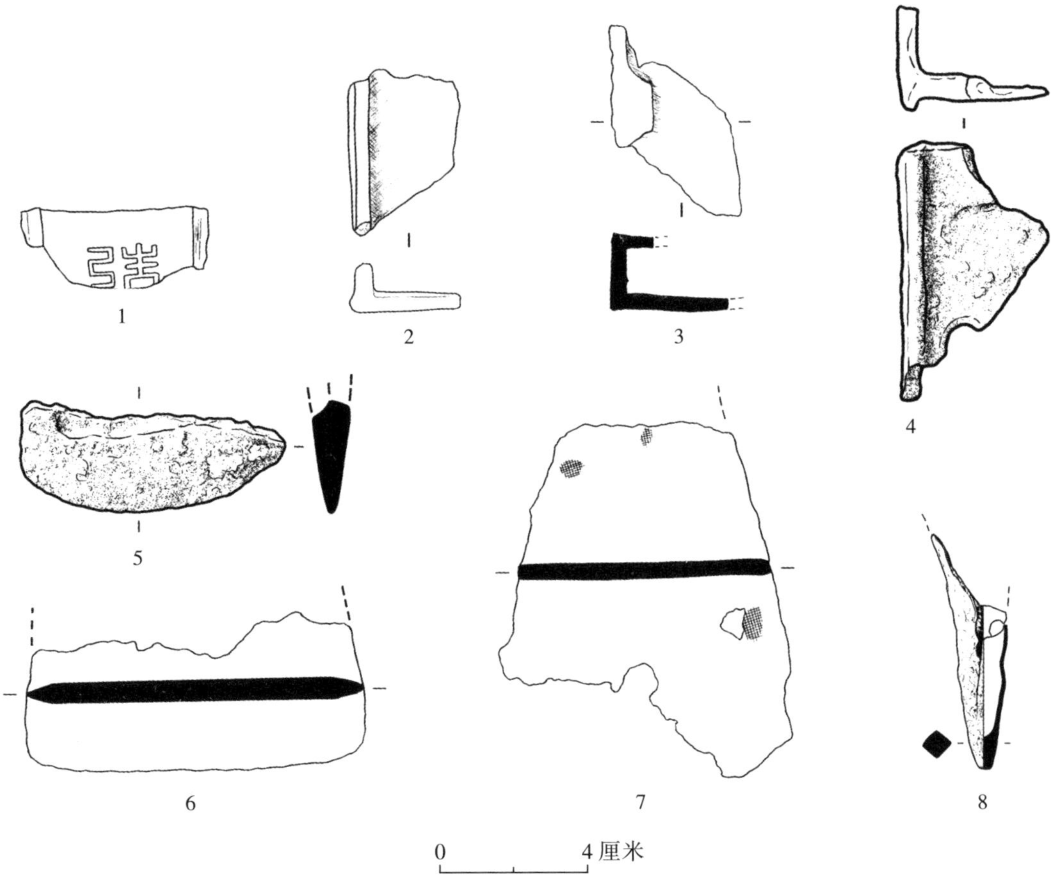

图三六五　铁工具残片

1. 带铭文方銎铁器残片（K60–475：16）　2 ~ 4. 方銎铁器残片（K69–504：24、K52–485：1、考 4044–2）　5. 带銎弧刃铁器刃部残片（K60–460：9）　6、7. 铁锄板残片（K59–480：38、K12–77：7）　8. 带空腔铁器残片（M30：6）

4. 铁刀

作为手工工具使用的铁刀共 76 件，其中环首刀 54 件，素首刀 3 件，柄首刀 1 件，残刀身 18 件。作为农具使用的镰刀只有 1 件。均为锻制。

（1）环首铁刀

54 件。可分为椭圆形环首、圆形环首刀两类。其中椭圆形环首铁刀占绝大多数。

a. 椭圆形环首铁刀

50 件。形制基本相同。环首为不封闭的横椭圆形，一端与刀柄顶部相连，另一端与刀柄有大小不等的间隔。均为直柄、直刀背。刀柄和刀身横截面形状相同，均为长三角形。在刀背一侧，刀柄和刀背成一直线。在刀刃一侧，多数刀柄和刀身连成一线，没有分界，只有少数的刀柄略窄，在刀身和刀柄交接处有明显的折棱（图三六六，1、2；图三七一，3），或者较缓的弧形转折（图三六七，1 ~ 3、5；图三六九，2 ~ 4）。大多数刀柄略窄于刀身。刀身大部分较直，近刀锋部弧收。有的刀身的铁锈上黏有纺织品纤维痕迹（图三六七，1），有的刀柄上有纵向的木质纤维痕迹（图三六八，3）。刀的长度、刀身宽度差别较大，较小

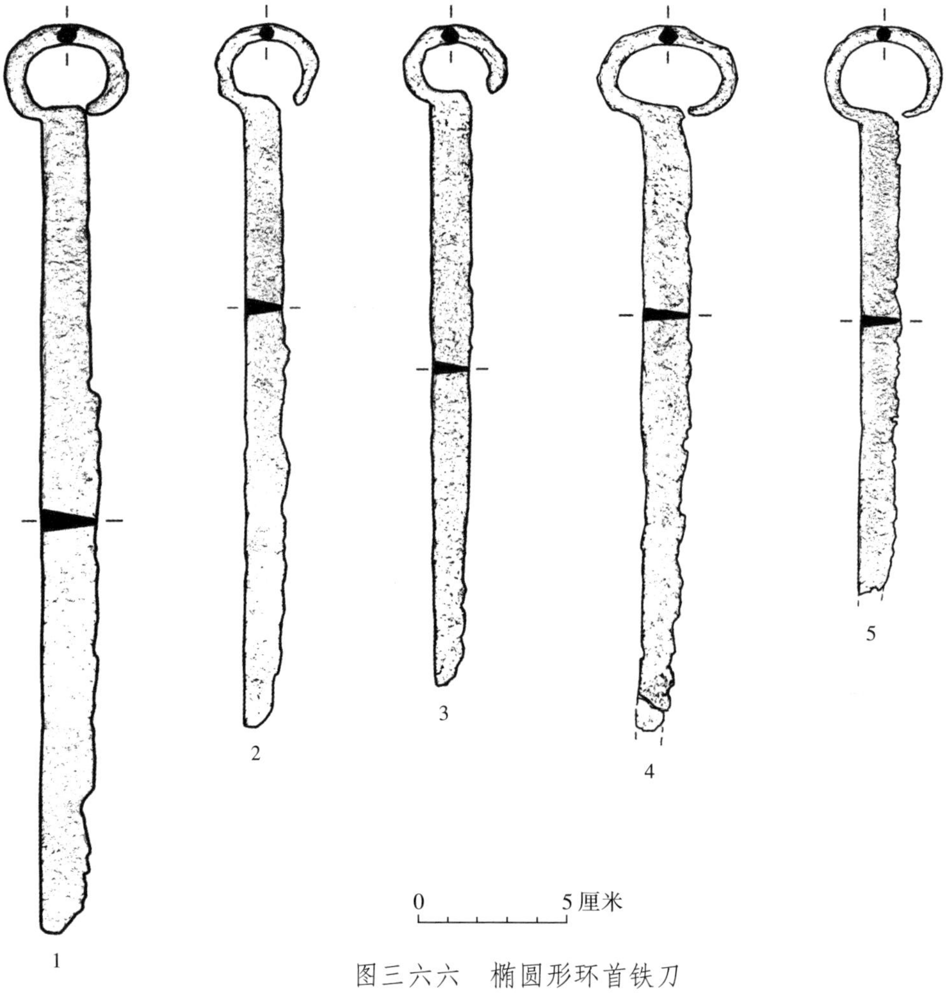

图三六六　椭圆形环首铁刀

1. Z82：4　2. 考 3915. 6　3. 考 3915. 5　4. M62：3　5. Z33：1

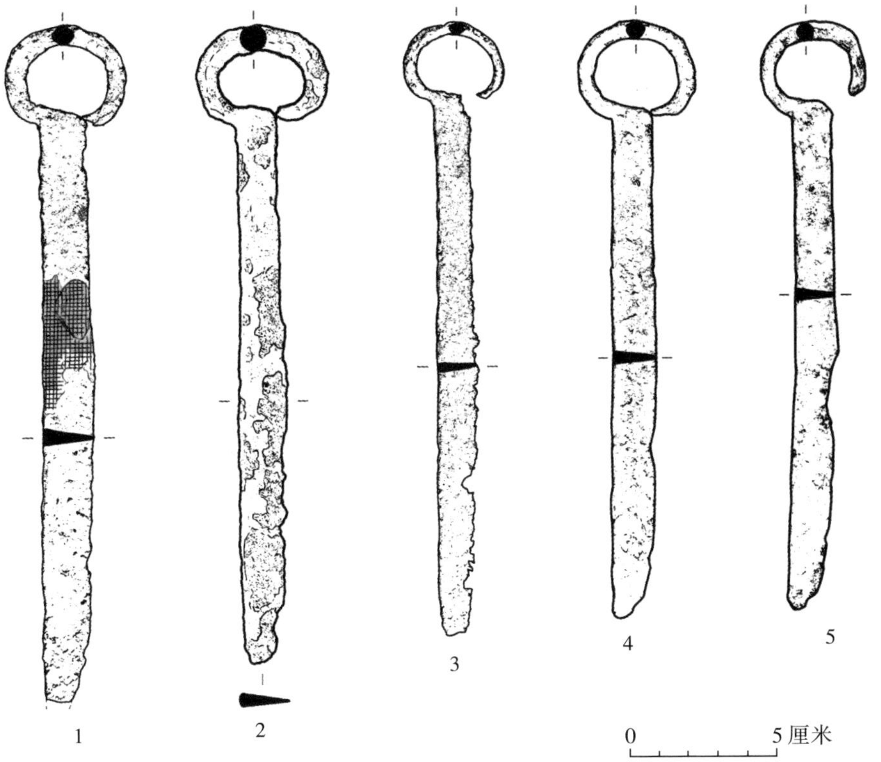

图三六七　椭圆形环首铁刀

1. M46：5　2. 考 4041-3　3. Z13：4-3　4. Z98：6　5. 考 4041-1

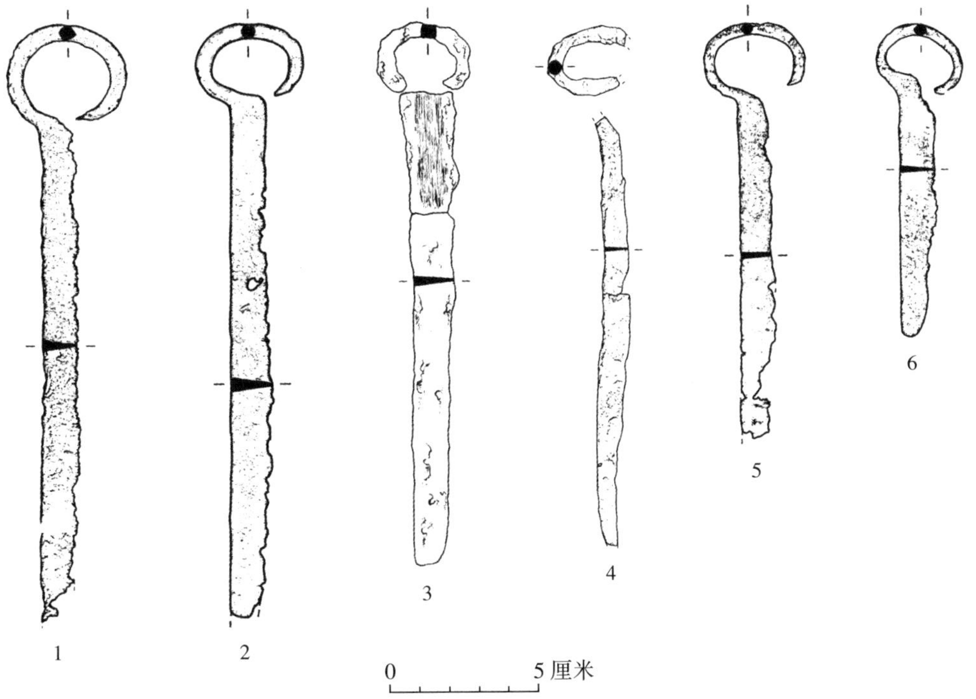

图三六八　椭圆形环首铁刀

1. M21：2　2. Z13：4-4　3. M59：29　4. M2：4　5. M49：2　6. M16：10

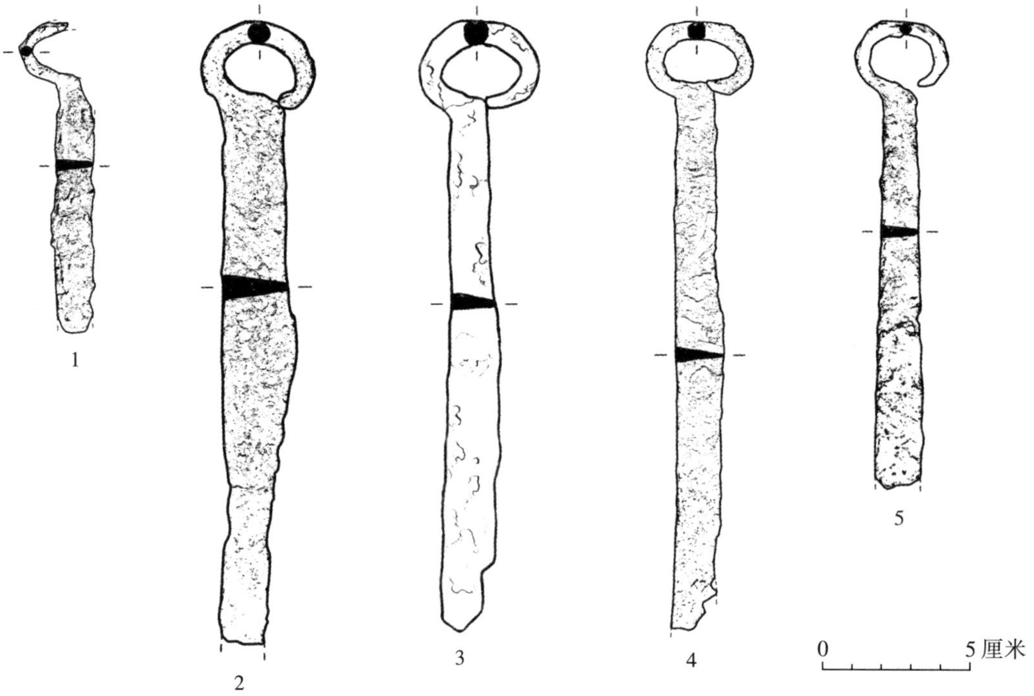

图三六九　椭圆形环首铁刀

1. M52：1　2. Z174：15　3. M26：3　4. M45：1　5. Z165：8

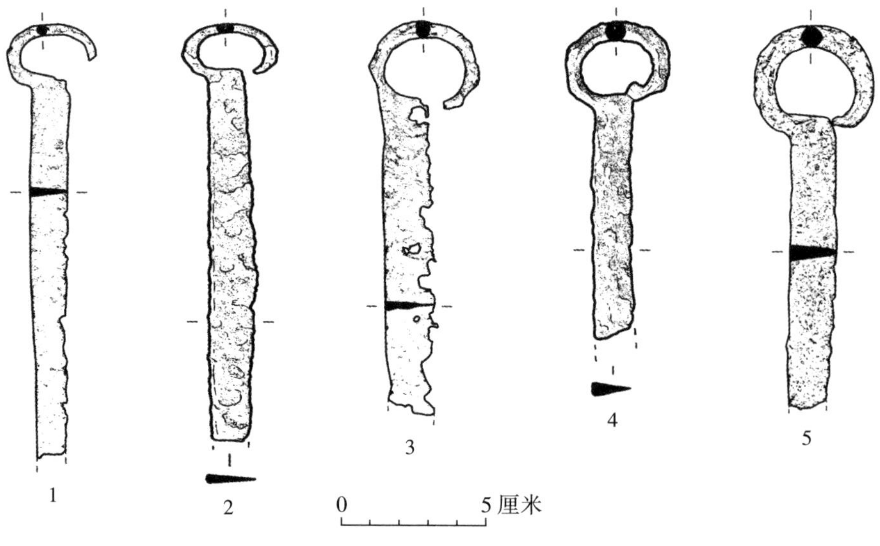

图三七〇　椭圆形环首铁刀

1. Z13：4-1　2. 考 4041. 2　3. Z13：4-2　4. 考 4041. 4　5. Z141：3

者通长只有 10.4 厘米，较大者通长达 30.1 厘米（图三六六～三七二；彩版一四七～一五〇；彩版一五一，1～5）。有 1 件柄首为铜质（图三七二，5；彩版一五一，6）。

b. 圆形环首铁刀

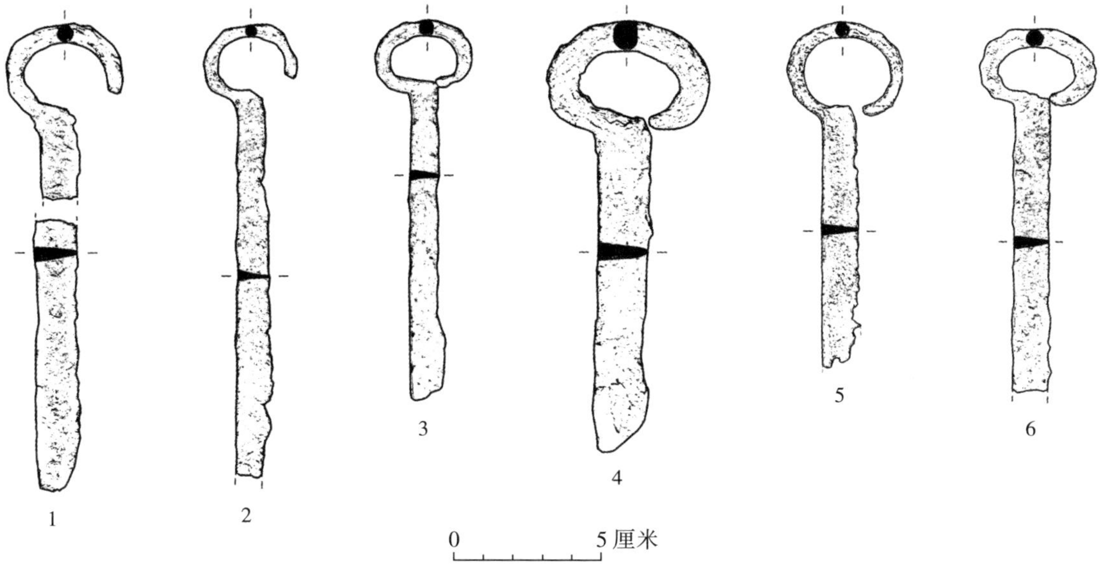

图三七一　椭圆形环首铁刀

1. Z88：4　2. 考 3913. 1　3. Z55：2　4. 考 3917. 2　5. 考 3916. 4　6. 考 3916. 6

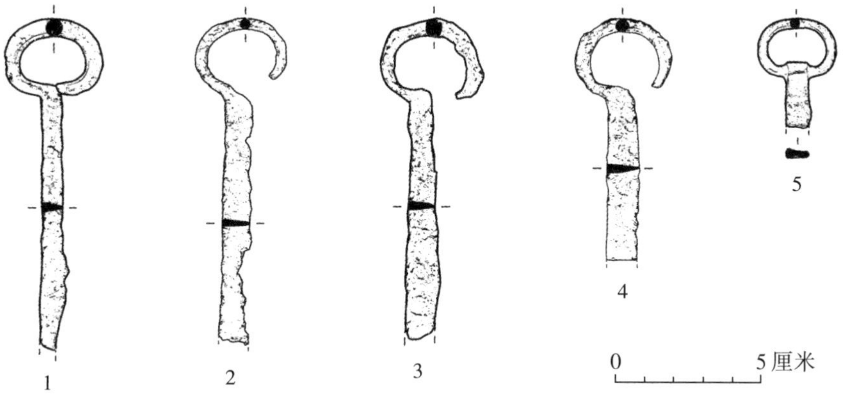

图三七二　椭圆形环首铁刀

1. 考 3913. 4　2. 考 3916-4　3. Z54：2　4. Z13：4-5　5. Z164：11（青铜环首）

4 件。环首部为圆形，其余特征与椭圆形环首刀基本相同（图三七三；彩版一五二，1 ~ 4）。1 件刀柄略外弧（图三七三，1）；1 件保存状况较好，刀身较长，通长达 26.6 厘米（图三七三，2）。

（2）素首铁刀

3 件。柄首平素无任何造型和装饰。根据柄和刀身形状差别，分两型。

A 型　2 件。刀柄和刀身形状与环首刀的基本相同，可能是环首刀的环首残断后改制而成（图三七四，1、2；彩版一五二，5）。

B 型　1 件。刀身近刀柄部明显加宽（图三七四，3；彩版一五二，6）。

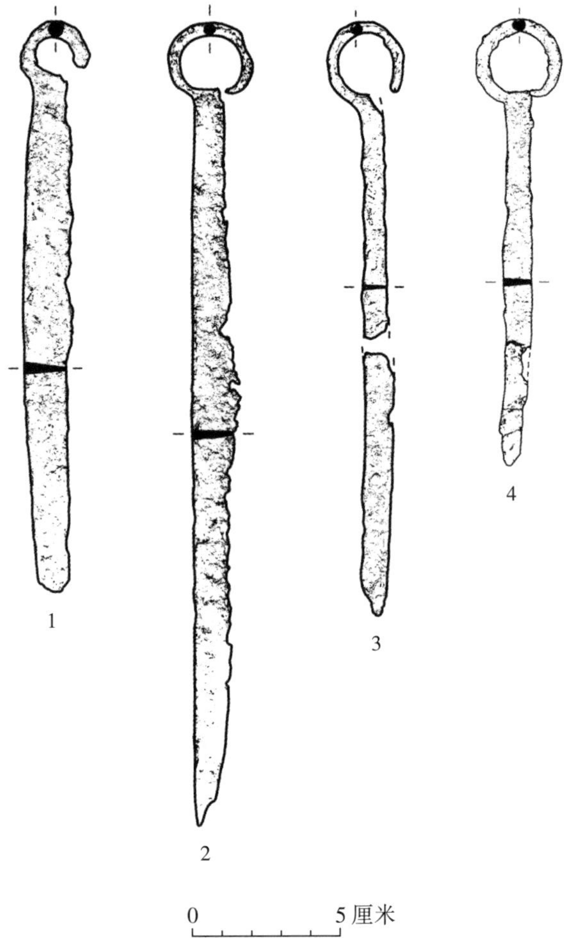

图三七三 圆形环首铁刀

1. Z135：23 2. 考 3916-3 3. M16：9 4. M31：7

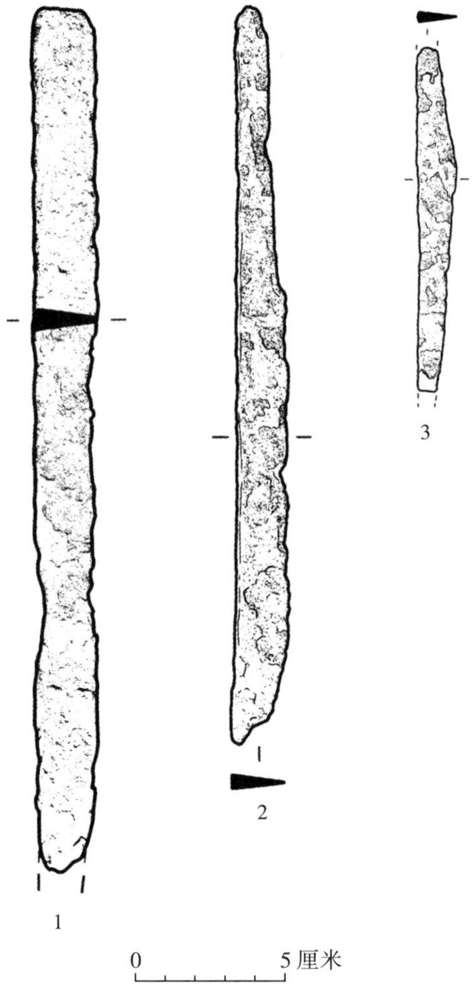

图三七四 素首铁刀

1、2. A 型（Z135：25、考 4041-2） 3. B 型（考 4041-4）

（3）饼首铁刀

1 件。刀柄残。柄首为扁平圆饼状。刀柄略窄于刀身（图三七五，11；彩版一五二，7）。

（4）残刀身

18 件。有的保留有环首，有的只残留刀身的一段（图三七五，1 ~ 10；彩版一五二，8），其中一件残刀身最宽处宽 3.2 厘米，有可能是铁镰刀的残段（图三七五，7）。

（5）镰刀

1 件。M63：3，为形体较小的镰刀。弧背，刃略直，两端略直。近末端 3.8 厘米处刃部变圆钝，应为绑缚木柄的部分（图三七五，12；彩版一四六，5）。

5. 铁锥

共 47 件。其中 37 件保留锥首，10 件仅残存锥身。保留锥首的 37 件均为环首锥，可分为椭圆形环首、倒心形环首铁锥两类。

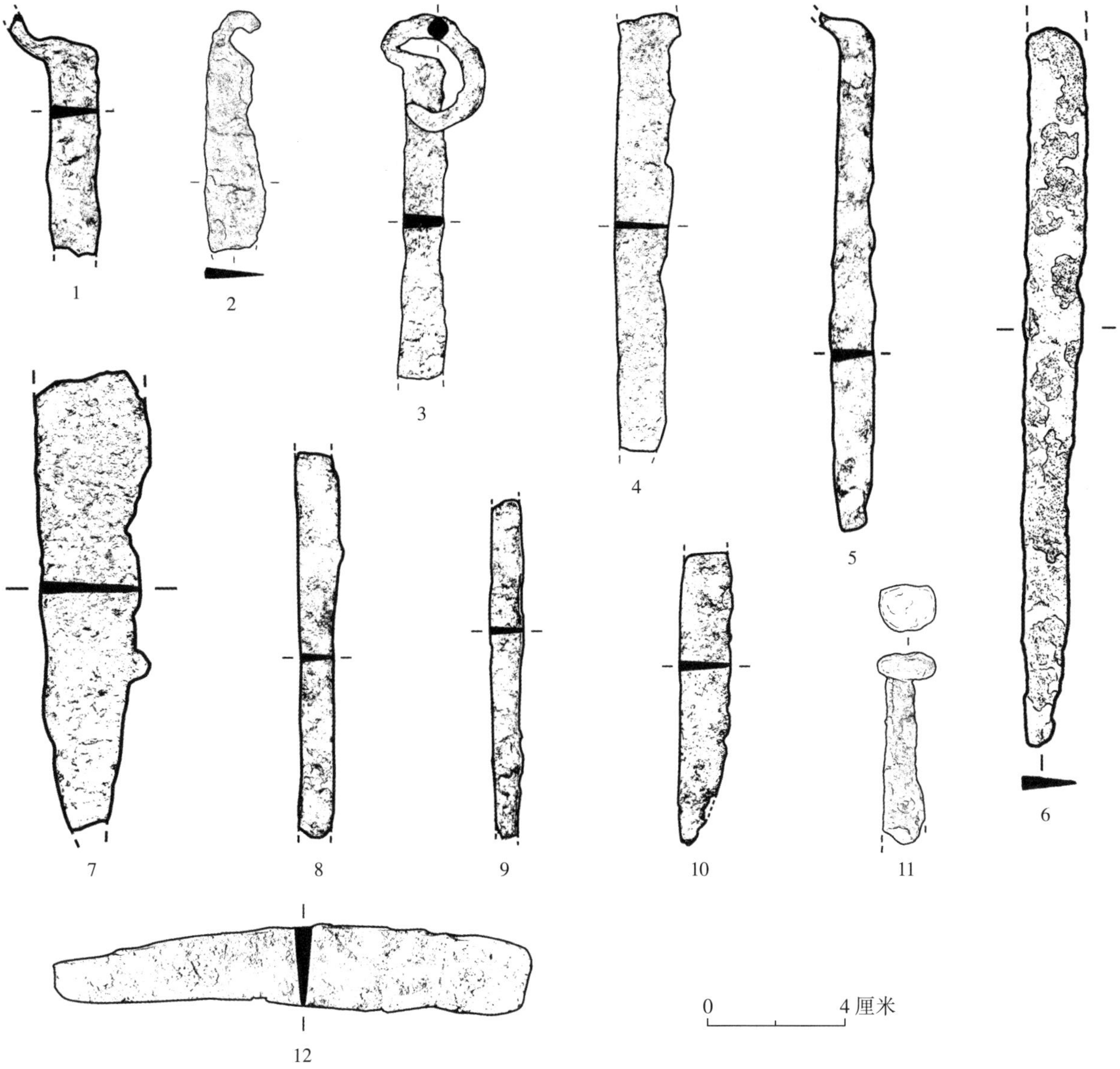

图三七五　铁刀残段、饼首铁刀的柄部、铁镰刀

1～10. 铁刀残段（考4041-5、考4041-11、考3916.8、考3929.3、考4041-6、考4041-7、考3929.2、考4041-8、考4041-9、考4041-10）
11. 饼首铁刀的柄部（考4041-12）　12. 铁镰刀（M63：3）

（1）椭圆形环首铁锥

25件。环首为横椭圆形，形状、结构与椭圆形环首刀的相同。根据锥身横截面形状的差别，分两型。

A型　锥身横截面为长三角形，一侧较厚，另一侧较薄有刃，锥身从上向下逐渐变窄。多数锥身较宽的一侧较直，较窄有刃的一侧略内斜，由此推测可能其中有很多是由环首刀改制而成。根据锥身形状的差别，分两亚型。

Aa型　锥身扁宽（图三七六；彩版一五三）。

Ab型　锥身较窄（图三七七；彩版一五四）。

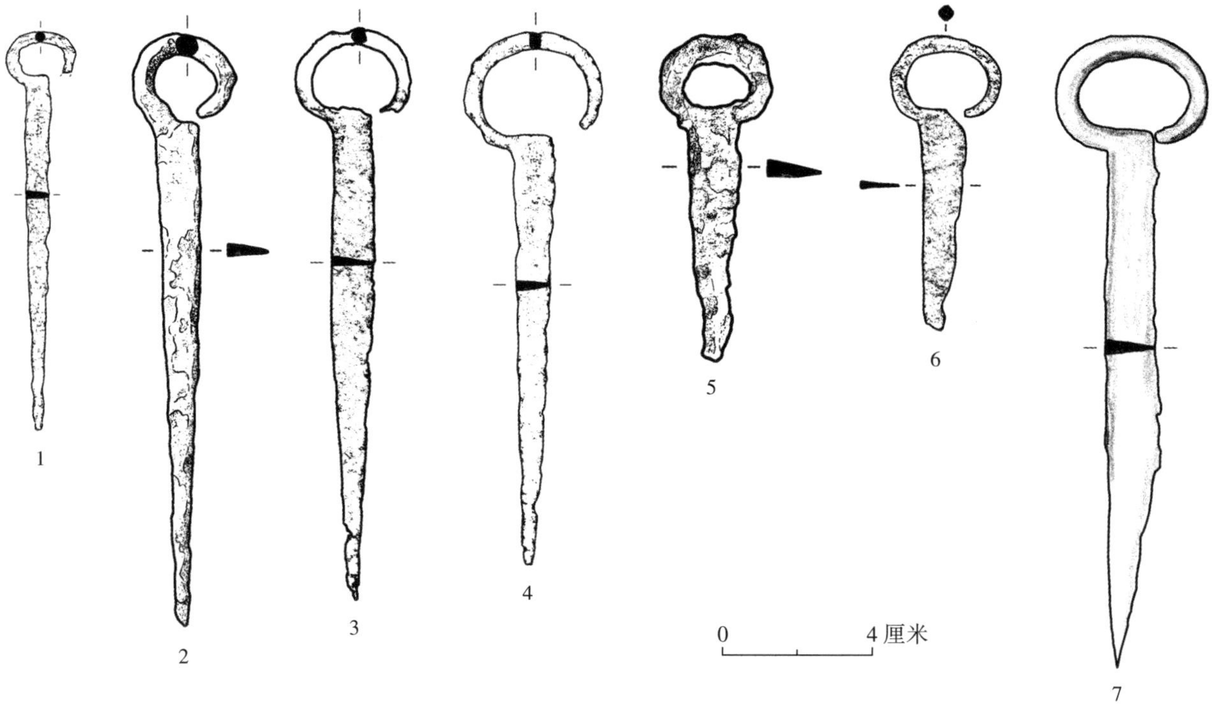

图三七六　椭圆形环首铁锥（Aa型）

1. Z109：3　2. 考4043. 3　3. M62：4　4. 考3917. 1　5. 考4041. 13　6. 考3917. 12　7. Z33：2

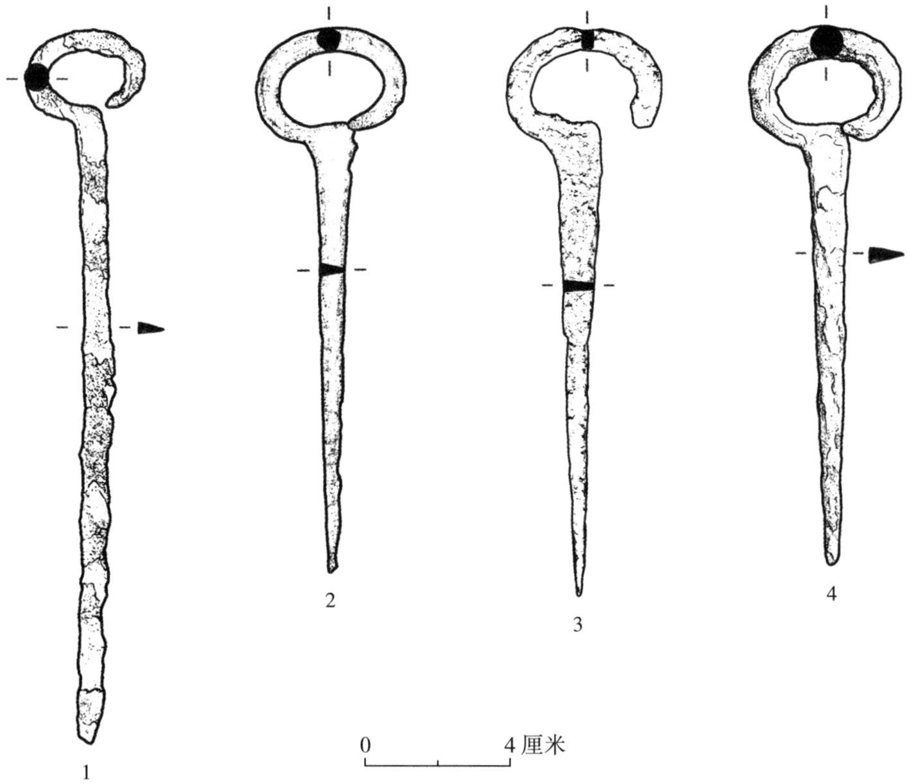

图三七七　椭圆形环首铁锥（Ab型）

1. 考4041. 14　2. M26：2　3. Z66：4　4. 考4043. 1

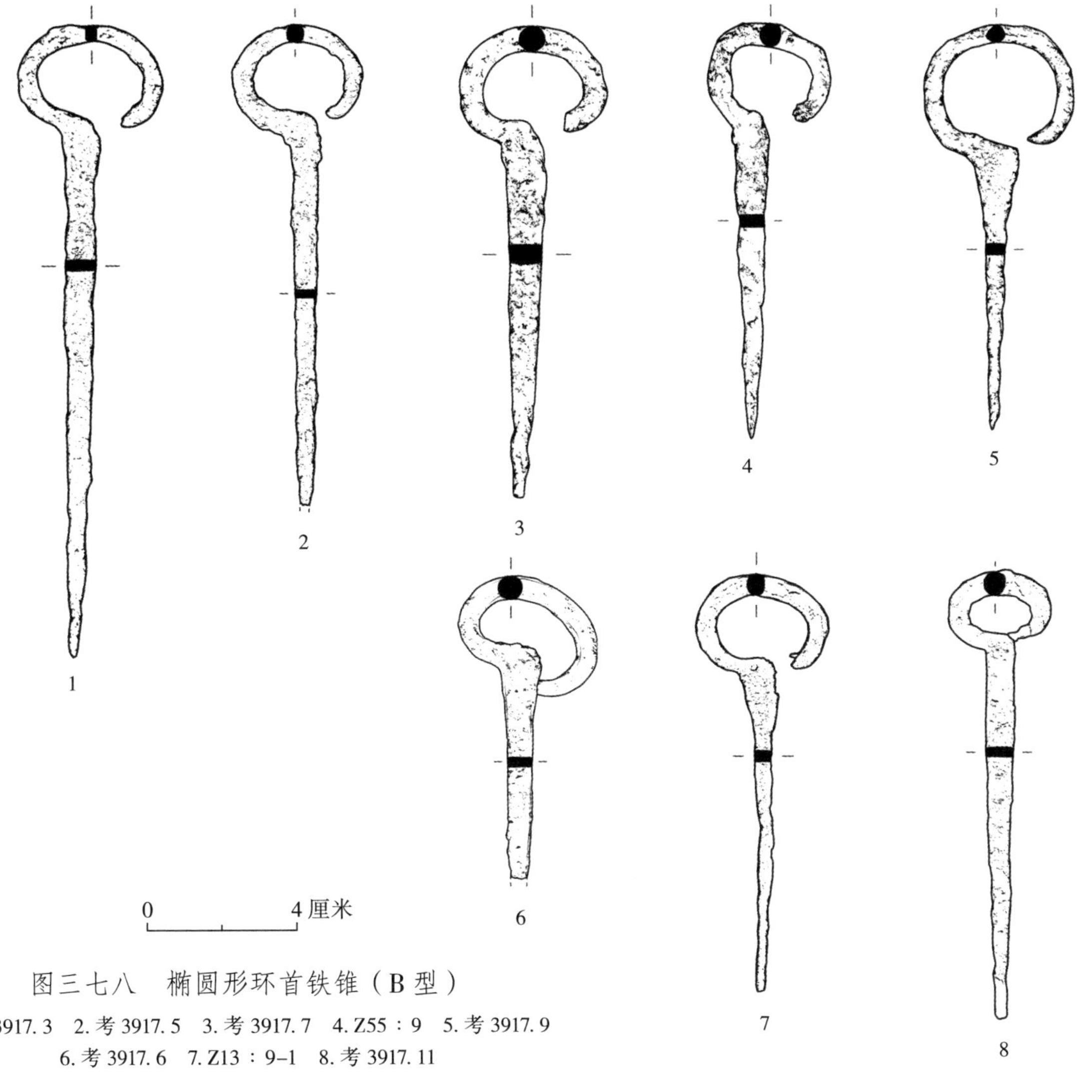

图三七八　椭圆形环首铁锥（B型）
1. 考3917. 3　2. 考3917. 5　3. 考3917. 7　4. Z55：9　5. 考3917. 9　6. 考3917. 6　7. Z13：9–1　8. 考3917. 11

B型　锥身横截面为长方形（图三七八；彩版一五五）。

（2）倒心形环首铁锥

12件。环首由一根铁丝弯成倒心形，铁丝的一端与锥柄连为一体，另一端与锥柄顶部相接，或有一小段间隔。根据环首形状差别，分两型。

A型　环首较小，环首顶部紧贴柄顶部，形状像两个并列在一起的椭圆形环。锥身上半部横截面为近方形或长方形（图三七九，1 ~ 4；彩版一五六，1 ~ 4）。

B型　环首较大。根据锥身形状差别，分两亚型。

Ba型　锥身较扁，一面较厚，横截面为长三角形（图三七九，5；彩版一五六，5）。

Bb型　锥身横截面为长方形或近方形（图三七九，6 ~ 8；彩版一五六，6 ~ 9）。

（二）武器

共278件。有刀、剑、矛、镞、鹤嘴斧等五类。

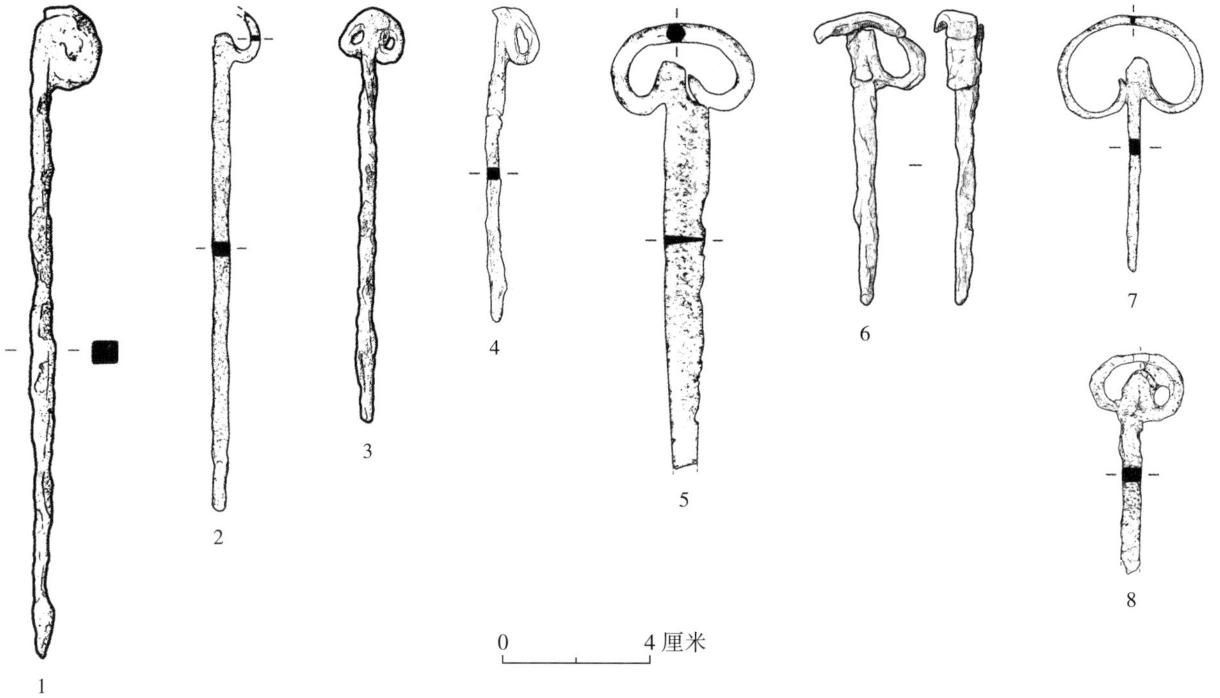

图三七九　倒心形环首铁锥

1～4. A型（考4043-2、考3918.3、考4043-4、M45：2）　5. Ba型（考3918.5）　6～8. Bb型（考4043-5、考3918.4、考3918.2）

1. 长铁刀

3件。均为环首。根据环首形状差别，分两型。

A型　1件。倒心形环首，刀柄较窄。

M59：10（考3865），铜质倒心形环首，刀身与工具类环首刀基本相同。刀柄和刀身横截面形状相同，均为长三角形，背部较厚。刀柄略窄于刀身。刀背略外弧。残长40.8厘米（图三八〇，1；彩版一五七，1）。

B型　2件。椭圆形环首。

Z49：2（国0136-1），刀柄短而宽，刀身略外弧，刀柄和刀身之间有铜格。通长87厘米，柄长12、宽3厘米，刀背厚0.15～0.5厘米（图三八〇，2；彩版一五七，3；图版三四，4）。

Z22：1（国0136-2），刀柄略长，刀身形状与M59：10相似。柄部有纺织品痕迹。长51厘米（彩版一五七，2）。

2. 铁剑

铁剑共45件，此外还有10个剑身残段。均为锻制的细长铁剑身，横截面为凸透镜形或扁菱形，后者中部起脊。剑身均与剑柄的铁芯连成一体。根据剑柄形状的差别，可分为北方式铜柄铁剑和中原式铁剑两大类[1]。铁剑类型及数量详见表一七。

[1] 西汉时期的铜柄铁剑只见于东北和西南等边疆地区，中原式铁剑已经没有铜柄。“北方式铜柄铁剑”只是与其他边疆地区铜柄铁剑相区别的名称。因此，下文铁剑分类部分只将北方式铜柄铁剑称为“铜柄铁剑”，不再加“北方式”两字。

表一七　西岔沟墓地出土铁剑数量及类型统计表

铜柄铁剑（35）							中原式铁剑（10）		剑身残段
甲类			乙类			残剑	有剑格、柄芯	残剑	
A	B	柄残	A	B	柄残				
12	2	4	10	1	1	5	3	7	10

（1）铜柄铁剑

35 件。无剑格，剑身和柄芯连接处呈弧形内收。在铁柄芯外再铸造具有东北地域特色的铜柄，护手为喇叭形。绝大多数从剑柄的护手中部向下延伸出一小段铜柱脊，起到加固剑身的作用，这也是东北系曲刃短剑柱脊的孑遗。学界将此类铁剑称为“西岔沟型铜柄铁剑”[1]。根据铜柄形状差别，分两类。

a. 甲类

18 件。铜剑柄护手及紧连护手部的剑柄横截面为凸透镜形。柄首无装饰。根据剑柄结构差别，分两型。

A 型　12 件。剑柄分上、下两部分，两部分之间有突节。剑柄上半部为圆柱形，有的近顶部有一横向穿孔。下半部横截面为凸透镜形，中部有一突节或平缓的弧形凸隆。护手上大多数装饰平行的斜线，少数装饰纵向平行直线，有的在平行线上用斜线分割出三角形区域。剑柄两侧面中部有一条纵向铸缝。在剑柄上半部有穿环，穿环均两两相对排列，大多数剑的穿环缺失，保留穿环最多的一件剑柄上有九个穿环。根据铜柄下半部形状的差别，分两亚型。

Aa 型　3 件。剑柄下半部无突节，呈平缓的外弧状。

Z157∶1（考 3924.9），剑身横截面为扁菱形，中部起脊。从剑柄护手底部从两侧向下延伸出长 1.3 厘米的铜质短柱脊。通长 61、剑柄长 17.5 厘米，穿环直径 3.1 ~ 3.65 厘米（图三八一，1；彩版一五七，4）。

Z21∶1（考 3924.3），自剑柄护手底部延伸出长 1.3 厘米的铜质短柱脊。剑身横截面为扁菱形。通长 75.5、柄长 17.5 厘米，穿环直径 2.9 ~ 3.25 厘米（图三八一，2；彩版一五八，1）。

Z130∶1（国 K9822），护手表面饰平行斜凸线。剑柄上半部分穿三对铜环[2]。自剑柄护手底部从两侧向下延伸出一小段铜质短柱脊。剑身上残留较多木质剑鞘的纤维痕迹。通长 78.5、剑柄长 18 厘米（图三八一，3；彩版一五八，2）。

Ab 型　8 件。下半部剑柄中部有一明显的突节，突节上有 1 ~ 3 周凸弦纹。

Z29∶1（考 3924.5），近柄首部穿孔内穿一根两端弯折的铁丝，剑身横截面为扁菱

[1] 林沄：《西岔沟型铜柄铁剑与老河深、彩岚墓地的族属》，《林沄学术文集》，中国大百科全书出版社，1998 年，352 ~ 367 页。

[2] 该铁剑的器物图为发掘档案保留的硫酸纸图，图上没有画穿环。该铁剑的彩版由器物收藏单位中国国家博物馆提供，照片上有穿环。因编写报告时没有条件测量铁剑实物、拍摄绘图用正投影器物照片，报告只能使用发掘档案留下的没有绘出穿环的铁剑线图。

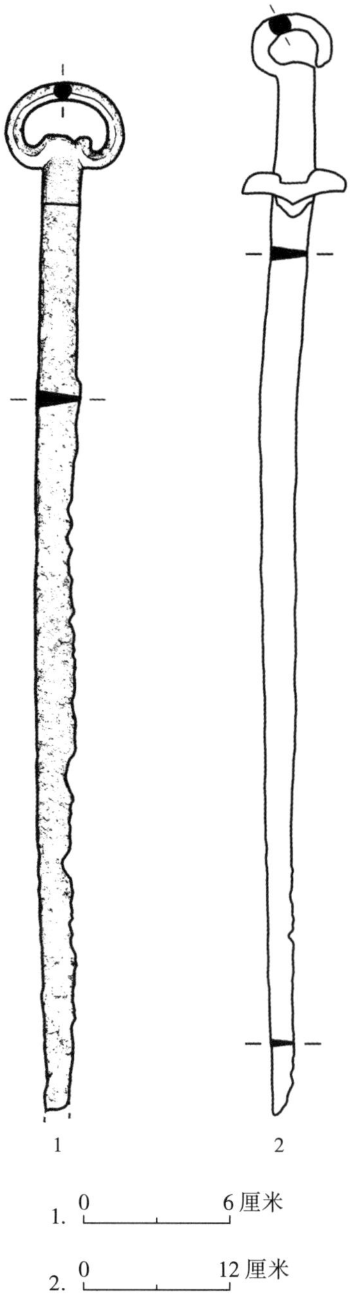

图三八〇　长铁刀

1. A 型（M59：10）　2. B 型（Z49：2）

形。残长 62.6 厘米，柄长 16.7 厘米（图三八一，4；彩版一五八，3）。

Z135：24（考 3924.2）。剑身横截面为扁菱形。残长 43、柄长 18、柄底部宽 4.6 厘米（图三八一，5；彩版一五九，1）。

Z68：1（国 0135–1），剑身和剑柄均较宽。护手上的平行斜凸线呈轴对称式分布，护手以上有两周凸棱，柄上有四对穿环[1]。从护手下延伸出一小段柱脊，位于两面剑身顶部正中。剑身横截面近扁菱形，中部有三条脊线。通长 77 厘米，柄长 19 厘米（图三八二，1；彩版一五九，2；图版二七，1、2）。

Z35：1（考 3924.4），护手底部有平行斜凸线。近柄顶部有一横向穿孔。残长 64、柄长 18.4、柄底部宽 5.1 厘米（图三八二，2；彩版一六〇，1）。

考 3924.n，护手表面饰相对分布的平行斜凸线。护手以上有三周凸弦纹。剑身横截面为扁凸透镜形，近剑身顶部有不明显的中脊。残长 72、剑柄长 18、底宽 5.4 厘米（图三八二，3）。

Z158：10（考 3924.1），近剑柄顶部有一横向穿孔。护手上的平行斜凸线以及护手以上的凸弦纹均不甚清晰。剑身横截面为扁凸透镜形。剑身较短，可能是剑身残断后重新加工利用。通长 49、剑柄长 17.8、柄底部宽 4.4 厘米（图三八二，4；彩版一六〇，2）。

Z34：1（考 3924.10），护手表面饰平行斜凸纹，护手以上有三周凸弦纹。从护手中部向下延伸出一小段铜质柱状脊，位于剑身顶部的两侧。剑身横截面为扁凸透镜形。残长 27、剑柄长 16.5、柄底宽 4.5 厘米（图三八二，5；彩版一六〇，3）。

考 3924 附件 –2，铜质剑柄完整，铁质剑身只残存一小段。护手表面饰细凸线组成的平行斜线纹。护手底部向下延伸出长 1.8 厘米左右包在剑身两面的薄铜片，其中在剑身中部的位置铸出一小段柱状脊。近剑柄顶部有一横向的长方形穿孔。残长 20.9 厘米，剑柄长 18.5 厘米，剑柄上半部横截面直

[1] 该铁剑的器物图和图版照片为发掘档案保留，图上没有画穿环。该铁剑的彩版由器物收藏单位中国国家博物馆提供，照片上有穿环。因编写报告时没有条件测量铁剑实物、拍摄绘图用正投影器物照片，报告只能使用发掘档案留下的没有绘出穿环的铁剑线图。

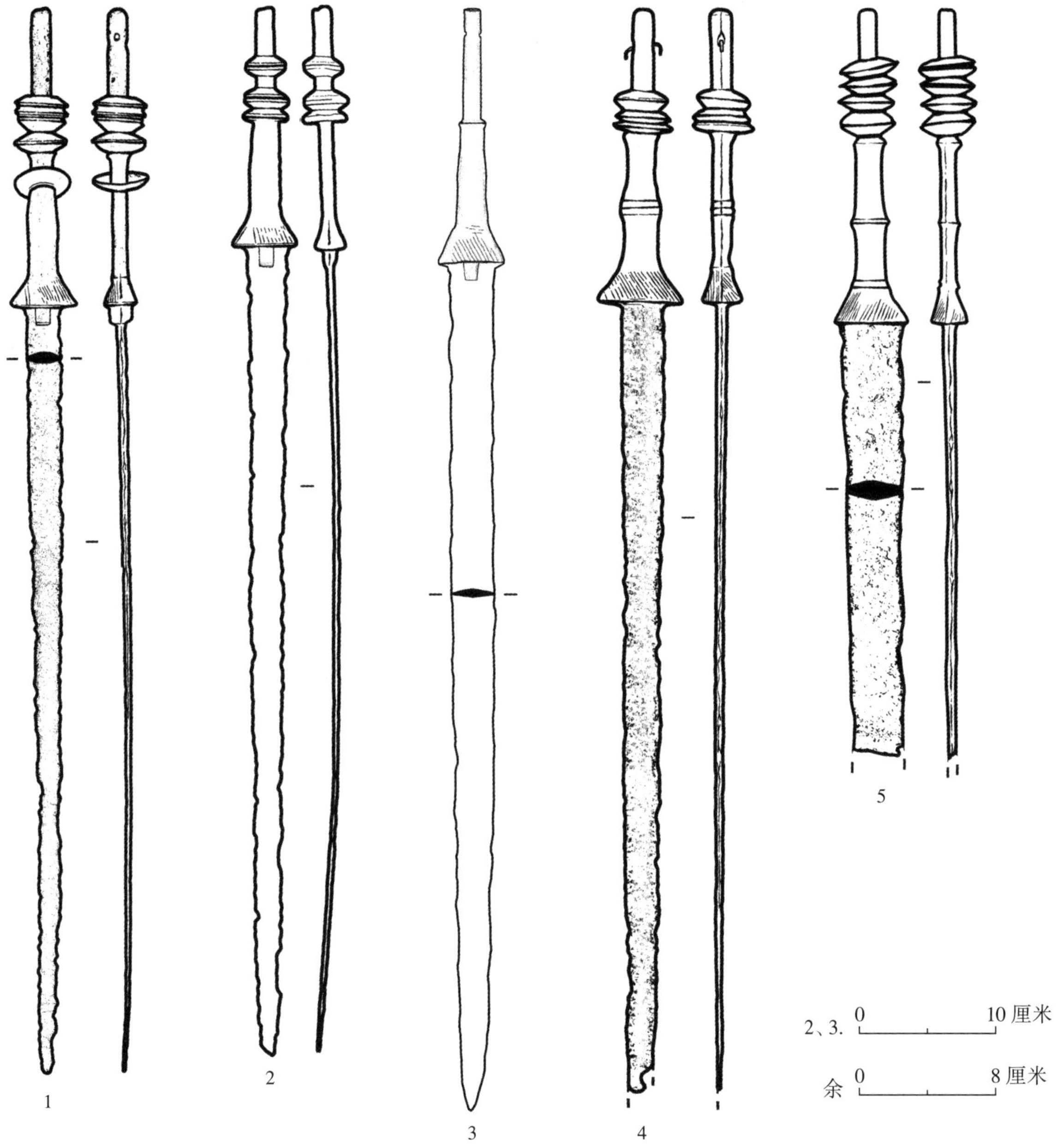

图三八一　甲类铜柄铁剑（A 型）

1～3. Aa 型（Z157：1、Z21：1、Z130：1）　4、5. Ab 型（Z29：1、Z135：24）

径 1.35 厘米，下半部凸节处宽 2.2、厚 1.4 厘米，护手部宽 5.3、厚 2.8 厘米。穿孔长 0.48、宽 0.3 厘米（彩版一六〇，4）。

A 型具体亚型不明的 1 件。

Z156：1，根据发掘档案草图判断为 Aa 型或 Ab 型。长 72.6 厘米。

另有一小段铜剑柄，编号为 Z46：2（考 3924 附件 –1），因尺寸较小未统计入 A 型残件数量。残存铜柄上半部带凸节的一段，柄中空，铁芯残缺。残长 3.3 厘米（彩版一六二，3）

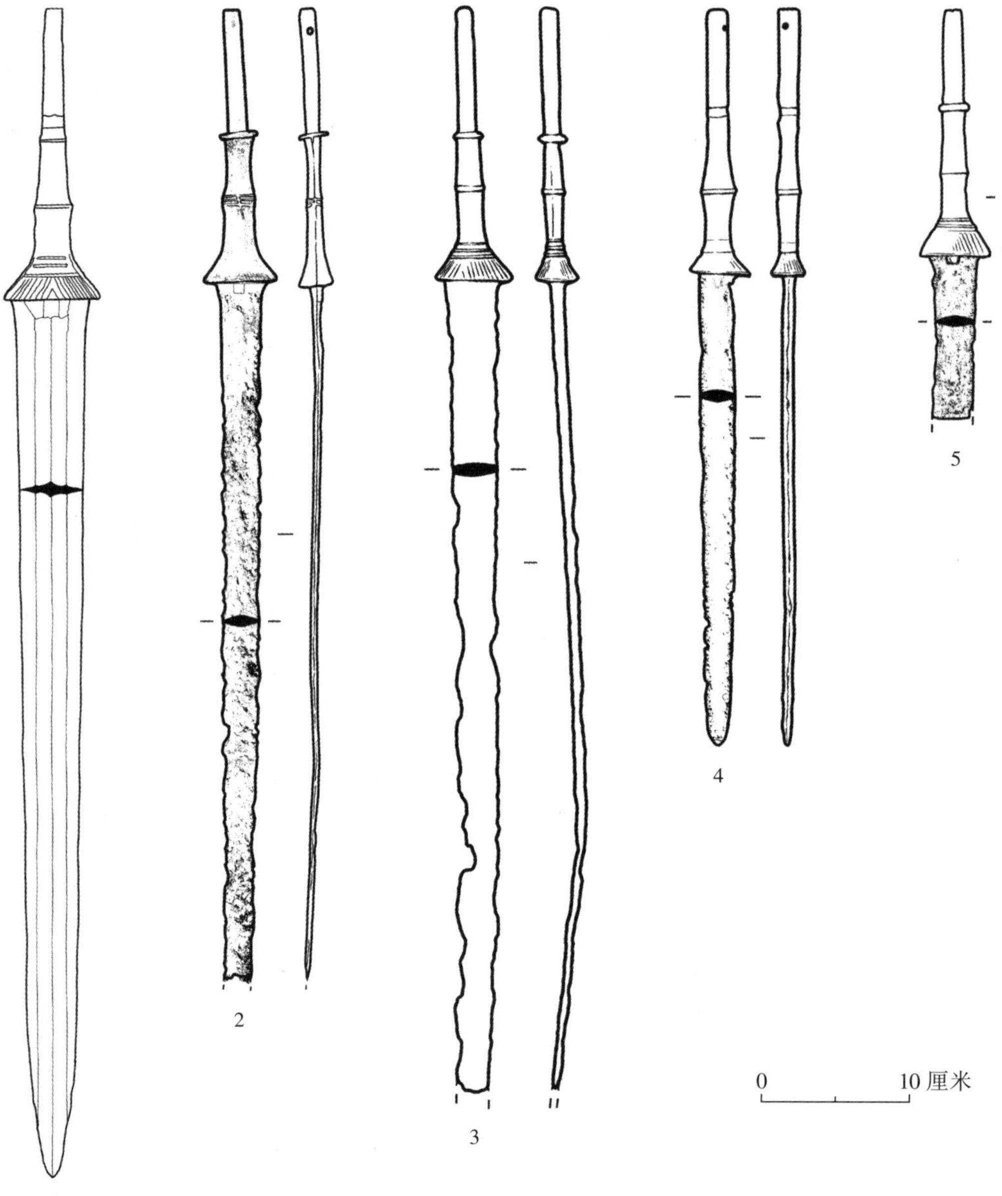

图三八二 甲类铜柄铁剑（Ab 型）

1. Z68：1 2. Z35：1 3. 考 3924. n 4. Z158：10 5. Z34：1

B 型 2 件。无 A 型剑柄上半部较细的圆柱形部分。柄首较平，柄中部有突节或弧形凸隆。可能是 A 型剑的剑柄上半部残断后改制而成。根据剑柄中部形状差别，分两亚型。

Ba 型 1 件。剑柄中部有弧形凸隆。

Z191：1（考 3925.3），柄首边缘外凸，护手表面装饰两排内填平行斜凸线或纵向凸线的三角形，有的凸线不清晰。护手上部有一周凸弦纹。柄横截面为凸透镜形。剑身横截面为扁菱形，中部略起脊。通长 68、剑柄长 10、柄底部宽 4.8 厘米（图三八三，1；彩版一六一，1）。

Bb 型 1 件。剑柄中部有突节。

Z115：1（考 3925.2），剑柄突节以上横截面为圆形，突节以下横截面为凸透镜形。突节上和突节以下有数周凸弦纹。剑柄上半部的凸弦纹模糊不清。剑身横截面为扁菱形，有中脊。通长 66.5、剑柄长 10.8、柄底宽 4.2 厘米（图三八三，2；彩版一六一，2）。

剑柄残断，无法确定属于哪型的 4 件。

考 3925.6，剑柄上半部残，下半部保留一个突节，应为 Ab 型或 Bb 型。护手表面装饰不甚清晰的平行斜凸线纹。剑身横截面为扁凸透镜形。残长 25.2、剑柄残长 9.3、柄底部宽 3.9 厘米（图三八四，1；彩版一六二，1）。

Z55：1（考 3925.n），剑柄残断后在断口处磨平。护手表面饰平行斜凸线纹，护手上部有两周凸弦纹。护手一面的底部向下延伸出一小段铜柱脊。剑身横截面为扁菱形，中脊略显。残长 38.2、剑柄残长 3.6、剑柄底部宽 5 厘米，厚 2.2 厘米（图三八四，2；彩版一六二，2）。

Z162：6（考 3925.4），柄上部残缺，露出铁柄芯。护手表面装饰平行斜凸线纹，护手顶部和残存的剑柄上有三周凸弦纹。护手底部沿剑身两面向下延伸出一小段铜柱脊。剑身横截面为扁菱形，中部略起脊。残长 52、剑柄残长 6.5、柄底部宽 4.9 厘米（图三八四，3；彩版一六三，1）。

Z4：1（考 3925.1），剑柄上半部残，残存的剑柄中部有弧形隆突，应为 Aa 型或 Ba 型剑柄。剑柄铸造粗糙，护手表面装饰平行斜凸线纹。从护手中部向下沿剑身两面延伸出一小段铜柱脊。剑身横截面为扁菱形，中部有脊。残长 67.6、剑柄残长 13、柄底部宽 5.4 厘米，剑身长 54.6 厘米（图三八四，4；彩版一六三，2）。

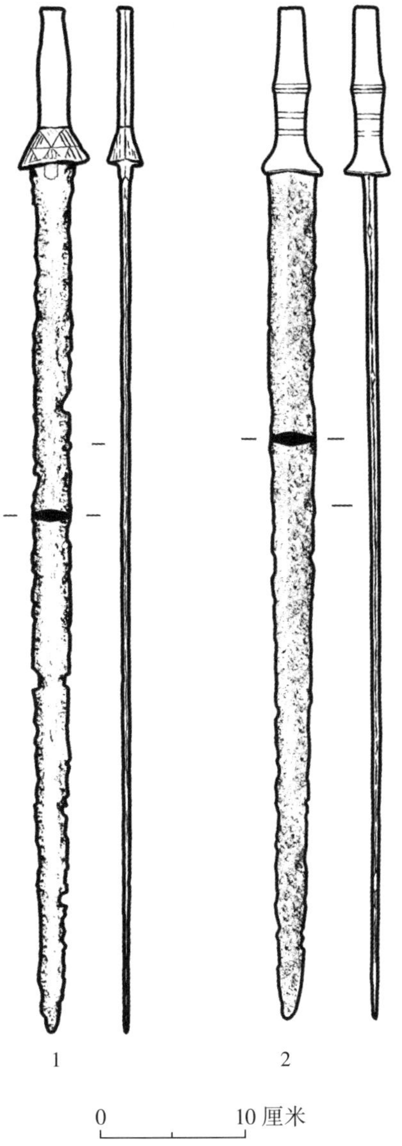

图三八三　甲类铜柄铁剑（B 型）
1. Ba 型（Z191：1）　2. Bb 型（Z115：1）

b. 乙类

12 件。护手部形状和纹饰与甲类相同，剑柄中部为扁条状，横截面为扁长方形或扁六边形、近凸透镜形。根据柄首形状差别，分两型。

A 型　10 件。柄首为一对背面相对的回首状水禽造型。水禽颈部较细，身躯部较厚且外鼓，背部饰平行的斜凸线纹，有的在两只水禽之间有一凸线组成的倒三角形。

Z45：1（考 3923.4），护手表面装饰相对分布的平行斜凸线，护手顶部有两周凸弦纹。从剑柄中部沿剑身两面延伸出一小段形状不规则的铜柱脊。剑身横截面为扁菱形，中部起脊。残长 57.5、柄长 13.8、柄底部宽 4.9 厘米（图三八五，1；彩版一六四，1、3）。

Z140：1（考 3923.3-1），护手一面饰平行斜凸线，另一面饰相对分布的平行斜凸线，

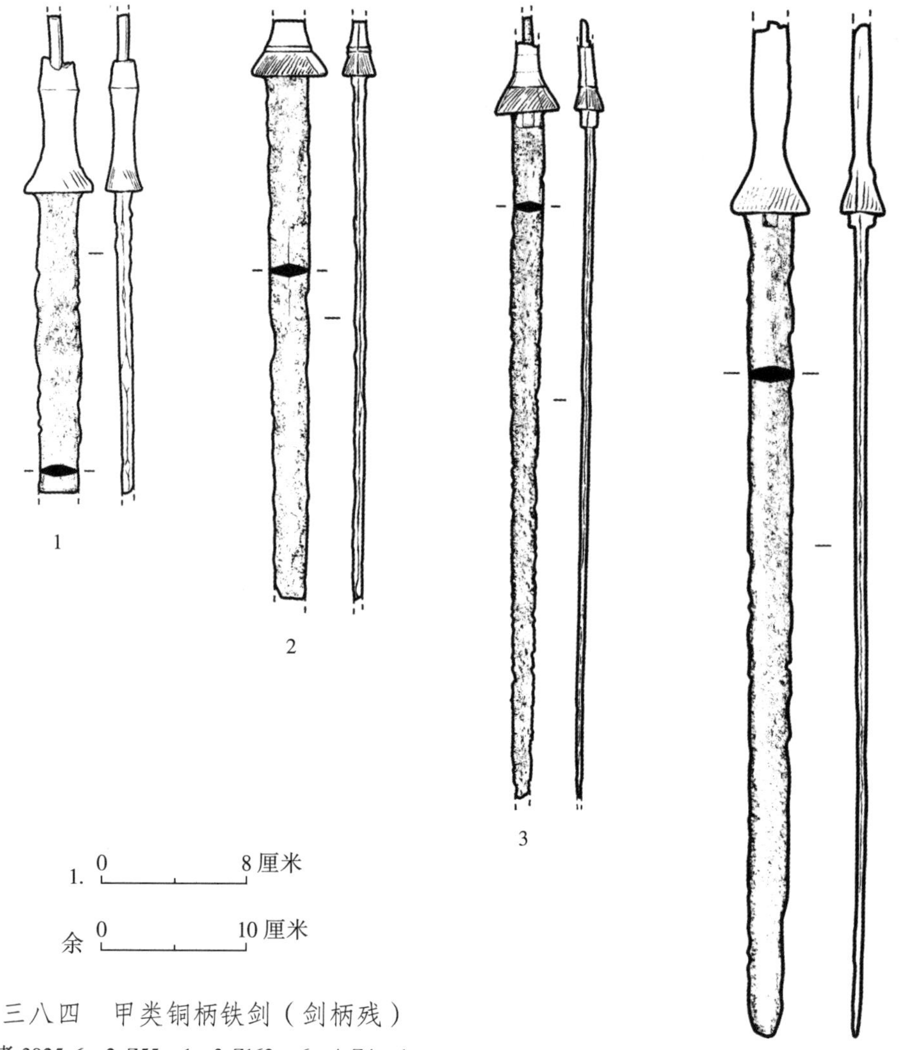

图三八四 甲类铜柄铁剑（剑柄残）
1. 考 3925. 6 2. Z55 ∶ 1 3. Z162 ∶ 6 4. Z4 ∶ 1

护手顶部有两条凸线纹。从护手底边中部沿剑身两面向下延伸出一小段铜柱脊。剑身横截面为扁菱形，中部有脊。残长 60、剑柄长 13.5、柄底部宽 5.1 厘米（图三八五，2；彩版一六四，2、4）。

Z54∶1（考 3923.2），柄首的两个水禽之间有一倒三角形凸线。护手表面饰平行斜凸线纹，护手顶部有三周凸弦纹。从护手底边中部沿剑身两面向下延伸出一小段铜柱脊。剑身横截面为扁菱形，中部有脊。通长 53.8、柄长 13.5、柄底宽 4.8 厘米（图三八五，3；彩版一六五，1、2）。

Z160∶1（国 0135–2），柄首两水禽之间有一无底边的梯形图案，护手上饰对称分布的平行凸线纹。长 68.8 厘米（图三八六，1；彩版一六五，3、4；图版二七，3、4）。

Z109∶1（考 3923.1），护手下半部饰平行斜凸线纹，上半部饰三周凸弦纹，纹饰均不甚清晰，铜柄表面有小凹坑。从护手底边中部沿剑身两面向下延伸出一小段铜柱脊。剑身横截面为扁菱形，中部有脊。通长 65.5、柄长 13、柄底宽 4.8 厘米（图三八六，2；彩版一六五，5）。

考 3923 附件 –2，护手表面饰左右相对分布的平行斜凸线，护手顶部有两周不甚清晰的

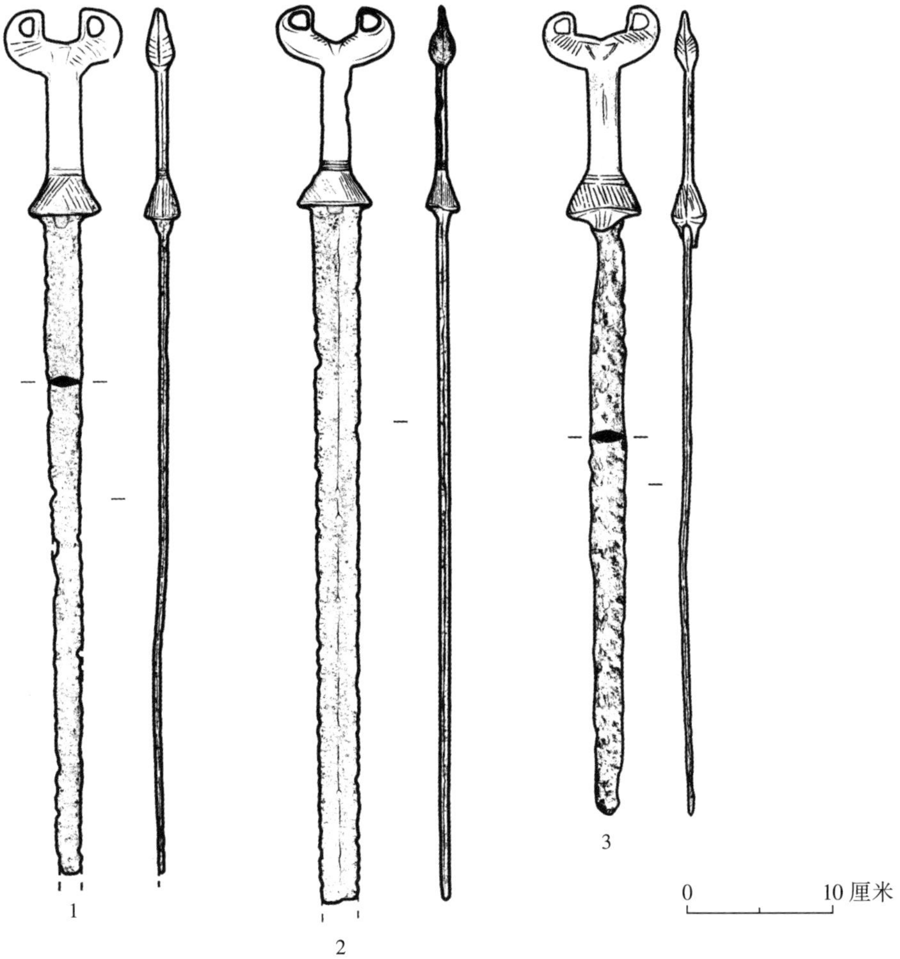

图三八五　乙类铜柄铁剑（A 型）

1. Z45：1　2. Z140：1　3. Z54：1

凸弦纹。从护手底中部沿剑身两面向下延伸出一小段片状的护脊。残长 17.1、柄长 13.8 厘米（图三八六，3；彩版一六六，1；图版三五，2）。

考 3923 附件 –1，柄上纹饰铸造模糊。护手上有不清晰的斜线纹。残长 15.6、柄长 13.2 厘米（图三八六，4；彩版一六六，2；图版三五，3）。

考 3923 附件 –3，柄首两水禽之间有一倒三角形凸线纹，护手下半部饰纵向凸线纹，上半部饰两周凸弦纹。残长 14.1、剑柄长 12.6 厘米（图三八六，5；彩版一六七，1）。

考 3923 附件 –4，仅存剑柄上半部。柄首宽 7.8 厘米（图三八六，6；彩版一六七，3）。

考 3923 附件 –5，仅存剑柄上半部。柄首宽 8.4 厘米（图三八六，7；彩版一六七，2）。

B 型　1 件。素平柄首。可能是 A 型剑柄的柄首残断后改制而成。

Z112：1（考 3923.5），剑柄护手表面饰平行纵向凸线，在凸线之上用较粗的斜折线隔出三角形纹饰。护手顶部有两周凸弦纹。从护手中部沿剑身两面向下延伸出一小段较窄的铜柱脊。剑身横截面为扁菱形，中部有脊。长 61.3、柄长 9、柄底宽 5 厘米（图三八七，1；

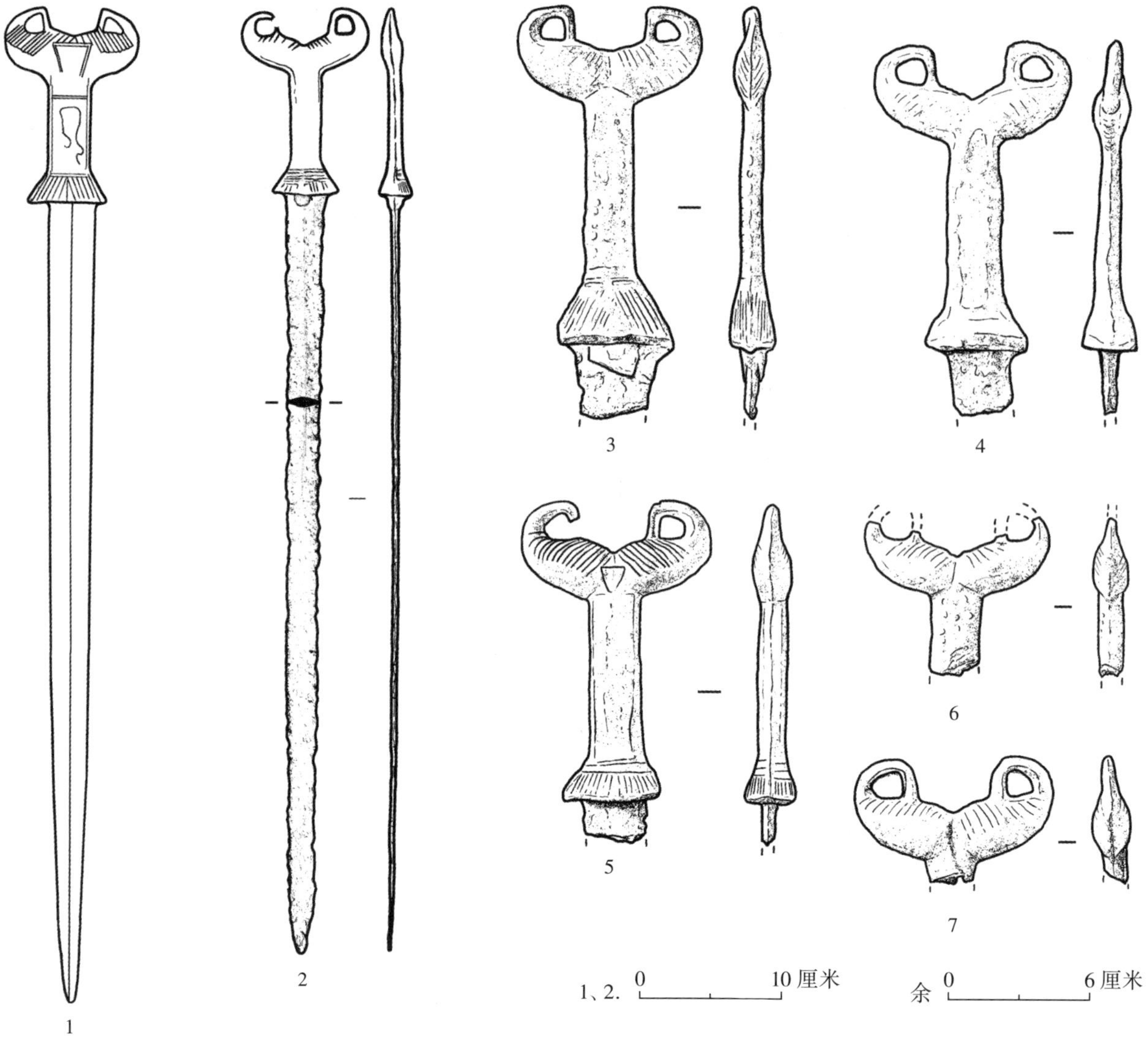

图三八六　乙类铜柄铁剑（A 型）

1. Z160：1　2. Z109：1　3. 考 3923 附件 –2　4. 考 3923 附件 –1　5. 考 3923 附件 –3　6. 考 3923 附件 –4　7. 考 3923 附件 –5

彩版一六八，1）。

剑柄上半部残断无法判断类型的铜柄铁剑 1 件。

考 3923.6，剑柄上半部残缺。剑柄铸造较粗糙，无纹饰。从护手中部沿剑身两面向下延伸出一小段较窄的铜柱脊。剑身横截面为扁菱形，中部有脊。残长 62、柄底部宽 4 厘米（图三八七，2；彩版一六八，2、3）。

c. 残铜柄铁剑

4 件。

铜柄残断脱落，仅存带柄芯的铜柄铁剑剑身。柄芯和剑身相接处为弧形过渡，逐渐加宽，与铜柄铁剑的护手形状相对应，不同于中原式铁剑的呈直角折棱状直接过渡到剑身。这种带柄芯的剑身应该是铜柄铁剑的剑身。

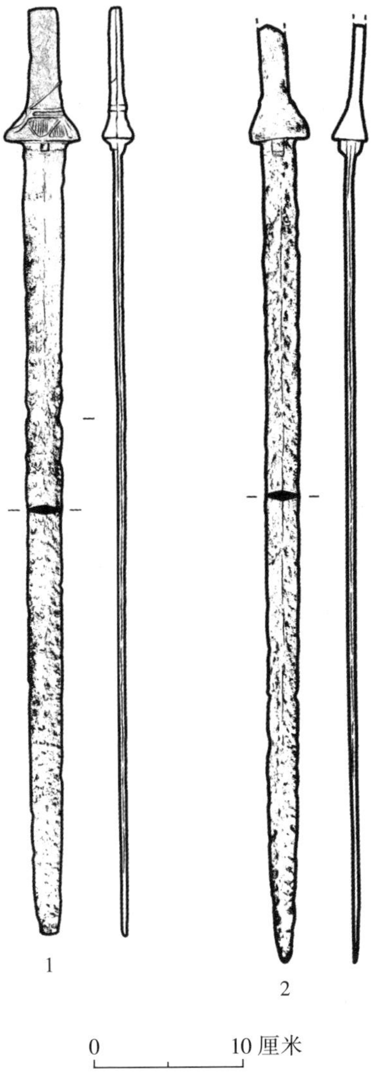

图三八七　乙类铜柄铁剑
（B型、柄残铁剑）
1. B型（Z112：1）　2. 柄残铁剑（考3923.6）

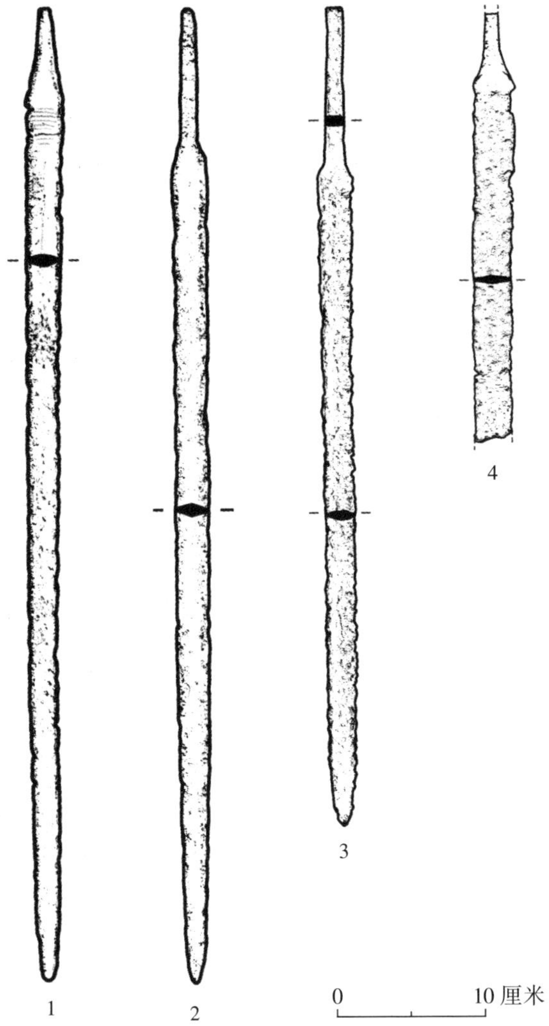

图三八八　残铜柄铁剑
1. Z37：2-1　2. Z68：n　3. Z121：1　4. Z118：2

Z37：2-1（考3923.7），剑身横截面为凸透镜形，剑身上半部有不明显的中脊。柄芯横截面为长方形，剑身上部与柄芯相接处两面各有若干横向凹槽。长64.5厘米（图三八八，1；彩版一六九，1、2）。

Z68：n（考3927.3），柄芯横截面为长方形，向上逐渐变薄。剑身横截面为扁菱形，中部有脊。长64.5厘米（图三八八，2；彩版一六九，3）。

Z121：1（考3927.15），柄芯扁宽，横截面为长方形。剑身横截面为扁菱形，中部略起脊。通长54厘米（图三八八，3；彩版一六九，4）。

Z118：2（考3927.12），柄芯横截面为长方形。剑身横截面为扁菱形，中部略起脊。残长28.3厘米（图三八八，4；彩版一六九，5）。

d. 类别不明的残剑柄

1 件。

考 3924 附件 –5，残存铁剑身顶部一小段和铜护手，一侧面的铜护手断裂残缺，露出铁柄芯和剑身。剑身横截面为扁凸透镜形，无中脊，护手表面装饰平行凸线组成的斜线纹，近护手顶部有两周不甚规整的凸线。护手铸造不精，表面不甚规整，有一砂眼。残长 4.9 厘米，护手底部残宽 4、厚 2 厘米，剑身顶部宽 2.7、中部厚 1.7 厘米（彩版一六八，4）。

（2）中原式铁剑

10 件。其中 3 件保留有剑格，7 件剑格缺失，只有柄芯和剑身。

a. 保留有剑格和柄芯的中原式铁剑

3 件。

Z49：1，铜剑格，扁柱状柄芯，剑身横截面为扁菱形，中部有脊。剑格俯视形状为菱形，中部有与柄芯同宽的穿孔。剑格侧视为较缓的“V”字形，两侧面装饰十字梅花图案。柄芯表面有细纤维痕迹，近柄芯顶部有圆形穿孔。残长 100.25 厘米（整理时未见实物，可能在国博收藏）（图三八九，1；图版二七，5、6）。

Z135：28（考 3927.5），铁剑格。柄芯横截面近椭圆形，向顶部逐渐变薄。剑身横截面近扁菱形，中部略起脊。剑格俯视形状为扁菱形，侧视形状为较缓的“V”字形，剑格中部有一装配柄芯的凹槽。通长 59.5、剑格宽 4.45 厘米（图三八九，5；彩版一七〇，1、2）。

Z183：1，铜剑格。柄芯前宽后窄，呈方柱状。柄芯与剑身交界处为平肩，错磨工整。剑身有脊。铜剑格为菱形，范铸错磨，体壁很薄，磨制工整。剑格内有丝絮类织物痕。全长 78.5 厘米，身长 65.1、身宽 1.8 ~ 2.1、厚 0.4 ~ 0.65 厘米。剑格横长 5.1、宽 2.2、厚 0.95 厘米（整理时未见实物，可能在国博收藏）（图版二八，2、3）。

b. 残中原式铁剑

7 件。柄芯横截面均为长方形，从下向上逐渐变薄，剑身和剑柄交界处为平肩。

Z103：1（考 3927.1），柄芯下半部有一圆形穿孔。剑身横截面为扁菱形，中部有脊。剑身有木纤维痕迹。通长 67.6、柄芯长 13 厘米（图三九〇，1；彩版一七〇，3、4）。

Z135：26（考 3927.14），剑身横截面为扁菱形，中部起脊。通长 76、柄芯长 21 厘米（图三九〇，2）。

Z1：1（考 3927.8），剑身横截面近扁菱形，中部有脊，两侧近刃部有折棱。残长 48、柄芯长 21.5 厘米（图三九〇，3；彩版一七一，1）。

Z92：1（考 3927.9），剑身横截面为扁菱形，中部起脊。通长 46.7、柄芯长 13.4 厘米（图三九〇，4；彩版一七一，2）。

考 3927.13，柄芯较扁。残长 20.9、柄芯底部宽 1.7、柄芯底部厚 0.6 厘米（图三九〇，5；彩版一七一，4）。

Z171：1（考 3927.10），剑身横截面为扁菱形，中部起脊。残长 41.5、柄芯残段厚 0.55、柄芯底部厚 0.75 厘米（图三九〇，6；彩版一七一，3）。

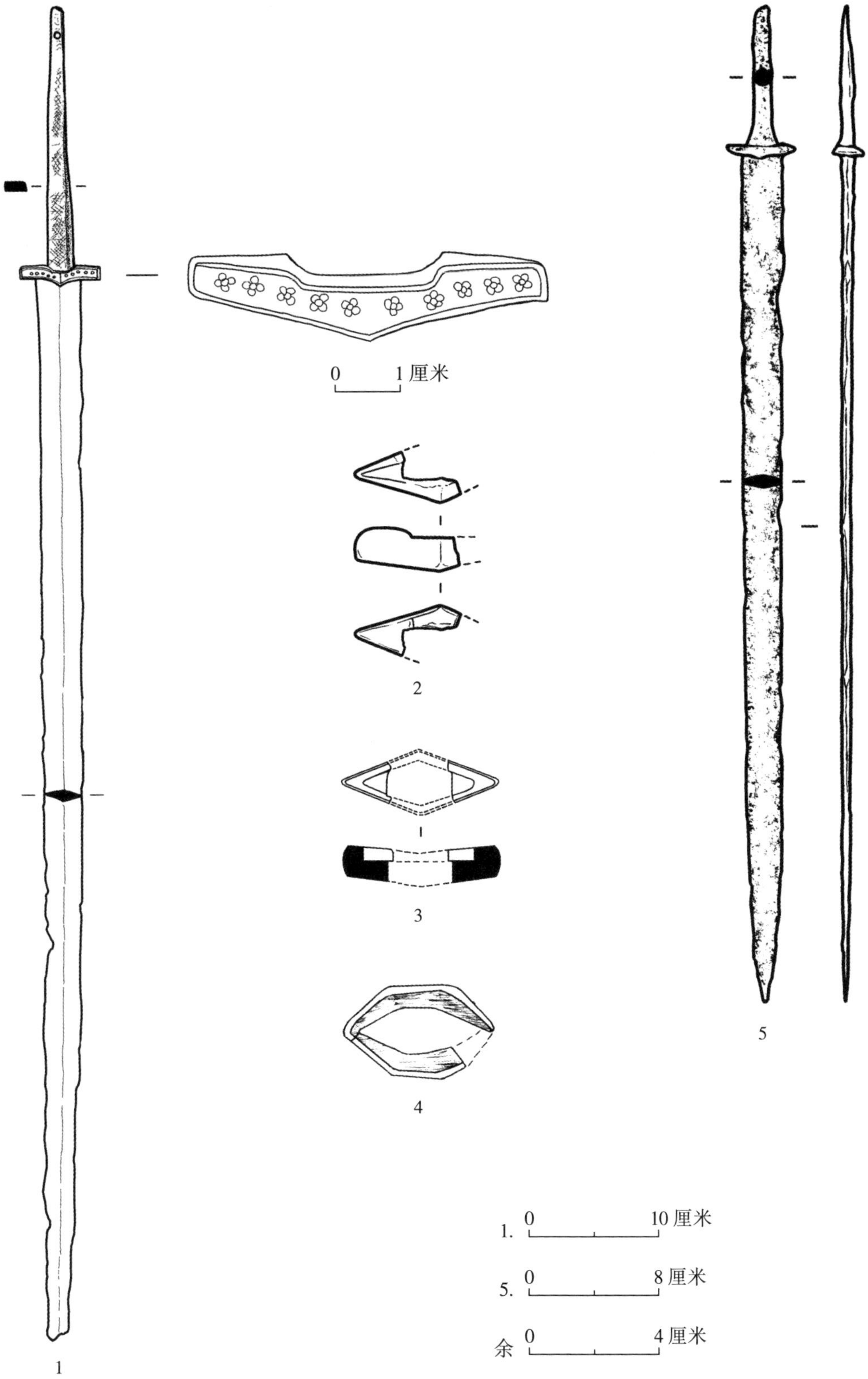

图三八九　中原式铁剑、铜剑格

1、5. 中原式铁剑（Z49：1、Z135：28）　2～4. 铜剑格（K43-271：5、Z18：13、K60-462：8）

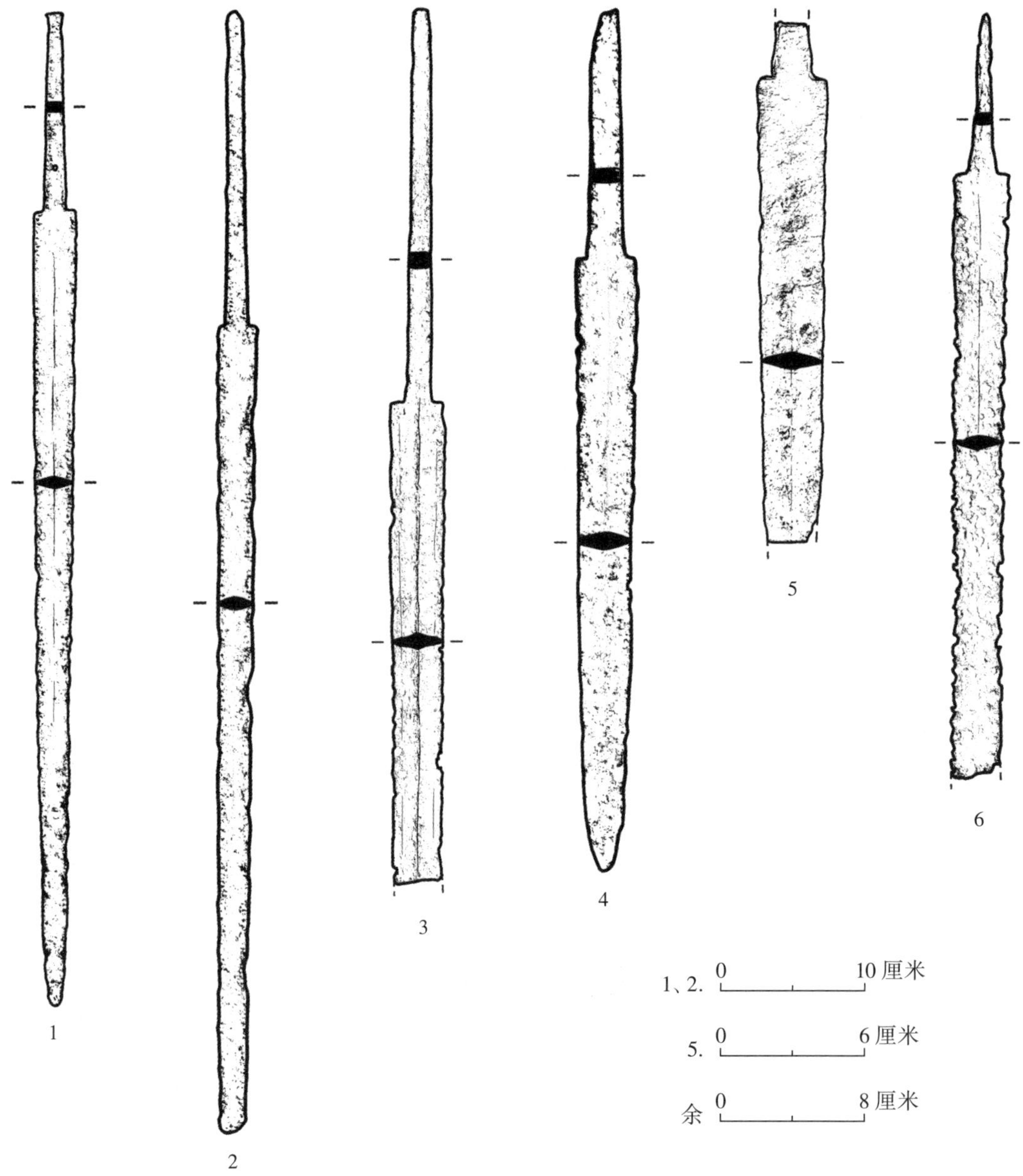

图三九〇　残中原式铁剑

1. Z103：1　2. Z135：26　3. Z1：1　4. Z92：1　5. 考 3927. 13　6. Z171：1

考 3927.6，剑身横截面为扁菱形，中部起脊。柄芯较长，近顶部逐渐变薄，近顶部有一未穿透的小孔。残长 59、剑身残长 36、柄芯长 23 厘米；剑柄芯顶部宽 0.7、厚 0.4 厘米，底部宽 1.7、厚 0.6 厘米；剑身顶部宽 2.7、中部厚 0.6 厘米（彩版一七〇，5）。

c. 脱落的铜剑格

5 件从器身上脱落的铜剑格，其中 4 件为菱形，1 件为六边形。铜剑格应主要装配在中原式铁剑上，少数安装在长铁刀上。

菱形铜剑格　4 件。形制基本相同。侧面为较缓的“V”字形，中部有折棱。正面中部有一内凹的六边形穿孔，穿孔以上为菱形浅凹槽。2 件完整，其中 1 件（考 3927 附件 –1）

长 4.65、宽 2.1、中部厚 0.7 厘米，穿孔长 1.8、宽 0.9 厘米；1 件（考 3927 附件 -2）长 4.6、宽 1.9 厘米，中部厚 0.9 厘米，穿孔长 1.9、宽 1.1 厘米。以上整理时未见。1 件（K43-271：5）残存一半，残长 3.3、厚 1.1 厘米（图三八九，2；彩版一七一，5）。1 件（Z18：13）残存两端，推测原长约 4.6 厘米（图三八九，3）。

六边形铜剑格　1 件。K60-462：8，整体轮廓和中部穿孔均为六边形，长约 4.6、宽约 2.8 厘米。整理时未见（图三八九，4）。

（3）剑身残段

10 段。均未保留剑柄及柄芯，剑身横截面有菱形和扁凸透镜形两种（图三九一）。

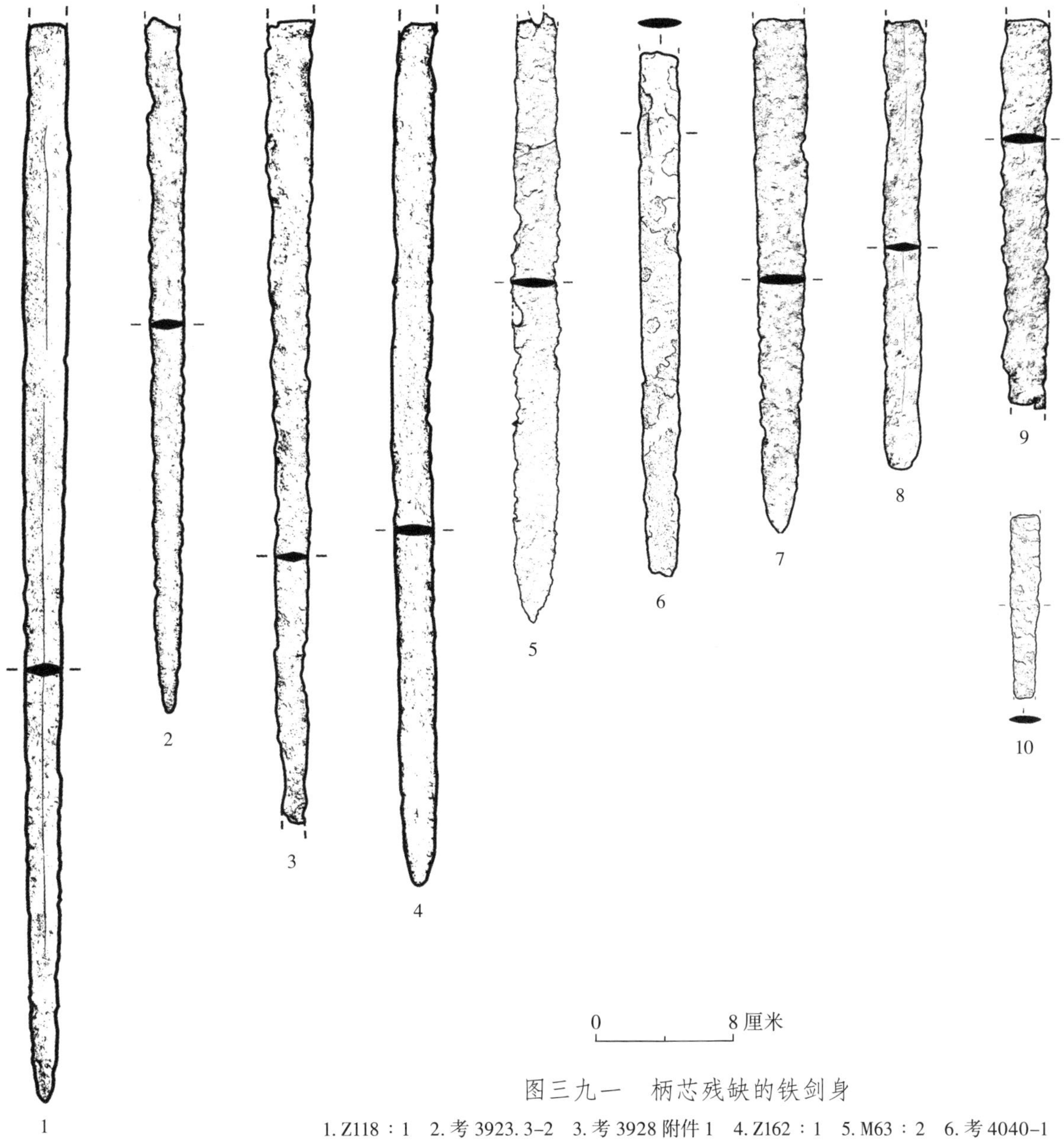

图三九一　柄芯残缺的铁剑身

1. Z118：1　2. 考 3923. 3-2　3. 考 3928 附件 1　4. Z162：1　5. M63：2　6. 考 4040-1　7. 考 3928. 4　8. 考 3928. 5　9. 考 3928. 7　10. 考 4041-15

3. 铁矛

共44件。绝大多数为锻制，个别为铸制。大多数矛叶横截面为扁菱形或凸透镜形，有的叶中部略平。骹与叶之间有短茎，茎横截面为近圆形或近长方形。骹横截面均为圆形，保存完好的骹口均为圆形。骹下半部均有不闭合的接缝，近底缘处有一对或一个圆形穿孔。根据叶、骹部形状和宽窄比例的差别，分三型（表一八）。

A型 9件。矛叶、骹均较宽。此类矛的尺寸均较小（图三九二；彩版一七二、一七三）。

B型 18件。叶、骹宽度适中。根据叶、茎和骹长度比例的差别，分两亚型。

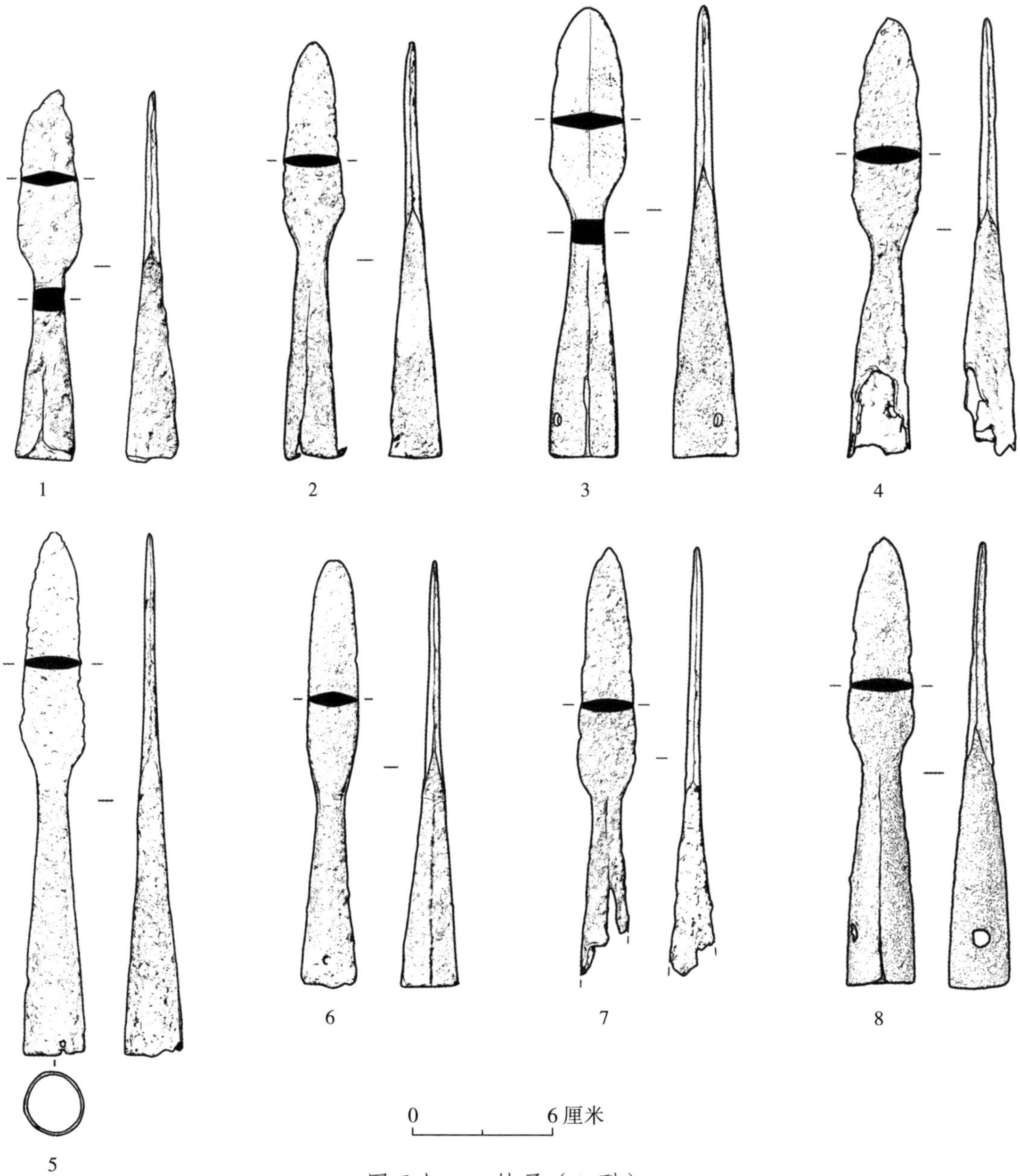

图三九二 铁矛（A型）

1. 考3934.8 2. 考3934.6 3. Z183：2 4. Z131：1 5. M62：2 6. 考3934.4–1 7. Z55：3 8. 考3934.4–2

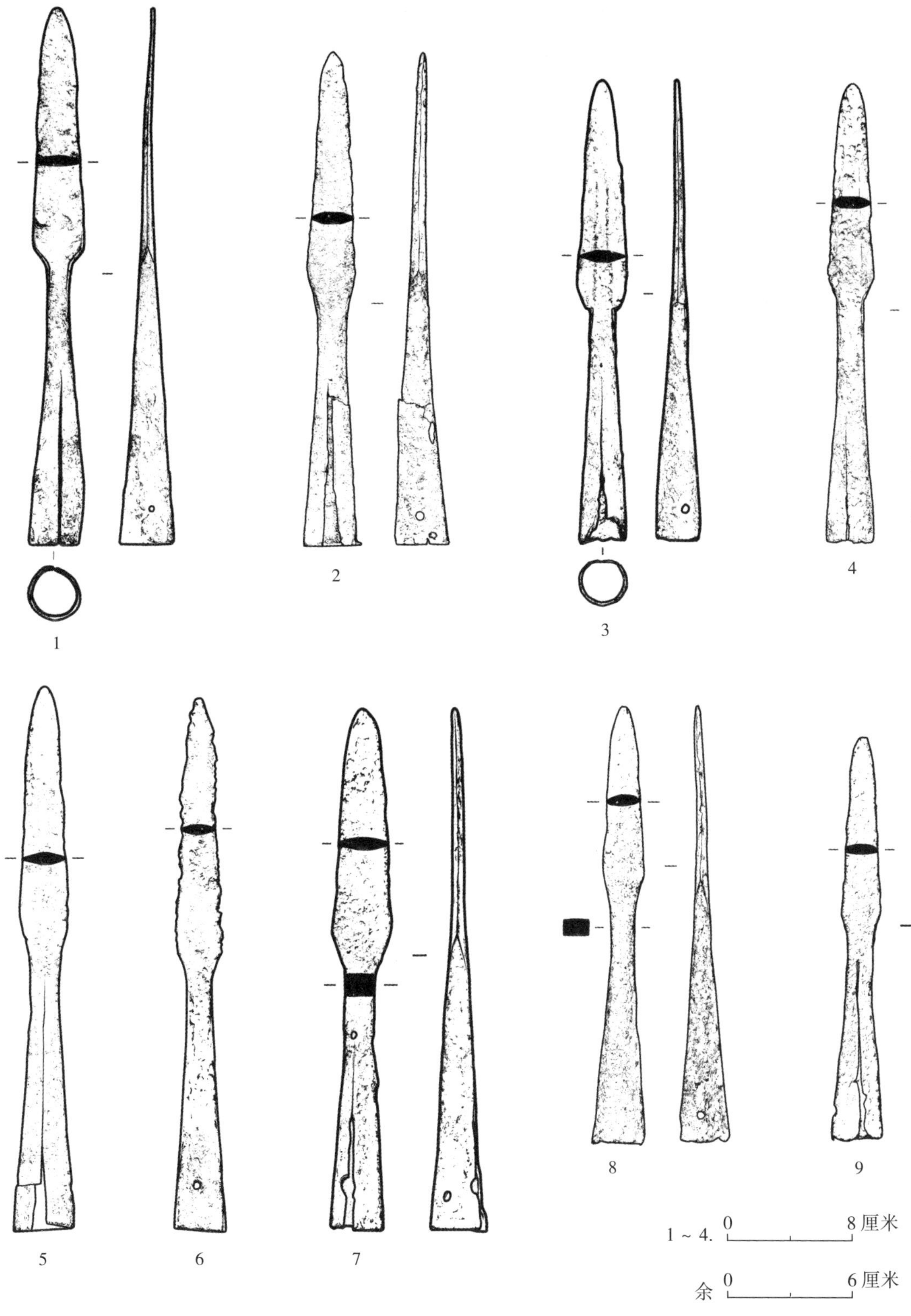

图三九三 铁矛（Ba型）

1. 考3937.7 2. Z188：1 3. Z48：2 4. Z15：11 5. Z128：1 6. Z182：1 7. Z30：1 8. 考3936.4 9. Z115：2-1

表一八　西岔沟墓地出土铁矛数量及类型统计表

A型（宽叶宽骹）	B型（叶、骹宽度适中）		C型（窄叶窄骹）		类型不明的残矛	合计
	Ba	Bb	Ca	Cb		
9	9	9	2	2	13	44

Ba型　9件。叶较短，叶短于或相当于茎、骹长度之和（图三九三；彩版一七四～一七六）。

Bb型　9件。叶较长，叶长于茎、骹长度之和（图三九四、三九五；彩版一七七～一七九；彩版一八〇，1），个别的叶极长、骹极短且骹口较窄，有可能是骹口残断后重新加工利用所致（图三九五，1、2）。

C型　4件。叶、骹均很窄，茎部细长。根据矛叶和茎、骹长度比例的差别，分两亚型。

Ca型　2件。短叶矛。叶长度明显短于茎、骹长度之和（图三九六，1、2；彩版一八〇，2、3）。

Cb型　2件。长叶矛。叶长度明显长于茎、骹长度之和。其中一件的矛叶后期被人为加工弯折变形（图三九六，3、4；彩版一八一）。

残断无法判断类型的矛13件。绝大多数为骹下半部残（图三九七，1～12；彩版一八二、

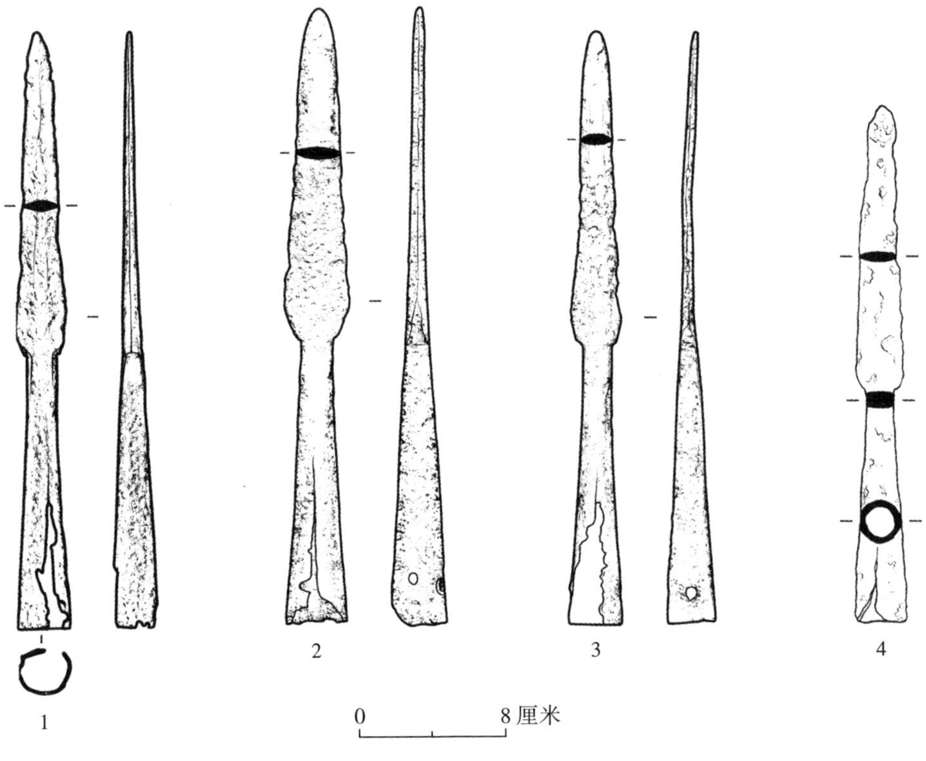

图三九四　铁矛（Bb型）

1. Z104：1　2. Z163：1　3. Z68：3　4. M18：1

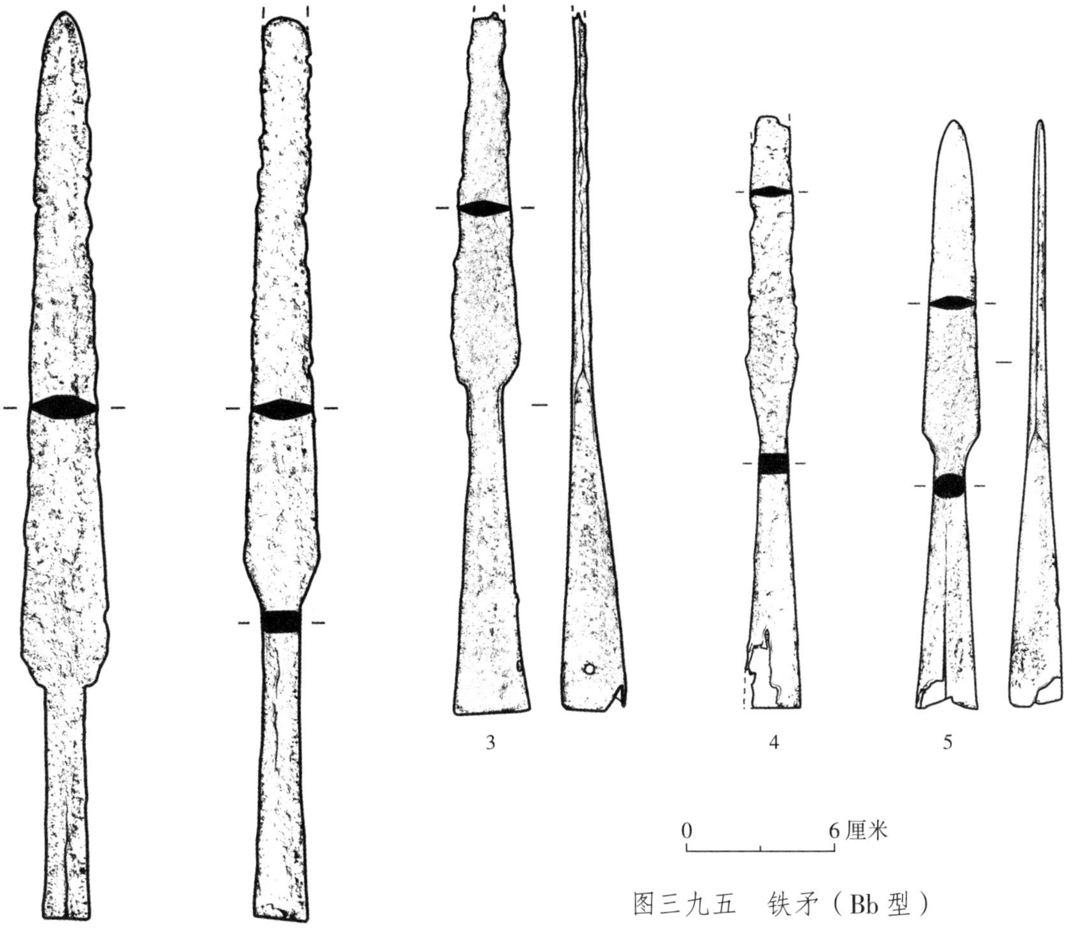

图三九五　铁矛（Bb型）

1. Z109：2　2. 考3933. 2　3. 考3935–1　4. Z13：12–1　5. 考3935–5

一八三；彩版一八四，1 ~ 5），只有1件为残断的骹部（图三九七，13；彩版一八四，6）。

4. 铁镞

共185件，其中112件出土于墓葬，73件出于清理坑或征集。因铁镞非常容易锈蚀残碎，实际数量应该远多于185件。形制多样，扁体无铤镞最有特色，也有少量三棱镞和管銎镞，其中有铤镞的种类最多，形制最多样。因残损形制不清的镞所占比例较高，因此未统计各种类的数量。

共有23座发掘墓葬发现铁镞，占发掘墓葬总数的36.5%。墓葬所出铁镞种类丰富，无占绝对多数的类别。M47和M59分别出土10件和21件铁镞，包含多种形制，同一种形状的铁镞均未超过4件，这也基本反映了墓地出土各类铁镞的数量比例概况。铁镞类型划分情况详见表一九。

（1）无铤扁体铁镞

均为双翼。器身底部正中两面均有纵向的木质纤维痕迹，可能夹在劈开的箭杆上使用。根据镞身形状差别，分三型。

A型　镞身为较扁的三角形，有倒刺，近底部正中有一对圆形穿孔，应为固定箭杆所用。

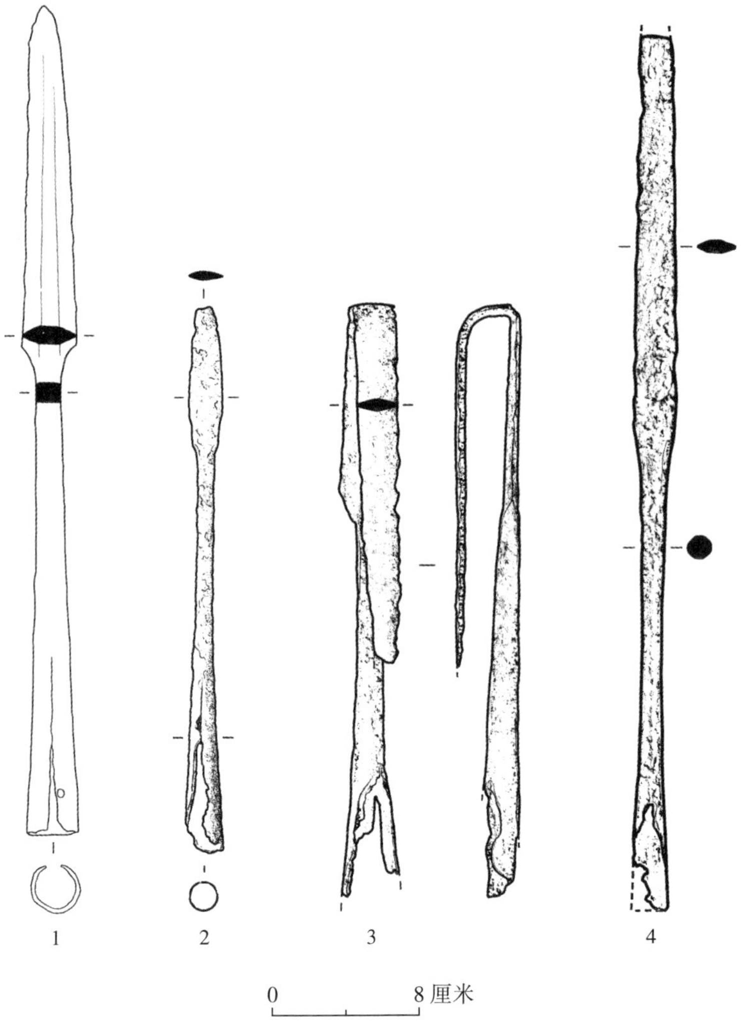

图三九六　铁矛（C 型）

1、2. Ca 型（Z187：1、考 4050）　3、4. Cb 型（考 3933. 4、Z53：1）

根据宽窄程度差别分为两个亚型。

Aa 型　镞身较宽（图三九八，1 ~ 3；彩版一八五，1 ~ 3）。

Ab 型　镞身较窄（图三九八，4；彩版一八五，4）。

B 型　镞身近三角形，平底或底部略内凹，无倒刺（图三九八，5、6）。

C 型　菱形镞身。根据尺寸、厚度和有无穿孔的差别，分两亚型。

Ca 型　器身略厚，形体较小，无穿孔（图三九八，7、8；彩版一八五，5、7、8）。

Cb 型　器身略薄，形体较大，中部有一对穿孔（图三九八，9；彩版一八五，6）。

（2）双翼有铤铁镞

种类丰富，根据镞身和铤形状差别，可分为扁体扁铤镞、扁体柱铤镞、有脊柱铤镞三类。

a. 扁体扁铤铁镞

根据镞身形状差别，分六型。

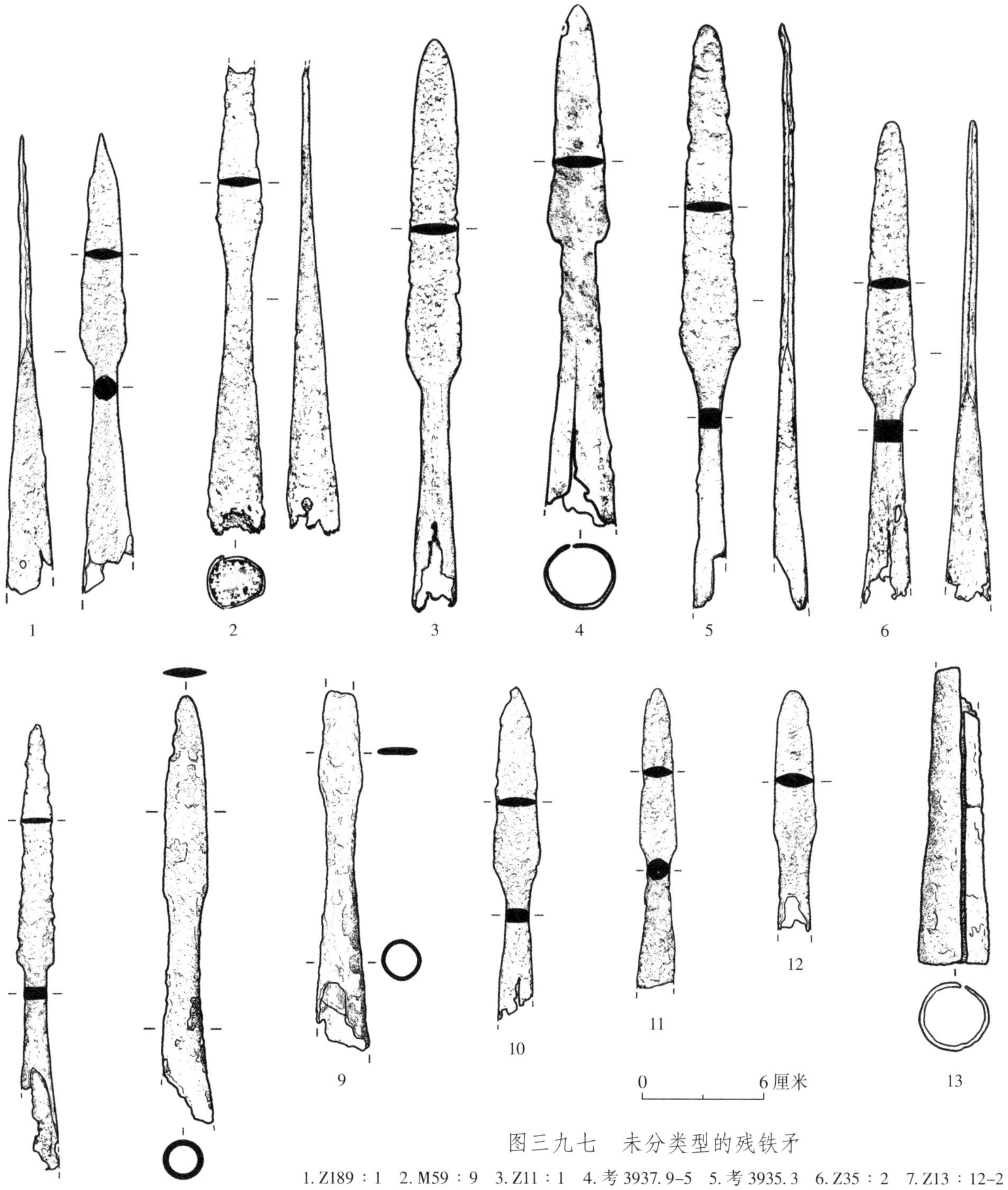

图三九七　未分类型的残铁矛

1. Z189：1　2. M59：9　3. Z11：1　4. 考 3937. 9–5　5. 考 3935. 3　6. Z35：2　7. Z13：12–2　8. 考 4039–2　9. 考 4039–1　10. Z31：1　11. Z107：1　12. 考 3936. 7　13. K69–498：5

A 型　镞身呈略窄的弧边三角形，无倒刺或只有较短而钝的倒刺。多数铤部和铤部以上的器身下中部两面有木质纤维痕迹（图三九九，1 ~ 8；彩版一八六，1 ~ 6）。

B 型　镞身呈宽三角形，刃部略外弧，有倒刺。铤部和铤部以上的器身下中部两面有木质纤维痕迹，个别的在镞身下半部中部有一对穿孔（图三九九，9 ~ 14；彩版一八六，7 ~ 9；

表一九　西岔沟墓地出土铁镞类型统计表

<table>
<tr><th>大类</th><th>小类</th><th>类型</th><th>亚型</th></tr>
<tr><td rowspan="5">无铤扁体镞</td><td rowspan="5"></td><td rowspan="2">A 三角形镞身，有长倒刺</td><td>Aa 略宽</td></tr>
<tr><td>Ab 略窄</td></tr>
<tr><td>B 三角形镞身，平底或略凹底，无倒刺</td><td></td></tr>
<tr><td rowspan="2">C 菱形镞身</td><td>Ca 略厚，较小，无穿孔</td></tr>
<tr><td>Cb 略薄，较大，有穿孔</td></tr>
<tr><td rowspan="12">双翼有铤镞</td><td rowspan="6">扁体扁铤镞</td><td>A 略窄的弧边三角形镞身</td><td rowspan="6"></td></tr>
<tr><td>B 宽三角形镞身，有倒刺</td></tr>
<tr><td>C 狭长三角形镞身，有倒刺</td></tr>
<tr><td>D 桂叶形镞身，无倒刺</td></tr>
<tr><td>E 菱形镞身，铤与镞身合为一体</td></tr>
<tr><td>F 柳叶形镞身，宽铤</td></tr>
<tr><td rowspan="3">扁体柱铤镞</td><td>A 略宽的叶形镞身</td><td rowspan="4"></td></tr>
<tr><td>B 柳叶形镞身</td></tr>
<tr><td>C 近菱形镞身</td></tr>
<tr><td rowspan="3">有脊柱铤镞</td><td>A 短宽三角形镞身</td></tr>
<tr><td rowspan="2">B 细长镞身</td><td>Ba 长三角形镞身</td></tr>
<tr><td>Bb 柳叶形镞身</td></tr>
<tr><td colspan="2" rowspan="3">三翼镞</td><td>A 宽三角形镞身</td><td rowspan="3"></td></tr>
<tr><td>B 窄三角形镞身</td></tr>
<tr><td>C 叶形镞身</td></tr>
<tr><td colspan="2" rowspan="3">三棱镞</td><td rowspan="2">A 窄三角形镞身</td><td>Aa 有关部</td></tr>
<tr><td>Ab 无关部</td></tr>
<tr><td>B 宽三角形镞身</td><td></td></tr>
<tr><td colspan="2">四棱镞</td><td></td><td></td></tr>
<tr><td colspan="2">锥形镞</td><td></td><td></td></tr>
<tr><td colspan="2" rowspan="2">管銎镞</td><td>A 菱形镞身</td><td rowspan="2"></td></tr>
<tr><td>B 锥形镞身</td></tr>
<tr><td colspan="2">凿形镞</td><td></td><td></td></tr>
</table>

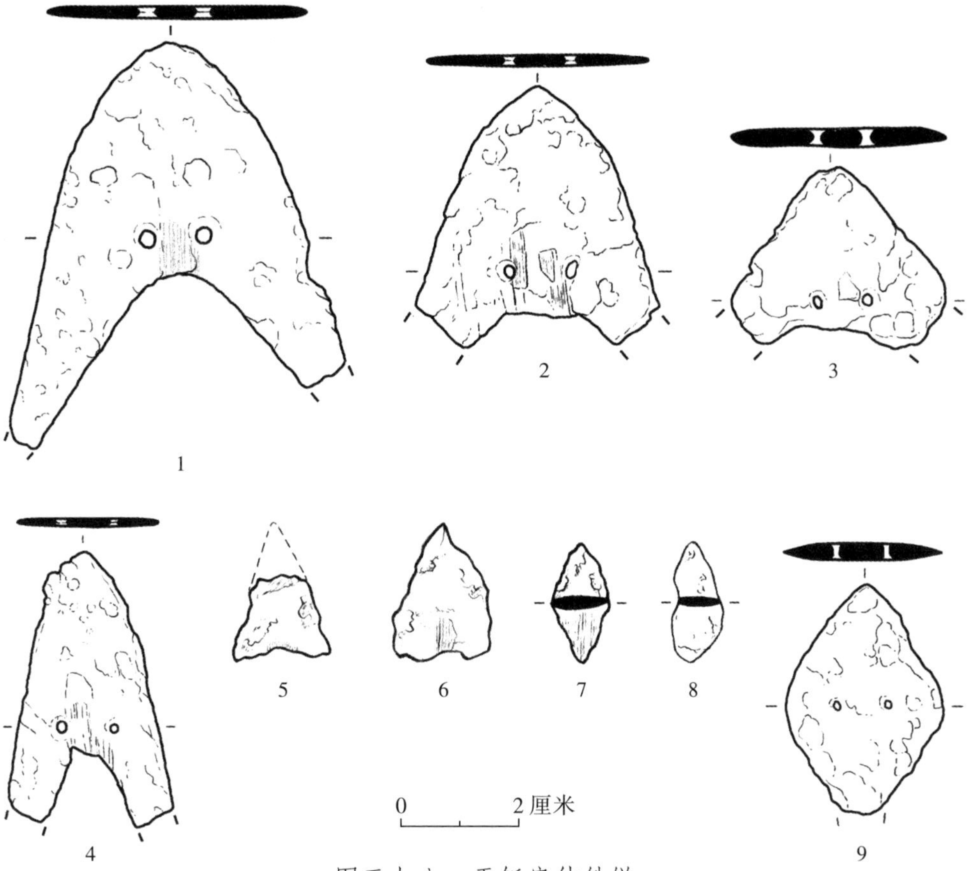

图三九八　无铤扁体铁镞

1～3. Aa型（K60-462：9、考4038-2、K70-555：2）　4. Ab型（考4038-4）　5、6. B型（M47：5、M47：3）　7、8. Ca型（M59：TZ-1、M12：12）　9. Cb型（考4038-5）

彩版一八七，1、2）。

C型　镞身呈狭长三角形，有倒刺，铤部和铤部以上的器身下中部两面有木质纤维痕迹（图四〇〇，1、2；彩版一八七，3、4）。

D型　镞身呈桂叶形，无倒刺。有的铤部和铤部以上的器身下中部两面有木质纤维痕迹（图四〇〇，3、4；彩版一八七，5）。

E型　镞身近菱形，铤部与镞身下半部合为一体（图四〇〇，5～9；彩版一八七，6、7）。

F型　柳叶形镞身。铤较宽，近扁条形（图四〇〇，10～12）。

b. 扁体柱铤铁镞

根据镞身形状差别，分三型。

A型　略宽的叶形镞身（图四〇一，1～4；彩版一八八，1～4）。

B型　柳叶形镞身（图四〇一，5～10；彩版一八八，5～8）。

C型　近菱形镞身。镞身下半部与铤合为一体（图四〇一，11～14；彩版一八八，9～11）。

c. 有脊柱铤铁镞

镞身中部有脊。根据镞身形状差别，分两型。

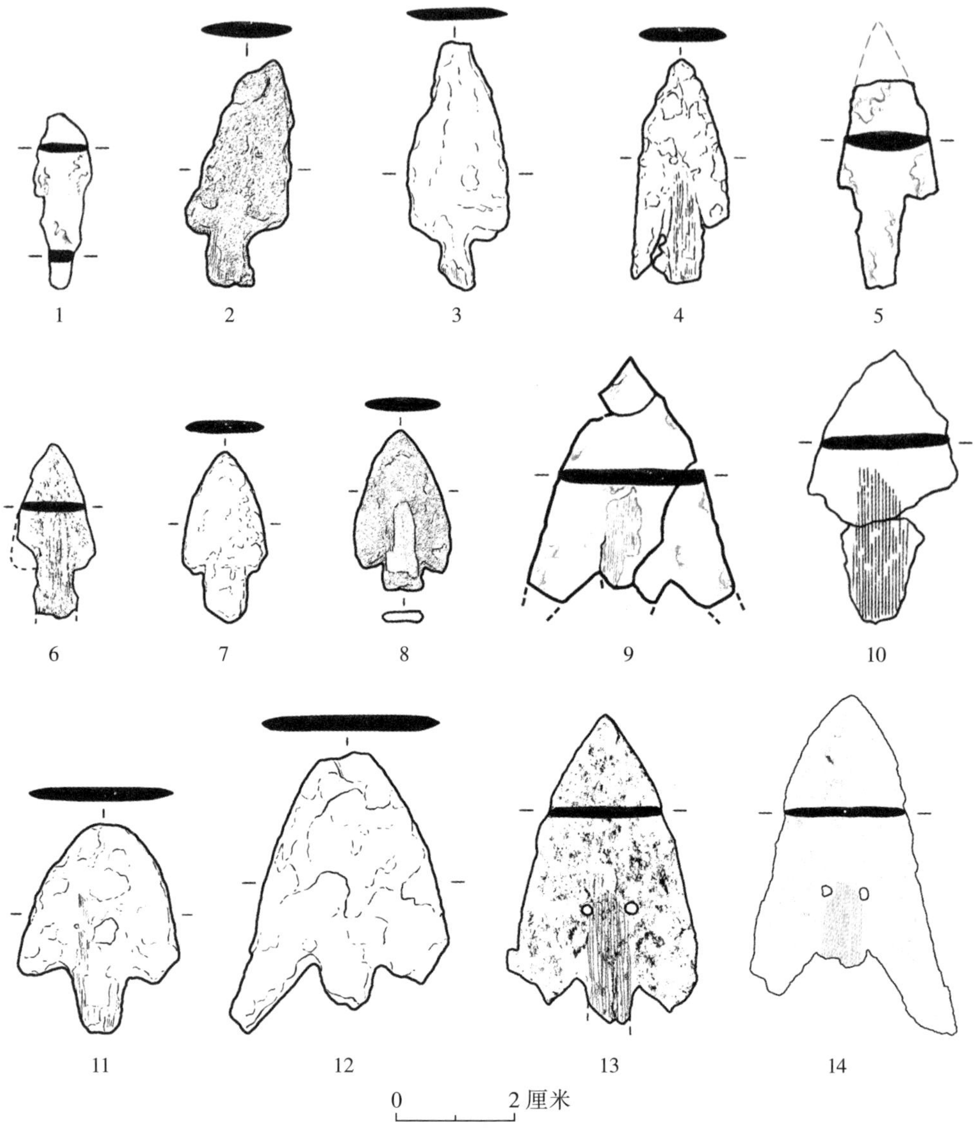

图三九九 扁体扁铤铁镞（A、B 型）

1 ~ 8. A 型（M10 : 3–1、考 3943–6、K60–476 : 11–1、考 4038–7、M59 : TZ–5、M63 : 5–2、考 4038–8、Z39 : 9–1） 9 ~ 14. B 型（M45 : 3、M58 : 4、考 4038–9、考 4038–10、M62 : 5、考 4038–40）

A 型 镞身短宽，呈三角形（图四〇二，1、2；彩版一八九，1）。

B 型 镞身细长。根据镞身轮廓差别，分两亚型。

Ba 型 长三角形镞身（图四〇二，3、4；彩版一八九，2）。

Bb 型 柳叶形镞身（图四〇二，5 ~ 8；彩版一八九，3、4）。

（3）三翼铁镞

根据镞身形状差别，分三型。

A 型 镞身为略宽的三角形（图四〇三，1、2；彩版一八九，5 ~ 7）。

B 型 镞身为较窄的三角形（图四〇三，3；彩版一八九，8）。

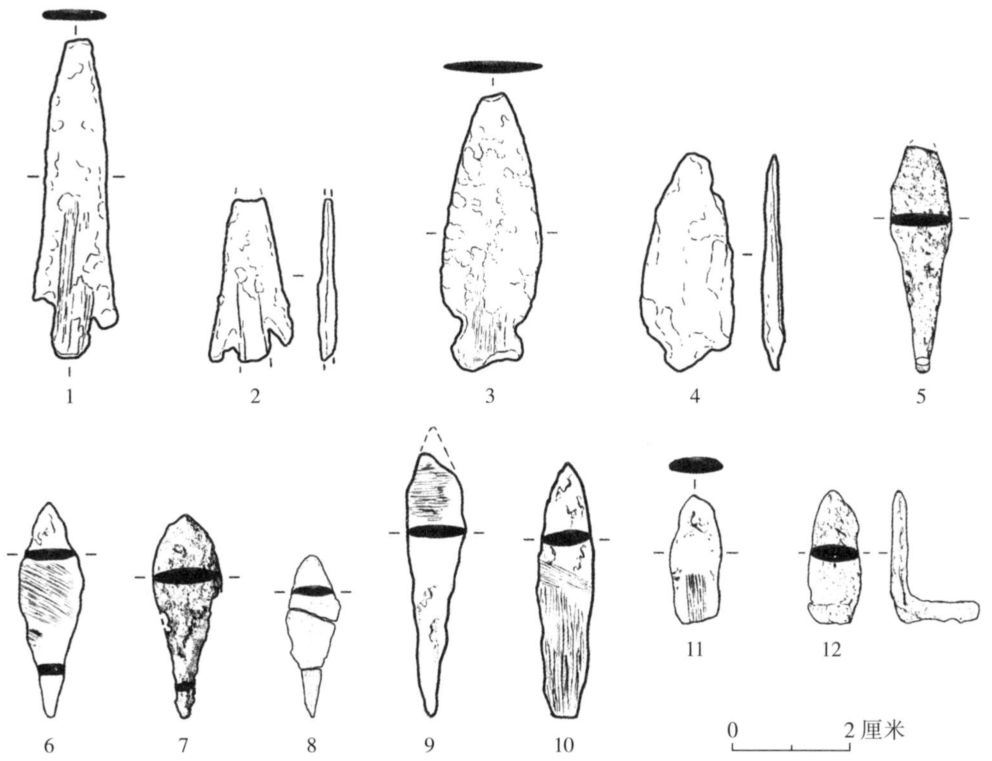

图四〇〇　扁体扁铤铁镞（C、D、E、F型）

1、2. C型（K70-520：7-3、考4038-12）　3、4. D型（考4038-13、考4038-14）　5～9. E型（M24：3-2、M10：3-2、M31：6-4、M52：4、M47：2-2）　10～12. F型（M59：TZ-10、M23：7-1、M4：7-1）

C型　镞身为上窄下宽的叶形（图四〇三，4、5；彩版一八九，9）。

（4）三棱铁镞

均有铤。根据镞身宽度差别，分两型。

A型　镞身为窄三角形。根据有无柱状关部，分两型。

Aa型　镞身和铤之间有棱柱状的关部（图四〇四，1～5；彩版一九〇，1～4）。

Ab型　无关部或关部不明显（图四〇四，6～10；彩版一九〇，5、6）。

B型　镞身为宽三角形（图四〇四，11）。

（5）四棱铁镞

镞身横截面为正方形，平面为五边形。只发现1件[1]（图四〇四，12；彩版一九〇，7）。

（6）锥形铁镞

镞身为锥形。数量较少（图四〇五，1～4；彩版一九〇，8）。

（7）管銎铁镞

銎部横截面均为圆形。根据镞身形状差别，分两型。

A型　镞身为菱形（图四〇六，1～10；彩版一九一，1～8）。

[1] 器物图为20世纪60年代发掘档案图，彩版上的照片为整理发掘报告时拍摄，拍照片时铤部略残。

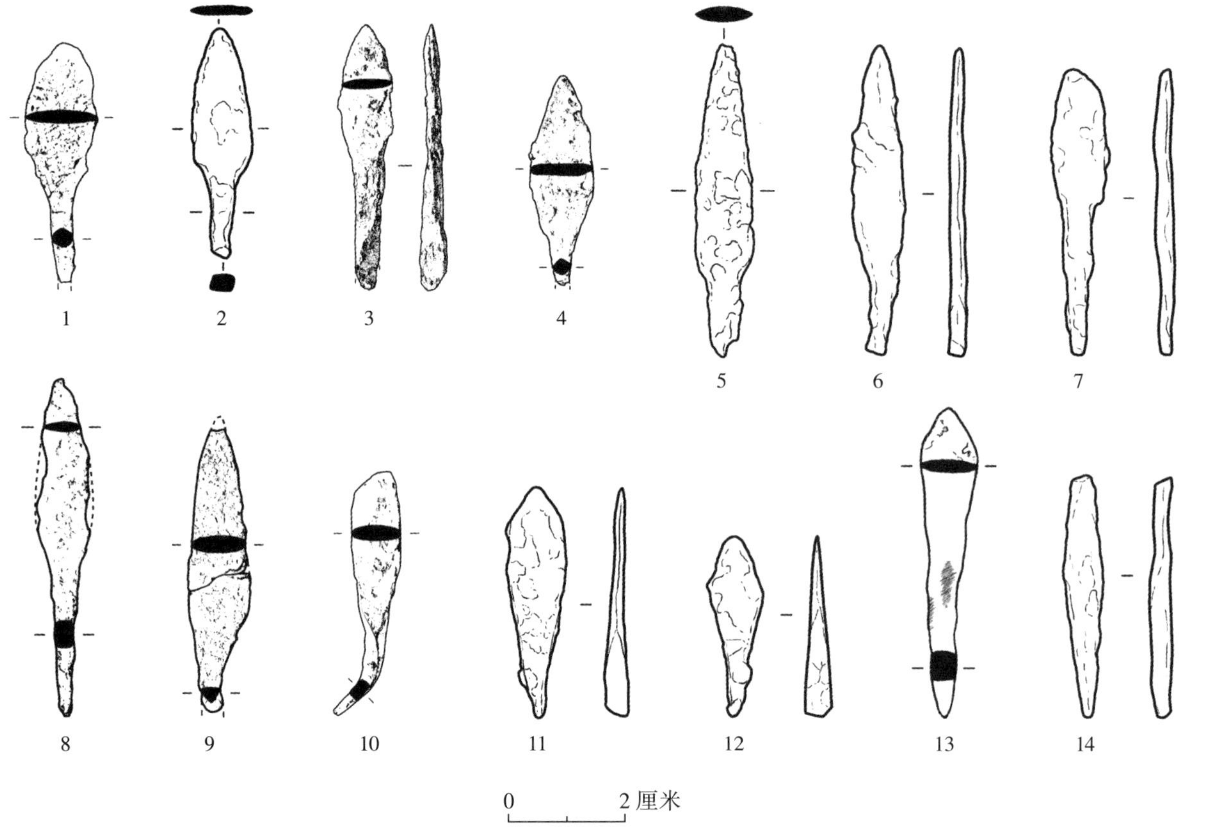

图四〇一　扁体柱铤铁镞

1～4. A型（M30：1-1、考4038-29、M31：6-5、M47：2-3）　5～10. B型（考4038-15、考4038-16、考4038-17、M10：3-4、M63：5-1、M4：7-3）　11～14. C型（考4038-18、考4038-19、M10：3-3、考4038-20）

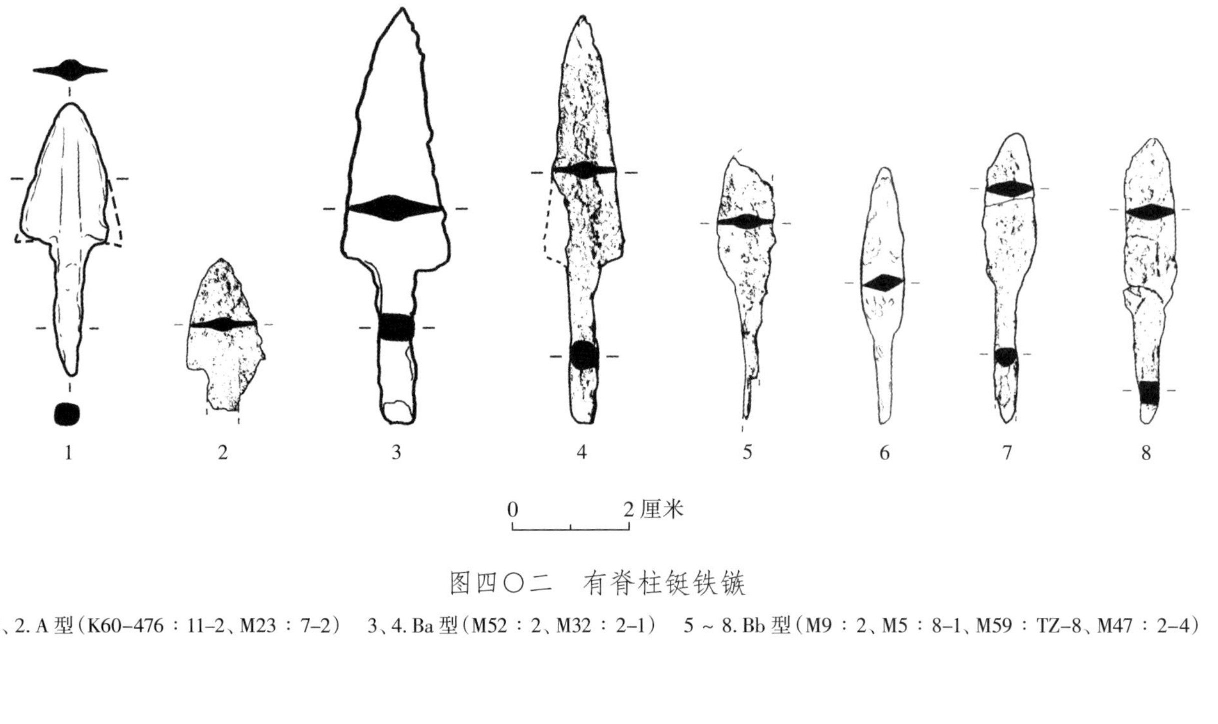

图四〇二　有脊柱铤铁镞

1、2. A型（K60-476：11-2、M23：7-2）　3、4. Ba型（M52：2、M32：2-1）　5～8. Bb型（M9：2、M5：8-1、M59：TZ-8、M47：2-4）

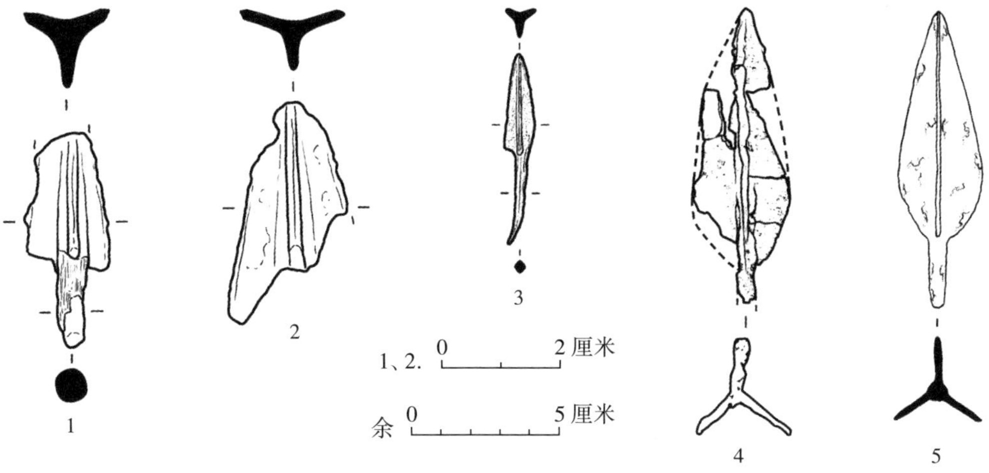

图四〇三　三翼铁镞

1、2. A型（考4038-22、考4038-23）　3. B型（考3943-3）　4、5. C型（M59：11根据现存实物绘制、M59：11发掘档案线图）

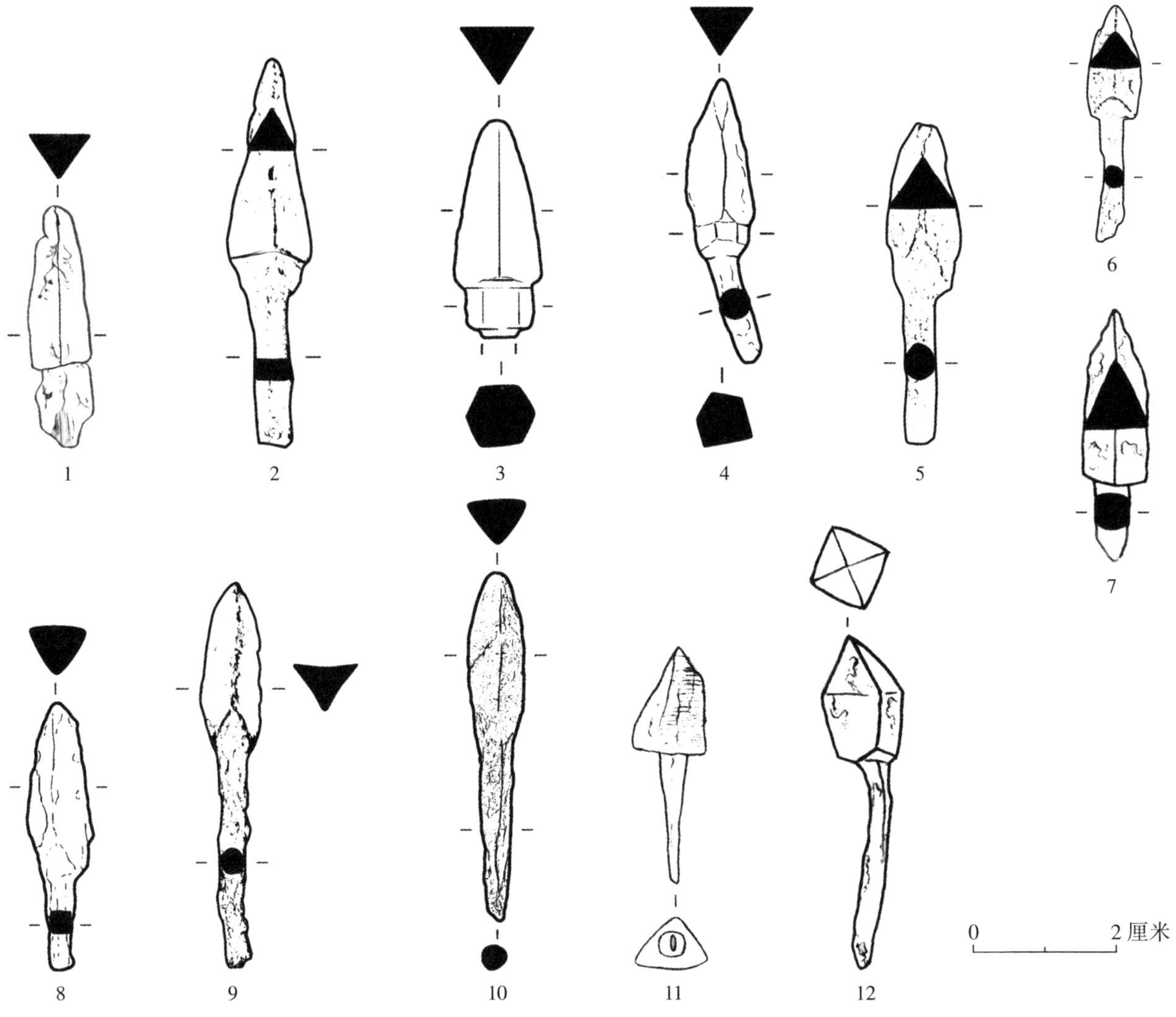

图四〇四　三棱铁镞、四棱铁镞

1～5. Aa型三棱镞（M23：7-3、M63：5-5、考4038-24、考4038-25、M63：5-6）　6～10. Ab型三棱镞（M4：7-4、M59：TZ-13、Z101：4、M63：5-7、考3943-5）　11. B型（M12：13）　12. 四棱铁镞（M59：TZ-17）

B 型　镞身为锥形。只发现 1 件（图四〇六，11）。

（8）凿形铁镞

镞身为扁凿形，铤与镞身无明显分界（图四〇五，5）。

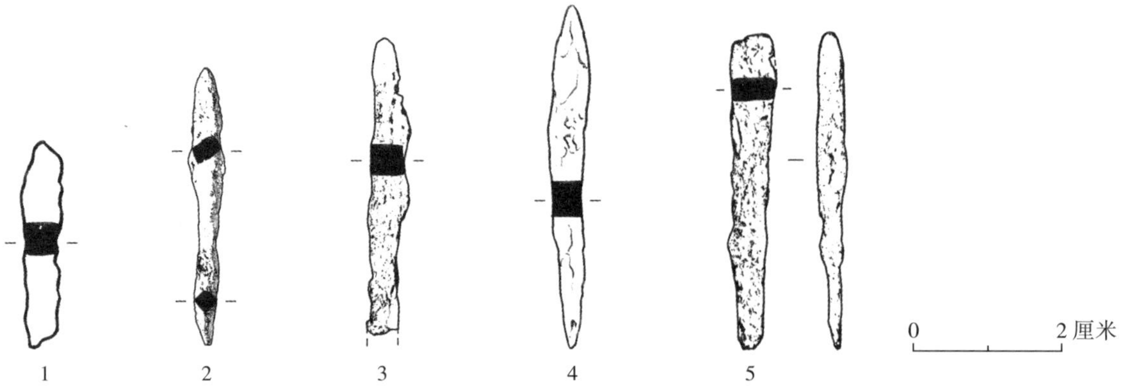

图四〇五　锥形铁镞、凿形铁镞

1 ~ 4. 锥形铁镞（M58：3、M50：2、M30：1–2、M12：14–1）　5. 凿形铁镞（M24：3–1）

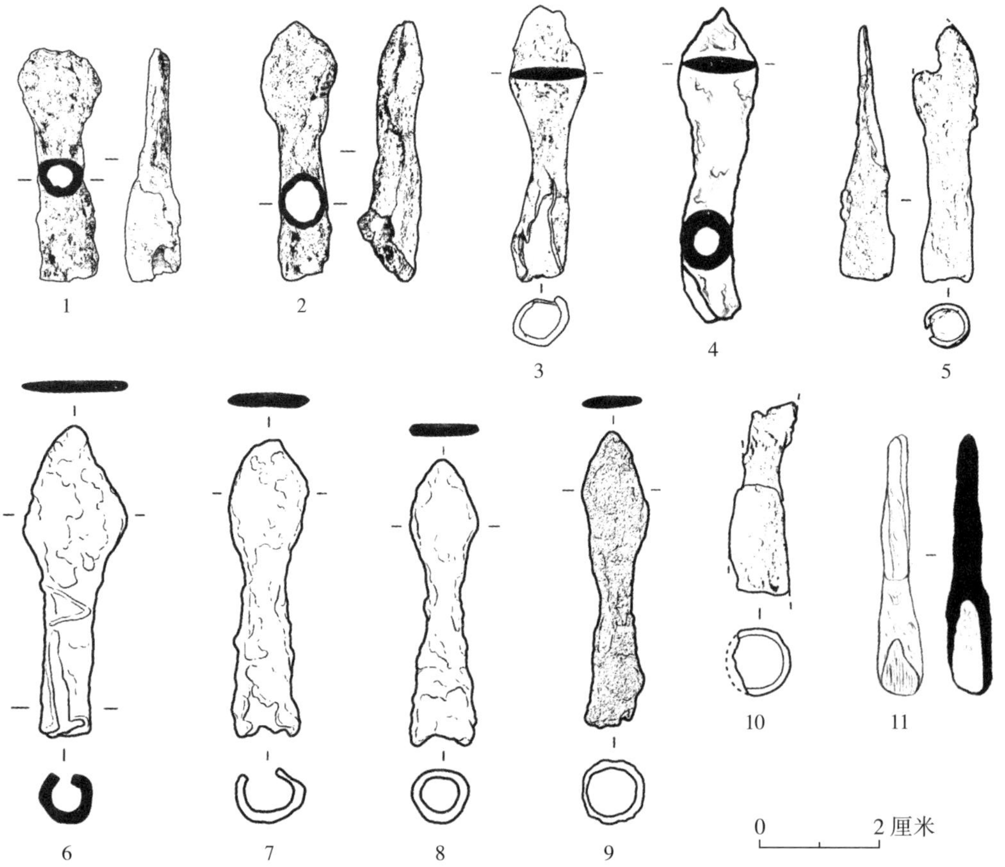

图四〇六　管銎铁镞

1 ~ 10. A 型（M22：15、M22：16、M47：4、M59：TZ–11、M63：5–3、考 4038–26、考 4038–27、考 4038–28、考 4043–1、M63：5–4）

11. B 型（M5：8–2）

5. 铁鹤嘴斧

1 件，编号为 Z15：12（国 0036）。斧的啄部较窄，横截面为方形。尾部向下倾斜，呈较窄的扇形，向后逐渐变薄，末端有较钝的弧形刃。銎孔横截面为圆角六边形。长 13.2、宽 0.7 ～ 4.2、厚 1 ～ 2 厘米，銎孔长 2.4、宽 1.3 厘米（图四〇七；彩版一九一，9；图版二六，3）。

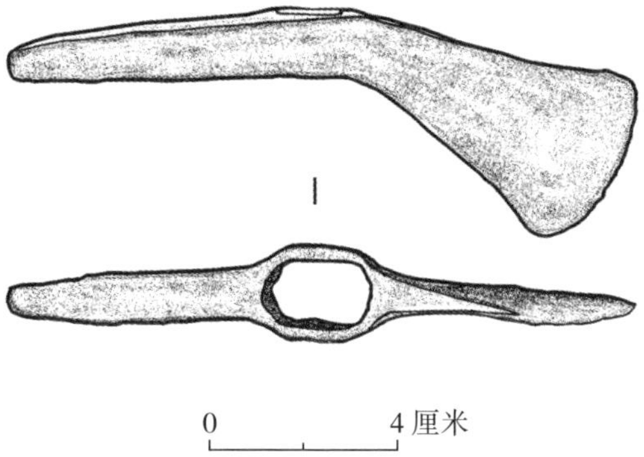

图四〇七　铁鹤嘴斧（Z15：12）

（三）带具及马具

共 101 件。带具分人用的带具和马用的带具。人用的带具主要是在腰带上使用的牌饰、带扣、带环等，有的挎弓囊的皮带上也有带扣。马用带具主要有固定马鞍、马笼头的皮带上用的带扣和环。大多数人用的铜质带具特征明显，特别是带纹饰的牌饰、带扣等，很容易与马的带具区分出来。但是铁质的带扣和带环不太容易区分是人用的带具还是马具，主要靠出土位置来判断。一般来说马具上的带扣要小于人身用的带扣，但是也不完全如此。西岔沟的铁带具大多数出土位置不详，很难确定是人用的带具，还是马具中的带具。因此，本报告只将所有铁质带具都放在马具部分介绍，但不做进一步的性质区分。

西岔沟的铁带具有铁环、带扣、带钩三类，可确定的铁马具有铁衔、镳。

1. 铁环和铁带扣、铁带钩

（1）铁环

29 件（图四〇八、四〇九；彩版一九二、一九三）。大小差别较大。最大的直径 11.4 厘米，最小的长径 4.2、短径 3.45 厘米。绝大多数为圆体环，个别的为扁体环（图四〇八，9）。多数为圆型，少数为椭圆形。大多数为封闭的圆环，少数有开口。有的铁环可能是扣针残缺了的铁带扣的边框。

有 1 件铁环上套着“S”形钩和铁衔的外环（Z63：1），应该是马笼头上的挽具（图四〇九）。

（2）铁带扣

11 件。此外，有些铁环可能是扣针残缺的圆形铁带扣。根据边框形状差别，分五型。

A 型　3 件。边框由一段直的铁丝和一段弯成不封闭环形的铁丝铆接而成，不见扣针。1 件直铁丝残缺（图四一〇，1 ～ 3；彩版一九四，1、2；彩版一九五，1）。

B 型　1 件。圆形边框，扣针一端套在边框上。部分圆体铁环可能属于此型带扣的边框（图四一〇，4）。

C 型　1 件。边框为纵向的圆角长方形，扣针套在边框的长边上（图四一〇，5）。

D 型　1 件。扁体椭方形，前端圆弧，末端平直，边框内用横向和纵向的铁条分隔出至少四个镂孔（图四一〇，6；彩版一九五，2）。

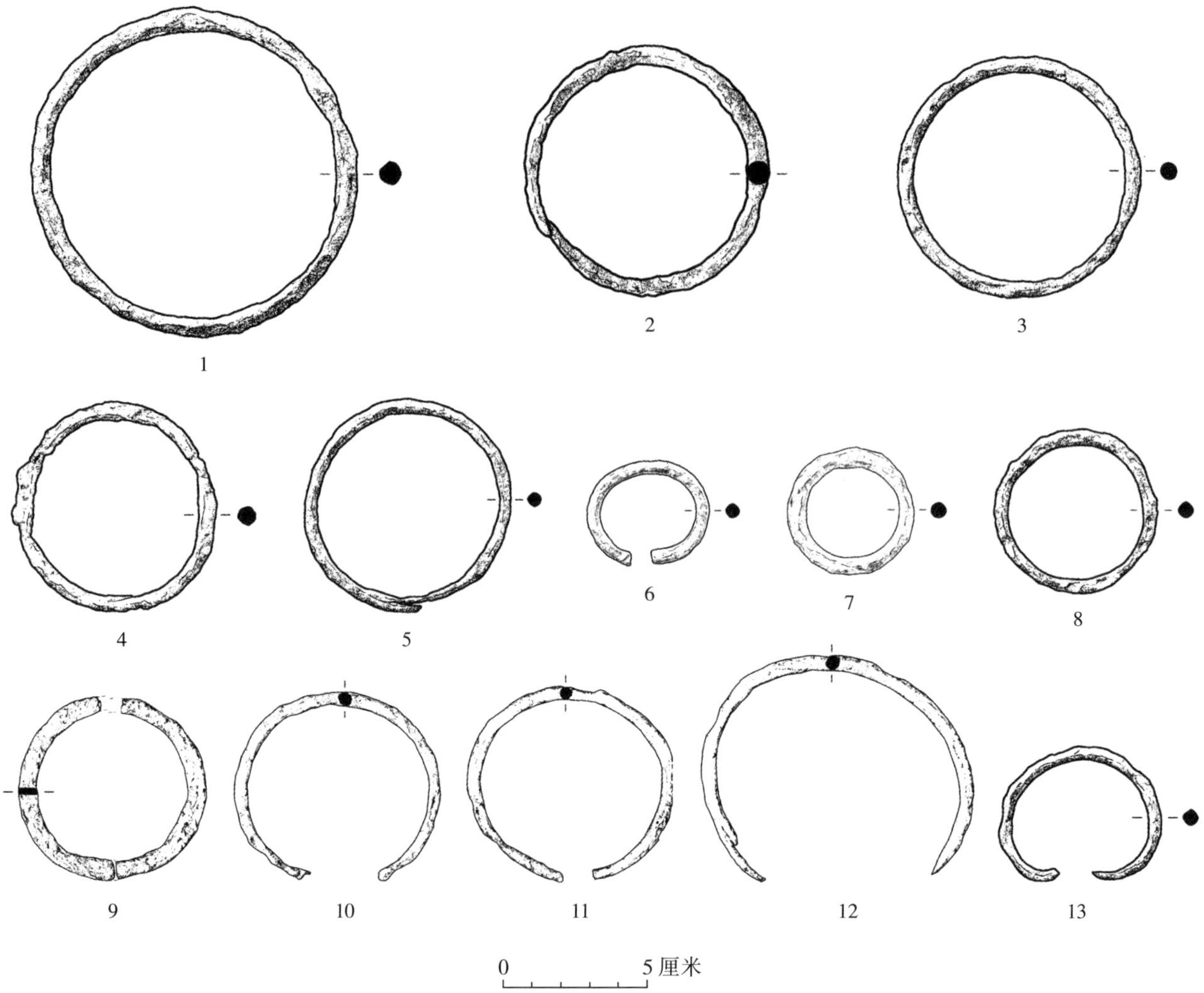

图四〇八　铁环

1. Z68：46　2. 考 4047-3　3. Z49：3　4. 考 3983-4　5. 考 3983-7　6. 考 3983-10　7. Z13：16　8. 考 3983-8　9. M35：4　10. M59：13-3　11. M59：13-4　12. M59：13-2　13. Z3：49

E 型　5 件。边框呈椭方形，前半部为窄弧形，略宽；后半部近长方形，略窄。末端有的为用一段铁丝与近“U”形边框铆接而成（图四一一，1 ~ 3；彩版一九四，3；彩版一九五，3、4），有的为一体锻制而成（图四一一，4、5；彩版一九四，4、5）。

（3）铁带钩

2 件。

考 3971.3，仅残存近尾部的一段，纽面为椭圆形。钩身正面有脊，横截面为三角形状。长 3.3、宽 1.2 厘米（图四〇九，3）。

旧发掘报告记录 531 号清理坑第 29 号器物为 1 件铁带钩。残，长扁颈。长 6.72、宽 0.9 厘米。经核对发掘档案，该器物编号应该是 K78-531：29。整理时未见实物（图版三四，2）。

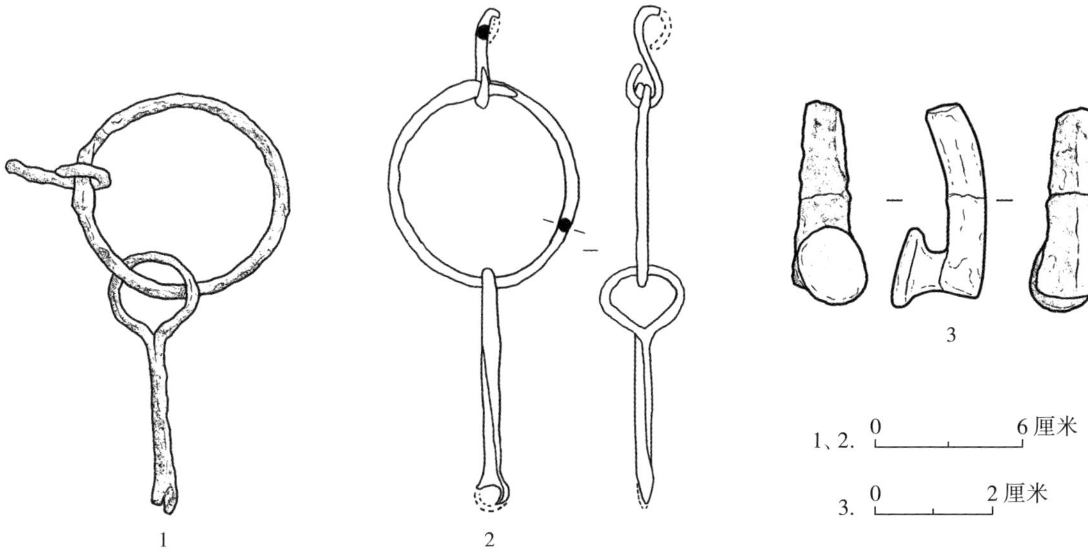

图四〇九　铁环、铁带钩

1、2. 铁环（Z63：1，前者根据现存器物绘制，后者为发掘档案绘图）　3. 铁带钩（考3971.3）

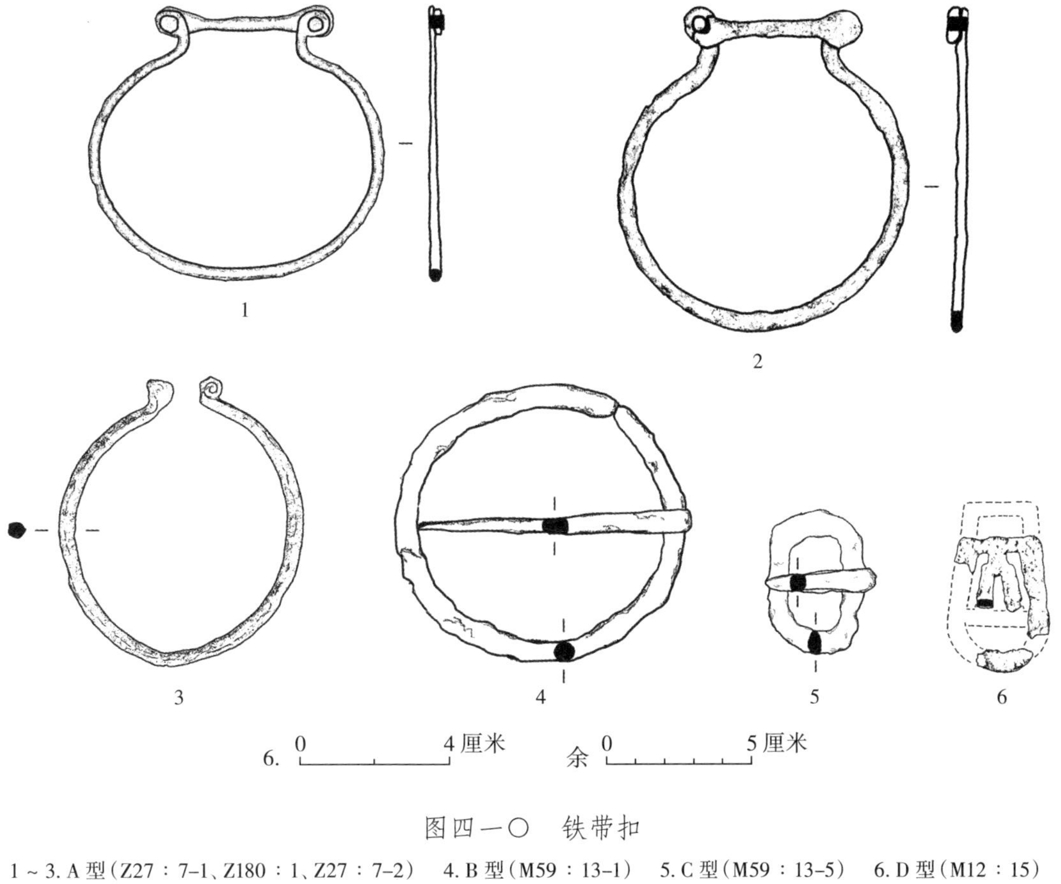

图四一〇　铁带扣

1～3. A型（Z27：7-1、Z180：1、Z27：7-2）　4. B型（M59：13-1）　5. C型（M59：13-5）　6. D型（M12：15）

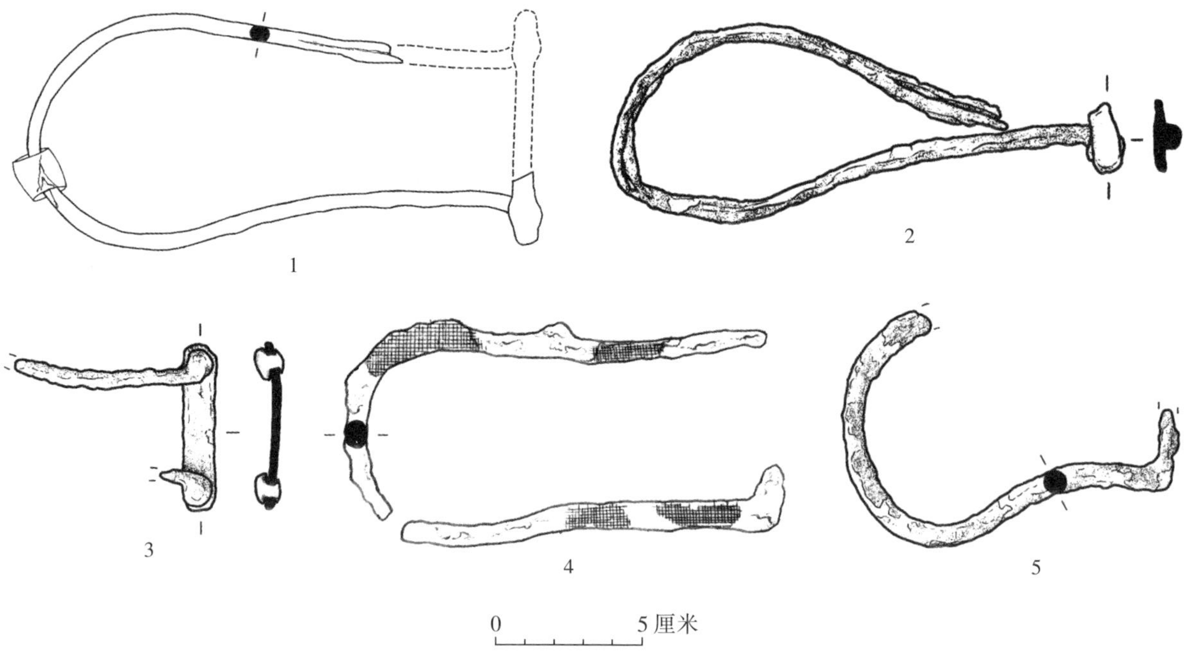

图四一一　铁带扣（E型）

1、2. K29-212：4（20世纪50年代发掘档案绘图、根据现存器物绘图）　3. 考4047-2　4. M59：4　5. K52-485：4

2. 铁衔、铁镳

（1）铁衔

38件。均为锻制，由2、3节套接而成。可分为双节衔、三节衔两类。铁衔数量及类型统计详见表二〇。

表二〇　西岔沟墓地出土铁衔数量及类型统计表

类	型	数量
双节衔	A两节衔杆均为绳索状	10
	B一节衔杆为绳索状，另一节为两股锻为一体	5
	C衔杆均为两股锻为一体	13
	型不明	3
三节衔	A中间一节和外侧一节衔杆为绳索状	4
	B三节衔杆均为两股锻为一体	3
合计		38

a. 双节铁衔

31件。为2节套接而成。外环较大，内环较小。大多数衔的两节不等长，一节稍大。根据衔杆形状差别，分三型。

A 型　10 件。衔杆为两股铁丝拧绕而成的绳索状（图四一二，1 ~ 4；彩版一九六）。

B 型　5 件。一节衔杆部为绳索状，一节为两股铁丝锻为一体的直杆状（图四一二，5 ~ 9；彩版一九七）。

C 型　13 件。两节衔杆均为两股铁丝锻为一体的直杆状（图四一二，10 ~ 12；彩版一九八，1、2）。

此外，有 3 节类型不明的残衔（图四一二，13 ~ 15；彩版一九八，3 ~ 5）。

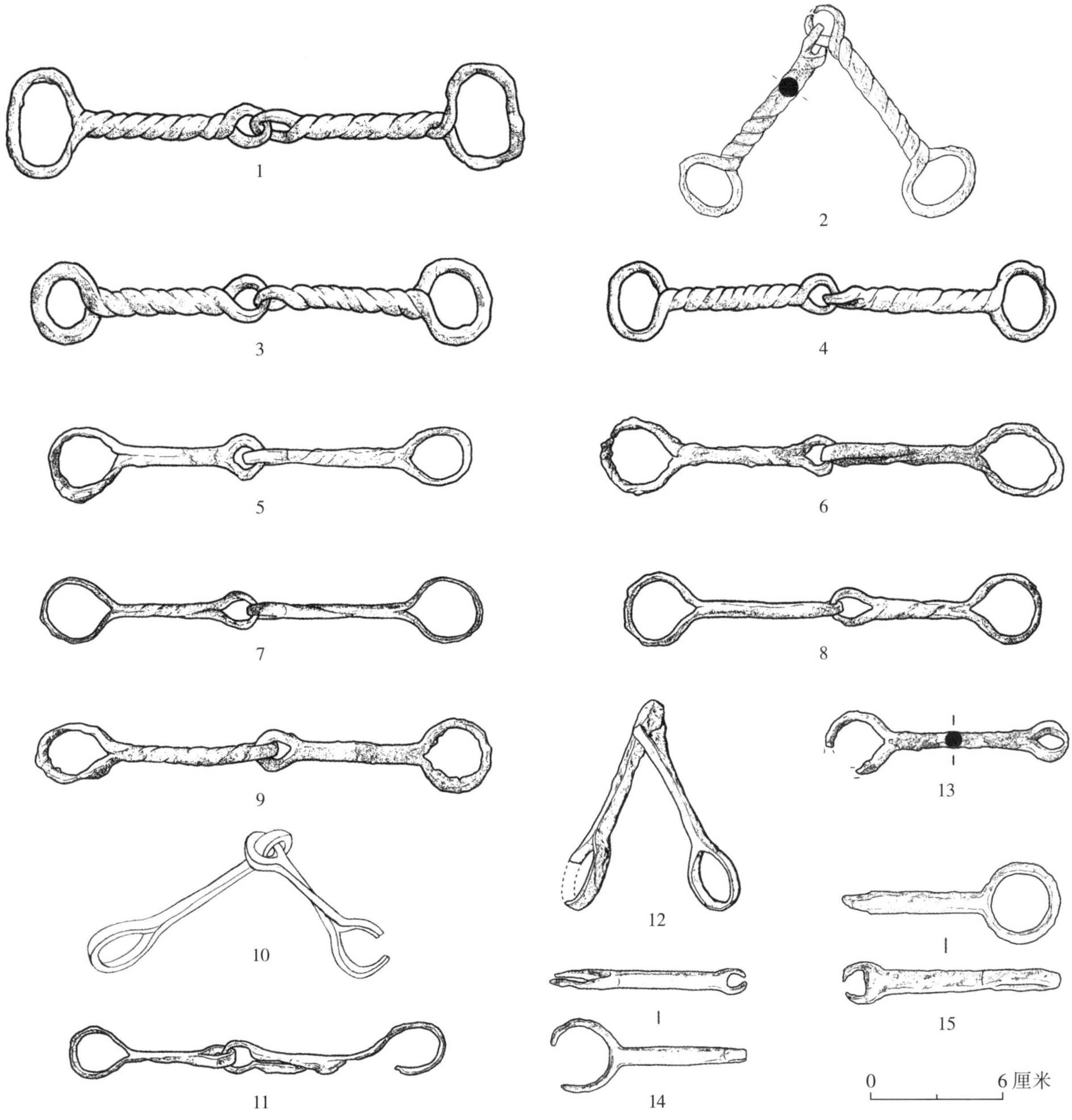

图四一二　双节铁衔

1 ~ 4. A 型（考 3944-3、M35：5-1、Z166：1、Z100：6-1）　5 ~ 9. B 型（考 4048-5、考 4048-6、考 3945-2、考 3945-1、考 4048-7）　10 ~ 12. C 型（M27：9、考 3945-3、M23：2-1）　13 ~ 15. 残铁衔（考 4048-1、考 3945-4、考 3946-4）

b．三节衔

7 件。由中间较小的一节和两端较大的两节套接而成。分两型。

A 型　4 件。中间一节和外侧一节衔的杆部为绳索状。外侧另一节或为有绳索状衔杆的衔，或为一圆环。2 件的外侧一节残缺（图四一三，1 ~ 4；彩版一九九）。

B 型　3 件。三节衔杆均为两股铁丝锻为一体的直杆状，2 件完整，1 件残（图四一三，5 ~ 7；彩版二〇〇）。

（2）铁镳

21 件。均为锻制。大多数中部有两个对称分布的穿孔，少数为四个穿孔。根据两端形状差别，分两型。

A 型　18 件。两端较扁，近似螺旋桨形。根据两端桨叶部形状差别，分四亚型。

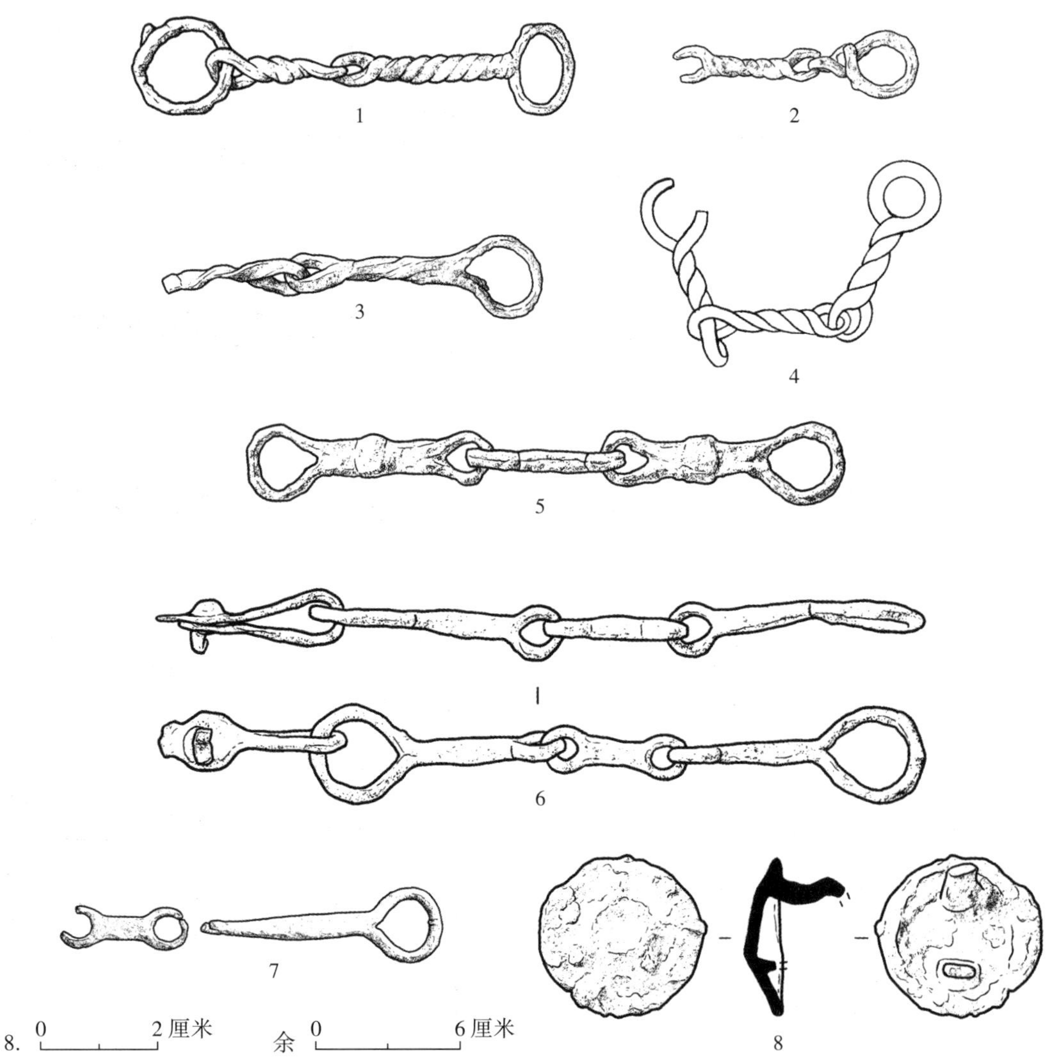

图四一三　三节铁衔、铁泡

1 ~ 4. A 型三节铁衔（考 4048-3、考 4048-4、考 4048-2、M59：12）　5 ~ 7. B 型三节铁衔（Z13：1、Z144：1、考 3944-4）
8. 铁泡（考 4065-31）

Aa 型　6 件。镳身略呈“S”形，桨叶部略扁宽，呈流线型（图四一四，1 ~ 3；彩版二〇一，1 ~ 3）。

Ab 型　1 件。镳身略呈“S”形，桨叶较窄，呈流线型（图四一四，4；彩版二〇一，4）。

Ac 型　2 件。桨叶向同一侧倾斜，呈狭长的梯形（图四一四，5、6；彩版二〇一，5；彩版二〇二，1）。

Ad 型　8 件。桨叶为较宽扁的近椭圆形或圆形（图四一四，7 ~ 11；彩版二〇二，2 ~ 4；彩版二〇三，1、3、4）。

另有 1 件残损较重，亚型不明（图四一四，12）。

B 型　3 件。整体呈杆状。分两亚型。

Ba 型　1 件。整体呈“S”形，末端有瘤突（图四一四，13；彩版二〇三，2）。

Bb 型　1 件。一端弯曲，另一端形状不明，末端无瘤突（图四一四，14；彩版二〇三，5）。

残损较重，亚型不明的有 1 件。

铁镳各类型和亚型数量统计详见表二一。

表二一　西岔沟墓地出土铁镳数量及类型统计表

型	亚型	数量
A 螺旋桨形	Aa　桨叶较宽，呈流线型	6
	Ab　桨叶较窄，呈流线型	1
	Ac　桨叶为狭长梯形	2
	Ad　桨叶为椭圆形或近圆形	8
	亚型不明	1
B 杆状	Ba　末端有瘤突，“S”形	1
	Bb　末端无瘤突，“S”形	1
	亚型不明	1
合计		21

（四）炊器

在墓地中区墓葬中出土铁釜 1 件。根据发现器物的村民回忆，铁釜为圜底，口径约 20、腹径约 28、高约 25 厘米。实物未回收。

（五）其他种类铁器

只有 2 枚铁泡。

考 4065-31，纽残，锈蚀。泡面为矮斗笠形，背面有近方形单纽。纽横截面为圆角长方形。直径约 2.9、残高 1.8 厘米（图四一三，8；彩版一九六，5）。

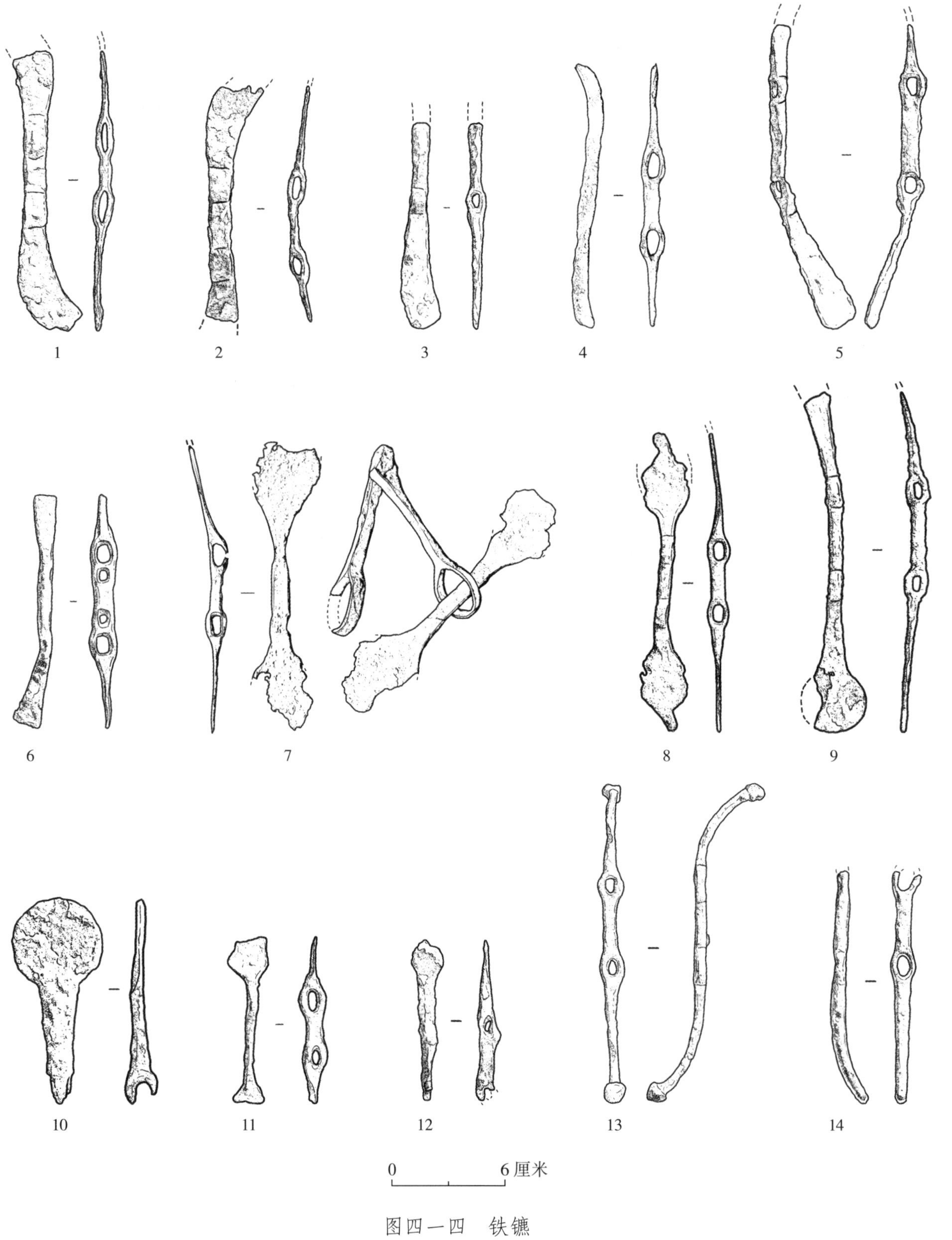

图四一四　铁镳

1 ~ 3. Aa 型（考 4049-7、考 4049-5、考 4049-4）　4. Ab 型（M35：5-2）　5、6. Ac 型（考 4049-2、考 3947. 3）　7. Ad 型（M23：2-2 及其与铁衔的组合）　8 ~ 11. Ad 型（Z13：3-2、考 4049-1、考 4049-6、考 3947. 12）　12. A 型不明亚型（考 4049-3）　13. Ba 型（考 3947. 1）　14. Bb 型（Z13：3-1）

四　金银器

共计 16 件。主要为耳饰。西岔沟墓地被严重盗掘，据调查，金银质地装饰品被盗出的数量非常多。发掘出土和回收的金、银质地器物，应该只是残存的一小部分。

1. 金耳饰

共 9 件。均为一根金丝对折后相互拧绕而成，在拧出的绳索状立柱的两侧拧出对称分布的小环。金丝的两端在耳饰顶部引出，其中一端压扁呈叶状，另一端弯折。根据形状差别，分两型。

A 型　5 件。在耳饰下段对称圆环之间穿入对称分布的白色滑石管或绿云母管、红色玛瑙珠，大多数底部圆环内穿一枚红色玛瑙珠或蓝色玻璃珠（图四一五，1 ~ 5；彩版二〇四，1 ~ 5）。

B 型　3 件。在立柱两侧拧出 2 对或 3 对圆环，不穿珠、管（图四一五，6 ~ 8；彩版二

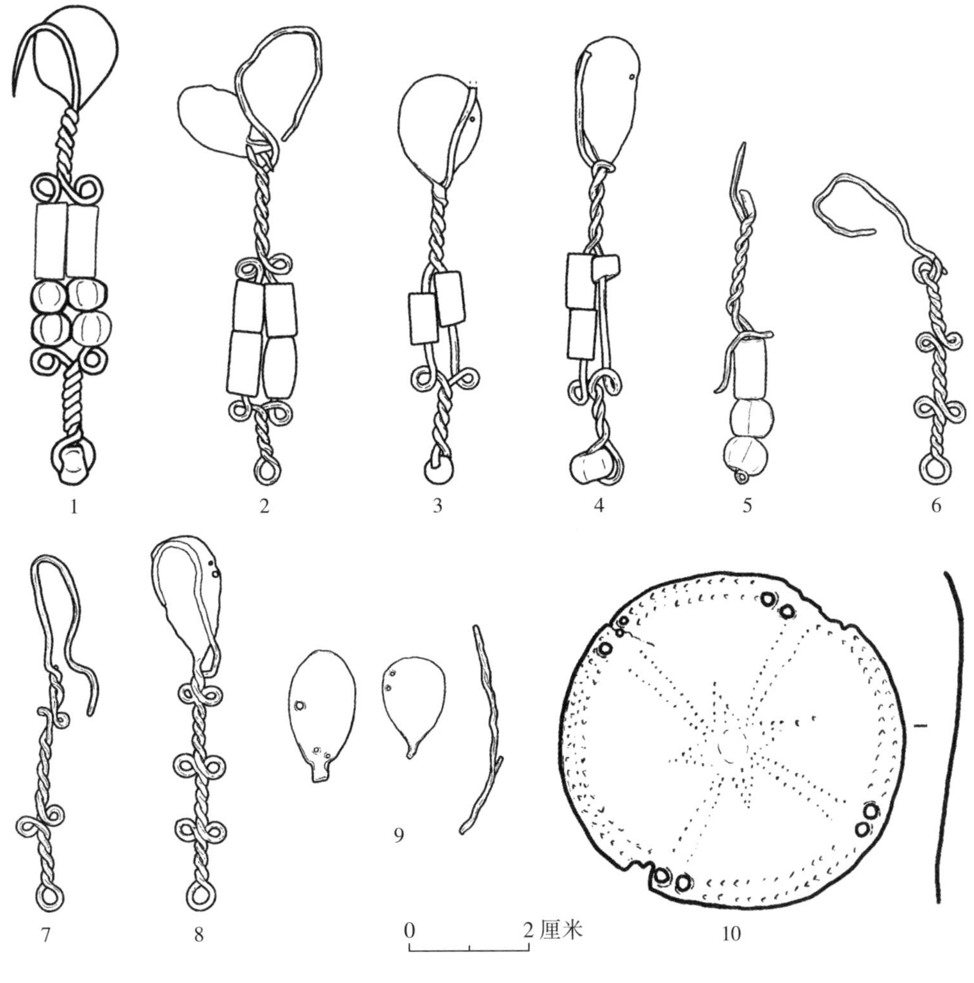

图四一五　金耳饰、金片

1 ~ 5. A 型金耳饰（M16 ：4、考 4018-1、考 4018-3、考 4018-4、考 4018-7）　6 ~ 8. B 型金耳饰（考 4018-6、考 4018-2、考 4018-5）
9. 金耳饰残段（考 4018-8）　10. 金片（K12-77 ：52）

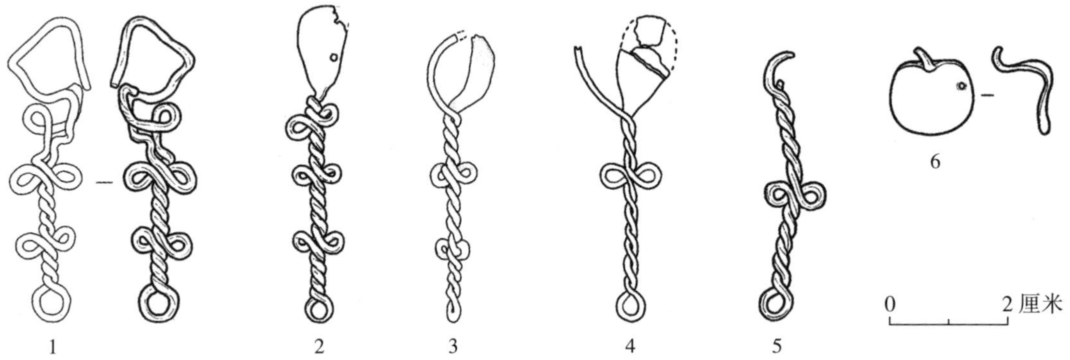

图四一六　银耳饰

1、2. A型（Z106：4、Z113：6）　3. B型（Z13：2）　4、5. C型（M26：4、考4016-1）　6. 银耳饰残段（考4016-4）

○四，6 ~ 8）。

此外，还有1段残的金丝和2片金叶片（图四一五，9；彩版二○五，1）。

2. 金片

仅1件。

K12-77：52（考4017），椭圆形薄片，正面饰錾压出凹点组成的纹饰。金片中部为不甚清晰的较大的凹点，凹点外围四角星图案，从四角星的两角之间向外延伸出两组直线。沿金片的边缘有两周较大凹点组成的圆圈。在近金片边缘处有四对等距离分布的圆形穿孔。长径5.9、短径5.5、厚0.02 ~ 0.03厘米（图四一五，10；彩版二○五，2）。

3. 银耳饰

共6件。形状和结构与B型金耳饰基本相同。用银丝拧绕而成。根据结构差别，分三型。

A型　2件。沿立柱两侧拧出三对圆环（图四一六，1、2；彩版二○五，3、4）。

B型　1件。沿立柱两侧拧出两对圆环（图四一六，3；彩版二○五，5）。

C型　2件。沿立柱两侧拧出一对圆环（图四一六，4、5；彩版二○五，6）。

另有1件残耳饰的一端的圆形叶片（图四一六，6；彩版二○五，7）。

五　玻璃、石质和其他质地的器物

绝大多数为各种质地的珠子，极少数为压制和磨制的石器。

（一）玻璃珠和玻璃管、坠

共1426枚。绝大多数为珠子，管数量极少。绝大多数为蓝色，其次为棕色或棕红色玻璃珠，后者数量约相当于蓝色玻璃的十分之一。数量最少的是绿色玻璃珠、白色玻璃珠、浅黄色玻璃珠。

1. 蓝色玻璃珠

共1225枚，是数量最多的一种玻璃珠，也是各种质地珠子中数量最多的一种。颜色有深蓝色、蓝色、浅蓝色、黑蓝色等四种，1枚带蜻蜓眼纹饰。直径0.3～1.1厘米（彩版二〇六，1、3、4；彩版二〇七、二〇八；彩版二〇九，1～5；彩版二一〇，1）。根据形状差别，分六型。

A型　数量较多，约占总数的30%。近圆柱形。多数两面略鼓，少数两面或一面较平（图

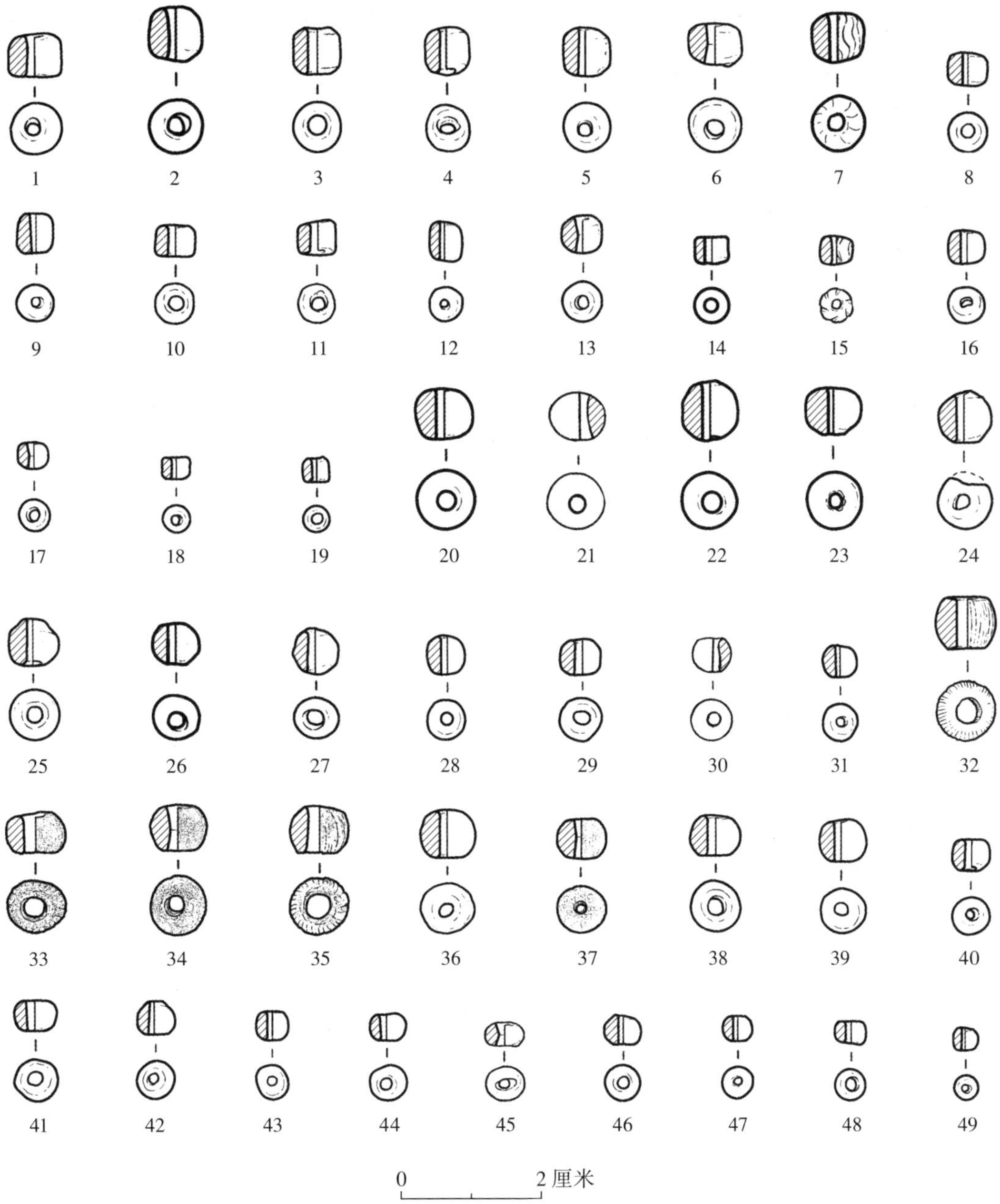

图四一七　蓝色玻璃珠（A、B、C型）

1～19. A型（M16：12-1、考4089-1、M15：11-1、M16：15-2、M12：18-6、M33：2-2、考4089-12、M39：1-2、M41：2-3、M16：13-1、M16：13-4、M16：12-4、M56：3-2、考4089-10、M16：15-3、M56：3-1、M33：2-3、M12：18-2、M15：11-4）　20～31. B型（考4089-3、M54：5-1、考4089-4、考4089-5、M41：2-1、M15：11-2、考4089-11、M16：12-2、M10：5-2、M12：18-3、M54：5-10、M41：2-2）　32～49. C型（M60：6-1、M62：7-1、M60：8-1、M60：8-2、M16：13-2、M60：8-3、M12：18-5、M10：5-3、M15：11-3、M61：2-4、M61：2-2、M10：5-1、M19：8-1、M44：4-1、M39：3-1、M41：1-3、M16：12-5、M41：1-1）（7、15为带条纹的蓝色玻璃珠）

四一七，1 ~ 19）。有 2 枚珠子带纵向的白色条纹（图四一七，7、15；彩版二〇九，4、3）。

B 型　数量较少，约占总数的 10%。近球形（图四一七，20 ~ 31）。

C 型　数量较多，占总数的 30%。中部圆鼓，一端或两端为平面或者略内凹（图四一七，32 ~ 49）。

D 型　数量较少，约占总数的 10% 以下。中部有折棱的算珠形，有的有纵向的折棱，类似瓜棱纹。此类型珠子一般尺寸较大（图四一八，1 ~ 11）。

E 型　数量较少，约占总数的 10% 以下。近扁平的算珠形，高均小于 0.5 厘米，一端或两端平整，中部外鼓（图四一八，12 ~ 20）。

F 型　数量较少，约占总数的 10%。不规则形。形状多样，或者两侧明显不对称，或者一端明显倾斜或明显外鼓（图四一八，21 ~ 27），其中 1 枚带蜻蜓眼状纹饰（图四一八，21；彩版二〇九，5）。

2. 蓝色玻璃管

数量非常少，共 36 枚左右。大多数为蓝色，1 枚为乳白色加蓝色条带。1 枚为一端内凹的四棱柱形（图四一九，1），2 枚为中部内凹的亚腰形柱状管（图四一九，2；彩版二〇九，6；彩版二一〇，1），2 枚有三周平缓的凸棱（图四一九，3；彩版二〇九，7），1 枚中部

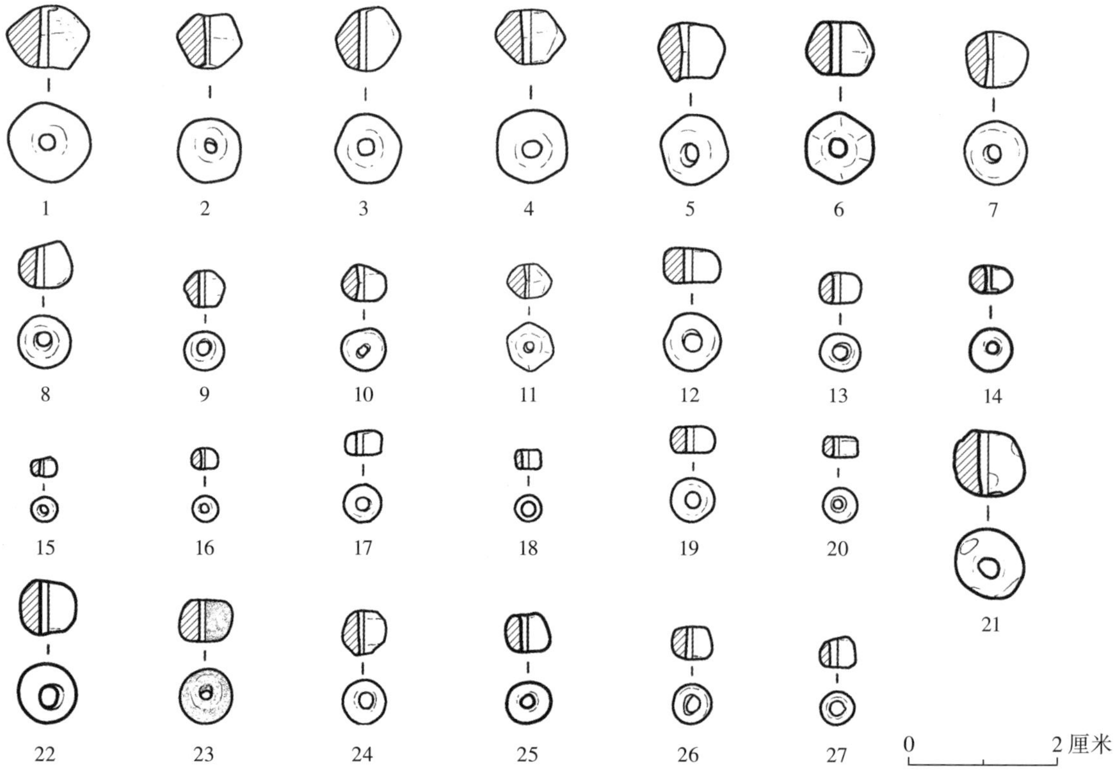

图四一八　蓝色玻璃珠（D、E、F 型）

1 ~ 11. D 型（M54：5-22、M54：4-1、M54：4-2、M54：4-3、M54：4-4、考 4089-6、M33：2-1、M61：2-5、M39：3-2、M41：1-2、M54：5-2）　12 ~ 20. E 型（M57：3、M16：15-1、考 4089-7、M61：2-1、M12：18-4、M41：2-4、M19：8-2、M16：12-3、M16：13-3）　21 ~ 27. F 型（考 4081-1、考 4089-8、M62：7-2、M39：1-1、考 4089-9、M61：2-3、M16：15-4）（21 为带蜻蜓眼纹的蓝色玻璃珠）

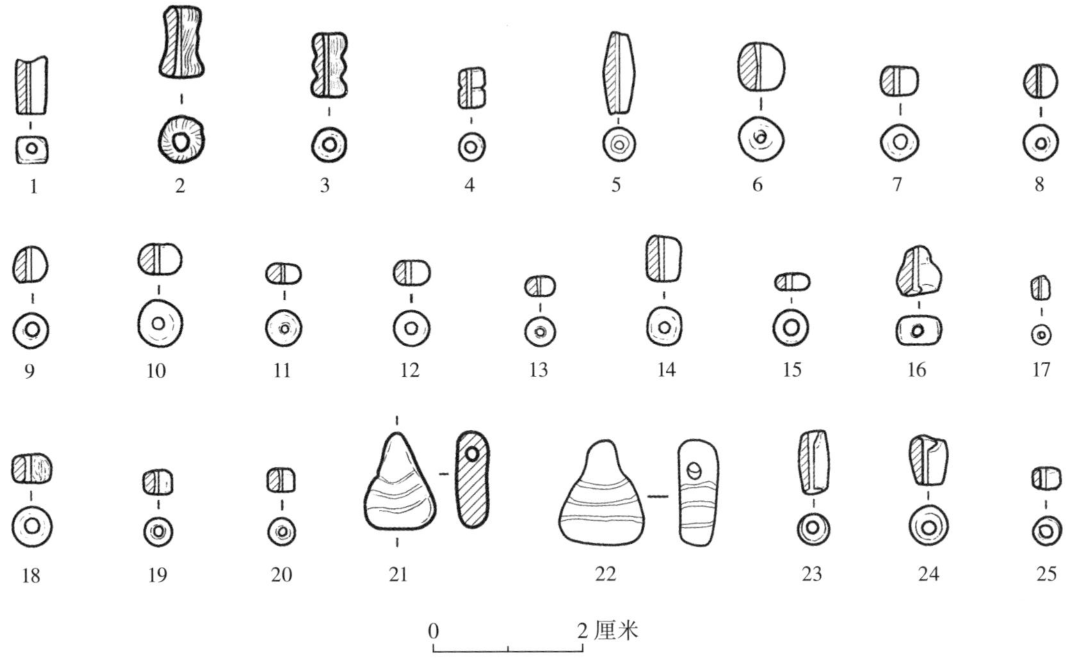

图四一九　蓝色玻璃管、其他颜色玻璃珠和玻璃坠

1 ~ 4、23、24. 蓝色玻璃管（M12 ：18–93、考 4081–2、考 4081–3、M12 ：18–1、M1 ：4–70、M1 ：4–71）　5. 蓝、白色玻璃管（考 4081–15）　6 ~ 14. 棕色或棕红色玻璃珠（M41 ：2–9、M41 ：2–11、M31 ：10–21、M41 ：2–10、M41 ：1–5、M41 ：1–6、M61 ：5–1、M41 ：2–12、M61 ：5–2）　15 ~ 17. 浅绿色玻璃珠（M1 ：4–72、M1 ：4–73、M3 ：3–8）　18 ~ 20. 白色玻璃珠（M12 ：18–94、M13 ：6–1、M13 ：6–2）　21、22. 带条纹玻璃坠（考 4081–5、M30 ：10）　25. 浅黄色玻璃珠（M36 ：4–4）

有一周凹槽，近葫芦形（图四一九，4）。4 枚为圆柱形（彩版二一〇，1），3 枚为纺锤形，其中 1 枚器表颜色为乳白色加蓝色条带（图四一九，5；彩版二〇九，8），2 枚中部略外鼓（图四一九，23、24）。

3. 棕色或棕红色玻璃珠

共 139 枚。形状和颜色与玛瑙珠接近，但是无光泽，尺寸小于大多数玛瑙珠（彩版二〇九，1；彩版二一〇，1、2）。形状多数为近球形和扁圆的算珠形，直径 0.4 ~ 0.6 厘米（图四一九，6 ~ 13），极少数为近圆柱形（图四一九，14）。

4. 绿色或浅绿色玻璃珠

数量极少，在发掘的 63 座墓葬中共出土 17 枚。不排除有少数非发掘出土的浅绿色玻璃珠没有识别出来，统计为绿云母或天河石珠。尺寸较小，形状不规整，有环形、橄榄形、近葫芦形三种形状（图四一九，15 ~ 17；彩版二一〇，3 ~ 9）。

5. 白色玻璃珠

共 3 枚。均出自墓葬。形状为两侧边略直或略外弧的近圆柱形或算珠形，直径 0.4 ~ 0.5 厘米，高 0.4 ~ 0.34 厘米（图四一九，18 ~ 20；彩版二一〇，10、11）。

6. 浅黄色玻璃珠

共 2 枚。均出自墓葬。形状近算珠形，直径 0.35 厘米（图四一九，25；彩版二一〇，12）。

7. 带条纹玻璃坠

共 4 枚。颜色和形状、尺寸基本相同，均为扁体的圆角等腰三角形，有三条中部下凹的白色平行条纹。3 枚上中部为深棕色，最下一条白色条纹以下为棕色；1 枚白色条纹以外均为黑色。高 1.3 ~ 1.4 厘米（图四一九，21、22；彩版二〇六，1、2；彩版二七，7）。

（二）玛瑙珠、管和坠

共 1001 枚，其中玛瑙珠数量占 54%，玛瑙管数量占 45%，玛瑙坠数量极少。

1. 玛瑙珠

共 539 枚。均为红色系，大多数为棕红色。可分为无瓜棱的素面玛瑙珠、带瓜棱的玛瑙珠二大类（彩版二一一；彩版二一二，1）。穿孔多数为一面钻，少数为两面对钻。

（1）素面玛瑙珠

数量约占总数的 50%。根据形状差别，分五型。

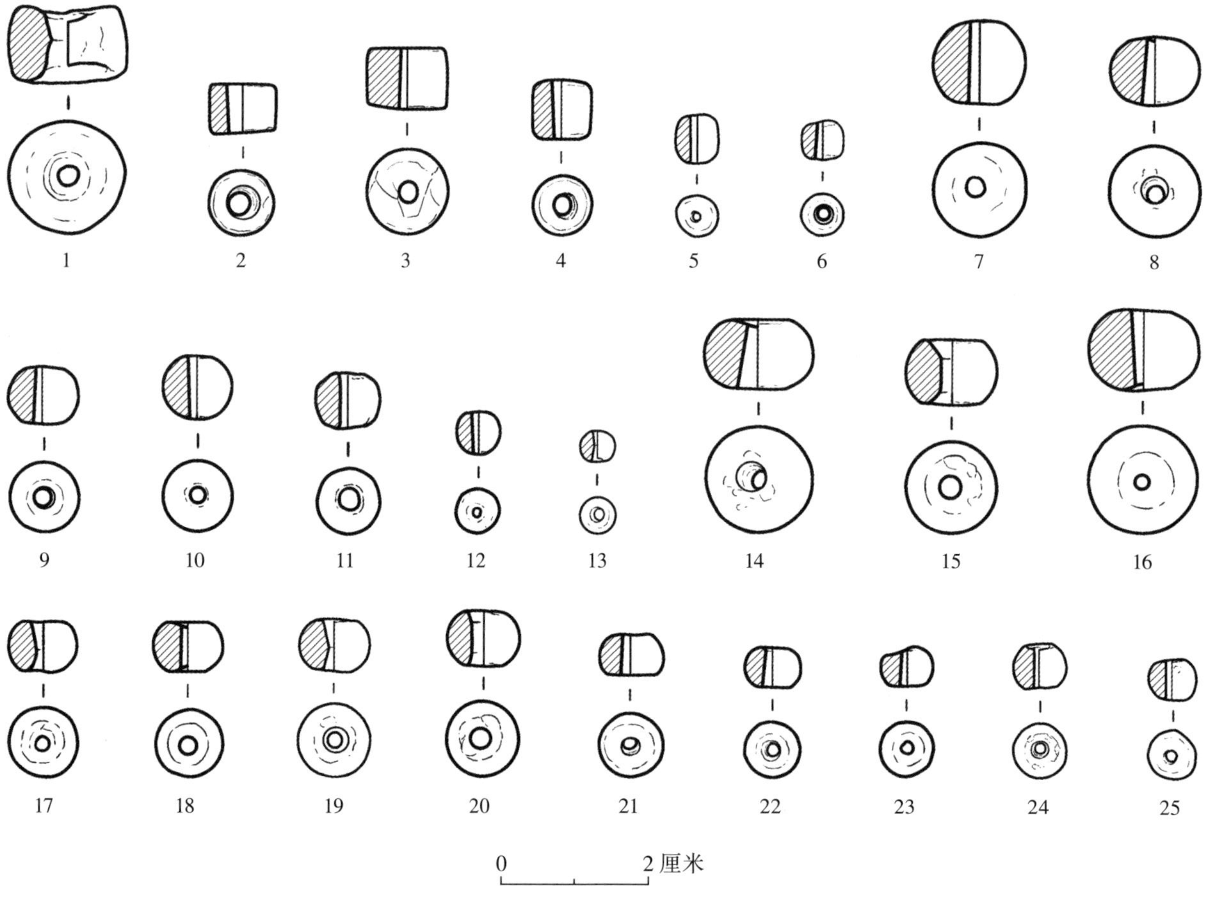

图四二〇　素面玛瑙珠（A、B、C 型）

1 ~ 6. A 型（考 4003-1、考 4078-1、考 4078-2、考 4078-3、考 4078-23、考 4078-5）　7 ~ 13. B 型（考 4003-2、考 4078-4、考 4078-6、考 4003-6、考 4004-1、考 4003-3、M43 ：7-1）　14 ~ 25. C 型（考 4078-11、考 4003-4、考 4078-7、考 4004-2、考 4078-8、M51 ：5、考 4003-5、考 4078-9、考 4078-10、考 4004-3、M27 ：5-2、考 4004-18）

A 型　短柱形或近短柱形。有的两端平整，有的两端略外鼓（图四二〇，1 ~ 6）。

B 型　近球形（图四二〇，7 ~ 13）。

C 型　中部圆鼓，一端或两端平整或近穿孔处略内凹（图四二〇，14 ~ 25）。

D 型　中部有折棱的算珠形（图四二一，1 ~ 4）。

E 型　扁平算珠形，中部外鼓，两端或内凹，或平整，或略外鼓（图四二一，5 ~ 10）。

（2）带瓜棱玛瑙珠

数量约占总数的 50%。器表有 6 ~ 8 个纵向凸棱，形状像瓜棱。有 6 个和 7 个瓜棱的珠子数量较多，8 个瓜棱的较少见。根据形状差别，分四型。

A 型　数量最多，占总数的 50% 以上。中部圆鼓。端部为平面或略内凹（图四二二，1 ~ 19）。

B 型　数量较少。中部圆鼓，两端均外鼓（图四二二，20 ~ 22）。

C 型　数量较少。中部圆鼓的扁体珠（图四二二，23 ~ 25）。

D 型　数量较少。器身略长的长球形珠（图四二二，26 ~ 30）。

2. 玛瑙管

共 453 枚。颜色与玛瑙珠相同，均为棕红色，仅有个别的为其他颜色（彩版二一二）。均形状规整，剖面为规整的圆形。根据外形差别，分两型。

A 型　占总数的绝大多数。圆柱形。两端较平或微外鼓。较长的管采用对钻方法穿孔，在孔的中部有接茬；较小的和中等长度的管，穿孔用对钻或一面钻的加工方法（图四二三，1 ~ 27）。

B 型　1 枚。呈中部外鼓的柱形（图四二三，28）。

3. 玛瑙坠

数量较少，共 9 枚。根据形状差别，分三型。

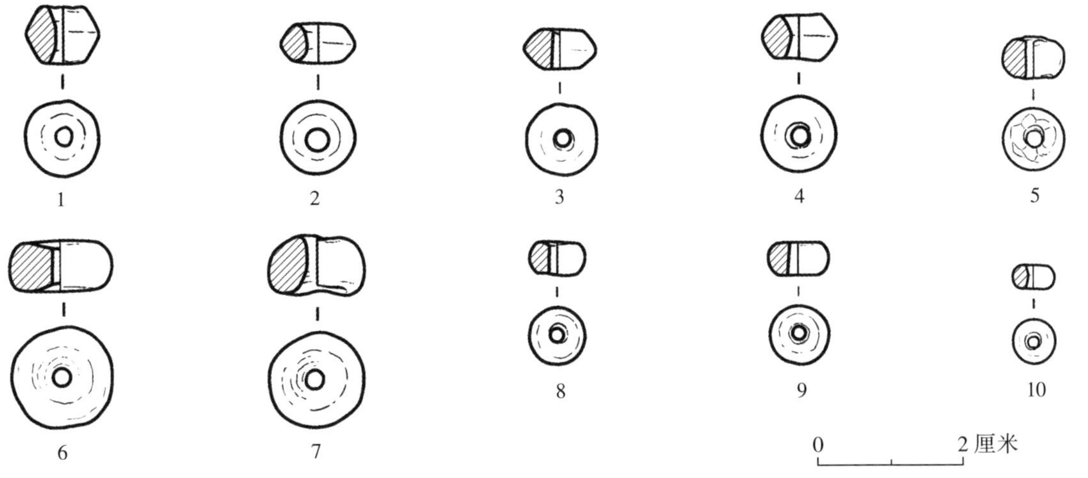

图四二一　素面玛瑙珠（D、E 型）

1 ~ 4. D 型（考 4004–4、考 4003–7、考 4078–12、考 4004–7）　5 ~ 10. E 型（M27 ：5–1、考 4078–13、考 4004–5、考 4004–6、考 4078–24、M43 ：7–2）

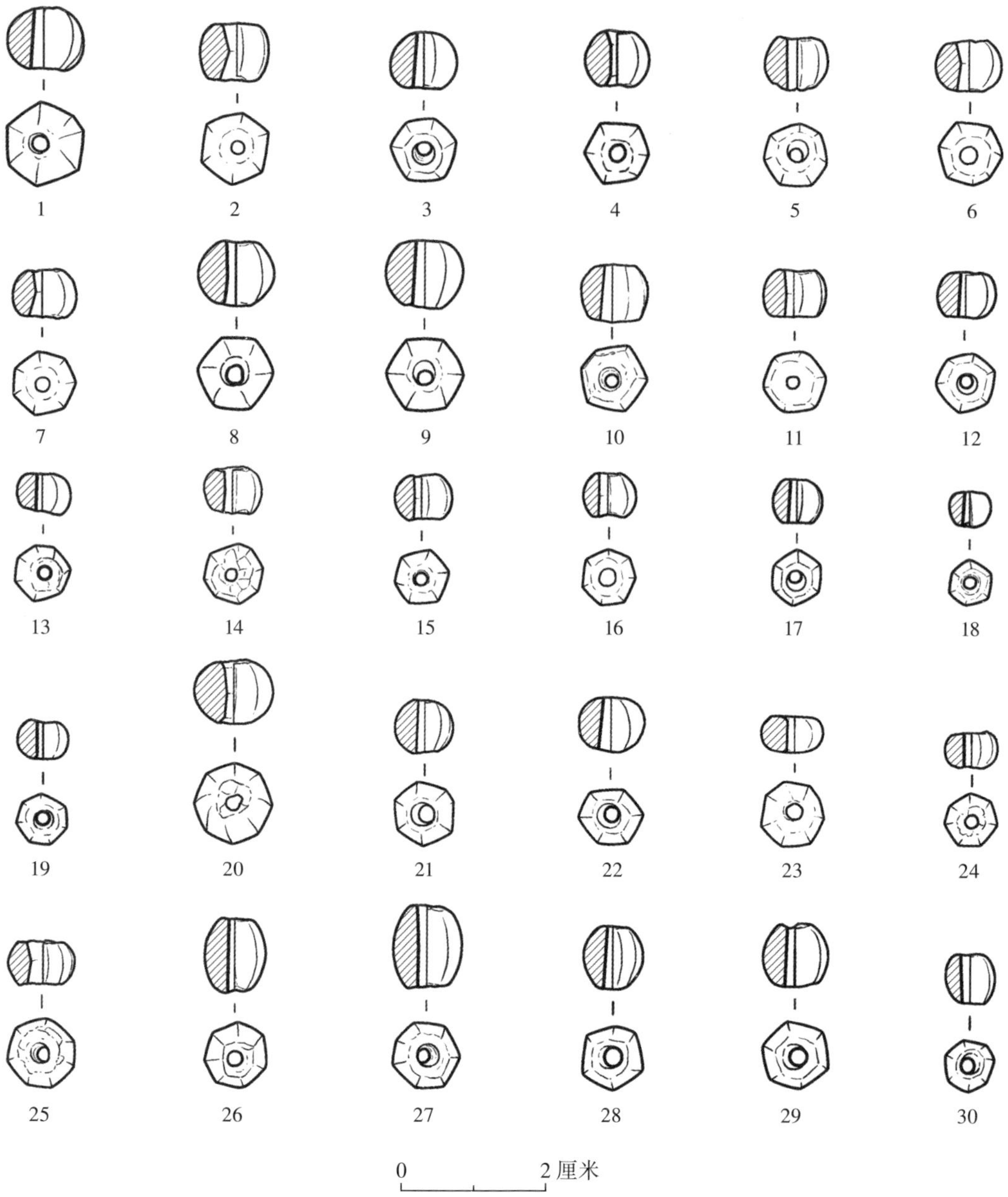

图四二二　带瓜棱玛瑙珠

1～19. A型(考4078-14、M51：3-1、考4078-19、考4004-19、M60：5-2、M51：3-2、M51：3-3、考4004-8、考4078-15、M41：3、M39：4、考4078-16、考4078-17、M27：5-3、M48：3、M51：3-4、考4078-20、考4078-22、考4004-9)　20～22. B型(M46：6、M60：5-1、考4078-21)　23～25. C型(M6：2、M31：10-17、M37：1)　26～30. D型(考4078-18、考4081-4、考4004-10、考4004-11、考4004-12)

A型　6枚。近水滴形，上半部为带穿孔的柱状柄，下半部近球形（图四二四，1～6；彩版二一三，1～6）。

B型　2枚。近窄扇形，在窄端有穿孔（图四二四，7、8；彩版二一三，7、8）。

C型　1枚。近铅坠状，上半部为带穿孔的柄，下半部为倒圆锥形（图四二四，9；彩版二一三，9）。

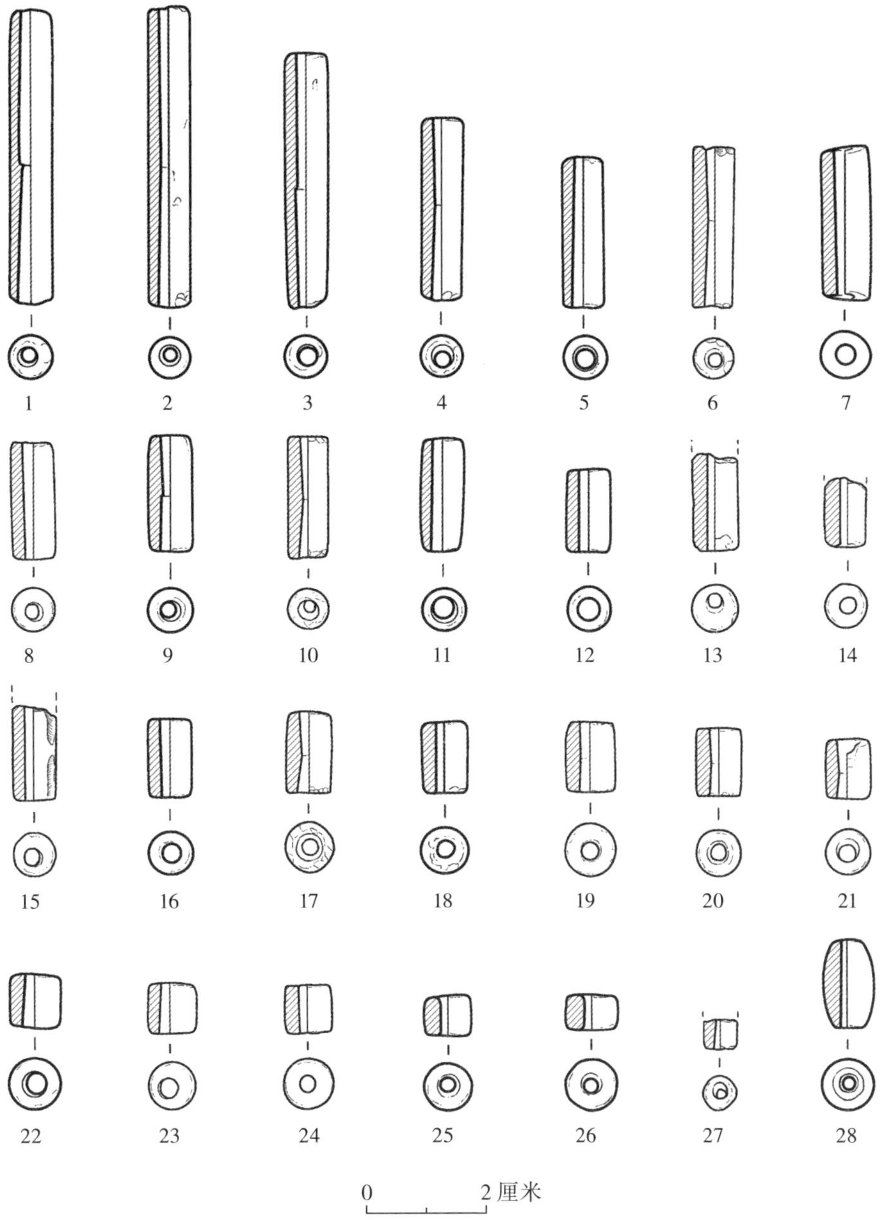

图四二三　玛瑙管

1. 考4079-1　2. 考4002-1　3. 考4079-2　4. 考4079-3　5. 考4002-2　6. M63：11-1　7. 考4087-1　8. M63：11-2　9. 考4079-4　10. M46：7-2　11. 考4079-7　12. 考4002-3　13. M60：4-1　14. M61：7-2　15. M60：4-2　16. 考4079-8　17. M46：7-3　18. 考4002-5　19. M42：4-1　20. M50：6-1　21. M62：10-2　22. 考4079-5　23. M62：10-1　24. M50：6-2　25. 考4004-13　26. 考4004-14　27. M61：7-1　28. 考4079-6（1～27. A型，28. B型；7为灰色玛瑙管，其余为棕红色玛瑙管）

（三）天河石和绿云母质地的珠子、管和坠

天河石一般为蓝绿色，兼有白色系的杂色，质地较硬，可将表面打磨光亮，但很难加工出棱角分明或复杂的形状。绿云母多数为墨绿色，兼有白色系的杂色，质地略软，可加工出棱角明显的器物。因颜色接近，大多数情况下两种石质的珠子和管混合使用，有的颜色接近

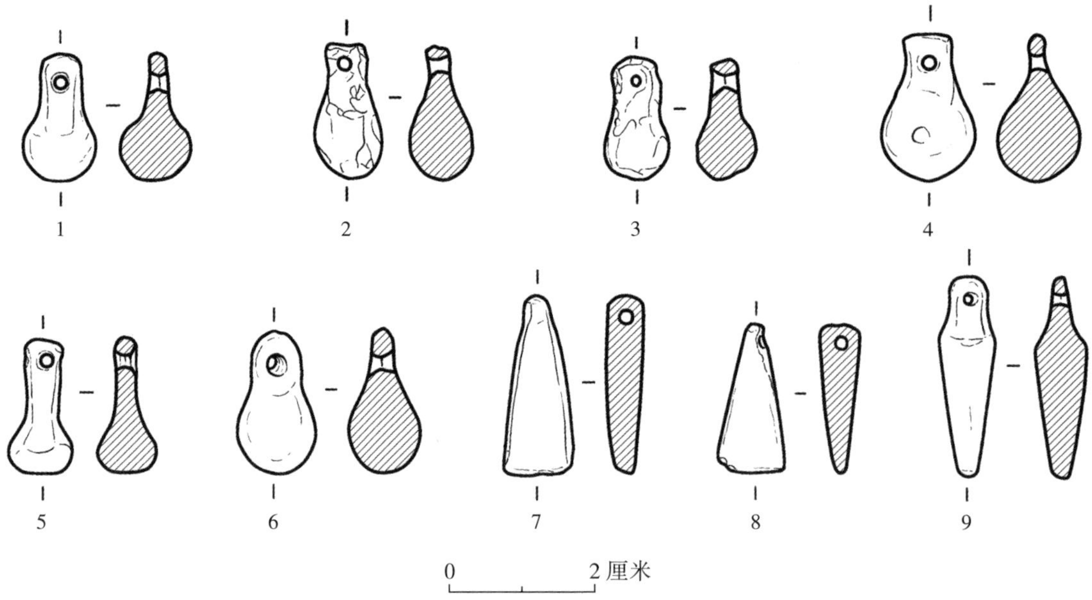

图四二四 玛瑙坠

1 ~ 6. A型（考4080-1、考4004-17、考4004-15、考4080-2、K78-531：22、考4080-4） 7、8. B型（考4002-4、考4080-5） 9. C型（考4080-6）

难以区分。因此，将两种质地的珠子和管、坠合在一起分类（彩版二一四 ~ 二一八）。

共约3031枚，其中管占大多数，珠子数量约等于管的二分之一，坠的数量极少。

1. 常规尺寸的天河石和绿云母珠

共约455枚。与常见的作为装饰品珠子的尺寸相当，直径或横截面宽度不超过1.4厘米。分甲、乙两类。

（1）甲类

451枚。整体近圆柱形或近球形。占常规尺寸珠的绝大多数（彩版二一四，1）。根据形状差别，分五型。

A型 161枚。柱形，中部竖直或略外鼓，两端平整或倾斜。大多数为天河石质地（图四二五，1 ~ 17）。

B型 7枚。扁平近饼状，两端平整或略外弧，中部圆鼓（图四二五，18 ~ 24）。

C型 38枚。近球形，中部圆鼓，两端较平或外鼓（图四二六，1 ~ 7）。

D型 240枚。中部有折棱的算珠形，两端平整或倾斜。大多数为天河石质地（图四二六，8 ~ 14）。

E型 5枚。矮棱柱形，横截面近圆角方形或长方形（图四二六，15 ~ 19）。

（2）乙类

4枚。器身较扁，形状差别较大。2枚横截面近椭圆形（图四二七，1、2），1枚侧面中部起脊，一面平整（图四二七，3），1枚近小半圆形，穿孔较短，一面平整，一面倾斜（图四二七，4）。

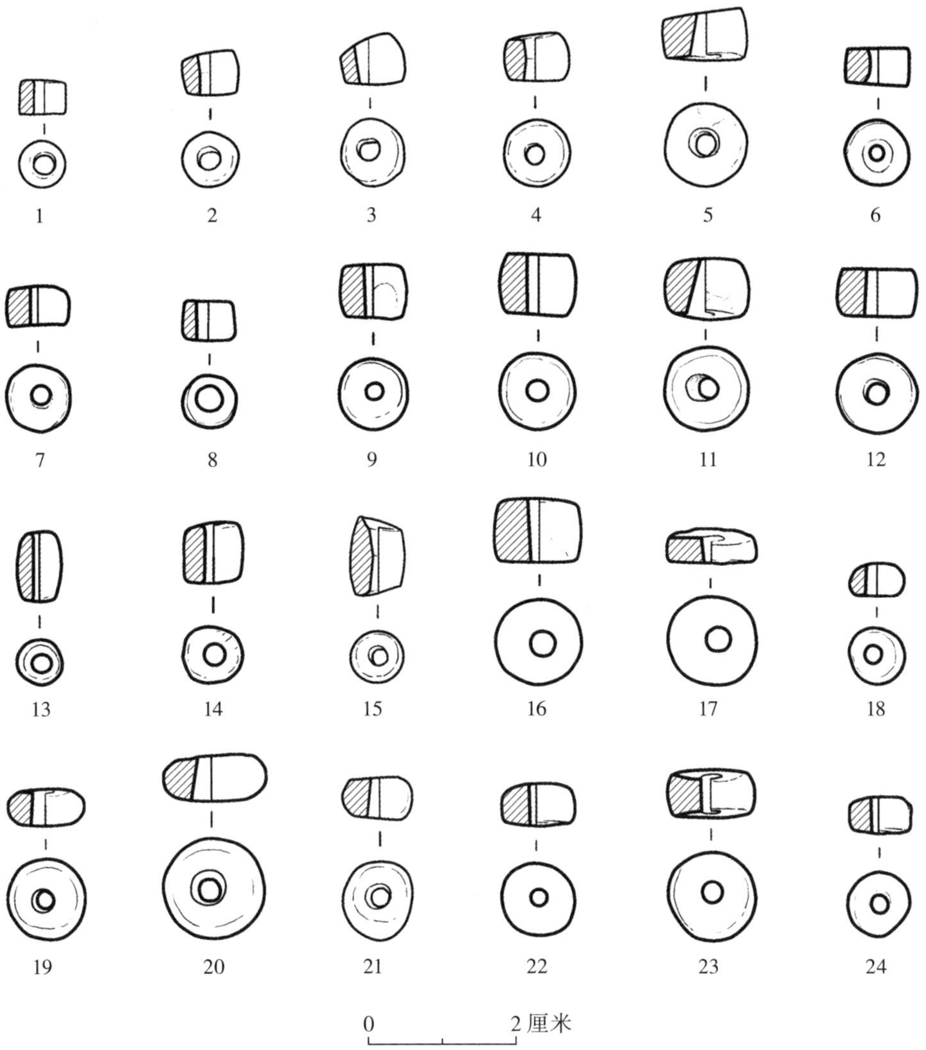

图四二五 常规尺寸的天河石和绿云母珠（甲类A、B型）

1 ~ 17. A型（M13：5-1、M60：6-2、M60：6-3、M60：6-4、M42：3、考4084-1、考4084-2、考4007-3、考4084-3 、考4084-4、考4007-4、考4084-5、考4086-1、考4004-16、M60：6-5、考4007-2、考4007-1） 18 ~ 24. B型（考4007-5、考4007-6、考4007-7、M23：5-1、考4007-9、考4084-14、考4007-8）（1 ~ 5、15为天河石珠，21为绿云母珠，其余为绿云母珠或天河石珠）

2. 扁体的天河石和绿云母珠

共约509枚。为形体较大的扁片状珠。可分为单孔珠和多孔珠两类（彩版二一四，2、3；彩版二一五；彩版二一八）。

（1）单孔珠

约478枚。占扁体珠的绝大多数。根据平面形状差别，分四型。

A型 约180枚。平面为圆角长方形或近圆角长方形，两端平直，两侧边略外弧。根据珠子两面形状的差别分为2个亚型。

Aa型 一面扁平，另一面中部起脊（图四二八，1 ~ 7）。

Ab型 两面略外鼓（图四二八，8 ~ 17）。

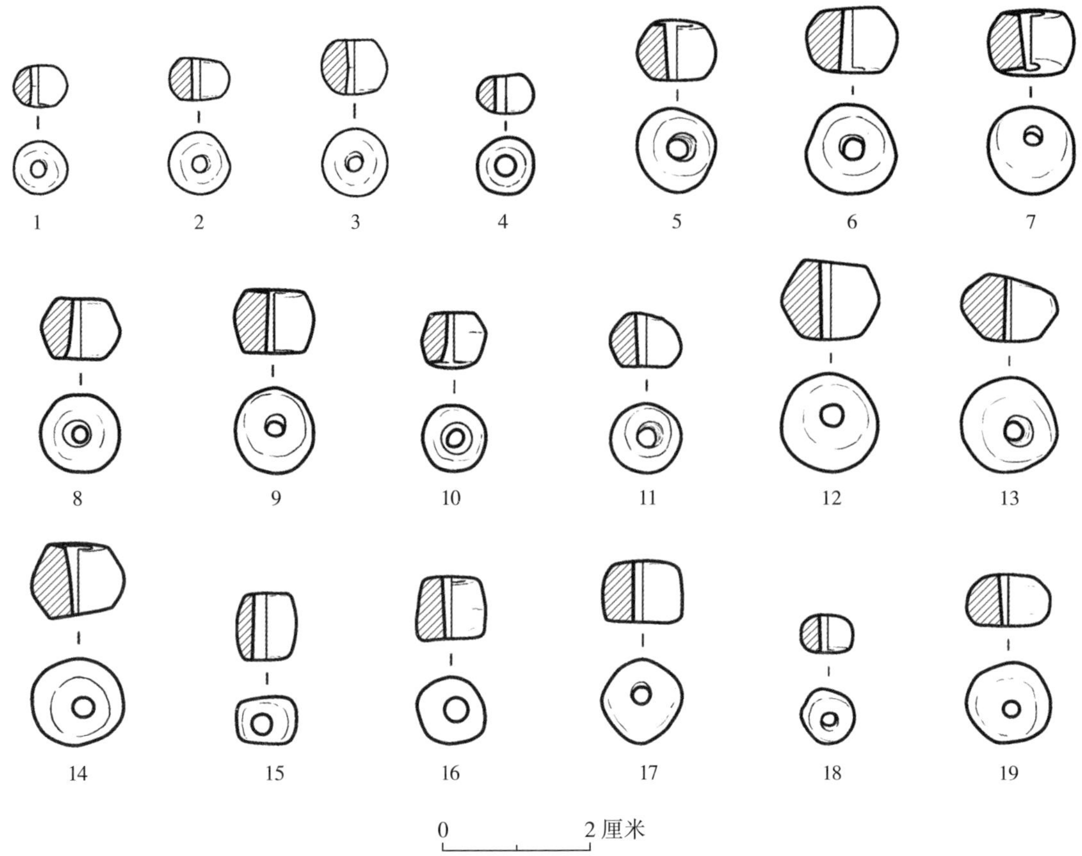

图四二六　常规尺寸的天河石和绿云母珠（甲类 C、D、E 型）

1 ~ 7. C 型（M58：9-2、M58：9-3、M58：9-4、M50：7-2、考 4007-10、考 4007-11、考 4084-6）　8 ~ 14. D 型（考 4084-7、考 4084-8、考 4084-9、考 4007-14、考 4007-12、考 4007-13、考 4084-10）　15 ~ 19. E 型（考 4008-3、考 4007-16、考 4084-11、考 4007-15、考 4084-12）（1 ~ 4. 绿云母珠，其余为绿云母珠或天河石珠）

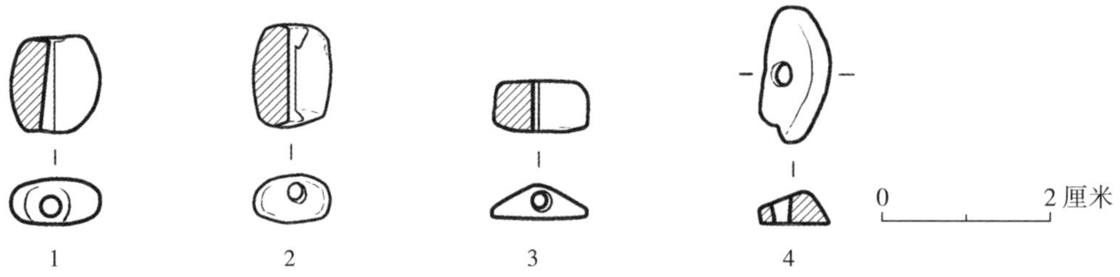

图四二七　常规尺寸的天河石和绿云母珠（乙类）

1. 考 4008-1　2. M60：6-6　3. 考 4008-2　4. 考 4081-6（2 为绿云母珠，其余为绿云母珠或天河石珠）

B 型　约 180 枚。平面为长方形，四边平直。绝大多数为绿云母质地。根据珠子两面形状的差别，分四亚型。

Ba 型　一面平整，另一面中部起脊形成折棱（图四二九）。

Bb 型　一面平整，另一面或者呈弧形外鼓，或者从两侧斜向隆起，中部平整（图四三〇）。

Bc 型　两面外鼓（图四三一，1 ~ 5）。

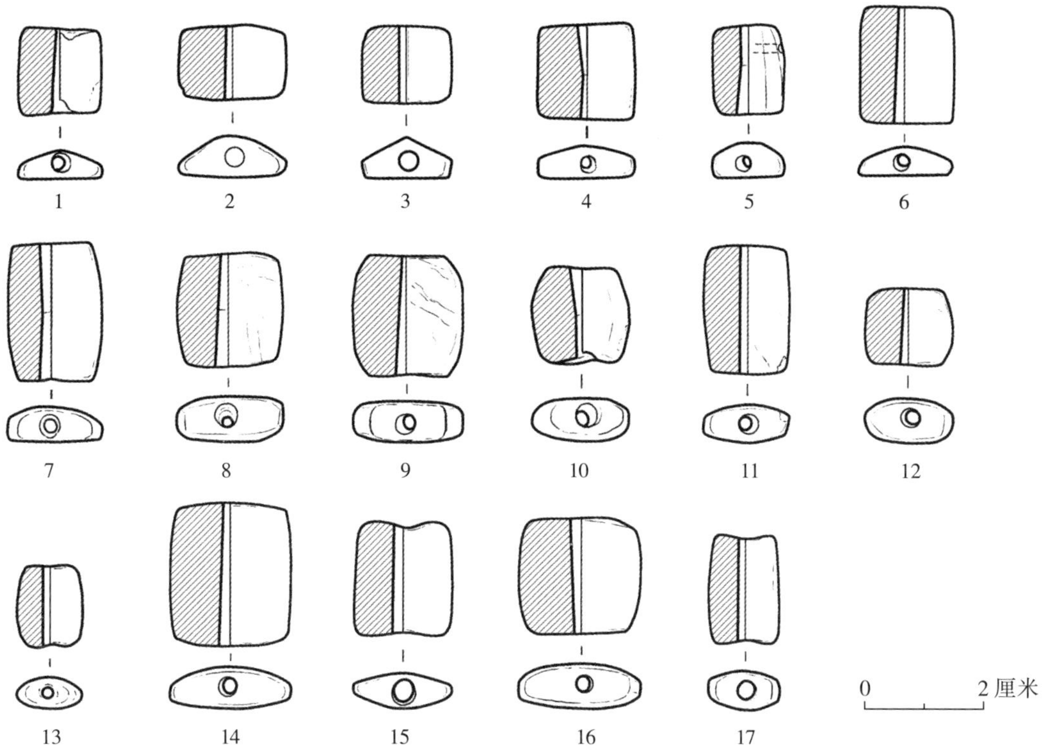

图四二八　扁体的天河石和绿云母珠（A型单孔珠）

1～7. Aa型（考4082-1、考4082-2、考4008-4、M27：4-4、考4008-5、考4008-37、M51：2）　8～17. Ab型（考4008-6、考4008-7、考4085-16、考4008-8、考4008-9、考4082-3、考4082-4、考4008-10、考4082-5、考4008-11）（4、7为绿云母珠，其余为绿云母珠或天河石珠）

Bd型　两面平整，两侧边平直（图四三一，6）。

C型　117枚。平面为六边形或近六边形。大多数为天河石质地。根据两面形状差别，分四亚型（彩版二一五，1）。

Ca型　一面平整，另一面中部起脊形成折棱（图四三二，1～3）。

Cb型　一面平整，另一面呈弧形外鼓（图四三二，4、5）。

Cc型　两面外鼓，在一面或两面形成中脊（图四三二，6～11）。

Cd型　两面呈弧形外鼓（图四三二，12～17）。

D型　1枚。平面为圆角梯形。可能是用残断的C型扁体珠改制而成（图四三二，18）。

（2）多孔珠

约31枚。有双孔珠、三孔珠和四孔珠。

a. 双孔珠

根据穿孔位置的差别，分两型。

A型　为最常见的纵穿孔。珠子平面均为长方形。多数两面平整，有的一面穿孔部位外鼓形成凸棱（图四三三，1～3）。

B型　穿孔位于珠子两端，孔较短（图四三三，4）。

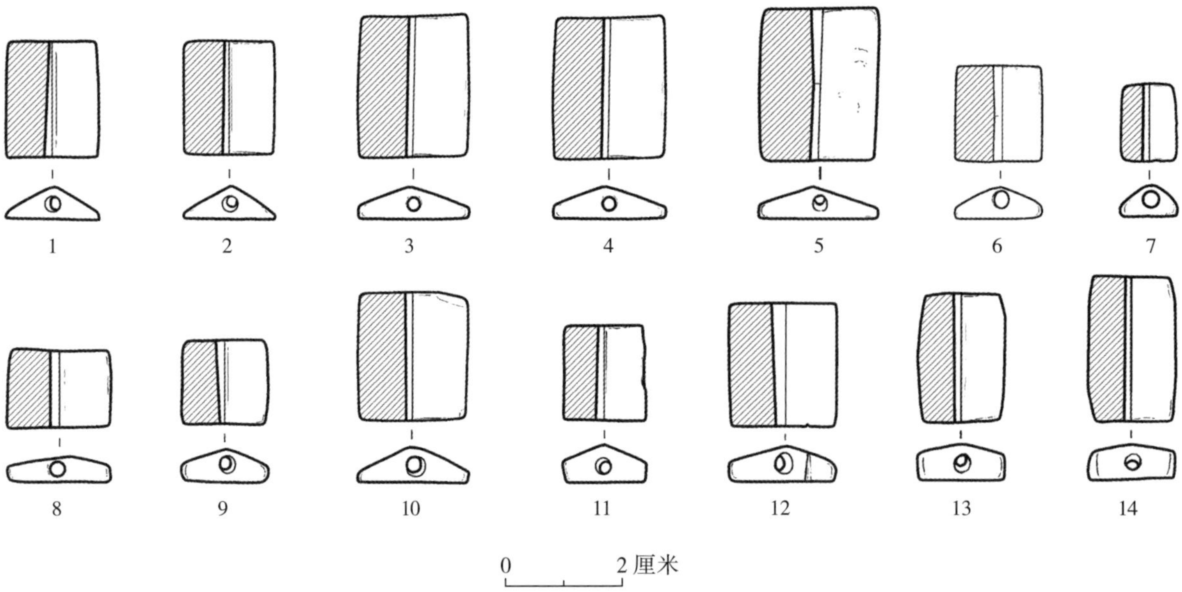

图四二九　扁体的天河石和绿云母珠（Ba型单孔珠）

1. 考4082-6　2. 考4082-7　3. 考4008-12　4. 考4008-13　5. M27：4-1　6. M62：12-1　7. 考4008-14　8. 考4082-8　9. 考4082-9　10. 考4008-15　11. 考4082-10　12. 考4082-11　13. 考4082-12　14. 考4082-13（5、6为绿云母珠，其余为绿云母珠或天河石珠）

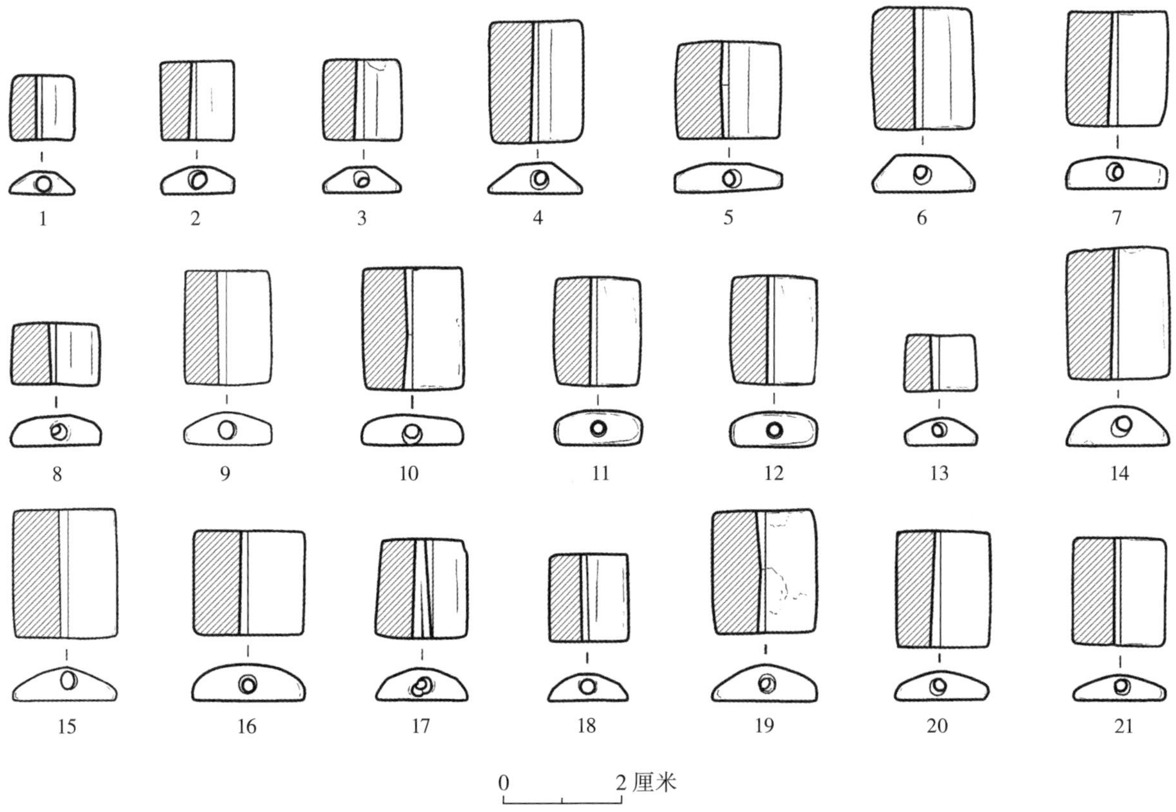

图四三〇　扁体的天河石和绿云母珠（Bb型单孔珠）

1. 考4082-20　2. 考4008-16　3. 考4008-17　4. 考4008-18　5. 考4008-19　6. 考4008-20　7. 考4082-14　8. 考4082-15　9. M62：12-2　10. M27：4-3　11. 考4082-16　12. 考4082-17　13. 考4008-21　14. 考4008-22　15. M62：12-3　16. 考4008-23　17. 考4082-18　18. 考4082-19　19. M27：4-2　20. 考4008-24　21. 考4008-25（9、10、15、19为绿云母珠，其余为绿云母珠或天河石珠）

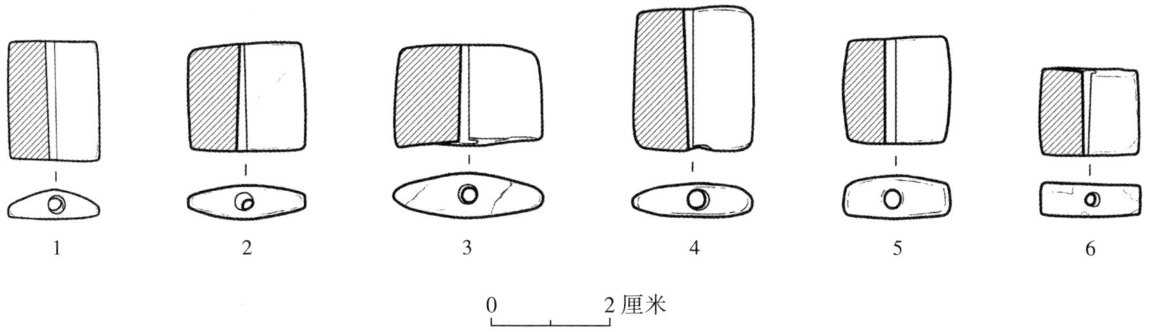

图四三一　扁体的天河石和绿云母珠（Bc、Bd 型单孔珠）

1 ~ 5. Bc 型（M62：12-4、考 4008-26、考 4008-27、考 4082-24、考 4082-21）　6. Bd 型（考 4008-28）（1 为绿云母珠，其余为绿云母珠或天河石珠）

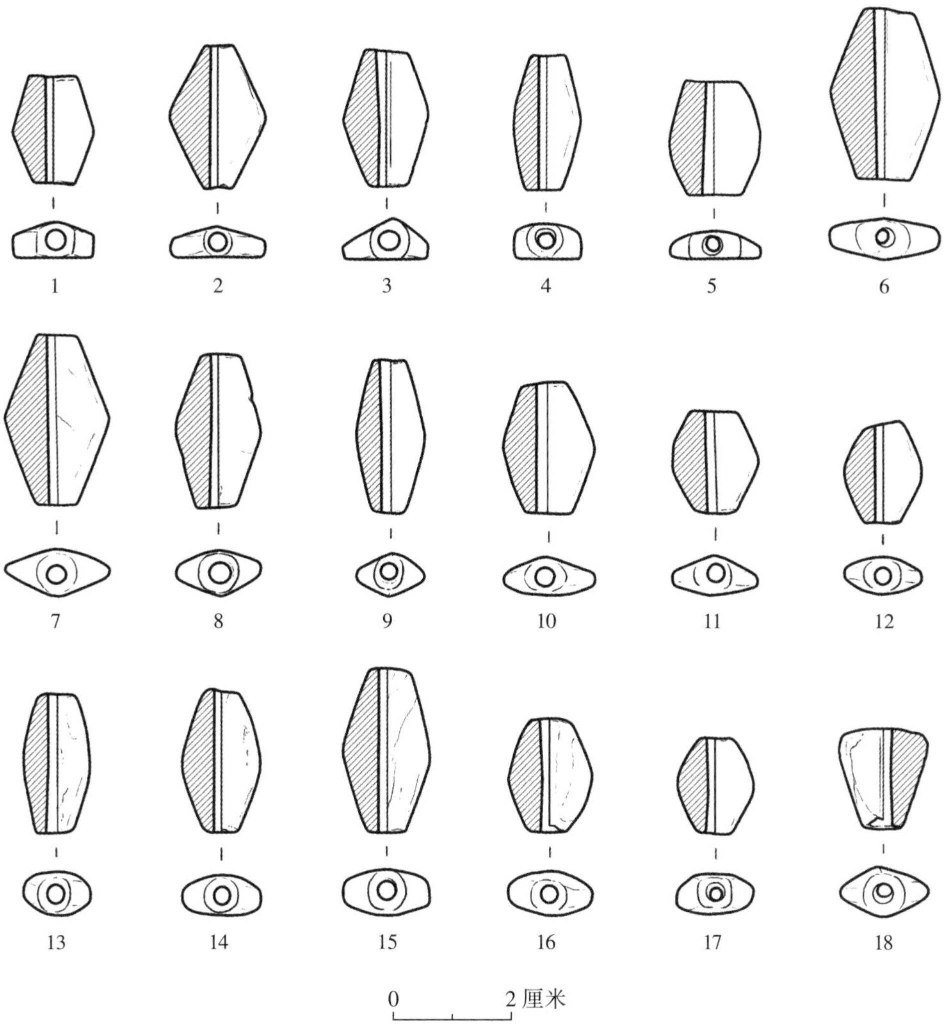

图四三二　扁体的天河石和绿云母珠（C、D 型单孔珠）

1 ~ 3. Ca 型（考 4085-1、考 4085-2、考 4085-3）　4、5. Cb 型（考 4008-29、考 4008-30）　6 ~ 11. Cc 型（考 4008-31、考 4008-32、考 4085-4、考 4086-2、考 4085-5、考 4085-6）　12 ~ 17. Cd 型（考 4086-3、考 4085-7、考 4085-8、考 4085-9、考 4085-10、考 4085-11）　18. D 型（考 4085-12）

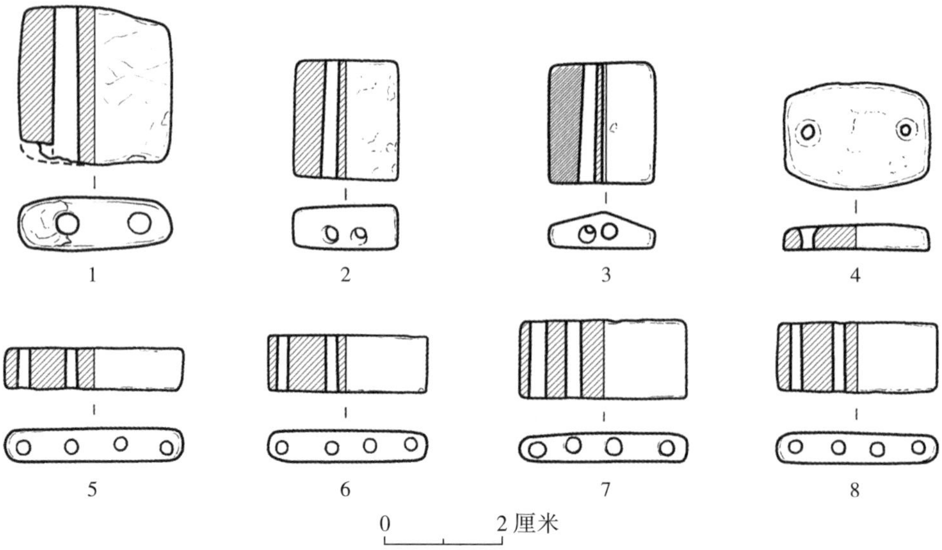

图四三三　扁体的天河石和绿云母珠（多孔珠）

1～3. A型双孔珠（考4009-1、考4009-2、考4082-22）　4. B型双孔珠（考4081-7）　5～8. 四孔珠（考4009-3、考4009-4、考4009-5、考4009-6）

b. 三孔或四孔珠

有3～4个平行的纵向穿孔。珠子均为横向狭长的长方形。多数两面平整，有的一面穿孔部位外鼓形成凸棱（图四三三，5～8；彩版二一五，2～4）。

3. 天河石和绿云母管

共2061枚。可分为横截面为圆形的圆管、横截面为圆角方形或近椭圆形的扁柱形或棱柱形管两大类，其中前者数量占绝大多数（彩版二一六；彩版二一七；彩版二一八，2）。

（1）圆管

2042枚。管的横截面为圆形。根据形状差别，分两型。

A型　363枚。管中部外鼓。根据整体形状差别，分两亚型。

Aa型　较矮胖，外鼓程度明显（图四三四，1～13）。

Ab型　较细长，外鼓程度不明显（图四三四，14～25）。

B型　1679枚。为规整的圆柱形，大多数为绿云母质地。根据整体形状差别，分两亚型。

Ba型　较细长（图四三五）。

Bb型　较矮胖（图四三六）。

（2）扁柱形或棱柱形管

19枚。根据平面形状差别，分三型。

A型　12枚。管中部外鼓。根据外鼓程度的差别，分两亚型。

Aa型　管中部外鼓程度明显（图四三七，1～6）。

Ab型　管中部外鼓程度不明显（图四三七，7～12）。

B型　6枚。管壁平直。根据整体形状差别，分为两亚型。

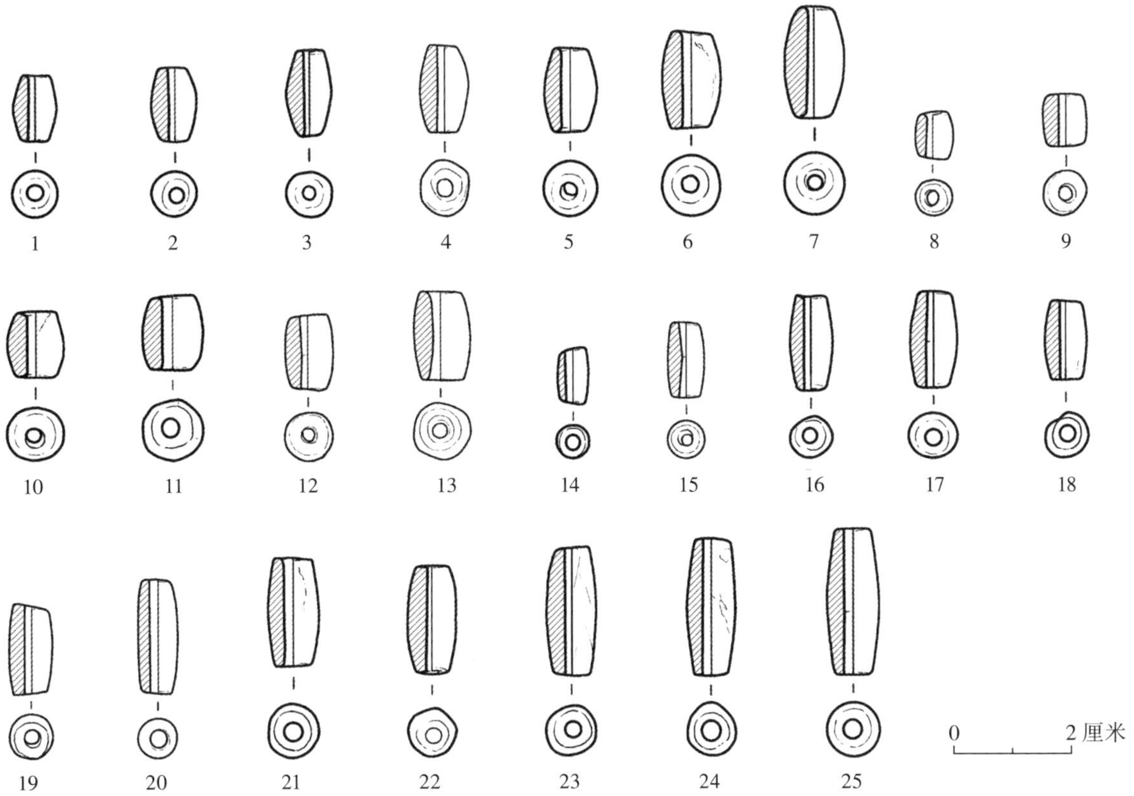

图四三四　天河石和绿云母管（A型圆管）

1～13. Aa型（考4005-1、M50：4-1、考4005-2、M58：8-2、考4086-4、考4086-5、考4005-3、M62：9-1、M43：6-3、考4086-6、考4086-7、M43：6-2、M43：6-1）　14～25. Ab型（考4086-15、M63：13-2、考4087-2、考4005-4、考4086-8、M23：5-3、M50：4-3、考4087-3、考4087-4、考4086-9、考4086-10、考4005-5）（2、4、8、9、12、13、15、19、20为绿云母管，其余为绿云母管或天河石管）

Ba型　较细长（图四三七，13、14）。

Bb型　较矮胖（图四三七，15、16）。

C型　1枚。两端不等宽，近棱台形（图四三七，17）。

4. 天河石和绿云母坠

共4枚。均在近一端边缘处有1横向穿孔。2枚为绿云母质地，平面形状近扇形（图四三八，1、2；彩版二一九，1、2）。2枚为天河石质地，平面为圆角长方形，其中1枚孔未穿透（图四三八，3、4；彩版二一九，3）。

（四）滑石珠、管和环

滑石质地较软，绝大多数为乳白色，极少数为淡绿色，形制规整。共415枚，绝大多数为滑石管，极少数为滑石珠或环。

（1）滑石珠

5枚。淡绿色，质地较软。为近圆角长方形扁体单孔珠，一面平整，另一面略外鼓（图四三九，1、2）。

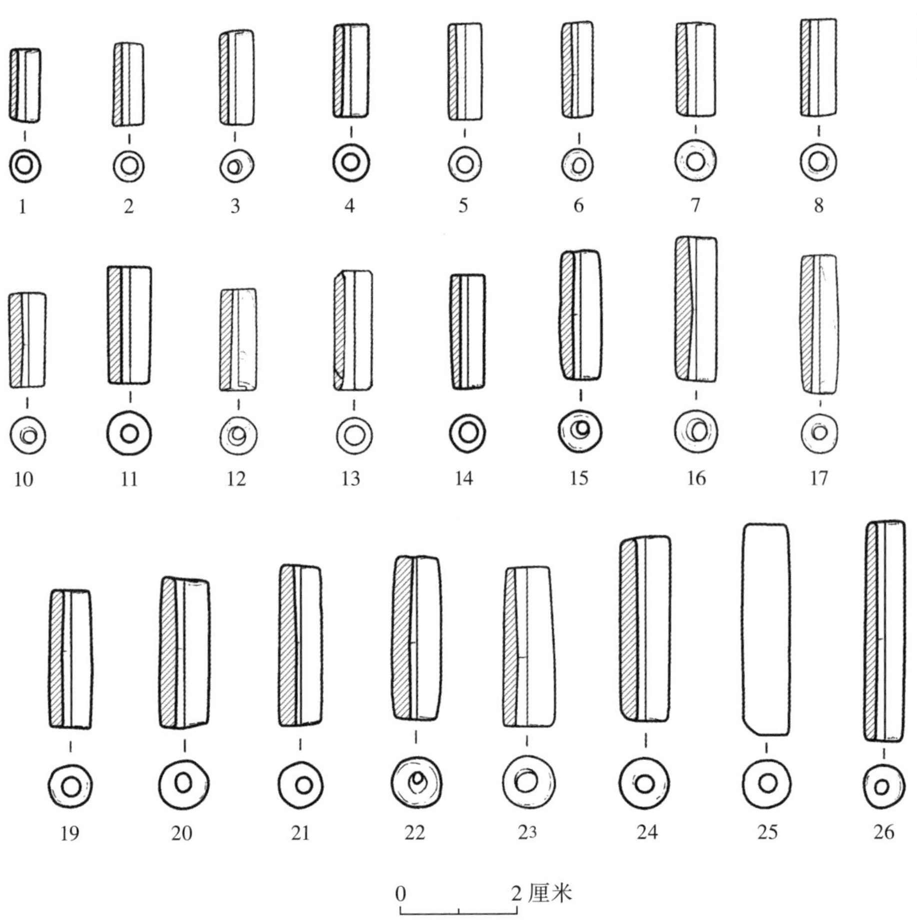

图四三五　天河石和绿云母管（Ba型圆管）

1. 考4087-5　2. M60：6-8　3. M62：9-4　4. 考4087-6　5. M43：6-5　6. M43：6-6　7. M42：5-1　8. M23：5-2　9. 考4006-1　10. M53：8　11. 考4087-12　12. M11：4-2　13. M46：8-4　14. 考4005-6　15. 考4005-7　16. M48：2-1　17. M11：4-1　18. 考4087-7　19. 考4087-8　20. 考4087-9　21. 考4005-8　22. 考4005-9　23. M46：8-1　24. 考4005-10　25. 考4087-10　26. 考4087-11（3、5～8、10、12、13、16、17为绿云母管，23为天河石管，其余为绿云母管或天河石管）

（2）滑石环

1枚。乳白色。穿孔较小，形状规整（图四三九，3）。

（3）滑石管

413枚。乳白色。形状基本相同，均为规整的圆柱形（图四四〇；彩版二二〇，1）。

（五）其他质地的珠子、管和坠

数量极少，只有约18枚。有石榴子石、绿松石、玉、黑色岩石、叶蜡石等五种质地。因没有做整体质地分析，可能还有其他质地的珠饰没有分辨出来（彩版二一九，4～14；彩版二二〇，2、3）。

1. 石榴子石珠

3枚。形状不甚规整。紫色或浅紫红色。1枚为中部带折棱的算珠形，1枚近扁圆的算珠形，

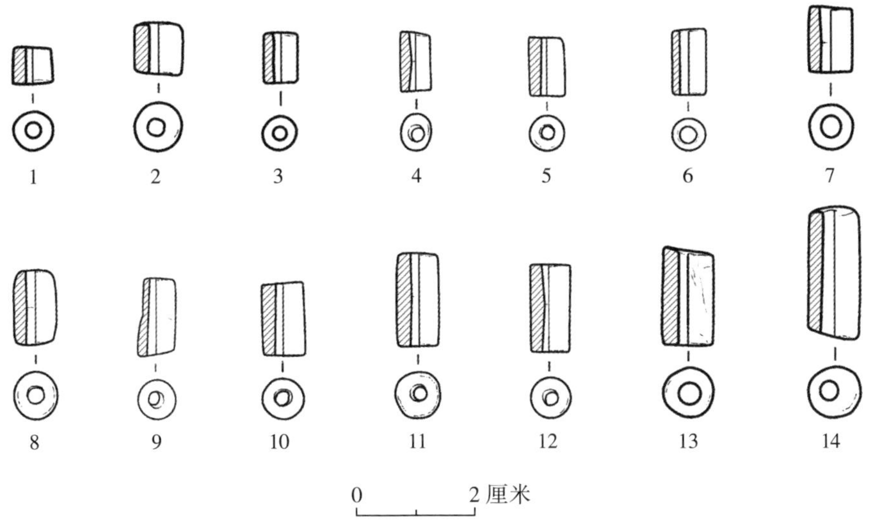

图四三六　天河石和绿云母管（Bb型圆管）

1. 考4084–13　2. 考4087–13　3. 考4087–14　4. M63：13–1　5. M62：9–2　6. M43：6–4　7. 考4005–11　8. M60：6–7　9. M11：4–3　10. M62：9–3　11. M46：8–3　12. M60：6–9　13. 考4087–15　14. 考4005–12（4～6、9～11为绿云母管，其余为绿云母或天河石管）

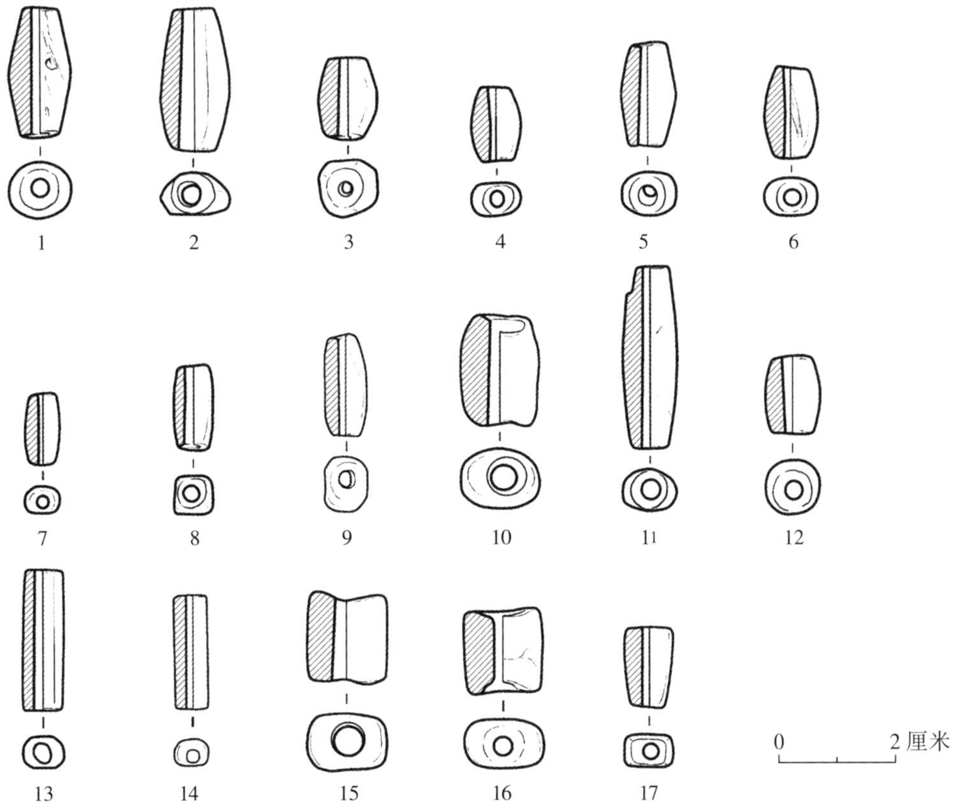

图四三七　天河石和绿云母管（扁柱形或棱柱形管）

1～6. Aa型（考4086–11、考4008–33、考4086–12、考4085–17、考4008–34、考4085–14）　7～12. Ab型（考4087–17、考4086–13、M58：8–1、考4008–35、考4086–14、考4085–13）　13、14. Ba型（考4087–16、M50：4–2）　15～16. Bb型（考4008–36、考4082–23、考4081–8）　17. C型（考4085–15）（9、14为绿云母管，其余为绿云母管或天河石管）

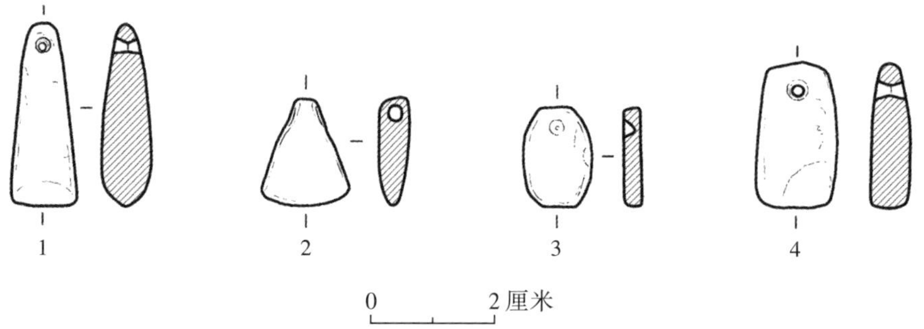

图四三八　天河石和绿云母坠

1、2. 绿云母坠（考 4080–7、考 4080–8）　3、4. 天河石坠（考 4081–9、考 4080–9）

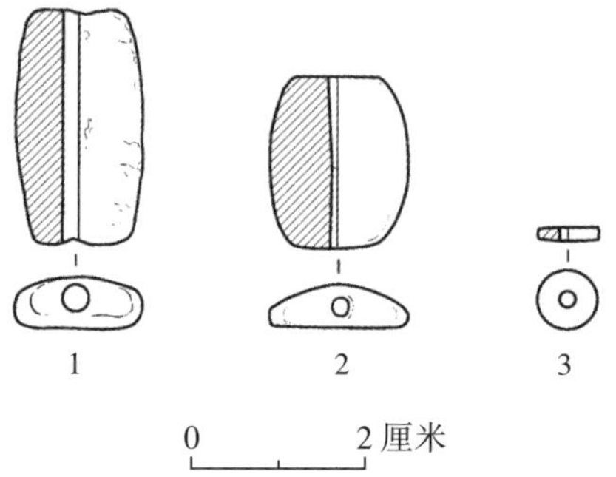

图四三九　滑石珠、滑石环

1、2. 滑石珠（M2 ：7–1、M58 ：6–1）　3. 滑石环（M13 ：5–32）

直径均为 0.7 厘米。1 枚近半球形，高 0.8 厘米（彩版二一〇，1）。

2. 黑色石珠

至少 26 枚。均为略扁的算珠形。直径 0.25 ~ 0.45 厘米（彩版二五，8；彩版二七，6）。

3. 黑色石管

共 8 枚。4 枚为较规整的圆柱形，与大多数玛瑙管的形状基本相同（图四四一，1 ~ 4；彩版二一九，7、11、12、14）。2 枚近四棱柱型，其中一枚两面管壁略内凹（图四四一，5、7；彩版二一九，8、10）。1 枚为倾斜的圆柱形管，可能是利用残断的管加工而成（图四四一，6；彩版二一九，9）。1 枚中部外鼓（图四四一，8；彩版二一九，13）。

4. 叶蜡石管

仅 1 枚（M3 ：5）。乳白色。圆柱形，中部有一纵向穿孔（图四四一，12；彩版四，8）。

5. 绿松石坠

仅 2 枚。形状较小，均利用绿松石天然形状未精细加工，在近较薄的边缘处有一穿孔（图四四一，9、10；彩版二一九，4、5）。

6. 玉坠

仅 1 枚（考 4081–12）。浅绿色。近葫芦形，无穿孔（图四四一，11；彩版二一九，6）。

（六）水晶和石质的环

1. 水晶环

仅 1 件。K53–441 ：5（考 4081–17），残存一半，横截面为菱形（图四四二，1；彩版二二〇，2）。

2. 浅棕色石环

仅 1 件（考 4081–14），残存一段，横截面为椭圆形（图四四二，2；彩版二二〇，3）。

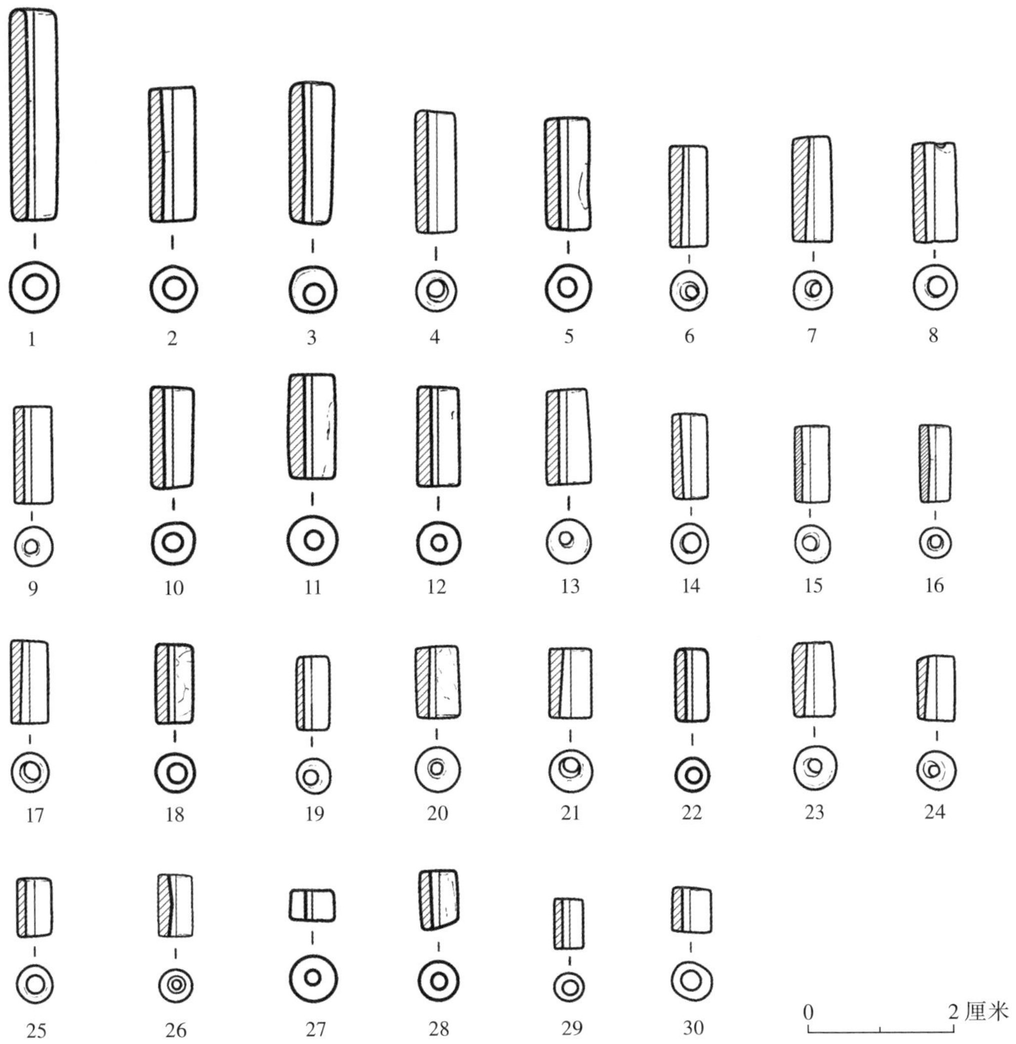

图四四〇　滑石管

1. 考 4088-1　2. 考 4006-2　3. 考 4088-2　4. M12：17-1　5. 考 4088-4　6. M15：10-3　7. M12：17-2　8. M1：3-1　9. M15：10-2　10. 考 4088-3　11. 考 4006-3　12. 考 4006-4　13. M53：7-1　14. M1：3-2　15. M27：6-1　16. M27：6-2　17. M12：17-3　18. 考 4006-5　19. M13：5-4　20. M15：10-1　21. M12：17-4　22. 考 4088-6　23. M5：11-3　24. M5：11-2　25. M4：4-1　26. M12：17-5　27. 考 4088-5　28. 考 4006-6　29. M13：5-3　30. M5：11-1

（七）细石器

数量较少，只有石镞、石叶两种。

1. 石镞

至少 10 件，7 件完整或略残，3 件只残存一部分。可辨镞身形状的 9 件。根据整体形状差别，分两型。

A 型　8 件。镞身较厚，整体细长，横截面均为菱形。根据镞轮廓差别，分四亚型。

Aa 型　2 件。形体较大，轮廓为规整的柳叶形，近底部内收明显，形成较细而短的铤（图四四三，1、2；彩版二二一，1、2）。

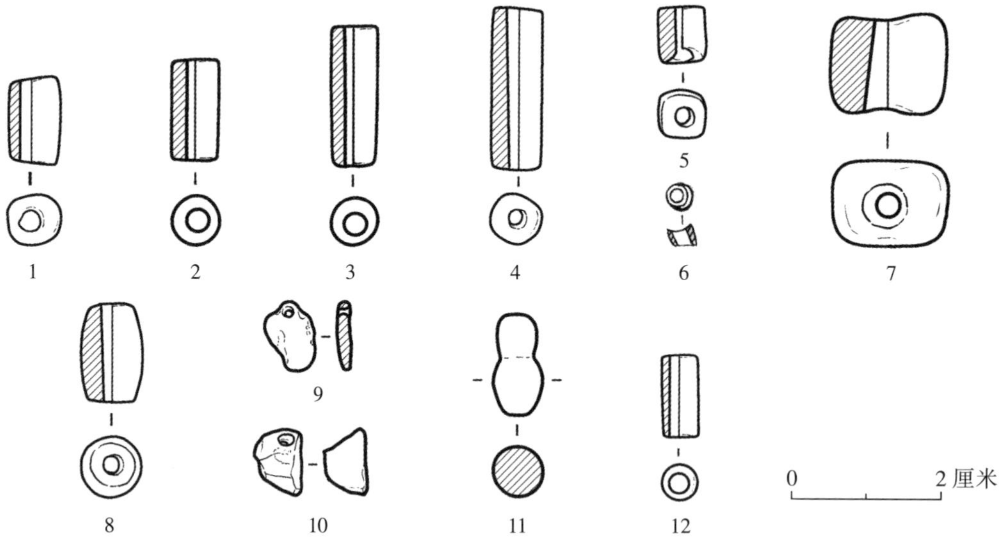

图四四一　其他质地珠子、管和坠

1～8. 黑色石管（M53：9、考 4087-18、考 4087-19、M61：4-1、M27：11、M24：8、考 4081-16、M61：4-2）　9、10. 绿松石坠（考 4081-10、考 4081-11）　11. 玉坠（考 4081-12）　12. 叶蜡石管（M3：5）

Ab 型　2 件。形体略小，镞身上半部内收明显且两侧缘略显内凹，近底部内收成较细的铤（图四四三，3、4；彩版二二一，3）。

Ac 型　1 件。形体略小，最宽处偏于镞身上半部，下半部内收成较长的铤（图四四三，5；彩版二二一，4）。

Ad 型　1 件。形体略小，轮廓为细长五边形，边缘较直，最宽处偏于镞身上半部，没有明显的铤部（图四四三，6；彩版二二一，5）。

2 件只残存镞身近顶部（彩版二二〇，4、5）。

B 型　1 件。形体较小，镞身扁宽，呈底部略凹的三角形，无铤。长 1.7 厘米（图四四三，7；彩版二二〇，6）。

1 件石镞（M22：33）整理时仅残存少量薄片，无法判断器身形状，残存部分为三角形的镞身顶部，横截面为略扁的菱形。残长 0.9、残宽 0.3 厘米。

2. 石叶

仅 1 件。石质呈浅灰色半透明状，有横的黑色条纹。压制而成，为近长条形薄片，尖端呈三角形，正面有纵向切割线，背面平整，长 1.7、宽 0.8、台面最厚处厚 0.1 厘米（图四四三，8；彩版二二〇，7）。

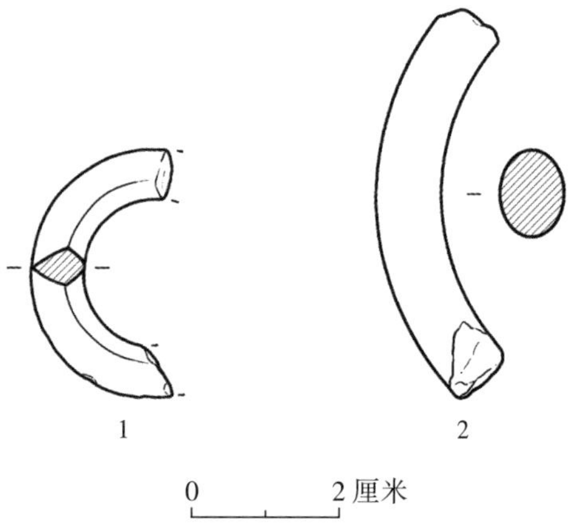

图四四二　水晶环、石环

1. 水晶环（K53-441：5）　2. 浅棕色石环（考 4081-14）

（八）磨制石器

共 12 件。绝大多数为在墓地清理区内出土。

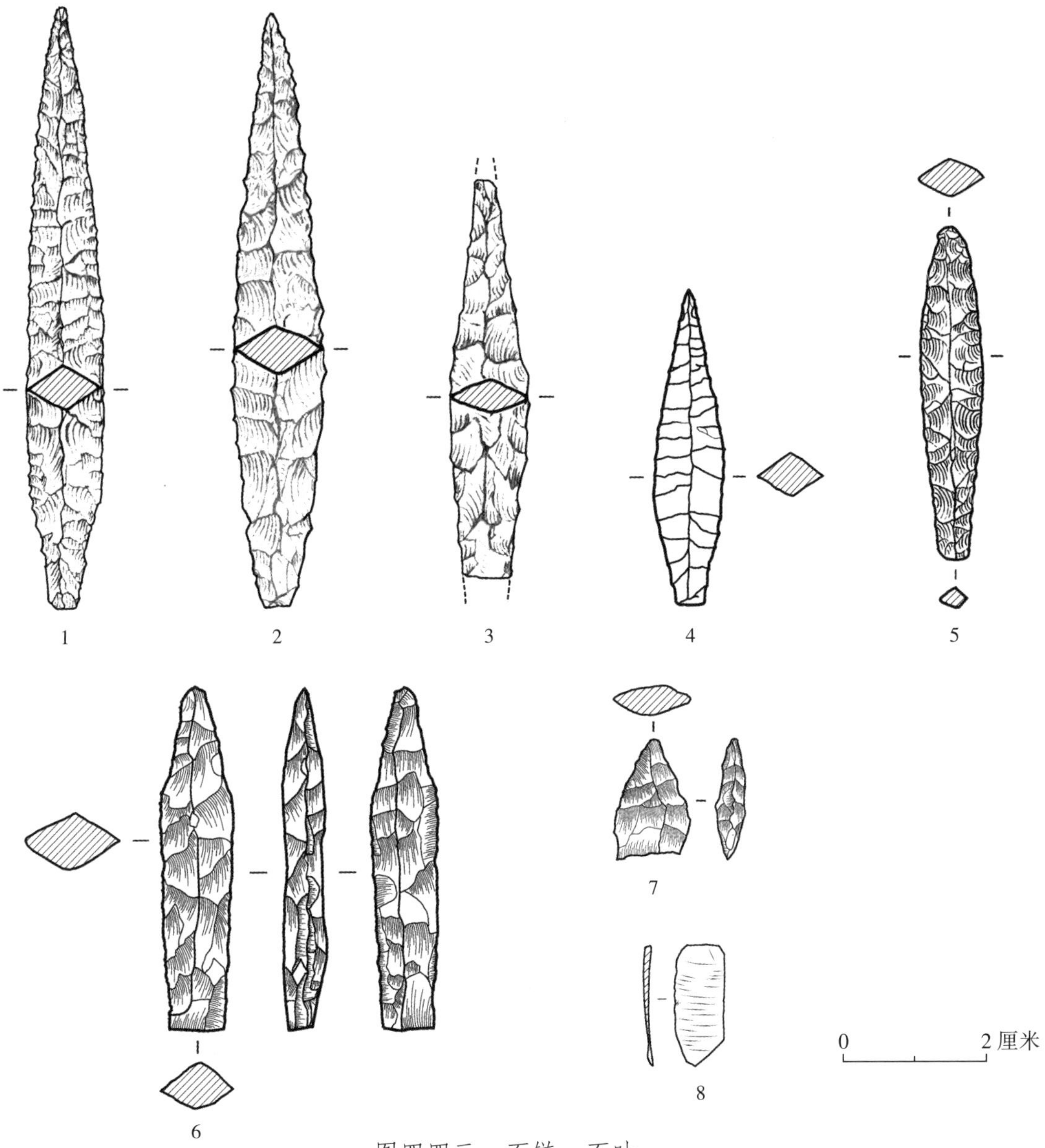

图四四三　石镞、石叶

1、2. Aa 型石镞（M45 ∶ 4–1、M45 ∶ 4–2）　3、4. Ab 型石镞（M45 ∶ 4–3、Z14 ∶ 15）　5. Ac 型石镞（M23 ∶ 4）　6. Ad 型石镞（考 4090–1）　7. B 型石镞（K59–480 ∶ 29）　8. 石叶（M2 ∶ 6）

包括砺石、石斧、石刀、研磨器、环状石器、石刀等五类。

1. 砺石

共 9 件。残存部位较大的 6 件均在一端有穿孔。7 件器身扁平，较大的 2 件近鞋底形，在较窄的一端和一侧缘内侧各有一个穿孔（图四四四，1、2；彩版二二二，1、2）。较短的 3 件底边平直或倾斜，形状和尺寸相当于近鞋底形砺石的一半（图四四四，3 ~ 5；彩版二二二，3 ~ 5）。2 件砺石中部残段，整体长度不详，其中一件中部有未钻透的孔（图四四四，6、7；彩版二二三，1、2）。1 件器身较厚，在较宽的一端有一穿孔的短刀形（图四四四，8；彩版二二三，3）。

2. 石斧

仅 2 件。形状相似，均两面外鼓，双面刃，上窄下宽，近狭长的梯形，顶部有砸击留下的疤痕。1 件（Z179：1）弧刃倾斜，两面外鼓程度较大，横截面为较鼓的椭圆形（图四四五，1；彩版二二四，1）。1 件（Z75：2）直刃微倾斜，横截面为圆角长方形（图四四五，2；彩版二二四，2）。

发掘档案记录第一件石斧采集于西沟，第二件石斧在西丰镇北山下采集。2 件石斧应为出土于西岔沟墓地附近，不能确定是否为墓地所出。

3. 石刀

共 3 件。均为弧背，有直刃和弧刃两种，因无完整器，整体形状不明。1 件为直刃，残存一半，弧背，近一端和近背部边缘各有一个穿孔（图四四五，3；彩版二二三，4）。2 件为弧刃，两端残，残存部分无穿孔（图四四五，4、5；彩版二二三，5、6）。

4. 石研磨器

仅 2 件。均为柱状，平面近梯形，研磨面略外鼓。1 件为平顶，略细长，横截面近圆角方形（图四四六，1；彩版二二五，1）；1 件为圆顶，较矮胖，横截面近圆形（图四四六，2；

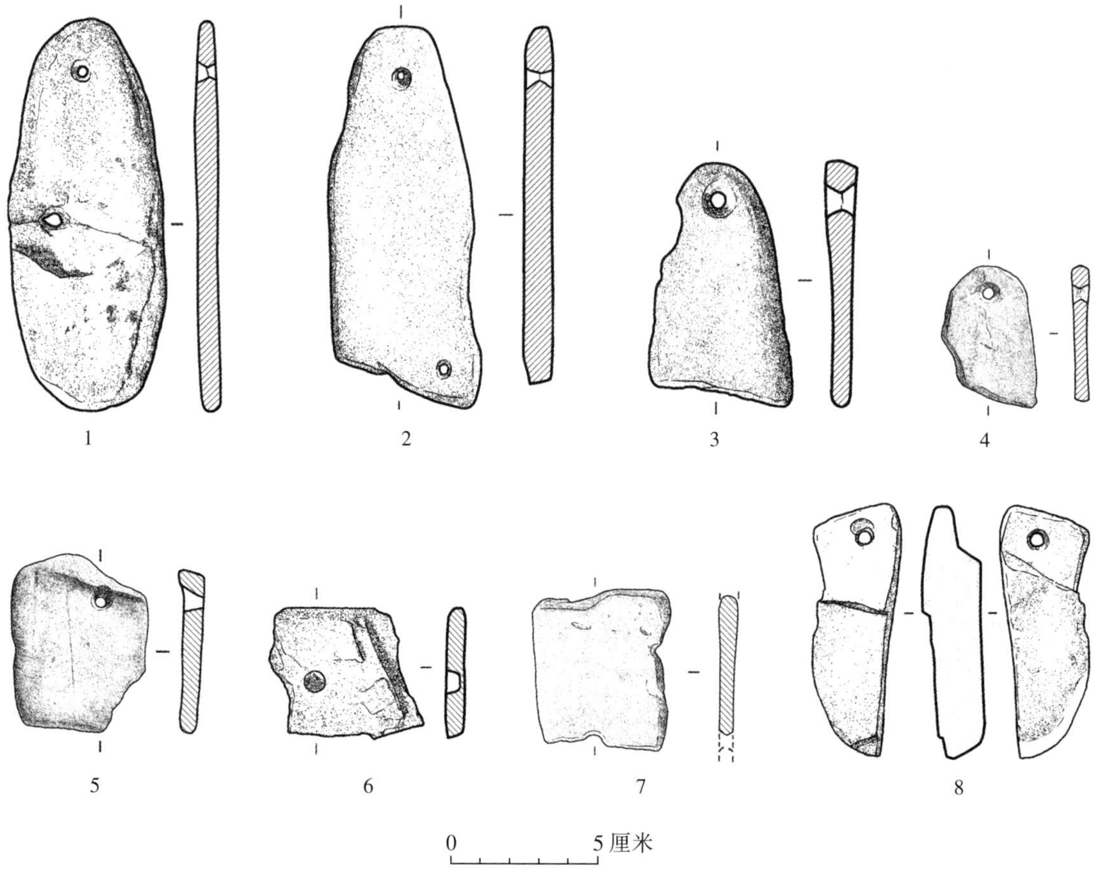

图四四四　砺石

1. K79-574：56　2. K86-607：2　3. 考 4093-3　4. 考 4093-10　5. 考 4093-7　6. K86-568：3　7. K60-462：18　8. 考 4012-2

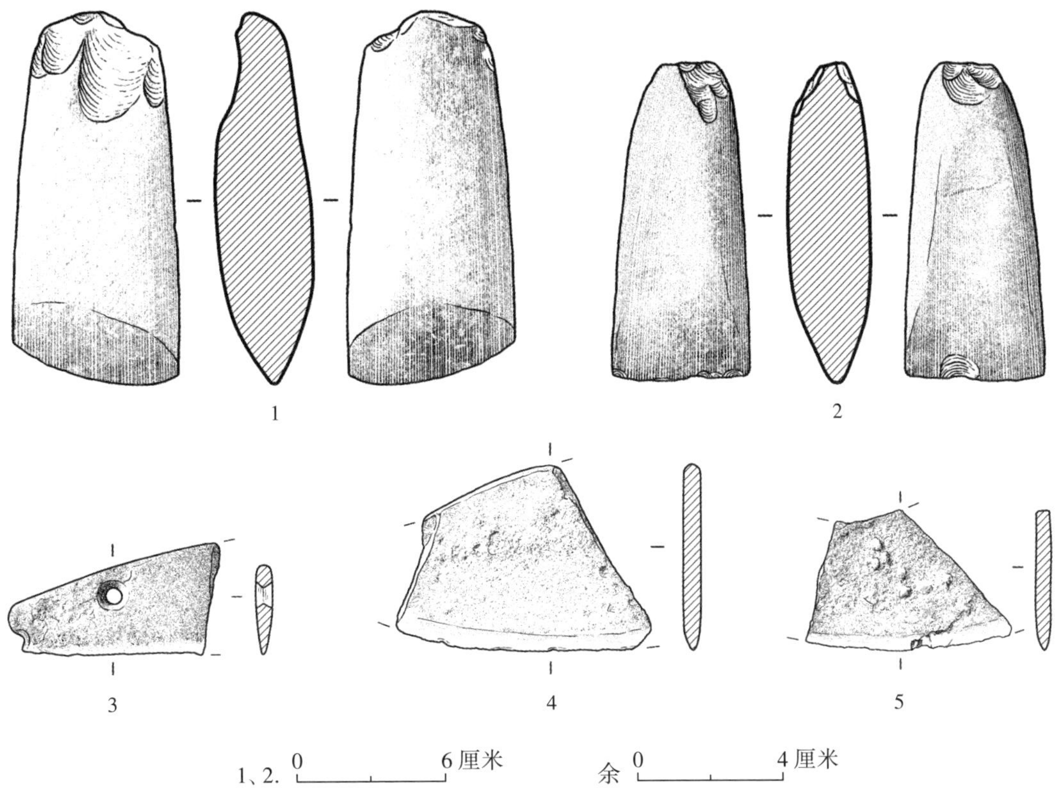

图四四五　石斧、石刀

1、2. 石斧（Z179：1、Z75：2）　3～5. 石刀（K42–270：27、考4091–2、考4091–1）

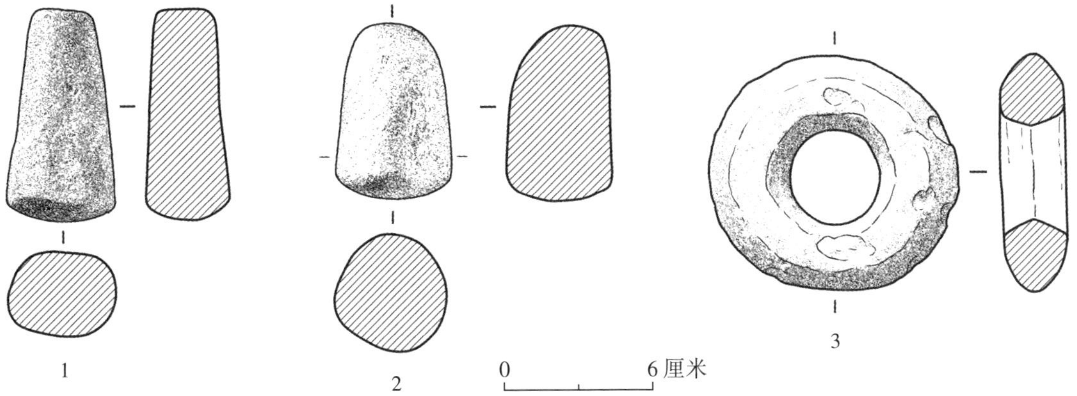

图四四六　石研磨器、环状石器

1、2. 研磨器（K58–426：4、K60–462：19）　3. 环状石器（Z179：2）

彩版二二五，2）。

5. 环状石器

仅1件。穿孔为两面对钻加工，两面有较窄的平面，外缘弧折（图四四六，3；彩版二二五，3）。

第六章 年代、文化性质和族属

西岔沟墓地发掘至今已经过去六十多年，对墓地文化性质和族属的认识，在学界一直没有定论。西岔沟墓地资料的完整发表，提供了解决这一问题的契机。

本章首先介绍墓地概况，然后分析年代和文化因素构成，最后判断墓地的族属。受发掘资料所限，无法根据器物形制演变开展墓地的分期研究，对墓地的断代，主要根据对墓地出土中原文化器物流行年代的分析。对墓地族属的判断，采用考古材料与文献记载相结合的综合分析方法。

第一节 墓地概况

根据残存墓葬和被盗掘留下的清理坑推测，西岔沟墓地原来应有近500座墓葬。

（一）墓葬

根据发掘清理的63座残留的墓葬，参考回收器物记录中村民对墓葬的描述，可归纳出西岔沟墓地墓葬分布、墓葬结构以及随葬品分布等方面的概况。

墓葬均为长方形土坑竖穴墓，西北向，呈东北—西南向的纵排分布。墓葬长1.8米左右，保存最好的两座墓葬的墓底距地表深分别为84和58厘米。已发掘墓葬的人骨保存状况均较差，推测绝大多数为单人一次葬。随葬铁剑、铁矛、铜或铁镞墓葬的墓主人应为男性，女性墓葬可能少见或不见兵器，多见珠子等装饰品或服饰。随葬品中腰带具数量较多，既有牌饰和带扣，也有坠在腰带下的铜环、勺形带饰、铜铃、坠饰以及半两钱和五铢钱等装饰物，还有小铁刀、铁锥等实用工具。墓葬一般随葬1至2件陶容器，最多的有5件。普遍用各种珠子装饰颈部、腰部。铜泡发现数量最多，应该是装饰衣服、腰带或马身上的皮带所用。还发现较多马衔和马镳等铁质马具，以及铁工具和农具。大多数铜镜应出于规格相对较高的墓葬。发掘的63座墓葬应为墓地的中小型墓，墓主人身份相对较低。鎏金车马器、鎏金腰带具、铜柄铁剑以及红衣陶壶等均不见于已发掘的墓葬，主要出自墓地的中区，该区的墓主人社会地位应较高。

（二）出土器物

西岔沟墓地出土可复原陶器共145件，其中93%为夹砂陶，7%为泥质灰陶。夹砂陶器均为体现东北地区文化传统的器物，陶色不均，以素面为主，纹饰有珍珠纹、篦点纹、附加堆纹等，有的陶壶装饰红色陶衣。数量最多的是形体较小的陶杯，其次是大口陶罐、陶壶，还有形体略大于陶杯的碗。泥质灰陶容器仅有7件，装饰水波纹、凸棱纹、绳纹，器形为汉式或仿汉式的罐和壶。

铜器共3245件，包括工具、武器、带具及服饰、车马器、铜镜、钱币等六类，另有少数功能不明的铜器。带具、服饰类的小件铜器数量最多，其中铜泡占铜器总数的60%以上。武器类中镞的数量仅次于铜泡，占铜器总数的17.39%。数量最少的是工具，其次是车马器。

铁器共计528件，有农具和手工工具、武器、带具及马具和炊器四类。武器的数量最多，其中铁镞数量占铁器总数的35%。工具的数量仅次于武器，其中环首刀、环首锥的数量最多，两者之和占铁器总数的17.2%。带具和马具的数量略少，约占铁器总数的19.1%。农具数量较少，包括镬、锄板、镰刀，约占铁器总数的4.5%。炊器只有1件。

金银器发现数量较少，主要为金丝或银丝拧绕而成的耳饰。西岔沟墓地被严重盗掘，金、银质地装饰品被盗出流失的数量非常大。清理和征集的金、银质地器物，应该只是墓地原有金银器中的一小部分。

珠子和管的种类多，数量大，有近圆球形、带瓜棱形、圆柱形、扁体长方形及六边形等多种形制，其中玻璃质地的1426枚，玛瑙的1002枚，天河石和绿云母的约3031枚，滑石的415枚。

墓地还出土少量压制的细石镞、磨制的砺石、石研磨器等。

第二节　年代

西岔沟墓地出土两大类有明确时代特征的器物。第一类是中原文化器物。此类器物断代研究充分，可作为判断墓地年代的主要依据。第二类是北方草原和东北地区特有的器物。此类器物的流行年代没有第一类的精确，但是也有相对宽泛的流行年代，可以作为墓地断代的重要参考。

（一）中原文化器物的年代

1. 铜镜

西岔沟墓地出土铜镜中数量最多的是草叶纹镜、星云纹镜，分别为8面和7面。这两类铜镜流行于西汉中期，具有明显的汉镜特征，除了少数形制特殊的草叶纹镜（如博局草叶纹镜）见于西汉早期晚段以外，其余的均流行于西汉中期。其他类铜镜通过对比分析，也可确定主要流行年代[1]。

[1]本文对汉代铜镜年代的认识，主要参考以下专著：山东省文物考古研究所：《鉴耀齐鲁——山东省文物考古研究所出土铜镜研究》，文物出版社，2009年；白云翔：《秦汉铜镜的类型及其演变》，《中国考古学·秦汉卷》第十章第二节第四部分，中国社会科学出版社，2010年；南阳市文物考古研究所：《南阳出土铜镜》，文物出版社，2010年。

（1）蟠螭纹镜

西岔沟墓地出6面蟠螭纹镜，可分为缠绕式蟠螭纹镜、连弧蟠螭纹镜两小类。这类铜镜均镜体轻薄，三弦纽，凸棱内弧缘，有双重纹饰，保留了较多战国晚期铜镜的特征，但是主体纹饰的形状和布局是西汉时期新出现的因素。

缠绕式蟠螭纹镜有4面。在《南阳出土铜镜》（以下简称《南阳铜镜》）中收录的这类铜镜，有2面出于西汉早期墓葬，4面出于西汉中期墓葬，1面出于西汉晚期墓葬（该墓未发表报告）。出该类铜镜的墓葬还有临淄商王墓地M36，年代为西汉前期[1]；安徽潜山彭岭M35，年代为西汉早期[2]；南阳丰泰的M199和M265，均为西汉武帝时期墓葬[3]。《鉴耀齐鲁——山东省文物考古研究所出土铜镜研究》（以下简称《山东所铜镜》）收录的该类铜镜，所出自墓葬的年代均为西汉早期。因此，主要根据发表材料，可将缠绕式蟠螭纹镜流行年代推断为西汉早期至西汉中期早段。

2面连弧蟠螭纹镜可以分两个类型，其中A型的也见于西汉前期的临淄商王墓地M62[4]，在《山东所铜镜》中有5面此型铜镜，均出于西汉早期墓葬。B型在《南阳铜镜》中有4面同类铜镜，其中2面出于西汉早期墓葬，2面出于西汉中期墓葬。

综合以上分析，可将西岔沟墓地所出蟠螭纹镜流行年代定为西汉早、中期。西岔沟出土的蟠螭纹境，并非西汉早期流行的与战国晚期风格非常相似的蟠螭纹镜，其蟠螭纹已经明显简化，与西汉中期流行的四乳四螭纹镜的纹饰联系相对更密切。因此，将其年代定在西汉早期晚段至西汉中期更合理。

（2）蟠虺纹镜

共有6面带方格铭文带的蟠虺纹镜，与蟠螭纹镜形制特征类似，保留了战国晚期铜镜的形制特征。这类铜镜在《山东所铜镜》中均出于西汉早期墓葬。《南阳铜镜》中有3面出于西汉早期墓，2面分别出自西汉中期和西汉晚期墓葬。通过对比可知，西岔沟墓地的6面蟠虺纹镜流行年代与蟠螭纹镜相似，为西汉早期晚段至西汉中期，也有可能晚到西汉晚期。

（3）四螭纹镜

只有2面，也保留了战国晚期铜镜的形制特征。这类铜镜在其他地区也很少见，《山东所铜镜》中有1面，出于西汉早期的墓葬。这2件铜镜形制特征与上述蟠螭纹镜、蟠虺纹镜相似，因此，其年代应在西汉早期晚段或西汉中期。

（4）四乳四螭纹镜

此类铜镜在西岔沟墓地出土6面。在《山东所铜镜》中的相同纹饰四乳四螭纹镜均出于西汉中晚期的墓葬。在《南阳铜镜》中收录10面，其中2面出于西汉早期墓葬，6面出于西汉中期、2面出于西汉晚期墓葬。综合以上对比，可知该类铜镜主要流行于西汉中期，少

[1] 淄博市博物馆、齐故城博物馆：《临淄商王墓地》，齐鲁书社，1997年。
[2] 安徽省文物考古研究所、潜山县文物管理所：《安徽潜山彭岭战国西汉墓》，《考古学报》2006年第2期。
[3] 河南省南阳市文物考古研究所、武汉大学历史学院考古系：《南阳丰泰墓地》，科学出版社，2011年。
[4] 淄博市博物馆、齐故城博物馆：《临淄商王墓地》，齐鲁书社，1997年。

数为西汉早期和西汉晚期。

（5）花叶纹镜

只发现1面残镜。这类铜镜其他地区很少见，在《山东所铜镜》中有1面，出于西汉早期墓葬。西岔沟墓地的这面铜镜的形制已经没有战国晚期的特征，边缘为武帝时期流行的内向连弧平缘，说明它和西汉中期的铜镜年代非常接近。将其断在西汉早期晚段至西汉中期早段应更合理。

（6）日光镜

共出3面，可分3个类型。A、B型均内圈有一圈带纹。目前发现的大多数日光镜是内圈有内向连弧纹，有圈带纹的日光镜在山东发现的数量最多，《山东所铜镜》中有44面，均出于西汉中晚期墓葬。C型日光镜的纹饰非常罕见，但是纹饰题材与草叶纹镜、星云纹镜和A型日光镜有相似之处，所以年代也应该与这三者接近，即西汉中晚期。

（7）四乳四虺纹镜

在西岔沟墓地只发现1面，镜体较小，边缘较窄，这两个特征与A、B型日光镜基本相同。这种镜体小、窄缘的四乳四虺纹镜很罕见，在《山东所铜镜》中有1面与其相似，但边缘略宽，镜体稍大，出于西汉中晚期墓葬，与该书收录的44面日光镜的年代相同。所以，西岔沟墓地的这面四乳四虺纹镜的年代应与同墓地的日光镜流行年代相当，即西汉中晚期。

（8）小结

通过对比分析，可将西岔沟墓地出土40面铜镜的流行年代归纳如表二二。

表二二　西岔沟墓地出土铜镜数量及流行年代统计表

种类	数量	西汉早期晚段	西汉中期	西汉晚期
蟠螭纹镜	6	√	√	
蟠虺纹镜	6	√	√	—
四螭纹镜	2	√	√	
四乳四螭纹镜	6	—	√	—
花叶纹镜	1	√	√	
草叶纹镜	8	—	√	—
星云纹镜	7		√	—
日光镜	3		√	√
四乳四虺纹镜	1		√	√

注：“√”表示主要流行年代，“—”表示可能存在年代。

从表二二中可明显看出，西岔沟墓地出土的大多数铜镜的主要流行年代为西汉中期（21面），其次为西汉早期晚段至西汉中期（15面），少数为西汉中晚期（4面）。

2. 货币

西岔沟墓地发现可辨种类的货币共50枚，均为青铜铸币，有一化圜钱、半两钱、五铢钱三类，其中36枚可进一步分析其流行年代。一化圜钱只发现2枚，为战国末年的燕国铸币。三种货币的年代详见表二三[1]。

表二三　西岔沟墓地出土货币数量及流行年代统计表

<table>
<tr><td rowspan="2"></td><td>一化圜钱（2枚）</td><td colspan="4">半两钱（23枚）</td><td colspan="3">五铢钱（25枚）</td><td rowspan="2">合计</td></tr>
<tr><td>战国末年</td><td>汉初三铢半两</td><td>高后八铢半两</td><td>文景四铢半两</td><td>残碎不详</td><td>西汉中期武帝前期</td><td>西汉武帝时期</td><td>残碎不详</td></tr>
<tr><td>数量</td><td>2</td><td>4</td><td>2</td><td>10</td><td>7</td><td>6</td><td>12</td><td>7</td><td rowspan="2">50</td></tr>
<tr><td rowspan="2">百分比</td><td>4%</td><td>8%</td><td>4%</td><td>20%</td><td>14%</td><td>12%</td><td>24%</td><td>14%</td></tr>
<tr><td>4%</td><td colspan="4">46%</td><td colspan="3">50%</td><td></td></tr>
</table>

从各时期货币数量比例关系可以看出，西岔沟墓地出土货币的流行年代与铜镜的有些类似，但是西汉早期货币所占比例更高，武帝时期的五铢钱和武帝以前的货币各占一半。在武帝以前的半两钱中，文景时期的所占比例最高，占可判断年代的武帝以前货币总数的大多数。

M46出土的4枚五铢钱用皮条穿在一起，位于腰带下方。这与外贝加尔地区西汉时期匈奴墓地五铢钱的用法相同，是作为坠在腰带下面的装饰物使用。在外贝加尔地区西汉匈奴墓葬发现的五铢钱数量很少，一座墓葬只有1至2枚，有的穿部磨损严重，很明显是长期穿挂所致[2]。西岔沟墓地其他货币的功能可能也与M46的五铢钱类似，是将货币改为装饰品使用，使用的时间也要比普通货币的更长。考虑到这一因素，可以推测西岔沟墓地出土货币的使用年代稍延后于它们在中原地区的流行年代，这样就与本墓地铜镜的流行年代相当，即西汉早期晚段至西汉中晚期，主体在西汉中期。

3. 其他中原式器物和纹饰等

（1）泥质陶罐

西岔沟墓地发现的泥质陶器数量较少，其中的A、B型罐形体较大，器身略扁圆，下腹和底部有拍印的绳纹。西汉至新莽时期汉式泥质陶器常在下腹和底部拍印绳纹，特别是西汉前期的底部拍印绳纹陶器数量较多。这种器身扁圆或折肩的大型陶罐，在东北地区西汉前、中期的墓葬中比较常见[3]。

（2）鎏金椭圆形双梁铜泡、兔形铜泡、螺形铜泡、铜贝

西岔沟墓地发现的椭圆形双梁铜泡绝大多数正面鎏金，这种铜泡只见于西汉时期的汉墓，

[1]本文对一化圜钱年代的认识参考黄锡全：《先秦货币通论》，紫禁城出版社，2001年。对半两钱的断代参考王雪农、刘建民：《半两钱研究与发现》，中华书局，2005年。对五铢钱的断代，参考蒋若是：《秦汉货币研究》，中华书局，1997年。

[2] Миняев С. С. Дырестуйский могильник. Санкт-Петербург: Европейский дом, 1998.

[3]东北汉墓所出与西岔沟墓地A、B型泥质灰陶罐同类陶器的断代参见孙丹玉：《辽海地区汉墓研究》，吉林大学2019年博士学位论文。

而且墓葬级别均比较高，如满城汉墓1号墓[1]、山东长清济北王墓[2]均出土大量此类铜泡。

西岔沟墓地的鎏金兔形铜泡也带双梁背纽，这种铜泡很罕见，在满城汉墓1号墓发现少量与其形状几乎完全相同者。

在满城汉墓1号墓、盱眙大云山1号汉墓[3]，也发现了与西岔沟墓地所出完全相同的鎏金螺形铜泡。满城汉墓1号墓还发现与西岔沟墓地相似的A型鎏金铜贝，大云山1号汉墓出土与西岔沟的鎏金铜贝形制相似的玛瑙和玉质的仿制贝。

满城汉墓1号墓主人为中山王刘胜，下葬时间为武帝元鼎四年（公元前113年）。大云山1号汉墓主人为江都王刘非，下葬时间为武帝元狩二年（公元前121年）。长清济北王墓最有可能是死于武帝后元二年（公元前87年）的刘宽之墓。三座诸侯王墓的年代均为西汉中期的武帝时期。所以，西岔沟出土的以上四种鎏金铜泡或铜贝的年代也应该主要在这一时期。

（3）熊纹鎏金铜泡

西岔沟墓地出土7枚熊纹鎏金铜泡，同样形制的铜泡主要见于西汉时期高级汉墓，年代主要为西汉中期，如武帝时期的满城汉墓、山东长清济北王墓。也有少数出于西汉早期末段（武帝初期）的诸侯王墓，如河南永城芒砀山西汉梁王墓陪葬坑（公元前123年）[4]。在西汉时期匈奴墓葬中也发现此类铜泡，但均不鎏金，尺寸也较小[5]。

（4）浅浮雕动物纹鎏金铜牌饰

西岔沟墓地出土的3件浅浮雕动物纹鎏金铜牌饰，是西汉早期晚段、西汉中期的高级汉墓中流行的带具，极少见于同时期的匈奴墓葬[6]。

（5）云气凤鸟纹鎏金铜当卢、心形鎏金铜片

西岔沟墓地出土的鎏金铜当卢表面为细线刻绘出的云气纹和凤鸟纹，在纹饰图案内鎏金。这种云气纹和凤鸟纹是西汉时期流行的纹饰，常见于漆器、铜器上，特别是此类纹饰内鎏金的做法常用于装饰贵重的铜器，多见于西汉中期。如满城汉墓1号墓和2号墓的鎏金铜当卢，均装饰了这种纹饰。西岔沟墓地当卢的形制，也是西汉中期流行的近圭形。

西岔沟墓地出土的心形鎏金铜片，纹饰风格与鎏金铜当卢的相似，也为流云纹和动物纹图案内鎏金，是西汉中期左右流行的纹饰。

（6）钱形铜佩饰

西岔沟墓地出土的钱形铜佩饰比较少见，多见于北方边郡地带，如内蒙古包头市的下窝尔吐壕汉墓M6（西汉中晚期）[7]、内蒙古准格尔旗秦汉广衍故城（秦至西汉昭帝时期）、

[1] 中国社会科学院考古研究所、河北省文物管理处：《满城汉墓发掘报告》，文物出版社，1980年。

[2] 王永波：《长清西汉济北王墓》，生活·读书·新知三联书店，2005年。

[3] 南京博物院：《长毋相忘：读盱眙大云山江都王陵》，凤凰出版传媒股份有限公司、译林出版社，2013年；南京博物院、盱眙县文广新局：《江苏盱眙县大云山汉墓》，《考古》2012年第7期。

[4] 河南省商丘市文物管理委员会、河南省文物考古研究所、河南省永城市文物管理委员会：《芒砀山西汉梁王墓地》，文物出版社，2001年。

[5] 潘玲：《伊沃尔加城址和墓地及相关匈奴考古问题研究》，科学出版社，2007年。

[6] 潘玲：《矩形动物纹牌饰的相关问题研究》，《伊沃尔加城址和墓地及相关匈奴考古问题研究》附录，科学出版社，2007年。

[7] 张海斌、李虹、许魁：《下窝尔吐壕墓葬》，《内蒙古中南部汉代墓葬》，中国大百科全书出版社，1998年。

内蒙古乌拉特前旗三顶帐房故城附近墓葬均发现类似形状的钱形铜佩饰[1]。

（7）小结

上述铜镜、货币以外的其他中原式器物，大多数可见于年代明确的高级别汉墓，这些汉墓的年代集中于武帝时期，少数出浅浮雕动物纹牌饰的可早到西汉早期。出于普通墓葬或遗址的，不能做精确断代，可确定年代为秦至西汉中晚期。

（二）非中原文化器物的年代

（1）匈奴文化器物

西岔沟墓地出土的各种形状的透雕动物纹牌饰、透雕阶梯纹牌饰、铜坠饰、勺形带饰、大部分铜带扣（北方式 Aa、Ab、B、C 型）、铜轮等都是年代相当于西汉时期的匈奴文化遗存代表性器物。西岔沟墓地的北方式铜铃，也常见于西汉时期的匈奴墓葬。这一时期的匈奴遗存在俄罗斯外贝加尔地区和蒙古北部都有发现，其中俄罗斯外贝加尔地区的研究最充分，与其共存的中原式器物主要为西汉中期流行的武帝时期五铢钱和汉式铜镜、熊纹铜泡，也有少量推测应为西汉早期使用的具有战国晚期特征的铜镜[2]。因此，可将西岔沟墓地出土匈奴文化器物的年代断代为西汉中期左右，上限可早到西汉早期。

（2）汉书二期文化器物[3]

西岔沟墓地夹砂陶器中的颈部涂红衣的曲颈壶、高颈壶，陶壶装饰的网格状篦点纹图案，金属器中的亚腰形铜牌饰、铃形铜器、金丝和银丝拧绕成的耳饰等均见于汉书二期文化晚期遗存，该类遗存因有武帝时期五铢钱共出，可判断其年代最晚可到西汉中期或中晚期，上限可到战国晚期[4]。

（三）小结

通过西岔沟墓地的各种文化因素器物的年代分析可以看出，流行年代最明确的中原式铜镜、货币的年代在西汉早期晚段至西汉中晚期。其他中原式器物流行年代也基本与铜镜和钱币的相似。西岔沟墓地的匈奴文化、汉书二期文化器物流行年代也与中原文化器物的基本相当。

总之，根据西岔沟墓地出土铜镜、五铢钱和半两钱的流行年代及其数量比例，参考匈奴文化、汉书二期文化研究成果，可将西岔沟墓地年代推定为西汉早期晚段至西汉中晚期，主体年代在西汉中期。西岔沟墓地有少量同时含 Sn、Sb 的钠钙玻璃珠，这种玻璃珠在中国境内出现年代不早于公元前 1 世纪（详见附录三），这也说明将墓地年代下限断为西汉中晚期可信。

---

［1］崔璿：《秦汉广衍故城及其附近的墓葬》，《文物》1977 年第 5 期。

［2］潘玲：《伊沃尔加城址和墓地及相关匈奴考古问题研究》，科学出版社，2007 年。

［3］本文使用的是传统的“汉书二期文化”概念，2018 年出版的《大安汉书——青铜时代遗址考古发掘报告》（科学出版社，2018 年）提出应根据典型遗址地名，将原来的“汉书二期文化”改为“汉书文化”。

［4］关于汉书二期文化晚期遗存的年代，参见：潘玲、林沄：《平洋墓葬的年代与文化性质》，《边疆考古研究》第 1 辑，科学出版社，2002 年；潘玲：《平洋墓葬再研究》，《边疆考古研究》第 10 辑，科学出版社，2011 年。

第三节　文化性质

西岔沟墓地包含汉书二期文化、中原文化、匈奴文化、辽北吉南地区的宝山文化、吉长地区与夫余相关的考古学文化等五种文化因素。

（一）汉书二期文化因素

西岔沟墓地发现的施红衣陶器数量非常多（详见附表四），在西汉中期前后，东北地区的非中原文化遗存中只有汉书二期文化流行用红衣装饰陶器。西岔沟墓地陶器中的折腹敞口壶、曲颈壶、斜颈壶、陶鬲、A型单耳大口夹砂陶罐的形制无疑都来自于汉书二期文化。西岔沟的大口罐、杯、碗和鬲的口沿部位流行装饰珍珠纹，并常与刻齿纹和刻点纹相组合。战国至西汉时期东北地区的珍珠纹主要见于汉书二期文化，在该文化的平洋墓葬中，珍珠纹也常与上述两种纹饰组合出现[1]。西岔沟墓地在陶器底部边缘饰刻齿纹或刻点纹、陶壶肩部装饰的细密篦点组成的格子纹带、大篦点组成的倒三角形纹带等无疑都来自于汉书二期文化，尤其是格子纹带只见于该文化的西汉时期陶器。

但是，西岔沟墓地的曲颈壶上已经出现泥条塑成的横桥状耳，这种器耳在东北地区中、东部的西团山文化之后诸考古遗存中普遍存在[2]，而不见分布于松嫩平原的汉书二期文化。这反映出在西岔沟墓地，已经出现汉书二期文化与本地文化因素融合的现象。

西岔沟墓地的扁身无铤铁镞，多在镞身底部的两面保留有纵向纤维痕迹，是箭杆从中部劈开夹住铁镞留下的痕迹。汉书二期文化的平洋砖厂墓地也有这种形制的扁体无铤铁镞，而且还保留了劈开的夹住铁镞底部的骨铤。西岔沟M45出土的3件柳叶形压制石镞，也见于汉书二期文化相当于西汉时期的墓葬[3]。

西岔沟墓地的亚腰形铜牌饰、铃形铜器非常少见，目前只在西汉中期的汉书二期文化的兴隆山墓葬发现同类器物[4]；与西岔沟所出形制相似的金丝拧绕成的耳饰，也主要见于汉书二期文化相当于西汉时期的墓葬；天河石和绿云母珠的形制也与汉书二期文化平洋墓葬的相同石质扁体珠非常相似[5]。

总之，在陶器形制、纹饰风格方面，西岔沟墓地与汉书二期文化的相似成分最多。此外西岔沟的部分装饰品、服饰，以及能够反映武器加工传统的铁镞和石镞等方面，也与汉书二期文化相同。汉书二期文化的主体分布于松嫩平原西北部，该文化的年代上限到战国时期，一直延续到西汉中晚期。因此，西岔沟墓地出现的大量汉书二期文化因素，无疑是来自于松

[1] 王立新：《中国东北地区所见的珍珠纹陶器》，《边疆考古研究》第2辑，科学出版社，2004年；黑龙江省文物考古研究所：《平洋墓葬》，文物出版社，1990年。

[2] 金旭东：《西流松花江、鸭绿江流域两汉时期考古遗存研究》，吉林大学2011年博士学位论文。

[3] 潘玲：《平洋墓葬再研究》，《边疆考古研究》第10辑，科学出版社，2011年。

[4] 吉林省文物工作队：《通榆县兴隆山鲜卑墓清理简报》，《黑龙江文物丛刊》1982年第3期。

[5] 本段例举的汉书二期文化墓葬材料，均出《平洋墓葬》。

嫩平原，是汉书二期文化南下的结果。

（二）中原文化因素

西岔沟墓地出土的所有铜镜、货币、鎏金铜车马具（车轙、盖弓帽、当卢）、铁马具（衔、镳）、部分中原式铜带扣、中原式铁剑、环首长铁刀、铜矛、各种鎏金铜泡、铁工具（铁锛、铁空首斧或镢、环首刀、环首锥、铁镰刀）、三棱形铁铤铜镞、钱形铜佩饰、鎏金的流云纹和凤鸟纹装饰等都很明显是中原文化的因素。泥质灰陶器的制陶工艺以及形制、绳纹，也很明显是来自于中原文化。铜柄铁剑虽然剑柄是东北当地的传统，但是铁质剑身与同时期的中原式铁剑基本相同。

西岔沟墓地出土2件带“遼”字款的铁镬，这是国内首次发现带“遼”字款的铁器，“遼”是西汉辽东郡铁官的官营作坊标记。西岔沟墓地的铁农具、手工工具的形制与汉式的同类器物相同，铜柄铁剑的剑身形制也与汉式铁剑的基本相同，铁器加工工艺也与中原的基本相同（详见附录四）。上述情况说明西岔沟墓地的大多数铁工具和一部分铁质武器是属于中原文化传统的器物，其中至少一部分铁器是辽东郡铁官的官营作坊的产品。

西岔沟墓地的中原文化因素集中反映在铜镜、货币、铁工具和武器、高级车马具等方面，在体现文化传统的陶器方面，中原文化因素所占比例较低，泥质陶器数量只占陶器总数的7%。半两钱和五铢钱，主要是用作装饰物，作货币使用的可能性很小。这说明中原文化因素并没有成为主流，多是本地无法生产的中原式金属工具和武器、日用器和高级车马具等。

（三）匈奴文化因素

西岔沟墓地曾经被认定为匈奴遗存，但是该墓地的陶器中，只有1件Aa型束颈夹砂陶壶（图二四四，1）、1件A型无耳大口夹砂陶罐（图二四七，1）与匈奴陶器有相似之处。西岔沟墓地来自于匈奴的文化因素主要为小型铜器，有各种形制的透雕动物纹和阶梯纹牌饰、铜坠饰、勺形带饰、铜带扣（北方式Aa、Ab、B、C型）、铜轮，这些器物或者为腰带具，或者为穿挂在腰带下的饰件。西岔沟墓地在腰带下悬挂几件北方式铜铃的做法，也与西汉时期外贝加尔匈奴墓葬的相同。上述腰带具和装饰品不仅见于纯粹的匈奴文化墓葬，也见于受匈奴文化影响的其他文化墓葬，如在南西伯利亚、图瓦、贝加尔湖西岸等地相当于西汉时期受匈奴文化影响的墓葬中都有发现[1]。西岔沟墓地来自匈奴的文化因素，绝大多数是匈奴文化对周边地区影响程度最大的器物，包括带具以及腰部装饰性器物。这说明西岔沟墓地只是受到了匈奴文化的影响，文化因素的主体并不是匈奴文化。

从现有的发现看，匈奴的文化影响主要是在西汉早期晚段和中期出现于东北地区的西北部，西岔沟墓地和与其文化面貌相同的吉林省东辽县彩岚墓地[2]，是目前发现匈奴文化影

[1] 杨建华、邵会秋、潘玲：《欧亚草原东部的金属之路》第六章第二节，上海古籍出版社，2016年。
[2] 刘升雁：《东辽县石驿公社古代墓群出土文物》，《博物馆研究》1983年第3期。

响的最东地点。

（四）辽北吉南地区的宝山文化因素

西岔沟墓地夹砂陶器中的D型敞口壶、鼓腹直颈罐、四耳大口罐的腹部都装饰四个对称的横盲耳或錾耳，存在大量形体较小的大口深腹罐或与其形制相似的陶碗和形体更小的陶杯，个别的大口罐还有纵向盲耳，1件Ab型夹砂陶碗的器表遍布较深的坑点。上述陶器都与当地的宝山文化陶器非常相似，尤其是明器化的大口罐和陶杯。在与宝山文化同一时期的辽北吉南地区其他遗存也流行随葬明器化的小型陶器，但是只有宝山文化的这类陶器与西岔沟的形制最接近[1]。学界认为宝山文化的年代在战国晚期至西汉初期，其分布地域涵盖了西岔沟墓地所在的西丰县境[2]。因此，西岔沟墓地陶器的上述特征，无疑应该来自于宝山文化。

西岔沟墓地的宝山文化因素已经发生变化，来自汉书二期文化的红衣陶、珍珠纹、刻齿纹等装饰手法已经用来装饰来自宝山文化的小型陶器。

（五）吉长地区与夫余相关的文化因素

西岔沟墓地带横耳的陶壶和陶罐数量较多，其中Ca型敞口夹砂陶壶、双耳鼓腹夹砂陶罐与泡子沿前山、榆树老河深中层墓葬的横耳陶壶有一定相似之处，这种横耳壶是源自于当地西团山文化的因素，在西汉时期成为夫余文化的代表性陶器[3]。但是，西岔沟墓地上述陶器的颈部形态与夫余文化的并不相同，而是与辽宁桓仁望江楼墓群为代表的早期高句丽遗存的横耳陶壶颈部相似[4]。

西岔沟墓地的甲类铜柄铁剑，是晚期阶段的东北系曲刃青铜短剑在松花江流域形成的一种区域性类型，西岔沟墓地的铜柄铁剑是其向南的进一步扩展。进入汉代，这类铜柄铁剑中有相当一部分成为夫余的遗物，但是并不是夫余所独有[5]。

西岔沟墓地中心区有58个清理坑内发现马牙，数量一般为1颗到几颗，最多的有18颗。26号清理区发现3个完整的马头骨。吉林榆树老河深墓地中层墓葬也有12座墓葬随葬马臼齿，一般每座墓1至3颗，最多的48颗。在老河深中层墓地中心区也有一个坑只葬3个马头。老河深墓地中层墓葬的年代整体上晚于西岔沟墓地，因此葬马牙、单纯葬马头的葬俗很可能是夫余接受了西岔沟墓地的影响。

（六）特有的文化因素及同类遗存的分布

西岔沟墓地出土的6件带背纽的马形铜牌饰不见于其他墓地，只在属于汉书二期文化的

[1] 金旭东：《西流松花江、鸭绿江流域两汉时期考古遗存研究》，吉林大学2011年博士学位论文；赵俊杰、金旭东：《吉林九台市关马山M1的时代、文化性质及相关问题》，《考古》2014年第3期。

[2] 金旭东：《西流松花江、鸭绿江流域两汉时期考古遗存研究》，吉林大学2011年博士学位论文。

[3] 吉林省文物考古研究所：《榆树老河深》，文物出版社，1987年；林沄：《西岔沟型铜柄铁剑与老河深、彩岚墓地的族属》，《林沄学术文集》，中国大百科全书出版社，1998年。

[4] 李新全：《高句丽早期遗存及其起源研究》，吉林大学2008年博士学位论文。

[5] 林沄：《西岔沟型铜柄铁剑与老河深、彩岚墓地的族属》，《林沄学术文集》，中国大百科全书出版社，1998年。

通榆兴隆山墓葬发现1件制作粗糙的同类形状的金质马形牌饰。兴隆山墓葬出武帝时期五铢钱，年代上限晚于西岔沟墓地。因此，带背纽的马形铜牌饰最早出现的地点是西岔沟墓地，它是东汉时期鲜卑马形牌饰的祖型[1]。

与西岔沟墓地文化面貌相同的遗存，目前只有吉林省东辽县石驿乡的彩岚墓地。该墓地在西岔沟墓地正东方，属于东辽河上游地区，从西岔沟墓地沿寇河河谷逆流而上30余千米即可到达彩岚墓地。彩岚墓地的年代与西岔沟墓地相同，铜镜以西汉中期流行的类型为主，不见西汉晚期以后的汉式器物[2]。

从上述可以看出，西岔沟墓地这类遗存在西汉早期晚段和西汉中期曾经非常强大，但是分布范围较小，只限于寇河流域和邻近的东辽河上游这一东西狭长的地带，而且在西汉晚期即突然衰落、消失。

（七）小结

根据对西岔沟墓地文化因素构成的分析可以看出，西岔沟墓地的居民主体是从松嫩平原西部南下的一支汉书二期文化居民，他们在南下途中吸收了第二松花江流域与早期夫余相关的文化因素，到达西岔沟墓地所在的寇河流域后又融合了当地的宝山文化的居民。因地域接近西汉辽东郡，同时受到匈奴势力的影响，他们也吸收了较多中原文化、匈奴文化因素。

西岔沟墓地体现汉书二期文化特征的器物和陶器纹饰，与松嫩平原汉书二期文化中心区的同类器物相似程度非常高，虽然与当地的宝山文化陶器等出现融合现象，但是仍然明显保持了自身特征。汉书二期文化因素的器物主要分布于墓葬最密集的墓地中区，中区也是精美随葬品的集中分布区。这说明，汉书二期文化的居民在西岔沟墓地占主导性地位，当地的原居民应该是处于从属的地位。墓地中的汉书二期文化因素所占比重较高，也说明汉书二期文化居民南迁到此地的时间并不长。

值得注意的是，西岔沟墓地的玻璃珠来自不同的地区，深蓝色的钾玻璃珠技术来自于南亚，可能是通过海上丝绸之路传入。浅蓝色的钠铝玻璃成分反映出它们是从草原丝绸之路传入的古罗马制造的玻璃[3]。西岔沟墓地少量带条纹的三角形玻璃坠也产自地中海地区[4]。少数西岔沟墓地的匈奴式铜带具成分为含砷青铜，说明它们很有可能产自匈奴势力到达的图瓦、米努辛斯克盆地等地区[5]。上述玻璃珠、青铜带具的产地与西岔沟墓地相距遥远，它们最有可能是通过贸易等手段间接到达西岔沟墓地。

[1] 潘玲、萨仁毕力格：《鲜卑马形牌饰的来源》，《边疆考古研究》第16辑，科学出版社，2014年。
[2] 刘升雁：《东辽县石驿公社古代墓群出土文物》，《博物馆研究》1983年第3期。
[3] 参见本报告附录三。本文对玻璃珠的认识得到李青会先生帮助。
[4] 参见李青会、左骏、刘琦：《文化交流视野下的汉代合浦港》，广西科学技术出版社，2019年。
[5] 参见本报告附录一。

第四节　社会结构及经济形态

（一）社会结构

西岔沟墓地被破坏，大多数墓葬结构不清，但是出土器物分布位置能够反映出墓地存在等级差别，这种差别可与文化传统的差别相对应。

西岔沟墓地被盗掘的重点是随葬品丰富且有金银装饰品的墓葬，这些墓葬的墓主人社会地位应该相对较高。墓地被盗掘后发掘清理的63座墓葬之所以有幸保留下来，是因为盗掘者已经有经验了，认识到此类规模小的墓葬不会随葬贵重随葬品。该墓地的铁剑、鎏金器物绝大多数是从村民手中回收的，其中所出自墓葬地点可确定、组合关系清楚的52组非发掘清理器物，80%以上出自墓地中区被破坏的墓葬。根据交回器物的村民回忆可知，出这52组器物墓葬的深度也明显较发掘的63座墓葬深。回收的少量鎏金铜车马器，也可确定出在墓地中区。52组非发掘清理器物常见组合是铁剑、动物纹牌饰、铜镜、金耳饰，这四种器物在63座发掘清理的墓葬中仅发现5件，其中唯一的1件铁剑仅为剑身残段。这说明主要位于墓地中区的52组非发掘清理器物，应出自墓地社会地位相对较高人的墓葬，墓葬的规模也较大。社会地位较高的人一般葬于墓地中区。

西岔沟墓地清理发掘的63座规模相对较小的墓葬分布于墓地的三个区，其中南区29座，中区24座，东区10座。中区面积占墓地总面积的45%以上，但是清理发掘的墓葬只占总数的38%。这一方面说明墓地中区被盗掘严重，保留下来的墓葬数量较少；另一方面也反映出，墓地中区不是中小型墓葬的主要分布区，而主要是级别较高墓葬的分布区。

与以上差别相对应的是，体现汉书二期文化传统的红衣陶器、曲颈壶、斜颈壶、带篦点组成的几何纹的陶器、铃形铜器、亚腰形铜牌饰等也大多数发现于墓地中区。由此可以推测，墓地中身份高、占有财富多的社会上层人群主要是从松嫩平原南下而来的汉书二期文化居民或其后裔。

在中原地区，汉代的鎏金车马器大多数出自西汉中期的大型墓葬，在诸侯王级别墓葬中发现的数量最多。西岔沟墓地发现的鎏金铜车轪、鎏金铜盖弓帽等车器与西汉时期的汉式车马器相同，说明墓地有来自汉地的高级马车，这也与汉代匈奴大型墓葬普遍随葬汉式马车的葬俗相同。西岔沟墓地发现的汉式车器数量非常少，且集中于墓地中区，推测很可能是属于同一辆汉式马车。因此，葬在墓地中区处于社会上层的汉书二期文化居民中，还可以分出两个层次：最高级的只有一人或一个家族，使用来自汉地的高级马车，应为首领级别的人物；其余大多数人为第二级别。

总之，西岔沟墓地人群可分为三个层次，最高级的是使用高级汉式马车的首领级人物；第二层次是集中葬于中区，随葬铁剑、铜镜、铜牌饰及金耳饰的人群；第三层次身份最低，墓葬规模小，不见或极少见第二层次墓葬中常见的四种随葬品。第一和第二层次人群应为来自汉书二期文化的居民及其后裔；根据发掘的63座墓葬推测，第三层次人群的随葬品中多种文化因素融合的特征更明显。

（二）经济形态

西岔沟墓地发现较多青铜和铁质的镞、铜柄铁剑、铁矛、长铁刀等武器，环首铁刀[1]、铁锥、铁锛、铁镬等手工工具和农具的数量也较为可观，还发现骨镞和压制石镞。动物遗存发现野驴骨骼，有出土大量马牙和马头的葬马坑，也发现少量牛、猪的骨骼。墓地出土数量较多的铁衔、镳，应该是骑乘用的马具。西岔沟墓地的腰带具发达，与西汉中期左右的外贝加尔匈奴墓葬的腰带结构较为相似[2]。有些墓葬随葬3件陶器，最多一座墓葬随葬5件陶器，有的陶器形体较大。根据上述发现可以推测，西岔沟墓地的人群骑射技术较发达，经营畜牧业、农业，也从事狩猎，已经有定居成分，并非纯粹的游牧人群。

第五节　族属的探讨

西岔沟墓地的族属问题一直没有定论，主要原因是发表的材料太少，无法展开深入的分析。西岔沟墓地资料的完整发表，使我们对墓地文化因素构成有了全面的认识，为解决这一学术问题奠定了坚实的基础。

（一）研究简史

对于西岔沟墓地居民的族属，学界主要有四种观点。20世纪60年代初，西岔沟墓地发掘者孙守道先生提出墓地为匈奴文化遗存[3]，之后不久吴荣曾（笔名曾庸）先生提出西岔沟墓地为乌桓遗存[4]。80年代，蔺新建（笔名田耘）先生提出西岔沟墓地是夫余遗存[5]。

1992年，林沄先生提出西岔沟墓地与后来认定为汉书二期文化的平洋墓葬、兴隆山墓葬有较多相似之处，与当地的大架子山上层遗存的关系也应该引起足够的重视。认为西岔沟墓地族属的分析应该综合考虑各种因素，在资料没有完整发表的情况下，对其族属的认定应采取审慎的态度[6]。1997年，郑君雷进一步强调西岔沟墓地的原生文化因素是从北方南下的观点[7]。2007年，潘玲提出西汉中期左右松嫩平原的汉书二期文化受到来自蒙古和外贝加尔一带匈奴文化的强烈影响，两者一起南下到辽宁北部一带，西岔沟墓地就是这些南下人群留下的遗存[8]。

---

[1] 西岔沟墓地出土的环首铁刀，除了3件长度超过40厘米的长刀为武器以外，其余的均为手工工具。

[2] Миняев С. С. Дырестуйский могильник. Санкт-Петербург: Европейский дом, 1998.

[3] 孙守道：《“匈奴西岔沟文化”古墓群的发现》，《文物》1960年第8、9合期。

[4] 曾庸：《辽宁西丰西岔沟古墓群为乌桓文化遗迹论》，《考古》1961年第6期。

[5] 田耘：《西岔沟古墓群族属问题浅析》，《黑龙江文物丛刊》1984年第1期。

[6] 林沄：《西岔沟型铜柄铁剑与老河深、彩岚墓地的族属》，《林沄学术文集》，中国大百科全书出版社，1998年。

[7] 郑君雷：《中国东北地区汉墓研究》，吉林大学1997年博士学位论文。

[8] 潘玲：《伊沃尔加城址和墓地及相关匈奴考古问题研究》，科学出版社，2007年。

（二）墓地遗存反映出的居民特征

根据对西岔沟墓地的年代和文化因素构成的分析，可以对该墓地所属人群得出以下四点认识：

1. 墓地主体年代为西汉早期晚段至西汉中期。这一时期为其繁荣期。至西汉中晚期墓地明显衰落。墓地结束时间在西汉中晚期。

2. 墓主的主体是从松嫩平原西部南下的人群，虽然南下到该地的时间并不长，但是已经与第二松花江流域的夫余先民和当地的原居民有密切交流。

3. 西岔沟墓地人群的军事实力强大，尚武风气较浓。除了汉书二期文化，西岔沟墓地还汇聚了中原文化、匈奴文化、宝山文化、第二松花江流域与早期夫余相关遗存的文化因素。

4. 西岔沟墓地及同类遗存在西汉中晚期突然消失，说明该类遗存很可能是因突发事件而消失。联系到这里接近西汉的辽东边塞、遗存中有大量的中原文化因素，可以认为，西岔沟墓地的突然衰落乃至消失，最有可能是因受到了西汉的军事打击所致。西岔沟墓地的居民，应该是西汉辽东边塞以外的一支军事实力强大的北方族群。

（三）族属的讨论

关于西岔沟墓地的族属，有匈奴、夫余、乌桓三种观点。以下根据墓地出土材料逐一分析。

1. 匈奴说

西岔沟墓地的145件可复原陶器中，只有2件陶器与匈奴陶器有相似之处。其中1件陶壶与匈奴陶壶器形有些相似，其水波纹与匈奴陶壶水波纹的位置和形制相同，但是没有匈奴陶器非常流行的砑光暗纹。1件深腹的陶罐（M53：1）与匈奴的器形有些相似，但是肩部较后者略靠下且外鼓更明显，也不见匈奴大口深腹罐常见的纵向刮抹纹饰。西岔沟墓地的匈奴文化器物，均为铜质腰带具或穿挂在腰带下的服饰类器物，包括镂空动物纹牌饰、勺形带扣、铜坠饰、北方式带扣、铜轮等。这些器物也见于受匈奴文化影响的其他地区，大多数是西汉时期匈奴文化向外传播的代表性器物[1]。

与可通过贸易等手段进行远距离传播的小件青铜器相比，陶器更能直接地反映人群的文化传统。因此，仅凭借陶器的发现情况，即可以判断西岔沟墓地的居民并不是匈奴人，或者只有极少数的匈奴人。该墓地的匈奴文化因素，是受到匈奴文化影响的结果，不能说明该墓地主体人群是匈奴。

2. 夫余说

西岔沟墓地的少量横耳陶壶或陶罐，与老河深墓地中层墓葬的横耳陶壶的器耳形制相同，但是器身形制差别较大。西岔沟墓地形体较小的无耳大口罐、陶杯，与老河深墓地数量较少的小陶罐和数量较多的陶杯的形制有相似之处。但是，带横耳陶器是两汉时期长白山地区及

[1] 杨建华、邵会秋、潘玲：《欧亚草原东部的金属之路》第六章，上海古籍出版社，2016年。

其西部的吉长地区、辽宁省北部地区等很大范围内考古遗存共有的，使用大口的形制简单的小型陶罐和陶杯随葬，也是这一区域内两汉时期墓葬共有的特征。所以，上述陶器方面的相似性，只能说明两者具有相同的地域特征，不能据此证明西岔沟墓地属于夫余遗存。

西岔沟墓地出土的铜柄铁剑、铜护心镜以及葬马牙的习俗等，都是以老河深中层墓葬为代表的夫余遗存的代表性特征。西岔沟墓地的金、银耳饰，确实是老河深墓地金丝拧绕耳饰的祖型。这种耳饰也见于年代晚于西岔沟墓地的辽宁桓仁县望江楼墓地，目前学界认为该墓地是早期高句丽的遗存[1]。

虽然西岔沟墓地有很多与汉代夫余遗存相似的因素，但是作为对比材料的汉代夫余遗存均为老河深墓地中层墓葬，其年代为西汉晚期至东汉前期，随葬西汉晚期至东汉前期流行的铜镜，绝大多数陶器已经为泥质灰陶。这些都反映出老河深中层墓地明显晚于西岔沟墓地。目前学界认为最早的夫余遗存是分布于吉林市的泡子沿类型的遗址和墓葬[2]，年代为战国晚期至西汉早期[3]，其中与西岔沟陶器最相似的是带横双耳的内斜颈陶壶，这种陶壶侈口，圆肩，最大径在上腹。西岔沟的内斜颈陶壶均为直口，弧折腹，最大腹径在腹中部。泡子沿类型的内斜颈陶壶与老河深中层墓葬的有明显的继承关系，但是与西岔沟墓地的差别较大，两者的相似之处只是都有内斜颈壶和横双耳壶。内斜颈壶是汉书二期文化的特征，横双耳壶是吉长地区西团山文化之后诸考古学文化共有的器物。

可见，目前见到的与西岔沟墓地有较多相似因素的夫余遗存，均为晚于西岔沟墓地的西汉晚期及以后的夫余遗存。年代可早到西汉早期的夫余遗存，只有一种陶壶与西岔沟墓地的有相似之处。这里不排除泡子沿类型遗存发现数量少导致可对比材料太少的因素，但是至少根据目前的考古发现，无法证明西岔沟墓地的主体是夫余的遗存。

考古发现和文献记载均表明两汉夫余的活动中心在吉长地区，与西岔沟墓地相距较远，也不见夫余在西汉时期侵扰辽东边塞的文献记载。这可进一步说明西岔沟墓地不可能是夫余的遗存。

西岔沟墓地与夫余遗存陶器的相似因素，一方面是因为两者包含汉书二期文化的因素，如都有斜颈壶等；另一方面是西岔沟墓地吸收的吉南和辽北地区的文化因素中，本身在陶器方面就与夫余遗存有亲缘关系。

3. 乌桓说

虽然早在20世纪60年代初吴荣曾先生已提出西岔沟墓地为乌桓遗存的认识，但是至今这一观点也没有得到进一步论证。现在通过对西岔沟墓地遗存和文献记载的综合分析可以看出，与匈奴和夫余说相比，乌桓说最具合理性。

（1）相关文献记载

乌桓始见于史的年代是西汉时期，分析其早期历史，应该使用与西汉时期年代最接近的

[1] 李新全：《高句丽早期遗存及其起源研究》，吉林大学2008年博士学位论文。
[2] 吉林市博物馆：《吉林市泡子沿前山遗址和墓葬》，《考古》1985年第6期。
[3] 乔梁：《吉长地区西团山文化之后的几种古代遗存》，《辽海文物学刊》1993年第2期。

文献。依据两汉时期成书的《史记》和《汉书》，参考西晋时期成书的《三国志》关于乌桓的记载[1]，对西汉中期以前的乌桓可以得出以下几方面的认识。

a. 关于乌桓的族源

两汉时期成书的文献没有为乌桓立传，也没有提到其族源。关于乌桓族源的记载，最早见于西晋时期成书的王沈的《魏书》，该书已失传，但是裴松之给《三国志・魏书・乌桓鲜卑东夷传》所做的注中保留了王沈《魏书》的相关记载，即“乌丸者，东胡也。汉初，匈奴冒顿灭其国，余类保乌丸山，因以为号焉”[2]。这一记载说明，西晋时期的史家认为东胡在西汉初期受到匈奴毁灭性打击后，残部迁徙到乌丸山后定居下来，并以该地名为族名。

b. 关于乌桓的经济形态和习俗

根据王沈的《魏书》记载，乌桓“俗善骑射，随水草放牧，居无常处，以穹庐为宅，皆东向。日弋猎禽兽，食肉饮酪，以毛毳为衣”。虽然这一记载距离乌桓民族出现的时间已经有四百余年，其参照的可能是更晚时期乌桓的经济和风俗，但是，至少可以看出，乌桓的骑射很发达。

c. 乌桓和匈奴的关系

乌桓的先世在西汉初被匈奴冒顿单于灭国，是西晋时期王沈的《魏书》最先提出的。《史记》和《汉书》虽然没有提到此事，但是间接提到了西汉时期乌桓与匈奴的关系。归纳起来有如下内容：乌桓是匈奴的东邻，西汉昭帝元凤年间或稍早，乌桓曾经掘匈奴单于的陵墓，说明两者之间有很深的仇恨，匈奴为此发二万骑兵打击乌桓。西汉宣帝本始二年（公元前 72 年）以前，乌桓曾经是臣属于匈奴的“诸羁縻国”之一。宣帝本始二年，乌桓乘匈奴雪灾攻入匈奴并掠夺畜产，暂时摆脱了匈奴的控制。宣帝神爵二年（公元前 60 年），乌桓再次攻打匈奴东部的姑夕王，掳得大量匈奴人口，匈奴单于为此大怒，掳掠走大批乌桓妇孺。

从汉代成书的文献记载可以看出，乌桓和匈奴在西汉时期相邻而居，乌桓曾经臣属于匈奴，也曾经趁机反抗，两者之间互有攻伐。

d. 乌桓与西汉政权的关系

武帝时期，乌桓和夫余均居住在故燕地以北（故燕地是指上谷、渔阳、右北平、辽西、辽东五郡）。

汉昭帝元凤三年（公元前 78 年），汉中郎将范明友发兵击犯塞的辽东乌桓，共斩首三千人，斩首三个乌桓王。元凤六年（公元前 75 年），乌桓再一次犯塞扰边，范明友再次出辽东击乌桓。

e. 乌桓为西汉保塞

汉宣帝元康三年（公元前 63 年）以前不久，乌桓在匈奴的东方为汉朝“保塞”，即帮助汉朝在东部边塞防御匈奴。文献记载没有具体说明“保塞”的方式，但是，中国历史上归附中原政权并承担守边任务的北方民族，大多数都不是原地守边，而是迁往他处。因此，汉宣帝元康三年以前不久，很可能至少有一部分乌桓人迁离了原地，到新的沿边地带为西汉政

[1] 关于西汉时期乌桓的史实归纳不一一加注释，内容参考潘玲：《西汉时期乌桓历史辨析》，《史学集刊》2011 年第 1 期。

[2]《三国志》卷三十《乌桓鲜卑东夷传》“乌桓”条，裴松之注引王沈《魏书》，中华书局，1959 年，第 832 页。

权防御匈奴。

（2）考古遗存特征与文献记载的对应

a. 关于乌桓的族源及民族形成的时间。西岔沟墓地的主体文化因素——汉书二期文化是从松嫩平原西部远距离迁徙而来的，这与乌桓先民被匈奴灭国、残余势力外逃形成乌桓民族的记载相符合。年代上限在西汉早期晚段的西岔沟墓地保留了很多汉书二期文化因素，这说明他们离开原居地的时间并不长。这与乌桓先民在西汉初年被冒顿灭国、残余部众外逃的时间也相符合。

b. 西岔沟墓地发现大量青铜镞和铁镞，出土大量铁剑和铁矛，以铁质马衔和马镳随葬，有58座清理坑出土马牙。这些考古发现说明该墓地埋葬的是骑射发达、军事实力强大的人群，这与文献关于乌桓骑射发达的记载相符合。

c. 关于乌桓与匈奴的关系。西岔沟墓地的大多数腰带具及与腰带相关的勺形铜带饰、铜坠饰等形制与西汉匈奴的几乎完全相同，其中阶梯纹铜牌饰的合金成分与图瓦和米努辛斯克盆地西汉时期匈奴牌饰的相同，这说明两者之间有过非常直接的文化交流。西岔沟墓地特有的马形牌饰，也是东北地区原有的鹿形牌饰受到匈奴的马形动物造型影响而出现的[1]。西岔沟墓地发现2件与西汉时期匈奴遗存形制有相似之处的陶器。以上情况与文献记载乌桓在汉初即被匈奴灭国并与其相邻而居、西汉中期与匈奴之间时叛时服的情况相符合。

d. 关于乌桓与西汉政权的关系。文献记载西汉中期晚段（昭帝元凤三年，公元前78年）辽东乌桓犯塞，西汉政权在三年内先后两次出兵击乌桓，杀三位乌桓王，斩首六千。这说明在西汉中期晚段，辽东塞外的乌桓军事实力非常强大，足以让西汉朝廷两次派兵才得以镇压。另一方面也说明，这两次战争给辽东塞外的乌桓带来沉重打击。在此之后不到十五年，乌桓为汉朝保塞防御匈奴，辽东塞外的乌桓人很可能在此时被迁移到其他沿边地区为汉朝防御匈奴。

西岔沟墓地在辽东塞外约几十千米处，包含较多中原文化因素，墓地繁荣时期在西汉早期晚段至西汉中期；居民尚武风俗浓厚，已经有掌握大量财富的首领级别人物和上层社会，墓地在西汉中晚期突然衰落、消失。这与西汉中期乌桓袭扰辽东塞、范明友两次率兵击辽东乌桓的记载吻合。正是因为西汉政权接连的军事打击，以及随之而来的保塞迁徙，使辽东塞外的西岔沟墓地在西汉晚期迅速废弃。

在西汉辽东郡的村落遗址——辽阳三道壕遗址发现装饰珍珠纹的大口陶罐，形状与西岔沟的饰珍珠纹的大口罐基本相同[2]。在同属于辽东郡的今营口鲅鱼圈的西汉中晚期墓葬中随葬的铜轮、铜铃形制与西岔沟墓地所出的相同，所出的滑石管和琉璃珠串饰也与西岔沟墓地的相同，这些器物极少见于辽宁境内的西汉墓葬[3]。这两地的发现说明有与西岔沟墓地相同文化特征的居民迁入西汉辽东郡内，可与宣帝时期乌桓人为汉保塞的记载相对应。

4. 其他南下的汉书二期文化遗存

西岔沟墓地并非西汉前期松嫩平原汉书二期文化南下的孤例。

---

［1］潘玲、萨仁毕力格：《鲜卑马形牌饰的来源》，《边疆考古研究》第16辑，科学出版社，2014年。

［2］东北博物馆：《辽阳三道壕西汉村落遗址》，《考古学报》1957年第1期。

［3］辽宁省文物考古研究所：《辽宁营口鲅鱼圈汉代贝壳墓》，《考古学报》2017年第1期。

鸭形壶、曲颈和高颈的红衣陶壶是西汉时期汉书二期文化非常有自身特征的陶器。鸭形壶在汉书二期文化中心区域（松嫩平原西部）及其邻近的呼伦贝地区发现数量较多。但是在辽西朝阳市双塔区八宝村庙前地也发现2件鸭形壶（非发掘出土），形制与汉书二期文化西汉时期的鸭形壶相同[1]。在朝阳市博物馆展出的建平县朱碌科镇水泉遗址出土的曲颈壶的颈部略内斜外弧，扁弧折腹，颈部施红衣，与平洋墓葬西汉时期的曲颈壶几乎相同。建平博物馆展出的太平庄乡出土的高颈红衣陶壶，也与平洋墓葬的同类高颈壶形制相同[2]。根据以上鸭形壶、陶壶的形制特征可知它们的年代为西汉中期或略早。因汉书二期文化陶器为夹砂红褐陶，与辽西地区青铜时代的夏家店上层文化等遗存的陶质相似，所以上述博物馆展出的陶器被当地一直误定为商周时期的或夏家店上层文化的器物。

目前发掘出土的西汉时期鸭形壶在每处墓地均只发现1件，墓地均为汉书二期文化或以汉书二期文化为主体的遗存。朝阳市八宝村虽然只发表2件鸭形壶，但是可确定该地存在汉书二期文化或以汉书二期文化为主体的墓地。上述朝阳地区博物馆展出的汉书二期文化陶器，分别出于三个地点，分别位于老哈河上游、大凌河中游，相当于西汉的右北平郡东部和辽西郡西部，三地间最远距离达90千米。由此可知汉书二期文化遗存在西汉长城以内的右北平、辽西郡内有一定的分布范围，只不过因为断代错误没有引起应有的重视。

很明显，汉书二期文化在不晚于西汉中期之时经历了从松嫩平原西部大批南下的过程。从现有发现看南下至少有东、西两个路线，西线到达今辽宁省西部的朝阳地区，即西汉的右北平郡和辽西郡；东线到达辽东郡东部的边塞以外，即西岔沟墓地及彩岚墓地。也不排除西线的是从东线迁徙过去的可能。从考古发现可以看出，东线的这支军事实力非常强大。汉代文献记载的西汉政权征伐的是在辽东塞外的乌桓人，也与上述考古发现吻合。

5. 与匈奴、鲜卑的关系

西汉在昭帝以前，针对辽东郡塞外的最大一次军事行动，是武帝派重兵灭卫氏朝鲜，于元封三年（公元前108年）设朝鲜四郡[3]。武帝当朝和西汉晚期的大臣，都将设朝鲜四郡与张骞出使西域、设河西四郡相提并论，看作是武帝时期削弱匈奴的重要举措之一[4]。可见，设朝鲜四郡之时，匈奴已经给辽东和辽西边郡带来了巨大的军事压力。但是在两郡塞外之地至今没有发现可确定属于西汉时期匈奴文化的墓葬，只能见到属于匈奴文化的动物纹金属带具等。西岔沟墓地是目前所见这一区域包含匈奴文化因素器物最多的遗存，其年代上限也正在武帝设朝鲜四郡之前。根据以上文献和考古材料的分析，可以看出西岔沟墓地与西汉早、中期活动于辽东塞外的匈奴左部有密切关联，墓地主人应该是在匈奴支配下南下到当地的一支乌桓人，他们成为匈奴侵扰辽东边郡的工具。随着西汉对匈奴的连续军事打击以及武帝设朝鲜四郡，元封六年（公元前105年）之后，匈奴向西北转移，匈奴左部西迁到云中郡塞

[1] 尚晓波：《大凌河流域鲜卑文化双耳镂孔圈足釜及相关问题研究》，《辽海文物学刊》1996年第1期；张伟：《东北地区鸭形陶壶研究》，《文物》2009年第6期。

[2] 朝阳市博物馆、建平县博物馆的汉书二期文化陶壶，均为本报告作者2013年在博物馆展厅参观所见。

[3]《史记》卷一百一十五《朝鲜列传》，中华书局，1959年，第2989页。

[4]《史记》卷一百十《匈奴列传》，中华书局，1959年，第2913页；《汉书》卷七十三《韦贤传》，中华书局，1962年，第3126页。

外[1]。匈奴的势力从辽东塞外撤出后，为其充当犯塞马前卒的这支辽东塞外的乌桓人仍留居在原地。

西岔沟墓地判定为西汉乌桓遗存，与西晋以来史家认为乌桓和鲜卑均源自东胡的观点相矛盾。西岔沟墓地所源自的松嫩平原西部的汉书二期文化，其人群的体质[2]和文化特征[3]与之后兴起的鲜卑有较大差别。属于汉书二期文化的平洋墓葬居民为以东北亚蒙古人种为主体的多类型群体，而东北地区鲜卑遗存的体质特征是以北亚蒙古人种为主体的混合类型，两类人群的主体体质特征有别。从考古遗存和体质人类学的分析可以看出，乌桓和鲜卑是西汉前期和东汉时期相继南下的两批人群，两者的来源地邻近，但是居民体质和文化特征有差异，并非像汉代以后文献记载的那样是同源关系。

第六节　结语

西岔沟墓地年代为西汉早期晚段至西汉中晚期，主体年代在西汉中期。墓地占统治地位的人群是从松嫩平原南下到辽东塞外的汉书二期文化居民。他们有发达的骑射技术，崇尚武力，兼营畜牧业、农业、狩猎，已经一定程度上定居。有使用高级中原式马车的首领级人物。墓地人群受到匈奴文化、中原文化的影响，也接受了东北地区中部和中南部人群的文化影响。墓地主体人群应为乌桓，他们南下到辽东塞外后，仍然保留较多自身的文化传统。

西岔沟墓地的主人即文献记载的西汉昭帝时期进犯辽东的乌桓人，他们在武帝元朔年间以前受匈奴的支配侵扰位于今东北地区的西汉边郡。由于西汉昭帝时期的军事打击以及随之而来的为汉保塞防御匈奴，这群乌桓人在西汉中晚期即迁往他处，没有在当地留下更多的同类遗存。

西岔沟墓地的人群将松嫩平原的文化因素带到辽东塞外，对早期高句丽和夫余文化的形成和发展产生过重要影响。四百余年之后，辽西的慕容鲜卑凭借其强大军事实力屡次侵伐夫余和高句丽，将其骑射文化传入辽东地区，并进一步影响到朝鲜半岛和日本列岛。这两次东北地区东、西文化区间的文化交流，均以自西向东的短期单向传播为主流。这种短时间内产生的强烈文化影响，只有以强大的军事实力为后盾才能实现。文献没有记载乌桓如何从嫩江流域迅速逼近辽东塞外，又如何在匈奴的支配下，在塞外开拓领地、侵犯汉边。但是，从慕容鲜卑在西晋晚期至前燕前期的近六十年时间里大举征伐夫余和高句丽的史料记载，可以反推这支乌桓人的到来，给辽东塞外居民带来的巨大冲击。

---

[1]《史记》卷一百十《匈奴列传》，中华书局，1959年，第2910页。

[2] 属于汉书二期文化的平洋墓葬人骨体质人类学分析结果是一组同种系多类型的群体，其人种类型主要与东北亚蒙古人种接近，同时也与北亚人种和东亚人种相关。属于汉代鲜卑遗存的呼伦贝尔地区扎赉诺尔墓地人骨以北亚蒙古人种为主体，或为北亚蒙古人种和东北亚蒙古人种混合类型。辽宁朝阳地区的慕容鲜卑墓葬的人骨主要成分为北亚蒙古人种。所以，代表汉书二期文化的平洋墓葬、汉晋时期鲜卑遗存的人群体质特征是分别以东北亚蒙古人种和北亚蒙古人种为主体的人群，两者虽然都有北亚人种成分，但是主体人群的体质特征明显有别。详见朱泓：《中国东北地区的古代种族》，《文物季刊》1998年第1期。

[3] 汉书二期文化与汉代的鲜卑遗存虽然有一定联系，但是两者文化面貌有明显差别，详见潘玲：《完工墓地的文化性质与年代》，《考古》2007年第9期。

西丰西岔沟

——西汉时期东北民族墓地

（中）

辽 宁 省 博 物 馆
辽宁省文物考古研究院　编著
吉林大学边疆考古研究中心

潘玲　田立坤　刘宁　李新全　主编

文物出版社

The Cemetery at Xichagou in Xifeng

Northeast Ethnics Cemetery in Western Han Dynasty

(Ⅱ)

By

Liaoning Provincial Museum

Liaoning Provincial Institute of Cultural Relics and Archaeology

The Research Center for Chinese Frontier Archaeology of Jilin University

Chief Editor: Pan Ling, Tian Likun, Liu Ning and Li Xinquan

Cultural Relics Press

附表一　墓葬登记表

墓号	方向	尺寸（米）（长 × 宽—深）	随葬品		人骨
			陶器、金属器、石器等	珠子、管	
M1	西偏北 40°	残 1.55 ×（0.65~0.75）—残 0.12	陶罐 1，残陶器 1	蓝色玻璃珠 69，浅绿色玻璃珠 2，蓝色玻璃管 2，滑石管 5，不明珠管 4（未见）	牙齿 3
M2	西偏北 40°	1.8 × 0.9 —残 0.1	陶罐 1，陶碗 1，陶纺轮 1，铜泡 2，铁刀 1，石叶 1	蓝色玻璃珠 21，浅绿色玻璃珠 11，滑石珠 2	牙齿 1
M3	西偏北 40°	1.75 × 0.97 —残 0.07	陶碗 1，铜泡 2	蓝色玻璃珠 7，浅绿色玻璃珠 1，滑石珠 1，叶蜡石管 1	
M4	西偏北 40°	不明 × 1 —残 0.12	陶杯 2，铜镞 1，铜泡 3，铁镞 4	蓝色玻璃珠 7，滑石管 2	一小块人骨
M5	西偏北 38°	残 0.82 ×（1~1.25）—残 0.12	陶壶 2，陶罐 2，残陶器 1，铜镞 2，铜泡 1，铁镞 3，残铁器 1（未见），铁块 1（未见）	蓝色玻璃珠 27，滑石管 3	
M6	西偏北 6°	残 0.85 × 1.17 —残 0.07	陶杯 1，铜空首斧 1	玛瑙珠 1，蓝色玻璃珠 3，棕红色玻璃珠 22	零星碎骨片
M7	西偏北 29°	残 1.4 × 0.95 —残 0.2	陶罐 1，陶杯 1		
M8	西偏北 21°	残 1.2 × 0.8 —残 0.12	陶碗 1		
M9	西偏北 17°	残 1.4 × 0.85 —残 0.2	陶罐 1，铁镞 1	蓝色玻璃珠 4（未见）	
M10	西偏北 13°	残 1.2 × 0.8 —残 0.17	陶罐 1，陶杯 1，铁镞 5，铁片 4	蓝色玻璃珠 5	左桡骨、尺骨、若干碎骨块
M11	不明	不明	陶杯 1，铜环 1，铜泡 1	绿云母管 3	
M12	西偏北 20°	1.7 × 0.75 — 0.58	陶罐 1，铜镞 2，铜带扣 5，铜泡 9，活纽鎏金铜泡 1，铜环 1，铁刀 1，铁镞 6，铁带扣 1	蓝色玻璃珠 91，白色玻璃珠 1，蓝色玻璃管 2，滑石管 24	头骨残片（应该是颞骨）、牙齿 1、股骨 1
M13	西偏北约 20°	不明	陶器底 1，马形铜牌饰 1，铜泡 2，铜铃 4	白色玻璃珠 2，天河石珠 1，滑石管 30，滑石环 1	少量残骨片、牙齿 2
M14	不明	不明	铜铃 3		
M15	西偏北 25°	1.5 ×（0.75 ~ 0.84）	陶罐 1，铜坠饰 4，铜泡 13，铜铃 1，铜环 5，铜轮 4，铜镜 2	蓝色玻璃珠 23，滑石管 3	锁骨、肩胛骨、肱骨、左肱骨、牙齿 3
M16	西偏北 31°	1.7 × 0.91 —残 0.2	陶壶 1，陶罐 1，陶杯 1，马形铜牌饰 1，铜泡 2，铜环 10，铁刀 2，铁管 1，金耳饰 1	蓝色玻璃珠 233（有 119 枚未见），紫色玻璃珠 3（未见），绿石珠 1（未见）	指骨、零碎骨骼、牙齿 5（或 6）
M17	不明	不明	陶纺轮 1，铜坠饰 6，铜铃 7，铁管 1		骨骼残片

续附表一

墓号	方向	尺寸（米）（长 × 宽—深）	随葬品		人骨
			陶器、金属器、石器等	珠子、管	
M18	推测西北向	不明	铁矛 1		
M19	西偏北 33°	1.5 × 0.8 —残 0.17	陶壶 2，陶罐 1，陶碗 1，陶杯 1，陶纺轮 1，铜泡 1	蓝色玻璃珠 6（有 1 枚未见）	
M20	不明	不明	陶罐 1		
M21	西偏北 18°	不明	铜泡 13，铜铃 7，铜镜 1，一化圜钱 2（未见），铁刀 1，铁管 7		骨骼残片
M22	不明	不明	铜镞 5，铜泡 46，铜铃 2，铜管 1，铁镞 4，铁管 11，石镞 1		一段股骨
M23	西偏北 30°	残 1 × 0.9 —残 0.16	铜泡 1，勺形铜带饰 1，铁镞 7，铁衔镳 1，石镞 1	绿云母珠 1，绿云母管 2	
M24	西偏北 19°	残 0.95 × 0.9 —残 0.15	陶杯 1，铜泡 1，铜镞 8，铁镞 5，骨镞 1，桦树皮器 1	黑色石管 1，蓝色玻璃珠 2	
M25	西偏北 40°	不明	铁刀 1	石珠 1	腐烂肱骨 1
M26	西偏北 16°	残深约 0.2	陶罐 1，铜泡 13（有 1 枚未见），铁刀 1，铁锥 1，银耳饰 1	串饰 1，白石珠 3（未见）	
M27	西偏北 35°	1.75 × 0.82 —残 0.15	陶罐 1，铜镞 9，铁镞 2，铁衔 1，铁片 1（未见），骨镞 1	玛瑙珠 6，黑色石珠 23，绿云母珠 4，绿云母管 2，滑石管 18，黑色石管 1	牙齿 1
M28	西偏北 43°	残 1.45 × 0.87	铜镞 8，铜泡 4，铁镞 7		
M29	西偏北 20°	不明	陶壶 1		
M30	西偏北 43°	不明 × 残 0.8 —残 0.29	陶杯 1，铜镞 2，铜泡 3，铁刀 1，铁镞 5，带空腔铁器残片 1	蓝色玻璃珠 25，串饰 1，玻璃珠 8（未见）	铁刀的铁锈上残留有腐朽的骨片
M31	西偏北 37°	不明 × 0.95 —残 0.1	残陶器 2，铜镞 2，铜泡 13，铜环 9，铁刀 1，铁镞 9	蓝色玻璃珠 18，玛瑙珠 3，棕色玻璃珠 5	零星碎骨
M32	西偏北 21°	不明	铜镞 5，铁镞 3		
M33	西偏北 9°	1.7 × 0.65 —残 0.06	陶碗 1	蓝色玻璃珠 9，浅绿色玻璃珠 1	
M34	西偏北 36°	不明 × 0.87 —残 0.05	陶碗 1	蓝色玻璃珠 1	
M35	西偏北 12°	不明 × 0.65 —残 0.1	陶杯 2，铜镞 1，铜牌饰 1，铜泡 1，铜环 1，铁衔镳 1，铁环 1，残铁器 1	蓝色玻璃珠 4（2 枚整理时未见），玛瑙珠 4，滑石管 1	
M36	西偏北 30°	不明	陶碗 1，铜镞 1，砺石 1	蓝色玻璃珠 2，绿色玻璃珠 1，黄色玻璃珠 2，玛瑙珠 2，滑石管 6，绿云母管 2，绿石珠 1	
M37	不明	残深 0.3		玛瑙珠 1	
M38	正西向	不明	陶壶 1，陶罐 1		

续附表一

墓号	方向	尺寸（米）（长 × 宽—深）	随葬品		人骨
			陶器、金属器、石器等	珠子、管	
M39	西偏北 36°	不明	残陶器 1，铜泡 4	蓝色玻璃珠 61，玛瑙珠 1	
M40	西偏北 10°	不明	铜镞 4，铁镞 2		
M41	西偏北 41°	1.45 × 1.05 —残 0.1	陶杯 1，陶器底 1，陶器腹部残片 1，铜泡 3	蓝色玻璃珠 12，玛瑙珠 1，棕红色玻璃珠 7，浅绿色玻璃珠 1，玻璃珠 1（未见）	
M42	西偏北 26°	1.65 × 0.9 —残 0.15	铜泡 3，铁镞 1	天河石珠 1，玛瑙管 6，绿云母管 6，滑石管 4	
M43	西偏北 30°	残 1.43 ×（0.6 ~ 1）—残 0.13	陶罐 1，陶鬲口沿 1，铜泡 9，铜环 1	玛瑙珠 2，绿云母管 11	
M44	西偏北 13°	残 1.1 × 0.63 —残 0.1	陶杯 2，铜泡 4	蓝色玻璃珠 2	
M45	西偏北 12°	残 1.7 × 0.81 —残 0.05	铜泡 54（珠形 10、椭圆形 10、螺形 22、鱼形 6、兔形 6），铁刀 1，铁锥 1，铁镞 1，石镞 3		
M46	西偏北 29°	残 0.95 × 0.85 —残 0.08	铜泡 7，五铢钱 4，铁刀 1	玛瑙珠 1，玛瑙管 4，天河石管 2，绿云母管 15，珠子 1（未见，质地不详）	
M47	西偏北 5° ~ 60°	1.6 × 0.7 —残 0.08	铜镞 3，铁镞 10（扁体无铤镞 2、管銎镞 1、扁体扁铤镞 2、残镞铤 1、扁体柱铤镞 1、有脊柱铤镞 2、扁体镞 1）		
M48	西偏北 5°	不明	陶器残片 1，铜泡 4，铜管 1，铁管 2	玛瑙珠 1，绿云母管 2	
M49	西偏北 26°	不明	陶壶 1，铜泡 2，铁刀 2		
M50	西偏北 5° ~ 60°	不明 × 约 0.97 —残 0.09	陶杯 1，铜泡 2，铁镞 1	蓝色玻璃珠 1，玛瑙珠 1，绿云母珠 1，玛瑙管 4，绿云母管 8	
M51	西偏北 30°	1.45 ×（0.61 ~ 0.7）—残 0.06	铜铃 4，铁管若干段	蓝色玻璃珠 3，玛瑙珠 5，绿云母珠 1	
M52	西偏北 2°	残 1.5 × 0.85 —残 0.18	铜镞 3，铁刀 1，铁镞 3		股骨 1
M53	西偏北 5°	1.5 × 0.62 —残 0.15	陶罐 1，陶杯 2，陶器残片若干（口沿残片 4，腹部残片 3）	蓝色玻璃管 1，绿云母管 1，滑石管 9，黑色石管 1	
M54	西偏北 40°	不明 × 0.65 —残 0.07	陶杯 1，陶纺轮 1，铜泡 4	蓝色玻璃珠 32	
M55	西偏北 23°	不明	陶罐 1，陶杯 1，陶钵 1，陶碗 2		
M56	西偏北 33°	不明	残陶器 1	蓝色玻璃珠 2，滑石管 1	
M57	西偏北 30°	残 0.75 × 0.75 —残 0.05	陶壶 1，陶杯 1，铜泡 1	蓝色玻璃珠 1	
M58	西偏北约 45°	不明	陶杯 1，残陶器 1，铜泡 1，铁镞 2	蓝色玻璃珠 1，绿云母珠 12，滑石珠 2，绿云母管 2，滑石管 1	

续附表一

墓号	方向	尺寸（米）（长 × 宽—深）	随葬品		人骨
			陶器、金属器、石器等	珠子、管	
M59	西偏北 14°	1.8 × 0.75 —残 0.06	残陶器 1，铜镞 25（三棱铁铤镞 7、双翼銎孔镞 12、双翼管銎镞 1、三翼銎孔镞 1、残镞 4），勺形铜带饰 4，铜泡 31（有 1 枚未见），铜扁管 2，残铜器 1，铁刀 2，铁矛 1，铁镞 21（无铤扁体镞 4、扁体扁铤镞 4、有脊柱铤铁镞 2、管銎镞 2、三棱镞 4、四棱镞 1、三翼镞 1、残镞 3），铁带扣 3，铁环 3，铁衔 1	蓝色玻璃珠 4，玛瑙珠 67，绿云母（或天河石）珠 4，玛瑙管 10，绿云母管 5，滑石管 24，扁方绿石珠 7（未见）	骨骼残片
M60	西偏北 36°	残 1.5 × 0.75 —残 0.12	陶壶 1，陶罐 1，勺形铜带饰 1，铜泡 14（有 6 枚未见），铁刀 1	蓝色玻璃珠 11，玛瑙珠 2，天河石珠 4，绿云母珠 1，玛瑙管 2，绿云母（或天河石）管 24，滑石管 16，珠子（或管）3（未见）	
M61	西偏北 17°	宽约 0.68	陶罐 1，残陶器 1，铜泡 7，铁刀 1	蓝色玻璃珠 32，玛瑙珠 3，棕红色玻璃珠 3，玛瑙管 2，滑石管 3，黑色石管 3	人骨 1 段
M62	西偏北 36°	1.7 × 0.85 —残 0.09	陶罐 1，铜镞 1，铁刀 1，铁锥 1，铁矛 1，铁镞 1	蓝色玻璃珠 2，玛瑙珠 2，绿云母珠 8，玛瑙管 2，绿云母管 10，滑石管 2	
M63	西偏北 20°	1.7 × 0.7 —残 0.24	陶杯 1，铜镞 6（双翼銎孔镞 2、三翼銎孔镞 2、三棱铁铤镞 2），铜泡 10，铜环 11，铁镰刀 1，铁刀 2，铁剑 1，铁镞 9（双翼有铤镞 2、双翼管銎镞 2、三棱有铤镞 3、器身形状不明铁镞 1、残镞 1），铁管 3	玛瑙管 2，绿云母管 2，滑石管 24	

附表二　各清理区包含的墓葬、清理坑一览表

清理区	墓葬	清理坑
2		51、52、56、58、59、80（T12）
3		81、82、83（1）、86、90、92、93
4		83（2）、87（T5）、88、130
5		87（T4）、103、111（T15）
6		105
9		14、17、18、19、21
10		24、39（T19）、40、41、42、43、44、45（T11）、46、64（T11）、65、66（T19）、67（T19）、70
11	M55、M56	45（T10）、47、48、61、62、63、64（T10）、69（T20）、74、175、176（T12）
12	M51	60、75（T20、T21）、76、77、78、79、80（T2）、134、135（T13）、176（T11）
13		94、95、131、132、133、135（T12）、163
14	M48	96、97、98、99（T15）、100、162、174
15		99（T14）、101、102、104、111（T5）、112、113、171、172、173
16		120
18		16、25、26、27、28、29、30、34、35、36
19		37、39（T10）、66（T10）、67（T10）、68、71、188（T27）、189、190（T27）
20	M54	69（T11）、72、73、75（T12、T21）、137、186(T27、T28)、187（T27、T28）
21		75（T12、T20）、136（T22）、138、181、182
22		136（T21）、139、140、141、142（T30）、157
26		31、198
27	M53、M57、M58	186（T20、T28）、187（T20、T28）、188（T19）、190（T19）、191、192、193、199、200、201（T34）、253（T34、T35）
28		183（T29）、184（1）、185、186（T20、T27）、187（T20、T27）、210、211（T29）、249、250、251、252
29	M52	179、180（T30）、183（T28）、211（T28）、212、213、214、215、216（T30）、217、218、219（T36）、220（T36）
30		142（T22）、143、178、180（T29）、184（2）、216（T29）
34		201（T27）、202、206、207、208、209、253（T27、T35）、254、255、256、257、258（T41）、265（T35、T42）、266（T35）
35	M49、M50	246（T36）、247、248、253（T27、T34）、265（T34、T42）、266（T34）、267、268、269（T36）
36	M47	219（T29）、220（T29）、221、222、223、224、234（1）、241（T37）、242、244、245、246（T35）、269（T35）、302（T37）
37	M42、M43、M44	145、225、226、227、228、237（T44）、238、239、240、241（T36）、302（T36）、303（T44）

续附表二

清理区	墓葬	清理坑
41		258（T34）、259、262、263、264、274（T42）、275（T42）、276（T42）、277、278、279、280、281（T42、T48）
42	M46	265（T34、T35）、270（T43）、272、273、274（T41）、275（T41）、276（T41）、281（T41、T48）、282（T48）、292、293、294、295、296（T43）、297（T43）
43		270（T42）、271、296（T42）、297（T42）、298、299、300、301、305、306、307、308、309、310、317（T49）、318
44	M37	236（T45）、237（T37）、303（T37）、304、319、320、321、322、323、324、325、340（T50）、341（T45）、351
45		230、234（2）、235、236（T44）、341（T44）、343、350、380（1）、385
48		281（T41、T42）、282（T42）、284、287、289、291、311、312、313、331、332
49	M45	314、315、316、317（T43）、326（T50）、327、328、329、330、355（T50）、356
50		326（T49）、340（T44）、352、353、354、355（T49）、370（T57）、371（T57）、376（T57）、378、379（T57）、380（2）、381、392（T51）
51		382、383、384、386、387、389、390、391、392（T50）、393、394（1）、395、427（T52）、428（1）、429、486（1）
52	M29	388、427（T51）、430、431、432、433、434、435、483（T59）、484、485、486（2）
53		436、437、439、440（1）、441、442、455（T61）、456（T54）、457、458、459（T60）、461
54		440（2）、443、444、445、446、447、450、451、452、453、456（T53）
55		333、335、336、337、338、394（2）
56	M62	339、357、358、359、360、361、362、363、364、365、369、406（T57、T66）
57	M21（T58）、M26	366、367、368、370（T50）、371（T50）、372、373、374、375、376（T50）、379（T50）、399、400（T58）、403、404（T58）、405、406（T56、T66）
58	M20、M21（T57）、M22	396、397、398、400（T57）、401、404（T57）、415、416（T66、T67）、417、418、419、420（T59）、421、422、424、425、426、428（2）、489（T67、T68）
59	M18（T60）	420（T58）、478、479、480、481、482、483（T52）、487、488（T68）、491
60	M11、M18（T59）	459（T53）、460、462、463、464、465、475（T61）、476、477、499、501、502
61	M24	454、455（T53）、466、467、468、469（T62）、470、471、472、473（T70）、474、475（T60）、540（T62）
62		469（T61）、539（T71）、540（T61）、541、542、543、544、545、546（T63）、550（T63）、551（T63、T72）
63		546（T62）、547、548、549、550（T62）、551（T62、T72）、582（T72）、583、584、585、586
66		406（T56、T57）、409、411、412、413、414、416（T58、T67）

续附表二

清理区	墓葬	清理坑
67		416（T58、T66）、489（T58、T68）、492（T68）、493、494
68		488（T59）、489（T58、T67）、490、492（T67）、495、496、497、498（T69）、505（T69）、507、508、509
69		498（T68）、503、504、505（T68）、510、511、512、513、514、515、516（T70）、521（T70）、523、524、525
70	M13、M14	473（T61）、516（T69）、517、518、519、520、521（T69）、522、532（T78）、533、534、535（T78）、537、538、555（T71）
71		536（1）、539（T62）、552、553、554、555（T70）、576（T72）、577、580
72	M17（T73）、M19	531（1）、536（2）（T73）、551（T62、T63）、576（T71）、578、582（T63）、596（T73）、599（T73）、600（T73）、601（T80）
73	M6、M15、M16、M17（T72）	536（2）（T72）、590、592、593、594、595、596（T72）、598、599（T72）、600（T72）、619（T81）、620（T81）
74	M7、M8、M9、M10、M12	589、591、630（T75）、632、634
75	M1、M2、M3、M4、M5	630（T74）、631
77		526、527、528、529
78	M59、M60	531（2）、532（T70）、535（T70）、557（T79）、559（T79）、560、562
79	M23	556、557（T78）、558、559（T78）、564（T85）、570（T80、T86）、571、572、573、574、575（T80）
80	M27、M32	570（T79、T86）、575（T79）、601（T72）、602、603、604、605、606、607、614（T86、T87）、615、616（T81）
81	M31、M38、M39、M40（T82）、M41	500、616（T80）、617、618、619（T73）、620（T73）、639（T82）、640（T82）
82	M28、M30、M40（T81）	633、635、636、637、638、639（T81）、640（T81）、641（T87）、648、649（T83）
83	M25	627、628、629、649（T82）、650、653、654（T89）、655（T89）
85	M63	564（T79）、565、566、567、568（T86）、569（T86）
86	M35、M36	568（T85）、569（T85）、570（T79、T80）、607、608、609、614（T80、T87）
87	M33、M34	610、611、613、614（T80、T86）、641（T82）、642（T88）、685、686、687、688
88		642（T87）、643、644、645、646、647、674、676、678、679、680
89	M61	654（T83）、655（T83）、657、660、662、664、672
90		656、658、659、661、666
91		682、683、684、689、691

说明：（Tx）表示该清理坑号同时也见于另外一个清理区，“T”表示清理区，“T”后的数字是清理区编号。对于少数重号的清理坑，在清理编号后面分别加上（1）或（2）来区分。

附表三　清理坑分布状况一览表

清理坑	所在清理区	清理坑	所在清理区	清理坑	所在清理区
1		32		63	11
2		33		64	10、11
3		34	18	65	10
4		35	18	66	10、19
5		36	18	67	10、19
6		37	19	68	19
7		38		69	11、20
8		39	10、19	70	10
9		40	10	71	19
10		41	10	72	20
11		42	10	73	20
12		43	10	74	11
13		44	10	75	12、20、21
14	9	45	10、11	76	12
15		46	10	77	12
16	18	47	11	78	12
17	9	48	11	79	12
18	9	49		80	2、12
19	9	50		81	3
20		51	2	82	3
21	9	52	2	83	3
22		53		83	4
23		54		84	
24	10	55		85	
25	18	56	2	86	3
26	18	57		87	4、5
27	18	58	2	88	4
28	18	59	2	89	
29	18	60	12	90	3
30	18	61	11	91	
31	26	62	11	92	3

续附表三

清理坑	所在清理区	清理坑	所在清理区	清理坑	所在清理区
93	3	124		155	
94	13	125		156	
95	13	126		157	22
96	14	127		158	
97	14	128		159	
98	14	129		160	
99	14、15	130	4	161	
100	14	131	13	162	14
101	15	132	13	163	13
102	15	133	13	164	
103	5	134	12	165	
104	15	135	12、13	166	
105	6	136	21、22	167	
106		137	20	168	
107		138	21	169	
108		139	22	170	
109		140	22	171	15
110		141	22	172	15
111	5、15	142	22、30	173	15
112	15	143	30	174	14
113	15	144		175	11
114		145	37	176	11、12
115		146		177	
116		147		178	30
117		148		179	29
118		149		180	29、30
119		150		181	21
120	16	151		182	21
121		152		183	28、29
122		153		184	28
123		154		184	30

续附表三

清理坑	所在清理区	清理坑	所在清理区	清理坑	所在清理区
185	28	216	29、30	246	35、36
186	20、27、28	217	29	247	35
187	20、27、28	218	29	248	35
188	19、27	219	29、36	249	28
189	19	220	29、36	250	28
190	19、27	221	36	251	28
191	27	222	36	252	28
192	27	223	36	253	27、34、35
193	27	224	36	254	34
194		225	37	255	34
195		226	37	256	34
196		227	37	257	34
197		228	37	258	34、41
198	26	229		259	41
199	27	230	45	260	
200	27	231		261	
201	27、34	232		262	41
202	34	233		263	41
203		234	36	264	41
204		234	45	265	34、35、42
205		235	45	266	34、35
206	34	236	44、45	267	35
207	34	237	37、44	268	35
208	34	238	37	269	35、36
209	34	239	37	270	42、43
210	28	240	37	271	43
211	28、29	241	36、37	272	42
212	29	242	36	273	42
213	29	243		274	41、42
214	29	244	36	275	41、42
215	29	245	36	276	41、42

续附表三

清理坑	所在清理区	清理坑	所在清理区	清理坑	所在清理区
277	41	308	43	339	56
278	41	309	43	340	44、50
279	41	310	43	341	44、45
280	41	311	48	342	
281	41、42、48	312	48	343	45
282	42、48	313	48	344	
283		314	49	345	
284	48	315	49	346	
285		316	49	347	
286		317	43、49	348	
287	48	318	43	349	
288		319	44	350	45
289	48	320	44	351	44
290		321	44	352	50
291	48	322	44	353	50
292	42	323	44	354	50
293	42	324	44	355	49、50
294	42	325	44	356	49
295	42	326	49、50	357	56
296	42、43	327	49	358	56
297	42、43	328	49	359	56
298	43	329	49	360	56
299	43	330	49	361	56
300	43	331	48	362	56
301	43	332	48	363	56
302	36、37	333	55	364	56
303	37、44	334		365	56
304	44	335	55	366	57
305	43	336	55	367	57
306	43	337	55	368	57
307	43	338	55	369	56

续附表三

清理坑	所在清理区	清理坑	所在清理区	清理坑	所在清理区
370	50、57	399	57	429	51
371	50、57	400	57、58	430	52
372	57	401	58	431	52
373	57	402		432	52
374	57	403	57	433	52
375	57	404	57、58	434	52
376	50、57	405	57	435	52
377		406	56、57、66	436	53
378	50	407		437	53
379	50、57	408		438	
380	45	409	66	439	53
380	50	410		440	53
381	50	411	66	440	54
382	51	412	66	441	53
383	51	413	66	442	53
384	51	414	66	443	54
385	45	415	58	444	54
386	51	416	58、66、67	445	54
387	51	417	58	446	54
388	52	418	58	447	54
389	51	419	58	448	
390	51	420	58、59	449	
391	51	421	58	450	54
392	50、51	422	58	451	54
393	51	423		452	54
394	51	424	58	453	54
394	55	425	58	454	61
395	51	426	58	455	53、61
396	58	427	51、52	456	53、54
397	58	428	51	457	53
398	58	428	58	458	53

续附表三

清理坑	所在清理区	清理坑	所在清理区	清理坑	所在清理区
459	53、60	489	58、67、68	520	70
460	60	490	68	521	69、70
461	53	491	59	522	70
462	60	492	67、68	523	69
463	60	493	67	524	69
464	60	494	67	525	69
465	60	495	68	526	77
466	61	496	68	527	77
467	61	497	68	528	77
468	61	498	68、69	529	77
469	61、62	499	60	530	
470	61	500	81	531	72
471	61	501	60	531	78
472	61	502	60	532	70、78
473	61、70	503	69	533	70
474	61	504	69	534	70
475	60、61	505	68、69	535	70、78
476	60	506		536	71
477	60	507	68	536	72、73
478	59	508	68	537	70
479	59	509	68	538	70
480	59	510	69	539	62、71
481	59	511	69	540	61、62
482	59	512	69	541	62
483	52、59	513	69	542	62
484	52	514	69	543	62
485	52	515	69	544	62
486	51	516	69、70	545	62
486	52	517	70	546	62、63
487	59	518	70	547	63
488	59、68	519	70	548	63

续附表三

清理坑	所在清理区	清理坑	所在清理区	清理坑	所在清理区
549	63	580	71	611	87
550	62、63	581		612	
551	62、63、72	582	63、72	613	87
552	71	583	63	614	80、86、87
553	71	584	63	615	80
554	71	585	63	616	80、81
555	70、71	586	63	617	81
556	79	587		618	81
557	78、79	588		619	73、81
558	79	589	74	620	73、81
559	78、79	590	73	621	
560	78	591	74	622	
561		592	73	623	
562	78	593	73	624	
563		594	73	625	
564	79、85	595	73	626	
565	85	596	72、73	627	83
566	85	597		628	83
567	85	598	73	629	83
568	85、86	599	72、73	630	74、75
569	85、86	600	72、73	631	75
570	79、80、86	601	72、80	632	74
571	79	602	80	633	82
572	79	603	80	634	74
573	79	604	80	635	82
574	79	605	80	636	82
575	79、80	606	80	637	82
576	71、72	607	80、86	638	82
577	71	608	86	639	81、82
578	72	609	86	640	81、82
579		610	87	641	82、87

续附表三

清理坑	所在清理区	清理坑	所在清理区	清理坑	所在清理区
642	87、88	659	90	676	88
643	88	660	89	677	
644	88	661	90	678	88
645	88	662	89	679	88
646	88	663		680	88
647	88	664	89	681	
648	82	665		682	91
649	82、83	666	90	683	91
650	83	667		684	91
651		668		685	87
652		669		686	87
653	83	670		687	87
654	83、89	671		688	87
655	83、89	672	89	689	91
656	90	673		690	
657	89	674	88	691	91
658	90	675			

注：加粗数字代表编号重复的清理坑。无对应清理区的清理坑编号，均为空号。

附表四　清理坑出土器物统计表 *

清理坑编号（K清理区–清理坑）	器物编号	器物名称	数量	现状	备注
2–56	1、2	蓝色玻璃珠	2	完整	
	3	铜泡（大型）	1	残	
	4	铁马具	1	残件	一端有孔
2–58	1	玛瑙珠	1	残	
	2	陶纺轮	1	残	
3–86	1	铜带扣▲	1	残	带铁质扣针
	2	铜泡（大型）	1	残	
3–92	1	蓝色玻璃珠	1	完整	
	2、5	陶器器底	2	残	
	3	陶罐（小型）	1	残	
	4	鎏金铜片▲	1	残	
	6	铜泡（大型）	1	完整	
	7	铁衔▲	1	残	
	8	铜泡（大型）	1	残	
	9	铁环残段	1	残	
	10	陶纺轮	1	完整	
3–93	1	陶碗▲	1	残	
4–130	1	陶罐	1	残	夹砂黑褐陶，火候不均
5–103	1	铜泡▲	1	残	放射线纹
6–105	1	蓝色玻璃珠	1	完整	
9–14	1	陶器底	1	残	夹砂红陶，火候较高
9–18	1	石质研磨器	1	残	砾石制成，长17、宽18厘米
10–39	1	蓝色玻璃珠	1	完整	淡蓝色
	2	陶壶	1	残存口、颈部	夹粗砂红陶，直口
10–40	2	陶杯	1	残	夹粗砂灰黑陶，直口

* 1. ▲表示报告中有该器物的线图或照片，一个▲代表一件器物。一组器物中仅部分有线图或照片的，在备注栏标注相应器物编号。

2. 本表为将发掘档案保留的各清理坑出土器物登记表汇编而成，有少数清理坑因没有发现出土器物登记表，所以未在本表格中出现。

3. 表中的器物编号均为发掘档案中的各清理坑出土器物登记表中的原始编号，未做改动。因发掘年代太久、无法找到实物核对，对于这些原始编号中存在的部分器物编号重复、器物号不连贯的问题，表中均保持原状，没有改动。

4. 表中大部分器物的名称，都经过修改，与发掘报告正文中的同类器物名称对应，少数器物名称保持原状。

5. 表中未标注▲的器物编号，在整理报告时均未能核对出对应的实物。除了残碎的陶器，这些编号对应的器物目前绝大多数都收藏在辽宁省博物馆、铁岭市博物馆，有博物馆藏品编号。这些实物和原始登记号未能对应上的器物占馆藏的西岔沟墓地出土文物的大多数，它们都被纳入了报告第五章的各类器物数量统计中。

6. 发掘档案中的清理坑出土器物登记表含少量兽骨（主要为马牙）和人骨，并与出土器物混在一起编号，本表保持原状没有剔除。

续附表四

清理坑编号（K清理区－清理坑）	器物编号	器物名称	数量	现状	备注
10–64	1	陶壶	1		夹砂红褐陶，火候较低，手制
	2、3	铜镞	2	残	
	4	陶罐	1		夹砂红陶，手制
10–65	1	陶罐	1		夹砂黑灰陶，火候低，夹砂量大
	2	蓝色玻璃珠	1	残	
	3	陶壶	1		夹砂黑灰陶，火候低，夹砂量大
10–67	1	铜泡（大型）	1	完整	正面黏附粗布纹
	2	铜泡（大型）	1	残	纽中有麻绳痕迹
11–62	1	陶壶▲	1	残	
	2	陶器底	1	残	夹粗砂黑陶
	3	带穿孔铜片	1	残	
11–69	1	铜泡	1	残	
	2	铜镞	1	残	銎内残留有箭杆
	4	玛瑙珠	1	完整	
	5	白石珠	1	完整	
11–74	1	蓝色玻璃珠	1	完整	
	2	铁锥	1	残	
	3	陶器底	1	残	夹粗砂灰褐陶，火候不均
	3	陶壶	1	残	夹细砂黑灰陶，火候较高，表面磨光
	4	陶杯	1	残	夹细砂红陶，器表有戳点纹
11–175	1	铁镞	1	完整	柳叶形，长3.4厘米，镞身有纵横方向的木痕
	2、3、4、6、7、8、12	蓝色玻璃珠	7	完整	
	5	陶碗▲	1	残	夹砂黄褐陶
	9、13、24	铜泡	3	完整	
	10	陶杯	1	残	夹粗砂黑灰陶
	11	铁矛	1	残存銎部	长7.5厘米，銎内有木纤维痕迹
	14	陶罐▲	1	残	夹砂黄褐陶，手制
	15	陶碗▲	1	残	夹砂黄褐陶
	16	铁器	1	残段	“T”字形

续附表四

清理坑编号（K清理区－清理坑）	器物编号	器物名称	数量	现状	备注
11–175	17	陶杯▲	1	残	夹砂黑褐陶
	18	陶杯	1	残	夹粗砂黑灰陶，高5.5厘米
	20	陶器底	1	残	夹粗砂红陶
	22	陶器底	1	残	
11–176	1	红色珠子	1	完整	
	2	铜泡（大型）	1	残	纽内有麻绳痕迹
12–76	1	蓝色玻璃珠	1	完整	
	2	陶器	1	残	粗夹砂黑陶，口沿和口沿下有一周篦点纹，1口沿残片，4片其他部位
12–77	1、8	铜泡	2	完整	
	2、4、5、6、9、32	玛瑙珠	6	完整	
	3、16	滑石管	2	完整	
	7	铁锄板▲	1	残	表面有纺织品纤维痕迹
	10	陶罐	1	残	夹砂红陶
	11	陶罐	1		黑灰陶
	12	铜环	1	完整	扁体，直径4厘米
	13	陶杯	1		夹砂红褐陶，火候较高，口沿有连续篦点纹
	14、47	绿石珠	2	残	软质
	15、17、18、28、49、53	蓝色玻璃珠	6	完整	
	20、25、33、37、40	铜镞	5	残	
	21	绿石珠	1	完整	软质
	22	陶杯	1	残	夹砂红褐陶，罐形
	23	铜镞	1	残	銎孔内有麻绳
	24	铜带扣	1	残	有镂空图案
	26	铁镞	1	残	有木痕，长3.4厘米
	30	铁镞	1	残	方锥形，长3.4厘米，附木痕
	31	铁残片	1	残	
	35	铁环	1	残	

续附表四

清理坑编号（K清理区－清理坑）	器物编号	器物名称	数量	现状	备注
12–77	36	铁器残段	1	残	长5.1厘米
	38	铜泡	1	残	
	39	铁管	1	完整	长4厘米，宽1.3厘米
	41	绿石珠	1	残	
	42	铁锥	1	残	残长6.4厘米
	43	铁刀	1	残	残长2.8厘米
	44	双纽铜泡	1	残	
	45	铁环	1	残	长2.3厘米，可能是环首刀的环首部
	46	铁刀	1	残	残长7.6厘米
	48	铁泡▲	1	残	
	52	金片▲	1		椭圆形
	55	铜镞	1	残	
12–78	2、9	蓝色玻璃珠	2	完整	
	3	铜泡（小型）	1	微残	
	4	绿色石佩饰	1	残	长5.5厘米
	5	勺形铜带饰	1	残	素面
	6	铜泡	1	残	
	7	陶鬲	1	残存鬲足	黑色，粗糙，手制
	10	绿石珠	1	残	软质
	12	蓝色玻璃珠	1	完整	
	14	红色珠子	38	3残	
	14	白色珠子	6	侵蚀	
	15	蓝色玻璃珠	75	4残	
	16	绿石珠	1	完整	软质
	17	陶壶	1		夹砂红陶，内、外壁磨光
	18	铜泡	4	2件残	
	19	铁器残段	1	残	长2.7厘米
12–79	1、2、5、15、17	蓝色玻璃珠	5	完整	
	3	蓝色玻璃珠	1		

续附表四

清理坑编号（K 清理区 – 清理坑）	器物编号	器物名称	数量	现状	备注
12–79	4	红石珠	1	残	
	6	铜泡（小型）	1	残	两端有孔
	7	陶罐▲	1	残	夹砂黄褐陶
	9	陶杯	1		黑灰陶
	11、12	铜泡（小型）	2	完整	
	18	天河石珠	1	完整	
12–80	2、5、6	蓝色玻璃珠	12	完整	
	4、7、8、9	玛瑙珠	33	完整	
	10	玛瑙珠	2	完整	
	11	绿石珠	3	完整	软质
	12	铜泡	1	完整	
	13	铁锥	1	残	残存尖部
	14	滑石管	2	1 残	
	15	陶壶	1（4 片）	残	夹粗砂红褐陶，口颈部原贴一层泥条
12–134	3、6、8	蓝色玻璃珠	3	2 残	
	4	铁马衔	1	残	
	7、12	陶杯	2		灰黑陶
	9	绿石珠	1	残	
	10、11、15、21	铜泡	4	残	带放射线纹
	13	铜镞	1	微残	
	16	铁马镳	1	残	
	17	铜带具	1	残段	
	18	铜泡（小型）	1	残	
	19	铜镞	1	残	
	20	铁环	1	残	
12–135	1	铁刀状残片	1	残	
	3	铜泡	1	残	
	5	铁管	1	残段	长 4.8 厘米，与墓葬中与铜铃搭配使用的铁管相同
	6	铜铃	1	残	北方式，跳棋形

续附表四

清理坑编号（K清理区－清理坑）	器物编号	器物名称	数量	现状	备注
12–135	7	铜泡	1		
	9	铜泡	1	残	
	10	铜泡	1	微残	
	11	铜泡	1	微残	
	12	铁管	3	残	与5号铁管相同，有纤维痕迹，3件锈结在一起
	13	铜泡	1	残	
	15	残铜片	3	残	
	16	陶壶	1		陶土内夹滑石，四耳
	17	铁器	1	残段	长3.1厘米
	18	玛瑙珠	1	完整	
	19	绿石珠	1	完整	软质
	20	铁刀状残片	1	残	长2.9厘米
	21	铜镞	1	微残	
	22	铜泡	1	微残	
	24	铁片	1	残	
	27	陶杯	1	残	夹粗砂，器表黑色，内壁黄色，碗形
	28	铜环	1	残	直径3.6厘米，饰折线纹
13–94	1	铜泡	1	残	
	2	铜泡	1	残	
	3	铜泡	1	残	
	4	铜泡	1	残	
	5	蓝色玻璃珠	1	完整	
	6	陶杯	1	残	夹砂红褐陶，平底，盅形
	7	绿石珠	1	粉朽	
	8	铜泡	1	残	
	9	陶壶	1	残	夹粗砂红陶，平底，束颈
13–95	1	铜泡	1	残	
	2–1	陶罐	1	残	夹粗砂红褐陶
	2–2	陶杯	1	残	夹粗砂黑灰陶，平底，底缘有锯齿纹

续附表四

清理坑编号（K清理区－清理坑）	器物编号	器物名称	数量	现状	备注
13–95	2–3	陶杯	1	残	夹粗砂黑灰陶，薄胎，盅形
	2–4	陶罐	1	残	夹砂黑灰陶，有颈
13–131	1	铜泡	1	残	
	2	玛瑙坠	1	完整	
	3	铜镞	1	残	
	4	铁刀	1	残段	长4.8厘米
	5	铜泡	1	残	
	6	铜泡	1	残	
	7	铜器	1	残存纽	
	8	铜泡	1	残	带一周放射线花纹
	9	铜泡	1	残	
	10	环首铁刀	1	残	残长8.4厘米，残存环首部分
	11	铜泡	1	残	
	12	铜泡	1	残	
13–132	1	铜泡			
	2、20、25	蓝色玻璃珠	6	完整	
	4	铜镞	1	完整	
	5	铜铃	1	残	大型北方式铜铃
	6	铜泡	1	完整	
	7	铜泡	6	完整	
	8、22、26	滑石管	3	1残	
	9	陶杯	1	残	夹砂红褐陶，平底，口微侈，口下有一周指甲纹
	10、13、16、18、23、27	玛瑙珠	11	完整	
	11	铜镞	1	残	
	12	铁镞	1	残	
	14	铜泡	1	完整	
	19	铜泡	1	完整	
	21	绿石坠	1	残	软质
	24	陶壶	1	残	夹粗砂黄褐陶，存8片口、颈、腹部残片

续附表四

清理坑编号（K清理区－清理坑）	器物编号	器物名称	数量	现状	备注
13–133	1	铜泡	1	残	
	2	铜泡	1	残	
	3	铜泡	1	残	
	4	陶杯	1	残	夹砂黑灰陶，粗胎，平底
	5	铜泡	1	残	
	6	铁刀	1	残	
	7	铜泡	1	残	
	8	铜泡	1	残	
	9	铜泡	1	残	
	10	陶杯	1	残	夹砂黑灰陶，夹砂量少，平底，斜腹
	12	铁管	1	残	附着纺织品纤维
	13	陶罐	1	残	夹粗砂红陶，凸底，扁圆腹
	14	铜泡	1	残	
	16	蓝色玻璃珠	1	完整	
	17	铜泡	1	残	
13–135	1	绿石珠	1	残	
	2	绿石珠	1	完整	
	3	铜泡	1	残	纽内有麻绳残痕
	4	绿色石佩饰	1	完整	
	5	铜镞	1	残	
	6	铜铃	1	残	北方式，饰菱形纹，高4厘米
	7	铜泡	1	残	
	8	陶器	1	残	夹砂黑灰陶，腹部有一小坑，壶类
	10	铜泡	1	残	
	11	蓝色玻璃珠	1	完整	
	12	铜镞	1	残	
	13	五铢钱▲	1	残	穿下半星
	采集	绿石珠	1	残	软质
	采集	蓝色玻璃珠	1	完整	

续附表四

清理坑编号（K清理区－清理坑）	器物编号	器物名称	数量	现状	备注
13–135	采集	玛瑙珠	1	完整	
13–163	1、5	铜泡	2		
	2	陶壶	1	残	夹砂黑灰陶，腹部有两横耳
	3、22、26、33	铜镞	4	残	
	6	铁马衔	1	残	残长 11 厘米
	7	铜泡	1		
	8	铁环	1	残段	
	9	陶器	1	残	夹粗砂红褐陶，凸底
	10	铜泡	1		
	11、16	滑石管	1	完整	
	12	铜泡	1		
	14	陶壶（汉式）	1	残	细灰陶，肩部有弦纹
	15	陶器口沿	1	残	粗糙红陶，侈口
	17	陶器口沿	1	残	灰陶，侈口，口沿有连续篦点纹
	17	陶壶	1	残	夹砂灰陶，小口，颈部有一穿孔
	18	绿石珠	1	完整	
	19	天河石或绿云母珠	1	残	
	20	绿石珠	1	完整	
	21	陶器底	1	残	夹粗砂黑陶
	23	陶杯	1	残	夹砂黑灰陶，凸底，直壁，方形
	24	铁马镳	1	残	残长 8.3 厘米
	25	绿石珠	1	残	
	27	铜环	1	残	扁体
	28	铁刀	1	残段	长 5.3 厘米
	29	铁剑	1	残	残长 30 厘米，宽 2.2 厘米，有木痕、纺织品纤维痕迹
	31	铜泡	1		
	32	绿石珠	1	残	
14–98	1	铜镞	1	微残	三棱有铤
	2	铜镞	1	残	三棱有铤、有凹坑

续附表四

清理坑编号（K清理区－清理坑）	器物编号	器物名称	数量	现状	备注
14–98	3	陶器	1	残	夹砂黑灰陶，凸底，壶、罐类
14–99	1	环首铁刀	1	残	
14–100	1	蓝色玻璃珠	1	酸化	
	2、15	铁镞	2	残	柳叶形有铤
	3	铁刀	1	残段	
	4	铜泡	1	残	
	5	亚腰形铜牌饰▲	1	微残	
	6、13	铜镞	2	残	
	7	陶碗	1	残	器表红褐色，胎较细，底部边缘有篦点纹
	8	陶罐	1	残片	夹砂陶，火候不均，有器耳
	9、22	滑石管	2	1残	
	10	铜泡	1	残	
	12、17、18	绿石珠	3	残	粉化
	14、19	铜铃	2	残	北方式，带镂孔，菱形口
	16	铜环	1	残	扁体，一面平，一面鼓，直径4.9厘米
	18、20	铜泡	2	残	
	23	天河石（绿云母）珠	1	完整	长2.2厘米
	24	铜泡		微残	
	25	铜泡	1	残	
	25	绿石珠	1	粉化	
	26	陶器底部	1	残	夹粗砂红陶
	27	铜泡		微残	
	29	铜环	1	完整	扁体，一面平，一面鼓
	30	绿石珠	1	完整	软质
14–162	1	石佩饰	1		灰色
	2	带柄铜铃▲	1	残	
	3	铜管▲	1	残	用铜片卷成，长2.4厘米
	6	绿石珠	1	完整	
	7	铜泡	1	残	

续附表四

清理坑编号（K清理区－清理坑）	器物编号	器物名称	数量	现状	备注
14–162	9	铜轮▲	1	残	直径3.8厘米
	11	铜轮	1	残	
	12	铜泡	1	完整	
	13、14	玛瑙珠	2	完整	
	15	绿石管	1	残	
	18	陶杯	1	残	夹细砂黑灰陶，平底，腹微圆
	19	铜泡	1	残	
	21	铜镞	1	残	
	23–1	陶杯	1	残	夹细砂黑灰陶，平底
	24	陶壶▲	1	残	夹砂黄褐陶
	25	绿石珠	1	残	
	26	陶壶	1	残	红褐色夹砂陶，含滑石粒，束颈平底，四桥状横耳
14–174	1	铜镞	1	残	
	2	铜泡	1	残	
16–120	1	铜泡	1	残	
18–26	1	铜泡	1	完整	中型
	2	陶罐	1	残	夹粗砂黑陶，两横耳，平底
18–27	1	勺形铜带饰▲	1	残	
	2	绿云母珠▲	1	完整	软质，扁体，方形
	3	玛瑙珠▲	1	完整	
	4	铜器▲	1	残件	
	5	铜镞▲	1	残	
	6	铜镞▲	1	残	
	7	陶器器底	1	残	红褐陶，陶质细腻，平底，壶、罐类
	8	滑石管▲	1	残	
	9	陶杯▲	1	残	夹砂红褐陶
	不详	铜环	1	残	圆体。档案编号为4号，有误
18–34	1	绿石珠	1	完整	
	2	铜泡	1	粉朽	

续附表四

清理坑编号（K 清理区 – 清理坑）	器物编号	器物名称	数量	现状	备注
18–34	4	双孔石佩饰	1	完整	绿色
	5	滑石管	1	完整	
18–35	1	铜泡	1	完整	
19–37	1	蓝色玻璃珠	1	完整	
19–66	1	五铢钱▲	1	残	穿下半月
19–67	1、2、20	绿石珠	3	完整	2 件为软质
	3	绿石珠	1	完整	软质
	4、29	铜泡	2	残	
	5	陶壶	1	残	粗糙，红陶，器表陶色不均，表面磨光，似乎有红衣，小口、鼓腹、平底
	6	陶杯	1	残	夹砂黑陶
	7	陶杯	1	残	夹砂黑陶，口微侈，可复原
	8	陶器底	1	残	夹粗砂黄褐陶，火候较低，壶、罐类
	10	绿云母（或天河石）三孔珠	1	完整	
	11	陶器耳	1	残	只存一瘤状耳，夹砂红褐陶
	12	陶杯	1	残	夹砂红褐陶
	13、15、17、23	铜泡	4	残	
	14	铜铃	1	残	高 2.6 厘米，带脊棱，北方式
	16	陶杯	1	残	夹砂红褐陶
	18	陶器底	1	残	夹砂红褐陶，平底，壶、罐类
	22	陶罐	1	残	夹砂细灰陶，圆腹，平底
	25	陶杯	1	残	夹粗砂黑陶，平底，微鼓腹，微侈口
	26	铜泡	1	残	
19–68	1	铜环	1	残	一面平，一面鼓，扁体
19–71	1、2	铁带扣	2	残	扣针长 10.8 厘米
	3	铜泡	1	残	
	4	铁刀	1	残段	长 5.5 厘米，有纺织品痕迹
	5	绿石珠	1	残	软质
19–188	1	铁刀	1	残段	残长 7.4 厘米

续附表四

清理坑编号（K清理区－清理坑）	器物编号	器物名称	数量	现状	备注
19-188	2	环首铁刀	1	尖残	长 20.6 厘米
	2	环首铁锥	1	完整	
	3	管銎铁镞	1	微残	长 5.2 厘米，表面有木痕
	4-1	陶碗	1	残存口沿	夹粗砂褐陶
	4-2	陶杯	1	残	夹粗砂黑灰陶，大口微敛，器表有“十”字形划痕
	5	滑石管	1	残	
	6	铜泡	1	残	
19-189	1	铜泡	1	残	
19-190	1	绿石珠	1	完整	扁体
20-73	1	陶杯	1	残	夹砂黑灰陶，火候不均，手制，器表不平整
	3	陶杯	1	残	夹砂红褐陶
	4	陶壶	1	残	夹砂黑灰陶，手制
	6	铁环	1	残	直径 8.3 厘米
	7	铁镳	1	残	长 16.2 厘米
	8	铜泡	1	完整	
	10	铜泡	1	完整	
	11、12	铜镞	2	残	
20-75	1	铁镞	1	残	镞身有木痕
	2	铁镞	1	残	
	3	铜泡	1	残	纽面有皮革痕迹
	4	铜泡	1	残	
20-137	1	铁环	1	残	直径 8.3 厘米
	2	陶杯	1	残存口沿	夹砂红褐陶，手制
	3	铜泡	1	残	
	4	长铁刀	1	残	刀身有木痕
	5	蓝色玻璃珠	1	完整	较大
20-186	1	蓝色玻璃珠	1	完整	
	2	铜镞	1	完整	銎内有皮革类残痕
	3	铁刀	1	残	长 16.5 厘米

续附表四

清理坑编号（K清理区－清理坑）	器物编号	器物名称	数量	现状	备注
20–186	4	兽骨	1	残段	
20–187	1	滑石管	1	完整	
21–138	1	带柄陶杯	1	残	夹细砂黑灰陶，手制
	2	绿石珠	1	完整	软质
	3	双孔铜片	1	残	
	5	铜环	1	完整	直径4.2厘米，扁体
	6	陶壶	1	残	粗红陶，夹细砂
	7	陶碗	1	残	火候不均，器壁外黑里红，高4.7厘米
	8	陶器底	1	残	夹砂黄褐陶，壶、罐类
	10、26	陶杯	1	残	黑褐陶，夹细砂和大砂粒，手制
	12	陶器口沿	1	残	夹砂红陶
	14、16	蓝色玻璃珠	2	完整	
	15	铜管	1	残	长3.7厘米
	17	铜泡	1	完整	
	20	铜泡	1	残	
	21	陶壶▲	1	残	夹砂红褐陶，手制，口沿外有双耳
	23	陶罐	1	残	夹砂黑灰陶，手制，器表光滑
	24、25	铜镞	2	残	
21–182	1	铜铃	残		
22–136	1	陶杯	1	残	红衣陶，夹细砂，表面红色
	2	陶杯	1	残	黑灰陶，夹粗砂和细砂
	3	铜带扣	1	残	两面外鼓，残存一段
	4	陶罐	1	残	夹砂黑灰陶，器表黑色，腹部有四个瘤状盲耳
	5	铜环（小型）	1	残	扁体，一面平，一面鼓
	7	陶器底	1	残	红褐陶，壶、罐类
	8	铜泡（小型）	1	残	
	10	陶杯	1	残	夹砂黄褐陶
	11	铜泡（大型）	1	残	
	12	陶罐	1	残	夹砂红褐陶，桥状双耳

续附表四

清理坑编号（K 清理区－清理坑）	器物编号	器物名称	数量	现状	备注
22–136	13	陶杯		残	夹砂黑灰陶，手制，火候低
	14	铜环	1	残	扁体，两面外鼓
	15	马形铜牌饰▲	1	残	
	16	铜泡（大型）	1	残	中部有放射线纹
	18	绿色扁方珠	1	完整	
	20	陶器底	1	残	夹砂黑灰陶，器表黄褐色，壶、罐类
	采集	铜泡（小型）	1	完整	
	采集	绿石珠	1	完整	软质
22–139	1	玛瑙珠	1	完整	
22–140	1	陶纺轮▲	1	残	
	2	陶器	1	残	夹砂黑陶，碗口沿
	2	陶杯口沿	1		夹砂黑灰陶，器表黄褐色
	3	铜泡	1	残	
	4	铜泡	1	微残	
22–157	1	铜镞▲	1	微残	双翼，銎孔式，銎内有箭杆
26–31	1	铁环	1	断裂	横截面圆形
26–198		马头骨	3		出于黄土层内，未经扰动
27–186	1	陶杯器底	1	残	夹砂黑灰陶
	2	铜泡	1	残	
	3	铜泡	1	残	
	4	陶杯器底	1	残	夹砂黑灰陶
	5	陶壶口沿（汉式）		残	泥质灰陶，夹细砂，轮制，内、外壁有弦纹
	7	陶器口沿	1	残	夹砂黑灰陶，红衣
	8	铁矛	1	残	残长 16.7 厘米
	10	陶器	1	残	夹砂陶，红色陶胎，壶、罐类
	11	铜镞	1	残	
	12	铁器	1	残片	残长 3.1 厘米，可能铁刀
	13	陶杯	1	残	夹砂红褐陶
27–187	1	陶杯	1	残	夹砂红褐陶，腹部有刻划的网格纹

续附表四

清理坑编号（K清理区－清理坑）	器物编号	器物名称	数量	现状	备注
27–187	3	铜泡	1	残	
	4	陶壶	1	残	夹砂黑灰陶
	5	铁片	1	残	
	6	陶器底	1	残	手制，夹粗砂
	7	铜泡	1	残	
	8	滑石管	1	完整	
	9	铁镞	1	残	两面有木痕
	10	铁衔	1	完整	
	11	铁镞	1	残	
	13	陶杯	1	残	夹砂红褐陶
	14–1	陶杯	1	残	夹砂红褐陶，口沿上有刻齿纹
	14–2	陶杯器底	1	残	夹砂黑灰陶
	16	环首铁刀	1	残	
27–188	1	铁片	1	残片	长4.4、宽2.8厘米
	2	铜泡	1	残	
	3–1	陶杯	1	残	夹砂红褐陶，口沿有刻齿纹，口沿下刻划三角形纹饰带一周
	3–2	陶罐	1	残	夹砂黑灰陶，残存腹片，有瘤状耳
27–190	1	玛瑙珠	1	完整	
	2	陶杯口沿	1	残	夹砂红陶，口沿内侧有一周指甲纹，口沿外侧布满指甲纹
	3	陶器底	1	残	夹砂陶
	4	勺形铜带饰	1	残	不规整，纹饰不清楚
27–191	1	陶器腹部残片	1	残	夹砂黑灰陶，壶、罐类
	2	陶杯	1	残	黑灰陶
	3	铜泡	1	微残	背面有单梁
27–193	1	铁箍	1	残	有粗布纹和绢纹
	2	铁刀	1	残片	残长3.5厘米
	3	铜铃	1	残	
	4	带双孔铁器	1	完整	可能是车器
	5	铜镞	1	残	双翼銎孔式

续附表四

清理坑编号（K清理区－清理坑）	器物编号	器物名称	数量	现状	备注
27-193	6	绿石珠	1	完整	软质
	7	陶罐	1	残	夹砂黑灰陶，口沿及颈部以下有两周刻齿纹，中部饰珍珠纹
	8	铁箍	1	残	长径6.1厘米，中段有布纹
	9	陶杯	1	残	夹粗砂红陶
27-200	1	陶壶	1	残	夹砂灰陶，颈部有一环状竖耳
	4	陶器底	1	残	夹砂黑灰陶，壶、罐类
	5	陶杯	1	残片	夹砂黑灰陶，夹砂量大
	7	铁器	1	残段	长5厘米
	8	陶壶	1	残	夹细砂红衣陶，颈部一条弦纹
27-201	1	陶杯	1	残	夹粗砂灰陶，器表淡黄色
27-253	1	滑石管	1	残	
28-185	1	陶纺轮	1	残	夹砂红陶，火候低，扁平，侧缘外鼓
28-211	2	铜镞	1	残	
	3	铁矛	1	残	残长20.3厘米
	4	铜镞	1	残	
	5	铜泡	1	残	
	6	铜泡	1	残	
	7	铁镞	1	残	镞身有木痕
	9	陶壶	1	存口、腹部	夹砂黑灰陶，器表有刀削痕迹
	10	铜泡	1	残	
	11	陶壶	1	腹部残片	
	13	铜环（大型）	1	微残	扁体
	14	玛瑙珠	1	完整	
	15	陶罐	1	残	夹砂红褐陶
	16	绿石珠	1	残	
	17	陶罐▲	1	残	夹砂黑褐陶，大口
	20	铜泡	1	残	
	21	陶壶器底	1	残	夹砂红褐陶
	22	陶罐口沿	1	残存4片	夹粗砂黑灰陶，口下一周珍珠纹，其下饰交错分布的篦点纹

续附表四

清理坑编号（K清理区–清理坑）	器物编号	器物名称	数量	现状	备注
28–211	24	陶杯	1	残	夹砂红褐陶，口沿有刻齿纹
	26	陶壶	1	残存腹片	夹砂红褐陶
28–249	1	铜镞	1	残存尖	
	3	陶片	4	残	夹砂红褐陶
	4	陶杯	1	残	夹砂黑灰陶
	6	陶罐	1	残	浅红色陶，火候不均，可能是罐底
	6	陶壶	1	残	夹粗砂红陶
	7	铜泡	1	残	
	9	铁刀	1	残	残长7.7、宽0.9厘米
	11	陶器底	1	残	夹砂红褐陶，壶、罐类
	13	陶片	2		夹砂红褐陶
	14	铜泡	1	残	
	16	滑石管	1	完整	
	17	蓝色玻璃珠	1	完整	
	18	铁器	2	残	可能是矛的銎部，内有木痕，外有纺织品痕迹
	19	绿石珠	1	残	软质
28–250	1	铜镞	1	微残	双翼，銎孔式
	2	铁带扣	1	残	长2.6厘米
	2	陶罐	1	残	夹砂黑灰陶，器表施红衣
	4	陶杯	1	残	夹砂红褐陶，已复原
	5	陶壶	1	残	夹砂红陶，腹部有两横耳
	8	环首铁刀	1	残	长15.5厘米，一面有布纹
	10	铜泡	1	残	
	12	陶罐	1	残	夹滑石黑灰陶，上腹部有四瘤状耳
	13	残铁器	1	残	可能是锥的尖部
	14	陶杯▲	1	残	夹砂黄褐陶
	15、31	滑石管	3	1残	
	19	陶碗▲	1	残	夹砂黄褐陶，底缘饰一周刻齿纹

续附表四

清理坑编号（K清理区－清理坑）	器物编号	器物名称	数量	现状	备注
28–250	20	陶杯	1	残	夹砂红褐陶
	21	陶壶	1	腹部残片	红衣陶，两横耳，夹粗砂
	24	铁刀	1	残	
	25	铜泡	1	完整	
	26	铜泡	1	残	
	27	蓝色玻璃珠	8	5残	
	28	铜环	1	残	稍扁，直径2.4厘米
	29	绿石管	3	完整	软质
	30	玛瑙珠	1	完整	
	32	铜泡	1	残	
	33	陶杯	1	残	夹砂红褐陶
28–251	2	陶罐	1	残	红衣陶，胎芯灰褐色，陶质粗糙，只存1片
	4	陶杯	1	残	红褐陶，夹粗砂，口、底饰刻齿纹
	5	陶杯	1	残	红褐陶，可复原
28–252	1	玛瑙珠	1	残	
	2	陶罐▲	1	残	夹砂黄褐陶，上腹有4盲耳
29–179	1	陶杯口沿	1	残	夹砂黑灰陶，红褐色陶衣
	2	铜泡	1	完整	
29–180	1	铜镞	1	残	
29–212	2、4	铁带扣▲	2	残	长17.5厘米，椭方形，两端外卷
	3	陶壶	1	残	夹砂黑灰陶
	6	铁锛▲	1	完整	
	9、10、11	蓝色玻璃珠	3	1残	
	12	铁镞	1	残	有木痕，长3.4厘米
	13	铁带扣	1	残	扣针长11厘米
	15	陶罐口沿	1	残	黑灰陶，口沿部有交错分布的珍珠纹
	17	铁衔	1	残	
	18	陶器腹部残片	1	残	夹砂黑灰陶，红衣，壶、罐类
	19	铜泡▲	1	残	

续附表四

清理坑编号（K清理区－清理坑）	器物编号	器物名称	数量	现状	备注
29-212	21	铁锥	1	残	
	22	陶罐	1	残	夹砂黑灰陶，红衣
29-213	1	铜泡	1	残	
	2	蓝色玻璃珠	1	完整	
	3	铜泡	1	残	
	4	陶器耳	1	残	黑灰陶，内外有红衣，瘤状耳
	5	滑石管	1	完整	
29-214	1	陶壶	1	残	夹砂滑石粒
	2、6、11	蓝色玻璃珠	3	完整	
	5	铜坠饰	1	完整	长2.6厘米
	7	铜镞	1	残	
	9	铜泡	1	残	
	11	陶杯	1	残	夹砂红褐陶
	13	陶杯口沿	1	残	
	14	铜环	1	完整	形状类似指环
	15	铜泡	1	残	纽内有皮革
	17	铜带扣	1	残	
29-215	2、4	蓝色玻璃珠	1	1残	
	3	铜坠饰▲	1	残	
	5	陶罐	1	残	夹砂黑灰陶，口沿外有两周刻齿纹
	6	铜泡	1	残	
	7	陶杯	1	残	夹砂红褐陶
	8	铜泡	1	残	纽内有麻纤维
	9	铁刀	1	残	长11.5厘米
	12	铜镞	1	残	双翼銎孔式
	13	铁刀	1	残	
	14	陶杯	1	残	夹砂红褐陶
	15	陶杯器底	1	残	夹砂红褐陶
	16	陶罐▲	1	残	夹砂黄褐陶

续附表四

清理坑编号（K清理区－清理坑）	器物编号	器物名称	数量	现状	备注
29–216	1	蓝色玻璃珠	1	完整	
29–217	1	陶器底	1	残	夹粗砂，胎芯红色，直径6.4厘米
	2	铁镞	1	残	
	3	铁镞	1	残	
	4	陶杯	1	残	夹砂黑灰陶，部分器表有红衣
	5	铁镞	1		柳叶形，有铤，长4.3厘米
	6	铜镞	1	残	
	7	铁马衔	1	残	
	8	铜镞	1		
	10	铜泡	1	残	
	11	铜泡	1	残	
	12	铜坠饰	1	完整	
	采集	陶器口沿	1	残	
29–218	2	蓝色玻璃珠	1	完整	双翼銎孔式，长1.8厘米
	4	铁衔	1	残	一节残长10.8厘米
	5	铁刀	1	残	长19.5厘米
	7	铁衔	1	残	绳索状，1节长11.3厘米
29–219	1	铜镞	1	残	
	不详	马牙	1	残	
29–220	1	铁器	1	残段	残长4.8厘米，可能是铁环
	2	陶杯▲	1	残	夹砂黄褐陶
	3	陶杯	1	残	夹砂红褐陶
	4	玛瑙珠	1	残	
	5	陶片	5片	残	
30–142	1–1	陶杯	1	残	夹砂黑灰陶，部分器表为褐色
	1–2	陶杯	1	残	夹砂黑灰陶
	2	铜泡（大型）	1	残	
	3	铜泡（大型）	1	残	
	4	铜泡（大型）	1	微残	
	5	橙红色石珠	1	完整	

续附表四

清理坑编号（K清理区－清理坑）	器物编号	器物名称	数量	现状	备注
30–178	4	陶壶▲	1	残	夹砂黑褐陶
	5	陶片	1	残	夹砂红褐陶，壶、罐类
	6	铜铃▲	1	微残	
	7	陶器底	1	残	夹砂黑灰陶
	8	铜坠饰▲	1	完整	
	9	铜铃▲	1	完整	
	11	陶片	1	残	夹砂红陶
	10、17	蓝色玻璃珠▲▲	2	完整	
	12	铁带扣▲	1	残	
	14、22	红石珠	2	完整	
	15	绿云母管	1	完整	
	21	陶器底	1	残	夹砂黑灰陶，红衣，壶、罐类
	23	铜泡▲	1	残	
	24	陶器口沿	1	残	夹砂陶，内黑外褐色
	25	铁刀▲	1	残	
	26	陶杯	1	残	夹砂黑灰陶，红衣
30–180	1	陶杯	1	残	夹砂红褐陶，凹底
	5	铜泡	1	微残	
	6	红石珠	1	完整	
34–201	1	蓝色玻璃珠	1		器表有腐蚀形成的条纹
	2	铜泡（大型）	1	残	薄体，扁纽
34–208	1、2	绿云母（天河石）管	2	完整	
	3、4	铜泡	3	残	
	5、9	铜泡	2	微残	
	6	陶杯		残	夹砂红褐陶
	7	陶杯	1	残	夹砂黑陶，红衣，口沿饰刻齿纹，沿下饰指甲纹，再下饰三角形篦点纹带，底部也有三角形篦点纹带
	8	玛瑙珠	1	微残	
	10	铜泡	1	残	

续附表四

清理坑编号（K 清理区－清理坑）	器物编号	器物名称	数量	现状	备注
34–208	11	陶罐	1	残	夹砂黑灰陶
	12	玛瑙管	1	完整	
	13	绿云母（天河石）管	1	完整	鼓腹管
34–209	1	铜环	1	残	
	2、5	铁器	2	残	
	3	铜泡	1	完整	
	4	铁镞	1	残	
34–253	81	陶杯	1	残	夹砂黑灰陶
34–254	1	绿云母（天河石）珠		3	
	2	绿云母（天河石）珠		1	扁体
	3	陶杯	1	残	夹砂黑灰陶，红衣
	5	圆形铁片	1	大部分残缺	薄片状，一面凸起
	6	绿云母（天河石）管	1		一面有凹沟
	7	铁环	1		横截面圆形
	8	勺形铜带饰	1	微残	纹饰类似羊头
	9	绿云母（天河石）管	1		剖面略方
	10	绿云母（天河石）管	1		
	11	绿云母（天河石）管	1		一面有凹沟
	12	铜泡（大型）	1	微残	
	13	陶杯器底	1	残	夹砂红褐陶
	采集	陶杯	1	残	夹砂黑灰陶，腹部有压印的环形纹带
34–255	1	陶壶	1	残	夹砂灰黑陶，红褐色陶衣
	2、5、7、12	铜泡	4	微残	
	3	陶器口沿	2	残	夹砂陶，另附乳突状耳
	4	陶杯	1	残	夹砂红褐陶，环状耳
	6	玛瑙珠	1	完整	
	8	陶器口沿	1	残	夹砂灰褐陶，似陶罐
	8	陶杯口沿	1	残	夹砂红褐陶
	9	铜镞	1	完整	双翼銎孔

续附表四

清理坑编号（K清理区－清理坑）	器物编号	器物名称	数量	现状	备注
34–255	10	蓝色玻璃珠	1	完整	
	11	铜泡	1	完整	
34–258	1	陶罐	1	残	夹砂黑灰陶
	2	陶杯	1	残	夹砂灰褐陶
	3	铁环	1	残	横截面为圆形，较细
	4	陶罐口沿	1	残	有珍珠纹
34–265	24	镰形铁器	1	残	可能为残器被再次使用
	25、34	绿云母（天河石）管	2		
	28	玛瑙珠	1		
	29	铜镞	1	残	双翼銎孔镞
	30	铁衔、镳	1		螺旋桨形镳
	31	陶杯器底	1	残	夹砂黑灰陶
	32	圆形铁片	1		
	33	铜镞▲	1		三翼镞
	35	铜耳饰▲	2		铜丝拧绕而成，两端有环
	36、41	铜泡（大型）	2		
	37	铜剑环	1		
	38	陶罐	1	残	夹砂黑灰陶
	39	绿云母（天河石）管	1		
	40	铁镞▲	1		
	43	蓝色玻璃珠	1		
	44	玛瑙珠	1		
35–247	1	陶器	1	残	夹砂黑灰陶，壶、罐类
	2	铜器	1	残片	
	3	蓝色玻璃珠	1		
	4、6	铜贝	2		
	5	铜镞	1		三棱铁铤，一面有凹槽
35–248	1	陶器底	1		夹粗砂红衣陶
	2	铜贝	1		

续附表四

清理坑编号（K清理区－清理坑）	器物编号	器物名称	数量	现状	备注
35-253	1	铁器	1	残块	
	2	陶壶（汉式）	1		灰陶，肩下有不明显弦纹，轮制
	3	陶杯	1		夹砂黑灰陶
	5、11、41、66	铜泡（大型）	4	残	
	7	陶杯器底	1		夹砂黑灰陶
	8	铜镞	1	残	三棱形镞身，有关部，有铤
	9	剑柄铜穿环	1		
	12	铜铃	1	残	
	13、14、50、59、62	铜镞	5	2残	双翼銎孔式，59号銎内有木条
	18、21、29、35、52、53	铜泡（大型）	6	微残	
	20	铁剑	1	残段	
	22、24、31、56	玛瑙管	4		
	23、54	铜镞	2	微残	
	25、27、48、64、82、85	绿云母管	6		
	26	陶罐（汉式）	1		灰陶，肩部细弦纹，颈部有两孔，轮制
	32	器耳	1		夹砂黑陶，红衣，壶、罐类
	33	铁器	1	残段	
	34、70、72、83	铜泡（大型）	4	残	
	36	玛瑙珠	1		瓜棱状
	38-1	陶杯	1		夹砂黑灰陶，腹部饰环形三角纹饰带
	38-2	陶杯	1		夹砂黑陶，红衣
	39、49、71	铜泡（大型）	3	2残	
	42	陶杯	1		夹砂黑陶，红衣，口沿饰刻齿纹
	43	陶壶	1		夹砂黑灰陶
	46	陶壶	1		夹砂黑灰陶
	47	勺形铜带饰	1		
	51	铜泡	1		珠形
	55	滑石珠	1		

续附表四

清理坑编号（K 清理区 – 清理坑）	器物编号	器物名称	数量	现状	备注
35–253	57	绿云母（天河石）珠	1		扁体
	60	绿云母（天河石）珠	1		起脊，扁体
	63	铁镞	1	残	
	65	铁刀	1	残存尖部	
	67	绿云母（天河石）珠	1		菱形，扁体
	71	陶壶	1		夹砂红褐陶
	73	绿云母管	1		长 2.3 厘米
	76、87	环首铁锥	2		
35–265	2、10、13、15	铜泡（大型）	4	2 残	
	3、4、5、8、19	铜泡	5	2 残	珠形
	6	穿孔铜片▲	1		长条形，窄端有孔
	7、17	铜镜残片▲	2		纹饰外区有内向连弧纹，17 号
	9	陶罐（汉式）▲	1	残	细灰陶，腹部有六周弦纹，小型
	11	四尖足铜器▲	1	微残	
	12	铁管▲	2		带弧形凸棱
	14	玛瑙珠	1		
	16–1	陶壶	1	残	夹砂红褐陶
	16–2	陶器	1	残	夹砂红褐陶，壶、罐类
	18	玛瑙管	1		
	20	铜泡	1		带花纹
	21	陶杯	1	残片	夹砂黑陶，红衣，口沿一周刻齿纹，颈部一周指甲纹，内壁有末端圆形器物压出的三个凹坑
	22	蓝色玻璃珠	1		
	23–1	陶杯器底	1	残	灰黑陶，底边缘有刻齿纹
	23–2	陶杯	1	残	夹砂黑灰陶
35–266	1	陶器底	1	残	夹砂红褐陶，壶、罐类
	3	铜片	1		
	4、7	铜泡（小型）	3		
	5	铁环	1	残段	

续附表四

清理坑编号（K 清理区 – 清理坑）	器物编号	器物名称	数量	现状	备注
35–266	6、20	陶杯	2	残	夹砂黑灰陶
	8	陶杯器底	1	残	夹砂黑灰陶
	9	铜铃	1	纽残	小型，有铃舌
	10、15、35	绿云母（天河石）管	3		鼓腹
	11、12、16、29、38、45、55	绿云母管	7		高小于 2 厘米
	13	绿云母（天河石）珠			
	14	玛瑙珠			
	17、22、24、31、47	铜泡（大型）	6		
	18	铁带扣的扣针	1		一端弯成环状
	19、23、36、49	环首铁刀	4	残存一段	
	21	铁斧	1	残	
	25、40、41	绿云母（天河石）珠	3		起脊，扁体
	26	铁器	1	残段	
	27	铜镞	1	微残	锥形有铤，镞身横截面长方形，肩部四棱锥形
	30	绿云母（天河石）珠			圆角菱形，扁体
	32	陶壶口沿	1	残	夹砂，胎芯黑色，红衣
	33	陶杯	1		夹砂，胎芯黑色，红衣，口沿有刻齿纹
	34	绿云母（天河石）珠			菱形，起脊，扁体
	37	陶杯	1		夹砂红陶
	39	铜泡（大型）	1		
	43	陶杯器底	1	残	夹砂，黑胎，红衣
	44	滑石管	1		
	46	铁镞	1		四棱形镞身，铤有木痕
	48	铜镜▲	1	残片	外区带内向连弧，可能是四乳四螭镜的边缘
	50、51	玛瑙管	2		高分别为 4.8、4.6 厘米
	52	绿云母管	1		2.3 厘米
	53	绿云母管	1		3.7 厘米
	56	石镞	1	残存 1 段	脊较高，横截面为斜方形

续附表四

清理坑编号（K 清理区 – 清理坑）	器物编号	器物名称	数量	现状	备注
35–266	57	环首铁刀	1		刀身较窄，两端残
	57	环首铁刀	1	残存一段	大环首
35–267	1	蓝色玻璃珠	1		扁体，圆形
	2、3、7、23、26	绿云母管	5	微残 2	
	5、12、27、28	铜泡	4		
	6	玛瑙珠	1		
	11	铜镞	1		三棱铁铤
	13	陶杯器底	1		夹砂粗红陶，底边缘有刻齿纹
	14	铁环	1		
	17	铁镞	1		三翼銎孔式
	19	玛瑙珠	1		
	20	铁刀	1	残段	
	22	陶壶	1		夹砂黑灰陶，长颈中部有一条纹饰
	24	陶壶	1		夹砂黑灰陶，红衣
	25	铁器	1	残段	方体，有木痕
	29	绿云母（天河石）珠	1		扁体
	30	铁矛	1	残段	
	31	铜铃	1		北方式，跳棋形， 四边有三角形斜线纹
35–268	1	绿石珠（盘形）	1		
	2	陶杯	1	残存器耳	夹砂黑灰陶，耳两侧有刻齿纹
	3、7	铜泡（大型）	2		
	4	陶杯▲	1		夹砂红褐陶
	5	铁剑	1		窄身，有脊，横截面为窄菱形
	6	陶罐	1		红陶，口沿饰刻齿纹，沿下的附加堆纹上有指甲纹
	8	鎏金铜管	1	微残	圆柱形略鼓腹
	10	铜镞	1	尖部残	
	11、22	铜泡	2	1 残	珠形
	12	绿石珠（鼓腹形）	1		

续附表四

清理坑编号（K 清理区 – 清理坑）	器物编号	器物名称	数量	现状	备注
35–268	13	铜铃	1		
	14	绿云母管	1		
	16	绿石珠（算珠形）	1		
	17、19	铁环	2	残段	
	21	陶器口沿	1		夹砂黑灰陶，口沿饰一周刻齿纹，下面有珍珠纹，器壁有一穿孔
35–269	13	陶器	1		夹砂和云母粉，红褐陶，两桥状横耳，壶、罐类
	32、48	铜泡（大型）	2		
	33	铁环	1		
	34	铜铃	1		纽部有铁锈，北方式，跳棋形
	35	绿云母管	1		
	36	绿云母管	1		
	37	玛瑙管	1		
	38	绿云母（天河石）珠	1		扁体
	40	陶杯器底	1		夹细砂红陶
	41、49	铜泡	2		珠形
	42	陶器	1		夹砂陶，腹部两横耳，壶、罐类
	44	铁镞	1	尖残	
	45	环首铁锥	1	残段	
	46	陶壶	1		夹砂红陶，有瘤状耳
	采集	陶器	1		夹砂灰陶，形体大，壶、罐类
36–219	1	陶杯口沿	1	残	夹砂红褐陶
	2	陶杯器底	1	残	夹砂红陶
	3	玛瑙珠	1		瓜棱状
36–220	1	铁环	1	残	
	2	铜镞	1	微残	双翼，銎孔式
	3	玛瑙珠	1		瓜棱状
	4	铁镞	1	铤残	
	5	陶器	1	残	壶、罐类

续附表四

清理坑编号（K清理区－清理坑）	器物编号	器物名称	数量	现状	备注
36–221	1、5	铜泡	2	残	有花纹
	2	陶壶	1	残	夹砂黑灰陶，颈部残片，饰交错分布的三行珍珠纹，颈下附加堆纹上饰刻齿纹
	3	环首铁刀	1	尖残	
	4	陶杯	1		夹砂红陶
	6	陶壶	1	残	夹砂灰陶，手制
36–222	1	圆铁片	1		薄片，略外鼓
	2	穿孔陶片	1		陶芯灰黑色，饰珍珠纹
	3、7、8	铜泡（大型）	3		
	4	铜泡	1		珠形
	5	铁镞	1		
	6	铜镞	1		双翼，銎孔式
36–223	1	铜镞	1	残	
	2	玛瑙坠	1		
	3	陶杯	1		夹砂红褐陶
	4	陶杯器底	1		夹砂红褐陶
	5	绿石坠	1		
	6	陶壶	1		夹砂红褐陶，颈部有对穿孔
	7	勺形铜带饰	1	残	素面
	8	陶器	1		夹砂红陶，壶、罐类
36–224	1	铜镞	1		双翼，銎孔式
	2	陶碗▲	1		
	3	绿云母（天河石）管	1		鼓腹
	4	铁刀残段	1		
	5	陶壶器底	1		夹砂红褐陶
	6	铜泡（大型）	1		
36–234	1	滑石管	1		
	2、4、5、10	铜泡	4		珠形
	3	绿云母（天河石）珠	1		扁体
	6	铜泡（大型）	1		

续附表四

清理坑编号（K 清理区 – 清理坑）	器物编号	器物名称	数量	现状	备注
36–234	9	铜镞	1		双翼銎孔式
	13	陶杯器底	1		夹砂红褐陶
	15	环首铁刀	1	残存柄部	
	16	陶杯	1		夹砂和灰陶，口沿饰刻齿纹，沿下珍珠纹
	17	陶杯器底	1		夹砂黑灰陶
36–241	3	绿云母（天河石）管	1		
36–242	1	铜镞	1	残	双翼銎孔，横截面菱形，銎内有木箭杆
	3	陶杯器底	1	残	夹砂，陶芯黑色，红衣
	4、7	铁镞	1	残	均有木痕
	6	细石镞	1	尾部残	
	9	铜泡（大型）	1		
	11	陶壶	1	残	夹砂灰陶，红衣
36–245	1	铁衔	1		残存 1 节
	2	陶壶口沿	1		夹砂灰褐陶，红衣
	6	陶器	1		夹砂黑灰陶，壶、罐类
36–246	1	铜泡（大型）	1	微残	
	2	弧形铁器	1	微残	
	3	铜泡	1		珠形
	4	铜耳饰	1	残段	残存立柱部分
	6	铁刀	1	残段	
36–269	1	铜泡	1	微残	大型
	2、20、25	绿云母管	3		
	3、8	铜泡（大型）	2		
	4	陶杯器底	1	残	夹粗砂黑灰陶
	6	铁刀	1	残	
	7	陶杯	1	残	夹粗砂黑灰陶，口沿刻齿纹
	9	陶罐	1	残，可复原	夹粗砂黑灰陶，口沿刻齿纹，沿下饰一周带刻齿附加堆纹，底边缘饰一周附加堆纹
	10	铁环	1		

续附表四

清理坑编号（K清理区－清理坑）	器物编号	器物名称	数量	现状	备注
36–269	12	环首铁刀	1	残	
	13	勺形铜带饰	1		素面
	14、22	绿云母（天河石）管	2		14号鼓腹，22号扁体
	15	镰形铁器	1	残存1段	
	17、23、27	铜镞	3	微残	双翼銎孔式，17号銎内有木痕
	19	陶杯器底	1	残	夹细砂红陶，火候不均
	24	环首铁锥	1	柄残	
	26	陶杯	1	残	夹砂红褐陶，口沿饰刻齿纹，沿下饰珍珠纹，颈下饰带刻齿的附加堆纹
	28	铜泡（大型）	1		
	28	铜泡（大型）	2		
	29	陶壶	1	残，可复原	夹粗砂红陶，口沿有泥条带
	30	铜泡	1		珠形
	31	扁铜管	1		薄铜片卷成
36–302	5	陶杯	1		夹粗砂红陶，口沿、底缘饰刻齿纹
	6	陶杯	1		夹砂黑灰陶，底缘刻齿纹，有压制三角形纹饰带
	7	滑石管	1		
	8	铜镜▲	2片	残片	蟠螭纹镜
	9	绿云母珠			
	采集	陶杯	1	残片	夹砂红陶
37–226	1	铜泡（大型）	1		
	2	铜镞	1		双翼銎孔式
	3	铁镞	1	铤残	
	4	玛瑙管	1		
	5	绿云母（天河石）管	1		鼓腹
37–237	1	陶杯口沿	1	残	夹砂黑灰陶，口沿饰刻齿纹，颈部饰三周交错珍珠纹
	2	绿云母（天河石）珠	1		起脊，扁体
	3	陶杯口沿	1	残	夹砂黑灰陶
	5	绿云母管	1		

续附表四

清理坑编号（K清理区-清理坑）	器物编号	器物名称	数量	现状	备注
37-237	采集	陶杯	1	残	夹砂陶，红衣，口沿残缺，颈部有两周珍珠纹
37-238	3	铁器	1	残段	类似铁锛
	4	铜泡	1	残	珠形
	5	玛瑙管	1		
	7	陶杯器底	1	残	夹砂陶，红衣，刻齿纹加两周交错珍珠纹，可能是带柄陶杯
	8	陶杯▲	1	残	夹砂黄褐陶，底缘有刻齿纹
	10	铜镞	1	微残	
	11	铜泡（大型）	1		
	12	铜镞	1		双翼，銎孔式
	采集	陶壶	1	残	夹砂红褐陶
37-239	1	铜泡（大型）	1		
	2	滑石管	1		
	3	陶杯	1		夹砂红褐陶
	4	绿云母（天河石）管	1		鼓腹
	采集	陶器	1		夹砂黑胎，红衣。腹部有横耳，口沿有刻齿纹，壶、罐类
37-240	2	环首铁锥	1	残	
	4	铁带具	1	残	有麻布纹
	7	陶罐	1	残	夹砂陶，陶芯黑色，红衣
	7、8	铜环	2		扁体
	9	铁刀	1	残段	
	10	绿石珠	1		圆盘形
	11	铜镞	1	微残	双翼，銎孔式
	12	铁刀	1	残段	
	13、16	铁镞	2	微残	
	15	铜镞	1	微残	
	17	铁镞	1	残	
	18	绿云母管	1		长2.3厘米
37-241	1	铜镞	1	尖残	双翼銎孔式，銎内有木箭杆
	2	铜镞	1	残	

续附表四

清理坑编号（K清理区－清理坑）	器物编号	器物名称	数量	现状	备注
37－302	1	铁环	1	残	
	2	铁刀	1	柄残	
	3	铁镞▲	1	残	扁体，有倒刺
	4	绿云母管	1	残段	
41－264	3	陶壶	1		夹砂灰陶，火候不均，腹部二竖穿孔耳
	6	铜泡	2		珠形
	7	铁器	1	残段	
	8、13	铜泡（大型）	2		
	9	铁管▲	1		有木痕
	10	铜镞	1	残	
	12	铁管▲▲	2		有木痕
	14	铜镞▲	1		双翼，銎孔式
	16	铜镞▲	1	残	
	不详	铜镞	1	残	
42－265	1	半两钱▲	1	完整	
	2、3	铜泡（大型）▲▲	2	1残	斗笠形
	4	绿云母（天河石）管▲	1		
42－270	1、3	天河石管	2		
	2	动物牙齿	1		
	7、10、42	天河石珠	3		圆盘状
	8、41	绿云母珠	2		鼓腹
	9、15、36	铜泡（大型）	3	残	
	11	陶壶	1	残	夹细砂，灰胎，器表红褐色、磨光，外壁有红衣
	18、37、40	铜泡	3		珠形
	19	铁镞	1		
	21	铁管	1		有木痕，器表有沟纹
	23	陶杯	1	残	夹粗砂黑灰陶，下腹有烟炱
	25	陶杯	1	残存两片	夹粗砂，黑灰胎，内、外壁红衣

续附表四

清理坑编号（K清理区－清理坑）	器物编号	器物名称	数量	现状	备注
42-270	26	铁刀	1	残	
	27	石刀▲	1	残存一段	有一穿孔
	29	铜泡（大型）	1	残	
	30	铜镞	1		
	31	铜铃	1	存残片	
	32	铁管	1		较粗大，器表有麻布痕迹
	34	陶壶	1	残，不能复原	夹细砂，灰胎，器标红褐色，外壁有红衣
	35	铜泡	1	微残	桥形纽
	38	陶杯器底	1	残	夹砂，黑灰胎，内外壁有红褐色陶衣
	43	滑石管	1		采集
	44	铜泡	1		有花纹，采集
	45	玛瑙坠	1		采集
42-272	1	陶杯器底	1		夹砂黑灰陶，表面红褐色
	2、11	绿云母（天河石）珠▲	2		圆盘状，2号
	4	绿云母管▲	1		鼓腹
	5、9	铜泡	2		珠形
	7、25	玛瑙管▲▲	2		
	10	绿云母管	1		
	13	铁管▲	1		
	14、15	铜泡（大型）▲▲	2		
	16	铜泡▲	25		珠形
	17、22	半两钱▲	2		
	18	铁器残块	1		
	19	铜泡▲	11		尺寸接近，珠形泡，有纹饰
	20	铜泡▲	19		珠形
	21	铁管	1		
	23	铜泡▲	3		有纹饰
	23	铜泡	7		珠形
	26	陶杯口沿	1		夹砂红褐陶

续附表四

清理坑编号（K清理区－清理坑）	器物编号	器物名称	数量	现状	备注
42-272	27	铜泡（大型）▲	1		熊纹
42-273	1	陶壶▲	1		夹砂黄褐陶，磨光，外壁有红衣
	2	铜泡（大型）	1	微残	
	3	铜泡（大型）	2	残	
	4、5、7、9	铜泡	5		珠形
	6	陶杯	1		红褐陶，口沿刻齿纹，沿下两周珍珠纹
	7	绿云母管	1		
	11	铜泡（大型）	1		
	13	绿云母（天河石）珠	1		起脊，扁体
	14	陶罐	1		夹砂黑灰陶胎，红褐色陶衣，腹部有穿孔
	16	铜镞	3	1残	三翼，銎式，1銎内有木痕
	17	铁镞	3	2残	扁体三角形，1件有倒刺，1件有木痕
42-292	1	绿云母（天河石）管	1		鼓腹
	2	玛瑙珠	1		瓜棱状
	3	动物牙齿	1	残	
	5	绿云母管	1		
	6	陶杯	1	残	夹砂黑灰陶，口沿刻齿纹，环耳，耳周围布满较深的指甲纹
	7	绿云母（天河石）管	1		鼓腹
	11	陶壶	1	残	磨光红衣，夹砂黄褐陶，肩部饰数周小篦点纹
42-293	1	三角形铁器	1	残	扁体，类似凿形有铤镞
	2	陶杯	1	残	夹砂红褐陶，不规整
	3	铜泡	4		珠形
	4	滑石管	1	残	
	6	铜泡	1		珠形
42-294	1、9、12、15、17、22、32	铜泡	4		珠形
	2	弧形铁器	1	残段	
	3	勺形铜带饰	1		素面
	5	环首铁锥	1	尖残	

续附表四

清理坑编号（K清理区－清理坑）	器物编号	器物名称	数量	现状	备注
42-294	6、7、10	铜泡（大型）	3	1残	
	8	绿云母（天河石）珠	1		扁体
	11	人牙齿	1	残碎	
	12、22、32	铜泡	8		珠形
	13	滑石管	1		
	14、27	蓝色玻璃珠	3		
	18	绿云母（天河石）珠	1		圆盘状
	20	绿云母（天河石）管	1		长2.3厘米
	21	绿云母（天河石）珠	1		
	22、24、28	铜泡（大型）	3	残	
	25、34	铜泡	11		珠形
	26	玛瑙珠	2		瓜棱状
	26	蓝色玻璃珠	1		环形
	30	陶壶	1	残	泥质细红陶，部分胎黑色
	31	陶壶器底	1	残	夹砂黑灰陶，陶色不均，器表磨光，红衣
	35	绿云母（天河石）管	1		鼓腹
42-295	2、3、4、5、19、22	铜泡	11		珠形
	6	玛瑙珠	1		
	7	铁刀	1	残段	应为大型铁刀
	9	陶罐	1		夹砂灰黑陶，口沿有烟炱
	10	陶壶	1		夹砂红褐陶，火候不均，红衣，磨光，凹底
	13	滑石管	2		起脊
	14	绿云母（天河石）管	2		鼓腹
	14	绿云母（天河石）管	1		横截面方形
	15	绿云母（天河石）珠	3		起脊，扁体
	16、21、23	玛瑙珠	10		瓜棱状
	17	铜泡	10		珠形
	18、24	蓝色玻璃珠	2		环形
	20	绿云母（天河石）珠	1		方形，扁体

续附表四

清理坑编号（K 清理区 – 清理坑）	器物编号	器物名称	数量	现状	备注
42–296	1、2、7、13、18	铜泡	5		珠形
	4、8	陶杯	1		夹砂黑灰陶，红衣，口沿饰两周刻齿纹
	5	铜泡	1		大型
	9	铁镳	1		螺旋桨形
	10	铜铃	1		
	11	绿云母（天河石）管	1		鼓腹
	12、16	铜镞	2		双翼銎孔
	14、19	铜镞	2		銎内有木箭杆
	17	绿云母管	1		
	20	铁镞	1	铤残	三翼
	21	铁镞	1	铤残	双翼，有铤，有倒刺
	22	铁铤铜镞	1		三棱形有铤，铤上有木痕
	23	铜镞	1		双翼銎孔，銎内有缠箭杆的纤维痕
	24	铁镞	1		
42–297	1、10、19	绿云母管	3		
	2、4	铁镞	2		1 件銎内有木箭杆
	3	陶壶	1		夹砂黑灰陶
	5、7	铜泡（大型）	2		
	6	铁管	1		扁圆，有六个凸棱
	8	铜泡	1		珠形
	12	陶杯	1		夹砂黑灰陶，红衣，口沿加厚，饰两周刻齿纹
	13	陶杯	1		夹砂黑灰陶
	14	玛瑙管	1		
	15	陶杯	1	残	夹砂黑胎，红衣
	20、21、23	铜泡	3		珠形
	22	陶杯器底	1		夹砂黑灰陶
	24	陶杯	1	残	夹砂黑灰陶
43–271	1	铜泡（大型）	1		

续附表四

清理坑编号（K清理区－清理坑）	器物编号	器物名称	数量	现状	备注
43-271	2	铜泡（大型）	1		
	5	铜剑格▲	1		
	6	铜泡	1		半球形
	6、24、33	绿云母（天河石）管	3		
	7	铜镞	1		双翼，銎孔式
	8	铁环	1		残存2段
	9	马牙	1		
	10、35、38	绿云母管	3		
	11	铜泡（大型）	1		
	13、23	铜泡	2	1残	珠形
	18	铁镬	1	残段	
	19、38	绿云母管	2		鼓腹
	25	铜泡	1		饰同心圆纹
	28	铜泡（大型）	1		
	31	细石镞	1		横截面菱形
	36	铁管	1		
43-298	3	绿云母（天河石）管	1		鼓腹
	4	绿云母（天河石）管	1		长2.3厘米
	5	环首铁刀	1	残	
43-299	1	铜泡（大型）	1		残
43-300	1	陶杯	1	残	夹砂红褐陶，口沿饰两周刻齿纹
	2、6	绿云母管	2		
	3	绿云母（天河石）管	1		鼓腹
	4	陶杯口沿	1	残	夹砂红褐陶，红衣
	5	陶杯口沿	1	残	夹砂黑灰陶，口沿饰刻齿纹，颈部饰一周带刻齿的附加堆纹
	7-1	陶壶	1	残	夹砂红褐陶
	7-2	陶罐	1	残	夹砂粗红陶，饰三角形刻划纹
	8	陶杯口沿	1	残	夹砂红黑陶，口沿饰刻齿纹
	9、14、19	铜泡	3		珠形

续附表四

清理坑编号（K清理区－清理坑）	器物编号	器物名称	数量	现状	备注
43-300	11、18	铜泡（大型）	2		
	12	铜器残片	1		
	13	陶壶（小）	1	残	夹砂灰胎，外壁饰红衣
	15	绿云母（天河石）珠	1		扁体
	21	陶杯器底	1	残	夹砂黑灰陶
	22	铜镞	1		
	23	绿云母（天河石）管	1		
	24	玛瑙管	1		
	25	铁镞	1		
	26	铜泡	1		有纹饰
43-301	1	铜泡（大型）	1	残	
	3（采集）	绿云母管	1		鼓腹
	4	有孔陶片（汉式）	1		细灰陶
	5	带花纹铜片	1		
	6	铜镜残片	1		
	7	铜镞	1	残	
	8	铜泡	1		珠形
	9、16	铜泡（大型）	2		
	12	铁刀	1		顶部钉形
	13	马牙	2		
	15	铜环	1		扁体
	17	铜镞	1	残	双翼銎孔式
	18	陶杯	1		夹砂红褐陶
	18	陶罐	1		夹砂黑灰陶，火候不均，口沿饰刻齿纹，沿下饰三周珍珠纹
43-305	1	铜镞	1		双翼銎孔式
	2、3、4、7	绿云母管	4		
	8	绿云母珠	1		扁体
	9、16	马牙	2包		
	10、14	铜泡（大型）	2	1残	
	12	铁刀	1	环首残	

续附表四

清理坑编号（K清理区－清理坑）	器物编号	器物名称	数量	现状	备注
43-305	13	铜泡	1		有纹饰
	15	滑石管	1	残碎	
	17	铜镞	1		
	18	绿云母管	1		
	18	滑石管	1		
43-306	1、24	马牙	2包		
	2、4	绿云母（天河石）珠	2		圆盘形
	3、10	绿云母管	2		
	5	绿云母（天河石）管	1		鼓腹
	7	绿云母（天河石）珠	1		
	8	陶杯	1		夹砂黑灰陶，口沿饰刻齿纹，沿下饰一周带刻齿的附加堆纹
	9	玛瑙珠	1		
	11	铜泡（大型）	1		
	12	滑石管	1		
	13	绿云母管	1		鼓腹
	14、15	铜泡	2		珠形
	17	铜泡（大型）	1		
	18	陶鬲	1		夹砂红褐陶，红衣，先制成三足，然后连在一起，内外加泥片
	19	铁器	1	残段	可能是铁锥
	20	穿孔陶片	1		未淘洗细灰陶，对钻孔
	21	铜镜残片	1		三弦纽
	22	玛瑙管	1		
	23	环首铁刀	1		
	26	铁刀	1	残段	小型刀
	不详	绿云母（天河石）管	1		长2.4厘米
43-307	1	滑石管	1	残碎	
	2	绿云母管	1		
43-308	1	铜泡（大型）	1	残	
	2	陶杯口沿	1	残	夹砂黑灰陶，口沿刻齿纹，沿下饰三周珍珠纹

续附表四

清理坑编号（K清理区－清理坑）	器物编号	器物名称	数量	现状	备注
43–308	4	铜泡（大型）	1	残	
43–309	1	绿云母（天河石）管	1		长2.6厘米
	5	绿云母（天河石）珠	1		圆盘状
	8	绿云母（天河石）珠	1		起脊，扁体
43–310	3	陶壶	1	残	黑胎红褐陶，红衣
	4	绿云母（天河石）管	1		长2.2厘米
	5	陶壶	1		夹砂黄褐陶，腹部有两横耳，红衣
	6	铜泡	1		珠形
	9	铜泡（大型）	1		
	10	绿云母（天河石）管	1		
	12	陶罐	1	残	夹砂黑灰陶
	13	铁镞	1	残	扁体，双翼，有倒刺，三角形，无铤
	14	陶杯	1	残	夹砂黑灰陶，有烟炱
43–317	1、2、10、15、17	铜泡（大型）	5	1残	
	3、14	铜泡	2		珠形
	4	铜泡（大型）	1		
	5、12	铜泡	2		珠形
	6	铁器残块	1		
	8、9	铜泡（大型）	2		
	11	绿云母管	1		
	16	绿云母（天河石）管	1		鼓腹
	18	陶杯	1	残	黑灰胎，红衣，颈部饰一周珍珠纹
	19	陶器底	1	残	夹砂黑灰陶，壶、罐类
	22	陶杯口沿	1	残	夹砂黑灰陶，口沿饰刻齿纹，沿下饰两周珍珠纹
	23	绿云母（天河石）管	1		
43–318	1	绿云母（天河石）珠	1		平面梯形，扁体
	2	勺形铜带饰	1	残	素面，残存下半部，管状
	3、4	铜泡（大型）	2		

续附表四

清理坑编号（K清理区－清理坑）	器物编号	器物名称	数量	现状	备注
43–318	5	陶杯口沿	1	残	夹砂黑灰陶
	6	滑石管	1		
	7、8	绿云母管	2		
	9、11	铜泡	2		珠形
	10	铁器	1	残段	
	11	铁刀	1	残段	
	12	铜泡▲	1		饰一周斜线纹
	13	铜泡（大型）	1		
	14	铜镞	1		
	15	绿云母（天河石）珠	1		
	16	陶壶	1	残	夹砂红褐陶，横桥状耳
	18	铜泡	1		珠形
	18	铜泡（大型）	1		
44–236	1	勺形铜带饰	1	残	素面
	2	铜镞	1		
	3	铜泡（大型）	1		
	5	陶杯	1		夹砂黑灰陶
	7	铁环残段	1		
	8	铁带扣的扣针	1	残	一端弯成环形（残）
	10	铜铃	1	残	
	11	铜铃	1	残	
	12	铜泡（大型）	1		
	14	铜镞	1	残	
	15	铜泡（大型）	2		
	16、19	铜泡（大型）	2		
	18	剑柄铜穿环	1		
	20、31	绿云母管	3		
	21	陶杯	1		夹砂黑灰陶，红衣，口沿饰指甲纹一周，颈下有两周指甲纹
	22	铜泡	1		珠形

续附表四

清理坑编号（K清理区－清理坑）	器物编号	器物名称	数量	现状	备注
44–236	23	铜泡	2		珠形
	25	铁镞	1	残	
	28	铜泡（大型）	2		
	29	铜泡（大型）	3		
	30	铜泡	21		珠形
	32	玛瑙珠	1		瓜棱状
	33	绿云母（天河石）管	1		鼓腹
	34	绿云母（天河石）珠	1		盘状
	35	铁容器口沿	1		一小段带折棱的口沿
	36	铁镞	1	残	
44–237	1	铜环	1		扁体
	2	铜环	1	残段	似剑柄穿环
	3	铜泡（大型）	1		
	4、15、31	铜泡	4		珠形
	5	铜铃	1		
	6	铁器	1	残段	体薄，似镞
	7	绿云母管	1		
	8	绿云母（天河石）珠	1		
	10	铁镞	1		
	12	铁器	1	残段	
	13	铜镞	1		双翼，銎孔式
	14	陶杯口沿	1		夹砂黑灰陶，口沿饰刻齿纹。沿下饰两周珍珠纹
	16、18、20、26、32	铜泡（大型）	51		
	17	环首铁刀（大型）	1		
	19	铁器	1	残段	
	21	铜泡	1		珠形
	22	铜环	1		似剑柄穿环
	24	铜泡（大型）	1		
	28	铜泡（大型）	1		

续附表四

清理坑编号（K清理区－清理坑）	器物编号	器物名称	数量	现状	备注
44–237	29	绿云母（天河石）珠	1		
	30	陶罐	1		夹砂灰黑陶，口沿饰刻齿纹
	33	陶器	1		夹砂黑灰陶
	34	陶钵（汉式）	1		细灰陶，未淘洗
	37	陶杯	1		夹砂灰黑陶，红衣，有耳
	38	铜泡（大型）	1		
	39	铁环	1	残段	
	40	绿云母（天河石）珠	1		起脊
44–303	1	陶纺轮	1		
	3	铜泡（大型）	1		
	4	铁刀残段	1		
	5	陶罐（汉式）▲	1		泥质夹细砂黄褐陶，未淘洗，下腹部有绳纹
	7	铜泡（大型）	1		
	9	绿云母管	1		
	10	铜镞	1		双翼銎孔式
	12	绿云母	1		起脊，扁体
44–304	1、7、13	兽骨、兽牙	3包		
	2	铜器柄	1		尾端为铜质，横截面圆形，可能是铁锥的环首部
	3	陶壶	1	残	夹滑石陶，灰褐色，有瘤状耳
	4	绿云母（天河石）管	1		鼓腹
	5、18	铜镞	2	1残	双翼，銎孔式
	8	陶壶（小型，汉式）	1	残	细灰陶
	9	铁刀（大型）	1	残段	应为环首刀
	10	铜铃	1	断裂	
	11	绿云母（天河石）珠	1		扁体
	12	陶杯	1	残	夹砂黑灰陶，口沿上饰刻齿纹
	14、16	铜泡（大型）	2	1残	
	15	陶杯	1	残	夹砂黑灰陶，口沿上刻齿纹，沿下一周珍珠纹
	17	铜镜残片▲	1		蟠螭纹

续附表四

清理坑编号（K清理区－清理坑）	器物编号	器物名称	数量	现状	备注
44–320	1	陶片	1		夹砂黑灰陶，口沿饰两周刻齿纹，其下饰三周珍珠纹，有一穿孔
	2、5	铜泡	2		珠形
	3	带方銎铁器	1	残	
	6	玛瑙珠	1		瓜棱状
	7	环首铁锥	1	尖残	
	9	绿云母（天河石）管	1		鼓腹
	10	陶杯	1		夹砂红褐陶，器表黄褐色
	11	马牙	1		
	12	陶杯器底	1		夹砂黑灰陶
	13	铜泡（大型）	1		
	14	铜镞	1		
	15	铁管	1	残	有木痕
44–321	1	铁环	1	存一段	似刀的环首
	2	铜泡（大型）	1	残	
	3	圆形铁器	1	残	
	4	绿云母（天河石）珠	1		双孔，扁体
	5	铜泡（大型）	1	残	
	6	铜泡	1	残	珠形
	7	绿云母（天河石）珠	1		圆盘形
	8	陶壶	1		夹滑石，灰褐胎，四桥状耳
	10–1	陶罐	1		夹砂黑灰陶，横耳
	10–2	陶器口沿	1		夹砂黑灰陶，红褐色陶衣
	12	铜泡（大型）	1	微残	
	13	陶杯	1		夹砂黑灰陶，口沿饰两周刻齿纹，其下有珍珠纹
	17	陶杯	1		夹砂灰黑陶，口沿饰刻齿纹
	22	穿孔陶片	1		夹砂黑灰陶，原为陶罐口沿，饰两周刻齿纹，其下饰两周珍珠纹
	24	绿云母（天河石）管	1		鼓腹

续附表四

清理坑编号（K清理区－清理坑）	器物编号	器物名称	数量	现状	备注
44-322	1	绿云母（天河石）管	1		鼓腹
	2	铜铃	1		
	3	铜铃	1		北方式，跳棋形，饰斜线纹
	5、7	铜泡（大型）	2		
	5	马牙	1		
	6	铁管	1		
	8	绿云母（天河石）珠	1		扁体
	9	绿云母（天河石）珠	1		圆盘状
	10	陶罐口沿	1		夹砂黑灰陶，口沿饰刻齿纹，沿下饰带刻齿的附加堆纹，其下饰三周珍珠纹。有两个穿孔
44-323	1	铜镞	1		双翼銎，孔式，銎内有木箭杆
	2	陶杯器底	1	残	夹砂红褐陶，凹底
	3	铜泡（大型）	1		
	4	铁镞	1		
	5	蓝色玻璃珠	1	残	螺旋形
	11	铜泡	1		珠形
	12	玛瑙管	1		长 3.9 厘米
	13	铜泡	1		珠形
	14	穿孔陶片	1	残	夹砂黑灰陶，由陶罐口沿改制，口沿上饰一周刻齿纹，下为带刻齿纹的附加堆纹，再下为珍珠纹
	15	铜泡（大型）	1		
	16	蓝色玻璃管	1	微残	一端蓝色，一端灰黄色，纺锤状六边形
44-324	2、6	铜泡（大型）	2		
	3	穿孔陶片	1	残	夹砂粗灰陶，原为大口罐口沿，口沿饰刻齿纹，其下饰珍珠纹，有一钻孔
	4、7、12	绿云母管	3		
	5	陶器底	1	残	夹砂黑灰陶，底厚 3 ～ 4 厘米
	8	蓝色玻璃珠	1		带三节亚腰
	9	铜泡（大型）	1		

续附表四

清理坑编号（K清理区－清理坑）	器物编号	器物名称	数量	现状	备注
44-324	11、20	绿云母（天河石）管	2		鼓腹
	14	铁环	1	残段	
	15	滑石管	1		
	16	陶杯	1	残	夹砂黑灰陶，口沿饰刻齿纹，其下饰带刻齿的附加堆纹
	17	陶杯	1	残	夹砂灰褐陶，红褐陶衣，口沿饰刻齿纹
	18	铜镞	1		双翼，銎孔式
	19	剑柄铜穿环	1		
	21、24	铜泡（大型）	2		
	22	铜泡	1		珠形
	23	铜泡（大型）	1		残片
	25	陶杯器底	1	残	夹砂黑灰陶，底缘饰刻齿纹
	26	铜泡（大型）	1		
44-325	1	铁环残段	1		
	2	环形铁器	1	存1段	外壁有布痕（全用布包裹）
	3、4、14	铜泡（大型）	4		
	5	铁刀	1	残	
	6	绿云母管	1		鼓腹
	7、11	绿云母管	2		
	8	铁镞	1	残	有木痕
	9	铁锥	1	残	
	12	铜泡（大型）	1	残碎	
	13	陶杯	1		夹砂粗红陶，口沿饰刻齿纹
	15	陶杯口沿	1		夹砂红褐陶，颈部饰一周斜刻齿纹
44-340	1	铜泡	1		珠形
	2	陶杯器底	1		夹砂黑灰陶，红衣
	4	陶碗▲	1	残	夹砂黑灰陶，口沿饰刻齿纹，其下饰两周珍珠纹
44-341	1	铜泡（大型）	1		
	3	铜环	1		扁体

续附表四

清理坑编号（K清理区－清理坑）	器物编号	器物名称	数量	现状	备注
44–341	5	绿云母管	1		方形管
	6、8、14、16	铜泡（大型）	4	3残	
	7	绿云母管	1		
	9、12	铜镞	2	微残	双翼銎孔式
	10–1	穿孔陶片	1	残	夹砂黑灰陶，打磨成菱形，一端两面钻孔，原为陶罐颈部，有珍珠纹
	10–2	陶杯	1	残	夹砂黑灰陶，红褐色陶衣
	11	铜泡（大型）	1		
	13	玛瑙管	1		
	15、20、21	头骨残片	3包		
	17	铁器残块	1		
	18	铜环	1		扁体
	19	铜泡	1		珠形
44–351	1、23	环首铁刀	2	残存环部	
	2、8	铜泡（大型）	2		
	3	铁刀	1		
	4、18	铁器残段	2		
	5	绿云母（天河石）管	1		鼓腹
	6、11	铁器残段	2		
	7	剑柄铜穿环	1		
	9	铜镜残片	1		
	10	陶杯口沿	1		夹砂红褐陶，口沿下饰两周刻齿纹
	12	玛瑙珠	1		瓜棱状
	13	玛瑙管	1		长2.8厘米
	15	铁马衔	1		一节，直杆式
	16	铜镞	1		銎内有木箭杆
	17、21	铜镞	2		双翼銎孔式，1件銎内有木箭杆
	19	玛瑙珠	1		
	20	铁镢	1	残段	銎口长方形
	22	绿云母（天河石）珠	1		扁体

续附表四

清理坑编号（K清理区－清理坑）	器物编号	器物名称	数量	现状	备注
44-351	24	铜泡	1		珠形
45-230	1	绿云母（天河石）管	1		鼓腹
	2	陶杯	1	残	夹砂灰陶，内外壁饰红衣
	3	绿云母（天河石）珠	1		
	4	陶杯	1	残	夹砂红陶，褐陶衣，腹部以上饰指甲纹
	5	绿云母（天河石）珠	1		
	6	铜泡（大型）	1		
	7	玛瑙管	1		
	8	陶杯	1	残	夹砂灰陶，外壁饰红衣
	9	铁管	1		有布纹
45-234	2	铜铃	1		
	3、10	绿云母管	2		
	4	陶碗▲	1		夹砂陶，口沿饰刻齿纹，其下饰三周珍珠纹，底缘饰刻齿纹。档案记录有红褐色陶衣
	5	阶梯纹铜牌饰	1	残片	
	6	铜泡（大型）	1		
	7	铜泡	1		珠形
	8	铁器残片	1		
	9	陶杯	1		夹砂黑灰陶，内外壁饰红衣
	11	铜镞	1		双翼銎孔
	12	圆形铁器	1		扁平
	13	铜泡（大型）	1		
	14	铜环	1		扁体
	15	绿云母（天河石）珠	1		圆盘形
45-235	1-1	陶罐口沿	1	残	夹砂黑灰陶，横耳
	1	陶罐▲	1	残	夹砂黑褐陶
	2	椭圆铜器	1	残	斗笠形
	4	铜泡（大型）	1		
	5	陶杯	1	残	夹砂黑灰陶

续附表四

清理坑编号（K 清理区 – 清理坑）	器物编号	器物名称	数量	现状	备注
45–235	6	陶杯	1	残	夹砂黑灰陶，内外壁饰红衣，底缘饰刻齿纹
	8	陶碗▲	1	残	夹砂黄褐陶，档案记录外壁有红陶衣
	9	陶壶	1	残	夹砂黑灰陶，肩部饰波折纹
	10	铜镞	1	残	三翼銎孔式有倒刺
	11	铜带钩▲	1		
45–236	2	陶杯	1		夹砂红陶
	3	铜泡（大型）	1		
	4	石珠	1		灰褐色，方体
45–341	1–1	陶壶（汉式）	1	残	细灰陶，未淘洗，腹部饰弦纹，下腹及底部饰绳纹
	1–2	陶壶（汉式）	1	残	细灰陶，未淘洗，腹部饰弦纹，下腹及底部饰绳纹
	2、4	绿云母（天河石）管	2		
	3	绿云母（天河石）管	1		
	6	陶壶▲	1	残	
	7	陶壶	1	残	夹滑石陶，紫红色胎，器表红褐色
	8	铜环	1		扁体
	9	铜泡（大型）	2	残	
	10	陶壶	1	残	夹砂红褐陶，红衣
	11	绿云母（天河石）珠	1		圆盘形
	12	玛瑙珠	1		
	13	铜镞	1		双翼，銎孔式
45–343	1	绿云母管	1		
	2、4	铜泡（大型）	2	微残	
	3	铜泡（大型）	1		
	5–1	陶杯口沿	1		夹砂黑灰陶，红衣，颈部有珍珠纹，肩部有两周连点纹
	5–2	陶壶（汉式）	1		细灰陶，腹部饰弦纹，下腹和底部饰绳纹
	6	铁器	1	残段	类似铁锥
	7	陶杯口沿	1		夹砂黑灰陶，红褐陶衣，颈部饰带刻齿的附加堆纹

续附表四

清理坑编号（K清理区–清理坑）	器物编号	器物名称	数量	现状	备注
45–343	8	绿云母（天河石）管	1		
	9、10	铜泡（大型）	2	微残	
	11	陶杯	1		夹砂黑灰陶
	12	铁镞	1		
45–350	1	铜泡（大型）	1		
45–380	1	陶杯	1	残	夹砂黑灰陶，口沿刻齿纹，一部分腹部有烟炱
	2	绿云母（天河石）珠	1		扁体
45–385	1	铜泡	1	残碎	泡体较厚
	2	陶杯	1	残	夹砂黑灰陶，口沿、底缘饰刻齿纹
	3	陶杯口沿	1	残	夹砂黑灰陶，口沿饰珍珠纹
	5	绿云母管	1		
	6	铜镞	1		双翼銎孔，内有木痕
	7	环首铁刀	1	残段	
48–282	1	陶杯	1		夹砂黑灰陶，外壁饰红衣，口沿饰刻齿纹
	3	绿云母（天河石）管	1		鼓腹
48–287	1、3	铜泡（大型）	2	残	
	2、4	绿云母管	2		
48–289	1	铜泡（大型）	1	残	
	2	铜环	1		
48–311	1	玛瑙管	1		
	4	绿云母（天河石）管	1		鼓腹
48–312	3	铜泡（大型）	1		
48–313	1	陶罐	1	残	夹砂黑灰陶，表面灰色
	2	铜泡（大型）	1	残	
48–331	1	绿云母管	1		
49–314	1	锥形铁器	1		
	3、13	铜泡	2		珠形
	5	陶罐	1	残	夹砂红褐陶，红衣，口沿外饰一周带刻齿的附加堆纹，其下饰指甲纹

续附表四

清理坑编号（K清理区－清理坑）	器物编号	器物名称	数量	现状	备注
49–314	7、10	绿云母（天河石）珠	2		圆盘状
	8	陶杯	1	残	夹砂黑灰陶
	9、15	铜泡（大型）	2		
	11	陶壶	1	残	夹砂灰陶，有两横耳
	14	绿云母管	1		
	16	五铢钱▲	1		
49–315	1、15	铜泡（小型）	2		
	3、9	铜泡（大型）	2		
	5	铜环	1		
	6	铜镞	1		三翼，銎孔式
	7	陶壶▲	1		
	10	绿云母（天河石）珠	1		扁体
	11	滑石管	1		
	13、14	铜镞	2	1残	双翼，銎孔式
	16	陶鬲▲	1		
	17	铜镞	1	残	双翼，銎孔式，銎孔上有铜管
49–316	1、4	铜泡	3		珠形
	2	铁镞	1		
	3、8	绿云母（天河石）珠	2		鼓腹
	5	铜泡（大型）	1		
	6	铁衔	1	残段	
	7	绿云母（天河石）管	1		
	9	陶壶器底	1	残	夹砂红褐陶，底缘饰刻齿纹，红衣
	10	铜柄	1		一端穿孔，锥形
	采集1	陶杯器底	1	残	夹砂红褐陶，红衣
	采集2	陶杯	1		夹砂黑灰陶，口沿饰交错珍珠纹，红衣
	采集3	穿孔陶片	1	残	夹砂黑灰陶，颈部有一个对钻孔
	采集4	陶杯口沿	1	残	夹砂黑灰陶，口沿饰两周刻齿纹，其下饰两周珍珠纹

续附表四

清理坑编号（K清理区－清理坑）	器物编号	器物名称	数量	现状	备注
49–317	1	铜泡	1		珠形
	2	陶罐	1	残	夹砂红褐陶，外壁饰红衣不到底，磨光
	3、5	铜泡	2		珠形
	6	绿云母（天河石）管	1		长3.1厘米
	8	绿云母（天河石）珠	1		圆盘状
49–326	1	玛瑙管	1		长4.3厘米
	3、4、6	绿云母（天河石）管	3		长2.3～2.5厘米
	7	陶鬲	1		夹砂黑灰陶，胎纯黑色，口沿外饰带刻齿的附加堆纹，其下饰两周指甲纹
	8	绿云母（天河石）珠	1		扁体
	9	陶杯	1		夹砂陶，黑灰胎，外壁一半器表饰红衣，有器耳痕迹，口沿饰刻齿纹
	10	陶器口沿	1		夹砂黑灰陶，口沿外饰两周交错珍珠纹，有烟炱
	采集	绿云母（天河石）管	1		鼓腹
49–328	1	环首铁刀	1	尖残	
	2	绿云母（天河石）管	1		
	3	铁镞	1		扁体，双翼，三角形，带倒刺、有铤
	4	绿云母（天河石）珠	1		
49–329	1	绿云母（天河石）管▲	1		长2.1厘米
	2	铁镞▲	1		双翼，扁体
	3	陶豆	1	残	磨光，夹砂黑灰、红褐陶
	采集	陶器底	1	残	夹粗砂红陶，壶、罐类
49–330	1	钩形铁器	1	残	
	2、6	铜泡	2		珠形
	3	绿云母（天河石）管	1		
	4	铜镞	1		双翼銎孔式
	5	铁镞	1		长三角形，有铤，扁体
	7、10	铜镞	2		双翼銎孔式
	8、11、13、14	绿云母（天河石）管	4		

续附表四

清理坑编号（K 清理区 – 清理坑）	器物编号	器物名称	数量	现状	备注
49–330	9	陶杯	1	残	夹砂黑灰陶，红褐色陶衣，口沿饰刻齿纹
	15	绿云母（天河石）管	1		鼓腹
49–356	1	铁刀▲	1	残	
	2	钩形铁器	1	残	
	3、15、18	绿云母（天河石）管	3	残	
	4	铜泡（大型）	1		
	5	铁刀（大型）▲	1	残	
	6	铁剑▲	1		
	7	鎏金铜片▲	1	残碎	圆形
	8	陶壶▲	1		夹砂红褐陶，肩部饰篦点纹带，外壁饰红衣不到底
	9	铁片	1		
	10、12	绿云母（天河石）珠	2		
	11、14	铁镞	2		11 号近柳叶形，扁体略有脊，有铤
	采集	铜泡	1		珠形
50–340	1	铜镜残片▲	1		
	2	陶杯口沿	1	残	夹砂陶，红褐色陶衣
	3、6	铜泡	2	1 残	珠形
	4	圆形铁片	1		
	5	铜器	1		
	采集	铁镞	1		
	采集	陶杯	1	残	夹砂陶，口沿饰两周珍珠纹，红衣
50–352	1、12	陶杯口沿	1		夹砂黑灰、黄褐陶，红衣，腹、颈间饰刻点纹组成的三角纹带
	2、8、10、24、32	铜泡	5		珠形
	3、21、38	铜泡（大型）	3		
	4	蓝色玻璃珠	1		
	5	陶杯	1		夹砂黑灰胎，底缘饰刻齿纹，红衣
	7	陶壶口沿	1		夹砂红褐陶

续附表四

清理坑编号（K 清理区 - 清理坑）	器物编号	器物名称	数量	现状	备注
50-352	9	陶杯	1		夹砂黑灰陶
	11	玛瑙管	1		
	13	铜镞	1		
	14	铜镞	1		
	16	铜泡	1		兔形
	17	环首铁刀	1		
	18、33	铜泡	2	残存纽	
	19、20、26、27	铜泡（大型）	4		19 号纽内有纺织品痕迹
	22	铜带钩	1		
	23	绿云母（天河石）珠	1		圆盘状
	25	铁带扣的扣针	1	残	
	28	铁马镳	1	残段	
	29	绿云母（天河石）珠	1		扁体
	31	铜泡（大型）	1	残半	
	不详	绿云母（天河石）珠	1		起脊，扁体
	不详	绿云母（天河石）管	2		
	不详	绿云母（天河石）管	1		
	不详	马牙	1 包		
50-353	1	铜镞	1	残	
	2	铜镜残片	1		
	3	绿云母管	1	残	
	4、6、9、11、24	铜泡（大型）	5	2 残	
	7、12、13	铜泡（大型）	3	2 残	
	8、10	铜泡	2	1 残	珠形
	14、27、29	绿云母（天河石）管	3		长 2.2 厘米
	15	陶罐	1	残	夹砂黑褐陶，口沿饰刻齿纹，下饰三周指甲纹，其下饰带刻齿的附加堆纹
	16	陶壶口沿	1	残	夹砂灰陶，口沿饰刻齿纹，颈部饰篦点纹组成的三角形纹饰
	17、18、21	绿云母（天河石）珠	3		方形起脊，扁体

续附表四

清理坑编号（K 清理区 - 清理坑）	器物编号	器物名称	数量	现状	备注
50-353	19	铜泡（大型）	1	残片	
	20	陶壶	1	残	陶质细腻不夹砂，黑灰胎，器表磨光，外挂红色（红衣）
	22	玛瑙珠	1	残	
	23、30	圆形铁片	2		
	25	鎏金剑柄铜穿环	1		
	26	铜泡（大型）▲	1	残	饰熊纹
	31	铁管	1		
	32	曲柄形铁器	1	残段	
	33	陶器底	1	残	夹石英黑灰陶
	34	绿云母（天河石）珠	1		菱形起脊，扁体
	35	绿云母（天河石）珠	1		菱形，扁体
	采集	铜泡	1		珠形
	采集	铜贝	1		
	采集	陶杯器底	1	残	夹砂黑灰陶，底缘饰刻齿纹
50-354	2	铁刀	1	存尖部	
	4	陶杯口沿	1		夹砂黑灰陶
	5	绿云母（天河石）管	1		
	6	绿云母（天河石）珠	1		菱形，扁体
	7	铜泡	1		珠形
	8	铜泡（大型）	1	存纽部	
50-355	1	陶罐口沿	1		夹砂黑灰陶，口沿下饰带刻齿的附加堆纹，下为珍珠纹
	2、5、11	天河石（绿云母）管	3		
	3、22、25、26、55	铁剑残段	4		
	4、8、21	铜泡▲	3		珠形，21 号
	7	陶器底	1		夹砂陶，粉黄色，有红衣
	9	铜泡	1		珠形
	10	铜镞	1		
	12	陶罐	1		黑灰陶，口沿饰刻齿纹，器表珍珠纹形成三角纹带，外壁满布烟炱，内壁也有烟炱

续附表四

清理坑编号（K清理区－清理坑）	器物编号	器物名称	数量	现状	备注
50–355	13	陶杯口沿	1		夹砂黑灰陶，口沿饰刻齿纹，下饰三周珍珠纹
	16	陶杯器底	1		夹砂黑灰陶
	17、28	天河石（绿云母）管	2		
	18	陶器底	1		夹砂黑灰陶
	19	陶杯	1		磨光夹砂黄褐陶
	21、27	铜泡（大型）▲▲	2		
	24、32	天河石（绿云母）珠▲	2		
	28	陶杯器底	1		黑灰陶，底缘饰刻齿纹
	30、31	天河石（绿云母）珠▲	2		菱形，扁体，30号
	采集	玛瑙管	1		
	采集	陶壶口沿	1		夹砂灰褐陶，外壁有红衣，口沿下有竖耳痕迹
50–370	1	鎏金铜泡	1		兔形
	2	穿孔铜器	1	一端残	近长条形铜片，一端有 一穿孔
50–371	1	绿云母（天河石）管	1	残	
50–376	1、3	鎏金铜泡	2		兔形
	2	铜镞	1		
	4、5	铜泡	2	微残	椭圆形，带双梁
	6	绿云母（天河石）管	1		鼓腹
	采集	铜泡	1		珠形
	不详	骨片	1		
	不详	马牙	1		
50–378	1	绿云母（天河石）珠	1		鼓腹
	2	穿孔陶片	1	残	夹砂黑灰陶，口沿饰刻齿纹，其下饰三周凹点纹，利用凹点纹做出穿孔，内外壁有红衣
	4	陶壶	1	残	夹砂陶，外壁有红褐色陶衣
	5	鎏金铜泡	1		
50–379	1	铜贝	1		
	2	绿云母（天河石）珠	1		方形，扁体

续附表四

清理坑编号（K清理区－清理坑）	器物编号	器物名称	数量	现状	备注
50-379	3	陶罐	1	残存腹片	夹砂，黑灰胎，红衣，瘤状耳，饰篦点纹
50-380	2	陶器底	1	残	夹砂黑灰陶，红褐色陶衣，壶、罐类
	3	铜泡（大型）	1	残片	
	4	陶罐	1	残	夹砂黑灰陶
	5	铁镳	1		
	6	绿云母管	1		
	7	陶杯器底	1	残	夹砂黑灰陶
	8、17	铜泡（大型）	2		
	9	铁镞	1		
	10	陶杯口沿	1	残	夹砂黑灰陶，外壁涂红衣
	11、16	铜镞	2		
	12、15、18	铜泡（大型）	3		
	13	绿云母（天河石）珠	1		
	14	铜泡	1		珠形
	采集	玛瑙珠	1		
	不详	铁镞	1		
50-381	2	人牙齿	1		
	3	铜铃	1		
	4	铜镜残片	1		
	4	陶壶	1		夹砂黑灰胎，腹部器表有烟炱，器表磨光，外壁有红衣
50-392	1、5	绿云母（天河石）管	2		
	2	玛瑙管	1		
	3	陶杯	1		夹砂黑灰陶，红衣
	4	铜器	1	残片	薄铜片
	6	鎏金铜泡	1	残片	
	7	铜泡	1		珠形
	8	绿云母（天河石）管	1		鼓腹
51-382	1	铜镞▲	1		
	2、4	铜泡（大型）	2		

续附表四

清理坑编号（K清理区－清理坑）	器物编号	器物名称	数量	现状	备注
51–382	5	陶器	1	残	夹砂黑灰陶，壶、罐类
	7	铜环	1		
	8	陶豆柄▲	1	残	夹砂黄褐陶，未淘洗，3片
51–383	1、11	铜泡	2		珠形
	2、9	铜镞▲	2		9号有木痕，9号
	3	铁刀	1	残片	可能是大环首刀
	5	铁器残块	1		
	6	玛瑙管	1		
	7	铜泡	1		有纹饰
	8	马牙	1		
	10	马首形铜杆头饰▲	1		銎内有木杆
	12	铁管	1		
51–384	1、3	铜泡	2		珠形
	2	陶壶口沿	1	残	夹砂红褐陶
	4	铜泡（大型）	1	残	
	5、13	铜泡（大型）	2		
	6、11	铜镞▲	2		6号
	8、21	铜铃▲	2	微残	大型，中原式，8号
	9	铜镞▲	1		双翼，銎孔式
	10	铁镞	1		
	14、23	铜泡（大型）	1	存一片	
	15	铜泡	1		有纹饰
	16	陶杯器耳	1	残	夹砂红褐陶
	17	勺形铜带饰	1	残	兽面纹
	18、25	铜泡（大型）▲	2		25号
	19	陶罐口沿	1	残	夹砂红褐陶，口沿饰刻齿纹，下饰四周交错珍珠纹，有两穿孔
	22、24	铜泡（大型）▲	2	1残	24号
	27	铜器残片	1	残	
	28	铜泡（大型）	1		

续附表四

清理坑编号（K 清理区 – 清理坑）	器物编号	器物名称	数量	现状	备注
51–384	采集 –1	陶器	1	腹部残片	夹砂黑灰陶，上腹部饰两周指甲纹，外壁有红褐陶衣，壶、罐类
	采集 –2	陶壶口沿	1	残	夹砂黑灰陶
51–386	1、4	铜泡（大型）	2		
	2	环首铁刀	1	尖残	
	3、6	绿云母管	2	1 残	
	5	陶杯	1	残	夹砂，黑胎，口沿饰刻齿纹，下为带刻齿的附加堆纹，再下为指甲纹组成的三角形纹带，有红衣
	7	铁锥	1	两端残	可能为改制而成
	8	绿云母管	1		鼓腹
51–387	1	剑柄铜穿环	1		
	2	绿云母珠	1		起脊，方形
	3	铁块	1		
	4	铜铃	1		
	5	天河石（绿云母）珠	1		
	6	铜泡▲	1		重圈纹
	7	铜环	1		扁体
	8	铜泡（大型）	1		
	9	天河石（绿云母）管	1	残存一半	长 2.6 厘米
	11	陶杯口沿	1	残	夹砂，黑灰胎，口沿下饰两周珍珠纹，有红衣
51–389	1、5	陶杯	1	残	夹砂黑灰陶，口沿、器底
	2、3	绿云母珠	2		起脊，扁体，方形
	4	铁器	1	残片	
	6	铁器	1	残段	外包一周木痕
	7、8	铜镞	2	1 残	双翼，銎孔式
	9	马牙	1		
51–390	3	陶杯器底	1	残	夹砂红褐陶
	4	锯形铁器	1	残段	
	5	马牙	1		
51–391	1	陶勺？	1	残	夹砂红陶

续附表四

清理坑编号（K清理区－清理坑）	器物编号	器物名称	数量	现状	备注
51-391	2、9	剑柄铜穿环	2	1残	
	2	陶壶	1	残	夹砂红褐陶，外壁有红衣
	3	陶杯	1	残	夹砂红褐陶
	5	蓝色玻璃珠	1		
	6	陶豆器底	1	残	夹砂黑灰陶
	7	陶杯	1	残	夹砂黑胎，外壁有红褐陶衣
51-392	1	铁镞	1		
	2	鎏金剑柄铜穿环	1	残	
	3	铜泡	1		椭圆形
	4	鎏金铜片	1		
	7	铁镬	1	残	銎上有字
	8	铜泡	1		珠形
	9	铜镞	1	残	三翼，管銎
	10、12	天河石管	2		
	11	铁镞	1		双翼，扁体，有倒刺
	采集-1	陶器	1	残	夹砂粗灰陶，4片，壶、罐类
	采集-2	陶杯	1	残存腹片	夹砂黑灰陶，2片
51-393	1	陶杯器底	1	残	夹砂红褐陶
	3	铁镞	1	残	
	4	蓝色玻璃珠	2	残	
51-394	1	环首铁刀	1	尖残	
	2、4	马牙	2		
	3	铁器	1	残片	
	5	铁剑	1	存尖部	
51-427	2	天河石（绿云母）珠	1		扁体，方形
	4	铜镞	1		銎内有1段木杆
	5	蓝色玻璃珠	1		
	6	陶壶	1	残	夹砂黑灰陶
	9	蓝色玻璃管	1		
51-428	1	鎏金铜泡	1		

续附表四

清理坑编号（K清理区－清理坑）	器物编号	器物名称	数量	现状	备注
51-428	2	天河石（绿云母）珠	1		扁体，方形
	3	铜泡	1		珠形
	4	天河石（绿云母）管	1		
	5	陶器	1		夹大石英砂粒粗红陶，共6片，壶、罐类
	6	铜环	1	残存一半	扁体
	7	铜泡（大型）	1		正面有布纹
	8	铜铃	1		
	9	鎏金铜片	1	残片	
	10	环首铁刀	1	尖残	
	11	铁刀	1	尖残	有柄，背略外弧，体较扁
51-429	1	绿云母管	1		
	4、14	蓝色玻璃珠	21		
	6	陶壶	1	残	夹砂粗红陶
	9	陶杯	1	残	夹砂黑灰陶，2片
	10	陶壶	1	残	夹砂红褐陶
	11	陶器	1	残	夹砂红褐陶，有耳，似横耳，壶、罐类
	12	铜泡（大型）	1	残	
	13	天河石管	1		
	15	马形铜牌饰	1	残	
	16	铜泡	1		有横梁
	17	陶壶	1	残	夹砂黑褐陶，磨光，外壁有红衣
51-486	3	铁器	1	残片	
	4	铜管	1	残	
52-388	4	磨制石器	1	残	类似石刀
	5	绿云母珠	1		扁体，方形
	6	陶壶	1		夹砂红褐陶，有两桥状横耳，器表红衣不到底
	8	绿云母珠	1		起脊，方形
	9	勺形铜带饰	1		素面

续附表四

清理坑编号（K清理区－清理坑）	器物编号	器物名称	数量	现状	备注
52-388	11	陶器	1		夹砂黑灰陶，5片，壶、罐类
	12	天河石（绿云母）珠	1		扁体，方形
	采集	铁刀（小型）	1	残段	
52-427	1	天河石（绿云母）珠	1		起脊，扁体，菱形
	3、4、5	陶杯	1	残	夹砂红褐陶，口沿下存两周珍珠纹
52-430	1、7、17、18	铜泡（大型）	4	2残	
	3	天河石珠	1		
	4	铜镞	1	残	
	5	玛瑙珠	1		
	6	陶壶	1	残	夹砂红褐陶，薄胎
	8、9	蓝色玻璃珠	2		
	10	铁镬	1	残半	
	12	环首铁锥	1		
	13	环首铁刀（大型）	1	柄残	
	14	陶杯	1	残	夹砂黑灰陶，红衣，2片
	15	马牙	1		
	16	铜泡	1		饰同心圆纹
	19	铁镬	1	残片	
	采集	马牙	1		
52-431	1	铜泡（大型）	1		
52-432	1	管形铜器	1	残	
	采集	天河石（绿云母）管	1		长2.2厘米
52-433	1	天河石（绿云母）管	1		
	3、6、8、9、10、11	马牙	6		
	4	陶壶	1	残	夹砂，灰胎，外壁红衣不到底
	7、13	剑柄铜穿环	2		
	12	铜泡（大型）	1		
	14、20、21、22	铜泡（大型）	4		
	15	铜铃	1		北方式，跳棋形

续附表四

清理坑编号（K 清理区 – 清理坑）	器物编号	器物名称	数量	现状	备注
52–433	16	铁刀（小型）▲	1		
	17	铁衔镳▲	1	残	
	19	铜泡	1		珠形
52–434	1	天河石珠	1		扁体，菱形
	2	铁矛	1		
52–435	1	绿云母管	1		
	2	陶杯	1	残	夹砂黑胎，红褐色陶衣，腹部有等距离分布的三角形纹带
	3	玛瑙管	1		长 2.2 厘米
	4	陶杯	1	残	黑灰陶，有刀削痕迹，2 片
52–483	1	鎏金铜泡	1	残半	椭圆形双梁泡
	2	铁器	1	残段	可能是铁锥尖部
	3	铁镘	1		
	4、11、16	马牙	3		
	6	鎏金铜泡	1	残碎	椭圆形双梁泡，原 5、7 号并入此号
	8	铜泡	1		珠形
	9	天河石管	1		长 2.6 厘米
	10	铁器	31	残块	
	13	铁镞	1		
	14	铁锥	1	两端残	
	15	陶壶口沿	1	残	夹粗砂灰陶，夹云母粉
	17	天河石珠	1		扁体，菱形
	18	铜轮	1		
	采集	陶杯口沿	1	残	黑灰陶，口沿下饰两周珍珠纹
52–484	1	陶器	1	残	夹砂黑灰陶，腹部有两瘤状耳，壶、罐类
	2	天河石（绿云母）珠	1		扁体，方形
	3	陶杯	1	残	夹粗砂红陶，有器耳痕迹
	6	陶壶	1	残	夹砂红褐陶，器表朱红色
	9	天河石（绿云母）珠	1		扁体，方形
52–485	1	方銎铁器残片▲	1		

续附表四

清理坑编号（K清理区－清理坑）	器物编号	器物名称	数量	现状	备注
52－485	2、12、25、39	剑柄铜穿环▲	4	1残	39号
	3、18、19、24、35、37、45、46、47、48、49、52	马牙	12		
	4	铁带扣▲	1		椭方形
	5	陶杯	1	残	夹砂黑灰陶，口沿饰刻齿纹
	8、21、22、27、38	铜泡（大型）	5		
	9	铁器	1	残段	
	11	陶罐	1	残	夹砂黑灰陶，口沿饰刻齿纹，颈部饰一周带刻齿的附加堆纹
	13	铜铃▲	1		
	14、28、33	铜泡（大型）▲	3		33号纽后有木痕，14号表面有布纹。33号
	16	人牙	1	残半	
	17、36	铜泡	2		珠形
	19	铜泡（大型）	1	残片	
	19	铜泡	1	残片	珠形
	20	铜环	1	残段	似剑柄环
	23	铜镞▲	1		双翼，銎孔式
	29	铜片	1		
	30、32	铜泡（大型）	2	残片	
	31	带纹饰铜片▲	1	残	
	34	玛瑙管	1		
	40	圆形鎏金铜片	1	残碎	有花纹，扁片状
	42	铁镞▲	1	微残	有木痕，扁体
	43	铁衔▲	1		
	53	陶壶	1	残	夹滑石，灰紫色胎
	采集	天河石管	1		
	采集	绿云母（天河石）珠	1		起脊，扁体，方形
52－486	1	铁片	1		
	2	天河石（绿云母）珠	1		起脊，扁体，方形

续附表四

清理坑编号（K 清理区 – 清理坑）	器物编号	器物名称	数量	现状	备注
52–486	3	铜泡	1		珠形
	4、5	铜泡（大型）	2		
	6	天河石（绿云母）珠	1		扁体，方形
	7	天河石（绿云母）管	1		
	10	陶豆	1	残存豆盘	细灰陶，未淘洗，夹少量细砂，纯灰色
	11	陶壶	1	残	夹砂，灰胎，器表红褐色
	采集	铜泡	1		珠形
	采集	绿云母管	1		
	采集	滑石管	1		
53–439	1	玛瑙珠	1		瓜棱状
53–440	1	陶杯	1	残	罐形，内、外壁有红衣
	2	陶壶	1	残	红灰色，粗糙
	3	铜泡	1	残	珠形
	5	陶杯	1	残	罐形，黑灰陶
	6	马牙	1		
	7	天河石珠	1		
	8	马牙	2		
	9	铁锥	1	残段	
	10	铁衔	1		杆部为绳索状
	11	铜镞	1		
	12	铁衔	1		
	13	铜泡（大型）	1		
	15	铜泡（大型）	1		
	16	铁镞	1		柄部有木痕，柳叶形，有铤
	17	剑柄铜穿环	1	残	
53–441	1	勺形铜带饰▲	1		
	2	铜坠饰▲	1		
	3	蓝色玻璃珠	1		
	4	蓝色玻璃管	1		

续附表四

清理坑编号（K 清理区 – 清理坑）	器物编号	器物名称	数量	现状	备注
53–441	5	水晶环▲	1		
	7	陶片	1	残	黑灰胎
	8	陶壶	1	残	带耳，厚胎，黑灰色
	9	铜带钩▲	1		
	10	剑柄铜穿环	1		
	11	蓝色玻璃珠	1		
	13	铜镞	1		有木杆
	16	环首铁刀（小型）	1	残	
	17	蓝色玻璃珠	1		
	19	蓝色玻璃珠	3		
	19	蓝色玻璃珠	3		
	20	人骨	1		
	21	红石珠	3		
	23、24	陶壶▲	1	残	夹砂陶，内芯淡灰色，薄胎，23 号可复原
	25	陶杯	1	残	罐形，红胎
53–442	1	马牙	2		经鉴定分别为野驴和牛的牙齿
53–455	1	铜铃▲	2		
53–456	1	陶杯	1	残	罐形，红陶
53–457	1	铜环	1	残	扁体
	2	陶杯	1	残	罐形，褐色粗陶
	4	陶杯	1	残	罐形，褐色粗陶
	5	陶罐	1	残	褐色粗陶
	6	环首铁刀（小型）	1	两端残	
	7	铁器	1	残段	
	9	铜镞	1		
	11	铜镞	1		
	13	蓝色玻璃珠（小型）	1		
	14	铜镞	1		
	16	陶罐	1	残	红褐陶，外表黑色

续附表四

清理坑编号（K清理区－清理坑）	器物编号	器物名称	数量	现状	备注
53-457	17	陶壶	1	残	褐色粗陶
	18	陶杯	1	残	罐形，胎黑灰色
53-458	1	陶壶	1	残	红褐陶
	4	铁马衔	1		
	5	陶壶	1	残	灰褐色
	6	陶罐	1	残	红陶，夹灰芯、外壁有红衣
	7	绿云母珠	1	残半	扁体，方形，起脊
	8	环首铁锥	1		
	9	铁刀（小型）	1	存一段	
	10	天河石（绿云母）管	1		
	11	铜泡（大型）	1		
	12、34	红石珠	2		
	13	绿云母坠▲	1		
	14	滑石管▲	1		
	16、22	铜泡（大型）	2		
	18	陶片	1	残	有一穿孔，灰黑色，有珍珠纹
	19	铜镞	1		
	20	陶壶	1	残	
	21	铜镞	1		
	26	铁镬	1		
	32	绿石珠▲	1		
	32	绿石珠	1		
	33	铜泡（大型）	1		
53-459	2	铜泡（大型）	1		大
	3	环首铁刀	1	残	小型
53-461	1	陶杯	1	残	罐形，黑灰陶
54-440	1	绿云母（天河石）管	1		鼓腹
54-445	1	陶壶	1	残	夹砂红褐陶，硬度高，似缸胎，3片
	采集	陶壶	1	残	夹砂黑灰陶，1片，硬度高，似缸胎

续附表四

清理坑编号（K清理区－清理坑）	器物编号	器物名称	数量	现状	备注
54–450	1	陶杯▲	1	残	夹砂黄褐陶，表面磨光。口沿、底缘饰刻齿纹，底部有菱形内加十字的划纹
	2	铁刀	1	残	直背弧刃，小型
54–453	1	陶杯	1	残	夹砂黑灰陶，器表有烟炱糊状物，口沿饰刻齿纹
	2	陶器	1	残	夹粗砂红陶，底缘饰刻齿纹，可能是陶壶
	3	蓝色玻璃珠	1		有彩色条纹
	4	铜镞	1	残	双翼銎孔。銎内有木痕
	5	铁镞	1		
55–335	1	铜泡（大型）	1	残	
56–339	1	天河石（绿云母）管	1		
	2	玛瑙管	1		
	3	天河石（绿云母）管	1		
56–357	1	铜泡（大型）	1	残	
56–358	1	玛瑙管	1		长2.6厘米
	2	天河石（绿云母）管	1		
56–360	1	天河石（绿云母）管	1		
	2	绿云母珠	1		扁体，方形
56–362	1	天河石（绿云母）管	1		起脊
56–365	2	环首铁刀	1	微残	
	3	天河石（绿云母）管	1		
56–406	1	天河石（绿云母）珠	1		圆盘形
57–366	1	天河石珠	1		圆盘形
	3	陶壶器底	1		细灰陶，含小砂粒，不似汉陶，灰褐色胎1片
	4	铜泡（大型）	1		
	5	陶杯	1		夹砂黑灰胎，口沿饰刻齿纹，红衣
	6	玛瑙管	1		
	7	蓝色玻璃珠	1		
	8	陶杯	1		夹砂黑灰陶
57–367	1、11	天河石（绿云母）管	2		

续附表四

清理坑编号（K清理区-清理坑）	器物编号	器物名称	数量	现状	备注
57-367	2、5	马牙	2	残	
	4	陶罐	1	残	夹砂黑灰陶，口沿至颈部圈点纹带，器表有烟炱
	9	铜镞	1		
	12	天河石（绿云母）珠	1		扁体，菱形
	18	五铢钱	1	残半	
	19	陶壶器底	1	残	粗红陶，夹砂
	21	陶罐（汉式）▲	1	残	细泥陶，未淘洗，肩部弦纹
	22	绿云母管	1		
	24	铁器	1	残块	
	25	剑柄铜穿环	1	残	
	26	陶壶	1	残	夹砂红褐陶，火候高，内外壁有红衣
	28	陶杯器底	1	残	夹砂黑灰陶，1片，有红衣
	采集	陶器腹部	1	残	夹粗砂红陶，腹部有一“一”字形横耳，壶、罐类
57-368	1	铜器	1	残片	圆体
	2	绿云母管	1		鼓腹
	3	铁镞	1	残	三翼，扁体，扁脊，有铤
	4、36、39、42	天河石（绿云母）管	4		
	6	铁镞	1	残	
	7	天河石（绿云母）管	1		鼓腹
	8	铁器	1	残碎	
	9	铜铃	1	残片	
	11	天河石（绿云母）珠	1		算珠形
	12	天河石（绿云母）珠	1		圆盘形
	13、15	天河石（绿云母）珠	2		扁体，菱形
	16、19、20	鎏金铜泡▲	3	微残	螺形，16号
	18	天河石珠▲	1	完整	扁体
	21	鎏金铜泡	1	残	螺形
	22	陶壶（汉式）	1		细灰陶，未淘洗，轮制，肩部有细弦纹
	23	铜镞	1	微残	三翼，短管銎，有镂孔

续附表四

清理坑编号（K清理区－清理坑）	器物编号	器物名称	数量	现状	备注
57-368	24、31、32、33	铜泡（大型）	3	3残	
	25	铁矛	1	存尖部	
	26	剑柄铜穿环	1	残碎	
	28	剑柄铜穿环	1	残碎	
	29	剑柄铜穿环	1	残碎	
	30	剑柄铜穿环	1	残碎	
	34	铜泡（大型）	1	存1片	
	35	铜环	1	存2段	圆体
	37、40	马牙	2		
	38	玛瑙珠	1		瓜棱状
	41	陶杯	1		夹砂黑灰陶，口沿饰刻齿纹，下饰三周珍珠纹，再下饰带刻齿的附加堆纹，有红衣
	43	铜盖弓帽	1	残	展览提出库
	44、47	铜泡（大型）	2	残	44号有钻孔
	46	陶杯	1		夹砂黑灰胎，外壁有红衣
	49	铜铃	1	残	
	51	玛瑙珠	1		
	52	铁镬	1	残段	方銎孔
57-370	1	半两钱▲	1	残半	
	3	鎏金铜泡▲	1		兔形
	4	陶豆柄（汉式）	1	残	夹粗砂灰陶
	5	铜片	1		
	7	陶壶	1	残	夹砂灰黑陶，有的器表红褐色，四耳，肩部有刻划的双线水波纹，水波纹上下各五条直线，圈足
57-371	1	鎏金铜泡	1	残	兔形
	2	天河石（绿云母）管	1		
	3	环首铁刀	1	残存刀柄	
57-372	1	陶杯	1	残	黑灰陶，口沿饰刻齿纹
	2	铜铃	1	残	纽上有纺织品痕迹

续附表四

清理坑编号（K清理区－清理坑）	器物编号	器物名称	数量	现状	备注
57-373	1	环首铁锥	1		
	2、7、8	天河石管	3		
	3	环首铁刀（大）	1	柄残	
	4	铁衔	1	存1段	
	5	玛瑙珠	1		圆盘形
57-374	1	鎏金铜泡	1	残	
	2	铁器	1	残段	
	4	马牙	1		
57-375	1	铁器	1	残段	
	2、3、8	天河石（绿云母）管	3		
	4	天河石（绿云母）珠	1		圆盘形
	5	铁镞	1		长三角形镞身，有倒刺
	6	马牙	1		
	7	铜泡	1		
57-376	1	鎏金铜泡	1		
57-379	3	陶杯口沿	1	残	夹砂，黑胎，颈部饰两周珍珠纹，红褐色陶衣
	采集	陶杯	1	残存腹片	夹砂红褐陶，腹部有刻点组成的三角纹带
57-399	1	铜泡	1		珠形
	2	蓝色玻璃珠	1		
	4	陶壶	1		夹砂红褐陶，内壁口沿下有红衣，外壁红衣不到底
	5	陶杯	1		夹砂红褐陶，黑胎，红衣
	6、7	马牙	2		
	8	铁刀	1	残段	有木痕
57-400	1	天河石（绿云母）珠	1	残	扁体，方形
	2	陶纺轮	1		
	3	铜泡（大型）	1		
	4、10	天河石（绿云母）管	2	1残	4号长2.7厘米
	5	天河石（绿云母）珠	1		圆盘形
	6、12	马牙	2		

续附表四

清理坑编号（K清理区－清理坑）	器物编号	器物名称	数量	现状	备注
57-400	7、8、9、14、15	鎏金铜泡	5	3残	
	11	天河石（绿云母）管	1		
	13	环首铁锥	1		
	16	鎏金铜片	2		
	18	陶杯器底	1	残	夹砂黑灰陶
	19	铁镞	1	残	长三角形，有脊，有铤
57-403	1	铜镜残片	1		星云镜边缘
	2	玛瑙珠	1		
	3	铜镜残片▲	2		
	4、16	铜镞	2		双翼，銎孔式
	5	陶壶	1	残	泥质红褐陶，口沿内侧、外壁以及底部以上有红衣
	6	天河石（绿云母）珠	1		算珠形
	7	铁镳	1		似螺旋桨形
	8	铁镞	1		
	9	铁剑残段	1		
	10、15	铜镞	2		
	11、12	铜泡（大型）	2		
	13、17、21	天河石（绿云母）管	3		21号长2.3厘米
	14	绿云母珠	1		扁体，方形
	19	铜泡	1		饰同心圆纹
	22	铜泡	1		兔形
	24	陶壶器底	1	残	夹砂红褐陶，坚硬，4片
	26	陶罐	1	残	夹砂红褐陶，口部饰刻齿纹，下有两周指甲纹
57-404	1、16	铜泡（大型）	2	残碎	
	2	铁器残片	1	存尖部	
	3、17	天河石（绿云母）珠	2		圆盘状
	4、7、9、14	天河石（绿云母）管	4		鼓腹
	5、6、10	铜泡（大型）	3	1残碎	
	8	天河石（绿云母）珠	1		横截面方形

续附表四

清理坑编号（K清理区－清理坑）	器物编号	器物名称	数量	现状	备注
57–404	11、12、15	玛瑙管	3		
	13	马牙	1		
	18	天河石（绿云母）管	1		长 2.2 厘米
	19	铜泡	1		珠形
	20	鎏金铜片	1		
	不详	天河石（绿云母）珠	1		圆盘状
57–405	1	铁衔	1	存一段	螺旋桨形
	4	铜镞	1	残	
	5	陶杯	1		夹砂黑灰陶，肩部饰一周指甲纹，器表有烟炱
	8	铜镞	1	残	
	11	铜泡（大型）	1	残	
	14	绿云母珠	1		扁体，方形
	16	铜泡	1		珠形
	不详	铜泡（大型）	1		
57–406	1	铁镞	1		扁体，三角形，有铤，有木痕
	2	铁器	1	残段	
	3	玛瑙珠	1		
	不详	铜泡（大型）	1		
	不详	绿云母（绿石）管	1		鼓腹
58–396	1	铜镞	1		双翼銎孔式
58–397	1、3	铁鑁	1	残片	
	2	铜贝	1		
	4	陶罐	1	残	夹砂黑胎，红衣，颈部饰三周珍珠纹
	5	天河石（绿云母）珠	1	残	扁体，菱形
	7、8	马牙	2		
	9	铜泡	1	残	珠形
58–401	1	铁镞	1		
	3	陶杯	1		夹砂粗红陶，2 片
	4	铁鑁	1	残片	

续附表四

清理坑编号（K清理区－清理坑）	器物编号	器物名称	数量	现状	备注
58-401	6	天河石（绿云母）珠	1		
	7	陶罐口沿	1		夹砂黑灰陶，颈部有珍珠纹，1片
	采集	马牙	1		
58-415	2	天河石（绿云母）管	1		
	3	绿云母（绿石）管	1		
	5	陶壶（汉式）	1		夹粗砂灰陶，肩部有弦纹
	6	陶杯	1		夹砂黑灰陶，含云母粉
58-416	1	天河石（绿云母）管	1		
	2	天河石（绿云母）珠	1		扁体，菱形
	3	铜泡	1	残	珠形
	6	铜泡（大型）	1		
	7、9	铜泡（大型）	2	1残	
	8	陶杯	1		夹砂黑灰陶，口沿加厚饰刻齿纹，其下饰三周交错的珍珠纹，似红衣陶
	10	滑石管	1		
	采集	穿孔陶片	1		夹砂黑灰陶，陶罐口沿，口沿外饰带刻齿的附加堆纹，下饰三周珍珠纹，珍珠纹由一面磨穿
58-417	1	铜泡（大型）	1		
	2	铜泡（大型）	1	残片	
	3、6	铜泡	2		珠形
	4、5	天河石（绿云母）管	2		
	7	穿孔陶片	1		夹砂黑灰陶，陶罐口沿，口沿刻齿纹，其下一周附加堆纹上压刻齿纹，再下为两周珍珠纹，珍珠纹磨穿
	8	铁镬	1	残片	
	采集	铁管	1		
	采集	天河石（绿云母）珠	1		
	采集	铜镜	1	残存镜纽	
58-418	2	天河石（绿云母）珠	1		起脊，扁体，方形
	3、6	铜泡	2		珠形

续附表四

清理坑编号（K 清理区 – 清理坑）	器物编号	器物名称	数量	现状	备注
58–418	4	陶壶	1	残	夹砂黄褐陶，口沿上残存一竖桥状耳，外壁红衣
	7	铁块	1		
	8、14	天河石（绿云母）珠	2		圆盘形，扁体，方形
	9	天河石（绿云母）珠	1		扁体，菱形
	10	半两钱	1	存 1/3	
	11	玛瑙管	1		长 2.9 厘米
	12	铜片	1		
	13	铁镬	1	残片	
	采集	天河石（绿云母）珠	1		鼓腹
	采集	绿云母珠	1		圆盘状
	采集	铜泡（大型）	1		
58–419	1、6、7	铁镬	3	残片	
	2	铜泡	1		珠形
	5	陶杯	1		夹砂黑灰陶，颈部饰三周珍珠纹，5 片
	8	陶壶▲	1		夹砂灰褐陶
	9	天河石（绿云母）珠	1		扁体，方形
	10	天河石（绿云母）管	1		起脊
	11	玛瑙管	1		
	12、13	铁管	2		
	14	铁锛	1	微残	
	采集	天河石（绿云母）管	1		长 3.3 厘米
58–420	16、32	天河石（绿云母）管	1		
	18	铁刀（大型）	1	残段	
	19	陶壶	1	残	夹砂红褐陶，灰胎，长颈上有横耳痕迹，外壁有红衣
	22	陶杯口沿	1	残	夹砂黑灰陶，口沿饰刻齿纹，其下饰两周珍珠纹，3 片
	28	陶杯器底	1	残	夹砂黄褐色，有红衣
	29	铜铃	1	残片	
	33	铜贝	1	残	有布纹
	34	天河石（绿云母）珠	1		

续附表四

清理坑编号（K清理区－清理坑）	器物编号	器物名称	数量	现状	备注
58-420	采集	蓝色玻璃珠	1	残	
58-421	2	铜泡（大型）	1	残	
	3	铁刀	1	存尖部	
	4、10	天河石（绿云母）管	2		
	6、7、8	马牙	3		
58-422	1	陶杯	1	残	夹砂黑灰陶，颈部一周附加堆纹压印刻齿纹
	3	陶壶	1	残	夹砂黑褐陶，灰胎，外壁红衣不到底
	4	铁刀（大型）	1	存尖部	
	5	鎏金铜泡	1	残	螺形
	6	环首铁锥	1		
	7	铁片	1		薄片，带弦纹
	8	陶壶	1		夹砂红褐陶灰胎，二或四瘤状耳，尖部篦点纹或分层格子纹，花纹处有红衣
	9、11、16	天河石（绿云母）珠	3	1残	起脊，扁体，方形
	10	铁刀	1	尖部残	
	13、14	天河石（绿云母）管	2		
	18、21	天河石（绿云母）珠	2		圆盘形
	19	天河石（绿云母）珠	1		扁体，菱形
	20	铜环	1		
	采集	马牙	1		
58-424	1	铁管	1		
	2	铁镬	1	残片	
	3、9	铜镞	2		
	4	铁镬	1	残段	
	8	环首铁刀	1	存柄部	小型
	10	马牙	1		
	11	陶壶	1	残	夹砂黑灰陶，胎厚，表面磨光，腹部瘤状耳
	12	銎形铁器	1	残段	似铁器銎部，内有木痕
	13	环首铁刀	1		小型

续附表四

清理坑编号（K清理区－清理坑）	器物编号	器物名称	数量	现状	备注
58-425	1	玛瑙管	1		
	3、9、10、12	天河石（绿云母）珠	4		
	5	铁片	1		
	6	铁镬	1	残	
	11	蓝色玻璃珠	1		环形
	14	陶罐	1		夹砂红褐陶，颈部饰两周指甲纹，外壁有烟炱
	15	陶壶（汉式）	1	残	细灰陶，未淘洗，肩部饰细弦纹
	16	穿孔陶片	1	残	灰黑陶，陶罐口沿，口沿饰刻齿纹，其下饰三周珍珠纹，利用珍珠纹未透的凹坑穿孔，两面略研磨
58-426	1	天河石（绿云母）珠	1		
	2	玛瑙管	1		
	4	石研磨器▲	1		
	6	铁片	1		
	7	陶壶	1	残	夹砂红褐陶
58-428	1	鎏金铜泡	1		椭圆形
58-489	1	铜镞	1		
	3	天河石（绿云母）管	1		
	4	天河石（绿云母）珠	1		扁体，半菱形
	5	铁刀（大型）	1	残段	有布纹
	采集	滑石管	1		
	采集	陶杯器底	1	残	夹砂黑灰陶，夹云母粉
59-420	2	陶壶	1	残	黑灰粗陶
	3	陶杯	1	残	红褐陶
	5	铁剑	1	存尖部	
	6	青玉珠	1		扁体，方形
	6	绿云母珠	1		起脊，扁体，方形
	7	铁镞	1	残	
	8	铁镳	1	残	方头，螺旋桨形
	9	马牙	1		

续附表四

清理坑编号（K清理区－清理坑）	器物编号	器物名称	数量	现状	备注
59-420	10	天河石（绿云母）珠	1		圆盘形
	12	陶杯	1	残	红褐陶
	13	青玉管	1		
	14	铁片	1		可能是铁镬
	15	陶杯	1	残	红褐陶，灰芯，罐形
59-478	1	绿云母管	1		鼓腹
	7	陶罐（汉式）▲	1	残	轮制，细灰陶，球形器身
	8	陶杯	1	残	红褐陶，黑心，颈部贴曲纹，罐形
	10、12	铜泡	2		椭圆形
	11	天河石（绿云母）管	1		
	19	铁片	1		
	21	天河石（绿云母）珠	1		扁体，方形
	20	陶杯	1	残	红褐色，粗胎，罐形
	22	铜泡	2		珠形
	24	铜铃	1	残片	
	26	天河石（绿云母）珠	1		圆盘形
	采集	铁刀	1	残段	
	采集	铜镞	1		
	采集	铜铃	1	残片	
	采集	铜泡（大型）	31		
	采集	铜泡	1		珠形
	采集	圆形铜器	1		条形，两侧缘凸棱，中部穿孔？
	采集	玛瑙管	1		
	采集	天河石（绿云母）珠	1		圆盘形
	采集	马牙	1		
	采集	穿孔陶片	2	残	1片为大口罐口沿制成
59-479	1、17、19	铁镬	3	残片	
	2、9	铁管	2		
	3	陶壶	1	残	夹大量滑石，红胎，深灰色
	4、18、36	天河石（绿云母）珠	3		

续附表四

清理坑编号（K清理区－清理坑）	器物编号	器物名称	数量	现状	备注
59-479	5	铜泡	1		椭圆形
	6	玛瑙珠	1		
	7	鎏金剑柄铜穿环	1		
	8	铜泡	1		珠形
	10、30	铁镞	2	1残	
	12	陶器口沿	1	残	黑灰陶，口沿平直，饰珍珠纹
	13、14	铜铃	2		
	15	细石器	1		
	16	铜铃	1	残片	
	20、21	马牙	2		
	22	陶杯	1	残	灰褐色，罐形
	23、24、29	天河石（绿云母）管	3		
	25	蓝色玻璃管	1		
	26	天河石（绿云母）管	1		
	27	绿云母管	1		
	28	铁片	1		
	31、33、35	绿云母管	3		鼓腹
	31	陶杯	1	残	黑灰陶，罐形
	34	天河石（绿云母）珠	1		
	采集	圆陶片	1	残	陶罐口沿
59-480	1、16	天河石（绿云母）珠	2		起脊，扁体，方形
	2	陶壶▲	1	残	夹砂黄褐陶，火候不均，器表似磨光
	3、59	天河石（绿云母）珠	2		扁体，菱形
	4	天河石（绿云母）管	1		鼓腹
	5、8、13	铜泡（大型）	3		
	6	天河石（绿云母）坠	1		圆角长方形，一端有穿孔
	7	铜镞	1		
	10、11、17、20、41	马牙	5		
	12	玛瑙管	1		长2.8厘米

续附表四

清理坑编号（K清理区－清理坑）	器物编号	器物名称	数量	现状	备注
59–480	14、15、18、40、47、57	天河石（绿云母）珠	6		
	19	铁刀	1	残段	
	21、37	玛瑙管	2		
	22	铜泡（大型）	1	残	
	27、28、32、43、44	铁管	5		
	26	铜镞	1		三翼管銎镞
	29	石镞▲	1		
	31	绿色珠子	1		
	35	铜镞▲	1		双翼銎孔镞
	38	铁锄板▲	1		扁片状
	39	玛瑙珠	1		
	42	铜铃	1		
	45	铁镬	1	残片	
	48、51	铁片	2		
	50、60	天河石（绿云母）管	2		
	51	铁镞	1		
	52、55	陶鬲	2	残存鬲足	外壁红色，内壁黑色
	54	陶罐	1	残	红褐色，粗胎
	56	陶杯	1	残	红褐陶，罐形
	58	陶杯	1	残	红褐陶，罐形
	采集	玛瑙珠	1		瓜棱状
	采集	玛瑙珠	1		环形
	采集	陶壶	1	残	红褐陶
59–481	5	穿孔铁器	1		钉形
	6	铁块	1		
	13	陶壶	1	残	粗红陶
	16	陶杯	1	残	红黄陶，灰芯
	17	蓝色玻璃珠	1		环形
	18	陶壶（大型）	1	残	粗红陶，有耳

续附表四

清理坑编号（K清理区－清理坑）	器物编号	器物名称	数量	现状	备注
59–482	4	天河石（绿云母）管	1		
	5	陶壶	1	残	红褐陶，粗糙
	7	铁片	1		
	8	剑柄铜穿环	1		
	11	陶杯	1	残	红褐陶，罐形
	12	陶壶	1	残	夹粗砂红陶，火候高
	13	鎏金铜贝	1	残	
	14	铜镞	1		
	15	蓝色玻璃珠	1		
	16	天河石（绿云母）管	1		鼓腹
	17	陶杯	1	残	红褐陶，碗形
	18	陶片	1	残	灰黑陶，饰刻齿纹和珍珠纹
	19	陶罐	1	残	褐陶
	20	铜泡	1		珠形
	21、22	鎏金铜泡	2	残	椭圆形
	23	铜泡（特大型）	1		
	采集	天河石（绿云母）管	1		
	采集	天河石（绿云母）珠	1		圆盘
	采集	马牙	1		
	采集	陶杯	1	残	褐陶，罐形
	采集	陶杯	2	残	褐陶，罐形
59–483	1、2、10、15、16、17、19、21、22、23、32	马牙	14		
	3、31	天河石（绿云母）管	2		长2.6厘米
	4、44	剑柄铜穿环	2	残半	
	6	绿云母（绿石）管	1		
	8	陶罐	1	残	夹砂红褐陶
	12	铜贝	1		
	14	蓝色玻璃管	1		
	20、37	铜泡	2		珠形

续附表四

清理坑编号（K清理区－清理坑）	器物编号	器物名称	数量	现状	备注
59–483	24、25、26、30、34、35、38	鎏金铜泡	8		椭圆形
	28	天河石（绿云母）珠	1	残半	扁体，方形
	33	鎏金铜泡	1	残片	椭圆形
	36	天河石（绿云母）珠	1		
	39	鎏金铜泡	1		馒首形
	41	铜片	1		
	42	铁泡	1	残	半球形泡面
	43	陶罐	1	残	夹砂红黄色，黑灰芯
	45	铜镞	1		
	46	铜泡	1		珠形
	47	环首铁刀	1	残断	
	48	陶豆座	1	残	夹砂红胎，有模糊的刀修痕迹
	采集	铜泡	1		珠形
	采集	陶壶（小型）	1	残	夹砂红黄胎，火候不均
	采集	陶杯	1	残	夹砂粗胎，火候不均
	采集	陶杯	1	残	红褐色粗胎，火候低
	采集	圆陶片	1	残	粗灰陶，中有一孔
59–487	1	绿云母管	1		
	2	陶壶	1	残	夹砂红褐色，灰芯，薄胎
	3	天河石（绿云母）双孔珠	1		扁体，方形
	4、10、31、42、45	鎏金铜泡	5		椭圆形
	5、6、7、11、13、17、26、52	天河石（绿云母）管	8		
	8、21、28、50	天河石（绿云母）珠	4		圆盘状
	9	玛瑙珠	1		瓜棱状
	12	天河石（绿云母）管	1		鼓腹
	14、22、24、27、33、34、35、37、39、49、52	铜泡	11		珠形
	15、41	绿云母珠	2		扁体，方形

续附表四

清理坑编号（K清理区－清理坑）	器物编号	器物名称	数量	现状	备注
59–487	16、18、20、38	铁管	4		圆形
	23	玛瑙珠	1		
	25	铁片	1		镬片
	30、32	铁块	2		
	36	铜泡	1	残片	有花纹
	40	陶壶▲	1	残	夹砂灰褐陶，粗胎，火候不均，大口，长颈，宽肩，小底
	43	铁镬	1		
	44	绿云母管	1		鼓腹
	46	铜泡	1		大型
	47	铁镞	1		
	48	铜铃	1	残片	
	采集	陶杯	1	残	红褐陶，陶质较粗，罐形
	采集	陶杯	1	残	灰黑陶，罐形
	采集	陶杯	1	残	红褐陶，陶质较粗，碗形
59–488	1、37	铁片	2		
	2、25、46	玛瑙管	3		长2.5～4.5厘米
	3	天河石（绿云母）珠	1		起脊，扁体，方形
	4、7、30、34、35	天河石（绿云母）管	5	1残	4号长2.1厘米
	5、12、18、43	天河石（绿云母）珠	4		
	6、19、42	天河石（绿云母）珠	3		起脊，扁体，菱形
	8、29、33	马牙	3		
	9	陶器底	1	残	黑灰陶
	10、14、27、44	铁管	4		
	11	铜泡	1		有纹饰
	13	铁镞	1		
	15	环首铁刀	1		
	16、23	铜镞	2		
	17、20	铜泡（大型）	2		
	21、31	绿云母管	2		

续附表四

清理坑编号（K清理区－清理坑）	器物编号	器物名称	数量	现状	备注
59–488	22	鎏金铜泡	1		椭圆形
	24	铜镞	1		
	28	铜镜残片	1		
	32	铜泡	1		珠形
	36	铜剑柄	1	残段	
	38	铁管	4		连在一起
	40	铁锛	1		
	45	铜片	1		
	采集	玛瑙珠	1		
	采集	陶杯	1	残	黑灰陶，罐形
	采集	陶杯	1	残	褐陶，罐形
	采集	穿孔陶片	2	残	陶器残片磨制而成
59–491	1、9、23	天河石（绿云母）管	3		
	2	陶杯	1	残	粗胎，红褐色陶，黑芯，罐形
	14	陶罐	1	残	红灰色陶，粗胎，火候不均
	15	玛瑙珠（大型）	1		
	16	铁钁	1		
	18	勺形铜带饰	1		
	19	天河石（绿云母）珠	1		
	不详	铜泡	1	残半	
60–459	1	铁镞	3		
	2	铜泡（大型）	1	残半	
	2	鎏金铜泡	1	残	兔形
	3	铜泡	2		珠形
	4	铜镜残片	1		
	5	铁片	1		
	8	玛瑙珠	1		瓜棱状
	9	天河石（绿云母）管	1		鼓腹
	10	天河石（绿云母）珠	1		圆盘形
	11	绿云母珠	1	残	

续附表四

清理坑编号（K清理区－清理坑）	器物编号	器物名称	数量	现状	备注
60-459	12	滑石珠	1	残碎	
	13	铜泡	1		珠形
	13	马牙	4		
	14、15	铁管	2		
	16	绿云母管	1		
	17	蓝色玻璃珠	1	残	
	18	绿云母珠或管	1	残	
	19	陶罐	1		黑灰陶，大外展口
	20	玛瑙珠	1		瓜棱状
	22	蓝色玻璃珠	1		
60-460	1	铜镞	2		
	2-1	铜泡（大型）	2		
	2-2	铜片	2		
	3	铜泡	2		珠形
	4-1	鎏金铜泡	2		椭圆形
	4-2	鎏金铜泡	1		兔形
	5	剑柄铜穿环	2		
	6	铜器銎部（小型）	1	残	
	7、10	铁镞	2	1残	扁体，三角形，有铤，铤部有木痕
	9	带銎铁器残片▲	1	存刃部	刃部弧形
	11	陶罐▲	1		夹砂黄褐陶，口沿有刻齿纹
	12	陶罐	1		黑灰陶
	12	陶罐	1		黑灰陶，双耳，口部残缺
	13	玛瑙珠	1		瓜棱状
	14	滑石管	1		
	15	绿云母管	1		
	16	绿云母管	2		鼓腹
	17	蓝色玻璃珠	1		
	18	马牙	1		
	采集-1	铜泡（大型）	1		

续附表四

清理坑编号（K清理区－清理坑）	器物编号	器物名称	数量	现状	备注
60-460	采集 -2	铜泡（大型）	1		
	采集 -3	铜泡	1		有横梁
	采集 -4	滑石管	1		
60-462	1	铜镞▲	4		
	2-1	铜泡（大型）▲	4		
	2-2	铜泡（大型）▲	4		
	2-3	铜泡（大型）▲	3		
	2-4	铜泡	1		有纹饰
	3、30	铜泡	6		珠形
	4	铜环▲	1		扁体
	5	铜带钩▲	1		
	6	铜镜残片▲	1		星云纹镜
	6	铜片	1		有纹饰，档案登记表中与铜镜重号
	7	半两钱▲	2	残半	
	8	铜剑格▲	1		
	9	铁镞▲	1		
	10	铁镞	1		
	11	铁器	2	残段	似镞铤部
	12	陶罐	1		黑灰陶，档案的编号与铁刀重号
	12	铁刀（小型）▲	4		
	13	铁镳▲	1		
	14	铁片	13		其中似乎有铁镞残片
	15	铁管	1		
	17	陶杯	1		黑灰陶，唇部饰连点纹
	18	砺石▲	1		
	19	石研磨器▲	1		
	20	玛瑙管	2		
	21	玛瑙珠	2		
	22-1	天河石（绿云母）管	2		

续附表四

清理坑编号（K 清理区 – 清理坑）	器物编号	器物名称	数量	现状	备注
60–462	22–2	绿云母管	6		
	23	天河石珠▲	1		
	24	天河石（绿云母）管▲	2		鼓腹
	25	绿云母扁方珠	2		起脊
	26	绿色珠	1		
	27	马牙	1		
	28	木炭	2		
	31	骨片	1		
	32	铜片	1		
60–463	1	铁器	1	残存銎部	
	2	双连珠形铜泡	1		饰重圈纹
	3、4、5、6、7、8、9、10	鎏金铜泡▲▲	8		有双梁，5、6 号
	8	陶壶	1		磨光红陶
	9	陶罐	1		黑灰陶，仅有底部
	9	陶罐	1		黑灰陶
	9	陶壶	1		磨光红陶
	11	陶罐	1		黑灰陶
	采集 1	铜镞	2		双翼，銎孔式
	采集 2	铜泡（大型）	4		
	采集 3	铜泡▲	4		珠形
	采集 4	鎏金铜泡	2		椭圆形
	采集 5	铜铃▲	1		
	采集 6	铁衔▲	1		绳索状杆
	采集 7	铁管	1		
	采集 7	铁器	1	残段	
	采集 10	玛瑙珠▲	4		瓜棱状
	采集 11	滑石管	2		
	采集 12	绿云母管▲	4		
	采集 13–1	天河石珠▲	1		起脊，扁体，方形

续附表四

清理坑编号（K清理区－清理坑）	器物编号	器物名称	数量	现状	备注
60–463	采集 13–2	绿云母珠▲	1		起脊，扁体，方形
	采集 14	人牙	1	存牙冠	
	采集 15	马牙	1		
	采集 16	铜片	1		
60–464	1	铜泡（大型）	3		纽偏
	2	双连珠形铜泡▲	6		
	3	鎏金铜泡▲	1		熊纹
	4	鎏金铜贝	2		
	5	铜片	1		
	6	鎏金铜泡	1		椭圆形
	7	铁镞	1		
	8	铁管	3		
	8	铁片	1		
	10	玛瑙珠	3		瓜棱状
	11	玛瑙管	2		
	12	玛瑙珠	1		
	13	滑石管	1		鼓腹
	14	天河石（绿云母）管	5		
	14	绿云母管	4		
	15	天河石（绿云母）珠	5		圆盘
	16	天河石（绿云母）管	2		鼓腹
	16	绿云母管	4		鼓腹
	17	蓝色玻璃珠	1		淡蓝色
	17	蓝色玻璃珠	1		
	17	玛瑙珠	1		扁圆，无孔
	18	马牙	1		
	19	人牙	1		
	采集	天河石（绿云母）珠	1		扁体，菱形
	采集	铁衔	1		
60–465	1	铜镞▲	3		

续附表四

清理坑编号（K清理区－清理坑）	器物编号	器物名称	数量	现状	备注
60-465	2	铜泡（大型）	9		
	3	铜泡	3		珠形
	3	铜泡	1		有横梁
	5	鎏金铜贝	3		
	6	剑柄铜穿环	1		
	6	鎏金铜泡	1		椭圆形
	7	铜铃	1		
	8	铜铃	1	残片	
	8	鎏金铜泡	1		椭圆形
	9	铜牌饰	1		有由双马等5个动物组成的纹饰
	10	铁镞	2		1件叶形镞身，有脊有铤
	10	铁镞	3		1件扁体双翼有铤
	11	铁器	1	残段	
	12	铁剑	1	残段	
	13	铁镬	1	残片	
	15	铁管	3		
	15	铁器杆部	1		
	17	玛瑙管▲	3		
	18	玛瑙环	1		
	19	玛瑙珠▲▲	2		瓜棱状
	20	天河石（绿云母）管▲	7		
	20	天河石管▲	5		
	21	滑石管▲	1		
	22	天河珠▲	4		圆盘
	23	天河石管▲	1		鼓腹
60-475	1	铜镞	4		
	1	勺形铜带饰	1		素面
	2-1	铜泡（大型）	7		
	2-2	铜泡（大型）	4		大小

续附表四

清理坑编号（K 清理区 – 清理坑）	器物编号	器物名称	数量	现状	备注
60–475	2–3	铜泡	1	残	有纹饰
	3–1	铜泡	3		珠形
	3–2	铜泡	1		有横梁
	4	半两钱▲▲▲	3	残半	
	5	五铢钱	1		
	6–1	铜泡	1	残	有纹饰
	6–2	铜片	2		
	7	环首铁刀（小型）	2	残	
	8	铜铃	1	残	
	9–1	陶杯（小型）	1	残	夹砂黑灰陶，火候低，手制
	9–2	陶壶	1	残	
	9–3	穿孔陶片	1	残	
	10	玛瑙珠	2		瓜棱状
	11–1	天河石（绿云母）珠	1		
	11–2	天河石（绿云母）珠	1		圆盘
	11–3	天河石（绿云母）珠	1		算珠
	12	绿云母管	4		环形
	13–1	绿云母管	1		鼓腹
	13–2	绿云母管	1		鼓腹
	14	滑石管	1		
	15–1	蓝色玻璃珠	1		
	15–2	蓝色玻璃珠	1		
	15–3	蓝色玻璃珠	1		算珠形
	16	铁器銎部残段▲	1	残存銎片	带“遼”字
	17	马牙	1		
60–476	1	铜镞▲	3	残	双翼，銎孔式
	2、3、31–1	铁管	3		
	2–1	铜泡（大型）	4	3 残	
	2–2	铜泡	2	残	有纹饰
	3–1	铜泡	3		珠形

续附表四

清理坑编号（K清理区－清理坑）	器物编号	器物名称	数量	现状	备注
60–476	3–2	铜泡	1		有纹饰
	4–1	勺形铜带饰	1	残	
	4–2	鎏金铜泡	1		椭圆形
	4–3	铜片	2		1件带孔
	7	半两钱▲	1		
	8	铜铃▲	1		大
	9	铁刀▲	1		
	10	铁镞▲	1		
	10–4	铁片	7		
	11	铁镞▲▲	4	2残	
	12	铁器	1	銎部残段	
	13	绿云母珠	2		起脊，扁体，方形
	14	滑石管	2		
	15	绿云母管	1		鼓腹
	16	玛瑙珠	1		
	17	蓝色玻璃珠	1		环形
	18	细石镞	1	残	
	19	细石器	1		
	20	马牙	1		
	21–1	天河石（绿云母）管	8		
	21–2	绿云母管	8		
	22	陶壶	1		有红衣
	23–1	陶杯	1		黑灰陶，颈部饰珍珠纹
	23–2	陶罐	1		黑灰陶
	23–3	陶罐	1		黑灰陶
	23–4	陶壶	1		黑灰陶
	23–5	陶壶	1		红褐陶
	23–6	陶杯	1		红褐陶
	24	铜泡（大型）	2	残	
	25、37	铜泡	3		珠形

续附表四

清理坑编号（K清理区－清理坑）	器物编号	器物名称	数量	现状	备注
60–476	26	铜环	1		
	28	铜铃	1		小
	29	铁刀（大型）▲	1		
	31–4	铁片	1		
	33–1	绿云母管	1		
	33–2	天河石（绿云母）管	2		
	34	天河石（绿云母）珠	1		起脊，扁体，方形
	35	天河石（绿云母）珠	1		圆盘状
	36	铁镳▲	1		
	采集	铁管	1		
60–477	1	铜泡（大型）	2	残碎	
	2	铜泡	1		有纹饰
	2	铜泡	3		珠形
	5	玛瑙管	2	1残	
	6	天河石（绿云母）管	3	1残	
	6	绿云母管	1		
	7	天河石（绿云母）珠	2		圆盘
	8	天河石（绿云母）形	1		半菱形
	9	天河石（绿云母）管	1		鼓腹
	10	马牙	2		
	12	铜泡	1		珠形
60–499	1	铜泡（大型）	3	1残	
	2	铜泡	2		珠形
	3	铜泡	1	残	椭圆形
	4	铁镞	1		
	6	铁刀	1	残片	
	9	玛瑙管	1		
	10	玛瑙珠	2		1大1小，瓜棱状
	11	天河石（绿云母）珠	2		
	12	天河石（绿云母）管	1		鼓腹

续附表四

清理坑编号（K清理区－清理坑）	器物编号	器物名称	数量	现状	备注
60－499	13	蓝色玻璃珠	1		
	14	马牙	1		
	17	人牙	1		只有牙冠
60－501	1	铜镞	2		双翼，銎孔式
	2	铜泡（大型）	4		
	3－1	铜泡	4		珠形
	3－2	铜泡	1		珠形
	4－1	铜坠饰	1		
	4－2	铜铃	2		
	5	铁镬	1	残片	
	6	铁镬	1	残片	
	8	天河石（绿云母）珠	1		
	9	天河石（绿云母）珠	1		起脊，扁体，方向
	10－1	天河石（绿云母）管	1		鼓腹
	10－2	天河石（绿云母）珠	1		起脊，扁体，菱形
	10－3	绿云母管	1		鼓腹
	11－1	绿云母坠	1	残	
	11－2	绿云母珠	1	残	
	12	蓝色玻璃珠	1		算珠形
	13	马牙	1		
	14	木炭	1		
60－502	1	铜泡（大型）	1		
	3	玛瑙管	1		
	4	玛瑙珠	1		
	5	天河石（绿云母）珠	1		
	7	铜泡（大型）	1		
	8	铜泡	1		珠形
61－454	1	蓝色玻璃珠	1		
	2	铜泡	1		珠形
61－466	1	勺形铜带饰	1		

续附表四

清理坑编号（K清理区－清理坑）	器物编号	器物名称	数量	现状	备注
61–466	1	半两钱▲	1		
	2、3	铜泡	2		珠形
	4	铜镞	1		
	6	铜镞	1		
	7	五铢钱	1	残半	
	8	天河石（绿云母）珠	1		
	9	天河石（绿云母）管	1		鼓腹
	10	勺形铜带饰	1		
	11	铜贝	1		
	采集	贝	1		可能为铜贝
61–467	1	铁镬	1	残段	
	2	人牙	1		
	3、8	蓝色玻璃珠	2		
	4	蓝色玻璃珠	1		算珠形
	5	玛瑙管	1		长 2.1 厘米
	6	蓝色玻璃珠	1		
	7	滑石管	1		
	9	铜泡（大型）	1	残半	
61–468	2	绿云母（天河石）珠	1		小
61–469	3	陶器底	1	残	滑石陶，粗红胎，1 片，壶、罐类
	4	铁镞	1		
	采集	陶器腹部	1	残	夹砂黑灰陶，磨光，3 片，壶、罐类
61–470	1	蓝色玻璃珠	1		
	2	铁镞	1		
	3	红色珠	1		
	5	绿云母管	1		
	不详	陶壶	1		黑灰陶
61–471	1	铜泡▲	1		熊纹
	2	铁镞	1		

续附表四

清理坑编号（K清理区－清理坑）	器物编号	器物名称	数量	现状	备注
61-471	3	陶壶	1		磨光红陶
	4	铜镞	1		
	5	绿云母珠	1	残存一半	扁体，菱形
	6、8	铜泡（大型）	2		
	9	铜泡（大型）	1		
	10、18、24	铜泡	3		珠形
	11	绿云母管	1		
	12	铁镞	1		
	17	天河石（绿云母）管	1		
	20	铜镞	1		
	21	铜泡（大型）	1		
	22、30、37	蓝色玻璃珠	3		
	26	陶纺轮	1		
	27	铜泡（大型）	1		
	28	铜泡（大型）	1		
	29	铁刀（小型）	1	残段	
	32-1	陶杯	1		粗红陶，口沿有连点纹
	32-2	陶壶（汉式）	1		肩部有弦纹，细灰陶，轮制
	33	铜泡（大型）	2		
	34	陶壶	1		黑灰陶，双耳，肩部有连续三角纹
	34	陶杯	1		黑灰陶
	35	蓝色玻璃珠	1		
	36	铁锥	1	残段	
	36	蓝色玻璃珠	1		花色
	38	陶罐	1		黑灰陶，底缘饰连点纹
	39	铁带扣（大型）	1	残半	
61-472	1	陶壶	1		红褐陶
	2、7	铜泡（大型）	2		
	3、8	铜泡（大型）	2		
	4	铜泡（大型）	1		

续附表四

清理坑编号（K清理区－清理坑）	器物编号	器物名称	数量	现状	备注
61–472	5	绿云母珠	1		扁体，菱形
	9	铁刀（小型）	1	残段	
	11	铜环	1		扁体
	12	陶壶	1		夹细砂红陶，火候高
	采集	铜泡（大型）	1		
61–473	1	铜泡（大型）	1		
	2	绿云母珠	1		起脊，扁体，菱形
	3	铜环	1	残	扁体
	5、11、16	铁刀	5	残段	
	6	铜泡	1		有横梁
	7、15	绿云母管	2		
	8	铜泡（大型）	1		
	9	绿云母珠	1		扁体，菱形
	10	陶罐（大型）	1		红褐陶，火候高
	12	天河石（绿云母）管	1		鼓腹
	13	陶壶	1		黑灰陶，双耳
	14	铁衔	1		
61–474	2	铁刀（小型）	1		
	3	铜泡	1		珠形
	5	陶纺轮▲	1		
	6	天河石（绿云母）珠	1		扁体，菱形
	7	绿云母管	1		
	8、12	铜泡（大型）	2		
	9	玛瑙珠	1		瓜棱状
	10	浅蓝色玻璃珠	1		
	11	铁镞	1		
	14	铜泡（大型）	1		
	采集	天河石（绿云母）珠	2		圆盘形
61–475	1、6	铁刀（小型）	2	残段	
	2	绿云母珠	1		扁体，方形

续附表四

清理坑编号（K清理区－清理坑）	器物编号	器物名称	数量	现状	备注
61–475	3	天河石（绿云母）珠	1		
	4	黑石管	1		
	5、13	铜泡（大型）	2		
	7	绿云母管	1		横截面方形
	8、9	玛瑙珠	2		1大1小，瓜棱状
	11	铜贝	1		
	12	蓝色玻璃珠	1		算珠形
61–540	1	铜泡	1		珠形
	16	铁锥	1	残段	
62–469	1	铜镞	1		
	2	铜泡（大型）	1	残	
62–539	1	绿云母	1	残	起脊，扁体菱形
	3	铜泡（大型）		残	扣上有一孔
	4	陶器底	1		夹砂黑灰陶，表面磨光，器形特殊
	5	陶器底	1	残	夹滑石颗粒，红褐陶，黑灰胎，磨光，底缘饰刻齿纹，有红衣，壶、罐类
	6	陶杯口沿	1		黑灰胎，口沿饰刻齿纹，1片
	采集	陶壶	1	残片	夹砂，红褐胎
62–540	1	滑石管	1		
	2	蓝色玻璃珠	5		
	3	蓝色玻璃珠	1		
	4	蓝色玻璃珠	20		
	5	带柄铜铃▲	1		
	6	铜泡（大型）▲	1		
	7	陶壶	1	残	夹砂红褐陶，黑灰胎，夹石英颗粒，磨光，有两横耳
	8	蓝色玻璃珠	5		
	9	蓝色玻璃珠	1	残半	
	10	蓝色玻璃珠	1		
	11	五铢钱	1	残	

续附表四

清理坑编号（K清理区－清理坑）	器物编号	器物名称	数量	现状	备注
62-540	12	蓝色玻璃珠	1		
	13	铜泡	1		有横梁
62-541	1	玛瑙管	1	残	鼓腹
	2	铜镞	1		
	3	铜镞	1	残	
62-542	1	绿云母管	1		
63-550	1	铁锛	1	残	可能是空首斧
	2	陶杯	1	残	夹砂黑灰陶，口沿刻齿纹
	4	陶罐	1	残	夹砂红褐陶
	5	铜泡	1		
	6	陶器	1	残	夹砂黑灰陶，壶、罐类
63-583	1	陶壶	1	残	夹砂黑灰陶
63-584	2	铜镞	1		三棱，銎孔式?
66-412	1	玛瑙管	1		长2.9厘米
	2	铜镞▲	1		
66-413	2	铜泡	1	残	
66-414	1	铁镬	1	残	
67-416	1	天河石（绿云母）珠	1	1	算珠形
	2	陶杯器底	1	残	夹砂黑灰陶，1片
	3	绿云母管	1		
	6	铁镞	1		
67-489	2	铜镞	1		双翼銎孔式
	4	铜牌饰残片	1	残片	似有动物纹
	5	天河石（绿云母）珠	1		
	6	陶器底	1	残	夹粗砂红陶，壶、罐类
	7	铜泡	1		珠形
	8	铜泡（大型）	1		
	9、17	绿云母管	1		鼓腹
	11	铁镬	1	残片	
	12	鎏金铜器	1	残片	

续附表四

清理坑编号（K清理区－清理坑）	器物编号	器物名称	数量	现状	备注
67-489	13	铜镜残片▲▲	2		四乳四螭镜
	14	绿云母珠	1		起脊，扁体，方形
	18	陶壶	1	残	夹砂黑灰胎红褐陶，外壁磨光，有红衣
	20	陶罐▲	1	残	
	21	环首铁刀	1		
	22	环首铁锥			
67-492	1、9	铜泡（大型）	2		
	2、12	天河石（绿云母）管	2		
	4	陶壶	1	残	夹砂红褐陶，坚硬，外壁有红衣
	5	天河石（绿云母）管	1		鼓腹
	7	陶杯	1	残	夹砂黑灰陶，云母粉，3片
	8	铜铃	1		大
	10	铜泡	1		珠形
	11	铁锥残段	1	残段	
	13、15	铜泡（大型）	2		
	14	绿云母珠	1		
	16	马牙	1		
	17	滑石管	1		
	18	陶杯	1	残存2腹片	夹砂陶，灰胎，有珍珠纹痕迹，红褐色陶衣
	19	天河石（绿云母）珠	1		圆盘
67-493	1	铁镬	1	残片	
	2	铜泡▲	1	残	有纹饰
	3	铜泡	1		珠形
	5	绿云母管	1		
	7	铜泡（大型）	1		
67-494	1	铜泡（大型）	1		
	2	铁刀（大型）	1	残	
	3	环首铁锥	1		
	9	铁刀残段（小型）	1	残段	

续附表四

清理坑编号（K清理区－清理坑）	器物编号	器物名称	数量	现状	备注
68-488	1	玛瑙坠	1		
	2	铜泡	1		珠形
	3	铁管	1		
	4	铜镞	1		
	5	玛瑙珠	1		瓜棱状
	6	天河石（绿云母）珠	1		
	7	铁镞	1		
	7	铁刀（大型）	1	残段	
	8	陶罐（汉式）	1		轮制，细灰陶，肩部有弦纹
	9	铜泡	1		有横梁
	10	天河石（绿云母）珠	1		起脊，扁体，方形
68-489	1、5	天河石（绿云母）管	2		
	2	天河石（绿云母）珠	1		扁体，菱形
	3	铜镞	1		
	4	铜泡	1		珠形
	6	天河石（绿云母）珠	1		
	7	铜泡（大型）	1		
	10	铜铃	1		大
	11	铁片	1		
	12	勺形铜带饰	1		
68-490	1	天河石（绿云母）管	1		鼓腹
	2、9	铁块	2		
	3、5、6	铜泡（大型）	3		
	4	铜铃	1		大
	7	天河石（绿云母）管	1		
	8	铜铃	1	残	
	10	铜镞	1		
	11	皇字铜钱	1	残半	整理时未见，年代不明
	12	铜镞	1		
	13	环首铁刀	1		

续附表四

清理坑编号（K清理区－清理坑）	器物编号	器物名称	数量	现状	备注
68-490	14	铜铃	1	残	北方式
68-492	1、2、3	绿云母管	3		
	4、8、9、11	铜泡	4		珠形
	5	玛瑙管	1		
	6、14	铜泡（大型）	3		
	7	铜铃	1	残片	
	10、15	铜镜残片	2		1内向连弧边缘，1凸棱内弧缘
	11	陶壶	1		红褐陶
	12	铜泡（大型）	1		
	13	铜镞	1	残半	
	16	铜镞	1		
	18	陶壶	1		黑陶
68-496	1	陶罐	1		红褐陶，柱状耳
	1、11、36、48、58、63、71、77、85、86	绿云母管▲▲	10		71、77号
	2、18、53	玛瑙珠▲	3		18号
	4、5、7、9、12、17、24、26、30、44、49、60	铜泡	13		珠形
	6	铁器	1	残段	
	8	铁器	1	残块	
	8、14、23、46、56	铜泡（大型）	5		
	10	铜镞	1		
	13、39、43、89	铜泡（大型）▲	5		
	15、37、42	铜泡（大型）	3		
	16、54、72	铜泡（大型）▲	2		72号
	19	铁管	1		
	20	铜镞	1		
	21	陶罐	1		黑灰陶，口沿、颈部有弦纹
	22	铁刀（大型）▲	1		

续附表四

清理坑编号（K清理区－清理坑）	器物编号	器物名称	数量	现状	备注
68-496	25	铜泡（大型）▲	1		
	27	铁镞	1		
	28	铁镞	1		
	29	天河石（绿云母）珠▲	1		
	31	铜镜残片▲	1		有“天下大明”四字
	32	陶罐	1		黑灰陶
	33	铜泡（大型）	1		
	34	铁刀（大型）	1	残段	
	35	铁片	1		
	38	天河石（绿云母）双孔珠	1		
	40、50	玛瑙管	2		
	41	兽牙	1		
	45	陶罐	1		黑灰陶
	47	铜铃	1		
	51	铁管	1		
	55	铜镜残片	1		边缘4
	57	铜镜残片	3片		纽1、边缘4
	59	铁刀（小型）	1	残段	
	61	陶罐	1		细灰陶（汉式？）
	62、66、68	绿云母管▲	3		鼓腹，68号
	64、76、87	人骨	3		
	65	玛瑙珠▲	1		瓜棱状
	69	镂空铜环▲	2		
	73	蓝色玻璃珠	1		
	74	铁器残段	1	残段	
	78	铜镞▲	1		
	78	铜镞	1		档案登记表中78号铜镞编号重复
	78	铜镞	1		

续附表四

清理坑编号（K清理区－清理坑）	器物编号	器物名称	数量	现状	备注
68–496	78	铜镞	10		
	79	铜镞▲	6		
	80	天河石（绿云母）珠	1		
	80–1	铜泡	1		珠形
	80–2	铜泡	5		珠形
	81	铁镞▲	1		
	82	铁镞▲	1		
	83–1	蓝色玻璃珠▲	1		
	83–2	蓝色玻璃管▲	1		
	84	蓝色玻璃珠	1		
	88	皮革	4		
	89	铜泡▲	2		有纹饰
	90	铁镞	1		
	91	铁镬	1	残片	
	92–1	铜泡	1		珠形
	92–2	铜泡	4		珠形
	92–3	铜泡	32		珠形
	92	铜泡（大型）	1		
	93	陶壶	1		有红衣
68–497	1	铜泡（大型）	1		
	2、3、4	天河石（绿云母）珠	3		
	5	铜泡（大型）	1		
	6	铁刀（小型）	1	残段	
	7	陶壶	1		磨光红陶
68–498	1	铁剑▲	1	残段	
	2	铜泡（大型）	1		
68–505	1、4、10、11、14	铜泡	16		珠形
	2	铁镬	1	残段	
	3	铜泡（大型）	1		

续附表四

清理坑编号 （K清理区－清理坑）	器物编号	器物名称	数量	现状	备注
68-505	5	铁环	1	残段	可能是铁刀或铁锥的环首
	6	陶壶	1		黑灰陶，唇部饰连点纹，颈部饰珍珠纹
	7	铜镞	1		
	8	铜泡（大型）	1		
	9	陶罐	1		黑灰陶
	12	绿云母珠	1		
	13、16	铜器	2	残段	
	15	铜镞	1		
	17、23	玛瑙管	2		
	18、19、20、21、22	铜泡	5		珠形
	24	玛瑙坠	1		
	25	天河石（绿云母）珠	1		
68-507	1	铜泡	1		珠形
	2	铜泡	1		珠形
68-508	1、3、4、5	铜泡	4		珠形
	2-1	砺石▲	1		
	2-2	铁刀（小型）	1	残段	
	6、7	铜镞	2		
	8	玛瑙珠	1		
	9、11、15、19	铜泡（大型）	4		
	10	铜镞	1		
	12、14、16	铜泡	3		珠形
	13	铜环（小型）	1	残段	
	15	铁块	1		
	17、18、20	铜泡	5		珠形
	21	铁片	1		
69-498	1、13	天河石（绿云母）管	2		
	2、4、7、14	铜泡▲	4		珠形，2号
	3	铁刀▲	1	残段	

续附表四

清理坑编号（K清理区－清理坑）	器物编号	器物名称	数量	现状	备注
69-498	5	铁矛▲	1	存銎部	
	6、11	半两钱	2	均残	
	9	天河石管▲	1		鼓腹
	10	铜泡	1		珠形
	12、18	铜泡（大型）▲	2		12号
	15	铜片	1		
	16	铜泡（大型）	1		
	17	勺形铜带饰▲	1	残	
69-503	2	铜泡（大型）	1	残片	有花纹
	3、14	铜镞▲	2		
	5	陶罐	1		灰黑陶
	6	绿云母双孔珠	1	残	
	7	天河石（绿云母）管	2		
	8	铜泡▲	1		珠形
	10	陶碗	1		红褐陶，口沿饰一周刻齿纹
	11、13	铜镞	2		
	12	铁镞▲	1		
69-504	1	陶罐	1		黑灰陶，口沿饰连点纹
	2-1	陶罐	1		黑陶，底缘饰连点纹
	2-2	陶罐	1		双耳
	3、7	铜镞	2		
	4	骨镞	1		
	6	铜泡▲	1		放射线纹
	8	皮革片	1		
	9	滑石管	1		
	10、11、18、26	铜泡（大型）▲▲	4		11、18号
	13	勺形铜带饰	1	残段	素面
	14	天河石（绿云母）珠	1		
	15	铜泡▲	1		兔形

续附表四

清理坑编号（K清理区－清理坑）	器物编号	器物名称	数量	现状	备注
69-504	16、23	骨片	2		
	17	铜泡	1		半球形
	19、21	铜泡（大型）	2		
	20	铜泡	1		珠形
	22	天河石（绿云母）管	1		鼓腹
	24	方銎铁器▲	1	残片	
	25	玛瑙坠	1		铅锤形
	28	玛瑙珠	1		
	29	绿云母管	1		鼓腹
	30	玛瑙管	1		
	31	铜泡	1		珠形
	采集	铜泡（大型）	1		
	采集	铜泡	1		珠形
	采集	玛瑙管	1		
	采集	玛瑙珠	1		
	采集	滑石珠	1		
	采集	蓝色玻璃珠	1		环形
69-505	2	金耳饰	1		有6个环
	采集	铜泡	1		珠形
	采集	滑石管	1		
69-510	2	陶壶	1		肩部有花纹，磨光
69-511	1	陶罐	1		底缘有连点纹，双耳
	3	陶罐	1		口沿、颈部有花纹
69-512	1	环首铁锥	1		
	2	铜泡	1		珠形
69-513	1、2、3	铜泡	5		珠形
	4、7	铜泡（大型）	3		
	5、9	铜泡	8		珠形
	6、13	铜泡（大型）	2		
	8	陶罐	1		夹细砂，表面磨光，双耳

续附表四

清理坑编号（K 清理区 - 清理坑）	器物编号	器物名称	数量	现状	备注
69-513	10	陶壶	1		夹砂，红色，表面磨光
	12、15	铜泡	3		珠形
	14	天河石（绿云母）珠	1		圆盘
	16、19	铜泡	4		珠形
	17	蓝色玻璃珠	1		
	18	天河石（绿云母）珠	1		算珠
	20	天河石（绿云母）管	1		
	23	铜泡▲	1		有纹饰
	22	绿云母管	1		鼓腹
	24、25、26	铜泡	4		珠形
69-514	1	铜铃	1		
	2、12、13、14、16、17、19、20、21、28、30	铜泡	11		珠形
	2、7	天河石（绿云母）管	2		长 2.8 厘米
	4	铜镞	1		
	5、6、11	铜镞	3		
	8	铜镞	1		
	9、10、15	铜镞	3		
	18	铜铃	1		
	22	人骨	1		
	23	天河石（绿云母）珠	1		圆盘
	24	铜泡（大型）	1		
	25	连珠形铜泡	1	残段	
	26	铁管	2		
	27	铜铃	1	残片	
	29	铁器（小型）	1	残段	似铁锥尖部
	31	绿云母管	1		
	32	铜贝▲	1		
	采集	铜泡	1		锥形

续附表四

清理坑编号（K清理区－清理坑）	器物编号	器物名称	数量	现状	备注
69-514	采集	绿云母管	1		
	采集	玛瑙管	1		
69-515	1	铁刀（小型）	1	残段	
	2、5、16、18、26	铜镞	5		
	3	铜镞	1		
	4	绿云母管	1		鼓腹
	6、17	铜镞	2		
	7	铁块	1		
	8	铜泡	1		椭圆形
	9、10	天河石（绿云母）管	2		
	11	天河石（绿云母）管	11		鼓腹
	12	铜泡（大型）	1		
	13	天河石（绿云母）珠	1		
	14	绿云母珠	1		扁体，方形
	15、22、24、25	铜泡	4		珠形
	19	绿云母管	1		
	21	玛瑙管	1		
	23	铜镞	1		
	27	铜铃残片	1		
	28	铜铃舌	1		
69-516	2、6	铜泡（大型）	2		
	3	绿云母管	1		
	4	铜镞▲	1	残	
	5	环首铁刀（小型）	1		
	8	陶罐	1		红褐陶
	9	蓝色玻璃珠	1	残半	
	13	陶杯	1		黑灰陶，双耳
69-523	1	铁器	1	残存銎部	
	2、13	铜镞	2		
	3	铁刀（小型）	1	残段	

续附表四

清理坑编号（K清理区－清理坑）	器物编号	器物名称	数量	现状	备注
69-523	5、10、23	玛瑙珠	3		瓜棱状
	2、6	铜泡	2		珠形
	7	铁空首斧▲	1		口下有一周凸棱
	8、18	天河石（绿云母）珠	2		
	9、11	马牙	2		
	12	绿云母管	1		
	14	绿云母扁方珠	1		起脊，扁体，方形
	15	铁镞	1		
	16	铁片	1		
	19	铜泡（花纹）	1		连珠纹
	21	陶罐	1		红褐陶
	21	铁镞	1	残	
	24	天河石（绿云母）管	1		鼓腹
	26	铁衔、镳▲	1	残	镳两端有圆形片
	29	铜泡（大型）	1		
	采集	铁镬	1	残片	
	采集	铜泡	1		珠形
69-524	1、7	铜镞▲	2	1残	双翼，銎孔式
	2、3	铁刀（小型）	2	残段	
	4、5	绿云母管	2		
	6	滑石管	1		
69-525	1	铜泡	1		兔形
	2	铁镬	1	残片	
	3	陶罐	1		灰黑陶
	采集	铜镞	1		
70-473	1	铜镞	2		
	2	铜泡（大型）	2		
	3	铜带扣	1		
	4	勺形铜带饰	1		素面
	5	铜环	1		扁体

续附表四

清理坑编号（K清理区–清理坑）	器物编号	器物名称	数量	现状	备注
70–473	5	铜环	1	残段	扁体
	5	环形铜器	1	残段	
	6	铁刀	1	残段	
	7	铁镬片	2		
	8	铁镞	1		
	11	陶杯	1		细红陶
	13	陶罐	1		夹砂，轮制
	14	陶杯	1		黑灰陶
	15	马牙	1		
	17	滑石管	1		
	18	铜泡	2		珠形
	18	铜片	1		
	18	绿云母管	1		
70–516	1、9、13、14、17、26、32	铜泡	14		珠形
	2	铜镜残片	1		
	3	铜铃	1	残段	
	4	玛瑙管	1		
	5、10	天河石（绿云母）珠	2		
	6	铜泡	3		珠形
	11	铁管	1		扁体
	12、35	铜镞	2		
	15、37	绿云母管	2		
	19	陶罐	1		黑灰陶
	21、30	铜泡（大型）	2		
	22	人骨	1		
	23	铜器	1	残段	镂空带具?
	25	铜铃	1	残段	
	27	铜镞	1		
	29	蓝色玻璃珠	1		
	31	铜泡	2	残碎	

续附表四

清理坑编号（K清理区－清理坑）	器物编号	器物名称	数量	现状	备注
70-516	33	陶壶▲	1		夹砂灰褐陶，手制，高体，敛口，颈部有弦纹，肩部有圆点纹
	34	铜泡	2		珠形
	38	铜泡▲	1		外缘一周放射线纹
	39	砺石	1		扁体，一端穿孔
	50	陶罐	1		夹砂黑灰陶，口沿饰刻齿纹，肩部饰两周锯齿纹
70-517	1	铜镞	1	残	
	2	铜泡（大型）	2		
	3	铜泡	4		珠形
	3	铜泡	3		有纹饰
	4	铜泡	1		有纹饰
	4	鎏金铜泡	1	残	椭圆形
	5	铁镞	1		
	6	环首铁锥	1	柄残	
	8	环首铁刀	1	环首残	
	9	铁器	1	残片	
	10	陶杯	1		黑灰陶，口沿饰连点纹，颈部饰珍珠纹
	10	陶杯	1		
	11	陶罐	1		夹砂黑灰陶
	13	玛瑙管	1		
	14	玛瑙珠	1		
	15	天河石（绿云母）管	1		
	15	绿云母管	1		
	16	天河石（绿云母）珠	1		
	17	绿云母珠	2		起脊，扁体，方形
	18	绿云母管	1		鼓腹
	19	蓝色玻璃珠	1		
	采集	绿云母管	1		
	采集	绿云母珠	1		扁体，方形
70-518	2	铜泡	1		有纹饰

续附表四

清理坑编号（K 清理区 – 清理坑）	器物编号	器物名称	数量	现状	备注
70–518	采集	铜镞	1		
	采集	铜镞	4	2 残	
	采集	铁镞	1		经过改制
	采集	铜泡（大型）	5		
	采集	铜泡	1		珠形
	采集	铜环	1	残段	扁平
	采集	绿云母管	5		鼓腹
	采集	天河石（绿云母）珠	1		扁体，方形
	采集	蓝色玻璃珠	1		
	不详	陶杯	1		细泥灰褐陶，表面磨光，双耳
70–519	1	铁器	1		残片
	2	铜泡	1		椭圆形
	3	铜泡	1		有纹饰
	4、9	绿云母管	2		
	5	玛瑙管	1		
	6	铜环	1		
	7	铜泡	1		珠形
	8	绿云母管	1		鼓腹
	11	陶壶	1		有红衣
	12	环首铁锥	1		
	13	蓝色玻璃珠	1		算珠形
	14	滑石管	1		
	采集	滑石管	1		
	采集	绿云母珠	1		起脊，扁体，方形
	采集	绿云母珠	1	残碎	起脊，扁体，菱形
	采集	铁刀	1		改制而成
	采集	环首铁锥	1		
	采集	铜镞	1		
	采集	铁镞	2		
	采集	铜泡（大型）	5		

续附表四

清理坑编号（K清理区－清理坑）	器物编号	器物名称	数量	现状	备注
70-519	采集	铜泡	8		珠形
	采集	铜器	4		残片
	采集	圆形铁片	2		
	采集	铁钉	2		
	采集	银耳饰	1		
	采集	绿云母管	3		
	采集	天河石（绿云母）管	1		
	采集	绿云母管	1		鼓腹
	采集	天河石（绿云母）珠	1		
	采集	玛瑙珠	3		瓜棱状
	采集	蓝色玻璃珠	2		算珠形
	不详	陶杯	1		黑灰陶
	不详	陶杯	1		
70-520	1	铜镞▲	4		
	2	铜泡（大型）	8		
	2	铜泡（大型）	1		
	2	铜泡（大型）	1		
	3	铜泡	1		珠形
	3	铜泡	1		珠形，饰放射线纹
	4	铜铃	8		
	5	五铢钱▲▲	2		
	6	勺形铜带饰	1		素面
	6	铜泡	1		珠形
	7	铁镞▲▲▲▲	5		
	8	铁刀	2		1长刀，1小型环首刀
	9-1	铁锥	1	存尖部	
	9-2	铁镞	1		
	9	锥形铁器	1	存1段	
	9	铁镬	1	残片	
	9	圆形铁片	1		

续附表四

清理坑编号（K清理区－清理坑）	器物编号	器物名称	数量	现状	备注
70–520	9	铁片	1		
	9	铁器	1	残段	
	10	陶轮	3		夹砂红陶，扁平，中有穿孔
	15	玛瑙管	1		
	16	玛瑙珠	1		
	17	绿云母管	1		
	17	天河石（绿云母）管	2		
	18	天河石（绿云母）珠	1		扁体，方形
	18	绿云母珠	1		起脊，扁体，方形
	19	天河石（绿云母）珠	1		
	19	铜珠	1		起脊，算珠形
	20	马牙	1包	碎片	
70–521	1	五铢钱▲	1		
	2	铜泡（大型）	4	3残	
	3	铁镞	1		柄部残留木痕
	4	铁片	1		
	5	铜泡	1		珠形
	6	陶杯	1		夹粗砂红黑陶，火候低，唇部饰刻齿纹
	6	陶杯	1		夹粗砂红陶，手制
	7	绿云母管	1		
	8	马牙	1包		
	采集	铜泡（大型）	1		
	采集	铜泡	1		珠形
	采集	滑石管	1		
70–522	1	铜泡	1		珠形
	2	铜泡	1		饰三圈放射线纹
	2	圆形铜器	1	残存不足一半	圆形扁片状
	3	铁器	1	残存环首部	
	3	铁块	1	残	有木痕
	4	绿云母珠	1		

续附表四

清理坑编号（K 清理区－清理坑）	器物编号	器物名称	数量	现状	备注
70–522	5	滑石珠	1		
	6	马牙	1	残片	
	采集	绿云母管	1		
	采集	绿云母珠	1		
70–532	1	铜镞	4		
	2	铜镜残片▲	1		
	3	铜泡（大型）	1	存纽部	
	4	铜泡	2		珠形
	4	铜泡	1		有纹饰
	6	铁镞	1		
	7	铁刀	1	存尖部	
	8	铁环	2	残段	
	9	铁带扣	1	残半	
	10	铁镞	1	残	
	10	铁块	4		
	12	绿云母管	2		
	13	蓝色玻璃珠	2		
	13	蓝色玻璃珠	1		
	采集	蓝色玻璃珠	1		
70–533	1	铜镞	1		
	2	铜泡（大型）	2	残	
	3	铜泡	1		珠形
	3	铜泡	1		有纹饰
	4	铁镞	1	残	
	4	铁器	6	残段	
	5	玛瑙珠	1		瓜棱状
	6	滑石管	1		
	7	绿云母管	3		
70–534	1、20	玛瑙珠	2		
	2	绿云母管	1		

续附表四

清理坑编号（K清理区－清理坑）	器物编号	器物名称	数量	现状	备注
70–534	3	陶罐	1		黑灰陶
	5、15	铜器	2	残片	圆筒形
	7、19、34	绿云母管	3		鼓腹
	9、42	铜泡	2		珠形
	10	滑石管	1		
	13	铜泡（大型）	1		
	14	铜镞	1		残存一段，双翼
	14	铜铃	1	残片	
	17、32	铜泡（大型）	2		
	21	铁镬	1	残段	
	25	玛瑙珠	1		瓜棱状
	26	陶壶	1		夹砂，火候高，磨光，红陶，有四耳
	28、38	铜泡	2		珠形
	30、41	铜镞	2		
	30、40	铜器	2	残片	平板状薄片
	30	铁刀	1	柄残	
	31	铁器	1	残块	类似镬类
	35	陶罐	1		夹砂红褐陶，唇下有珍珠纹、连点纹各一周
	采集	铜泡	1		珠形
	采集	绿云母珠	1		
	不详	陶罐	1		黑灰陶，唇下锯齿纹两周
70–535	1	环首铁刀	1		
	2、7、18	铜泡（大型）	3		
	3	铁方管	1		
	4	铜泡（大型）	1		
	5、13、15、31	铜泡	5		珠形
	6、21、35	铜泡（大型）	3		
	10	铁镞	1		扁体，有铤，宽叶形
	11	陶壶	1		黑灰陶

续附表四

清理坑编号（K清理区－清理坑）	器物编号	器物名称	数量	现状	备注
70-535	16	铜铃	1		
	17	铜泡（大型）	1		
	20、26	铜片	2		
	22	绿云母管	1		
	23	铜镞	1		铁铤
	24	铁刀	1	残段	
	26	铁器	1	残块	
	29	铜泡	2		珠形
	30	滑石管	1		
	32	铜泡	1		珠形
	34	铜镞	1		双翼，銎孔式
	36	铁衔	1		
	采集	剑柄铜穿环	1	残片	
	采集	铁镞	2	残	柄部有木痕，一件为改制，扁体，有铤，三角形镞身
	采集	铜泡（大型）	6		
	采集	铜泡	3		珠形
	采集	铜铃	1	残片	
	采集	铜贝	1		
	采集	铁管	1		方形
	采集	铁器	2	残段	
	采集	玛瑙珠	2		
70-537	3	陶壶	1		有红衣
	4	玛瑙珠	1		瓜棱状
	5	铜片	2		
	8	绿云母珠	1		起脊
	9	铜泡	3		珠形
	10	绿云母管	1		
	13	铜镞▲	1		三棱形，镞残
	13	铁管	1		
	14	铜镞	1	残段	双翼，有脊

续附表四

清理坑编号（K清理区－清理坑）	器物编号	器物名称	数量	现状	备注
70–537	采集	铜泡	2		珠形
70–538	2、8、9、12、14、15、17	绿云母管	7		
	3	陶壶▲	1		有红衣
	4	铜耳饰	1	残	穿绿云母管、滑石管各1枚，1段铜丝
	5、6、10、13	铜泡	4		珠形
	7	玛瑙珠	1		
	采集	陶纺轮	1	残半	
	采集	铜泡（大型）	1	残	
	采集	铜泡	1		有纹饰
	采集	圆形铁器	1	残半	
	采集	绿云母坠	1		窄扇面形
	采集	蓝色玻璃管	1		
	采集	绿云母管	1		鼓腹
	采集	绿云母珠	1		起脊，扁体，方形
	采集	绿云母珠	1		起脊，扁体，方形
	不详	陶壶	1		夹砂灰褐陶，两瘤状耳，火候低，手制
70–555	1	铁衔	1	残	
	2	铁镞▲	1		
	2、3	铜泡（大型）	2		
	4、7、21	人骨	3包		
	5	环形铁器	1	残段	类似铁带扣的环
	6	铁管	1		
	8、22	绿云母管	2		
	9	铜铃	1	残片	
	10、20	铜泡	2		珠形
	11	铜镜残片	1		
	15	铜铃	1	残片	圆体
	15	铜片	1		
	16	陶罐	1		黑灰陶

续附表四

清理坑编号（K清理区－清理坑）	器物编号	器物名称	数量	现状	备注
70-555	17	天河石（绿云母）管	1		鼓腹
	18	铜泡（大型）	1		
	19	天河石（绿云母）管	1		
	24	铁带扣	1	残	
71-536	1、5	绿云母管	2		
	2、18	铜泡（大型）	2		
	3、6	天河石（绿云母）珠	2		
	4	玛瑙珠	1		
	8	绿云母珠	1		起脊，扁体，方形
	9	铜铃	1		大
	11	陶碗▲	1		夹砂黄褐陶
	14	环首铁刀	1		
	19	陶壶	1		夹细砂黑陶，唇、肩部有纹饰
	24	天河石（绿云母）管	1		鼓腹
	26	滑石管	1		
71-539	1	铜耳饰	1	残段	残存铜丝拧成的立柱部分
	2、3、6、10、15、22	绿云母管	6		3号长2.1厘米
	4	白色坠	1		无孔
	5	陶壶	1		胎芯黑色，夹砂，火候较高，红衣
	7	绿云母珠	1		扁体，方形
	8	铜片	1		
	11	马牙	1		
	12、16	铜泡	2		珠形
	13	绿云母管	1		鼓腹
	14	陶罐	1		黑灰陶
	17	滑石珠	1		
	18	陶壶▲	1		泥质灰陶，未淘洗，火候较高，轮制
	23	圆形铜片	1		类似半两钱
71-552	1	铜器	1	残段	

续附表四

清理坑编号（K 清理区 – 清理坑）	器物编号	器物名称	数量	现状	备注
71–552	6	铜器	1	残段	
	8	铁镞	1		有木纤维痕迹
71–553	1、8、18、37	绿云母管	5		
	2	蓝色玻璃珠	1		
	4、9、13、21、22、27	铜泡（大型）	6	5 残	
	5、12	铁管	2		
	6	铁刀	1	残段	
	7	铁刀（小型）	1	残段	
	14	铜镞	1	残	
	15	天河石（绿云母）珠	1		
	16	铜铃	1		镂孔，方纽，平口
	19	绿云母珠	1		起脊，扁体，方形
	23	铜器口沿	1		口沿有外斜折棱，薄壁
	26、38	玛瑙管	2		
	28、32	蓝色玻璃珠	2		
	29、34	绿云母管	2		鼓腹
	31	铜泡（大型）	1		
71–554	6	玛瑙管	1		
71–555	1	天河石（绿云母）管	2		1 枚长 2.6 厘米
	1	绿云母管	1		
	1	绿云母管	2		鼓腹
	2、27、48	玛瑙管	3		27 号长 3.1 厘米
	3、45	玛瑙珠	2		
	4	铁环	1	残段	
	5、9、19、63	铜泡	4		珠形
	8	铁镞	1		
	10	圆形铜器	1	残片	
	11	铜铃	1	残片	
	12、32、60、64	铜泡（大型）	4		
	13、14、20、62	绿云母珠	4		起脊，扁体，方形

续附表四

清理坑编号（K 清理区 - 清理坑）	器物编号	器物名称	数量	现状	备注
71-555	15	蓝色玻璃珠	1		
	16、33	滑石管	2		
	17、40、68、72、82	铜泡（大型）	5		
	18	铜铃	2	残片	
	21、43、77、71、73、78	铜泡（大型）	6		
	22、29、42、67、81	绿云母管	5		
	26	铜泡（大型）	2		
	28	铜铃	1		
	30	绿云母珠	1		扁体，方形
	31、49、56	天河石（绿云母）管	3		
	39	铁器	1	残块	
	46、50、51、52、53、57、59	天河石（绿云母）珠	7		
	55	天河石（绿云母）管	1		鼓腹
	65、75	铜镞	2		
	69	陶罐	1		口沿饰连点纹，颈部饰珍珠纹
	74	铜泡（大型）	1		
	79	铁镞	1		
	80	铜泡（大型）	1	残片	
	不详	铜铃	1	残片	
71-576	3、6、40	绿云母珠	3		起脊，扁体，方形
	4	铁器残块	1	残块	
	5、11、13、29	铜泡（大型）	4		
	7	陶壶	1		夹砂黑褐陶，手制，双耳
	8、19、27、28	绿云母管	5		
	12、14、18、21、24、26、30、32	铜泡	8		珠形
	16	陶壶	1		夹砂灰褐陶，火候低，手制，有耳
	20	带柄铜铃	1		

续附表四

清理坑编号（K 清理区 – 清理坑）	器物编号	器物名称	数量	现状	备注
71–576	31、35	铜泡（大型）	2		
	33	铁镞	1		
	37	铜铃	1		
	38	铜镞	1		
	39	陶罐▲	1		夹砂黄褐陶，火候低，手制，唇部有连点纹，档案记录为磨光红陶
	41	天河石（绿云母）珠	1		
	42	绿云母珠	1		
	采集	绿云母珠	1		起脊，扁体，方形
71–577	1、2	绿云母管	2		
72–531	2	蓝色玻璃珠	1		
	4	玛瑙管	1		
	5	铁镞	1		有木痕
	6	绿云母管	1		鼓腹
	7	铜泡	1		珠形
	采集	铜泡	1		珠形
72–536	2	马牙	2		
	3	铁镞	1		
	4	铜镞	1		双翼，銎孔式
72–576	2	铜镞	1		双翼，銎孔式，镞身有木片包裹
72–578	1	铜镞（小型）	1	残	
	2	蓝色玻璃珠	1		
	3	铜泡（大型）	1		
	4	蓝色玻璃珠	1		
	5	天河石（绿云母）管	1		扁体
72–582	2	铁镞	1		
	3、4	铁镞	2		有木痕
	6、7	铜镞	2		
72–596	1	绿云母管	1		鼓腹

续附表四

清理坑编号（K清理区－清理坑）	器物编号	器物名称	数量	现状	备注
72-599	1	铁镞	1		有木痕
	2	铜泡（大型）	1		
72-600	1	铜泡（大型）	1		
	2	铁刀（大型）	1		直背
	4	蓝色玻璃珠	1		
72-601	1	铜泡	1		椭圆形
	5	天河石（绿云母）珠	1		
	8	陶纺轮	1	残半	
73-590	2	马牙	1		
	4	陶罐	1		夹粗砂黑灰陶
73-592	1	铜镞	1		双翼，銎孔式
73-593	1	陶杯	1	残	细灰陶，夹砂未淘洗，4片
	2	铜泡（大型）	1		
	3	绿云母珠	1	残碎	扁体，菱形
73-594	1	陶杯器底	1	残	夹砂黑灰陶，1片
73-595	2	陶杯器底	1	残	夹粗砂黑灰陶，1片
	3	蓝色玻璃珠	1		
	4	蓝色玻璃珠	1		
73-620	1	陶杯	1	残存3片	夹砂黑灰陶，口沿饰刻齿纹，其下有三周珍珠纹，再下一周指甲纹
	2	陶杯	1	残	夹砂黑灰陶
	3	铁管（大型）	1		有布纹
	5	铜泡（大型）	1		
	6	陶壶器底	1	残	夹砂粗灰陶
	采集	陶杯	1	残	夹砂黑胎红衣陶，口沿下有珍珠纹，仅存两周
74-589	1	铜泡	1		大型
	2	铜环	1		扁平
	3	蓝色玻璃珠	1		
	5	陶杯口沿	1		夹砂粗红陶，4片
74-591	2	陶器底	1		夹砂粗红陶，1片，壶、罐类

续附表四

清理坑编号（K清理区－清理坑）	器物编号	器物名称	数量	现状	备注
74–591	3	石刀	1		两端残
74–630	1、2	铜镞	2		双翼，銎孔式，2号有皮革片
	3	铁刀残段（小型）	1		
	4	铁镞	1		
	5、6	蓝色玻璃珠	6		
74–632	1、2	鎏金铜泡▲	4		双梁，椭圆形，1号
	3	铜带钩▲	1		
	4、7	铜泡（大型）	2		
	5	铜镞▲	3		双翼，銎孔式
	6、8	铜镞	2		
	9	铁器	1	残段	
	10	铁镞	4		
	11	铁器	1	残片	
	12	蓝色玻璃珠	15		
	12	蓝色玻璃珠	4		
	13	滑石管	2		
	14	蓝色玻璃珠	5		
	14	蓝色玻璃珠	2		淡蓝色
	15、16	马牙	2		
	17–1	陶杯	1	残	夹砂红褐陶，口沿下饰三周珍珠纹，有器耳痕迹
	17–2	陶杯	1	残	夹砂红褐陶
	18	陶杯器底	1	残	夹砂黑灰陶，1片
	19–1	陶罐	1	残	夹砂红褐陶，灰黑胎，有红衣
	19–2	陶杯	1	残	夹砂红褐陶
74–634	1	铜泡（大型）	1		
75–630	1	铜泡（大型）	1		
	2、3、4、5	铜镞	4	3残	
	5	陶罐口沿	1	残	夹粗砂黑灰陶，5片
	6	铁刀	1		
	7	铁镞	2	1残	

续附表四

清理坑编号（K清理区－清理坑）	器物编号	器物名称	数量	现状	备注
75-630	12	蓝色玻璃珠	1	残半	
	13	绿云母管	1		鼓腹
75-631	1	铁锥	1	残段	残存1端，横截面方形，有木痕
	2	绿云母管	1		
77-527	1	陶器口沿	1		
77-528	1	陶壶	1	残段	磨光红陶，残存底部陶片
77-529	1	铁器	1	残段	长体，横截面扁长方形
78-531	1、2、16、19	铜泡（大型）	4		
	3	玛瑙珠▲	1		瓜棱状
	4	铜镞	1		双翼，銎孔式
	5	陶罐	1		
	6	铜镜残片▲	1		
	7	陶碗	1		大口，矮身
	9	铁刀柄	1	残段	
	10	陶杯	1		黑灰陶
	11	陶罐	1		黑灰陶
	12	铜节约	1	残段	
	14	铁刀（大型）▲	1		
	15	陶杯	1		黑灰陶
	17	铜泡（大型）	1		
	18	陶杯	1		黑灰陶
	20	铜镜残片▲	1		
	22	玛瑙坠▲	1		柄端有穿孔，近葫芦形
	23	陶罐	1		应有四瘤状或柱状耳，红黑色
	24	陶杯	1		黑灰陶
	25	铜铃▲	1		
	27	铃形铁器	1	残段	
	29	陶罐	1		细灰陶，轮制，有一周不规则连点纹带
	32	绿云母管	1		
78-532	2	铁带扣的扣针	1		两端残

续附表四

清理坑编号（K清理区－清理坑）	器物编号	器物名称	数量	现状	备注
78-532	3	绿云母珠	1		
78-557	1、2	铜镞	2		双翼，銎孔式
	2	环首铁刀	1	两端残	
79-556	1	铜泡	1	残	大型
	3	绿云母珠	1		
	4	铜泡	1		珠形
	采集	绿云母珠	2		
	采集	天河石（绿云母）珠	1		
79-557	1、3、6	铜泡	6		珠形
	2	铜泡	1		有纹饰
	2	铜泡	1		珠形
	4	铜镞	1		
	5、7	绿云母管	3		
	8	玛瑙管	1		
	9	陶罐	1		夹砂黑灰陶，手制
	11	铜铃（大型）	1		
79-558	2	铜泡	1		珠形
	3	镂空铜环	1	残段	应为匈奴式镂空环（档案有草图）
	4	陶壶	1		夹滑石，有四耳
	8	天河石（绿云母）珠	1		
	9	陶罐▲	1		夹砂黄褐陶，手制
	10	绿云母珠	1		
79-564	1	玛瑙珠	1		瓜棱状
	2	铜泡	1	残	珠形
79-570	1	铁器	1	残段	似铁刀的环首部
	2	骨片	1		有绿锈
	3、4	铜泡	2		珠形
	5	铜泡	1		珠形
	6	绿云母珠	1		

续附表四

清理坑编号（K清理区－清理坑）	器物编号	器物名称	数量	现状	备注
79-571	1	铜泡	1		珠形
	3	陶罐	1		夹砂黑灰陶，火候低，手制
	4、10	天河石珠	2		
	5	勺形铜带饰	1	残	素面
	9、12	铁刀	2	残段	1件为大型、直背
	11	铜环▲	1		扁体
79-572	1	绿云母管	2		
	2	铜片	1		
	4、5	铜泡	2		珠形
	7	绿云母管	1		鼓腹
79-573	2	兽牙	1		猪牙？
	3	铜泡（大型）	1		
	4	五铢钱	1	残半	
	7	铁刀（小型）	1	残段	
	9	铜镞	1		
	11	铜泡（大型）	1		
	12	滑石珠	1		
79-574	1	剑柄铜穿环	1	残段	
	2、39、46、53、68、70、71、74、75、76、80	绿云母管	11		
	3	铁镞	1		
	4、73	铁片	2		
	5	铜镞	2		
	6、20、26、31	铜泡	4		珠形
	7、9、10	铜镞	3		
	8、11	铁镞	2		
	16、67	铜片	2		
	17	陶罐	1		夹砂黑灰陶，火候低，手制
	18	铜泡	1		珠形

续附表四

清理坑编号（K清理区－清理坑）	器物编号	器物名称	数量	现状	备注
79–574	19	陶罐	1		黑胎，红陶，火候低，手制
	21	铁刀（小型）	1	残片	
	22	陶壶	1		夹砂，手制，火候高，红衣
	23、45	绿云母管	2		鼓腹
	24	铁镬	1	残片	
	28、29	铜泡（大型）	2		
	32	铜泡	3		珠形
	32	铜泡	1		有纹饰
	33、79	玛瑙管	1		
	34	铜泡	1		有纹饰
	34	铜泡	2		珠形
	35	铜泡	2		有纹饰
	35	铜泡	2		珠形
	36、38、44	铜泡	6		珠形
	37	铜泡（大型）	1		
	41	骨片	1		
	42、50、51、55	铜泡	4		珠形
	43	铜块	1		
	46	天河石（绿云母）管	1		
	47	玛瑙管	1		长2.4厘米
	48	绿云母珠	1		起脊，扁体，方形
	52	铜镞	1		
	54	陶壶	1		夹砂，手制，火候高，红衣
	56	砺石▲	1	残	扁身，一端穿孔
	58	蓝色玻璃珠	1		
	59	铜镞	1		
	61	铜泡（大型）	1		
	62	天河石（绿云母）珠	1		扁体，方形
	63	铜泡（大型）	1		
	64	铁块	1		

续附表四

清理坑编号（K清理区－清理坑）	器物编号	器物名称	数量	现状	备注
79-574	66	铜镞	1		
	69	滑石管	1		较短
	72、77	铜泡	3		珠形
	78	玛瑙珠	1		
	采集	铁刀	1	残片	
	采集	玛瑙珠	2		瓜棱状
	采集	滑石珠	2		
	采集	绿云母管	1		
	采集	人牙	1	残半	
79-575	1、3、6、7、8、11、15、17、23	铜泡	11		珠形
	2、13	铜泡（大型）	2	残	
	3	铁刀	1		残段
	4	铜器残块	1	残块	
	5	滑石管	1	残	
	9	人牙	1		
	10	铜铃	1	残片	
	12、29	天河石（绿云母）珠	2	残1	
	14	玛瑙珠	1		
	16	陶壶	1		夹粗砂红陶，火候高，手制
	21	陶罐（汉式）▲	1		泥质
	22、36	铜泡	1		珠形
	24	铁镞	1	残	大
	25、27、28	铜泡	3		珠形
	26、35	玛瑙管	2		
	30	陶罐	1		夹砂黑灰陶，手制，火候低
	34	绿云母管	1	残	
80-570	1	绿云母扁管	1		
	2、17、20、24	绿云母管	4		
	3	铁器	1	残	
	4	铜泡（大型）	1	残	有纹饰

续附表四

清理坑编号（K清理区－清理坑）	器物编号	器物名称	数量	现状	备注
80–570	5	滑石管	1		
	7、9、10、30	铜泡（大型）	4	残	
	8、32	绿云母管	2		鼓腹
	11、14	铜泡（大型）	2	残	
	12	铜镞	1		
	15	玛瑙珠	1		瓜棱状
	16	铁刀（小型）	1	残段	
	18	铜镞	1		
	19、33、35	玛瑙管	3		
	21	绿云母珠	1		扁体，方形
	23	陶罐	1		夹砂黑褐陶，火候低，手制
	27	浅蓝色玻璃珠	1		
	28、34	勺形铜带饰	2	残	
	29	天河石（绿云母）坠	1	残	窄扇形，窄端穿孔
	31	环首铁刀	1	残存环首部	
	36	铜泡（大型）	1	残	
80–575	1	玛瑙管	1		
	3	铁刀（小型）	1	存尖部	
	4	圆形铜器	1	残	有十字交叉的凸点纹
	7	铜泡（大型）	1	残半	
	8	铜泡	1		珠形
	10	铜泡（大型）	1		
	11	滑石管	1		
	13、16	铜泡	2		珠形
	14	陶壶	1		夹砂黑灰陶，手制，口沿及颈部有纹饰
	15	绿云母管	1		
	32	陶罐▲	1	残	夹砂黄褐陶，火候高，手制
	采集	绿云母管	1		
80–601	1	蓝色玻璃珠	1		

续附表四

清理坑编号（K 清理区 - 清理坑）	器物编号	器物名称	数量	现状	备注
80-601	3	铜镞	1		双翼銎孔式
	4	铁镞			
	5、6	铁管	2		
80-602	1、3	红色珠子	2		
	2	绿云母管	1		
	4	蓝色玻璃珠	1		
	5	铁器	1	残段	类似带扣
	6	蓝色玻璃珠	1		
80-603	1	铜环	1		
	2	铁刀（小型）	1	残段	
80-604	1、7	铜器	2	残块	似铜轮的残段
	2	绿云母管	1		鼓腹
	3	天河石（绿云母）管	1		鼓腹
	4	铁环	1		残段
	5、11、31、34	铜片	4		
	6	铜环	1		扁体
	8	铜泡	1	残	珠形
	9、18	铜泡（大型）	2		
	10	铜环	1		一面平整，一面外鼓
	12	蓝色玻璃珠	1		
	13	铁刀（大型）	1	残片	
	14、23	铜镞	2		
	15	陶罐	1		黑灰陶
	16	滑石管	1		
	21	鎏金铜片▲▲	2		
	22	陶壶	1		夹砂红陶，手制，磨光，火候高，双耳
	26	铜泡▲	1		双纽
	27	绿云母管	1		
	28	陶罐	1		黑灰陶
	29	铁刀（小型）	1	残片	

续附表四

清理坑编号（K清理区－清理坑）	器物编号	器物名称	数量	现状	备注
80-604	30	铜泡（大型）	1		纽内有皮革痕迹
	35	陶壶▲	1		夹砂黄褐陶，手制，火候低
	39	五铢钱	1	残片	
80-605	1	铜泡	1		
	2	蓝色玻璃珠	1		
	3	陶壶	1		夹砂黄褐陶，灰胎，火候高，手制，规整，颈部饰刻齿纹，有红衣
	5	铜镞	1		双翼，銎孔式，銎内有木痕
	6	陶壶	1		
	7	铜泡（大型）	2		
	8	绿云母管	1		
	采集	铜镞	1		
80-606	1	铜泡	1	残	珠形
	2、7	绿云母管	2		鼓腹
	3	滑石管	1		
	4	玛瑙珠	1		瓜棱状
	5	蓝色玻璃珠	1		
	6、15	铜片	1		
	9	铁器	1	残段	
	11	铁管	1	残	有纺织品痕迹
	12	五铢钱	1	残半	
	14	铁镞	1		
	16	蓝色玻璃珠	1		
	17	铁管	1	残半	有纺织品痕迹
	采集	铁镞	1		扁体铃形，下缘有纵向木痕
80-614	1	蓝色玻璃珠	1		
	采集	铜镞	1		
80-615	1	铜泡	1	残	珠形
	2、7、11、12、14	铁刀	5		残段，后来统计为2件
	4	铜泡形器	1		圆形，外鼓，带一穿孔，无纽

续附表四

清理坑编号（K清理区－清理坑）	器物编号	器物名称	数量	现状	备注
80-615	5	铜镜残片▲	1	残	
	10	蓝色玻璃珠	1		
	13	陶罐	1		黑灰陶
	采集	铜泡（大型）	1		
	采集	玛瑙珠	1		环形
	采集	滑石管	3		
	采集	铜笄	1		原编号为9，疑为近代
81-500	1	陶杯	1	残	夹砂黑灰陶
	2	铜镞	1	残	双翼，銎孔式，銎内有木箭杆
	3、4	铜泡（大型）	2		
	5	铜泡（大型）	1		
81-616	1	陶杯	1		夹砂黑灰陶，有红衣
	2	铜镞	1		
	3	陶壶	1		夹滑石，红胎，器表黑灰色
	4	陶壶	1	存腹部残片	夹粗砂红陶
	5-1	陶杯	1		夹砂红褐陶，黑灰色胎，底缘饰刻齿纹
	5-2	陶杯	1		夹砂黑灰陶
	6	铜泡（大型）	1		
	7	蓝色玻璃珠	1		
	8	铜环	1	残段	扁体
81-617	1、2	蓝色玻璃珠	2		
	3、10、26	铜泡（大型）	3		10号孔中有绳
	4、6、36	铁镞	3		
	5、23	铜泡（大型）	2		
	7	铁刀（小型）	1	残段	
	8	蓝色玻璃珠	1		算珠形
	9	铁镞	1		
	11	绿云母管	1		
	12	铜泡（大型）	1		双孔
	13	天河石（绿云母）管	1	残半	

续附表四

清理坑编号（K清理区－清理坑）	器物编号	器物名称	数量	现状	备注
81-617	14、17	蓝色玻璃珠	2		
	15	蓝色玻璃珠	1		
	16、19	玛瑙珠	2		瓜棱状
	18	铁镞	1		
	20	陶杯器底	1		夹砂红褐陶，1片
	21、22、24、25	蓝色玻璃珠	4		
	27	铜环（大型）	1		扁平
	28-1	陶器	1		夹粗砂灰陶，两横耳，壶、罐类
	28-2	陶壶器底	1		夹粗砂红陶，磨光
	29	绿云母管	1		鼓腹
	30	铁刀	1	残存柄部	有木痕、布纹
	31	铜环	3	残段	扁体
	32	铜环（大型）	1		扁平
	33	天河石（绿云母）管	1		鼓腹
	34	铜镞	1		双翼銎孔
	35	铜泡（大型）	1	残片	
	37、40	蓝色玻璃珠	2		
	38	环形铁器	1	残段	
	39	铜泡（大型）	1		附皮革
	采集	铁刀残段（小型）	1	残段	
	采集	铜镞	2		
	采集	铁镞	1		
	采集	铜泡（大型）	1		
	采集	铜环	1	残段	
	采集	勺形铜带饰	1	残段	素面
	采集	铁片	1		
	采集	滑石管	3		
	采集	天河石（绿云母）管	1		
	采集	绿云母管	1		
	采集	蓝色玻璃珠	3		

续附表四

清理坑编号（K清理区－清理坑）	器物编号	器物名称	数量	现状	备注
81-617	采集	蓝色玻璃珠	3		
	采集	红色珠子	1		
81-618	1	绿云母管	1		
	2	细石片	1		
	3	铁刀	1	残片	小型
	4	绿云母管	1		鼓腹
	采集	绿云母（天河石）珠	1		三管状孔
81-619	1、7	铜泡	2		大型
	3、4	蓝色玻璃珠	2		淡蓝色
	5	蓝色玻璃珠	1		
	8	铁镞	1	残	
	9	陶杯	1	残	夹粗砂灰黑陶，器表有烟炱
	采集	天河石珠	1		
81-620	1	铁刀	1	存尖部	
	2	铁器	1	残块	
	3	穿孔砺石	1		
	4	勺形铜带饰	1		
	5	陶杯	1	残	夹砂黑灰陶，存2片
	6	铜泡（大型）	1		
	7	蓝色玻璃珠	1	残	
	8	蓝色玻璃珠	1		
	9	陶罐	1	残	夹砂陶，有红衣
	11	陶器	1	残	夹粗砂黑灰陶，壶、罐类
81-639	1、3	蓝色玻璃珠	2		
	2	铜泡（大型）	1		
	4	铁镞	1		
81-640	1、6、8	蓝色玻璃珠	3		
	2	铜镞	1		
	3	绿云母珠	1		起脊，扁体，方形
	4	绿云母珠	1		扁体，方形

续附表四

清理坑编号（K 清理区 – 清理坑）	器物编号	器物名称	数量	现状	备注
81–640	5	陶杯器底	1		
	7	陶杯	1		
	9	铁镞	1		
	10	铜泡（大型）	1		
	11	铁镞	1		
83–627	1	铜泡	1		大型
	2	陶杯	1	残	夹粗砂黑灰陶
83–629	1	陶壶口沿	1	残	夹滑石粗陶，紫红色胎，4 片
	2	铁刀	1	残	小型，有木痕
83–650	1	铁镞	1		
	2	蓝色玻璃珠	1		
	4	残陶器	1	残	夹粗砂红陶，有瘤状耳
	5	陶壶	1	残	夹粗砂陶，红衣，黑灰色胎，红褐色器表
	6	蓝色玻璃珠	1		
	7	铜镞	1		
	采集	蓝色玻璃珠	1		
85–564	1	陶片	1	残	夹粗砂陶
	3	铜环	1		带花纹
	5	天河石珠	1		扁体
	4	陶器口沿	1	残	陶壶，夹粗砂黑灰陶，共 4 片
85–567	1	铜镞	2		
	3	铁镞	1		器身布满木痕
	4	铜环	1		扁体
	5	铁管	1	残断	横截面圆形
	6	白色玻璃珠	1		
	7、8	铜镞	2		
85–568	1	滑石管	1		
85–569	1	陶杯	1	残	夹粗砂，红衣，灰黑胎，器表褐色
86–568	1	铁带扣	1		

续附表四

清理坑编号（K 清理区 – 清理坑）	器物编号	器物名称	数量	现状	备注
86–568	2	勺形铜带饰	1		有兽面纹
	3	砺石▲	1	残	有 1 孔
	4	陶器底	1		陶杯器底，夹粗砂红褐陶，4 片
	5	蓝色玻璃珠	1		
	6	环首铁锥	1	柄残	
86–569	1	陶器口沿	1	残	陶杯口沿，夹粗砂，灰褐陶，2 片
86–570	1	陶片	1	残	壶罐类腹片，夹粗砂红陶，有贴接痕迹
	2	铁刀柄	1	残	环首部
	3	陶杯	1	残	夹粗砂，灰黑陶
	4	陶壶	1	残	夹粗砂灰黑陶
86–607	1	铁环	1	残存一半	扁体
	2	砺石▲	1	残	双孔
86–609	1	陶器底	1	残	陶杯底，夹粗砂陶，黑灰色
	2	蓝色玻璃珠	1		
87–610	1	铜器残片	1	残	
	2	陶器底	1	残	夹粗砂灰陶，壶、罐类
87–611	1	玛瑙珠	1		瓜棱形
	3	陶杯	1	残	夹砂红褐陶，腹、底部均有指甲纹
	4	陶壶	1	残	夹砂黑灰陶
	4	蓝色玻璃珠	1		
	5	蓝色玻璃珠	1		淡蓝色
	6	铁器残段	1	残	筒形
	7	铁带扣	1	残存一半	可能是编号为考 4047–2 的 E 型铁带扣
	8	鎏金螺形铜泡	1		
	9	蓝色玻璃珠	1		淡蓝色
	10	蓝色玻璃珠	1		淡蓝色
	11	蓝色玻璃管	1		淡蓝色
	12	红色玻璃管	1		

续附表四

清理坑编号（K清理区－清理坑）	器物编号	器物名称	数量	现状	备注
87-611	采集	陶杯	1	残	夹砂黑灰陶，部分器表红褐色，口沿饰刻齿纹，以下饰两周交错分布的珍珠纹，再下为刻齿纹
87-613	1	陶杯	1	残存2片	夹砂黑灰陶
	2	陶杯	1	残	夹砂黑灰胎，表面红褐色，有红衣
	3	蓝色玻璃珠	1		
	4、7、11	铜泡	3		大型
	4	石珠	1	残	瓜棱状，白色，硬度高
	5	铁刀	1	残	残段
	6	陶纺轮	1		
	8	陶器	1	残	夹砂红褐陶，有器耳痕迹，可能带两横耳，壶、罐类
	12	铁锥	1		残段
87-614	1	铜泡	1	残存一半	
	2	蓝色玻璃珠	1		淡蓝色
	3	蓝色玻璃珠	1		
	4、15、18	滑石管	3		
	5	铜镞	1		
	6、12	玛瑙珠	2		瓜棱状
	7	铁锥	1	残	残段
	8、25	铜泡	2		大型
	9	铜镞	1		
	10	铜泡	1	残	大型
	13	铁镞	1		
	14	陶杯	1	残	夹砂黑灰陶，口沿饰刻齿纹
	17	铁镞	1		
	19、21	铜泡	2		大型
	20、22	铁片	2		
	24	陶杯	1	残	夹砂黑灰陶，口沿饰刻齿纹
	26	绿云母（天河石）珠	1	残存一半	扁体起脊
	采集	陶壶口沿	1	残	夹砂黑灰陶，器表黑色，磨光

续附表四

清理坑编号（K 清理区 - 清理坑）	器物编号	器物名称	数量	现状	备注
87-641	1	玻璃珠	1		淡蓝色
	2	陶壶	1	残	夹粗砂红陶，颈部一周刻划水波纹
	3	陶杯	1	残	夹砂，黑胎，器表部分红褐色，有红衣
	4	陶杯器底	1	残	夹砂红褐陶，器表黄褐色，1 片
	5、6	铜泡	2		大型
	7	陶壶	1	残	夹砂红褐陶，黑灰胎
87-642	1、2、6	铁镞	3		
	3	铜镞	1		銎孔式，銎内有木箭杆
	4	陶壶	1	残	夹粗砂红陶，颈部有一周刻划的水波纹
	7	滑石管	1		
	8	陶杯	1	残	夹砂红褐陶 1 片
	采集	陶杯器底	1	残	夹砂红褐陶，黄褐胎，1 片
	采集	环首铁刀	1	残	小型
	采集	铁片	1		
87-685	1、2	铜镞	2		
88-642	1	陶器	1	残	夹粗砂红陶，壶、罐类
88-643	1	铜泡（大型）	1	残半	大
	2	连珠形铜泡	1		
88-644	1	铜泡（大型）	1		
88-646	1	陶杯	1	残	夹砂黑灰胎，表面红褐色，有红衣
	2	铜泡（大型）	1	残	
	3	蓝色玻璃珠	1	残	
	4	陶豆	1	残	夹粗砂红陶
	5	陶壶	1	残存腹部陶片	夹砂黑灰陶
88-647	1	铜铃	1		弧形铃口
	2、3、5、6	铜泡（大型）	4	3 残	
	4、8、10	蓝色玻璃珠	3		
	7	玛瑙珠	1		瓜棱状

续附表四

清理坑编号（K 清理区－清理坑）	器物编号	器物名称	数量	现状	备注
88-647	9	陶纺轮	1	残	
	11	陶杯	1	残	夹砂黑胎，表面红褐色，有红衣
88-678	1	铜泡	1		大型
88-679	1	滑石管	1	残	
	2	蓝色玻璃珠	1		
	3	锥形铜器	1	残	
89-654	1	铃形铜器	1		
	2	铜镞	1		双翼，銎孔式
89-655	1	陶杯	1	残存口沿	夹砂黑灰陶，口沿饰刻齿纹
89-664	1	天河石珠	1		三棱形
89-672	1	蓝色玻璃珠	1		
	2	陶杯	1	残	夹砂黑灰陶，部分器表红褐色，口沿饰刻齿纹，其下饰一周指甲纹
89-655	1	陶杯	1	残存口沿	夹砂黑灰陶，口沿饰刻齿纹
90-658	1	石环	1	残段	横截面椭圆形
90-661	1	铜泡（大型）	1		
90-666	1	陶器底	1	残	夹粗砂红陶，残存1片，壶、罐类
91-683	1	铜镞	1		
91-684	1	铜泡（大型）	1		
	2	玛瑙珠	1		瓜棱状
	3	陶器耳	1	残	夹粗砂红陶，壶罐类，1片
	4	绿云母珠▲	1		扁体，三孔
	4	陶器口沿	1	残	杯口沿，夹粗砂灰黑陶，1片

附表五　彩版中的部分中国国家博物馆收藏西岔沟墓地出土器物统计表

序号	国博器物照片编号	报告正文或彩版中的器物编号	器物名称	器物分类	器物照片所在彩版编号
1	0034	Z187：1（国 0034-1）	铁矛	Ca 型	彩版一八〇，2
2	0034	国 0034-2	铁矛	A 型	彩版一七三，3
3	0036	Z15：12（国 0036）	铁鹤嘴斧		彩版一九一，9
4	0037	Z25：1（国 0037）	铁锛	Aa 型	彩版一四二，3
5	0038	国 0038	倒心形环首铁锥	Bb 型	彩版一五六，6
6	0040	国 0040-1	三翼铁镞	A 型	彩版一八九，7
7	0040	国 0040-2	管銎铁镞	A 型	彩版一九一，8
8	0041	Z10：2（国 0041）	铜矛		彩版八三，4
9	0043	Z75：1（国 0043-1）	四乳草叶纹铜镜	C 型	彩版一三〇，2
10	0043	国 0043-2	星云纹铜镜	A 型	彩版一三一，2
11	0044	国 0044-1	铜五铢钱	C 型	彩版一三七，3
12	0044	国 0044-2	铜五铢钱	C 型	彩版一三七，4
13	0045	国 0045-1	铜半两钱	C 型	彩版一三五，8
14	0045	国 0045-2	铜半两钱	C 型	彩版一三五，9
15	0046	Z2：1（国 0046）	钱形铜佩饰		彩版一三八，1
16	0047	Z115：6-2（国 0047）	铜带钩	C 型	彩版九九，4
17	0048	Z161：2（国 0048）	铜刀		彩版八三，1
18	0049	Z18：2（国 0049）	小铜壶		彩版一三八，3
19	0050	国 0050-1	中原式带纹饰铜铃	A 型	彩版一一二，6
20	0050	Z130：2（国 0050-2）	中原式带纹饰铜铃	C 型	彩版一一三，4
21	0050	国 0050-3	北方式三角形镂孔铜铃	Ba 型	彩版一一一，3
22	0050	国 0050-4	中原式素面铜铃	A 型	彩版一一三，6
23	0050	Z182：18（国 0050-5）	球形铜铃		彩版一一四，5
24	0051	国 0051-1	三翼銎孔铜镞	Aa 型	彩版八四，7
25	0051	国 0051-2	双翼銎孔铜镞	A 型	彩版八四，2
26	0051	国 0051-3	三棱有铤铜镞	B 型	彩版八三，12
27	0052	国 0052	带柄铜铃		彩版一一四，1
28	0054	国 0054	铜轮	C 型	彩版一一七，2
29	0055	Z2：14（国 0055）	亚腰形铜牌饰	Bb 型	彩版九三，6
30	0059	Z59：1（国 0059）	熊纹铜泡	A 型	彩版一〇四，1

续附表五

序号	国博器物照片编号	报告正文或彩版中的器物编号	器物名称	器物分类	器物照片所在彩版编号
31	0061	Z10：1（国 0061）	镜形铜器		彩版一三九，2
32	0063	Z153：1（国 0063）	带背纽的马形铜牌饰	Ab 型	彩版九一，7
33	0064	Z158：1（国 0064）	北方式铜带扣	Ac 型	彩版九六，10
34	0067	国 0067–1	串饰（玛瑙珠、玛瑙管）		彩版二一二，1
35	0067	国 0067–2	串饰（玛瑙珠、天河石和绿云母珠）		彩版二一八，1
36	0067	国 0067–3	串饰（玛瑙珠和管、天河石和绿云母珠、管）		彩版二一八，2
37	0067	国 0067–4	串饰（棕色玻璃）		彩版二一〇，2
38	0067	国 0067–5	串饰（蓝色玻璃珠）		彩版二〇六，3
39	0069	国 0069	单耳大口夹砂陶罐	A 型	彩版六九，4
40	0070	Z188：5（国 0070）	鼓腹直颈夹砂陶罐		彩版六三，6
41	0135	Z68：1（国 0135–1）	甲类铜柄铁剑	Ab 型	彩版一五九，2
42	0135	Z160：1（国 0135–2）	乙类铜柄铁剑	A 型	彩版一六五，3、4
43	0136	Z49：2（国 0136–1）	长铁刀	B 型	彩版一五七，3
44	0136	Z22：1（国 0136–2）	长铁刀	B 型	彩版一五七，2
45	0136	国 0136–3	椭圆形环首铁刀		彩版一四七，2
46	K9822	Z130：1（国 K9822）	甲类铜柄铁剑	Aa 型	彩版一五八，2
47	Y208	Z115：6–1（国 Y208）	椭方形镂空铜牌饰	B 型	彩版九〇，4

说明：表上国博照片编号中的单纯阿拉伯数字编号，是中国国家博物馆 2019 年转给辽宁省博物馆的照片文档的顺序号；首位为大写英文字母的器物照片编号，是照片文档自带的编号，可能是国博的馆藏分类号。

附录一

西岔沟墓地出土部分铜器的科学分析报告

刘建宇[1,2] 王颖琛[1,3] 王璐[1,4] 陈坤龙[1] 梅建军[1,5]

（1. 北京科技大学科技史与文化遗产研究院 2. 故宫博物院 3. 景德镇陶瓷大学艺术文博学院
4. 河南博物院 5. 英国剑桥大学麦克唐纳考古研究所）

西岔沟墓地位于辽宁省西丰县县城西北，曾遭到疯狂盗掘，1956年东北博物馆的考古人员清理发掘了残留的63座墓葬。该墓地出土器物数量巨大，包括大量的铜器、金器、铁器及陶器，类型丰富，风格多样，多种文化因素并存。从出土遗物特征来看，该墓地的年代不会早过西汉早期，最晚可到西汉中晚期。西岔沟墓地是东北地区已发现的规模最大、出土遗物最丰富的西汉时期北方民族墓地，以北方民族文化因素为主体，并受到了中原汉文化因素的影响。关于该墓地的族属问题，学术界莫衷一是，先后有“匈奴说”[1]、“乌桓说”[2]、“夫余说”[3]、“鲜卑说”等不同的意见，迄今未有定论[4]，该墓地的文化因素复杂性由此可见一斑。北京科技大学科技史与文化遗产研究院和辽宁省博物馆通力合作，对西岔沟墓地出土的部分铜器进行了科学检测和分析，以期揭示该批铜器所蕴涵的工艺技术信息，为该墓地相关社会文化背景研究提供科学的依据。

一 样品情况及分析方法

本文共对西岔沟墓地出土的38件铜器进行了取样分析，取样工作严格按照既尽量避免对器物整体形貌产生影响，又能满足分析需要的原则进行，取样器物均为残损器物，样品尽可能小，取样部位均在器物的残损处，并照相记录。取样器物名称及出土编号、博物馆分类号、样品编号、取样部位及数量等信息详见表1，其中样品号为XCG002、XCG003的铜环，为同一墓葬出土的

[1] 孙守道：《“匈奴西岔沟文化”古墓群的发现》，《文物》1960年第8、9期。

[2] 曾庸：《辽宁西丰西岔沟古墓群为乌桓文化遗迹论》，《考古》1961年第1期；范恩实：《论西岔沟古墓群的族属——兼及乌桓、鲜卑考古文化的探索问题》，《社会科学战线》2012年第4期；潘玲：《乌桓、扶余抑或匈奴？西岔沟墓地族属之谜》，《大众考古》2013年第3期。

[3] 田耘：《西岔沟古墓群族属问题浅析》，《黑龙江文物丛刊》1984年第1期。

[4] 林沄：《西岔沟型铜柄铁剑与老河深、彩岚墓地的族属》，《林沄学术文集》，中国大百科全书出版社，1998年。

十个铜环中的两个，博物馆分类号相同，但实为两件不同的器物（彩版二二六至二二八）。

表 1　西岔沟墓地出土铜器取样统计表

序号	器物名称	样品编号	器物原始号	博物馆分类号	取样部位	取样数量
1	* 铜铃	XCG001	M22：14–12	考 3737–2	破损边缘	1
2	铜环	XCG002	M16：6–1	考 3711	边缘破损处	1
3	铜环	XCG003	M16：6–5	考 3711	边缘破损处	1
4	珠形铜泡	XCG004	M22：25	考 3736	残片	1
5	铜泡	XCG005	M12：7–1	考 3690–1	边缘破损处（外）	1
6	铜环	XCG006	M63：9–2	考 3900–2	边缘破损处	1
7	铜铃	XCG007		考 3969.4	中部孔洞缺口	1
8	铜铃	XCG008		考 3968–3	底部残破处	1
9	亚腰形牌饰	XCG009	Z143：7	考 3974–4	带凸起小纽，破损处	1
10	* 剑格	XCG010	K43–271：5	考 4040–2	断口	1
11	* 盖弓帽	XCG011		考 4067–2	倒钩指向侧断口	1
12	* 三棱铁铤镞	XCG012		考 3941.5	铤身底部	1
13	* 星云纹镜	XCG013		考 4075–14	镜边残断处	1
14	* 四乳四螭纹镜	XCG014	K67–489：13–1	考 4075–5	镜身断口	1
15	* 蟠螭纹镜	XCG015	K36–302：8	考 4075–2	残破处	1
16	马形牌饰	XCG016	K22–136：15	考 4068	马足断口	1
17	双连珠形铜泡	XCG017	Z24：15	考 3958.1	偏小泡缺口	1
18	双翼銎孔镞	XCG018		考 4036–2	铤身尾部銎口	1
19	带扣	XCG019		考 3972–2	边缘残断处	1
20	矩形动物纹牌饰	XCG020	Z14：3	考 3985.6	边缘处	1
21	矩形动物纹牌饰	XCG021	Z167：1	考 3985.5	无纹饰处断口	1
22	矩形阶梯纹牌饰	XCG022	Z38：4	考 3987.3	边框残断处	1
23	带扣	XCG023	Z115：7	考 3972 附件	外圈残断处	1
24	带扣	XCG024	Z84：1	考 3972.6	边缘毛边	1
25	勺形带饰	XCG025		考 3975 附件	叉形一角残断处	1
26	鎏金熊纹铜泡	XCG026	K50–353：26	考 4064–1	熊足部断口	1
27	铜贝	XCG027	Z38：5–3	考 4074–8	断口	1
28	* 带扣	XCG028	K3–86：1	考 4059–3	下端一端凸起	1

续表 1

序号	器物名称	样品编号	器物原始号	博物馆分类号	取样部位	取样数量
29	* 椭圆形铜泡	XCG029	Z32：4	考 4013-2	断口	1
30	* 带钩	XCG030	Z49：7	考 3971.1	尾端缺口	1
31	* 鎏金当卢	XCG031	Z3：20	考 3979-2	残断处	1
32	带柄铃	XCG032		考 4036 附件 -1	靠近铃首断口	1
33	坠饰	XCG033	K29-215：3	考 4056-5	细端	1
34	铃形器	XCG034	Z164：2	考 3981.1	喇叭状断口	1
35	铁剑的剑柄	XCG035		考 3923 附件 -4	柄部尾端断口	1
36	马首形杆头饰	XCG036	K51-383：10	考 4033	銎口缺口	1
37	铁剑的剑柄	XCG037		考 3924 附件 -2	铜柄断口	1
38	铁剑的剑柄	XCG038	Z46：2	考 3924 附件 -1	剑柄尾端断口	1

注：* 表示为中原式器物。下同。

本文对所取铜器样品分别进行了金相组织观察和合金成分分析。金相组织观察所用仪器为莱卡（Leica）DM4000M 金相显微镜；合金成分分析所用的仪器为德国卡尔蔡司 ZEISS EVO18 扫描电镜及其配置 X 射线能谱仪（SEM-EDS）。样品制备及分析过程：综合考虑器物类型及取样部位等因素，选定合适的分析截面将样品进行切割，并沿截面用酚醛树脂进行镶样。将镶好的样品用砂纸打磨、抛光机抛光后进行浸蚀以使得样品金相组织显现，然后在金相显微镜下观察样品的显微组织并拍摄金相照片。最后，将样品重新抛光，并对样品表面进行喷碳处理，使之导电，置入扫描电子显微镜中观察其显微组织形貌，并用与扫描电镜相配置的 X 射线能谱仪对样品进行微区化学成分分析。

二　分析结果

1. 金相组织鉴定结果

采用莱卡（Leica）DM4000M 金相显微镜对西岔沟墓地出土铜器样品的金相显微组织逐一进行了观察和鉴定，并拍摄了金相照片（彩版二二九至二三五），金相鉴定结果详见表 2。

表 2　西岔沟墓地出土金属器物的金相鉴定结果

器物名称	样品编号	取样部位	金相组织观察结果	制作工艺
* 铜铃	XCG001	破损边缘	基体为铜锡 α 固溶体，大量粗大多角花斑状（α+δ）共析体互连成网络状；铅呈大球状，部分球状铅内一半为灰色夹杂物，少量灰色颗粒状夹杂物与析出相一起分布。样品边缘部位锈蚀严重，α 固溶体优先腐蚀（彩版二二九，1）	铸造

续表 2

器物名称	样品编号	取样部位	金相组织观察结果	制作工艺
铜环	XCG002	边缘破损处	少量锡砷溶入铜中形成α固溶体枝晶偏析，浅色网状为含锡较多的α固溶体部位，基体为富铜的α固溶体。小颗粒状铅散布于枝晶偏析部位，偶见灰色夹杂物与铅伴存（彩版二二九，2）	铸造
铜环	XCG003	边缘破损处	少量锡砷溶入铜中形成α固溶体枝晶偏析，浅色网状为含锡较多的α固溶体部位，基体为富铜的α固溶体。小颗粒状铅散布于枝晶偏析部位，偶见灰色夹杂物与铅伴存（彩版二二九，3）	铸造
珠形铜泡	XCG004	残片	样品锈蚀非常严重。从样品残存的金属基体及锈蚀痕迹来看，其基体为铜锡α固溶体，大量（α+δ）共析体呈岛屿状分布；铅较少，呈小球状，且多已脱落成孔洞；可见较多灰绿色夹杂物，与共析体伴存，或包裹于铅颗粒外缘（彩版二二九，4）	铸造
铜泡	XCG005	边缘破损处（外）	样品整体锈蚀严重。铜砷锡α固溶体树枝晶偏析明显，枝晶暗色区域有大量黑色锈蚀，并有较多亮白色颗粒状富砷锡析出相；铅数量较多，呈球状、条块状分布于枝晶间隙；少量夹杂物与铅伴存（彩版二二九，5）	铸造
铜环	XCG006	边缘破损处	基体为铜锡α固溶体，（α+δ）共析体数量较多、形态较大；铅呈大颗粒状散布于枝晶间隙，数量较多；偶见灰黑色夹杂物。样品一半区域锈蚀严重，α固溶体优先腐蚀（彩版二二九，6）	铸造
铜铃	XCG007	中部孔洞缺口	基体为铜锡α固溶体，（α+δ）共析体数量较多；铅呈球状或条块状散布于枝晶间，数量较多；偶见灰色夹杂物。样品边缘区域锈蚀严重，α固溶体优先腐蚀（彩版二三〇，1）	铸造
铜铃	XCG008	底部残破处	基体为铜锡α固溶体，（α+δ）共析体数量较多、形态细小，沿枝晶均匀分布；铅数量较多，呈条块状散布于枝晶间；可见较多灰色夹杂物，与共析体或铅伴存（彩版二三〇，2）	铸造
亚腰形牌饰	XCG009	带凸起小纽，破损处	样品整体锈蚀严重。铜砷锡α固溶体树枝晶偏析明显，枝晶暗色区域有大量黑色锈蚀，并有较多亮白色颗粒状富砷锡析出相；铅较少，偶见夹杂物与铅伴存（彩版二三〇，3）	铸造
*剑格	XCG010	断口	青铜淬火组织。基体为β′马氏体相，铜锡α相呈岛屿状和枝晶状，大多已腐蚀呈黑色，可见较多铅颗粒，偶见灰色夹杂物与铅伴存（彩版二三〇，4）	淬火
*盖弓帽	XCG011	倒钩指向侧断口	铜砷锑固溶体树枝晶偏析明显，枝晶暗色区域富砷。可见大的黑色锈蚀孔洞（彩版二三〇，5）	铸造
*三棱铁铤镞	XCG012	铤身底部	铜镞基体为α固溶体，枝晶偏析明显，大量细小的（α+δ）共析体沿枝晶分布；铅大小不等，小颗粒铅沿枝晶弥散分布，有大的球状铅集中分布；可见较多细碎的灰色夹杂物与共析体或铅伴存（彩版二三〇，6）	铸造
*星云纹镜	XCG013	镜边残断处	高锡青铜铸造组织。基体为（α+δ）相，α相呈针状或条状。铅颗粒较多，弥散分布；可见较多细小的灰色夹杂物与铅伴存（彩版二三一，1）	铸造
*四乳四螭纹镜	XCG014	镜身断口	样品边缘锈蚀严重。基体为α固溶体，大量（α+δ）共析体呈网状分布，边缘区域的α固溶体基体已优先腐蚀；少量细小铅颗粒弥散分布，偶见灰黑色夹杂物与共析体或铅伴存（彩版二三一，2）	铸造

续表 2

器物名称	样品编号	取样部位	金相组织观察结果	制作工艺
*蟠螭纹镜	XCG015	残破处	样品整体锈蚀非常严重，基体为铜锡α固溶体，基本已全面自然腐蚀，有较多（α+δ）共析体，呈断续网状分布；铅较多，呈黑色点状散布，偶见灰色夹杂物与铅或共析体伴存（彩版二三一，3）	铸造
马形牌饰	XCG016	马足断口	α固溶体树枝晶偏析明显，枝晶间均匀分布大量细小（α+δ）共析体，样品两端的共析体多已自然腐蚀；铅颗粒很少，弥散分布；枝晶间隙可见较多灰色夹杂物（彩版二三一，4）	铸造
双连珠形铜泡	XCG017	偏小泡缺口	铜砷α固溶体树枝晶偏析明显，浅色偏析区域富砷；铅颗粒弥散分布于偏析部位，偶见灰色夹杂物（彩版二三一，5）	铸造
双翼銎孔镞	XCG018	铤身尾部銎口	样品边缘锈蚀严重。基体为α固溶体，大量（α+δ）共析体呈网状分布，边缘区域的α固溶体基体已优先腐蚀；可见较多铅颗粒弥散分布，偶见灰黑色细碎夹杂物与共析体或铅伴存（彩版二三一，6）	铸造
带扣	XCG019	边缘残断处	红铜铸造组织。少量锡溶入铜中形成α固溶体枝晶偏析，浅色网状为枝晶间锡偏析区，部分偏析部位优先腐蚀，偶见灰色夹杂物在枝晶间隙分布（彩版二三二，1）	铸造
矩形动物纹牌饰	XCG020	边缘处	树枝晶偏析，暗黑色区域为富砷铁相（彩版二三二，2）	铸造
矩形动物纹牌饰	XCG021	无纹饰处断口	铜锡砷α固溶体树枝晶细小，偏析明显，枝晶浅色区域为富铜的枝干，暗色区域富锡砷；大量铅呈条状分布于枝晶间隙；少量灰色夹杂物与铅伴存（彩版二三二，3）	铸造
矩形阶梯纹牌饰	XCG022	边框残断处	铜砷α固溶体树枝晶细小，偏析明显，枝晶偏析部位多已氧化成黑色，偶见细小铅颗粒及灰色夹杂物伴存（彩版二三二，4）	铸造
带扣	XCG023	外圈残断处	铜锡α固溶体树枝晶细小，偏析明显，铅颗粒较多，弥散分布，可见少量灰黑色夹杂物与铅伴存（彩版二三二，5）	铸造
带扣	XCG024	边缘毛边	铜锡α固溶体树枝晶偏析明显，可见浅绿色岛屿状（α+δ）共析体，枝晶偏析部位多已锈蚀；铅数量较多，呈条块状在枝晶间隙连续分布；可见较多灰色夹杂物与铅伴存（彩版二三三，1）	铸造
勺形带饰	XCG025	叉形一角残断处	铜锡α固溶体树枝晶偏析明显，较多细小铅颗粒弥散分布，可见灰色细碎夹杂物与铅伴存（彩版二三三，2）	铸造
鎏金熊纹铜泡	XCG026	熊足部断口	锡青铜铸造后受热组织。由于成分均匀化，铸造枝晶偏析消失，铜锡α固溶体呈大晶粒状（彩版二三三，3）	铸后受热
铜贝	XCG027	断口	整体锈蚀非常严重。残留金属基体为铸后受热组织，受热温度不高，仍残留有岛屿状（α+δ）共析体，铅颗粒大小不均，弥散分布（彩版二三三，4）	铸后受热
*带扣	XCG028	下端一端凸起	铜锡α固溶体枝晶偏析明显，有较多的锈蚀孔洞，铅较多，呈枝晶状连续分布，可见较多灰色夹杂物与铅伴存（彩版二三三，5）	铸造
*椭圆形铜泡	XCG029	断口	锡青铜铸造后受热组织。由于成分均匀化，铸造枝晶偏析消失，铜锡α固溶体大晶粒状，晶间存在锈蚀，有大的锈蚀孔洞。晶内有铸造针孔和锈蚀小颗粒，偶见共析体残留，有较少灰色夹杂物在晶内孔洞边缘呈环形分布（彩版二三四，1）	铸后受热

续表 2

器物名称	样品编号	取样部位	金相组织观察结果	制作工艺
* 带钩	XCG030	尾端缺口	少量锡溶入铜中形成 α 固溶体枝晶偏析，铅较多，呈不规则颗粒状，沿枝晶间隙均匀分布，可见较多灰色夹杂物与铅伴存（彩版二三四，2）	铸造
* 鎏金当卢	XCG031	残断处	铜锡 α 固溶体树枝晶细小，偏析明显，偶见细小的 δ 析出相，孤立分散；铅较多，呈颗粒状或多角条状沿枝晶分布，可见较多灰色夹杂物与铅伴存（彩版二三四，3）	铸造
带柄铃	XCG032	靠近铃首断口	铜锡 α 固溶体枝晶偏析，有受热迹象，出现 α 固溶体大晶粒状边界，受热温度不高；铅较多，呈颗粒状或多角条状分布于晶界，可见较多灰色夹杂物与铅伴存（彩版二三四，4）	铸造 受热迹象
坠饰	XCG033	细端	红铜铸造组织。微量锡溶入铜中形成 α 固溶体枝晶偏析，浅色网状为含锡较多的 α 固溶体部位，基体为富铜的 α 固溶体，细小铅颗粒在枝晶锡偏析区弥散分布，灰色夹杂物与铅伴存（彩版二三四，5）	铸造
铃形器	XCG034	喇叭状断口	铜锡 α 固溶体树枝晶细小，偏析明显，偶见细小的 δ 析出相，孤立分散；有较多锈蚀孔洞，铅较多，呈颗粒状或多角条状分布于枝晶偏析区域，可见少量夹杂物与铅伴存（彩版二三五，1）	铸造
铁剑的剑柄	XCG035	柄部尾端断口	铜锡 α 固溶体树枝晶细小，偏析明显；铅大小不等，分布不均匀，有密度偏析现象，小颗粒铅沿枝晶分布，较多大的球状、椭球状铅集中分布；大量细小灰色夹杂物与铅伴存（彩版二三五，2）	铸造
马首形杆头饰	XCG036	銎口缺口	铜砷锡 α 固溶体树枝晶细小，偏析明显，铅呈条状沿枝晶连续分布，可见较多灰色夹杂物与铅伴存（彩版二三五，3）	铸造
铁剑的剑柄	XCG037	铜柄断口	铜锡 α 固溶体树枝晶偏析明显，铅分布不均匀，小铅颗粒沿枝晶分布，有大的铅颗粒或球状铅集中分布。大量细小灰色夹杂物与铅伴存（彩版二三五，4）	铸造
铁剑的剑柄	XCG038	剑柄尾端断口	铜锡 α 固溶体树枝晶偏析，铅较多，呈多角条状沿枝晶分布，有大的球状铅存在；可见较多灰色夹杂物与铅伴存（彩版二三五，5）	铸造

由表 2 可见，38 件铜器样品全部为铸造成型，其中，XCG010 剑格（K43–271：5）铸后经过了淬火处理；XCG026 鎏金熊纹铜泡（K50–353：26）、XCG027 铜贝（Z38：5–3）、XCG029 椭圆形铜泡（Z32：4）、XCG032 带柄铃（4036 附件 –1）等器物在铸造成型后又经过了受热。

2. 元素成分分析结果

采用德国卡尔蔡司 ZEISS EVO18 扫描电镜及其配置 X 射线能谱仪对样品进行显微组织形貌观察和微区化学成分分析。能谱分析采用无标样定量成分测定的方法。考虑到微区成分跟器物的实际化学成分之间因偏析会有一定的误差，对同一样品一般选择多个不同的区域进行测量，而后取其平均值作为该样品成分分析的结果。需要说明的是，部分样品的分析结果中有不同程度的氧含量，氧含量的多寡代表了该样品的表面锈蚀程度，但是扫描电镜能谱仪测定的氧含量误差较大，数据仅供参考，锈蚀样品将不再单独计算其平均成分。扫描电镜观察和成分测定的技术条件是：激发电压 20keV，测量时间在 50 秒以上。成分分析结果详见表 3，夹杂物分析结果详见表 4。

表 3　西岔沟墓地出土铜器合金成分分析结果

器物名称	样品编号	元素成分（wt%）							扫描方式	材质判断
		Cu	Sn	Pb	As	Sb	S	其他		
* 铜铃	XCG001	66.7	10.1	22.6				O 0.6	区域面扫	Cu-Pb-Sn
		58.3	10.5	25.2				O 6.0	区域面扫	
铜环	XCG002	94.1	0.4	0.5				O 3.7，Fe 1.3	区域面扫	Cu
铜环	XCG003	93.4	2.3	0.8	3.3		0.2		区域面扫	Cu-As-Sn
		95.0	2.2		2.6		0.2		区域面扫	
		96.2	1.9		1.7		0.2		区域面扫	
		94.9	2.1	0.3	2.5		0.2		平均成分	
珠形铜泡	XCG004	26.4	40.6	10.8				O 19.8，Si 2.4	区域面扫	锈蚀严重 Cu-Sn-Pb
		32.0	35.5	12.2				O 18.2，Si 2.1	区域面扫	
铜泡	XCG005	68.2	4.1	7.3	11.3			O 7.1，Cl 2.0	区域面扫	Cu-As-Pb-Sn
		73.2	4.0	5.5	11.3			O 6.0	区域面扫	
铜环	XCG006	77.1	11.8	11.1					区域面扫	Cu-Sn-Pb
		76.5	13.8	9.7					区域面扫	
		76.8	12.8	10.4					平均成分	
铜铃	XCG007	79.4	11.1	9.5					区域面扫	Cu-Sn-Pb
		81.2	11.5	7.3					区域面扫	
		80.3	11.3	8.5					平均成分	
铜铃	XCG008	77.5	9.4	13.1					区域面扫	Cu-Pb-Sn
		77.8	9.3	12.9					区域面扫	
		77.7	9.3	13.0					平均成分	
亚腰形牌饰	XCG009	87.8			7.3			O 4.9	区域面扫	Cu-As
		87.2			8.0			O 4.1，Cl 0.7	区域面扫	
* 剑格	XCG010	76.3	17.3	6.4					区域面扫	Cu-Sn-Pb
		76.3	20.2	3.5					区域面扫	
		76.3	18.8	4.9					平均成分	
* 盖弓帽	XCG011	93.3			4.2	2.5			区域面扫	Cu-As-Sb
		93.2			4.3	2.0	0.5		区域面扫	
		93.2			4.3	2.3	0.2		平均成分	
* 三棱铁铤镞	XCG012	76.7	10.1	13.2					平均成分	Cu-Pb-Sn

续表 3

器物名称	样品编号	元素成分（wt%）							扫描方式	材质判断
		Cu	Sn	Pb	As	Sb	S	其他		
* 星云纹镜	XCG013	75.2	21.4	3.4					区域面扫	Cu-Sn-Pb
		75.5	20.1	4.4					区域面扫	
		75.3	20.8	3.9					平均成分	
* 四乳四螭纹镜	XCG014	78.5	16.2	5.3					区域面扫	Cu-Sn-Pb
		78.7	15.9	5.4					区域面扫	
		78.6	16.1	5.3					平均成分	
* 蟠螭纹镜	XCG015	44.9	32.8	4.0	3.1		0.4	O 13.6，Si 1.2	区域面扫	锈蚀严重 Cu-Sn-Pb
		46.5	32.8	4.6	1.4		0.2	O 13.8，Si 0.7	区域面扫	
马形牌饰	XCG016	81.9	16.4	1.7					区域面扫	Cu-Sn
		82.1	16.8	1.1					区域面扫	
		82.0	16.6	1.4					平均成分	
双连珠形铜泡	XCG017	96.4	0.7		2.9				区域面扫	Cu-As
		97.0	0.9		2.1				区域面扫	
		96.7	0.8		2.5				平均成分	
双翼銎孔镞	XCG018	78.8	11.0	10.2					区域面扫	Cu-Sn-Pb
		77.0	11.7	11.3					区域面扫	
		77.9	11.4	10.7					平均成分	
带扣	XCG019	100.0							区域面扫	Cu
矩形动物纹牌饰	XCG020	84.7	5.8		9.5				区域面扫	Cu-As-Sn
		82.9	6.4		10.7				区域面扫	
		83.8	6.1		10.1				平均成分	
矩形动物纹牌饰	XCG021	83.3	3.3	10.0	3.4				区域面扫	Cu-Pb-As-Sn
		81.7	3.4	11.3	3.6				区域面扫	
		82.5	3.4	10.6	3.5				平均成分	
矩形阶梯纹牌饰	XCG022	93.1			4.4	2.5			区域面扫	Cu-As-Sb
		94.1			3.2	2.7			区域面扫	
		93.6			3.8	2.6			平均成分	
带扣	XCG023	84.7	9.7	5.6					区域面扫	Cu-Sn-Pb
		83.8	10.1	6.1					区域面扫	
		84.3	9.9	5.8					平均成分	

续表 3

器物名称	样品编号	元素成分（wt%）							扫描方式	材质判断
		Cu	Sn	Pb	As	Sb	S	其他		
带扣	XCG024	79.2	6.5	14.3					区域面扫	Cu-Pb-Sn
		75.8	5.8	18.4					区域面扫	
		77.5	6.2	16.3					平均成分	
勺形带饰	XCG025	92.0	4.3	3.5			0.2		区域面扫	Cu-Sn-Pb
		90.6	4.8	4.2			0.4		区域面扫	
		91.3	4.6	3.8			0.3		平均成分	
鎏金熊纹铜泡	XCG026	94.4	5.6						区域面扫	Cu-Sn
		94.8	5.2						区域面扫	
		94.6	5.4						平均成分	
铜贝	XCG027	71.5	15.5	4.2			0.3	O 8.5	区域面扫	锈蚀严重 Cu-Sn-Pb
		55.4	19.3	10.7			0.3	O 14.4	区域面扫	
* 带扣	XCG028	81.8	5.2	13.0					区域面扫	Cu-Pb-Sn
		82.2	6.4	11.4					区域面扫	
		82.0	5.8	12.2					平均成分	
椭圆形铜泡	XCG029	83.8	16.2						区域面扫	Cu-Sn
		81.4	18.6						区域面扫	
		82.6	17.4						平均成分	
* 带钩	XCG030	81.7	1.0	6.8				O 9.4，Fe 1.1	区域面扫	Cu-Pb(Sn)
		87.0	1.8	8.5				O 1.2，Fe 1.5	区域面扫	
* 鎏金当卢	XCG031	81.3	7.5	11.2					区域面扫	Cu-Pb-Sn
		82.5	6.2	11.2					区域面扫	
		81.9	6.9	11.2					平均成分	
带柄铃	XCG032	86.4	5.3	8.3					区域面扫	Cu-Pb-Sn
		82.4	6.2	11.4					区域面扫	
		84.4	5.8	9.8					平均成分	
坠饰	XCG033	98.3		1.7					区域面扫	Cu(Pb)
		98.6		1.4					区域面扫	
		98.5		1.5					平均成分	

续表 3

器物名称	样品编号	元素成分（wt%）							扫描方式	材质判断
		Cu	Sn	Pb	As	Sb	S	其他		
铃形器	XCG034	82.7	8.3	9.0					区域面扫	Cu-Pb-Sn
		84.2	7.7	8.1					区域面扫	
		83.5	8.0	8.5					平均成分	
铁剑的剑柄	XCG035	55.0	3.2	41.8					区域面扫	Cu-Pb-Sn
		53.7	3.4	42.9					区域面扫	
		54.4	3.3	42.3					平均成分	
马首形杆头饰	XCG036	72.0	3.1	19.9	5.0				区域面扫	Cu-Pb-As-Sn
铁剑的剑柄	XCG037	55.6	5.2	34.2				O 5.0	区域面扫	Cu-Pb-Sn
		62.4	3.2	28.0				O 6.4	区域面扫	
铁剑的剑柄	XCG038	70.5	7.8	21.7					区域面扫	Cu-Pb-Sn
		76.3	7.3	16.4					区域面扫	
		73.4	7.6	19.0					平均成分	

由表 3 可知，所分析的 38 件铜器中，22 件为铜锡铅三元合金，3 件为铜锡二元合金，1 件铜铅合金，2 件铜砷合金，2 件铜锡砷合金，3 件铜锡铅砷合金，2 件铜砷锑合金，3 件为红铜。

表 4　西岔沟墓地出土铜器夹杂物成分分析结果

器物名称	样品编号	夹杂物成分（wt%）									夹杂物名称
		S	Fe	Cu	Sn	Pb	Bi	Ag	Se	O	
* 铜铃	XCG001	10.2	1.7	57.1	5.6					25.4	含铁硫化物
铜环	XCG003	19.1	1.0	79.9							含铁硫化物
铜环	XCG006	20.1	1.2	49.9		28.8					含铁硫化物
铜铃	XCG008	16.0	3.2	60.2						20.6	含铁硫化物
* 剑格	XCG010	20.0	2.1	77.9							含铁硫化物
* 星云纹镜	XCG013	23.7	2.1	74.2							含铁硫化物
* 四乳四螭纹镜	XCG014	25.0	9.5	65.5							含铁硫化物
马形牌饰	XCG016	21.3	0.8	76.9						0.9	含铁硫化物
双连珠形泡	XCG017	19.4	8.0	68.5					4.1		含铁、硒硫化物
双翼銎孔镞	XCG018	9.8	1.1	72.2	7.7	9.2					含铁硫化物

续表 4

器物名称	样品编号	夹杂物成分（wt%）									夹杂物名称
		S	Fe	Cu	Sn	Pb	Bi	Ag	Se	O	
带扣	XCG019	22.5		77.5							硫化物
带扣	XCG023	16.2	3.4	68.1						12.3	含铁硫化物
带扣	XCG024	22.0	1.6	76.4							含铁硫化物
勺形带饰	XCG025	16.8		81.4	1.8						硫化物
鎏金熊纹铜泡	XCG026			91.8			8.2				铋颗粒
铜贝	XCG027	14.1		75.5	10.4						硫化物
		18.0		80.8				1.2			硫化物（含银）
* 带扣	XCG028	11.0	1.6	60.9		18.5				8.0	含铁硫化物
* 带钩	XCG030	17.3	6.9	50.7		4.8				20.3	含铁硫化物
* 鎏金当卢	XCG031	18.0	0.9	61.9		19.2					含铁硫化物
带柄铃	XCG032	20.5		79.5							硫化物
坠饰	XCG033	19.4		80.0						0.6	硫化物
铃形器	XCG034	22.8	2.6	74.6							含铁硫化物
铁剑的剑柄	XCG035	17.1		67.6		14.4				0.9	硫化物
马首形杆头饰	XCG036	22.5		77.5							硫化物
铁剑的剑柄	XCG037	15.8		65.7		18.5					硫化物
铁剑的剑柄	XCG038	25.6	3.9	70.5							含铁硫化物

夹杂物方面，该批铜器中有 26 件器物样品中含有硫化物夹杂，其中绝大部分为含铁硫化物，XCG026 鎏金熊纹铜泡样品中含有微量的铋颗粒。

三　相关问题讨论

1. 材质与工艺

本文所分析的 38 件铜器中，包括铜锡铅三元合金、铜锡二元合金、铜铅合金、铜砷合金、铜锡砷合金、铜锡铅砷合金、铜砷锑合金以及红铜等 7 种材质，全部为铸造成型。

整体来看，该批铜器以锡铅为主要合金元素，其中铜镞、铜环、铜铃、铜泡、牌饰、带钩等大部分小件的兵器、车马器和饰品中的锡铅元素含量参差不齐，大部分的锡、铅含量都在 10% 以下，铜锡铅三元合金中锡、铅的总和大都在 15%~20% 之间；铜锡二元合金中 XCG016 马形牌饰、XCG029 椭圆形铜泡的锡含量较高，约 17% 左右。此外，XCG013、XCG014、XCG015 三件铜镜样品的锡含量较高，均超过了 16%，铅含量在 5% 左右。XCG10

剑格样品的锡含量也较高，约 18.8%，铅含量为 4.9%。XCG035、XCG037、XCG038 三件铁剑的剑柄部位样品的元素成分特点相近，铅含量很高，超过了 19%，其中 XCG035 的铅含量甚至达到了 42.3%，而锡含量则普遍较低，在 3%~8% 之间。

此外，该批器物中还有少量含砷铜器。其中 XCG009 亚腰形牌饰、XCG017 双连珠形铜泡为铜砷合金，XCG011 盖弓帽、XCG022 矩形阶梯纹牌饰为铜砷锑合金，这 4 件器物的合金化程度较低，砷、锑含量应不超过 5%，XCG009 亚腰形牌饰的砷含量虽达到了 8%，但该样品表面存在一定锈蚀，同时检测出有氧元素和氯元素，所以其砷元素含量比实际值要高。XCG003 铜环、XCG020 矩形动物纹牌饰是铜砷锡合金，但 XCG003 铜环的砷、锡含量均较低，砷平均含量 2.5%，锡平均含量 2.1%，另外还含有微量的铅和硫，而与 XCG003 铜环出土于同一墓葬且形制相同的 XCG002 铜环，面扫分析结果显示为含铜 94.1%（样品有锈蚀，分析结果中含氧 3.7%，将氧去掉后归一化结果铜含量约为 97.7%），另含有少量的铁、锡和铅，但两个样品的金相组织非常接近，均显示有少量的锡和砷溶入铜中形成了 α 固溶体枝晶偏析，如此少量的砷、锡含量，或许只是矿物或原料中的杂质混入了合金中，并不是有意合金化的结果；而 XCG020 矩形动物纹牌饰的砷含量 10.1%，锡含量 6.1%，合金化程度相对较高，是有意配制砷锡青铜合金的结果。XCG005 铜泡、XCG021 矩形阶梯纹牌饰、XCG036 马首形杆头饰为铜锡铅砷合金，其中，XCG005 铜泡中以砷为主要合金元素，但该样品有一定锈蚀，成分结果仅供参考；XCG021、XCG036 则以铅为主要合金元素，砷、锡含量均在 5% 以下。

另外，该批铜器中还有 3 件红铜器物，其中 XCG019 带扣的面扫结果显示含铜 100%，而 XCG002 铜环、XCG033 坠饰则均含有不同程度的杂质成分，从二者的金相组织上也可以看出有少量的锡或砷溶入铜中形成了枝晶偏析。

2. 关于含砷铜器

本次分析的器物中共有 9 件器物的合金成分中含有砷，分别是 XCG003 铜环、XCG005 铜泡、XCG009 亚腰形牌饰、XCG011 盖弓帽、XCG017 双连珠形泡、XCG020 矩形动物纹牌饰、XCG021 矩形动物纹牌饰、XCG022 矩形阶梯纹牌饰、XCG036 马首形杆头饰。从器物类型来看，这些含砷铜器大都是服饰配件及车马饰等小件的装饰品，绝大多数是典型的北方系风格器物，也包括东北土著风格的器物，与欧亚草原地区尤其是南西伯利亚地区的器物类型风格相似。

砷铜是欧亚草原地区及南西伯利亚地区青铜时代合金配制体系的典型特征，与我国中原地区以铜锡（铅）合金体系为主的特征形成两个对比鲜明的群体。砷铜在早期冶金技术的发展中占据着非常重要的地位，欧亚草原地区在公元前三千纪至公元前二千纪的长达 2000 多年的时间里都在大量使用砷铜[1]。而近期的研究表明，直到铁器时代早期，欧亚草原地区仍在沿用砷铜制品。俄罗斯联邦图瓦共和国境内的一处匈奴遗存——Terezin 墓地，出土铜器的材质仍以砷铜为主，经分析的 21 件铜器中仅有的铜锡铅合金体系的器物是 1 件汉代铜

[1] Chernykh E N, Wright S. *Ancient metallurgy in the USSR: The Early Metal Age*. Cambridge: Cambridge University Press, 1992.

镜[1]。可见砷铜的使用是欧亚草原及南西伯利亚地区一个明确可识别的区域性冶金技术特征。

我国的砷铜器物主要出土于新疆东部和甘青地区，年代可从公元前二千纪初期持续至公元前一千纪中叶。中原地区、晋陕高原地区及辽西地区虽也有砷铜器物发现，但分布零散且数量较少。近期的研究发现，内蒙古林西大井古铜矿可证实有冶炼砷铜的生产活动[2]，而且其周邻地区出土的夏家店上层文化铜器中有数量较多的砷铜或以砷作为合金元素之一的多元青铜合金制品，这些砷铜器物全部是铜刀和铜扣等小件的北方系青铜器，铅同位素比值分析显示其矿料主要来自于大井古铜矿区[3]。但是这种可证实的冶炼砷铜的生产活动和砷铜制品的使用，也并不足以构成该地区存在一个明确的砷铜使用阶段的认识。某一材质冶金制品的使用是否能够构成该地区冶金技术发展过程中的一个阶段，不仅与可利用的矿料资源有关，更与冶金技术传统有关。

从本文的分析结果来看，西岔沟墓地出土铜器的材质仍以铜锡铅三元合金为主，与我国中原地区的青铜合金配制体系总体是一致的。显然，砷铜的冶炼与使用并不是西岔沟墓地的冶金技术传统，而铅锡青铜与砷铜的并存是多元文化因素共存的表现。西岔沟墓地出土的具有欧亚草原风格的砷铜器物很可能是直接从南西伯利亚及欧亚草原地区传入的；当然我们并不能排除这些器物在本地制作的可能性，因为在辽西地区存在可证实的冶炼砷铜的生产活动，而且并非所有具有欧亚草原风格的器物都是砷铜材质的。

四 结语

总体来看，西岔沟墓地出土铜器以铜锡铅体系的合金为主，成型工艺皆为铸造。代表了该墓地主体文化因素的大部分小件的兵器、车马器和饰品，合金元素含量并未得到有效的控制，参差不齐，表明冶金技术水平不高。少量含砷铜器的发现，或许代表了欧亚草原地区冶金技术的影响，但并不能排除本地冶炼制作砷铜器物的可能性。

西岔沟墓地是东北地区已发现的规模最大、出土遗物最丰富的西汉时期北方民族墓地，其中包括了汉、匈奴、夫余等多种文化因素。而这种多元文化因素相互融合、多种合金材质并存使用的特点，构成了该地区的区域性文化及冶金技术特征。

---

[1] Sergei V. Khavrin. Metal of the Xiongnu Period from the Terezin Cemetery,Tuva. In Ursula Brosseder, Bryan K. Miller eds. *Xiongnu Archaeology—Multidisciplinary Perspectives of the First Steppe Empire in Inner Asia*. Bonn: Rheinische Friedrich-Wilhelms-Universität Bonn. 2011. pp. 537-538.

[2] 李延祥、朱延平、贾海新等：《辽西地区早期冶铜技术》，《广西民族学院学报》（自然科学版）2004年第2期。

[3] 杨菊：《赤峰地区青铜时代晚期铜器的科学分析研究》，北京科技大学2014年博士学位论文。

附录二

西岔沟墓地部分玻璃珠的XRF分析结果

凌 雪
（西北大学文化遗产学院）

测试仪器：德国布鲁克公司生产的ARTAX-400可移动式微区能量色散X射线荧光光谱仪。

测试条件：Mo靶X射线，光管功率40W，分析元素11Na-92U，空间分辨率0.2～1.5mm，氦气保护，测量时间300s。采用康宁玻璃标样进行元素和含量的标定。

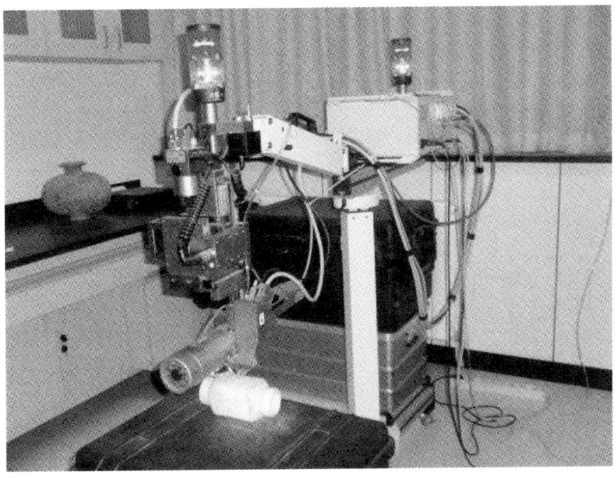

结果分析（具体见附表）：

（1）玻璃材质主要以K_2O-CaO-SiO_2、K_2O-SiO_2两种玻璃成分体系。特殊的是样本M15：11(2)中的含铅量高达10.07%。

（2）玻璃呈色主要与铜、铁元素有关。

附表　西岔沟墓地玻璃珠的 XRF 分析数据表[1]

样品编号	Na_2O	MgO	Al_2O_3	SiO_2	P_2O_5	K_2O	CaO	TiO_2	MnO	Fe_2O_3	CoO	CuO	Sr	SnO_2	Sb_2O_3	BaO	PbO	材质体系
M1：4(1)	1.69	2.73	7.37	75.57	0.34	3.70	4.15	0.33	0.06	1.28	–	1.94	–	0.06	0.65	0.13	–	K_2O–CaO–SiO_2
M1：4(2)	0.85	3.34	6.62	75.30	–	4.69	5.21	0.11	–	1.22	–	2.12	0.07	–	0.15	0.33	–	K_2O–CaO–SiO_2
M1：4(3)	0.11	3.55	6.44	75.81	0.12	4.04	5.02	0.12	–	1.19	–	1.86	0.07	–	1.55	0.12	–	K_2O–CaO–SiO_2
M1：4(4)	5.03	6.37	9.30	60.49	–	7.75	4.69	0.79	0.16	3.54	–	1.46	0.19	–	–	0.25	–	K_2O–CaO–SiO_2
M1：4(5)	1.66	1.76	7.90	76.71	–	4.06	3.31	0.30	0.07	1.41	–	2.04	0.08	0.35	–	0.38	–	K_2O–CaO–SiO_2
M1：4(6)	1.80	0.08	2.31	87.32	0.27	2.47	0.61	0.13	2.08	1.42	0.07	1.23	–	0.13	–	0.09	–	K_2O–SiO_2
M2：8(1)	0.49	–	3.28	79.68	0.16	12.03	0.15	0.14	1.74	1.68	0.09	0.05	–	0.12	0.26	0.15	–	K_2O–SiO_2
M2：8(2)	0.75	0.37	3.13	79.61	0.25	11.70	0.12	0.13	1.66	1.62	0.08	0.04	–	0.09	0.14	0.31	–	K_2O–SiO_2
M3：3(1)	0.59	0.34	2.62	77.18	0.31	14.74	1.45	0.19	1.42	1.03	0.06	0.06	–	–	–	–	–	K_2O–SiO_2
M3：3(2)	0.48	4.02	6.75	73.31	0.13	5.55	6.31	0.31	0.08	1.39	–	0.87	0.08	0.14	0.08	0.39	0.09	K_2O–CaO–SiO_2
M3：3(3)	5.55	4.68	5.34	72.42	0.09	3.15	4.01	0.41	0.12	1.33	–	2.03	0.09	0.22	–	0.56	–	Na_2O–CaO–SiO_2
M3：3(4)	0.58	3.12	5.19	79.00	0.05	3.44	3.95	0.22	0.21	1.23	–	2.04	0.07	0.06	0.65	0.20	–	K_2O–CaO–SiO_2
M4：3(1)	1.49	0.25	3.36	79.74	–	11.87	–	0.13	1.45	0.97	0.08	–	–	0.07	0.37	0.22	–	K_2O–SiO_2
M4：3(2)	–	–	4.64	81.72	–	8.63	1.35	0.22	1.57	1.51	0.07	0.06	–	–	–	0.08	0.16	K_2O–SiO_2
M4：3(3)	0.62	0.08	3.23	79.09	0.12	12.83	–	0.13	1.25	1.84	0.07	0.12	–	0.08	0.34	0.21	–	K_2O–SiO_2
M4：3(4)	–	–	3.76	79.32	0.22	12.97	–	0.13	1.30	1.95	0.08	0.13	–	0.08	–	0.07	–	K_2O–SiO_2
M4：3(5)	1.04	1.02	4.31	68.60	0.69	16.22	2.14	0.21	1.96	3.48	0.07	0.18	–	–	–	0.07	–	K_2O–SiO_2
M10：5(1)	0.76	3.07	5.56	76.80	0.25	4.84	5.68	0.30	0.08	1.16	–	0.86	0.08	–	0.52	–	0.05	K_2O–CaO–SiO_2
M10：5(2)	0.71	3.09	8.24	70.91	–	6.74	5.07	0.42	0.18	1.87	–	2.12	0.08	–	–	0.57	–	K_2O–CaO–SiO_2
M12：18(1)	–	0.17	4.54	82.75	0.20	7.20	0.51	0.22	1.53	1.91	0.07	0.14	–	0.07	0.48	0.22	–	K_2O–SiO_2

[1] 表中“样品编号”栏中括号内编号为本次检测编的顺序号，与正文器物编号中的“–”后数字没有对应关系。

续附表

样品编号	Na_2O	MgO	Al_2O_3	SiO_2	P_2O_5	K_2O	CaO	TiO_2	MnO	Fe_2O_3	CoO	CuO	Sr	SnO_2	Sb_2O_3	BaO	PbO	材质体系
M12：18(2)	–	0.50	2.65	79.56	0.29	13.15	0.95	0.15	1.30	1.12	0.06	–	–	–	0.29	–	–	K_2O-SiO_2
M12：18(3)	1.84	3.68	5.73	73.87	–	4.07	6.46	0.28	0.17	1.28	–	2.02	0.10	–	0.19	0.31	–	$K_2O-CaO-SiO_2$
M15：11(1)	3.39	5.42	5.82	66.86	0.06	7.52	6.38	0.35	0.14	1.64	–	2.19	0.13	–	–	0.12	–	$K_2O-CaO-SiO_2$
M15：11(2)	3.13	2.17	7.28	61.65	1.01	5.09	5.32	0.29	0.08	1.53	–	1.45	0.06	–	0.62	0.25	10.07	$K_2O-CaO-SiO_2$
M15：11(3)	0.30	0.34	2.48	80.43	0.42	11.88	0.91	0.14	1.45	1.25	–	0.16		–	0.10	0.14	–	K_2O-SiO_2
M16：13(1)	7.31	3.89	5.99	62.63	0.19	8.78	8.55	0.30	0.11	1.42	–	0.61	0.11	–	–	0.12	–	$K_2O-CaO-SiO_2$
M16：13(2)	1.63	3.62	5.58	72.93	0.09	6.64	5.48	0.93	0.12	1.39	–	0.75	0.13	–	0.52	0.19	–	$K_2O-CaO-SiO_2$
M16：13(3)	0.79	3.71	4.50	75.19	–	4.56	7.08	0.26	0.15	1.27	–	1.96	0.10	–	–	0.44	–	$K_2O-CaO-SiO_2$
M16：13(4)	1.37	4.19	5.60	73.11	0.45	5.28	6.00	0.30	0.10	1.29	–	1.40	0.10	–	0.07	0.40	0.35	$K_2O-CaO-SiO_2$
M19：8(1)	3.11	3.47	4.49	74.39	0.24	4.39	6.02	0.27	0.17	1.32	–	1.56	–	0.10	0.21	0.18	0.11	$K_2O-CaO-SiO_2$
M19：8(2)	6.94	4.56	5.98	63.22	0.32	8.05	6.82	0.40	0.09	1.35	–	1.23	0.15	–	0.46	0.45	–	$K_2O-CaO-SiO_2$
M19：8(3)	0.41	2.64	6.39	75.32	0.20	4.34	6.01	0.32	0.20	1.52	–	1.75	0.07	0.11	0.32	0.25	0.15	$K_2O-CaO-SiO_2$
M30：7(1)	1.59	3.01	5.55	76.11	0.15	4.44	5.84	0.26	0.09	1.12	–	1.13	0.09	0.16	–	0.42	0.06	$K_2O-CaO-SiO_2$
M30：7(2)	0.45	0.46	3.39	82.86	0.60	5.80	2.37	0.17	1.35	1.49	0.11	0.81	–	–	0.07	0.07	–	$K_2O-CaO-SiO_2$
M31：10(1)	0.22	0.06	2.26	85.61	0.65	4.77	2.06	0.16	1.21	1.25	0.09	0.74	–	0.12	0.54	0.27	–	$K_2O-CaO-SiO_2$
M31：10(2)	0.45	4.83	6.31	71.20	0.12	5.91	5.97	0.35	0.17	1.64	–	1.94	0.12	–	0.61	0.37	–	$K_2O-CaO-SiO_2$
M31：10(3)	2.03	0.99	3.11	81.04	0.55	6.72	1.25	0.18	1.61	1.52	0.06	0.57	–	–	0.23	0.15	–	K_2O-SiO_2
M31：10(4)	0.61	0.61	2.77	81.81	0.77	6.12	3.35	0.18	1.37	1.43	0.10	0.81	–	–	–	0.07	–	$K_2O-CaO-SiO_2$
M31：10(5)	0.66	0.09	3.10	83.02	0.69	5.85	2.83	0.18	1.27	1.35	0.10	0.78	–	–	–	0.08	–	$K_2O-CaO-SiO_2$
M31：10(6)	1.27	0.74	3.94	82.17	0.75	4.14	2.65	0.24	1.38	1.60	0.11	0.85	–	0.10	–	0.07	–	$K_2O-CaO-SiO_2$
M31：10(7)	1.17	0.26	2.82	84.05	0.57	4.28	2.11	0.19	1.27	1.33	0.10	0.74	–	0.09	0.89	0.15	–	$K_2O-CaO-SiO_2$

续附表

样品编号	Na_2O	MgO	Al_2O_3	SiO_2	P_2O_5	K_2O	CaO	TiO_2	MnO	Fe_2O_3	CoO	CuO	Sr	SnO_2	Sb_2O_3	BaO	PbO	材质体系
M31：10(8)	0.46	0.32	3.21	84.10	0.60	4.04	3.15	0.34	1.44	1.47	0.11	0.77	-	-	-		-	$K_2O-CaO-SiO_2$
M31：10(9)	1.22	4.10	6.17	72.68	0.09	6.08	6.29	0.59	0.12	1.57	-	0.96	0.13	-	-		-	$K_2O-CaO-SiO_2$
M31：10(10)	0.66	3.55	6.10	75.97	0.23	4.75	5.61	0.41	0.11	1.36	-	0.85	0.10	-	-	0.09	0.21	$K_2O-CaO-SiO_2$
M31：10(11)	2.79	3.82	8.97	65.50	-	8.09	5.88	0.54	0.12	2.17	-	0.90	0.16	-	0.83	0.23	-	$K_2O-CaO-SiO_2$
M31：10(12)	4.63	4.70	8.58	67.81	-	4.54	4.17	0.52	0.20	2.31	-	1.71	0.09	0.27	-	0.45	-	$K_2O-CaO-SiO_2$
M31：10(13)	2.38	4.41	7.37	71.74	-	3.95	4.53	0.45	0.12	1.71	-	2.36	0.09	0.10	0.40	0.41	-	$K_2O-CaO-SiO_2$
M31：10(14)	3.05	5.30	7.57	63.50	0.26	9.46	6.85	0.66	0.13	2.22	-	0.65	0.13	-	-	0.20	-	$K_2O-CaO-SiO_2$
M31：10(15)	2.22	5.42	5.81	69.34	0.68	6.19	6.23	0.41	0.11	1.60	-	1.00	0.14	-	0.51	0.27	0.07	$K_2O-CaO-SiO_2$
M31：10(16)	2.14	3.50	8.08	69.23	0.45	6.32	5.09	0.48	0.11	1.81	-	0.76	0.16	0.16	1.12	0.61	-	$K_2O-CaO-SiO_2$
M33：2(1)	0.88	2.49	8.43	72.44	0.07	5.28	5.51	0.30	0.15	1.60	-	1.99	0.08	0.10	0.29	0.40	-	$K_2O-CaO-SiO_2$
M33：2(2)	-	4.05	6.17	76.96	-	4.46	5.45	0.34	0.13	1.50	-	0.59	0.12	0.13	-	0.11	-	$K_2O-CaO-SiO_2$
M33：2(3)	0.77	2.51	6.66	73.29	0.06	6.27	6.25	0.24	0.16	1.38	-	2.18	0.08	-	0.07	0.09	-	$K_2O-CaO-SiO_2$
M33：2(4)	0.85	3.19	7.18	73.51	-	5.01	5.65	0.16	-	1.40	-	2.08	0.08	-	0.37	0.53	-	$K_2O-CaO-SiO_2$
M33：2(5)	0.53	5.18	11.30	65.89	0.10	6.10	4.55	0.61	0.17	2.91	-	0.98	0.17	-	0.08	1.19	0.25	$K_2O-CaO-SiO_2$
M34：2	0.59	0.13	3.22	81.45	-	10.21	0.66	0.16	1.87	1.04	0.06	0.07	-	-	0.23	0.13	0.20	K_2O-SiO_2
M35：9(1)	1.66	4.78	5.52	72.48	-	3.93	5.43	0.30	0.19	1.61	-	3.00	0.10	-	0.68	0.32	-	$K_2O-CaO-SiO_2$
M35：9(2)	0.41	0.23	2.21	80.49	0.19	11.97	0.57	0.14	1.48	1.07	-	0.21	-	0.12	0.56	0.36	-	K_2O-SiO_2
M39：1(1)	5.76	4.19	5.82	66.09	-	5.94	7.14	0.44	0.09	1.45	-	2.35	0.09	-	-	0.65	-	$K_2O-CaO-SiO_2$
M39：1(2)	1.43	3.47	12.33	68.80	0.25	4.83	4.94	0.69	0.13	1.96	-	0.86	0.11	-	-	0.11	0.10	$K_2O-CaO-SiO_2$
M54：5(1)	1.96	2.77	6.49	74.92	-	4.53	5.31	0.25	0.14	1.30	-	1.60	0.07	0.09	-	0.58	-	$K_2O-CaO-SiO_2$
M54：5(2)	1.31	2.88	5.72	76.44	-	4.00	4.64	0.33	0.16	1.32	-	2.49	0.06	-	-	0.67	-	$K_2O-CaO-SiO_2$

续附表

样品编号	Na_2O	MgO	Al_2O_3	SiO_2	P_2O_5	K_2O	CaO	TiO_2	MnO	Fe_2O_3	CoO	CuO	Sr	SnO_2	Sb_2O_3	BaO	PbO	材质体系
M54 : 5(3)	0.25	2.37	6.81	76.85	-	3.84	4.65	0.35	0.17	1.55	-	2.29	0.07	0.08	-	0.75	-	$K_2O-CaO-SiO_2$
M54 : 5(4)	0.08	2.79	8.11	76.98	-	3.37	3.73	0.32	0.15	1.47	-	2.17	0.07	-	0.14	0.64	-	$K_2O-CaO-SiO_2$
M54 : 5(5)	0.24	0.34	2.25	77.47	0.41	15.27	1.34	0.12	1.49	0.78	0.07	0.12	-	-	-	0.08	-	K_2O-SiO_2
M54 : 5(6)	0.72	2.75	5.87	76.52	-	4.09	4.68	0.26	0.16	1.30	-	2.52	0.07	-	-	1.05	-	$K_2O-CaO-SiO_2$
M54 : 5(7)	0.29	0.32	3.24	75.69	0.33	14.46	0.58	0.12	2.32	1.91	0.11	1.05	-	-	0.10	0.37	-	K_2O-SiO_2
M54 : 5(8)	1.64	2.48	6.40	77.90	-	2.87	3.84	0.26	0.14	1.23	-	2.20	0.06	-	0.43	0.54	-	$K_2O-CaO-SiO_2$
M54 : 5(9)	1.22	2.58	5.67	79.53	-	2.94	3.69	0.31	0.13	1.23	-	2.12	-	-	0.19	0.41	-	$K_2O-CaO-SiO_2$
M54 : 5(10)	0.72	3.92	5.83	75.71	-	4.56	5.27	0.31	0.11	1.28	-	1.41	0.09	0.08	-	0.72	-	$K_2O-CaO-SiO_2$
M54 : 5(11)	1.12	4.18	7.01	74.44	-	3.84	4.68	0.39	0.12	1.44	-	2.00	0.09	-	0.15	0.54	-	$K_2O-CaO-SiO_2$
M54 : 5(12)	0.42	0.41	2.95	76.29	0.40	14.79	1.47	0.13	1.51	1.22	0.08	0.14	-	-	-	0.19	-	K_2O-SiO_2
M54 : 5(13)	0.77	0.42	3.10	78.08	0.24	13.05	0.66	0.09	1.55	1.49	0.07	0.14	-	-	-	0.35	-	K_2O-SiO_2
M54 : 5(14)	0.31	-	3.30	77.87	-	13.38	0.48	0.14	1.73	1.83	0.09	0.15	-	-	0.34	0.41	-	K_2O-SiO_2
M54 : 5(15)	0.53	0.41	2.80	78.48	0.36	12.54	1.27	0.13	1.55	1.21	0.08	0.12	-	-	-	0.53	-	K_2O-SiO_2
M54 : 5(16)	0.15	0.29	2.83	79.65	0.27	12.55	0.93	0.12	1.51	1.07	0.08	0.07	-	-	0.27	0.23	-	K_2O-SiO_2
M54 : 5(17)	0.05	-	2.80	77.66	0.43	14.17	1.39	0.14	1.58	1.25	0.08	0.15	-	-	-	0.30	-	K_2O-SiO_2
M54 : 5(18)	0.44	0.30	1.78	78.37	0.40	15.05	0.93	0.09	1.45	0.69	0.07	0.12	-	-	0.11	0.21	-	K_2O-SiO_2
M54 : 5(19)	-	0.23	3.75	78.51	0.22	13.17	0.61	0.14	1.21	1.55	0.06	0.12	-	-	0.12	0.31	-	K_2O-SiO_2
M54 : 5(20)	-	0.76	4.01	72.88	0.58	16.83	1.54	0.17	1.34	1.47	0.06	0.14	-	-	-	0.22	-	K_2O-SiO_2
M54 : 5(21)	0.17	0.49	2.80	78.42	0.40	13.14	1.37	0.16	1.48	1.06	0.06	0.19	-	-	-	0.27	-	K_2O-SiO_2
M54 : 5(22)	-	-	2.91	80.44	0.26	12.39	0.35	0.09	1.57	1.52	0.08	0.14	-	-	0.07	0.19	-	K_2O-SiO_2
Z95 : 5	4.33	2.36	5.75	69.04	0.25	6.20	6.61	0.25	0.16	1.39	-	2.16	0.08	-	0.97	0.46	-	$K_2O-CaO-SiO_2$

续附表

样品编号	Na_2O	MgO	Al_2O_3	SiO_2	P_2O_5	K_2O	CaO	TiO_2	MnO	Fe_2O_3	CoO	CuO	Sr	SnO_2	Sb_2O_3	BaO	PbO	材质体系
Z35：13(1)	–	0.70	2.64	85.40	0.45	3.37	1.20	0.17	2.55	1.89	–	1.36	–	0.11	–	0.15	–	K_2O-SiO_2
Z35：13(2)	2.22	2.65	5.17	77.82	–	3.28	3.59	0.32	0.06	1.26	–	2.75	0.06	0.08	–	0.75	–	$K_2O-CaO-SiO_2$
Z135：8(1)	–	–	2.57	88.84	–	6.26	0.81	–	1.26	0.28	–	0.59	–	–	–	–	–	K_2O-SiO_2
Z135：8(2)	–	0.10	2.02	84.76	0.35	7.64	1.07	0.19	1.98	0.49	–	1.41	–	–	–	–	–	K_2O-SiO_2
Z135：8(3)	1.44	0.18	2.90	84.88	0.93	1.64	1.95	0.16	2.85	1.17	–	0.72	–	0.07	0.93	0.19	–	$K_2O-CaO-SiO_2$
Z135：8(4)	0.77	0.52	2.27	83.51	0.48	6.49	0.67	0.23	2.17	0.56	–	1.59	–	0.06	0.69	–	–	K_2O-SiO_2
Z135：8(5)	0.11	0.60	2.92	78.29	0.66	10.71	1.06	0.33	1.87	0.97	–	1.46	–	–	0.85	0.16	–	K_2O-SiO_2
Z135：8(6)	–	0.50	2.34	82.96	0.42	8.34	0.73	0.15	1.93	0.56	–	1.40	–	0.07	0.31	0.28	–	K_2O-SiO_2
Z135：8(7)	3.51	3.28	6.65	68.34	1.04	6.59	6.38	0.28	0.15	1.48	–	1.98	0.08	–	0.14	0.10	–	$K_2O-CaO-SiO_2$
Z135：8(8)	0.90	0.45	2.23	83.89	0.21	6.90	0.81	0.30	1.87	0.67	–	1.23	–	0.06	0.19	0.31	–	K_2O-SiO_2
Z135：8(9)	0.64	0.22	2.11	81.13	0.52	9.51	0.75	0.12	2.11	0.52	–	1.61	–	–	0.29	0.47	–	K_2O-SiO_2
Z135：8(10)	2.96	2.92	6.05	72.79	0.35	5.18	4.81	0.36	0.14	1.97	–	1.86	0.06	–	–	0.55	–	$K_2O-CaO-SiO_2$
Z135：8(11)	0.63	0.17	2.39	80.93	0.66	8.70	1.49	0.17	2.28	0.64	–	1.62	–	–	–	0.32	–	K_2O-SiO_2
Z135：8(12)	0.58	0.21	2.12	77.79	0.41	12.71	1.19	0.10	1.91	0.52	–	1.35	–	–	0.46	0.67	–	K_2O-SiO_2
Z135：8(13)	1.41	2.20	7.27	70.79	1.21	5.34	6.39	0.31	0.18	1.78	–	2.27	0.08	0.07	–	0.70	–	$K_2O-CaO-SiO_2$
Z29：7(1)	2.76	3.31	3.28	71.90	1.92	5.62	8.52	0.15	0.13	1.23	–	0.76	0.09	0.11	–	0.23	–	$K_2O-CaO-SiO_2$
Z29：7(2)	5.75	4.67	3.15	68.55	2.07	4.45	8.96	0.18	0.10	1.27	–	0.42	0.11	–	–	0.26	0.06	$K_2O-CaO-SiO_2$

备注：表中“–”表示仪器未检测出。

附录三

西岔沟墓地出土玻璃和石质珠饰的科技分析

刘松　董俊卿　李青会
（中国科学院上海光学精密机械研究所科技考古中心）

西岔沟墓地是东北地区规模最大的西汉时期北方民族墓地，位于辽宁省西丰县县城西部西岔沟附近的一座小山岗上，墓地年代为西汉早期晚段至西汉中晚期。该墓地原应有墓葬近500座，1956年辽宁省博物馆考古队发掘了墓地残留的63座墓葬，并在墓地采集、在村民手中征集大量墓地出土的器物，共计出土遗物近14000件，包含武器和车马器、陶器、金质装饰品以及玛瑙、绿松石、琉璃等质地的串饰等。西岔沟墓地包含匈奴、夫余、中原汉族的文化因素，也包括来自松嫩平原的汉书二期文化因素，长期以来该墓地的族属一直受到学术界的关注。本文选取了部分不同材质的珠饰样品，利用无损分析技术进行了科学的分析与检测。

一　实验方法

1. 便携式能量色散型X射线荧光光谱分析技术（PXRF）

便携式能量色散型X射线荧光光谱分析仪（PXRF）型号为OURSTEX 100FA。该设备采用金属钯（Pd）作为X射线源，X射线管的激发电压最高可达40 kV，最大功率为50 W，辐照到样品表面的X射线焦斑直径约为2.5 mm。设备主要由四个单元组成：探测器单元、高压单元、控制单元和数据处理单元组成。其中，探测器单元又包括低真空探测单元和大气探测单元。本次测试采用低真空探测器单元。数据处理单元主要包括控制软件及定性、定量分析软件。仪器相关参数及定量分析方法请参阅相关文献[1]。此设备已经成功应用于新疆、广西、湖北、浙江等地出土的古代玻璃器和瓷器研究[2]。

[1] S. Liu, Q. H. Li, F. X. Gan, P. Zhang. Characterization of some ancient glass vessels fragments found in Xinjiang, China, using a portable energy dispersive XRF pectrometer, *X-Ray Spectrometry*, 2011, 40, pp.364-375.

[2] S. Liu, Q. H. Li, F. X. Gan, P. Zhang, J.W. Lankton. Silk Road glass in Xinjiang, China: chemical compositional analysis and interpretation using a high-resolution portable XRF spectrometer, *Journal of Archaeological Science*, 2012, 39(7), pp.2128-2142. S. Liu, Q. H. Li, Q. Fu, F. X. Gan, Z. M. Xiong. Application of a portable XRF spectrometer for classification of potash glass beads unearthed from tombs of Han Dynasty in Guangxi, China, *X-Ray Spectrometry*, 2013, 42(6): pp.470-479. 刘松、李青会、董俊卿等：《宁波市东钱湖郭童岙窑址瓷器样品分析测试报告》，《郭童岙——越窑遗址发掘报告》，科学出版社，2011年。

2. 激光拉曼光谱分析仪

采用 LabRAM XploRA 型激光共焦拉曼光谱仪，由法国 Horiba 公司生产。仪器采用高稳定性研究级显微镜，配有反射及透射柯勒照明，物镜包括 10×、100× 和 LWD 50×。采用 532 nm 高稳定固体激光器 (25 mW) 以及相应的滤光片组件，及计算机控制多级激光功率衰减片。同时采用了针孔共焦技术，与 100× 物镜配合，空间分辨率横向优于 1 μm，纵向优于 2 μm。光谱仪拉曼频移范围为 70 ~ 8000 cm^{-1}（532 nm），光谱分辨率≤ 2 cm^{-1}，内置四块光栅 (2400 gr/mm、1800 gr/mm、1200 gr/mm、600 gr/mm)。光谱重复性≤ ±0.2 cm^{-1}。本台光谱仪在中国古代玻璃化合物着色剂和玉石内包裹体的分析中得到成功应用[1]。

3. 光学相干层析成像（OCT）

OCT 系统主要由四部分构成，分别是扫频源、干涉仪单元（日本 Santec 公司 IVS–2000 型）、OCT 探针以及计算机单元。扫频源部分采用的是日本 Santec 公司生产的 HSL–2000 型扫频激光光源，其中心波长为 1310 nm，谱峰半高宽为 110 nm，扫频频率为 20 kHz，激光最大功率为 50 mW。OCT 探针扫描范围为 0~20 mm。干涉仪单元则基于延迟线集成的马赫 – 泽德干涉系统。在硅酸盐材料中，轴向分辨率达到 5.3 μm，轴向探测深度达到 5.3 mm，横向分辨率 < 5 μm。该技术已经成功应用于中国古代瓷釉断层结构分析[2]。

4. 超景深光学显微系统

采用基恩士 VHX–5000 型，由日本基恩士公司所研制。本系统配备有两种型号的光学显微镜头，型号分别为 VH–Z20（×20~200）、VH–Z100R（×100~1000），可实现 20 倍至 1000 倍的显微观测。同时，本系统还具有自动对焦、全幅对焦、深度合成、多角度观测、超高分辨率和高清晰度显示、三维合成、实时观测以及三维测量等先进功能。

二　样品信息

选取的样品以珠饰样品为主，包括不同色调的蓝绿玻璃珠、不同材质的石质珠、金属珠等，均出土自辽宁省西丰县西岔沟墓地。样品数量总计 330 件，其中玻璃珠饰 108 件，石质珠饰 221 件，1 件金属珠，样品信息见表 1。玻璃珠饰样品，除了 2 件深蓝色米粒珠外，其余样品全部进行了分析。石质珠饰样品，对于外观特征相似的样品，仅选取了少数典型代表性样品 33 件进行测试分析。所测试样品数量中玻璃珠饰样品为 106 件（彩版二三六；彩版二三七，1、2），石质珠饰样品 33 件（彩版二三七，3、4；彩版二三八），金属珠 1 件，共计 140 件。

玻璃珠饰样品主要以深蓝色和湖蓝色两种颜色为主，同时含有个别的绿色（透明和不透明）玻璃样品，器形以圆柱形、圆圈形玻璃珠为主，同时包含少量球形、六方双锥形样品，

---

[1] H.X. Zhao, Q.H. Li, S. Liu, F.X. Gan, Characterization of microcrystals in some ancient glass beads from china by means of confocal Raman microspectroscopy, *Journal of Raman Spectroscopy*, 2013, 44(4): pp.643-649. 赵虹霞：《中国古代硅酸盐质文物的显微拉曼光谱研究》，中国科学院上海光学精密机械研究所 2014 年博士学位论文。

[2] 严鑫、董俊卿、李青会等：《基于 OCT 技术对古代瓷釉断面结构特征的初步研究》，《中国激光》2014 年第 41 卷第 9 期。

以及个别米粒珠（珠饰样品直径小于 2.5 mm）样品。

表 1　西岔沟墓地选送样品信息简表

实验编号	藏品分类号	器物原始号	送检前器物名称	数量
LNB Ⅰ -1	考 3648	M1：4	玻璃珠	6
LNB Ⅰ -2	考 3655.2	M2：8	玻璃珠	2
LNB Ⅰ -3	考 3658.3	M3：3	玻璃珠	4
LNB Ⅰ -4	考 3662	M4：3	玻璃珠	5
LNB Ⅰ -5	考 3679	M10：5	玻璃珠	2
LNB Ⅰ -6	考 3692	M12：18	玻璃珠	3
LNB Ⅰ -7	考 3705	M15：11	玻璃珠	3
LNB Ⅰ -8	考 3715	M16：13	玻璃珠	4
LNB Ⅰ -9	考 3726	M19：8	玻璃珠	3
LNB Ⅰ -10	考 3768	M30：7	玻璃珠	1
LNB Ⅰ -11	考 3768	M30：7	玻璃珠	1
LNB Ⅰ -12	考 3774	M31：10	玻璃珠	16
LNB Ⅰ -13	考 3777	M34：2	玻璃珠	1
LNB Ⅰ -14	考 3786	M35：9	玻璃珠	2
LNB Ⅰ -15	考 3797	M39：1	玻璃珠	2
LNB Ⅰ -16	考 3857	M54：4、5	玻璃珠	23
LNB Ⅰ -17	考 3903	M33：2	玻璃珠	5
LNB Ⅰ -18	考 4001	Z95：5	玻璃珠	1
LNB Ⅰ -19	考 4001	Z35：13	玻璃珠	2
LNB Ⅰ -20	考 4001	Z135：8	玻璃珠	13
LNB Ⅰ -21	考 4001	Z29：7	玻璃珠	2
LNB Ⅱ -1-1	考 3648	M1：4-73	绿色葫芦形玻璃珠	2
LNB Ⅱ -1-2		M1：4-72	绿色玻璃珠	
LNB Ⅱ -2	考 3658.1	M3：5	白石管	1
LNB Ⅱ -3	考 3648	M1：3	白石管	1（残为 2 段）
LNB Ⅱ -4	考 3655.1	M2：7	绿石扁珠子（残，大）	1（残为 3 段）
LNB Ⅱ -5-1	考 3837	M50：4	绿松石管（圆柱形）	2
LNB Ⅱ -5-2			绿松石管（扁圆柱形）	
LNB Ⅱ -6	考 3758	M27：11	灰色石管	1

续表 1

实验编号	藏品分类号	器物原始号	送检前器物名称	数量
LNB Ⅱ -7-1	考 3758	M27：4	绿松石珠子（大）	2
LNB Ⅱ -7-2			绿松石珠子（小）	
LNB Ⅱ -8	考 3758	M27：7	米粒珠（测试最大 1 颗）	3
LNB Ⅱ -9-1	考 3881	M60：6-1	玻璃珠	1
LNB Ⅱ -9-2	考 3881	M60：6-6	绿石珠	1
LNB Ⅱ -10-1	考 3893	M62：8	白石管（完整）	2
LNB Ⅱ -10-2			白石管（残）	
LNB Ⅱ -11	考 4006		白石管[1]	101
LNB Ⅱ -12	考 4005		绿石管[2]	99
LNB Ⅱ -13	考 4005		绿石管	4
LNB Ⅱ -14	考 4009		多孔珠	4
LNB Ⅱ -15	考 4081-10、考 4081-11		穿孔绿松石	2
LNB Ⅱ -16	考 4081-1		蜻蜓眼玻璃珠	1
LNB Ⅱ -17	考 4086-16		黑珠（铜珠）	1

说明：个别样品的送检前器物名与报告正文和插图中的器物名有出入，以报告正文和插图中的器物名为准。

三　结果与讨论

1. 玻璃器

风化作用是影响古代玻璃器化学成分定量分析的一个主要因素[3]。风化作用会导致玻璃器表面助熔剂流失，从而对判定玻璃器所属玻璃体系造成一定的困难。本文根据玻璃器的主次量组分及微量元素化学成分分析结果，并结合器物外观特征进行综合考虑，初步判定了所测试玻璃器样品的化学成分体系。结果表明玻璃珠饰样品的化学成分体系主要有三类，分别是钠铝硅酸盐玻璃（简称钠铝玻璃）、钾硅酸盐玻璃（简称钾玻璃）、钠钙硅酸盐玻璃（简称钠钙玻璃）。

（1）钠铝玻璃

钠铝玻璃中的主要助熔剂为 Na_2O，一般来说，其含量高于 10 wt%，但由于风化作用的影响，实际检测到的 Na_2O 的含量与风化程度有关。Al_2O_3 的含量一般不低于 4 wt%，CaO 的含

[1] PXRF 测试 6 件，OCT 测试 8 件，OM 测试 7 件。
[2] PXRF 测试 6 件，激光拉曼光谱测试 14 件，OCT 测试 8 件。
[3] S. Liu, Q. H. Li, F. X. Gan, P. Zhang, J.W. Lankton. Silk Road glass in Xinjiang, China: chemical compositional analysis and interpretation using a high-resolution portable XRF spectrometer, *Journal of Archaeological Science*, 2012, 39(7), pp.2128-2142.

量通常低于 6 wt%，K_2O 的含量通常低于 4 wt%。根据 MgO、K_2O 的含量，钠铝玻璃又可划分为植物灰型钠铝玻璃和矿物碱型钠铝玻璃[1]。

表 2 为钠铝玻璃化学成分定量分析结果。根据表 2 可知，本文所测试的 104 件玻璃珠饰样品中有 51 件为钠铝玻璃。所分析的钠铝玻璃中 MgO 的含量水平较高，含量范围集中在 1.80 wt% ~ 3.86 wt%，K_2O 的含量范围为 1.99 wt% ~ 4.87 wt%，属于植物灰型钠铝玻璃，其 Na_2O 的含量范围为 2.40 wt% ~ 14.24 wt%，含量范围变化较大，主要是由于受到风化作用的影响。Al_2O_3 的含量范围为 2.86 wt% ~ 9.74 wt%，CaO 的含量范围主要集中在 1.25 wt% ~ 5.95 wt%。着色离子主要是 Fe 离子和 Cu 离子。从外观特征来看，钠铝玻璃以蓝绿色玻璃珠饰为主，颜色特征与 Fe、Cu 离子着色相吻合，典型样品照片如彩版二三六，1 ~ 6 所示。LNB Ⅱ -16（彩版二三六，6）为一件蜻蜓眼玻璃珠样品，与此件相似的样品在新疆洛浦山普拉墓地也有发现，根据我们的研究结果，其为南亚（巴基斯坦）传入品，由草原丝绸之路传入[2]。

拉曼光谱在个别样品中检测到了锡酸铅的存在。样品 LNB Ⅰ -7-2（考 3705，M15：11-02）为绿色不透明玻璃珠，其拉曼光谱如图 1 所示。由图 1 可知，其拉曼特征峰在 133 cm^{-1}、322 cm^{-1}、387 cm^{-1}、458 cm^{-1}、630 cm^{-1}，与锡酸铅拉曼特征峰相吻合。同时，化学成分分析结果中也检测到含有 PbO（8.18 wt%）和 SnO_2（1.38 wt%）。锡酸铅为黄色，但当与 Cu 离子所着蓝色共存时便会呈现出不透明绿色。激光拉曼光谱在样品 LNB Ⅱ -16（考 4081-1，蜻蜓眼玻璃珠）黄色眼圈区域也检测到了锡酸铅的存在。

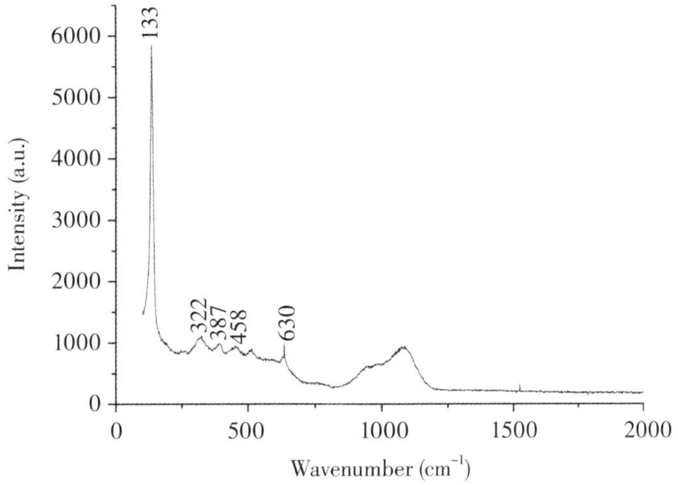

图 1　样品 LNB Ⅰ -7-02 中锡酸铅（$PbSn_{1-x}Si_xO_3$）的拉曼图谱

文献资料[3]表明，植物灰型钠铝玻璃有三种亚类，第一种亚类在巴基斯坦、印度北部、中国新疆以及孟加拉国均有发现。此类玻璃饰品主要出现时间集中在公元前 2 世纪至公元 2

[1] D. Laure, G. Bernard, B. Maryse. Mineral Soda alumina glass: occurence and meaning, *Journal of Archaeological Science*, 2010, 37: pp.1646-1655.

[2] S. Liu, Q. H. Li, F. X. Gan, P. Zhang, J.W. Lankton. Silk Road glass in Xinjiang, China: chemical compositional analysis and interpretation using a high-resolution portable XRF spectrometer, *Journal of Archaeological Science*, 2012, 39(7), pp.2128-2142.

[3] 付强、邝桂荣、吕良波等：《广州出土汉代玻璃制品的无损分析》,《硅酸盐学报》2013 年第 41 卷第 7 期。

表 2　西岔沟墓地出土植物灰型钠铝玻璃化学成分定量分析结果

实验编号	原始编号	Na_2O	MgO	Al_2O_3	SiO_2	P_2O_5	K_2O	CaO	TiO_2	MnO	Fe_2O_3	CuO	其他	Cr	Ni	Cu	Zn	Rb	Sr	Zr	Pb
		wt%	wt%	wt%	wt%	wt%	wt%	wt%	wt%	wt%	wt%	wt%	wt%	μg/g	μg/g	μg/g	μg/g	μg/g	μg/g	μg/g	μg/g
LNB Ⅰ -1-1	M1 : 4	2.56	3.61	8.80	73.47	n.d.	2.99	4.69	0.21	0.06	1.05	2.56		57	12	M	104	47	266	94	87
LNB Ⅰ -1-2	M1 : 4	9.19	2.81	7.13	68.89	n.d.	3.42	4.77	0.22	0.05	1.12	2.39		101	n.d.	M	70	54	283	130	40
LNB Ⅰ -1-3	M1 : 4	2.92	3.86	8.66	73.29	0.13	2.70	4.84	0.18	0.05	1.05	2.30		129	16	M	112	57	300	107	71
LNB Ⅰ -1-4	M1 : 4	3.33	3.74	8.16	72.22	n.d.	4.24	3.70	0.53	0.13	2.38	1.56		18	n.d.	M	76	60	645	266	66
LNB Ⅰ -1-5	M1 : 4	2.69	1.80	5.58	80.04	n.d.	2.96	3.35	0.10	0.08	1.19	2.20		26	n.d.	M	62	32	208	135	25
LNB Ⅰ -3-2	M3 : 3	9.01	2.62	3.19	74.81	n.d.	3.73	4.65	0.10	0.08	0.91	0.92		58	n.d.	M	n.d.	49	277	101	276
LNB Ⅰ -3-3	M3 : 3	7.09	2.98	4.63	74.81	n.d.	2.31	4.14	0.33	0.11	1.18	2.42		58	n.d.	M	56	29	313	371	28
LNB Ⅰ -3-4	M3 : 3	2.42	3.29	3.69	81.66	n.d.	2.36	3.21	0.06	0.18	1.05	2.08		39	n.d.	M	16	26	174	51	41
LNB Ⅰ -5-1	M10 : 5	2.50	3.85	5.54	77.41	n.d.	3.60	4.90	0.12	0.08	0.96	1.03		67	n.d.	M	n.d.	55	325	86	281
LNB Ⅰ -5-2	M10 : 5	1.76	2.48	6.47	79.02	n.d.	2.92	3.32	0.21	0.15	1.45	2.22		44	n.d.	M	25	46	223	235	n.d.
LNB Ⅰ -6-3	M12 : 18	10.41	2.93	4.81	69.55	0.17	2.42	5.82	0.20	0.15	1.17	2.37		105	7	M	47	40	469	194	57
LNB Ⅰ -7-1	M15 : 11	9.48	3.62	5.07	68.98	n.d.	3.98	4.93	0.23	0.12	1.17	2.43		61	n.d.	M	65	45	544	194	127
LNB Ⅰ -7-2	M15 : 11	10.57	2.51	2.94	64.87	n.d.	2.83	4.18	0.06	0.07	0.95	1.46	PbO：8.18 SnO_2：1.38	70	n.d.	M	17	n.d.	199	45	M
LNB Ⅰ -8-1	M16 : 13	9.90	2.77	5.89	67.21	0.32	4.70	7.26	0.18	0.10	1.10	0.56		143	n.d.	M	5	75	460	156	111
LNB Ⅰ -8-2	M16 : 13	7.09	3.53	5.75	71.41	0.33	4.28	5.11	0.43	0.09	1.11	0.87		86	n.d.	M	44	51	602	320	46
LNB Ⅰ -8-3	M16 : 13	9.00	2.94	4.23	73.11	n.d.	2.08	5.09	0.18	0.12	1.06	2.19		88	n.d.	M	27	29	393	153	43
LNB Ⅰ -9-1	M19 : 8	11.19	2.30	2.68	73.26	n.d.	2.92	4.31	0.13	0.17	1.09	1.95		40	n.d.	M	10	27	210	108	457
LNB Ⅰ -9-2	M19 : 8	13.19	3.40	5.49	64.21	n.d.	4.87	6.07	0.36	0.08	1.07	1.27		69	n.d.	M	n.d.	68	628	337	42
LNB Ⅰ -9-3	M19 : 8	10.76	2.47	3.22	73.18	n.d.	2.81	4.15	0.16	0.18	1.17	1.89		57	14	M	21	33	224	153	630
LNB Ⅰ -11	M30 : 7	9.90	2.83	3.68	72.14	n.d.	3.89	5.28	0.12	0.11	0.94	1.11		79	n.d.	M	24	48	380	113	136

续表 2

实验编号	原始编号	Na_2O	MgO	Al_2O_3	SiO_2	P_2O_5	K_2O	CaO	TiO_2	MnO	Fe_2O_3	CuO	其他	Cr	Ni	Cu	Zn	Rb	Sr	Zr	Pb
		wt%	wt%	wt%	wt%	wt%	wt%	wt%	wt%	wt%	wt%	wt%	wt%	μg/g	μg/g	μg/g	μg/g	μg/g	μg/g	μg/g	μg/g
LNB Ⅰ -12-2	M31：10	9.93	2.92	5.19	70.00	n.d.	3.35	4.96	0.25	0.14	1.33	1.92		72	0	M	46	34	424	178	n.d.
LNB Ⅰ -12-9	M31：10	10.51	2.95	4.70	71.18	n.d.	3.50	4.61	0.40	0.10	1.12	0.93		54	n.d.	M	11	48	488	412	62
LNB Ⅰ -12-10	M31：10	8.89	3.15	5.58	71.02	0.16	3.55	4.75	0.42	0.12	1.29	0.94	PbO：0.13	65	n.d.	M	11	38	468	272	M
LNB Ⅰ -12-11	M31：10	10.00	3.67	6.90	66.40	0.12	4.52	5.61	0.42	0.10	1.52	0.76		46	n.d.	M	n.d.	56	639	191	270
LNB Ⅰ -12-12	M31：10	7.81	2.67	7.04	71.86	0.12	3.08	3.74	0.34	0.18	1.48	1.69		89	n.d.	M	46	51	298	199	168
LNB Ⅰ -12-13	M31：10	7.76	2.29	5.34	72.95	n.d.	2.50	4.63	0.36	0.11	1.42	2.63		26	n.d.	M	26	38	351	217	59
LNB Ⅰ -12-15	M31：10	7.05	3.61	5.53	71.90	0.05	3.79	5.13	0.34	0.11	1.52	0.98		64	n.d.	M	15	43	560	204	280
LNB Ⅰ -12-16	M31：10	10.76	3.13	5.90	67.44	n.d.	4.24	5.81	0.38	0.11	1.52	0.71		82	n.d.	M	42	53	646	339	223
LNB Ⅰ -14-01	M35：9	7.36	3.35	4.59	71.71	n.d.	2.64	4.84	0.24	0.15	1.35	3.77		39	n.d.	M	78	28	375	171	43
LNB Ⅰ -15-01	M39：1	14.24	2.73	4.72	65.94	n.d.	2.72	5.69	0.30	0.08	1.15	2.43		68	5	M	101	40	397	325	43
LNB Ⅰ -15-02	M39：1	9.49	3.05	5.20	71.99	n.d.	3.47	4.30	0.34	0.11	1.13	0.92		45	n.d.	M	36	40	420	298	612
LNB Ⅰ -16-01	M54：4、5	8.45	2.40	6.33	70.31	n.d.	3.72	5.08	0.19	0.13	1.08	2.32		72	14	M	56	51	268	116	62
LNB Ⅰ -16-02	M54：4、5	13.39	2.49	4.13	70.45	0.01	2.17	3.34	0.20	0.13	0.91	2.78		88	12	M	61	35	280	254	37
LNB Ⅰ -16-03	M54：4、5	9.57	2.60	5.13	72.82	n.d.	2.68	3.70	0.20	0.12	0.98	2.21		52	7	M	50	28	287	126	36
LNB Ⅰ -16-04	M54：4、5	8.27	2.49	6.64	72.02	n.d.	2.23	3.92	0.29	0.13	1.25	2.78		95	7	M	77	39	313	264	69
LNB Ⅰ -16-06	M54：4、5	12.39	2.38	4.40	71.22	n.d.	2.01	3.57	0.20	0.13	1.08	2.62		48	5	M	123	34	274	232	37
LNB Ⅰ -16-08	M54：4、5	8.47	2.08	5.06	74.23	n.d.	1.99	4.02	0.19	0.13	1.11	2.72		94	n.d.	M	62	39	289	114	77
LNB Ⅰ -16-09	M54：4、5	7.60	2.86	6.45	73.41	0.03	2.14	3.41	0.29	0.11	1.07	2.63		92	5	M	84	38	273	123	63
LNB Ⅰ -16-10	M54：4、5	7.86	2.96	8.41	69.98	n.d.	3.08	3.67	0.51	0.10	2.14	1.29		61	n.d.	M	50	44	296	182	34
LNB Ⅰ -16-11	M54：4、5	2.59	3.65	8.06	74.85	n.d.	2.45	4.23	0.36	0.10	1.25	2.46		63	14	M	52	31	315	287	28

续表 2

实验编号	原始编号	Na_2O	MgO	Al_2O_3	SiO_2	P_2O_5	K_2O	CaO	TiO_2	MnO	Fe_2O_3	CuO	其他	Cr	Ni	Cu	Zn	Rb	Sr	Zr	Pb
		wt%	wt%	wt%	wt%	wt%	wt%	wt%	wt%	wt%	wt%	wt%	wt%	μg/g	μg/g	μg/g	μg/g	μg/g	μg/g	μg/g	μg/g
LNB Ⅰ -17-01	M33∶2	8.74	2.44	6.10	70.13	n.d.	3.89	5.21	0.17	0.12	1.04	2.16		103	n.d.	M	45	68	306	131	57
LNB Ⅰ -17-02	M33∶2	9.27	3.03	5.92	69.99	n.d.	3.50	5.70	0.28	0.12	1.58	0.60		46	9	M	39	50	485	210	189
LNB Ⅰ -17-03	M33∶2	9.17	2.31	6.82	68.53	n.d.	3.83	5.27	0.21	0.13	1.43	2.30		47	n.d.	M	75	59	308	274	55
LNB Ⅰ -17-04	M33∶2	12.95	3.03	6.44	66.08	0.05	3.45	4.56	0.21	0.06	1.16	2.01		91	n.d.	M	37	51	300	111	33
LNB Ⅰ -17-05	M33∶2	11.56	2.69	2.86	70.99	n.d.	3.49	5.95	0.12	0.13	1.38	0.84		26	n.d.	M	32	34	391	135	36
LNB Ⅰ -18	Z95∶5	10.87	2.33	5.30	68.76	n.d.	3.80	5.36	0.16	0.12	0.99	2.31		60	12	M	71	50	292	95	70
LNB Ⅰ -19-02	Z35∶13	6.24	2.33	5.76	75.38	n.d.	2.84	2.91	0.24	0.06	1.16	3.09		45	n.d.	M	62	39	237	126	31
LNB Ⅰ -20-07	Z135∶8	9.05	2.54	6.28	70.04	n.d.	3.59	4.80	0.21	0.13	1.31	2.05		99	n.d.	M	32	45	235	137	54
LNB Ⅰ -20-10	Z135∶8	14.05	2.04	3.60	71.04	n.d.	2.05	3.63	0.16	0.12	0.90	2.40		41	n.d.	M	27	28	256	99	20
LNB Ⅰ -20-13	Z135∶8	9.91	2.01	6.95	67.67	n.d.	3.89	5.29	0.30	0.13	1.68	2.18		67	n.d.	M	94	53	294	224	70
LNB Ⅱ -16-基体	考 4081-1	5.94	2.93	5.20	75.38	n.d.	2.50	3.63	0.36	0.08	1.86	1.94	PbO：0.19	44	n.d.	M	13	36	336	116	M
LNB Ⅱ -16-眼圈		4.20	3.56	8.50	69.84	n.d.	2.98	3.99	0.39	0.07	1.43	1.71	PbO：2.97；SnO_2：0.35	79	n.d.	M	58	8	348	147	M
LNB Ⅱ -16-眼珠		3.07	3.23	9.74	67.93	n.d.	3.32	3.68	0.47	0.07	1.73	0.89	PbO：5.33；SnO_2：0.54	81	5	M	32	16	337	129	M

注：“n.d.”表示此种组分或元素含量较低，无法有效检测；“M”表示此种微量元素含量为次量组分，下同。

世纪，其产地可能在巴基斯坦。另外两种亚类出现较晚，为9世纪之后，一类主要为玻璃珠，发现于撒哈拉以南的非洲地区，另外一类则主要为器皿，发现于苏门答腊群岛和肯尼亚地区。此两类的产地还不明确。综合考虑时间与地域因素，本文所分析的植物灰型钠铝玻璃应属于第一种亚类，产地可能在巴基斯坦。钠铝玻璃在广东[1]、广西[2]均有发现，但时间稍晚于西岔沟墓地，主要集中在西汉中晚期至东汉，而且广东发现的钠铝玻璃为矿物碱型钠铝玻璃，与本文的植物灰型钠铝玻璃存在一定差异。上述分析说明，西岔沟墓地出土的植物灰型钠铝玻璃应该是通过草原丝绸之路传入我国，而并非通过海上丝绸之路。

（2）钾玻璃

钾玻璃中的主要助熔剂为 K_2O，通常来说，其含量不低于10 wt%。风化作用也会导致 K_2O 大量流失。根据钾玻璃中 CaO、Al_2O_3 的含量，可将钾玻璃划分为三个亚类，分别是中等钙铝型钾玻璃、低钙型钾玻璃和低铝型钾玻璃[3]。由于风化因素的影响，古代玻璃中 CaO、Al_2O_3 的含量与真实值之间存在一定差异。实验表明，微量元素受风化作用影响较小，同时，不同亚类钾玻璃之间也存在差异。中等钙铝型钾玻璃中 Rb、Sr 的含量水平中等，其 Rb/Sr 比值小于10，而低钙型钾玻璃中，Rb 的含量水平一般较高，而 Sr 的含量水平较低，其 Rb/Sr 比值大于10[4]。三种亚类的钾玻璃类型中 CaO、Al_2O_3 的含量范围及 Rb/Sr 比值范围如表3所示。

表3　不同亚类钾玻璃中 CaO、Al_2O_3 的含量范围及 Rb/Sr 比值

钾玻璃亚类	CaO 含量	Al_2O_3 含量	Rb/Sr 值
中等钙铝型	1 wt% ~ 4 wt%	1 wt% ~ 6wt%	< 10
低钙型	< 1 wt%	3 wt% ~ 8 wt%	> 10
低铝型	3 wt% ~ 8 wt%	< 1 wt%	

表4为西岔沟墓地出土钾玻璃化学成分定量分析结果及亚类分类信息。本次测试的钾玻璃样品为49件，其 K_2O 的含量范围为 3.58 wt% ~ 13.89 wt%。综合考虑 CaO、Al_2O_3 和微量元素 Rb、Sr 的含量水平，本次所测试的钾玻璃样品主要有两种亚类，分别是中等钙铝型钾玻璃和低钙型钾玻璃。中等钙铝型钾玻璃有36件，此亚类钾玻璃中 Al_2O_3 的含量范围为 0.97 wt% ~ 5.20 wt%，CaO 的含量范围为 0.72 wt% ~ 3.93 wt%，Rb、Sr 的含量范围分别为 10 ~ 273 μg/g、0 ~ 153μg/g，其 Rb/Sr 比值小于10。低钙型钾玻璃有13件，此亚类钾玻璃中

[1] 付强、邝桂荣、吕良波等：《广州出土汉代玻璃制品的无损分析》，《硅酸盐学报》2013年第41卷第7期。

[2] 熊昭明、李青会：《广西出土汉代玻璃器的考古学与科技研究》，文物出版社，2011年，第158页。

[3] James W. Lankton, Laure Dussubieux, Early glass in Asian Maritime Trade: A review and an interpretation of compositional analyses, *Journal of Glass Studies*, 2006, 48: pp.121-144.

[4] S. Liu, Q. H. Li, Q. Fu, F. X. Gan, Z. M. Xiong. Application of a portable XRF spectrometer for classification of potash glass beads unearthed from tombs of Han Dynasty in Guangxi, China. *X-Ray Spectrometry*, 2013, 42(6): pp.470-479.

表 4　西岔沟墓地出土钾玻璃化学成分定量分析结果

实验编号	原始编号	亚类	Na_2O	MgO	Al_2O_3	SiO_2	P_2O_5	K_2O	CaO	TiO_2	MnO	Fe_2O_3	CoO	CuO	其他	Cr	Ni	Cu	Zn	Rb	Sr	Zr	Pb	Rb/Sr值
			wt%	wt%	wt%	wt%	wt%	wt%	wt%	wt%	wt%	wt%	wt%	wt%	wt%	μg/g	μg/g	μg/g	μg/g	μg/g	μg/g	μg/g	μg/g	
LNB Ⅰ -1-6	M1∶4	中等钙铝型	2.36	2.24	2.73	81.97	0.38	3.58	0.95	0.25	2.05	1.63	0.19	1.67		19	78	M	62	86	67	24	67	1.28
LNB Ⅰ -2-1	M2∶8	低钙型	2.33	2.03	4.98	72.69	0.46	12.30	1.00	0.27	1.76	1.96	0.23	n.d.		n.d.	109	423	47	275	17	54	44	16.18
LNB Ⅰ -2-2	M2∶8	低钙型	2.27	2.25	3.76	75.04	0.50	11.08	1.22	0.23	1.66	1.79	0.20	n.d.		n.d.	51	271	33	227	11	41	68	20.64
LNB Ⅰ -3-1	M3∶3	中等钙铝型	2.01	2.30	3.27	74.94	0.59	12.32	1.65	0.19	1.34	1.23	0.16	n.d.		13	39	353	n.d.	273	32	55	88	8.53
LNB Ⅰ -4-1	M4∶3	低钙型	1.95	2.13	3.54	77.78	0.12	10.91	0.81	0.15	1.37	1.09	0.16	n.d.		9	40	141	28	221	n.d.	43	265	＞10
LNB Ⅰ -4-2	M4∶3	低钙型	1.97	2.15	4.09	80.34	n.d.	7.46	0.87	0.15	1.39	1.40	0.17	n.d.		n.d.	34	215	25	172	n.d.	39	614	＞10
LNB Ⅰ -4-3	M4∶3	低钙型	2.00	2.09	3.19	77.38	0.15	10.86	0.77	0.14	1.23	1.98	0.20	n.d.		n.d.	30	671	50	179	n.d.	42	126	＞10
LNB Ⅰ -4-4	M4∶3	低钙型	1.97	2.05	3.68	76.96	0.13	10.94	0.71	0.16	1.19	2.01	0.20	n.d.		n.d.	56	645	33	194	n.d.	43	143	＞10
LNB Ⅰ -4-5	M4∶3	中等钙铝型	1.69	1.88	4.94	69.66	0.47	13.84	2.83	0.30	2.02	1.97	0.20	0.19		17	42	M	92	245	52	85	150	4.71
LNB Ⅰ -6-1	M12∶18	低钙型	1.72	2.34	5.34	77.99	0.61	7.03	1.04	0.24	1.43	1.96	0.18	0.12		6	15	M	33	290	12	77	74	24.17
LNB Ⅰ -6-2	M12∶18	中等钙铝型	1.67	2.28	3.33	76.51	0.59	11.04	1.66	0.16	1.30	1.30	0.15	n.d.		8	54	150	21	204	26	62	51	7.85
LNB Ⅰ -7-3	M15∶11	中等钙铝型	1.80	2.34	2.83	76.63	0.99	10.52	1.59	0.26	1.44	1.26	0.14	0.21		n.d.	29	M	37	41	86	75	60	0.48
LNB Ⅰ -10	M30∶7	中等钙铝型	1.60	2.20	1.30	78.43	0.52	9.97	2.57	0.17	1.08	1.18	0.18	0.81		41	26	M	63	89	70	80	32	1.27
LNB Ⅰ -12-1	M31∶10	中等钙铝型	1.38	1.68	1.49	77.06	0.71	10.32	3.93	0.11	1.06	1.22	0.17	0.87		30	33	M	18	101	84	81	39	1.20
LNB Ⅰ -12-3	M31∶10	中等钙铝型	1.98	1.83	1.23	81.18	0.34	7.37	1.97	0.20	1.50	1.57	0.16	0.65		12	40	M	21	44	89	24	26	0.49
LNB Ⅰ -12-4	M31∶10	中等钙铝型	1.39	1.64	1.03	80.40	0.68	7.66	3.11	0.17	1.28	1.42	0.19	1.03		18	57	M	10	112	75	95	24	1.49
LNB Ⅰ -12-5	M31∶10	中等钙铝型	1.60	2.32	3.35	78.70	1.27	5.17	3.18	0.27	1.33	1.53	0.19	1.09		63	85	M	61	118	106	115	28	1.11
LNB Ⅰ -12-6	M31∶10	中等钙铝型	1.41	2.40	2.69	75.63	1.03	10.46	2.96	0.23	1.00	1.19	0.16	0.83		59	78	M	30	102	91	94	33	1.12
LNB Ⅰ -12-7	M31∶10	中等钙铝型	1.56	2.25	1.96	78.72	0.82	8.46	2.58	0.20	1.12	1.25	0.18	0.90		41	72	M	49	95	73	78	26	1.30
LNB Ⅰ -12-8	M31∶10	中等钙铝型	2.09	2.43	1.44	80.58	0.43	6.90	2.42	0.19	1.15	1.31	0.20	0.86		n.d.	53	M	14	85	64	73	38	1.33

续表 4

实验编号	原始编号	亚类	Na_2O	MgO	Al_2O_3	SiO_2	P_2O_5	K_2O	CaO	TiO_2	MnO	Fe_2O_3	CoO	CuO	其他	Cr	Ni	Cu	Zn	Rb	Sr	Zr	Pb	Rb/Sr 值
			wt%	wt%	wt%	wt%	wt%	wt%	wt%	wt%	wt%	wt%	wt%	wt%	wt%	μg/g	μg/g	μg/g	μg/g	μg/g	μg/g	μg/g	μg/g	
LNB Ⅰ -13	M34：2	低钙型	2.45	2.11	4.27	76.38	0.05	10.78	0.62	0.19	1.70	1.15	0.16	n.d.	PbO：0.15	n.d.	47	412	24	252	5	64	M	50.40
LNB Ⅰ -14-02	M35：9	中等钙铝型	2.52	2.05	2.86	76.54	0.26	10.79	1.62	0.26	1.48	1.27	0.15	0.21		n.d.	34	M	27	36	107	57	23	0.34
LNB Ⅰ -16-05	M54：4	中等钙铝型	2.82	2.13	0.97	80.21	n.d.	10.33	1.05	0.09	1.40	0.83	0.17	n.d.		n.d.	58	521	14	24	54	n.d.	27	0.44
LNB Ⅰ -16-07	M54：4	低钙型	2.52	2.05	3.71	74.88	n.d.	11.36	0.89	0.23	2.10	2.03	0.23	n.d.		n.d.	84	870	37	157	6	18	54	26.17
LNB Ⅰ -16-12	M54：4	中等钙铝型	2.53	2.07	2.95	75.95	n.d.	11.80	1.40	0.18	1.55	1.37	0.21	n.d.		13	54	759	33	207	34	60	38	6.09
LNB Ⅰ -16-13	M54：4	低钙型	2.54	1.91	2.77	79.73	n.d.	9.19	0.54	0.12	1.43	1.56	0.21	n.d.		n.d.	40	609	11	143	n.d.	13	29	> 10
LNB Ⅰ -16-14	M54：4	低钙型	2.79	2.10	3.85	74.42	0.27	11.77	1.03	0.18	1.57	1.81	0.21	n.d.		n.d.	78	896	28	217	14	31	42	15.50
LNB Ⅰ -16-15	M54：4	中等钙铝型	2.66	2.14	3.56	76.91	0.07	10.25	1.21	0.15	1.52	1.34	0.19	n.d.		n.d.	58	710	26	219	33	162	64	6.64
LNB Ⅰ -16-16	M54：4	中等钙铝型	3.39	0.65	2.41	77.71	n.d.	10.37	2.28	0.00	1.59	1.37	0.21	n.d.		17	66	335	22	234	35	71	57	6.69
LNB Ⅰ -16-17	M54：4	中等钙铝型	2.58	1.96	2.17	79.44	n.d.	9.92	0.99	0.11	1.40	1.22	0.20	n.d.		n.d.	26	549	15	175	26	37	39	6.73
LNB Ⅰ -16-18	M54：4	中等钙铝型	2.98	1.98	1.25	81.07	n.d.	8.89	1.12	0.09	1.55	0.89	0.18	n.d.		8	45	582	38	30	62	4	57	0.48
LNB Ⅰ -16-19	M54：4	低钙型	2.57	2.11	4.23	77.74	n.d.	9.44	0.72	0.17	1.19	1.64	0.20	n.d.		n.d.	30	622	5	223	8	29	61	27.88
LNB Ⅰ -16-20	M54：4	中等钙铝型	2.26	2.04	5.20	71.65	0.08	13.89	1.60	0.22	1.30	1.58	0.19	n.d.		18	62	823	12	265	27	58	108	9.81
LNB Ⅰ -16-21	M54：4	中等钙铝型	2.58	2.07	3.32	75.80	0.20	11.17	1.53	0.29	1.43	1.29	0.16	0.16		n.d.	34	M	25	34	117	68	37	0.29
LNB Ⅰ -16-22	M54：4	低钙型	2.61	2.01	4.07	75.35	0.23	11.20	0.79	0.20	1.53	1.79	0.21	n.d.		9	83	882	19	188	8	27	46	23.50

续表 4

实验编号	原始编号	亚类	Na_2O	MgO	Al_2O_3	SiO_2	P_2O_5	K_2O	CaO	TiO_2	MnO	Fe_2O_3	CoO	CuO	其他	Cr	Ni	Cu	Zn	Rb	Sr	Zr	Pb	Rb/Sr 值
			wt%	wt%	wt%	wt%	wt%	wt%	wt%	wt%	wt%	wt%	wt%	wt%	wt%	μg/g	μg/g	μg/g	μg/g	μg/g	μg/g	μg/g	μg/g	
LNB Ⅰ–16–23	M54：4	中等钙铝型	2.22	2.02	2.50	77.79	0.48	10.55	1.33	0.19	1.18	0.93	0.14	0.68		6	69	M	60	69	88	63	46	0.78
LNB Ⅰ–19–01	Z35：13	中等钙铝型	2.75	2.11	3.39	79.49	0.46	3.62	1.25	0.41	2.49	1.92	0.14	2.02		n.d.	43	M	81	55	97	n.d.	44	0.57
LNB Ⅰ–20–01	Z135：8	中等钙铝型	2.16	2.00	3.60	76.28	0.53	8.97	1.33	0.21	2.00	0.79	0.08	2.05		45	45	M	58	52	42	63	18	1.24
LNB Ⅰ–20–02	Z135：8	中等钙铝型	1.97	2.08	2.48	80.87	0.32	6.33	0.92	0.15	2.05	0.69	0.08	2.07		n.d.	55	M	51	52	30	46	136	1.73
LNB Ⅰ–20–03	Z135：8	中等钙铝型	1.78	2.18	3.74	79.52	0.43	5.13	2.42	0.14	2.44	1.29	0.11	0.82		17	45	M	29	81	153	55	20	0.53
LNB Ⅰ–20–04	Z135：8	中等钙铝型	2.19	2.34	2.88	79.13	0.76	6.50	1.00	0.21	2.06	0.72	0.08	2.13		n.d.	81	M	45	64	48	79	189	1.33
LNB Ⅰ–20–05	Z135：8	中等钙铝型	1.80	2.33	4.72	73.11	0.65	10.32	1.62	0.41	1.90	1.01	0.09	2.05		40	76	M	148	67	71	174	237	0.94
LNB Ⅰ–20–06	Z135：8	中等钙铝型	2.53	2.13	2.16	82.34	0.13	4.68	1.09	0.15	1.95	0.77	0.09	1.96		n.d.	27	M	54	44	28	39	33	1.57
LNB Ⅰ–20–08	Z135：8	中等钙铝型	2.30	0.83	1.10	81.78	0.19	6.48	1.59	0.10	2.35	0.78	0.08	2.42		n.d.	70	M	39	52	37	58	88	1.41
LNB Ⅰ–20–09	Z135：8	中等钙铝型	2.18	1.53	2.63	75.86	0.37	11.17	1.26	0.18	1.99	0.68	0.07	2.07		16	69	M	72	62	38	58	29	1.63
LNB Ⅰ–20–11	Z135：8	中等钙铝型	2.33	1.96	2.60	81.17	0.48	5.02	1.14	0.16	2.17	0.74	0.08	2.14		n.d.	71	M	66	56	40	58	45	1.40
LNB Ⅰ–20–12	Z135：8	中等钙铝型	2.19	1.89	2.67	79.39	0.61	6.58	1.33	0.15	2.15	0.75	0.08	2.20		22	52	M	84	61	42	51	26	1.45
LNB Ⅱ–1–1	M1：4–72	中等钙铝型	1.63	1.44	1.59	74.94	n.d.	6.56	1.33	0.06	0.05	1.10	n.d.	2.83	PbO：6.42 SnO_2：1.94	36	18	M	45	10	n.d.	n.d.	M	
LNB Ⅱ–8	M27：7	中等钙铝型	2.60	1.97	1.20	80.45	n.d.	9.17	0.72	0.23	3.01	0.57	0.09	n.d.		n.d.	76	M	116	26	n.d.	n.d.	51	

Al_2O_3的含量范围为 2.77 wt% ~ 5.34 wt%，CaO 的含量范围为 0.54 wt% ~ 1.22 wt%，Rb、Sr 的含量范围分别为 143 ~ 290 μg/g、0 ~ 17 μg/g，Rb/Sr 比值大于 10。大部分钾玻璃中含量较高的 MnO，着色元素主要为 Co 元素，故而呈现出偏紫色调的深蓝色。个别样品（LNB Ⅱ -1-1）则以锡酸铅着色，锡酸铅为不透明黄色，与蓝色共同着色时，会形成不透明绿色。典型钾玻璃样品照片如彩版二三六，7 ~ 11 所示。

需要注意的是，大部分钾玻璃珠饰样品以圆柱形为主，而少量样品（LNB Ⅰ -20-02~06、08、09、11、12），如彩版二三六，12；彩版二三七，1 所示，则为利用宝石学加工工艺制作的具有宝石晶体形状（六方双锥形、四方柱形）特征的玻璃珠饰样品，同时，其在着色元素特征上与其他钾玻璃样品也存在差别，组分中 CoO 含量水平较低，而 CuO 含量水平较高。

钾玻璃是印度、东南亚和我国华南、西南等地区特有的一种玻璃体系。钾玻璃有三种亚类，分别是低钙型、中等钙铝型和低铝型。根据现已发表的钾玻璃数据，在印度、东南亚和中国等地区出土的钾玻璃中，低铝型钾玻璃数量较少，其比例低于 5%，低钙型钾玻璃和中等钙铝型钾玻璃数量比例则高达 41% 和 49%。中等钙铝型钾玻璃是分布最广泛的一类，在中国、印度、泰国、缅甸、柬埔寨等地均有发现。低铝型钾玻璃主要来自泰国，在缅甸也有少量发现。低钙型钾玻璃则主要来自我国广西、越南北部、缅甸，泰国和柬埔寨有少量发现[1]。目前的研究资料表明，存在多个钾玻璃的生产制作中心。汉代交州刺史部，今越南北部地区，是当时的钾玻璃生产制作中心之一，东南亚、印度地区也存在钾玻璃生产制作中心。

西岔沟墓地出土的钾玻璃样品主要是低钙型钾玻璃和中等钙铝型钾玻璃。部分低钙型钾玻璃样品，推测应为我国自制，产地应为交州刺史部。由于西汉时期钾玻璃在福建及其周边区域发现较少，而在江苏地区却有发现，推测低钙型钾玻璃可能通过南流江北上沿长江至江苏地区，进而通过海路传至辽宁地区。中等钙铝型钾玻璃在印度、东南亚地区都有较为广泛的分布。从印度传入中国的玻璃器，主要是六棱柱、扁壶形等特殊几何造型的珠饰，以及以铜着色的红褐色珠等。西岔沟墓地出土的部分钾玻璃样品具有几何造型，均为中等钙铝型钾玻璃，但制作工艺较为粗糙，表面未经打磨，推测为东南亚地区仿制印度地区利用宝石学加工工艺所制作的几何形状的玻璃珠饰，通过海上丝绸之路传入我国。在我国新疆地区也发现少量中等钙铝型钾玻璃[2]，因此，部分中等钙铝型钾玻璃也可能为印度制作，通过草原丝绸之路传入我国。

（3）钠钙玻璃

本次测试的玻璃样品中有 6 件样品为钠钙玻璃，化学成分如表 5 所示。根据测试结果中 MgO、K_2O的含量，均高于 1.5 wt%，可判断所分析的钠钙玻璃为植物灰型钠钙玻璃。6 件样品中，有 4 件样品检测到了 Sb_2O_3。在样品 LNB Ⅰ -8-4 中检测到了 Sb_2O_3，而在样品 LNB Ⅰ -21-01~02、LNB Ⅱ -9-1 中同时检测到了 SnO_2 和 Sb_2O_3，而样品 LNB Ⅱ -1-2 中则仅检测到了

[1] 熊昭明、李青会：《广西出土汉代玻璃器的考古学与科技研究》，文物出版社，2011 年，第 158 页。

[2] S. Liu, Q. H. Li, F. X. Gan, P. Zhang, J.W. Lankton. Silk Road glass in Xinjiang, China: chemical compositional analysis and interpretation using a high-resolution portable XRF spectrometer, *Journal of Archaeological Science*, 2012, 39(7), pp.2128-2142.

表 5 西岔沟墓地出土钠钙玻璃化学成分定量分析结果

实验编号	原始编号	Na_2O	MgO	Al_2O_3	SiO_2	P_2O_5	K_2O	CaO	TiO_2	MnO	Fe_2O_3	CuO
		wt%	wt%	wt%	wt%	wt%	wt%	wt%	wt%	wt%	wt%	wt%
LNB Ⅰ -8-4	M16 : 13	13.43	2.68	3.13	69.64	n.d.	3.42	4.47	0.17	0.10	1.04	1.49
LNB Ⅰ -12-14	M31 : 10	12.37	1.47	1.74	73.16	n.d.	3.32	4.96	0.25	0.13	1.91	0.68
LNB Ⅰ -21-01	Z29 : 7	11.11	3.04	3.75	64.14	0.85	4.49	9.10	0.12	0.14	1.32	1.09
LNB Ⅰ -21-02	Z29 : 7	11.99	4.79	2.51	66.95	0.32	3.50	7.69	0.05	0.09	1.28	0.48
LNB Ⅱ -1-2	M1 : 4-73	8.91	2.19	1.81	73.45	n.d.	2.19	2.67	0.02	0.09	0.74	1.06
LNB Ⅱ -9-1	M60 : 6-1	10.37	3.88	1.99	72.26	n.d.	3.23	5.53	n.d.	0.09	1.08	0.96

实验编号	原始编号	其他	Cr	Ni	Cu	Zn	Rb	Sr	Zr	Pb
		wt%	μg/g	μg/g	μg/g	μg/g	μg/g	μg/g	μg/g	μg/g
LNB Ⅰ -8-4	M16 : 13	PbO：0.28; Sb_2O_3：0.14	63	n.d.	M	34	34	419	234	M
LNB Ⅰ -12-14	M31 : 10		41	n.d.	M	55	43	345	306	201
LNB Ⅰ -21-01	Z29 : 7	SnO_2：0.07; Sb_2O_3：0.79	125	n.d.	M	48	10	364	37	126
LNB Ⅰ -21-02	Z29 : 7	SnO_2：0.06; Sb_2O_3：0.29	150	n.d.	M	30	15	496	48	86
LNB Ⅱ -1-2	M1 : 4-73	PbO：5.78; SnO_2：1.10	9	n.d.	M	6	n.d.	82	16	M
LNB Ⅱ -9-1	M60 : 6-1	SnO_2：0.03; Sb_2O_3：0.58	120	n.d.	M	23	5	269	16	167

SnO_2。典型钠钙玻璃样品如彩版二三七，2 所示。

需要说明的是，尽管在本次测试的样品中未检测到锑基乳浊剂（锑酸铅、锑酸钙等），但却检测到了 Sb_2O_3 的存在，表明这些玻璃样品与锑基乳浊剂存在密切关系。锑基乳浊剂最早发现于美索不达米亚，在古埃及第十八王朝时就已经被熟练使用，在后来的古巴比伦、亚述和罗马帝国一直被延续使用，其传入中国的时间主要集中在公元前 8 ~ 前 3 世纪，至迟不会晚于公元 1 世纪。锡基乳浊剂是锑基乳浊剂的代替品，二者同时存在，主要出现在公元前 2 世纪 ~ 前 1 世纪的罗马玻璃作坊，但锡基乳浊剂传入中国要晚于锑基乳浊剂。国内出现最早的含锡基乳浊剂的玻璃器出现于公元前 1 世纪[1]。西岔沟墓地出土的钠钙玻璃器中发现了同时含 Sn、Sb 的玻璃器，表明墓地部分墓葬的年代应该不会早于公元前 1 世纪。含 Sb 的玻璃器为典型西方玻璃制品，并非中国本地生产，可能通过草原丝绸之路传入我国。

[1] Qinghui Li, Song Liu, Bomin Su, Hongxia Zhao, Qiang Fu, Junqing Dong. Characterization of some Tin-contained ancient glass beads found in China by means of SEM EDS and Raman Spectroscopy, *Microscopy Research and Technique*, 2013, 76: pp.133-140.

2. 石质珠饰

表 6 为石质珠的化学成分及物相信息。部分石质珠饰样品数量较多，仅选取了具有典型代表性的样品进行测试分析，测试样品标记如彩版二三七，3、4 和彩版二三八所示。根据化学成分及物相分析结果，石质饰品主要包括云母、滑石、天河石、绿松石、叶蜡石等。

（1）云母类

本次共测试 33 件石质珠，其中云母类矿物样品有 15 件。云母类矿物，其化学式为 $KAl_2(Si_3Al)OH_{10}(OH)_2$，矿物中主要含有 SiO_2、Al_2O_3、K_2O，从化学成分结果可知，其含量范围分别为 42.05 wt% ~ 49.96 wt%、34.19 wt% ~ 43.50 wt%、9.44 wt% ~ 12.88 wt%。云母类矿物典型拉曼图谱如图 2 所示，由拉曼测试结果可知，云母类矿物的拉曼特征峰主要位于 189 cm^{-1}、249 cm^{-1}、392 cm^{-1}、691 cm^{-1}、3610 cm^{-1} 附近，不同样品的拉曼特征峰位置可能会存在几个波数的偏移。通过对珠饰样品外观特征观察，推测样品 LNB Ⅱ -12，绿石管（99 颗）大多数为云母类矿物。

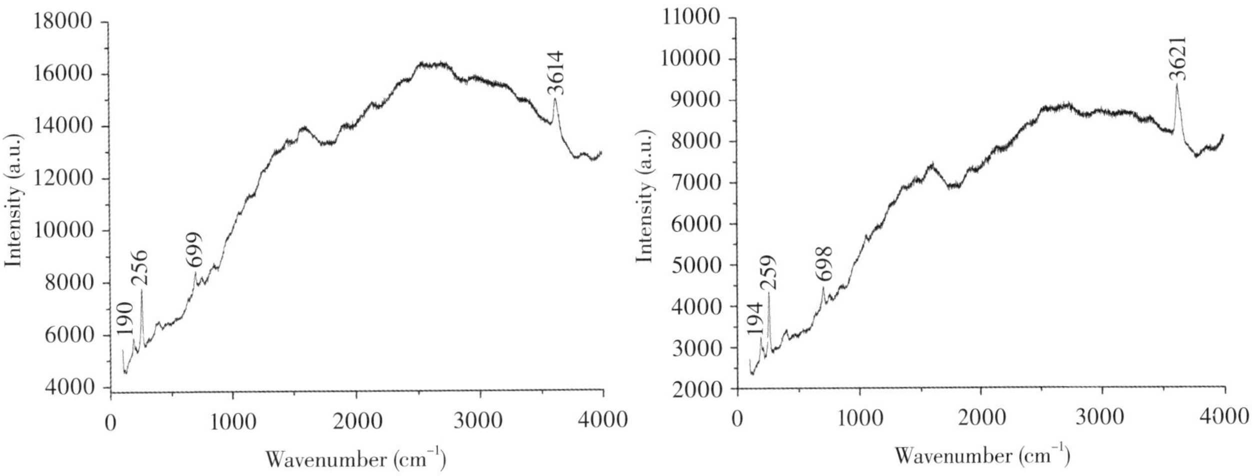

（a）　　（b）

图 2　云母类［$KAl_2(Si_3Al)OH_{10}(OH)_2$］典型样品拉曼图谱

（a）LNB Ⅱ -5-2　（b）LNB Ⅱ -12-16

（2）长石类——天河石

天河石，属于长石类矿物，是微斜长石的蓝绿色变种，主要呈现为蓝色或蓝绿色，半透明至微透明。测试的 33 件石质样品中，有 4 件样品为天河石。天河石类矿物化学式为 $KAlSi_3O_8$，组分与云母类矿物相似，主要含有 SiO_2、Al_2O_3、K_2O，但其含量范围不同，其含量范围分别为 60.89 wt% ~ 64.93 wt%，18.09 wt% ~ 21.43 wt% 和 12.72 wt% ~ 14.82 wt%。天河石与云母类矿物在拉曼特征图谱上也存在差异。图 3 为天河石矿物典型样品的拉曼特征图谱。由图 3 可知，天河石类矿物拉曼特征峰主要位于 152 cm^{-1}、280 cm^{-1}、367 cm^{-1}、467 cm^{-1}、507cm^{-1}、1120 cm^{-1} 附近。

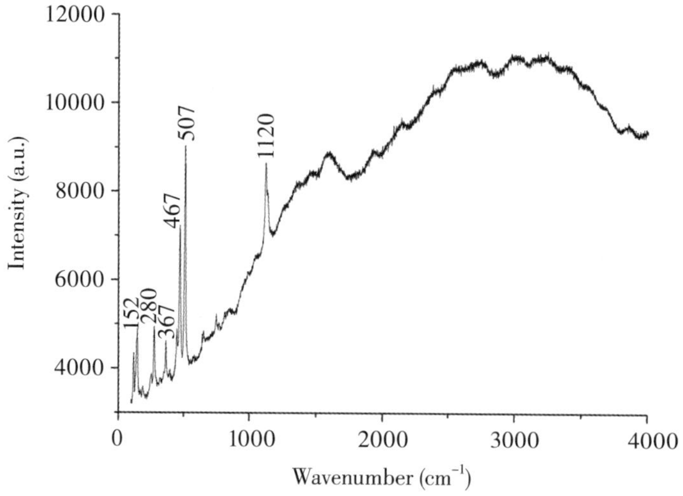

图 3 天河石（$KAlSi_3O_8$）样品 LNB Ⅱ -14-1 的拉曼图谱

（3）滑石类

滑石类矿物，其化学式为 $3MgO \cdot 4SiO_2 \cdot H_2O$，本次测试的石质样品中有 9 件为滑石类矿物样品，主要组分为 SiO_2、MgO。由化学成分分析结果可知，二者的主要含量范围分别为 62.38 wt% ~ 66.49 wt%、26.93 wt% ~ 33.83 wt%。滑石类样品较易风化。长时间埋藏于地下的滑石类样品，腐蚀一般都较为严重。由于风化作用的影响，拉曼光谱并未检测到理想的拉曼特征峰。但在黑色滑石珠样品（LNB Ⅱ -6）表面检测到了无定形碳的存在，其拉曼特征峰为 1366 cm^{-1}、1601 cm^{-1} 附件的包络，如图 4 所示。通过对珠饰样品外观特征观察，推测样品 LNB Ⅱ -11，白石管（100 颗）为滑石类矿物。

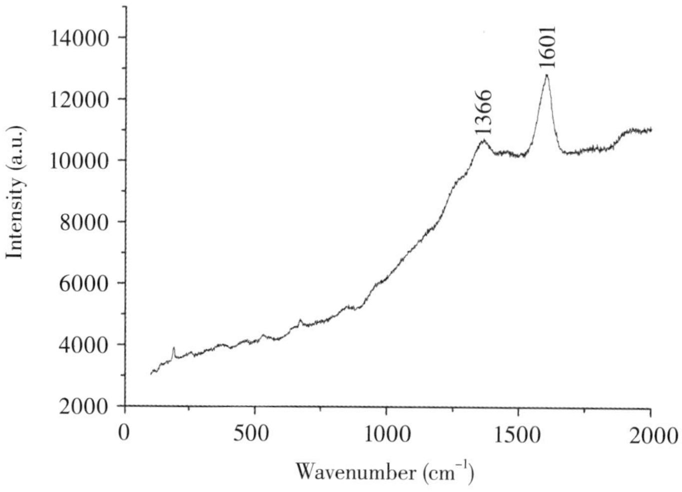

图 4 滑石样品（LNB Ⅱ -6）中的无定形碳拉曼特征谱

（4）绿松石类

本次测试的石质珠饰中有 2 件样品，LNB Ⅱ -15-1（考 4081-10）、LNB Ⅱ -15-2（考 4081-11），为绿松石样品。绿松石是一种含水的基性磷酸盐，其主要组分为 Al_2O_3、P_2O_5、

表 6　西岔沟墓地出土石质珠饰化学成分定量分析结果

实验编号	原始编号	物相	Na_2O	MgO	Al_2O_3	SiO_2	P_2O_5	K_2O	CaO	TiO_2	MnO	Fe_2O_3	其他
			wt%	wt%	wt%	wt%	wt%	wt%	wt%	wt%	wt%	wt%	wt%
LNB Ⅱ -2-1	M3：5	叶蜡石	1.25	1.93	50.87	45.75	n.d.	n.d.	n.d.	n.d.	0.02	0.17	
LNB Ⅱ -3	M1：3	滑石	2.47	28.44	3.61	63.71	n.d.	0.54	0.68	n.d.	0.02	0.54	
LNB Ⅱ -4-1	M2：7	?	1.70	3.17	17.65	62.74	n.d.	4.52	2.34	1.64	0.09	6.14	
LNB Ⅱ -5-1	M50：4	云母	n.d.	1.58	40.18	46.32	n.d.	10.12	0.24	0.89	0.08	0.58	
LNB Ⅱ -5-2	M50：4	云母	n.d.	1.62	41.24	44.86	n.d.	10.44	0.34	0.53	n.d.	0.97	
LNB Ⅱ -6	M27：11	滑石	2.49	29.63	2.13	64.21	n.d.	0.39	0.55	0.00	0.01	0.59	
LNB Ⅱ -7-1	M27：4	云母	1.35	1.30	36.26	46.51	0.59	10.83	0.81	0.37	n.d.	1.98	
LNB Ⅱ -7-2	M27：4	云母	0.97	1.56	42.23	42.05	n.d.	10.44	0.55	1.21	0.04	0.93	
LNB Ⅱ -9-2	M60：6-6	云母	1.08	1.70	40.23	44.20	n.d.	10.48	0.28	0.79	n.d.	0.78	Cr_2O_3: 0.45
LNB Ⅱ -10-1	M62：8	滑石	2.16	29.46	2.00	64.01	n.d.	0.54	1.32	n.d.	n.d.	0.51	
LNB Ⅱ -10-2	M62：8	滑石	2.10	28.89	4.17	62.38	n.d.	0.58	0.77	0.06	0.01	1.05	
LNB Ⅱ -11-1	考 4006	滑石	n.d.	2.20	34.19	49.73	n.d.	11.62	1.26	0.33	0.06	0.62	
LNB Ⅱ -11-2	考 4006	叶蜡石	n.d.	2.15	40.21	53.67	n.d.	0.99	1.56	1.14	0.02	0.25	
LNB Ⅱ -11-3	考 4006	滑石	2.48	27.85	3.66	64.44	n.d.	0.59	0.59	n.d.	0.05	0.34	
LNB Ⅱ -11-4	考 4006	滑石	n.d.	28.72	3.16	66.17	n.d.	0.60	0.63	n.d.	0.03	0.70	
LNB Ⅱ -11-5	考 4006	滑石	n.d.	26.93	3.02	66.49	n.d.	0.62	2.37	n.d.	0.03	0.54	
LNB Ⅱ -11-6	考 4006	滑石	n.d.	33.83	1.26	63.47	n.d.	0.36	0.54	n.d.	0.04	0.50	
LNB Ⅱ -12-1	考 4005	云母	n.d.	1.41	40.85	45.24	n.d.	11.62	0.42	0.21	0.07	0.19	
LNB Ⅱ -12-2	考 4005	天河石	n.d.	1.75	18.09	64.42	0.49	14.12	0.93	0.04	0.05	0.09	
LNB Ⅱ -12-4	考 4005	云母	n.d.	1.69	40.63	44.82	n.d.	11.22	0.42	0.75	0.08	0.40	
LNB Ⅱ -12-6	考 4005	云母	n.d.	1.68	34.96	48.82	n.d.	12.88	0.53	0.73	0.05	0.37	
LNB Ⅱ -12-24	考 4005	云母	n.d.	1.71	36.41	47.97	n.d.	10.96	1.17	0.33	0.08	1.37	
LNB Ⅱ -12-48	考 4005	云母	n.d.	1.59	38.85	47.47	n.d.	10.35	0.28	0.97	0.07	0.42	
LNB Ⅱ -13-1	考 4005	云母	n.d.	1.53	35.99	49.96	n.d.	9.87	0.22	1.54	0.09	0.81	
LNB Ⅱ -13-2	考 4005	天河石	n.d.	1.56	21.43	60.89	0.20	14.82	1.00	n.d.	n.d.	0.10	
LNB Ⅱ -13-3	考 4005	云母	n.d.	1.61	39.87	47.70	n.d.	9.47	0.30	0.31	0.05	0.69	
LNB Ⅱ -13-4	考 4005	天河石	n.d.	1.91	19.15	64.93	0.30	12.72	0.79	n.d.	n.d.	0.20	
LNB Ⅱ -14-1	考 4009	天河石	n.d.	1.30	19.75	63.69	0.53	12.90	1.13	0.21	n.d.	0.49	
LNB Ⅱ -14-2	考 4009	滑石	n.d.	32.78	1.55	64.29	0.17	0.25	0.36	n.d.	n.d.	0.59	

续表 6

实验编号	原始编号	物相	Na_2O	MgO	Al_2O_3	SiO_2	P_2O_5	K_2O	CaO	TiO_2	MnO	Fe_2O_3	其他
			wt%	wt%	wt%	wt%	wt%	wt%	wt%	wt%	wt%	wt%	wt%
LNB Ⅱ -14-3	考 4009	云母	n.d.	1.64	43.50	43.61	n.d.	9.44	0.39	0.46	0.04	0.91	
LNB Ⅱ -14-4	考 4009	云母	n.d.	1.23	41.25	45.08	n.d.	10.79	0.31	1.01	n.d.	0.32	
LNB Ⅱ -15-1	考 4081-10	绿松石	n.d.	0.35	48.68	3.57	41.42	0.22	0.37	0.15	n.d.	5.25	
LNB Ⅱ -15-2	考 4081-11	绿松石	n.d.	0.30	51.25	3.54	41.72	0.17	n.d.	0.30	n.d.	2.72	

Fe_2O_3。

（5）叶蜡石类

LNB Ⅱ -2-1 和 LNB Ⅱ -11-2 两件样品中主要含量 SiO_2 和 Al_2O_3，其含量分别为 45.75 wt%、50.87 wt% 和 53.67 wt%、40.21 wt%。由于风化作用，样品表面荧光强度较强，拉曼未能检测到特征谱线，故无法给出物相结构信息。但其化学成分与叶蜡石较为接近，因此，推测此两件样品为叶蜡石。

LNB Ⅱ -4-1 为 1 件绿色扁石珠，残为 2 段。由于拉曼光谱未能给出物相结构信息，化学成分与常见矿物均存在一定差异，此件样品的材质信息还需进一步研究。

3. 铜珠

LNB Ⅱ -17（考 4086）为 1 件铜珠，由于样品表面存在一定的污染，故无法对其进行有效的化学成分定量分析。图 5 为其定性分析图谱，由图 5 可知，其主要成分为 Cu，同时含有 Fe、Ni、Zn、Si、S、Cl 等杂质元素，故其材质应为铜珠。

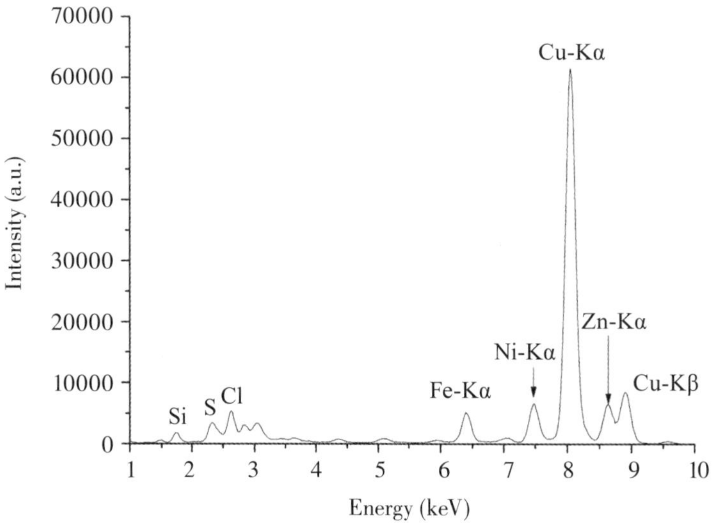

图 5　样品 LNB Ⅱ -17（考 4086-1）化学成分定性分析图谱

4. 显微形貌和断面结构分析

采用超景深三维显微系统和光学相干层析（OCT）成像系统，选取具有代表性的 1 件蜻蜓眼玻璃珠样品和部分石质珠饰进行了显微相貌分析和断面结构分析。

（1）钠铝蜻蜓眼玻璃珠

由显微分析可以清晰看出该玻璃珠的眼部的层次（彩版二三七，5），中间黑色眼球呈不规则圆形，眼球外面有一白色眼圈和黄色眼圈，白色部分不透明，黄色眼圈呈半透明状，结合拉曼光谱和化学成分分析结果可知，黄色眼圈的是由锡酸铅着色。通过 OCT 成像分析，可以看出该样品的蓝色基体比较均匀，呈较强的散射相，釉层中有细小的散射颗粒，对光的吸收较差，蓝色玻璃基体的透明度差，个别区域可见约 0.3 mm 的大气泡（彩版二三九，1）。对眼珠部分的 OCT 扫描分析（彩版二三九，2、3）可以看出，白色、黄色、蓝色和黑色部位对光的散射强度依次降低，而对光学的吸收依次增强，黄色眼圈呈扇形，显示出眼珠镶嵌在蓝色玻璃基体上的特征。

（2）滑石样品

通过显微相貌分析（彩版二四〇）可以看出，不少白色滑石珠表面有一发亮的薄层，有的样品表层部分脱落或全部脱落，表层呈淡黄色，较致密，表层极薄，不足 10 微米厚，有的样品存在类似冰裂纹的釉层。内部呈白色，较疏松。

用 OCT 成像系统对比分析了表面有细小裂纹的灰白色样品 LNB Ⅱ –11–4（彩版二四一，1）、表面细腻的白色样品 LNB Ⅱ –11–3（彩版二四一，2）和表面青灰色斑杂的样品 LNB Ⅱ –11–5（彩版二四一，3）。样品 LNB Ⅱ –11–6 的表层有一定的透明度（彩版二四二，1），该样品表层对光的散射弱于样品 LNB Ⅱ –11–2 和 LNB Ⅱ –11–5，后两件样品的对光散射较强，LNB Ⅱ –11–5 的青色部位对光有一定吸收。通过对 3 件（LNB Ⅱ –11–6、LNB Ⅱ –11–8 和 LNB Ⅱ –11–1 残 2）表层有残损的样品对比分析发现，滑石样品的表层仅厚几微米，灰白色表层对光的散射程度与内部非常相近（彩版二四二）。

（3）绿色天河石、云母样品

利用 OCT 成像系统对不同质地的绿色样品进行了分析，结果见彩版二四三、二四四。由 OCT 二维图像可以看出，不同质地、颜色深浅不同的绿色样品对光是散射和吸收存在一定的差异，对光都有一定程度吸收，样品有一定的透明度，明显与白色（灰白色）的滑石类样品不同，有的样品，如 LNB Ⅱ –12–84，光可以贯穿管壁，可见中孔（彩版二四四，1）。而通过深绿色样品 LNB Ⅱ –12–85 的 OCT 二维图像可见云母的片状结构层次(彩版二四四,2)。

四　小结

本报告利用 XRF、激光拉曼光谱技术、光学相干层析成像技术和光学显微系统对西岔沟墓地出土的玻璃珠饰和石质珠饰样品进行了科技分析，确定了玻璃珠饰的化学成分体系、石质珠的物相结构、蜻蜓眼玻璃珠的制作工艺等信息，结论如下：

（1）玻璃珠饰样品主要有钠铝玻璃、钾玻璃、钠钙玻璃三种化学成分体系，其中钠铝玻璃主要为植物灰型钠铝玻璃，而钾玻璃则有中等钙铝型和低钙型两种亚类。钠铝玻璃和钾玻璃数量较多，钠钙玻璃数量较少。

（2）植物灰型钠铝玻璃产地可能在印度北部及巴基斯坦地区，通过草原丝绸之路传入我国。部分低钙型钾玻璃应为我国制作，部分中等钙铝型钾玻璃可能为印度或东南亚地区制作，分别通过草原丝绸之路和海上丝绸之路传入我国。钠钙玻璃中含有锑的氧化物（Sb_2O_3），为典型的西方玻璃制品，通过草原丝绸之路传入。钠钙玻璃器中发现了分别含有 Sn、Sb 的玻璃器，表明墓地有一部分墓葬的年代不早于公元前 1 世纪。

（3）石质珠主要有云母、天河石、滑石、绿松石、叶蜡石等，其中以滑石、云母类样品数量居多。

（4）光学相干层析成像技术和显微图像分析结果说明了蜻蜓眼玻璃珠的镶嵌工艺特征，滑石珠样品风化较为严重，内部结构疏松，天河石和云母类样品内部结构与滑石类样品明显不同，样品有一定的透明度，部分样品可见云母的片状结构层次。

附录四

西岔沟墓地出土铁器金相检测报告

程瑜　樊伟　陈坤龙
（北京科技大学科技史与文化遗产研究院）

一　取样情况及分析方法

本报告选择西岔沟墓地出土的14件铁器上取得的15个样品进行了分析。14件器物包含兵器6件［扁体扁铤铁镞（M32：2–3）、铁镞（M30：1–3）、铁剑（M63：2）、铜柄铁剑（考3924附件–5）、扁体柱铤铁镞（考4038–30）、铁矛（考3937.2）］；工具3件［环首铁刀（M16：10）、铁刀（M25：1）、铁锛（考4045.6）］；马具5件［铁镳（M23：2–2）之一、铁衔（M23：2–2）之二、铁衔（M27：9）、铁衔（M35：5–1）、铁带扣（M59：4）］。其中有明确出土信息的铁器10件，分别来自9座墓葬。

15件样品大多取自器物缺损处，在能够满足科学分析的条件下取最小尺寸样，同时对每件被取样的器物拍照记录。取样器物名称及器物原始号、博物馆分类号、实验室样品编号、取样部位等信息详见表1。其中在编号M63：2铁剑剑身中部的刃部与剑锋刃部分别取得1件样品，编号为XCG048和XCG049。

表1　西岔沟墓地出土铁器取样统计表

器物名称	样品编号	器物号	取样部位	彩版号
环首铁刀	XCG039	M16：10（考3709–1）	刃部残破处	彩版二四五，1
铁刀	XCG040	M25：1（考3732）	刃部残块	彩版二四五，2
扁体扁铤铁镞	XCG041	M32：2–3（考3738–9）	残断处	彩版二四五，3
铁镳	XCG042	M23：2–2（考3741–2）之一	镳的扁平处缺口	彩版二四五，4
铁镳	XCG043	M23：2–2（考3741–2）之二	扁平处缺口	彩版二四五，5
铁衔	XCG044	M27：9（考3755）	衔外环的残断处	彩版二四五，7

续表 1

器物名称	样品编号	器物号	取样部位	彩版号
铁镞	XCG045	M30：1–3（考 3767）	残段	彩版二四五，6
铁衔	XCG046	M35：5–1（考 3780–1）	衔内环的残断处	彩版二四五，8
铁带扣	XCG047	M59：4（考 3872）	残断处	彩版二四五，9
铁剑	XCG048、XCG049	M63：2（考 3895）	剑身中部刃部、剑锋部分刃部	彩版二四五，13
铜柄铁剑	XCG050	考 3924 附件 –5	刃部断口	彩版二四五，10
铁锛	XCG051	考 4045.6	开口侧端断口处	彩版二四五，11
扁体扁铤铁镞	XCG052	考 4038–30	镞铤尾部	彩版二四五，12
铁矛	XCG053	考 3937.2	骹边缘断口	彩版二四五，14

对 15 件样品选取合适的截面，用亚克力树脂冷镶包埋，经 400 ~ 4000 目砂纸逐步打磨，再用绒布抛光去除所有划痕，用 4% 的硝酸酒精溶液浸蚀，之后在莱卡 DM6M 金相显微镜下观察并拍照，分析其金相组织特征、夹杂物分布及制作工艺特点。

二　分析结果

对 15 件铁器样品进行金相分析研究，分析结果如表 2。

表 2　西岔沟墓地出土铁器金相组织观察结果

器物名称	样品编号	金相组织观察结果	彩版号
环首铁刀	XCG039	板条状马氏体，组织均匀，夹杂物极少	彩版二四六，1
铁刀	XCG040	铁素体 + 大量珠光体，为亚共析钢，含碳量约 0.4%，夹杂物极少	彩版二四六，2
扁体扁铤铁镞	XCG041	铁素体 + 珠光体，含碳量约 0.3%，大量夹杂物沿加工方向变形拉长	彩版二四六，3
铁镳	XCG042	铁素体基体，晶粒度大小不一，中心晶粒度较大，边沿晶粒度较小，晶粒度 3 ~ 4 级，含碳量低于 0.1%。存在大量夹杂物，且夹杂物沿加工方向变形拉长	彩版二四六，4
铁镳	XCG043	铁素体 + 珠光体，铁素体和珠光体沿变形方向交替呈明显带状分布，且夹杂物沿加工方向变形拉长	彩版二四六，5
铁衔	XCG044	铁素体基体，晶粒度 1 级，含碳量低于 0.1%，大量夹杂物	彩版二四六，6
铁镞	XCG045	铁素体 + 少量珠光体，大量点状夹杂物（可能是样品镶样时将垂直断面作为观察面造成的）	彩版二四七，1
铁衔	XCG046	铁素体基体，晶粒度 1 级，含碳量低于 0.1%	彩版二四七，2
铁带扣	XCG047	铁素体 + 珠光体，含碳量不均匀，样品左侧边沿处出现了魏氏组织，此处含碳量最高约 0.4%，样品中心区域含碳量最低，约 0.1%，夹杂物较少	彩版二四七，3 ~ 5

续表 2

器物名称	样品编号	金相组织观察结果	彩版号
铁剑	XCG048	板条状马氏体 + 沿晶界分布的铁素体，夹杂物沿加工方向变形拉长	彩版二四八，1
铁剑	XCG049	板条状马氏体 + 沿晶界分布的铁素体，夹杂物沿加工方向变形拉长	彩版二四八，2
铜柄铁剑	XCG050	魏氏组织，含碳量约 0.5%	彩版二四八，3
铁锛	XCG051	铁素体基体 + 少量珠光体，有点状夹杂物	彩版二四八，4
扁体扁铤铁镞	XCG052	小颗粒球状珠光体较为均匀分布在铁素体基体中	彩版二四八，5
铁矛	XCG053	铁素体基体，含碳量低于 0.1%，晶粒大小不一，晶粒度 1 到 3 级	彩版二四八，6

由金相组织观察结果可以看出，15 件铁器样品的金相组织主要分为以下三类：以铁素体为主的熟铁、以铁素体和珠光体为主的亚共析钢以及淬火马氏体组织，个别样品还出现有魏氏组织。15 件铁器样品组织中的夹杂物数量与分布存在一定差异。

三　初步认识

1. 材质与制作工艺

根据样品的金相组织鉴定结果可知，铁镳 XCG042、铁衔 XCG044、铁衔 XCG046、铁矛 XCG053 共 4 件样品的材质为含碳量低于 0.1% 的熟铁。其金相组织主要为铁素体基体，强度硬度不高，但具有良好的塑性和韧性，利于对其进行锻打。几件熟铁制品中，晶粒变形量大，有些样品中夹杂物沿加工方向变形拉长，应是经过了多次的加热锻打后制成（彩版二四六，4、6；彩版二四七，2；彩版二四八，6）。

环首铁刀 XCG039（彩版二四六，1）、铁剑 XCG048 和 XCG049（彩版二四八，1、2）的组织中出现了板条状马氏体组织，且夹杂物含量非常少，很可能是用铸铁脱碳钢坯料锻打后再淬火制成。铁刀样品 XCG040 组织中含铁素体和大量珠光体（彩版二四六，2），为典型的亚共析钢组织，夹杂物含量极少，应同为铸铁脱碳钢制品。扁体扁铤铁镞样品 XCG041 和铁镳样品 XCG043 的组织同为铁素体和少量珠光体组织（彩版二四六，3、5），且夹杂物沿加工方向变形拉长，采用了热锻后成形的加工工艺。同时在铁镳样品 XCG043 的组织中还出现了铁素体和珠光体沿变形方向交替呈明显带状组织的情形。带状组织在现代冶金中是指在热轧低碳结构钢显微组织中，沿轧制方向平行排列，形成层状或条带状分布的铁素体晶粒与珠光体晶粒[1]。该器物中的带状组织，初步推测应是在热加工锻打后，冷却速度过慢形成的。带状组织的出现，应与组织成分中的元素偏析有关，它的出现使铁镳的力学性能出现各项异性，对沿加工变形方向的抗拉强度影响不大，但会显著降低其横向塑性和韧性[2]。

铁镞样品 XCG045 为铁素体和少量珠光体组织，同时存在大量点状夹杂物（彩版二四七，

[1] 宋维锡：《金属学》，冶金工业出版社，1990 年，第 315 ~ 318 页。
[2] 纪元、闵云峰、李鹏善等：《钢中带状组织及其研究现状》，《中国冶金》2016 年第 4 期。

1），这一情形的出现可能是样品镶样时将垂直断面作为观察面造成的，该铁镞应还是采用热锻的加工工艺。

铁带扣样品 XCG047 的边沿出现了魏氏组织（彩版二四七，3 ~ 5），且样品整体含碳量不均匀，呈现中心含碳量低（约 0.1%），边沿含碳量高（约 0.4%）的趋势。铜柄铁剑样品 XCG050 中也出现了魏氏组织（彩版二四八，3），含碳量较高约 0.5%，由于该样品尺寸过小，可能无法反映该铁剑金相组织的全貌。

扁体扁铤铁镞样品 XCG052 为分布较为均匀的球状珠光体组织 (彩版二四八，5)，说明该铁镞经过了退火处理，从而使得珠光体脱碳球化。

2. 热处理技术在西岔沟铁器制作中的运用

本文分析的 15 件铁器样品中，有 6 件采用了淬火、退火等热处理工艺。现代冶金中的热处理指采用适当的方式对金属材料或工件进行加热、保温和冷却以获得预期的组织结构与性能的工艺[1]。古代的工匠也许在长期的生产实践中，发现并掌握了相应的热处理方法，并将其用在了不同的铁器生产中。

环首铁刀样品 XCG039、铁剑样品 XCG048 和 XCG049 采用了铸铁脱碳钢坯料锻打后再淬火的工艺。《史记》中曾记载：“火与水合为淬。”“汝南西平有龙泉水，可以淬刀剑，特坚利。”此中“淬”皆为淬火之意。经淬火后获得马氏体组织的环首铁刀和铁剑，在强度和硬度得到提升的同时，兼具了良好的塑性和韧性，质量得到了提升。

铁带扣样品 XCG047 和铜柄铁剑样品 XCG050 中出现的魏氏组织为铁素体魏氏组织，是亚共析钢中先共析铁素体沿奥氏体晶界向晶内生长，构成晶内针状或片状铁素体和珠光体的一种复相组织[2]。推测是在对器物退火处理时温度过高形成的过热组织。但是在魏氏组织中，珠光体基体上分布的针状铁素体，割裂了基体组织，容易造成应力集中，形成裂纹，从而使铁带扣和铜柄铁剑的塑性和冲击韧度降低，影响了其质量。

扁体扁铤铁镞样品 XCG052 中出现了球状珠光体，说明该件铁镞经过了退火处理。推测其工艺过程应为加热到一定温度后，经过较长时间的保温，再缓慢冷却，因此形成了球状组织。珠光体球化后，降低了铁镞的硬度。铁镞作为实战用兵器，为大量消耗品，似乎没有必要对其进行复杂的退火处理。因为本次分析的样品只有此一件孤例，对其的退火处理是否为有意识的工艺过程，尚难有定论。

前人对东北地区出土的同时期铁器进行金相分析鉴定中，也发现了类似的热处理工艺。如辽阳三道壕出土的西汉时期的铁剑，其金相组织中也出现了马氏体组织，但是淬火进行的并不完全，还有铁素体存在，可能是由于加热温度不够，铁素体还未完全溶解，因此在快冷之后保存了下来。铁镞的金相组织是分布不均匀的铁素体和珠光体。铁刀残断的金相组织为粒装珠光体和索氏体[3]。榆树老河深出土的铁镞用低碳钢锻制而成，其中某些镞采用了淬

[1]《金属热处理工艺术语》，《中华人民共和国国家标准》，GB/T7232-2012,1-5.
[2] 焦丽、王国亮、徐向阳等：《亚共析钢中的组织缺陷》，《热处理》2017 年第 1 期。
[3] 华觉明、杨根、刘恩珠：《战国两汉铁器的金相学考查初步报告》，《考古学报》1960 年第 1 期。

火处理[1]。上举各例反映了各地工匠已有意识地在针对不同的器物，使用淬火、退火等热处理工艺，铁器制作技术已达到较高水平。但同时也可看到，不同地区不同制品间的组织形态及产品质量存在较大差异，或许是技术发展不平衡的表现。

四　结语

对西岔沟墓地出土铁器的金相组织检测显示，经分析的15件样品中有4件为熟铁制品，4件为铸铁脱碳钢制品，6件采用了淬火、退火等不同的热加工工艺。可以判断当时的工匠已能够根据不同的器物种类，运用不同制作方法和技术，反映了较高的铁器加工技术水平。

基于现有数据，尚难以对西岔沟铁器的来源进行判定。从铁器的材质以及多使用淬火与退火技术的生产技术面貌来看，西岔沟墓地铁器的材质体系和制作技术与同时期的中原地区较为接近，反映出中原钢铁技术体系对该地区的强烈影响。后续研究中将结合夹杂物的系统分析，与相关资料进行详细对比，以期对该时期铁器生产技术面貌、物料流通和技术交流等问题进行深入讨论。

[1] 吉林省文物考古研究所：《榆树老河深》，文物出版社，1987年，第146～156页。

附件 1

西岔沟墓地报告原稿编写提纲和编写说明扫描件

说明：

西岔沟墓地报告原稿的编写提纲和编写说明笔体相同，写在用年画裁成的16开纸背面，写于1959年12月或1960年初。编写提纲列出了报告的章、节目录。编写说明内容包括报告文字部分编写者分工，图、表和照片内容，各章的字数、重点内容及注意事项、报告初稿计划完成时间等。

根据编写说明可知报告编写分工如下：

第一章由陈大为编写

第二章由孙守道编写

第三章由朱贵、陈大为编写（编写说明中误写为第四章）

第四章由孙守道编写

第五章由李文信编写

陶器复原由孙守道负责，数据统计由陈大为负责。

1.

西岔沟古墓群考古报告
编写提纲

序言

第一章　绪论

第一节　西丰地理及沿革

第二节　工作经过

第三节　考古方法简述

第四节　报告编写的原则和方法

第五节　党的领导是最根本的保证

第二章　墓葬

第一节　墓群位置

第二节　各区墓葬介绍

第三节　墓群面貌复原

第四节　各种类型墓复原

第五节　小结

第三章　文物

第一节　文物概述

第二节　兵器

2.

第三节 马具

第四节 服饰

第五节 器皿

第六节 工具

第七节 汉族文物

第八节 小结

第四章 探讨

第一节 断代

第二节 族别

第三节 社会面貌

第四节 文化定名

第五节 历史的一瞥

第六节 评"内蒙古长城地带"

第五章 结语

3

编写上的分工：

序言　暂不定谁写，千余字；第一章，由陈大为编写，约8千字；第二、四章由孙守道编写，约7万字；第四章由朱贵、陈大为编写，约7万—8万字；第五章由李先生编写，约5千字。共计15万字左右，限度在18万字。

技术上的分工：

文物的绘图、照像和版面安排，由各编写人根据各自负责编写部分的具体需要分头进行；陶器复原由孙守道负责，报告统计由陈大为负责。

编写计划、步骤：

(一)　从6月11日正式开始第二阶段的编写工作。计划要求在8月到9月上旬完成初稿。版面粗排可随着报告的编写随时进行编排统一决定。

(二)、各部分的照像文物要求在七月初送齐。

(三)、绘图工作基本上可按照编写工作的进度随时进行。绘图暂分朱贵、陈大为、付宝筠为一组；孙守道、陶玉芳为一组，但要灵活机动。

(四)、报告统计制表工作，要求在7月下旬到8月上旬进行并完成，各种专门小表由各编写人自制。

4.

甲、报告统计表范围

一、墓葬统计总表

二、清理坑数型文物统计总表

三、回收数型文物统计总表

四、文物分数总统计表

五、文物分数分统计表

六、各种专门小表

5.

(乙)　报告照片范围

一、西丰附近地形照片，西岔沟附近照片，小山远景，近景照片。

二、发掘等工作照片，~~墓群分区照片~~

三、墓~~葬~~地现场照片，墓群分区照片

四、墓葬照片

五、墓葬文物出土局部照片

六、墓葬出土文物组合照片

七、分类文物照片

八、文物比较照片

九、外地出土参考文物照片

十、说明某一问题的文物照片

6.

（丙）报告绘图范围

一、西丰附近地形图

二、墓群坑位图，墓葬分布图，墓群复原图

三、墓葬遗物分布图，局部遗物分布图

四、墓葬文物组合图　清理、回收类型文物组合图

五、文物在墓群的分布图

六、文物分类分式图

七、文物复原图　文物用法、用途、组合复原图

八、文物出土关系图

九、文物比较图

十、说明某个问题的专图

十一、文化类型文物组合图

十二、各种类型墓葬复原图

十三、各种类型墓葬类型文物组合图

十四、说明某一问题的地图

1.

西岔沟古墓群考古报告
编写提纲几项说明

报告分序言，正文五章二十三节，定在15万字左右，限度在18万字左右，字数权可随编写结果变化，暂不受限制。

经过将近三个月的整理分析，一些学术上的重要结果已经获得，即墓群全貌可基本复原，墓群的性质，时代形成过程和形成原因，乃至葬制上的一些规律，若干不同类型的墓葬及其所呈现的阶级分化倾向，各项主要文物在墓群的分布，全部文物的分类和统计的基础工作也已完成。这样就为报告提纲的拟定和编写的进行，打下了基础。同时，还对编写的报告书形式，写法加以探索。

一 绪论

第一节是要求简略地把西丰的环境条件和历史条件加以介绍，要指出所处的地位是在山区，平原和草原三者的交接点上，是游牧地带和农耕地带的连接点，在古代成为贸易要道和军事要冲并不是偶然的。进而把此地的历史沿革说一说，指出在此古代辽东塞外之地竟把此一游牧部族的墓地是有它的历史条件的。

接着在下一节就把西岔沟古墓群的发现，调查，文物回收，清理发掘，展览，整理和编写的一系列过程和工作结果简单交待一下。随后再着重把西丰考古方法和报告编

2.

写的原则简介一下。最后指出这一工作的全过程，所取得的一切成就，都和党的正确领导分不开和党所领导的群众运动分不开。要举出这方面的几个典型事例，以说明党对文物的重视，党对科学的具体领导是使这一工作获得很大成就的最根本的保证。

二、墓葬

由于墓群时代的一致性，由于墓群分布和墓葬性质的一致性，~~由于墓群分布和墓葬性质的一致性~~，并考虑到墓群的形成过程和若干墓葬类型的特点，认为用自东而西，自北而南的分区来介绍各个墓葬是适宜的，这也比较符合于当时墓群形成的历史过程。这一介绍，虽然是一个从抽象到具体的说明过程，但还是相当客观的并以提供客观真实材料为主要目的。

在经过复原分析之后围绕着~~葬~~墓也要相应地介绍一批具有一定典型性的墓葬坑类型及文物和同一类型文物，同时把这样做的方法，原则交待一下，提出这样做的必要性和根据。但力求做到抓重点，抓典型，照顾一般，照顾全面，整体和重点相结合典型和一般相结合。

第三节 是墓群面貌复原。把墓群复原结果，墓群复原图，墓群的形成过程，墓群类型及关系全体出来。这是根据上面的客观报导而进一步做出的推断，以综观和概括墓群的整体情况。

3.

再进而针对各种墓葬的具体型式别，总结出若干性质不同的类型，加以必要的讨论。要着重表现在类型上的阶级分化迹象。

小结项内将总结一下葬制特点，以及葬式，葬具的推测，最后探讨墓群和墓本身所具有的规律性，从而认为整个墓群是具有一定军事组织和氏族特点的某一游牧部族的墓地。它的形成时间并没有一个正常人的寿命那么长，再而试究墓地迅速形成的原因。

三、文物

本章拟通过一系列的文物介绍，把这一部族的各方面的生活图景描绘出来，把他们的战斗，衣着，艺术和游牧生产生活方式构勒出来，那怕是不完正的，是一部分，是一小部分，凡认为必要就应当力求做到。做不到，就不勉强。

兵器章内 根据上面对墓群性质的分析，它是一个具有军事组织的游牧部族墓地，因此，大量的兵器在这里就占有主要地位。而在若干墓内的随葬品类型，也就必是随着死者的战士身分为转移。通过兵器的介绍，说明他们乃是一个武装力量很强大的部族，有一定种类的兵器，一定的作战方式，这一点是很有意义的。当然，其中也有一部分的为狩猎的武器。接着对各种马具的介绍，结合上列兵器，说明他们精于骑术，而且相当普遍。对于墓群中发现的一些马牙，也要加以介绍，其性质当是马殉风俗的遗留。

4.

服饰节内按其质~~料~~材说，大体是：小铜器、小铁器、金、玉装饰品等。数量相当可观，按其种类主要有：皮衣毛、布毛，大小铜扣、护心镜、各式腰带及其佩带品，铰具、带具、带钩、铜环，以及各类小铜饰具和垂饰品，还有金银丝、扣环饰品、大量的玉石装饰品等等。力求通过这些文物，并通过出土例，通过对它本身的观察分析，究明或推测其用途及在人身上的装饰部位，从而把这一游牧民族的衣着、装饰~~部位~~和某些风俗习惯表述出来，这当是本节中的一个主要目的。这一点显然可以大大补充文献记载之不足。不必做绝器物的介绍，对于那些不能确定或用途、用法一时不能究明的器物，或者做一点有根据的推测，或者附在本节最后加以介绍，指出就行。至于一器物有多种用途、用法者（如铃、扣、带具等，可以用于人身，也可用于马身）以在墓葬中的出土部位和关系为主要依据，而且也只着重这样的器物，并从这样的器物做出连带性和关联性的判断，就有可能把与此相同或类似的其他器物牵连在内，而从容也加以介绍。

随之依次介绍各种金、玉装饰品，说明是这一部族风俗习惯中很为突出的一个特点。先对种类加以介绍，而后复原一些珠串究明它的佩戴方法。也可以推测一下它在年令性别上有否区别，在身分地位上有否区别，当然是必要的。方法之一是了解各种珠玉在墓群的分布特点，以及出于何种类型墓葬中。

5.

关于铜饰板（即所谓小铜牌）应当指出这是一批具有造型艺术价值的文物。不但介绍铜饰板的一般情况，对其用途，用法加以必要的考证，而且要指出这些文物不仅表明了这一民族的艺术风格和艺术上的创造才能，并且是构成这一民族文化的一项主要内容是这一文化的基本特徵之一；而且是在于这一艺术的创造源泉和这一艺术所反映的社会主题，即游牧经济生活的反映。有的更反映出他们社会的阶级性质。图案主题基本为三：社会生活主题，家畜动物主题，兽类搏斗主题。由此进而分析这批图案的社会内容，也指出那些动物题材——特别是马，是如何地和他们的生产，生活息息相关，以求突出那种北方民族猎禽兽，逐水草，食肉衣皮的游牧生活面貌。这是本节的一个中心目的。

第四节内，与游牧生活相适应的是一批陶器的特色。一方面指出这些陶器类型比较简单（但其变化性很大），与游牧生活内容是相关连的（饮酪食肉）；另一方面也指出表现在陶器上的原始特徵，是他们在生活上具有一定的原始性分不开，但在某些陶器上又表现出相当进步的因素，做为一种文化现象看是有其复杂性的，这里存在着相互影响，存在着初级阶段与高级阶段的东西，然而初级阶段的东西并不是简单的，向旧的方面回复，而是联系和丰富高级阶段的一个过程。必须强调，在器皿中虽然还发现了汉族的铁釜，然而只有一二极为稀少，绝不像其他方面的汉族文物那样广泛普遍，显然可以做出这样的判断：陶器在他们的生活器皿中不仅占有优势而且处于主导地位。这一点必须从他们的生活根源中去找原因。

6

工具节内，介绍石器，细石器，金属工具三大项。着重点是：石器已成尾声，细石器是种遗留金属工具成为新的征兆。大部分是生活上用的小工具，一部分可能是生产上用的铁工具，个别还可用就用于战斗。因此，和大量的兵器比较起来这种工具似乎还只是处于从属性的地位。但是应该做出这样的分析；这里交织着原始与进步传统的东西与新生的东西。细石器等就是原始生活的残迹，是往日生活的象征，而细石镞则做为传统性的东西，被保存下来，含有着一定的意义。金属工具的使用，便推进了他们的社会发展和生活变化。

在汉族文物节内，是紧紧配合上面的介绍，指明在他们的社会发展和生活变化中，起了显著作用的则是汉族先进文化的影响与推动。本节就是要通过铁工具，陶器、兵器，马具，铜镜，服饰，货币等一系列汉族文物的集中介绍，以及他们对汉族文物的具体使用来说明这一相当重要的历史现象。汉族文物分类介绍的要点是：铁工具和陶器的介绍，说明对他们的生产和生活的影响；起码有相当部分的汉式兵器为这一民族所使用，并为适合这一民族的需要而被这一民族所改制；铜镜大部分都被当护心镜用，从墓葬中的出土例和它本身的使用痕迹上看，都可得到证明；他们对汉族各种服饰品的使用或改变原来的用途和性能以达到服饰的目的，如对货币。通过以上的这样介绍，可以自然而然地得出这样的结论：即在这一部族生产、生活、战斗、衣着、装饰等各方面所需要的汉族东西，几乎都

7.

被利用以了。可看出其经济、政治、军事和文化上的密切联系。

四、探讨

本章是综合以上两章所介绍的实际材料加以综合论述，提出断代、族别、社会面貌和文化定名等诸问题，加以探讨，以深入问题的本质，把考古研究和历史研究结合起来，突破考古界线把考古引向历史为一主要目的。

同时就指出断代的主要根据是汉族文物，提出时代的上限和下限，力求精确。确定了墓群的时代，再对墓群的形成过程加以分析。

进而讨论族别，即这个墓群属于那一民族的问题。有两大可能：匈奴与乌桓。通过本地考古资料的比较和分析，认为这一部族并非本地土著，可以说是从外边"冲进"和"膨胀"到这里来的一个游牧部族。再通过对各地考古资料的比较和分析，结合一下文献，认为是匈奴部族的可能性要大一些。这里关于匈奴当有广狭两义的解释。匈奴在其历史过程中也历尽了变化，如果做为种族来研究，这将无济于事。

接着就对这一部族的社会性质，经济形态，生产生活方式，技术和文化水平以及意识形态等等方面予以尽可能地讨论。

再进而剖析这一批葬品中的文化系统和文化因素。指出在这一部族的文化统一体（综合体）内，包含有两个文化系统，即本族文化系统与汉族文化系统。这决不是偶然的，这是历史上形成的结果。本节将着重本族文化系统的探讨以及这一文化的具体构成并论述在汉族文化的影响与推动下，说傅本族文化的一些方面，一些特征起了改变，变化的情形。在本族文化系统中从现象看是复杂的，从因素上看是多方面的。指出上一文化与下一文化的延续发展现象；两种文化的接触，变化的迹象，相互影响与推动，不只限于和汉族，而且也在于和其他游牧民族，这是一件不可忽视的事。该文化综合体的分布及其他地域性。这一文化的内涵。予以定名的根据。定名。

接着通过辽宁、内蒙、黄河流域的考古材料，尤其是西丰和辽阳的材料，结合文献记载的某些史实，探讨一下汉与匈奴的历史文化关系。尤其着重经济上的交往和政治上的请和。试学历史的一致。

完了，从历史转向现代。1935年当日本帝国主义侵略势力扩伸到热河、内蒙，并策动进一步侵入华北的时候，日本"东亚考古学会"出了一本叫"内蒙古长城地带"的所谓考古报告书，其中搜罗了帝国主义在我国这一地区掠夺的所谓"绥远青铜器"并曾被誉为此书係日本考古学，经过"满洲考古学"向东亚考古学迈进的标志。在这里，我们就打算进而批判该书的渗入所谓考古学的种种倾向，揭穿它的政治背景与目的。

五、结语

最后的第五章是一篇简短的总结，要总结这一发现的价值和意义；几个重要的结论或认识，以及留做为问题的提出有那些；指出这一报告，只是对这一发现，这一文化研究的起点，而不是终点。今后，在党的总路线的

9.

光辉照耀下，将会有更多的发现，取得更大的成就。

一、所有参加这一劳动者都应得到表现。时间9月底初稿完成

（迟将编著）

二、文风，鲜明、生动、准确。去掉洋八股。

附件 2

西岔沟墓地报告原稿扫描（节选）

报告原稿为手写稿，用每页 400 字的稿纸誊写，共计 450 页。该手写稿应为 1960 年 6 月 15 日至 10 月末编写的报告初稿，稿上做的修改，很可能是根据李文信先生提出的修改意见，由每章作者本人做的修改。这里节选的是原稿第 1 ~ 50 页的扫描图片。

11

第　頁

第一章　绪论

15页

原稿紙20×20＝400

第一节 自然环境与历史沿革

西丰位于东经142°7'、北纬42°7'左右。属辽宁省，是沈阳市辖县之一。北东两面与吉林省毗連。西及西南部与本省开原、南与清原县接界。

西丰县处于長白山系龙岗山脉西端的西向傾斜面上。龙岗山在清原县英額门一带从东南向西北伸延，到东丰、辽源附近轉向西行，至西丰而成为丘陵山地。此处正是辽河上游的准平原、草原和东方丘陵山地的交接点。也是比較适合于游牧民族活动的地方。

西丰河以南属辽河水域，除东部、东北部一小部分山谷河源属东辽河流域外，全县大部面積基本属于寇（清）河水域。县城位于寇河上游北岸，距河约1里。寇河从东南流来，經县城东轉而南，又向西流出县境，至开原县船家子与东北来的葉赫河会合，而后流入大清河，經开原镇南流入辽河。县南部又是清河北源水域。（图）

执中村旧名姜家街。在县城西北约3里。

第 2 頁

出县城西北行7里许，穿过一道小山岗，就是西汉匈奴墓群所在地的西岔沟。它座落在由東北向西南延伸的小山岗的尽头，状似人字形的丘陵台地。拔海245米。墓地这个山岗的面積，南北長约300米，东西宽约200米。南高北低，中间有一道雨水侵蚀形成坡度較缓的小沟谷。东西两侧，各有一道干河沟，在夏天雨期，则有山水下泻，向西南流入辽河。（图）

西岔沟东半里是抚中村，西北1里是林昌屯，西南7里是乐善屯，南隔一道山梁是乡政府的所在地公会屯，再往南约2里就是辽河。

西丰在周時，属幽州，东接肃慎族界。战国时在燕辽东郡北界塞外。秦时仍然如此。汉时是辽东郡望平县及玄菟郡高句丽县北界塞上地，有南苏水（传为东辽河）西北经塞外。這是匈奴、扶余杂居的地方。史记匈奴传："诸左方王将，居东方，直上谷以往者东，接穢貉、朝鲜"。由此看来，西汉时匈奴左王管辖地域范围，从汉书时的郡望和邻接诸族看。是由上谷东至穢貉、朝鲜之界；而西丰正在這个辖

原稿紙20×20＝400

区之内。这个时期西丰地区的民族分佈情况，大略是这样：西部、西北部为乌桓、鲜卑，西南则是汉长城障塞；东北及东为秽貉（貊）族住地。

但这些小部族已被匈奴所奴役，所以都是匈奴左王的统治地区。

匈奴在长城塞外不太远的西丰地区，按上一个活动据点，在軍事行动上是很有意义的。第一，对侵入西汉来说，进退都极为有利；进攻则可快速冲入長城，掠略人口财产。不利就急速退回据点，可免汉兵包围。第二，可控制当地的少数部族（乌桓、鲜卑、扶余等民族）和汉人交接或互相联合的活动。因此，这个軍事据点，对西汉旗的辽东郡和附近部族来说，不能不说是~~不能不说是~~一个可怕的威胁。第三，与奴匈中西部可形成在軍事行动上东西互相呼应的局面。此外，除了便利於伺机掠夺汉地人畜财物之外，在平时还可与当地汉人和其它部族互通贸易。

第二节　工作经过

西丰县乐家街西岔沟匈奴古墓群的发现和清理经过是这样的：该县冻泉乡旺营牧场来同志于1956年5月17日来我馆反映西丰发现文物的情况，我馆报请省文化局后，当日即派前往现场调查，5月23日回沈，并即向辽宁省文化局做了汇报。5月29日按省文化局的指示，即派我馆文物工作队前往西丰现场进行清理发掘工作。

发掘之初，首先对墓群区域范围进行测量、绘图，照像，并统一编号、划分界限区界（共划分94个区）。对墓群周围的边缘地带，也进行了探掘，查清了正个墓地的四周范围。6月下旬开始试掘，初步摸索到一些经验后，于7月1日正式按区开始发掘清理。至9月7日全部工作结束，共历时3个月另5天；发掘了墓葬63座，清理了74个区（每区东西长15米，南北宽10米），共挖土方8500多立方米，用工3412个，共获大小各种文物（包括回收文物在内）13728件。

发掘工作过程中，在西丰县人委文化科的组织领导下，我馆指派两名干部配合，组成小组，进行了散失文物的回收工作（由6月5日开始至9月6日结束）。首先在振中村进行试点（通过群众会、召开积极分子会和个别探访等），以后便在乐善、公合、新安、林昌、振庆、九参、安昌、西北沟以及城关区等十个村屯，全面铺开工作。从群众手中共收回大小文物5323件。在回收工作的后期，为了进一步贯彻党和国家的文物保护政策，在乐善、林昌、公合、新安等地，以实物展出的形式，利用农闲时间（晚间），组织一个二人小组，携带数十件有代表性的文物，进行展览和讲解说明。这个工作，受到了广大群众的欢迎。

我们认为有必要把西丰发掘的重要资料进行整理、研究、编写出报告书公布于世，以飨读者。1959年12月份起，组织了编写小组，同时抽调了测绘、复原陶器的同志，进行工作。另外，也动员了其它同志在业余时间进行支援。

第 6 頁

首先是出土材料的整理复查工作。在田野发掘记录材料的基础上，结合文物的分析、核对，恢复墓群全貌、性质、时代和形成过程，以及葬制上的一些规律，主要遗物的分布规律和全部文物分类及统计工作。在这个基础上，根据分析整理的结果，拟定编写提纲，分头进行编写。从6月15日开始了编写工作，10月末脱稿。在编写工作中，同志们鼓足了干劲，破除了迷信，本着边干边学的精神，在老专家的指导下，胜利地完成了任务。同时，不仅解决了人力和技术上的难关，也锻炼和提高了同志的业务水平。

原稿紙20×20=400

第三节 工作方法与原则

西丰西岔沟古墓群[redacted]，由于地处山顶部，受到长年风雨剥蚀、水土流失；使得部分墓葬受到了破坏；加之长久以来，农民的开山整田，也不知不觉的扰动了一部分墓葬；[redacted]致使[redacted]部分文物露出地面，因而被人所发现，从而引起了个别人的好奇心而查找究竟，这样也翻动了一部分墓葬。正因如此，这批墓葬才被人们发现，才引起了当地政府和群众的注意，因而才有了西岔沟古墓群的发掘清理工作。

针对西岔沟墓地现场长期的自然破坏和人工扰动的情况，决定了必须采用与实际情况相适应的方法来进行这一抢救发掘工作。必须事先有一个比较完整、切实的计划，并据此摸索进行，以求达到恢复墓群原貌的目的，并在这个基础上探明其性质、时代和文物的分布及伴存关系等等，进而才能把这一庞杂而又似头绪乱的材料复原起来，以便给正确分析、研究这批材料，从而得出恰当的结论打下坚实的基础。

这种复杂性的工作方法，是从两方面着手进行的：一是现场清理和完整墓葬的发掘，一是文物回收和当时情况的採访。

发掘工作分为三个阶段：第一阶段是准备工作。就是首先对墓地进行全面摄影，以便形像地把墓地之形和现状记录下来。接着就在墓地周围打了600多个探沟，探明了墓地的四周范围；再次进行分区（每区东西长15米，南北宽10米），把这个墓地划分为94个区，并测出区位和扰土坑位图，以求清理时明确座标，固定范围，而易于全盘掌握。最后全面进行一次地表採集，把採得的文物按区分类包装保管。第二阶段是试掘。在墓群西南梁的中部选定一区（按分区顺序编为第60区），按地表原有坑位，划出坑界（共12坑）开始试掘。首先清理这些扰土，发现文物随见随收，对清出的文物除按先后编号外，并在测图上标出地点。扰土清出后，绝大部分面积皆已达原土层，仅在极少的一段面积内保留着原来的墓内填土，清理后露出一座残墓（编为1号墓），出有文物6件。另在原土层面上西处露出近方形土坑，坑内填满扰土，虽无文物，也应是西室墓坑。

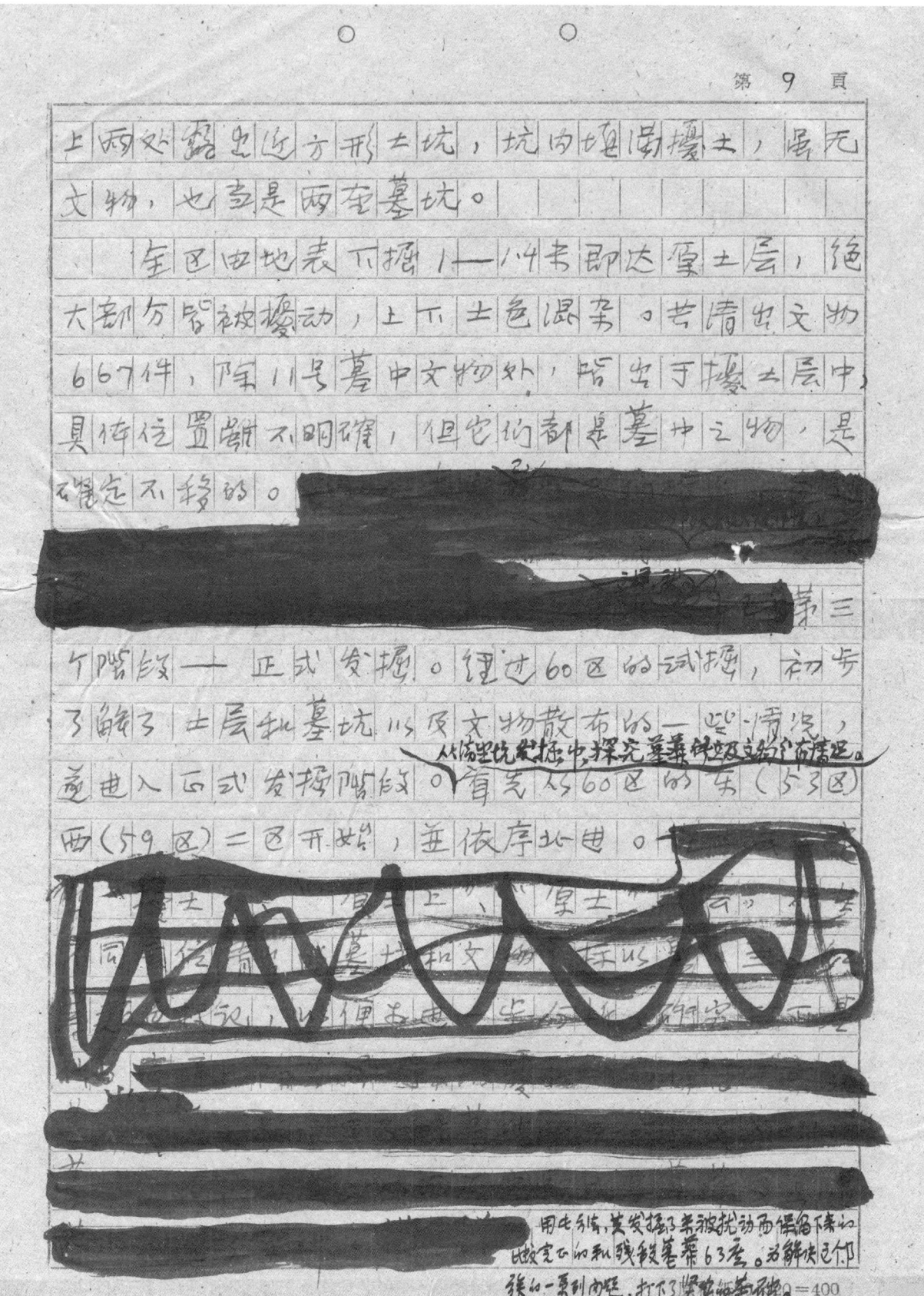

全区由地表下掘1—1.4米即达黄土层，绝大部分皆被扰动，上下土色混杂。共清出文物667件，除11号墓中文物外，皆出于扰土层中，具体位置虽不明确，但它们都是墓中之物，是确定不移的。[redacted]第三个阶段——正式发掘。经过60区的试掘，初步了解了土层和墓坑以及文物散布的一些情况，从清理坑发掘中，探究墓葬结构及文物分布情况。遂进入正式发掘阶段。首先从60区的东（53区）西（59区）二区开始，并依序北进。[redacted]

用七个月，共发掘了未被扰动而保留下来的比较完整的和残毁墓葬63座。为解决已知的一系列问题，打下了坚实的基础。

其次，是文物回收工作，[redacted]即从群众手中收回文物，[redacted]以求和清理坑的材料互相参证，从而达到恢复原貌的效果。[redacted]

我们认为，西岔沟墓群的被扰乱，基本上还是原地的扰乱。每一墓坑被掘出的文物，除主要的兵器装饰品等被取走而外，其他零星的和残陶器片等，都不会离原地太远，基本上它还是在墓坑的周围散布着。即使甲坑物混杂到乙坑去，或乙坑物混杂到甲坑来但文物的变位和混杂的程度基本上还是限定在一定的范围内，从这个墓地来说，它还是大体上保持在原来的位置上。採用上述方法，从总体上说来，对这个墓群的面貌的复原还是有积极作用的。

第 11 頁

這裡关键在于，根据具体情况，採用相应的分法，从残乱的现象上找出它~~之所以残乱~~的规律性，从而恢复它的原貌，这是可能的。只要能恢复百分之五十，也要比見难而已的輕便道路值得多。事实证明，这次工作经过发掘的划方、分坑、按层揭出，到清理的按坑分类、互相核对，直至把所有的文物、材料集中起来，以发掘墓葬出土材料为主，以清理擾乱墓区材料为輔，把回收材料用作参考。互相印证，反复推敲，以墓葬出土材料推知清理、回收材料之间的内部联系；以清理回收材料丰富墓葬出土材料之不足；这样，就达到了把死材料变成活材料，基本上复原了墓群面貌的目的。这个报告也就是在这个工作基础上编写的。

原稿紙20×20＝400

第 12 頁

第四节　党的领导是完成工作的根本保证

党的领导是完成西丰西岔沟的发掘，回收和编写报告工作的根本保证。在这个发掘和回收工作中，63到13当地党的各级组织普遍重视，并给以大力支持。中共西丰县委，把发掘和回收工作，列入会议日程进行讨论，了解了全部情况，对所有问题，大力帮助解决。县人委文化科除到工地了解情况外，还组织干部下去进行回收工作和宣传国家保护文物政策。乡党总支在发掘工作和保护文物工作进行上，更给予了具体的支持，并向各社、队下达指示，积极支援这一工作。林昌、公合、朱善等生产队的党政领导同志利用晚间召开群众会，宣传国家保护文物政策和进行流散文物的回收工作。特别值得提出的是执中生产队党政领导，更给予我们由始至终的大力帮助。如在人力上，用多少，拨多少，用男有男，用女有女；在各种工具上（桌子、锹、镐、缸、筐等用具），也有求必应；在食宿问题上给予了很大的方便；在运输力上，随用随

原稿紙20×20＝400

第 13 頁

到。所有这些，都是使我们能顺利地完成工作任务的保证。

在编写工作开始到完成，党始终关心我们，支持我们，而且相信我们一定能够完成这个任务。我们人力有限，加上水平不高，面对这些数量很大、内容复杂的物质文化资料，这在我们是有实际困难的。党教导我们，一定要大搞群众运动，专家与群众相结合，发掘人员与研究人员相结合，实事和完成编写报告的任务。党为我们顺利地完成工作任务，调动了全馆可能调动的力量支援我们，又号召全

原稿紙20×20＝400

館同志，在不影响本部、科室工作情况下，利用业余时间支援我们~~工作~~。在編写过程中，領导为了使我们編写工作能更好的完成，館裡有些較重要的工作，都交給其它同志来作，以便我们专心一意，聚精会神的进行工作。並且发現了问題，就立即帮我们解决。[redacted]我们的报告书所以能够问世，那首先归功于我们偉大的党，和在党领导下的敢想敢干的群众[redacted]。[redacted]我们的党，在打倒了国内外反动派在中国的统治後，不但領导了我们的社会主义[redacted]的经济建設，政治建設，而且也領导了文化建設，並使其繁荣昌盛。因此，我们把报告书献給偉大的党，正是理所当然的。

第二章 墓葬

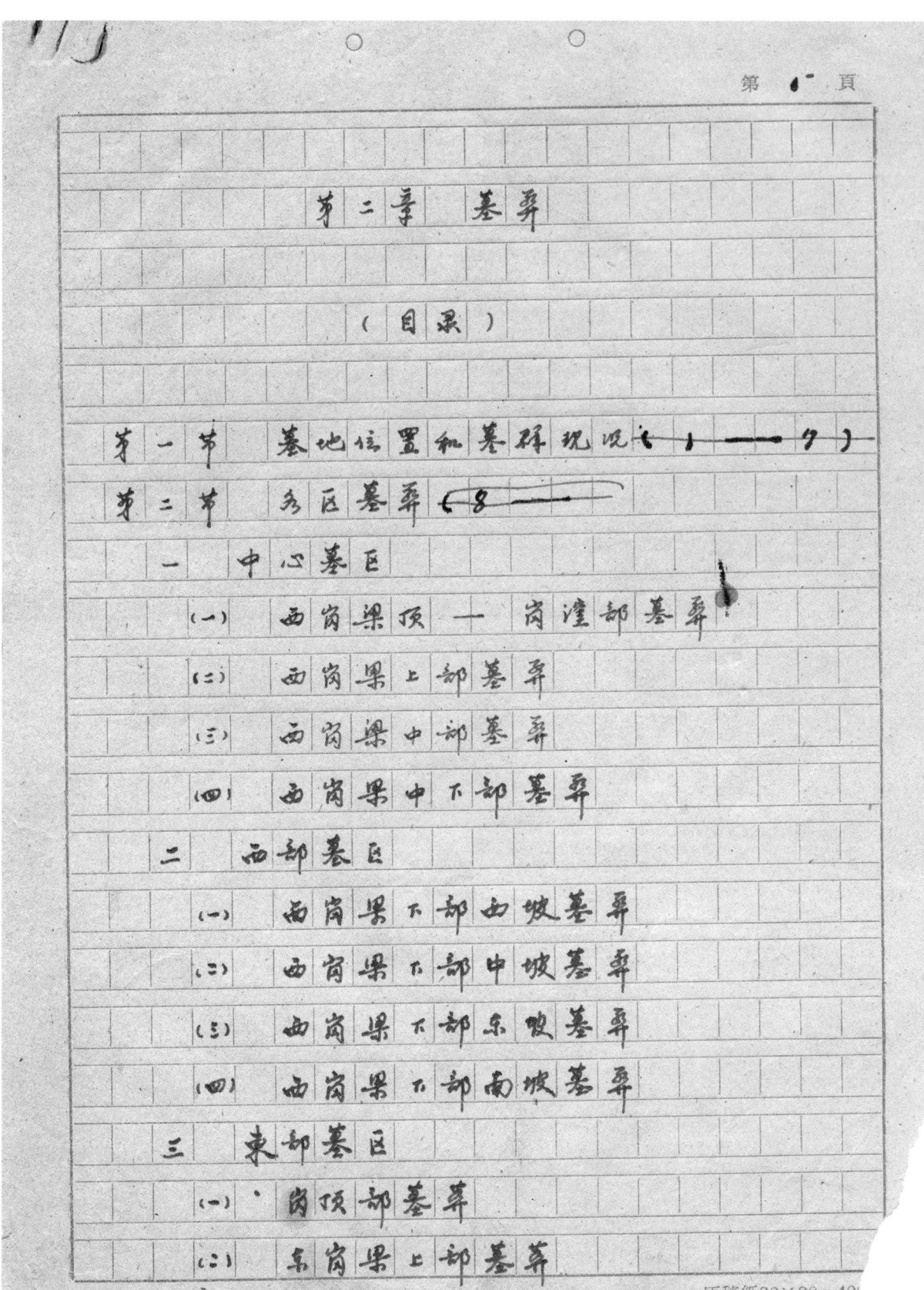

（目录）

第 3 頁

第五节 墓群面貌复原

第六节 墓葬类型分析

第七节 小结

原稿紙20×20=400

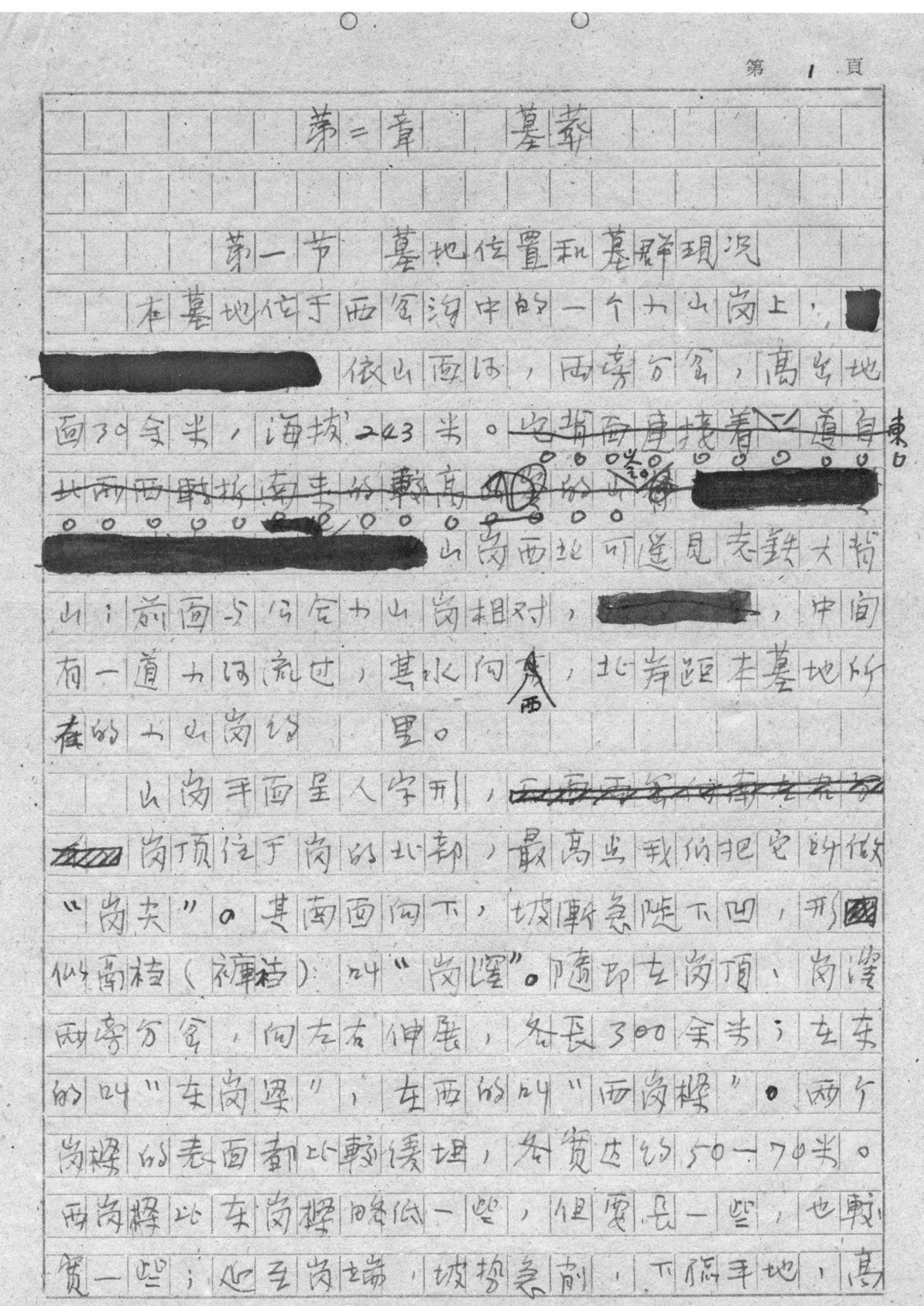

第 1 頁

第二章　墓葬

第一节　墓地位置和墓群现况

本墓地位于西岔沟中的一个小山岗上，[redacted]依山面河，两旁分岔，高出地面30余米，海拔243米。~~它背面连接着一道自东北而西斜折南来的较高的山~~[redacted]山岗西北可遥见老秃大背山；前面与另岔小山岗相对，[redacted]，中间有一道小河流过，其水向西，北岸距本墓地所在的小山岗约　里。

山岗平面呈人字形，~~[illegible]~~岗顶位于岗的北部，最高点我们把它叫做“岗尖”。其南面向下，坡势急陡下凹，形似马鞍（裤裆）叫“岗窪”。随即在岗顶、岗窪两旁分岔，向左右伸展，各长300余米；在东的叫“东岗梁”，在西的叫“西岗梁”。两个岗梁的表面都比较缓坦，各宽达约50—70米。西岗梁比东岗梁略低一些，但要长一些，也较宽一些；延至岗端，坡势急削，下临平地，高

原稿紙20×20＝400

第 2 頁

度在10米左右。整个山岗，实际是两块在岗顶会合相连的台地，在山岗的尽头：逐渐降低，成一漫坡，达于地面。

山岗的表面皆为含砂的黄土覆盖。厚度不一，一般在0.4—1米左右。[redacted] 大体上，在岗洼部分最厚，甚至厚在1.5米以上；岗顶和东西两岗梁的岗脊部分较薄，而且均匀。上部土层中间或含夹有细碎石块；下面则为岩石基層。而细碎石也多是岩石层风化的结果。覆盖的黄土，除了表面一层腐植土，全皆纯净一致，没有任何分層或夹层的堆积现象。岗洼之下，东、西两岗梁之间，是一个袋形山沟，随着两个岗梁向南延伸，起先做扇面开展，到至沟口，渐变狭窄，形如口袋。整个看来，可以说这是一个似人字形分岔的台地的山岗。像这样挺秀、规正、缓坦、分岔、高度适当、依山面河而又向阳的山岗，在这一带，方圆几十里内，是唯有其二的。[redacted]

原稿紙20×20＝400

第 3 頁

墓地就位于西岔沟中的这样一座小山岗上，6个墓群随着山岗的地势分布在岗顶、岗洼和东、西两岗根上，所占地面积约达12000平方米。

第 4 頁

[redacted]

为了便于说明，我们把正式发掘的63座墓葬[redacted]文物，称为"墓葬类型文物"（代号墓xxx—xxx）。

对墓葬附近扰土层中清理出来的文物，简称"清理坑文物"[redacted]经过分析、甄别，把原来属于一个墓或可能属于一个墓的清理坑文物，定为"清理坑墓葬类型文物"（代号清xxx—xxx[redacted]）；如果有根据能确定其属已发掘的某号墓的清理坑文物，则定为"××号墓清理坑类型文物"（代号墓清xxx—xxx[redacted]）；凡属于两个以上或可能属于两个以上而又难于区分的清理坑文物，则定为"清理坑混合墓葬类型文物"（代号[redacted]混xxx—xxx[redacted]）。这样的类型，经过我们的甄别、推定，共有387个。[redacted]

[redacted]对人群众手中回收的文物[redacted]能推定其为一墓文物者有6个，[redacted]或可能为一墓文物者有10个；其中依据群众提供的线索材料，再经过我们的考核、比较，认为能大致复原其文物在墓内分布位置的有25个墓。我们就把[redacted]定为"回收墓葬类型文物"（代号回XXX—XXX[redacted]）。由于上述的清理坑墓葬类型文物，是墓坑附近扰土层中清理出来的残存文物，种类和数量都是不完全的，[redacted]出土的具体位置也不能完全确指。[redacted]

原稿紙20×20＝400

又鉴于墓群时代的一致性，墓葬性质的一致性，考虑到墓群的形成过程和墓葬类型的特

原稿紙20×20＝400

第 7 頁

上，認為把墓地划分为若干区来分别介绍是适宜的。这种对发掘墓葬、清理坑墓葬类型文物和回收墓葬文物的分区介绍基础上，无疑会便于我们从正体上去进一步把握考查、颗别或分析每一墓葬的具体形态、相互间的关係和墓群的形成过程，而且，这样做也能够大致符合当时墓群的真实面貌以及墓群形成的客观过程。

[redacted]

我们便把这个墓地分为三个墓区，即"中心墓区"、"西部墓区"和"东部墓区"。中心区包括岗顶、西岗坡的上部和中部；西部墓区包括西岗坡的下部；东部墓区包括有岗顶和东岗坡的上部等地方。

下面对发掘墓葬、清理坑墓葬类型文物和回收墓葬类型文物[redacted]按分区、分节顺序加以叙述。

原稿紙20×20＝400

第二节 各区墓葬

~~这~~各~~区~~墓地共清理出63座墓葬。它们在分布上很不平衡：在占地6000多平方米的中心墓区，只保存有墓葬25座；而占地只有1900平方米的西部墓区，则保存墓葬30座；占地2000平方米的东部墓区，所保存的墓葬仅有8座~~，就更少了~~。一般说来，还是以在西部墓区，尤其是东坡部分的墓地保存比较完正，墓葬的排列有序。由此可窥见正个墓群原貌的一斑。

这63座墓葬，都是长方形土坑墓，距离地面一般约在20—60厘米左右。不论岗面地势如何起伏，墓的方位一律都是坐西北而向东南的。由于土质关系，墓内人骨几乎全部腐朽不存，只在若干墓内残存一部分牙齿和零星骨骼。由墓室结构和遗物、人骨出土情况推断，墓内皆葬一人，头向西北。墓内所出殉葬品的种类，计有兵器、马具、服饰、器皿、工具等等。从清理发掘的这些墓葬来讲，大部分都不是完正的。因此，很多墓葬的附葬品也就残缺不全。

只有12、15、16、19、33、41、53、59、62、63等号墓葬保存完整或比较完整。虽然这批墓葬只是整个墓地中残存下来的一小部分，但其考古价值却是相当大的。~~是我们对这一墓群葬制和文物研究的基础。是有关一切考古研究的出发点，是十分可贵的第一手材料。每一个墓都可认为一个研究单位。而且是探讨、分析、认识整个墓群的联结点和交点。~~

如果说经过我们正式发掘的座墓葬，是我们研究整个墓群的基础的话，那么这十几座保存完整或比较好的墓葬，便是我们研究的基础的基础。

下面，我们就分区介绍这一批墓葬。

一、中心墓区

本区共保存墓葬25座，包括岗洼和西岗梁的上部与中部。在这一区内保存的墓葬数目不太多，且绝大部分不够完整；但却有些重要的如断代材料纪年明确的某些墓葬就在这里。这25座墓葬，按其在墓群的分布方位，可分做四个部分，即：西岗梁顶——岗洼部墓葬，西岗梁上部墓葬，西岗梁中部墓葬，西岗梁中下部墓葬。

（一）西岗梁顶——岗洼部墓葬

共九座，分别位于35、36、37、42、44五

第 10 頁

部清理区内；以及29区的一部分。墓葬编号是M5[illegible]、M54、M46、M52、M67、M64、M63、M42、M37。现存各墓位置比较分散，已看不出什么墓列关系。兹以M46为中心，依次叙述。

第46号墓 ~~(M46)~~

在西岗梁顶部，位于42区东南角。

长方形土坑墓。方向东偏南29度。墓室不完整，仅存中部，墓圹清楚。存长75~~厘米~~，宽85厘米，存深5厘米。人骨腐朽不存。

26

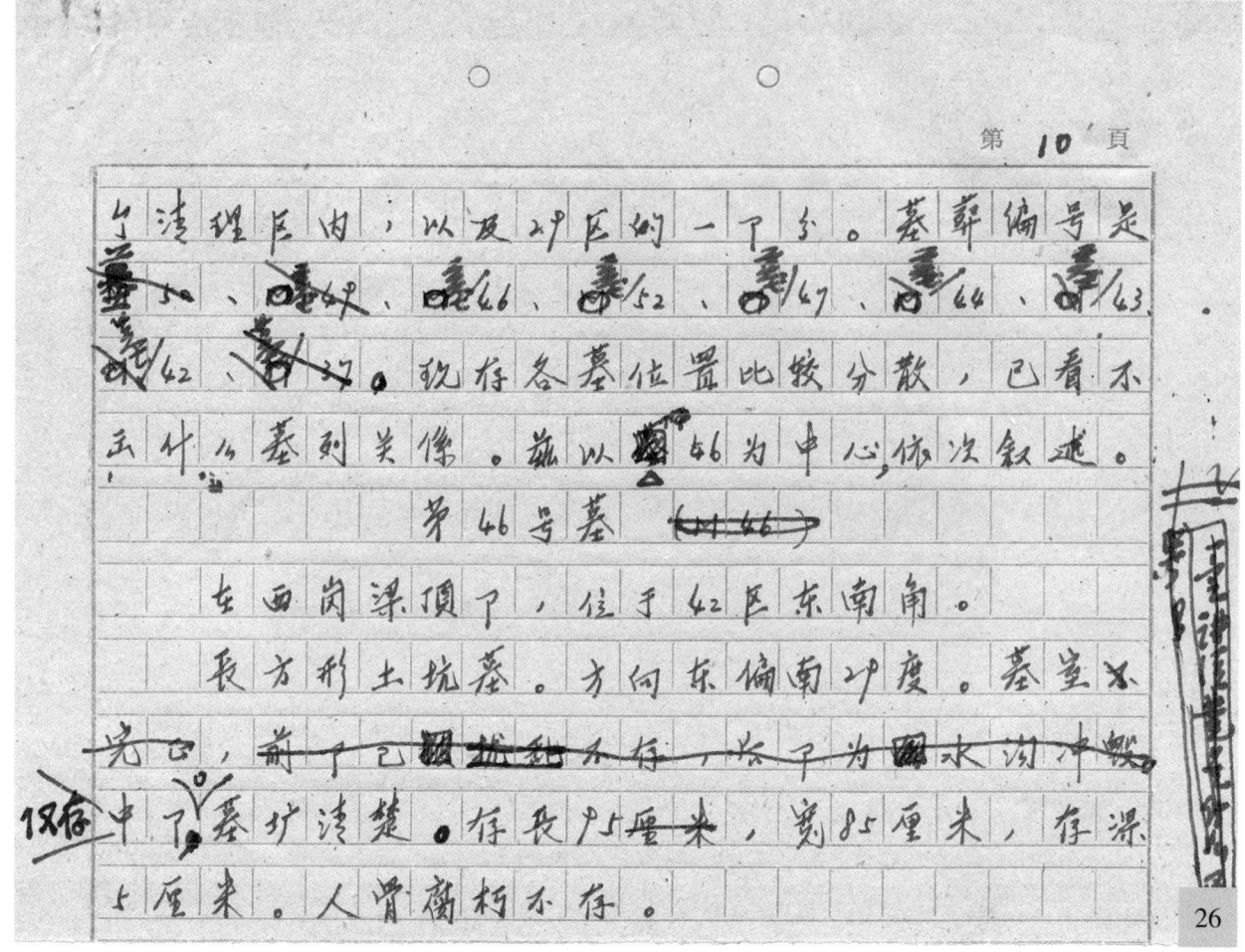

第 11 頁

随葬品~~皆出于残存的中部墓室，即相当于死葬人骨腰部~~。计有：

环首小铁刀1把，出在左侧，刀尖向前，刀身残存数层绢片。

五铢钱4枚（其中3枚为穿上横纹），斜置，一列相排，并用0.5厘米宽的皮条穿孔编连一起，可知它是带有装饰性质的。钱的朝上一面，锈结细绢布片；朝下的一面，残存皮片，也许为皮衣的残块，藉钱锈得以保存。皮片下面，又残存一层木屑。

铜泡6枚，2枚在墓室右侧，4枚在铁刀环右边，除近刀首的一泡反置外，余皆正面向上。铜泡大小形式一致，并都附有穿连的皮条，推测它当是革带上的装饰品。~~其中反置的一泡上面尚残存席片。~~

乱点珠形铜泡1枚，出右侧，原决非一枚。

饰珠23件，出于中部，即相当于尸体的腰部，排已散乱，计有玛瑙球状珠1、管4，碧石管2，绿石管15，白石管1。

~~墓为唯一出有五铢钱的一个墓~~　该墓葬断

定王莽文出土关系的短砖的，仅此一木。这给

？、

背面向上、向下？

原稿紙20×20＝400

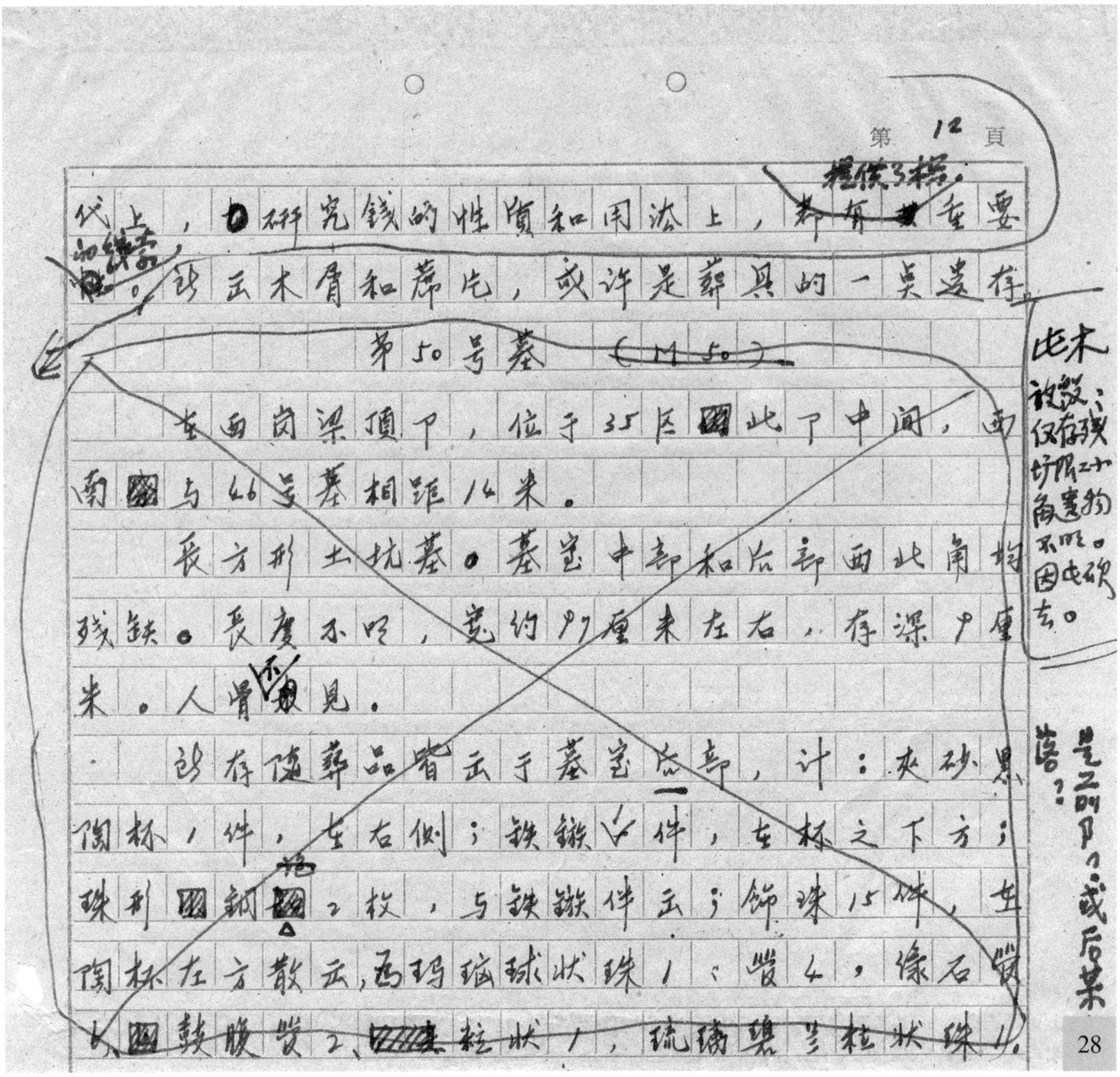

第 12 頁

代上，〔提供了材料〕研究钱的性质和用途上，都有重要

的。的出木骨和席片，或许是葬具的一点遗存。

第50号墓（M50）

在西岗梁顶ア，位于35区此ア中间，西

南与46号墓相距14米。

長方形土坑墓。墓室中部和后部西北角均

残缺。長度不明，宽约97厘米左右，存深？厘

米。人骨不見。

的存随葬品皆出于墓室后部，计：夹砂黑

陶杯1件，在右侧；铁镞6件，在杯之下方；

珠形铜泡2枚，与铁镞伴出；飾珠15件，在

陶杯左方散出，為玛瑙球状珠1；管4，绿石管

6，鼓腹管2，柱状1，琉璃碧兰柱状珠1，

〔此木被毁，仅存残坑的西北角，遗物不明。因此砍去。〕

〔是二部？？或后来落？〕

28

第 13 頁

~~附　清理坑50号墓类型文物(M Ⅰ 50)~~

~~50号墓东南角扰乱坑内，计出有：锥式铁镞6件，与上述墓内所出者同式，唯较大；细石镞1件，两端残缺；铜泡（钮）1枚；绿石管3、扁方起脊佩1，白石管1件。上记（述）遗物皆墓50的流散随葬品。~~

~~第51号墓（M51）~~

~~位于35区东南角，北与（墓）M50相距约8米。~~

~~墓室大部残破，圹限不明，只保存墓室中部一小部分墓底。（遗物）仅出环首小铁刀1把，断为两段；柳叶形铁镞1件；珠形铜泡（钮）2枚。又在墓底上部扰土中，出十余块弦纹陶壶片，已復原。~~

连50号木部不好，因此砍去。

第52号墓 ~~（M52）~~

墓葬位于27区西北角，~~西北距（墓）M51约　米~~。

墓为長方形土坑墓，方向东偏南2度。墓室已~~遭到较严重的扰~~坏，仅存墓室的前半部分和左边圹限。残存長1.5米，宽约85厘米，存深18厘米。

墓室前部出有人~~骨，其~~股骨下肢，骨体斜

原稿紙20×20＝400

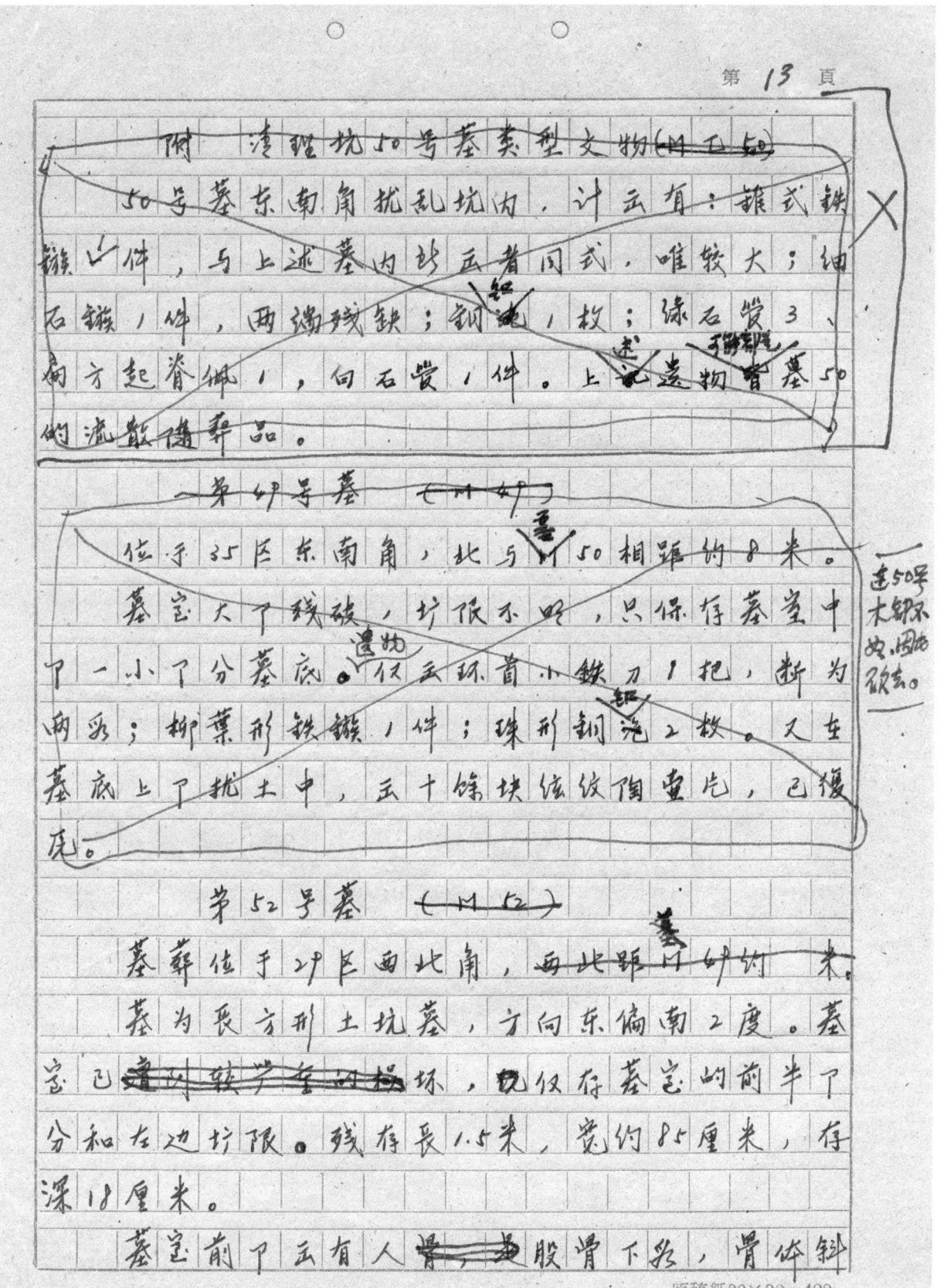

第 14 页

这些葬式的现象，有待今后更多的资料，我们再作研究。

立，下端关节向上，倾斜33度。根据股体倾斜并正西向前出土；再综观此地墓葬保存完正的，它的長度［估计］不过是1.5—1.7米，［还］不及一般人高，加上墓室后部随葬品佔去的位置，尸体已难平安放，因此，这些人骨的出土，对葬式的研究很为重要，应十分注意。

随葬品保存不多：在墓室中部近左边出环首［小］铁刀1把，环首向后［尖向前］，它可能是配挂于人骨腰间的；铜镞3件，皆两翼式，一在墓室后部，一在中部，一在前部，尖全向外，并有两件铜镞四周因锈保存有木質残痕，［纹理］与镞身横纹［垂直］。铁镞4件，可分三式：扁锋圆铤［式］1，在墓室中部，［偏左出土，尖向前，］层位较高；（1件）扁锋菱形［式］1［在元铤式后方出土，尖向前］；方锥式2件，［一在元铤式前附出土，尖向前，一在其后，尖向后。］层位为低，接近于墓底。

附　清理坑52号墓类型文物

在52号墓西和南西的第220、218号清理坑内的文物，可能皆为此墓经扰乱而流散的随葬品。在220坑内计有铁环残段1件，瓜楞状玛瑙珠1枚；218坑内出铁马衔1件。附此，以供参考。

原稿紙20×20＝400

第47号墓 ~~(M47)~~

墓位于36区东南角，东北距52号墓　米。

墓室已大部分残缺，圹限只北西还较明显，长1.6米，宽约70厘米，残存深8厘米。未发现人骨。遗物现仅存铜镞和铁镞。铜镞两翼式3件，2件在墓底上，一件在距墓底5厘米处的填土中；铁镞11件，矛式1件，柳叶式5件，扁锋菱形2件，扁锋两翼式2件，另有一件由于残损过甚，不辨是何种形式；在出土时，除2件在填土中距墓底6—8厘米处，其余均在墓底上，镞锋指向多为西或北向。另，在铁镞下面均有木屑。

~~附　清理坑47号墓型类文物（K M I 47）~~

~~位于47号墓左、右及前方的219、222、223清理坑内，出有：陶壶1件。盌形陶杯2件。两翼式铜镞2件。扁锋菱形铁镞1件，圆形铁饰片1件。素面铜具1件。大铜铃4枚，其中3枚同式，铃面均有一圈状花纹带。珠形铜铃1枚。瓜棱状玛瑙珠1件。滴珠状玛瑙坠1件。碧石垂饰1件。另外有孔陶片1，为残碎~~

~~陶器制成，一面有乳点纹，对钻一孔，可能作为装饰之用。上记文物皆是47号墓流散的随葬品。~~

第44号墓 ~~（M44）~~

位于岗洼37区北部中间，东北距47号墓米。

墓室为长方形土坑墓，方向东偏南13度。现只存西、北两圹限。存长1.1米，宽约63厘米，深10厘米。~~未发现人骨。~~出土遗物均在墓室西部：陶杯2件，一件近北边圹限，平正放置，~~口沿有指甲刻纹~~；另一件在它的南侧，倒扣于墓底上，~~口沿有指甲刻纹~~，下有突起乳状装饰纹带；失纹饰口沿指甲纹，其中一件；铜铃4枚，一枚在陶杯下面，另几枚在两陶杯中间的墓底上和墓室西北角出土；琉璃珠2件，白色及绿色两色。

第43號墓 ~~（M43）~~

位于东北距44號墓10米。

土坑墓，方向东偏南30度。墓室前部被山水冲毁，圹限不十分明显。从现存情况看，似为前狭后宽，略呈梯形。长1.43米，宽0.6—1

第 17 頁

米，存深13厘米。~~墓内未发现人骨~~。左铜铃下面藉铜锈保存下来些朽木板和漆片，可能是葬具的残留。~~不过没有发现明确的关系，尚还不能肯定究属何种性质~~。遗物大部分出土墓室后部，约相当于人头骨和上肢骨部位。计有：陶钵1件，出墓室的西南角，向前倾倒；其左侧出大铜铃3枚，小铜铃5枚，两个铃面均一律朝向墓底。左铜铃下面有腐朽的皮革痕迹，其下有残存木片；钵前方出玛瑙珠2件，绿石贝7件，较腹贝4件；又前，有孔陶饰片2件；剑柄铜环1枚。据此，估计此墓内原当殉葬有铜环铜柄铁剑的；再前，出大铜铃1枚，亦铃面向下。

第41號墓 ~~（M41）~~

位于37区西北角。

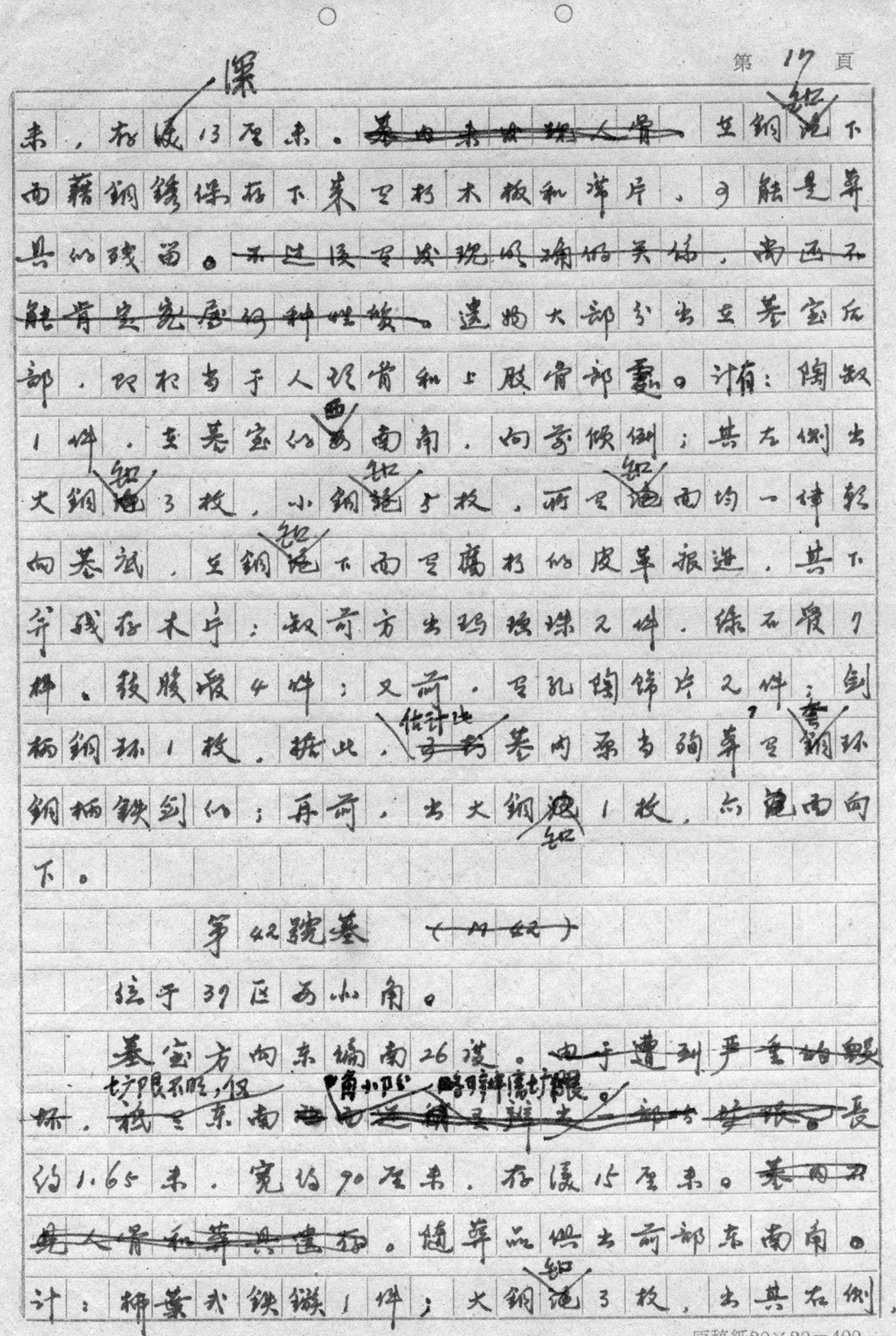

墓室方向东偏南26度。~~由于遭到严重的毁坏，只剩东南角之一部分，其余~~墓圹界限不明，仅东南角小部分略可辨清圹界。长约1.65米，宽约90厘米，存深15厘米。~~墓内不见人骨和葬具遗存~~。随葬品出于前部东南角。计：柳叶式铁镞1件；大铜铃3枚，出其右侧，

第 18 頁

均放置；此外，散出各种饰珠21件，为玛瑙管6、绿石横侧珠1、贝4、鼓腹管2，白石管8件。

~~第39號墓（M39）。~~

~~位于此区东南角。~~

~~墓室残損在前部东北角。[illegible]。存该30厘米。遗物仅出土螺状玛瑙珠1件。~~

（二）西岗墨上部墓葬

这一部分墓葬共六座。分别位于西岗墨上部49、56、57、58四个清理区内。~~墓葬编號为~~

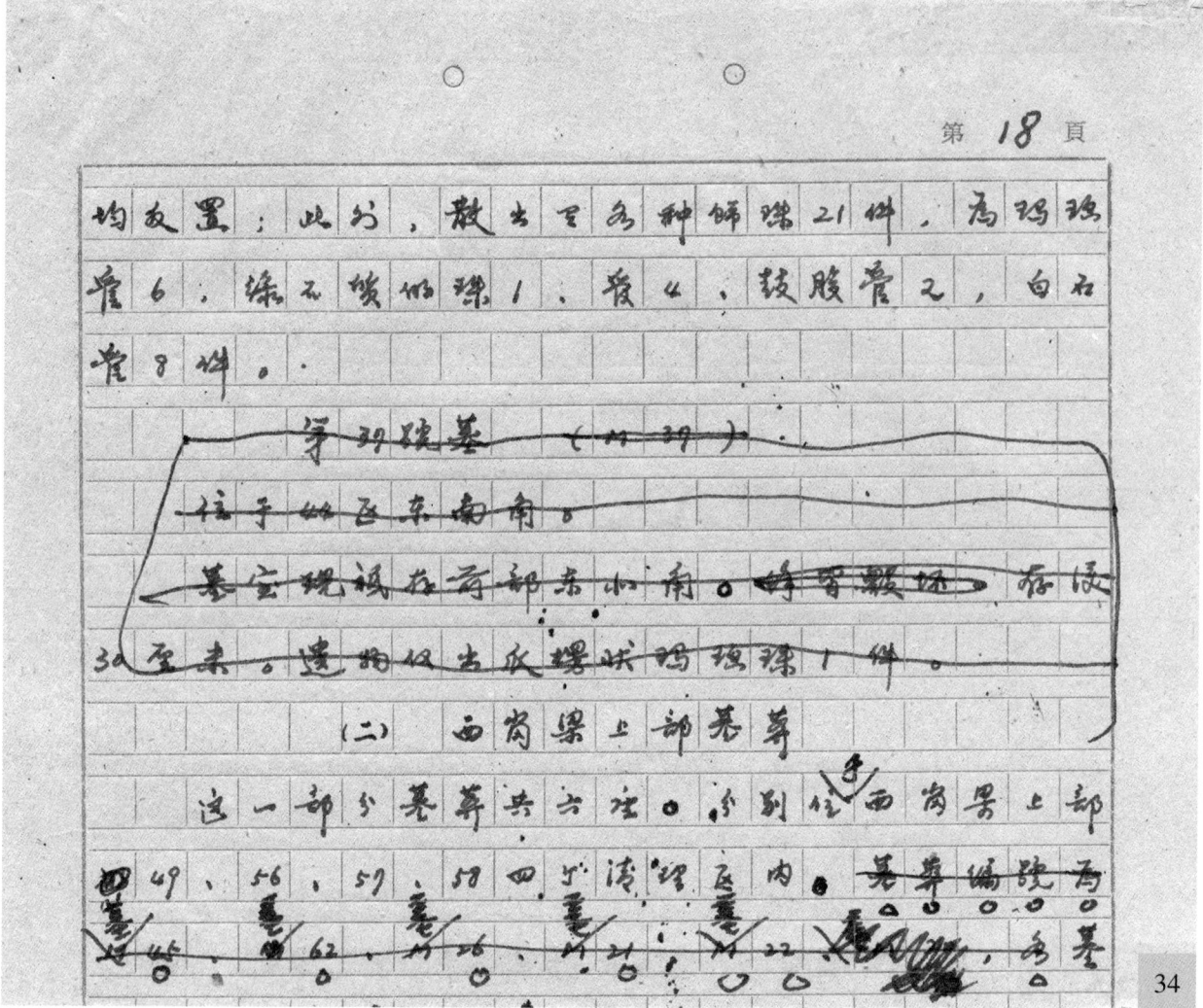

~~墓46、墓62、墓26、墓21、墓22、[illegible]~~，各墓

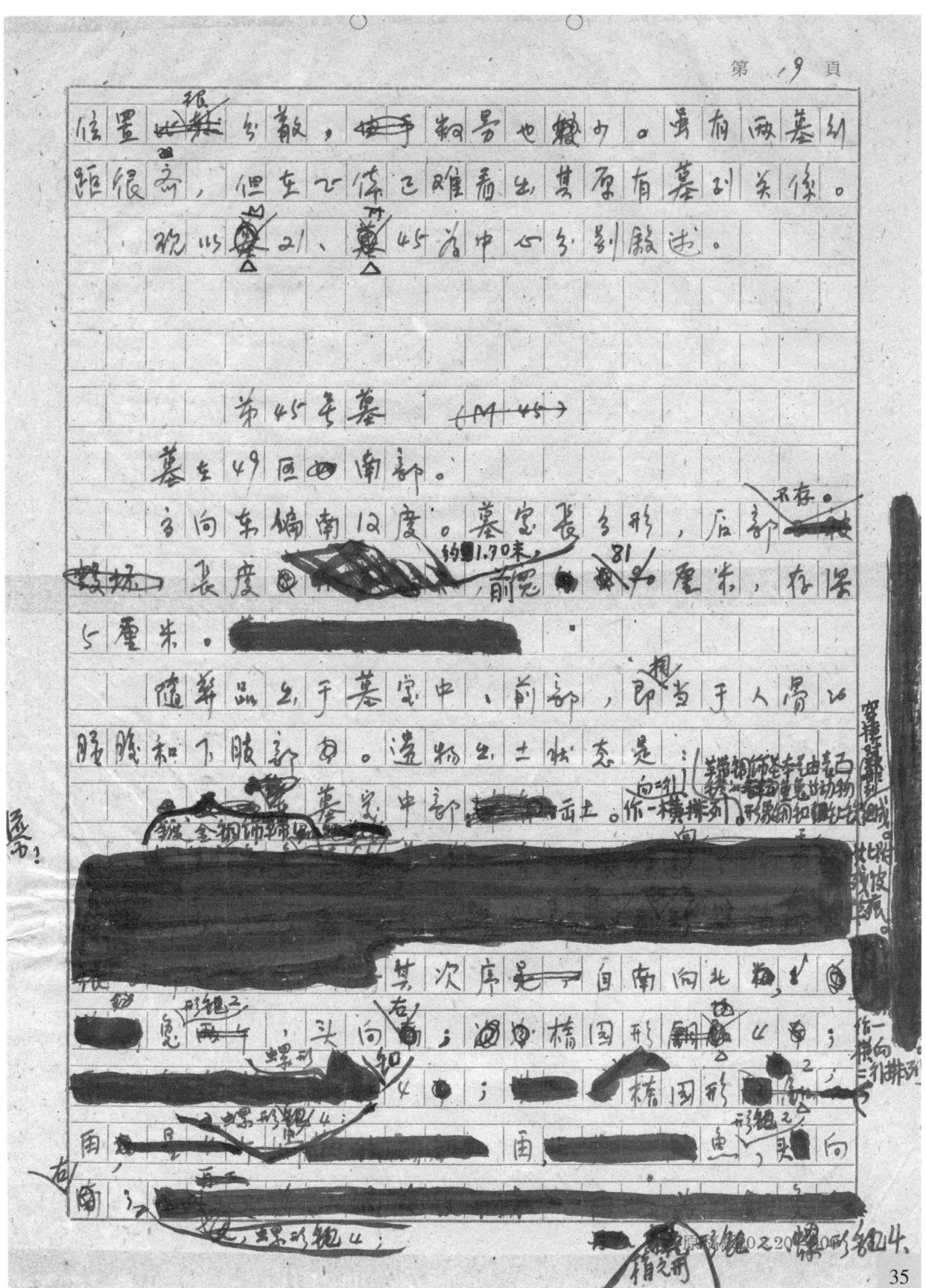

第 19 頁

位置很分散，数量也很少。虽有两墓相距很近，但在已难看出其原有墓列关系。

现以墓21、墓45为中心分别叙述。

第45号墓（M45）

墓在49区的南部。

方向东偏南12度。墓室长方形，后部不存。长度 [redacted] 约1.70米，前宽81厘米，存深5厘米。[redacted]

随葬品出于墓室中、前部，即相当于人骨的腰腹和下肢部分。遗物出土状态是：

墓室中部 [redacted] 出土，作一横排列 [redacted]

[redacted]

其次序是自南向北：[redacted] 兔形饰，头向右；[redacted] 椭圆形 [redacted]；[redacted] 4；[redacted] 椭圆形 [redacted] 2；

[redacted] 兔形饰，头向 [redacted] 向

南；[redacted] 螺形饰 4；

[redacted] 螺形饰 4。

第 20 頁

椭圆形铜饰4；双鱼、双鸟各一排，

2、其位置稍乱。

[redacted]

上述革带[redacted]方式镶金铜饰缀饰出土时，均正面向上，[redacted]共下[redacted]还有两排有残缺的扣饰（椭圆形），[redacted]，但扣石都都朝向墓底，中间[redacted]有皮革，两边为镶金的方式饰係螺及椭圆形铜泡革带缀是缝在皮革带上面的。[redacted]

环首铁刀（小）一把。出于革带左后方，右斜置，刀尖向左，[redacted]也当系佩挂于死者腰间的。

珠形铜饰8枚，散出于革带前方。

在墓室前部出土有：

细石镞3件。两件并列在前，一件稍后，係出于左下角的墓底上。[redacted]

原稿紙20×20＝400

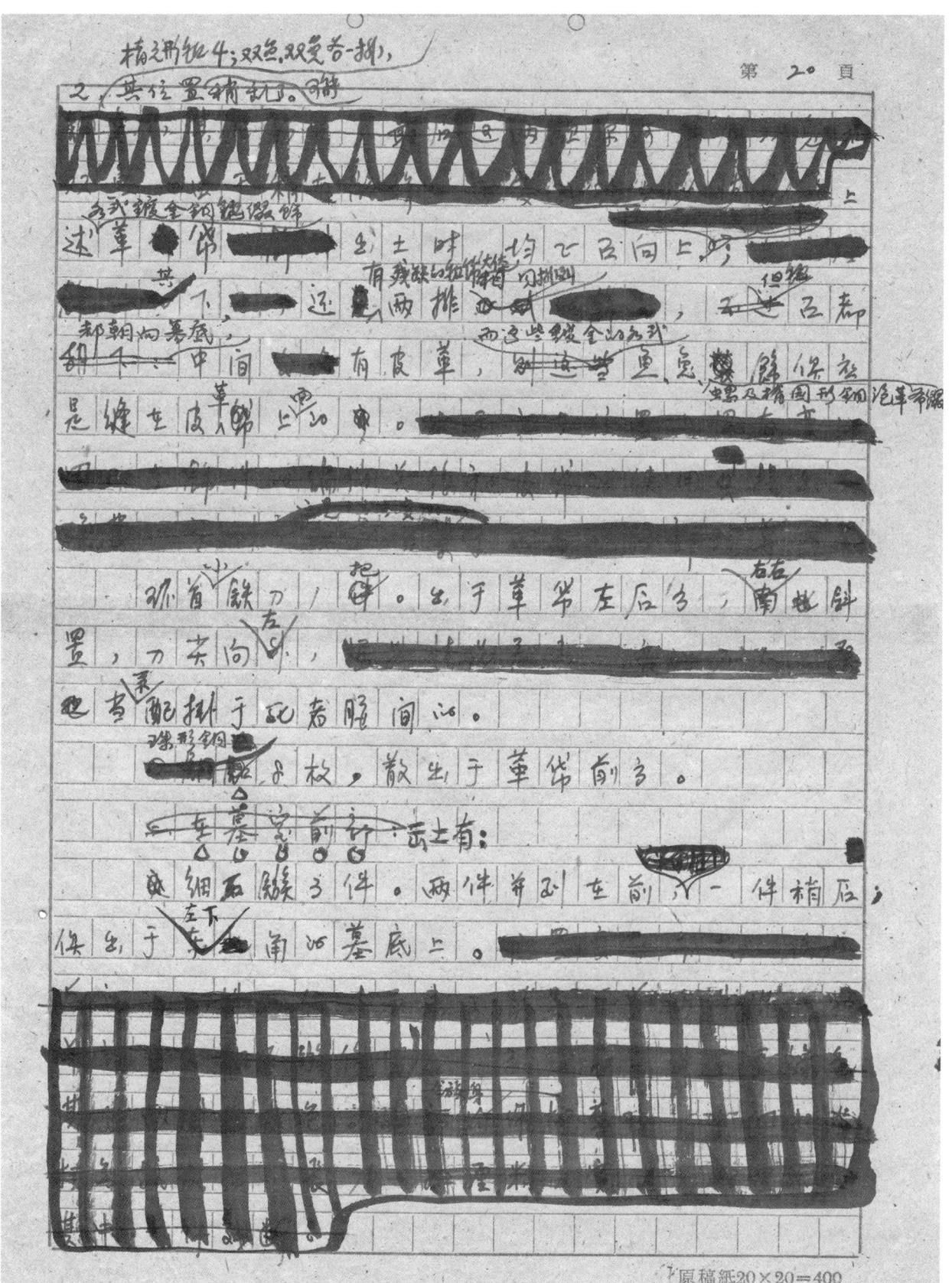

46号木，在这个木椁中是少见的木椁。随葬品有银饰件，金制品，精致的为主要的装饰。由此可见，[redacted]这个木椁的主人，应是部落首领或[redacted]翻[redacted]是上层社会重要成员的木椁。……这给我们探讨这个地区……提供了最鲜明的证据。

偏锋两翼式铁镞1件。和前两件细石镞并列。

环首小铁锥1把。在后一件细石镞后方，尖向前。[redacted]

第62号墓

位于56号墓西南部，东南米是45号墓。方向东偏南36度。墓室长方形。上部表层为30厘米厚的农耕土，其下为黄土层，厚约20厘米，再下即为岩石。墓葬穿过黄土而达于岩石层上。墓室长1.7米，宽85厘米，存深9厘米。

[redacted]

随葬遗物多出于后部。左边部左侧出有耳陶杯一件，口向南倾侧；杯右侧下出铁斧一把，刃向后；斧右侧出环首小铁刀一把，刀尖向前；刀身下面出环首小铁锥一把，与环首刀同向（说明刀锥佩在腰间同处？）；在刀左前部出偏锋两翼铁镞一件，环首刀右边和后方出饰珠26件，珠串散乱，……

较为集中，只稍有小部分移动，但仍可窥见原来

原稿纸20×20=400

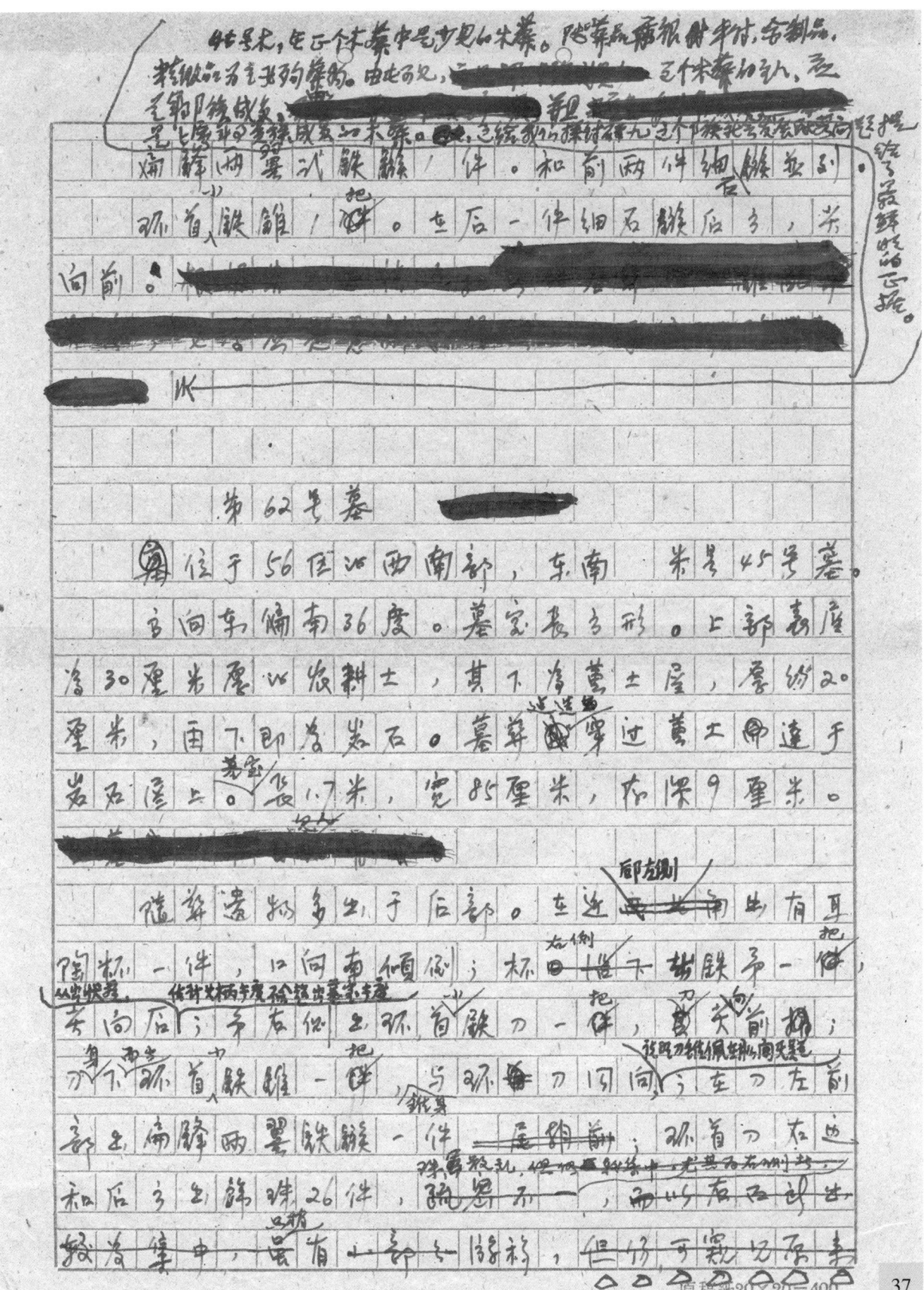

第 22 頁

~~其中部位为~~计有~~珠状~~玛瑙珠1件，瓜楞状~~玛瑙珠1件，管状玛瑙珠2件，管状~~白石管1~~件~~，及管状~~白石珠~~1~~件，管状~~绿石管9~~件~~，鼓腹管~~状绿石珠~~1~~件，碧或兰色粒状~~玻璃~~珠各~~一件。在墓室中部出有及起脊绿石佩八件，出土时均平面在上，横向石钥下，右部四件互相叠压，中部二个穿孔相对，一枚在北部距离稍远。

第26号墓 ~~（M26）~~

位于D7区东南角。

方向东偏南16度。

墓室~~已被破坏~~，仅存中、后一小部分。~~确~~深长宽已不易确知，存深约20厘米。~~墓内未发现人骨~~。

随葬品计有：

陶壶1件，出墓室后左角。其前为珠饰串一条；各种饰珠40件，~~位置均无变动~~，保持着原来穿配丝线的情况，是饰珠穿绳保持最完整的一例。上下十字形排列，以玛瑙珠为中心；~~左右两侧~~各穿5枚绿石珠，次第渐大；再次，各穿管6枚绿石珠；又次，各接穿一管状玛瑙管1；

两侧大约向6枚蚕状饰珠相对称，其下仅一菱形珠饰。

项饰之精美者。

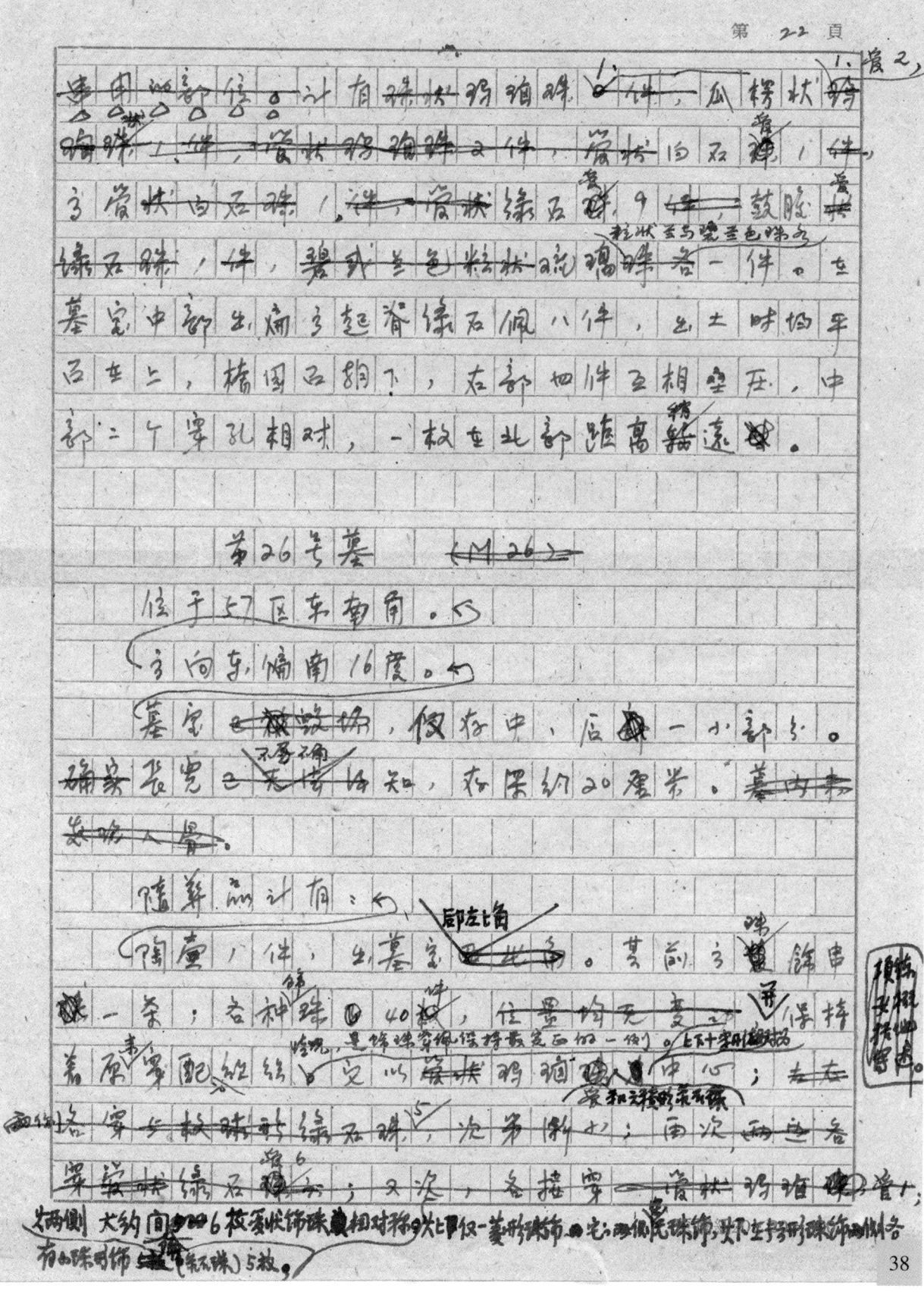

第 23 頁

周次，为穿囊形缘石珠1；复次，各为缘石管6件，最后是囊形缘石珠1件，和中心玛瑙珠上下相对。其出土位置当在人骨的颈部，因此它是做为项链使用的。在串珠右后方出土五环饰品1件，（耳部）向后，位置[illegible]有移动。任手头骨一侧，耳部上的饰品。此外，白石珠3件在串珠右方；更后，散出碎铜块13块。在缀五环银饰品右侧，并出环首铁刀、刀，[illegible]1件，尖向后，环首向前。刀锥并出亦见数例，从此例看，它们不像挂在腰间，似乎是放在死者头侧。

第21号墓

位于57、58号之间，东北为26号墓。

方向东偏南18度。

墓室只存中部。墓内人骨仅存部分，因过甚腐朽，但已无法辨认性别年龄。

原稿紙20×20=400

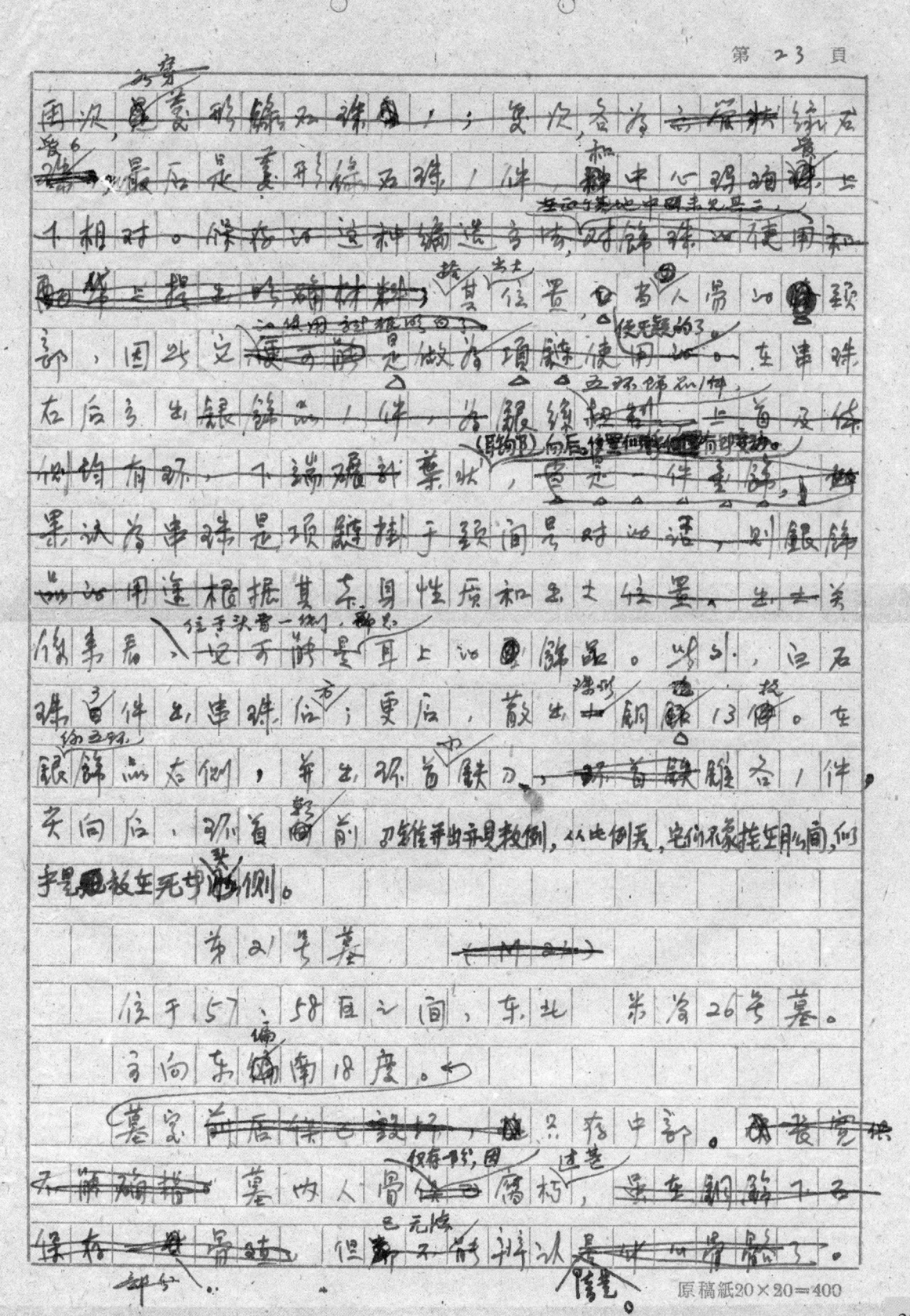

附葬品计有：

变形蟠螭纹铜镜一面（边缘残缺）。在墓室后部右侧（正面）出土，铭文"见日之明，长毋相忘"。

~~铜铃7件，在~~ 小铜扣21枚。在铜镜和铜铃、铁刀之间出土。值得重视的则是在铜镜前方出土的铜扣比较集中而又多数（40几枚），并成一开口之椭圆形状，由此看来似乎是围绕在死者腰带上的扣饰品。

铜铃7件。在铜扣前部之侧出土，并有个别夹在铜扣之间出土的。左侧4件，右侧3件。铃环向后，在每铃环首上各有一小铜泡或铁泡，在泡内和铃环内均穿绳痕迹，可知它们是互相穿连悬佩在死者腰部侧的装饰品。

环首小铁刀1件。在中部，即腰扣饰左侧平行出土。刀尖向前。

一化之钱2枚。在环首小刀左侧相叠出土。从出土状况看，也应是腰饰品。

墓内铜镜与铜铁件出的，仅此墓，给墓葬断代研究上提供了较为重要的根据。

第22号墓

在58区北部中间，北距21号墓　米。

墓室仅存中部。~~结构不明~~ 墓圹限已不明。墓内前部发现股骨一段，腐朽严重已不能据此了解其葬式，但估计头向西北。

第 25 頁

不能了解埋葬姿式，估计[illegible]头向西北。

墓内铜釦下尚有席痕，可能系[illegible]葬具。

随葬品仅限于墓室中部：铜饰佩饰[illegible]件。

在墓底[illegible]出土[illegible]往复缠在[illegible]，脉络非常明确。

其编排情况，[illegible]上端为大铜泡一枚，穿上系以布绳

这由铁管和饰环内保存下来的残痕可以确认[illegible]

[illegible]17个小铁管，最下端结于大铜饰上，位

置未[illegible]移动过[illegible]，[illegible]适当人骨腰部[illegible]

是腰间[illegible]饰物。小铜饰1件。在墓室右侧

[illegible]铜泡45枚[illegible]饰[illegible]饰左侧，[illegible]

[illegible]横[illegible]前后两排，现存前排18件，

后排27件。大铁镞2件，分系于[illegible]饰[illegible]饰及

小铜泡的两侧，镞尖向前，尾在后。扁铤两翼式

铁镞2件，出前部骨腰下方。铜镞5件，保出

前部，绝大多数尖向前。在镞[illegible]中保存有竹

杆，[illegible]镞[illegible]双翼式1件

及三翼式[illegible]件，无尾三翼式1件，菱形三翼式1

件；细石镞1件。[illegible]腿骨[illegible]，三角形。长0.8

厘米，宽0.2厘米。小铜管一件。在铜镞中间墓

底上，[illegible]铜片[illegible]，[illegible]位置在左侧铜镞[illegible]

[illegible]（从出土状况，使我们进一步了解到[illegible]佩是由[illegible]）

（似乎都是腰带上的饰品。）

（斜置。从出土状况，[illegible]好象是在死者背上作斜十字状捶置的。）

（我们知道，中口自古多用木杆，[illegible]则是[illegible]北方游牧[illegible]）

（不用竹杆[illegible]自[illegible]以来，[illegible]很平付，[illegible]及[illegible]。[illegible]这个[illegible]竹杆（[illegible]有木杆）[illegible]）

（中口地区，多竹产在南方。）

（在大铜泡和大铜泡之间连缀）

（如果与21墓作一比较的话，那末此墓[illegible]佩是挂在死者的右腰侧；而21墓则是在腰侧的左右悬挂着。）

原稿紙20×20＝400

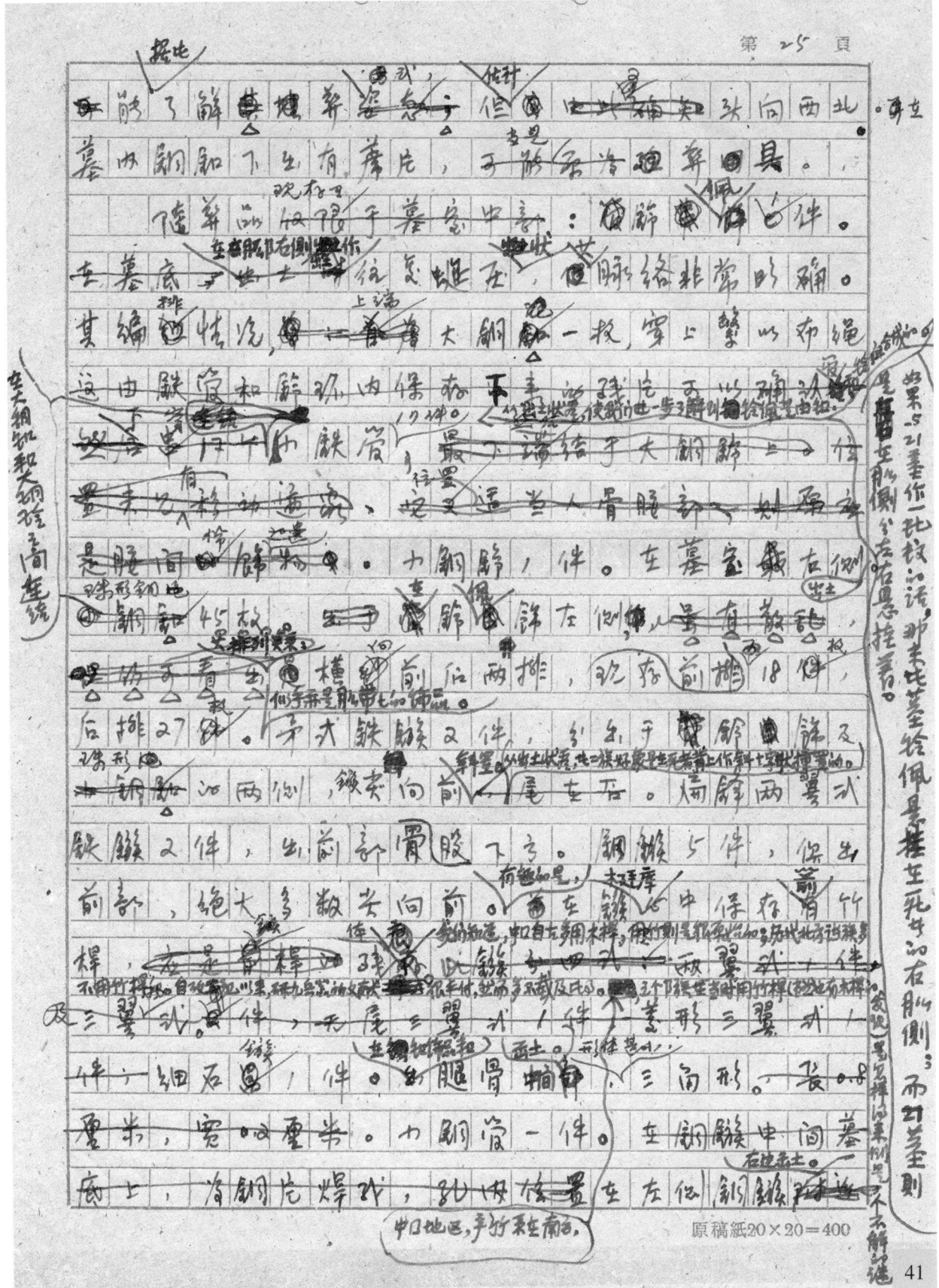

管及铜片焊成，孔内尚有骨痕。

附 清理坑第22号墓墓型文物

（KMT22）

在22号墓前及左侧的422、418清理坑内出有货币两枚，均残碎，一枚是"半两"，另一件由于字文残缺，不辨何种；陶壶2件，均系磨光红陶，一件在口沿两侧有竖环耳，一件腹部有乳状耳；铁锛一件，已残；铁刀一件，残存刀尖部分；环首铁刀一件，环首已失；圆铜环一件；珠形铜饰3枚，其中一枚镀金，饰以螺纹；饰珠10件，圆盘状碧石珠4，玛瑙管1，扁长碧石佩2，扁方起脊佩3。另有铁具残段一，可能是残断的铁刀。这些文物皆是M22内流散的随葬品。

~~第20号墓（M20）~~

在58区南部，北距22号墓 米。

墓室结构不明，仅在墓坑的西部出土钵形陶杯1件。

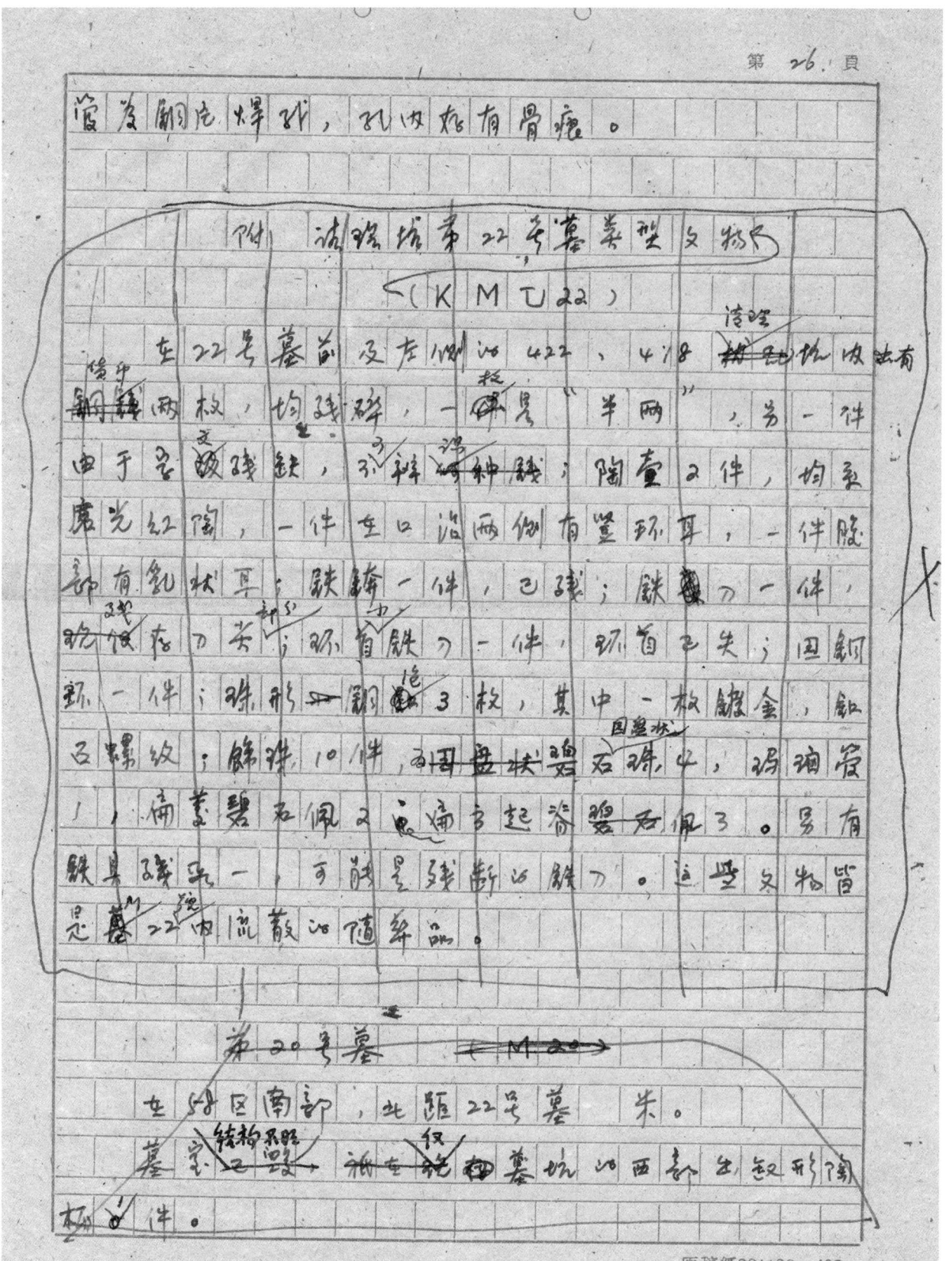

(三) 西岗梁中部墓葬

位于西岗梁的中部，计35座墓葬，分别在52、59、60、61、70清理区内。各墓位置分布也较分散，墓列关系属于一些……难以肯定判明。由于绝大多数墓已坏，其结构和遗物仅1、2件，故不介绍，仅选墓24、墓13二墓加以介绍。

第24号墓（M24）

位于52区西部。

方向东偏南20度。墓室不存，封填不明。仅在右部出土彩绘陶壶一件，甚残碎。……其纹饰亦不清楚。

第19号墓（M19）

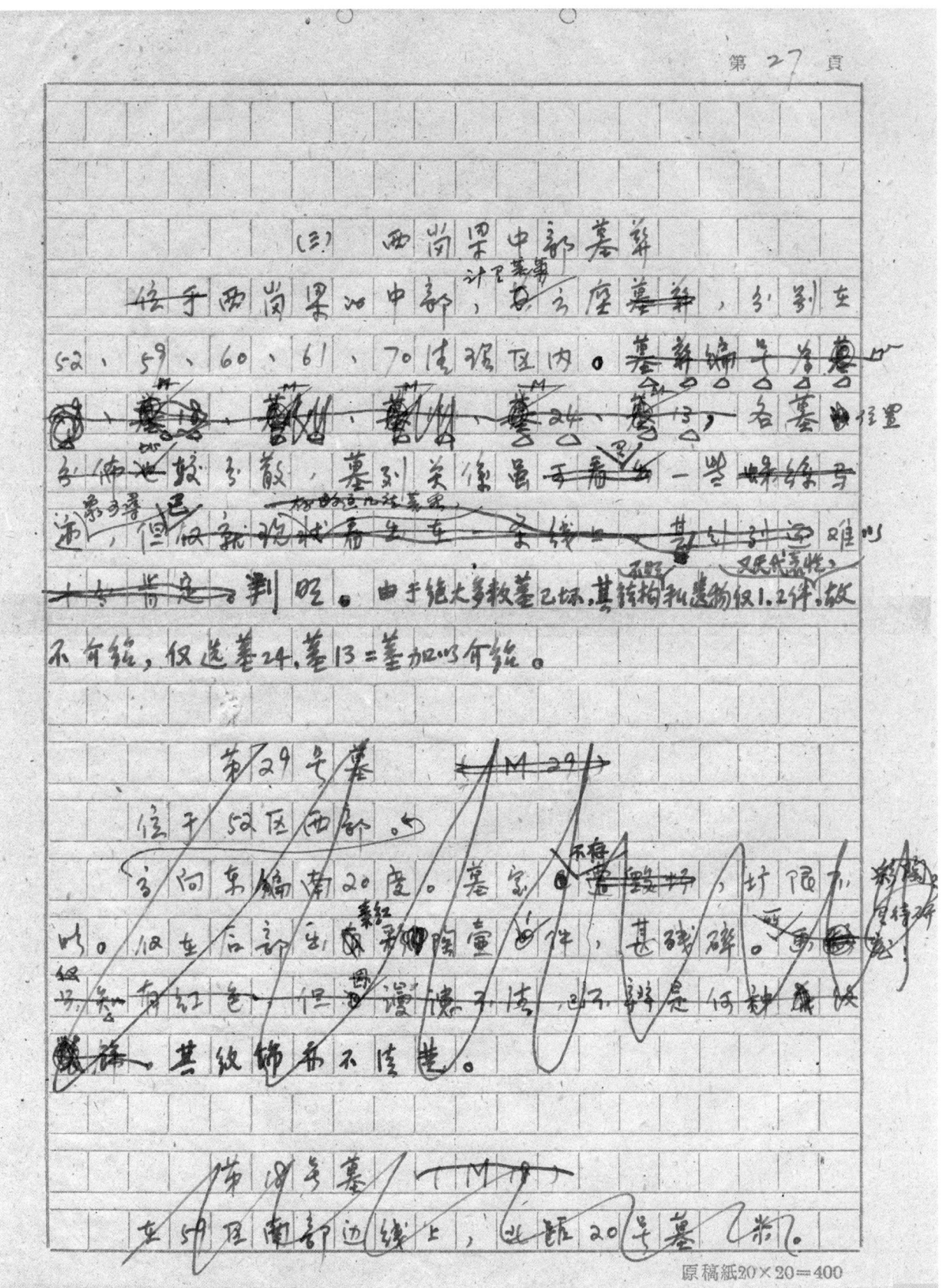

在52区南部边线上，北距20号墓……

第 28 頁

墓室已毁坏不存，只出铜铁矛一件。

附 清理坑第18号墓类型文物

（KM乙18）

位于墓18附近的478、480、487三个清理坑内的部分文物，应是该墓原先的随葬品，计有：铜镞一件；扁锋两翼式铁镞一件，镞身镶有木质；大铜泡1件，珠形铜泡1件，碧石珠1件，碧石管1件，鼓腹绿石管1件和扁方双孔碧石佩1件和

第11号墓（M11）

位于60区西南，北距18号墓 米。

墓室已毁坏。不存，扰乱不明。出随葬品大部在后部，计有红陶杯、铜扁平环、铜铃各一件；碧珠三件。位置都经扰动。

第14号墓（M14）

位于70区东北角，南距13号墓 米。

墓室已遭毁坏，只存铜镞三件。已不存，扰乱不明。只出

原稿紙20×20＝400

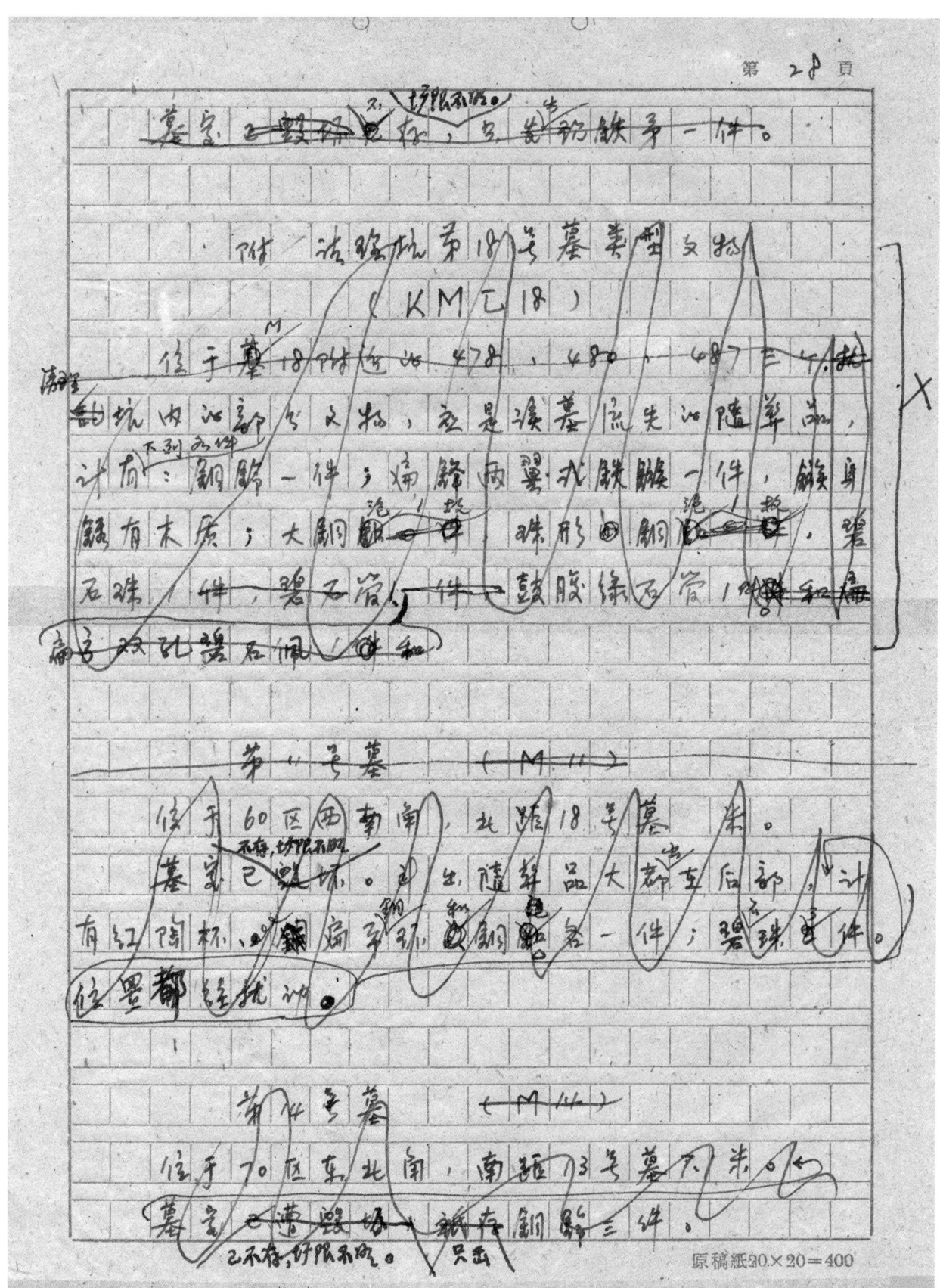

第 29 頁

第24号墓 ~~(M24)~~

位于61区中部偏南，西北 米是14号墓。

方向东偏南19度。

墓室祇存后部，左边圹限较长，仅存95厘米，墓室宽90厘米，存深15厘米。墓内人骨已腐朽不存。

随葬品出土情况：

盌形陶杯1件。出墓室后部，平置于墓底，杯口向上。

铜镞8件。散出于陶杯左前侧；其中散出4件皆镞尖向前；墓室前部左侧一处集中出四件，镞在木桄内，木桄很窄，据现存观察，约当于铜镞之长，有的铜镞已经弯曲；~~这些铜镞可以能进入厚达3厘米的木板内，是受到很大外力的作用。也因此，镞尖弯曲。则此木板可能是箭箙上的盾牌之属(?)的残存。~~在镞的内部保存有木竹的朽痕。镞的形式有两翼式，~~七件~~……破坏……难……

即墓室中间及左上部有木桄间隔的现象了，为什么能产生这种现象？一时还难于确解。

铁镞4件。~~出土于陶杯左前部~~，有三式，柳

散出左后部和中部左侧。尖中部二件大体斜置尖向右；另二件镞尖向后。

左前部左侧

木竹？

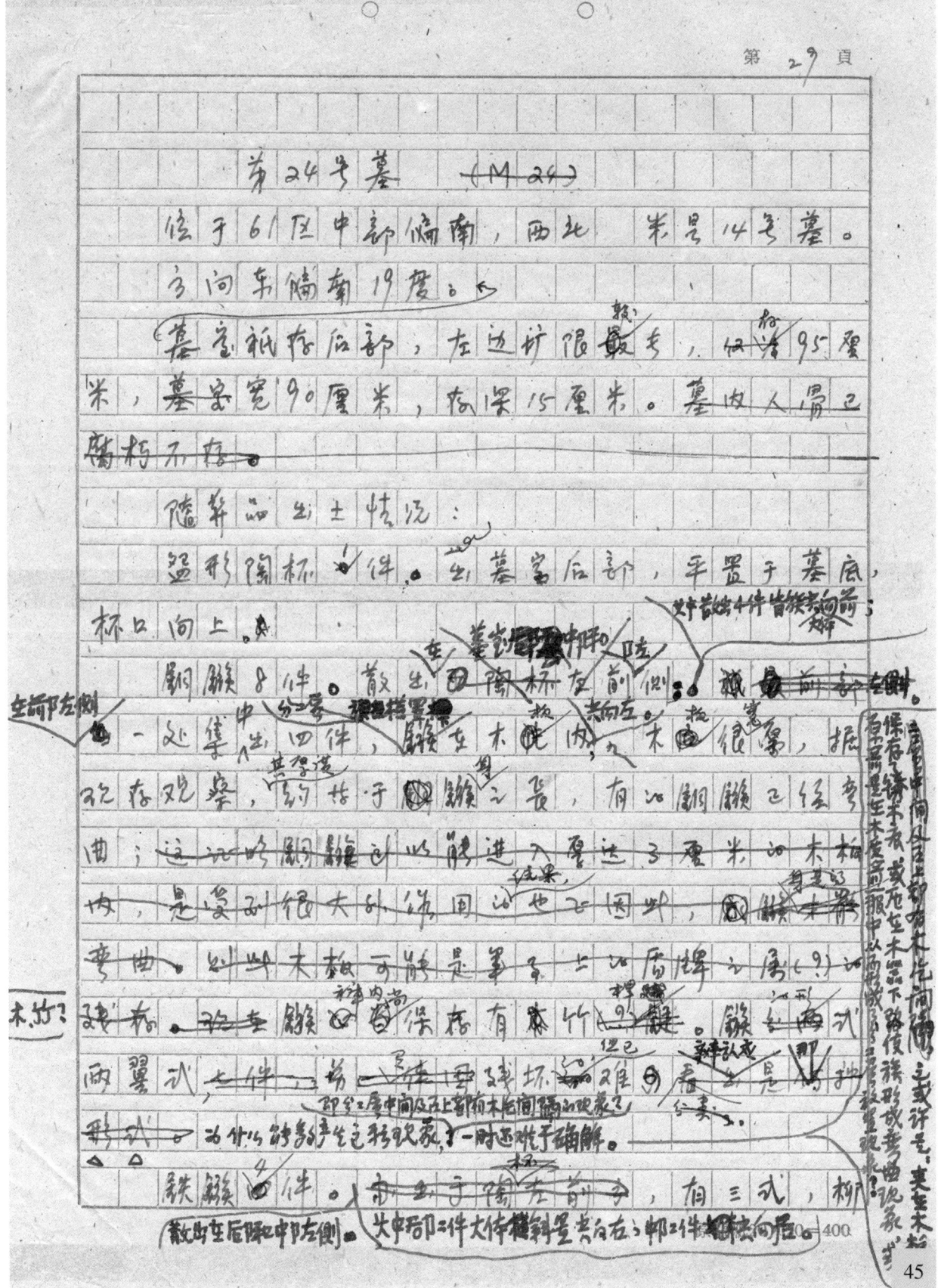

保存铸木表或在木器下路俊旗形成弯曲现象，或许是，其在木松……

叶式1件，扁锋菱形2件，扁锋圭形双孔1件。此式很特殊，于此墓群中仅见一例。

骨镞一件，与铜、铁镞伴出，已残，前锋呈菱形。

饰珠5件，散出于陶杯前方，其中琥珀珠1件，粒状蓝琉璃珠3件，粒状墨石珠1件。珠形铜铃1枚，在右侧，似缀置。

~~附　遗址坑第24号墓类型文物~~

~~（KMⅠ24）~~

~~第24号墓周围的遗迹坑471、472、540出的一部分文物，应是该墓原来的随葬品，计：柳叶式铁镞1件；双背小铁刀1件，已残；大铁带卡一件，仅存一半，卡上并缠有绢纹；扁铜环1件；大铜泡3枚。~~

第13号墓　（M13）

位于70区东南角。

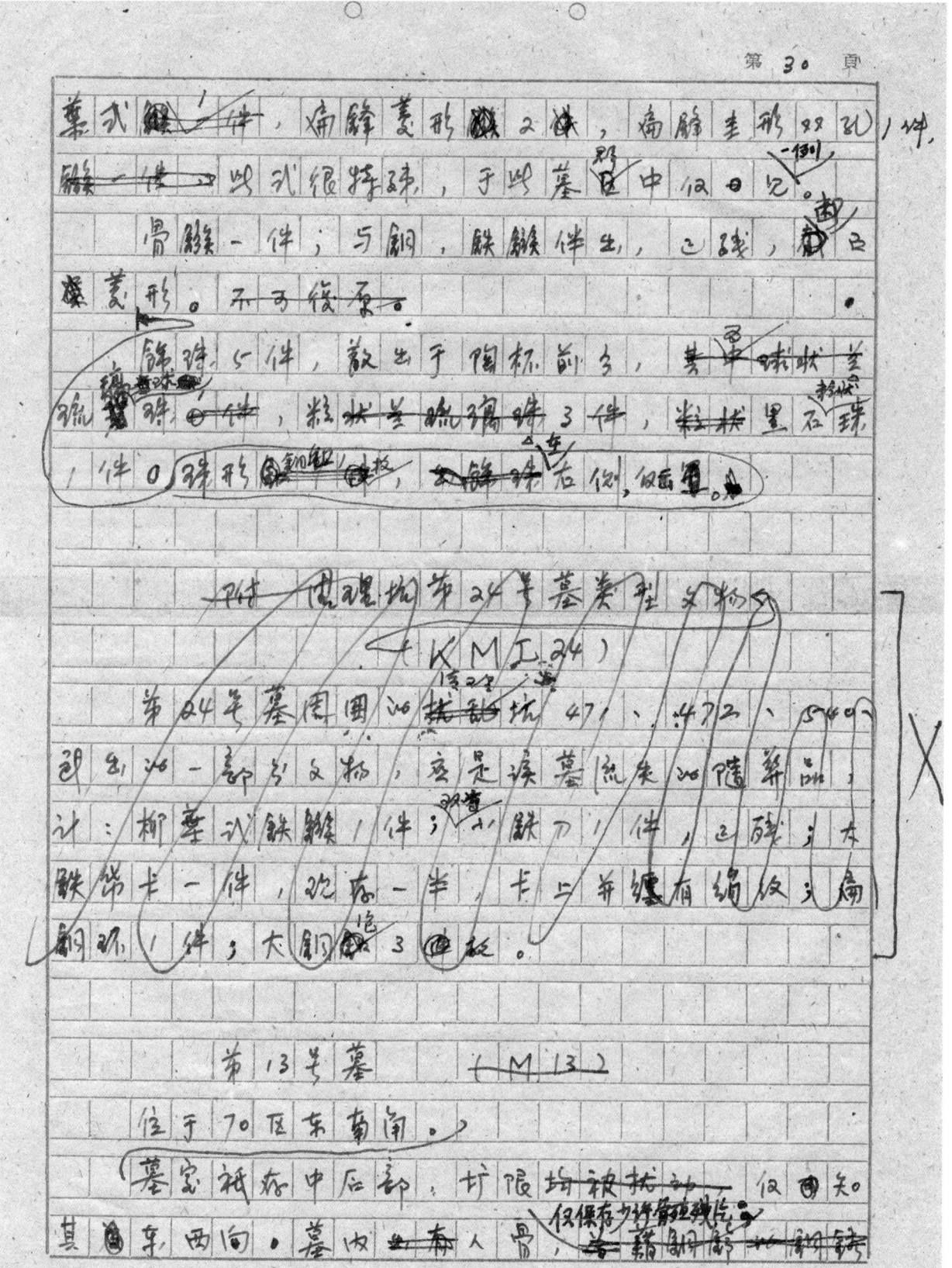

墓室祇存中后部，圹限被扰动，仅知其为东西向。墓内人骨，仅保存少许骨殖残片；

保存下来少许骨殖残迹；另有木盖两板，出土珠形铜泡附近出土。

随葬遗物计有：马形铜饰牌1件，头向左，平卧出土。铜铃四件，分两式，一为方格纹大铃，三件为圆体小铃，与马形饰牌左右颠倒相置。两肩出各种饰珠38件，有管状绿石管1件，管状白石管35件，粒状白琉璃珠2件，其中已稍有残损，但还可看出穿连成串的迹象。珠形铜泡2枚，出墓室左侧，泡面朝向墓底。

附　清理坑第13号墓葬出土文物

（KM乙13）

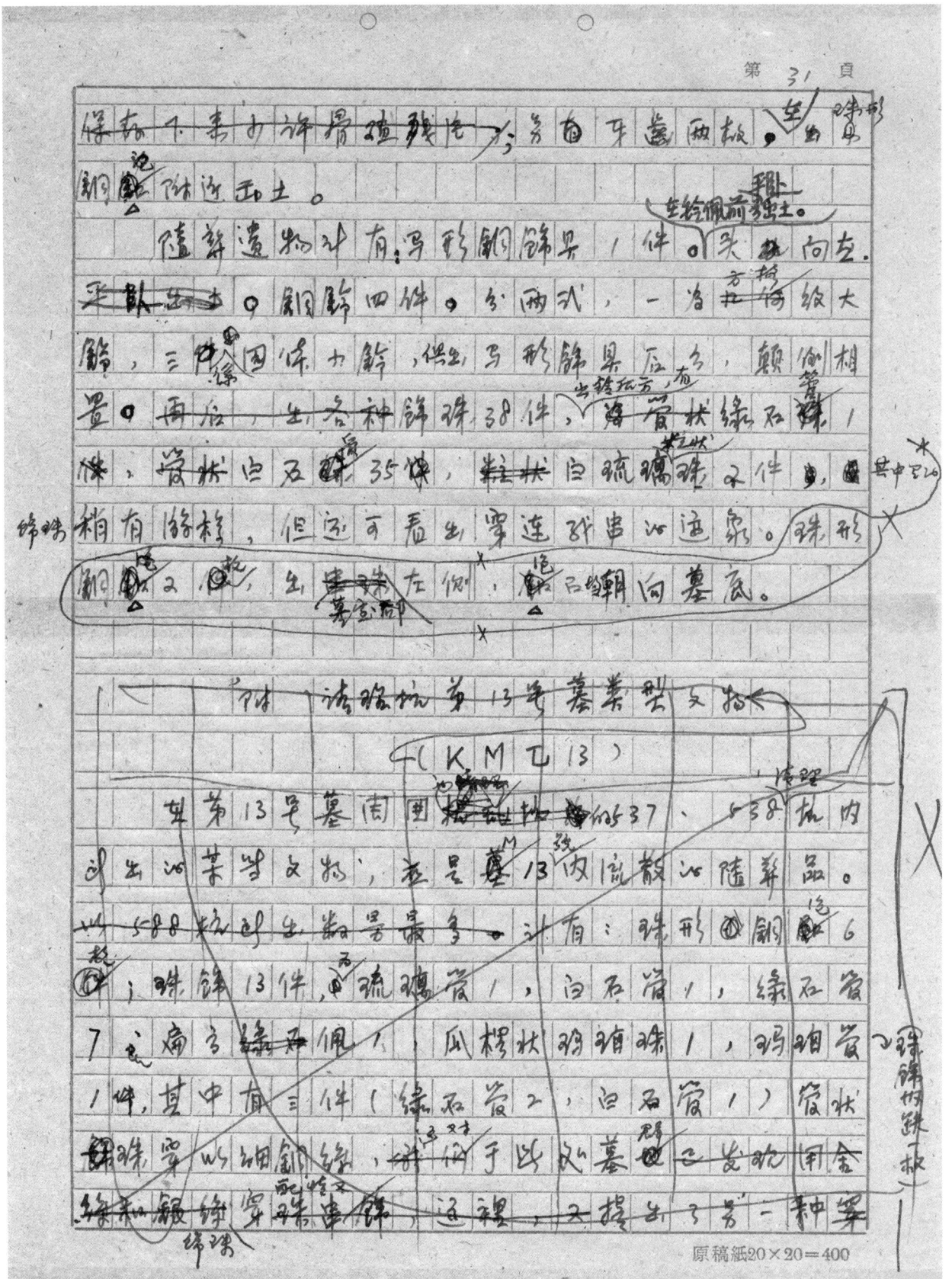

在第13号墓周围的537、538坑内所出的某些文物，应是M13内流散的随葬品。以588坑所出数量最多。计有：珠形铜泡6枚；珠饰13件，白琉璃管1，白石管1，绿石管7，扁方绿石佩1，瓜棱状玛瑙珠1，玛瑙管1件，其中有三件（绿石管2，白石管1）管状饰珠穿以细铜丝，这种于此处墓群之发现用金丝和银丝穿珠串饰，这里又提出了另一种穿

第32頁

饰之物、材料。

此外，在538坑内运出有：陶纺轮一件，圆形铁饰泡一件，大铜泡一枚，小铜泡一枚，珠饰5件，（绿石管1，鼓腹绿石管1，扁方超浴绿石珠1，扁菱绿石佩1，绿石蚕饰1），其材质不同，而形状各殊，在编饰上应是一组。上述文物亦可能是墓13内的散失的随葬品。

(四) 西岗墓中下部墓葬

此部之墓葬共4座。位于西岗墓中下部接近西坡的78、79、63三个探方内。墓葬编号为M60，M59，M23，M63。它们在墓群的分布上，M60，M59是一列，和M63也可看出在一条线上，不过距离稍远，与M23则列为前后两列。这四座墓葬中，M59，M63保存较好，完整，出土文物丰富，而其随葬关系也较明确。因此，是研究这一处墓葬的重要的基础材料。

原稿紙20×20＝400

第 33 頁

第60号墓　（M60）

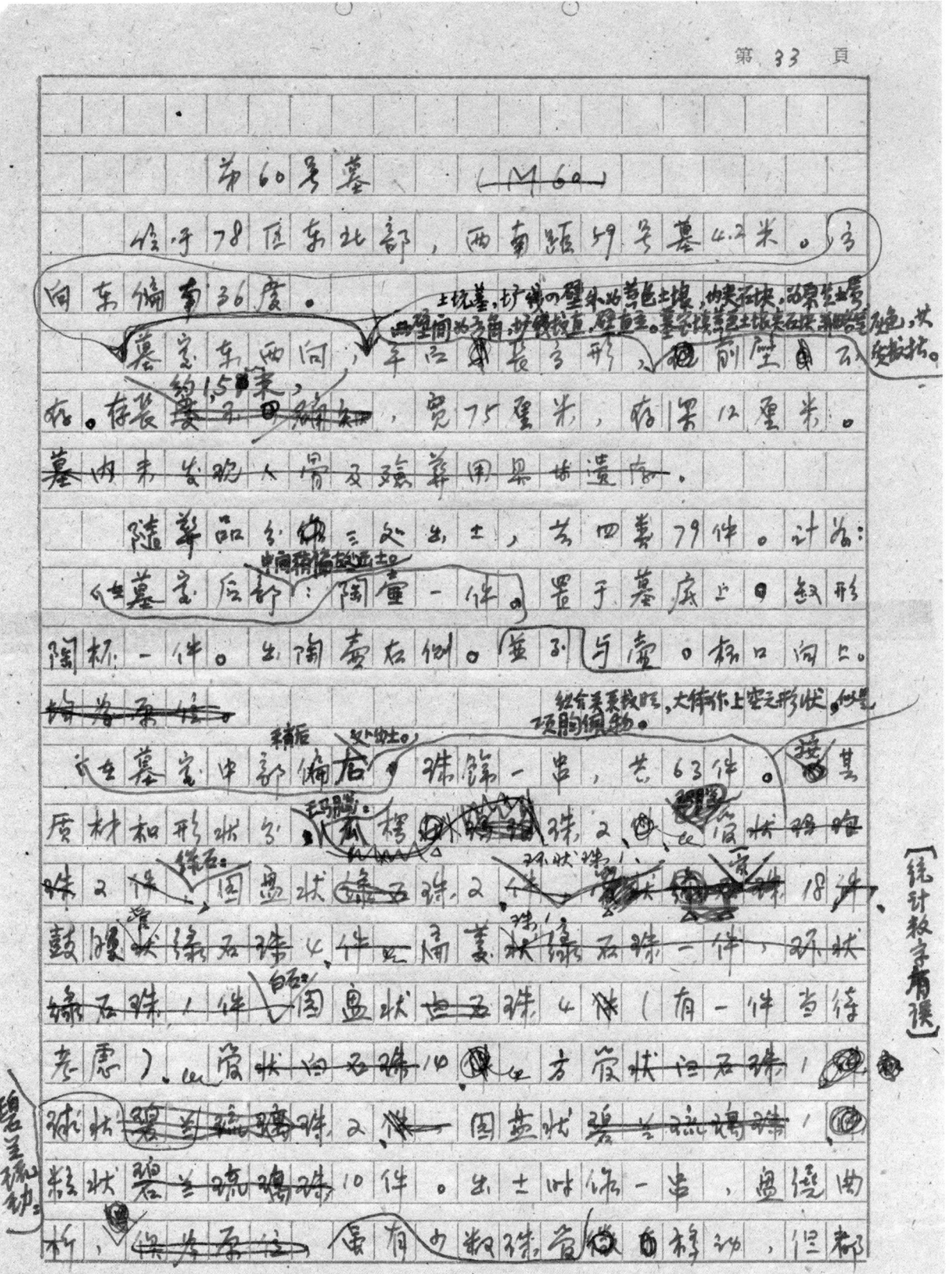

位于78区东北部，西南距59号墓4.2米。方向东偏南36度。

土坑墓，圹壁四壁系黄色土壤，内夹石块，为原生土层。四壁间为直角，圹壁较直，壁面平。墓室填黄色土壤夹石块，……，并经夯打。

墓室东西向，平面长方形，前壁不存。存长约1.5米，宽75厘米，存深12厘米。

~~墓内未发现人骨及殡葬用具的遗存。~~

随葬品分作三处出土，共四类79件。计为：

(1) 墓室后部：陶壶一件，置于墓底上。钵形陶杯一件，出陶壶右侧，并列与壶，杯口向上。

~~均为素面~~

(2) 在墓室中部偏右：珠饰一串，共63件。其质材和形状分：玛瑙珠2、……管状……珠2件、绿石圆盘状珠2件、环状珠1、……18件、鼓腹管珠4件、扁囊珠1、环状珠1件、白石圆盘状珠4件（有一件当待考虑）、管状白石珠10、方管状白石珠1、球状碧玉琉璃珠2件、圆盘状碧玉琉璃珠1、粒状碧玉琉璃珠10件。出土时作一串，盘绕曲折，保存原位，虽有少数珠曾有移动，但都

纽合关系较明，大体作上空之形状，似是项胸佩物。

【统计数字有误】

碧玉琉璃

第 34 頁

不大适，穿佩串珠饰的组成情况仍然不了解。它的编排，珠管使用并不讲究对称，颜色并不调和。它不同于26号墓，这当是串珠穿配的又一种方式。

珠形铜饰14粒。和串珠并存共出。仅一枚位于下颌处出土。

墓室前部左侧：铁刀一件，已残朽。刀身和墓室纵向一致，刀身存木鞘痕。还有铜具一件。出刀右侧，压住略方。

第59号墓

位于78区东北部，东南距23号墓　米。

墓室，平面长方形，方向东偏南14度。墓室建造时穿过含碎石的黄土层而达于角砾岩石上。墓室圹很好，外部土色微黄，填土为黄褐色。这个墓室从保存完整，仅西壁稍有扰动。墓室长约1.8米，宽75厘米，存深6厘米。

原稿紙20×20＝400

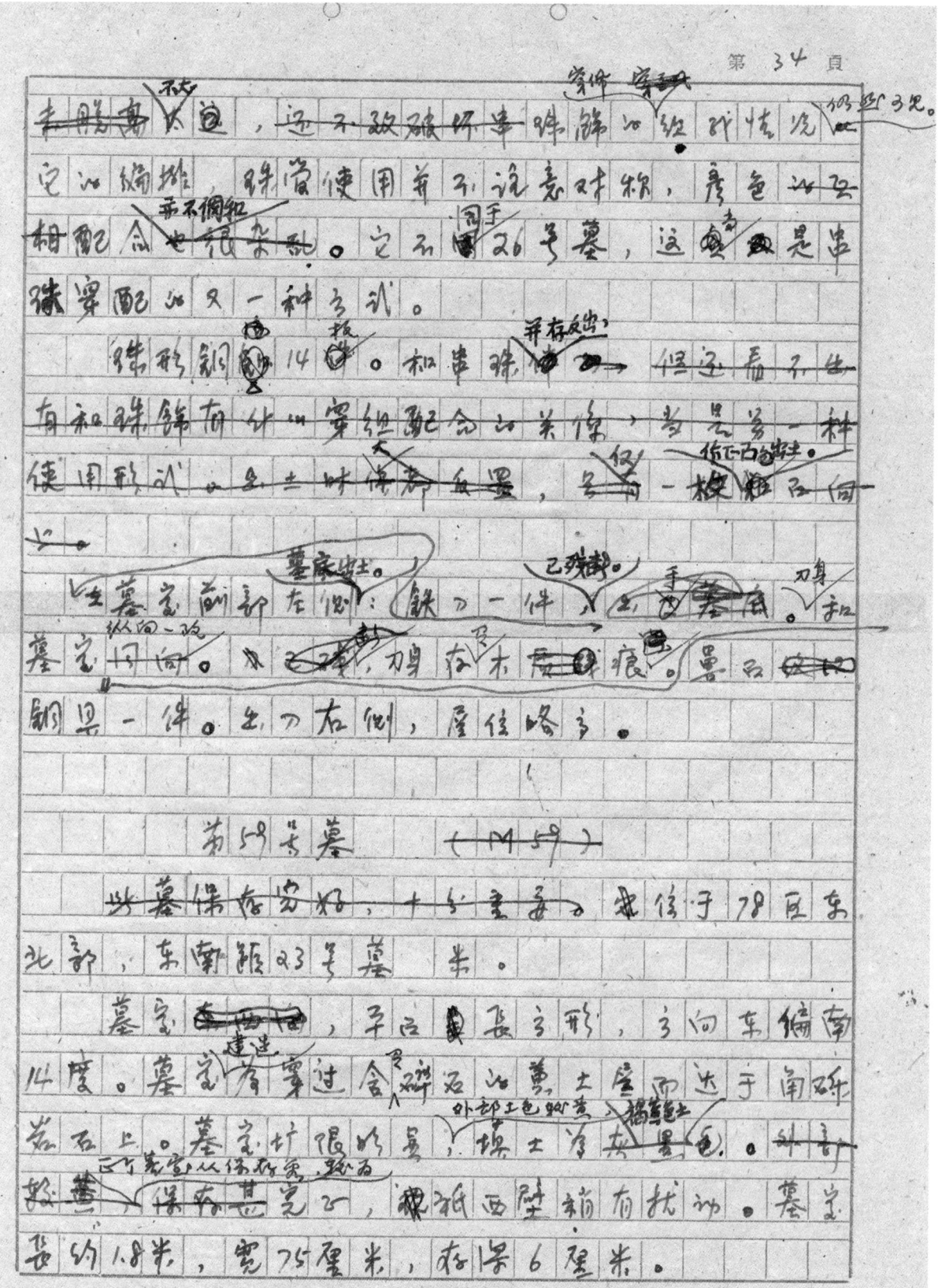

附件 3

西岔沟墓地报告原稿打字稿 *

说明

本附件是西岔沟墓地旧报告的 450 页手写稿录文，为旧报告第二稿，也是最后一稿。手写稿共四章，缺少旧报告编写提纲中提到的第五章（见附件 1 第 2 页），即结语部分。

西岔沟墓地发掘档案中有墓葬的主要出土器物的线图、大多数墓葬的遗迹图，以及 37 座清理坑的出土器物线图、少数回收器物的线图，带纵、横坐标线的墓地平面图，完整和可复原铜镜以及钱币的拓片。上述的器物线图和遗迹图大多数均有米格纸底图和硫酸纸描图，从米格纸图上标注的日期可知，器物图和遗迹图绘制于 1956 年至 1961 年。但是，这些图和拓片均没有标注与旧报告正文对应的编号，有的器物图下面甚至没有标注器物编号，有的图没有绘完。旧报告的正文也没有标注插图编号。根据保留下来的西岔沟图片档案可知，西岔沟墓地旧报告所需插图的素材已经基本完成，但是没有进一步整理、编排，也没有与旧报告正文对应。旧报告第三章对出土器物的分类介绍以例举为主，绝大多数尚未做数量统计。

新报告的墓地发现和发掘经过、31 座缺失发掘档案的墓葬的概述部分的文字，主要参考或使用了旧报告的内容。新报告的墓地分区部分，主要参照旧报告的内容，但是省略了旧报告中具体范围不明确的最后一个级别的分区；当旧报告分区部分文字内容与墓地平面图有矛盾时，以墓地平面图为准。

新报告中的清理坑总数，是根据墓地平面图和清理坑出土器物登记表等发掘档案材料统计得出，与旧报告中的清理坑总数不同。清理坑总数以新报告的为准。旧报告第二章第三节介绍了 44 座清理坑出土器物，没有配对应的插图。整理新报告时只找到一部分器物图，并核对出 36 座清理坑的部分器物，在第三章做了介绍。新报告的清理坑出土器物统计表（附表四）是根据发掘档案中保留的清理坑出土器物登记表整理，内容包括发掘档案保留下来的所有清理坑出土器物的种类和数量等信息。旧报告中清理坑出土器物情况与附表四不符的，

* 本文中▲表示未识读出来的字。加方括号的阿拉伯数字如［1］是西岔沟墓地档案编排的原稿手写稿的页码，数字的位置在该页手写稿的第一个字之前。× × 表示原来缺内容。另外，编辑加工中只是做了技术上的格式改动、体例统一，规范了计量单位的用法和改正错别字。

以附表四为准。新报告正文中的器物尺寸，绝大多数为馆藏器物的实测尺寸，较少数为从墓地档案中的器物图测得的尺寸（均为实物收藏在国博的器物图）。附件3中器物尺寸与新报告正文不符的，以新报告的为准。

新报告与旧报告的关系，详见新报告第一章第三节的第五部分。

[1]第一章　绪论

[2]第一节　自然环境与历史沿革

西丰县位于东经142°7′、北纬42°7′左右。属辽宁省，是沈阳市辖县之一。北东两面与吉林省毗连。西及西南部与本省开原、南与清原县接界。

西丰县处于长白山系龙岗山脉西端的西向倾斜面上。龙岗山在清原县英额门一带从东南向西北伸延，到东丰、辽源附近转向西行，至西丰而成为丘陵山地。此处正是辽河上游的准平原、草原和东方丘陵山地的交接点，也是比较适合于游牧民族活动的地方。

西丰河川都属辽河水域，除东部、东北部一小部分山谷河源属东辽河流域外，全县大部面积基本属于寇（清）河水域。县城位于寇河上游北岸，距河约1里。寇河从东南流来，经县城东转而南，又向西流出县境，至开原县舩家子与东北来的叶赫河会合，而后流入大清河，经开原镇南流入辽河。县南部又是清河北源水域（图）。

执中村旧名姜家街。在县城西北约3里。［3］出县城西北行3里许，穿过一道小山岗，就是西汉匈奴墓群所在地的西岔沟。它坐落在由东北向西南延伸的小山岗的尽头，势似人字形的丘陵台地。海拔245米。墓地整个山岗的面积，南北长约300米，东西宽约200米。南高北低，中间有一道雨水侵蚀形成坡度较缓的小沟岔。东西两侧各有一道干河沟，在夏天雨期，则有山水下泻，向西南流入寇河（图）。

西岔沟东半里是执中村，西北1里是林昌屯，西南3里是乐善屯，南隔一道山梁是乡政府的所在地公合屯，再往南约2里就是寇河。

西丰在周时，属幽州，东接肃慎族界。战国时在燕辽东郡北界塞外。秦时仍然如此。汉时是辽东郡望平县及玄菟郡高句丽县北界塞上地，有南苏水（传为东辽河）西北经塞外。这是匈奴、扶余杂居的地方。《史记·匈奴列传》：“诸左方王将，居东方，直上谷以往者东，接秽貉、朝鲜。”由此看来，西汉时匈奴左王管辖地域范围，从汉帝国的郡望和邻接诸族看，是由上谷东至秽貉、朝鲜边界；而西丰正在这个辖［4］区之内。这个时期西丰地区的民族分布情况，大略是这样：西部、西北部为乌桓、鲜卑，西南则是汉长城障塞；东北及东为秽貉（貊）族住地。但这些小部族已被匈奴所奴役，所以都是匈奴左王的统治地区。

匈奴在长城塞外不太远的西丰地区，按上一个活动据点，在军事行动上是很有意义的。第一，对侵入西汉来说，进退都极为有利；近攻则可快速冲入长城，杀略人口财产。不利就急速退回据点，可免汉兵包围。第二，可控制当地的少数部族（乌桓、鲜卑、扶余等民族）和汉人交接或互相联合的活动。因此，这个军事据点，对西汉的辽东郡和附近部族来说，不能不说是一个可怕的威胁。第三，与匈奴中西部可形成在军事行动上东西互相呼应的局面。此外，除了便利于待机掳掠汉地人畜财物之外，在平时还可与当地汉人和其他部族互通贸易。

[5]第二节　工作经过

西丰县姜家街西岔沟匈奴古墓群的发现和清理经过是这样的：该县凉泉乡国营牧场某同志于1956年5月17日来我馆反映西丰发现文物的情况，我馆报请省文化局后，当日即派人前往现场调查，5月23日回沈，并即向辽宁省文化局作了汇报。5月29日按省文化局的指示，即派我馆文物工作队前往西丰现场进行清理发掘工作。

发掘之初，首先对墓群区域范围进行测量、绘图、照相，并统一编号、划分区界（共划分94个区）。对墓群周围的边缘地带，也进行了探掘，查清了整个墓地的四周范围。6月下旬开始试掘，初步摸索到一些经验后，于7月1日正式按区开始发掘清理。至9月7日全部工作结束，共历时3个月零5天；发掘了墓葬63座，清理了72个区（每区东西长15米，南北宽10米），共挖土方8500多立方米，用工3412个，共获大小各种文物（包括回收文物在内）13728件。

[6]发掘工作过程中，在西丰县人委文化科的组织领导下，我馆指派两名干部配合，组成小组，进行了散失文物的回收工作（由6月5日开始至9月6日结束）。首先在执中村进行试点（通过群众会、召开积极分子会和个别采访等），以后便在乐善、公合、新安、林昌、怀庆、九岑、东昌、西北沟以及城关区等十个村屯，全面铺开。从群众手中共收回大小文物5323件。在回收工作的后期，为了进一步贯彻党和国家的文物保护政策，在乐善、林昌、公合、新安等地，以实物展出的形式，利用农闲时间（晚间），组织一个二人小组，携带数十件有代表性的文物，进行展览和讲解说明。这个工作，受到了广大群众的欢迎。

我们认为有必要把西丰发掘的重要资料进行整理、研究、编写出报告书公布于世，以飨读者。1959年12月份起，组织了编写小组，同时抽调了测绘、复原陶器的同志，进行工作。另外，也动员了其他同志在业余时间进行支援。

[7]首先是出土材料的整理复原工作。在田野发掘记录材料的基础上，结合文物的分析、核对，恢复墓群原貌、性质、时代和形成过程，以及葬制上的一些规律，主要遗物的分布规律和全部文物分类及统计工作。在这个基础上，根据分析整理的结果，拟定编写提纲，分头进行编写。从6月15日开始了编写工作，10月末脱稿。在编写工作中，同志们鼓足了干劲，破除了迷信，本着边干边学的精神，在老专家的指导下，胜利地完成了任务。同时，不仅解

决了人力和技术上的难关，也锻炼和提高了同志的业务水平。

[8]第三节　工作方法与原则

西丰西岔沟古墓群，由于地处小山顶部，受到长年风雨剥蚀、水土流失，使得部分墓葬受到了破坏；加之长久以来，农民的开山犁田，也不知不觉的扰动了一部分墓葬；致使部分文物露出地面，因而被人所发现，从而引起了个别人的好奇心而查找究竟，这样也翻动了一部分墓葬。正因如此，这批墓葬才被人们发现，才引起了当地政府和群众的注意，因而才有了西岔沟古墓群的发掘清理工作。

针对西岔沟墓地现场长期的自然破坏和人工扰动的情况，决定了必须采用与实际情况相适应的方法来进行这一发掘工作。必须事先有一个比较完整、切实的计划，并据此摸索进行，以求达到恢复墓群原貌的目的，并在这个基础上探明其性质、时代和文物的分布及伴存关系等等，进而才能把这一庞杂而又似乎濒死的材料复活起来，以便给正确分析、研究这批材料，从而得出恰当的结论打下坚实的基础。

[9]这种复原性的工作方法，是从两方面着手进行的：一是现场清理和完整墓葬的发掘，一是文物回收和当时情况的采访。

发掘工作分为三个阶段：第一阶段是准备工作。就是首先对墓地进行全面摄影，以便形象地把墓地地形和现场状况记录下来。接着就在墓地周围打了600多条探沟，探明了墓地的四周范围；再次进行分区（每区东西长15米，南北宽10米），把整个墓地划分为94个区，并测出区位和扰土坑位图，以求清理时明确坐标，固定范围，而易于全盘掌握。最后全面进行一次地表采集，把采得的文物按区分类包装保管。第二阶段是试掘。在墓群西岗梁的中部选定一区（按分区顺序编为第60区），按地表原有坑位，划出坑界（共12坑）开始试掘。首先清理运出扰土，发现文物随见随收，对清出的文物除按先后编号外，同时在测图上标出地点。扰土清出后，绝大部分面积皆已达原土层，仅在极小的一段面积内保留着原来的墓内填土，清理后露出一座残墓（编为11号墓），出有文物6件。另在原土层面[10]上两处露出近方形土坑，坑内填满扰土，虽无文物，也当是两座墓坑。

全区由地表下掘1～1.4米即达原土层，绝大部分皆被扰动，上下土色混杂。共清出文物667件。除11号墓中文物外，皆出于扰土层中，具体位置虽不明确，但它们都是墓中之物，是确定不移的。第三个阶段——正式发掘。经过60区的试掘，初步了解了土层和墓坑以及文物散布的一些情况，遂进入正式发掘阶段。从清理坑发掘中，探究墓葬及文物分布情况。首先从60区的东（53区）西（59区）二区开始，并依序北进。用此方法，共发掘了未被扰动而保留下来的比较完整的和残墓葬63座。为解决这个部族的一系列问题，打下了坚实的基础。

[11]其次，是文物回收工作，即从群众手中收回文物，以求和清理坑的材料互相参证，从而达到恢复原貌的效果。

我们认为，西岔沟墓群的被扰乱，基本上还是原地的扰乱。每一墓坑被掘出的文物，除主要的兵器装饰品等被取走而外，其他零星的和残陶器片等，都不会离原地太远，基本上它还是在墓坑的周围散布着。即使甲坑物混杂到乙坑去，或乙坑物混杂到甲坑来，但文物的变位与混杂的程度基本上还是限定在一定的范围内，从整个墓地来说，它还是大体上保持在原来的位置上。采用上述方法，从整体说来，对整个墓群面貌的复原还是有积极作用的。[**12**]这里关键在于，根据具体情况，采用相应的方法，从残乱的现象上找出它的规律性，从而恢复它的原貌，这是可能的。只要能恢复百分之五，也要比见难而退的轻便道路强得多。事实证明，这次工作经过发掘的划方、分坑、按层标出，到整理的按坑分类、互相核对，直至把所有的文物、材料集中起来，以发掘墓葬出土材料为主，以清理扰乱墓区材料为辅，把回收材料用作参考。互相印证，反复推敲，以墓葬出土材料推知清理、回收材料之间的内部联系；以清理、回收材料丰富墓葬出土材料之不足；这样，就达到了把死材料变成活材料，基本上复原了墓群面貌的目的。这个报告书就是在这个工作基础上编写的。

[**13**] 第四节　党的领导是完成工作的根本保证

党的领导是完成西丰西岔沟的发掘，回收文物和编写报告书任务的根本保证。在整个发掘和回收工作中，得到了当地党的各级组织普遍重视，并给予大力支持。中共西丰县委，把发掘和回收工作，列入会议议程进行讨论、了解了全部情况，对所有问题，大力帮助解决。县人委文化科除到工地了解情况外，还组织干部下去进行回收工作和宣传国家保护文物政策。乡党总支在发掘工作和保护文物工作进行上，更给予了具体的支持，并向各社、队下达指示，积极支援这一工作。林昌、公合、乐善等生产队的党政领导同志利用晚间召开群众会，宣传国家保护文物政策和进行流散文物的回收工作。特别值得提出的是执中生产队党政领导，更给予我们由始至终的大力帮助。如在人力上，用多少，拨多少，用男有男，用女有女；在各种工具上（杆子、锹、镐、缸、盆等用具），也有求必应；在食宿问题上给予了很大的方便；在运输力上，随用随 [**14**] 到。所有这些，都是使我们能顺利地完成工作任务的保证。

从编写工作开始到完成，党始终关心我们，支持我们，而且相信我们一定能够完成这个任务。我们人力有限，加上水平不高，面对这些数量很大、内容复杂的物质文化资料，这在我们是有实际困难的。党教导我们，一定要大搞群众运动，专家与群众相结合，发掘人员与研究人员相结合，突击和完成编写报告书的任务。党为我们顺利地完成工作任务，调动了全馆可能调动的力量支援我们，又号召全 [**15**] 馆同志在不影响本部、科室工作情况下，利用业余时间支援我们。在编写过程中，领导为了使我们编写工作能更好地完成，馆里有些较重要的工作，都交给其他同志来做，以便我们专心一意，聚精会神地进行工作。并且发现了问题，就立即帮我们解决。我们的报告书所以能够问世，那首先归功于我们伟大的党，和在它领导下的敢想敢干的群众。

我们的党，在打倒了国内外反动派在中国的统治后，不但领导了我们的社会主义的经济建设、政治建设，而且也领导了文化建设；并使其繁荣昌盛。因此，我们把报告书献给伟大的党，正是理所当然的。

［**16**］第二章　墓葬
（目录）
第一节　墓地位置和墓群现况
第二节　各区墓葬
一　中心墓区
（一）西岗梁顶—岗洼部墓葬
（二）西岗梁上部墓葬
（三）西岗梁中部墓葬
（四）西岗梁中下部墓葬
二　西部墓区
（一）西岗梁下部西坡墓葬
（二）西岗梁下部中坡墓葬
（三）西岗梁下部东坡墓葬
（四）西岗梁下部南坡墓葬
三　东部墓区
（一）岗顶部墓葬
（二）东岗梁上部墓葬
［**17**］第三节　各区清理坑墓葬类型文物
一　中心墓区清理坑墓葬类型文物
（一）东群清理坑墓葬类型文物
（二）西群清理坑墓葬类型文物
二　西部墓区清理坑墓葬类型文物
（一）右群清理坑墓葬类型文物
（二）中群清理坑墓葬类型文物
（三）左群清理坑墓葬类型文物
（四）左上群清理坑墓葬类型文物
三　东部墓区清理坑墓葬类型文物
（一）北群清理坑墓葬类型文物
（二）南群清理坑墓葬类型文物
第四节　各区回收墓葬类型文物
一　中心墓区回收墓葬类型文物
（一）岗洼部回收墓葬类型文物
（二）西岗梁上部回收墓葬类型文物
（三）西岗梁中部回收墓葬类型文物
二　东部墓区回收墓葬类型文物

（一）岗顶部回收墓葬类型文物

（二）东岗梁上部回收墓葬类型文物

［**18**］第五节　墓群面貌复原

第六节　墓葬类型分析

第七节　小结

［**19**］第二章　墓葬

第一节　墓地位置和墓群现况

本墓地位于西岔沟中的一个小山岗上，依山面河，两旁分岔，高出地面 30 余米，海拔 243 米。它背面连接着一道自东北而西转折南来的较高的山岭。山岗西北可遥见老铁大背山；前面与公合小山岗相对，中间有一道小河流过，其水向西，北岸距本墓地所在的小山岗约 ×× 里。

山岗平面呈人字形，岗顶位于岗的北部，最高点我们把它叫作“岗顶”。其南面向下，坡渐急陡下凹，形似鬲裆（裤裆），叫“岗洼”。随即在岗顶、岗洼两旁分岔，向左右伸展，各长 300 余米；在东的叫“东岗梁”，在西的叫“西岗梁”。两个岗梁的表面都比较缓坦，各宽约 50 ~ 70 米。西岗梁比东岗梁略低一些，但要长一些，也较宽一些；延至岗端，坡势急削，下临平地，高［**20**］度在 10 米左右。整个山岗，实际是两块在岗顶会合相连的台地，在山岗的尽头，逐渐降低，成一漫坡，达于地面。岗洼之下，东、西两岗梁之间，是一个袋形山沟，随着两个岗梁向南延伸，起先作扇面开展，转至沟口，渐变狭窄，形如口袋。整个看来，可以说这是一个作“人”字形分岔的台地的山岗。像这样挺秀、规整、缓坦、分岔、高度适当、依山面河而又向阳的山岗，在这一带，方圆几十里内，是难有其二的。

山岗的表面皆为含砂的黄土覆盖。厚度不一，一般约 0.4 ~ 1 米。大体上，在岗洼部分最厚，甚至厚在 1.5 米以上；岗顶和东西两岗梁的岗脊部分较薄，而且均匀。上部土层中间或含夹有细碎石块；下面则为岩石基层。而细碎石，也多是岩石层风化的结果。覆盖的黄土，除了表面一层腐殖土，余皆纯净一致，没有任何分层或夹层的堆积现象。

［**21**］墓地就位于西岔沟中的这样一座小山岗上。整个墓群随着山岗的地势分布在岗顶、岗洼和东、西两岗梁上，所占地面积约 12000 平方米。

为了便于说明，我们把正式发掘的 63 座墓葬出土文物称为“墓葬类型文物”（代号墓 ×××－×××）。对墓葬附近扰土层中清理出来的文物称“清理坑文物”，经过分析、甄别，把原来属于一个墓或可能属于一个墓的清理坑文物，定为“清理坑墓葬类型文物”（代号清 ×××－×××）；如果有根据能确定其属已发掘的某号墓的清理坑文物，则定为“×× 号墓清理坑类型文物”（代号墓清 ×××－×××）；凡属于两个以上，或可能属于两个以上而又难于区分的清理坑文物，则定为“清理坑混合墓葬类型文物”（代号混 ×××－

×××）。这样的类型，经过我们的甄别、推定，共有387件。[22]对从群众手中回收的187项文物，能推定其为一墓文物者有65件，或可能为一墓文物者有10件；其中依据群众提供的叙说材料，再经过我们的考核、比较，认为能大致复原其文物在墓内分布位置的有25个墓。我们就把它们定为“回收墓葬类型文物”（代号回×××-×××）。由于上述的清理坑墓葬类型文物，是墓坑附近扰土层中清理出来的残存文物，种类和数量都是不完全的，出土的具体位置还不能完全确指。

又鉴于墓群时代的一致性，墓葬性质的一致性，考虑到墓群的形成过程和墓葬类型的特[23]点，认为把墓地划分为若干区来分别介绍是适宜的。对墓葬类型文物、清理坑墓葬类型文物和回收墓葬类型文物的分区介绍，无疑会便于我们从整体上去进一步把握考查、联系或分析每一墓葬的具体形态、相互间的关系，而且，这样做也能够大致符合当时墓群的真实面貌以及墓群形成的客观过程。

我们便把整个墓地分为三个墓区，即“中心墓区”“西部墓区”和“东部墓区”。中心区包括岗洼、西岗梁的上部和中部；西部墓区包括西岗梁的下部；东部墓区包括有岗顶和东岗梁的上部等地方。

下面对发掘墓葬、清理坑墓葬类型文物和回收墓葬类型文物按分区、分节顺序加以叙述。

[24]第二节　各区墓葬

各区墓地共清理出63座墓葬。它们在分布上很不平衡：在占地4000多平方米的中心墓区，只保存有墓葬25座；而占地只有1900平方米的西部墓区，则保存墓葬30座；占地2000平方米的东部墓区，保存的墓葬仅有8座。一般说来，还是以在西部墓区，尤其是东坡部分的墓地保存比较完整，墓葬排列亦井然有序。由此可窥见整个墓群面貌的一斑。

这63座墓葬，都是长方形土坑墓，距离地面一般约0.2～0.6米。不论岗面地势如何起伏，墓的方位一律都是坐西北而向东南的。由于土质和风雨侵蚀关系，墓内人骨几乎腐朽不存，只在若干墓内残存一部分牙齿和零星骨骼。由墓室结构和遗物、人骨出土情况推断，墓内皆葬一人，头向西北。墓内所出殉葬品的种类有兵器、马具、服饰、器皿、工具等等。从清理发掘的这些墓葬来讲，大部分都不是完整的。因此，很多墓葬的殉葬品也就残缺不全。[25]只有12、15、16、19、33、41、53、59、62、63等号墓葬保存完整或比较完整。虽然这批墓葬只是整个墓地中残存下来的一小部分，但其价值却是相当大的。如果说经过我们正式发掘的63座墓葬，是我们研究整个墓群的基础的话，那么这十几座保存完整或比较好的墓葬，便是我们研究的基础的基础。

下面，我们就分区介绍这一批墓葬。

一　中心墓区

本区共保存墓葬25座，包括岗洼和西岗梁的上部与中部。在这一区内保存的墓葬数量不太多，且绝大部分不够完整；但却有些重要的如断代材料很明确的某些墓葬就出在这里。这25座墓葬，按其在墓群的分布方位，可分作四个部分，即：西岗梁顶—岗洼部墓葬，西岗梁上部墓葬，西岗梁中部墓葬，西岗梁中下部墓葬。

（一）西岗梁顶—岗洼部墓葬

共九座，分别位于 35、36、37、42、44 五［**26**］个清理区内，以及 29 区的一部分。墓葬编号是墓 50、墓 49、墓 46、墓 52、墓 47、墓 44、墓 43、墓 42、墓 37。现存各墓位置比较分散，已看不出什么墓列关系。兹以墓 46 为中心，依次叙述。

第 46 号墓

在西岗梁顶部，位于 42 区东南角。

长方形土坑墓。方向东偏南 29°①。墓室仅存中部。墓圹清楚。存长 0.95、宽 0.85、存深 0.05 米。人骨腐朽不存。

［**27**］随葬品计有：

环首小铁刀 1 把，出在左侧，刀尖向前，刀身残存数层绢片。

五铢钱 4 枚（其中 1 枚为穿上横纹），斜置，一列相排，并且用 0.5 厘米宽的皮条穿孔编在一起，可知它是带有装饰性质的。钱朝上的一面锈结细绢布片；朝下的一面残存皮片，也许为皮衣的残块，使钱锈得以保存。皮片下面又残存一层木屑。与五铢钱出土关系明确的，仅此一木。这在墓群断代上，研究钱的性质和用法上，提供了极重要的线索。

铜扣 6 枚，2 枚在墓室右侧，4 枚在铁环刀右边，除近刀首的一枚铜扣反置并有残存席片外，余皆正面向上。大小形式一致，并都附有穿连的皮条，推测它当是革带上的装饰品。

乳点形铜扣 1 枚，出后部右侧，原绝非一枚。

饰珠 23 件，出于中部，即相当于尸体的腰部，珠已散乱，计有玛瑙球状珠 1、管 4，碧石管 2，绿石管 15，白石管 1。

［**28**］所出木屑和席片，或许是葬具的一点遗存。

［29］第 52 号墓

墓葬位于 29 区西北角。

墓为长方形土坑墓，方向东偏南 2°。墓已坏，仅存墓室的前半部和左边圹限。残存长 1.5、宽约 0.85、存深 0.18 米。

墓室前部出有人股骨下段，骨体斜［**30**］立，下端关节向上，倾斜 33°。▲▲墓式问题，或骨殖移动问题，我们还难断定。

随葬品保存不多：在墓室中部近左边出环首小铁刀 1 把，尖向前，它可能是佩挂于人骨腰间的；铜镞 3 件，皆两翼式，一在墓室后部，一在中部，一在前部，尖全向外，并有两件铜镞四周因锈保存有木质残痕，纹理与镞身垂直；铁镞 4 件，可分三式：扁锋圆铤铁镞 1，在墓室中部偏左出土，尖向前，层位较高（7 厘米）；扁锋菱形铁镞 1，在圆铤式后方出土，尖向前；方锥式 2 件，一在圆铤式前部出土，尖向前；一在其后，尖向后，层位为低，接近

① 旧报告正文均将墓主头部朝向的相反方向作为墓葬朝向。新报告按照目前发掘报告通用的墓向表述方法，以墓主头向作为墓向，即均为将附件 3 中表述的墓向旋转 180° 后的方向。

于墓底。

[31] 第47号墓

墓位于36区东南角，东北距52号墓××米。

墓室已大部分残缺，圹限只北面还较明显，长1.6、宽约0.7、残存深0.08米。未发现人骨。遗物现仅存铜镞和铁镞。铜镞两翼式3件，2件在墓底上，1件在距墓底5厘米处的填土中；铁镞11件，矛式1件，柳叶式5件，扁锋菱形2件，扁锋两翼式2件，另一件由于残损过甚，不辨是何种形式；在出土时，除2件在填土中距墓底6～8厘米处，其余均在墓底上，镞锋指向多为西或北向。另，在铁镞下面均有木屑。

[32] 第44号墓

位于岗洼37区北部中间，东北距47号墓××米。

墓室为长方形土坑墓，方向东偏南13°。只存西、北两圹限。存长1.1、宽约0.63、深0.1米。出土遗物均在墓室后部：陶杯2件，一件近北边圹限，平正放置；另一件在它的南侧，倒扣于墓底上，其纹饰口为指甲纹，其中一件下有突起乳状装饰纹带；铜扣4枚，一枚在陶杯下面，另几枚在两陶杯中间的墓底上和墓室西北角出土；琉璃珠2件，有蓝及碧蓝两色。

第43号墓

位于××，东北距44号墓××米。

土坑墓，方向东偏南30°。墓室前部被山水冲毁：圹限不十分明显，从现存情况看，似为前狭后宽，略具梯形。长1.43、宽0.6～1、**[33]** 存深0.13米。在铜扣下面藉铜锈保存下来有朽木板和席片。可能是葬具的残留。遗物大部分出在墓室后部，即相当于人头骨和上肢骨部处。计有：陶罐1件，在墓室的西南角，向前倾倒；其左侧出大铜扣3枚，小铜扣5枚，所有扣面一律朝向墓底，在铜扣下面有腐朽的皮革痕迹，其下并残存木片；罐前方出玛瑙珠2件、绿石管7件、鼓腹管4件；又前，有孔陶饰片2件；剑柄铜环1枚。据此，估计此墓内原当殉葬有套铜环铜柄铁剑的；再前，出大铜扣1枚，面向下。

第42号墓

位于37区西北角。

墓室方向东偏南26°。圹限不明，仅东南角小部分略辨清圹限。长约1.65、宽约0.9、存深0.15米。随葬品俱出前部东南角。计：柳叶式铁镞1件；大铜扣3枚，出其右侧，**[34]** 均反置；此外，散出有各种饰珠21件，其中玛瑙管6，绿石质的珠1、管4、鼓腹管2，白石管8件。

（二）西岗梁上部墓葬

这一部分墓葬共六座。分别位于西岗梁上部49、56、57、58四个清理区内。墓葬编号为墓45、墓62、墓26、墓21、墓22[1]，各墓 **[35]** 位置很分散，数量也少。虽有两墓▲距很齐，但在整体已难看出其原有墓列关系。

---

[1] 经核对，此处还应包括M20。

现以墓 21、墓 45 为中心分别叙述。

第 45 号墓

墓在 49 区南部。

方向东偏南 12°。墓室长方形，后部不存。长度约 1.7、前宽 0.81、存深 0.05 米。

随葬品出于墓室中、前部，即相当于人骨的腰腹和下肢部。遗物出土状态是：

镀金铜饰革带 1，在墓室中部出土。作一横向二行排三列。革带铜饰基本是由表面镶的鱼兔等动物形象铜扣▲▲穿▲对称排列组成。其上附残皮革痕。其次序自南向北，兔形扣 2，头向右；椭圆形扣 4；螺形扣 4；椭圆形扣 2；再螺形扣 4；再鱼形扣 2，头向右；螺形扣 4；椭圆形扣 2；螺形扣 4；［**36**］椭圆形扣 4；双鱼、双兔各一排，其位置可能稍乱。上述各式镀金铜扣缀饰革带出土时，均正面向上；其下，还有残缺的扣饰两排，大体相同排列，但扣面都朝向墓底，中间有皮革，而这些镀金的各式鱼、兔、螺及椭圆形的铜扣革带缀饰应是缝在皮革上面的。

环首小铁刀 1 把。出于革带左后方，左右斜置，刀尖向左，当系佩挂于死者腰间的。

珠形铜扣 8 枚，散出于革带前方。

在墓室前部出土有：

细石镞 3 件。两件并列在前，一件稍后；俱出于左下角的墓底上。

［**37**］扁锋两翼式铁镞 1 件。和前两件细石镞并列。

环首小铁锥 1 把。在后一件细石镞后方，尖向前。

45 号墓，在整个墓地中是少见的随葬品很丰富的墓葬，金制品、精致品为主要殉葬物。由此可见，这个墓葬的主人，应是军事部族成员，并且是上层军事贵族成员。这给我们探讨这个部族社会发展阶段问题提供了最鲜明的证据。

第 62 号墓

位于 56 区的西南部，东南 ×× 米是 45 号墓。

方向东偏南 36°。墓室长方形。上部表层为 0.3 米厚的农耕土，其下为黄土层，厚约 0.2 米，再下即为岩石。墓葬打破黄土达于岩石层上。墓室长 1.7、宽 0.85、存深 0.09 米。

随葬遗物多出于后部。在近后部左侧出有耳陶杯一件，口向南倾斜；杯右侧出铁矛一把，尖向后，从出土情况看，估计其柄长度不会超出墓室长度；矛右侧出环首小铁刀一把，刀尖向前；刀身下面出环首小铁锥一把，锥身与环首刀同向，说明刀锥佩在腰间无疑；在刀左前部出扁锋两翼铁镞一件；环首刀右边和后方出饰珠 26 件，出土比较集中，只稍有游移，仍可窥见原来［**38**］串连的部位。计有玛瑙珠 1，瓜棱状 1、管 2，白石管 1，方管 1，绿石管 9，鼓腹管 1，琉璃粒状蓝与碧蓝色珠各 1 件。在墓室中部出扁方起脊绿石佩八件，出土时均平面在上，椭圆面朝下，右部四件互相叠压，中部二个穿孔相对，一枚在北部距离稍远。

第 26 号墓

位于 57 区东南角。

方向东偏南 16°。墓室仅存中、后一小部分。长宽不尽确知，存深约 0.2 米。

随葬品计有：陶壶 1 件，出墓室后部左上角。其前方珠饰串一条；各种饰珠 40 件，并保持着原来穿配的组织情况，是饰珠穿佩保持最完整的一例。它以玛瑙管和六棱形绿石珠上下十字形相对为中心；其上部仅一菱形珠饰，它的两侧▲无珠饰，其下在长方形珠饰两侧各有珠形饰（绿石珠）5 枚，其两侧大约间隔 6 枚管状饰珠相对称；［**39**］据其出土位置，正当人骨的脖颈部，因此它是项链便无疑的了。在串珠右后方出银丝五环饰品 1 件，（耳钩部）向后，当是一件垂饰，位置似乎有所变动。据其本身性质和出土关系来看，位于头骨一侧，应是耳上的饰品。此外，白石珠 3 件出串珠后方；更后，散出珠形铜扣 13 枚。在银丝五环饰品右侧，并出环首小铁刀、锥各 1 件，尖向后、环首朝前。刀锥并出亦见数例，从比例看，它们不像挂在腰间，似乎是放在死者头侧。

第 21 号墓

位于 57、58 区之间，东北 ×× 米为 26 号墓。

方向东偏南 18°。墓室只存中部。墓内人骨仅存一部分，因腐朽过甚，已无法辨认清楚。

［**40**］随葬品计有：

变形蟠螭纹铜镜一面。边微残。在墓室后部右侧正面出土，铭文“见日之明，长勿相忘”。

小铜扣 21 枚。在铜镜和铜铃、铁刀之间出土。值得重视的则是在铜镜前方出土的铜扣比较集中而又多数（十几枚），并成一开口之椭圆形状，由此看来似乎是围绕在死者腰带上的扣饰品。

铜铃 7 件。在铜扣前部二侧出土，并有个别夹在铜扣之间出土的。左侧 4 件，右侧 3 件。铃环向后，在全铃环首上各有一小铜管或铁管，在管内和铃环内均穿绳痕迹，可知它们应是互相穿连悬佩在死者腰侧的装饰品。

环首小铁刀 1 件。在中部，即腰扣饰左侧平行出土。刀尖向前。

一化圜钱 2 枚。在环首小刀左侧相叠出土。从出土状况看，它应是穗饰品。

墓内铜镜与铜钱伴出的，仅此墓，给墓葬断代研究上提供了较为重要的根据。

第 22 号墓

在 58 区北部中间。北距 21 号墓 ×× 米。

墓室仅存中部。墓圹限已不明。墓内前部发现股骨一段，腐朽严重，已不能据此了解其葬式；但估计头向西北。［**41**］在墓内铜扣下出有席片，当是葬具。

随葬品现存有：铃佩 1 件。在腰部右侧出土作往复蜒压状，其脉络非常明确。其编排情况，上端大铜扣一枚，穿上系以布绳，在大铜扣和大铜铃之间连结小铁管 17 件。从出土状况看，使我们进一步了解到铃佩是由扣、管和铃组合成的。如果与 21 墓作一比较的话，那么此墓铃佩悬挂在死者的右腰侧；而 21 墓则是在腰侧分左右悬挂着。小铜铃 1 件。在墓室右侧出土。珠形铜扣 45 枚。在铃佩饰左侧，虽有散乱，但仍可看出排列关系：横向前后两排，前排现存 18 枚，后排 27 枚。似乎亦是腰带上的饰品。矛式铁镞 2 件，分出于铃饰及珠形铜扣的两侧，镞尖向前，斜置。从出土状看，此二镞好像是在死者背上作斜十字状放置的。扁锋两翼式铁镞 2 件。出前部股骨下方。铜镞 5 件，俱出前部，绝大多数尖向前。有趣的是，在镞铤库中保存有箭竹杆残体。我们知道，中国自古多用木杆，用竹则是很原始的；历代北方诸族多不用竹杆的。自▲▲以来，研究兵器的文献很丰富，然而多不载及此事。中国地区，产竹系在南方，这个部族在当时用竹杆（当然也有木杆的发现）是怎么样得来的则是个不解之谜。细石镞 1 件。在铜扣饰品和腿骨中间出土，形体甚小，三角形。小铜管 1 件。在左侧铜镞右边出土。［**42**］管为铜片焊成，孔内存有骨痕。

［43］（三）西岗梁中部墓葬

西岗梁的中部计有墓葬六座，分别在 52、59、60、61、70 清理区内。墓葬编号为墓 29、墓 18、墓 11、墓 14、墓 24、墓 13，各墓位置比较分散，墓列关系虽有一些迹象可寻，但已难以判明。由于绝大多数墓已坏，其结构不明，▲遗物仅 1、2 件，又无代表性，故不介绍，仅选墓 24、墓 13 二墓加以介绍。

［44］［45］第 24 号墓

位于 61 区中部偏南，西北 ×× 米是 14 号墓。

方向东偏南 19°。墓室只存后部，左边圹限较长，存长 0.95、宽 0.90、存深 0.15 米。

随葬品出土情况：

碗形陶杯 1 件。出墓室后部，平置于墓底，杯口向上。

铜镞 8 件。散出在墓室中部和前部左侧；其中散出 4 件皆镞尖大体向前；在前部左侧一处集中出四件，分二层，镞横置在木板内，尖向左。木板很宽厚，据现存观察，其厚度约等于镞身之长，有的铜镞已经弯曲，镞裤内尚保存有竹杆。镞的形式为两翼式，另有残坏的，但已难辨认应是哪种形式。为什么能够产生这种现象，即分二层中间及面上都有木片间隔的现象？一时还难于确解。这或许是夹在木板中保存了锈木痕，或者在木器下使镞形成弯曲现象，或原箭是在木质箭箙中从而形成了分层放置现象？

铁镞 4 件。散出在后部和中部左侧。其中后部二件大体斜置，尖向右，中部 2 件尖向后。有三式，柳［**46**］叶式 1，扁锋菱形式 2，扁锋圭形双孔式 1，此式很特殊，于此墓群中仅见一例。

骨镞 1 件，与铜、铁镞伴出，已残，断面菱形。

珠形铜扣 1 枚，在右侧，反出。

饰珠 5 件，散出于陶杯前方，有琉璃球珠 1 件，粒珠 3 件，黑石粒状珠 1 件。

第 13 号墓

位于 70 区东南角。

墓室只存中后部，圹限仅知其东西向。墓内人骨仅保存少许骨殖残片；［**47**］另牙齿两枚，在珠形铜扣附近出土。

随葬遗物计有：马形铜饰具 1 件。在铃佩前方平卧出土。头向左。铜铃 4 件，分两式，1 件为方格纹大铃，3 件系圆体小铃，俱出马形饰具后方，颠倒相置。饰珠 38 件。出铃后方，有绿石管 1，白石管 35，白琉璃粒状珠 2 件，其中有的饰珠稍有游移，但还可看出穿连残串的迹象。珠形铜扣 2 枚，出墓室后部左侧，扣面均朝向墓底。

[48]（四）西岗梁中下部墓葬

此部分墓葬共 4 座。位于西岗梁中下部接近西坡的 78、79、63 三个清理区内。墓葬编号为墓 60、墓 59、墓 23、墓 63。它们在墓群的分布上，墓 60、墓 59 是一列，和墓 63 也可看出在一条线上，不过距离稍远，与墓 23 则成为前后两列。这四座墓葬中，墓 59、墓 63 保存较好，且出土文物丰富；其关系亦明确。因此，是研究这一处墓葬的重要的基础材料。

[49] 第 60 号墓

位于 78 区东北部，西南距 59 号墓 4.2 米。

墓室东西向，方向东偏南 36°。平面长方形土坑墓，圹线的壁外为黄色土壤，均夹石块，为原生土层，两壁间为方角，圹线较直，壁直立。墓室填黄色土壤夹石块，并略呈灰色，其质较松。前壁不存。存长约 1.5、宽 0.75、存深 0.12 米。

随葬品分三处出土，共四类 79 件。计为：陶壶一件。在墓室后部中间稍偏左处出土。置于墓底上。罐形陶杯一件。出陶壶右侧。与壶并列。杯口向上。

珠饰一串，共 63 件。在墓室中部稍后偏右处出土。组合关系较明，大体作上空圆形状，似是项胸佩物。按其质材和形状分：玛瑙瓜棱状珠 2、管 2、绿石圆盘状珠 2、环状珠 1、绿石管 18、鼓腹管 4、扁菱珠 1、白石圆盘状珠 4（有一件当待考虑）、管 14、方管 1、碧蓝琉璃球状珠 2、圆盘状 1、粒状 10 件。出土时作一串，盘绕曲折，少数珠管虽有移动，但都**[50]**不大，珠饰的穿佩组成情况仍然可见。它的编排，珠管使用并不注意对称，颜色配合亦不调和。它不同于 26 号墓，这当是串珠穿佩的又一种方式。

珠形铜扣 14 枚。和串珠并存反出，仅一枚作正面出土。

铁刀一件，已残断。在墓室前部左侧墓底出土。刀身和墓室纵向一致，刀身存有木痕。

兽面铜具一件。出刀右侧，层位略高。

第 59 号墓

位于 78 区东北部，东南距 23 号墓 × × 米。

墓室平面长方形，方向东偏南 14°。墓室建造时打破含有碎石的黄土层而达于角砾岩石上。墓室圹限明显，外部土色较黄，填土为褐黄色土。整个墓室从保存看，较为完整，只西壁稍有扰动。墓室长约 1.8、宽 0.75、存深 0.06 米。

[51] 墓内人骨大都腐朽不存，只在中部保存一些骨骼残片，已不能辨认清楚。

此墓是这群墓葬中保存较好，而随葬品种丰富多样的一座。

所出遗物就其性质可分七类，共 217 件。遗物分布整个墓室。如果从出土关系和位置看，可分三处：即墓室前部、中部和后部。现依次叙述如下：

（1）墓室前部

在墓室前部出土均为箭镞，铜镞 25、铁镞 19，计 44 件。这些箭镞出土较为散乱，镞锋所向不一，也有上下直立的。铜镞 25 件：两翼式 12、矛式 1、无尾三翼式 1、圆铤三棱式 6、方铤三棱式 1、其余 4 件残碎，型式不明。铁镞 19 件：矛式 1、铁铤三棱式 3、三棱式 1、柳叶式 4、扁锋两翼式 1 和扁锋菱式 1 件。

［**52**］（2）墓室中部

此部出土有铁刀、铁环、铁带卡、铜节约、兽面铜具、各式铜扣和绿石珠佩等。革带卡具饰件作横向一列出土：左一大铁卡，次二铁环，再又一铁卡，右侧一铁环，其前方出小铁卡 1 件；在中间铁卡前横出一环首铁刀，刀有木痕；在卡具前方出铜具 4 件，右侧两件兽面铜具反置，左侧 2 件素面无纹正面向上；右侧小铁卡附近出铜节约 2 件，内壁残存绢纹，绢平织，纹理纤细；铜扣 30 枚，一般铜扣 10 枚，珠形铜扣 20 枚，均在带具附近和它的前方出土，有的铜扣背面附着绢纹痕迹；扁方起脊绿石佩 7 件，在带具附近和它的后部，出土位置较为散乱。

（3）墓室后部

墓室后部遗存，又可分为三处，即中部都是饰珠，左侧是兵器和马具，后壁前方是陶器。中部都是珠饰，左侧是兵器和马具。饰珠 121 件，都在墓室后部中间墓底上，只有六件较为靠近左壁，集中处尚可看出［**53**］珠串穿佩的迹象。圆盘状玛瑙珠 10，瓜棱状 56，管 10，垂坠状 1；圆盘状绿石珠 1，管 5，扁方起脊佩 3；白石管 24；珠状淡蓝琉璃珠 4 件。在饰珠群里另出有铜扣一枚。左侧，铜环首铁刀兵器一件，尖向前。三翼投矛 1 件，出环首铁刀左侧，尖朝后，铁镞形体很大，长达 12 厘米，在投矛中仅见此例。铁矛一件，在环首刀右上方，矛头刃部后向，裤朝前。铁马衔一件，出矛左侧，扭绳三支式。后壁前方，陶罐一件，已残碎。

此外，在墓中藉金属器物还保存有残碎皮革和木片，唯朽蚀过甚，都已不辨原为何物。

第 23 号墓

位于 79 区东北部。

方向东偏南 30°。［**54**］墓室不明，但残存圹限还较清楚。存长 1、宽 0.9、存深 0.16 米。

现存随葬品大都出在墓室前部，中间出两支式铁衔镳一件。细石镞 1 件，出衔镳左前方。铁镞 7 件，散出衔镳前方和右侧。计铁铤三棱式 2，柳叶式 1，扁锋两翼式 2，另 2 件已残碎，型式不明。饰珠 3 件，有圆盘、管状、鼓腹状三式。兽面铜具 1 件。珠形铜扣 1 枚，出于墓室的西北角。

此外，在铁镞下面出有朽木残片。

［**55**］**第 63 号墓**

位于 85 区东南角，东南距 23 号墓 ×× 米。

墓室方向东偏南 20°。平面长方形。墓壁外为原生土层，底达于角砾岩层上。墓室长 1.7、宽 0.7、深约 0.24 米。

随葬品出土于墓室后部和中部。碗形陶杯 1 件，出墓室后部左角，口向前倾倒。铁剑 1 件（仅存剑身），在陶杯前方，尖向后，剑身距墓底 10 ~ 17 厘米。矢镞 14 件，俱在剑左侧近壁处出土。一般层位均较高，距墓底 20 厘米。其中在前面一处出 3 件铜镞，都在木板片内，余较分散。计铜镞 6 件，两翼式 2、三翼式 1、［**56**］圆铤三棱式 1，铁镞 9 件，矛式 1、三角有裤式 1、铁铤三棱式 3、柳叶式 1、扁锋三角式 1、扁锋菱形 1。铁块 1 件，在矢镞附近。环首小铁刀 2 件，已残，出墓室中部，均刀尖向朝前。饰珠 28 件，出铁刀右方。大致为前后二行排列，似是悬穗物。计管状玛瑙珠 2、环状白石珠 3、管 20、方管 1、绿石管 1、鼓腹管 1 件。铜扣 10 枚，俱在饰珠周围。铜环 10 件，出于珠串前部，除一件稍近饰珠外，余都很集中，一处 6 件前后排列一行，一处 3 件作鼎足势，外有皮革，下面压有 0.5 厘米厚木板。铁管 3 段，出于铜环附近。残铁刀 1 件，在铜环左侧与右壁间，刀尖朝前，刃部向外。

［57］二　西部墓区

这一墓区位于中心墓区的西南部，北接中心墓区，它包括西岗梁南端所有的墓葬，共 30 座。这一区墓葬不仅保存的数量最多，而且完整的也不少，更有一些墓葬根本没遭受过扰动，墓列整齐，井然有序。它是研究这一处墓葬文化可▲的材料。从现存的 30 座墓葬中，根据它们在墓群分布上的情况，可分为四个部分，即西岗梁下部西坡墓葬，西岗梁下部中坡墓葬，西岗梁下部东坡墓葬和西岗梁下部南坡墓葬。

（一）西岗梁下部西坡墓葬

墓葬共六座，位于西岗梁下部的 80、［**58**］86、87 三个清理区内，墓葬编号墓 32、墓 27、墓 36、墓 35、墓 33、墓 34。各墓位置较星散，从现存状况看，无法辨认排列关系，仅从其分布位置依次叙述。

第 32 号墓

位于 80 区西北角，东距 27 号墓 × × 米。

方向东偏南 21°。墓室仅存东、北两壁。

随葬品俱在墓室左后角：铜镞 5 件，两翼式 3、有尾三棱式 1、无尾三翼式 1，有的镞裤内尚保存有竹类的杆，并缠以麻缕。铁镞 3 件，矛式 2、扁锋菱形 1。镞身下面出有朽木片。

第 27 号墓

位于 80 区东北角。

方向东偏 35°。墓室不明，但圹限尚明显。长 1.75、宽 0.82、存深 0.15［**59**］米。在饰珠右方发现牙齿一枚。

随葬品大多出在墓室后部，计有陶罐 1 件，在墓室右后角，口微前倾。其左出矢镞 12 件：铜镞 9：两翼式 7、无尾三翼式 1，另有 1 件型式不清；铁镞 2：扁锋两翼与扁锋菱形各 1；骨镞 1 件，俱高出墓底 10 ~ 19 厘米，镞身下面附着木质痕迹。在后壁前出铁马衔一件。饰珠 55 件，出镞前方，计：粒状紫色琉璃珠 24，扁长四孔碧蓝石佩 4，方管状褐石珠 1，管状白石珠 18，管状绿石珠 2，球状、瓜棱状玛瑙珠各 3。铁片 1 块，出饰珠右前侧，上锈有绢纹痕迹。另有木片 1 块，其上散见星点漆片。

第 36 号墓

位于 86 区东南角。

方向东偏南 30°。墓室大部分不存，仅有西及北壁一部分圹限。

随葬品见于后部。碗形陶杯 1 件，［**60**］平整出土。杯左侧磨石 1 块，侧平面作三角形，有研磨痕迹。在磨石下白石管、绿石珠各 1 件；杯右前方扁状碧石佩 1；杯右出饰珠 1 串，排列整齐，次序为白石管4，粒状黄色琉璃珠2，粒状淡绿琉璃珠1，球状碧蓝琉璃珠2，瓜棱状玛瑙珠6件。另在墓室中部近右壁处，出白石管、绿石珠各1枚，两翼式铜镞1件。

第35号墓

位于85区南部，南距33号墓6.7米。

方向东偏南12°。墓室仅存墓室前半部。宽0.65、存深0.1米。

随葬品计有：几何纹长方铜饰板1件，在墓室最前部，平正放置。其在前角出铜环1件。铜饰板后部中间墓底上出铁环1件。铁环左侧出铜镞1件。在铁环后部附近散出饰珠8件，为粒状淡蓝琉璃珠1、蓝色3、白石珠管1，瓜棱状玛瑙珠2、粒状1。墓室中部近右壁处出铁衔镳1件。再后，陶碗1件，口向墓壁。

[**61**] 此外，在墓室后部扰土中，采集有陶碗1件，铜泡1枚，瓜棱状玛瑙珠1枚，铁钉1件，也可能是此墓所流散的随葬品。

[**62**] **第33号墓**

位于87区中部。

方向东偏南9°。墓室不存，圹限明显。长1.7、宽0.65、存深0.06米。墓内填土甚杂，中间一条土色很黑，当为骨骼朽蚀所致。

随葬品只在墓室左后角出陶罐一件。其前侧有琉璃珠10枚：球状蓝色6，粒状1，粒状淡蓝色1，粒状碧蓝色3。另在墓室左前角有木炭数块。

第34号墓

位于87区西部，东距33号墓2米。方向东偏南36°。墓室仅存后部。宽0.87、存深0.05米。

随葬品在墓室后部出有碗形陶杯6件[1]，粒状蓝色琉璃珠1枚。

[**63**] **（二）西岗梁下部中坡墓葬**

这一部分墓葬共有十一座。在墓群分布上较为集中。分别处于中坡的72、73、81、82四个清理区内。墓葬编号为墓19、墓17、墓16、墓41、墓38、墓31、墓39、墓40、墓30、墓28、墓15。它们虽然比较密集，但大多数不能确指其墓列关系，尽管有少数的几座墓葬，似有行排间距。这十一座墓葬中，墓15、墓16、墓19、墓41四座墓，保存比较完好，圹限明显，出土随葬品种类繁多，较为丰富。

第19号墓

位于72区西南角。方向东偏南33°。

[**64**] 墓室长方形，保存较完整，圹限明显，四壁及墓底均为淡青色角砾岩层。墓室长1.5、宽0.8、存深0.17米。

随葬品以陶器为特点，均出于墓室后部。陶壶3件，一列并置：右边一件最大，向里倾倒，

[1] 旧报告手写稿上原来笔迹为1件陶杯，后来用红笔改成“6件”。M34的发掘记录缺失，但是根据保留下来的相关档案材料，以及辽宁省博物馆收藏的西岔沟墓地出土器物，均能证明M34只出土1件陶器。这说明旧报告手写稿上修改成6件陶器是笔误。

口沿两侧相对各钻一孔，唇部残缺，但在墓内未发现其碎片，似为当时实用品；中间一件次之，口向后壁；左侧一件最小。陶碗2件，在陶壶前，右侧一件较大，左部甚小。陶纺轮1件，出于中部陶壶前，平面朝上。粒状蓝色琉璃珠6件，其中一件较大，很分散，出陶器群中间和它的后部。铜扣1枚，在陶器前方中间墓底上反置。

［**65**］**第17号墓**

位于73区北部中间。

墓室圹限不明。

随葬品只残留一小部分，比较集中，可分两组：一组以陶片磨制的纺轮为中心，外围4件铜铃绕成半圈，铃身外向。一组在其右，铜铃3件，铃形小铜具6件，铁管1件。在发现时由于位置稍有变动，已不能复原其使用形式。在这些遗物下面都有席纹，尚可看出其编织情况。另在墓中也出有骨骼残片。

第16号墓

位于73区西北角，北距19号墓3.8米。

方向东偏南31°。墓室保存较完整，平面长方形，就山坡地势下掘而成，后高前低。圹限明显，四壁及墓底为经风化的淡青色角砾岩碎石，墓内填五［**66**］花土。墓室长1.7、宽0.91、存深0.2米。

墓内人骨大都朽蚀不存，只在中部小铜器附近出一段指骨和一些零碎骨骼，保存较好的是其附近的5、6枚牙齿，有大面齿和门齿，从其磨蚀痕迹看，年龄似为很轻，约在20岁（？）。

随葬品出土数量较多，达269件。其出土状态：双耳陶壶1件，残碎，出墓室后部左侧。陶碗1件，在陶壶右侧。大口陶罐1件，出陶碗右侧，口斜向前倾倒。铜扣2枚，出在陶器前墓底上，均反置。五环穿珠金耳饰1件，出墓室右侧的大口陶罐前方，上端朝后。金耳饰附近出琉璃珠55枚：球状淡蓝色1，粒状淡蓝色52，粒状蓝色2；在右侧相对一处出琉璃珠41枚：球状淡蓝色1，粒状淡蓝色31，粒状碧蓝色5，粒状蓝色4。在金耳饰左前侧，出饰珠106枚，散成一片，球状绿石珠1，粒状琉璃珠105枚：蓝色3，紫色2，淡蓝色100。上述三处饰珠，据其出土情况看，当是在人骨头颈部。［**67**］其前部饰珠附近出铁管1，铜扣1枚。铜环8件出墓室中部右侧，铜环里有扁与平两式，排列有序，其下有大片皮革，铜环压印痕迹明显，皮革下并有木片。环左侧出环首小铁刀1把，刀尖向下。琉璃珠35件，出环首小铁刀两侧：球状淡蓝1，粒状淡蓝6，粒状碧蓝27，粒状蓝色1。马形铜饰具1件，出饰珠左侧，背上穿孔并与两铜环用皮带连接。另有环首小铁刀1把，出其左后部。从这一组文物出土位置和它们的联系观察，当是位于人骨腰腹部的。

第41号墓

［**68**］位于81区北部，东距38号墓2.6米。

方向东偏南41°。墓室不明，但圹限保存尚好。长1.45、宽1.05、存深0.1米。

随葬品在墓室中部墓底保存：粒状蓝色、淡蓝、碧蓝和红色琉璃珠9件。此外在圹限内扰土中，还出有粒状淡蓝、蓝色、红色等上述各色琉璃珠12件和瓜棱状玛瑙珠1件，铜扣3枚，残陶器 2 件。

第 38 号墓

位于 81 区东北部，南 31 号墓 1.1 米。

方向正东西向。墓室仅存左后部圹限。

在墓室后部出陶注壶一件。另在墓圹外有残陶罐，似是此墓中的遗物。

第 31 号墓

位于 81 区东南部，西南距 30 号墓 8.5 米。

［**69**］方向东偏南 37°。墓室仅存中部，长度不确知，宽 0.95、存深 0.1 米。墓内人骨大部腐朽，只在中部铜扣附近，残留零星碎骨。

随葬品在墓室中间有：环首小铁刀 1 件，出其前部，尖向前，并与一铜环相连，像系在一起。在小刀左侧横出一列铜扣 12 件，缝于皮条上，分为两层，上面的扣面向上，下边的扣面朝下，这组铜扣横宽约 25 厘米。在小刀和铜扣附近，出铜环 9 件，互作前后排列。在铜扣上面约 4 厘米散出铁镞 9 件，其中一件出于后方；铜镞 2 件，出于环首刀右侧，其层位与铁镞同高。铜扣后方散出饰珠 26 件，瓜棱、粒状玛瑙珠 3，粒状淡蓝、碧蓝、红色琉璃珠 23。其后出铜扣 1 枚。此外，还有陶片和木片等。

第 39 号墓

位于 81 区东南部，北距 31 号墓 0.35 米。

［**70**］方向东偏南 36°。墓室大部不存。

遗物存有粒状淡蓝、蓝色、碧蓝琉璃珠 45 件。此外，扰土中还采集有上述各色琉璃珠 16 件，瓜棱状玛瑙珠 1 件和铜扣 4 枚以及陶器残片等。

第 40 号墓

北距 39 号墓 2.3 米。方向东偏南 10°。

墓室存中、后部，其他圹限保存较好。

遗物只在后部左侧出铜镞 3 件，铁镞 2 件。

第 30 号墓

位于 82 区北部，南距 28 号墓 5.8 米。

方向东偏南 43°。墓室前部不存。长度不明，宽 0.8、存深 0.29 米。人骨大部腐朽，只藉铁刀残留有朽蚀的骨片。

随葬品有：矢镞 6 件，在墓室右后方距墓底 22 厘米处，横斜一排，自右至左［**71**］为铁镞 1，铜镞 1，铁镞 2，铜镞 1，又铁镞 1。右侧 3 件镞尖前向，左侧镞尖朝下，其余 2 件向后。镞身都附有木质▲片。碗形陶杯 1 件，在镞下方。铜扣 3 枚，1 出杯左侧，2 件在杯前方，其中 1 件与琉璃珠伴出，俱反置。琉璃珠 117 件，右侧数量较多，92 件，粒状：淡蓝 59，蓝色 23，紫色 3，红色 4，淡绿色 2，另 1 件为垂坠状；左侧数量不如右侧多，25 件：粒状蓝色 8，淡蓝 1，碧蓝 9。铁刀 1 把，出饰珠右侧。弭状铁器 1 件，出饰珠左侧。此外，在饰珠前方出铁镞 1 件。

第 28 号墓

位于 82 区东南部，西北距 30 号墓 6 米。

方向东南 43°。墓室不明，前端圹限较清楚。存长 1.45、宽 0.87 米。

随葬品在墓室中部有：两翼式铜镞 8 件；［**72**］铁镞 7 件：柳叶式 4、扁锋菱形 1，其余 2 件残碎。铜扣 4 枚，近右壁处。

第 15 号墓

位于 73 区西南部，东距 6 号墓 4.1 米。

方向东偏南 25°。

墓室系就地表土层下掘而成，圹限外为原生土，底达于角砾岩层。墓室长 1.5、宽 0.75 ~ 0.84 米，平面前宽后狭，略呈梯形。

人骨保存不甚完整，大都残朽不存，可辨认的为：五号铜环间为两锁骨，右侧铜环外为肩胛骨，其左前方为上膊骨，三号铜镜右前侧为左上膊骨；牙齿三枚，因磨蚀均较严重，出土不久即粉碎。

随葬遗物多出墓室后部，以服饰为最。分布情况是：

陶罐 1 件，已残碎。在墓室后部墓底中央出土。

铜镜 2 件，四乳蟠螭镜 1 件，出右后侧，镜面向上；星云镜 1 件，中部稍左侧，反置。

［**73**］铜扣 13 枚，近后壁处横列 3 枚，中部 5 枚纵排，其右侧散出 4 枚，另 1 枚在墓室左前角，所有扣面均朝向墓底。

铜环 5 件：圆环 1、扁平环 1、扁环 3，出于两镜之间的墓底上。

铜轮 5 件，与铜环相伴出，排成微斜的一行。

方锥状铜饰 1 件，出于墓室中部右侧铜▲的里边。铃形小铜器 4 件，3 件与铜铃在一处，1 件在墓室中部前方。

饰珠 28 件，散出于墓室中部和后部：白石管 3 件，球状粒状淡蓝、蓝色和粒状花琉璃珠 23 件。

（三）西岗梁下部东坡墓葬

共十一座，位于西岗梁下部的东坡，墓葬很密集，分别在 74、75 二个清理区内，以及 73 区的一部分。编号为墓 6、墓 12、墓 5、墓 1、［**74**］墓 2、墓 3、墓 10、墓 9、墓 8、墓 7、墓 40。由于这一部分墓葬有一些墓保存状况还比较好，墓葬的组织关系并较分明。这十一座墓葬可以看出是三列：最前部墓 6 自成一列；其下墓 12、墓 5、墓 1、墓 2 和墓 3 为第二列；再下墓 10、墓 9、墓 8、墓 7 和距离较远的墓 4 为第三列。像这种保持着明显的墓列关系，对于墓葬文化的研究上，具有重要的意义。

第 6 号墓

位于 73 区东南部。方向东偏南 6°。

墓室仅存后部少许圹限。存长 0.85、宽 1.17、存深 0.07 米。人骨残朽，仅在铜斧下发现零星碎骨片。

随葬品计有：陶杯 1 件，出后部，口向前倾。青铜斧 1 件，在杯前，裤朝后。青铜斧出土关系明确的仅此墓。饰珠出铜斧右侧，为瓜棱状玛瑙珠 1、［**75**］粒状红色与蓝色琉璃珠 25 件。

第 12 号墓

墓位于西岗梁南端的东坡，南距 5 号墓 4.3 米。

方向东偏南 20°。

墓室保存完整，表层农耕土，厚 0.3 米。其上半部为腐殖黑土，下半部是黄土。农耕土下层为厚 10 厘米的碎黄石层。墓室平面呈长方形，长 1.7、宽 0.75 米，由墓底至地表 0.58 米。墓室上口比墓底略广。墓室内填黑土色混杂小石块。

墓内人骨大部朽蚀不存，仅存一些残片。在墓室后部羊首活环圆铜饰右侧出有头骨残片，骨骼部位是耳骨（颞骨）部分，骨片壁立出土；其前方出牙齿一枚，齿根向后，从咀嚼面观察，珐琅质几乎磨蚀尽净，齿面整平。另在墓室前［**76**］部铜带卡上面出股骨一段，骨体稍斜。

出土随葬品的种类、数量较多，其分布情况是：陶罐 1 件，出墓室最后部，罐底距墓底 4 厘米。

羊首活环圆铜饰 1 件，在陶罐之前，侧竖出土，铜饰羊首向北，正视。

铜扣 9 枚，分两处出土，在后部和中部出土。后部出 3 枚，出于羊首活环圆铜饰附近，扣面一正二反，正面较反置的高 5 厘米，墓室中部出 6 枚，横向一列，均正面朝上。扣面都保存有面成白色的平织粗席布纹痕。而在铜扣下面还有皮革被保存下来，色灰黑，皮革宽与扣相等，并保存其与铜扣缝着的“针眼”。

铜带卡 5 件，2 件在墓室中部，3 件在前部腿骨下面。除前部最外端一件反置外，其余均正面向上出土。

大铜环 1 件，在中部铜带卡的右侧出土。

［**77**］铁带卡 1 件，在中部铜扣前方出土，与其右侧铜带具形式一样。

两翼式铜镞 2 件，在墓室左侧出土，尖皆向下，距墓 10 厘米。镞身附有木质残迹，其纹理与镞身垂直。

铁镞 6 件，铁铤三棱式 1、三棱式 3、柳叶式 1。其中 4 件与铜镞伴出，另 2 件一在陶罐前，一在铜带卡后方。镞身皆附着木质，其纹理纵向与镞身垂直。

铁刀 1 件，在铜扣上部，刀身锈有木质，纵向一致。

饰珠 128 枚，俱出于墓室后部，有些位置保存很好，仍可看出原来串放的形态。计有白石管 24，球状淡蓝、粒状淡蓝、蓝色、白色、淡绿、绿色和螺状碧蓝及方管状淡蓝色琉璃珠 104 件。

乌木一块，出于铜镞附近。

此外，在墓室后部和中部还出有红漆残片，出土面积很大。并在一小木片上发现两面有漆，在中部铜带具下的木片上也附有漆片。［**78**］对木片的分析，我们在现场用放大镜观察，似为现代“胶合板”组织，一纵一横共有四层，不过甚薄，状如刨花，其面光滑，似为桦树皮。

第 5 号墓

位于西岗梁南端东坡，南距一号墓 2.2 米。

方向东偏南 38°。墓室前部残破不存。从现存情况看：墓室中部略宽，后部稍狭。存长 0.82、宽 1 ~ 1.25、存深 0.12 米。

随葬品计有：陶壶 3 件，在后部横排一列，微有游移；陶罐 1 件，出壶右侧；陶杯 1 件，出壶左方。两翼式铜镞 2 件，在陶罐前；铁镞 3 件，2 件在陶罐前，1 件在其后，层位较高。铜扣 1 枚，出陶罐左侧。饰珠 38 件，散出于后部，与墓底均有些距离，有的并出于陶罐和陶壶中。白石管 1 件，粒状淡蓝、碧蓝、蓝色［**79**］琉璃珠 37 件。

第 1 号墓

位于西岗梁端东坡 75 区西北部。

方向东偏南 40°。墓室前部不存，现存圹限长 1.55、宽 0.65 ~ 0.75、存深 0.12 米。墓内出牙齿 3 枚，不见其他骨殖。

随葬品多出于墓室后部，计：陶罐 2 件，一件较完整，在右后角出土；一件已残碎，在其前，层位略高处出土，在左后角存有残片，其位置似乎稍有变动。饰珠 82 件，一处较集中，穿孔相对，尚可窥知其串放情况，其余甚散乱；白石管 5 件，球状、粒状淡蓝，鼓腹状、粒状碧蓝，粒状蓝色，粒状紫色，环状、螺状绿石和粒状花琉璃珠等 77 件。

第 2 号墓

位于 75 区西北部，北距 1 号墓 1.5 米。

［**80**］方向东偏南 40°。墓室前部不存，圹限不甚明显。长约 1.8、宽 0.9、存深 0.1 米。墓内仅见牙齿 1 枚。

随葬品计有：陶碗 1 件，出墓室后部中间，口向前倾；陶罐 1 件，在碗前方；陶纺轮 1 件，出罐左前侧。铜扣 2 枚，在碗罐之间面均向下。环首小铁刀 1 件，出陶纺轮右前方。饰珠 35 件，右侧数量最多，扁方碧石佩 1 件，扁菱起脊绿石佩 1 件，粒状绿石、淡蓝色和蓝色琉璃珠 24 件。细石器 1 件，出右侧饰珠前方。

第 3 号墓

位于 75 区西南部，北距 2 号墓 0.42 米。

方向东偏南 40°。墓室前部不存，其他圹限明显。存长 1.75、宽 0.97、存深 0.07 米。

随葬品计有：陶碗 1 件，出墓室后部中间。铜扣 2 枚，在碗前，面向下。饰珠 10 件，散出于陶碗前部：粒状碧蓝、淡蓝、［**81**］蓝色和绿色琉璃珠 8 件，扁菱起脊碧石珠 1 件。另，白石管 1 件，出墓室左后角。

第 10 号墓

位于西岗梁南端东坡，74 区外缘，南距 9 号墓 0.4 米。

方向东偏南 13°。墓室前部不存。墓底是碎石生土层。圹限明显。现存长 1.2、宽 0.8、存深 0.17 米。

在墓室中部左壁出骨骼两段，为左下膊骨，以桡骨为最大，下有尺骨。在其右和后方出土零星碎残块。

随葬品俱出于墓室右后部：陶罐 1 件，下距墓底 3 厘米，口微前倾；陶杯 1 件，在罐右前侧。铁镞 9 件，柳叶式 3、扁锋菱形 1，另 4 件已残碎；俱出于陶器附近，一般层位较高，距墓底 17 厘米，其中并有两件直立出土，尖朝上，而另一件则出于陶罐中，一般镞身均有木质，纹理纵向与镞身垂直。粒状碧蓝、淡蓝、［**82**］蓝色琉璃珠 5 件，一般层位也都较高。

第 9 号墓

位于 74 区东部边缘上，南距 8 号墓 1 米。

方向东偏南 17°。墓室前部不存，存长 1.4、宽 0.85、存深 0.2 米。

随葬遗物：陶罐 1 件，在墓室后部。柳叶式铁镞 1 件，出陶罐上方约及墓口处。蓝色琉璃珠 4 件，下距墓底约 7 厘米。

第 8 号墓

位于 74 区东部，南距 7 号墓 0.7 米。

方向东偏南 21°。墓室前部不存。存长 1.2、宽 0.8、存深 0.12 米。在墓室后部仅出陶罐一件，罐底下距墓底 9 厘米。

第 7 号墓

位于 74 区东南角，南距 4 号墓 7.3 米。

方向东偏南 29°。墓室前部不存。存［**83**］长 1.4、宽 0.95、存深 0.2 米。在后部：出陶罐 1 件，口沿原残缺；陶杯 1 件，在罐前方。陶器均高出墓底。

第 4 号墓

位于 74 区中央，西距一号墓 3.2 米。

方向东偏南 40°。墓室长度不确知，宽 1、存深 0.12 米。人骨仅在铜扣下面出有一小块骨殖。

随葬品出于墓室后部：陶碗 2 件，一件近后壁，一件在前，均向前倾倒。两翼式铜镞 1 件，出后壁前。铁镞 5 件，铁铤三棱式 1，柳叶式 3，另 1 件残碎，横行一列出于后壁前，右部 4，左侧 1，镞均距墓底 10 厘米。铜扣 3 枚，出陶罐前方，一仰、一覆、一侧立出土。饰珠 9 件，白石管 2，粒状蓝琉璃珠 7，在陶碗左侧。

（四）西岗梁下部南坡墓葬

此部分墓葬仅两座，分别出于 83、89 两个［**84**］清理区内，编号为墓 25、墓 63。这两座墓相距甚远，它们之间没有什么墓列关系可寻。

第 25 号墓

位于 83 区西南角。

方向东偏南 40°。墓室仅存左后部一角。人骨出上膊骨一段，已残朽。随葬品：仅存残铁刀 1 件，出墓室后部和粒状碧蓝琉璃珠 1 件，在其前方。

第 61 号墓

位于 89 区西北部。

方向东偏南 17°。墓室前壁和部分右壁不存，长度不确知，宽约 0.68 米。人骨仅在前部残铁刀下存一残段。

［**85**］随葬品：碗形陶杯 1 件，已残碎，出墓室后部。饰珠 45 枚，散出于墓室后部陶杯的前方和右侧：粒状红色、蓝色、淡蓝和碧蓝色琉璃珠 34 件，白石管 3 件，鼓腹状、扁管状黑石珠 3 件，球状、粒状、鼓腹状玛瑙珠 5 件。铜扣 7 枚，在墓室中部，即相当于人骨腰间横排一列，右侧 5 件反置，有的铜扣保存有纺织品纹迹和残存的皮革残块。残铁刀 1 段，出铜扣前方。

三　东部墓区

此区位于中心墓区的东部，共 8 座。比较星散，看不出有何排列关系。以其在墓群的分布关系上看，可分两部，即岗顶墓葬和东岗梁上部墓葬加以叙述。

［**86**］（一）岗顶墓葬

这一部分墓葬共五座。位于岗顶的 27、11 两个清理区内。墓葬编号墓 57、墓 58、墓 53、墓 56、墓 55。这六座墓葬中，以墓 53 号为最完整，较为重要，值得我们注意的。

第 57 号墓

位于 27 区东北角。

方向东偏南 30°。墓室就原生夹石块的黄土下掘，至岩石层上。墓室前部不存。存长 0.75、宽 0.75、存深 0.05 米。随葬品仅后部出陶壶 1 件，碗形陶杯 1 件，粒状淡蓝色琉璃珠 1 件。

［**87**］**第 58 号墓**

位于 27 区东北部，北距 57 号墓 1.2 米。

墓室和圹限都不明。仅存部分随葬品，计有：陶罐 1 件；碗形陶杯 1 件，出罐左侧。铁镞 2 件，一在罐前，一在罐后方。铜扣 1 枚，出于陶罐左侧，扣下并有木质痕迹。饰珠 19 件，白石管 1，鼓腹状、扁菱起脊、粒状绿石珠 18，粒状碧蓝琉璃珠 1；俱出于陶器左前部，距墓底约 8 厘米。

［**88**］**第 53 号墓**

位于 27 区中部稍南。

方向东偏南 5°。墓室保存完好。为长方形土坑墓，长 1.5、宽 0.62、存深 0.15 米。

随葬品计有：陶器 3 件。陶罐出墓室后部近左壁处，口向前倾倒；陶碗出罐右后侧，口亦前倾；残陶器一件，在陶罐之前。饰珠 12 件：白石管 9，绿石管 2，方管状黑石珠 1，俱散出于陶罐的右前方。

第 56 号墓

位于 11 区西北角，东距 55 号墓 7 米。

方向东偏南 33°。墓室仅存后部，随葬品计：陶碗 1 件，白石管和粒状蓝色、淡蓝色琉璃珠各 1 件。

［89］第 55 号墓

位于 11 区北部中间。

方向东偏南 23°。墓室毁坏。随葬品有 5 件，壶 1、碗 4，出土时陶壶置于右部陶碗内，所有陶器向前倾倒。

（二）东岗梁上部墓葬

共 3 座。分别位于东岗梁上部的 12、14、20 三个清理区内。其编号为墓 51、墓 48、墓 54。这三座墓葬距离较远，看不出墓列关系。

第 51 号墓

位于 12 区东南角，南距 48 号墓 12 米。

方向东偏南 30°。墓室不尽确知，以现存圹限看，墓室不甚规整，平面前端略宽而后部［**90**］稍狭。长约 1.45、宽 0.61 ~ 0.7、存深 0.06 米。

随葬品有：铜铃 4 件，出墓室右前部，铃鼻并穿过铁管，铃朝前，管在后。饰珠 9 件，在墓室中后部散出，球状、瓜棱状玛瑙珠 5，扁菱起脊绿石珠 1，粒状碧蓝、淡蓝色琉璃珠 3。

［91］第 48 号墓

位于 14 区北部中间。墓室不存。

随葬品计有：陶器残片 1，铜管 1，铁管 1，铁器残段 1，铜扣 4，管状碧石珠 1，管状绿石珠 1，瓜棱状玛瑙珠 1。

第 54 号墓

［**92**］位于 20 区南部中间。

方向东偏南 40°。墓室现仅存后部。长度不确知，宽 0.65、存深 0.07 米。

随葬品俱见于墓室后部：碗形陶杯 1 件，出左侧；陶纺轮 1 件，出陶杯前方；铜扣 4 枚，在纺轮右侧。琉璃珠 32 件，有球状淡蓝、算珠状深蓝、粒状淡蓝和粒状蓝色等。此外，铜扣附近出有零星朱色漆片。

［**93**］第三节　各区清理坑墓葬类型文物

本节介绍的清理坑墓葬类型文物，是经过整理的“扰乱坑”文物。这里，首先要明确一点，就是对扰乱坑的“乱”字要有一个客观的认识。我们认为，乱基本上是原地或原墓的乱，虽然墓葬形式、结构、葬具及其随葬品都不明确了，但我们通过这些乱坑和乱物，还可看出来清理坑墓葬遗存与 63 座正式发掘的墓葬，是完全一致的。因此，它们有助于我们对整个墓葬文化的研究。对清理坑出土的文物，我们尽量做到实事求是，进行了整理、分析和研究。首先确认清理坑的层位，厘清各类文物的伴出关系以及它们之间的相互联系，然后，参照发掘的墓葬文物的种类、数量及组合情况，最后根据墓地中的特殊情况：陶器大部随着掘动破碎，因而为人所不取，也就绝［**94**］大部分保留在墓坑内及其附近。这样，就可以确认属于一座墓的文物，并确定这一座墓所在的地点。初步推定，约有 387 座清理坑类型的墓葬。

这 380 多个清理坑墓葬类型文物，在分布上不是十分平衡的，有的地方很密集，有的地方则比较稀疏，它们绝大多数位在中心墓区，占 64% 以上，西部墓区次之，不足 20%，东部墓区最少，仅 16% 强。其次，清理坑墓葬所出的文物也很丰富，其中不少文物，是 63 座墓葬中所不见的，能够补充墓葬的不足。所以，它的研究价值，我们不能忽视。

［**95**］在这 380 多个清理坑墓葬中，我们挑选了占总数九分之一的 43 个清理坑墓葬加以介绍。

对清理坑墓葬类型文物的介绍，仍按三区：中心墓区、西部墓区和东部墓区；每区又各划分几小群。它们的次序，大体是按时间早晚和墓群形成的过程来定其先后的。

下面，就分区介绍这一批清理坑墓葬类型文物。

［96］一　中心墓区清理坑墓葬类型文物

本区位于墓地中心部分，包括岗洼和西岗梁上部及中部。确认的清理坑墓葬达 252 个，占清理坑类型墓葬总数的 64% 以上。根据它的分布，并按时间早晚和形成过程，可以分成东、西两大群。

（一）东群清理坑墓葬类型文物

本群位于中心墓区的东部，即岗洼部分。计有清理坑墓葬类型 79 个，分别位于 45、44、43、37、42、36、35 和 34 清理区的及 29 区的一部分。这里选择了其中一部分加以介绍，它们的编号为清 351、清 322、清 306、清 302、清 295、清 272 和清 265（东部）。

［97］清 44-351 号坑

位于 44 区西南角。

这一组墓葬类型文物很重要，尤其是反映在兵器和马具上。计有：铁刀 1 件，残断，存刀身部分。剑柄铜环 1 件。铁马衔 1 段。两翼式铜镞 2 件，三翼式铜镞 1 件。残铁镞 2 件。环首小铁刀 2 段（可能是两件）。连弧边四螭纹铜镜残片 1 块。铜扣 1 枚。绿石、碧和玛瑙管饰珠 6 件。

清 44-322 号坑

位于 44 区东南部，约在墓 37 右侧。

出土物有：灰黑陶杯 1 件。剑柄铜环 2 件，小铜铃 4 件，铁管 2 段。扁铜环 1 件。碧石珠、绿石管鼓腹绿石管各 1。马牙 1 枚。

［98］清 44-306 号坑

位于 43 区南部中间。

这一清理坑文物甚为丰富和新颖。计有：

陶器：磨光涂朱陶鬲 1 件，已残碎，现除口部尚不明，大致都可推测复原；鬲足短小，裆甚宽，两足粘接处，两重泥胎相叠捏合，可知在制作时，是先将鬲足做好，然后再拼合起来的。磨光涂朱双耳陶壶一件，耳在腹部。灰黑陶杯口沿 1 块。这里值得提出的，首先是鬲的发现，给我们在对此地墓葬的了解上，增加了新的材料；其次，是鬲与壶的陶质完全相同，这也不无意义；第三，鬲与壶共存，表明此两件器物的使用有共时性。

兵器：铁刀 1 把，三翼式铜镞 1 件。

铁工具：环首小铁刀 2 件，环首小铁锥 1 件。

服饰品：大铜扣 1 枚，扣面有一周刻线花［**99**］纹带。铜扣 3 枚。珠形铜扣 2 枚。饰珠 12 件，计：碧石珠 3、管 1、玛瑙珠 1、管 1、白石管 1、绿石管 3、鼓腹管 2。有孔陶饰片 1 件，用灰黑陶器片制成，不成规整圆形，上端有一个对穿孔，以便佩用。

变形蟠螭纹铜镜残片 1 块。

马牙 ×× 枚。

清 36-302 号坑

位于 36、37 两区西部之间，约在墓 42 之北侧。

［**100**］出土文物计：粗红陶杯 1 件，外口及底有刻齿纹。灰黑陶杯 1 件，底有刻齿纹，外腹部有一道由乳点纹组成的三角连锁花纹带。两翼式铜镞 2 件，三翼式铜镞 1 件；扁锋两翼大铁镞 1 件，镞身尾部残存有竹杆痕迹。铁环 1 件，应是卡具之类。环首小铁刀 1 件，环首已不存。变形蟠螭纹铜镜 1 面，碎作数块，还可复原。铜扣 1 枚。白石管 1 件，绿石管 2 件。铜饰片 1 件，原物已残，不辨何种形体，现存残片，表面有镀金，有纵横条状阴纹。陶饰片 1 件，灰细陶片打磨，不规整圆形，中心对穿一孔。

清 42-295 号坑

位于 42 区北部中间。

出土文物计有：磨光涂朱陶壶 1 件，灰黑陶大口罐 1 件，红褐陶杯 1 件；以上三件陶器很可能是一组殉葬器物。铁刀 1［**101**］件，已残，存刀身部分。铁工具 1 件，残，不明何物。环首小铁锥 1 件。兽面纹铜具 1 件。铜扣 46 枚，计大扣 5、小扣 12、珠形扣 29；铜扣的数量相当可观，有的铜扣保持很光亮的扣面，应是长时间使用磨蚀的结果。饰珠 101 件，计碧蓝琉璃珠 75，玛瑙珠 13，白石管 4，鼓腹绿石管 4，扁方起脊佩 5。另出土人牙齿 1 枚。

清 42-272 号坑

位于 42 区东北角。

清理出土墓葬类型文物甚为丰富。遗物计有：半两钱 3 枚。小灰陶壶 1 件，泥质灰色，胎含细砂粒，腹有弦纹六道，体甚矮小，高 6 厘米。两翼式铜镞 2 件。铜镜残片 2，一为镜纽，一为镜边。铜饰钉 1 件，［**102**］帽顶鼓形，身作八棱，背有四足，相对二足，二长二短，长足内曲。铜片 1 件，长方形，上端略狭，有一穿孔。铁管 10 件，有三种形式，一种粗圆筒状，一种扁方管状，一种管身略细，有凸凹纹；有的管身局部锈有细绢布纹和席纹痕迹，管内残存有绢布带；铜扣 69 枚，有五式：镀金大铜扣 1 件，扣面有凸起兽面（？）纹；素面大铜扣 9 枚；小铜扣 11 枚；珠形铜扣 33 枚；花边珠形铜扣 14 枚。本墓葬类型文物的铜扣不仅数量较多，而其类型也很繁复，在使用上当是有区别的。饰珠 5 件，为圆盘状绿石珠 1、管状 2，玛瑙管 2。马牙 2 枚。

［**103**］**清 34-265 号坑**

位于 34 区南部中间，约在墓 50 左方。

出土文物计有：剑柄铜环 1 枚。两翼式铁镞 1 件。铁衔镳一副，衔为两支式，已残断，衔体外端各有一镳。镰形铁器1件（可能是铁刀的尖部改成），上端两侧各有一凹槽，当是有意而为。铁卡1件，卡鼻不存，其形制与墓59–13圆铁卡同式。蟠螭纹铜镜片2块。圆形铁饰片一件，已残，形同铺首座，但已残碎不全，且无明确出土关系，不知何用。铜扣2枚（1小），俱挖孔式纽鼻。兽面纹铜具1件。铁管1件。玛瑙长管4件，碧石管2件。陶器2件，一为陶罐，一为陶杯。

［104］（二）西群清理坑墓葬类型文物

本群位于中心墓区的西部，即西岗梁顶部、上部和中部，包括48、49、50、56、57、51、52、58、66、67、59、60、68、69、70、77、78、71、79和85清理区内及53、61、62、80区的一部分，本群清理坑墓葬最多，共173个。兹对其中的清315、清355、清352、清368、清384、清485、清480、清492（下层）、清496、清462–463、清476、清464–465、清475（60区）、清504、清498、清523、清520–521、清555、清540、清531、清567、清604等清理坑墓分别介绍于后。

清49-315号坑

位于49区北部中间，约在墓45之北，距离稍远。

出土文物有：陶器2件，陶鬲1件，整体为大口罐［**105**］，下有三实心短足，胎呈灰黑色，口外缘有刻线纹一周，颈部乳点纹数道；显然与306清理坑所出的涂朱磨光红陶鬲不同，不仅是陶质，而且造型上的差异很大。磨光红陶壶1件，细长颈，突腹，小平底，胎较薄，细泥砂质，腹肩刺点纹花纹带一道。

铜镞4件，计两翼式3件，三翼式1件。此二式镞在本区及四周区内已开始多见，应是分布上的一个特征。

此外，还出有扁平铜环1件，铜扣2枚，珠形铜扣1枚，白石管1件，扁方起脊绿石佩1件。

清49-355号坑[1]

位于49区南部墓45之右侧。

出土文物：磨光红陶壶1件。灰黑陶罐1件。磨光红陶豆形器1件；这一类陶器在墓地中出土数量不多，且多残碎，大部不可复原，但确可认为是一种富有特性的陶［**106**］器。铁剑1把，已残，存锋刃部分。铁刀1把，折断。剑刀共出，是一新例。扁锋两翼大铁镞1件，尾部有竹杆痕迹。铜扣3枚，为大型扣，花纹扣和珠形扣各1枚。珠佩5件。

清50-352号坑

位于50区东部中间。

这是二墓混合的墓葬类型文物，所出遗物计：陶杯4件，有红衣陶和灰黑陶两种，纹饰为乳点纹和刻点连锁三角花纹带，也有素无纹饰的。三翼式铜镞1件。扁锋两翼大铁镞1件；另在本坑下层中，也出有此镞同式者1件，但略小。铁马镳一段。环首小铁刀1件，现存刃部，

［1］355号坑跨49和50两个清理区，主体在50清理区。发掘档案只保留了50清理区的355号清理坑的出土器物登记表，不见49清理区355号坑的出土器物登记表。

锈有锅纹。曲形铁［**107**］条 1 件，已断，一端略细，状为牛角。变形蟠螭纹铜镜残片 2 块，经核对、分析，为 2 面镜。铜带钩 1 件。铁卡 1 件。铜扣 9 枚，大铜扣 1、一般铜扣 5、珠形铜扣 3 枚。圆盘状绿石珠、扁菱形和扁方形起脊碧玉佩各 1 件。此外，并出有人骨和马牙等。

清 57-368 号坑

位于 57 区东北角，约在墓 45 之西南方。

清理坑出土两墓混合文物，计有：半两钱 1 枚，已残，存“半”字部分。陶器 5 件，有双横耳［**108**］粗红陶壶 1 件，长颈侈口，鼓腹，小壶底足底明显，腹部有弦纹及水波纹组成的花纹带；弦纹细灰陶壶 1 件；粗灰陶豆形器 1 件；红衣陶杯 2 件，一件素面，一件口沿外缘及颈间有刻齿纹及乳点纹。铁剑 1 把，残存尖部；剑柄铜环 3 枚。三翼式铜镞 1 件，扁锋两翼式铁镞 2 件。铁锛残片 2 块。铜车盖弓帽 1 件。圆体铜铃 2 件，铜管 2 件。残铜环 1 段。铜扣 9 枚，珠形铜扣 1 枚。镀金革带铜饰 8 枚，为螺纹 5、兔形 3；该遗物与墓 45 所出全同。有的扣纽内还保存皮革残片。饰珠 9 件，计绿石管 1，琉璃管 1，玛瑙珠 1，碧石瓜棱鼓腹珠管 6。此外，尚出有马牙 2 枚。

清 51-384 号坑

位于 51 区东北角。

出土文物计有：红衣陶罐 1 件，罐口外缘饰指甲纹一周，颈部有刻线与乳点花纹带一道。细灰陶豆 1 件。［**109**］铁刀 1 把。铜镞 6 件，两翼式 2 件，其余为三翼式。铁镞 2 件。方格纹铜铃 2 件，铁管 1 件；铜环 1 件。铜扣 17 件，有 4 式，大铜扣 1、铜扣 8、小铜扣 3、珠形铜扣 5。马首形铜饰 1 件。全形马首状，颈部中空，管内残存木芯，仍很完整，可知原与木柄结合，下端有一钉孔，用以固定木柄。兽面纹铜具 1 件。有孔圆陶片 1 件，为有刻点及乳点纹装饰的灰黑陶器片制成，中对穿一孔。此外，尚有饰珠及铜具残片等。

清 52-485 号坑

位于 52 区西南部，约在墓 29 前方。

出土文物计有：

兵器：剑柄铜环 6 件。［**110**］两翼式铜镞 1 件。扁锋两翼式大铁镞 1 件。

马具：铁衔镳一副，为锻制两段杆眼式。马牙 18 枚。

铁工具：铁镬 1 件，存镬裤部分残片。环首小铁刀 1 把。

服饰：方形铜饰板 1 件，板面及上下两边压有凹沟及凹点。圆形镀金铜饰片 1 件，已残，饰片外围压印凸点纹一周，中心刻划纹饰，为用尖状物刻划浅细线条的羽人，羽人的头部剩有脑后三角形披发，两臂平端前伸，腰部围有绦带，胯间遮以鳞片和垂条饰，赤足。铜扣 17 枚，扣纽有两种形式。珠形铜扣 3 枚。铁卡 1 件。

［**111**］装饰品：圆体铃 2 件，铃身饰满弦纹及三角纹。玛瑙管 1 件。

陶器：磨光红陶壶 1 件，长颈侈口，大平底。灰黑陶壶 1 件，胎内含滑石粒，形状似瓶。灰黑色大口陶罐 1 件，口沿外缘及颈部有刻点纹及乳点纹饰。灰黑色陶杯 1 件，口外沿有刻浅纹。上述陶器中，个别的难以确定，可能是其他墓混入的。

人牙齿 1 枚。

清 59-480 号墓

位于 59 区中部。

出土文物计有：细石镞 1 件，石质红色，打制，平面呈三角形，不甚规整。两翼式铜镞 1 件。铁镞 1 件。铁锄（？）一件，已残，存为刃部。铁管 3 段。铜扣 1 枚。碧石珠 2 件，玛瑙管 1 件。

［**112**］**清 68-492 号坑**

位于 68 区北部。

出土文物计有：铜镞 3 件：三菱式 1、三翼式 2。草叶纹镜 1 面，残碎缺损很多，但大体还可复原。另有变形蟠螭纹类镜边缘碎片 1 片。方格纹铜铃残片 1 块。铜扣 5 枚，有挖孔与穿孔两式纽鼻。珠形铜扣 7 枚，俱为平梁式纽鼻。珠饰 2 件，玛瑙、碧石管各 1。▲陶罐 1 件。

清 68-496 号坑

位于 68 区中部。

本坑出土文物计有：

兵器：环首铁刀 1 把。铜镞 21 件，除 3［**113**］件为三翼式外，其余皆两翼式，但大小形制不尽相同，有很多的镞裤内残留竹质镞杆。铁镞 6 件，分扁锋两翼、三翼、三棱诸式，镞尾都残留有镞杆痕迹。

工具：铁锛（？）残片一块。环首小铁刀、锥各 1 把。

服饰：大铜扣 3 枚，其中有 2 枚扣面带有花纹，从磨损程度看，使用时间当为很长。铜扣 9 枚，有挖孔及穿孔两种纽鼻。珠形铜扣 64 枚。螺纹铜扣 1 枚。铜镜残片数块。其中一件为四连蟠螭纹镜类。铜铃 1 件、铁管 1 段，管外部锈有绢纹。此外，还有皮革残块等。

珠饰：共出 24 枚，形状为圆珠、瓜棱珠、管、鼓腹管及菱形佩等各式。质材有绿石、碧石、玛瑙和琉璃诸种。这里应提出的，是一种形体很小的碧蓝琉璃珠，珠身有两道凹沟，这是一种新见的形式。

此外，还出有人肢骨和马牙。

［**114**］**清 60-462-463 号坑**

位于 60 区北部中间。

本坑包括两墓混合的文物，由于无法精确区分开来，故将两墓一并介绍。

兵器：铜剑镡 1 件。铜镞 12 件，除 1 件两翼式之外，其余均为三翼式，但其形制及大小稍异。铁镞约有 11 件，大部分残断，由碎片看，其形式可能有两翼与杏叶形两式。镞尾都残存有镞杆痕迹；其中 1 件扁锋两翼式大铁镞保存很完整。另有圆形铁铤 3 枚，当是另一种形式的铁镞。

马具：铁马衔 1 件，衔体为拧绳状，由残断铁衔推测，可能是两支式。另有铁镳一段。

工具：砥石 1 件，长方扁平［**115**］板状，一端有穿孔。研磨石器 1 件，杵状，上端略细，截面椭圆形，下端研磨明显，凸起为馒首状。

货币：半两钱 3 枚，俱残碎。

星云镜 1 面，现存一部分镜片。铜铃 1 件，铁管 5 段，有的铁管上面并附着粗布纹。铜带钩 1 件。扁平铜环 1 件。铜扣 17 枚，其中花纹扣 1 枚，余皆素面。珠形铜扣 14 枚。椭圆镀金铜扣 9 枚。圆形铜饰片 1 件，残，大致是一圆形，一面水平，上划有与圆片同弧刻线纹，一面有凸起纹带和乳丁状的［**116**］装饰。圆形铁饰片 1 件，残，中央突起，状为馒首，周有展边，用途不明。笔帽状铁具 1 件。

装饰品：计 30 件。圆形、瓜棱状、管状玛瑙珠，白石管状和绿石管、扁方佩及碧石管、鼓腹管、扁方起脊佩等。

此外，还出有木灰，人骨 1 段和牙齿 1 颗，马牙 5 枚。

清 60-476 号坑

位于 60 区西北部，约在墓 18 右侧。

［**117**］本坑文物计有：

兵器：铁矛 1 把，现存矛裤一小部分。铁刀 1 把，已残。铜镞 3 件：一件为三翼式，其余两件俱为两翼式，内中一件尚存镞杆，而另一件在镞的一侧锋刃部有两处刀砍痕迹。铁镞 6 件，皆系扁锋式，唯镞式及形体稍异。

马具：铁镳 3 段，原为一副，现已与衔脱离。

细石器：细石镞 1 件，长三角形，石质青色。细石器 1 件，平面呈不规整的正三角形，石质灰白色。

［**118**］工具：环首小铁刀 1 把，已残，存刃部。

货币：半两钱 1 枚。

服饰：几何纹铜铃 2 件，铁管 5 段，管外部附着有布纹。马面纹铜具 1 件，外部残留有细绢包裹的痕迹。铜环 1 件。铜扣 14 枚：计大铜扣 7 枚，其中又有两枚扣面带有花纹；小铜扣 4 枚，其中一枚扣面有六出式花纹；珠形铜扣 2 枚；椭圆形扣 1 枚。

铜镜残片 1 块。

装饰品：红色、淡蓝色球状琉璃珠 3 件，白石管 2 件，绿石管 8、扁方起脊佩 2 件，碧石球状珠 1、管 11、扁方起脊佩 1 件。

此外，还出有马牙。

［**119**］**清 60-464-465 号坑**

位于 60 区东南部。

本坑包括两个墓的文物，计有：兵器、马具、工具、服饰和装饰品分类，依次记述。

兵器：铜环铜柄铁剑 1 把，剑身已残，存刃部一段，剑柄铜环出 1 枚。铜镞 4 件：三翼式 1、三棱铁铤铜镞 1、两翼式 2。铁镞 6 件：矛式 2、扁锋两翼式 1、柳叶式 1、扁菱式 1，另有 1 件长锋窄刃菱式镞，甚为少见。所有铁镞均在镞尾上保存着十分明显的镞杆痕迹。

［**120**］马具：铁衔 1 段，估计为两支式。

工具：铁镬 1 件，存为镬身残片。环首小铁锥 1 件，环残断。

服饰：双马铜饰板1面，中心以双马对称，边饰以斜线纹。兽首纹铜扣1枚，背有双梁式纽鼻。贝形鎏金铜扣5枚，两端各有一缝穿孔。椭圆形铜扣4枚，背有双梁纽鼻，扣面镀金。铜扣13枚，纽鼻有两式，一为挖孔式，一为穿孔式。小铜扣1枚，为平梁式纽鼻。珠形铜扣8枚。几何纹铜铃残片1块，圆体四孔铜铃1件，铁管5段，有两段锈结在一起。

珠饰：56件，质材有琉璃、玛瑙、白石、绿石和碧石五种，形状分圆盘、粒状、瓜棱状、管状、鼓腹管状以及菱形佩等六种。其中值［**121**］得提出的，是在一件白石管的内部，可清楚地看到钻穿透孔的痕迹。这对于我们了解珠饰制造方法，是非常有益的材料。

此外，还出土有马牙2枚。

清60-475号坑

位于60区西南部，约在墓11前方。

本坑文物计有：五铢1枚，半两4枚。饰珠16件：有白石、绿石、碧石、玛瑙和琉璃等材质的，形状有圆盘状、粒状、算珠状、瓜棱状和管状等。其中应加以说明的是算珠状碧石珠与瓜棱状玛瑙珠，大而制作精致，其中鼓腹绿石管（1枚）截面是菱形，还是初见。更为重要的，是有一件铸汉字的铁镬，但因残碎，使文字缺少一部分。

两翼式铜镞4件。环首小铁刀1把。马面铜具1件。铜扣13枚；珠形［**122**］铜扣4枚。另外出有马牙1枚。

清49-540号坑

位于49区东北部。

出土文物计有：铜镞2件，两翼及三翼式各1件。骨镞1件，已残，磨制精细，截面菱形。铜扣1枚，并有藉铜锈保存下来的皮片。珠形花纹铜扣1枚，花为辐条式沟纹。兔形铜扣1枚。金丝扭制九环饰品1件。碧石珠、管各1件。

清69-498号坑

位于69区东北角。

［**123**］出土文物计有：

兵器：铁矛1把，锋刃残断，存矛裤。铁剑1把，已残断，为剑身部分。铜镞4件，三翼式，唯大小有别。扁锋两翼式铁镞1件，镞尾残留有镞杆痕迹。

工具：铁镬残片1块。环首小铁刀1把，环柄残断，刀身两面皆锈结布纹痕迹。

服饰：素面铜具2件。铜扣10枚，纽鼻分挖孔、穿孔和拱梁三式；其中一枚扣面带有双刻线纹。小铜扣2枚，纽鼻为平梁式。珠形扣5枚。贝形铜扣1枚。

碧石管、鼓腹管5件。

半两钱2枚。

清69-523号坑

［**124**］位于69区西南部。

出土文物计有：

兵器：铁矛裤1件。铜镞2件，两翼式及三翼式各1，在两翼式镞裤内并残留镞杆。扁锋两翼式大铁镞1件。

马具：铁衔镳1副，衔为两支式，两端各有一镳。

工具：铁斧1把，环首小铁刀1件。

服饰：铜扣与珠形铜扣各1枚。

饰珠：6件，为瓜棱玛瑙珠2，绿石管1，碧石珠2，扁方起脊绿石佩1。

另出有马牙2枚。

清70-520号坑

位于70区北部中间。

出土文物计有：

兵器：铁刀1把，已残断为数段。铜镞4件，有两翼、三翼及三棱各式；［**125**］其中三棱铜镞有折裂，露出镞心的铁铤1，这为了解研究镞的结构提供了线索。这种现象。铁镞5件，分矛式、柳叶式及扁锋式两翼式三种；扁锋两翼式镞尾均附有镞杆痕迹。

马具：铁马衔1件，现存仅为三支式铁衔中间的一段衔体。

工具：环首小铁锥1件，锥身大部锈有木质，其纹理与锥体平行。

服饰：铜扣23枚。珠形铜扣4枚。小铜铃1件。

珠饰：17件。质材有绿石、碧石和玛瑙三种；形式分为粒状、算珠状、管状、鼓腹管状以及扁方起脊佩等，其中以管状所占比重较大。

货币：3枚，皆为五铢钱。

此外，还出有马牙等。

［**126**］**清70-555号坑**

位于70区西南部。

清理出土遗物计有：铁镞4件，有扁锋两翼和杏叶形诸式，镞尾铤部大都残存有镞杆痕迹，又其中一件镞尾钻有双孔，双孔中间为残镞杆，由此可以推知铁镞装杆的一种方式。两翼式铜镞1件。铁马衔1件，已残断。铜扣14枚。珠形铜扣5枚。此外，还有铁卡、铜铃、铁管、圆铜饰片以及珠饰等。另有人骨等。

清62-540号坑

本坑位于62区西北部。

清理出土遗物计有：铜鸣镝（？）1件，为双范铸制，圆球状，后有管状裤，体中空，即所谓“响箭”，这种遗物在墓地中所见不多，但确实重要。［**127**］五铢钱1枚。铜扣2枚。饰珠35枚，除白石管1件外，其余俱为粒状琉璃珠，颜色有淡绿、淡蓝、蓝及深蓝等各色。磨光涂朱双耳红陶壶1件，长颈，直口，横耳，耳在腹部。

清78-531号坑

位于78区东北角，约在墓60左侧。

清里出土遗物计有：

兵器：铁刀1把，已残。两翼式铜镞1件。

工具：环首小铁刀 1 件，刀身锈结有绢布纹。

服饰：铁带钩一件。残铁卡一段。小圆铜铃 1 件。铜扣 1 枚。四连螭纹铜镜 1 面。

珠饰：瓜棱、滴珠状玛瑙珠 2 件。

绳纹灰陶罐 1 件。

［128］清 85-567 号坑

位于 85 区东部。

清理出土遗物计有：环首铁刀 1 把，已残断，现存为刃尖部分。铜镞 5 件，除两翼式一件外，其余皆为三棱式。铜环 3 件，其中一件环面刻锯齿状线条纹。珠形铜扣 1 枚。饰珠 4 件，质材有碧石、玛瑙与琉璃三种，形状有瓜棱状、管状和扁菱佩三式。陶器 3 件：红衣陶杯 1 件；灰黑陶罐 1 件；双耳粗红陶壶 1 件，横式耳，位壶腹部。

清 80-604 号坑

位于 80 区北部，约在墓 27 与墓 32 中间

清理出土的文物计有：两翼式铜镞 2 件。环首小铁刀 1 把。五铢钱（？）1 枚。圆铜片 2 件，其中一件在中心部位上钻有两孔。镀金大铜扣 1 枚，扣面突出，背有双拱梁式纽鼻。小铜扣 1 枚。饰珠 5 件，材质有白石、绿石、碧石和琉璃等，分粒状和管状两式。

［129］二　西部墓区清理坑墓葬类型文物

本区位于中心墓区西南，北与中心墓区相接，包括整个西岗梁南端。这一区确认为清理坑墓葬的计 73 个，占清理坑墓葬总数的 20% 弱。从其数量上看，远较中心墓区为少。根据它们在墓群分布上和形成过程及时间的早晚，乃至各墓反映到葬制上的差别，可以分成四群，即：右群清理坑墓葬类型文物，中群清理坑墓葬类型文物，左群清理坑墓葬类型文物和左上群清理坑墓葬类型文物。

（一）右群清理坑墓葬类型文物

本群位于西岗梁下部的西坡，清理坑墓葬有 6 个，分别在 84、87、91 等三个清理区内，兹选择清 614、清 684 二个清理坑墓葬类型文物加以介绍。

［130］清 87-614 号坑

位于 87 区东北部。

出土遗物计有：铜镞 3 件，有两翼及三棱式两种。铁镞 3 件，俱为扁锋式，大部残碎，有的镞尾上存留较为清楚的镞杆痕迹。铜扣 5 枚，皆挖孔式纽鼻，在纽鼻内还残存着皮条和绳缕。珠饰 6 件：瓜棱玛瑙珠 2，白石管 3 和扁方绿石佩 1。陶器 3 件：壶 1、杯 2，皆灰黑陶质。

清 91-684 号坑

位于 91 区东部，为西岗梁南端西坡墓群最外部边缘。

清理出土遗物计有：灰黑陶杯 1 件。粗红陶器足（耳？）1 件。铜扣 1 枚。饰珠 2 件，一为瓜棱状玛瑙珠，一为三连管状绿石佩。

［131］（二）中群清理坑墓葬类型文物

本群位于西部墓区的中部，包括西岗梁下部中坡和南坡，计有清理坑墓葬 38 个，分别

出于 73、81、82、88、83、89、90 等八个清理区及 63、72、74、80、87 区的一部分，由于本群墓葬保存较好，发掘的墓葬数量很多且一致。因此，只将清 632 介绍于下。

清 74-632 号坑

位于 74 区西部。

清理出土遗物计有：

兵器：铁刀 1 把，已残断。两翼式铜镞 7 件，其中有一件铜镞在皮片（？）之中，更是值得注意的一个现象。铁镞 5 件，有柳叶形与菱形两式。

工具：环首小铁刀 1 件，已残。

服饰：铜带钩 1 件，铸制，形体甚小。铜［**132**］扣 2 枚。镀金椭圆形铜扣 4 枚。

珠饰：33 件。质材有白石与琉璃两种；形状有粒珠与长管两式；颜色除白石外，琉璃又分蓝、绿、红三色。

器皿：灰黑陶杯 1 件。红褐陶罐 1 件。红褐陶单把杯 1 件，杯颈部有圆点纹装饰。

此外，还有马牙数枚。

（三）左群清理坑墓葬类型文物

本群位于西岗梁下部的东坡，此坡墓葬保存较好，大部系我们亲自发掘的，因此，属于清理坑墓葬类型文物仅有 5 个，它们位于 75 清理区及 74 区的一部分，由于所发掘的墓葬已可完全说明这一墓群的情况，这里只将清 630 加以介绍。

［133］清 75-630 号坑

位于 75 区西北角，约在墓 1 之后方。

清理出土遗物计有：残铁剑（？）1 段。铜镞 3 件，分两翼及三翼两式。柳叶式铁镞 2 件。铜扣 1 枚。绿石珠管 2 件。灰黑陶罐 1 件。

（四）左上群清理坑墓葬类型文物

本群位于西岗梁中部东坡的边缘，即中心墓区和西部墓区两区的邻接处东坡，包括 54、63 清理区及 53、61、62、72 区的一部分。这一群墓葬从出土遗物所反映出的特点和邻近各墓群加以比较的话，我们就可看出如下情况：形成过程和时间早晚，乃至在地势上，虽然这地区具有中心墓区的一些特点，但与西部墓区相比则很接近。可能它们不是中心墓区向东向下的发展，而是西部墓区墓地在使用完了之后，回过来向这一中心墓区剩余的空地上发展。因此才出现了上述情况。所以将它们列为［**134**］西部墓区内的一部分。本群清理坑墓葬计有 20 个，于其中选择清 599、清 441（下层）、清 441（西部上层）等加以介绍。

清 72-599 号坑

位于 72 区中南部。

出土遗物计有：铁刀 1 把。扁锋铁镞 1 件。铜扣 1 枚。珠形铜扣 1 枚。琉璃珠 1 件，红褐陶罐 1 件。

清 61-470 号坑

位于 61 区东南部。

遗物以小型饰珠为特征。计出有：琉璃珠 4 件，形有粒状与算珠状两式，颜色为淡蓝、深蓝和鲜红三种。绿石管 1 件。珠形铜扣 1 枚。矛式铁［**135**］镞 1 件。

此外，并出有人牙 1 枚。

清 53-441（下层）号坑

位于 53 区南部中间。

清理出土遗物计有：铜带钩 1 件。兽面铜具 1 件。铃形小铜具 1 件。残铜环 1 段，环面有凹点纹饰。白玛瑙玦 1 件，已残断，截面菱形。玛瑙珠和琉璃珠各 1 件。另还出有马牙。

清 53-441（西部上层）号坑

位于 53 区西部。

出土遗物以小型饰珠为特点，大型石质的较少见。遗物计有：琉璃珠 14［**136**］件，有粒状、算珠状等，颜色有绿、红、淡蓝、蓝与深蓝各种。白石管、绿石坠饰及扁方佩各 1 件。剑柄铜环 1 枚。此外，还出人骨 1 块。

［137］三　东部墓区清理坑墓葬类型文物

本区位于中心墓区的东部，它的范围主要在东岗梁上，包括岗顶和东岗梁上部。这里确认的清理坑墓葬有 64 个，占总数的 16% 强，与中心墓区相比，相差很大。从它们的形成和分布方位，明显可区分出两处，我们据此分成北、南两群。

（一）北群清理坑墓葬类型文物

本群位于东部墓区的北部，即本墓地所在小山岗的岗顶部分，包括 28、27、19、18、10 等五个清理区内，共有清理坑墓葬 24 个，现将其中的清 27、清 66 介绍于下。

清 18-27 号坑

位于 18 区中部。

本坑为东部墓区岗顶最上部，即本区最上部的边缘。清理出土遗物计有：［**138**］两翼式铜镞 1 件，在镞裤内残存十分完整的矢杆，截面方形，顶端作方锥状，为研究这一式镞与杆装制的可贵的出土资料。兽面纹铜具 1 件；素面铜具 1 件。残铜环 1 件。饰珠 3 件，为绿石佩、瓜棱玛瑙珠与白石管各一。红褐陶杯 1 件，外口沿有刻齿纹。红色泥质细砂陶壶（？）1 件。灰黑双耳陶壶 1 件，壶横耳位于腹部。

清 18-66 号坑

位于 19 区东南角。

清理出土遗物计有：五铢钱 1 枚。残铜环 1 件。小圆铜铃 1 件。五孔碧石佩 1 件。陶器 2 件，一为红陶壶（？），一为细灰陶罐。

［139］（二）南群清理坑墓葬类型文物

本群位于东部墓区的南部及东岗梁的上部，计出清理坑墓葬 38 个，它们分别位在 30、22、21、14、13、12、3 和 2 清理区内及 29、20 区的一部分。兹将其中的清 77（西部下层）、清 92、清 140、清 162、清 178 介绍于下。

清 30-178 号坑

位于 30 区中部，为墓群岗洼的南部，亦即最下边缘的一座墓葬，宜更应注意。

清理出土的遗物，计有：环首小铁刀 1 把。铜铃 2 件。铃形铜具 1 件。铁卡 1 件，卡鼻残断不存。铜扣 1 枚。饰珠 5 件，为碧石管 1、淡蓝和红色琉璃珠各 2。陶杯 2 件，一件灰黑色，一件表里红色。红褐陶罐（？）1 件。

清 12-77 号坑

位于 12 区西南部。

本类文物皆出于［**140**］下层，即原土层上，比较接近原墓底。

清理出土文物计有：两翼式铜镞 1 件。长方形薄板状铁锄 1 件，上端略狭，刃部放宽，中部有一钉孔；锄身锈有绢纹。珠形铜扣 1 枚。有孔双拱梁纽鼻铜扣 1 枚。扣面中心下凹透孔，从其形状看，是一种变形的铜扣。铁扣 1 枚，纽鼻拱梁式，一般扣式皆为铜制，铁制饰扣甚为少见。珠饰 3 件：淡蓝琉璃珠、绿石管和扁方起脊绿石饰各 1。陶器 2 件，俱为灰黑陶杯。

清 3-92 号坑

位于 3 区西南部，为本墓群在东岗梁分部上的极东边缘地带，再东，则已出墓区范围。

清理出土遗物计有：铁马衔 1 件，衔为两支式，衔体拧作扁麻花状。铁环 1 件。［**141**］铜卡 1 件，微残，卡体扁平，卡鼻铁制，使用磨蚀痕迹明显，并锈结有绢布纹。镀金圆铜片 1 件，已残，一面镀金，素面无纹饰。铜扣 3 枚。饰珠 2 件。陶纺轮 1 件，扁平式，断面呈梯形，胎红色，质较细致。陶器 3 件：杯、罐、壶（？）各 1 件。

清 22-140 号坑

位于 22 区西北部。

清理出土遗物计有：两翼式铜镞 1 件，裤内还保存着镞杆，刀制痕仍十分清楚。铜扣 1 枚。几何纹铜铃 1 件。马形铜饰 1 枚。粗红陶纺轮 1 件。表胎红色陶杯 1 件。

清 14-162 号坑

位于 14 区中部。混合有两座墓葬的遗物。

［**142**］清理出土遗物计有：铜鸣镝（？）1 件，圆顶，中空，侧有四孔，两孔一对，与 62 区 540 坑所出鸣镝微异；出土时在裤内有残留竹杆残段。梳形铜具 1 件，束腰形，一端有穿孔，另一端成直角下折，具有短梳齿，这种遗物于此还是初见。圆铜轮 1 件。铜扣 2 枚。铜管 1 件，管为薄铜片卷成。饰珠 2 件，一为双孔饰，一为绿石鼓腹管。双耳红褐陶壶 1 件，双耳在腹部。

［**143**］第四节　各区回收墓葬类型文物

在这一节中，将要介绍回收墓葬类型的文物。这是一批由当地群众手中回收来的材料，包括回交的文物和目击者所见到的关于墓室结构、遗物出土关系等各方面。顾名思义，既然是回收器，当然它所处的墓葬形制、遗物出土关系也就不明确了。这就不能不求助于对 63

座正式发掘和清理坑发掘所得的研究成果，来积▲▲慎地对待回收文物的研究。经过研究，就有可能将这一部分材料的原貌或多或少地恢复起来，发挥大作用。这不仅对前二者有参考价值，而且还能▲▲辅助前二者的不足之处。

［**144**］经过研究的结果，在这一批材料中，大体上可确认有70多个回收墓葬类型的文物。其分布情况大致是这样：中心墓区最多，占75%；东部墓区占25%；而西部墓区则几乎没有这一手材料。当然这种情况，是与西部墓区保存得比较好分不开的。

我们从这70多个回收墓葬类型文物中，选择了约四分之一即19组回收墓葬类型文物按分区的程序来介绍。

［145］一　中心墓区回收墓葬类型文物

本区位于墓群的中心部分，包括墓地所在小山岗的岗洼、西岗梁上部和中部。在本区内确认为回收墓葬类型文物有50多个，即占整个恢复了的回收墓葬类型文物的75%。根据回收了解的情况，各回收墓葬类型文物的位置大体确定，并且有的在回收当时就确指在某清理区内的。因此，这里介绍的程序，我们就按它们的位置分成三部分，即岗洼部、西岗梁上部和西岗梁中部。

（一）岗洼部回收墓葬类型文物

本部分回收墓葬类型文物位于东西两岗梁间，包括区域为34、35、36、37、42、43、45等七个清理区和29、30区的一部分。这里选择［**146**］介绍的大都位于岗洼的下部，其中回118、回103、回16在西边，约与西岗梁相邻接；回14、回8则靠近东面。

回第118号

本回收出土文物计有：剑2把，一为铜镡汉式铁剑，另一为双鸟回首铜柄铁剑。镀金双羊铜饰板1件，左端一钻孔，背有穿鼻两个，背面并残留有绢布纹痕；板面组纹双羊，羊身蜷曲，前足跪伏，后蹄向上反卷，生动逼真。兽面纹铜具1件。铜扣2枚。扁铜环1件。饰珠18件，为碧蓝粒状琉璃珠1，绿石管、鼓腹管3，碧石圆盘状、扁方起脊珠饰14件。另据回交人说，在墓内还出有金丝扭环穿珠饰品1件和红、灰两色陶罐各1件。

关于上述文物的出土情况，据回交人称述：铁剑俱在墓室中部，镀金双羊铜饰板出中部右［**147**］侧稍后的位置；在中部还分布有兽面纹铜具、铜扣和铜环等；最后部为2件陶罐。

回第103号

回收出土文物计有：铜镡汉式铁剑1把，剑铤前部有一孔，后端经捶打成平顶，三翼式铜镞1件。弦纽“常贵乐未央毋相忘”铭四乳四螭纹镜1面。铜环3件：圆、扁与花铜环各1。铜扣2枚（1小）。铜铃3件，有方格纹与小圆铜铃两种。饰珠70件：琉璃淡蓝粒状、蓝算珠状9，白石管2，绿石鼓腹管1，碧石圆盘、管状、鼓腹管状、扁方、扁方起脊、扁菱珠饰43，玛瑙环状、瓜棱状、管状15。此外，有一件在饰珠中较为特殊的算珠状铜珠，甚为罕见。

关于上述文物的出土关系，据回交人说：地点在岗洼下部与西岗梁交邻处，墓向由遗物出土位置判断，为东西方向。在墓内一些主［**148**］要遗物出土时的情况是，铁剑靠近墓室左侧，剑柄在后（西），尖朝前，剑左侧是铜铃和铜环，剑右侧稍前为铜镜，镜上下壁立，镜面朝前出土，最后方为矢镞，在镞与剑柄间是各式饰珠。

我们由此可以推知，这些遗物，其部位约当在墓室的后部与中部，即镞在人头骨后方；饰珠位于胸、颈及头部；剑、铃等则在人骨腰间及其附近；铜镜稍有变动，可能是佩戴在胸前某部上。

（二）西岗梁上部回收墓葬类型文物

本部分回收墓葬类型文物位于西岗梁的上部，包括区域为 49、50、51、56、57 和 58 等六个清理区。于其中选择回 35、回 135（1）两个回收墓葬类型文物加以介绍。它们的位置大致在这一群的中心。

回第 35 号

［**149**］回收文物计有：铜环铜柄铁剑 1 把。铁矛 1 件。三翼式铜镞 1 件。铜饰板 1 件，已残断，现存半部，整个画面为战士捉俘虏，和回 49–1 所出的一面铜饰板完全相同。扁平铜环 1 件。九连铜具 1 件。铜扣 10 枚，形体均各有不同。饰珠 22 件，为琉璃蓝粒状珠 2，白石管 1，绿石管、鼓腹管、扁方起脊珠饰 8，碧石管、鼓腹管及扁方起脊珠饰 6，玛瑙管 5。灰黑陶壶 1 件。圆形有孔残铜片 1 件，并锈有绢纹。

墓室结构及主要遗物的分布情况，据回交人讲：墓室长约 1.7、宽约 0.5 米，下深地表约 0.7 米。遗物的出土位置，铁剑约在墓室中部，柄朝后，尖在前，剑附近为铜环与铜扣，稍左后方系铜饰板，最后部所出为陶壶。

回第 135-1 号

［**150**］回收出土文物计有：铜镡汉式铁剑 1 把。铁刀 1 把。铜镞多件。环首铁小刀 1 件。轮形铜具 1 件。兽面铜具 1 件。铜扣多枚，其中部分铜扣略小。饰珠：包括玛瑙球状、瓜棱状、环状、绿石鼓腹管、碧石鼓腹管和琉璃蓝色球状、算珠状和淡蓝、碧蓝、紫色以及花色粒状珠等多枚。此外，据回交人说，在墓内还出陶罐 1 件。

上述文物的出土情况，大都位于墓室中部，铁剑与纵向墓壁平行；铁刀也同于此；其附近有环首小铁刀；镞、兽面纹铜具、轮形铜具和饰珠等也分布在这里。

（三）西岗梁中部回收墓葬类型文物

本部分回收墓葬类型文物位于西岗梁中部，包括 59、60、61、68、69、70、71、78、79 等九个清理区和 52、53、54、62、72、80 区的一部分。根据回收了解的情况，各回收墓葬类型文物的位置大体确定，我们于其中选择了九个加以［**151**］介绍，它们分布的情况是：回 135–2、回 100、回 49–1、回 121、回 54、回 184–2，在岗梁的稍东边；回 164 在西坡上；而回 119、回 49–2，则为本群最南部的边缘。

回第 135-2 号

回收出土文物计有：铜环铜柄铁剑 1 把。铜镞多件。兽首活环圆铜饰 1 件，纽结已失，由其形状看，和墓 12 所出羊首活结圆铜饰一致。素面铜具 1 件。铜扣多枚。扁平铜环 2 件。饰珠有琉璃碧蓝球状、蓝算珠状与白石管、绿石管、鼓腹管及碧石管、鼓腹管和玛瑙球状、瓜棱状、管状等多件。灰黑粗胎外表红色陶碗 1 件。此外，据文物回交人说，还另出有金丝纽环穿珠饰品、有耳陶器和人骨等。

关于墓室的情况和某些遗物出土关系，据回交人说：墓室长约 1.7 米。遗物分布情况，剑出墓室中部，剑身与纵向墓壁平行；金丝纽环穿珠饰品［**152**］出墓室的一端。

回第 100 号

回收出土文物计有：三翼式铜镞 1 件。拧绳状两支式马衔 1 件。铁锛（？）1 件。变形蟠螭纹铜镜 1 面。圆铁箍 1 件。铜环 1 件。大铜扣 1 枚。饰珠 60 件，有玛瑙球状、瓜棱状、管状和绿石管状、鼓腹管状、扁方起脊佩及碧石圆盘状、管状、鼓腹管状等。

回第 121 号

关于墓葬情况及主要遗物的出土关系，根据文物回交人说：墓室为东西方向；在中部出铜镡汉式铁剑 1 把，剑身与纵向墓壁平行，剑尖前指（即东）。镀金双羊铜饰板 1 面，右端有一钻孔，背有长方形穿鼻 2 个，板背锈有布纹，正面镀金，有边郭，中心构成图案花纹是［**153**］双羊，首向外，前体跪卧，后蹄向上反卷，整个画面别致而和谐，是本墓地具有代表性的铜饰板之一。

回第 49-1 号

回收出土文物计有：铜镡汉式铁剑 1 把。铜镞 10 件，有两翼、三棱两式。铜饰板 2 件，一件透雕车马人物（战士捉俘虏），一件透雕犬马，两件饰板内容不同，但外部轮廓却一致；即板的一端有半圆形凸出。金丝扭环穿珠饰品 1 件。此外，还有铜扣、饰珠等多枚。

其出土关系，据回交人称：墓室东西方向。铁剑在中部，柄向后，尖朝前；剑左侧是两面铜饰板；铜饰板附近有铜扣；墓室前端分布铜镞；在墓室后部是饰珠，珠饰的西边为金丝扭环穿珠饰品。

我们根据回交人所讲述的情况，再核对已发掘的墓葬，认为各类出土遗物的位置基本是对的；［**154**］但对墓室结构的恢复不够完善，大体后部不明，即缺少陶器部分，而其余是无误的。和发掘墓葬的各类文物出土例验证，金丝扭环穿珠饰品位置当在人头骨部分，饰珠在颈与胸部，铜饰板和铜扣则正在人骨的腰部，剑在腰胯间。

回第 54 号

回收出土文物计有：双鸟回首铜柄铁剑 1 把。铜镞 8 件，分两翼及三翼式两式。环首小铁刀 1 把。铜扣 22 枚，其中有 2 枚镀金，并还有 1 枚为双拱梁式纽鼻，1 件扣面相对两面有三角形凸起，也很少见。铜铃 2 件。饰珠 16 件，为球状玛瑙珠 5，绿石管 3，碧石管状、鼓腹管状、扁方珠饰 8 件。

关于墓室及上记文物的出土关系，据文物回交人谈：墓室为东西方向，中部的一部分墓壁由土质颜色所显示的差异，还清晰可辨。遗物在［**155**］墓室位置是，铁剑在左侧中后部，身与纵向墓壁平行，剑柄向后；环首小铁刀在中部，位于剑右方，刀尖前指；剑与小铁刀前方分布有铜铃、铜镞、铜扣和饰珠等。

回第 182-2 号

回收出土文物计有：铁矛 1 把。铜镞 2 件。铁镞 1 件。铜镜 3 面，一面为圆纽“见日之光天下大明”铭内弧草叶纹镜，一面为弦纽“见日之光服者君王幸毋见忘”铭内弧规矩镜，另一面为弦纹狭沿“见日之光天下大明”铭铜镜，在铭文带中夹四乳四叶（？），这一式镜较为少见。铜环3件；扁铜环8件。铜扣41枚。兽面铜具2件。铜轮3件。铜铃8件；铁管1件。五铢2枚。碧石圆盘状、管状、扁菱及绿石鼓腹管13件。此外，回交人还说，在此墓内出有金丝扭环穿珠饰品。

关于主要遗物的分布关系，据回交人说：[**156**]墓室东西方向。在后部（西端）出有铁矛；矛附近分布有镞；其前方是铜环，纵向一列；再前，有金丝扭环穿珠饰品、各式饰珠及铜扣；又前，为铜镜与铜铃等，铜镜出土时，两正一反，即两个镜面朝上，一个镜面向下，而一正一反的两面铜镜，差不多叠在一起。

在一个墓内出有三面铜镜，值得我们注意，其出土关系给我们的提示，对铜镜本身的使用问题的研究，是十分重要的出土资料。

回第164号

回收出土文物共23件，计有：铁矛1把。剑柄铜环2件。铜竿头1件，该文物在墓地中仅此一件，应为注意。九峰纽内弧星云镜1面。几何纹长方铜饰板1件。铜环7件，有圆、扁、扁平三种。铜铃1件。兽面铜具1件。铜泡6枚。残铜具1件。此外，据回交人谈，还[**157**]有陶碗1件，惜未保存。

关于上记文物的出土关系，据回交人讲：墓室东西方向，下深下地表约1米。一些主要遗物的出土情况是，后部（西端）为陶碗；稍前是铜竿头，附近分布有铜环与铜扣。

回第49-2号

回收出土文物：环首铜镡铁刀1把。铜扣和珠饰等多枚。关于出土情况，据回交人说：墓室为东西方向，铁刀在中部，环首在后，刀尖向前；铜扣出在铁刀附近；珠饰在铁刀后方。

根据文物回交人所谈的情况，考核已发掘墓葬出土例，遗物在墓室内位置大体无误。刀在中部，环首即当人骨的腰、胸部分，而铜扣及饰珠等也适在此处，与墓葬出土情况相符。

[158] 回第119号

回收出土文物计有：铜镡汉式铁剑1把。铜矛1件。铜镞2件。铜带钩1件。铜扣5枚。兽面铜具3件。饰珠39件，为玛瑙瓜棱状28、滴珠状饰珠2，琉璃粒状淡蓝、蓝、红及花色饰珠9件。此外，回交人称：还出有金丝扭环穿珠饰品和陶碗、陶罐各1件。

据回交人称述：在墓室一端出陶器；中部纵放铁剑；铜矛在剑旁侧；兽面铜具与铜扣等也分布在铁剑附近。

二　东部墓区回收墓葬类型文物

本区位于中心墓区东部，包括岗尖和东岗梁上部。本区回收墓葬类型文物有20个，[**159**]占经恢复后的整个回收墓葬类型文物的25%。根据回收了解的情况，各回收墓葬类型文物大体确定了所在的位置，因此，这里介绍即分成岗尖部和东岗梁上两部分。

（一）岗尖部回收墓葬类型文物

本部分回收墓葬类型文物位于岗尖上，范围包括18、19、27、28等四个清理区和20区的一部分。根据回收了解的情况，各回收墓葬类型文物的位置大都无误，我们于其中选两例加以介绍，它们大致在岗尖部的东北边缘上。

回第 107 号

回收出土文物计有：小型“见日之光长不相忘”镜 1 面，纽不存，在座基钻一孔。方格纹铜铃 1 件。扁铜环 2 件，扁平铜环 1 件。铜扣 3 枚。铜策 1 件。饰珠有绿石管［**160**］状 1 件，碧石圆盘状、管状、鼓腹管状、半菱状和扁方起脊珠佩 6 件。此外，更应值得注意的，还出有铜珠 1 件。

回第 109 号

回收出土文物计有：双鸟回首铜柄铁剑 1 把。铁矛 1 件。环首小铁刀 1 把和环首平刃小铁刀 1 件。此外，据说还出有陶罐。

据文物回交人所提供的情况：墓室为东西方向。铁剑在墓室中部，剑身与纵向墓壁平行，剑尖前指；铁矛在剑后方，矛锋向后；小铁刀与平刃小铁刀在剑右前侧，俱环首向后；陶罐在最后部。

由上述情况分析，并核以发掘墓葬出土例，本回收墓葬类型文物的位置和关系，基本正确，罐在最后部，即人头的上方；矛在后部，銎孔向前；剑的位置处于人骨的腰部，柄在后，尖在前，亦可想见殉葬时是按生前悬佩方式来放置的。

［161］（二）东岗梁上部回收墓葬类型文物

本部分回收墓葬两座文物位于东岗梁上部，其范围包括 12、13、14、21 等四个清理区和 20、29、30 区的一部分。根据回收时了解的情况，各回收墓葬文物的位置大致确定，这里，我们仅就其中位于最东部的回 135–3 一例加以介绍。

回 135-3 号

回收出土文物计有：铜镡汉式铁剑 1 把，剑身锈有木质纹痕。两支式铁马衔 1 件。此外，据说还出有铜斧 1 件。

墓室情况及出土关系，据文物回交人称：墓室为东西方向，长约 1.7 米。遗物在墓中位置是，铁剑在中部，纵向平放，尖前指；马衔在后部；铜斧在剑柄的右侧。

上述墓室情况和遗物的出土关系，回交人［**162**］所说的与发掘墓葬遗物分布的规律是一致的，更可注意的是剑与马衔、铜斧的伴出，则为我们在遗物的组合关系及使用上提出了新例。

［**163**］第五节　墓群面貌复原

关于墓群面貌复原的探讨，我们根据发掘、清理和回收的各项材料，基本上可以复原。因此，我们即着重在这一方面作一些必要的分析和讨论。

墓群占有这座两旁分岔的小山岗的整个岗面，随着山形地势的不同，从平面看去，墓葬的分布，呈一个很大的弧形。东、西岗梁以至岗顶和岗洼，广泛地被利用为墓地，尤其是以西岗梁使用最为完善，甚至岗梁尽头的下坡，岗顶和岗洼分布的也较为密集，只有东岗梁则不尽然，仅限于岗梁上面的一小部分，未及岗梁长度的三分之一，从作为墓地看，没有得到充分的发展。整个墓群的占地面积约 12000 平方米。它们在小山岗各个部分的最长度和最宽度折算如下：

岗顶和岗洼合计为 75 米 ×40 米；

［**164**］西岗梁为 150 米 ×50 米；

东岗梁为 35 米 ×30 米。

可见，绝大部分墓葬分布在西岗梁上，其次是岗洼和岗顶，最少的为东岗梁。

根据整个墓群中墓葬的形制、形成过程乃至墓地本身存在的地形特点，我们把它分成三区，即中心墓区、西部墓区和东部墓区，而每区又分成若干小群。它们的情况是，在中心墓区有两群，即东群和西群，东群包括了两岗梁间的岗洼部，全部墓葬俱为兵器墓，本群墓葬最初埋葬的起点是在右下方，后来渐斜向上即向东北方岗顶发展；西群的范围是为西岗梁的上部和中部，是本墓地中最大的一群，全部墓葬都系兵器墓，它的形成开始于岗梁上部的中心，后来大量墓葬埋入，向外，但主要是向下即向岗梁中部发展。西部墓区有四群，即右群、中群、左群和左上群。右群位于西岗梁下部的西坡，为墓群的外缘，出土墓葬有两类，一类遗物较多并出有铁衔和铜饰板，一类遗物很少，仅出一件陶器和几枚饰珠，由这两类不同墓葬，［**165**］使我们知道，这一墓群在形成上，是中心墓区西群兵器墓的延续，但同时又是墓群边缘平民墓区；中群包括西岗梁下部的中间岗面，墓葬随葬品以不包括中心墓区墓葬的剑、刀、矛等兵器为特点，但出有一般的服饰品，这一墓群在性质上，根本不同于中心墓区，是为另一类型的墓葬；左群在西岗梁下部的东坡，位于扰乱坑范围之外，因此，是本墓地保存最完整的，也是唯一的一群，在墓葬研究的某些方面，都有赖于这一小群墓葬所提供的科学的证据，本群墓葬从形成上讲，是相邻的中群墓葬向东的直接发展，就其性质而言，也是一致的、相同的；左上群位置在西岗梁的中下部的东坡，为中心墓区与西部墓区邻接处的外缘，它的性质，从遗物反映的情况看，它既有中心墓区兵器墓的某些特点，而又包括了与兵器墓截然有别的西部墓区墓葬的好多因素，因此，我们估计，它大约是本处墓葬发展形成已接近尾声，而在西岗梁墓地占用几尽时埋入的，［**166**］同时，由于时间的推移和受死者的身份、地位等条件的限制，因而在殉葬遗物上，就反映了这样一种较为特殊的情况。东部墓区分成两群：即北群和南群。北群的位置，正好是本墓地所占小山岗的岗顶，它右下方与中心墓区东群相接，本群墓葬中也有两类不同性质的墓葬，一类遗物较为丰富，并有剑、矛等兵器，一类遗物十分罕见，仅有几件陶器和一些饰珠，我们认为它是中心墓区东群向上发展的余绪，另一方面，也就在它的边缘开始了平民墓葬的埋入，形成了这种丛葬的情况，其性质和形成过程，基本上和西部墓区的右群相同；南群，在东岗梁上部，这一群墓葬不多，但比较集中，它与相邻近的各群并无联系，是独立存在的一群，在形成上是自行开始的，但在性质上，它却与中心墓区一致，这群墓葬在形成过程中，墓地并没有得到充分的发展和利用，就中断弃置不用了。

各区墓葬，从表面看来，是衔接无隙的，实际从墓群的形成和发展过程中，还［**167**］

是以每个小群为单位，虽然如此，但总的说来，墓葬在墓地中表现了极有组织的发展，这种井然有序的情况，应该是强大外力干预的结果，这种约束来自于他们的社会生活中，是不容忽视的一个基本事实。

所有墓葬的方向，完全一致，即东西向而稍偏南，由 0° ~ 43° 间均有，但以中间度数所占比例多些。在整个墓地里，没有发现一座南北向的墓葬，东西向是这一处墓群选用为基本而不可改变的方向。这一事实表现极为强烈，它并不受任何山形地势的影响，在东坡如此，在西坡亦如此。例如墓 59 已处于墓群外缘的西坡，作为墓室和人骨头向来说，地势本为前高后低，以墓底水平计算，倾斜 5°，即人头骨处于下坡，但亦向西，这不能不说是在葬制上的一个突出现象。

在墓地中，墓葬的行列和次序，给我们的印象是极为深刻的。虽然在整个墓群中似乎还缺乏统一的组织，从有的地方墓葬排列看，还不十分整齐，但杂而不乱，并且在某［**168**］些小群中确实存在着明显的发展和形成的迹象。我们试从保存最完整的西部墓区扰乱坑范围之外的东坡墓葬为例，其排列更具说服力。这里一共保存了上下三列墓葬，最下一列是墓 10、墓 9、墓 8、墓 7、墓 4 等；其上一列为墓 12、墓 5、墓 1、墓 2、墓 3 等；最上一列是墓 6。各排墓葬行列整齐，疏密均匀有致。虽然墓葬排列受到山形地势的影响，每排都略弯曲，然而，更加表现出来墓葬在埋葬上的巨大的组织力量。

由于墓葬是环山分布的，因山势高低的不同，墓葬的高下亦有参差，但墓列并未因此被扰乱，这种现象的存在，更加揭示了在墓群中墓葬行列的重要关系。在墓地中，可以清楚地看出，上下两排墓葬有高低的差别，而属于同一墓列的，则无此差异，俱在同一水平线上。这一事实，我们仍以墓地保存最完整的西部墓区左群墓葬为例来说明，该群最下两排墓葬的上下差异，经过我们在现场测量，以墓底计算，属于上一列的墓 12 就较下一列的墓 7 高出 0.65［**169**］米，但在同一列墓葬则在同一水平线上。

墓葬的数目，我们根据发掘和清理的材料推定。在墓地中，经过发掘的墓葬有 63 座，而甄别、分析大量的清理坑出土的文物后复原了的墓葬，约有 387 个，这两个数字加起来，一共是 450 个，我们认为是接近或符合原有墓葬数目的，但这个数字只能是它的下限，即现在的墓数只能比原来的墓葬数少，而决不会多于本墓群原有墓葬数的。因此，我们推测在这一处墓地中，原应有墓葬 450 ~ 500 座，是大致无误的。

各种遗物在墓群分布关系上，是有别的。在各区中以至在每一类型墓葬中，也是不同的，这一现象对我们在关于这一墓葬文化研究提供了一个极为重要证据，因而，在这里就主要文物在墓群中的分布和相互关系进行说明。

兵器在整个墓地中，占有非常明显的地位，是构成本处墓葬在性质上的主要特点之一的遗［**170**］物。剑、刀和矛是最为明显的兵器，这三种遗物的数量，以剑为最多，矛次之，刀较少，一般说来，在一座墓中，出有一件或两件，可知有的为单独使用的，但大部分是两种不同种类的兵器相配合，同一种兵器出两件的十分稀少，为双剑，仅回 118 一组，而三类兵器同出于一墓中的，还没有发现。它们在墓地的分布范围，主要是中心墓区，包括了各种兵器乃至它们互相配合的全部类型；其次是东部墓区，但又以南群所出的数量高些，北群只不过是中心墓区的延续和平民墓葬的丛葬区，为数已经很寥寥了；而在西部墓区，则根本没有出土过上述兵器中的任何一种。矢镞，是兵器，同时也是狩猎的一种主要工具，在墓地分布最普遍，几乎每个墓中都出有一定的数量，但是由于质材和类型及用途的不同，它们出土范围就有了性质上的区别。在中心墓区，包括了全部铜、铁质的两翼式、三翼式、三棱式和矛式等各种类型；然而，东部墓区的南群虽然和中心墓区所出镞的类型基本相同，但没有中心墓［**171**］区那样数量庞大和种类齐全；而西部墓区就更为逊色了，根据清理发掘的结果，证明有的墓并不出任何一种矢镞，就是整个墓区中的全部镞式，也不完备，如三翼式的铜镞和燕翼式的铁镞就根本没有出土。细石器中的大型长身打制精致的石镞也都出于中心墓区，这也是应当注意的一个现象。

马具与马在本部族中与兵器占有同等重要的地位，因此，在墓地中出有大量马具和马牙就是很自然的了。它们在分布上，马具主要出在中心墓区，并与兵器伴出，这是两种关系非常密切的遗物。马牙一般都是零星出土，除在岗顶西部的 26 区埋有三个完整的马头骨外，马的出土范围，只限于中心墓区，东部墓区的墓葬从性质上看，虽与中心墓区的性质相同，但却根本没有发现，当然，也就更不要说西部墓区了。

服饰的分布，大致是这样：铜饰板从其分布范围看，大都出在兵器墓中，和兵器是有相当联系的一种遗物，因而，中心墓区占有绝对数量，花纹繁复以及镀金的都出在本区。清［**172**］理出土的双马铜饰板出于 60 区，几何纹铜饰板出于 45 区；回收的几何纹、犬马、镀金双羊及两面战士捉俘虏铜饰板，俱出于中心墓区的西群，犬鹿和镀金双羊铜饰板出在东群，即此，亦可略见一斑。东部墓区比较之下，就显得少了，双马铜饰板出在北群，骑士出猎铜饰板出于南群。而在西部区，仅在作为中心墓区下延部分的右群墓葬中出几何纹铜饰板一例。铜扣，在整个墓地出土遗物的数量上，是比较占大宗的，种类很多，从整体分布情况看，珠形扣、大铜扣、花纹扣以及镀金的各式铜扣，有相互的联系，它们几乎全部处于中心墓区，而主要集中于西群，东群则较少，甚或没有，如镀金铜扣只出土一例；西部墓区只见一般铜扣，并且最大特点是根本不见珠形铜扣，个别镀金的在 74 区和墓 4 中有过出土，但这已经是极为特殊的情况；在东部墓区，就一般说来，数量最少，但却零星出有一些珠形铜扣和花纹大铜扣，但并不见有各式镀金的铜扣。

装饰品在全部遗物中，数量要算最多的了。［**173**］材质、类型和颜色的复杂，构成了极尽变化的装饰内容。从分布情况看，它们的使用与组合，还是有所区别的：绿石、碧石、玛瑙的珠管佩饰，都处于中心墓区，东部墓区已很稀有了；琉璃珠饰则主要见于西部墓区和墓群的边缘上，不见于他处。它们的具体分布是，石玉等饰珠在中心墓区可分成四个不同的地方，绿石和玛瑙长管出于东群，两种数量大致相等，类型以长管为主，这在他处是很少见的；碧石质珠管佩饰出于西群的上部，几乎一律为碧石，但长管已较东群稍短了；绿石、碧石和玛瑙珠饰在西群的左下部出土较为集中；绿石珠饰出于西部的右下部，但管已经很短了。东部墓区的南群，也是以绿石为多，其基本情况和中心墓区的西群右下部相同。西部墓区已不复多见像中心墓区那样的珠饰，而代之以小型粒状琉璃珠，这种区别是十分明显的，因而，这类饰珠就成为本区的特点，成为装饰的基本趋势和内容。小型粒状的琉璃珠除了主要分布于西部墓区外，在整个墓群边缘地区，也［**174**］多出有这种饰珠，由此，也可窥见墓群的发展和形成迹象。另一种金、银丝扭制五环、七环、九环穿珠或不穿珠的饰品，也绝大多数出于中心墓区，在其他墓区是十分罕见的。

器皿，这里就本部族的主要陶器加以说明。胎内以含有滑石为特征的一些陶器，主要分布在中心墓区东部边缘地带上，在墓群的中心部分根本不见这种陶器；另外，在西部墓区的中群和东部墓区的南群也有一些。这类陶器的数量不是很大的，从它的分布情况看，主要是出在中心墓区的东部边缘，是很值得注意的一种现象。双横耳陶壶的分布，主要在中心墓区，尤为西群更多些；个别的在西部墓区也有出土。以乳点纹为主的陶器，其分布范围是中心墓区和东部墓区；而在西部墓区中，不见这种遗物。以连锁三角花纹带饰为主的陶器，几乎是全部出土于中心墓区，它的分布不是十分集中的，而是较为零散，此外，只在东部墓区的南群有过出土，但数量已经很少了。鬲，是墓群中最为少见的一种遗物，在数以百计的陶器中，只有［**175**］3件。它全部出在中心墓区西群的上部，相距不远，既不再见于邻近地方，更不见于其他墓区，这种出土关系，为我们对墓群的研究，提供了很值得注意的现象。磨光红陶壶在数量上不是少，但它的分布十分明显，即除了中心墓区外，其他两墓区根本不见这种精致的陶器，这个特点非常突出，它大致是出在中心墓区遗物较为丰厚的兵器墓中。

汉族文物，在墓地中是与本部族文物共存的，从发掘、清理和回收的材料研究结果看，它分布范围很明显，主要是与各种兵器相伴出。前面兵器中已经介绍过的刀和矛中的铜矛与铸有汉字的铜矛及各式剑中的铜镡汉式铁剑以及各式矢镞中所包括的大量汉式镞，这里不再赘述，属于汉族文物而上面没谈到的，就主要文物分布情况，加以阐明。属于马具的当卢，出有两件，俱在中心墓区，一在西群，另一镀金的铜当卢据回交人说，系出于岗洼部，亦即东群中。以斧、锛、镬等为主的铁工具，几乎全部出于中心墓区，尤其是西群出土最多，［**176**］此外，只在东部墓区南群有过发现；这类工具，从出土情况看，与兵器有十分密切的联系，这是很值得注意的。环首小铁刀、锥等日用工具，是在墓地中分布较普遍的一种遗物，每个墓区都有，但若比较起来，还是以中心墓区数量最多，其他两墓区较为稀少。器皿的分布，可分几类来谈，陶豆的出土位置，只在中心墓区，而且，还只限于东群的右下部和西群的上部，从分布关系上看，是很为集中，除此之外，不见于他处；绳▲纹壶、罐的出土情况，在墓地中壶的数量不多，皆出土于中心墓区，其大体位置，是东群的左上部和西群的下方；罐则是较为普遍的一种器物类型，除主要在中心墓区分布外，东部墓区中也有出土，只是西部墓区中不见任何形式的汉式陶器。铁釜在墓地中所见，也都在中心墓区，一在东群右下部即44区出土，一据当地群众称述，于西岗梁北部亦即西群的上方出土。铜镜在墓地中，出土也较为普遍，其分布也以中心墓区为最多，西部墓区仅三面，东部墓区只出一面，由此可知，是一类与兵器［**177**］相伴出的一种遗物。货币从数量上看，远没有铜镜丰富；计有一刀、半两和五铢三种。一刀出在中心墓区西群的上部；半两并见于两群和东部墓区的南群；五铢有与半两伴出的，在中心墓区，一般位置较在墓群的外部，此外，则见于东、西两墓区中。带舌方铜铃，在数量上也是一种很不少的遗物，但除中心墓区外，其他两区根本没有出土，这种文物，大约是中心墓区出兵器墓葬所独有的。车盖弓帽出有两件，一在西部墓区的中群，一在东部墓区的南群，而独不见出于中心墓区。护心铜牌一面，出于墓区的 ×× 群。此外，还有"除凶去央、辟兵莫当"钱形兵家辟邪吉语铜佩1枚，据回交人说，出于西岗梁中部，即中心墓区的西群。

根据遗物的分布和组合关系，对墓群的面貌、形成过程，提供了科学的研究资料，不仅如此，同时也揭示出关于墓群的性质和关系的客观事实。下面，我们就这一问题加以探讨。

本墓地各墓群的形成，大约是在同一时间开［**178**］始的。在这座被选择作为墓地的两旁分岔的小山岗，分别在几个地方开始埋入墓葬，因而，在现在的墓地中才有这样几个墓区和很多小群出现的可能。经过分析和研究，我们认为，首先开始埋入墓葬是在中心墓区，并在东、西两群，即在岗洼和西岗梁上部同时形成；而后东部墓区南群，即东岗梁上部也被开为墓地；接着整个墓群大规模的迅速发展就开始了。但从墓群分布上看，整体是有组织、有规律的；然而，形成过程也并不完全一致，每个小群又各有不同，如它们的集中情况，它们的排列方式，都表明着各自形成的关系，但墓群间又互相联系而不可截然分开，从而也说明了各群之间的整体一致性。

在葬制上，通过殉葬品反映的特点看来，每个墓区之间都有性质上的根本区别。在中心墓区的墓葬，出土以剑、刀、矛为主的兵器及质地较稀有的和贵重的服饰和装饰品，但在西部墓则完全不见这种遗物，就是一般服饰类遗物较为丰富的墓葬，也远不能与之相比，而且，更有甚者，一墓仅出一件陶器和几枚饰珠。这种性质［**179**］上的差别，反映出的本质，则是军事墓区和一般墓区及平民的丛葬区三者的区别。但是，这种区别，在各区中及每群间，并不是截然分开，而是有着或多或少的联系；然而，即便是性质完全相同的一群墓葬，就其内涵，如遗物多寡、质地高低，也并不是完全一样的。所有以上这些差别，其基础乃是来自阶级差别。

前面已经说过，在墓地中存在着明显的组织和规律，这不能看作是无意的。显然，这种现象当是社会生活的一种反映，即在这一部落内仍然保持着氏族社会组织的纽带，因而，在墓群形成过程中，由于有着这样一种强大的约束力量，所以在数以百计的墓葬中表现了极强的秩序，分区、成群，形成互相衔接但并不互相掺杂的大墓群，同时，遗物的种类和数量都有分布的规律性和一致性，这都不是偶然的。在墓地的各群中，墓列、墓次极为有序，行距、间隔毫不紊乱，或大或小，但都自成一体，俨然给人以集团之感。在整个墓地中，都呈现着这种情［**180**］况，中心墓区如此，东部墓区亦如此，在西部墓区仍是如此，以位于扰乱范围之外的左群为例，就更觉明显。这种现象，不能不使我们从基于阶级关系和军事特点的氏族纽带来埋葬而构成这一部落的共用的墓地来考虑了。也只有这样，才能使这一问题得到完满的解决。

问题是这一集团究竟是一个部落还是一个部族呢？是基于血缘关系还是若干地域的联合呢？这是一个相当复杂和困难的问题。对于像这样的问题，应该从这几个方面来考虑，即：（一）在墓地中有没其他族人，所有的墓葬是完全属于本部族的呢，抑或其中包括一个甚至几个其他族人呢？（二）墓地的形成和墓葬的埋入，是否按氏族特点为基础的社会结构埋葬的？（三）反映在文化体上，有没有地方的多样性，或地方上的联系？（四）处于何种历史条件下和何种环境中，如阶级的、军事的各种情况如何？（五）这一集团是否属于某一更大的社会组织：是社会上的一个基层单位或是军事上的一个基层单位？以上这些方面，就现在的认识而论，关于［**181**］第一点，由于材料的限制，还不能肯定，但第二点至第四点在本墓地中都是存在的。因而可以结合最后一点说，它是属于某一部族的一个部落，而且是带有军事性质的一个部落。

墓群中表明存在着阶级关系。这里，我们要在问题未谈之前，先说明这样一个情况，即阶级分化及对立的倾向还并不是十分明显，没有达到分化的深刻程度及对立的尖锐程度。中心墓区虽然遗物最为丰富、最为特出，其他墓区不能与之相比，而其所以能有这种丰俭的差别，首先应是“俗贵兵死”这一原因直接影响的；其次，墓葬迅速形成，是和频繁的军事活动有关，因而与之相适应，汉族文物大量涌入，自然殉葬品就显得多了；第三，作为军事集团的战士，兵器俱备，服饰适应军事上的特殊需要，因而，在种类和数量上就更为突出。但是我们也不能根据这样的一种情况，而不承认阶级关系的存在，事实恰恰相反，我们正由上述的几个方面得到了他们的社会的深刻内容的。

［**182**］事实很明显，所谓“俗贵兵死”并不是对所有社会成员而言的。墓葬本身恰好证明这一事实，在墓地中，同是具有军事性质的中心墓区和东部墓区，就不是完全一样的，而同一群中也有随葬品多寡和种类的不同。遗物的品质上、数量上的区别，无法从其他方面找出原因的，只有从身份、地位的关系来考虑。应该注意，有职衔的和一般的战士，即官和兵是不同的。如墓 45，当可作为一例，从出土遗物看，它不是一个普通人的墓葬。中心墓区之所以能形成现在这种规模，并体现出军事特点，并不是架空的，是有着阶级关系的历史背景的。不只中心墓区如此，在整个墓地中，不管是怎样性质的墓葬，这种关系是随处可见的，甚至在一小群乃至同一列墓葬中，亦可看到这种事实。如保存最完整的西部墓区的中群及左群就是这样，墓 15、墓 12 的随葬品就较其附近和同一排的墓葬丰富得多；更不要说如中心墓区出土遗物十分丰富的兵器墓和仅出有一点陶器和几枚饰珠的墓 33、墓 53 等平民墓▲了。这种明显的悬［**183**］殊，自然是身份、地位的客观反映，也正是受阶级关系这一社会根源所制约的。因而，我们说在墓地中存在着阶级分化及对立这一历史事实。

［**184**］第六节　墓葬类型分析

通过前面几节对发掘墓葬、清理坑墓葬类型文物和回收墓葬类型文物的整理、研究，以及对墓群面貌复原的分析，现在，这一节着重对葬制及各种类型墓葬加以讨论，从而为以后各章在这些问题上的研究打下坚实的基础。

墓室结构，一般为土坑墓，打破山岗表层的原生土，墓底至岩石层。平面一般呈长方形，亦有一端稍狭的（如墓 15）；墓室上口比墓底略广。山岗地表经雨水冲刷和农田耕垦，在现在的墓室上部已无什么标志，且由于上述原因，墓室深度也不一致，大约 0.2 ~ 0.6 米，有的墓室已被历年耕植犁去。墓室上部地表土层大都不存，只有西部墓区处于扰乱坑范围之外的左群中的墓 12 保存完整，以它为例，将有助于对此处墓葬土层的了解。其结构情况是：表层有 0.3 米的现代农耕土；其上半部土色较黑，为有机腐殖土壤，下部则较黄，是原生黄土；农耕土下为厚 0.1 米［**185**］的碎石层；再下，即角砾岩层，墓底也止于此。墓内的填土均为夹杂小碎石块的黑色五花土，不见任何淤土痕迹。墓室一般都较短小，从现存最完整、圹限明显的以下各墓可以看出：

墓葬编号	墓室长 × 宽—深度（单位：米）
墓 12	1.7 × 0.75 — 0.58
墓 15	1.5 × 0.75–0.84 ?
墓 16	1.7 × 0.9 — 0.2
墓 19	1.5 × 0.8 — 0.17
墓 33	1.7 × 0.65 — 0.06
墓 41	1.45 × 1.05 — 0.1
墓 53	1.5 × 0.62 — 0.15
墓 59	约 1.8 × 0.75 — 0.06
墓 62	1.7 × 0.85 — 0.09
墓 63	1.7 × 0.7 —（约 0.2 ~ 0.23）

墓室最长不过 1.8 米，大都 1.7 米或 1.5 米，甚有小至 1.45 米者。这种情况，不能不说是这处墓群在墓室结构上的一个特点。葬具问题，我们从发掘的墓葬中观察到，［**186**］不论是完整的还是残破的，都未发现明确的殓葬用具；随葬品仅是一些零星不成个体的遗物，分布在墓室中。残朽的木片在墓中不少，一般都在遗物下面，保存状况不同，大小也不等，有些是借着墓内金属器物保存下来的，也有的并不借着某种物体而自行存在；有一些墓内出有漆片，面积很大，有的是附着在木质上的，从其面积看，不似一种小型器物；在某些墓内，还有残碎的席片；在墓中也有木炭出土；而个别墓内，在墓室中部墓底上，一些金属遗物下面出有面积不小的桦树皮。这些迹象都表明了在尸体殓葬上所采取的措施。另一方面，一些遗物出土状态，对于推测葬具的使用情况，是有所帮助的，简要加以举例。在墓葬中我们所看到的，矢镞的层位均较高，一般距墓底 10 ~ 20 厘米，并有相当一部分的镞身直立；此外，几乎所有的陶器口部均向前倾斜，有的倒向前面，有的已经反扣过来，一般器底与墓底之间都有一段距离。因此，我们估计，至少是有一些简单葬具的，如［**187**］席子或尸床板，其中也可能有的床板制作较为精致，表面髹漆。但是否有棺，还不能肯定，不过从某些殉葬遗

物出土情况看，我们推测可能有木棺，即便没有木棺，也可能在墓口上部覆有木盖。因为，如果不是这样，在墓内没有一定的活动空间，陶器和镞不会发生上述现象，可能有的镞原来就是放于木棺或盖的上面，当木板朽陷后，才有可能降至现在的处于墓室最上部和直立的状态。

关于葬式问题，这里也作一些初步的探讨，不过由于墓内人骨大部残朽不存，因而在这方面给我们增加不少困难。从墓葬形制观察，墓室长度、宽度都较狭窄，从殉葬品及残存的部分骨殖分析，墓内皆系埋葬一架人骨，其头向西。从出土的13例人牙观察，大部分是青壮年，老年的极少。而人骨的埋葬方式，还没有明确的［**188**］发现，我们还不能十分清楚地指出，因此，尚难肯定。但为了使这一问题能够有所解决，初步的分析和探索，就残存的部分人骨还是可以进行的，当然，这仅是一种推测而已。根据我们亲自发掘的这批墓葬的研究，一般墓室都甚短小，总长也不过与一般人身高相当，但在墓室后部都放置一些殉葬品，这些遗物还要占去一部分墓室，这样，显然埋葬一人就很不可能了，这种客观存在的事实，不能不引起我们对这一现象的推测。现在，我们就发掘的某些墓葬加以具体观察和分析，兹举墓12、墓52为例。墓12，位于西部墓区的东坡，未遭受过任何扰乱，人骨位置均无变动，从现存的骨骼看，后部在陶罐前方距后壁0.3米处出有头骨残片，经确认，是耳骨的颞骨部分，骨片直立出土，则可知双耳在两侧，即人面部向上；在墓室前部出土的为腿骨的股骨一段，骨体横斜，这种现象恐也不无意义。头骨位置没有变动，珠饰及头上饰品也都保持随葬的位置，但本墓室长1.7米，若头在距后壁0.3米处，显然1.4米是埋葬不下人骨的。墓52，位于［**189**］中心墓区的岗洼部分，墓室后部已遭扰动，但前部保存尚好，因而，于这一处还保存有完整的骨骼，其部位为股骨的下段，骨体斜立出土，与腓骨相接的关节斜上翘起，与骨盆接触处低向墓底，骨体倾斜33°，这种情况表明，人骨下肢是屈曲的；再一方面，下端关节距前壁仅0.23米，如果是一般平整放置，腓骨与脚骨就难以容下，但若屈曲起来，则是不成问题的。现在再来看在墓12中的股骨横斜出于墓室的现象，有可能是由于屈肢的原因。根据上面分析的结果，关于葬式问题，我们是这样考虑的，首先是一般墓室都甚短小，其长也只相当于普通人身高，再者除去后部殉葬遗物所占去的位置，人骨在墓内是埋葬不下的，又根据发掘的人骨在墓内出土时表明的能反映葬式的某些现象，初步认为：这一墓群在人骨埋葬上是“上身仰面伸展，下身屈肢”的。还要说明，这仅是一种推测，是否如此，有待更多的材料和更进一步的研究证实。

殉葬遗物的种类和数量都极为繁多，但［**190**］它们的分布，是有着一定的组合关系和规律的，这里，仅就主要遗物的出土情况，加以说明。

兵器，剑和刀一般都出于墓室中部的左侧，柄朝后部，尖向前指，其位置正当人骨的腰胯间，虽然是死后殉葬，但仍然可以看出这种短兵的佩挂情况；矛出于墓室左侧的后部，锋尖指向后壁，銎向前，由此可以想见在殉葬时，这类矛都是装有长木柄的，置放于尸体的左边，现在木柄残朽不存，因而，呈现这种出土状态；矢的出土，一般说来，不够集中，在墓内很星散，后部也有，但以中前部出土较为多些。作为补助性的兵器——小铜斧，据在墓中出土例看，是在墓室后部左侧的。

马具，一般都与兵器有关系并相伴出。衔镳在墓内有明确出土关系的，计有四墓，它们的出土位置，大部在墓室后部，也有出在中部的。此外，像当卢和其他马具，多因没有出土关系，在墓内的分布已无法得知了。在中心墓区里，还出有大量的马牙，由于还没有明确的出土例，我们不能确知是怎样放置的。另，［**191**］我们在岗尖的26区发掘了一处并排埋的三个马头骨，这种现象是很值得注意的。

日常生活用具，为环首小刀、锥等，都出于墓室中部，位置当人骨腰间，亦可想见这一类遗物的使用佩挂情况。

服饰品的种类很多，总的说来：各种铜饰板都出于墓室中部，即当人骨腰间，由此可以推知它的使用情形；各类铜泡有的是在墓室后部出土，有的是在中部，也有的很零星，但这种情况不多，从出土例看，它们约当于人骨的头部和腰部，其中明显例子是作为革带饰的；铜镜在墓地中，也是大部分用来做佩饰的，尤其是在一个墓中出有两面或三面的，这一事实就更加明显，其位置在墓室的后部，两镜面均向外，一反一正，我们认为可能是当作护心镜来使用的，还从有的铜镜加工利用及磨损现象看，也是符合的，并且在墓葬中也出有护心镜和护心铜牌，这也是一个有力的佐证；镀金的和带有兽首活节的圆铜饰，从其形制及出土状态，表明它是一种头上的饰物。环［**192**］卡等服饰品大都横向一排出于墓室中部，个别的出在中前部，它的出土部位是当于人骨的腰间及腿上的。铜铃和铃形小铜具，也是服饰的一个内容，一般铜铃多与铜和铁管有关，铃上穿有一管也有数管的，在墓室中部与前部均有，估计可能是饰于腰间的。

装饰品的使用情况，根据出土例分析，大致是这样：金、银丝扭环穿珠或不穿珠的饰品，出于墓室后部的旁侧，和饰珠及其遗物显示的关系，是在人骨的头部，我们认为可能是耳上的。饰珠的使用就远较其他遗物复杂，种类、数量、形式和颜色，构成了丰富的佩饰内容。它的出土位置几乎都在墓室后部和中部，个别有星散分布，但绝大多数是保持着成堆或成串状的，这对于我们关于佩饰情况的研究，是一些非常宝贵的材料；虽然有的具体使用方法我们还不能确指，然而装饰部位我们可以是知道的，即在人骨的头、颈、胸和腰间，尤其是那些仍然保存完整的珠饰组合关系的出土例，就更为我们在这一方面提出直接的证据。货币都［**193**］在墓室中部，与铜管和环首小铁刀、锥等伴出，并且在出土时有的用皮条编叠在一起，这种迹象表明它已失去了经济上的交换价值，而作为装饰性质存在于墓中，根据其出土位置，也当是饰于人骨的腰间。

陶器均出于墓室后部，即人头骨上方，除此之外，不见有出于他处，分布都为横向一字排列，从出土例，没有双行的，但个别有两件相互叠压的情况。

遗物的种类和数量在这一处墓地中十分丰富和复杂，因而反映在分布及组合关系上，不仅不尽相同而且差别很大，殉葬遗物在墓葬中有着严格限制，我们从这种关系及规律中，对墓群有了一个本质的认识。在整个墓群中，我们对所有墓葬，基本可分成三大类，即战士墓、一般氏族成员墓和平民墓。这三种不同性质的墓葬，以战士墓数量为最多，占总墓数的一半以上；一般氏族成员墓次之；平民墓最少。虽然它们各占比重不同，但在墓地中，确实存在着三种不容忽视的不同类型的墓葬，［**194**］这三种墓葬乃是构成本墓地墓葬的基本类型，也是反映这一墓群性质的根本类型。

战士墓即是以出有兵器为主要特点的墓葬。它们在墓群上的分布关系，主要为中心墓区，几乎全部战士墓都集中在这里，另只有东部墓区的南群是较为集中的战士墓的另一小群，此外，尚有作为中心墓区延续部分，如西部墓区的右群及东部墓区的北群，不过数量不多，仅是中心墓区发展的余绪和尾声罢了，而且已经和其他性质的墓葬形成了丛葬的情况。这一类墓主要兵器为剑、刀和矛，并也有作为古代军事上，同时也是当时狩猎的主要工具之一——不可缺少的兵器矢镞。剑均为铁剑，长短不甚一致，但由剑柄形式分析有三种，一为双鸟回首铜柄铁剑，一为铜环铜柄铁剑，另一种为铜镡汉式剑；刀系一种厚背长身铁刀，刃后部为执柄，从出土例看，上面锈有木质纤维及绢布痕迹，可知这类刀有木质握柄并缠以纤维质的东西，柄后可能有环首，在刃柄间带有铜镡，不过因出土例不多，且大都［**195**］残碎，已无法确知，但从墓内所出的完整铁刀有带铜环首和刃柄间带有铜镡看，可做证明。矛，有铜、铁两种，铜矛数量很少，铁矛最为普通，矛式不一，大小各异，其中铜矛有带汉字的，这当是注意的一类遗物。镞，分铜、铁两种不同质料，形式种类甚多，在墓地中是一种分布上比较普遍的遗物，但出于战士墓中，即出于中心墓区的，都是铸造精致和形制特殊者，更可能出于军事上的特殊需要。

上述各种兵器，矢镞在墓葬中是最为普遍的，每个墓内都有几件、十几件或几十件不等；但剑、刀和矛就不是这种情况了，并不是每个墓内都同时并存这三种兵器，或一种或两种互相配合。在整个墓群中，兵器墓只不过是一个总的、概念上的类别，如果就剑、刀和矛等主要兵器，按其不同组合关系，我们可以分为如下几种类型：

第一类：剑墓。在这一类墓中，主要兵器为铁剑 1 把，剑式为上述三式中的任何一种，［**196**］从它们的使用上，还看不出有何性质上的区别。属于这一类型的，有墓 63、清 462–463、清 464–465、回 49–1、回 54、回 135–2、墓 43、回 103、清 441（西部上层）等；

第二类：刀墓。这一类墓中，主要兵器出有如上面介绍的铁刀 1 把。属于这一类的有回 49–2、清 496、清 599 等；

第三类：矛墓。这一类墓中，作为主要兵器，仅是矛一把。属于这一类型的，有墓 62、清 182–2 等；

第四类：双剑墓。在这一类墓中，所出主要兵器为铁剑 2 把，此类可以清 118 为代表，双剑的组合，为双鸟回首铜柄铁剑和铜镡木柄汉式铁剑各 1 把；

第五类：剑、刀墓。在这一类墓中，主要兵器的组合为 1 剑 1 刀。属于这一类的，有清 355– 墓 45、回 135–1 等；

第六类：剑、矛墓。这一类墓，主要是剑与矛的配合，墓中都出有上述两种遗物。属于这一类型的，有清 498、回 35、回 119、回 164［**197**］和回 109 等；

第七类：刀、矛墓。刀与矛的配合，和剑与矛的配合是一样的，但从数量上，要较矛者少些。属于这一类型的，有墓159、清476等。

在这一种性质的墓葬中，除了这几种兵器在各墓中分别出土外，伴存的还有各种马具，如铁衔镳、铜当卢，服饰也相当丰富，各种形式及其镀金的铜泡乃至反映深刻社会生活内容和具有造型艺术价值的铜饰板，也有作为佩饰使用的铜镜，装饰品中大量的石、玉、玛瑙和金、银制品以及作为饰配性质存在的货币等，也都绝大部分出于这类墓中，而且，制作精致的长身细石镞，也只在这类墓中遗物更为丰富的墓葬里有过发现。

一般氏族成员墓葬，它之所以有别于战士墓，就是在这一类墓葬中根本没上述战士墓的主要兵器剑、刀和矛，而其本身是作为一个有氏族关系且带有军事性质的共同墓地中的一般氏族成员墓存在的。它在墓群分布上，主要是在西部墓区，而东部墓区的北群，也有与此相同［**198**］的一部分。但这一性质的墓葬，从出土遗物分析，也都不尽相同，可以分为以下几种类型：

第一类：一般氏族成员墓。这一类型的墓葬，在数量上是比较多的。在遗物上除没有区别于战士墓出土的剑、刀和矛外，还出土有矢镞，但没中心墓区那样制作精良和数量众多而已，这类墓的一个特点，就是小型琉璃珠相当普遍。在这一类墓的本身，也有些差别，就是一类遗物较为丰厚的，一类则较为俭苛，前者可以由保存特别完整的墓12作代表，后者其例颇多，如就以其附近的墓5、墓2、墓3等，稍加比较就可看出这种差别。

第二类：服饰品墓。这一类型墓葬数量不多，现仅存有两墓，即墓15、墓16。在墓内不仅没有剑、刀、矛兵器，而且连在本墓地普遍存在的既是兵器又是狩猎用的矢镞也根本不见；所出遗物最多的是服饰品，如铜镜、铜扣、铜铃和铃形小铜具、马形铜饰、圆铜轮及琉璃饰珠和陶器等，个别也出有金丝扭制五环穿珠饰品的。

第三类：陶器墓。这一类型墓葬现在只存［**199**］有墓19一座，但这确实可以看作是一个具有特点的墓葬。该墓保存较完整，遗物不但没有兵器和矢镞，而且如上一类墓中出土的服饰品也异常罕见，随葬品以陶器为大宗，计陶壶3件、陶碗2件、陶纺轮1件和琉璃珠6件以及铜扣1枚，全部遗物仅此而已，确有其特殊的地方。

在这一类性质的墓葬中，从没有兵器出土，我们可知它与战士墓有所区别，是以一般氏族成员身份埋入的，但是就在这些墓葬中，也并不否认其曾经做过战士的可能，然而基本还是氏族的一般成员。但像为什么会有服饰品较为发达的墓与整个墓内出土几乎全是陶器及陶纺轮的这种现象，似应从职业和性别上来加以考虑；不过，墓内人骨保存不好，大部残朽无存，即使现有一些骨殖，也已不能分辨出来，因而，前面的提法可备一说。

平民墓，在墓地中的分布都在墓群的边缘，从现在保存下来的这一性质的墓葬仅有墓33、墓53两座看，一在西部区右群，一在东部墓区的［**200**］北群，它们所处方位大都是这一情况，因而可知，在中心墓区及其他墓群里面，是没有这种墓葬埋入的，只是在边缘地带形成丛葬的情况下，这一性质的墓葬才有可能出现。这一类墓的主要特点，就是遗物十分贫乏，上面列举的两墓都是如此，仅出有一点陶器和几枚琉璃珠，与前两种性质的墓葬比较则迥然有别，根本不能与之相提并论。

[201]第七节 小结

这一处墓地，选择依山面河而又向阳并且两旁分岔的小山岗，从作为墓地的角度来说，是极为优越的。

本墓群在形成过程中表现了极强的秩序，各种性质的墓葬分别形成各自墓群，它们之间相互联系着，不可截然分开，形成一处完整统一的墓群，但客观存在着的差别都又很明显。之所以有这种错综复杂的现象，究其实质，是基于阶级关系和带有军事性质的部落氏族组带的原因使然，即是以这样的历史背景，形成这样一处古代中国北方的游牧民族墓地。

各种性质的墓葬，是分区择群的。战士墓都集中于中心墓区，除了备有各种兵器和马具外，其他各类服装、饰品等都异常丰富，且一些质地较高级和贵重的遗物也出在这一类墓中，正是“俗贵兵死”的表现。一般氏族成员墓，分布范围主要是西部墓区，这一群墓葬和战士墓相[202]比，就很逊色了。但一般遗物种类还全些，而且还有一定的数量，但质地较高级和贵重的遗物，就不多见了，从饰品上来讲，以琉璃珠为其最突出的特点。这一类墓从出土遗物的组合关系看，也有不同，有一类墓中还出有矢镞，但另一类墓中，根本不见这种遗物，而以服饰品或陶器为主，这种差异是值得注意的，是否由性别或职业的关系决定的，一时还难确指。平民墓从分布关系看，多是葬于墓群的边缘地带，在墓群的中心部分是没有这一类型的墓葬的。它的遗物还十分罕见，仅是一点陶器和几件饰珠而已。在整个墓地中，不只反映了截然有别的各类墓葬，就是在同一类型墓葬里，也有若干差别，这是由身份、地位的不同所决定的，也是阶级关系制约社会根源的结果。

墓葬本身，是很有规律的，在整个墓地中，墓室都为长方形土坑墓，可能有木板之类的殓葬用具，不过出土资料不足，一时还不能肯定。墓室一般都较短小，人骨系单人葬，头向一律向西，不受任何地势的影响，即使地面前高后低亦如此，可以想见，在葬式上的组织是很严格的。[203]遗物出土位置，也都各有规律，其种类、数量亦因死者的社会地位不同有所变异，数量多寡和质地高低是以这一先决条件为转移的。因而全部遗物内涵，反映出了这一部族的社会生活的面貌。

这一墓群的发现，是很重要的，它给我们带来很多新的内容和新的问题，对我国古代北方的这一游牧民族的研究来说，是非常重要的发现。

[204]第三章 文物

第一节 兵器

一 剑

二 刀

三 矛铤

四 镞

小结
第二节　马具
一　衔镳
二　节约
三　卡
四　环
五　铃
小结
第三节　服饰
一　金银首饰
二　玉石珠饰
三　各式带具
四　身间佩饰
五　货币
[**205**] 六　衣着用品
小结
第四节　铜板饰
一　反映战争捉俘虏
二　反映狩猎
三　反映牧畜财产关系
小结
第五节　铜镜
一　变形蟠螭纹镜
二　草叶纹镜
三　星云纹镜
四　日光纹镜
五　四禽四螭纹镜
小结
第六节　陶器
一　墓葬出土陶器
二　清理坑和回收陶器
小结
第七节　生产工具
一　铁环首小刀
[**206**] 二　“斯基泰”式小刀

三　环首铁锥
四　铜铁斧
五　铁锛
六　铁镬
七　铁锹
八　细石器
九　磨石
十　砺石
十一　杵形研磨器
十二　环形石器
十三　石斧
十四　石刀
小结
其他
简单结语

[**207**] 第一节　兵器

剑

共出 × × 把；其中墓葬发掘的一把，清理残墓坑出土的 × × 把，回收的 × × 把。其分布范围比较广阔，但墓地中部出土的比较多，东岗梁和南部各墓出土的较少。出土位置与伴出文物关系明确的仅有 63 号墓一例；此外，清理坑是经我们清理的墓圹残坑残段，出土物稀少，只有很少一小部分能看出原来位置和相互关系；至于从老乡手中回收文物时记录下来的出土情况，仅仅是一种参考，不能看作是很可靠的。

63 号墓出残剑的情况是：位于墓室后部左侧，尖向墓圹后方斜立出土。剑身前段残缺，柄部不全，原有形式不详。接基部有半圆孔豁，可能是折断所致。长 35、宽 2.5、厚 0.35 ~ 0.4 厘米。与它伴存的遗物有：陶杯、环首小铁刀、铜镞、铁镞、珠形铜扣、扁铜环、铁管、管状玛瑙珠、管状绿石珠、管状白石珠等（参看 63 号墓葬遗物分布图）。

全部出土的各式剑，根据不同的剑柄形制看，可把它们分为三类；另有经过改制变形的一小部分，不另列为一类，只在最后加以说明。

Ⅰ式　双鸟回首铜柄铁剑。

[**208**] 共 12 把。最长的 70.8 厘米（回 160–1），最短的 53 厘米（回 54–1），大多数全长在 65 厘米以上。现选三件标本叙述如下：

回 160–1，青铜柄，范铸，粗糙，铁剑身为锻制，技术很高。柄首由二鸟相背回首插翅组成。柄作长方板；护手胎体粗厚，作梯形状，▲长扁条，中有一脊。花纹比较粗糙，线条也不匀整。二鸟的背胸有突起的斜线纹，二尾相连处为倒三角纹，上有左右突起的斜线纹。柄部的两端各有一道突起横线纹。全长 70.8 厘米，身长 57.2、宽 1.2 ~ 3.2、厚 ×× 厘米。

回 54-1，柄首形制与纹饰同上件；剑的整个形制和铸造技术皆与上件同。纹饰与上件大同小异，护手上有由三横线纹与一面斜线纹组成的花纹。仅护手与剑身连接处两面各加一铜柱，铜柱上有突起的粗直线纹。全长 53 厘米，身长 43、宽 2 ~ 3、厚 0.3 ~ 0.5 厘米。

回 112-1，首尖残。柄形与上述剑同。剑身中间有脊一道。剑身与护手结合处，二面各有一加固铜柱。护手上有由二横纹与三角线纹，间［**209**］套细直线纹组成的花纹。其他皆与上述剑同。存长 62 厘米，身长 53.4、宽 1.6 ~ 2.6、厚 0.6 厘米。

铜剑柄由首、柄、护手三部组成。首为二水鸟相背回首，长嘴插在羽背里的样子。柄部成长方板形。护手梯形。护手与剑身结合处，两面各加一件小铜条或小铜柱，个别的在胎身处再加附铜片（回 134-1）加铸其中，其上有的还铸出三四道粗竖线纹。铜柱的作用估计有三：一是加强基力，以免在面刃交锋时折断，使自己处于被动的地位；二是加固作用，使柄与身不易脱出；三是可起辖关作用，以免在行军、狩猎时从鞘中流失。这从铜柱被磨损的明显痕迹中可看得出来。有的剑（回 4-1）柄已断，经过镀铜加工，继续使用。

剑身多数起脊，刃部有豁口，剑身有的部分有细腰，剑尖绝大部分钝厚，说明都经过了相当时间使用磨损。

铜柄，铁身。柄是二范扣合，先倒入铜水，后插剑铤铸成。因此，柄的表面上形成厚薄不均的胎质，有的剑甚至清楚地保留了合范错牙痕迹，甚至露出剑铤来。这就使我们能够大致［**210**］地观察了解它的内部情况：首先，二鸟体内没有二鸟状铁筋体，完全是铜水灌入模铸成的（回 115-3）。其次，剑铤是长方条刀锻成。这与长方板形的柄茎是完全相适应的。再次，为了使铜铁结合牢固，铤的前部都逐渐加宽，而形成缓肩（肩下有浅卡，回 118-2）或平宽肩（肩下似半弧形，回 115-3）以及在肩下刃部各刻一豁口或在两面各刻数道豁沟（回 32-1）。所有这些，二面皆不工整，只要起到加固作用，不使身、柄脱离，以增强实用效果。

剑柄花纹，是由突起的斜线纹、三角纹组成。花纹简单粗糙，且不匀称。大致有三种形式：一种是往一面倾斜的斜线纹，柄部两端有 1 ~ 3 道横线纹；一种是三角形地纹里有竖直线纹；一种是左右斜线纹，有的又在左右交叉之上有少许的斜线方格纹。

Ⅱ式　套环铜柄铁剑。

共 ×× 把。最长 ×× 厘米，最短 ×× 厘米，一般长度至 ×× 厘米。大多数起脊，都有使用痕迹。仅选 6 件叙述如下：

［**211**］回 68-1，柄首长 8.6 厘米处有突节，把柄分成串环与握手二部，断面是圆柱状，三面有范铸棱痕，握手处中有一突节，宽 2.4 厘米，并有一突起横纹，护手梯形，上有八字形突起斜线纹和三道横线纹。身柄结合处也有铜柱加固。剑叶较宽，上有三道脊线。全长 77 厘米，身长 58.2、宽 2 ~ 5、厚 ×× 厘米。

回 115-1，柄缺串环节，仅存把手，体呈圆柱状，中一竹节，有三突起弦纹，竹节两边由单弦纹和双弦纹（瓦纹）组成，每节二端部单纹，内两列双纹。剑身后部三脊，前部一脊。

存长 66.8 厘米，身长 ×× 、宽 1.4 ~ 3.6、厚 0.5 ~ 0.75 厘米。

回 29–1，柄后串套铜环 8 枚，二环扣串。柄后有一圆孔，当为辖环之用。把手中有一突节，并三道突起弦纹。前部突起斜线纹和二道横纹。剑身较窄中有一脊。全长 64.2 厘米，身长 47.2、宽 1.6 ~ 2.6、厚 0.6 厘米。

回 30–1，首尾之间有一凸棱，尾有一圆孔，前部斜线纹。身尾之间亦有夹柱。身中［**212**］一脊。全长 78.7 厘米，身长 60.2、宽 1.9 ~ 3、厚 0.4 ~ 0.6 厘米。

回 191–1，串环部不存，只有握手。但可看出稍加修整后仍然使用。握手中部稍宽。护手部中间横纹，分成上下二组，由三角线纹和斜三角线纹组成。有加固铜柱，剑身有一脊。存长 68 厘米，身长 58.8、宽 1.4 ~ 2.6、厚 0.4 ~ 0.55 厘米。

回 158–10，串环和握手茎之间没有明显的凸棱。柄端一横穿圆孔。握手中有突节。前部有突起线二条，上有斜线纹，已磨损不清。剑身没有加固铜柱和起脊。此剑为二式中最短者。全长 50.2 厘米，身长 3.22、宽 1.5 ~ 2.5、厚 0.45 ~ 0.55 厘米。

Ⅱ式与Ⅰ式铸造技术与造型艺术完全一致。但也有不同之处。

柄茎由穿环茎和握手二部组成。握手同Ⅰ［**213**］式，无根本区别，二者剑身完全相同。

穿环部为圆柱状，上穿一面鼓起的圆环数枚（其中个别的还有鎏金环饰？），刺杀起来时定有声响；握手部为竹节状或扁状，把握时更加方便有力。多数柄一端有穿辖孔，以免环节脱落。纹饰完全同Ⅰ式；唯有竹节纹、瓦沟纹是Ⅰ式所不见的纹饰。

从剑柄内部观察，剑铤近正方形（回 115–1、回 26–6）这是与近圆、扁圆铜柄胎体相一致的。铤接中间突节部，或通穿（清 34–1、回 158–10），这是因为剑铤锻打得过长，切去细铤尖部，有的不切的缘故。剑身尾部可能是宽平肩的（回 115–1），也有缓圆肩的（清 135–24）。

Ⅲ式　有镡剑（汉式剑）。

Ⅲ式与Ⅰ、Ⅱ两式不同，系汉式剑。共 ×× 把。最长 ××、最短 ×× 厘米，一般长度在 ×× 厘米以上。兹选 8 件标本叙述如下：

回 183–1，柄呈方柱体，前宽后窄，剑后锋平肩，错磨工整，剑身有一脊。铜镡体呈菱形，范铸错磨，体壁很薄，磨制工整。镡［**214**］内有丝絮类织物痕，似为加固目的。全长 78.5 厘米，身长 65.1、身宽 1.8 ~ 2.1、厚 0.4 ~ 0.65 厘米。镡作菱形，横长 5.1、宽 2.2、厚 0.95 厘米。

回 49–1，柄茎有细纤维质痕迹，可能以丝织物缠柄。茎后有一圆孔。镡菱形。表面有十条梅花纹饰。铤前宽后窄。剑身有一脊。残存长 102 厘米，身长 81.5、身宽 1.6 ~ 3.4、厚 1 厘米，镡横长 5.6、孔宽 2 厘米。

回 1–1，铤为扁方柱体，由尾向前逐渐加宽，肩部错平以便按镡。镡范铸菱形，孔为宽方菱形，其壁光而厚，磨制而成。剑身仅存后部，上有三脊，中脊稍高直通铤部，二边稍低脊，各距中脊约 1 厘米，估计脊线之间的浅沟槽，须多加一人才能锻出。存长 48 厘米，身长 26.2、宽 2.85 ~ 3.3、厚 0.5 ~ 0.7 厘米，镡横长 4.6、宽 0.7、厚 2.1 厘米，径孔宽 1.9 厘米。

回 135–23，此剑系有镡全铁剑。铤残，近正方柱体，由尾向前逐渐加宽而成缓肩；铤有丝类横经其上。身尾与镡结合处似有丝絮类［**215**］锈蚀，可能是加固不使其活动。剑身有一脊，上附木痕，可能是剑鞘残痕。残存长 60 厘米，身长 51.5、宽 1.5 ~ 2.3、厚 0.6 ~ 0.7 厘米，镡横长 4.4、宽 0.6、厚 1.9 厘米，茎孔宽 2.4 厘米。

回 13–10，铤逐渐加宽，错成平肩，身起一脊。此剑特点是长而锋利、坚韧。全长 97 厘米，身长 83.3、宽 1.2 ~ 3、厚 0.3 ~ 0.5 厘米。

回 145–1，此剑铤尾稍平宽，身宽厚是其特点。全长 70.6 厘米，身长 60.4、宽 1.4 ~ 3.5、厚 0.4 ~ 0.7 厘米。

回 5–3，形制除铤端扁方外，大体与回 145–1 号剑同。全长 72.9 厘米，身长 59.2、宽 1.35 ~ 3.1、厚 0.4 ~ 0.7 厘米。

回 103–1，铤端经过拍打。前距剑身尾部 2.7 厘米处有一圆孔。此剑孔正与回 49–1 剑孔相反，可能是孔中穿卡，起限制串环上下移动的作用（与后部互相制约）。剑肩错制工整，附有铜锈痕，估计当是铜镡锈蚀的结果。身有一脊，上有木痕，可能是剑鞘残痕。全长 67.7 厘米，身长 54.7、宽 1.15 ~ 3.2、厚 0.4 ~ 0.8 厘米。

［**216**］此外还有三件，原形式不明，后经改制成现状。

回 162–7，剑铤扁方，二面拍打呈“工”字形。稍缓肩身中一脊，并有木痕，可能原有木鞘。全长 73.4 厘米，身长 60.6、宽 1.2 ~ 1.6、厚 3 ~ 5.5 厘米。

× × 118–1，从剑的整个形制观察，似某式剑柄部断去，而后在剑身尾部稍打制，成现柄状，然后继续使用。剑身有木痕，中有一脊。长 62.1 厘米，身长 55.1、宽 1 ~ 2.7、厚 0.4 ~ 0.7 厘米。

× × 13–8，观察此剑应是利用残断的剑身经加工打制琢磨而成的匕首。全长 31.9 厘米，身长 24.9、宽 1.6 ~ 3.3、厚 0.7 ~ 0.8 厘米。

Ⅲ式剑，即有镡汉式剑。从整个剑的形制看，其身与Ⅰ、Ⅱ式没有什么不同的地方；但铤身接头处（即身的尾部）作平肩状居多，缓肩者则少。铤部（柄部）则为扁方体或方体；上面可能缠布绳革之类，以便把握。

［**217**］全系铁剑，锻打良好，与其说是铁剑不如说是钢剑更为恰当。

镡皆作菱形状，范铸，铜镡为绝大多数，铁镡仅见一例。一般来说铸造的较精致和工整；说明其工艺水平很高。镡内都有锈蚀不清的纤维质物，估计当起加固作用。镡上素面，仅一例（回 49–1）上有精美的梅花朵纹饰算作例外。

镡的作用，应起护手作用。

小结

由铜剑转为铁剑，并且普遍应用，这在社会历史发展上，是一大进步。剑在匈奴兵器上，占有显著地位，在战争上起重要作用。这从清理发掘、回收遗物中明显地体现出来了；也从西汉著名政治家晁错的议论中明显体现出来了：他看出了匈奴马上剑兵的利害和对祖国及其人们的危害，因此，他上疏孝文帝，要破其害，其中的一招，就是必须以步战长戟对付之。他说：“丈五之沟，渐车之水，山林积石，经川丘阜，草木所在，此步兵之地也，车骑二不当一。”［**218**］又说：“两阵相近，平地浅草，可前可后，此长戟之地也，剑楯三不当一。”

还说："下马地战，剑戟相接，去就相薄，则匈奴之足，弗能给也。"

从形制来说，Ⅲ式较多，Ⅱ式次之，Ⅰ式再次之；但Ⅰ、Ⅱ二式，则是当时一般剑兵中极少见的。Ⅰ、Ⅱ式剑，属匈奴自制无疑，但Ⅲ式剑（汉式剑）的来源就尚难定论了。我们估计大概是这样：Ⅱ式剑可能是自制仿汉式剑的，或者是从战争中掠夺和战场上捡来的。西汉对武器控制是严格的，绝对禁止外流，在送礼和交易时也不见有武器的记载，因为决不会把武器交给敌人来残害自己的，这是极其明白的道理。

从铸造技术上看，铜柄范铸比较简易，剑身锻铁技术很高，火度很适，金相组织均匀，很少夹杂其他成分，既锋利，又坚韧。

其纹饰简单朴素，不讲究装饰，只要实用得手即可。仅见两件（回 115–1 和回 49–1）纹饰较为精美，可为剑纹中的良品。

这些剑的用途，主要是用在战场上，打杀［**219**］对方的锋利的武器。其次，在狩猎时，与野兽搏斗时，可起辅助作用。此外，在日常生活中，可随时使用的则是短小方便的匕首之类。

刀

共二把，形式相同，一长（铁环柄铜镡回收 49–2），一短（铜环柄墓 59–10）。皆环柄，方背，弯刀；尖端微向上翘。长者全长 86 厘米，身宽 1.5 ~ 3、背厚 0.5 ~ 1.5 厘米，柄长 12、宽 3、镡宽 7、高 2.5、环径 6 厘米；短者全长 40.9 厘米，身长 0.9 ~ 1.8、厚 0.35 ~ 0.5 厘米，铜柄长 4.6、环宽 4.8 厘米。

较短者出于 59 号墓中，位在人体左侧，与矛投枪（Ⅵ式）及马衔等出在一起，当是随身的武器之一。

［220］矛铤

矛铤分铜、铁两种。铜矛只有 3 件，铁矛占绝大多数，共 ×× 件。按其材质、器形与用途分别叙述如下。

矛　共 ×× 件，其中铜矛 3 件，铁矛 ×× 件。

铜矛　共 3 件。

回 10–2，尖部磨损，两刃锋利，中起脊，铸造工整。铤体圆形，口内凹。中空，直达脊部前端。铤面有一鼻，鼻下有一孔，孔的上下两处有文字标记。全长 18.3 厘米，铤长 7.5、锋刃宽处 2.7、铤径 2.3 厘米。

回 186–1，尖、刃锋锐，中起脊，铸错工整。铤径扁圆，口内凹。中空，直达尖部，内残存木柄一段，铤部有一"公"字标记。全长 13 厘米，铤长 3.3、锋刃宽处 3.4、铤宽 1.6 ~ 2.45 厘米。

回 119–2，尖刃剥蚀，中起脊，制作粗糙。刃后斜收成铤，铤体扁圆，中空。全长 10、铤宽 1.2 ~ 1.5、锋刃宽处 1.35 厘米。

铁长矛　共 ×× 件。标本 6 件，分为［**221**］Ⅱ式。

Ⅰ式　×× 件，标本 3 件（回收 163–10、164–1、183–2）。特是体厚重，刃叶肥宽，裤柄粗大。刃部有一或二脊，裤柄上多数有二圆孔。大者全长 32、裤柄长 15、刃体宽处 3.6、裤径3 ~ 3.2厘米，小者全长19、裤柄长11、刃体宽处3.3、裤径2.8厘米。

Ⅱ式　× × 件，标本3件（回收11–1、112–2、134–8）。特点是刃薄体轻，锋刃瘦窄，裤柄较细，刃部皆有二脊，柄部有一或二圆孔。大者全长27.5、裤柄长10.8、刃体宽处2.6、裤径2.1厘米，小者全长23.2、裤柄长10、刃体宽处2.3、裤径2.1 ~ 2.4厘米。

上述6件矛，当接有较长木柄，作为战攻时的长兵之用。

铤

共 × × 件，标本5件，分为二式。

Ⅰ式　2件（回收109–2、173–？）。特点是体厚重，刃部长且大，裤柄细短，刃锋中有一或二脊。有的柄裤中存有铁柄残迹。全长36.4、[**222**]裤柄长9.5 ~ 13、刃体宽处3 ~ 3.5、裤径1.9 ~ 2.1厘米。

此类矛体重，刃长，柄细，不按铁柄似不能实用，据《史记・匈奴传》："……长兵则弓矢，短兵则刀铤"，集解注:"铤形似矛，铁柄"的记载来看，此物当是匈奴部族在山地丛林中短兵相战时的锐利武器的铁铤无疑。

Ⅱ式　3件（回收161–2,53–1，清理区52/434–2）。特点是长裤，细铤，扁刃，多轻便锋利，少数较厚重。有的裤柄中残有木屑。大者存长55、柄存长21.5、刃锋宽处3.4、裤径2.8厘米，小者存长37.4、柄长27.3、锋刃宽处2.4、裤径2.3厘米。

此矛造型特点是在长裤柄之后接有短木柄，是铤的另一形式无疑。

投矛（枪）

共 × × 件。标本4件，分为二式。

Ⅰ式　3件（回收13–12、107–1、144–5）。特点是体轻，短小，锋利。柄端有一孔。当为固柄之用。大者长存22、柄存9.5、锋刃宽处1.8、[**223**]裤径约1.7厘米，小者存长11.7、柄存长4.3、刃锋宽处2.1、裤径1.6厘米。

这类矛体小，灵便，应接有不长的木柄，随身携带，一旦遇敌，顺手投出，可迅速中敌或射杀禽兽。据《后汉书・马融传》："……飞铤电激，流矢而坠……"的记载，结合对此类矛的观察，当是"飞铤"（也即投枪）一类的武器。

Ⅱ式　1件（墓59–11）。体较厚重，前锋瘦长尖锐，后锋肥大圆钝，三刃后接圆铤，上有木痕（原当有木柄）。其形颇似三翼铁镞。出土位置在人体的左侧，方刀之北，尖向西，杆柄腐朽不存。全长9.5、叶宽3.2、厚0.2、铤长1.9、粗0.7厘米。此镞厚重，即使劲弩也难当发射，此物该是投枪的一种。

此类长武器——矛，有明确出土位置的仅有3件（墓18、59、62号），而18号墓圹毁坏无存，只出一矛，仅就59、62两墓来看，矛皆出在头骨部左侧。同出的有陶罐、陶杯，铜镞、铁镞、铁长刀、铁环刀，铁环首锥；玛瑙、琉璃、绿石珠和白石管；铁马衔、铁带[**224**]卡、铁环，以及大小铜扣，铜管和兽面饰具等。

纵观上述各矛特点，结合《汉书・晁错传》："……山木蒙笼，枝叶茂接，此矛铤之地也，长戟二不当一……"的记载，我们知道，这一部族所使用的武器中，既有适合平地攻击之用的长柄矛，也有适于山地丛林间短兵相接时的短柄铤，更有携带轻便使用灵活，能脱手飞出迅速中敌的飞铤（投枪）。

[225] 铜、铁镞

发掘的63座墓葬中，在25座墓中出有铜镞或铁镞，其中16座墓内，铜、铁镞共出。出于头部或肩部两侧的有12座；出于脚部与下肢部的有5座；出于腰部或其两侧的有5座；零散分布的有3座。

和镞伴出的陶器，多为灰褐粗陶的罐、壶、杯；伴出的装饰品有玛瑙、绿石、白石管、琉璃珠和扁方碧石佩等；少数与矛、剑、刀、锥、投枪等伴出；其他伴出的有大铜扣、珠形扣、椭圆镀金铜扣、铜铃、细石镞、马衔、弭形铁器、铁环、铁带卡、铁策、铜铁管等。

镞在出土层位上，有7座墓（墓5、10、27、30、31、32、47）中的镞高出墓底10 ~ 20厘米，在镞身下面都保留有木片残迹，这说明除与其他随葬物一样，葬在人体四周者外，也有部分墓葬，是把镞埋在葬具之上的。

个别的墓中（墓24、63）铜镞包在薄木片中或4件铜镞重叠出在木片里，说明一些墓中似是把木制箭箙也随镞一同随葬了。

[**226**] 今按铜、铁顺序及镞的形制分类，分式介绍于下。

铜镞

共 × × 件，可分三式。

三翼式。可分两类，各举4件为其代表（回39–5、清69/503–11，35–6，174–2）。

一类三翼，中空，三刃向前斜聚成末，向后斜展成倒刺，后锋有的斜锐，有的细长。翼向皆凹下成锋沟，有的中部断孔，仅于刺末有三横梁连成銎口，其横断面成三角或圆形，以纳竹柄。铸后刃部另加错磨，以求锋锐。小者长3.7、宽1.5厘米；大者长5、宽2.35厘米。

二类（墓22–21，清/683–1，墓22–20，清/440–11），三翼，中空，有短裤，翼间皆凹下成锋沟。一件短小，刃叶很窄，后锋直收，微有倒刺，裤内存有竹（？）屑；一件有脊，裤柄较长，后锋微有倒刺；一件刃叶较宽，翼间凹沟内各有一圆孔，后锋直收，裤柄圆而短；一件后锋斜聚于圆裤柄中部，翼间各有一长条孔，裤柄中存有竹（？）屑，其他皆与上镞同。铸作规整，刃部另加错磨。小者长2.15、宽1.05厘米；[**227**] 大者长3.8、宽1.3厘米。

三棱式。可分四类，共选6件为其代表。

一类 3件。三类聚为镞末，镞体三面皆成平面，横断面呈正三角形，脊间平面处有一三角形血槽，尖部皆六棱状。一件后锋有倒刺（回38–6），二件铁铤（回121–8，38–6），一件铜铤（回143–4），铤皆残断。铸形不正，稍加错磨。大者长（残铤未计在内，下同）3.6、宽1厘米；小者长3、宽0.85厘米。

二类 1件（回13–14）。镞体窄瘦，后锋斜收，关体断面圆形，铁铤不存。铸作修磨工整。长3.5、宽0.7厘米。

三类 1件（墓140–4）。镞头短小，后锋圆钝，头与关部等长，关体断面呈钝三角形，后有圆柱形铁铤，残断。存长3.35、宽0.6厘米。制作粗糙，稍加错磨。

四类　1件（清/520–1），圆柱体，前部由三刃聚成圆钝的前锋，铁铤，铸后未加错磨。存长2.25、宽0.62厘米。

［**228**］二翼式。可分五类，共选7件为其代表。

一类　1件（回54–3），短小，镞体中央有脊棱，棱体中空，断面扁圆，棱外二翼，后锋直收成倒刺状。长2、宽1.2厘米。

二类　3件（回190–2，32–3，49–5）。镞体中央有脊，中空，断面圆，扁圆或菱形，二翼前聚成末，后锋外展成倒刺。铸、磨工整。小者长3、宽1.6厘米，大者长4.2、宽1.5厘米。

三类　1件（回39–5）。体中一脊，中空，脊刃间错平，横断面成菱形。前锋斜集成末，平面三角形，后锋与脊平行直伸，微有倒刺。刃部两面皆经错磨。长3.2、宽1.3厘米。

四类　1件（回101–1）。体细长，断面菱形有中脊，内空，其中残存竹（？）屑。脊刃间成平面，后锋微有倒刺。长3.25、宽1厘米。

五类　1件（清/462–1）。中脊一道，前达锋末，后止于裤柄中部。二刃向前斜聚成末，向后则与中脊曲线相连，突起在柄裤的前端，柄裤圆形中空，内存竹屑。铸作精美工整。长［**229**］存2.6、宽1厘米。

铁镞

共××件，可分八式。

扁平宽叶式，可分五类，共选6件为标本。

一类　1件（清/462–9），体扁平，叶宽大，前锋圆钝，后锋斜展，深凹尾。二翅中间有二圆孔，其间残存嵌柄痕迹（木痕）。长6.5、宽5.5、厚0.25厘米。

二类　2件（墓62–5，清/503–2），两叶较窄，叶尾间有一扁铤，铤部二孔中间也有清楚的箭杆痕迹，得知此类镞是用夹柄的方法并以麻、丝物（？）缠缚加固来使用的。其他与一类镞同。长5～5.1、宽2.8～3.3、厚0.23厘米。

三类　1件（清/240–13），三角形，前锋圆钝，后锋向内折收，稍出倒刺。从残存箭杆木痕看，在后锋之间也以夹柄方法接柄。长2.8、［**230**］宽3、厚0.2厘米。

四类　1件（70–535采），前锋不存，二刃不对称，后锋缓折中有扁尾，上有木杆残痕。制作不整，似由他物改制而成。存长3.5、宽2.4、厚0.25厘米。

五类　1件（70/535–10），形近椭圆，前锋不存，后部一长尾。存长5.65、宽约3.8、厚0.4厘米。

扁平窄叶式。可分二类。

一类　2件（清70/520–7，60/465–10）。镞体瘦长，后锋斜展成倒刺，锋刺间一铤尾，上有木杆痕迹。长4.7～5.3、宽1.1～1.4、厚0.23～0.25厘米。

一类　短小，前锋不存，后锋微有倒刺，锋刺间一铤尾。长存3、宽1.5、厚0.35厘米。

柳叶形。（清60/465–10，墓27–3，清82/638–12）镞头窄瘦，后有长铤（皆残断）。三件除一件铤面与叶面相反外，基本相同，（清82/638–12）。存长4.6～5.8、宽0.85～1.2、厚 0.2 ~ 0.25 厘米。

三角形。共 3 件（清 60/476–11，60/465–10，墓 52–2），除镞叶有宽窄区别外，其他全同。[**231**] 体中有脊，侧有二叶，有的后锋外展有倒刺，铤体圆柱形，外周都有竹柄残痕。长 4.5 ~ 6.7、宽 1.3 ~ 2.5、厚 0.25 ~ 0.4 厘米。

三翼式。2 件（回 154–6，清 /296–20），三刃前聚成末，翼间下凹，后锋直折，后接柱形铁铤（一件铤不存）。长 6.4、宽 1.1 ~ 1.2 厘米。

四棱形。1 件（清 35/266–46）体四棱，边棱前聚成末，后伸成铤（残断）。存长 5.3、宽 0.4 ~ 0.5 厘米。

三棱形。1 件（回 101–4），和三棱形铜镞相同，后锋直折，关体六棱，下接圆铤（残断）。长存 3.6、宽 0.9 厘米。

方式。2 件（墓 63–5），镞尖部三角形，下接柱形空心铤（一圆一方），形似矛，镞体周围皆残留木痕。长 4.3 ~ 4.4、叶宽 1.3 ~ 1.7、裤柄长 2.5 ~ 2.7、裤柄径 0.8 ~ 1.1 厘米。

此式镞在墓 22 中亦出有二件，出土形态是在人体腰部两侧，相距 40 厘米。左镞尖向东北，右镞尖向东南，根据镞的角度推测，可能是镞 [**232**] 杆相交置于死者背后来随葬的（见墓 22 遗物分布图）。

小结

铜、铁镞出土的普遍丰富多种，说明有广泛的用途，即专门性质的分工；但究竟分工怎样，在目前还无法推断出来。

铜、铁镞一般都是范铸，但这批出土物中，亦有相当数量为锻造，并有精品。说明锻铁技术和制作工艺具有较高的水平。

随葬品中，镞的数量很多，尤以铁镞为最。可见这一部族人民已进入铁器时代的较盛时期。否则决不会生产大量的、多种的铁镞，并在需要的地方消费掉。

[**233**] 第二节　马具

衔、镳

衔、镳共 ×× 件；其中墓葬出土 ×× 件，清理坑 ×× 件，回收 ×× 件。全系铁锻工整，制作技术水平较高。大多数是集中分布在中心区，东部次之，南部少见，且偏西岗梁地区。从四墓看，还难得出其葬位的规律性来。从形制上可分二式加以说明：

铁衔

Ⅰ式　×× 件。

墓 23–2，1 件，在墓后部中间出土。二节组成，作近方形，二端二环，（其中一节稍楞劲）中间二小环相连。二环孔各穿一镳，杆作长方状，二端二孔，鼓腹，杆二端作心形。与它伴存出土的有：绿细石镞 1，铁镞 8，铜扣 1，兽头形铜饰 1，管状石珠 2，圆石珠 1。通长 19.2、体径 0.7，0.51×0.59 厘米，镳存长 14.5 ~ 8、宽 0.42、厚 0.9 厘米。

墓 27–9，1 件。出土在墓左后部。其他形制同墓 23–2。与它 [**234**] 伴存的有，陶罐、铜珠、骨镞、石佩、玛瑙珠、玛瑙管、石珠、小琉璃珠等。通长19.5、体5.5 ~ 6.5厘米。

墓35–5，1件。在墓的左中部出土。由二节组成，圆杆麻花状，非常工整、均匀，甚至很难找到折合处。中间二小环相连；二端二环；一环穿一镳，长11.7、宽1、厚0.7厘米。镳二端扁体三角状，杆体有四孔（二大二小）。与它伴存的有：陶杯、几何纹长方铜板饰、铜环、铜扣、铜镞、琉璃珠、玛瑙珠、管状石珠等。通长20.5、圆径0.9厘米。

清53/440坑–10，形制同墓35–5。此件原系三节组成，因某种原因剩大小各一节，后附加一环，就成为二节组成的了。用途可能仍为衔具，也可能为用途不明的其他马具杂件。长17.5、圆径10厘米。

回63–1，残。方体，稍拧劲；大环衔，仅存一部。大环穿连衔端环，可能起镳作用，大环穿附“8”字形小环。出土部位不明。存长20、体径0.7、环径8.1 ~ 8.6厘米，“8”字小环长4.1厘米。

Ⅱ式　××件。

［**235**］墓59–12。1件。在墓的后部左侧出土。三节组成，圆体麻花状。二端二环孔，中间一稍短体二穿与其他二件小孔相连而成。其伴随物甚为丰富，计有陶罐、扁绿珠、玛瑙珠、圆棱玛瑙珠、管状玛瑙珠、管状白石珠、琉璃珠、铁矛、大环铁刀，投枪铁头，铁卡，铁环，兽头形铜具，大小铜扣，各种铜铁镞等。长20、体径0.7 ~ 0.9厘米。

回13–10，××件。三节组成，正方状，打制工整。一端环孔连一钩扣，扣钉环孔，可能是穿辔之处。长13、宽1、厚1厘米。

清187–14，××件。三节组成，扁方体。二大节中间各加一箍，使其牢固。此件打制方法不同于上件，先锻打成条，穿在小节环孔，再打折合而后上箍加固。长24、宽0.8 ~ 1.4、厚1 ~ 1.4厘米。

铁镳

Ⅰ式　共××件。标本1件。

墓35–5，见衔镳Ⅰ式。

Ⅱ式。共××件。标本2件。

［**236**］墓23–2。2件（略见铁衔Ⅰ式）。

回13–3，1件。二端扁心状，方体中有二长方孔，孔外鼓肚。长16、宽7、厚6厘米。

Ⅲ式。共××件。

回13–3，1件。方体，二端扁角刀状，二角向背弯曲，中有长方孔，孔外部鼓肚。长13、宽7、厚8厘米。

回13–3，1件。方体，棱角不甚明显，中有二孔长方孔，孔外鼓肚。二端圆角状，背向弯曲。长18、宽8、厚7厘米。

当卢

共2件。皆青铜铸造，其中一残件鎏金。

回95–1，素面光滑，板形，上宽呈葫芦状，下窄呈舌状。里面上部并排二管半方形鼻，下部一横半方鼻。经过锉磨加工。已折断，左侧残缺一条。长 19.8、宽 2 ～ 5.95、厚 0.2 厘米。

回 46–3，仅存下部。似块下尖，作三角状。表面细划纹，局部鎏金，里面并排二竖半方孔。存长 4.69、宽 2.45、厚 0.17 厘米。

［**237**］**铜节约**

共 ×× 件。皆模铸。2 式。

Ⅰ式　×× 件，标本 2 件。

回 3–19，“十”字形铜节约，表面“十”字中间突起，方棱锥形，“十”字边各有四突起横线纹。背面方空，十字四穿。长 2.3 ～ 2.35、高 1.35 厘米。

回 129–2，除“十”字中间有圆形突起外，其他同上。

Ⅱ式　×× 件，标本 3 件。

回 1.90–80，扁长方形节约。一段残缺。表面纹饰为四组，顶角套合三角纹。长存 2.4、宽 19、高 0.6 厘米。

回 14–7，背后表面有四道竖线纹，沟部残存鎏金痕迹。长 2.25、宽 1.4、存高 0.35 厘米。

回 4–12，扁管形，表面扁圆，背有六凸棱。全部鎏金。长 1.7、宽 1.2、高 0.6 厘米。

铁卡

共 ×× 件，三式。

Ⅰ式　×× 件，标本 1 件。

清 .29 区 /212 坑 –4，“X”形卡具 1 件。残，仅存卡针基部，锻铸。卡体为圆形。前部横［**238**］梁仅一残段，与卡体接头处，似衔接而成。从卡针残存基部看，针像似扁平，稍曲，其长应略超过横梁。长 17.2、宽 6 ～ 8、圆径 0.6 厘米，卡针基部长 1.65、宽 1.55 厘米。

Ⅱ式　×× 件，标本 1 件。

回 27–3，卡体呈 ×× 形，梁方柱状，横梁二端与卡体接头处，似衔接加铆而成。长 8.85、宽 10.5、厚 0.4 厘米。

Ⅲ式　×× 件，标本 1 件。

回 13–16，方圆体环形，二环头中开一段。长 5.55、宽 6、厚 5.5 厘米。

铁环

共 ×× 件。分 4 式。

Ⅰ式　×× 件，标本 1 件。

回 68–4，大铁环，用途不明。环径 11 ～ 11.6、环体 60 厘米。

Ⅱ式　×× 件，标本 1 件。

回 49–3，中铁环，用途不明。环径 8 ～ 8.6、环体 5 厘米。

Ⅲ式　×× 件，标本 1 件。

［**239**］回 13–16，小铁环。扁棱体，用途不明。环径 4.2 ～ 4.3、环体 4 ～ 6 厘米。

Ⅳ式　×× 件。

回 3–21，似镯形，二环头尖，且开一段缺口。环径 4.4 ～ 5.5、环体 1 ～ 4 厘米。

铜铃

共 ×× 件。皆范铸。分 4 式。

Ⅰ式　×× 件，标本 1 件。

回 30–20，素面。呈椭圆筒形，口外张作弧形，缓坡顶，顶中竖长方孔，上有一鼻。通高 6.3、宽 5.3、厚 3.6 厘米。

Ⅱ式　×× 件，标本 1 件。

回 9–1，平口作椭圆形，口缘面阴纹三周，体有六镂孔，体上端二圆孔系铃。高 5.5、宽 5.15、厚 3.8 厘米。

Ⅲ式　×× 件，标本 2 件。

回 78–1，体断面菱形，口外张作折弧形，口缘面阴线纹二周，体有四对称斜三角镂孔，顶二圆孔，以便备系铃。高 9.4、宽 6.7、厚 5.25 厘米。菱体厚重。

[**240**] 回 99–1，平口，圆鼻。其他同 9–1。高 7.5、宽 5.7、厚 5.4 厘米。

Ⅳ式　×× 件，标本 3 件。

回 62–1，平口，口缘面阴线纹三周。体四面各有一孔，顶缓平，中有一方空，上有半圆鼻。高 7.1、宽 4.8、厚 3.5 厘米。

回 46–1，素面，体四面各有一三角孔。其他同回 62–1。高 6.4、宽 4.3、厚 3.2 厘米。

回 182–17，长方形，平口，口缘阴线纹三周。正面两个三角孔，背平无孔，二侧各一个三角孔。平顶，中有一空，上半圆鼻。高 6.2、宽 4.1、厚 3.3 厘米。

小结

马具出土关系较明确的，有 4 墓：大体出在墓室后部左侧的，有 2（墓 27–9、59–12）；出在墓室中上偏右部的有 1（墓 35–5）；出在墓室后部中间的有 1（墓 23–2）。如果仅从这 4 墓出土例看，马具殉葬，似乎没有固定位置；但一般说较偏重在后部出土；其他马具部位，因都是回收品，则不明确。

[**241**] 总的看来，这批出土物，不论关系是否明确，不论是铜的或铁的，不论是铸造或锻造，都具有较高的技术水平。尤其以那些鎏金的和小节约为突出。

从马具本身形制的精美和多样，和其他出土关系来看，其与军事成员或上层军事贵族成员有较为密切的关系。

[**242**] 第三节　衣着服饰

衣着服饰品中，有金质或铜质鎏金的冠饰，和用金、银丝拧制的耳饰，以及缝嵌有铜扣和镶结着各式铜铁带钩、带卡等带具的革带。有样式繁多和器形奇特的各种铜环、轮形铜具、大小铜铃、铃形小铜具、马形饰具、铜管、铁管、兽面饰具、镀金心形铜牌，以及半两钱和五铢钱等相互佩结的身间佩饰品，有皮革、麻布和绢类等服饰残片，尤其是有着大量的由玉、石、铜等不同材质和五颜六色间佩成组的项串、胸饰、腰佩等珠、玉装饰品。今按其佩戴部位，先从头饰说起，一一简介于下。

一 金、银、铜等首饰品

共 × × 件（包括清理 × × 件、回收 × × 件）；其中仅从两座墓葬中各出土一件。墓16号出金耳饰1件，位于头部右侧，曲勾向前，其左有琉璃珠24枚，分布成舒朗的三角形，似和耳饰有密切关系。26号墓出银耳饰1件，位于头部右侧，曲勾向后，其左出有玉、石珠串1，右侧［**243**］有铁环刀、锥各1，互相叠压出土。

这些金银首饰品中，除1件圆形金饰片外，全是耳饰，其形制基本相同，是全用金、银丝条拧制，有的并于其上套入各色玉、石珠子，分外显得鲜彩，当是一种珍贵的配饰品。

金耳饰

共8件，分为五式。

Ⅰ式　2件。五环穿珠金耳饰。用金丝套结玉、石珠子拧制而成。

墓16–4，五环穿珠金耳饰。先于首部拧出一环，上套一件红色瓜棱状玛瑙珠，然后拧合，拧至7劲后，于两侧各出一环，环下丝上左右各穿入三珠（上两个红色瓜棱状玛瑙珠，下一个管状白石珠），然后金丝拧合，左右再各出一环接续下拧至五劲后，一丝弯成曲勾，尖端锐细，一丝拍成椭圆形扁叶状。金丝匀整，拧制工致，再加套珠红白相间，确实色彩夺目，当属这批饰品中的上品。全长7.85、体宽1.05、扁叶宽1.4、厚0.03厘米，丝体径0.1厘米。

清43/300–28，扁叶体残。形状、制法和前［**244**］一件基本相同，所差者，此件稍小，首环上无珠，两侧环间各二珠（上一绿石管，下一白石管）。残断部另加修整（叶上钻孔，曲丝接穿入孔中）仍佩用。扁叶体右缘处加钻二小孔，可能是作为另系其他珠佩物品之用的。全长7.3、体宽1.05、扁叶宽1、厚0.03厘米，丝径0.1厘米。

Ⅱ式　2件。三环穿珠金耳饰。制法、式样皆基本同Ⅰ式，不同之处为仅拧三环，穿珠的下部并不结环，而直接拧合。扁叶上的右侧边缘各有一小孔。

清53/458–12，侧环下的穿珠，现存二白石管，从丝体长度看，还应有二枚不同色珠相串，可能原珠体破碎脱落。全长7.7、体宽1.2、叶长2.2、叶宽1.15厘米，丝径0.1厘米。

清13/163–13，侧环下的穿珠，现存三枚，据所出这类饰品的配珠规律，似有一绿石管相串，也可能是破碎后脱落不存。全长7.1、体宽1.2、叶长1.9、叶宽1.4厘米，丝径0.1厘米。

Ⅲ式　1件。九环金耳饰。

［**245**］采 × ×－× ×－，首环下的两侧各四环，体上不套珠，拧制工整。全长6.3、体宽1.83、叶长2厘米，丝径0.1厘米。

Ⅳ式　2件。七环金耳饰，由七环组成，其他皆同Ⅲ式。体叶左缘处有1 ~ 2孔。

清51/427–1，全长5.25、体宽1.1、叶宽0.9、厚0.03厘米，丝径0.1厘米。

清70/520–21，全长6.3、体宽0.9、叶长2.1、叶宽1.2、厚0.03厘米，丝径0.1厘米。

Ⅴ式　1件。五环金耳饰。

清60/475–19，残断，五环组成，叶体缘部二小孔，形制大小皆和4式相同。

银耳饰

2件，分为二式。

Ⅰ式　1件。

墓26-4，饰体残碎，五环构成，结构方法与金饰全同。

Ⅱ式　1件。

收113-6，曲勾残断，七环组成，叶体左缘两孔。全长5.3、体宽1、叶长1.5、叶宽0.9、[**246**]厚0.06厘米。

圆形金饰片

1件。

清12/77-52，金质圆形薄片，中间一面凸起，边缘四处共有八孔，正面有由凹点连成的纹饰：周边两道，中间连成一四角星，星角的四边凹入处各有两道连点纹，由窄至宽直达边缘透孔处。圆径5.5～5.8、厚0.05厘米。此物不见出土例，在整个文物中仅此一件，用法不详，据其形体特点看，似是缝结在头冠之上，作装饰用的物品。

圆形铜饰片

4件。

收135-20，圆形，铜饰片。素面，中心内凹，中间有一长条透孔，孔的左右各钻一小圆孔，在孔间印出一个清楚的直径2.8厘米的圆形似扣类物件的遗痕。和12号墓出土的羊首活环鎏金铜饰板，似属一类物品。体径9.1～9.2、体厚0.13、孔长2.8、孔宽0.6～0.65厘米。

收183-9，圆形鎏金铜饰片。圆形薄片中一长方孔，表面鎏金。残缺，全形不知，其用途可能也是冠饰上的佩饰品。存宽4.6、体[**247**]厚0.12厘米。

清485-40，只残存一段，圆形鎏金铜饰片。正面边缘有一周凸点（背面凹下），中间划有花纹，已漫漶不清，用途不明。存长5.3、厚0.1厘米。

收82-3，圆形铜片，体平直薄片，中心一小圆孔，边缘微残，用途不明。体径6.2、体厚0.18厘米。

羊首活环鎏金铜饰板

1件（墓12-3）。在12号墓内的头骨左侧，羊首向北直立出土。薄铜片一面鎏金，中心内凹，中间有一长条透孔。羊首表面鎏金，后带一扁体横耳，穿于铜片孔内。羊首双犄卷曲，角尖相对，下二圆眼，形态逼真，制作可谓精工。片体圆径5.5～5.7、体厚0.11厘米，羊首长1.9、宽1.62、厚（连鼻计算在内）1.7厘米。

据其出土部位，当属头上装饰，可能是连结在帽子正中的一种美观的佩饰品。

[**248**]**小结**

这些金银佩饰品，多数是清理出土和回收得来，据两墓出土例看，当属耳上的佩饰。圆形金饰片可能是冠上的装饰物。

从用材珍贵，制作精工，此类饰物当是富有阶级的用品，绝非一般人所有。

据《汉书·匈奴传》：“……冠前有珰，珰以黄金为之……”的记载，羊首活环鎏金铜饰板可能就是冠上“黄金珰”一类的佩饰物品。

[**249**] 二 玉石珠饰

共 ×× 件（包括清理 ×× 件、回收 ×× 件。）；其中从44座墓葬中出土了1317件，出在头部的9墓，在胸部或项下的14墓，在头部成堆、项部成串的4墓，在腰部及其左右的3墓，在头骨后部陶器周围的8墓，在脚下的1墓，扰乱不清的5墓。

根据第12、13、16、30、36、46、59、60、62、63等贯串形态比较明确的几墓，把其出土形态、部位和组合关系简述于下。

12号墓，出白石管24、琉璃珠98枚，分出两处，一在头部四周，一在胸部左侧。头部已零散，其贯串形态不清。胸左部的计有白石管9、琉璃珠29枚，有蓝、淡蓝、白、黄、绿等不同颜色，其贯串方法是按照不同颜色和珠体间插佩串，以求美观。如：上部正中一圆形琉璃珠，两侧接串二白石管，次各串四枚琉璃珠，再次各续串二白石管，其下各接十枚琉璃珠，最后串结在一件白石[**250**]管上。它可能单独串成，饰于项左（或于头部下垂至胸部），也可能和头部珠饰有一定联系，但不能进一步推知了。

13号墓，腰部出绿石管1、白石管35、白琉璃珠2枚。珠下出四铜铃和一马形饰具（马形饰穿孔内残有皮条，似不能与珠相串结）。它可能是首先以一绿石管为中心，其左右各穿一白琉璃珠，下面各接串白石管，最下连串在四铃体上而成一串，作为腰部的佩饰物。

16号墓，除出一件球形绿石珠外，余皆琉璃珠，共147件。色分蓝、淡蓝、白、紫等色，出于左右肩部和胸、腰等四处，肩、腰部分布的稀疏，而胸部密集，不似一一贯串，可能是缝结在某类物品上而佩戴在身上的。

30号墓，出于项下左右各一堆，皆为琉璃，有蓝、红、淡蓝、黄、紫等不同颜色，除一件为扁垂状外，余皆粒状。左堆散在不清，右堆86件（红4、紫2、蓝25、淡蓝61件），似是按色配串，最后串结在扁垂状珠体上。

36号墓，出于头部，石佩居中作上下垂[**251**]直排列。由上至下有绿石管1、淡蓝琉璃珠2、小黄琉璃2、绿石佩1、小黄琉璃1、淡蓝琉璃1、白石管2、红玛瑙珠2件。据此出土形态，不似悬佩，而似缀结在某种物品上的结果。它可能是点缀在冠上的珠饰。

59号墓，出在头、胸两处，计有玛瑙管10、瓜棱玛瑙珠56、盘状玛瑙珠10、玛瑙垂饰1、绿石管6、绿石盘状珠1、绿石佩10、白石管24、琉璃珠4件。

头部分布的是白石管、玛瑙管、绿石管，间杂有球形和瓜棱形的玛瑙珠，可能是冠上的饰品。胸部全是球形和瓜棱形的玛瑙珠串结一起，可能是挂在项上下垂至胸部的佩饰物品。

60号墓，出于腰部，尚保持着贯串形态。有玛瑙管2、瓜棱玛瑙珠2、绿石管18、绿石佩1、盘状珠6、琉璃珠19、白石管14，共62枚，互相间插穿成。外有珠形扣纵列珠串两旁（左6右4），可能不与珠串连结，而是缀在衣物之上，也可能与珠串有关，但不能进一步推知。

[**252**] 墓33、34、57，只出琉璃珠1到10枚，皆在头上陶器周围。

今按玉、石珠饰的材质、形状，依类分为了38式。

玛瑙珠

标本22件。色红、质坚，琢磨工整。分为6式。

Ⅰ式　5 件（按先后大小顺序回 ××－回 ×× 三件、墓 42–6、M50–6）。管状。圆管状中一穿孔。大者长 4.93、径 0.7 厘米，小者长 0.8、径 0.8 厘米。

Ⅱ式　5 件（按先后大小顺序墓 61–2、50–5、回 ××、墓 27–5、回 ××）。圆球状。球状扁圆，中一穿孔，色有浓淡，周体光整。大者径 1.32、高 0.95 厘米，小者径 0.58、高 0.55 厘米。

［**253**］Ⅲ式　6 件。扁平状。

墓 26–5，圆管高体，琢制光整，两端磨平，中一直孔。高 1.43、径 1.33 厘米。

回 135–2，珠体扁粗，中间穿孔从两面磨成，外宽内窄。高 1.2、径 1.53 ~ 1.8 厘米。

回 ××–××，形与上件珠全同，体略小。高 0.65、径 1.22 ~ 1.25 厘米。

回 ××–××，体扁圆，两端平整。高 0.6、径 1 厘米。

回 ××–××，体扁矮，中有凸棱一周，琢制光整。高 0.45、径 0.9 厘米。

回 103–14，管体细小，两端琢平。高 0.4、径 0.52 厘米。

［**254**］Ⅳ式　4 件（按先大后小顺序墓 135–12、39–4、27–5、35–8）。瓜棱状。体六棱，中一穿孔。大者高 0.78、径 0.92，小者高 0.4、径 0.6 厘米。

Ⅴ式　1 件（回 ××–××）。滴珠状。上体方形，中一横穿孔，体下部球状，形如滴珠。长 1.27、宽 0.9、厚 0.8 厘米。

Ⅵ式　1 件（回 ××–××）。扁垂状。扁体，上窄下宽，顶部一横孔。长 1.28、宽 0.9、厚 0.49 厘米。

碧石珠

色翠蓝，质坚硬。标本 23 件，分为七式。

Ⅰ式　4 件（按先大后小顺序回 103–11、墓 46–8、回 ××–××、M46–8）。管状，中一直孔，有的两端粗细不均。大者长 3.25、径 0.75 厘米，小者长 1.3、体径 0.7 厘米。

［**255**］Ⅱ式。鼓腹形，4 件。全系回收文物。

回 ××–××，两端细，中间粗，横断面圆形，中一直孔，磨制光整。长 2.4、径 0.6 ~ 0.8 厘米。

回 ××–××，两端细，中间粗，横断面成不规整的方形，中一穿孔。长 1.9、宽 0.9、厚 0.62 厘米。

回 ××–××，珠体粗短，中一直孔，横断面圆形。长 1.8、宽 0.6 ~ 0.9 厘米。

回 ××–××，两端细，中间粗，横断面三角形。长 1.8、宽 0.6 ~ 1 厘米。

［**256**］Ⅲ式　2 件（回收文物）。菱形。扁体，绿色，中一直孔。大者长 2.85、宽 1.72、厚 0.73 厘米，小者长 2.12、宽 1.6、厚 0.75 厘米。

Ⅳ式　1 件（回收文物）。算珠形。圆形，中间有一周凸棱，两端磨平，中一穿孔，形似算珠。高 0.93、体径 1.2 厘米。

Ⅴ式　4 件（墓 42–3、23–6、回收 2 件）。扁平形。体扁平，中一穿孔。大者高 0.65、体径 1.1 厘米，小者厚 0.35、体径 0.7 厘米。

Ⅵ式　4件（回收文物）。扁方形。形体扁方，中一穿孔。最大的一件二孔，余皆一孔，大者长2.57、宽2.51、厚0.9厘米，小者长1.43、宽1.6、厚1.51厘米。

Ⅶ式　4件（回收文物）。扁方起脊。体扁方，中间凸起，皆一穿孔。大长2.4、宽1.9、厚0.6厘米，小长1.15、宽1.25、厚0.6厘米。

绿石珠。

标本30件。色深绿，质松软。分为九式。

Ⅰ式　4件（按先长后短顺序回1、墓36–10、27–6、60–6）。管状。［**257**］圆管，色深绿，中一孔。大者长2.6、体径0.63厘米，小者长1.02、体径0.52厘米。

Ⅱ式　2件（墓43–6、50–7）。鼓腹状。两端细，中间粗，一穿孔。大者长1.5、体径0.95，小者长1.38、体径0.72厘米。

Ⅲ式　2件（回收文物）。菱形。扁长菱形，一面平直，一面凸起。长2.22 ~ 2.5、宽1.1 ~ 1.22、厚0.55 ~ 0.75厘米。

Ⅳ式　4件（回收文物）。方管状。方管体，中一穿孔。大者长2.2、宽0.82、厚0.73厘米，小者长0.68、宽0.5、厚0.49厘米。

Ⅴ式　2件（回收1、墓60–6）。扁平状。扁圆形，两端磨平，中一穿孔。高0.61 ~ 0.75、宽0.82 ~ 1厘米。

［**258**］Ⅵ式　4件（全是回收文物）。扁方形。

回××–××，扁长方体，一面缓圆，一面平直，中一穿孔，琢磨工▲。长2.44、宽1.9、厚0.48厘米。

回××–××，体略小。余同上。长1.9、宽1.2、厚0.5厘米。

回××–××，扁方体，横宽。两面平直，中一穿孔。长1.34、宽1.7、厚0.45厘米。

回××–××，体小扁方，横宽。一面缓圆，一面平直，一穿孔。长0.67、宽0.95、厚0.35厘米。

Ⅶ式　4件（墓51–2、回××–××、墓60–6二件）。扁菱形。［**259**］扁体，腹间外凸，两端窄瘦，中一孔。大者长2.2、宽1.5、厚0.57厘米，小者竖长0.51、宽0.68、厚0.5厘米。

Ⅷ式　5件（按先大后小顺序回××、墓27–4二件、回××–回××）。扁方起脊。体扁长方，一面中有一道棱脊，一面平直中一孔。大者长2.46、宽1.92、厚0.55厘米，小者竖长0.6、横宽1.12、厚0.42厘米。

Ⅸ式　3件（回收文物）。长方四孔。形体横长，皆有四孔。一件残断者，在孔的两侧面当中多一小穿孔。大者横长2.77、竖宽1.3、厚0.5厘米，小者存长1.9、竖宽0.6、厚0.5厘米。

［**260**］**琉璃珠**

标本17件。有蓝、淡蓝、红、紫、白、绿、黄等颜色。分为六式。

Ⅰ式　12件（按先大后小顺序墓33–2、1–4三件、30–7、6–3、12–8、回××–××、墓36–4、2–8二件、30–7）。圆粒状，有的略扁。仅一件环形（回××–××）。大者如豆，小者如粟粒，中间皆一穿孔。大者高 0.75、径 0.8 厘米，小者高仅 0.2、径 0.3 厘米。

Ⅱ式　1 件（墓 1–4）。体中鼓起，两端收细，中一孔。长 0.8、宽 0.4 厘米。

Ⅲ式　1 件（墓 12–8）。方管状，深蓝色。长 0.7、宽 0.45、厚 0.35 厘米。

Ⅳ式　1 件（墓 54–4）。圆形，中间一周凸起，形似算珠，是这类型中的大珠。高 0.82、宽 1 厘米。

Ⅴ式　1 件（清 71/539–4）。珠体上一凹沟，上小下大，形似葫芦，白色，琢磨光润，是此珠中之罕见者。长 1.35、宽 0.63 厘米。

Ⅵ式　1 件（墓 30–10）。体形呈三角，上端一横孔，色紫黑，身间有三周白绿纹。高 1.4、宽 1.11、厚 0.55 厘米。

[261] 白石管珠

4 件（墓 63–12）。圆管状，质软，琢制工整，中一穿孔。大者长 1.44、宽 0.6 厘米，小者长 0.28、横宽 0.5 厘米。

其他石珠

标本 9 件，分为八式。

Ⅰ式　1 件（回 ××–××）。圆管形，中一孔。色乌白，质坚硬。长 1.52、宽 0.71 厘米。

Ⅱ式　1 件（回 ××–××）。体扁圆，两面磨孔，外宽内窄。色乳白，质硬。高 0.8、宽 1.36 厘米。

Ⅲ式　1 件（回 –××）。扁体，中间穿孔较宽，腹间微外凸，似玛瑙，质软。长 1.82、宽 1.3、厚 0.97 厘米。

Ⅳ式　1 件（回 –××）。扁体。两端细，腹间外凸，中一穿孔，质坚硬。长 2.42、宽 1.1、厚 0.6 厘米。

Ⅴ式　1 件（清 71/539–17）。形体扁方，中间微向外凸，两端各一孔，一端孔眼未钻透。淡灰色，质极软。长 2.42、宽 1.78、厚 0.4 厘米。

[262] Ⅵ式　2 件。

墓 53–9，方管体，中一穿孔，质软，色乌黑，琢磨工整，光▲爱人。长 1.12、宽 0.7、厚 0.6 厘米

墓 27–8，体短，色黑褐。余皆同上。长 0.72、宽 0.64、厚 0.6 厘米。

[263] Ⅶ式　1 件（回 –××）。扁长三孔。体横长三孔，一端残缺，黑色软质，似滑石磨制。存长 2.02、竖宽 0.95、厚 0.48 厘米。

Ⅷ式　1 件（回 –××）。垂式。扁体（？）形，圆端一穿孔，孔下垂一瘤。质软色褐。长 1.4、宽 0.8、厚 0.45 厘米。

铜珠

2 件（回 103–16、回 ××–××）。一大一小，圆体，铜铸，后加错磨，两端扁平，中间一周凸棱，一穿孔。颇与二类Ⅳ式碧石珠相似，当是仿制石珠的结果。大者孔内尚保持着麻类物品，当是贯串用物体的遗留。大者高 0.92、宽 1 厘米，小者高 0.7、宽 0.89 厘米。

小结

这批装饰品，可以说是丰富多样的。但其出土关系，有的零乱，有的只存部分，并多数贯串形态不清，因而对其佩戴样式和结串方法，已大部不能得知。仅据少数墓室比较完整和大体保持着出土部位的，综合如［**264**］下几个认识。

一、每墓都出珠子，多者一墓过百且多种多样，少者仅1或2件，都是单一的琉璃珠。这似是反映了这一部族的成员，不论其地位高低和贫富的差别，死后都有殉珠的习惯。但也反映了正由于经济地位的不同，而在殉珠这一点上，也有着多寡和繁简的不同。

琉璃珠几乎遍存各墓，而玛瑙管、碧石管及绿石管、佩等则为少数墓中所有，特别是遗物比较丰富的墓中，则特别多出材质坚硬、色泽光美的红、绿、蓝等色的管状珠饰。说明这种质地坚硬的管状珠饰为少数富有阶级所专有。

二、珠子的出土部位，多在头部、项下和胸部，少数出在腰部，这就使我们知道了它们的使用部位。琉璃珠的出土形态，多是成堆成片，没有秩序的排列，而各种长管体和扁形石佩，以及较大的圆球状珠等，则多做成串出土，这可能：前者似是缀结在衣物上来做佩饰，后者是佩串成饰的。

［**265**］三、出土时保持着明确贯串形态的珠串，多是大小、长短、形状不等间隔出土，当是根据珠体形状、大小以及颜色的不同来进行配串的，以求串饰的美观。结合出土部位，当多数属于项串之类的佩饰品。

四、部分珠串与铜铃、铜环等出在一起，这些物品有的也当是玉、石、珠饰的组成部分。

［**266**］三　各种带具

大铜扣

共 ×× 件（包括清理 ×× 件、回收 ×× 件）。其中从35座墓葬中出土 ×× 件。多者一墓54件，少者只1件。多数出在腰部和头部，部分出在胸部。个别的出在下肢骨左右或脚部中间。

与扣普遍伴存的文物，是琉璃珠、白石管、绿石珠等玉、石装饰品。个别的有16墓和铜镞、铁镞、铁矛、铁剑等兵器伴存，有14墓中铜扣与铁环刀、铁环锥伴存，有20墓中和陶器伴存。少数墓中和铁马衔、铜镜或马形饰具伴存出。现按扣体形状，各选几件标本，分为12式，介绍于后：

Ⅰ式　4件。饼形扣。除一件出于下肢左侧外，余皆出于头部，其用途可能和冠饰有关。

回15-3，扣体厚重，中部微凸，背面有一凸起的半圆纽。圆径3.5、体厚0.2 ~ 0.25、通高0.95厘米。

回140-5，薄体平直，中间微凸，背面有一弧形纽。圆径2.7、体厚0.05、通高0.35厘米。

回67-2，扣体平直，背面戳一穿孔成纽，铸作粗糙。圆径2.9、体厚0.15、通高0.22厘米。

墓43-6，薄体平直，直纽，边沿残损。圆径2.25、体厚0.17、通高0.42厘米。

［**267**］Ⅱ式　3件（按先大后小顺序回121-7、回129-4、回39-4）。馒首形扣。全

系回收文物，出土关系和用途不明，皆半球形，似馒首中空，铸制工整，一扣（回 129–4）表面鎏金。背面皆有扁长条纽。大的体径 2.1 ～ 2.4、高 0.8 ～ 1.2 厘米，小的体径 1.5、高 1.2 厘米。

[**268**]Ⅲ式　14 件。笠形扣。出在 23 座墓中，其中 20 座墓内出土部位明确：5 墓出于腰部，左右横列，数量 6 至 9 个不等，其下附有皮痕，可能是皮带上的装嵌物。9 墓出头部中间或其左右。4 墓出于胸部，数量皆 1 ～ 2 件。前者可能是冠饰上的物品；后者似是胸部衣物上的饰品。两墓在腰部，一件与珠串结合；一件与铁管、铜铃结合，皆系结在腰带上，作为佩饰之用。

回 110–2，扣体正面中间凸起，侧面看似斗笠状，背面有一直体柱状纽铸结于体内。圆径 3.3、高 0.8 厘米。

回 39–3，同上扣。唯扣纽中间折曲。圆径 3、高 0.7 厘米。

墓 42–1，形体基本上和前述扣同。体较薄，背纽是用一面扁圆一面平直的锥状物体插入扣体而铸造出来的。圆径 3.1、高 0.4 厘米。

回 190–3，体形与回 110–2 同。背纽与墓 42–1 同。圆径 3、高 0.65 厘米。

回 110–2，扣体与回 110–2 同。背纽弧形，系用扁状物体从两面隔插而铸出的。圆径 2.6
[**269**] ～ 2.9、厚 0.72 厘米。

回 182–7，扣体正面缓圆，上面锈结麻布纹。扁体背纽突出于扣体之外。圆径 2.3 ～ 2.7、通高 1.05 厘米。

墓 28–3，与回 110–2 全同。圆径 2.6、高 0.55 厘米。

墓 11–3，扣面中间凸起，背纽直体圆柱形，两端铸结在扣体边缘上。圆径 2.35 ～ 2.5、通高 0.8 厘米。

墓 43–4，扣面中间微凸，背纽与墓 42–1 同。圆径 2.4、高 0.5 厘米。

墓 54–6，扣体不整。形体、制法皆与墓 43–4 同。圆径 2.25 ～ 2.4、高 0.5 厘米。

回 49–9，扣面同回 110–2、背纽同墓 42–1。圆径 2 ～ 2.15、高 0.53 厘米。

墓 12–2，扣体小而平直，面间微凸，背纽同墓 42–1。圆径 1.6、高 0.4 厘米。

回 133–2，扣面凸起，背面平直，扣纽以锥状物体插入铸出。圆径 1.75、高 0.45 厘米。

回 51–4，体小，铸造工整。正面凸起，背纽高出扣体之外。圆径 1.45、高 0.6 厘米。

[**270**] Ⅳ式　14 件。花铜扣。由墓葬出土的仅 1 件，位于头部，可能是冠上的饰品。

回 190–3，体厚重，缘部微残，扣面凸起，中间和外缘共有凹线纹四周，在凹线纹中间有轮齿纹一周。背一柱状纽铸于扣体内。圆径 3.6、高 0.7 厘米。

回 119–4，扣体厚重，面部缓圆，边缘处有刻齿纹二周。背面一横纽。圆径 3.6、高 0.8 厘米。

回 67–2，扣面缓圆，边缘一面残缺，有刻齿和线纹各一周。背一扁体弧形纽。圆径 2.8、高 0.55 厘米。

回 123–2，扣面缓圆，边缘平展，有刻齿纹一周。背一弧形纽，其两端尚保留有双范合铸的痕迹。圆径 2.8、高 0.5 厘米。

回 430–16，扣面正中凹下，外有凹线纹二周，背面一弧形纽。圆径 2.5、高 0.45 厘米。

回 14–1，扣面中间微凸，有四个三角纹上下左右相对，其外有凹线纹二周，边缘处有刻齿纹一周。背纽弧形，系用扁平的锥状物体插入扣体铸成。圆径 2.45、高 0.35 厘米。

[271] 回 8–2，扣面正中缓圆，边缘突起并有斜线纹一周，背面平直，弧形纽。圆径 2.5、全高 0.55 厘米。

回 4–××，扣体扁平，边缘残缺。面部的二周凹线纹内加竖线纹一周，背一插铸弧形纽。圆径 2.1 ~ 2.2、高 0.3 厘米。

回 8–1，体薄边残，面缓圆，有凹线纹一周。背一插铸弧形纽残断。圆径 2.3、高 0.3 厘米。

回 16–15，扣体平直，边缘残缺，正面由三凹点和三涡纹间配组成纹饰，背一插铸弧形纽。圆径存 2.3、高 0.4 厘米。

回 523–19，扣面缓圆，中间凸起，外有 8 个圆形凸起围绕组成纹饰，背一柱体横纽。圆径 2.2、高 0.6 厘米。

回 140–5，扣面缓平，磨用光整，边缘处由六个涡纹和六条凹线纹组成纹饰，背一扁体弧形纽残断。圆径 2、高存 0.4 厘米。

回 182–2，扣面缓圆，磨用光滑。中间有四乳点，外一周凸线围绕，线外有十个凸起的乳点组成纹饰，背一柱体横纽。圆径 1.5、高 0.4 厘 **[272]** 米。

回 15–9，扣体很小，正面中心凸起，边缘有竖线纹 8 道围绕。背一柱体横纽。其用途当和身间佩饰品的小型铜扣相同。圆径 0.9、高 0.4 厘米。

[273] Ⅴ式　4 件（按先大后小顺序回 53–7、103–11、墓 45–5 二件）。椭圆扣。仅两墓出土，一墓出于胸部，**[274]** 扣背附连皮片。一墓出于腰部，与鱼、兔、螺形等扣同出。前者可能是皮衣上的装饰；后者是嵌结在腰间革带上的装饰品。皆椭圆形，表面鎏金，背面有一或二个横梁纽。大扣长 2、宽 1.45、厚 0.72 厘米，小扣长 1.3、宽 1.1、厚 0.6 厘米。

Ⅵ式　1 件（回×××–×××）。螺形扣。圆形尖顶，表面鎏金，背面一横梁纽。圆径 1.25、高 0.7 厘米。出于腰部，和鱼、兔、椭圆形扣等同出于一件革带上。

Ⅶ式　1 件（回 115–2）。伏兔形扣。与鱼形、椭圆形扣共出在 45 号墓中的一件革带之上。伏兔形，屈肢正卧，竖两耳，表面鎏金，制作工整。背面有二横梁纽。长 2.5、宽 1.05、高 0.5 厘米。

Ⅷ式　1 件（墓 45–××）。鱼形扣。与兔、螺、椭圆形扣等同出于 45 号墓中，同是革带上的装饰物。鳞目清晰，制作工整，表面鎏银，背面有二横梁纽。长存 2.8、宽 1.1、高 0.7 厘米。

[275] Ⅸ式　4 件。连珠扣。全是回收文物，出土部位不清，用途不明。

回 152–5，二圆扣中间连接，正面各有同心圆纹饰三周，背面各一扁体纽。全长 3.35、宽 1.5、厚 0.52 厘米。

回 28–7，表面磨蚀。与前扣相同，但单成一扣，据其边缘看，不似残坏，似是铸造时要求的结果。圆径 1.5、厚 0.4 厘米。

回 183–9，二扣中间相连。正面扣顶高起，背面中间凹下，无纽。从其连接处的磨痕看，当是从该处缝结在他物之上使用的。长 3、宽 1.3、高 0.72 厘米。

回 24–15，扣体微残，与前一扣全同，略小。全长 2.32、宽 0.9、高 0.52 厘米。

Ⅹ式　3 件。兽面扣。出土和用途不明。

回 50–1，扣体圆形，面作熊形蹲伏状，表面鎏金。背面双鼻，一鼻残断。圆径 2.47 ~ 2.6、高 1.5 厘米。

回 3–16，扣体厚重，面作熊形蹲伏状，背［**276**］面一扁体鼻，中间折曲。圆径 2.55、高 1.2 厘米。

回 158–8，圆体虎面，背后一鼻，中间折曲。圆径 1.3 ~ 1.4、高 1.1 厘米。

［**277**］Ⅺ式　双鼻扣 1 件（回 132–2）。薄体圆形，素面，背有双纽。径 3 ~ 3.2、高 1.32 厘米。

［278］铜、铁带钩

共 ×× 件（包括清理 ×× 件、回收 ×× 件）。计分铜铁两种，只选标本 6 件（铜 4 铁 2），介绍于下。

铜带钩

4 件。

Ⅰ式　1 件（清 235–11）。形似鹅状，体宽肥，钩身较长，使用痕迹明显。此式数量较多，形体相同，仅此一件为最大。大的长 5.95、宽 1.52 厘米，小的长 ××、宽 ×× 厘米。

Ⅱ式　1 件（回 49–7）。鹅形瘦长，颈身处有二突起横纹。臀部以“八”字形凹纹，把臀部突出去。使用痕迹明显。长 5.97、宽 0.85 厘米。

Ⅲ式　1 件（清 462–5）。此件形象较奇特，艺术风格不同于Ⅰ式，着重在筋骨和半身形象方面。短嘴宽扁，长颈，宽胸，由颈至胸有脊棱一道。磨痕明显，是经过使用的结果。长 4、宽 2.59 厘米。

Ⅳ式　1 件（清 632–3）。大头粗颈小身，颈身中有脊，似小鹅用嘴啣颈部羽毛状。长 2.55、宽 1 厘米。

［279］铁带钩

2 件，分二式。

Ⅰ式　1 件（清 531–29）。残。长扁颈，小嘴。长 6.72、宽 0.9 厘米。

Ⅱ式　1 件（回 121–2）。残。仅存尾和卡结部，中有脊，断面为三角形状。长 3.3、宽 1.2 厘米。

这两件，从形态上看，似基本脱离了动物状态，开始走向钩的一般形态。

［280］铜、铁带卡

共 ×× 件（其中清理 ×× 件、回收 ×× 件）。仅从 12 号墓中出土 6 件，有的在腰间左右横列，和大铜环、铁刀残段，铜扣革带出在一起，有的三件一起斜置或竖置在股骨右侧。

卡皆青铜铸造，形有圆、方，有的一件两端一圆一方。多数在一端的中间有一卡柱，尖向外曲，有的卡尖磨平，两侧磨蚀光亮，都是经过长期使用的结果。

据其形状，选出 10 件标本，分为十式。

Ⅰ式　1 件（墓 12–5）。长体厚重，正面凸起。两端一圆一方，方端正面有三处圆形凸起，顶部磨平，中间凸起的两侧，磨蚀出凹沟，当经过长期使用。背面平滑光润，应是佩戴时贴附衣服的那一面，经长期佩用结果。出于腰部，上压一嵌结铜扣的革带，其右与大铜环相连，当是腰部束带上的卡首。［**281**］体长 15、宽 5.8 ~ 6.2、厚 0.6 厘米（见插图 – ）。

Ⅱ式　1 件（回 84–1）。正面铸一牛首，两侧双耳，中间角尖相对，顶中一卡柱，尖向外曲，其两侧磨用平滑。嘴下一横孔，孔的下缘里面也经磨蚀，形态逼真。背面仍保留着铸造时的模痕，凸起的部分磨用得平滑光润。当是带卡类的物品。不见出土例，其具体使用部位不清。长 4.2、宽 3.05、厚 0.55 厘米（见插图 – ）。

Ⅲ式　1 件（墓 12–9）。正面铸一羊首，二角左右向下折曲，顶部一孔，孔上一卡柱，尖残，也向外曲，两侧有磨痕，嘴下一斜孔，孔缘里面也经磨蚀。背面凹曲，也似经过磨用。出土在大腿骨右侧，卡尖向上。用途可能是裤腿上束裤的卡具。长 4.08、宽 2.45、厚 0.4 厘米（见插图 – ）。

Ⅳ式　1 件（墓 12–11）。形作圆环下接方尾，正面凸起，环上顶部中间有一卡柱，尖外曲，环体上铸出斜线纹。背面凹曲平滑。出于腿骨［**282**］之侧，卡尖斜向下方，且微有磨蚀，也当是束带上的卡具。长 3.9、宽 3.2、厚 0.38 厘米（见插图 – ）。

Ⅴ式　1 件（墓 12–8）。形体长方，两端向一面微翘，中间五透孔，顶上正中一卡柱，残断。出于腰部左侧，横置，卡尖向左，当是腰带上的卡具。长 3.6、宽 2.5、厚 0.2 厘米（见插图 – ）。

Ⅵ式　1 件（墓 12–10）。圆形，内铸出“十”字隔梁，中间凸起。两梁与环壁相接，两梁中断，中断处的环壁里面磨用光滑。顶中一卡柱，尖外曲，顶部磨平，是经过长期使用的结果，出于腿骨右侧，卡尖向左上方，当与Ⅲ、Ⅳ二式卡具用途相同。圆径 3.7 ~ 3.78、厚 0.35 厘米（见插图 – ）。

［**283**］Ⅶ式　1 件（回 16–13）。形体基本与Ⅳ式卡相同，唯体间多透孔。卡尖只存基部，顶部磨蚀。不见出土例，部位关系不清。长 4.1、宽 3.55、厚 0.3 厘米。

Ⅷ式　1 件（回 93–1）。卡体一端圆形，一端方形，两端向一面微翘，中有一横梁，左右各连接一圆孔，顶中一卡不甚明显，可能是铸制不佳所致。不见出土例，部位不清。长 6、宽 4.05、厚 0.47 厘米（见插图 – ）。

［**284**］Ⅸ式　1 件（回 182–9）。体形长方，铸制不整，一端有一卡柱直立，磨痕不清。长 5.65、宽 3.77、厚 0.22 厘米。

Ⅹ式　1 件（墓 12–15）。铁铸。残碎，扁体。两端一圆一方，中有三长条形透孔，圆端中间黏有绢类遗痕，当是用绢类物品系结使用留下来的。出于腰部左侧，横置。长约 5.4、宽约 4.5、厚 0.4 厘米（见插图 – ）。

[285] 铜、铁策

共 ×× 件（其中清理 ×× 件、回收 ×× 件）。只从 59 号墓中出土铁策两件，一大（圆形）一小（方形），位于人体腰部。大型铁策和三件铁环、一件长形铁卡出于左右一列，策体横置，策针向右，其附近并出有扁方绿石佩。小型铁策出在大铁策下部偏右，策针向前，其左面附近出有大小铜扣、扁铜管和兽面饰具等。

铜策不见出土例，部位关系不明。它和铜、铁带卡虽用法不同，但其用途，从出土部位和器物本身构造看，都应是相同的。

今按其材质、形制分式叙述如下：

（1）铁策

2 件，二式。

Ⅰ式　1 件（墓 59–13）。锻制。环形。环体断面近圆形，其两端没有密接，间隙处接有扁体策针（长 9.5、宽处 1 厘米）。已残碎。圆径 9.2、体厚 0.4 ~ 0.6、宽 0.5 ~ 0.6 厘米。

Ⅱ式　1 件（墓 59–13）。锻造，方形。接 **[286]** 缝处接扁体策针（针长 3.8、宽 0.7 厘米）。体长 4.7、宽 3.3、厚 0.6 厘米。

（2）铜策

2 件，二式。

Ⅰ式　1 件（回 163–12）。铸造后错磨工整。方体厚重，中一横梁，其上有二凸起，各有一孔，孔间用铁杆穿住策针。体长 4、宽 4.06、厚 0.5 厘米；针长 2.6、宽 0.7、厚 0.4 厘米。

Ⅱ式　1 件（收 165–2）。铸造工整。断面圆柱形，两端一圆一方，方端按一扁体策针。体长 2.3、宽 2.5、厚 0.33 厘米；针长 2.8、宽 0.4、厚 0.22 厘米（见插图▲）。

[287] 透孔铜带具

共 ×× 件（清理 ×× 件，回收 ×× 件）。不见出土例，仅从回收文物中选出 4 件标本，分为三式，介绍如下。

Ⅰ式　2 件。

回 26–2，薄体透孔圆形，正面鎏金，一端出一与环体连接的横长方形。内圆中间由三条曲线联结成花纹，内圆外有五道隔梁和外圆联结。环纹中间凸起，背面平直。长 11.7、宽 10.5、厚 0.26 厘米。

回 76–2，形体与上述全同，略小。正、背二面环纹皆中部凸起。长 6.45、宽 6.8、厚 0.25 厘米。

[288] Ⅱ式　1 件。

回 158–1，体扁长，两端一圆一方，体内有三处卷曲纹线联结。正面纹线中间凸起，背面平直。长 9.55、宽 4.6 ~ 5.45、厚 0.3 厘米（见插图）。

Ⅲ式　1 件（回 115–7）。环体大部残断，正面内铸一牛首，二角相对，耳鼻清晰，形象生动；背面凹下，凸起处磨用光滑。它们可能是既做装饰而又实用的带具类的佩饰物品。长存 5.4、宽 3.2、厚 0.4 厘米（见插图）。

［**289**］四　身间佩饰品

小形铜扣

6件。按先大后小顺序排列：回140–15、回××–××、墓13–14、23–8、回××–××、回138–7。分别出在16座墓中，其中有10座出土位置明确：7墓出于头部或项下，3墓出于腰部。前者多和白石管、绿石管并出，有的也并出有玛瑙管，似是和珠玉贯串一起或是缀结冠上和项下的配饰物品。后者左右成行列于腰部，多者十余，少者六、七，似是缀结在腰间衣服上的用品。

此外，13号墓中两枚扣出在牙的左右，这一出土例和16号墓中的两枚大铜扣的出土位置全同，其用途用法虽还不能确定，但这种现象是值得注意和做进一步研究的。

扣体皆半圆形，正面中部凸起，背面一长条纽，体形和带具中的Ⅱ式大铜扣基本相同。大的体径1.25、高0.4厘米，小的体径0.65～0.75、高0.35厘米。

铜环

共××件（包括清理××件、回收××件）。［**290**］均铸制，大的直径10.3、小的仅1.8厘米。从环体断面看有圆、扁、扁平和一面鼓起以及平板灯不同形状。个别的在环体的一面或两面铸有半圆或三角形花纹。其中从墓葬出土的仅37件（墓11、12、15、16、31、35、63），一墓多者［**291**］10件，少者只一件，都出在人体腰部或稍下的地方。从出土部位比较明确的几墓来观察，有的横排在腰间，有的纵列于腰部右侧。

铜环的出土形态是：31号墓出在装嵌着大铜扣的皮带下面，七件一列（有的重叠）横贯人体腰部，环下残留有清楚的麻织物痕迹，据残存断片看，在麻织物上附有绢类织物，在麻织物下黏连着皮革。并于每件环上都保留着连接的皮条。

16和63号墓，出于腰部或偏右侧，都顺人体方向，有的两环并列，有的一环依次顺排，环下出有大片皮革残迹，其上有麻布纹并印出清楚的环形轮廓，在皮革外缘的一处还保留着一个圆形小孔。这样排列的环中，每一组都有一件稍大的，并磨用得两面平滑。多数环上都在一边有明显磨蚀痕迹，少数磨痕不清。

16号墓的环串之左还有二环间以皮条串连着马形饰具，并在环的一端穿有小铁管。

12号墓的一件大铜环，并列出于人体腰部和铜带卡左右，其上也出有装嵌着大铜扣的皮［**292**］带。

上述铜环都当是竖列式横贯腰间的佩带物。今按其形状、纹饰，选9件标本分别介绍于下：

Ⅰ式　8件（按先大后小顺序：墓12–6、回115–9、墓35–2、15–6、回98–2、14–5、59–3、182–5）。圆铜环。据两件出土例看，一与几何纹铜饰板并出于腿部，一出于腰部右侧，它们不与其他环结合。这些环中除一最小环外，都没有明显的使用痕迹，用途不清。从小环的磨痕看，共分上下两处，当是环佩中作上下连接穿挂之用的。径体皆圆形，有的另加错磨。大者直径8.5、体宽0.5厘米，小者直径1.8、体宽0.25厘米。

Ⅱ式　7件（按先大后小顺序：回143–1、墓15–5、回90–1、墓16–6、31–3、回177–

1、墓 15–5）。扁铜环。径体扁平，铸后又加修整，多数还保留着翻铸时合范不严的残迹。大者直径 10.3、体宽 1.5、厚 0.45 厘米，小环直径 3.9、体宽 0.9 ~ 1.1、厚 0.4 厘米。其中除最大一环不见出［**293**］土例又没有明显使用痕迹外，其余环体绝大部分都有明显磨痕，有的似经金属器物长期▲磨而形成的半圆豁口。据上述使用痕迹和出土形态，有的似是缝缀腰上和纵串穿挂在腰间。它们当都是在腰间具有佩饰和实用双重意义的用品。

Ⅲ式　7 件（按先大后小顺序：墓 16–7、63–9、回 38–12、墓 63–9、63–9、回 38–12、29–9）。扁平铜环。有墓葬出土 4 件，其他均为回收文物。环体皆一面缓圆，一面平直，大环直径 4.8、体宽 1.1、厚 0.2 厘米；小环直径 3.1、体宽 0.7、厚 0.18 厘米。从使用痕迹和出土形态推测，除最大一环（墓 16–7）是和马形饰具结合作为腰部佩饰之外，其余皆和Ⅱ式扁铜环相同。

［**294**］Ⅳ式　4 件。花铜环。

回 103–5，扁平体，两面纹饰相同。外缘连弧纹，内缘有凹线纹一周，内外缘之间有一周半圆形的凹点纹。直径 5、体宽 0.7、厚 0.21 厘米。

回 18–9，正（纹）面缓圆，上有三角形凸线纹，背面平直。一处有磨用痕迹。圆径 3.7、体宽 1、厚 0.3 厘米。

墓 63–9，形体、纹饰皆与上环同。在一边磨用出豁口。圆径 3.4、体宽 0.9、厚 0.3 厘米。

回 172–1，与墓 63–9 同。环体一边的内外缘皆有使用痕迹。圆径 3.4、体宽 0.45 ~ 0.8、厚 0.3 厘米。

这几环中，除一最大环外，使用痕迹都非常明显。就其出土例和结合使用痕迹，其用途与Ⅱ、Ⅲ两式铜环相同。

Ⅴ式　4 件。其他类型铜环。

回 15–2，环体平板形。直径 3.95、体宽 1.2、厚 0.2 厘米。

回 115–4，环体薄平，一面鼓起，一处有磨用出［**295**］的豁口。直径 3、体宽 1、高 0.52 厘米。

回 8–3，与回 115–4 同。

回 67–7，体小窄扁。直径 2.8、体宽 0.3 ~ 0.3、厚 0.15 厘米。

这几环均不见出土例，除回 115–4、回 8–3 两环系剑柄铜环外，其余用途均不清。通过二件剑柄铜环悬磨出豁口的事实，得知这类铜环也同时用于腰部当作佩饰。

［**296**］根据铜环的出土形态和对共存物的残碎段、片上遗痕的观察，它们的用途用法及佩戴部位可能如下。

一部分环饰（如 31 号墓）是用皮条连接在内皮外包麻织品（其上还印有绢纹），可能是属于革衣之类的物体上，既有其装饰意义，同时也用它佩挂日常用品和其他佩饰品。从环的［**297**］磨蚀痕迹看，有的光亮，当是佩戴轻体佩饰物的结果。而磨出较深豁口的，许是佩戴或较经常佩戴金属用品——刀锥之类的物品，经过较长时期的游磨而形成的。而刀锥佩挂腰间环上正是为了便于日常携带和取用的方便，当不具装饰意义。

一部分铜环（16、63 号墓）出土部位相同。初估一种可能是用丝、麻织品类的物品连成一串，并用一较大之环作为串饰之首，悬佩腰间；另一可能是各个缝结在革带的下垂部分，作为装饰。从磨用痕迹看，除装饰外也有其实用意义，即佩挂其他日常用品。唯 16 号墓中的环串之左，也有在二环之间以皮条连接着马形饰具，并在环的另一端穿有小铁管，可能纯属装饰用品。

12 号墓中出土的一件大铜环与铜带卡并列共出在人体腰部左右，可能属于腰上卡具之类的物品，也可能是垂饰的一种。

综合上述，这类环饰有的横在腰间与扣带并行，有的纵列在腰部右侧做上下串连，都当
[298] 是腰间的佩戴物品，并有其实用意义，即佩挂其他日常用品，而便于携带和随时取用。

[299] **轮形铜具**

共 ×× 件（其中清理 ×× 件，回收 ×× 件）。仅从 15 号墓中出土 5 件。出在胸下腰上，似作左右横列。与铜环、小铜铃、铃形小铜具出在一起，白石管、琉璃珠也出在它上下附近一带。

模制。有的一边有轻微的磨用痕迹，可能和铜环的用途一样，围佩腰间，其上也佩挂些日常用的或有装饰意义的小型物品，如小铜铃和铃形小铜具等等。

按其形制选出 7 件标本，分为五式。

Ⅰ式　1 件（墓 15-4）。环形，正面缓圆，内有“十”字隔梁，把环分成四部分，中间有一凸节。背面平直，纽部凹下。外缘一边有断口，似有一定用途。在环孔内的一边，有使用的磨痕。圆径 4.6 ~ 4.8、厚处 0.43 ~ 0.47 厘米（见插图 - ）。

[300] Ⅱ式　1 件（回 182-11）。正面凸起，背面平直。内外两环，中有六隔梁连接，铸制规整，磨痕不清。圆径 4.55、厚 0.15 厘米（见插图 - ）。

Ⅲ式　1 件（回 83-2）。体近圆形，残断。红铜铸造。正面缓圆，背面平直。中间一环孔与四周隔梁交叉连接。无磨用痕迹。圆径 4.75 ~ 5、厚 1.5 厘米（见插图）。

Ⅳ式　1 件（回 16-13）。外环内铸五环，有四处与外环连接，正背两面皆缓圆，边缘的一边稍有磨痕。圆径 4.7、厚 3 厘米（见插图）。

[301] Ⅴ式　2 件。

回 52-2，环体一面扁平，一面平直，内一小环与外环间有三处连接，但在相当于环体四分之一的部位留有空隙，该处有使用磨痕。直径 3.7、厚 0.2 厘米。

回 84-3，环体两面缓圆，内环的半面与外环间有五处连接，其余半面空隙处有明显的使用痕迹。直径 3.5、厚 0.25 厘米。

[302] **铜铃**

共 ×× 件。其中从墓葬出土的仅 28 件，出自七座墓葬。一墓多者 7 件，少者 1 件。由清理坑出的 ×× 件，回收 ×× 件。铃皆范铸，形体有圆、椭圆、菱形和有孔、无孔之别，部分上铸花纹。多数体内无铃舌。当是互相撞击发响。有的铃体铸造不佳，体残近半，有的因使用磨损鼻梁残断，但也照常或加修理后继续使用。

其出土部位，皆在腰部及其左右，只一例出在小腿骨的右侧。和它伴存的文物，较多的有白石管、琉璃珠、小铁管、大小铜扣等，个别的有玛瑙珠、铜镜、马形饰具、铃形小铜具、铜环、铜铁镞、铁环刀、一刀圆钱等。

今按其形制，各选几件标本，共分十一式。

［**303**］Ⅰ式　5件。

回47–1，铃体椭圆，双范合铸。一面微残。口缘外残作弧形，缓坡顶，上有一鼻。体外两面铸有斜线乳点纹饰，体内有长条形铃舌（中空，下端成球状）。通高5.4、宽4.8、厚2.4厘米。

回3–18，铃体一面残缺，铃舌残断不存。两面纹饰相同，皆在两侧饰斜线乳点纹，中间为变形螭形纹。其余同上铃。通高5.15、宽4.7、厚2.7厘米。

墓22–14，铃体大部残缺，铃舌断。除两常的斜线乳点纹饰各分成三组外，余与回47–1同。鼻梁断去，下钻二圆孔，可能以孔代鼻，继续利用。存高4.3、存宽4.3厘米。

墓13–2，体小。铃舌残断，平顶。余与回3–18同。通高4.25、宽3.65、厚2厘米。

回85–1，体小，口缘微外残，平顶上一鼻，铃舌残断。体外纹饰：两侧各三乳点纹，中间变形螭形纹。通高3.35、宽2.45、厚1.75厘米。

［**304**］其中从墓葬发掘出土的2件，一件铃鼻残坏，于顶部另钻二孔，继续利用。出于人体腰部右侧，与铁管、大铜扣穿成一串。一件出土约在腰部，与其他三铃（××式）共出，可能四铃穿成一串。一件出于小腿右侧，四铃一起，每一铃鼻上各穿铁管七个，各成一行，系结一起。可能原来是佩系在腰部而垂至腿下。

［**305**］Ⅱ式　5件。双范合铸，皆无铃舌，鼻下各有一孔，可能是作系结铃之用的。

回18–5，铃体素面，椭圆略扁，口缘外残作弧形。平顶上有一鼻残断，鼻下钻一圆孔。周身数孔。通高3.55、宽3.6、厚1.9厘米。

墓17–3，扁体椭圆，口缘外残作弧形，平顶上有一鼻，鼻下一孔。素面。通高3.85、宽4.5、厚1.78厘米。

回114–1，除两面有相同的交叉斜线纹饰外，余皆与墓17–3同。通高3.3、宽3.52、厚1.7厘米。

清13/135–6，椭圆形，口缘外残成弧形，无肩，顶端一鼻，下钻一孔。体侧一面交叉斜线纹，一面作不规整的弧线纹。通高3.76、宽3、厚1.8厘米。

墓17–2，体小椭圆，口缘外残作弧形，平顶上一鼻，下一透孔。素面。通高3、宽2.8、厚1.9厘米。

其中从墓葬出土两件，出在人体腰部并分作两组：左侧一组4件，铃鼻皆向陶纺轮，围［**306**］成半圆形；右侧一组三件，似南北横列，其附近伴出小铁管，其上下各出三件铃形小铜具，似上下贯串一起。

Ⅲ式　4件。

回117–2，菱形、平口、圆肩无鼻，下一穿孔。口缘部二周凹线纹，已磨蚀不清。周身四孔。通高 3.6、宽 2.9、厚 2.5 厘米。

回 164–5，除肩上一鼻外，余与上全同。通高 3.9、宽 2.35、厚 2.25 厘米。

墓 14–1，平口、圆肩，上一环鼻，周身四孔。通高 3、宽 1.6、厚 1.4 厘米。

墓 15–7，平口、圆肩，上一高鼻，身侧二孔。通高 3、宽 1.6、厚 1.4 厘米。

其中墓葬出土的两件。一件出土时三铃并列，原可能是贯成一串。一件出于人体腰部，与铃形小铜具、轮形铜具、铜环等接连，可能与铃形小铜具串佩一起。

Ⅳ式　3 件。全系回收文物，出土部位不清。

［**307**］回 132–5，体菱形。口缘外残作折弧形。肩上一鼻，体周四孔。通高 4.5、宽 3.85、厚 2.3 厘米。

回 40–1，体窄瘦。铸作不整。余与上铃同。通高 3.7、宽 2、厚 1.52 厘米。

回 128–4，无鼻，顶端下一穿孔，余与上铃同。通高 3.4、宽 2.4、厚 2 厘米。

Ⅴ式　3 件。

回 103–6，圆筒状、平口，体上一穿孔作鼻，周身四孔。口缘部有三周凹线纹。通高 4.25、宽 2.45、厚 2.5 厘米。

清 42/269–10，筒形略扁，余同上。通高 3.9、宽 2.5、厚 2.05 厘米。

回 111–1，体小，口缘部有细线纹五周，余同上。通高 3、宽 1.85、厚 1.63 厘米。

Ⅵ式　3 件。

回 54–4，椭圆，平口，体上一鼻，周身有六条三角形透孔。通高 4、宽 3.1、厚 2.2 厘米。

清 269–34，周身四孔，口缘部有凹线［**308**］纹二周，内加锯齿纹一周。鼻上锈结着铁锈，可能原来也是和小铁管穿佩一起的。余同上。通高 4.2、宽 2.6、厚 2.1 厘米。

回 62–2，除口缘部有二周凹线纹外，余与清 /269–34 同。高 3.75、宽 2.4、厚 2.1 厘米。

Ⅶ式　5 件。

回 18–5，椭圆细长，平口，上端一鼻，体周三孔。通高 4.8、宽 2.88、厚 1.85 厘米。

清 69/514–18，椭圆、平口，体略扁，上端一鼻，两侧二孔。口缘部有横一纵五的交叉凸线纹。通高 3.3、宽 2.1、厚 1.4 厘米。

墓 22–10，扁体椭圆，口缘外张，上端一鼻，一侧二孔。通高 3.35、宽 2.8、厚 1.2 厘米。

墓 21–4，椭圆、平口、一鼻，体侧一孔。铃体铸造不佳，残缺近半，但使用得光滑。通高 3.5、宽 2.1、厚 1.2 厘米。

墓 21–8，体小、平口，两侧三孔。高 2.5、宽 2.15、厚 1.4 厘米。

［**309**］其中墓葬出土 3 件，出土形态是：一墓分左右两组，右侧三铃，每一铃鼻上穿一铁管；左侧四铃，除铃鼻上各穿有小铁管外，并与铁刀、一刀圆钱互相叠压。一墓位于腰部，但偏于左圹限处，与其他铃、扣等距离较远，其相互关系已不能推知。

Ⅷ式　5 件。

清 485–13，圆体细长，平口，体上一鼻。身有凹线纹八周，其间满布三角形线纹。通高 4、宽 1.72、厚 1.65 厘米。

回143–5，圆体细长，平口、体上一鼻，周身三孔，口、腹部有凹线纹共七周。通高3.2、宽1.55、厚1.5厘米。

墓13–3，肩、口部有细线纹六周，腹部有斜行线纹，有的已磨蚀不清。余与回143–5同。通高3.4、宽1.6、厚1.4厘米。

回40–1，周身四孔，肩、腹、口各二周凹线纹，中加斜行线纹。余同墓13–3。通高3.35、宽1.35、厚1.3厘米。

[**310**]清44/327–3，周身四孔，颈、口部各三周线纹，腹部加左右交叉的斜行线纹。高3.2、宽1.4、厚1.1厘米。

其中墓葬出土只一件，与Ⅰ式铃、马形饰具、珠形扣、白石管、琉璃珠并出。出土时四铃尚保持着贯串形态。

Ⅸ式　2件。回收文物，出土部位不清。

回158–3，圆体，平口喇叭形，环鼻上端多出一扁圆柱体，铃身二侧各一透孔。通高3.85、宽2.55、厚2.25厘米。

回89–1，圆体，口缘外张作弧形。鼻下有短颈，上有三周凸线纹，体周似有四孔，原似铸造不佳，现只残存多半，从磨损痕迹看，也照常利用过。通高4.35、宽约1.6、厚1.6厘米。

Ⅹ式　2件。

清68/490–14，全体短宽略扁，平口。无鼻二孔。高3.4、宽2.9、厚1.75厘米。

回160–3，椭圆略扁，体周无孔，上一环鼻，鼻下二孔。通高3.08、宽2.2、厚1.62厘米。

[**311**] Ⅺ式　1件

回182–18，圆球形，中空，周身八孔，体上铸出一伏鸟形象。高4.8、宽4、厚4厘米。

此外，作为腰间佩饰品和铜铃共出的还有陶纺轮1件。出于17号墓中，和四铜铃结佩一起。灰褐色，扁轮形，中一穿孔，质含砂，手制光滑工整，似用残陶器片磨制成器。圆径4.8厘米，厚0.85 ~ 0.9厘米。

根据铃的出土形态和部位，当全是腰间的佩饰用品，其互相连接与佩戴的方法是：

一类，右三左四分配腰间：一种是铃鼻上各穿小铁管连接一起佩于腰右，左部与铁环刀、一刀圆钱连佩一起；一种是和六个铃形小铜具上下贯串佩于腰右，左四铃和陶纺轮系佩一起；

二类，一铃一扣，中间穿有17个小铁管佩于腰部右侧；

[**312**]三类，四串铁管每串七个，下系四铃，佩于腰右并下垂至腿部；

四类，铃和四铃形小铜具串连一起，佩戴在腰部右侧。

另外，还有两墓，残坏只存中部，似与腰部三铃或四铃单独成串佩挂腰间。其中一墓的铃佩，又似与马形饰具佩系一起。

[**313**] **铃形小铜具**

共××件（包括清理××件，回收××件）。其中仅从两座墓葬中出土10件。17号墓中伴出有陶纺轮、小铜铃和小铁管。15号墓中伴出有陶罐、铜镜、铜环、铜铃、轮形铜具、铜扣和白石管、琉璃珠等。仅选 4 件标本（墓 17–4、17–4、15–8、回 38–19）。皆双范合铸，体上有圆形环柄，柄下前后各一扁方体分别做弧形下垂，从侧面看形如“ ┌┴┐ ”形。铸后另加错磨，有的使用得非常光整，多数铃体的两侧面均铸有“X”形或“☒”形线纹，少数素面。大的高 3.2、宽 1.6、厚 1.5 厘米，小的高 2.65、宽 1.3、厚 1.15 厘米。

据 17 号墓中的出土部位，似为三个铃并列居中，六件铃形小铜具上下各三件左右并列，他们之间以绢麻类织物上下串连成三组，后把上端集中于铁管之中而成一件，当是腰间的佩饰用品。

［314］马形饰具

共 ×× 件（清理 ×× 件，回收 ×× 件）。其中仅从 13、16 号两座墓中各出一件，皆在人体腰部。13 号墓马饰出土时正置，头朝东北，尾向西面，其附近伴出有铜铃 4 件和琉璃珠、白石管等 37 枚。16 号墓，在腰部偏左反出，头西尾东，头尾两处各有铜环一件，并还保留着相互串连的皮条残迹。其右面附近伴出有琉璃珠 36 枚。

按其形制，选出三件标本（墓 13–1、回 153–1、回 2–2）：

Ⅰ式 1 件（墓 13–1）。正面凸起，作竖耳伸颈、四肢屈卧姿态，鬃尾部刻线清晰。背面凹下，颈与腰部各有一横梁纽，系穿结皮条处，以和铜铃连接，作为佩饰之用的。长 6.1、高 4.5、厚 0.5 厘米。

Ⅱ式 1 件（回 153–1）。除在马背上铸出一鸟，头向马尾作啄食之状，鬃尾刻线于背部相连［**315**］接外，余皆与Ⅰ式马饰基本相同。长 6.55、高 4.35、厚 ×× 厘米。

Ⅲ式 1 件（回 2–2）。马饰制作工整，刻线清晰，筋骨凸起，耳、目、口、蹄逼真。马似张口吁鼻，屈肢欲起，作奔跃状。正面凸起，背面凹下。无梁纽。从颈下、尾端的环孔有轻微磨痕看，当是缝结在他物之上用作装饰的。长 5.3、高 2.98、厚 0.57 厘米。

［316］铜、铁管

铜管

共 ×× 件（包括清理 ×× 件，回收 ×× 件）。其中仅从三座墓葬中出土 4 件。出土部位皆在腰部。22 号墓中一件单出，旁距他物较远，其相互关系不能确知。21 号墓中出 2 件，出于腰部左侧，与铁管并列，其下皆系铜铃。当是腰间系铃佩戴的用品。［**317**］标本 2 件。

墓 22–19，残缺。管体用薄铜片卷成扁圆形，中间留有接缝一道。管内存有绢类织物痕迹，当和铁管一样，应是用绢类物品通过管孔系于他物之上而成饰串的。长 1.88、圆径 0.45 ~ 0.5、壁厚 0.05 厘米。

墓 48–5，残缺。管体圆形，其余皆与上管相同。长 2.15、圆径 0.5 ~ 0.6、壁厚 0.05 厘米。

铁管

共 ×× 件（包括清理 ×× 件，回收 ×× 件）。其中从 6 座墓葬中出土 42 件，除 48 号墓葬内部凌乱关系不明外，其余 5 座墓（墓 17、21、22、63、51）皆大体保存原位，前 4 墓皆出腰部或其左右两侧，后一墓出于腿右。17 号墓中的与小铜铃和铃形小铜具穿在一起，佩于腰右；21 号墓中的每一管下皆穿小铜铃一件，左四右三佩于腰间；22 号墓中的 17 件铁管一列相穿，其两端分系一铃和一大铜扣，似缠绕于腰际；63 号墓中的与作纵列成串的 8 枚铜环穿在一起，佩于［**318**］腰右；51 号墓中的比较特殊，14 件铁管分穿成 4 串，每串之下各系一铃（Ⅰ式铜铃）。下垂于右腿之右。今选标本 4 件。

墓 48–4，范铸。短体扁圆，管孔内残有绢类痕迹，当是用绢类物品通过管孔和他物串结一起当作佩饰之用的。长 2.35、管径 0.6 ～ 0.9 厘米。

墓 22–1，圆管状。体外残有绢类织物，余皆与上管同。长 2.7、管径 0.85 厘米。

墓 17–5，长圆管状，似 2、3 管锈结一起。余同上管。长 4.2、管径 0.5 ～ 0.7 厘米。

墓 63–8，圆管残断。孔内管外皆有绢类织物痕迹。存长 2.8、管径 1.4 厘米。

［**319**］**兽面饰具**

共 ×× 件（包括清理 ×× 件，回收 ×× 件），从墓葬中出土仅 6 件，分别出在三座墓中，一墓多的 4 件，少的只 1 件。两墓出在约当小腿骨与脚骨的左侧；一墓出于腰部左右两件，左面的正出，右面的反出。

按其形状，分为四式，选 8 件标本分别叙述于下：

Ⅰ式　2 件（墓 60–9、清 68/489–12），墓葬出土的一件，位于脚下左侧，与铁残刀出在一起。二件形体相同。头顶上有一独角，侧为二耳直竖，耳下有目和鼻，鼻耳之间还有一点突起，鼻后为口，长达耳根，体断面呈三角形。整个形象似一独角大口的怪兽，其背面有二横梁作纽。大者长 4.79、宽 1.05、厚 1.2 厘米，小者存长 4.1、宽 1.2、厚 1.03 厘米。

［**320**］Ⅱ式　2 件。皆系回收文物，出土关系不明。

回 24–7，顶上二角，下有二目，鼻部突起瘦长，背有二横梁纽，一纽残缺不存。整个形象似牛。长 5.75、宽 1.55、厚 0.85 厘米。

回 8–6，除管口内部锈结并黏有麻布纹，当是使用痕迹的遗留外，余皆与回 24–7 同。长 5.3、宽 1.4、厚 0.7 厘米。

Ⅲ式　2 件。回收文物，出土关系不明。

回 49–8，顶上二耳直竖，下有目鼻，形象似马。背有二纽。长 5.58、宽 1.62、厚 0.95 厘米。

回 182–10，两三角形的耳间有一凸线构成的三角形，似角非角，下有目鼻，鼻梁凸起，整个形象似马非马。背有二纽，中间锈结小铁管一件。长 4.72、宽 1.52、厚 0.96 厘米。

Ⅳ式　2 件。皆素面。

××–6，正面二脊，磨用光滑，背面有二梁纽。长 5.7、宽 1.4、厚 0.87 厘米。

回 114–7，正面缓圆，背面下端成圆裤状。长 4.7、宽 1.33、厚 0.82 厘米。

［**321**］［**322**］上述铜具，从器形看，有马、牛、羊和怪兽。从出土形态看，有反有正，说明身前身后，皆加佩戴。从出土部位和个别器物的锈结痕迹看，有可能是腰部革带上的佩饰物。也有可能用铁管连接他物作为垂饰之用。

器形制作工整，动物形象逼真，说明这一部族的铸作技术很高，并善于把各类动物形象创造性地反映于各种佩饰物品上，作为装饰佩戴于身间。

［323］梳形卡具

共××件。全系回收品，不见出土例，用途不明。今选标本3件。

回60–1，薄体束腰，形如“⌛”字，正面平滑，背面满布小圆凸点，并经磨损。一端有纽残断，可能是用以悬挂；另一端折曲，上有八孔。体长5.4、宽3.7～4.8、厚0.3厘米。

回14–4，形体同上。折曲的一端除有不规整的六孔外，下有十二个大小不一的锯齿，似挠子形状，齿尖皆经磨蚀。体长5.6、宽3.9～4.5、厚0.2厘米。

回84–2，形体基本与前述同。唯纽在体一端与体身平行，折曲的一端稍外张，有五孔。长6.5、宽3.3～3.65、厚0.2厘米。

［324］镀金心形铜牌

回154–1，平面心形，体平直板状，上有三小穿孔，作三角形排列。牌上正面满饰互相纠缠着的类似蟠螭纹的图案，左右对称。上端有二鸟相向而立，右边的一鸟作反顾状。这种鸟与其说是凤，倒不如说是鹦鹉较为恰当。中央有一对奔鹿，双角歧出，两两相对。像这样的器物，在汉代铜器中还是第一次看见。从纹饰上看，类似蟠螭纹的图案，和许多汉镜的地纹有相似之处；麋鹿之类的走兽，在汉代漆器中也是多见的。长23、宽17.6、厚0.2厘米。仅此一件，回收得来，用途不清，或有可能是胸前的佩戴物品。

鎏金带鼻铜具

1件（回3–20）。残存一段，完整似是心形。薄片体，正面鎏金，上划云气、缠枝等花纹，它和心形鎏金铜牌上的纹饰相比，除无禽首外，是基本相同的。背面一横鼻，侧有二孔（可能原有二鼻，因一鼻残断而出二孔）。存长9、体厚0.1、鼻高1.3厘米，用途不明。

［325］五　货币及其他佩饰品

铜贝

共××件，可分3式，标本××件。

Ⅰ式　××件，标本16件。

回38–5，鎏金铜具16件（2残）。椭圆形，两头尖，上宽下窄；正面突起，中有一直沟，两侧齿纹相对；背下凹中有一直脊；上下二端各有一孔，系穿结处；出土地点、部位和关系不明。约长2～2.8、宽1.74～1.9、厚0.25～0.3厘米；重1.6～2.65克（见表）。

Ⅱ式　××件，标本1件。

清50/353，椭圆形，二端平面，上宽下窄，面突起背平素，中有一长孔。长1.87、宽1.45、厚0.31厘米；重3克。

Ⅲ式　××件，标本1件。

回16–14，体小作椭圆形，二端作平面，面突起背平素，中有一直沟，并有一孔。因铅锡成分较多，而近黑色。长1.25、宽1.03、厚0.22厘米，重1.2克。

这批出土品，铸造较好，工整，大小形式、厚薄、穿孔皆一致。这是过去出土品中少见的，小铜贝则更是世所罕见的物品。

其用途是货币，还是装饰？由于全系回收物，没有正式发掘出土品，因此尚难决定，而

[**326**] 它的年代亦不能断定。我们初步估计，可能是装饰品：根据《史书·食货志》记载，仿贝作为货币是从周始行至秦废，此后珠玉龟贝银锡之类器饰或宝藏，不为币了（当然王莽复古贝币曾流行一个短时期）；其次在民俗学也有其作为装饰的根据，如黑龙江省赫哲族人民就有此俗，苏联有的民族，瑞典有的民族，在古代大受其匈奴人的影响，直到现在仍保留其用贝装饰的风习。当然我们也不排斥它有作为货币的可能性。汉初，货币铸造和流通极不统一，鎏金贝币在这期间参与流通，虽然史书没有记载，但亦有可能性，在上层流通的可能性更大些。因为鎏金贝币毕竟要比当时的各种钱要贵重些，其价值要大些的。

[327] 鎏金铜贝标本统计表

序号	长（厘米）	宽（厘米）	厚（厘米）	重（克）	备注
1	2.22	1.81	0.32	2.55	面似有细纤微痕，背似有绢痕
2	2.24	1.78	0.29	1.85	
3	2.28	1.75	0.27	1.7	面似有细纤微痕
4	2.28	1.83	0.27	2.15	
5	2.19	1.74	0.25	2.65	
6	2.2	1.73	0.27	1.8	
7	2.2	1.74	0.27	1.6	
8	2.2	1.74	0.29	1.7	
9	2.25	1.9	0.27	1.8	
10	2.25	1.85	0.3	1.95	
11	2.25	1.76	0.28	2.05	
12	2	1.77	0.3	2.45	

[**328**] **圆钱**

共 × × 枚，其中墓葬 × × 枚，清理坑 × × 枚，回收 × × 枚。计有一化、半两、五铢三种。

一化钱

墓 21–3，共 2 枚。一残一碎。在 21 号墓中部出土。半落叠在直背环首小刀上，圆体，方孔，小而轻，铜质很坏，面有双郭（轮郭、孔郭），孔右左侧铸“9”字、“9”系化省体，钱文较粗匀；背平素无郭。存径 1.85、孔径 0.65、厚 0.1 厘米，重 1.5 克。

半两钱

①大半两，共 × × 枚，标本 2 件。

回 185–5，圆形方孔，面部无郭，且较平匀。体径 3.3、孔径 1、厚 0.12 厘米，重 5 克。

回 8–5，残，体形同上。“两”上角有一小圆穿孔，似系线穿锁处；通体经使用磨蚀得光滑薄匀，且形成大方孔。存体径 3.3、孔径 1.2、厚 0.1 厘米，重 2.3 克。

②小半两

[**329**] 共 ×× 枚，标本 ×× 件。

清 272–27，圆形大方孔，面背皆无郭，体薄质劣。体径 2.3、孔 1、厚 0.1 厘米，重 1.8 克。

清 265–1，残，形体同上，“两”字里稍作“^^”形，而不是如上二钱作“—”形。体径 2.3、孔径 0.9、厚 0.07 厘米，重 1.6 克。

清 314–16，除孔较小，“两”字里作“| |”外，皆同上。体径 2.3、孔径 0.75、厚 0.1 厘米，重 2.5 克。

五铢钱

共计 ×× 枚，可分五式。

Ⅰ式　标本 1 件。

回 5–4，残，圆形方孔，面有轮郭，背平素双郭，钱文较短细，五字二横稍宽，中间稍直弯，朱字折角，金字头角稍小和腐朽不甚清楚。体径 2.48、孔径 0.99、厚 0.15 厘米，重 2.4 克。

Ⅱ式　标本 5 件。

回 188–4，边残。圆形方孔，面有轮郭无内郭，背平素双郭，钱文较短细，五字二横宽，中间稍直弯，朱字折角，金字头稍小和腐朽不 [**330**] 甚清楚。体径 2.48、孔径 0.99、厚 0.15 厘米，重 3 克。

回 182–16，边残。面轮郭较匀，钱文稍粗，五字中间较直，金字头角稍大；其他形体同上。体径 2.52、孔径 1.05、厚 0.11 厘米，重 2.8 克。

清 135–13，形制同上，钱文瘦窄，五字不工整，朱字上下折角，金头角稍有尖，孔下半星。体径 2.46、孔径 1.05、厚 0.1 厘米，重 2.3 克。

清 163–2，形制同上，孔上一横，五字线粗二横较长，朱字细长，金字头角大而尖。体径 2.39、孔径 1、厚 0.1 厘米，重 2.35 克。

清 475–15，残，仅存朱字，朱字头较大很不工整；有四决角纹。存径 0.55、厚 0.17 厘米，重 0.5 克。

Ⅲ式　标本 2 件。

清 521–1，圆形方孔，厚重，面轮郭较宽，背平素双郭。钱文稍工整，但呆板，五字二角几乎相等，朱上下稍缓折，金头角大。体径 2.5、孔径 1、厚 0.17 厘米，重 3.5 克。

回 182–16，残，五字同上，朱字上下稍 [**331**] 缓折外张，金字头较大。体 2.4、孔径 1、厚 0.17 厘米，重 1.75 克。

Ⅳ式　标本 3 件。

墓 46–4，4 枚 3 残。在墓中偏左部出土，4 枚作由西北向东南顺序斜排列，其中二枚被直背铁环首小刀压在下面。其中完整者圆形方孔，孔下半星有轮郭，背平素双郭，匀正。面有绢痕。钱文稍为工整，五字中间稍有弯，朱字上下折角，金头小且尖。体径 2.5、孔径 1、厚 0.15 厘米，重 1.95 克。另一枚残已复原，比前个稍大，无孔下半星，五字不甚工整，金头较大，亦有残绢痕。体径 2.25、孔径 1、厚 0.18 厘米，重 2.2 克。

清 520–5，形制同前完整者，稍厚。体径 2.52、孔径 1.01、厚 0.17 厘米，重 3.55 克。

回 5–4，边残，体较薄，钱文较粗匀正，铢字较五字细匀正，金头角大，朱上下折角，孔上一横，存径 2.43、孔径 1、厚 0.08 厘米，［**332**］重 2.4 克。

Ⅴ式　标本 1 件。

回 28–6，圆形方孔，面有轮郭，背平素双郭，钱文较上宽扁，且粗细相应，工整均匀。体径 2.55、孔径 1.05、厚 0.16 厘米，重 2.8 克。

此外回 66–1，残。孔较大，下有半星，钱文稍粗小而匀正。体径 2.46、孔径 1、厚 0.14 厘米，重 1.3 克。

钱形吉语铜佩

1 件。圆形作铜钱状，唯上有鼻孔，下有弧形翅尾；二面各有四乳，中有印方，印方中

［**333**］圆钱标本统计表

名称	号	体径（厘米）	孔径（厘米）	厚（厘米）	重（克）	备注
一化	墓 21–3	1.85	0.65	0.1	1.5	残、碎
大半两	回 185–5	3.3	1	0.12	5	
大半两	回 8–5	3.3	1.2	0.1	2.3	残
小半两	清 272–27	2.3	1	0.1	1.8	
小半两	清 265–1	2.3	0.9	0.09	1.6	
小半两	清 314–16	2.3	0.75	0.1	2.5	
五铢	回 5–4	2.48	0.99	0.15	2.4	残
五铢	回 188–4	2.48	0.99	0.15	3	边残
五铢	回 182–16	2.52	1.05	0.11	2.8	边残
五铢	清 135–13	2.46	1.05	0.12	2.3	
五铢	清 163–2	2.39	1	0.1	3.35	
五铢	清 475–15	0.55	—	0.17	0.5	残
五铢	清 521–1	2.5	1	0.17	3.5	
五铢	回 182–16	2.4	1	0.17	1.75	残
五铢	墓 46–4	2.5	1	0.15	1.95	面有绢痕
五铢	墓 46–4	2.25	1	0.18	2.2	面有绢痕
五铢	清 520–5	2.52	1.01	0.17	3.55	
五铢	回 5–4	2.43	1	0.08	2.4	边残
五铢	回 28–6	2.55	1.05	0.16	2.8	
五铢	回 66–1	2.46	1	0.14	1.3	残

为菱形孔；在四乳中间各出小篆体字“除凶去央”和“辟兵莫当”。直径2.5、厚0.2厘米。

［**334**］**小结**

从21号墓出土的一化钱与变形蟠螭纹镜同出来看，说明时代较早，但是早到什么时代？估计上限不会突破西汉，而下限亦不会晚到武帝时代，判断为当属西汉早期恐怕不会有多大的问题。从大小半两钱来说，应是西汉早期铸钱，西汉早期墓葬常出土这种钱，说明这种钱的时代亦是较早期的。从五铢钱来看，其时代应为西汉五铢，亦是无可怀疑的。具体地说当在武帝或稍接近宣帝前时期，但不见宣帝五铢。第4、5式从钱纹形制上看是否是向宣帝五铢过渡的货币，这是很值得我们注意的问题。

圆钱出土关系明确而又能说明问题的，仅有二例（墓21、46）。21号墓两个一化钱，错落在铁首小刀刃部上，且刀尖向前，这就明白地提示了我们，钱刀等物应是挂在墓主人的腰部。更为明显地则是46号墓出土的4枚五铢与环首小刀的关系：五铢在腰部作一斜顺排列状，并且与环首小刀共存一处，刀尖亦向前，这就证明了五铢似是互相连接而成的辫穗之类的装饰［**335**］品，而不是商品流通中的货币。另外，从（回8–5）大半两角上的一小圆穿孔上看，亦为佩挂之物，而不作为货币使用。

史书中，关于西汉与匈奴进行贸易和西汉送给匈奴黄金与钱的记载较多，而且数量亦相当可观；但是否是在贸易中，不用作货币，只是以物品交换形式出现，或只用在装饰品方面，由于绝大多数货币出土关系不明，我们一时还难以作出肯定的回答。

［**336**］**六　衣着用品**

皮革片、布片和绢纹

在6座墓葬中（墓12、16、46、59、61、63）的铜扣、铜环、铜钱下面出有皮革断片，厚薄不一，并随铜质随葬物的多寡和其面积分布的大小保留了大小不同的残碎皮革断片。这一现象，我们初步统［估］计，除横列腰际出土的铜扣下面出有较薄皮片，当是革带的残迹外，余皆可能是革衣的残迹，由于与铜质遗物结合，而得以部分保存下来。

在5座墓葬中（墓12、31、46、54、61）的铜扣、铜器、铁刀上或下面，压着或黏附着布纹（似麻布，平织有粗细两种）和绢纹，根据墓16、31、63三墓铜环下面是皮片，皮上是麻布，再上是绢纹来看，我们估计有二种可能：一种是用麻布或绢类物品包裹着扣、钱（钱上皆属绢纹）、刀等物品；一种是在革衣之外，另罩有麻织物或绢类物品或衣服，经与铜铁质物品的化合而保存下了残片遗痕。

在27号墓的残碎铁片上也黏附着细绢纹，［**337**］这当属前一推测的第一种可能性。

此外，在一些清理坑或回收的文物体上（如铜板饰、小铁管、半两钱、大铜扣、铁环刀、锥等）也黏附有绢纹和布的纹迹，这些情况都证明了在这一部族的生活中，是握有着革、麻、绢等物品的，并以革衣为主，外以麻绢等类织品做罩附的衣服。此外还用麻、绢类物包裹部分物品佩戴在身上。

［**338**］**七　其他**

镜式铜具1件（回143–3），圆形，厚重，正面中间一圆形凸起，外有两周凸线围绕，宽边。

背面中间凹下，左右各一横鼻。圆径8.1、体厚0.22厘米。据背纽看，摩擦光润，其用途可能是佩戴在身上的，是否为护心镜，尚难确定。

九连铜具（回××–6），状似九个小铜扣，中间以隔梁相连，扣身正面凸起，背面凹下，长3.5、宽3.2、厚0.3厘米。其具体用途不明，但据二连铜扣看，它也当是通过隔梁缝结在其他物品之上或者是具有装饰意义的佩饰物品。

五环佩饰（回××–8），五环连接构成，一边微残，两面磨用光整。存长1.85、宽1.7、厚0.2厘米。其用途和具体用法不清，可能和“吉语钱形佩”同样是随身佩带的物品之一，环孔上也可能串结其他佩饰品。

［339］小结

上述的衣着服饰和各种佩饰物品，可谓种类繁多，并且有的饰法奇特，它使我们对这一部族在衣着、装饰方面的风俗习惯，有了一些初步的了解，其中的某些方面，也补助和证实了我国文献上关于古代东北边远地区少数民族的衣着、装饰方面的一些记载。综合以上各类饰品的佩戴部位和方法，以及对这批出土文物整理后的初步印象，把它的大体形象概括描述如下。

他们以革为衣，并用麻或绢类织物做成或粗或细的军衣。冠上正中装饰着铜质兽首鎏金的“黄金珰”，耳上佩戴着颜色鲜彩的，有的并串挂着垂珠的金、银耳饰。项下多佩有用不同质料和各种颜色互相搭配结成的玉、石珠串，有的下垂在胸前，并以不同颜色的各式琉璃珠缀饰在胸部、腰部或是衣袖上。腰间扎结着一端饰有铜、铁带卡的革带，在带面上还缝结着圆形铜扣，更有阔绰的鎏金椭圆形、鱼形、伏兔形、螺形等扣，而使［**340**］带子光彩四射。有的更在腰间或是革带上横扎或竖佩着环串，每串6至9件不等，在环佩的多数环上，除挂有半两、五铢钱等作为垂饰的用品之外，还佩挂一些日常用的铁环刀、锥等物品。这点，和我国史书上记载的：“右带……校具之上更缀以环，故其带又谓之环带……，带没有环以佩刀砺之属”正相符合。这种革带中可能就有记载中所说的这种“环带”。还有特殊的是，把铜铃和铃形小铜具结佩一起戴于腰右，把纺轮和四件小铜铃结佩一起佩在腰左，或者把两端分系一铃一扣一串小铁管插佩在腰间或者是在腰右佩有四串铁管，其下端各系一铃垂至腿下，腿部并用小型铜、铁带卡把膝部扎紧，以求利落灵便。

这种装束样式和佩戴方法，其一方面可以说是五光十色、琳琅满目，另一方面环佩叮当，似闻其声，既见其人，可说是威武壮观。当然其中的［**341**］一些比较珍贵的饰品，绝不是一般人所能有，而当是那些地位较高的富有阶层才有可能佩戴得到的。

［342］第四节　铜饰板（造型艺术图案）

铜板饰共××件，其中墓葬出土1件，清理坑××件，回收××件。全系青铜铸造，其中有一小部分表面鎏金。其主题集中突出，富于个性和典型性。造型艺术精巧，且有立体浮雕感。这些作品，既有一定的使用价值，并反映了社会发展的若干情况，又有较高的艺术水平，可算得上是劳动人民匠师们的不朽杰作。

为了叙述方便，我们把它分作几个方面：

一、反映战争捉俘虏

有 2 件，1 残。

回 49–11，近长方板状，青铜铸为透雕式花纹，内容为战场捉俘虏。在近树干中部有一豁口，显然是经使用磨损的结果。长 10.7、宽 4.7 ~ 6.85、厚 0.25 厘米。画面是由树、车、人、兽四部组成。画面情节是发生在大树附近，车在行进，二鹿低首弓腰，后肢用劲地拉车，车上一犬站在车棚前部，一前肢踏在一鹿背上，表现为洋洋自得的样子。车上部一缓弧板，象征着车棚，下一大辐轮作转动样。车后一骑士披发，面目已磨蚀不清，仅见其[**343**]鼻高大通天上翘；身着紧袖衣着，下穿似长服裤 [插] 靴内；脚筒靴至膝；勒马回首，一手执剑，一手去抓将要被俘人的头部。一犬立起与一人在互相合抱搏斗。那人腰束节带，毛发束然，正处于千钧一发、情绪极为紧张不利地位，在作徒手挣扎搏斗。一目了然，这是一幅反映战争捉俘虏的画面。通过饰面我们可了解这个部族的社会关系、战争、生活等方面的情况。

回 35–9，残，仅存抓俘一部。存长 5.45、宽 4.95、厚 3 厘米。

二、反映狩猎

有 × × 件。

回 115–6, 青铜透雕狩猎近椭圆状牌饰。一端有一小突起卡辖。长 11.5、宽 8.5、厚 × × 厘米。在日常生活中，进行狩猎是其重要活动之一。画面上为二勇士前后相随，身佩短剑，皆在勒马缓行，前人右手向后招呼，后人右手驾鹰边走边谈，逍遥自在的样子。好像是正在狩猎的旅途中。从衣着服饰、武器马具等方面看，除下身似穿绑腿裤和短靴外，完全同前件。

下面几件属于狩猎现场情景：

[**344**] 回 49–12, 残折。近长方形板状，青铜铸造，画面为犬马相斗，透孔板饰。一侧二草纹中有一卡辖。在草丛中猎犬与野马相斗。犬咬住马前腿，马亦无能为力地用嘴弹打犬脖。长 10.8、宽 4.5 ~ 6.85、厚 0.3 ~ 0.5 厘米。

回 14–9, 残断。长方形板状，青铜铸造，犬鹿透孔板饰，周饰树叶纹，一端树干中有一小卡节，系绳革处。饰面像森林中间猎犬遇见野鹿，猛扑过去，咬住咽喉，而鹿被咬的惊慌失措的状态。存长 8.56、宽 6、厚 1.6 厘米。

回 149–2, 折断，近长方板状，青铜铸造，猎禽与猛虎搏斗透孔板饰。前端、后端二相连隔小圆孔，系绳革处。长 11.5、宽 4.6 ~ 7.1、厚 0.25 厘米。上浮雕一凶猛的飞禽（似雕鹰）展翅散尾，一爪抓住虎腿，一爪蹬地，腹紧靠虎头，嘴脖伸向虎脖猛咬不放；老虎在凶禽面前很被动，仅头部有所挣扎的表示，张开大嘴咬飞禽的腿部，但已显得苍白无力，没有原来那样的厉害神态了。

回 167–1, 残。近长方板状，青铜铸造，猎禽与兽 [**345**] 搏斗，透孔几何花边板饰。斜上角一孔，系绳革处。上浮雕一长嘴细腿飞禽，在咬一兽腿；兽残，但可看出兽企图挣脱出去，便以头撞挡。存长 5.35、宽 5.13、厚 0.3 厘米。

三、反映牧畜财产关系

有 ×× 件。

回 1 件，青铜铸造，双牛透孔几何花边长方形板饰。一端中有一小窄卡结，系绳革处。上浮雕二牛相对侧身低头正觅食野草，四平八稳的样子。长 15、宽 7、厚 ×× 厘米。

回 55–10，残，青铜铸造，双马透孔几何花边长方形板饰。长 11.5、宽存 5.59、厚 0.59 厘米。此件，着重刻画筋骨形象，给人以善奔跑的马的感觉。二马细长，筋骨突出，作互相咬斗状态，一马平立伸脖嘴从上咬住另一马的前夹胖鬃部，一马跪卧靠依咬住另一马的前腿；二马整个力量集中在头部和臀部相互咬斗。

回 38–3，青铜铸造，一马透孔卷纹边，长椭圆形板饰。一端中有一卡结，一端背面有一［**346**］鼻，系绳革处。上雕铸一马低首弓腰撅尾，特别是头部很有神态，张口獠牙，注目展鼻，耳突过额，似自作嬉戏的样子。肌肉与筋骨刻画的比较刚健有力、和谐、统一；形象逼真生动活泼，又有夸张手法。不愧为具有典型性的作品。长 10.32、宽 7.2、厚 0.63 厘米。

清 465–9，残折断，青铜铸造，双马鱼刺纹边，鎏金长方形板饰。背作浅槽状，有二鼻皆残，作横排列；并有比较明显的麻布纹痕迹。图案为双马臀尾相对，头部向外，二前蹄作正面一卧一▲，后二蹄上卷；马身纹饰为几何（似角形纹）图案纹；双马尾部空间上置二对吻小鹿形兽头，其脖部亦由几何图纹组成，下置一不明兽头部纹饰。长 10.75、宽 5.3、厚 0.25 厘米；鼻径长 0.36 ~ 0.55、高 0.5 厘米。

回 121–4，折，青铜铸造，双羊、鱼刺纹边鎏金长方形板饰。一端有一穿孔，背作浅槽状，有二鼻（一残），作横排列；并有较为清楚的麻布纹痕迹。图案上部双羊形态，身上纹饰与清 465–9［**347**］完全相同。二尾部上置二鹿对吻头脖部，下置“∧”纹饰，可能是由清 465–9 小兽头部演变而来。一横排列羊首共 7 头：二边各 3 头作斜侧面形象，中有一较大的羊首，作正面形象。长 12.9、宽 7.4、厚 0.45 厘米，鼻径长 1.8、高 0.6 厘米。

××，青铜铸造，兽羊相结，鎏金长方形板饰。一端有一穿孔，背作浅槽状，有二鼻（1 残），作横排列；并有不甚清楚的麻布纹痕迹。长 9.63、宽 4.59、厚 0.38 厘米，鼻径长 1.7、高 0.9 厘米。图案上有作横排列羊首角纹三组；二头纹作上下排列，中置羊角纹，下部亦即基本部分，一兽（似虎）作张嘴大蹄状，腹部空间有一带角羊作卧躺状，其一后腿跪卧在兽后下部；另一兽和羊因空间狭小仅表示后半部形象。

3 件鎏金板饰，皆属精品，形态真实生动活泼。

此外，还有几何纹图案 2 件：

墓 35–1，青铜铸造透孔，长方板饰。在墓室前部南北平放出土。上凸下凹，四角各有一圆孔，钉结绳革处。图案简明，一见便知是由犬和“××”或“××”形纹串插组成。长 12.16、宽 5.4、厚 3.8 厘米。［**348**］与它共存的有陶杯、铁马衔、镳、铁环、铜镞、琉璃珠、玛瑙珠、管状石珠等。

回 164–4，青铜铸造，简单几何纹透孔长方板饰。一端有一磨损很重的卡结。花边为凹尖锥状和凸点纹组成；基本部分则系“××”或“××”凹纹上下各一组组成。长10.84、宽5.48、厚0.25厘米。

小结

社会经济基础决定其上层建筑，而上层建筑必须为经济基础服务，即必须是积极地反映社会生活本质方面。从这批丰富的、具有比较高度的艺术水平的铜板饰来看，正是这样。充分地表现了匈奴人民的创作智慧和艺术天才。

牧畜和狩猎是游牧民族的最重要的社会经济基础，而通过战争掠杀人口、财产对游牧民族和处于文明社会的民族来说，则是家常便饭。因此，在艺术方面，尤其是造型艺术方面，亦不能不有所反映。统治阶级的财产的增加或减少，都与他们的生活以及维护统治［**349**］的基础休戚相关。因此，在艺术方面，尤其是在造型艺术方面，亦都有较为突出的反映。

史书上记载很多关于牧畜业和战争方面的事情，可与这批出土材料互相印证。

这批造型艺术画面，使我们了解到草原民族社会生活的一般情景及其风俗习惯。匈奴人披发左衽（襟）、紧袖裤腿等风习，从（回115-6）板饰上，可完全肯定下来。孔子所说“披发左衽”得到了考古方面的正实。

由于绝大部分是回收品，极少部分是墓葬和清理坑的出土品，因此，对其用途和关系，目前还不大明了。这是今后的发掘和研究需要努力解决的问题。

［**350**］第五节　铜镜

共××件，其中墓葬出土3件，清理坑××件，回收××件。计有变形蟠螭纹镜、草叶纹镜、星云镜、日光镜、四禽四螭纹镜五类。

1. 变形蟠螭纹镜

××件。这类铜镜的基本特征是：镜体很薄，平面，尺寸较小。三弦式小纽，附有方或圆式纽座，方座的座外往往有方形铭文带。素宽边，外缘卷起。主要花纹在纽座宽边中间，由地纹和主纹构成。这种变体蟠螭纹，是由战国时期各种蟠螭纹发展变化而来，现已图案化，失去了原有蟠螭的首尾足爪等动物形象，和当时流行的云气纹很相近。蟠螭有的首尾衔接，有的个体分离，也有的外加四乳、环纹或连弧纹带。在一些基本共同特点之外，有不少大同小异的变化。现列为以下五种形式：

Ⅰ式　××件，标本1件。

清302-8，残缺，边已不存。平面，三弦纽，圆座，镜体很薄。座外双钩式连接四螭纹，盘绕在细涡纹地上。螭纹上加一四乳环纹带［**351**］，把主纹分为内外二区。存径6.6、厚0.14厘米。

Ⅱ式　××件，标本1件。

清187-2，残。素面，卷边。纹饰由连接四螭蟠绕于细涡纹地上，外加连弧纹。各棱角部分因磨损而呈漫平。存径约9.22、厚0.14厘米。

Ⅲ式　××件，标本1件。

墓 21–1，边稍残。素面，素宽卷边，三弦纽。凹方座外方圈内有“见日之明，长毋相忘”铭文，在方座四角的铭文间有四乳。方圈外涡纹地上双钩式四螭纹正置对称。背经加工修整，锉磨痕迹显著。径 8.9、厚 0.12 厘米。

Ⅳ式　× × 件，标本 3 件。

回 × × ×–× × ×，素宽卷边微残，素面，三弦纽。在凹方座和单方圈间有“见日之光，所言必当”铭文。其外细涡纹地上有双钩式反置四螭纹连接对称，在螭纹中间有四乳。纽孔和边棱有显著磨损痕迹。径 8.15、厚 0.12 厘米。

回 103–7，除主纹四螭和斜线、折角地纹外，其他同回 × × ×–× × × 件。铭文“常贵乐未央［**352**］，毋相忘”。背有锉痕。径 8.65、厚 0.13 厘米。

回 13–15，除镜体较小外，其他同回 103–7。铭文“见日之明，天下大明”。背有锉痕，纽有磨痕。径 7.2、厚 0.11 厘米。

Ⅴ式　× × 件，标本 3 件。

回 100–1，素宽卷边残，素面，纽不存，圆座凹圈，圈外斜线纹地上，有单钩纹体的连接四螭纹，四螭纹外有连弧纹一周。存径 6.45、厚 0.11 厘米。

回 182–4，素宽卷边微残，素面，三弦纽，圆座凹圈。圈外“× ×”纹和斜线纹地上，主纹为四乳、四螭分开对称，但已变作“∽”状，外圈有 16 连弧纹。纽孔有磨蚀痕迹，背有锉痕。径 8.81、厚 0.11 厘米。

回 175–2，除体略小和折角地纹及无乳外，其他同回 182–4。径 7.79、厚 0.11 厘米。

2. 草叶纹镜

× × 件。这类铜镜的基本特征是：镜体稍厚，镜面微凸，尺寸大小相差悬殊。纽分圆形、蛙形、拱形和三弦纽，附有方、圆［**353**］或柿蒂式纽座，座外有方或圆的铭文带。多数是连弧纹边并稍有翘起，仅一件为素宽边，缘部卷起。花纹皆在纽座和连弧纹边中间，皆系主纹而无地纹。现列如下六种形式：

Ⅰ式　× × 件，标本 1 件。

回 182–3，残缺，素面中间微凸，蛙形纽，凹方座，座外有“见日之光明者，君王幸，毋见忘”铭文。铭文外和边部连弧纹内，有双“申”字形草纹和规矩纹互相穿插，四面对称。存径 11、厚 0.24 厘米。

Ⅱ式　× × 件，标本 1 件。

回 × × ×–× × ×，素面中间微凸，三弦纽，凹方座，座外四角置“小”形叶纹，中间有“见日之光，天下大明”铭文。铭文外有斜绹纹方圈。圈外和边部连弧纹内为主要花纹部分：四角“小”形叶纹，四面四乳的两侧各一“申”形叶纹，四乳上置“穗”形纹，下置“× ×”形纹，皆相互穿插对称。径 13.4、厚 × × 厘米。

Ⅲ式　× × 件，标本 1 件。

回 178–3 残缺，素面中间微凸，四乳圆［**354**］座，方细线圈，角外置“小”形叶纹，乳上置“心”形叶纹，边缘连弧纹。有锉痕。存径 10.2、厚 0.2 厘米。

Ⅳ式　件，标本 1 件。

回 12–2，残，素面中间微凸，圆纽，凹方座，座外四角有四乳，中间为“见日之光，天下□明”铭文。铭文外和边部连弧纹内为主要花纹部分：四面中间为“申”形纹，其两侧为“逗”形纹，四角为“心”形纹，皆相互穿插对称。镜体一边原有十几个圆形锔孔，说明已经使用和修补过。径 8.9、厚 0.18 厘米。

Ⅴ式　× × 件，标本 3 件。

回 2–4，素面中间微凸，圆纽柿蒂座，座外四角各置方格斜线纹，中间为“见日之光，天下大明”铭文。在方形铭文框外为主要花纹部分：四面中间四乳，乳上各一“心”形纹，两侧各一“申”形纹，四角为“小”形纹，皆互相穿插对称。径 11.07、厚 0.25 厘米。

回 160–2，边残，平面。除铭文“见日之明［**355**］，天下大明”外，其他同回 2–4。纽孔穿磨痕迹明显。径 9.25、厚 0.15 厘米。

回 182–2，边残缺，平面。除无柿蒂座和四乳上“心”形纹变作“｜”形纹外，皆同上二件。纽孔有穿用痕。径 8.95、厚 0.15 厘米。

Ⅵ式　× × 件，标本 1 件。

回 182–2，边残缺，薄体平面，素宽卷边，拱形纽，圈线圆座，座外和素宽边之间为主要花纹：四乳低平，外套环圈，间加四“穗”状叶形纹，四乳和四“穗”纹之间夹有“见日之光，天下大明”八字铭文，字体篆书带隶书味道。铭文外有绹纹一周，可能是由连弧纹变化来的。径 8.38、厚 0.12 厘米。

此镜镜纽不同于螭纹镜的弦纽，也不同于草叶纹镜的乳状圆纽，而作拱形桥状。其纹饰、铭文等皆在同一周的花纹带中，而又互相穿插配置得当，甚为奇特，是过去出土例中罕见的。它似为螭纹镜和草叶纹镜的变种，时代早晚亦难断定。

［356］3. 星云镜

× × 件。其基本特征是：镜体厚重，平面，尺寸大小不一，九峰纽，有的附有圆座或辐轮座，连弧纹边，主要纹饰在纽或纽座和连弧纹边之间，无地纹。现列如下四种形式：

Ⅰ式　× × 件，标本 1 件。

回 176–1，残缺。素平面，九峰纽，端部磨平。纽外纹饰：四乳间 6 星组成，共 4 组，穿置对称，星间流云由三线构成通连在一起，似未完全脱离螭纹形状。星云外有二道不等宽的凸线一周。边部连弧纹。镜体一边原有钻孔数个，当是破损后又加锔补利用过。从观察说似镜片当时也不完全。存径 10.15、边厚 0.41 厘米。

Ⅱ式　× × 件，标本 1 件。

回 2–3，素平面，九峰纽，下有四弧线和四梳形纹组成的辐轮座。座外和边部各十六内向连弧纹。在连弧纹间的主要纹饰：在四个四乳柿蒂连珠座之间，7 星成组，间有数量 1 ~ 3 不等的流云线纹曲折穿接，共 4 组，相互穿置［**357**］对称。径 10.4、厚 0.32 厘米。

Ⅲ式　× × 件，标本 1 件。

回 × × ×–× × ×，素平面，8 峰纽，圆座。座外四乳，乳间 4 星一组成菱形，一曲线作流云互相围绕于星间，星纹外有凸线纹高低各一周。边部16连弧纹。径6.75、厚××厘米。

Ⅵ式 ××件，标本1件。

墓15–3，反出在人骨的左腰部。素面中间微凸，连峰纽，端部磨蚀不清。纽外三乳，乳间6星一组，双钩流云纹通连围绕在全星的周围。星云外有一周凸线纹，边部16连弧纹。整个饰面模糊不清，可能是由于范铸次数增多所致。径6.3、厚0.2厘米。

4. 日光镜

××件。其基本特征是：体小厚重，平素面，圆纽，圆座。在座外和厚宽边内有花纹和铭文组成的纹带。无地纹。现列以下二种形式：

Ⅰ式 ××件，标本1件。

回115–8，平素面，圆纽，辐轮座。座外［**358**］和厚窄边内各一周绹纹。在绹纹之间，由“田”字形四乳与“见日之光，天下大明”八字铭文间隔对称。文字有简有繁。径5.95、边厚0.23厘米。

Ⅱ式 ××件，标本1件。

回107–7，平素面。纽残缺，后钻一圆孔，从镜面迹象观察似放置一小圆形扣纽状物，从而继续使用。圆座，外有凸起圆圈，圈外和厚窄边内各一周细凸线纹，线纹内有四简化涡纹和“见日之光，长不相忘”八字铭文，间置对称，铭文中的“相忘”二字系简繁体字。径7.1、边厚0.3厘米。

5. 四禽四螭纹镜

1件（墓15–2）。出于头部右侧。体小厚重，平素面，圆纽，辐轮座。座外和厚窄边内各一周绹纹，二绹纹之间有圆圈四乳和四禽四螭，穿插对称。径6.25、边厚0.14厘米。

小结

这批铜镜，皆系汉镜，它的年代当属西［**359**］汉时期。如21号墓出土的螭纹镜应为西汉早期的；15号墓出土的星云镜和四禽镜要晚些，不过也很难晚至西汉末或东汉初期。

其用途，根据21号墓铜镜出土在头部的右侧，与其他出土物关联不大，应是生活（照面）用具。15号墓出土的二镜，一正一反，似为护心之用，但我们进一步考究其具体出土部位，就会了解它们不应是护心镜，而应是二种用途都存在，即生活用具和悬挂在腰上的装饰品（当然也有实用的可能了）。

有的镜（日光镜Ⅱ式标本和未入选的四乳四螭镜回155–1、草叶镜回15–1）因纽鼻损坏后钻孔附加圆纽扣形物；更有意思的则是有的镜（草叶镜Ⅳ式标本和星云镜Ⅰ式标本）已使用破碎，甚至连镜片也不甚完全，但仍两面钻孔锔上继续使用。这可充分说明了这个民族人民对器具的珍惜，不肯任意糟蹋废弃。

［**360**］第六节 陶器

陶器共××件（其中包括清理××件，回收××件）。从墓葬发掘出土的仅××件。

这批陶器，数量上比较丰富，器形上多种多样，陶质上有着几个不同性质。其中的磨光涂朱陶器，造型工整，手工技艺较高，确很进步，余皆比较粗糙、简单和原始。多夹砂粗陶，细泥陶很少。除一小部分灰陶（汉式）器为轮制外，余皆手制。磨光涂朱陶器，体大，质薄，造型工整，表面并加磨光，其上满涂朱色，并捺、划出各种纹饰，是这批陶器中的上品。其余色多灰褐，火候低而不匀，陶土多未经淘洗，质地粗糙，器形不很工整，器皆实用品，计有罐、壶、杯、鬲、豆和纺轮等6种。在陶质上：计有灰褐、粗红、细红、磨光涂朱、滑石、灰陶等6种。从其功用上看，可分三类：一为饮食器，一为储存器，一为炊煮器。部分陶器的唇、肩、腹部和个别器的底沿上，有以指甲或其他尖锐器，捺、插和划出刻齿、乳点、指甲、网格、锯齿、连点、窝点、水波、“X”形、［**361**］楔形等 ×× 种不同纹饰。

从清理坑清出和回收来的陶器，在所有出土陶器中占有较大的比重，有些类型还是墓葬中所没有的，但其出土关系不能确知，只能把其形制、类别，分式列于墓葬陶器之后加以介绍。现在就墓葬出土的陶器，按其部位、组合关系和类型，分别介绍于下。

发掘的63座墓葬中，有45座墓中出有陶器，其余18座墓葬有的一端不存，有的仅剩一小部分，其中虽不见陶器，估计当有一定数量的陶器殉葬。墓中出土陶器，一墓多者5～6件，少者仅1件。

在陶器的组合关系上，五六件成组的有4［**362**］座墓；三件成组的2座墓；二件的有12座墓（其中：二罐的2座墓；二杯的3座墓；一罐一杯的4座墓；一杯一纺轮的1座墓；一罐一壶的1座墓；一壶一杯的1座墓）；一件的24座墓（一罐的6座墓；一壶的3座墓；一杯的14座墓；仅一件纺轮的1座墓）。

五六件成组的陶器，全是饮食器和储存器共存，有三壶（Ⅰ式）一罐（Ⅳ式）一杯（Ⅰ式）和三壶（Ⅰ）二杯（Ⅰ、Ⅱ）或一壶（Ⅰ）四杯（Ⅰ）的，皆在墓室两端作南北横列出土。前两类是把三壶置于中间，由南而北，大小顺排，其左右两端各置一罐一杯或各一杯；后一类是四杯横列，一壶落置在南数第一杯的上面。仅一墓（墓53）是二罐（Ⅱ）三杯（Ⅰ）竖列于墓室西端北侧，在二罐之间和其东、西两端各置一杯。

三件成组的陶器，也是饮食器和储存器共存。二罐（Ⅰ、Ⅳ）一杯（Ⅰ）的，是二罐分置南北，一杯居中，在墓室西端横列；一罐一杯一纺轮的，是罐、杯横列于后，纺轮置于罐、杯之前。

两件成组的陶器，多数是饮食器，少数是饮食器和储存器共存。仅1座墓，两件全是储存器。［**363**］多数是两器南北横置，其中有罐北杯南的，也有罐南杯北的，还有壶北罐南的。仅一墓是二罐（Ⅱ、Ⅳ式）竖立在头后右侧，Ⅳ式罐在西，Ⅱ式罐在东。

二、用单件陶器殉葬的共23座墓，其中19座墓出饮食器，4座墓出储存器。皆出于墓室西端，其中部分出在中间，有的稍偏南北；部分出在南、北两侧。以头骨的位置来说，出在头后左、中、右部的都有。

器形，先墓葬出土器物，后清理坑出土器物，分式介绍于后。

一　墓葬出土陶器

（一）储存器（罐、壶器）

1. 陶罐

共 ×× 件。仅选 8 件标本，分为五式。

Ⅰ式　1 件（墓 16–1）。横耳罐。出于墓室西端中部偏北。灰褐色，质含砂，手制，火候较低。唇部残缺，圆体鼓腹，腹间有二带状横耳，小底内凹。存高 16、颈径 10.1、腹径 17.8、底径 10、胎厚 0.8 ～ 0.9 厘米。

Ⅱ式　2 件（墓 53–1、墓 61–1）。鼓腹罐。皆出于墓室西端北侧，色皆灰褐，手制粗糙，形［**364**］制不工整。一件口唇向外斜展，圆腹，小底中心微向内凹。火候较低。高 14.5 ～ 16、口径 13.1、腹径 16.8、底径 8.55、胎厚 0.8 厘米。一件略小，火候较高。直唇，肩部起凸棱一周，下腹斜收，大平底。高 13、口径 10.9、腹径 14.3、底径 8 ～ 9.2、胎厚 0.9 厘米。

Ⅲ式　2 件（墓 7–1、墓 33–1）。高身罐。出于墓室西端偏北。皆筒形高身，一大一小，全为夹砂粗陶，色灰褐，手制，粗糙，形式较原始。小者唇部残缺，原当属此式，似残损后另加修磨，继续使用过，现已非原状。大者展唇，唇下一周凸起，上划刻齿纹饰，平底。高 14.5、口径 13.5、腹径 12.4、底径 9 ～ 9.5、胎厚 0.65 ～ 0.7 厘米。小者底心内凹。存高 10.8、底径 8、胎厚 0.8 厘米。

Ⅳ式　2 件（墓 38–2、墓 16–2）。大口罐。出于墓室西端。手制，灰褐色，器形较工整，形体相同，一大一小。大者，大口展唇敛腹，小底心内凹，唇边一周刻齿纹。胎含大量砂粒，火候不高、不匀。高 12.1、口径 14.8 ～ 15、底径 7.5 ～ 7.6、胎厚 0.6 厘米。小者平底，胎细泥似未经淘洗，仍［**365**］含微少砂粒。唇下一周凸棱，唇和凸棱上各有刻齿纹一周。高 9.5、口径 12.2 ～ 12.3、底径 6.7 ～ 6.9、胎厚 0.7 厘米。

Ⅴ式　1 件（墓 2–1）。四耳罐。出于墓葬西端中部，灰褐色，胎含滑石和云母粉，手制。敛口直唇，鼓腹平底，肩部有四个横长的附耳。高 15、口径 10、腹径 13.3、底径 7.8 ～ 8.1、胎厚 0.9 厘米。

2. 陶壶

共 ×× 件。只选 7 件标本，分为四式。

Ⅰ式　1 件（墓 19–1）。高身壶。出于墓室西端偏南。灰褐色，胎含砂粒，表面磨光。高身侈口，短颈鼓腹，底心内凹。颈上两侧各有一圆孔，当是作为提携系绳之用的。高 18.5、口径 10.7、腹径 13.9、底径 7.7 ～ 7.8、胎厚 1.15 厘米。

Ⅱ式　1 件（墓 49–5）（墓室被扰，已离原位）。弦纹壶。侈口直唇，短颈凸肩，敛腹平底。灰陶含砂，轮制不甚工整。肩下有弦纹 3 ～ 4 周。高 15.2 ～ 15.3、口径 9.4、肩径 14.1、底径 8.4 ～ 8.5、胎厚 0.5 厘米。

Ⅲ式　1 件（墓 38–1）。注壶。墓室西端中部偏北。灰褐色，［**366**］质含细砂，手制。侈口短颈鼓腹，大底中心内凹。腹前有一扁形嘴，前部残缺，似应上翘，以利盛装或灌注之用。后有一带状横耳。高 14、口径 10.2、腹径 13.7、底径 8.2 ～ 8.4、胎厚 0.9 厘米。

Ⅳ式　1件（墓60–1）。棱腹壶。墓室西端中部偏北。红色粗砂陶，手制。表面似挂有陶衣，部分脱落而露红胎。口残缺，短颈斜肩，腹间凸起，小平底。存高14、颈径5.4、腹径13.1、底径4.6 ~ 5、胎厚0.7厘米。

（二）饮食器（壶、杯器）

1. 小陶壶

共××件。共选3件作为标本（墓19–2、5–6、55–1）。出于墓室西端中部或稍南，形体相同，除小壶为短颈直唇，颈的一边有二小孔（对边残缺，也似应有二孔）外，余皆侈口短颈，鼓腹小底，中心皆向内凹。除一件（墓5–6）为黑陶外，余皆灰褐，质含砂粒，有的表面经过磨光。大的高13.3、口径8.7 ~ 9.3、腹径11.4、底径5.9、胎厚0.6厘米，小的高8、口径6.4、腹径8、底径4.8、胎厚0.4厘米。

[367] 2. 小陶杯

共××件。仅选8件标本，分为三式。

Ⅰ式　5件（墓5–3、44–2、55–2、10–2、55–2）。小杯。皆出于墓室西端中部，有的稍偏南北。皆灰褐色，手制，夹砂，造型不整。

1件，侈口展唇，腹微外凸，底内凹。高7.6、口径9.9 ~ 10、底径6.3 ~ 6.5、胎厚0.7厘米。

1件，侈口展唇，唇边一周刻齿纹，唇下一周乳点纹（据其痕迹观察，其制法当是用细体钝尖器由内向外戳成，然后在里面再把戳印抹平），筒腹，底心内凹。高6.5、口径8.9 ~ 9.2、底径5.6 ~ 5.7、胎厚0.7厘米。

1件为一残器，原似应为Ⅰ式小壶，经改制修整而成现状。敞口，矮身，平底，底沿有一周刻齿纹。高4、口径7.3、底径4.7、胎厚0.6厘米。

1件，侈口，筒身，平底。高6.1、口径6.2 ~ 6.3、底径4.3 ~ 4.4、胎厚0.65厘米。

1件，体小。余全与上述杯同。高4、口径5.5 ~ 5.6、底径3.5、胎厚0.5厘米。

Ⅱ式　2件。大口杯。出于墓室西端偏南（墓8–1、19–4）。

[368] 1件，色灰褐，手制，质含砂，形制不整。大口，矮身，平底。高7.5、口径12.8 ~ 13.4、底径6.8 ~ 7.1、胎厚0.55厘米。

1件，色红褐，手制，胎含大量砂粒。大口，矮身，平底，火候较高。高6.5、口径10.8 ~ 11.4、底径7.5 ~ 7.8、胎厚0.75厘米。

Ⅲ式　1件（墓62–1）。耳杯。出于墓室西端偏北。灰褐色，细泥含砂，手制，粗糙，火候较低。侈口，底心内凹。唇下两周乳点纹，唇侧有一柱体环形竖耳。高8.2、口径9.7 ~ 10.3、底径5.4、胎厚0.65、耳长3.3厘米。

（三）捻丝器（纺轮）

共4件，分为三式。它们当属纺织工具，但从一墓的出土例看，有的也当作装饰佩戴物。

Ⅰ式　2件（墓19–6、54–2）。馒首状。位于墓室西端中部，陶器之前，红褐色粗陶，胎含砂粒，手制，磨光。形似馒首，中一穿孔。大的高2.5、圆径5.25厘米，小的高2.3、圆径4.35厘米。

Ⅱ式　1件（墓2–3）。算珠状。出于墓室西陶器前方。灰褐色，细泥含砂，手制。形似算珠，中一穿孔。高2.32、［**369**］圆径3.83厘米。

二　清理坑出土陶器

清理坑清出的陶器，类型比较丰富，有好多是墓葬中没有出土的。这里只选不见于墓葬的或虽见于墓中但具有特殊纹饰的，首先按其功用，后据陶质、器形，分式叙述如下。凡与墓中出土相同又无其他特殊之处者，一概从略。

（一）储存器（罐、壶器）

1. 陶罐

共××件。只选3件标本。分为三式。皆泥质灰陶（汉陶）。在整个陶器中占比重较少。皆灰色，泥质夹砂，轮制，火候较高。器体上有弦纹、绳纹、水波纹等不同纹饰。其制法、形制、胎质皆与汉式陶全同，仅轮工不很工整。

Ⅰ式　1件（79/575–21）。小口折唇，短颈鼓腹，小平底。肩腹部有8～9周弦纹，底部全拍有绳纹。身高21.9、口径17～17.1、腹径28、底径11.3、胎厚1.2厘米。

Ⅱ式　1件（44/303–5）。小口直唇，折肩［**370**］圆腹，平底。肩下有弦纹4～5道，下腹与底部有绳纹。身高17.8、口径15.4～15.7、肩径23.2、底径10.5、胎厚0.8厘米。

Ⅲ式　1件（/478–15）。小口短颈，鼓腹平底。肩腹部有弦纹6～7周。身高12、口径7.9、腹径14.6、底径8～8.2、胎厚0.7厘米。

2. 陶壶

共××件。共选16件标本，分为××式。

Ⅰ式　2件，皆泥质灰陶，轮制。

1件（71/539–18），小口展唇，短颈鼓腹，平底。肩下两周凹线纹，中间夹水波纹一周。身高14.3、口径9.2、腹径14.4、底径9.6、胎厚1.2厘米。

1件（45/341–1），细泥，轮制工整。肩部弦纹，下腹与底部绳纹。小口展唇，高身鼓腹，短颈凹底。器体残缺，全高不知。口径11、胎厚0.55厘米。

Ⅱ式　质含滑石陶。在整个陶器中的比重最少。色红或灰褐，胎含滑石、云母，手制，［**371**］火候不高，形体不甚工整。器形多是陶壶，共选3件。

2件（14/162–24、29/215–16），皆高身展唇，短颈鼓腹。一件平底，腹间有四个不对称的带状横耳。一件底心内凹，腹间有四个横长的附耳。前者身高20.2、口径13.5～14、腹径17.1、底径9、胎厚0.8厘米。后者身高19.7、口径11.7、腹径16.3、底径8、胎厚0.7厘米。

1件（45/341–7），器体残碎不全。红色，胎含大量滑石，手制。展唇，直颈，鼓腹，平底，腹间也有横长附耳（可能也是四个），据断片的弧度看，当是滑石陶中的大型器。

Ⅲ式　细泥磨光，表面涂朱。在整个陶器中所占比重略多。皆红色，泥质含砂，手制工整，火候较高，器表磨光，后涂朱色，多数器表划出细美花纹，是整个陶器中的精品。据保存下来的部分朱色看，似经二次烧成。绝大多数是壶形器，共××件。共选标本5件。

4 件（/5308–11、49/356–8、36/234–12、49/315–7），形体基本相同，皆小口高颈，上细下粗，鼓［**372**］腹凹底。其中：

1 件，腹间有二带状横耳，身高 23.6、口径 10.3 ～ 10.4、腹径 20.9、底径 10.4 ～ 10.9、胎厚 0.8 厘米。

1 件，肩部有花纹带一周。上、中、下各两行刻齿纹，其间各划出斜行的 2 ～ 5 道上下间错的刻齿纹。身高 19.7、口径 8.4 ～ 8.5、腹径 17、底径 9.5、胎厚 0.6 厘米。

1 件，素面。身高 18.1、口径 6.5 ～ 6.7、腹径 14.5、底径 5.5、胎厚 0.6 厘米。

1 件，肩部有花纹带一周。上、中、下各两行连点纹，其间有直行的上 4 下 3 或上 3 下 4 并上下间错的连点纹。身高 15.4、口径 7.6 ～ 7.8、腹径 15、底径 7.8 ～ 8、胎厚 0.7 厘米。

1 件（42/213–1），高颈侈口，上宽下窄，斜肩。肩、腹相接处有凸棱一道。身高 15.5、口径 9.7、腹径 13.8、底径 7.2、胎厚 0.75 厘米。

Ⅳ式　在所有陶器中占比重最大。色褐或灰黑，质多含砂，也有少数是细泥含砂。手制，有的表面磨光。多素面无纹饰。共选 7 件陶壶，［**373**］分为五式。

1 件（58/419–8），高颈，小口，鼓腹，平底，底心内凹。表面磨光。身高 25、口径 10 ～ 10.2、腹径 17.3、底径 6.3 ～ 6.5、胎厚 0.8 厘米。

2 件（59/487–40、80/604–35），体形相同，皆小口展唇，短颈，鼓腹，平底。大者底心内凹，身高 21、口径 11.2、腹径 19.5、底径 6.5、胎厚 0.8 厘米。小者胎色墨黑，身高 13.8、口径 9.1 ～ 9.4、腹径 14 ～ 14.2、底径 7.5 ～ 7.6、胎厚 0.56 厘米。

2 件（70/520–12、12/79–1），形体相同，一大一小，泥质含砂，侈口短颈，鼓腹平底，腹间皆有二横耳。大者高 18、口径 11.1 ～ 11.4、腹径 21、底径 11.4、胎厚 0.6 厘米。小者身高 15、口径 9、腹径 14.1、底径 8、胎厚 0.75 厘米。

1 件（70/516–33），小口展唇，短颈鼓腹，平底。形体不整。颈部一周凹线纹，颈下一周窝点纹。身高 16.8、口径 10.3、腹径 13.3、底径 6.5 ～ 7、胎厚 0.8 厘米。

［**374**］Ⅴ式　红色夹砂陶。在所有陶器中占比重极少。红色，质含大量砂粒，手制工整，火候较高。仅选一件标本，加以说明。小口直唇，上宽下窄，短颈鼓腹，底心内凹。颈的左右各一柱状竖耳。颈部有由刻齿纹组成的三角形纹，共成十组围颈一周。肩腹部有两周凹线纹，在每条凹线纹下各有一周由刻齿纹组成（上有 14 组，下有 17 组）的三角纹。身高 16.1、口径 10、腹径 13.3、底径 10、胎厚 0.7 厘米。

（二）饮食器（罐、杯器）

1. 陶罐

共 ×× 件。只选 4 件标本，分为三式。

Ⅰ式　1 件（28/252–2）。滑石陶罐。灰褐色，胎含滑石、云母，手制，火候很低。口部残缺，似经改制修磨而成现状。筒身大口平底，肩部有四横长的小附耳。存高 9.4、口径 8.7、底径 7、胎厚 0.6 厘米。

Ⅱ式　1 件（80/575–9）。柱耳罐。红褐色，质含砂粒，手制，火候较高。侈口深腹平底。

唇［**375**］下有二个直出的柱状耳。身高约 11.5、口径 10、底径 6.1、胎厚 0.6 厘米。

Ⅲ式　1 件（/460–11）。色红褐，质含砂，手制，火候较高。大口深腹平底。唇部一周刻齿纹，只一边有一瘤状耳，尖部残。身高 8.8、口径 9.1、腹径 8.7、底径 5.8、胎厚 0.55 厘米。

Ⅳ式　1 件（35/268–4）。色灰褐，细泥夹砂，手制。口微敛，筒腹，平底。身高 6.5、口径 7.3、腹径 8、底径 5.7、胎厚 0.65 厘米。

2. 陶杯

共 × × 件。只选 8 件标本，分为三式。

Ⅰ式　2 件（72/582–5、回 50–1）。灰褐色，夹砂，手制。形体相同，一大一小，皆大口深腹平底，肩部皆一竖耳。大者为带状耳，唇部两周、肩部一周窝点纹。身高 12.6、口径 14.4 ~ 14.7、底径 8.5、胎厚 0.6 厘米。小者耳体断面呈三角形，且上部有窝点纹，唇沿一周刻齿纹，唇下两周乳点纹。身高 8.1、口径 12、底径 6.6 ~ 6.8、胎厚 0.75 厘米。

Ⅱ式　1 件（78/235–1）。灰黑色，含砂，手制。矮身大口平底。高 8.5、口径 12.9、底径 9.2、［**376**］胎厚 0.8 厘米。

Ⅲ式　5 件（回 135–27、45/235–1、45/340–4、45/235–8、11/175–14）。有红褐或灰褐两色，细泥夹砂，手制，形体不甚规整。除大小、花纹有别外，皆大口直身。

1 件，唇部二周刻齿纹，唇下一周乳点纹。身高 8.4、口径 10、底径 6、胎厚 0.75 厘米。

1 件，唇和底沿有刻齿纹，底心和全身皆是椭圆形窝点纹。身高 7.25、口径 10.1、底径 7.3、胎厚 0.55 厘米。

1 件，唇部刻齿纹，唇下乳点纹间加指甲纹，腹部和腹下各有一周由刻齿纹组成的上 4 下 1 的倒三角形纹。身高 6.7、口径 9.7、底径 6.3、胎厚 0.6 厘米。

1 件，唇部和底沿有刻齿纹，唇下有半周共 5 组由刻齿纹组成的倒三角纹。身高 6.3、口径 9.3、底径 6.1、胎厚 0.55 厘米。

1 件，底心内凹，周身以不规整的三角形曲线为中心，间加刻齿纹饰。身高 4.4、口径 7、底径 4.8 ~ 5、胎厚 0.55 厘米。

［377］（三）炊煮器（鬲、杯器）

1. 陶鬲

共 2 件，一大一小皆残缺。只选复原的一件小鬲为标本（49/315–16）。胎色灰褐，内含大量砂粒，手制。鬲身残碎，经对合复原，其大体形状是矮身大口，下有三短袋足，唇部有刻齿纹，唇下有乳点纹。身高约 14 ~ 15、口径 14.7 ~ 15、足高 3.2、胎厚 0.7 厘米。

2. 陶杯

共 2 件（72/536–1、11/175–5）。两件一大一小，皆灰黑色，手制，器形不工整，全身满布烧结的黑斑。一件胎含细砂，大口深腹平底，唇边有刻齿纹，唇下有以三角形折曲线为中心的，其间加划刻齿纹组成的花纹带一周。身高 6.4、口径 8.9、底径 5.3、胎厚 0.55 厘米。一件黑体很小，胎含粗砂，大口平底素面。高 4.95、口径 8.3、底径 4.55、胎厚 0.7 厘米。

（四）陶豆和其他小型器

陶豆

1件（51/382–8）。灰色含砂，轮制。豆盘较浅，直唇，口微外侈，中间豆柱较短，下接盘座。身高12.15、盘径14.25、柱粗4.25、座径10.1、胎厚0.75厘米。

［378］滑石小陶壶

1件（21/138–21）。红色，细泥夹滑石和少量小砂粒，手制，火候较高。体厚重，小口直唇，短颈凸肩，底心内凹。颈侧左右各一圆孔竖耳。器形奇特，用途不明。身高10、口径4.4、肩宽11.5、底径9.3～9.4、胎厚0.8厘米。

红色细砂陶壶

1件（79/558–9）。红色，胎含细砂，手制工整，火候较高。小口折唇短颈，鼓腹，小平底。颈下划有8组纹饰，每组由15～16刻齿纹组成的倒三角形纹一周。肩上一周网格纹。高8.2、口径5.9、腹径9.85、底径4.9、胎厚0.6厘米。

灰陶壶

1件（××）。灰色，细泥夹砂，轮制，火候较高。小口展唇，短颈，鼓腹，平底。肩腹部有弦纹6～7周。高6、口径3.9、腹径6.8、底径3.2、胎厚0.6厘米。

［379］小结

这批陶器中的绝大多数是饮食器和储存器，而炊具仅数件小型陶杯和一件大口罐及两件陶鬲。从这批出土的陶器来看，应有一定数量而合用的炊具。鬲，可能是这一部族早期使用着的炊具，而在当时仍延续使用，并用它殉葬。至于小陶杯，或许是为了行军方便，一身二用：可饮又可加热，但它容量过小，实用价值不大，应别有炊具才是。首先，由清理坑出土过一件铁釜残片和回收工作中的采访得知，这一墓地中曾出过圆底铁锅；其次，这批文物中的大量铁器存在显示其应用到生活中，因此，这一部族的炊器中，似应当使用铁釜。

从第1、16、20、33、57、58号墓来看，墓室比较完整，其中虽有部分被扰，但陶器还皆处于原位未动，而其中出土的陶器多是残缺不全。如有的陶器无口沿，有的肩部以上不存，并把其残缺处修整磨光等，这些说明了有的陶器原来就是坏品，有的还经改制加工，都同样当作一件陶器来殉葬。这点，结合其他出土**［380］**物，如铁剑、铁刀、锥、铜镜、铜扣等，在损残之后，另加修补锔合继续利用或改作他用的情况，是完全一致的。说明这一部族人民非常珍惜他们的每一件物品，并善于发挥其最大效用，具有良好的简朴忧物精神。

从第7、8、10、33、34、44、57等墓的出土物来看，这一部族中的确存在着贫富阶级差别。这几座中的陶器，多是一件，少数仅仅两件，而其他伴存文物也很少几件，如仅一枚或几枚琉璃珠，或几枚铜扣和几件铁镞等，更有的除一件陶器外，没有任何其他遗物，并且还是用陶杯殉葬。说明他们没有多余的财产用来殉葬，只好按照民族习俗简单殉葬了事。他们应是这一部族中生活贫苦而又地位低下的人。

首先，所有陶器中，绝大多数是灰褐色（其中部分是红褐色）的，部分在唇、肩部划有刻齿、**［381］**乳点、窝点、楔形（或椭圆形窝点）、指甲、圈点等，或由刻齿纹组成的“八”

字形，正、反三角形等不同纹饰的手制陶器，在其形制上除器体不太大的罐、壶类的储存器外，多是小件陶杯类的饮食器，在制陶技术上比较简单原始，多着重于实用而不太讲究工整美观。在63座墓葬中出土的几乎全是这一类。它们当是这一部族的陶业生产中的主要生产物，同时也是它们生活中的普遍应用物。

其次，在清理坑中清出的制作精美、表面涂朱，并用轮齿类工具在肩腹部划出连点纹的红色砂质大陶壶，形制比较特殊，手工技术比较精巧，而其纹饰颇与金银饰品中的圆形金片饰上的花纹相同，它可能是部族中的上层人物所享用的物品。

再次，出土的部分轮制比较粗糙的灰（汉）陶和素面手制的滑石陶，其数量占整个陶器中虽少，但从这里可以看出这一部族和其他附近部族，特别是和汉族在文化上的联系和相互影响的痕迹。

［**382**］在63座墓葬中出土的陶器和其他殉葬遗物的数量对比上，似可看出这一部族成员的职务差别或性别上的不同。如有的墓葬陶器很少，但其他文物比较丰富（见表一），而有的墓葬陶器很多，但其他文物却很少，特别是兵器，没有一件（见表二），这两种截然不同的情况，给我们的印象是：表一所列墓葬似是战斗成员的墓葬，他们生前必然也用陶器，死后也以陶器殉葬，但和兵器或其他殉葬物比较起来，陶器就不是那么主要和被重视了。表二所列墓葬似是留守人员或女性成员的墓葬，似说明他们生前不是战斗员，而是其他的一般劳动，特别似是和陶器生产或使用上接触密切，因而在其死后不殉兵器而着重用陶器殉葬。

［383］表一

墓号	陶器	其他随葬遗物
12	罐1	铜、铁镞，带具，熊首鎏金饰，铁刀，铜扣，铜环，琉璃珠，白石管等
59	杯1	矛、长刀、枪，铜、铁镞，铜扣、铁刀、马衔，铜节约，铁环，兽面铜具，玛瑙、绿石、琉璃珠、白石管等
62	杯1	矛、刀、锥，铜镞、铁镞，琉璃珠，白石管
63	杯1	刀、剑、铜铁镞等兵器，铜扣、铜环，铁管，玛瑙，绿石、白石管

表二

墓号	陶器	其他随葬遗物
2	罐、杯、陶纺轮各1	刀1、扣2、珠35、细石片1
7	罐、杯各1	无
8	杯1	无
19	壶3、杯2、纺轮1	扣1、琉璃珠5
53	罐2、杯3	珠12

表一中 4 座墓是 63 座墓中较完整的墓葬，而随葬品是最为丰富的，并且兵器的出土就在这几座墓内，但殉葬的陶器皆仅一件。而表二所列，陶器很多。

但其他伴存物却很少，有的一件也没有。其中二墓伴出陶纺轮，没有一件兵器殉葬。

[384]第七节　生产工具

铁环首小刀

共 ×× 把，其中墓葬 ×× 把，清理坑 ×× 把，回收 ×× 把。皆锻铸。都经使用，痕迹明显。墓葬出土者比较丰富，绝大多数在腰部出土，由此推断它应是日常生活用具。

从形制上可分三式。

Ⅰ式　×× 件。其特点是，体小狭作扁条状；环一般较工整且近圆状；背弯但弧度不大。标本 4 件。

墓 16–9，在墓的腹部出土，刀尖向前。尖残身折断。体小窄薄轻。背稍弯，环首近圆形，柄部明显。二面附有残细绢痕。存长 18.3、宽 1、柄宽 0.7、厚 0.22、环径 2.51 厘米。

墓 31–7，在墓的腰部出土，刀尖向前。前部残。环体为六棱状，其他同上。上有竖纹木痕和绢痕。存长 11、宽 1、柄宽 0.8、厚 0.35、环径 2.85 厘米。

墓 2–4，在墓的腰部出土，刀尖向前。尖与环首残。存长 14.1、宽 0.92、柄宽 0.75、厚 0.28 厘米。

回 164–11，残，仅存环首和柄部。铜环首短柄与铁柄杆焊接，甚工整。存长 3.65、柄宽 0.75、厚 0.5、环径 2.65 厘米。

[**385**]Ⅱ式　×× 件。特点是，体大小不一；环作椭圆形，但一般不很工整，柄部不甚明显；背较直，身较薄，尖上翘。标本 4 件。

墓 16–10，尖部残。在墓的腰部左侧出土，刀横放，尖向里偏上位置。体小薄直背，环上斜，柄部很难看出。存长 10.8、宽 1.25、柄宽 1.2、厚 0.2、环径 2.95 厘米。

墓 49–2，前部残。在左侧出土，尖向后。体小薄直背，环平整。存 14、宽 1.28、柄宽 1.05、厚 1.22、环径 1.32 厘米。

墓 21–2，在墓的腰左部出土。尖向前。体和环较大，柄不甚明显。其他同上。长 19.5、宽 1.25、厚 0.3、环径 4 厘米。

回 13–4，前部残。体较薄轻，环一面扁，几乎与背成平线，背直但稍有点弧度，柄部很不明显。存长 13.05、宽 1.65、厚 0.25、环径 3.7 厘米。

墓 62–3，尖残前部折。在头部左侧与环锥相叠出土，尖向前。此件较大。环椭圆形，较工整。环柄部较厚大，身较薄。存长 23、宽 1.55、柄宽 1.45、厚 0.39、环径 4.4 厘米。

Ⅲ式　×× 件。形体比较厚重，长宽一致，柄造型稍为明显，直背，工整。标本 3 件。

回 33–1，尖残。造型工整美观，柄刃稍为明显。[**386**]存长 18.8、宽 1.32、柄宽 1.3、厚 0.3、环径 3.85 厘米。

墓 46–5，尖残。在腰部左部出土，尖向前。环体厚重，近圆环，直背宽身，柄部稍为明显。

身部有绢痕和细纤维物痕。存长 22.5、刃宽 1.55、柄宽 1.52、厚 0.55、环径 4.1 厘米。

墓 45–1，在腰上部出土，尖向左前方。长椭圆环，柄刃较明显。直背，尖上翘。身上有绢痕。长 20.5、宽 1.6、柄宽 1.3、厚 0.5、环径 3.55 厘米。

Ⅳ式　× × 件。形体较大，宽厚，直背，柄刃分明，尖上翘。标本 5 件。

清 648–12，环首残。背直厚，尖上翘，柄刃分明，柄接近扁方状，二面经拍打，刃有砍击豁痕。存长 24.5、刃宽 1.78、柄宽 1.3、厚 0.45 厘米。

回 82–4，尖稍残。形体较尖，但很工整，直背较厚，椭圆环，宽柄二面经拍打，宽身上有一豁。存长 29.5、宽 1.98、柄宽 1.6、厚 0.5、环径 3.95 厘米。

回 13–4，形体较细长工整，小圆环首，背近环柄处收缩稍有弧度，并有一小段进行过拍打。刃部中间有凹心，并有牙豁。长 26.9［**387**］、宽 1.65、柄宽 1.3、厚 0.35、环径 2.8 厘米。

回 135–23，尖残。小圆环首，柄刃不甚明显，刃部有凹心，身附已辨认不清的腐朽物痕。存长 24.6、宽 2.16、柄宽 1.9、厚 0.44、环径 2.95 厘米。

回 174–15，前部残。椭圆环首，宽柄，宽身已切磨损成斜狭条形。存长 20.5、宽 2.48、柄宽 2.25、厚 0.55、环径 3.65 厘米。

附清 189–2，残。刀体宽厚，近直背，柄是由砍砸制成，刃有凹心豁口。存长 25.5、宽 3.3、柄宽 2.85、厚 0.45 厘米。此件，系由残刀身改制成刀。环首小刀，在墓葬出土的比较普遍丰富。从痕迹观察皆系实用品。

墓葬中与小刀比较普遍并存的文物有：陶器、各形铜［**388**］、铁镞和珠饰品。主要文物伴存组合有：与铜镜（Ⅰ式）和货币（圆钱）有 2 座墓（21、46）；与细石器、鎏金皮带有 2 座墓（2、45）；与兵马器有（63、62、59）3 座墓；与环锥有 3 座墓（26、45、62）；与卡环动物小牌饰有 3 座墓（59、12、16）。从这里，我们初步试探几个问题：

1. 关于小刀的用途问题。从其形类、出土部位看，它应是日常生活（无论平时或战时）用具，用于修理兵马器、衣革，宰割饮食等。首先，大多数小刀在墓主人腰部出土，说明生前为了使用方便，经常携带在身上，以备随时使用。其次，刀体短小，平（或切）削能力较强，缺乏砍杀能力，因此，它不适用于军兵，而只能适用于日常生活方面的用具。再次，它有 3 例与环锥并存，就是说明其用途了。最后，从四墓（16、49、59、63）各出二把（其中 59、63 因腐朽形类不清），形制不同，放置亦有区别，说明小刀本身具有专门分工。如 16 墓所出 2 件，Ⅱ式 1 件，在腰部，Ⅱ式 1 件在腰左侧；49 墓 2 件，Ⅱ式 1 件在左侧，1 件（仅残段，似Ⅲ式或Ⅳ式）在中部。

［**389**］2. 关于军事成员问题。从普遍与铜铁镞，和兵马具伴存看，似乎与军事成员有密切关系。

3. 关于阶级地位问题。由于占有财产不同，反映在随葬品多寡上亦不同，说明存在着阶级分化问题。如 12、16、26、45、59 等墓，随葬品丰富，特别还有金银器物，这些墓主人应是军事贵族之流人物。有些墓随葬品比较一般或仅几件，墓主人或许就是自由民和贫民。

4. 关于刀墓年代问题。从小刀本身演变着手研究，找出其演变规律性。探其年代，应正式进行，不敢妄断。但从其他伴存关系看，时间较为一致。如Ⅱ式（墓 21–2）刀与变螭纹镜和“一化”钱共存，应是西汉早期的；Ⅲ式（46–5）与五铢钱同出，应与 21 墓同时期，或许稍晚一点。

5. 关于性别问题。由于骨骼腐朽无存，给鉴定性别上造成了很大的困难。因此，不得不从共出土物上录其线索。但这仅是参考线索而已。从 16、26，二个比较完整墓的出土物看，［**390**］不见兵马具，只有陶器，金银珠饰器，是否与女性有关，虽然还不能肯定下来，但却是值得注意的问题。

“斯基泰”式小刀

共 2 件。

回 164–2，青铜铸造，兽首直背连柄。尖部椭圆形小刀。长 11.6、宽 1.1 ～ 1.9、厚 0.5 厘米。

清 301–12，首和身残。除铁锻和圆钉首外，形制同上。存长 5.73、首径 1.61、宽 0.78 ～ 1.18、厚 0.34 厘米。

环首铁锥

共 ×× 件。墓葬 3 件，清理坑 ×× 件，回收 ×× 件。锻铸。分 3 式。

Ⅰ式　×× 件，大环长方体锥。标本 2 件。

墓 26–2，在右侧肩部与环刀相叠出土，尖向后。环体较粗，锥身断面作长方状。长 14.3、环径 3.94、宽 0.7、厚 0.45 厘米。

［**391**］回 162–5，形体较扁轻。长 16.9、环径 3.95、宽 1、厚 0.4 厘米。

Ⅱ式　×× 件，小环回卷细方体小锥。标本 2 件。

墓 45–2，残断。在墓左侧下部出土，尖向前。环首回卷成心形状，细方体小锥。存长 8.5、环径存 1.1、身宽 0.3、厚 0.35 厘米。

清 519– ××，尖环残。形制同上。存长 14.7、环径存 1.3、身宽 4、厚 4.5 厘米。

Ⅲ式　×× 件。系环刀经久使用磨损后改制成锥。标本 3 件。

墓 62–4，在头部左侧与Ⅱ式环刀相叠出土，尖向前。小圆环首，宽身宽背有弯，前部二面经加工拍打后成锥，后部仍保留刀状。长 15.2、环径 3.14、身宽 1.15、厚 0.3 厘米。

回 33–2，此件更可能是刀改制成锥的。保留刀状突出明显。椭圆粗环首，宽柄弯背，经久使用磨损后，在尖部进行二面拍打加工，由于刀身较宽，所以经拍打成锥后，便出现了尖下部二面堆卷现象。长 16.7、环［**392**］径 3.9、身宽 1.5、厚 0.37 厘米。

回 27–4，尖残。除环首回卷成长椭圆状外，同上 2 件。存长 11.8、环径 3.75、身宽 1.18、厚 0.45 厘米。

铜铁斧

共 4 件。铜斧 2 件，铁斧 2 件。

小铜斧　2 件，范铸。墓出土 1 件。分二式。

Ⅰ式　1 件。

墓 6–4，方銎，宽弧刃，銎外面二突起弦纹。在头部出土，出土时斧身锈黏附头骨碎片，刃部向前。长 ××、宽 ××、厚 ××、銎深 ×× 厘米。

Ⅱ式　1 件。

回 27–9，方形銎宽刃窄小斧。方銎外有二突起弦纹，体一面顶部有一“↓”不识标记。长 6、宽 2.75 ~ 3.3、厚 1.75、銎深 4 厘米。

铁斧　×× 件，锻铸。分二式。

Ⅰ式　1 件。

回 13–5，銎刃残。窄方銎宽弧刃。一面近銎沿处，平列有 2 小孔，系加固柄的作用。存长 8.15、宽 3.15 ~ 5.62、厚 1.9、銎深 3.9 厘米。

［**393**］Ⅱ式　1 件。

回 15–12，形体比较奇特，镐斧状。中穿柄。长 13.2、宽 0.7 ~ 4.2、厚 1 ~ 2、孔长 2.4、宽 1.3 厘米。

铁锛

共 ×× 件，墓葬 ×× 件，清理坑 ×× 件，回收 ×× 件。皆范铸造，可分三式。

Ⅰ式　×× 件，标本 1 件。

清 29/212–6，一面残。体短小，平面几乎近正方形状。方銎，平刃但已磨成缓弧状。长 5.3、宽 5.55 ~ 5.6、厚 1.7、銎深 3.6 厘米。

Ⅱ式　×× 件，标本 2 件。

回 13–7，体较大，方銎宽平刃，上有豁痕。面稍窄背微宽，銎沿面稍低，背略高。面近銎当中部，有一模糊不清字。长 8.85、宽 6.3 ~ 7.82、銎深 5 厘米。

回 27–1，体稍短，背面微鼓，刃面较厚，二刃边磨成弧状，顶部有字已磨蚀不清。长 7.71、宽 6.1 ~ 7.3、厚 2、銎深 4.6 厘米。

［**394**］Ⅲ式　×× 件，标本 1 件。

回 38–16，宽方銎，窄平刃稍有弧度，中部控腰。长 8.65、宽 6.05 ~ 6.25、厚 2.02、銎深 5.4 厘米。

铁镢

共 ×× 件，墓葬 ×× 件，清理坑 ×× 件，回收 ×× 件。皆范铸。分三式。

Ⅰ式　×× 件，标本 2 件。

回 13–6，长板状，方銎，平刃略宽，上有豁口并微起弧度。长 12.3、宽 6.8 ~ 8.15、厚 3.45、銎深 9 厘米。

回 104–2，除銎略宽和深及刃略窄外，同上件。长 12.25、宽 7 ~ 8、厚 3.25、銎深 9.5 厘米。

Ⅱ式　×× 件，标本 3 件。

回 38–6，方銎，二面稍控腰；外有二道突起弦纹；二边逐渐外张形成宽平刃，稍有弧度，上有一较大豁口。长 12.1、宽 7.2 ~ 8.65、厚 2.8、銎深 8.5 厘米。

回 100–5，体较小，銎一面略偏低，上有二道弦纹。长［**395**］10.15、宽 6.8 ~ 7.45、厚 2.8、銎深 7.1 厘米。

回 26–4，体短小，其他同上二件。长 8.63、宽 6.4 ~ 7.1、厚 2.8、銎深 7.1 厘米。

Ⅲ式 ×× 件，标本 1 件。

回 13–9，残缺，范铸，长方条平刃铁镬。从残体观察，它具有比较长的空心，空心直到距刃部约 5 厘米处。底似有残木痕，但已看不出它的纹理来了。上端应是方銎形状，但已残缺，仅是从残体空心方面估计而已。其身二面较平，但有一面二边沿起脊，由銎部直到刃部。平刃，上有经过使用的豁痕。全长已不明，但二残体如果相接起来，那么它的长度约 14.5、存宽 4.7 ~ 4.9、厚 1.2 ~ 2 厘米。

铁锹

共 2 件，清理坑出土、回收各 1 件。

回 27–2，锻铸。锹体较薄，上窄下宽［**396**］，平刃但已经使用磨成出偏斜度。中有一圆穿孔，起加固作用。面上斜上角锈存小块细绢残片。长 13.4、宽 5.4 ~ 9.8、厚 0.44 厘米。

清 12/77–7，下部残。形制、痕迹同上件。存长 9.9、宽 4.65 ~ 7.5、厚 0.4 厘米。

细石器

共 ×× 件。皆柳叶形（有的呈倒柳叶形），纹饰较精美，石材色润不一。墓葬出土 ×× 件，清理坑 ×× 件，回收 ×× 件。计有石镞、石片等。系 ×× 石质材制成。加工制作精美，说明当时劳动人民具有较高的工艺水平。

细石镞

共 ×× 件，分二式。

Ⅰ式 ×× 件，标本 7 件。

墓 45–4，3 件（1 尖尾残）。出左下侧，尖向前。柳叶形，中有一脊，断面作菱形。铤尾作扁平状。二面皆作双排比鳞状纹饰。2 件较大者尖有偏斜磨痕。1 件为浅蓝色石材，1 件为苍绿色石材，1 件为淡黑色石材。浅蓝者长 8.25、［**397**］宽 1.18、厚 0.72 厘米，苍绿者长 8.1、宽 1.3、厚 0.72 厘米，淡黑者（残）长 5.4、宽 1.09、厚 0.5 厘米。

墓 23–4，1 件，铤尾残。在右上部出土。横放，尖向外（东北）。蔚蓝色石材制成。形体与 45 墓出土正相反，宽部在前，铤尾较长细，呈倒柳叶形，尖有磨斜面，中有起脊，纹饰不甚规整。存长 4.55、宽 0.85、厚 0.6 厘米。

清 242–6，1 件，前部残。淡黑色石材制成。形体与 45、23 两墓出土皆不同。有脊无复，刃较直斜收成尾部。打制纹饰极不规整。存长 4.62、宽 1.2、厚 0.63 厘米。

回 24–16，尖残。淡黑色石材制成。柳叶形，较扁，中一脊。平铤尾。打制纹饰较工整。存长 5.2、宽 1.02、厚 0.5 厘米。

回 49–13，铤尾残。蛋青色石材制成。尖部短身较长，柳叶形。尖扁平，一刃下侧因打制加工而缺刃部一条。存长 4.85、宽 0.99、厚 0.5 厘米。

Ⅱ式　× × 件，体短小，展翼式镞形状，石材打制较粗糙。标本 1 件。

清 59/480–29，红色石材制成。体短小，身扁平，前［**398**］尖后宽平刃，作展翼式镞形状。长 2.52、宽 1.97、厚 0.38 厘米。

清 476–19，残。乳白色石材制成。小体不工整，面中一脊，一面作平面稍鼓，尖上翘。存长 1.81、宽 1.3、厚 0.38 厘米。

细石片

× × 件，皆茶色石材制成，体小薄，用途不明。标本 3 件。

墓 2–6，1 件残。在右上部出土，作横放置。长方条形状。一面作平面，一面三脊间有二凹沟。二刃其中一刃有二次加工痕迹。存长 1.9、宽 0.8、厚 0.1 厘米。

清 618–2，长条形状，有刃脊尖部。一面平，一面有斜坡。刃部有少许二步加工痕迹。长 1.5、宽 0.4、厚 0.15 厘米。

清 479–15，小体，三刃一背椭圆形细石片。有二步加工痕。长 0.62、宽 0.4、厚 0.1 厘米。

磨制尖状器

［**399**］墓 22–23，1 件，残。在下腰部出土。米黄色石材研磨制成。体细小，作锥状。中有一脊，一面脊刃间有一沟。用途不明。存长 0.6、宽 0.2、厚 0.3 厘米。

磨石

墓 36–2，1 件，残。在左上侧出土。砂岩长板状磨石。存长 22.3、宽 8.5、厚 3.6 厘米。

砺石

共 6 件。清理坑出土 5 件，回收 1 件。

清 574–56，折断。长椭圆板状。上中有一孔。长 13、宽 5.1、厚 0.7 厘米。

清 508–2，长方板状石片。上中有一孔，下左角二面各有一未完成孔钻痕。长 12.5、宽 6.4、厚 1.1 厘米。

清 516–39，长方板状石片。上中有一孔。长 7.8、宽 4.8、厚 0.78 厘米。

清 620–3，长方板状石片。上左侧［**400**］一孔。长 5.82、宽 5.05、厚 0.9 厘米。

回 62– × ×，长方条形。上中一孔。器面光滑，中浅凹，上下端稍突。长 8.25、宽 3.02、厚 2 厘米。

清 388–4，石材残片。长 8、宽 3.65、厚 0.94 厘米。

杵形研磨器

2 件。皆清理坑出土。

清 426–4，上细下粗外鼓，长方形状。长 8.21、宽 2.28 ~ 4.05、厚 3.25 厘米。

清 462–19，体较短粗重，长方形状，磨面外鼓。长 6.75、宽 2.5 ~ 4.3 厘米。

环形石器

回 179–7，圆轮外刃，中大孔。圆径 10、孔径 3.8、厚 2.5 厘米。

［401］石斧

共 2 件。

回 75–2，长条光面石斧，刃部有砍砸痕迹。长 13.1、宽 3.2 ～ 5.8、厚 3.25 厘米。

回 179–1，长条鼓面石斧，刃磨光，束柄处一面下凹，系磨蚀结果。

石刀

清 271–20，1 件，残。存长 6.15、宽 4.8、厚 0.51 厘米。

小结

综上所述，生产工具占支配地位的是铁工具，铜工具已是辅助工具，石工具则是残余物。说明已进入了铁器时代。

［**401–1**］从出土例看，正是这样。细石器是在已进入铁器时代后的残余物了，而且，愈来愈成为少数军事贵族专有的可贵之物。磨石、砺石等继续应用，正是由于出现了大量金属（尤其是铁）工具，不能不使用它作磨刃器具。关于石斧、石刀、圆轮工具等石器，很可能是补金属工具之不足，而残存着的；同时，也由于无墓葬出土例，仅是清理坑出土，加之，附近还有新石器时代遗址，亦有可能是前期文化遗物混进来的。

从小刀出土例看，汉式直背环首小刀占绝大多数，它是生产、生活中不可缺少的工具。因此，经常携带在身边，以备使用。

《后汉书 · 南匈奴列传》记载“径路刀”（读音“轻［**402**］吕”）是否指汉式刀是值得我们注意的问题。是否指北方文化系统的“斯基泰”式小刀，也无法论定。有的人认为：《后汉书 · 匈奴列传》的“径路刀”即匈奴的青铜短剑，我们觉得《后汉书》的作者不会把青铜短剑硬写成“径路刀”。

《史记 · 匈奴列传》“匈奴……逐水草迁徙，毋城郭常处耕田之业，然亦各有分地”。如果从社会经济主要方面来说，这是对的，但这不是说绝对地没有农业（请注意“然亦各有分地”句，就显露出来了）！如果那样是与事实相违的。从史书看，匈奴在汉武帝时就重视了农业生产，并感到了这与人民生活休戚相关。我们从大批出土的斧、锛、锼、锹等生产工具来看，它们不外乎是应用在砍伐山林树木，开垦农田，挖掘沟渠，等等。所有这些，都与农林水密切相关。历史文献上的记载，已被考古学上的事实所证实了。

最后附带说明一点，即剑、刀、矛、镞等，既是兵器，也是工具。战时成兵，平时练习、狩猎和生产，有其二重性。因此，为了避免重［**403**］复，在本节不再说明了。

［404］其他

空体带柄铜具

1 件（回 164–2）。双范合铸，体中空。上部管状，两面各一孔，下有裤柄，柄端两孔。中一椭圆扁状体，两面各有 4 孔。一面的上部二孔间有鼻纽残断。在椭圆体和上、下管状体相连接处各有二周凸起弦纹。身长 18、柄径 2.5 ～ 2.9、椭圆体厚 2.1、宽 5.6 厘米。从此物裤柄来看，其下应安有木柄，但其具体用途不知。

带钩铜具

1 件（回 117– ？ ）。形体颇似盖弓帽，上端似一喇叭形，往下有一凸起，凸起下有一钩尖端上卷。筒身中空，当是安柄的所在。全长 20.3、筒径 1.2 ～ 1.3、顶宽 2.85 厘米，用途不明。

小铜壶

1 件（回 × ×－× ×）。体小厚重，小口直颈斜肩，唇部凸出，鼓腹圈足，腹间有二兽面环耳，肩、腹和腹下共有五道弦纹，而腹间一道较宽。身高 6.9、口径 2.55、腹径 5.12、底径 3.05 厘米，制作小巧工整，用途不明。

［405］简单结语

西丰西岔沟出土物，极为丰富多彩。从生产到生活的各个方面，都得到了充分的反映。

铁器在生产、生活的各个领域中被普遍地、大量地应用，这就充分地说明了这个部族人民，走完了青铜器时代，已经进入了铁器时代，并处于繁盛时期。这修正和补充了历史文献方面，关于匈奴物质文化历史记载的缺乏和不足之处。同时，也给关于匈奴历史的研究，提供了最重要的资料。

从这批文物上，我们了解到匈奴社会经济结构，占主要的是牧畜业，还有农业，手工业。这就是说，这个部族不但有了第一次社会分工（牧畜业与农业），也有了第二次社会分工（农业与手工业）。由于占有财产和奴隶多寡不同，而产生了贫富不均的阶级现象，在战争中掠夺的汉族人民和其他少数民族人民作为奴隶的对立；而少数军事贵族集团为了维护其财产占**［406］**有关系，享有特权利益，继续发战争财，特别镇压被压迫阶级和民族的反抗，从而出现了国家暴力机关。在意识形态方面，正是反映这样的社会经济基础的形成和巩固。由低级到高级，由简单粗糙到繁复精▲的艺术，还很和谐统一。

由此看来，在这批墓葬形成前的匈奴社会，正处于家长制奴隶制向繁荣的奴隶制过渡阶段。

汉族文物在这批出土物中占有相当显著的地位。它深入这个部族人民生活中的各个领域。从生产到生活等方面，普遍地存在着。这说明了该部族人民，由于社会发展的需要，重视和吸收了汉族的先进物质文化。

那么这批汉族文物是怎样来的呢？我们认为有二个方面：

1. 从对西汉帝国进行频繁的侵略战争中掠夺来的。史书关于匈奴入侵西汉领土，掠杀人口、财产的记载，真是太多了，我们无需加以引证这些史料。掠去的人口财产，他们使用了**［407］**；并且，为他们创造社会物质财富应用于繁重的农业与手工业劳动中。

2. 在与西汉帝国的贸易中和以汉王朝赐送的形式，他们获得了汉族文物。关于这方面的记载，亦是屡见不鲜的。当然，贸易物品和赐送物品，并不是什么都可以进行的，而是有其一定范围和限度的。比如武器之类，就不在此例，他们要想得到汉族武器，只有一条出路，即只好从战争中去获取，此外别无出路。

从对很多文物进行加工改制方面，我们就好像亲自目睹一样，见识了匈奴人民的勤俭朴素的生活作风。剑使破了，再加工拍打或改制为小的；刀用坏了，再修理成刀或改成小刀，及至坏到实在不能成刀的时候，便改为锥子；镜子豁鼻了，便钻孔附加圆扣形纽物，打碎了，甚至连镜片也不完全了，还钻孔聚补仍然使用。诸如此类现象，不胜枚举。这就说明了匈奴人民对财产的爱惜，不肯轻易遗弃，如此懂得物品来之不易的道理。

［**408**］［**409**］第四章　探讨

第一节　汉族文物断代和历史活动时代

第二节　社会面貌

第三节　族别和考古学文化命名

第四节　和汉族的历史文化关系

［410］第四章　探讨

第一节　汉族文物断代和历史活动时代

汉族文物中的货币、铜镜和陶器是最主要的断代根据。先说货币，次铜镜，再次陶器。

一　货币断代

共得52枚，一化圆钱2、半两20、五铢30。

1. 一化圆钱

出于21号墓中，并与“见日之光天下大明”弦纽四涡纹地四乳四螭纹镜伴存，可知它的下限已到西汉初期。一般说，这种钱最初被认为属燕国晚期所铸，但在辽阳、旅大等地的汉代城址或居住址中也出土过。就中在三道壕西汉遗址里，凡出土关系明确的一化圆钱都是出在遗址的最下文化层中，不和其他尤其是五铢伴存，可作为推定此钱年代下限的一例旁证。

2. 半两钱

大半两2枚，其余为四铢半两。大半两中有一枚为秦半两，它颁行于始皇三十七年（公元前210年），至“汉兴，为秦钱重难用，更铭铸钱”《史记·平准书》为止，它的流通时间是极短的，其下限大致在西汉初期，也偶有在西［**411**］汉中晚期墓里曾和五铢钱同出的例子。

然四铢半两，流通期就很长了。自文帝五年（公元前175年）起，历景武之世，约七十年间，都在流行。本墓地42和60两个清理区中，发现它和五铢有伴存关系，此外的几起则是单出的。在10区476坑里清出可能和一枚五铢有伴存关系的半两四枚。我们认为单出半两的墓，时代应早一点，而和五铢同出的墓，时代虽晚一点，也约在五铢流行的初期。

3. 五铢钱

所得30枚，全是西汉的五铢。从武帝元狩五年（公元前118年）至西汉末年的一百多年间，一直是以这种五铢为流通的法定货币。问题是要解决这一批五铢是属于西汉哪一时期的。

我们在前面已经把五铢基本分为两类，内中还包括带记号的钱三种，即四角决文五铢、穿上横文五铢和穿下半星五铢。我们大致可以认定：第一类五铢，当是武帝时期的。例如其中20区520、521坑所出的2枚，就和西安未央乡相家巷村发现的石质横文五铢面范上的字

[**412**] 体完全相同。至于第二类五铢，虽说不能确凿地指明其为武帝时铸，但其铸造时间下限一般应不晚于昭帝时期。其中有的字体，如19区66坑所出的一枚，则与传世最早的昭帝元凤四年纪年五铢范母上的字体类似。

对于第二类五铢，我们并不认为都是昭帝时期的。但是，鉴于武帝时铸的五铢之在昭帝期间广泛流通，不独可能，且为事实。因此我们可把此两类五铢，在考古上一概视为武昭时期的五铢。

但是，除了上述五铢外，我们没有发现宣帝以来的五铢。这应当引起我们的特别注意。我们认为这一情况绝非出于偶然，它倒恰恰揭示了这一墓群的下限，最迟不晚于宣帝时期。这里，我们不妨把这批五铢的年限，稍微放宽一些，断为武帝元狩五年以至宣帝初年这一时期。

[**413**] 二 **铜镜断代**

铜镜共77面。若大致按其时代前后和演变序列予以分类，则有变形蟠螭纹镜、草叶纹镜、星云镜、日光镜和四禽四螭纹镜五大类。

1. 变形蟠螭纹镜类

镜式全是平面薄胎，弦纽卷沿，尤具战国镜遗制。镜背花纹仍由主纹和地纹组合而成。主纹皆从前代蟠螭纹变幻蜕化而来，随着那原初的缠绕式主纹的消失，代之以起的是四连式和四分式的主纹。其间又常配以四乳，是前些战国镜上所不见有的。同时，地纹也多由原先的细地纹变为粗地纹。其中一部分纽座方格内则出现了铭文。所有这些特点，都是在到西汉初期这一阶段内形成、演变和发展出来 [**414**] 的。其中的一种涡纹地四乳套凹弦纹圈的四连螭纹镜，就其演变迹象而言，时代应该早一些。辽阳鹅房67号西汉初期木棺墓中，也出土同样的一面，断代上可以互相印证。第二种粗纹地方格纽座带铭四乳四螭纹镜，分两式：第一式镜与一化圆钱同出于M21，时代亦多西汉初期，约与第一种镜同时；第二式或较晚，但两者的流行时间是相同的。第三种粗地纹内圈连弧四连虺纹镜，亦分两式，当是第一种镜的进一步变体。从其演变序列看，很有可能比第一种镜要晚一段时间。它的时代下限或已延至西汉中期。第四种交错雷纹地内圈连弧四分虺纹镜的时代与第三种镜大致相同，但一般晚于第一、第二种镜。大体可以认定此镜的流行年代下限，起码已到武帝时期。

综合以上所论，此类变形螭纹镜的时代，应当是始于两汉初年，盛行于文景之世，而迄于武帝时期。

[**415**] **2. 草叶纹镜类**

此类镜也是变化多端的，且与战国四叶纹镜、蟠螭纹镜有着明显的渊源关系。其中一些新兴的特征，或许晚于变形蟠螭纹镜类，但就其所有特征加以综合考察，则此类镜中之最早者，应该约与变形蟠螭纹镜同时发生，分头发展，各自形成了一个系统。

从各地考古发现的伴存关系上看，此类镜在早期曾与西汉初期蟠螭镜伴存，后又与变形四虺纹镜伴存；在晚期更与星云镜伴存。至于 [**416**] 和钱币伴存的关系，在早期是半两，晚期是五铢。据此可以认为，此类镜最早和变形蟠螭纹镜同时，当文景之际，逐渐流行，而其广泛流行基本上是在武帝到昭帝这一时期，并或为当时富有代表性的一大镜系。

3. 星云镜类

也是本墓地镜群中主要的一支，分五种。从镜式演变和考古发现两个方面分析，都可证明它是较晚期的镜系。例如：1. 镜上的连峰纽，在前次西汉初期镜上绝无仅有，并出现了圆盘座式圆纽；2. 镜沿的连弧纹平面已转而为长半圆形面，且弧度较小；3. 所谓“星云纹”，实际是由前次蟠螭纹脱胎变幻而来，在本墓地所出一面盘绕六星式星云镜上也稍可窥见；4. 镜面至此已普遍凸起，周缘上翘，同时比前有各类镜都更厚重了。［**417**］上述都表明它的出现晚于变形蟠螭纹镜和草叶纹镜。

其次，根据历年各地考古发现，此类镜常在西汉中期墓里出土，也多和武昭时期的五铢伴存。可知此类镜的出现时期，当在武帝初期或稍前，其流行期基本是武帝到昭帝这一时期。其下限，一般或可延至宣帝前后一段时间内。

4. 日光镜类

本墓地只得两面，都是重圈式八字铭小型镜。它和昭明镜一起，构成西汉镜系中晚起的一支。镜上面的许多特征都表明它是继星云镜出现之后兴起的。［**418**］有许多特征是直接渊源于星云镜上的。我们估计它和星云镜当有一段并存流行的时间。再从考古关系方面看，它一般和昭宣以来五铢伴存；也有的在新莽墓中出土，与莽钱伴存；个别还曾与规矩镜同墓伴出。可见，它的延续时间比较长。但对本墓地发现的两面，我们认为是属于早期的日光镜，时代约在西汉中期。理由是：1. 早期镜多小型，本墓地的皆属小型镜；2. 本墓地的镜沿平窄、内倾、高起，与晚期者适多相反；3. 本墓地镜的书体比较长圆，后来则渐向肥宽方向发展。当然这三点都不是绝对的，必须综合观察确定。因此，我们把本墓上述镜的时代，推定在武帝末至宣帝初这一段时间内，而基本上相当于昭帝这一时期。

5. 四禽四螭纹镜类

这类镜，只得一面，在 15 号墓内出土，且与前述第四种小型三乳六星式星云镜伴存。星云镜的断代前已论及，它的下限一般是在西汉［**419**］中期，这面星云镜即使再晚，也不能晚于宣帝时期。这是推定此类四禽四蟠纹镜时代的一个很有利的佐证。

其次，再从镜式演变上看，虽然它与日光镜类不属于一个镜系，可是从镜体、纽式、四乳、镜沿几方面都不难看出相互之间的关系，起码也应当认为它们有着平行发展的关系。差别就在于日光镜是以铭文为主，本镜是以新变形的四螭纹和新出现的禽纹为主。我们认为此类镜是继星云镜之后，约与日光、昭明诸镜同时出现而不会晚多少。就是说，它的出现应当是在西汉中期的后一段时间内。所以，我们仍然把本墓地这面镜推定在昭宣之际。自然我们对于它的研究还不足够清楚，还需以后的发现来检验。

三　陶器断代

［**420**］所得汉族陶器，不足三十件，但在考古断代上仍具有一定的价值。主要器形为罐、壶、豆三大类。

1. 罐类

是汉式陶器中最主要的器物，分七种，计二十余器，占整体汉陶的绝大多数。从第一种到第三种罐的腹底部有拍印或模印的绳纹；第二种到第五种罐的肩部均有弦纹，个别的为凹弦纹和细弦纹。第六种罐素面无纹，间或在腹部加一二道断续的连点纹。我们根据近年在辽南发掘的上千座西汉魏晋墓葬所积累的材料加以总结，可以认为陶器上印有绳纹或肩部带有弦纹的大都在西汉一代。尤其是弦纹和绳纹共施于一器上的，普遍流行于西汉初期以至于中期。其中以第一种折肩绳纹罐和第二种折唇弦绳纹罐最早，大都是西汉初期物，不能迟于初期的后一阶段。第三种侈口弦纹罐约与第［**421**］二种罐同时或稍晚。以第五种厚圆唇细弦纹罐最晚，当在西汉中期。第四种圆唇小口弦纹罐或许亦晚，但只能早于而不能晚于第五种罐。第六种罐不能确指。第七种侈口和折唇罐，根据其与钱币、铜镜的伴存关系看，时代约在第二、三两种罐之间。

2. 壶类

为数不多，约得 × × 器，可分三种。其中第一种弦纹绳纹壶和第三种弦纹小壶的时代，同于第二、三种罐，特别是后者，在本墓地曾和三枚半两、一面变形蟠螭纹镜同出，时代当在初期的后一阶段到中期的前一阶段之间。第二种直唇高颈弦纹或波纹壶或稍晚，然其下限在本墓地也应在中期。

3. 豆类

计得四器，残缺不全，以 52 区 486 坑所出豆盘，结合 51 区 382 坑所出较完整的柱座，复原了一件。从它的形制看，是上继战国而流行于西汉初期，下限不晚于西汉中期的前一阶段。51 区 368 坑所出豆，还与弦纹罐、半两钱同出，［**422**］就是佐证。

总结我们对于汉族文物的研究结果，使我们深信其中绝大部分的器物都属于西汉初期的后一阶段和西汉中期的前一阶段。从而，就为这一部族在历史上的活动时代的推定打下了可据之以出发的断代基础。

大体上说，他们的活动时代和埋葬时代，基本上是一致的，生存和死亡，随时随地都在交［**423**］相进行。然而究其始初，可以断言他们的活动时代，一定要比开始埋葬的时代要早一个时期。他们的兴起时代，自应还早。因此，我们以为他们进入这个地区的时代，起码要早于墓地第一期墓葬的时代，即大致不会晚于文帝时期。想来这个估计不会有一二十年的出入。他们一旦进入这个地区，并较长久地占据这个地区，然后消失或退走，是一件需要认真加以研究的事。

分析表明：当他们还是在这一地区开始活动之时，就已处于全盛的时代，而一直继续到墓葬第二期，约有半个世纪之久。这一时期大部分墓葬里的殉葬品，不仅种类丰富，长短兵器俱备，而且相当精良，并伴有贵重些的装饰品以及繁多的汉族文物。及至这一时期的后一阶段，情况就有了变化。除了中心墓区之外，从东西两个墓区里也可以看出埋葬的规模已不如从前，一般都是小批埋葬，间或有零星埋葬。后来降至墓葬第三期，军事特质反映在墓葬上十分不显著，殉葬品的种类、数量和质量远逊于前，汉族文物大大减少，［**424**］显然他们已经转而走向衰弱的时代。如果他们不是因某种历史变故而终于离开此地转徙他处，那么就意味着他们是在本墓地遭遇了瓦解的命运，从而在这个地区最终地消失了踪迹。

[425] 第二节 社会面貌

一 经济状况

前已指出他们属于一游牧部族，从其直接制作和使用的一些用品上可以判断出来。例如大量简陋的手制夹砂粗陶器，一小部分细石器的继续使用，若干细石镞、多种多样的铁镞之用于狩猎的可能，乃至墓中少许皮衣残片的存留，以及直接在铜饰板上面刻划出来的生活场面和各种马、牛、羊、驼等牲畜形象，都说明了北方民族那种逐水草、猎禽兽、食肉衣皮的游牧生活方式的存在。可见，畜牧业在他们的社会经济生活中占有首要地位。犬，作为家畜动物，也是经常在铜饰板上出现的题材。我们知道，畜牧业在古代一般说来是依赖于自然条件的，本地西丰一带乃是山区、平原和草原的交邻地区，自此而西就是众所周知的延绵不断的欧亚大草原地带。[426]这个地带是上古的游牧世界，西岔沟正当这个游牧地带的极东一角。马、牛、羊、骆驼、犬、鹿等家畜都曾随着游牧地带各族人民的活动和文化的传播而散布在这一广大地面上。铜饰板上所表现的牲畜，基本上都是亚洲种类。其中的双峰驼，也主要是分布在上述地域内；分布在非洲和近东各国的多是单峰驼，这是很说明问题的。不过本墓地部落是否饲养有骆驼，就实在难说了。自然，这一部落不会没有自己的畜群，只是由于他们主要从事军事活动，关于这一方面的情形及其实物遗存，就没有充分反映到墓地里去，我们也就不可能十分具体地探讨。但有一点极可确定的事实，就是养马业在他们这里占有主要的地位。除了上述饰品的马形图案外，墓地出土的大量马牙和马的头骨、颚骨 [427] 更是直接的例证。此外也出了一些牛牙，说明他们也养牛。

在经济领域中，手工业也分化出来了。制陶业仍在前代的提供的技术基础上继续进行。它们绝大部分都是手制的，具有相当原始的特点，这不过是受自于他们游牧生活方式的制约。另一方面，从一批青铜饰品的铸造上，不难窥见他们所不断需求的青铜工艺品的制造和加工，在这个社会里已取得了长足的进展，这和冶金业的发展分不开。

其中一个重要的手工业部门——铁器制造业也发达起来了。铁器的使用，已经深入到这一部族的生产、生活和军事活动的整个领域中。各种兵器的大量铸造，就是在这个基础上得到了提高。我们在一些兵器上还观察到他们能够随时随地在铁剑上加铸铜柄；把一种兵器改锻为另一种兵器；兵器折断了又重新焊接上，使用坏了或加工锻造为新的兵器。由此可知，不只是包括这一部落在内的全社会内部有了铁器制造业，而且就在这个部落内部也有了自己的制 [428] 铁手工业，以便随时供应本部落的需要。他们已经处于铁器占有经济地位的时代。

二 社会性质

这一部族已经进入了阶级社会。这主要是从以下两个方面来分析的：

第一，我们在第二章第五节对墓群性质进行分析时，就已经指出：表现在墓地的埋葬上，都存在着比较明显的阶级分化和对立的若干倾向。即使全从第二期墓葬上看，殉葬品的或丰或俭，不独存在，而且有的悬殊。特别是大量的兵器、马具、丰富的装饰品以及其他质地较高级的随葬品，都主要出于中心墓区；种类繁多的汉族文物，也主要出于此区。相比之下，东西两墓区就差了。其次，即使在一个墓区内、在一个墓群里，甚至在一排或数排相近的一些墓葬之间，那种丰俭差别表现阶级分化的倾向亦同样存在。再者，无论从哪个墓区观察，都有不少的墓葬，虽然同是战士墓，但它们之间的身份地位不能说全是一样。若严格加以区别，其中当然会有所谓“官长”一类的墓。举［**429**］45 号墓而论，就决不是一个普通战士成员的墓。

第二，由于与制造铁器相联系的生产力的进一步发展，就必然会引起其所属社会的生产关系和社会结构的变化，其结果就是部落奴隶制的出现、形成和发展。墓地大量兵器的出土，说明他们生前曾经有过频繁的军事活动。而通过战争以夺取俘虏便成为奴隶的一个主要来源。从中心墓区出土铜饰板上的骑马战士捉俘虏的场面，正是该族社会内部已存在着奴隶制的形象的反映。

但是，从数以百计的墓葬排列和分布关系上，却又不难看出他们还仍然保持着这一部族内部的氏族纽带。不难推测在他们的社会组织中，这一时期可能仍然保持着前代遗留下来的以氏族部落为其组成单位的形式。［**430**］尽管他们还保持着一定程度的氏族部落结构及其旧习，但是奴隶制的出现，就促其改观，使之适应。同时这一新的社会形式，便愈来愈占有压倒的优势，直到它的最后确立——就成为这个部族在社会发展过程中不可避免的历史命运了。

三　军事方式

综合墓地的发现，有相当把握概括出这样的认识：他们惯于马上生活，倏忽百里，擅长于骑射；有一定种类的长短兵器，有一定的作战方式，有一定的军事组织；而且由于数以百计的墓葬都葬有各种兵器，确令人有“人人皆兵”之感。这些都是值得加以研究和阐明的。

［**431**］他们的主要作战方式，就是所谓“骑射”。最主要的兵种，无疑是骑兵。中心墓区大批战士墓中出土的马具、马牙等殉葬品，足以证明它确实存在。兵器种类的构成，至此已臻相当完善的地步，长兵、短兵、远射器无所不备，而且形式多种多样，根据不同需要，在用途、性能等方面已多方分化，或者交互为用，以适应某种作战方法的需要和变化。

还有必要指出：在许多墓葬出土的兵器上面还残留着屡经战斗的砍削痕，若干兵器已经使用坏了仍继续修理使用；有的又经过再次打制、装柄或改用；剑身折断了便改短使用，甚至改锻为矛头用。些许痕迹，至今犹存。这多少说明了他们当年战斗的频繁及其激烈程度。

四　风俗习惯

首先他们那种常年游牧的生活方式，影响了他们衣服的样式和装饰特点。从有一些铜饰品缝纫在皮件上面而遂得以保存下来的一些皮片判断，可知皮革是他们的主要衣料。骑士出猎［**432**］铜饰板和战士捉俘虏铜饰板之在墓地的出土，就为我们提供了绝好的胡服样本。12 号墓出土的一件镀金羊首活纽圆形铜饰，当是帽上饰件。一种金或银丝穿珠扭环饰品，推测是耳饰，很是别致。45 号墓出土上缀各种镀金泡的一条华丽的皮腰带，分外显得金光灿烂。

带上的铰具各式各样，铜饰板就是其中最主要、最有代表性的一种。有的还在身上垂挂一些铜铃，撞击作响，此外又有各种马形的、兽面的、轮形和环形的小铜饰具和垂饰品。大量的玛瑙、碧色玉、绿色石、白色石、各色琉璃质的管状珠、圆形珠、瓜棱形珠，扁方的、长方的或菱形的石佩，统统构成了这一游牧部族所特有的在装饰上的浓厚气氛。可惜有些饰品的具体佩戴方法和佩戴部位，因为缺少明确的出土例，已经不得而知了。

他们俗贵兵死。这在本墓地的埋葬上表现得很明显。一些丰富的殉葬品，通常都是出土在战士墓里。和这一风习分不开的，还有马殉风俗的遗留。

[433] 俗好汉物，则是他们在和汉族接触的过程中出现的新风尚。这里面包括了铁工具、陶器、兵器、马具、铜镜、服饰、货币等一系列文物。铸造精美的铜镜，尤为他们所爱好、珍视。

固然，他们已经迈入铁器时代，但是那些具有原始特色的陶器、细石器、有孔砺石、杵形研磨器、陶纺轮、有孔陶饰品等物继续存在着。虽然这不过是他们往日原始生活的残余，一线反光或者就是一种传统性的遗留，却也和他们固有的游牧生活方式分不开。

五　艺术造诣

[434] 各种陶器的造型和装饰花纹、一些日常用具和一系列金属工艺品的加工，构成了他们的艺术风格和民族的特点。

特别是铜饰板上的动物造型更为别致，有双牛、双马、双羊、双驼、犬鹿、鹰虎等，或温静相处，或相斗撕咬，形象姿态生动逼真。还有用各种兽首、兽足、枝叶等组成的几何图案，极尽变化而又颇有韵律。引人注目的是骑士出猎和战士捉俘虏的场面，显现了当时社会的一二活生生的侧面。总之，这种粗犷奔放的情致和简练有力的写实手法，不仅足以说明他们对动物的观察和概括，而且通过艺术上所反映的内容，更可以看出动物是如何与游牧人群的生产、生活和战斗息息相关。

总结以上，我们还必须指出：使用这一墓地的本部落，决不是生活在一个孤立的生活环境中，相反，是属于相应部族社会的一部分，并和这一社会团体保持着千丝万缕的联系。而从本部落身上所反映出的一些基本面貌 [435]，或许不是他所属的那个社会全部族的一般面貌。至于想具体区别出哪些是本墓地部落所固有的，哪些是这一社会全部族所通有的，有些可以研究出来，有些在现阶段还不能肯定，存在着一定的困难，有待于进一步的研究和新的发现，这里不再一一论列了。

[436] 第三节　族别和考古学文化命名

我们结合本墓地考古资料的断代、地区分布、社会面貌、文化性质的分析，并与文献相印证的结果，认为这一部落，应属于匈奴族集团，当归匈奴左地所辖。理由分别从四个方面提出：

一、首先根据我们对本地考古资料和外地考古资料的综合比较研究，认为本墓地这一部落，并非本地土著，而是从外地迁入的。

我们在本地若干地点发现的一些新石器时代以来的遗迹、遗物，都属于农耕经济文化类型，与本墓地所出的遗物，尤其是陶器，无一［**437**］类相同的，其文化性质也迥然有别。根据记载，约在汉魏之际，此地遂归夫余，再后为高句丽所据，我们所掌握的考古资料，也如实地指明了这一点。

那么，到底是哪一些游牧部族进入了这个地区呢？若据史书记载判断，属于匈奴的可能性也是大的。《史记·匈奴列传》云："然至冒顿，而匈奴最强大，尽服从北夷，而南与中国为敌国。……诸左方王将居东方，直上谷以往者东，接秽貉、朝鲜。"自此以后，西丰一地无疑被包括在内。我们前已根据汉族文物的综合断代研究，认为这一部族大约是在文帝或更早的时候进入这个地区的，墓地也自此开始营葬，此与史书记载所指时代，并无不合之处。

二、这一游牧部族的若干社会面貌和一些重要现象，大都与《史记》《汉书》的匈奴传所记匈奴部族社会面貌基本相符。

第一，史称匈奴"居于北蛮，随畜牧而转移。其畜之所多，则马、牛、羊；其奇畜则橐駞、驴、骡、駃騠、騊駼、驒騱。""逐水草迁徙，［**438**］毋城郭、常处，耕田之业，然亦各有分地。""自君王以下，咸食畜肉，衣其皮革，被旃裘。"这三条史料说的，大体合乎我们在前节"社会面貌"里对本墓地部落的"经济状况"所分析的那样，可以对照。

第二，史称匈奴"其攻战，斩首虏赐一卮酒，而所得卤获，因以予之，得人以为奴婢。故其战，人人自为趣利……战而扶舆死者，尽得死者家财。"而表现在本墓地埋葬上的阶级分化和对应的若干倾向以及上有战士捉俘虏形象的铜饰板，更是考古发现上的实际例证，可相互印证。

第三，史称匈奴"士力能弯弓，尽为甲骑……其长兵则弓矢，短兵则刀铤……"这一条说的"尽为甲骑"，完全合乎我们对本墓地埋葬上的军事性质的分析；所说长短兵器，这里都有。特别是"铤"，这里也发现了。

第四，史称"今单于变俗好汉物""匈奴之俗，本上气力……战死，壮士所有也。"这两条讲的是他们贵壮者，贵兵死，此亦合乎本墓地的埋葬特点。前节论风俗习惯时已谈过。

［**439**］三、现在再对他们的葬制进行一些考古比较。

上引史书，只简略提到："其送死，有棺椁、金银、衣裳，而无封树、丧服。近幸臣妾从死者，多至数十百人。"（此据《汉书》）这显然不是指的一般普通人的墓葬，而是指匈奴上层贵族一类的大墓而言。然而有一点可以确定的事实，即他们的墓室形制一般都是土坑或木构墓，我们可以笼统地称为"土墓"。蒙古诺因乌拉的匈奴墓，除了大墓之外，也有相当多的小土墓，就是一例。其次，近年先后在内蒙古的扎赉诺尔、集宁二兰虎沟、陕西的长安客省庄多地发现的曾被初步认为属于匈奴的墓葬，也都是这种土墓。我们认为它们基本上和本墓地的墓制相同。

四、最后，再从文物的分布上来看，属于匈奴的可能性就更大了。

首先，看看陶器的分布。陶器上所表现的文化性质和因素，除了部分带有地方性特点或受本地影响的陶器之外，有相当多的陶器，［**440**］都是和内蒙古自治区、南西伯利亚以及中亚出土的有相同或类似之处。

其次，再来看看铜饰板一类青铜工艺品的分布。根据近几十年来的考古发现和发掘工作结果，铜饰板的分布地区很广泛，主要有四处，即河套、蒙古诺因乌拉、米努辛斯克、阿尔泰地区。本墓地的发现，虽是一个新的分布点，但是其中有相当多的铜饰板，就曾在上述地区发现过。

当然，在这一地区的东方和西方之间，具备这个活动条件的部族，只能是匈奴。

至于，他们到底是真正的匈奴本族人呢？还是隶属于匈奴的其他族人，即所谓匈奴“属族”呢？现在还不能认定，有待进一步研究。

现在再谈谈考古学文化命名的问题。前虽指出还不能确定他们是匈奴本族人，还是匈奴属族人，但就其主要文物所表现的该族文化的基本特征而论，把它归入匈奴文化系统，是毋庸置疑的。为了便于今后对它的研究和阐明，给予这一发现以考古学文化上的命名是必要的。

[**441**]从全部陶器、长短兵器、主要青铜服饰品、所有汉族文物之在整个墓地的错综分布；各个墓葬群之在墓地的有规律性的组合排列，乃至表现在埋葬制度上的一致性，都足以表明整个墓地的考古现象，只能是一个统一的文化共同体的反映。不论其中的文化因素、文化来源、文化性质有哪些差异，有着怎样的复杂情况。这样一个文化共同体，当然是历史上形成的结果。它的复杂性，有两个方面需要指出：

[**442**] 第一，在这一文化共同体内，存在着对上一阶段文化的延续发展迹象。当时，他们还不能完全摆脱前一社会发展阶段——原始社会时期的传统和残余。例如反映在墓地埋葬上的氏族特点，大部分陶器所呈现的原始性，细石器、陶纺轮的继续使用，仍用陶片改成有孔垂饰品佩戴，各种自然形状的砺石以及杵形研磨器的存在，等等，都是上一文化亦即它的低级阶段的存留。

但是石制的生产工具和武器已不复存在，它普遍为金属工具所代替。而当是之时，就连青铜兵器也被铁兵器的绝对优势压倒。随着社会的激烈变化，他们这时在文化上的发展演变是至为迅速的。

第二，存在着不同文化的接触、变化和相互影响的迹象。这从本族陶器所呈现的若干特征上可以看出来。我们已把它分为五个陶系六个类型。

第一个类型是两种型式的陶鬲。一种是磨光细红陶鬲，一种是乳点纹夹砂粗陶鬲。尤其是后者，具有浓厚的本族装饰风格，显系出于自制，带有明显的原始特色。它的发现，无疑[**443**] 暗示了这一部族早在其原始公社阶段，就已经受到了中原文化的影响。

第二个类型是分别用篦齿纹、窝点纹、圈点纹、指甲纹和网格纹构成连续性三角花纹带的一些陶器。这种纹饰也在苏联境内的南西伯利亚、中亚细亚和鄂毕河流域有过相近或类似的发现。

第三个类型是以口颈带有乳点纹为主的陶器，也是本墓地陶器中的主要类型。此类陶器在内蒙古林西细石器文化遗存里有过发现。它[**444**] 的可能分布区域，当以内蒙古东部为中心。

第四个类型是涂朱磨光篦纹砂质细红陶壶。与此相似的陶壶器片，在黑龙江省宾县老和山头一个地点零星发现过。它或许来自另一个曾与他们发生联系的某一族。否则就是受其文化影响而出现的带有地方特点的产物。

第五个类型是以横耳夹砂粗陶壶为主的陶器。这也是一类带有地方性特点的产物。根据多年的考古发现，凡是腹部带两个横耳的陶壶，普遍出于以吉林地区为中心的包括辽宁、黑龙江诸省一部的区域内。

第六个类型是以滑石为主要羼和料的大口粗颈带系陶壶。这种胎质我们称之为“滑石陶”，认为这也和当地的制陶术有关。至于它属于哪一方面的文化因素，目前尚不能确定。

通过上面的分析，可知陶器上的不同文化特征，基本上来自三个方面的因素：一是本族固［**445**］有的文化因素；二是当地的文化因素；三是远方的文化因素。其实，即使在当地的文化因素中，其文化性质亦非单纯一致，同样有着相互影响的迹象。

此外，关于以铜饰板为主的青铜服饰品的文化性质及其广泛的文化联系，也是主要的一个方面。前节已作了些分析，这里可以从略。

所有这些表现在考古学文化上的如此复杂的现象，一定是他们和各族人民之间的历史活动相联系。

这里应当指出：联系内蒙古二兰虎沟墓地和扎赉诺尔古墓群的发现，做一番比较和综合分析，对这一文化的命名，当有其相关的意义；与最近内蒙古和林格尔西窑子村古墓中发现的一批相当于战国时期的青铜兵器和青铜服饰品比较，分析两者是否存在着文化发展上的渊源和演变关系，是很有必要的。至于它和西方的斯基泰文化、塔加尔文化，尤其是和匈奴——萨尔马提亚文化的关系终究如何，也是此项考古研究中的一个主要课题，需要深入地［**446**］、全面地加以探讨。

考虑到以上三点，又鉴于本墓地的考古发现是初次的；其中有一些富于文化特征性质的东西，如杖首串环式铜柄铁剑、金或银丝穿珠扭环耳饰品、涂朱磨光红陶壶等，在别处迄未见有明确发现；该文化共同体的分布及其演变情况还没有搞清楚，一些地方性的变体因素也有待阐明。所以，在命名上仍保持本墓地所在的“西岔沟”一名，以标志这个考古发现，同时揭示本文化共同体的原有面貌，以便于与其他发现单位的考古文化求同或立异，在现阶段是必要和可行的。因此，我们根据考古学原则，就将这一考古发现命名为“匈奴——西岔沟文化”。

［**447**］第四节　和汉族的历史文化关系

关于这一部族和汉族的历史关系问题，可以指出三点：

一，我们认为，在这一部族的文化系统中，汉族文物和本族文物的相互依存和相互渗透，非常生动地反映了这一部族和汉族在历史上的基本联系，或者说是基本的历史联系。根据研究，这种联系不仅是长时间的，而且是连续不断的，其间一定有过无数次的接触，直到这一部族的离去。

二，墓地所在的地理环境，是山区、平原和草原三者的交邻地区，也是游牧地带和农耕地带的联结点，它的西面是今日的内蒙古自治区，它的南面是今日的辽河平原。领有这一墓地的部族就应当在此一带活动过。此地离四平、开原不远，在西汉时正当辽东郡北边塞外，成为一个贸易地点和军事要冲是完全有可能的。他们和辽东一带汉族的接触、交往势必很频繁，本墓地所出的汉族陶器、铁工具、变形［**448**］蟠螭纹镜等都和辽阳（当时的辽东郡治）发现的相同，而该族的一种乳点纹夹砂陶器也在辽阳三道壕西汉村落遗址里出土过。

三，根据史书记载，汉初匈奴“诸左方王将居东方，直上谷以东，接秽貉、朝鲜”。西丰地区显然包括在内。至宣帝本始二年（公元前 72 年）遣五将军领兵十余万骑出塞，匈奴远遁，自是“匈奴遂衰耗”（均是《汉书・匈奴传》）。西岔沟墓地的下限及其被弃置的时间，也约当此时。我们觉得这种吻合倒正好暗示了西汉历史上匈奴和汉族势力的消长。

现在，再论汉文化对于这一部族的影响和推动的情况终究如何。

当我们分析这个游牧民族的文化性质时，指出他们在长时期的发展中曾经受到不同程度的一些外来文化影响。其中，汉族的文化影响始终是主要的一个方面。下面亦可指出三点：

［**449**］一，标志着他们和汉族交往程度的一个极为重要的历史事件，亦即它的历史性影响的结果，就是汉族的铁器流传到他们的社会内部来了。在墓地的中心墓区里，出土的大批铁工具，在整个墓地里出土数以上百副的环首小铁刀、锥，一些战士墓里的铁兵器，还有若干铁制的服饰品零件，凡此种种，都十分清楚地揭示了这个事实。这种对于铁的需要，在军事领域内表现得最为显著，而且正是在这里，铁取得了优先发展的地位。汉族铁兵器的传入及其被使用或仿制，对于他们的影响，其最直接的结果，使得他们的武装力量得以改善和加强。

二，由于他们“俗好汉物”，这实质就是对于汉文化的接受和被影响，一些实用品、服饰品、艺术品源源涌进他们生活中的各个角落，以满足他们生活上和文化上的不断需求。但是我们也看到，这种影响的幅度及其性质，自始就取决于这一民族内部的游牧生［**450**］活方式的需要，切合它固有的文化特点。

三，汉族的铁器以及若干被他们当作奢侈品的汉物，为他们所迫切需要，甚至不惜诉诸战争以求之，就不难看到他们社会内部私有制的发展和阶级对立的加剧了。汉文化对于他们之最深刻最根本的影响，就在于它是通过了这一系列的活动，从外部对匈奴这一巨大社会变革起了相当重要的推动作用。这就是它所具有的积极的历史意义的一面。

后记

西丰西岔沟墓地考古发掘报告完稿付梓，首先需要说明，本报告有两点与其他考古报告不同：一是编写者未参与西岔沟墓地考古发掘，二是报告的文字除了正文和检测报告，还包括附件“西岔沟墓地报告原稿编写提纲和编写说明、报告原稿”。

关于第一点。1956 年 5 月 17 日，西丰县地方国营畜牧场职工李柏梁同志到东北博物馆反映西岔沟小山发现古代宝剑、金子、珠子遭到乱掘的情况，由此发现了西岔沟墓地。东北博物馆文物工作队组织的考古发掘工作结束后，即着手墓地资料整理和报告编写准备工作。1959 年 12 月，组成以李文信为首，孙守道、陈大为、朱贵参加的四人考古报告编写组，拟定了报告编写提纲、编写分工，完成时间及每章字数，全文预计 15 万字左右。大概在 1960 年八九月份形成了初稿，李文信先生做了一些修改。但是，不知是因为当时正处于困难时期，还是其他原因，报告的编写工作没能接续下来。1982 年 10 月，李文信先生逝世，2003 年 2 月陈大为先生逝世，2004 年 7 月孙守道先生逝世，朱贵先生年老疾病缠身，闭门不出。西岔沟墓地考古发掘报告被长期搁置下来。2006 年 6 月，国家文物局下发《关于尽快开展清理积压考古报告工作的通知》，启动积压考古报告清理工作，要求在三年内完成第一批 97 部积压考古报告出版任务。辽宁省列入的六部为：牛河梁遗址、姜女石遗址、冯素弗墓、海城仙人洞遗址、查海遗址、金牛山遗址。其中冯素弗墓报告由省博物馆负责编写，其他五部省考古所负责编写。2007 年，省考古所启动积压考古报告清理工作，我分工具体负责协调牛河梁遗址报告编写，除此之外，还全面负责协调省所的五部报告编写工作。同时，根据学界的多年期盼，也将编写西岔沟墓地考古发掘报告列入工作日程。

西岔沟墓地发掘结束后，孙守道先生曾发表《“匈奴西岔沟文化”古墓群的发现》一文，关于族属，“以为匈奴人的可能性最大”；随即曾庸先生发表《辽宁西丰西岔沟古墓群为乌桓遗迹论》，主张西岔沟墓地为乌桓遗存；1984 年，蔺新建先生在《西岔沟古墓族属问题浅析》一文中，又提出西岔沟墓地为夫余遗存。因为墓地资料没有全面系统发表，难窥全豹，所以讨论未能深入下去。诸说并存，愈加说明西岔沟墓地的学术价值不容忽视。尽管没有列入国家文物局清理积压考古报告第一批名单之中，可是完成西岔沟墓地考古发掘报告，学界期盼已久，省考古所责无旁贷。但是，当年编写组四位先生已凋零殆尽，由没有参加发掘的人去整理积压五十多年的档案资料，编写出让大家满意的考古报告，其难度可想而知。当时省考古所的基本建设考古发掘任务繁重，同时兼顾积压考古报告编写，而且还要为渴望上进在职学习的业务人员提供必要的时间，多线作战，田野考古发掘人员严重不足，捉襟见肘。省考古所有心无力，借鉴外省成熟经验，校所联合是最佳选择。但是，编写西岔沟墓地这类报告，是替他人做嫁衣，不仅耗时费力，报告出版前不能出成果，而且还受专业基础、知识积累、研究方向等限制，更需要耐得寂寞，心无旁骛，所以并非谁都愿意干、谁愿意干都能够干好。所幸经培新学兄引荐，潘玲老师甘愿参与西岔沟墓地资料整理与报告编写工作。2010年我离开省考古所，致使承担的国家社科基金项目“喇嘛洞三燕文化墓地发掘报告”未按时于2011年结项，不能按原计划继续申请国家社科基金资助编写西岔沟墓地考古发掘报告，经省考古所同意，遂由潘玲申请2011年度国家社科基金15万元，资助西岔沟墓地资料整理和报告编写工作（项目组成员田立坤、李新全、华玉冰、李向东、刘宁、蒋璐），2017年结项。结项报告补充修改后，2020年9月交文物出版社，现终于付梓。相比之下，我申请立项的“喇嘛洞三燕文化墓地发掘报告”2014年结项，但目前只做了一定补充修改，尚未进入联系编辑出版阶段。现在看来，如果靠我来完成西岔沟墓地考古发掘报告，绝不可能，潘玲老师可谓最合适的人选。

关于第二点。如前所述，2013年着手整理资料，编写西岔沟墓地考古发掘报告，距发掘之时已逾五十多年，物是人非，首先遇到的问题是如何处理墓地发掘者编写的报告稿。虽然当年编写考古报告的理念、通行做法与现在不同，技术手段、应用设备上更是不可同日而语，因当年相关的考古发现数量过少致使认识上有其局限性也在所难免，但是前辈们付出的辛勤劳动和工作成果应该也必须给予充分的尊重，更不能掠人之美。所以报告结构包括正文和原报告稿两部分，将当年的报告原稿全部扫描，保持原貌，以附件形式作为报告的组成部分；但是为保证质量，只要能找到馆藏实物的，均重新制作器物线图和照片。这样做既充分尊重了前辈们的劳动成果，也反映了观念的进步，学术的发展。由于扫描的报告原稿所占篇幅过大，根据出版社的建议，又将原稿输入电脑制成附件，扫描文档只保留了前50页。这样不仅便于读者阅读，还节省了印刷费用。

西岔沟报告是多家单位合作的成果。刘宁在编写报告的八年多时间里一直负责辽宁省博物馆方面的工作，包括藏品保管和借调、拍照、器物修复、藏品档案检索、安保、申请出版经费，以及办理申请中国国家博物馆提供相关藏品资料的各种手续等，工作头绪非常多，持续时间长。李新全负责辽宁省文物考古研究所的工作，包括为报告编写提供整理和文物收藏场所、拍照和文物借调等工作。

西岔沟墓地的器物数量多、报告体量大，要完整发表材料，在绘图、拍照和数据核对等方面需要大量的人力。吉林大学的林雪川老师、辽宁省文物考古研究院王宇女士承担了报告的绝大多数绘图工作，器物照片主要由林雪川、辽宁省博物馆的张达夫拍摄。如按照正常标准支付劳务费，绘图和拍照费用要花去至少一半的项目经费。西岔沟墓地报告国家社科项目经费仅15万元，且不含劳务费预算和间接经费，只能想办法拼凑劳务费。因囊中羞涩，所以只给为绘图和拍照付出辛勤汗水的林雪川和王宇发了微薄的劳务费，张达夫甚至是友情赞助。从2013年初到2021年年底报告出版前一个月，八年多的时间里吉林大学的何雨濛、孙丹玉、王卉、周冰、胡娟、孙立斌、张婕好、谭文好、马博、郭丽娜、张振腾等11位同学均参加了西岔沟墓地资料整理和核对工作，同学们承担的往往都是量大的急活，其中孙丹玉承担的绘图工作最重要。

西岔沟墓地资料整理历时数年，期间省博物馆蔺新建、林利、邱菊、尹虹、寿玉晶、周晓晶、朴文英、卢治萍、孟丹，省考古所万欣、穆启文、李龙彬、万雄飞、徐韶刚、王宇、图旭刚、郭明、张桂霞、谷丽芬、王爽、李霞等各位同行，均给予了无私的帮助和支持。省考古所保卫科为报告编写者早、晚和休息日加班破例开绿灯，提供便利条件；铁岭市博物馆领导和保管部的同行牺牲周末休息时间配合整理工作。吉林大学边疆考古研究中心领导和同事们为报告的编写提供了便利条件。在此对诸位同行的帮助表达由衷的感谢。还要感谢时任省博物馆馆长马宝杰为西岔沟金属器物和珠子的科学检测提供经费保障；感谢时任省考古所所长李向东、吴炎亮为西岔沟墓地资料整理提供便利条件；感谢孙力为西岔沟墓地航拍全景照片、拍摄铁器X光透视照片，组织器物拍照和修复陶器。感谢刘波女士、苏蓓女士（Rebecca O'Sullivan）为报告翻译英文摘要。

西岔沟墓地考古发掘报告编辑工作前后持续了两年多的时间，在2021年9月一校稿完成前进行了无数次的图文通篇核对，工作量远超普通报告。不同器物编号系统以及同时并存的藏品号和原始登记号，给编辑工作带来很多麻烦。责任编辑杨新改、张晓雯女士不仅精心核对出很多错误，还多次提出非常好的修改建议，她们的业务素养和奉献精神，让我们非常钦敬。

感谢郭大顺先生、林沄先生应邀欣然赐序；感谢白云翔先生为铁器部分的分类和命名提出宝贵修改意见；感谢众多师友同仁的无私帮助和支持，虽然用感谢二字已无法表达我此时的心意。

六十多年来，西岔沟墓地清理发掘记录、整理记录、报告手稿从东北博物馆到辽宁省博物馆，再到省考古所，几代辽宁文博人接替保管，功莫大焉。这些原始档案，不仅是我们编写报告的依据，同时也反映了前辈们一丝不苟的敬业精神。如孙守道先生执笔的一纸“编写上的分工”（经核对笔迹，“分工”系出自孙先生之手），不仅明确规定了报告编写组李文信、朱贵、孙守道、陈大为四位先生每人承担的章节字数，而且还规定了完成时间。前辈们注重细节的工作态度永远值得我们学习。

值此西岔沟墓地考古发掘报告付梓之际，向为西岔沟墓地考古发掘、资料整理、报告编写付出辛勤汗水、心血的文博界前辈，尤其是李文信、朱贵、孙守道、陈大为四位先生，再次表示由衷的敬意。

田立坤

2021年12月1日于沈阳河畔新城

Abstract

Xichagou Cemetery is located 3 kilometers to the west of Xifeng County Seat in the western part of Zhizhong Village, northern Liaoning Province. It lies on the side of a small hill that is backed by mountains and overlooks a river. Its geographic coordinates are 42°7′34.55″N, 124°6′51.78″E.

From May 29 to September 7, 1956, the Northeast Museum Cultural Heritage Task Force divided Xichagou Cemetery into 72 areas and carried out comprehensive excavations of the parts of the cemetery that had been disturbed. Sixty-three surviving tombs were excavated, and 5323 cultural relics were recovered from local villagers, who had taken them from the cemetery. It is estimated that the cemetery originally had nearly 500 burials.

I. The Excavation Situation

Based on the disparity in available information concerning their excavation, artifacts from Xichagou Cemetery can be divided into the following four categories.

The first category is artifacts excavated from the 63 tombs. These items have the most complete excavation information. However, very few long-handled iron weapons and objects made from precious metals are seen in this category.

The second category is artifacts found from disturbed parts of the cemetery. These objects were most likely either taken from the robbed burials or left in burials that had already been destroyed. It is believed that items found within one excavation pit may have come from one or several tombs, and the pits were probably located not far from the objects' original locations. Artifacts in this category are mostly small objects and items that have little economic value, such as pottery, beads, bronze arrowheads, and bronze *pao*-conchos. These items reflect the characteristics of all burial goods in the cemetery overall.

The third category is items recovered from local villagers, including reusable items, such as iron weapons, farming implements, craft tools, horse tack, and many beads and bronze objects. These items were all taken because of their economic value. Within this category, about half of the relics' original burial places can be reconstructed; for some of them, their accompanying items and approximate location within the tomb is also evident. Such artifacts play an important role in studying differences between areas within the cemetery and the combinations of burial goods.

The fourth category is missing items that archaeologists were not able to recover: mainly items made of gold, silver, and other precious metals that have been looted. This very likely includes a considerable amount of gold and silver earrings.

II. Overview of the Cemetery

The 63 tombs excavated at Xichagou Cemetery were all rectangular shaft-tombs. The majority of these were oriented west-northwest, and they were arranged in lines from northeast to southwest. The tombs are about 1.8 meters in length, and the two best preserved were 84 and 58 centimeters below the ground surface. The state of preservation of all human remains was poor. It is assumed that most tombs were single-person burials. Occupants of tombs with iron swords, spears, arrowheads (iron and bronze) were probably male, while female burials possibly have few or no weapons but contained beads and other ornaments or personal adornment. Many belt attachments were found, including openwork plaques and belt buckles, as well as small, practical tools like iron knives, and hanging decorations that were once attached to the belts, such as bronze rings, spoon-shaped objects, bronze bells, pendants, and beads. Burials generally contain one to two ceramic containers, with a maximum of five. Various beads were commonly used to decorate the tomb occupants' necks and waists. Many bronze *pao*-conchos were found, which were probably used to embellish the dead's clothes and horse tack. In addition, a large number of iron farming tools and horse tack, such as snaffle bits and curb bits, were unearthed. The 63 tombs excavated belonged to ordinary people and were low rank burials. Gilt horse harnesses and belt attachments, bronze-handled iron swords, and pottery jars with red slip were not found in these tombs, which suggests that such objects were burial goods for people of higher status.

III. Types of Artifacts

Based on the materials they are made of, the artifacts from Xichagou Cemetery can be divided into five categories: ceramics, bronzes, iron ware, gold and silver ware, and stone and glass objects.

A total of 145 ceramic vessels were unearthed that can be reconstructed, 93% of which are coarsewares and 7% are finewares. The coarsewares all reflect the tradition of northeastern China's cultures. The color of the container is typically uneven. Most of them are undecorated, while some have pearl, grate-and-dot, or appliqué patterns. The most frequently seen coarsewares are small cups, followed by *guan*-jars, *hu*-jars, and both *wan*-bowls and *bo*-bowls slightly larger than cups. Only seven fineware ceramic vessels were found: these are grey in color, decorated with water ripple, projecting ridge, and cord patterns. The vessel forms are Han-style or replications of Han *guan*-jars and *hu*-jars.

There are 3245 bronze objects in total, constituting six categories: tools, weapons, belt attachments and clothes and adornments, vehicle and horse paraphernalia, mirrors, and coins. There are a few other bronze objects with unclear functions. Clothes and adornments are the most numerous: from among these, *pao*-conchos constitute over 60% of all bronze artifacts. Second to this are the bronze arrowheads in the weapons category, which constitute 17.39% of total bronzes.

The total number of iron objects is 529, which can be divided into four categories: farming and manual tools, weapon, belt attachments and horse tack, and cooking vessels. The largest number of iron artifacts is made up of iron weapons, with arrowheads accounting for 35% of all items. The second largest number of iron artifacts is tools. Knives and awls with ring-pommels constitute the largest number of iron manual tools, the total of which is 17.2% of all iron items. There are eight farming tools: three pickaxe, four hoe heads and a sickle. Iron belt attachments and horse paraphernalia are slightly less, accounting for 19.1% of the total iron artifacts. There is only one iron cooking vessels.

Very few gold and silver objects were found, with most being ornaments for the ears. Xichagou Cemetery were badly robbed, and, the survey found, a large amount of gold and silver jewelry was looted from the cemetery. Pieces found at the site and recovered from villagers probably only reflects a small portion of what were originally buried at Xichagou Cemetery.

Various types of beads were unearthed in relatively large numbers. There are many different shapes, such as almost spherical, cylindrical, and flat. There are 1426 glass, 1001 agate, 3031 amazonite and green mica, and 415 steatite beads.

A few pressure-flaked microliths used for arrowheads, polished rocks, and stone grinders were unearthed at the cemetery.

IV. Date of Xichagou Cemetery

Artifacts associated with Central Plain culture, such as bronze mirrors, coins, belt attachments, and horse tack, unearthed from Xichagou Cemetery are the most diagnostic objects that can be used to date the site. Among the bronze mirrors, ones prevalent during the mid-Western Han number the most, followed by those from the late phase of the early Western Han. Those from mid to late Western Han are fewest. About half of the coins are *wuzhu* coins from the mid-Western Han period, then *banliang* coins from the early Western Han, and a very small number of round *yihua* coins from the final years of the Warring States period were also found. Fineware *guan*-jars, bronze *pao*-conchos, bronze cowries, and coin-shaped pendants similar to those excavated from Xichagou were particularly prevalent during the mid-Western Han, with some evident as early as the late phase of the early Western Han. Based on these Central Plain-style objects, the date of Xichagou Cemetery is determinable as lasting from the late stage of the early Western Han to the mid-late Western Han, with the majority of tombs dating to the mid-Western Han. That is, Xichagou Cemetery's temporal range covers the second half of the second century to the mid-first century BCE, and the majority of tombs date from the end of the second century to the first half of the first century BCE.

V. Cultural Factors

Xichagou Cemetery exhibits cultural factors from five archaeological cultures, namely the Western Han in the Central Plain, Hanshu II, Xiongnu, Baoshan in northern Liaoning and southern Jilin provinces, and archaeological cultures related to Buyeo（夫余）. The majority of the cemetery's occupants were a group affiliated with a branch of the Hanshu II culture from the Songnen Plain that went south. On the route south, they possibly assimilated some people related to early Buyeo in the Second Songhua River basin. After they arrived where Xichagou Cemetery is located in the Kouhe River valley, they mixed with the local Baoshan culture and inhabitants related to early Goguryeo（高句丽） people. Because they were close to the Western Han's Liaodong Commandery and also received the influences of Xiongnu power, this group of people absorbed a lot of cultural elements from these two groups.

Objects with Hanshu II cultural characteristics were mainly distributed in the central part of the cemetery, where the tombs are densest. The most finely crafted artifacts were buried here, such as gilt vehicle and horse paraphernalia. This indicates that the people of Hanshu II occupied the dominant position at Xichagou Cemetery, and the original local people were in a subordinate position. Although the two cultures merged, this did not occur to a great extent. This also suggests that the southward movement of Hanshu II people had not occurred long previously.

VI. Society, Economy, and Ethnicity

The interred at Xichagou Cemetery can be divided into three strata. The majority of burials belonged to ordinary people, who were buried without bronze-handled iron swords, ceramic *hu*-jars with red slips, or gilt vehicle and horse paraphernalia and belt attachments. The next stratum up includes people of higher status, who were buried with bronze-handled iron swords, ceramic *hu*-jars with red slips, and gilt belt attachments. Those in the top stratum were local rulers, and they were buried with high-level chariots with gilt paraphernalia. The group buried in the cemetery had quite developed horse riding and archery skills. They engaged in animal husbandry and also hunted. There was already a relatively strong settled component, as they had started to engage in agriculture; they were not a purely nomadic group.

Xichagou Cemetery represents the remains of people from the Songnen Plain who moved south and merged with local residents during the second century BCE. The period of most prolific use at the cemetery was during the end of the second to first half of the first century BCE, and it was used no later than the mid-first century BCE. The cemetery is about 40 kilometers north of the Western Han's Liaodong frontier. The occupants of Xichagou revered military strength and were strongly influenced by the cultures of the Central Plain and the Xiongnu. The findings at Xichagou Cemetery show that the occupants were a group of people with strong military strength who arrived at the north of Liangdong County during early Western Han dynasty. They had close ties to both the

Xiongnu and Western Han. Although they had well-developed riding techniques, they also engaged in agriculture. This group suddenly disappeared in the mid-first century BCE, most likely as a result of attack by the Western Han.

Based on historical records and archaeological findings, Xichagou Cemetery was most likely a burial site for the Wuhuan（乌桓）. They were attacked by the Xiongnu in the second century BCE, so they moved from the Songnen Plain to near the frontier of Liaodong Commandery, where they received cultural influence from the Han and also interacted with the Xiongnu. According to historical records, during Emperor Zhao's（汉昭帝）reign in the mid Western Han period, the Han army attacked the Wuhuan twice outside the Liaodong frontier. In the following era under Emperor Xuan（汉宣帝）, the Wuhuan reportedly guarded the border near Liaodong, helping the Western Han to defend against the Xiongnu. Having the Wuhuan guard the Liaodong border could have involved relocating and settling them along the borders (within and without Han territory) where defense was needed. It is very likely that the attacks by the Western Han dynasty and the subsequent resettlement caused the sudden decline and disappearance of the Wuhuan people in the Xichagou region.

刘波、苏蓓（Rebecca O'Sullivan）翻译

西丰西岔沟

——西汉时期东北民族墓地

（下）

辽　宁　省　博　物　馆
辽宁省文物考古研究院　编著
吉林大学边疆考古研究中心

潘玲　田立坤　刘宁　李新全　主编

文物出版社

The Cemetery at Xichagou in Xifeng

Northeast Ethnics Cemetery in Western Han Dynasty

(Ⅲ)

By

Liaoning Provincial Museum
Liaoning Provincial Institute of Cultural Relics and Archaeology
The Research Center for Chinese Frontier Archaeology of Jilin University

Chief Editor: Pan Ling, Tian Likun, Liu Ning and Li Xinquan

Cultural Relics Press

彩版目录

图版目录

1. 西岔沟墓地远景航拍照片（南—北向，红色椭圆形区域内为墓地。2015年拍摄）

2. 雪后西岔沟墓地远景照片（西南—东北向，蓝色箭头所指区域为墓地。2013年拍摄）

彩版一　西岔沟墓地远景

1. 陶罐（M1：1）

2. 蓝色玻璃珠（M1：4-1～4-3）（左—右）

3. 浅绿色玻璃珠（M1：4-72、4-73）（左—右）

4. 蓝色玻璃管（M1：4-70、4-71）（左—右）

5. 滑石管（M1：3-1、3-2）（左—右）

6. 蓝色玻璃珠（M2：8-1～8-4）（左—右）

7. 浅绿色玻璃珠（M2：8-22～8-24）（左—右）

8. 滑石珠（M2：7-1）

彩版二　M1、M2出土器物

1. 陶罐（M2：1）

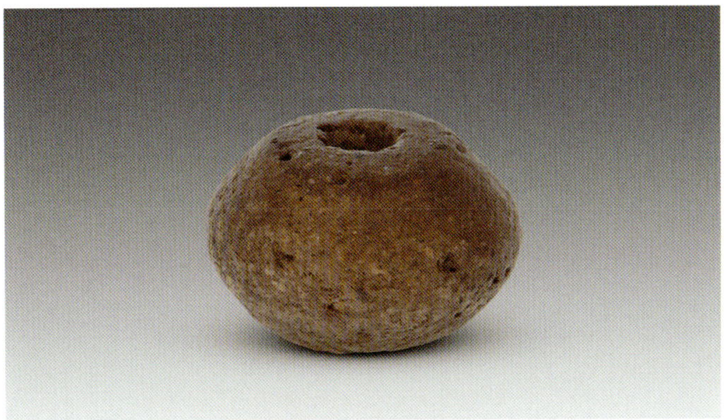

3. 陶纺轮（M2：3）

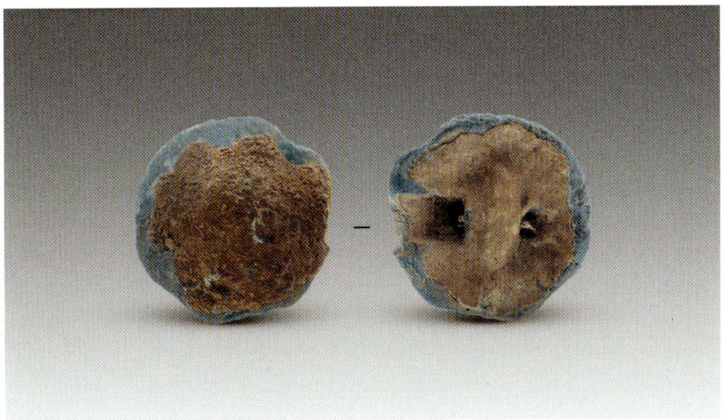

4. 铜泡（M2：5–2）

2. 陶碗（M2：2）

5. 铜泡（M2：5–1）

6. 石叶（M2：6）

彩版三　M2出土器物

1. 陶碗（M3：1）

2. 陶碗（M3：1）

3. 铜泡（M3：4–1）

4. 铜泡（M3：4–2）

5. 蓝色玻璃珠（M3：3–1～3–3）（左—右）

6. 浅绿色玻璃珠（M3：3–8）

7. 滑石珠（M3：2）

8. 叶蜡石管（M3：5）

彩版四　M3出土器物

1. 陶杯（M4：1）

2. 铜镞（M4：6）

3. 陶杯（M4：2）

4. 铜泡（M4：5-3）（左—右）

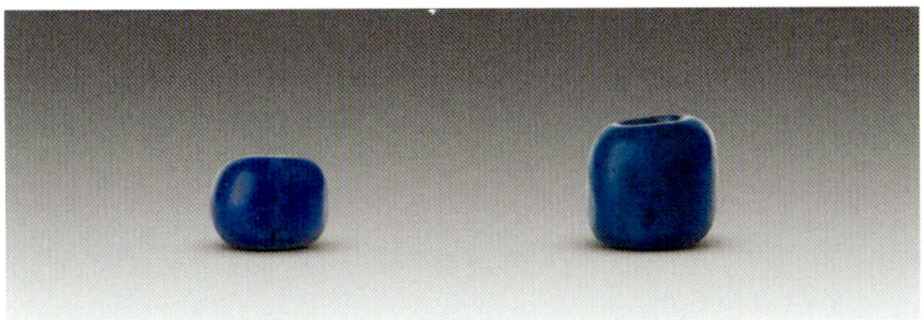

5. 蓝色玻璃珠（M4：3-1、3-2）（左—右）

6. 滑石管（M4：4-1）

彩版五　M4出土器物

1. 陶壶（M5：6）

2. 陶罐（M5：5）（上半部分为修复）

3. 陶壶（M5：4）

4. 陶器（M5：1）（上半部分为修复）

5. 陶罐（M5：3）

彩版六　M5出土器物

1. 铜镞（M5：7-1、7-2）（左—右）

2. 铜泡（M5：2）

3. 滑石管（M5：11-1～11-3）（左—右）

4. 铁镞（M5：8-1）

5. 蓝色玻璃珠（M5：12-2～12-6）（左—右）

6. 陶杯（M6：1）

7. 铜空首斧（M6：4）

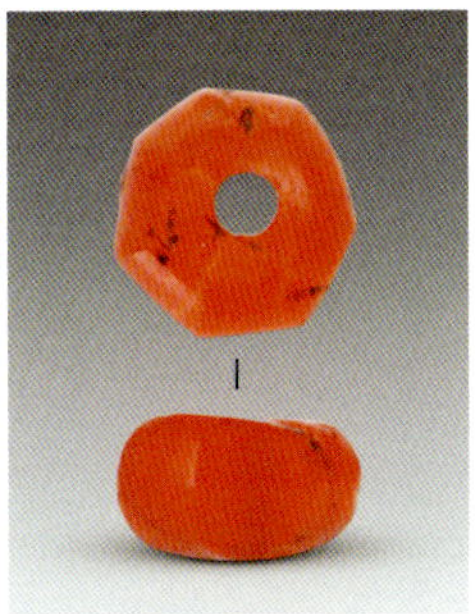

8. 玛瑙珠（M6：2）

9. 蓝色玻璃珠（M6：3-1～3-3）（左—右）

10. 棕红色玻璃珠（M6：3-4～3-6）（左—右）

彩版七　M5、M6出土器物

1. 陶罐（M7：1）

2. 陶杯（M7：2）

3. 陶碗（M8：1）

4. 陶罐（M9：1）

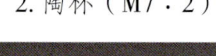

彩版八　M7～M9出土器物

1. 陶罐（M10：1）

2. 陶杯（M10：2）

4. 陶杯（M11：1）

3. 蓝色玻璃珠（M10：5-1～5-3）（左—右）

5. 铜环（M11：2）

6. 铜泡（M11：3）

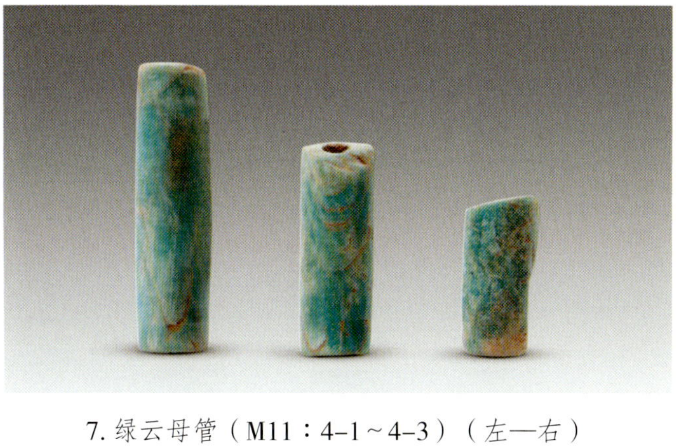

7. 绿云母管（M11：4-1～4-3）（左—右）

彩版九　M10、M11出土器物

1. 陶罐（M12：1）

2. 铜镞（M12：4-1、4-2）（左—右）

3. 铁刀（M12：16）

4. 铁带扣（M12：15）

5. 滑石管（M12：17-1 ~ 17-5 ）

6. 蓝色玻璃管（M12：18-93、18-1）（左—右）

7. 白色玻璃珠（M12：18-94）

8. 蓝色玻璃珠（M12：18-2 ~ 18-10）（左—右）

9. 活纽鎏金铜泡（M12：3）

10. 铜环（M12：6）

彩版一〇　M12出土器物

1. 铜带扣（M12：8）

2. 铜带扣（M12：9）

3. 铜带扣（M12：11）

4. 铜带扣（M12：10）

5. 铜泡（M12：7-6、7-5）（左—右）

6. 铜泡（M12：7-4）

7. 铜泡（M12：7-3）

8. 铜带扣（M12：5）

彩版一一　M12出土器物

1. 铜牌饰（M13：1）

2. 铜铃（M13：2）

3. 铜铃（M13：3-1）

4. 铜铃（M13：3-3）

5. 铜泡（M13：4-1、M4-2）（上—下）

6. 白色玻璃珠（M13：6-1、6-2）（左—右）

7. 天河石珠（M13：5-1）

8. 滑石管（M13：5-2～5-4）（左—右）

9. 滑石环（M13：5-32）

10. 铜铃（M14：1-1）

11. 铜铃（M14：1-2）

12. 铜铃（M14：1-3）

彩版一二　M13、M14出土器物

1. 铜坠饰（M15：8-1）

2. 铜坠饰（M15：8-2）

3. 铜坠饰（M15：8-3）

4. 铜泡（M15：9-1）

5. 铜泡（M15：9-2）

6. 铜铃（M15：7）

7. 铜环（M15：5-1）

8. 铜环（M15：5-2）

9. 蓝色玻璃珠（M15：11-1～11-4）（左—右）

10. 滑石管（M15：10-1～10-3）（左—右）

11. 铜轮（M15：4-2）

彩版一三　M15出土器物

1. 铜镜（M15：2–1）

2. 铜镜（M15：2–2）

彩版一四　M15出土器物

1. 陶壶（M16：1）

2. 陶罐（M16：2）

3. 陶杯（M16：3）

4. 铜牌饰（M16：8）

5. 铜环（M16：6-5）

6. 铜环（M16：6-4）

彩版一五　M16出土器物

1. 铁刀（M16：9）

2. 铁刀（M16：10）

3. 金耳饰（M16：4）

4. 蓝色玻璃珠（M16：12-1～12-5）（左—右）

5. 蓝色玻璃珠（M16：13-1～13-4）（左—右）

6. 蓝色玻璃珠（M16：15-1～15-4）（左—右）

彩版一六　M16出土器物

1. 陶纺轮（M17：1）

2. 铁管（M17：3附件）

3. 铜铃（M17：2-1）

4. 铜铃（M17：2-2）

5. 铜铃（M17：3-1）

6. 铜铃（M17：3-2）

7. 铜铃（M17：3-4）

8. 铜坠饰（M17：4-1）

9. 铜坠饰（M17：4-2）

10. 铜坠饰（M17：4-3）

11. 铜坠饰（M17：4-5）

12. 铜坠饰（M17：4-6）

彩版一七　M17出土器物

1. 陶壶（M19：1）

2. 陶壶（M19：2）

3. 陶罐（M19：3）

4. 陶碗（M19：4）

5. 陶杯（M19：5）

6. 陶纺轮（M19：6）

7. 蓝色玻璃珠（M19：8-1、8-2）
（左—右）

彩版一八　M19出土器物

1. 陶罐（M20：1）

2. 陶罐（M20：1）

3. 铜镜（M21：1）

4. 铁刀（M21：2）

彩版一九　M20、M21出土器物

1. 铜铃（M21：4）

2. 铜铃（M21：10）

3. 铜铃及附属铁管（M21：6）

4. 铜铃（M21：8）

5. 铜铃（M21：7）

6. 铜泡（M21：13-1）

彩版二〇　M21出土器物

1. 铜镞（M22：20、21）（左—右）

2. 铜镞（M22：18）

3. 铜镞（M22：17）

4. 铜泡（M22：25-2、25-1）（左—右）

5. 铜泡（M22：13）

6. 铜铃（M22：10）

7. 铜铃（M22：14-12）

8. 铁镞（M22：24）

9. 铜镞（M22：22）

彩版二一　M22出土器物

1. 铁镞（M22：16）

2. 铁管（M22：14-1、14-2、14-11、14-8）（左—右）

3. 铜泡（M23：8）

4. 勺形铜带饰（M23：1）

5. 石镞（M23：4）

6. 铁衔镳（M23：2）

7. 绿云母珠（M23：5-1）

8. 绿云母管（M23：5-2、5-3）（左—右）

彩版二二　M22、M23出土器物

1. 陶杯（M24：1）

2. 黑色石管（M24：8）

3. 蓝色玻璃珠（M24：5-1、5-2）（左—右）

4. 铜镞（M24：2-1～2-5、6-1）（左—右）

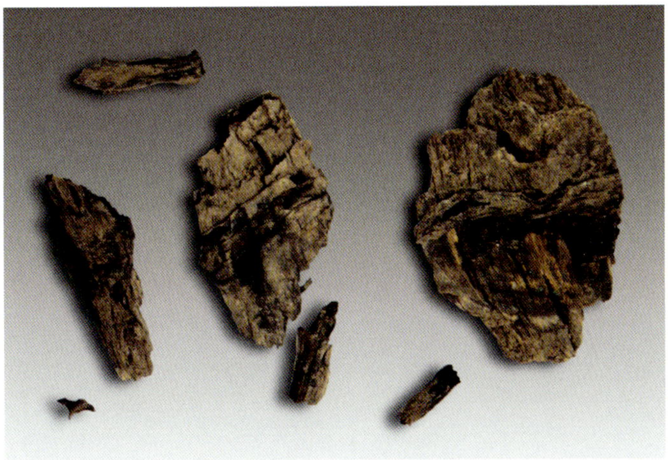

5. M24内出土桦树皮器残片

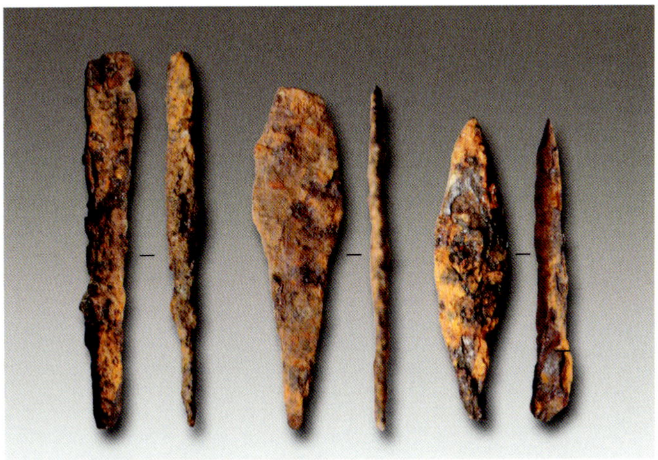

6. 铁镞（M24：3-1～3-3）（左—右）

彩版二三　M24出土器物

1. 陶罐（M26：1）

2. 铜泡（M26：8-1）

3. 串饰（M26：5）

4. 铁锥（M26：2）

彩版二四　M26出土器物

1. 陶罐（M27：1）

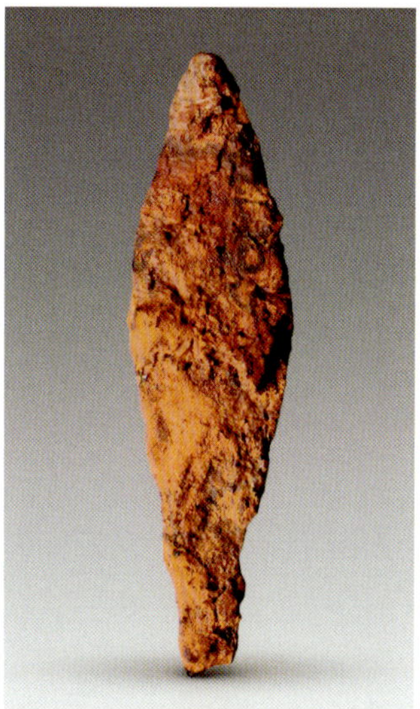
2. 铁镞（M27：3-1）

3. 铁镞（M27：3-2）

4. 铜镞（M27：2-1、2-2、2-3、2-7）（左—右）

5. 铜镞（M27：2-8）

6. 铁衔（M27：9）

7. 玛瑙珠（M27：5-1～5-3）（左—右）

8. 黑色石珠（M 27：7-1、7-2）（左—右）

9. 绿云母管（M27：6-19、6-20）（左—右）

10. 绿云母珠（M27：4-1～4-4）（左—右）

11. 黑色石管（M27：11）

彩版二五　M27出土器物

1. 铜镞（M28：1-1、1-2、1-5、1-6）（左—右）

2. 铁镞（M28：2-1）

3. 铜泡（M28：3-2～3-4）（左—右）

4. 铜泡（M28：3-1）

5. 铁镞（M28：2-2）

6. 陶壶（M29：1）

彩版二六　M28、M29出土器物

1. 陶杯（M30：12）

2. 铜镞（M30：2-1、2-2）（左—右）

3. 铜泡（M30：4-1～4-3）（左—右）

4. 铁镞（M30：1-1）

5. 铁刀（M30：5）

6. 串饰（M30：7）（蓝色玻璃珠、棕红色玻璃珠、黑色石珠）

7. 玻璃坠（M30：10）

8. 蓝色玻璃珠（M30：8）

9. 带空腔铁器残片（M30：6）

彩版二七　M30出土器物

1. 铜泡（M31：2-1）（背纽内残留一段皮条）

2. 铜泡（M31：2-13）

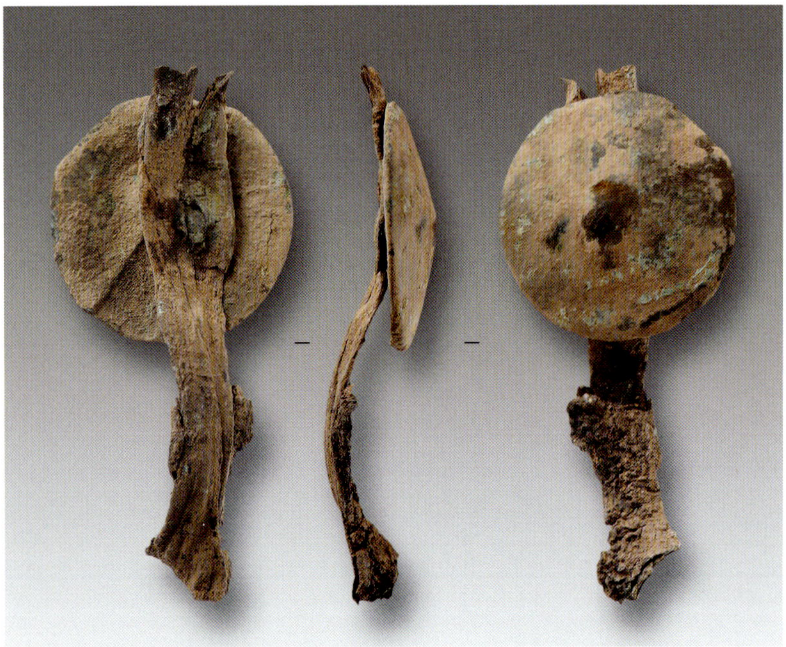

3. 铜泡（M31：2-4）（残留一段穿在背纽内的皮条）

4. 铜环（M31：3-1、3-3）（上—下）

5. 棕色玻璃珠（M31：10-20、10-21）（左—右）

6. 玛瑙珠（M31：10-17）

7. 铜镞（M31：5-1）

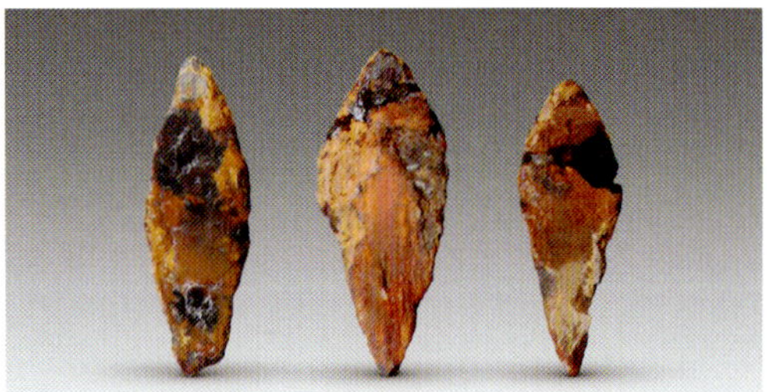

8. 铁镞（M31：6-1～6-3）（左—右）

9. 铁镞（M31：6-4～6-6）（左—右）

彩版二八　M31出土器物

1. 铁刀（M31：7）

2. 铁镞（M32：2-1）

3. 铁镞（M32：2-2）

4. 铜镞（M32：1-2、1-1）（左—右）

5. 铜镞（M32：1-3～1-5）（左—右）

6. 蓝色玻璃珠（M33：2-1～2-3）（左—右）

7. 浅绿色玻璃珠（M33：2-9）

8. 陶碗（M33：1）

9. 陶碗（M34：1）

彩版二九　M31～M34出土器物

1. 陶杯（M35：6-1）

2. 陶杯（M35：10）

3. 铜牌饰（M35：1）

4. 铜环（M35：2）

5. 铁衔（M35：5-1）

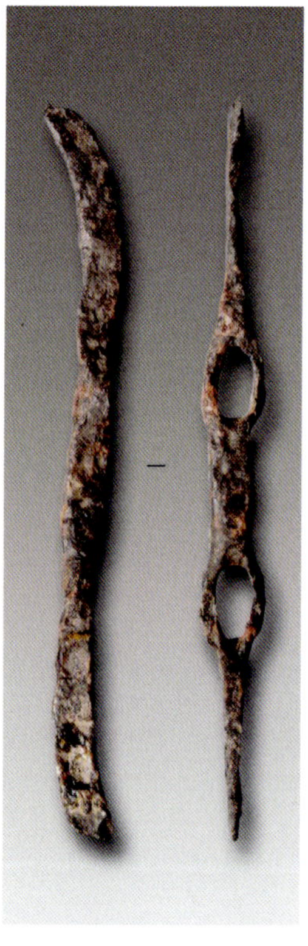

6. 铁镳（M35：5-2）

7. 玛瑙珠（M35：9-3～9-6）（左—右）

8. 滑石管（M35：9-7）

彩版三〇　M35出土器物

1. 陶碗（M36：1）

2. 铜镞（M36：7）

3. 蓝色玻璃珠（M36：4-1、4-2）（左—右）

4. 绿色玻璃珠（M36：4-3）

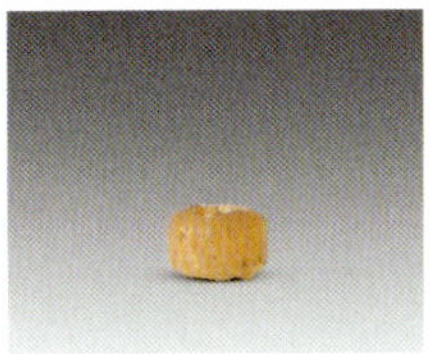

5. 浅黄色玻璃珠（M36：4-4）

6. 玛瑙珠（M36：6-1）

7. 滑石管（M36：5-1、9、11）（左—右）

8. 绿云母管（M36：8、10）（左—右）

9. 陶壶（M38：1）

10. 陶罐（M38：2）

彩版三一　M36、M38出土器物

1. 铜泡（M39：2–1）

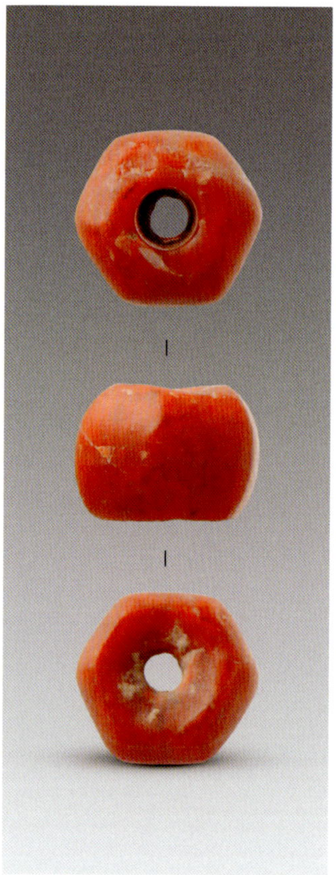

3. 玛瑙珠（M39：4）

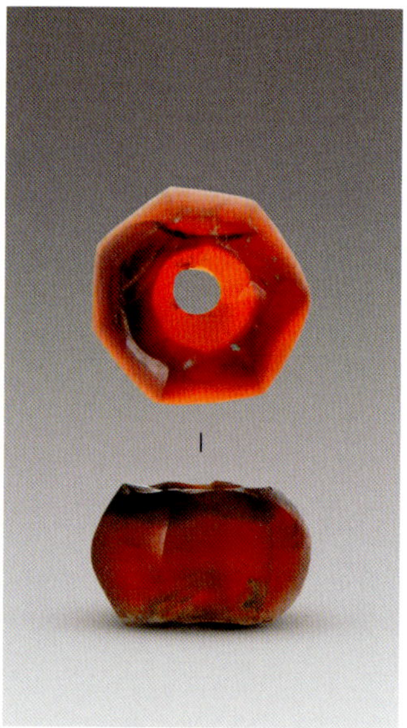

4. 玛瑙珠（M37：1）

2. 铜泡（M39：2–3）

5. 蓝色玻璃珠（M39：1–1、1–2、3–1、3–2）（左—右）

6. 铁镞（M40：3–1）

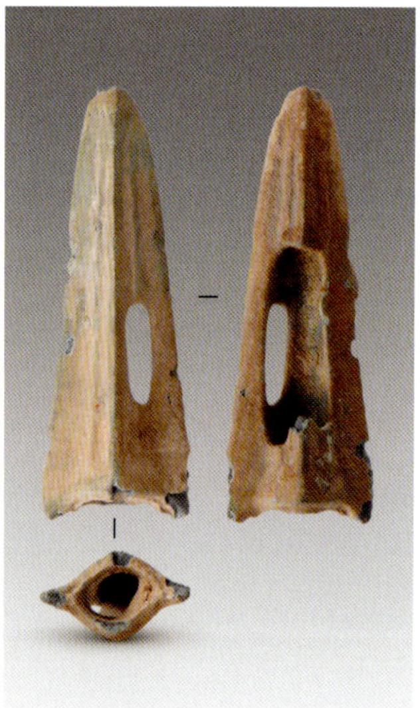

7. 铜镞（M40：1）

8. 铜镞（M40：2）

9. 铜镞（M40：4–1）

10. 铜镞（M40：4–2）

彩版三二　M37、M39、M40出土器物

1. 陶杯（M41：采集）

2. 玛瑙珠（M41：3）

3. 蓝色玻璃珠（M41：1-1～1-3、2-1～2-4）（左—右）

4. 棕红色玻璃珠（M41：1-5、1-6）（左—右）

5. 棕红色玻璃珠（M41：2-9～2-12）（左—右）

6. 铜泡（M42：1-1～1-3）（左—右）

7. 玛瑙管（M42：6-1～6-3）（左—右）

8. 玛瑙管（M42：4-1）

9. 滑石管（M42：5-5）

10. 天河石珠（M42：3）

11. 绿云母管（M42：5-1～5-4）（左—右）

彩版三三　M41、M42出土器物

1. 陶鬲口沿（M43：2）

6. 绿云母管（M43：6-1、6-3、6-4）（左—右）

7. 玛瑙珠（M43：7-1、7-2）（左—右）

2. 铜环（M43：3）

8. 铜泡（M43：4-2）

3. 铜泡（M43：4-1）

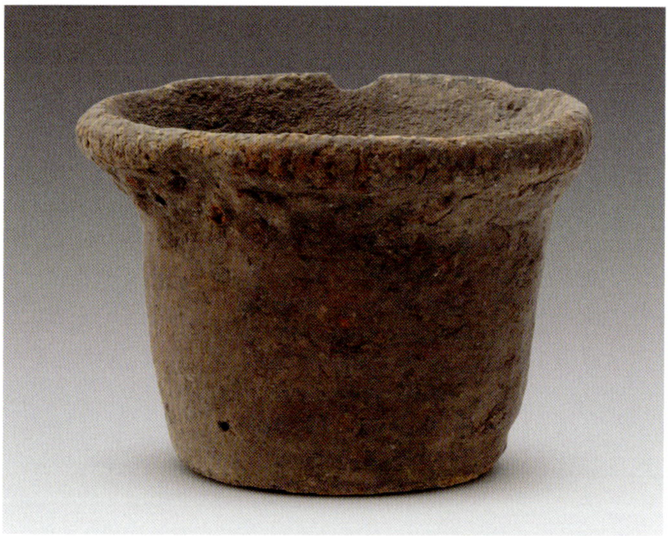

9. 陶杯（M44：2）

4. 铜泡（M43：5-3）

5. 铜泡（M43：5-2）

10. 陶杯（M44：1）

彩版三四　M43、M44出土器物

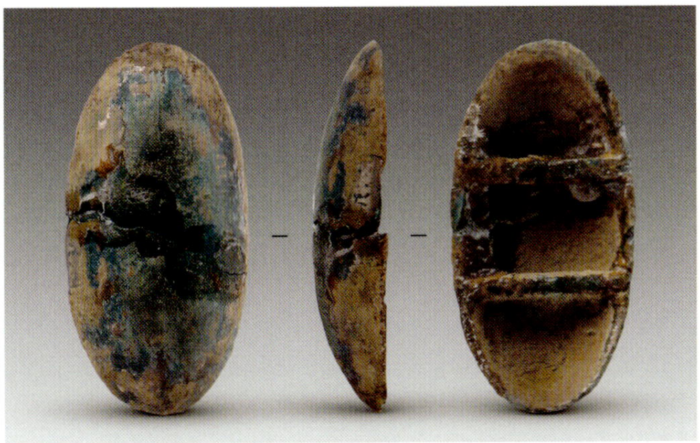

1. 椭圆形铜泡（M45：8–1）

2. 螺形铜泡（M45：5–1）

3. 兔形铜泡（M45：7–1）

4. 鱼形铜泡（M45：6–1）

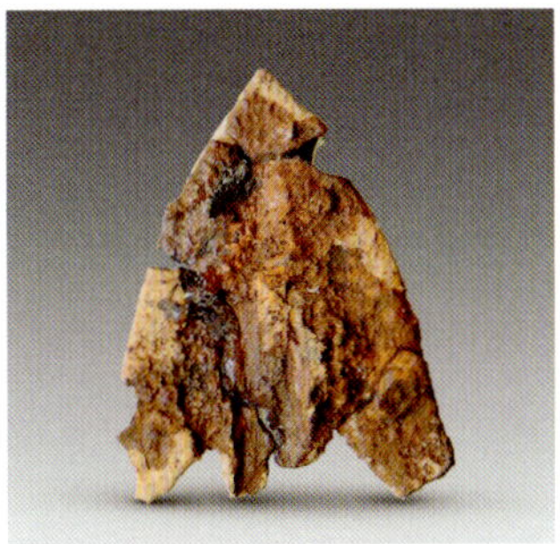

5. 铁镞（M45：3）

6. 铁刀（M45：1）

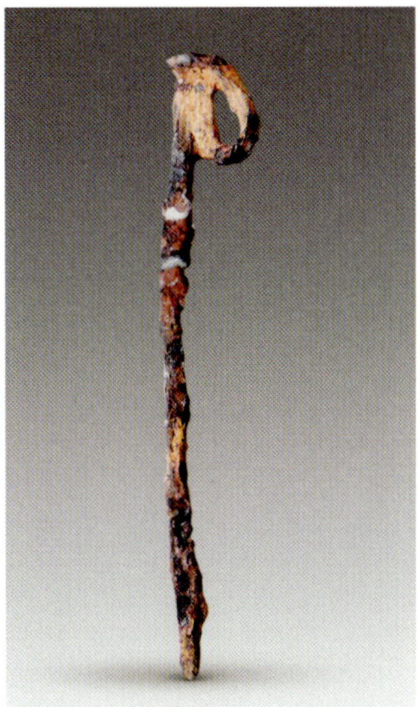

7. 铁锥（M45：2）

8. 石镞（M45：4–1）

9. 石镞（M45：4–2）

10. 石镞（M45：4–3）

彩版三五　M45出土器物

1. 铜五铢钱（M46：4-4）

2. 铜五铢钱（M46：4-1）

8. 铁刀（M46：5）

3. 铜泡（M46：1-1）

4. 玛瑙珠（M46：6）

5. 绿云母管（M46：8-3）

6. 玛瑙管（M46：7-1～7-4）（左—右）

7. 天河石管（M46：8-1）

9. 铜镞（M47：1-1）

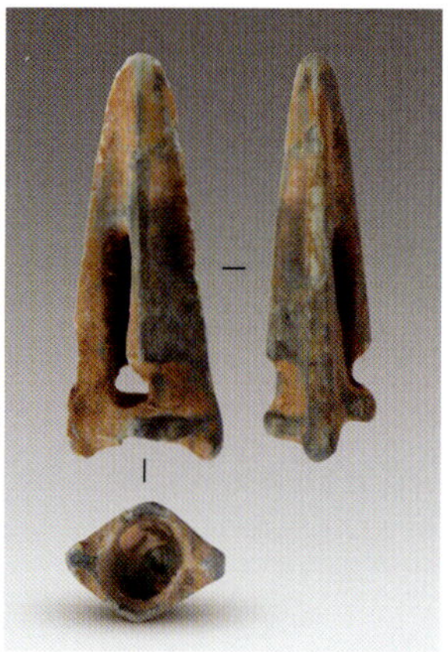

10. 铜镞（M47：1-3）

11. 铁镞（M47：4）

12. 铁镞（M47：2-4）

13. 铁镞（M47：2-5、M47：2-7、M47：2-6、M47：2-3、M47：2-1）（左—右）

彩版三六　M46、M47出土器物

1. 铜管（M48：5）

2. 铁管（M48：4-1）

3. 玛瑙珠（M48：3）

4. 绿云母管（M48：2-1）

5. 铜泡（M49：3-1）

6. 铜泡（M49：3-2）

7. 陶壶（M49：5）

8. 铁刀（M49：2）

彩版三七　M48、M49出土器物

1. 陶杯（M50：1）

2. 铁镞（M50：2）

3. 铜泡（M50：3-1、3-2）（左—右）

4. 蓝色玻璃珠（M50：7-1）

5. 绿云母珠（M50：7-2）

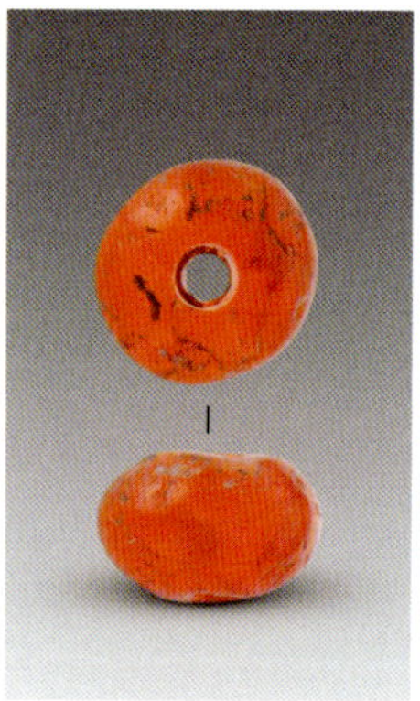

6. 玛瑙珠（M50：5）

7. 玛瑙管（M50：6-1、6-2）（左—右）

8. 绿云母管（M50：4-1～4-3）

彩版三八　M50出土器物

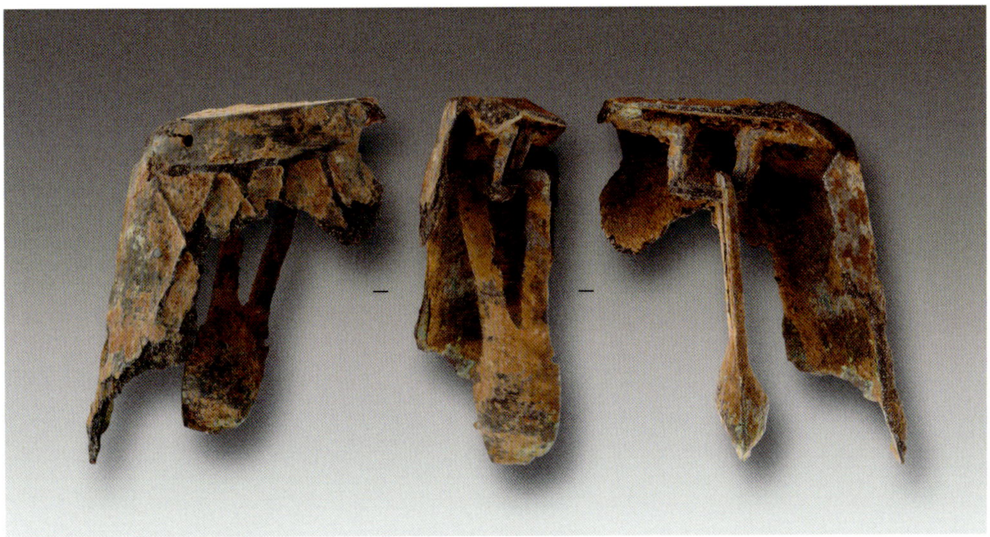

1. 铜铃（M51：1–1）（正面及内部的铃舌、侧面、铃舌侧面）

2. 铁管（M51：1–3）

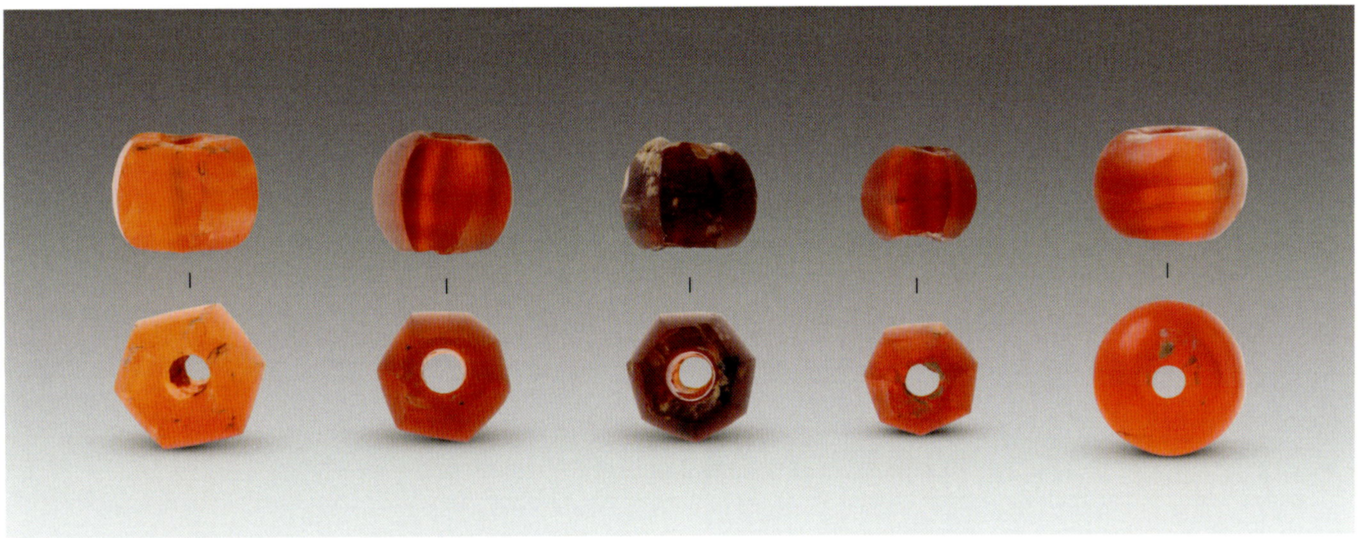

3. 玛瑙珠（M51：3–1～3–4、5）（左—右）

4. 绿云母珠（M51：2）

5. 蓝色玻璃珠（M51：4–1～4–3）（左—右）

彩版三九　M51出土器物

1. 铜镞（M52：5-2）

2. 铜镞（M52：5-3、5-1）（左—右）

3. 铁镞（M52：4）

4. 绿云母管（M53：8）

5. 黑色石管（M53：9）

6. 滑石管（M53：7-1）

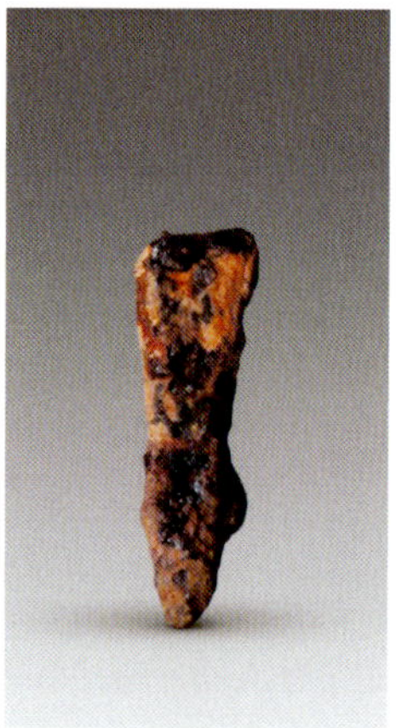
7. 铁镞（M52：3）

8. 铁刀（M52：1）

9. 陶杯（M53：2）

10. 陶罐（M53：1）

彩版四〇　M52、M53出土器物

1. 陶杯（M54：1）

2. 陶纺轮（M54：2）

3. 蓝色玻璃珠（M54：5–22）

4. 蓝色玻璃珠（M54：4–1～4–5）（左—右）

5. 蓝色玻璃珠（M56：3–1、3–2）（左—右）

8. 陶壶（M57：1）

6. 滑石管（M56：2）

7. 蓝色玻璃珠（M57：3）

9. 陶杯（M57：2）

彩版四一　M54、M56、M57出土器物

1. 陶罐（M55：1）

2. 陶杯（M55：2-1）

3. 陶碗（M55：2-3）

4. 陶钵（M55：2-2）

5. 陶碗（M55：2-4）

彩版四二　M55出土器物

1. 陶杯（M58：2）

2. 残陶器（M58：1）

3. 蓝色玻璃珠（M58：9-1）

4. 绿云母珠（M58：9-2～9-4）（左—右）

5. 滑石珠（M58：6-1）

6. 滑石管（M58：7）

8. 铁镞（M58：4）

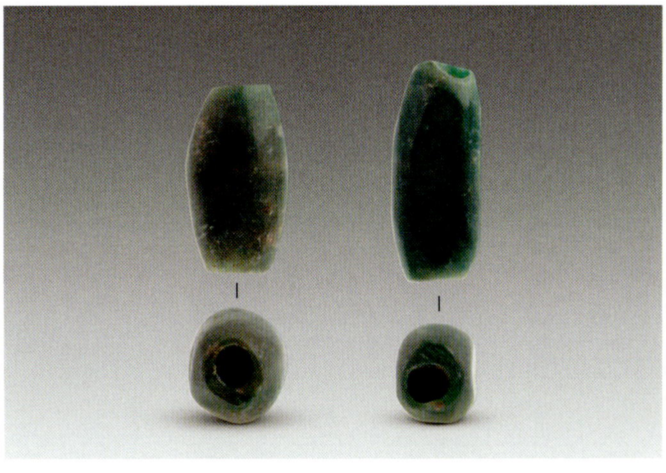

7. 绿云母管（M58：8-2、8-1）（左—右）

彩版四三　M58出土器物

1. 铜镞（M59：21-1、21-2、21-4）（左—右）

2. 铜镞（M59：21-3、21-5）（左—右）

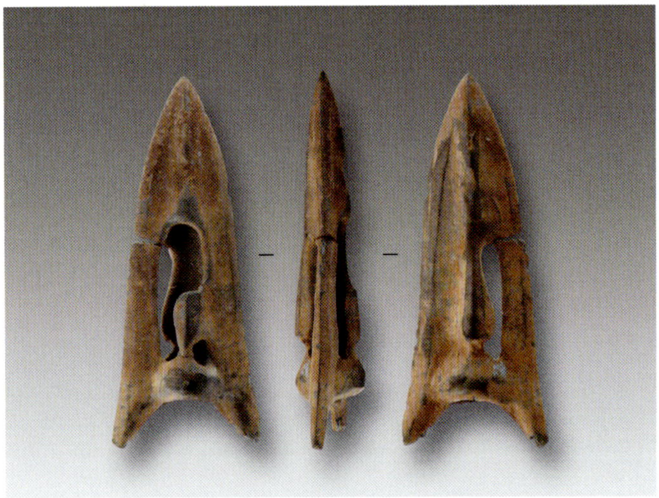

3. 铜镞（M59：19-1）

4. 铜镞（M59：19-2、19-10）（左—右）

5. 铜镞（M59：28）

6. 铜镞（M59：19-13）

彩版四四　M59出土器物

1. 勺形铜带饰（M59：15-3）

2. 勺形铜带饰（M59：15-4）

3. 勺形铜带饰（M59：15-2）

4. 勺形铜带饰（M59：15-1）

5. 铜扁管（M59：18）

彩版四五　M59出土器物

1. 铁镞（M59：TZ-1）

2. 铁镞（M59：TZ-6）

3. 铁镞（M59：TZ-17）

4. 铁镞（M59：TZ-8）

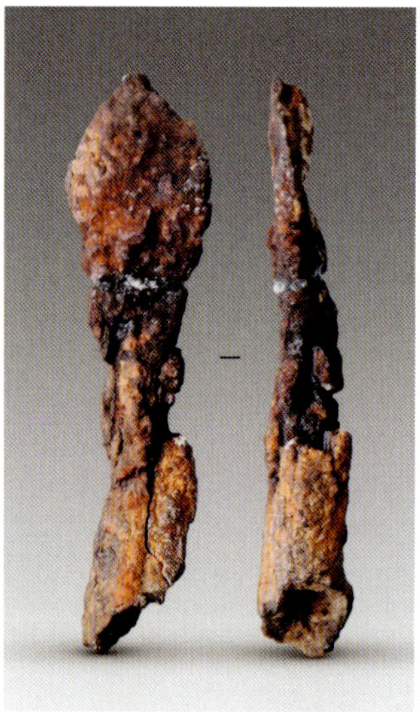

5. 铁镞（M59：TZ-11）

6. 铁镞（M59：11）

7. 铁矛（M59：9）

8. 铁刀（M59：10）

彩版四六　M59出土器物

1. 铁环（M59：13-2）

4. 铁带扣（M59：4）

5. 铁衔（M59：12）

2. 铁环（M59：13-3）

6. 铁镞（M59：TZ-2）

3. 铁环（M59：13-4）

7. 铁镞（M59：TZ-3）

8. 铁镞（M59：TZ-4）

彩版四七　M59出土器物

1. 陶壶（M60：1）

2. 陶罐（M60：2）

8. 玛瑙管
（M60：4-2）

9. 绿云母（或天河石管）
（M60：6-8、6-9）（左—右）

3. 勺形铜带饰（M60：9）

4. 铜泡（M60：3-1、3-2）（左—右）

5. 蓝色玻璃珠（M60：8-1～8-3）（左—右）

6. 玛瑙珠（M60：5-1、5-2）（左—右）

7. 天河石珠（M60：6-2、6-3、6-5）（左—右）

10. 滑石管（M60：6-31～6-33）（左—右）

彩版四八　M60出土器物

1. 陶罐（M61：1-1）

2. 铜泡（M61：8-1）

3. 棕红色玻璃珠（M61：5-1～5-3）（左—右）

4. 玛瑙珠（M61：6-1～6-3）（左—右）

5. 蓝色玻璃珠（M61：2-1～2-5）（左—右）

6. 玛瑙管（M61：7-1、7-2）左—右）

7. 滑石管（M61：3-1）

8. 黑色石管（M61：4-1、4-2）

9. 铁刀（M61：9）

彩版四九　M61出土器物

1. 陶罐（M62：1）

2. 蓝色玻璃珠（M62：7-1、7-2）（左—右）

3. 玛瑙珠（M62：11-1、11-2）（左—右）

4. 玛瑙管（M62：10-1、10-2）（左—右）

5. 绿云母管（M62：9-1～9-4）（左—右）

6. 滑石管（M62：8-2、8-1）（左—右）

7. 绿云母珠（M62：12-1～12-4）（左—右）

彩版五〇　M62出土器物

1. 铁刀（M62：3）

2. 铁锥（M62：4）

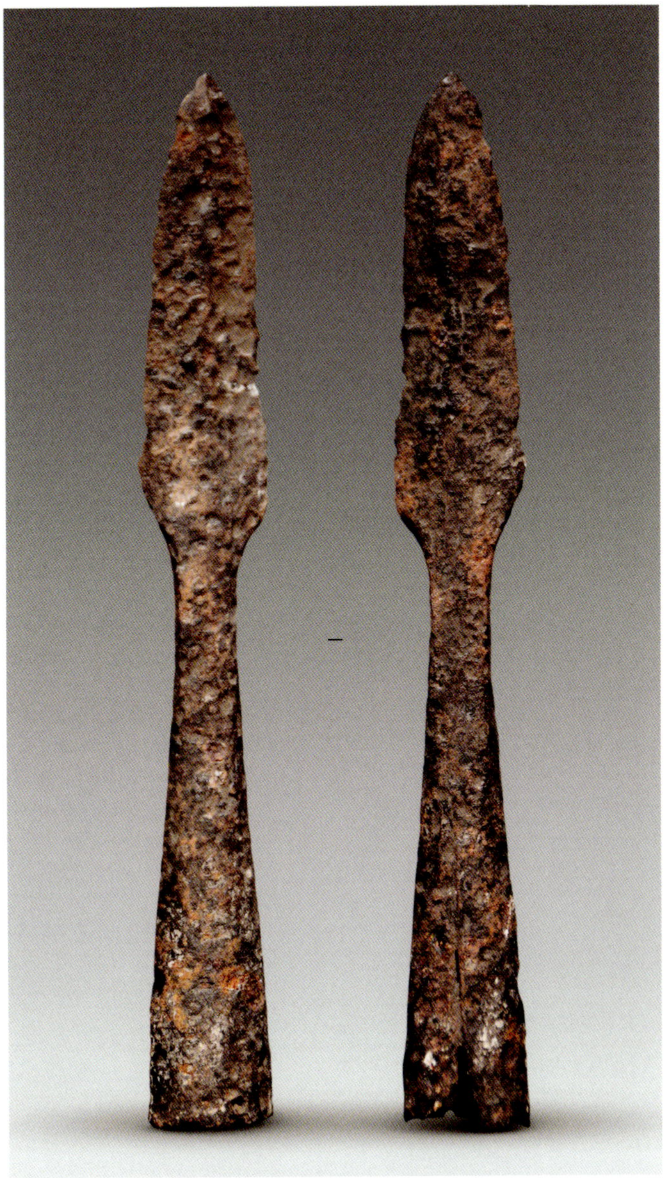

3. 铁矛（M62：2）

4. 铁镞（M62：5）

5. 铜镞（M62：6）及銎孔内的箭杆残段

彩版五一　M62出土器物

1. 陶杯（M63：1）

2. 绿云母管（M63：13-1、13-2）（左—右）

3. 滑石管（M63：12-1、12-2）（左—右）

4. 玛瑙管（M63：11-2、11-1）（左—右）

5. 铜镞（M63：16-1）

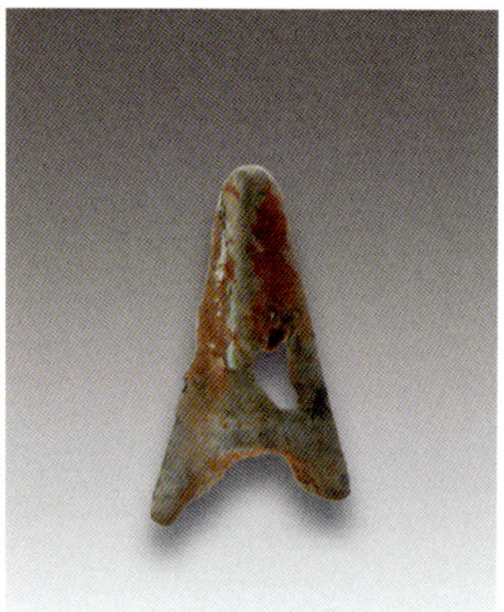

6. 铜镞（M63：16-2）

7. 铜镞（M63：7-3、7-4）（左—右）

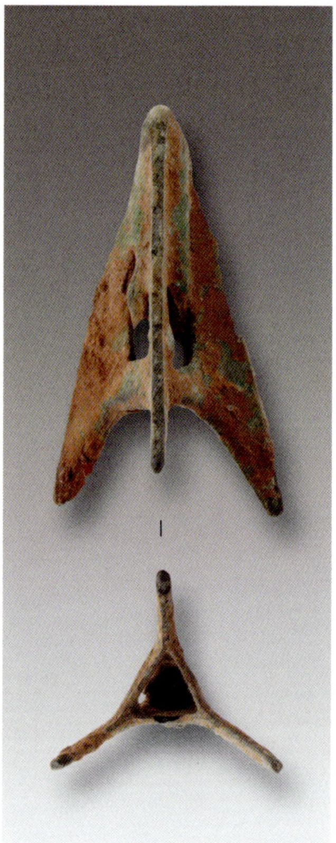

8. 铜镞（M63：7-1）

9. 铁镞（M63：5-1）

10. 铁镞（M63：5-5）

11. 铁镞（M63：5-6）

12. 铁镞（M63：5-7）

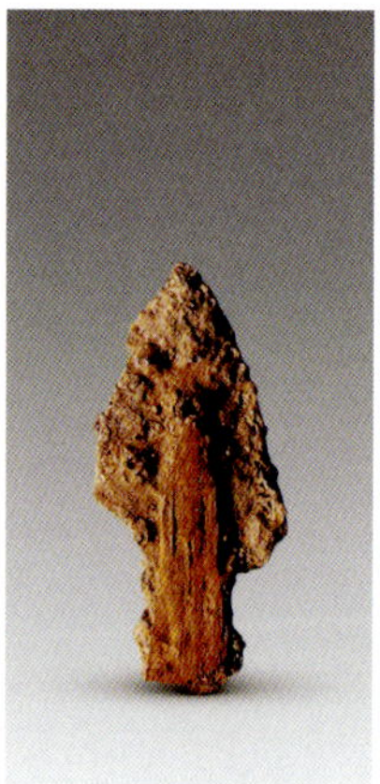

13. 铁镞（M63：5-2）

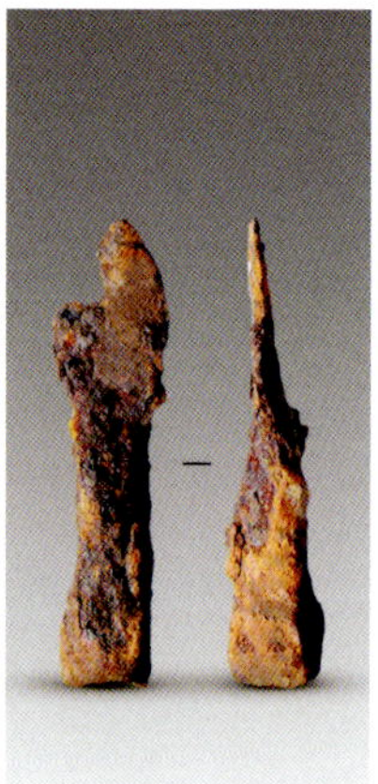

14. 铁镞（M63：5-3）

彩版五二　M63出土器物

1. 铜环（M63：9-3）

2. 铜环（M63：9-2）

3. 铜环（M63：9-1）

4. 铜环（M63：9-10）

5. 铁刀（M63：4-1）

6. 铁镰刀（M63：3）

7. 铁剑（M63：2）

彩版五三　M63出土器物

1. A型（K42-273：1）

2. A型（K42-273：1）

3. A型（K59-487：40）

4. B型（M19：2）

彩版五四　敞口夹砂陶壶

1. B型（M5：6）

2. B型（K53-441：23）

3. B型（Z35：15）

4. B型（考4103. 2）

彩版五五　敞口夹砂陶壶

1. Ca型（考4023）

2. Ca型（考4023）

3. Cb型（K11-62：1）

4. Cb型（K11-62：1）

彩版五六　敞口夹砂陶壶

1. Ca型（M38：1）

2. D型（考4105）

3. D型（K14-162：24）

4. D型（K14-162：24）

彩版五七　敞口夹砂陶壶

1. D型敞口壶（K45-341：6）

2. 曲颈壶（K49-356：8）

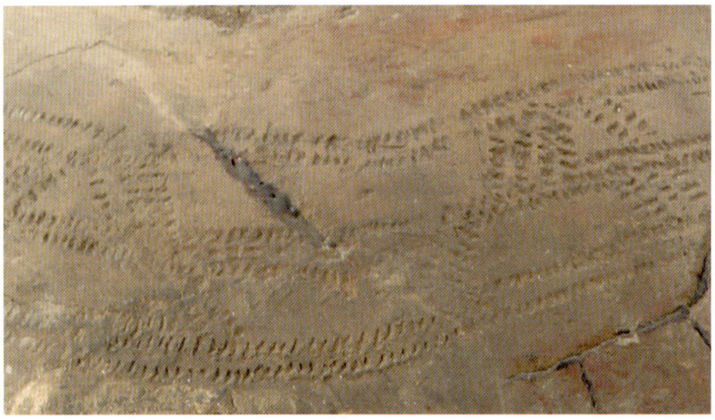

3. 曲颈壶（K49-356：8）局部

4. 曲颈壶（K49-315：7）

彩版五八　夹砂陶壶

1. K70-538：3正面

2. K70-538：3侧面

彩版五九　曲颈夹砂陶壶

1. 斜颈壶（M60：1）

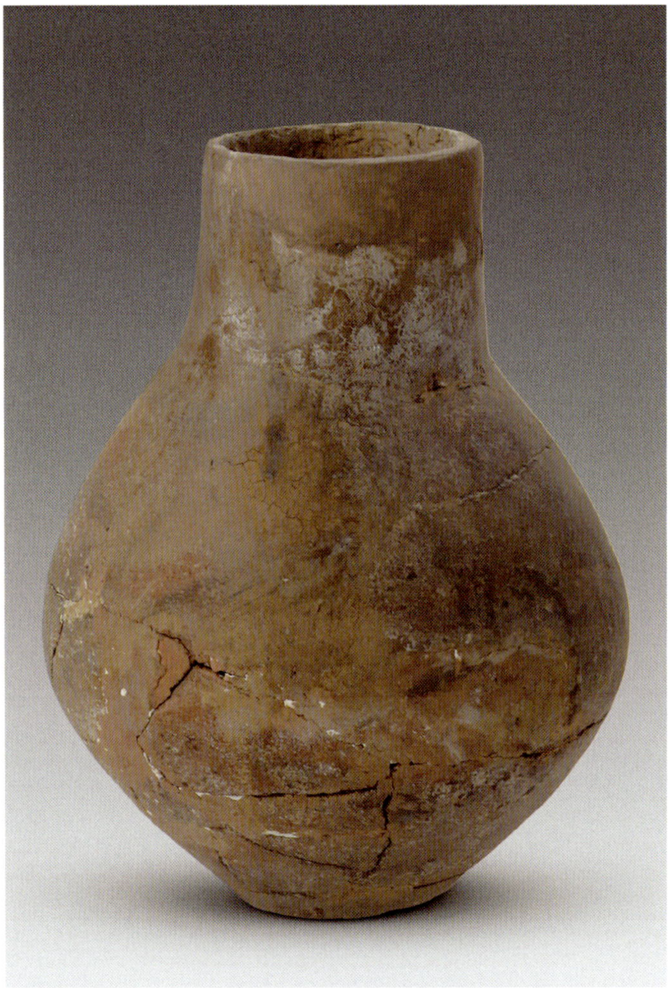

2. 斜颈壶（考4101.1）

3. 高颈壶（K59-480：2）

4. 斜颈壶（K80-604：35）

彩版六〇　夹砂陶壶

1. 高颈壶（K58-419：8）

2. Aa型束颈壶（K70-516：33）

3. Ab型束颈壶（M19：1）

4. Ab型束颈壶（M5：4）

彩版六一　夹砂陶壶

1. Ba型束颈壶（K30–178：4）

2. Bb型束颈壶（Z38：1）

3. Bb型束颈壶（考4104.1）

4. 矮颈双耳壶（K21–138：21）

彩版六二　夹砂陶壶

1. 双耳鼓腹罐（考4108）

2. 双耳鼓腹罐（考4108）

3. 双耳鼓腹罐（K12−79：7）

4. 双耳鼓腹罐（考4109. 2）

5. 溜肩鼓腹罐（K79−558：9）

6. 鼓腹直颈罐（Z188：5）

彩版六三　夹砂陶罐

1. 鼓腹直颈罐（考4101. 2–2）

2. 鼓腹直颈罐（M55：1）

3. 鼓腹直颈罐（M2：1）

4. 折腹罐（K29–215：16）

彩版六四　夹砂陶罐

1. 折腹罐（M61：1-1）

2. 折腹罐（M26：1）

3. A型无耳大口罐（M53：1）

4. B型无耳大口罐（M5：3）

彩版六五　夹砂陶罐

1. B型无耳大口罐（M27：1）

2. B型无耳大口罐（M38：2）

3. B型无耳大口罐（M1：1）

4. B型无耳大口罐（K71-576：39）

5. B型无耳大口罐（M9：1）

6. B型无耳大口罐（M60：2）

彩版六六　夹砂陶罐

1. B型无耳大口罐（M16：2）

2. B型无耳大口罐（M12：1）

3. C型无耳大口罐（M7：1）

4. C型无耳大口罐（M10：1）

5. D型无耳大口罐（K28-211：17）

6. D型无耳大口罐（K45-235：1）

彩版六七　夹砂陶罐

1. 四耳大口罐（K28-252：2）

2. 四耳大口罐（K28-252：2）

3. 双耳大口罐（考4112. 1）

4. 双耳大口罐（考4112. 1）

5. 双耳大口罐（K80-575：32）

6. 双耳大口罐（K80-575：32）

彩版六八　夹砂陶罐

1. A型单耳大口罐（M62：1）

2. A型单耳大口罐（K11-175：14）

3. A型单耳大口罐（考4028）

4. A型单耳大口罐（国0069）

5. A型单耳大口罐（Z50：1）

6. B型单耳大口罐（K60-460：11）

彩版六九　夹砂陶罐

1. Aa型（M19：4）

2. Aa型（M8：1）

3. Aa型（K11-175：15）

4. Ab型（K45-234：4）

5. Ab型（K67-489：20）

6. Ab型（K45-234：4）

彩版七〇　夹砂陶碗

1. Ab型（K45–235：8）

2. Ab型（K45–235：8）

3. Ab型（M36：1）

4. Ba型（M3：1）

5. Ba型（M2：2）

6. Ba型（Z38：2）

彩版七一　夹砂陶碗

1. Ba型（M34：1）

2. Ba型（K71-536：11）

3. Bb型（K44-340：4）

4. Bb型（Z135：27）

5. Bb型（K11-175：5）

6. Bb型（K3-93：1）

彩版七二　夹砂陶碗

1. Bb型碗（K28-250：19）

4. Cb型碗（M55：2-4）

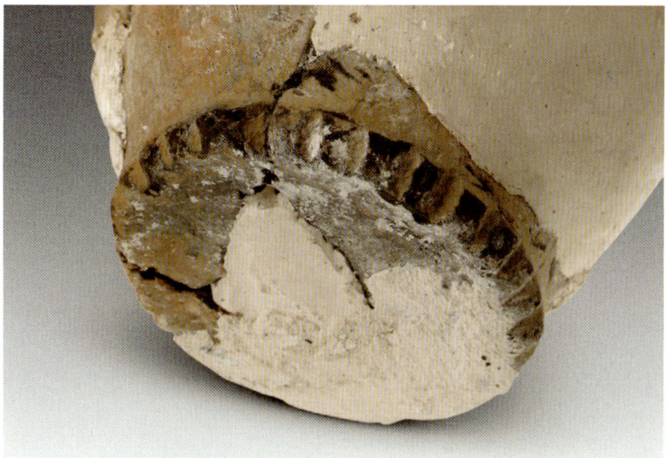

2. Bb型碗（K28-250：19）底部

5. Cb型碗（M55：2-3）

3. Ca型碗（M33：1）

6. 钵（M55：2-2）

彩版七三　夹砂陶器

1. M55：2-1

2. M63：1

3. M53：2

4. M4：2

5. M10：2

6. M30：12

7. M44：2

彩版七四　Aa型夹砂陶杯

1. M57：2

2. M54：1

3. M35：6-1

4. K11-175：17

5. 考3910. 2

6. 考4120. 3

7. 考4119. 2

8. M44：1

彩版七五　Ab型夹砂陶杯

1. Ba型（K28-250：14）

2. Ba型（M11：1）

3. Ba型（K35-268：4）

4. Bb型（M50：1）

5. Bb型（Z8：7）

6. Bb型（M24：1）

彩版七六　夹砂陶杯

1. Bb型（Z146：1）

2. Bb型（M7：2）

3. Bb型（K29-220：2）

4. Bb型（M6：1）

5. Bc型（考4118.4）

6. Bb型（M58：2）

7. Bc型（考4119.1）

彩版七七　夹砂陶杯

1. Ca型（K54-450：1）

2. Ca型（K54-450：1）

3. Ca型（考4120.6）

4. Ca型（M4：1）

5. Cb型（M16：3）

6. Ca型（K37-238：8）

彩版七八　夹砂陶杯

1. Cb型杯（M35：10）

4. 豆（K51-382：8）（豆盘、豆座为想象复原）

2. Cb型杯（M41：采集）

5. 鬲（K49-315：16）

3. Cb型杯（M19：5）

6. 鬲口沿（M43：2）

彩版七九　夹砂陶器

1. A型夹砂陶纺轮（M17：1）

2. B型夹砂陶纺轮（M54：2）

3. C型夹砂陶纺轮（M2：3）

4. B型夹砂陶纺轮（M19：6）

5. B型夹砂陶纺轮（K22-140：1）

6. B型夹砂陶纺轮（考4094-5）

7. B型夹砂陶纺轮（考4094-2）

8. C型泥质陶纺轮（K61-474：5）

9. B型泥质陶纺轮（考4094-4）

10. A型泥质陶纺轮（Z136：7）

彩版八〇　陶纺轮

1. 泥质陶壶（M49：5）

2. 泥质陶壶（K71-539：18）

3. A型泥质陶罐（K79-575：21）

4. A型泥质陶罐（K57-367：21）

5. A型泥质陶罐（K57-367：21）

彩版八一　泥质陶器

1. B型（K44-303：5）

2. B型（K44-303：5）

3. C型（K59-478：7）

4. D型（K35-265：9）

彩版八二　泥质陶罐

1. 刀（Z161：2）

2. 空首斧（M6：4）

3. 矛（Z186：1）

4. 矛（Z10：2）

5. Aa型三棱有铤镞（Z121：33）

6. Ab型三棱有铤镞（考3940-6）（镞身露出铁芯）

7. Ab型三棱有铤镞（M59：21-4）

8. Ab型三棱有铤镞（M59：21-5）

9. B型三棱有铤镞（Z38：6-2）

10. B型三棱有铤镞（考3940-5）

11. B型三棱有铤镞（M59：21-2）

12. B型三棱有铤镞（国0051-3）

13. C型三棱有铤镞（M59：21-3）

彩版八三　铜器

1. A型双翼銎孔镞
（K69-516：4）

2. A型双翼銎孔镞
（国0051-2）

3. B型双翼銎孔镞
（考4036-1）

4. C型双翼銎孔镞
（考4036-8）

5. C型双翼銎孔镞
（考3938-5）

6. Aa型三翼銎孔镞
（Z35：6）

7. Aa型三翼銎孔镞
（国0051-1）

8. Ab型三翼銎孔镞
（考3939-10）

9. Ac型三翼銎孔镞
（考3939-11）

10. Bb型三翼銎孔镞
（考3939-3）

11. Bb型三翼銎孔镞
（考4035-43）

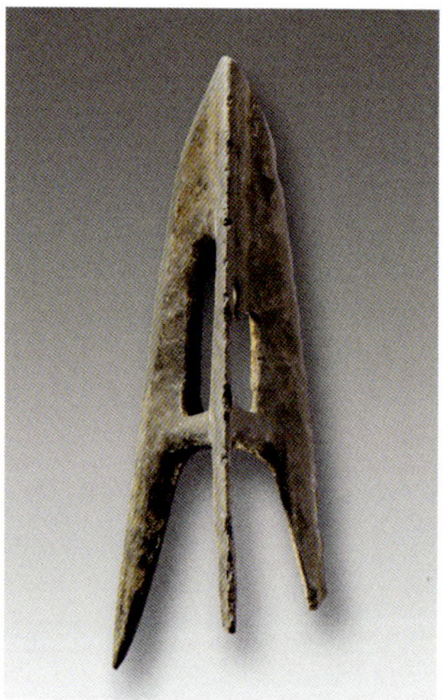

12. Bc型三翼銎孔镞
（考4035-37）

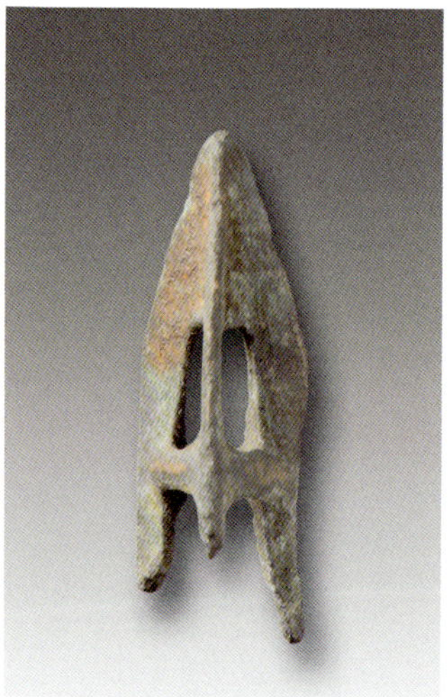

13. C型三翼銎孔镞
（考3939-2）

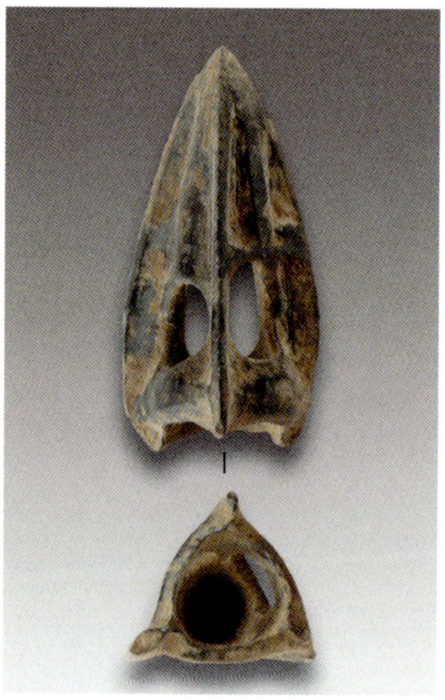

14. D型三翼銎孔镞
（M22：21）

彩版八四　铜镞

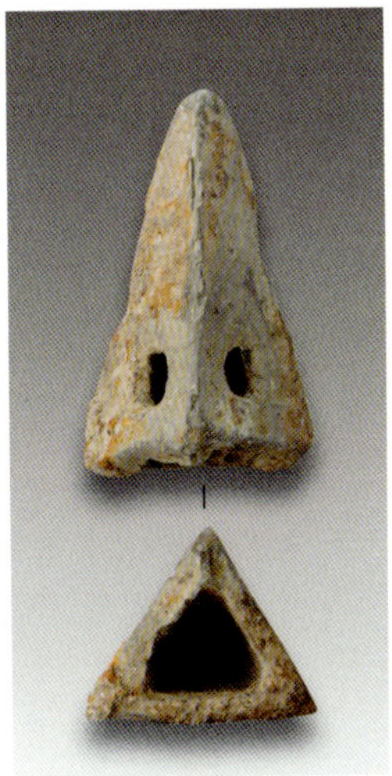

1. E型三翼銎孔镞
（K66-412：2）

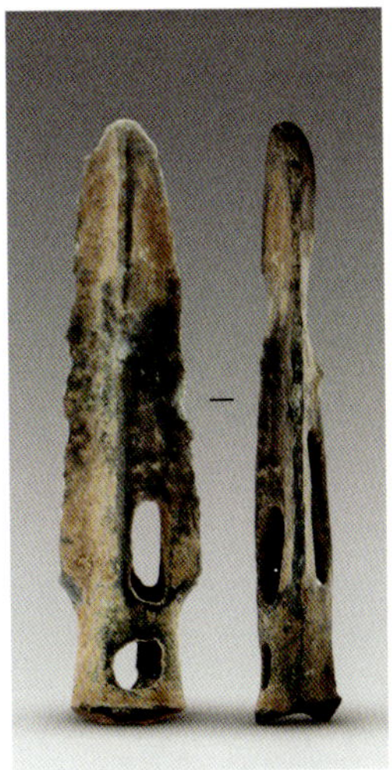

2. 双翼管銎镞
（M59：19-13）

3. A型三翼管銎镞
（考4035-12）

4. A型三翼管銎镞
（考4035-15）

5. B型三翼管銎镞
（M22：20）

6. A型矩形镂空动物纹牌饰（Z17：1）

7. B型矩形镂空动物纹牌饰（Z37：2-2）

彩版八五　铜镞、铜牌饰

1. C型（Z55：10）正面

2. C型（Z55：10）背面

3. D型（Z14：3）正面

4. D型（Z14：3）背面

5. E型（Z167：1）正面

6. E型（Z167：1）背面

彩版八六　矩形镂空动物纹铜牌饰

1. A型（Z121：4）正面

2. A型（Z121：4）背面

3. B型（Z118：6）

彩版八七　矩形浅浮雕动物纹铜牌饰

1. A型（Z164：4-1）正面

4. A型（Z38：4）正面

2. A型（Z164：4-1）背面

5. A型（Z38：4）背面

3. A型（Z164：4-2）

彩版八八　矩形镂空阶梯纹铜牌饰

1. B型矩形镂空阶梯纹牌饰（M35：1）正面

2. B型矩形镂空阶梯纹牌饰（M35：1）背面

3. Aa型“P”字形镂空动物纹牌饰（Z149：2）正面

4. Aa型“P”字形镂空动物纹牌饰（Z149：2）背面

5. Ab型“P”字形镂空动物纹牌饰（Z49：12）正面

6. Ab型“P”字形镂空动物纹牌饰（Z49：12）背面

彩版八九　铜牌饰

1. B型“P”字形镂空动物纹牌饰（Z49：11）正面

2. B型“P”字形镂空动物纹牌饰（Z49：11）背面

3. B型“P”字形镂空动物纹牌饰（Z35：9）

4. B型椭方形镂空牌饰（Z115：6–1）

5. A型椭方形镂空牌饰（Z38：3）正面

6. A型椭方形镂空牌饰（Z38：3）背面

彩版九〇　铜牌饰

1. Aa型（M16：8）正面

2. Aa型（M16：8）背面

3. Aa型（考3973.1）正面

4. Aa型（考3973.1）背面

5. Aa型（K22-136：15）正面

6. Aa型（K22-136：15）背面

7. Ab型（Z153：1）

彩版九一　带背纽的马形铜牌饰

1. B型带背纽的马形牌饰（Z76：1）正面

2. B型带背纽的马形牌饰（Z76：1）背面

3. B型带背纽的马形牌饰（M13：1）正面

4. B型带背纽的马形牌饰（M13：1）背面

5. 无背纽的马形牌饰（Z2：2）正面

6. 无背纽的马形牌饰（Z2：2）背面

彩版九二　马形铜牌饰

1. Aa型亚腰形牌饰（Z143：7）

2. Ab型亚腰形牌饰（K14-100：5）

3. Ac型亚腰形牌饰（Z84：2）

4. Ba型亚腰形牌饰（Z60：1）

5. Ba型亚腰形牌饰（Z14：4）

6. Bb型亚腰形牌饰（Z2：14）

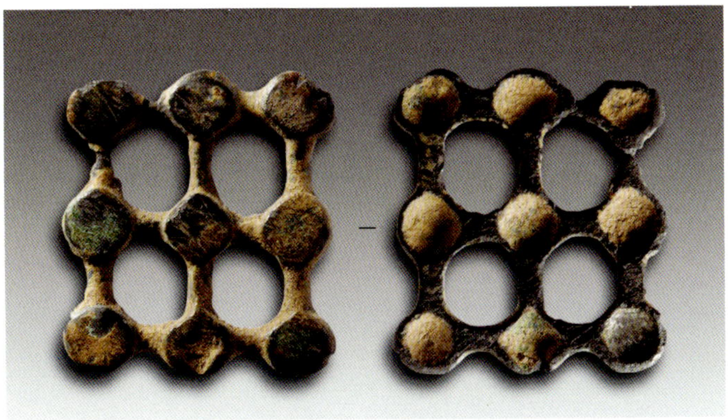

7. 连珠纹牌饰（Z35：5）

8. 连珠纹牌饰（Z114：6）

彩版九三　亚腰形铜牌饰、连珠纹铜牌饰

1. Aa型（M59：15-1）

2. Ab型（Z146：4）

3. Ac型（Z118：5）

4. Ad型（考3975-3）

5. Ba型（考4069-2）

6. Bb型（Z15：5-2）

7. Bc型（Z182：10）

彩版九四　第一类勺形铜带饰

1. 第一类Ca型（Z8：6）

2. 第一类Cb型（Z49：8-1）

3. 第一类Da型（M59：15-3）

4. 第一类Db型（考3975. 2）

5. 第二类A型（考4069-12）

6. 第二类B型（Z158：6）

彩版九五　勺形铜带饰

1. 坠饰（考3970.1）

2. 坠饰（考4056-4）

3. 坠饰（考4056.2）

4. 坠饰（考4056.3）

5. Aa型北方式带扣（M12：9）

6. Aa型北方式带扣（考4059-2）

7. Aa型北方式带扣（考4059-1）

8. Ab型北方式带扣（Z84：1）

9. Ab型北方式带扣（Z93：1）

10. Ac型北方式带扣（Z158：1）

彩版九六　铜坠饰、铜带扣

1. Ac型（M12：5）

2. C型（M12：11）

3. B型（M12：8）

4. D型（Z165：2）

7. F型（Z26：2）

5. E型（M12：10）

6. 残段（Z115：7）

8. F型（Z16：13）

9. F型（Z82：3）

10. F型（Z76：2）

彩版九七　北方式铜带扣

1. A型中原式带扣（K3-86：1）

2. A型中原式带扣（Z163：12）

3. B型中原式带扣（Z190：6）

4. C型中原式带扣（Z107：5）

5. A型带钩（K53-441：9）

6. A型带钩（考3971.2）

彩版九八　中原式铜带扣、铜带钩

1. A型带钩（K36-244：12）

2. B型带钩（K74-632：3）

3. C型（Z49：7）

4. C型（Z115：6-2）

5. D型（K60-462：5）

彩版九九　铜带钩

1. Aa型矮斗笠形铜泡（考3951-1）

2. Ab形矮斗笠形铜泡（考4072-24）

3. B型矮斗笠形铜泡（Z103：8-1）

4. C型矮斗笠形铜泡（考3952.1-2）

5. D型矮斗笠形铜泡（考4072-44）

6. Aa型中高斗笠形铜泡（考3952. 5）

7. Ab型中高斗笠形铜泡（考3953. 3）

8. B型中高斗笠形铜泡（Z35：3-1）

9. C型中高斗笠形铜泡（考3952.1-22）

10. D型中高斗笠形铜泡（M11：3）

彩版一〇〇　铜泡

1. A型矮弧形铜泡（考4072-34）

2. B型矮弧形铜泡（Z15：3-1）

3. B型矮弧形铜泡（Z30：4-1）

4. B型矮弧形铜泡（考3951-2）

5. 饼形铜泡（M43：4-2）

6. A型半球形铜泡（Z119：4-3）

7. B型半球形铜泡（Z129：4）

8. C型半球形铜泡（考4072-45）

彩版一〇一　铜泡

1. A型珠形铜泡（考4073-1）

2. B型珠形铜泡（考4073-2）

3. B型珠形铜泡（M45：9-3）

4. A型放射线纹铜泡（Z135：n）

5. B型放射线纹铜泡（K70-516：38）

6. B型放射线纹铜泡（K43-318：12）

7. C型放射线纹铜泡（K60-462：2-1）

8. C型放射线纹铜泡（Z14：1-3）

9. D型放射线纹铜泡（Z8：1-1）

10. D型放射线纹铜泡（考4065-40）

彩版一〇二　铜泡

1. E型放射线纹铜泡（Z190：3）

2. F型放射线纹铜泡（考4065-44）

3. A型凸点纹铜泡（K69-513：23）

4. B型凸点纹铜泡（考3956-1）

5. B型凸点纹铜泡（考4065-38）

6. 重圈纹铜泡（考3957-2）

7. 重圈纹铜泡（考3957-n）

彩版一〇三　铜泡

1. A型熊纹铜泡（Z59：1）

2. A型熊纹铜泡（K42–272：27）

3. Ba型熊纹铜泡（考4064–4）

4. Ba型熊纹铜泡（K50–353：26）

5. Ba型熊纹铜泡（考4064–6）

6. Bb型熊纹铜泡（K61–471：1）

7. Bb型熊纹铜泡（K60–464：3）

彩版一〇四　铜泡

1. 卷云纹铜泡（Z16：15）

2. 带纹饰铜泡（K67-493：2）

3. 带纹饰铜泡（Z158：8）

4. A型椭圆形铜泡（M4：5-3）

5. Ba型椭圆形铜泡（考4060-3、考4060-5、考4060-6）（左—右）

6. 兔形铜泡（考3963-2～3963-5）（左—右）

7. 螺形铜泡（考3959-1）

彩版一〇五　铜泡

1. 兔形铜泡（考4062）正面

2. 兔形铜泡（考4062）背面

彩版一〇六　铜泡

1. 鱼形铜泡（M45：6-1）

2. 鱼形铜泡（考3963-1）

3. A型双连珠形铜泡（Z183：9）

4. B型双连珠形铜泡（Z152：5）

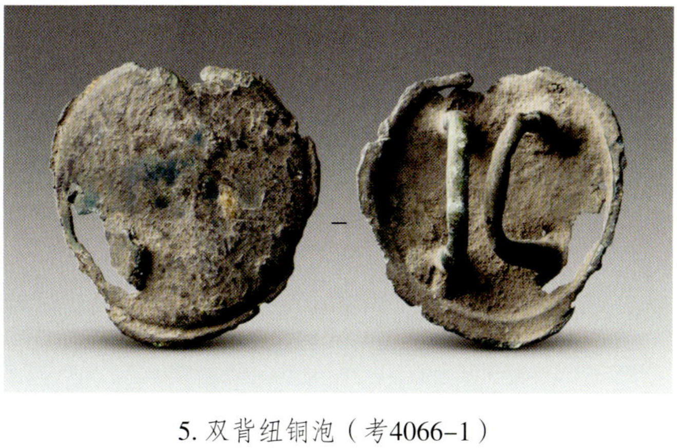

5. 双背纽铜泡（考4066-1）

彩版一〇七　铜泡

1. 椭圆形铜泡（考4060）

2. 螺形铜泡（考3959）

5. A型铜贝（考4074-1）

3. A型铜贝（Z38：5-1）

4. A型铜贝（Z38：5-2）

6. A型铜贝（考4074-2）

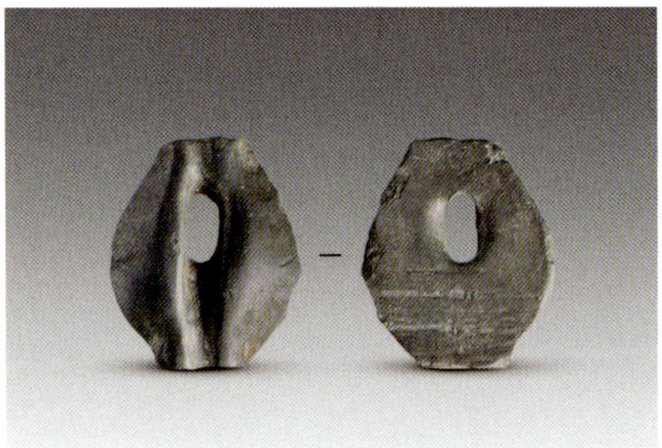

7. B型铜贝（Z16：4）

8. B型铜贝（考4074-6）

9. B型铜贝（考4074-7）

彩版一〇八　铜泡、铜贝

1. 活纽鎏金铜泡（M12：3）

2. 活纽鎏金铜泡（M12：3）的泡盖

3. 活纽鎏金铜泡（M12：3）的活纽

彩版一〇九　活纽鎏金铜泡

1. A型不规则镂孔或无镂孔铃（K52-485：13）

2. B型不规则镂孔或无镂孔铃（考4054-6）

3. B型不规则镂孔或无镂孔铃（M21：4）

4. B型不规则镂孔或无镂孔铃（考3969-4）

5. C型不规则镂孔或无镂孔铃（Z89：1）

6. C型不规则镂孔或无镂孔铃（Z89：1）俯视

7. Aa型三角形镂孔铃（考4055-9）

8. Aa型三角形镂孔铃（考4055-12）

9. Ab型三角形镂孔铃（考3968-9）

彩版一一〇　北方式铜铃

1. Ba型三角形镂孔铃（考3968-13）

2. Ba型三角形镂孔铃（Z103：6-2）

3. Ba型三角形镂孔铃（国0050-3）

4. Ba型三角形镂孔铃（Z98：1）

5. Bb型三角形镂孔铃（Z99：1）

6. Bb型三角形镂孔铃（考4054-3）

7. Bb型三角形镂孔铃（Z128：4）

彩版一一一　北方式铜铃

1. C型北方式三角形镂孔铃（Z182：17-1）

2. C型北方式三角形镂孔铃（Z62：1）

3. C型北方式三角形镂孔铃（Z46：1）

4. A型中原式带纹饰铃（考3966-1）

5. A型中原式带纹饰铃（Z113：2）

6. A型中原式带纹饰铃（国0050-1）

彩版一一二　铜铃

1. A型带纹饰铃（Z103：6-1）

2. B型带纹饰铃（考4045-4）

3. B型带纹饰铃（考3966-6）

4. C型带纹饰铃（Z130：2）

5. A型素面铃（考3967-7）

6. A型素面铃（国0050-4）

7. Bb型素面铃（考3967-9）

8. Ba型素面铃（考3967-8）

彩版一一三　中原式铜铃

1. 带柄铃（国0052）

2. 带柄铃（考4036附件-1）

3. 带柄铃（Z98：3）

4. 带柄铃（Z24：12）

5. 球形铃（Z182：18）

6. 铃盖（Z135：20）

彩版一一四　铜铃、铜铃盖

1. A型（Z55：4-1）

2. B型（Z182：6-1）

3. C型（Z38：12）

4. B型（Z29：9）

5. Da型（考3990-9）

6. Db型（考4053-11）

7. Dc型（考3989.6）

8. E型（考4052-1）

9. E型（考4053-12）

彩版一一五　铜环

1. Fa型铜环（考4053-13）

2. Fa型铜环（考3991.11）

3. Fa型铜环（Z172：1）

4. Fb型铜环（Z103：5）

5. Aa型铜轮（Z52：2）

6. Ab型铜轮（K14-162：9）

7. Ab型铜轮（Z182：11）

彩版一一六　铜环、铜轮

1. B型铜轮（考3991.1）

2. C型铜轮（国0054）

3. C型铜轮（考3991.6）

4. 铜扁管（考4070）

5. 铜扁管（Z14：7）

6. 铜扁管（Z194：8）

7. 铜扁管（M59：18）

8. 铜扁管（考3977. 3–1）

9. 铜扁管（考3977. 3–2）

彩版一一七　铜轮、铜扁管

1. 铜节约（Z3：19）

2. 铜节约（Z129：2）

3. 铜当卢（Z3：20）残片纹饰细部

4. 铜当卢（Z3：20）

彩版一一八　铜节约、铜当卢

1. 铜当卢（Z95：1）

2. 铜盖弓帽（考4067-1）

3. 铜当卢（Z46：3）

4. 铜盖弓帽（考3981.2）俯视

5. 铜盖弓帽（考3981.2）正视

彩版一一九 铜当卢、铜盖弓帽

1. 鎏金铜车軏（Z183：4）

2. 心形鎏金铜片（Z154：1）（彩色临摹图）

彩版一二〇　铜器

1. 缠绕式蟠螭纹镜（K36-302：8）

2. 缠绕式蟠螭纹镜（K78-531：6、K78-531：20）

彩版一二一　铜镜

1. 缠绕式蟠螭纹镜（Z151：1）

2. A型连弧蟠螭纹镜（考3994.14-1）

彩版一二二　铜镜

1. B型连弧蟠螭纹镜（Z100：1）

2. A型蟠虺纹镜（Z13：15）

3. A型蟠虺纹镜（Z116：1）

彩版一二三　铜镜

1. A型蟠虺纹镜（Z12：1）

2. A型蟠虺纹镜（Z103：7）

彩版一二四　铜镜

1. B型蟠虺纹镜（M21：1）

2. A型四乳四螭纹镜（Z182：4）

彩版一二五　铜镜

1. A型四乳四螭纹镜（Z37：1）

2. A型四乳四螭纹镜（Z26：1）

彩版一二六　铜镜

1. A型四乳四螭纹镜（Z19：2）

2. B型四乳四螭纹镜（Z6：10）

彩版一二七　铜镜

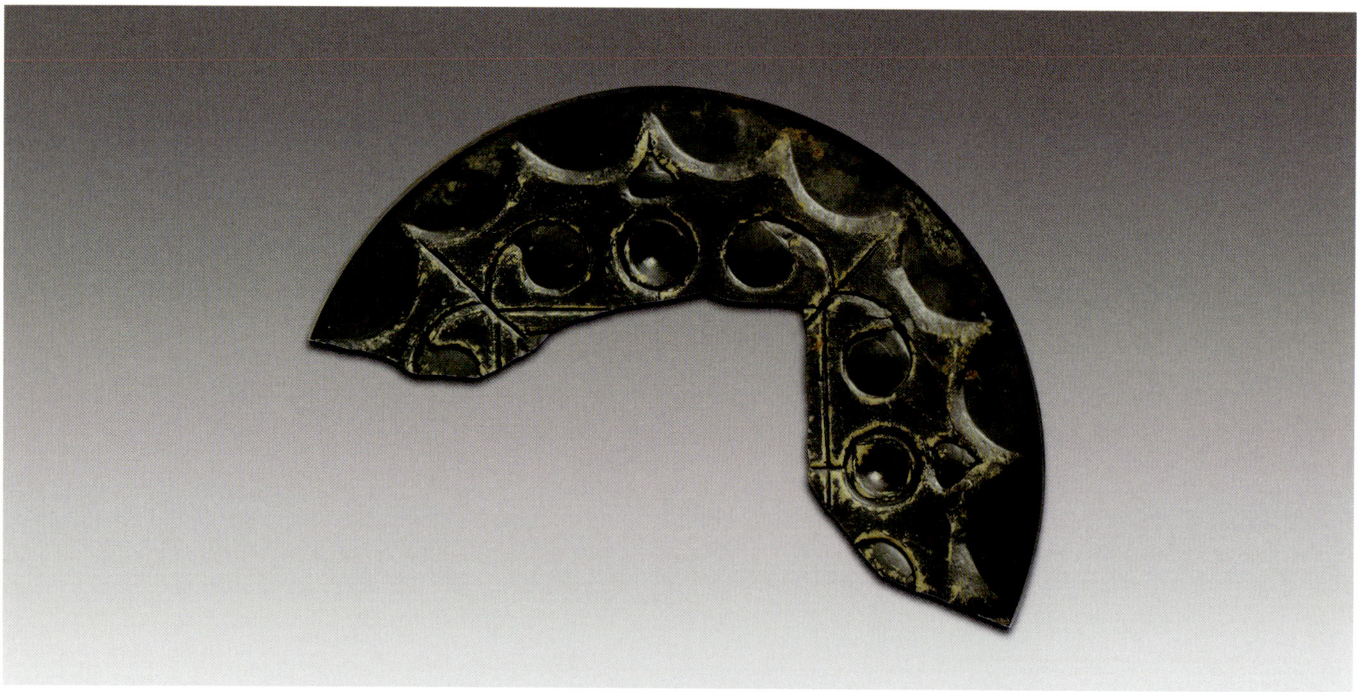

1. 花叶纹镜（考3996. 8）

2. 博局草叶纹镜（Z182：3）

彩版一二八　铜镜

1. B型四乳草叶纹镜（Z2：4）

2. B型四乳草叶纹镜（Z175：1）

彩版一二九　铜镜

1. B型四乳草叶纹镜（Z160：2）

2. C型四乳草叶纹镜（Z75：1）

1. A型星云纹镜（M15：2-2）

2. A型星云纹镜（国0043-2）

彩版一三一　铜镜

1. A型星云纹镜（Z176：1）

2. B型星云纹镜（Z18：3）

彩版一三二　铜镜

1. B型星云纹镜（Z164：3）

2. A型日光铭文镜（Z115：8）

彩版一三三　铜镜

1. B型日光铭文镜（Z107：7）

2. 四乳四虺纹镜（M15：2-1）

彩版一三四　铜镜

1. B型（K60-476：7）

2. B型（K61-466：1）

3. C型（Z314：16）

4. C型（K42-265：1）

5. C型（考4076-5）

6. C型（考4076-3）

7. C型（K42-272：17）

8. C型（国0045-1）

9. C型（国0045-2）

彩版一三五　铜半两钱

1. A型（K13-135：13）

2. A型（K49-314：16）

3. A型（K19-66：1）

4. A型（M46：4-4）

5. B型（考3999.6）

6. C型（Z182：16-1）

7. C型（Z182：16-2）

8. 残五铢钱（K79-573：4）

9. 残五铢钱（考4077-5）

10. 残五铢钱（编号不详）

彩版一三六　铜五铢钱

1. C型（K70-520：5-2）

2. C型（Z5：4）

3. C型（国0044-1）

4. C型（国0044-2）

5. C型（Z28：6-1）

6. D型（K70-520：5-1）

7. D型（K70-521：1）

8. 残五铢钱（K62-540：11）

9. 残五铢钱（M46：4-1）

彩版一三七　铜五铢钱

1. 钱形佩饰（Z2：1）

2. 花形饰件（考3992. 3）

3. 小壶（Z18：2）

4. 铃形器（Z164：2）

彩版一三八　其他种类铜器

1. 镜形铜器（Z143：3）

2. 镜形铜器（Z10：1）正面

3. 镜形铜器（Z10 ：1）背面的手绘彩色图

4. 轭脚形鎏金铜器（Z142：1）

彩版一三九　其他种类铜器

1. 马首形杆头饰（K51–383：10）

2. 马首形杆头饰（K51–383：10）（正视）

2. 马首形杆头饰（K51–383：10）内的木柄残段

彩版一四〇　其他种类铜器

1. 铜管（考4070附件-1）

2. 穿孔铜片（K35-265：6）

5. 鎏金铜片（K80-604：21-1）

3. 带纹饰铜片（K52-485：31）

6. 鎏金铜片（K49-356：7）

4. 鎏金铜片（K80-604：21-2）

7. 铜珠（考4086-16）

彩版一四一　其他种类铜器

1. Aa型（K29-212：6）

2. Aa型（Z144：8）

3. Aa型（Z25：1 ）

4. Aa型（考3922. 1）

彩版一四二　铁锛

1. Aa型（Z13：7）

2. Ab型（Z13：5）

3. Aa型（考4045.3）

4. B型（Z104：2）

彩版一四三　铁锛

1. B型（Z38：16-1）

2. B型（考4045.4）

3. C型（考4045.6）

4. D型（考4044-1）

彩版一四四　铁锛

1. Z26：4

2. Z100：5

3. 考4045.2

彩版一四五　铁空首斧

1. 铁镬（Z13：6）

3. 铁镬（考4045.1）

2. 铁镬（Z38：16–2）

4. 铁锄板（国0213）

5. 铁镰刀（M63：3）

彩版一四六　铁镬、铁锄板、铁镰刀

1. 椭圆形环首刀（Z82：4）

2. 椭圆形环首刀（国0136-3）

3. 椭圆形环首刀（考3915.6）

4. 椭圆形环首刀（考3915.5）

5. 椭圆形环首刀（Z33：1）

彩版一四七　环首铁刀

1. 椭圆形环首刀
（考4041-3）

2. 椭圆形环首刀
（Z13：4-3）

3. 椭圆形环首刀
（Z98：6）

4. 椭圆形环首刀
（M21：2）

彩版一四八　环首铁刀

1. 椭圆形环首刀
（Z13：4-4）

2. 椭圆形环首刀
（考4041-16）

3. 椭圆形环首刀
（Z174：15）

4. 椭圆形环首刀
（Z165：8）

彩版一四九　环首铁刀

1. 椭圆形环首刀
（考3913.1）

2. 椭圆形环首刀
（Z13：4-1）

3. 椭圆形环首刀
（Z13：4-2）

4. 椭圆形环首刀
（Z141：3）

5. 椭圆形环首刀
（Z88：4）

6. 椭圆形环首刀
（Z55：2）

7. 椭圆形环首刀
（考3917. 2）

8. 椭圆形环首刀
（考3916. 4）

彩版一五〇　环首铁刀

1. 椭圆形环首刀（考3916. 6）

2. 椭圆形环首刀（考3913. 4）

3. 椭圆形环首刀（考3916-4）

4. 椭圆形环首刀（Z54：2）

5. 椭圆形环首刀（Z13：4-5）

6. 椭圆形铜柄环首铁刀（Z164：11）

彩版一五一　环首铁刀

1. 圆形环首刀（Z135：23）

2. 圆形环首刀（考3916-3）

3. 圆形环首刀（M16：9）

4. 圆形环首刀（M31：7）

7. 饼首刀（考4041-12）

8. 环首刀（变形）
（考3916. 8）

5. A型素首刀（考4041-2）

6. B型素首刀（考4041-4）

彩版一五二　铁刀

1. Aa型椭圆形环首锥（Z109：3）

2. Aa型椭圆形环首锥（考4043.3）

3. Aa型椭圆形环首锥（考3917.1）

4. Aa型椭圆形环首锥（Z33：2）

5. Aa型椭圆形环首锥（考4041.13）

6. Aa型椭圆形环首锥（考3917.12）

彩版一五三　铁锥

1. Ab型椭圆形环首锥
（考4041.14）

2. Ab型椭圆形环首锥
（Z66：4）

3. Ab型椭圆形环首锥
（考4043.1）

4. B型椭圆形环首锥
（考3917. 3）

彩版一五四　铁锥

1. B型椭圆形环首锥
（考3917.11）

2. B型椭圆形环首锥
（考3917. 5）

3. B型椭圆形环首锥
（考3917. 7）

4. B型椭圆形环首锥
（Z55：9）

5. B型椭圆形环首锥（考3917. 6）

6. B型椭圆形环首锥（考3917. 9）

7. B型椭圆形环首锥（Z13：9–1）

彩版一五五　铁锥

1. A型倒心形环首锥
（考4043-2）

2. A型倒心形环首锥
（考3918. 3）

3. A型倒心形环首锥
（考4043-4）

4. A型倒心形环首锥
（M45：2）

5. Ba型倒心形环首锥
（考3918. 5）

6. Bb型倒心形环首锥
（国0038）

7. Bb型倒心形环首锥
（考4043-5）

8. Bb型倒心形环首锥
（考3918. 4）

9. Bb型倒心形环首锥
（考3918. 2）

彩版一五六　铁锥

1. A型长铁刀
（M59：10）

2. B型长铁刀
（Z22：1）

3. B型长铁刀（Z49：2）

4. Aa型甲类铜柄铁剑（Z157：1）
（正视、侧视、剑柄细部）

彩版一五七　铁刀、甲类铜柄铁剑

1. Aa型（Z21：1）（正视、侧视、剑柄细部）

2. Aa型（Z130：1）（正视、剑柄细部、剑柄斜侧视）

3. Ab型（Z29：1）（正视、剑柄细部）

彩版一五八　甲类铜柄铁剑

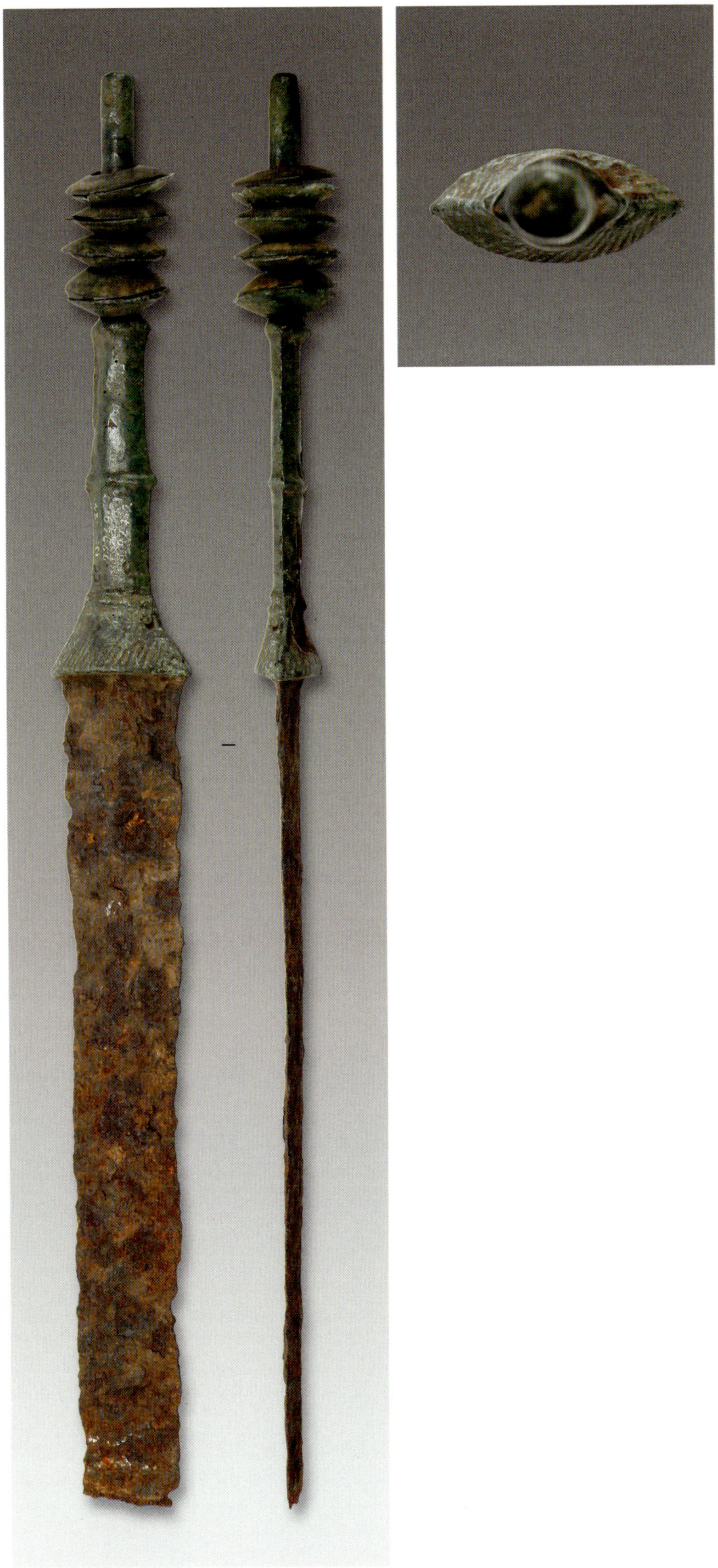

1. Ab型（Z135：24）（正视、侧视、去环后的剑柄俯视）

2. Ab型（Z68：1）（正视、剑柄细部）

彩版一五九　甲类铜柄铁剑

1. Ab型（Z35：1）

2. Ab型（Z158：10）

3. Ab型（Z34：1）

4. Ab型（考3924附件–2）
（双面正视、柄侧面穿孔细部）

彩版一六〇　甲类铜柄铁剑

1. Ba型（Z191：1）（正视、顶视、剑柄两面细部）

2. Bb型（Z115：1）
（正视、侧视、顶视、剑柄两面细部）

彩版一六一　甲类铜柄铁剑

1. 甲类铜柄铁剑（剑柄残）（考3925.6）

2. 甲类铜柄铁剑（剑柄残）（Z55：1）（正视、顶视、剑柄细部）

3. 甲类铜柄铁剑（Z46：2）的上半部铜柄残段

彩版一六二　甲类铜柄铁剑

1. Z162：6（正视、侧视、顶视、剑柄两面细部）

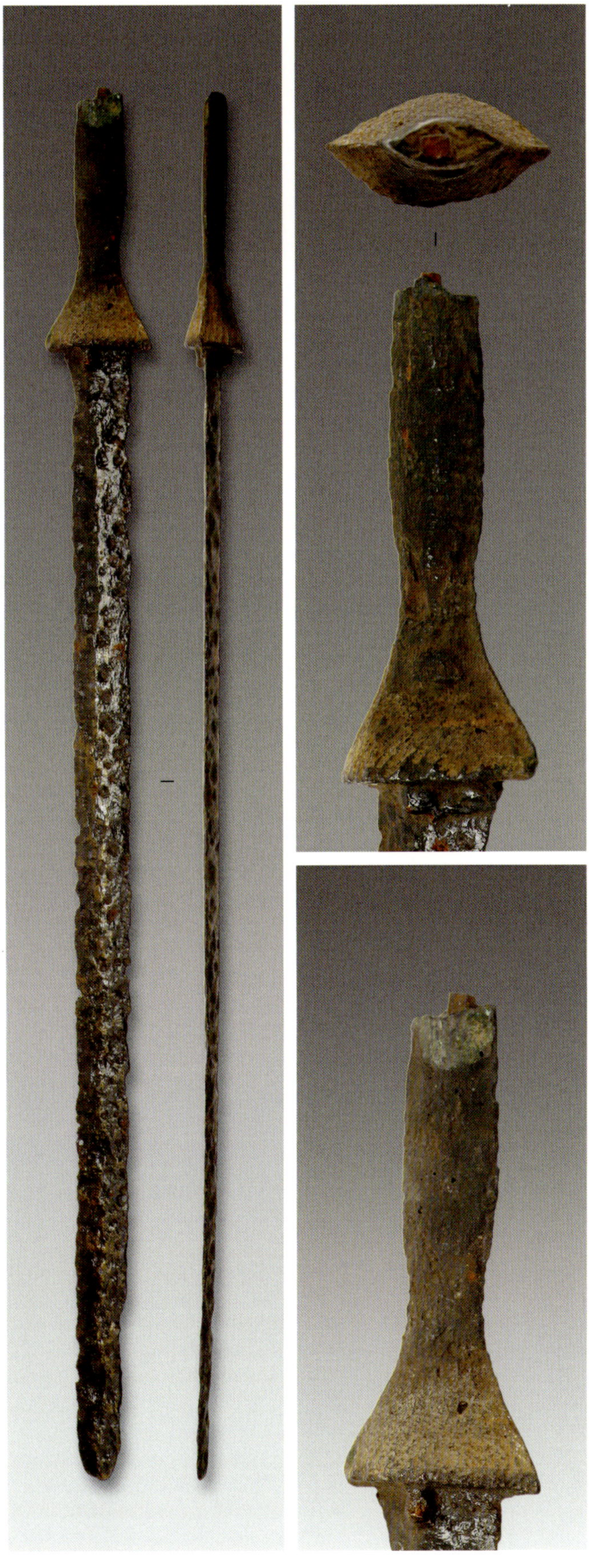

2. Z4：1（正视、侧视、顶视、剑柄两面细部）

彩版一六三　甲类铜柄铁剑

1. A型（Z45：1）

2. A型（Z140：1）

3. A型（Z45：1）剑柄细部

4. A型（Z140：1）剑柄细部

彩版一六四　乙类铜柄铁剑

1. A型（Z54：1）

2. A型（Z54：1）剑柄顶视

4. A型（Z160：1）

3. A型（Z160：1）剑柄细部

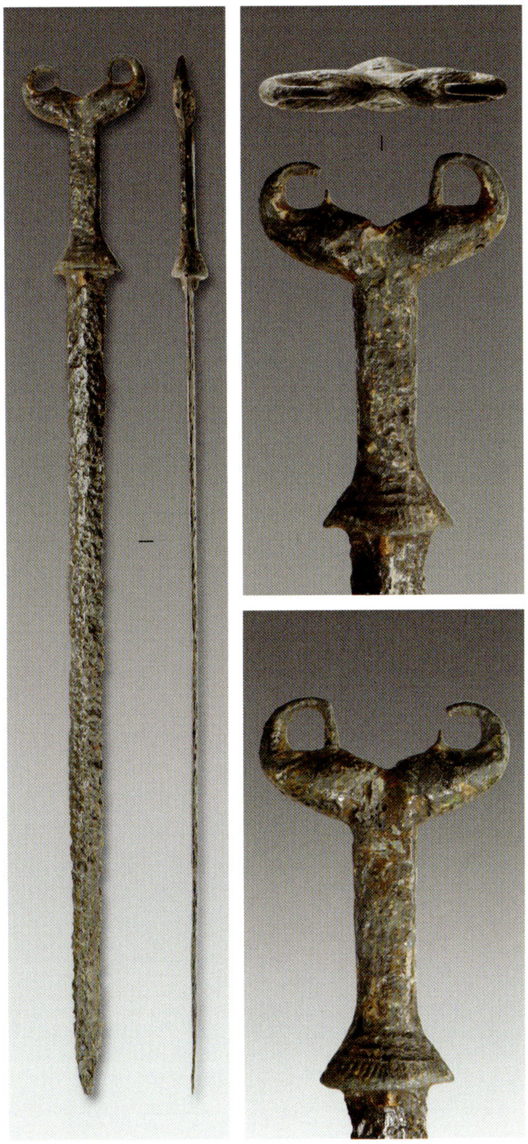

5. A型（Z109：1）（正视、侧视、剑柄顶视、剑柄两面细部）

彩版一六五　乙类铜柄铁剑

1. A型（考3923附件-2）

2. A型（考3923附件-1）

彩版一六六　乙类铜柄铁剑

1. A型（考3923附件-3）

2. A型（考3923附件-5）正视及俯视细部

3. A型（考3923附件-4）

彩版一六七　乙类铜柄铁剑

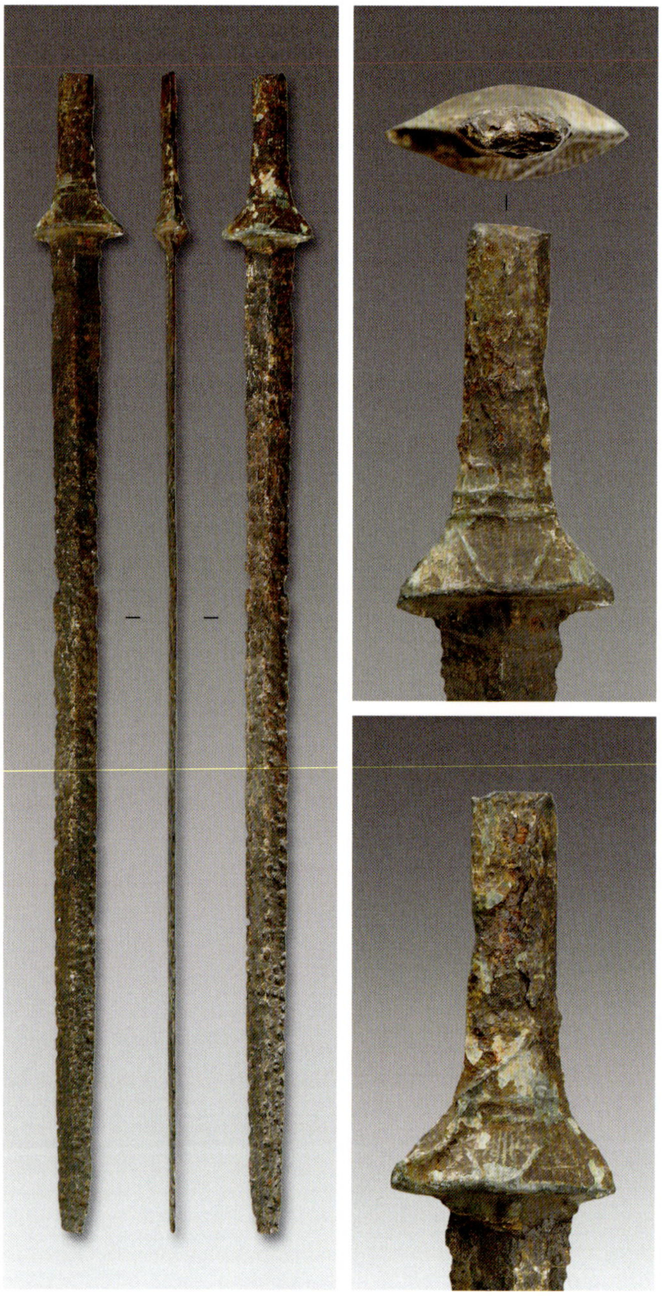

1. B型乙类铜柄铁剑（Z112：1）（正视、侧视、顶视、剑柄两面细部）

2. 柄首残缺的乙类铜柄铁剑（考3923.6）

3. 柄首残缺的乙类铜柄铁剑（考3923.6）剑柄顶视

4. 类别不明的铜柄铁剑残剑柄（考3924附件-5）

彩版一六八　乙类铜柄铁剑及残剑柄

1. Z37：2-1

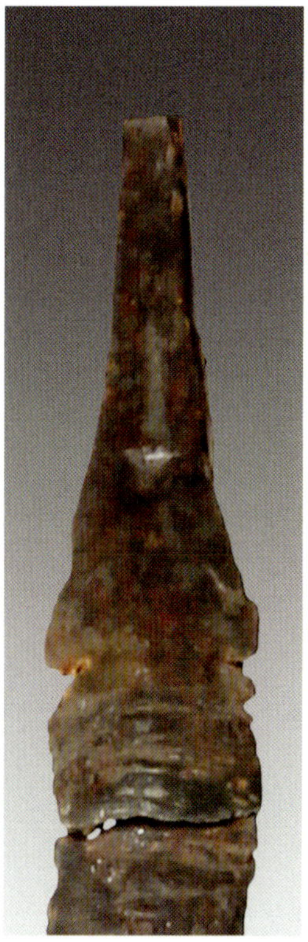

2. Z37：2-1局部

3. Z68：n

4. Z121：1

5. Z118：2

彩版一六九　残铜柄铁剑（铜柄残缺）

1. 中原式铁剑
（Z135：28）

2. 中原式铁剑
（Z135：28）剑柄细部

3. 残中原式铁剑
（Z103：1）剑柄细部

4. 残中原式铁剑
（Z103：1）

5. 残中原式铁剑
（考3927.6）

彩版一七〇　中原式铁剑

1. 残中原式铁剑（Z1：1）

2. 残中原式铁剑（Z92：1）

3. 残中原式铁剑（Z171：1）

4. 残中原式铁剑
（考3927. 13）

5. 铜剑格（K43-271：5）

彩版一七一　残中原式铁剑、铜剑格

1. A型（考3934. 8）

2. A型（考3934. 6）

3. A型（Z183：2）

4. A型（Z131：1）

彩版一七二　铁矛

1. A型（考3934. 4-1）

2. A型（Z55：3）

3. A型（国0034-2）

4. A型（考3934. 4-2）

彩版一七三　铁矛

1. Ba型（考3937.7）

2. Ba型（Z188：1）

彩版一七四　铁矛

1. Ba型（Z48：2）

2. Ba型（Z15：11）

彩版一七五　铁矛

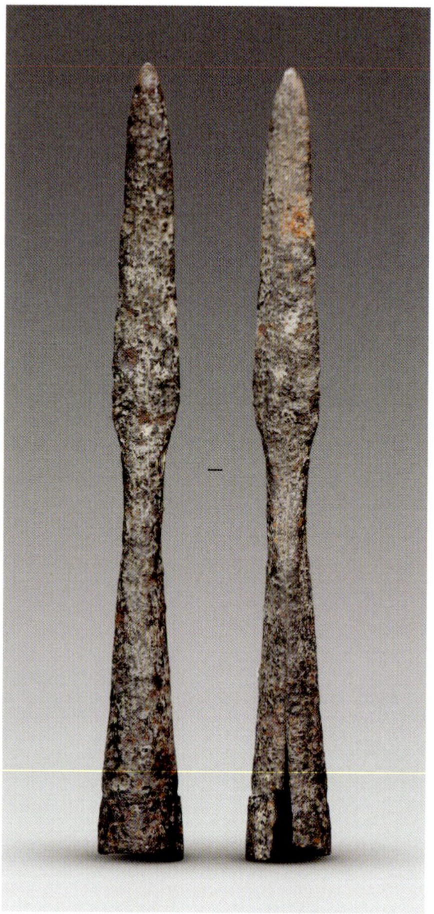

1. Ba型（Z128：1）

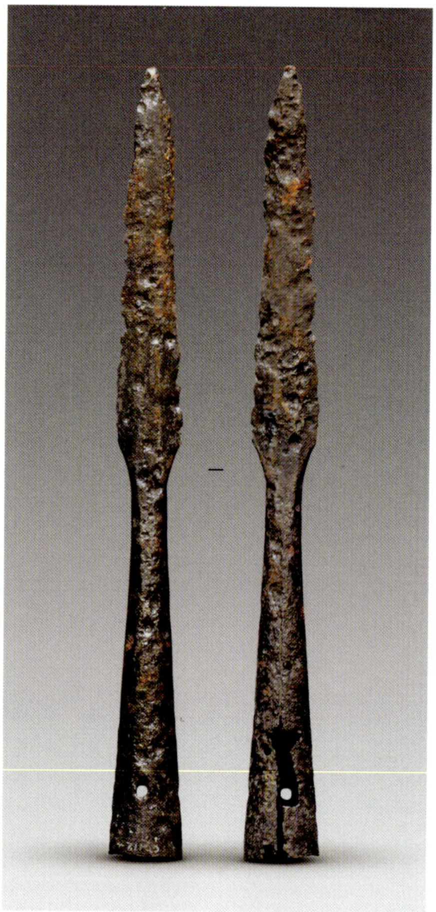

2. Ba型（Z182：1）

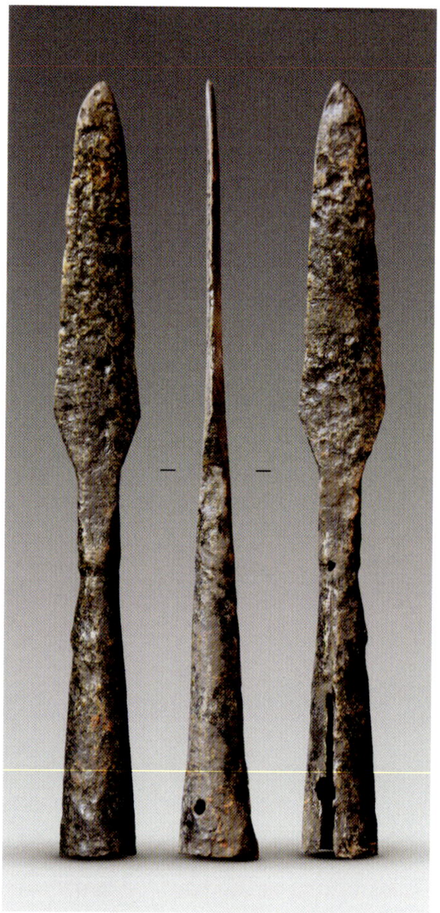

3. Ba型（Z30：1）

4. Ba型（考3936. 4）

5. Ba型（Z115：2-1）

彩版一七六　铁矛

1. Bb型（Z104：1）

2. Bb型（Z163：1）

彩版一七七　铁矛

1. Bb型（Z68：3）

2. Bb型（Z109：2）

彩版一七八　铁矛

1. Bb型（考3933.2）

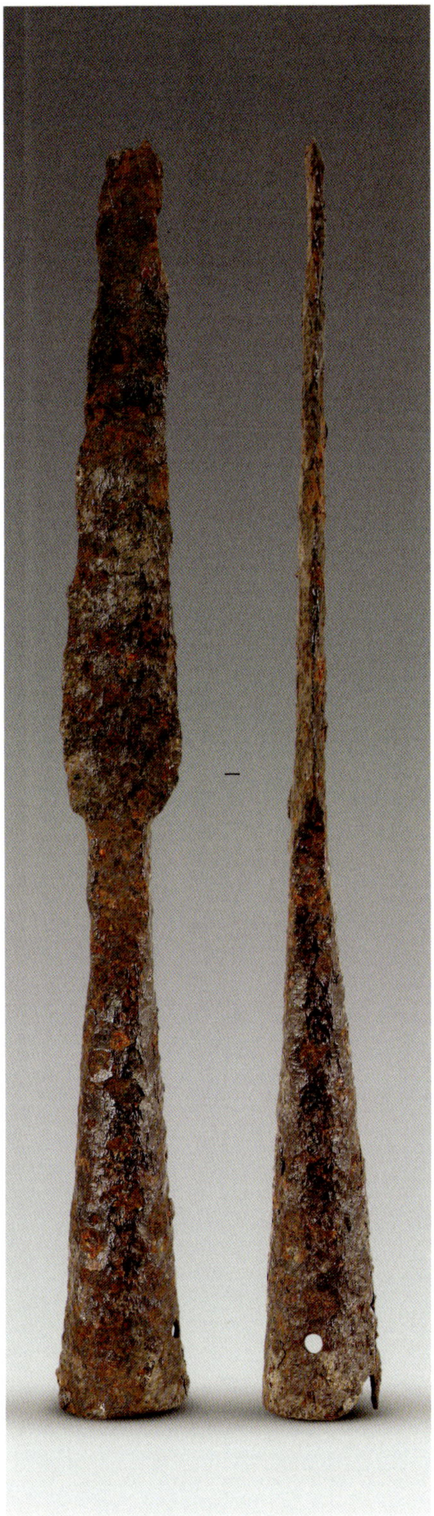

2. Bb型（考3935-1）

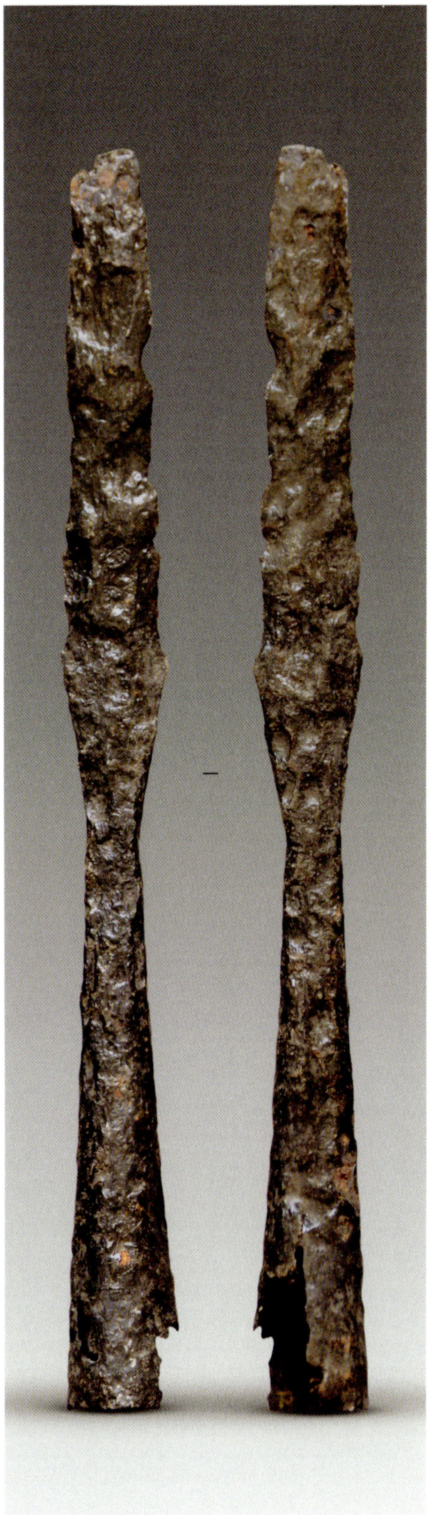

3. Bb型（Z13：12-1）

彩版一七九　铁矛

1. Bb型（考3935-5）

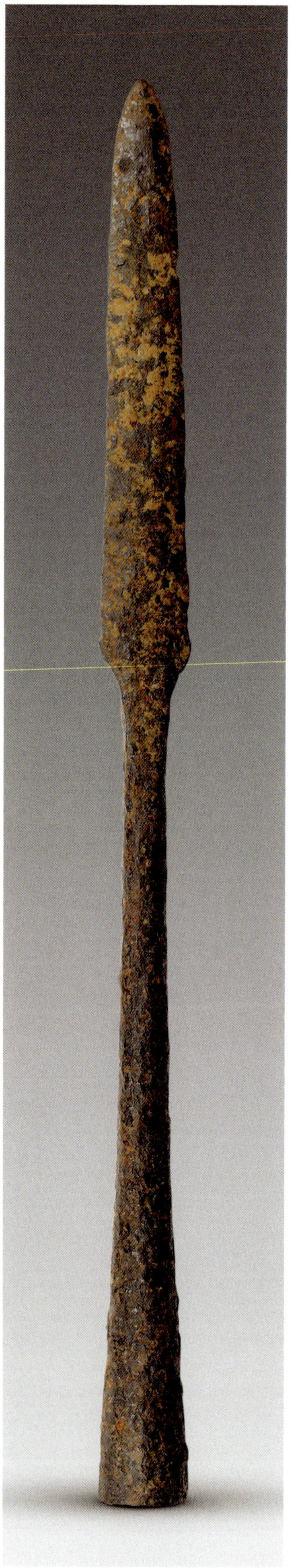

2. Ca型（Z187：1）

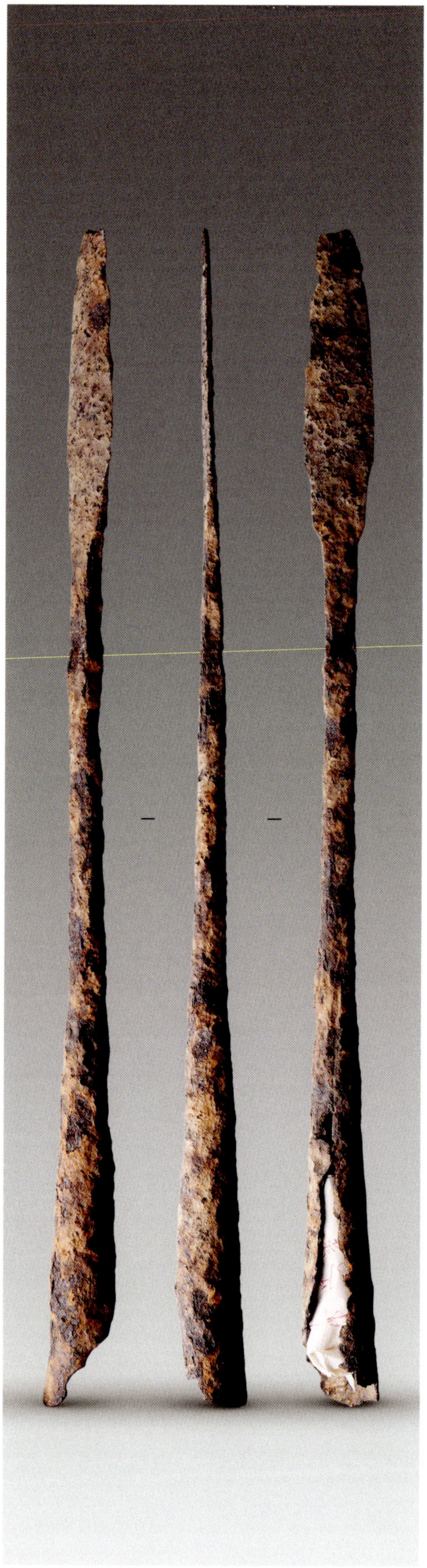

3. Ca型（考4050）

彩版一八〇　铁矛

1. Cb型（考3933.4）

2. Cb型（考3933.4）矛叶底部斜侧视特写

3. Cb型（Z53：1）

彩版一八一　铁矛

1. 残铁矛（Z189：1）

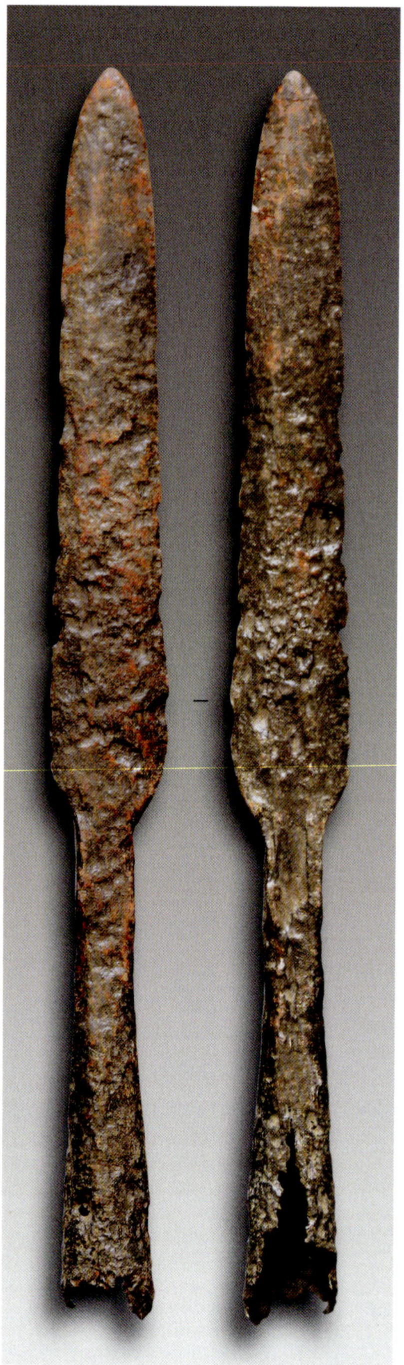

2. 残铁矛（Z11：1）

3. 残铁矛（考3937. 9–5）

彩版一八二　铁矛

1. 残铁矛（考3935. 3）

2. 残铁矛（Z35：2）

3. 残铁矛（Z13：12–2）

彩版一八三　铁矛

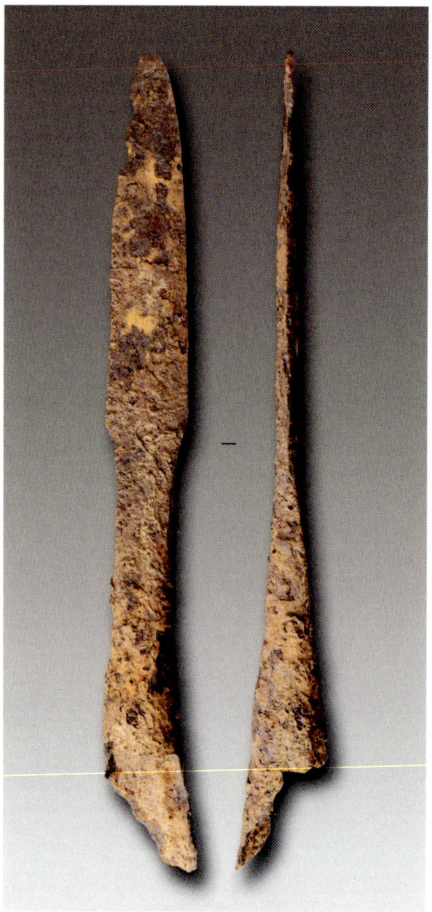

1. 残铁矛（考4039-2）

2. 残铁矛（考4039-1）

3. 残铁矛（Z31：1）

4. 残铁矛（Z107：1）

5. 残铁矛（考3936. 7）

6. 铁矛残骹部（K69-498：5）

彩版一八四　铁矛

1. Aa型（K60-362：9）

2. Aa型（考4038-2）

3. Aa型（K70-555：2）

5. Ca型（M59：TZ-1）

6. Cb型（考4038-5）

4. Ab型（考4038-4）

7. Ca型（M31：6-2）

8. Ca型（M31：6-3）

彩版一八五　无铤扁体铁镞

1. A型（考3943-6）

2. A型（K60-476：11-1）

3. A型（考4038-7）

4. A型（M63：5-2）

5. A型（考4038-8）

6. A型（Z39：9-1）

7. B型（考4038-9）

8. B型（考4038-40）

9. B型（考4038-10）

彩版一八六　扁体扁铤铁镞

1. B型（M45：3）

2. B型（M62：5）

3. C型（K70-520：7-3）

4. C型（考4038-12）

5. D型（考4038-13）

6. E型（M31：6-4）

7. E型（M52：4）

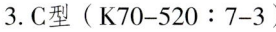

彩版一八七　扁体扁铤铁镞

1. A型（M30：1-1）

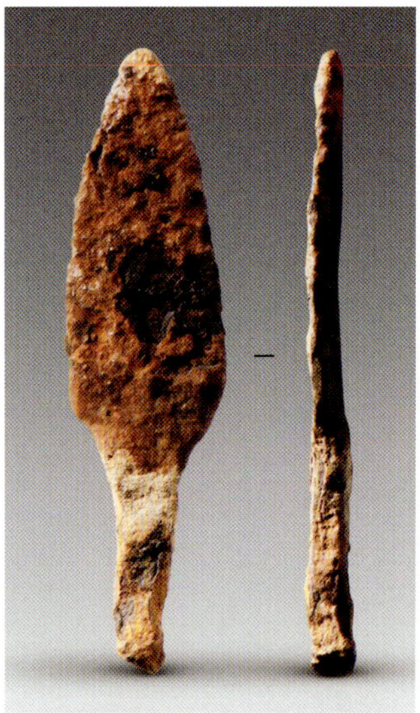

2. A型（考4038-29）

3. A型（M31：6-5）

4. A型（M47：2-3）

5. B型（考4038-15）

6. B型（考4038-16）

7. B型（考4038-17）

8. B型（M63：5-1）

9. C型（考4038-18）

10. C型（考4038-19）

11. C型（考4038-20）

彩版一八八　扁体柱铤铁镞

1. A型有脊柱铤镞（K60-476：11-2）

2. Ba型有脊柱铤镞（M32：2-1）

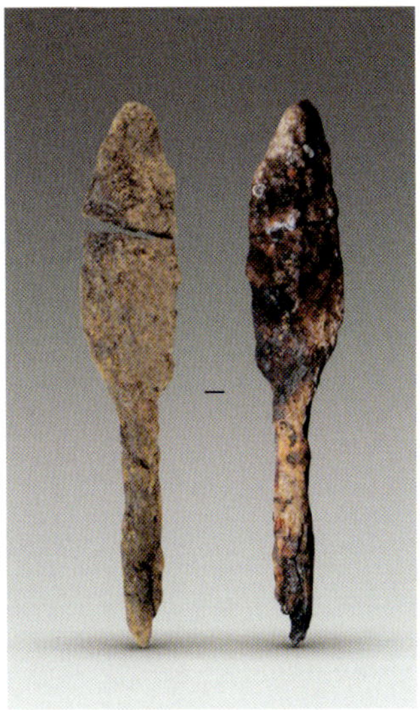

3. Bb型有脊柱铤镞（M59：TZ-8）

4. Bb型有脊柱铤镞（M47：2-4）

5. A型三翼镞（考4038-22）

7. A型三翼镞（国0040-1）

9. C型三翼镞（M59：11）

6. A型三翼镞（考4038-23）

8. B型三翼镞（考3943-3）

彩版一八九　铁镞

1. Aa型三棱镞（M63：5-5）

2. Aa型三棱镞（M63：5-6）

3. Aa型三棱镞（考4038-24）

4. Aa型三棱镞（考4038-25）

5. Ab型三棱镞（M63：5-7）

6. Ab型三棱镞（考3943-5）

7. 四棱镞（M59：TZ-17）

8. 锥形镞（M50：2）

彩版一九〇　铁镞

1. A型管銎镞（M22：16）

2. A型管銎镞（M47：4）

3. A型管銎镞（考4038-26）

4. A型管銎镞（M63：5-3）

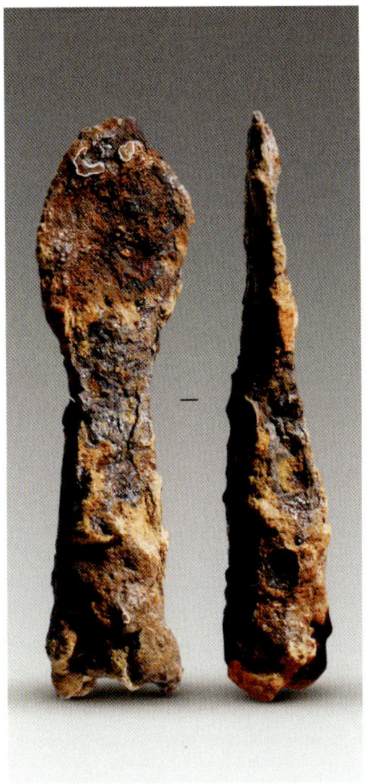

5. A型管銎镞（考4038-27）

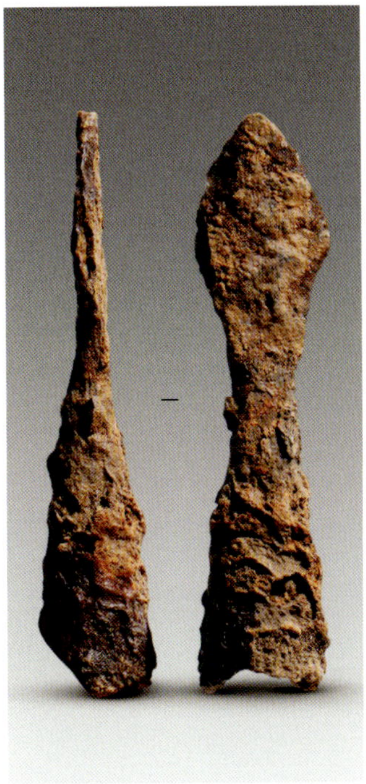

6. A型管銎镞（考4038-28）

7. A型管銎镞（考3943-1）

8. A型管銎镞（国0040-2）

9. 鹤嘴斧（Z15：12）

彩版一九一　铁镞、铁鹤嘴斧

1. Z68：46

3. Z49：3

4. 考3983-4

2. 考4047-3

5. 考3983-7

彩版一九二　铁环

1. 考3983-10

2. Z13：16

3. 考3938-8

4. M59：13-3

5. M59：13-4

6. M59：13-2

7. Z3：49

8. Z63：1

彩版一九三　铁环

1. A型（Z27：7-1）

2. A型（Z180：1）

3. E型（考4047-2）

4. E型（M59：4）

5. E型（K52-485：4）

彩版一九四　铁带扣

1. A型（Z27：7-2）

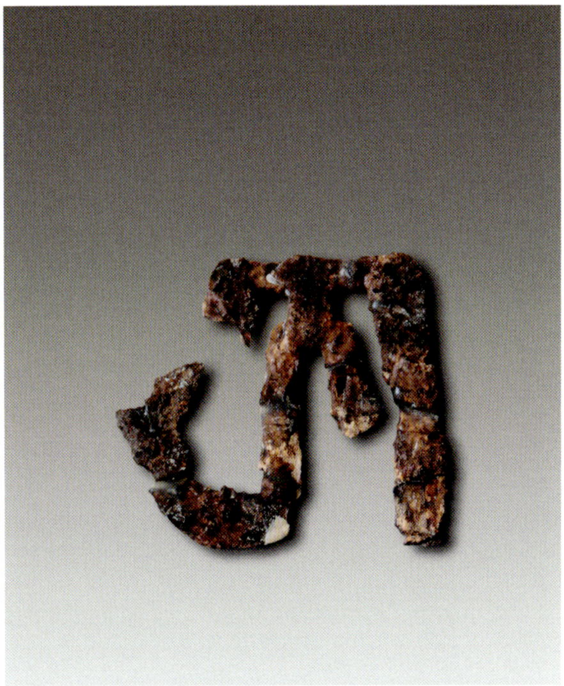

2. D型（M12：15）

3. E型（K29-212：4）

4. E型（K29-212：4）带扣横梁铆接处正、反面细部

彩版一九五　铁带扣

1. A型双节铁衔（考3944-3）

2. A型双节铁衔（Z166：1）

3. A型双节铁衔（Z100：6-1）

4. A型双节铁衔（M35：5-1）

5. 铁泡（考4065-31）

彩版一九六　A型双节铁衔、铁泡

1. 考4048-5

2. 考4048-6

3. 考3945-2

4. 考3945-1

5. 考4048-7

彩版一九七　B型双节铁衔

1. C型双节衔（M27：9）

3. 残铁衔（考4048-1）

2. C型双节衔（考3945-3）

4. 残铁衔（考3945-4）

5. 残铁衔（考3946-4）

彩版一九八　铁衔

1. 考4048-3

2. 考4048-4

3. 考4048-2

4. M59：12（残存外侧两节）

彩版一九九　A型三节铁衔

1. Z13：1

2. Z144：1

3. 考3944-4（残存两节）

彩版二〇〇　B型三节铁衔

1. Aa型（考4049-7）

2. Aa型（考4049-5）

3. Aa型（考4049-4）

4. Ab型（M35：5-2）

5. Ac型（考4049-2）

彩版二〇一　铁镳

1. Ac型（考3947.3）

2. Ad型（Z13：3-2）

3. Ad型（M23：2-2）

4. Ad型（M23：2-2）镳与衔的组合情况

彩版二〇二　铁镳

1. Ad型（考4049-1）

2. Ba型（考3947.1）

3. Ad型（考4049-6）

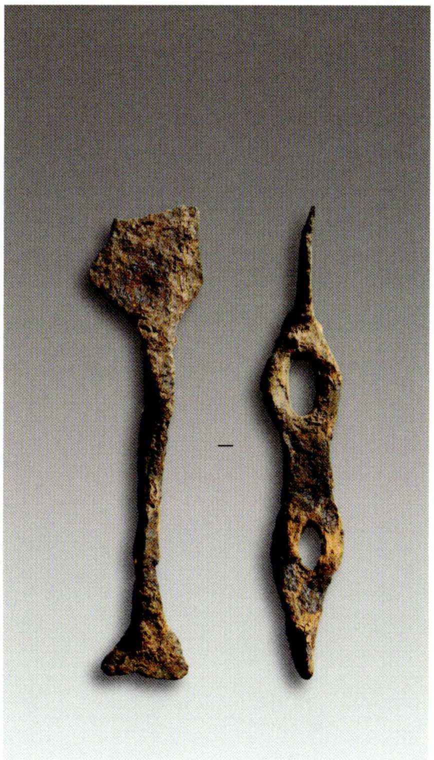

4. Ad型（考3947.12）

5. Bb型（Z13：3-1）

彩版二〇三　铁镳

1. A型（M16：4）

2. A型（考4018-1）

3. A型（考4018-3）

4. A型（考4018-4）

5. A型（考4018-7）两面正视

6. B型（考4018-6）

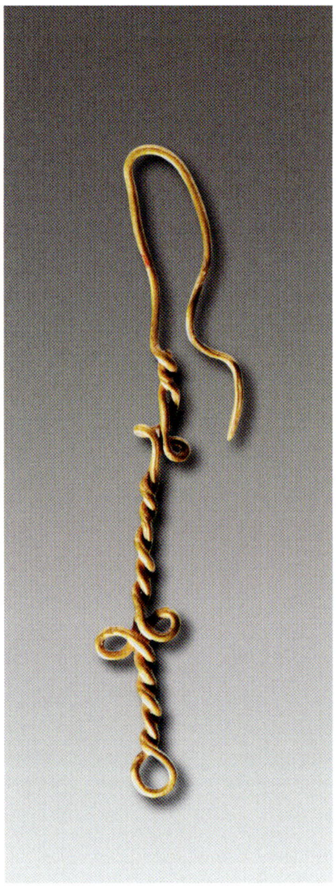

7. B型（考4018-2）

8. B型（考4018-5）

彩版二〇四　金耳饰

1. 金耳饰残段（考4018-8）

2. 金片（K12-77：52）

3. A型银耳饰（Z106：4）

4. A型银耳饰（Z113：6）

5. B型银耳饰（Z13：2）

6. C型银耳饰（考4016-1）

7. 银耳饰残段（考4016-4）

彩版二〇五　金耳饰、金片、银耳饰

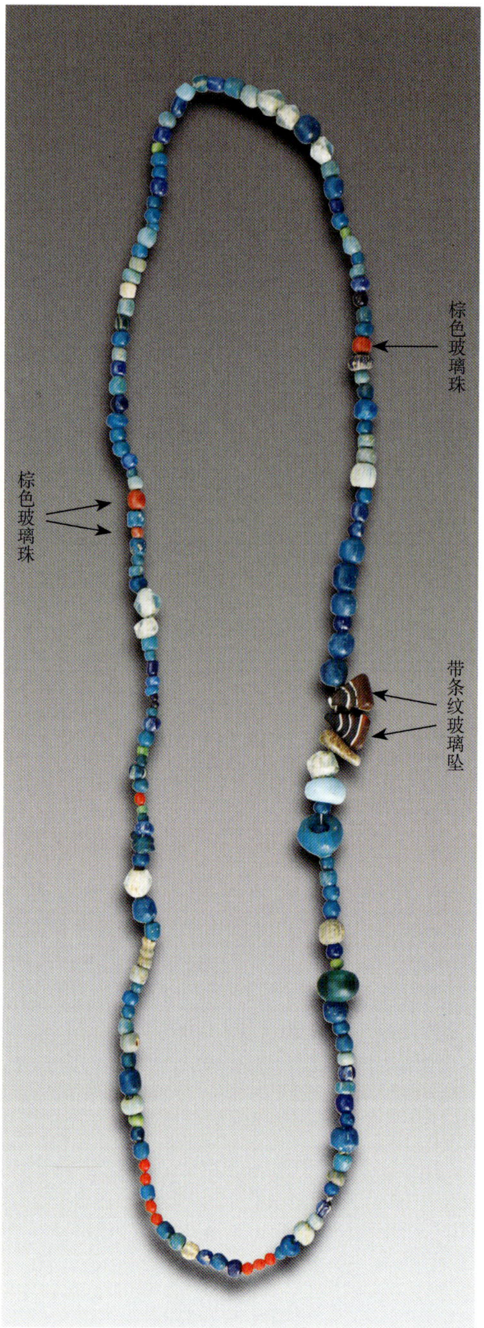

1. 玻璃串饰（蓝色玻璃珠、棕色玻璃珠、带条纹的玻璃坠等）（考4010第一串）

2. 带条纹玻璃坠（考4081-5）

3. 蓝色玻璃珠（国0067-5）

4. 蓝色玻璃珠（考4089）

彩版二〇六　玻璃串饰、玻璃坠

1. 考4010第三串（正视）

2. 考4010第三串（斜侧视）

彩版二〇七　玻璃珠

1. 蓝色玻璃珠（考4010第二串）（正视，橘红色小珠为质地不详珠子）

2. 蓝色玻璃珠（考4010第二串）（斜侧视）

彩版二〇八　玻璃珠

1. 蓝色玻璃珠、棕色玻璃珠、黑色石珠（M30：7）

2. 蓝色玻璃珠（M30：8）

5. 蜻蜓眼蓝色玻璃珠
（考4081-1）

6. 蓝色玻璃管
（考4081-2）

3. 带条纹蓝色玻璃珠
（M16：15-3）

4. 带条纹蓝色玻璃珠
（考4089-12）

7. 蓝色玻璃管
（考4081-3）

8. 蓝色玻璃管
（考4081-15）

彩版二〇九　玻璃珠、玻璃管

1. 蓝色玻璃珠、蓝色玻璃管、棕色玻璃珠、石榴子石珠（考4086第一组珠子）

2. 棕色玻璃珠（国0067-4）

3. 浅绿色玻璃珠（M1：4-72）

4. 浅绿色玻璃珠（M33：2-9）

5. 浅绿色玻璃珠（M1：4-73）

6. 浅绿色玻璃珠（M3：3-8）

7. 浅绿色玻璃珠（M2：8-22）

8. 浅绿色玻璃珠（M2：8-23）

9. 浅绿色玻璃珠（M2：8-24）

10. 白色玻璃珠（M12：18-94）

11. 白色玻璃珠（M13：6-1）

12. 浅黄色玻璃珠（M36：4-4）

彩版二一〇　玻璃珠、玻璃管、石榴子石珠

1. 素面玛瑙珠（考4003第一串）

2. 带瓜棱玛瑙珠（考4003第二串）

彩版二一一　玛瑙珠

1. 玛瑙珠、玛瑙管（国0067-1）

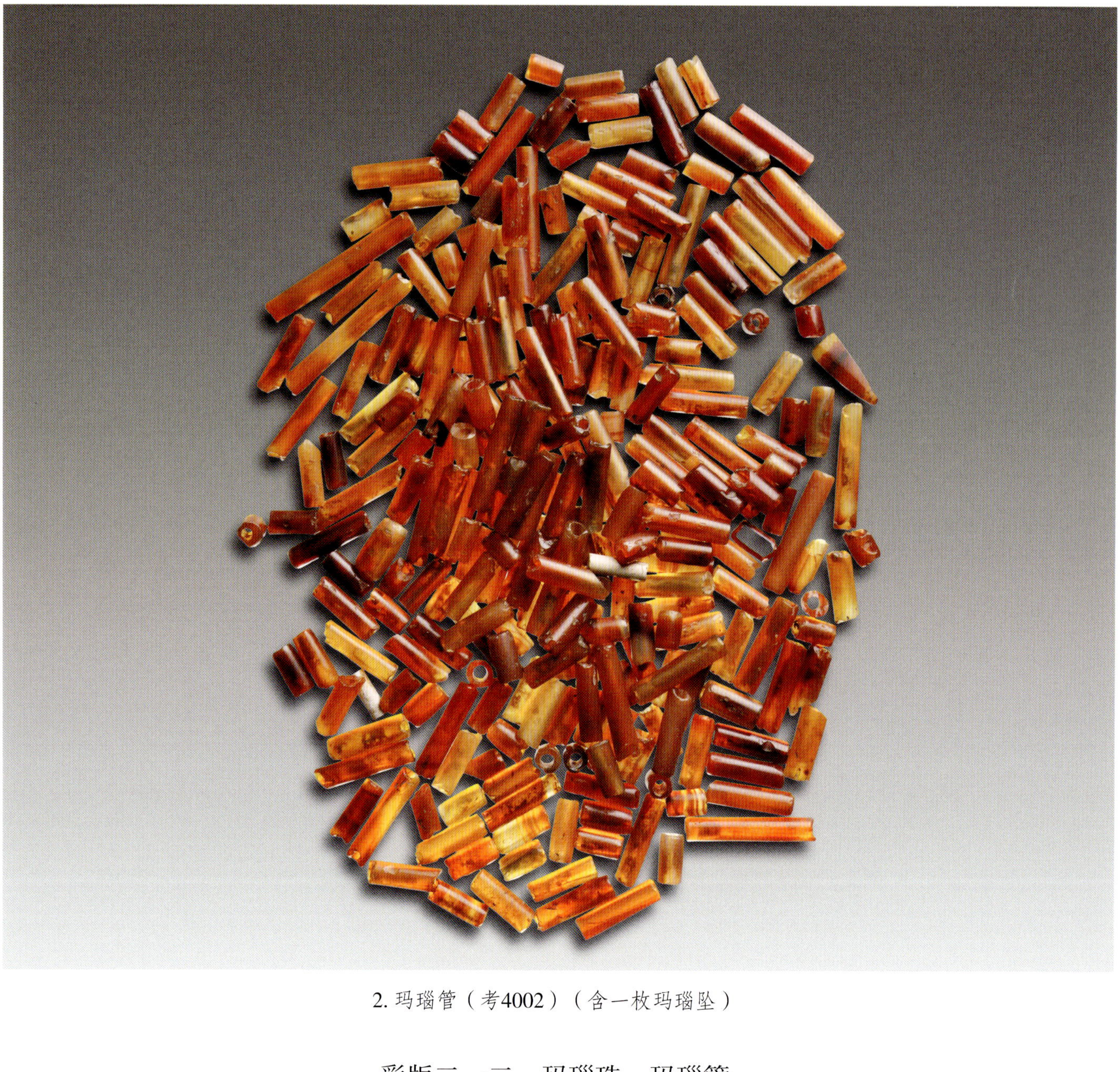

2. 玛瑙管（考4002）（含一枚玛瑙坠）

彩版二一二　玛瑙珠、玛瑙管

1. A型（考4080–1）

2. A型（考4004–17）

3. A型（考4004–15）

4. A型（考4080–2）

5. A型（考4080–4）

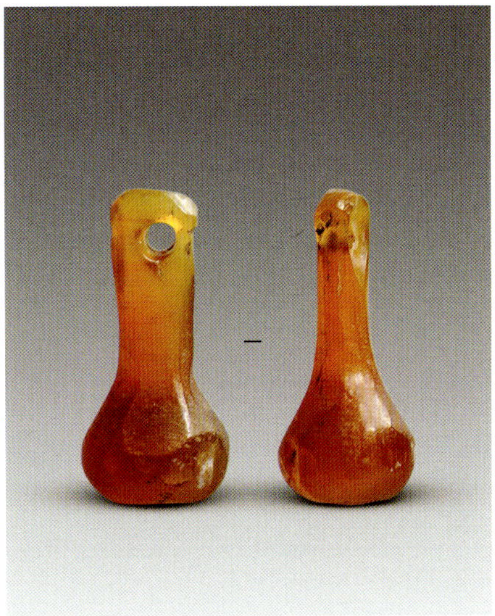

6. A型（K78–531：22）

7. B型（考4002–4）

8. B型（考4080–5）

9. C型（考4080–6）

彩版二一三　玛瑙坠

1. 甲类常规尺寸的天河石和绿云母珠（考4007）（大多数为天河石珠，少数墨绿色的为绿云母珠）

2. 扁体的天河石和绿云母珠、管（考4006第一串）（少数墨绿色的为绿云母扁体珠、绿云母管）

3. 扁体的天河石和绿云母珠（考4008第二串）（大多数为绿云母珠，少数为天河石珠）

彩版二一四　天河石和绿云母珠

1. C型扁体的天河石和绿云母单孔珠（考4008第一串）

2. 扁体的天河石和绿云母多孔珠（考4083）（正面）

3. 扁体的天河石和绿云母多孔珠（考4083）（背面）

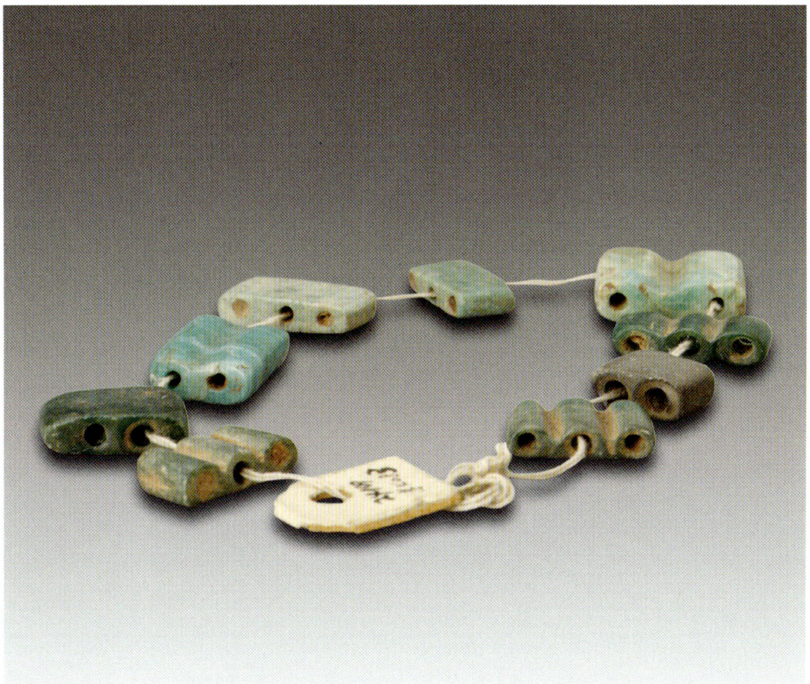

4. 扁体的天河石和绿云母多孔珠（考4083）（天蓝色的为天河石珠，墨绿色的为绿云母珠）

彩版二一五　天河石和绿云母珠

1. 考4086第二串（墨绿色的为绿云母管）

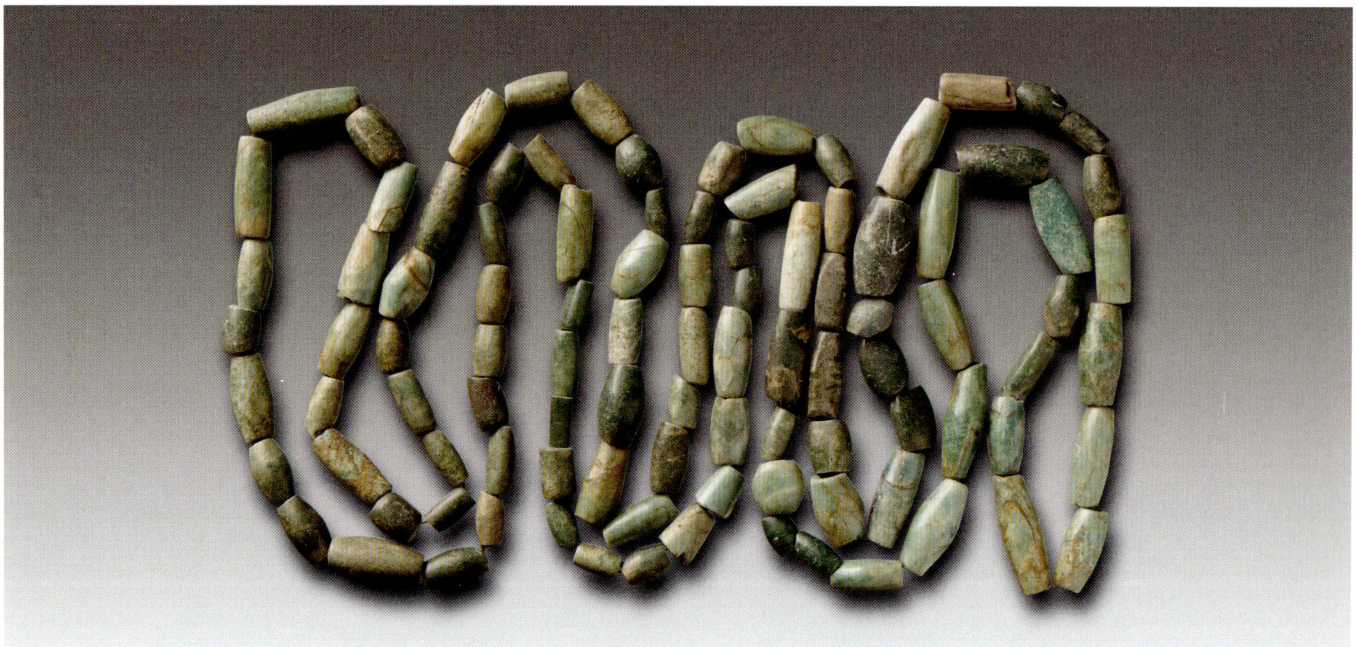

2. 考4005第一串（墨绿色的为绿云母管）

3. 考4005第二串（大多数为天河石管）

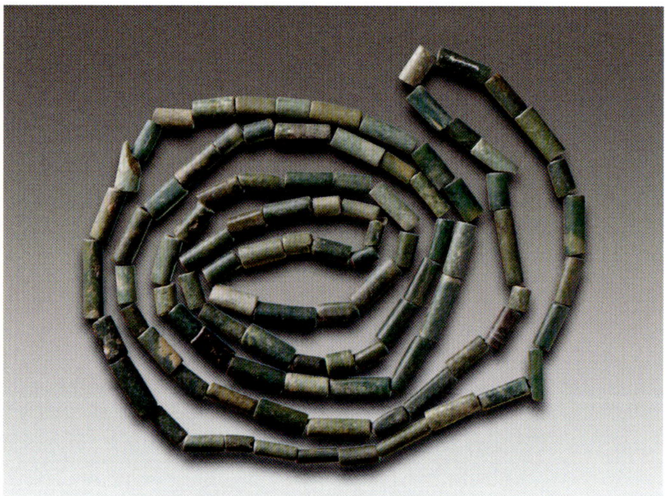

4. 考4005第三串（大多数为绿云母管）

彩版二一六　天河石和绿云母管

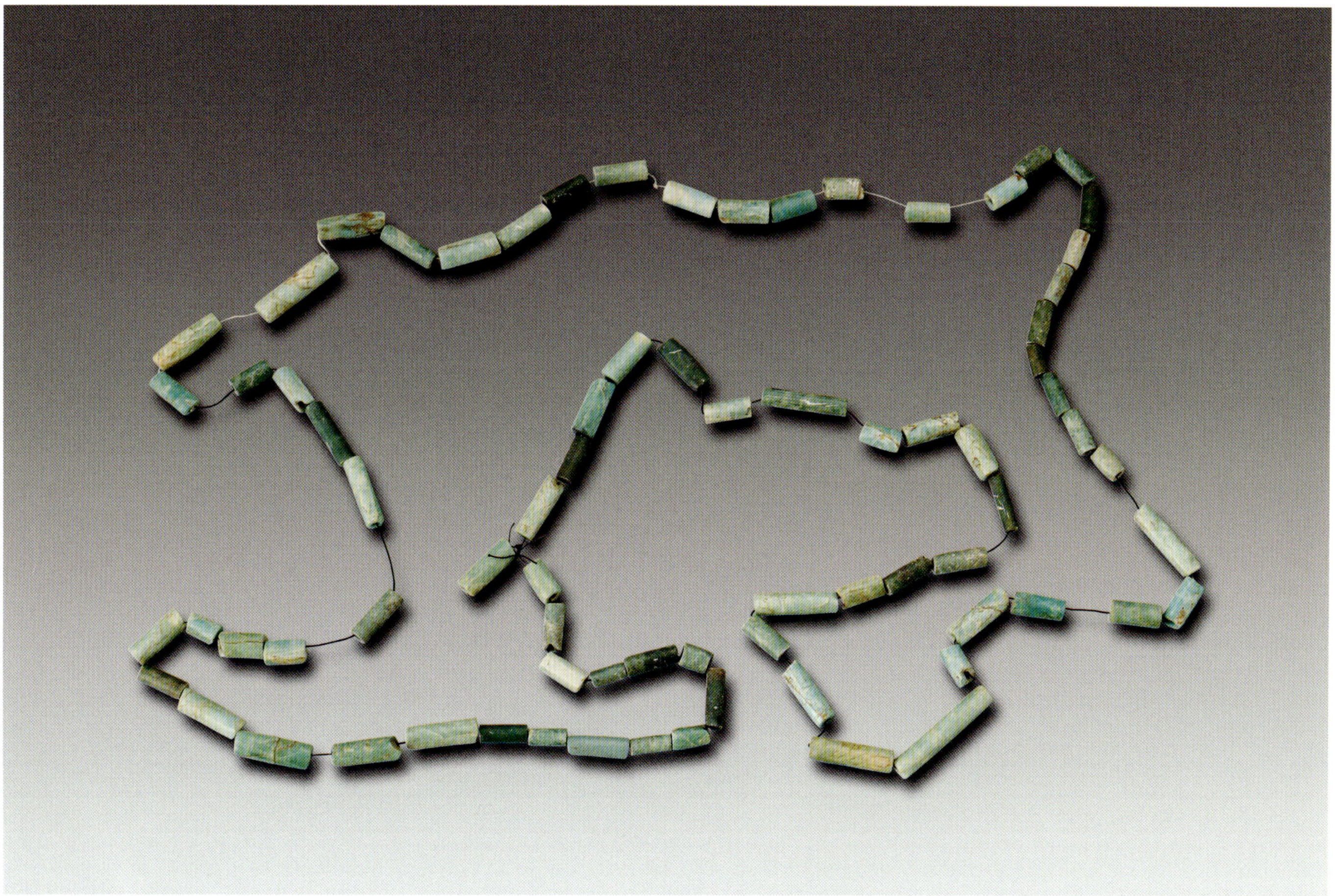

1. 考4087（正视，墨绿色的为绿云母管）

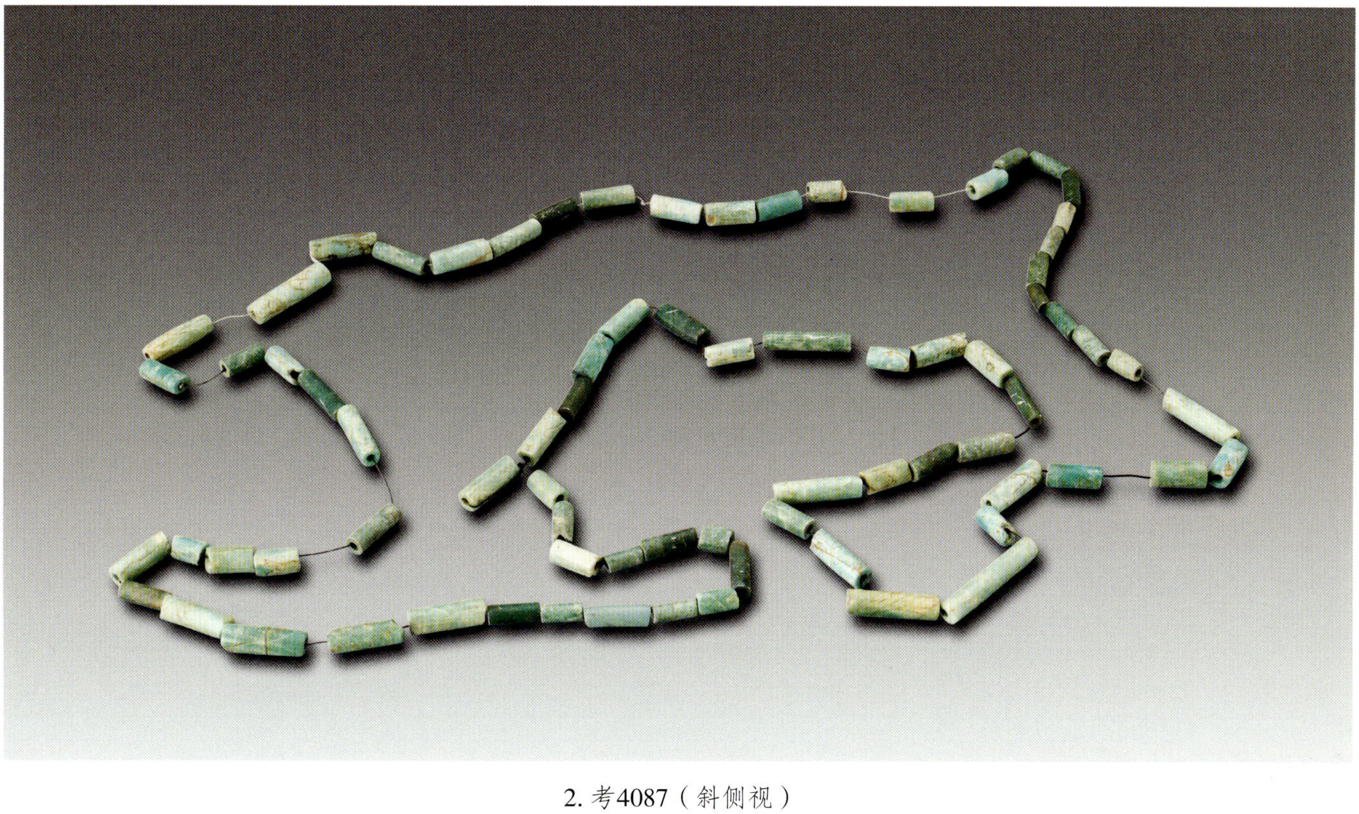

2. 考4087（斜侧视）

彩版二一七　天河石和绿云母管

1. 玛瑙珠、天河石和绿云母珠（国0067-2）（红色为玛瑙珠，绝大多数或者所有天蓝色珠子为天河石珠）

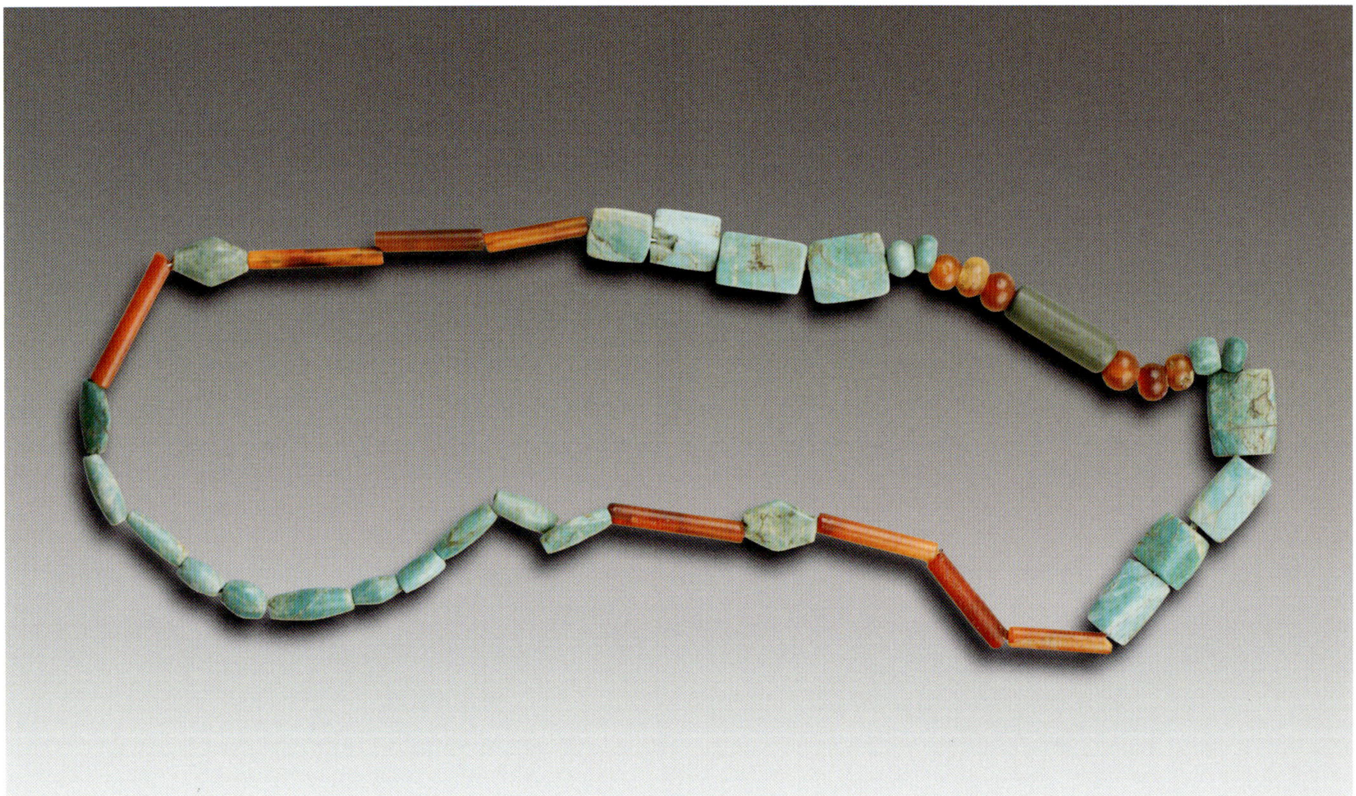

2. 天河石和绿云母珠和管、玛瑙珠和管（国0067-3）（红色为玛瑙珠和玛瑙管，天蓝色的为天河石，墨绿色的为绿云母，灰色质地不明）

彩版二一八 天河石和绿云母珠和管、玛瑙珠和管

1. 绿云母坠（考4080-7）

2. 绿云母坠（考4080-8）

3. 天河石坠（考4080-9）

4. 绿松石坠（考4081-10）

5. 绿松石坠（考4081-11）

6. 玉坠（考4081-12）

7. 黑色石管（考4087-19）

8. 黑色石管（考4081-16）

9. 黑色石管（M24：8）

10. 黑色石管（M27：11）

11. 黑色石管（M53：9）

12. 黑色石管（M61：4-1）

13. 黑色石管（M61：4-2）

14. 黑色石管（考4087-18）

彩版二一九　天河石和绿云母坠、其他质地石坠和黑色石管

1. 滑石管（考4006第二串）

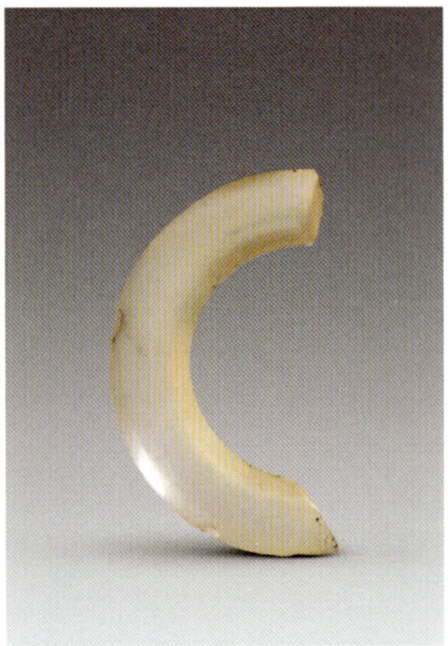

2. 水晶环（K53-441：5）

3. 石环（考4081-14）

4. A型残石镞（考4090-2）

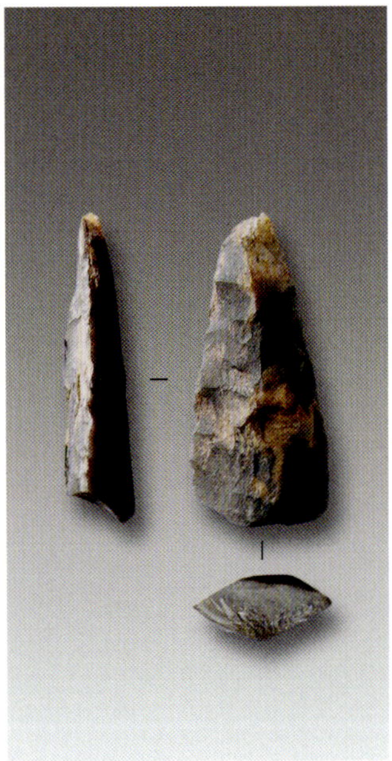

5. A型残石镞（考4090-4）

6. B型石镞（K59-480：29）

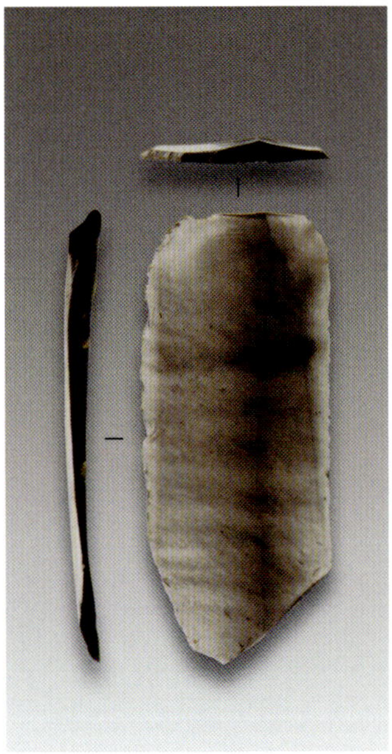

7. 石叶（M2：6）

彩版二二〇　滑石管、水晶环、石环及细石器

1. Aa型（M45：4-1）

2. Aa型（M45：4-2）

3. Ab型（M45：4-3）

4. Ac型（M23：4）

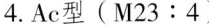

5. Ad型（考4090-1）

彩版二二一　石镞

1. K79-574：56

2. K86-607：2

3. 考4093-3

4. 考4093-10

5. 考4093-7

彩版二二二　砺石

1. 砺石（K86-568：3）

2. 砺石（K60-462：18）

3. 砺石（考4012-2）

4. 石刀（K42-270：27）

5. 石刀（考4091-2）

6. 石刀（考4091-1）

彩版二二三　砺石、石刀

1. Z179：1

2. Z75：2

彩版二二四　石斧

1. 研磨器（K58-426：4）

2. 研磨器（K60-462：19）

3. 环状器（Z179：2）

彩版二二五　石研磨器、环状石器

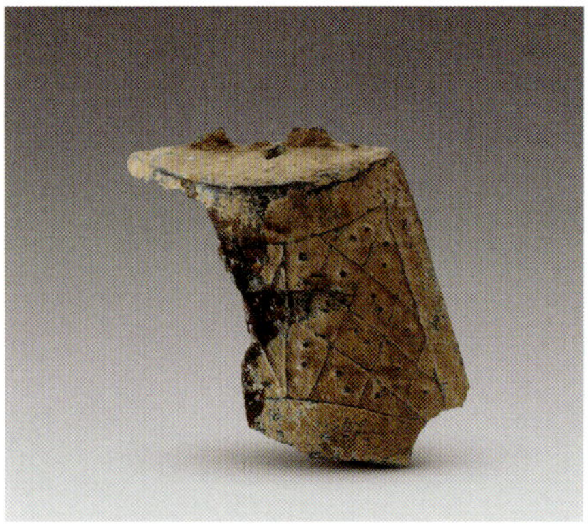

1. XCG001 铜铃（M22：14-12）

2. XCG002 铜环（M16：6-1）

3. XCG003 铜环（M16：6-5）

4. XCG004 珠形铜泡（M22：25）

5. XCG005 铜泡（M12：7-1）

6. XCG006 铜环（M63：9-2）

7. XCG007 铜铃（考3969.4）

8. XCG008 铜铃（考3968-3）

9. XCG009 亚腰形牌饰（Z143：7）

10. XCG010 剑格（K43-271：5）

11. XCG011 盖弓帽（考4067-2）

12. XCG012 三棱铁铤铜镞（考3941.5）

彩版二二六　铜器分析取样器物

1. XCG013 星云纹镜（考4075-14）

2. XCG014 四乳四螭纹镜（K67-489：13-1）

3. XCG015 蟠螭纹镜（K36-302：8）

4. XCG016 马形牌饰（K22-136：15）

5. XCG017 双连珠形泡（Z24：15）

6. XCG018 双翼銎孔镞（考4036-2）

7. XCG019 带扣（考3972-2）

8. XCG020 矩形动物纹牌饰（Z14：3）

9. XCG021 矩形动物纹牌饰（Z167：1）

10. XCG022 矩形阶梯纹牌饰（Z38：4）

11. XCG023 带扣（Z115：7）

12. XCG024 带扣（Z84：1）

彩版二二七　铜器分析取样器物

1. XCG025 勺形带饰（考3975附件）

2. XCG026 鎏金熊纹泡（K50–353：26）

3. XCG027 铜贝（Z38：5–3）

4. XCG028 中原式带扣（K3–86：1）

5. XCG029 椭圆形双梁泡（Z32：4）

6. XCG030 带钩（Z49：7）

7. XCG031 鎏金当卢（Z3：20）

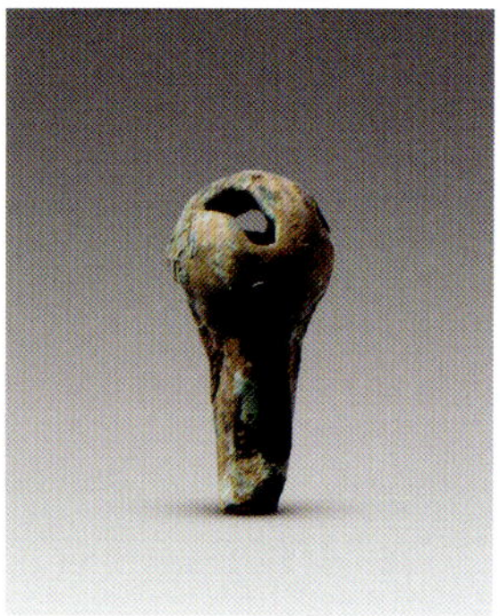

8. XCG032 带柄铜铃（考4036附件–1）

9. XCG033 铜坠饰（K29–215：3）

10. XCG034 铃形器（Z164：2）

11. XCG035铁剑的剑柄（考3923附件–4）

12. XCG036 马首形杆头饰（K51–383：10）

13. XCG037 铁剑的剑柄（考3924附件–2）

14. XCG038 铁剑的剑柄（Z46：2）

彩版二二八　铜器分析取样器物

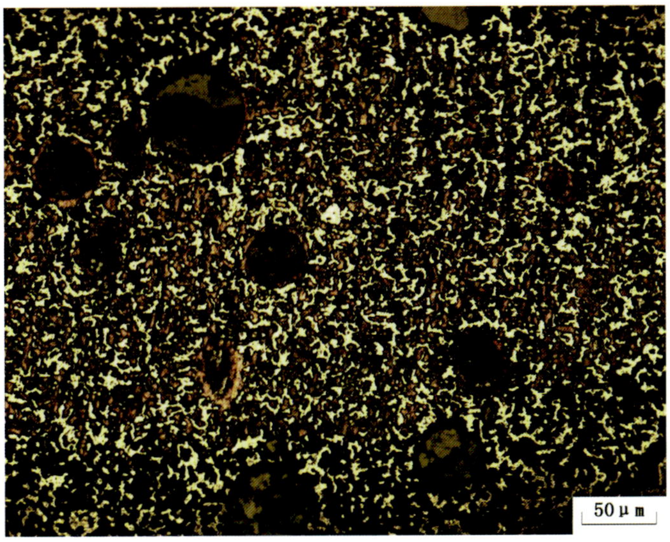

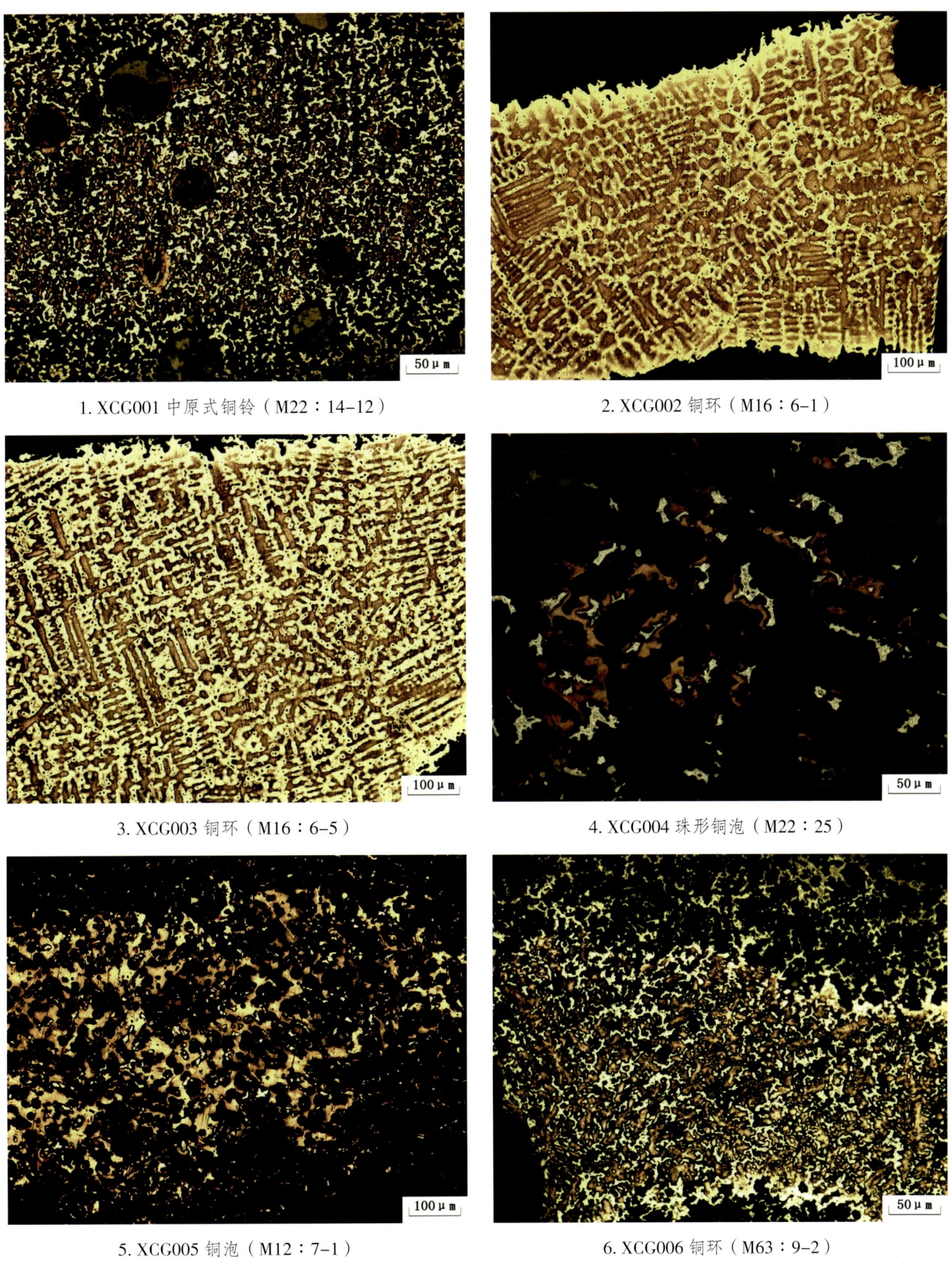

1. XCG001 中原式铜铃（M22：14-12）

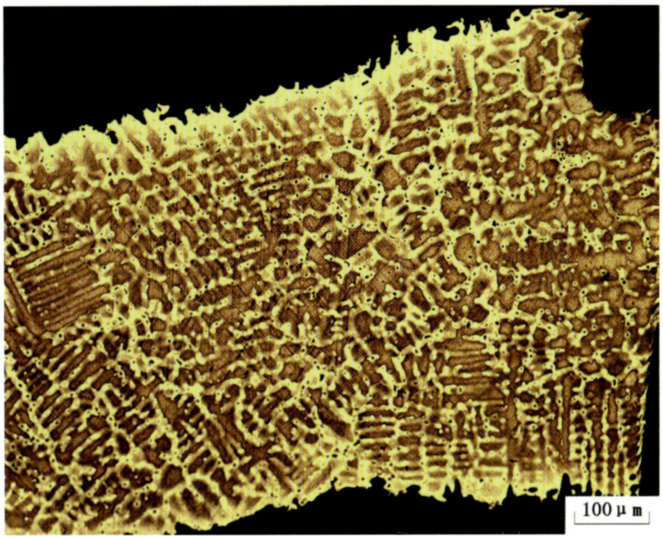

2. XCG002 铜环（M16：6-1）

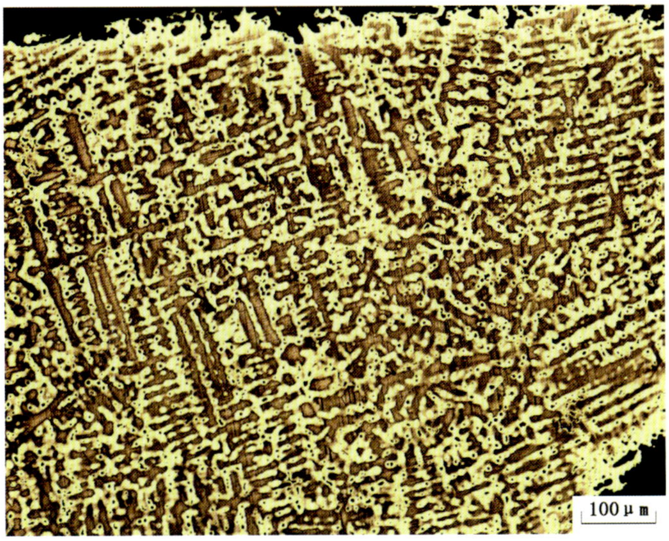

3. XCG003 铜环（M16：6-5）

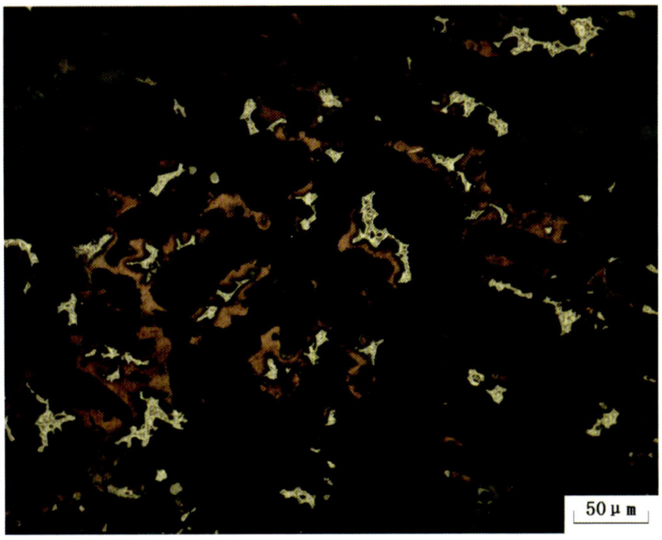

4. XCG004 珠形铜泡（M22：25）

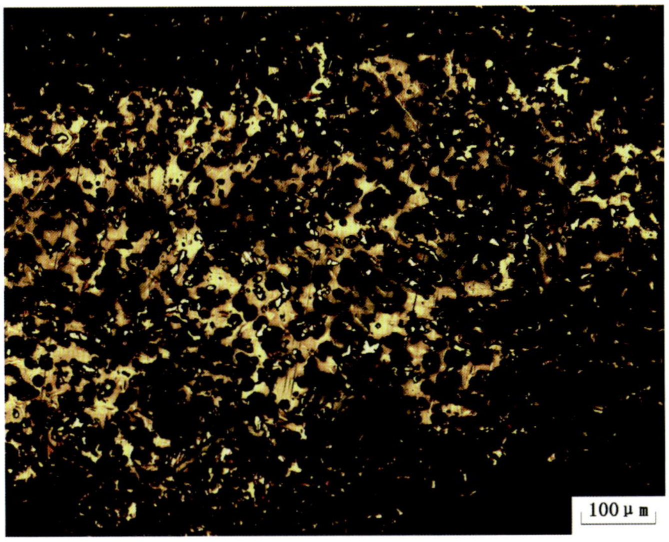

5. XCG005 铜泡（M12：7-1）

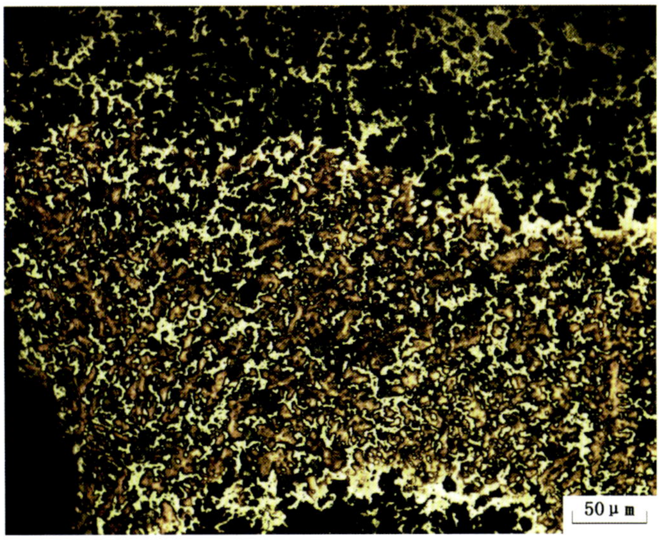

6. XCG006 铜环（M63：9-2）

彩版二二九　铜器金相照片

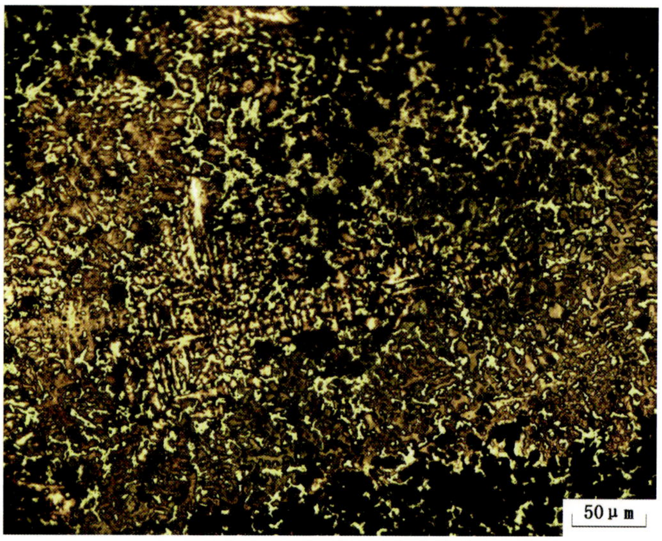

1. XCG007 铜铃（考3969.4）

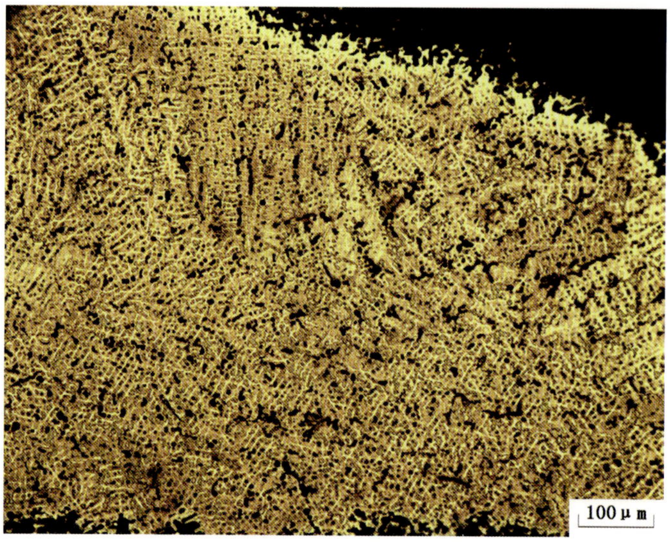

2. XCG008 铜铃（考3968-3）

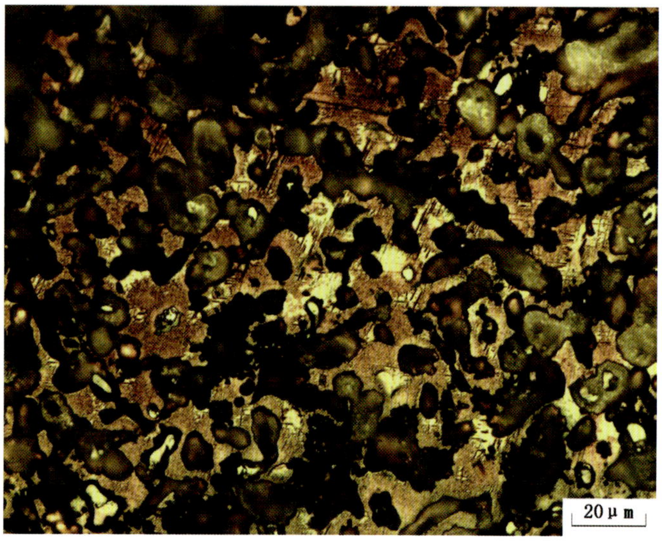

3. XCG009 亚腰形牌饰（Z143：7）

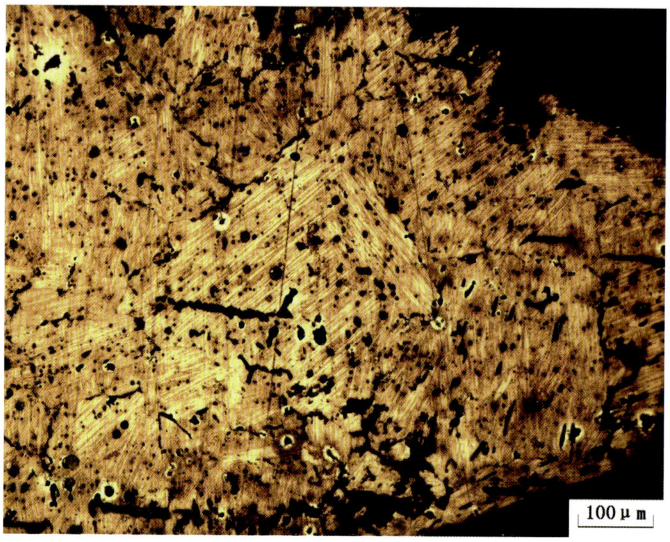

4. XCG010 剑格（K43-271：5）

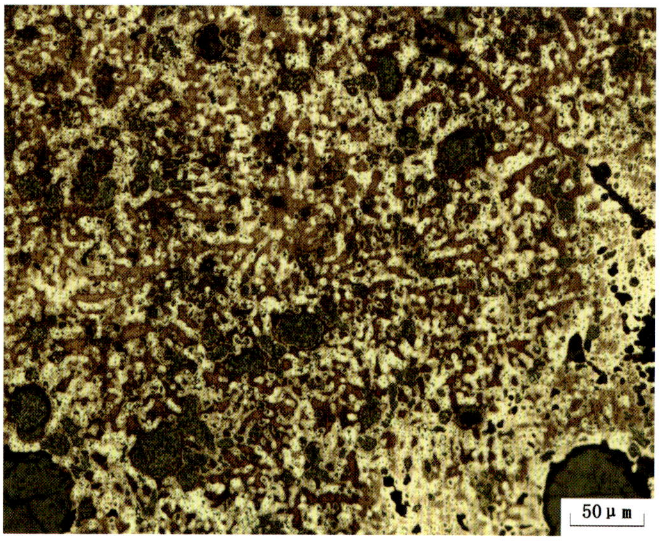

5. XCG011 盖弓帽（考4067-2）

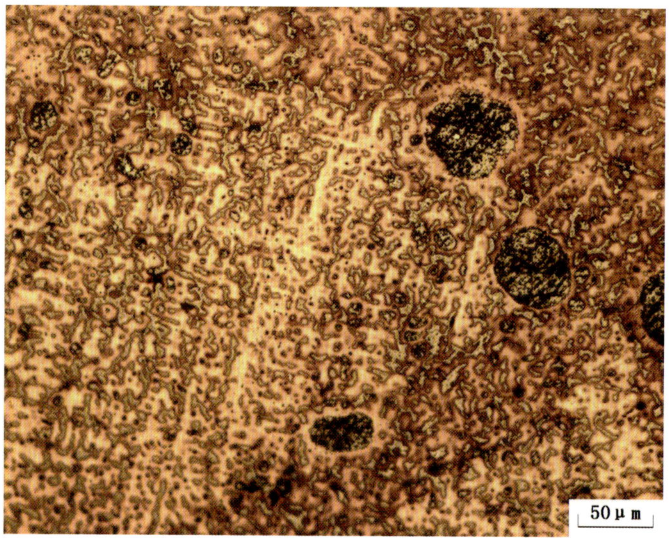

6. XCG012 三棱铁铤铜镞（考3941.5）

彩版二三〇　铜器金相照片

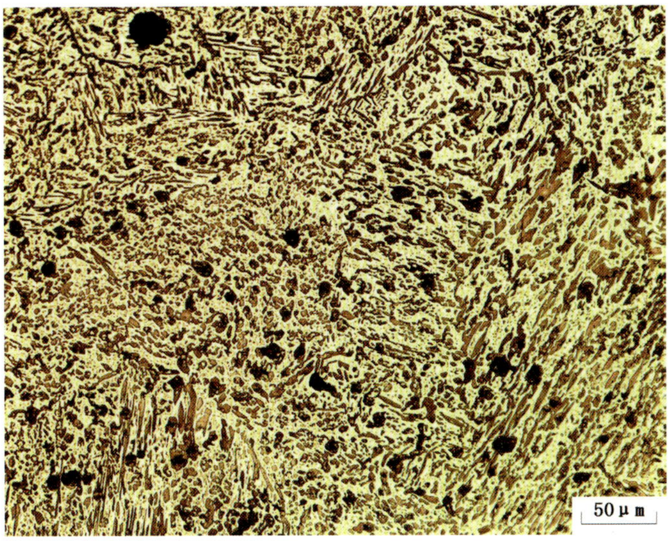

1. XCG013 星云纹镜（考4075-14）

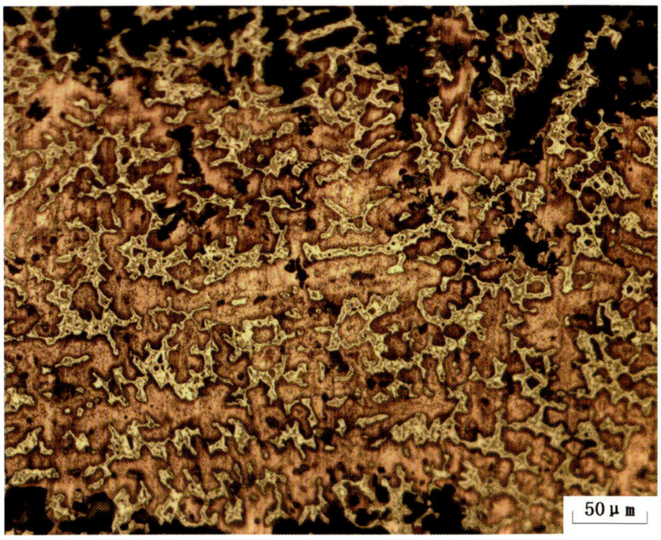

2. XCG014 四乳四螭纹镜（K67-489：13-1）

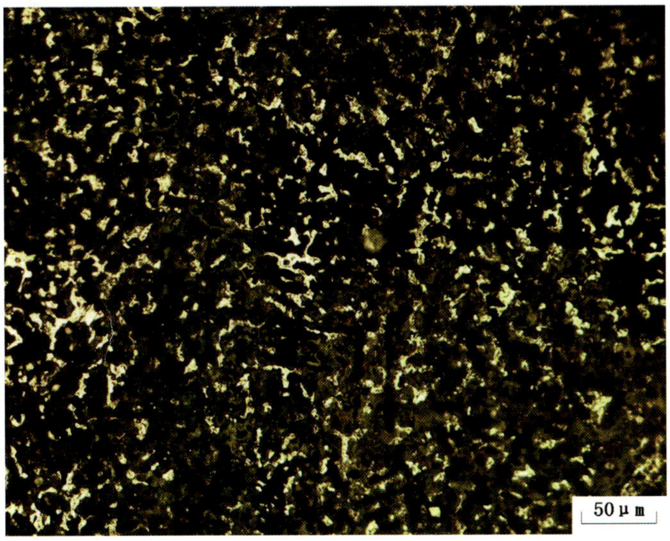

3. XCG015 蟠螭纹镜（K36-302：8）

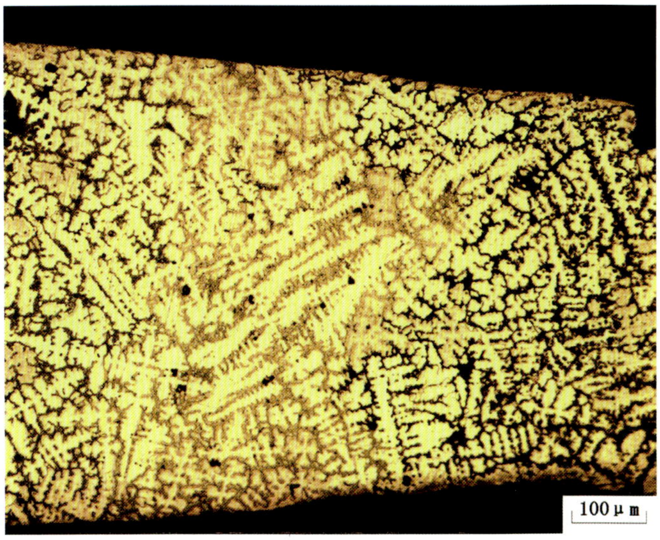

4. XCG016 马形牌饰（K22-136：15）

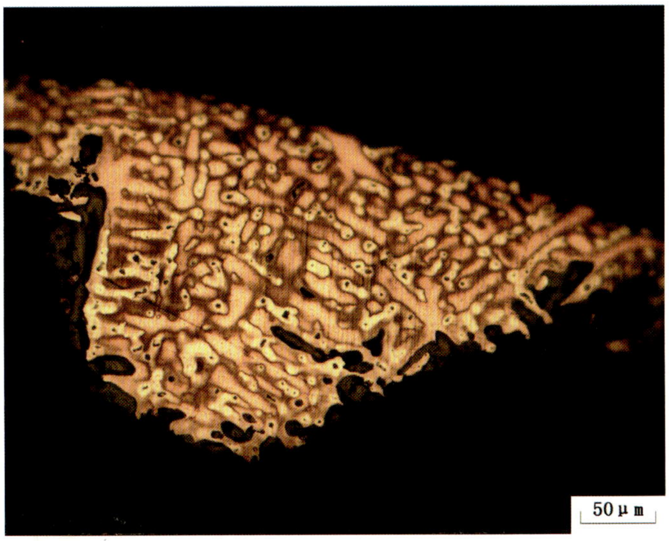

5. XCG017 双连珠形泡（Z24：15）

6. XCG018 双翼銎孔镞（考4036-2）

彩版二三一　铜器金相照片

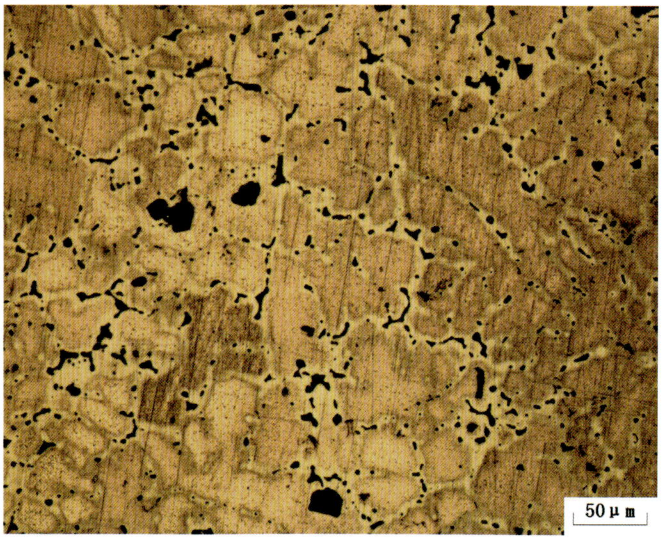

1. XCG019 带扣（考3972-2）

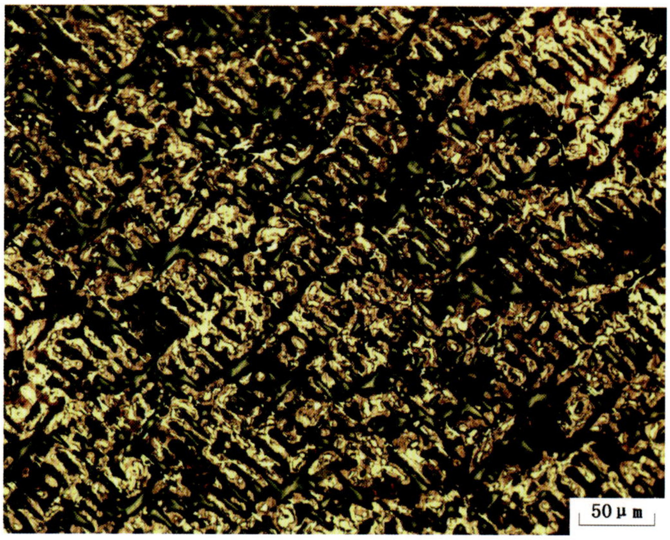

2. XCG020 矩形动物纹牌饰（Z14：3）

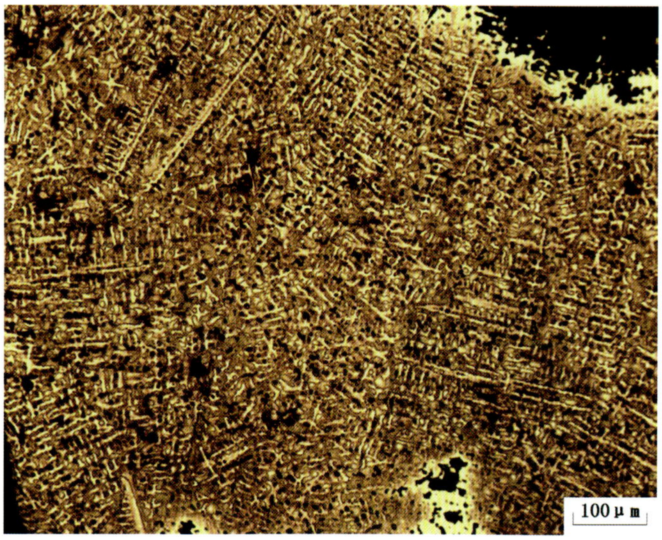

3. XCG021 矩形动物纹牌饰（Z167：1）

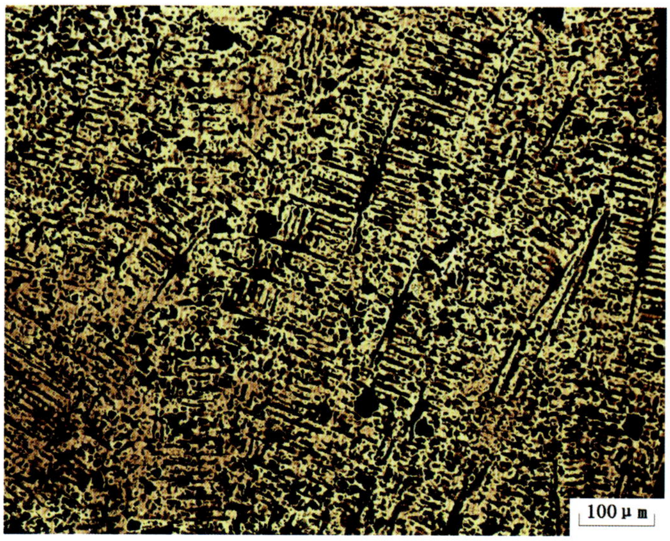

4. XCG022 矩形阶梯纹牌饰（Z38：4）

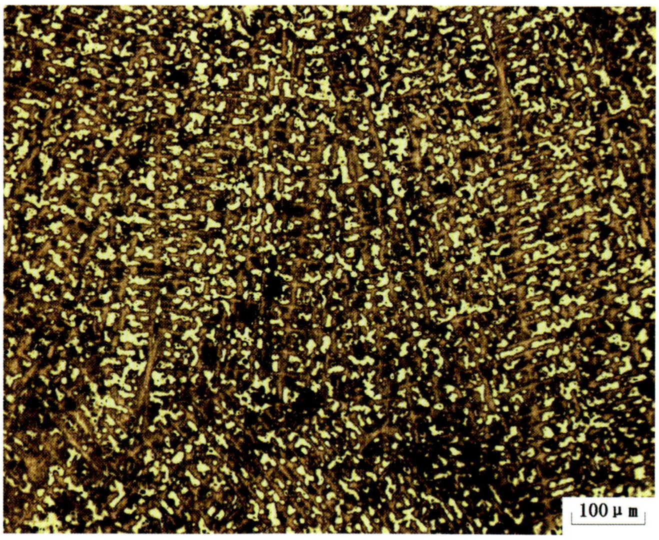

5. XCG023 带扣（Z115：7）

彩版二三二　铜器金相照片

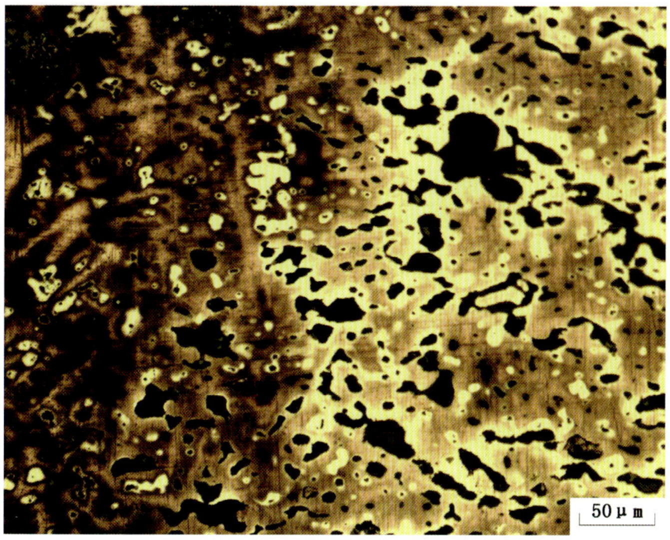

1. XCG024 带扣（Z84：1）

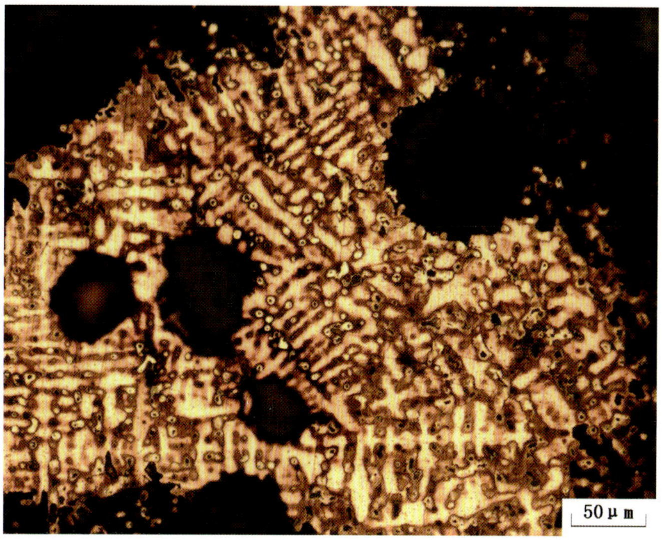

2. XCG025 勺形带饰（考3975附件）

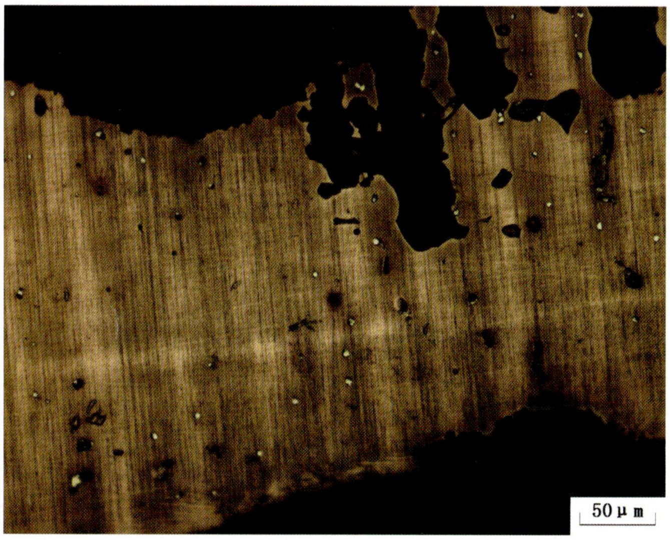

3. XCG026 鎏金熊纹铜泡（K50-353：26）

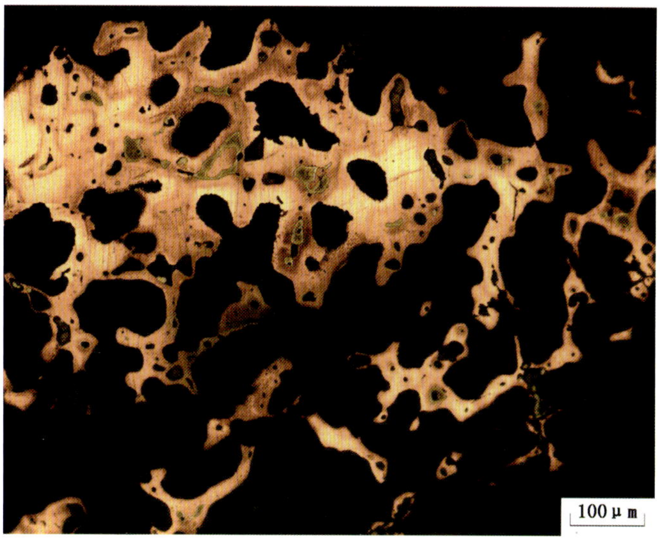

4. XCG027 铜贝（Z38：5-3）

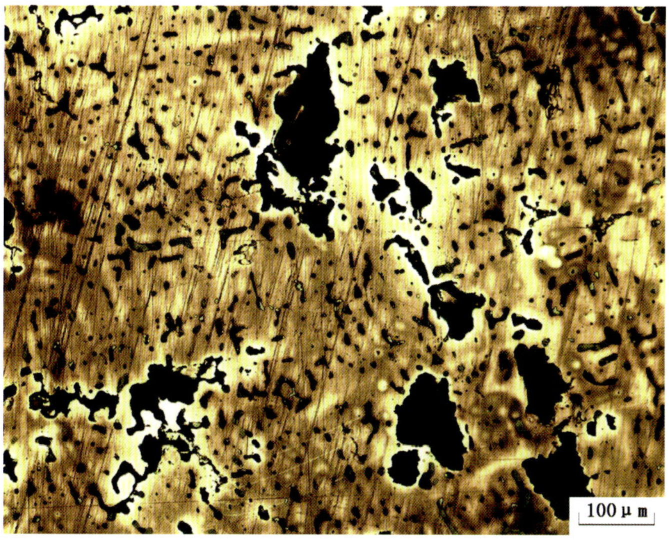

5. XCG028 带扣（K3-86：1）

彩版二三三　铜器金相照片

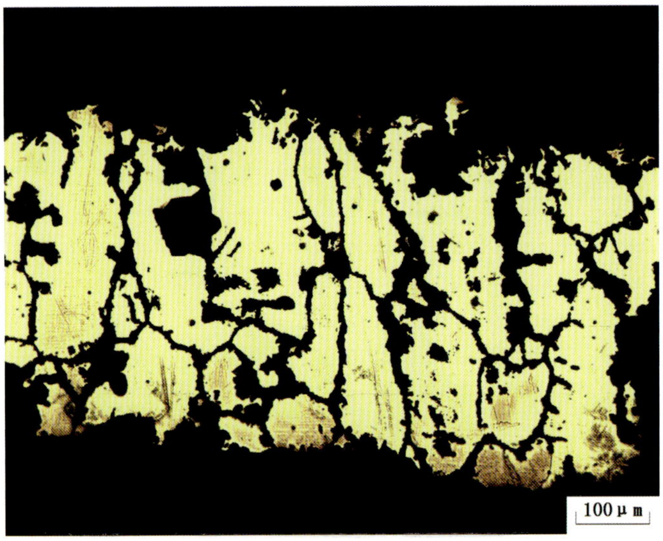

1. XCG029 椭圆形泡（Z32：4）

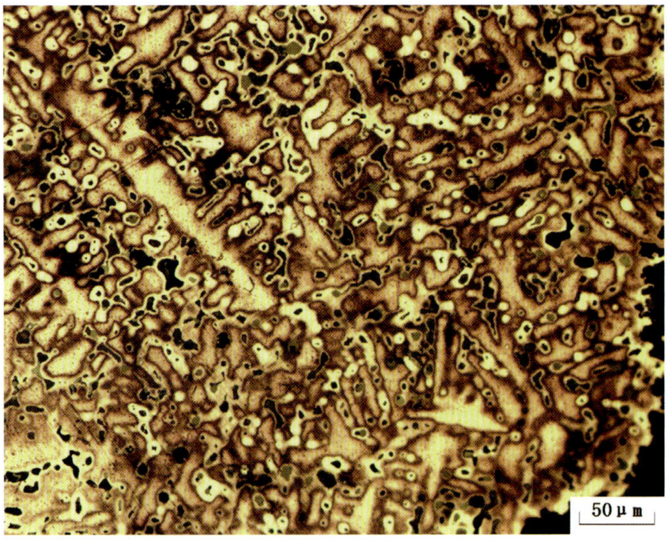

2. XCG030 带钩（Z49：7）

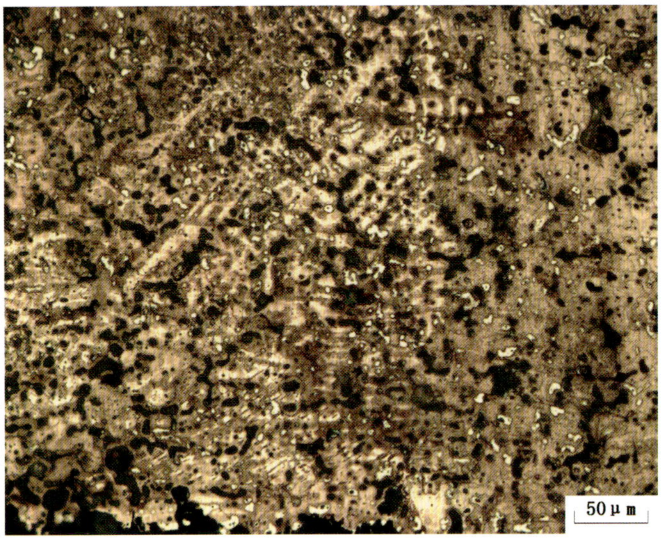

3. XCG031 鎏金当卢（Z3：20）

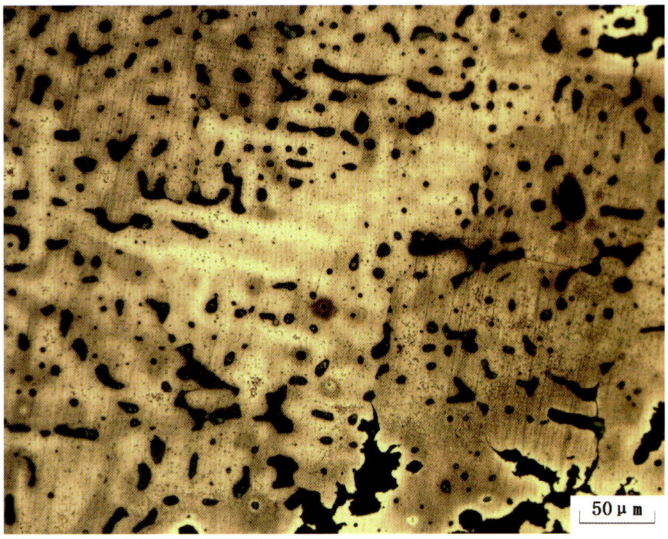

4. XCG032 带柄铃（考4036附件-1）

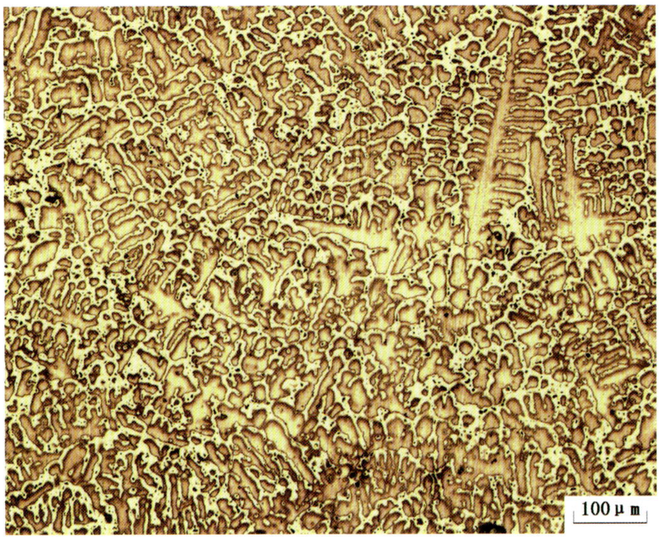

5. XCG033 铜坠饰（K29-215：3）

彩版二三四　铜器金相照片

1. XCG034 铃形器（Z164：2）

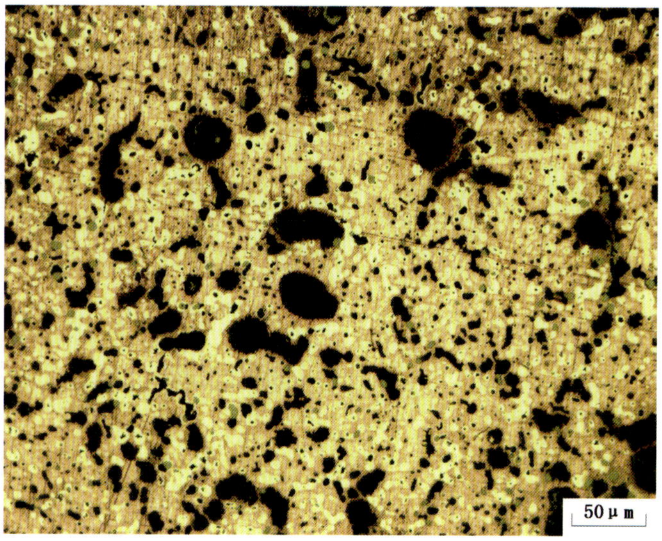

2. XCG035 铁剑的剑柄（考3923附件-4）

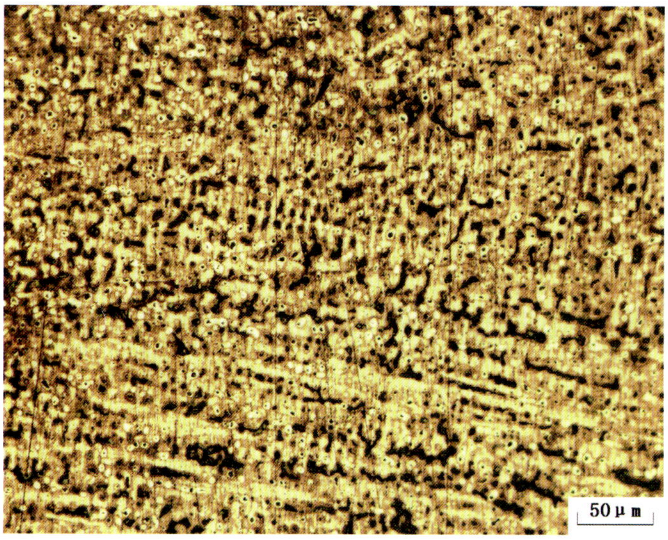

3. XCG036 马首形杆头饰（K51-383：10）

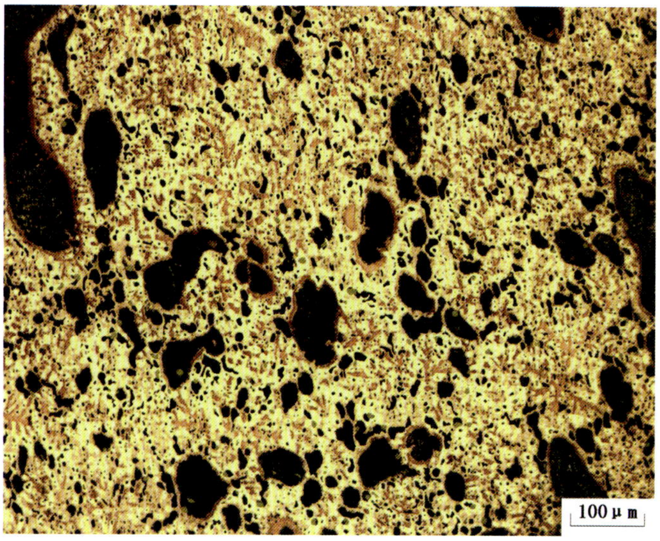

4. XCG037 铁剑的剑柄（考3924附件-2）

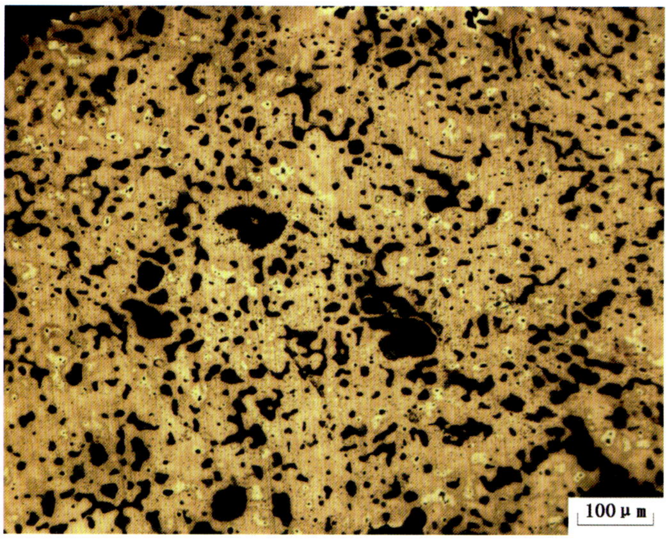

5. XCG038 铁剑的剑柄（Z46：2）

彩版二三五　铜器金相照片

1. 植物灰型钠铝玻璃 LNBⅠ-1-1（M1：4-01）

2. 植物灰型钠铝玻璃 LNBⅠ-3-2（M3：3-02）

3. 植物灰型钠铝玻璃 LNBⅠ-3-3（M3：3-03）

4. 植物灰型钠铝玻璃 LNBⅠ-5-1（M10：5-01）

5. 植物灰型钠铝玻璃 LNBⅠ-8-1（M16：13-01）

6. 蜻蜓眼珠 植物灰型钠铝玻璃 LNBⅡ-16（考4081-1）

7. 中等钙铝型钾玻璃LNBⅠ-1-6（M1：4-06）

8. 低钙型钾玻璃LNBⅠ-2-1（M2：8-01）

9. 中等钙铝型钾玻璃LNBⅠ-4-5（M4：3-01）

10. 低钙型钾玻璃LNBⅠ-4-4（M4：3-04）

11. 中等钙铝型钾玻璃LNBⅠ-6-2（M12：18-02）

12. 中等钙铝型钾玻璃 六方截角双锥形玻璃珠LNBⅠ-20-05（Z135：8-05）

彩版二三六　玻璃珠饰检测取样器物

（检测样品器物编号中“-”后第一位为“0”的编号，为临时区分的检测专用编号，非正式的器物号）

1. 中等钙铝型钾玻璃 四方柱形玻璃珠LNBⅠ-20-12（Z135：8-012）

2. 典型钠钙玻璃LNBⅠ-8-04（M16：13-01）

3. 绿石管，测试样品标记 LNBⅡ-13（考4005）（1、3为云母，余为天河石）

4. 多孔珠，测试样品标记 LNBⅡ-14（考4009）（1为天河石，2为滑石，余为云母）

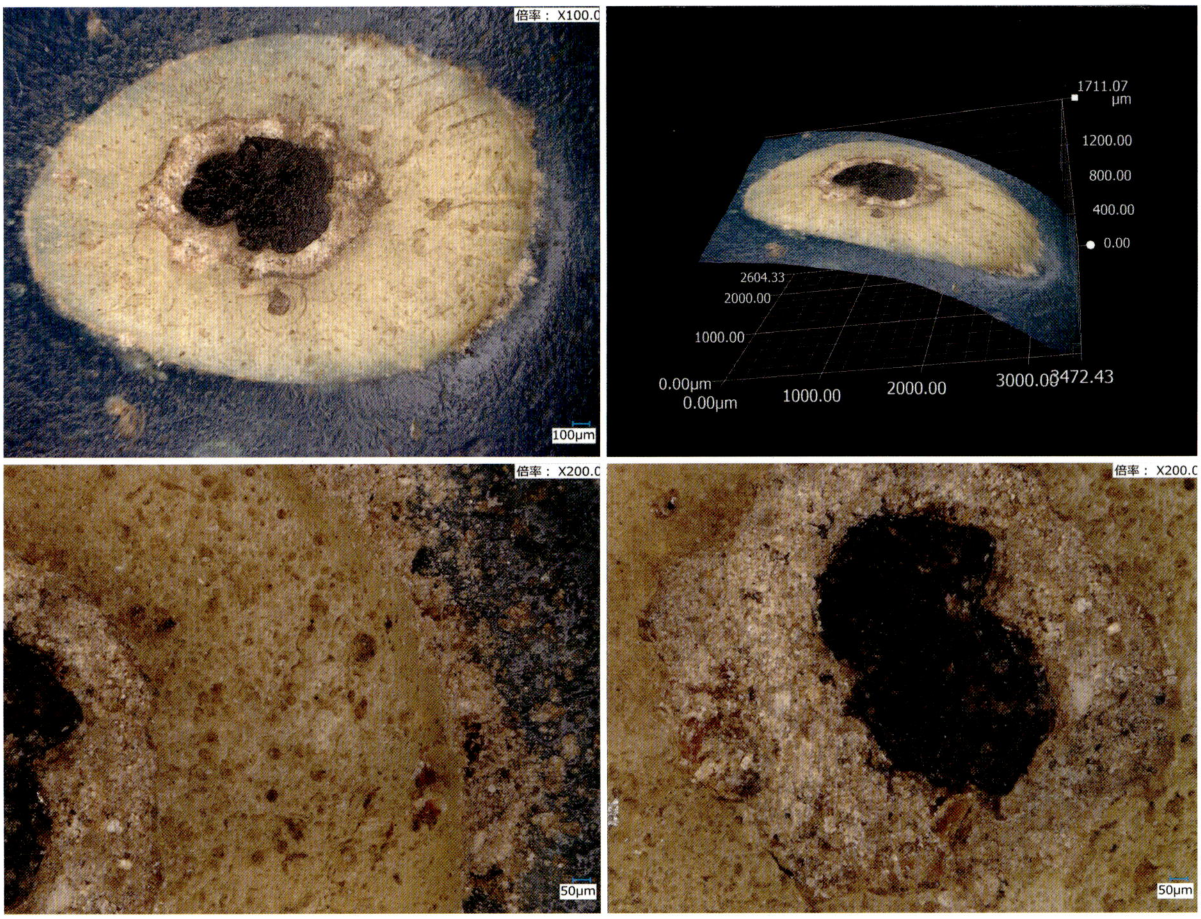

5. 蜻蜓眼玻璃珠样品LNBⅡ-16的显微镜照片

彩版二三七　玻璃、石质珠饰检测取样器物及蜻蜓眼玻璃珠样品的显微镜照片

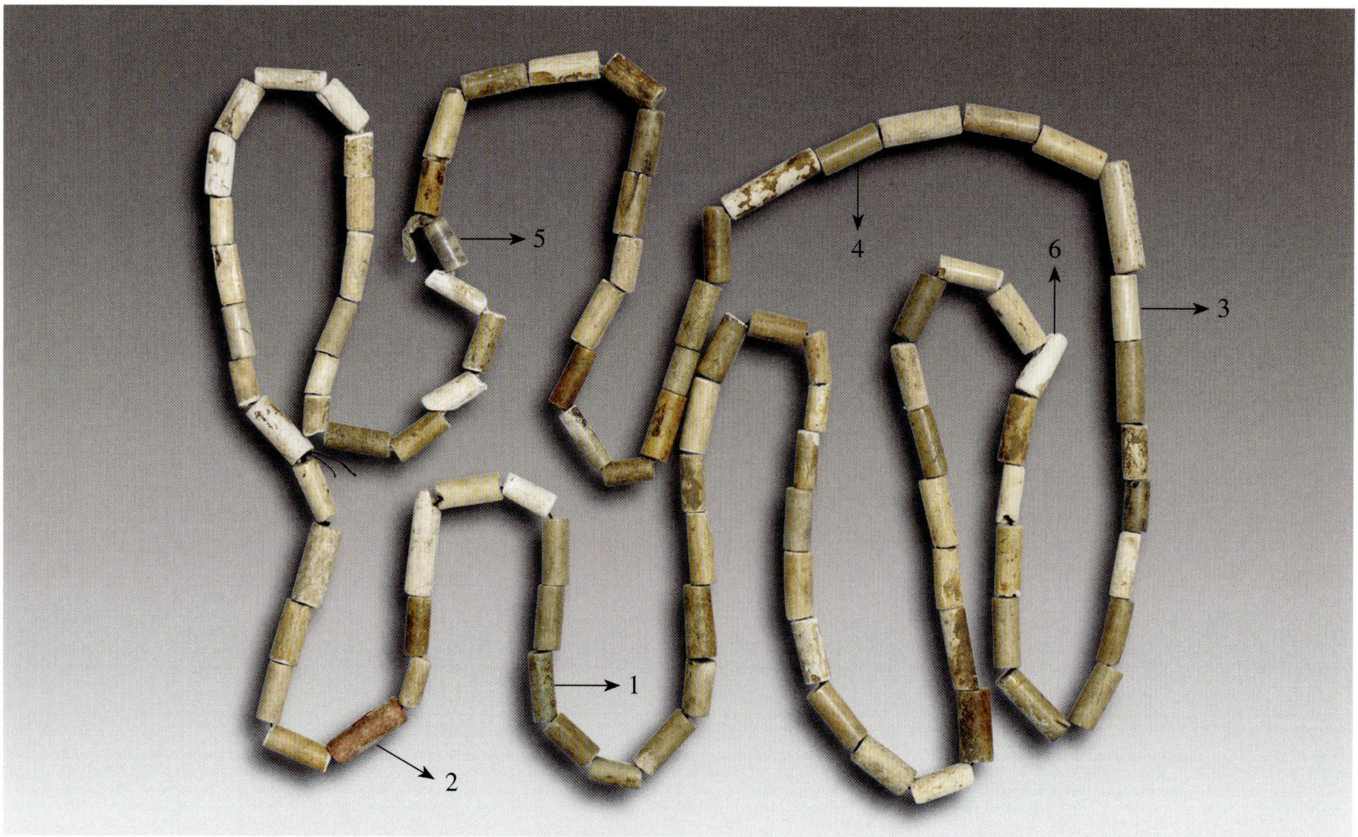

1. 白石管，测试样品标记 LNBⅡ-11（考4006）（2为叶蜡石，余为滑石）

2. 绿石管，测试样品标记 LNBⅡ-12（考4005）（2为天河石，余为云母）

彩版二三八　石质珠饰检测取样器物

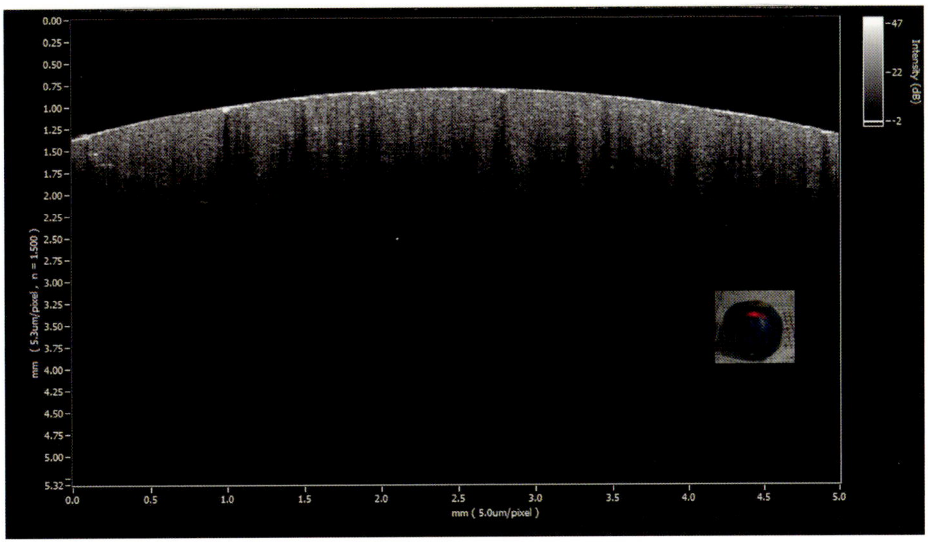

1. 蓝色基体

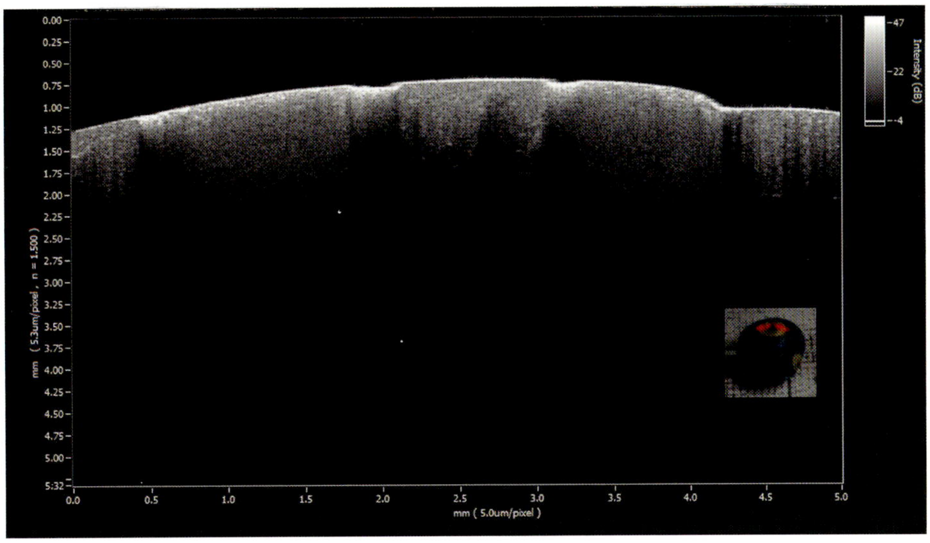

2. 单个眼珠部位

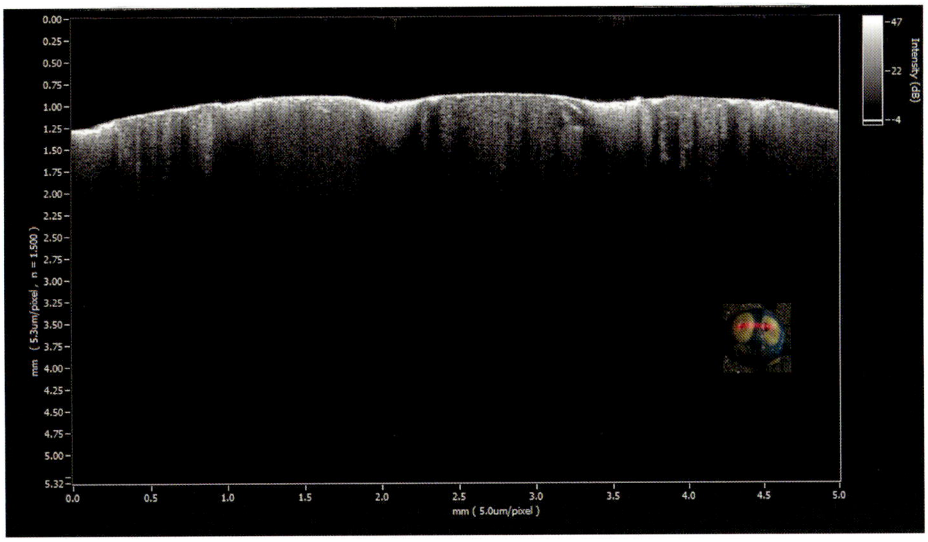

3. 两个眼珠部位

彩版二三九　蜻蜓眼玻璃珠样品LNBⅡ-16的OCT二维图像

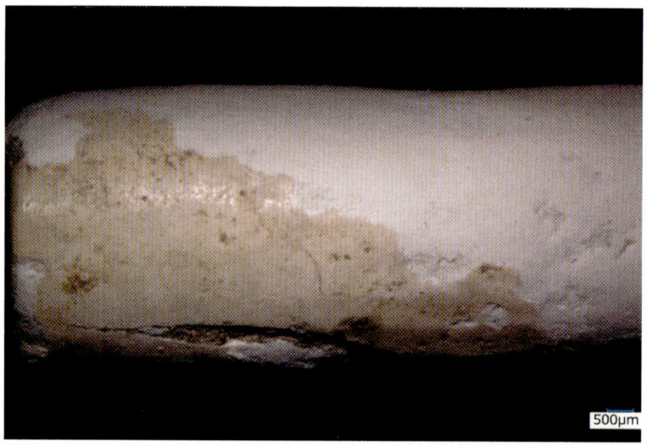

1. LNB Ⅱ–11–6（30倍）

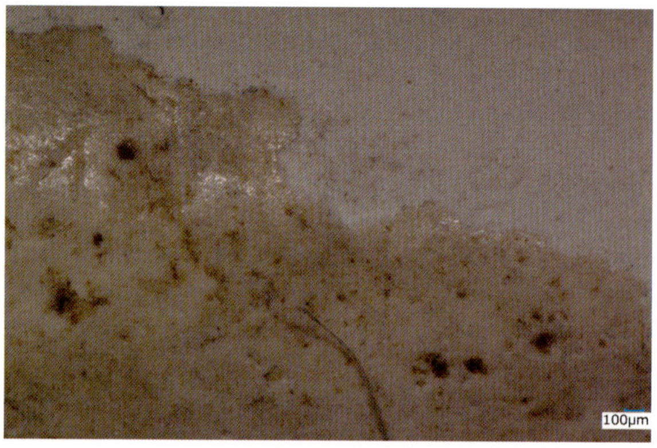

2. LNB Ⅱ–11–6（100倍）

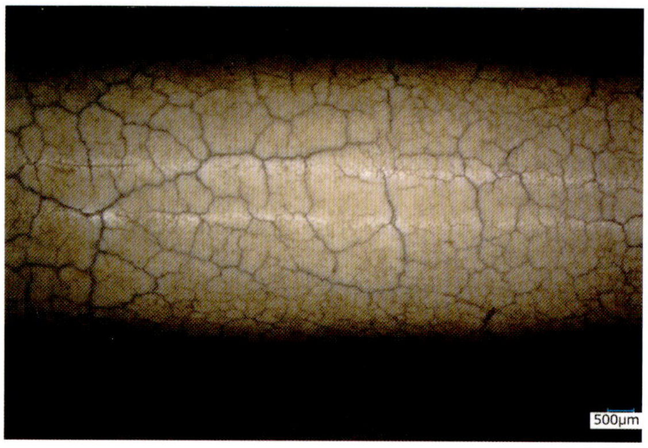

3. LNB Ⅱ–11–4（30倍）

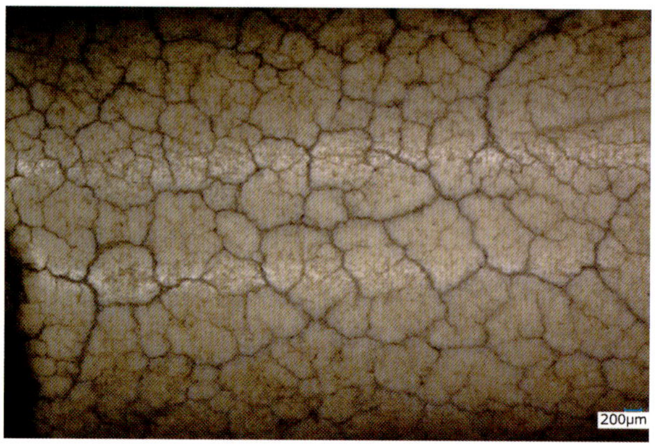

4. LNB Ⅱ–11–4（50倍）

5. LNB Ⅱ–11–8（20倍）

6. LNB Ⅱ–11–8（50倍）

7. LNB Ⅱ–11–1残2（100倍）

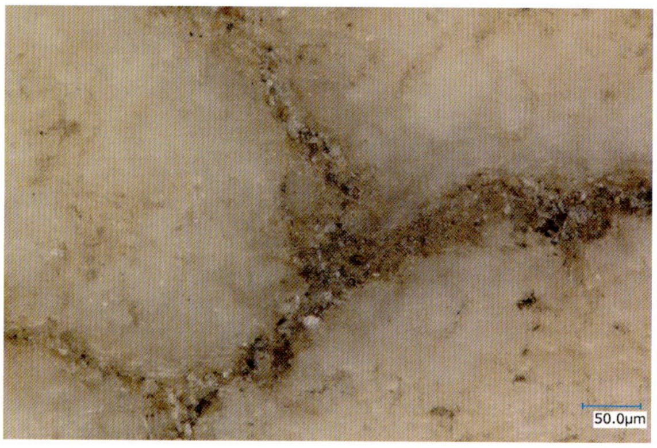

8. LNB Ⅱ–11–1残1（600倍）

彩版二四〇　滑石样品LNB Ⅱ–11的显微镜照片

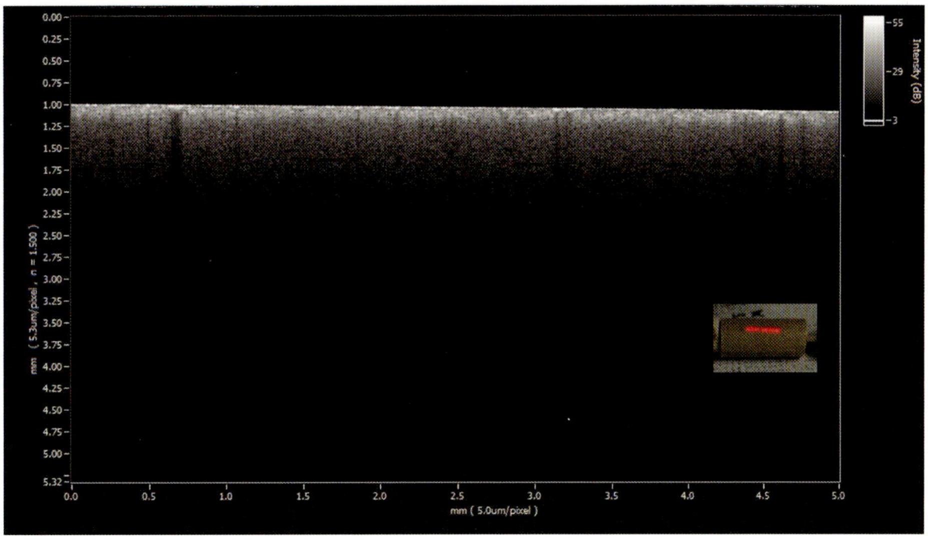

1. LNB Ⅱ-11-4灰白色有裂纹

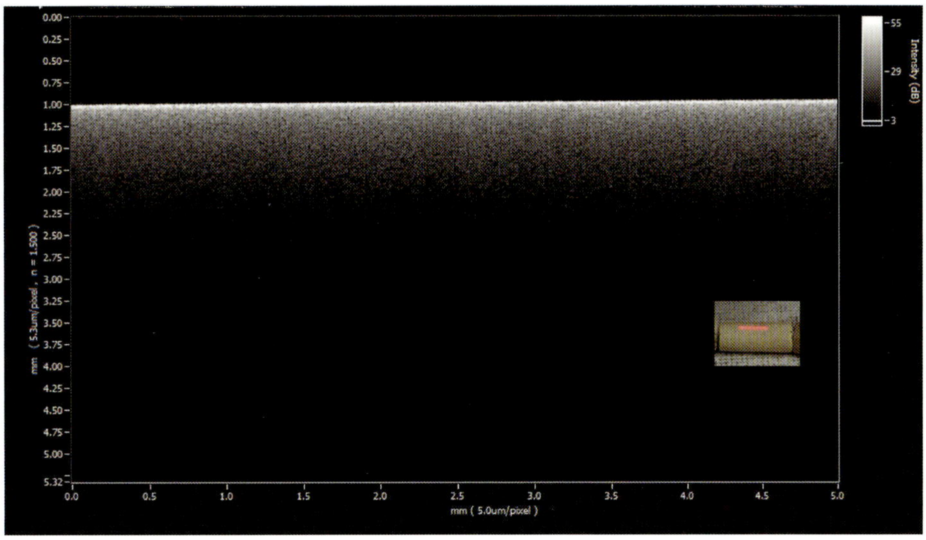

2. LNB Ⅱ-11-3白色

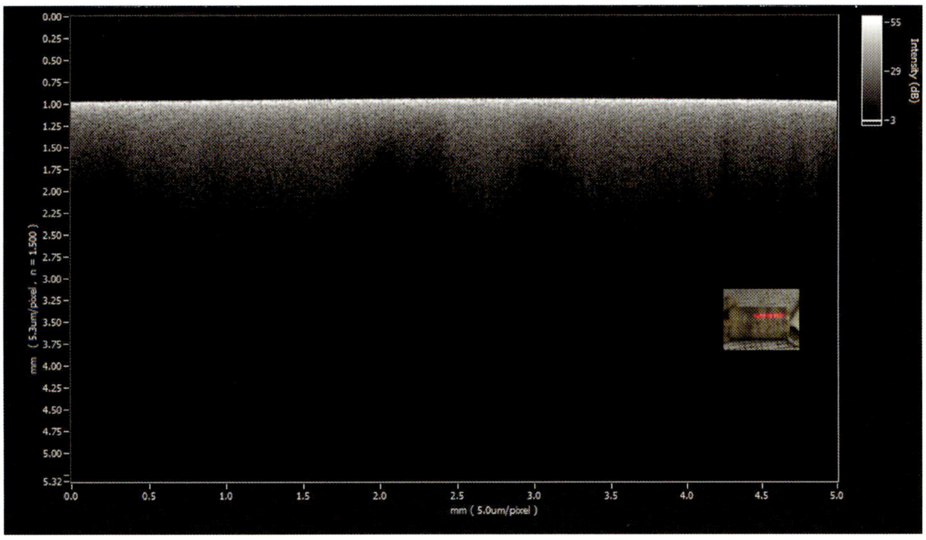

3. LNB Ⅱ-11-5青灰白色

彩版二四一　滑石样品LNB Ⅱ-11的OCT二维图像

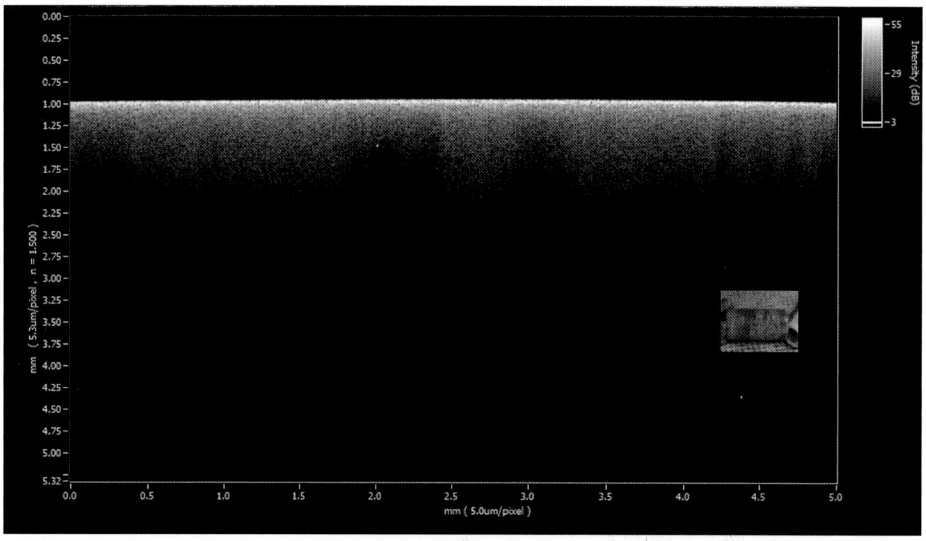

1. LNBⅡ-11-6白色-灰白色

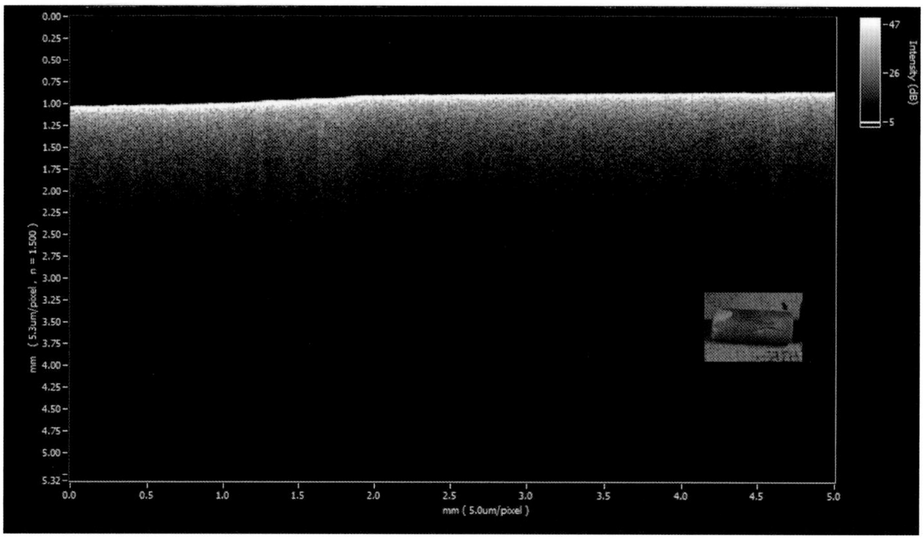

2. LNBⅡ-11-8

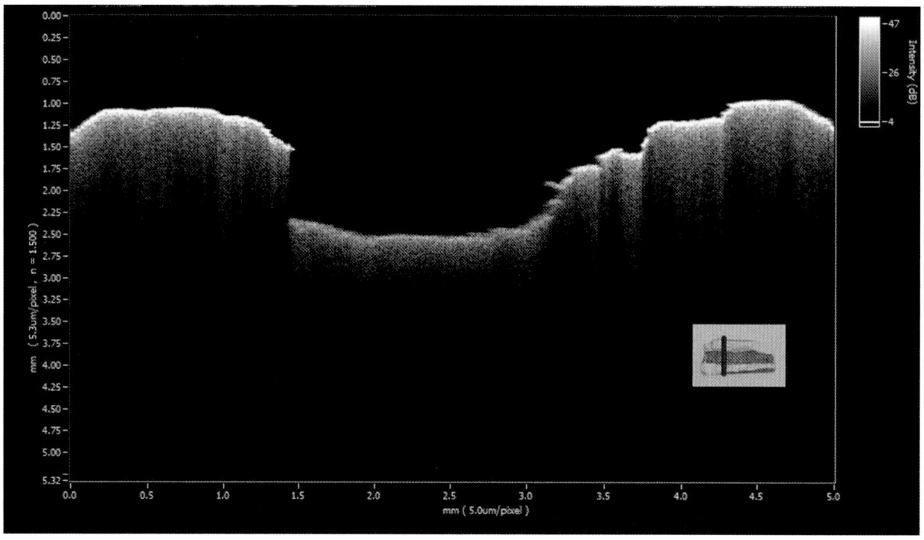

3. LNBⅡ-11-1残2，断面

彩版二四二　滑石样品LNBⅡ-11的OCT二维图像

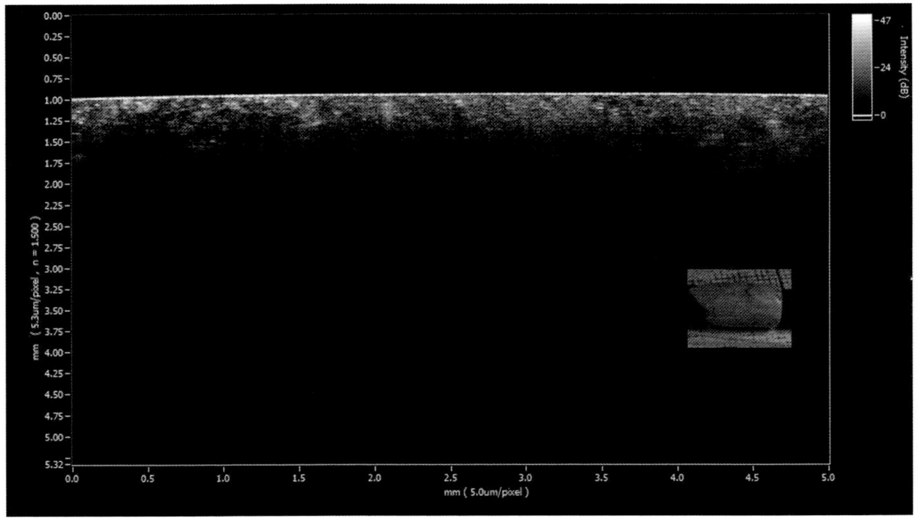

1. LNBⅡ-12-2，天河石

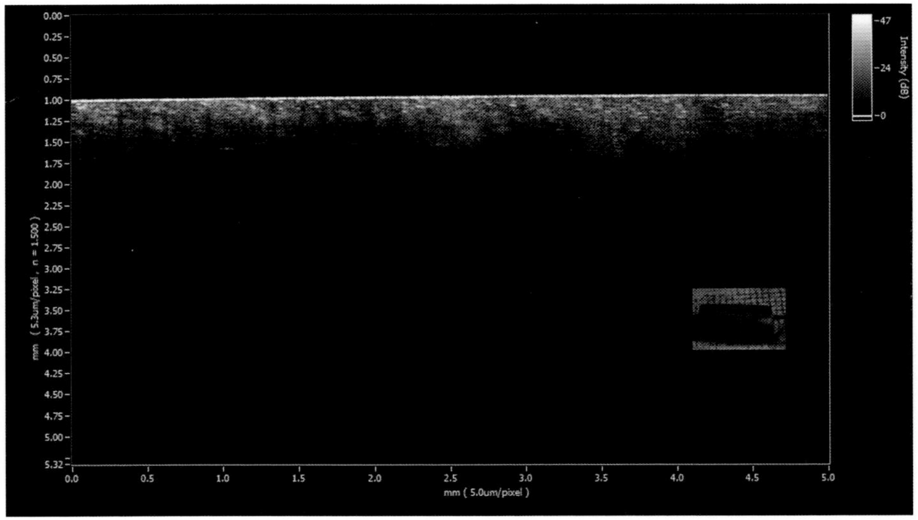

2. LNBⅡ-12-1, 深绿色云母

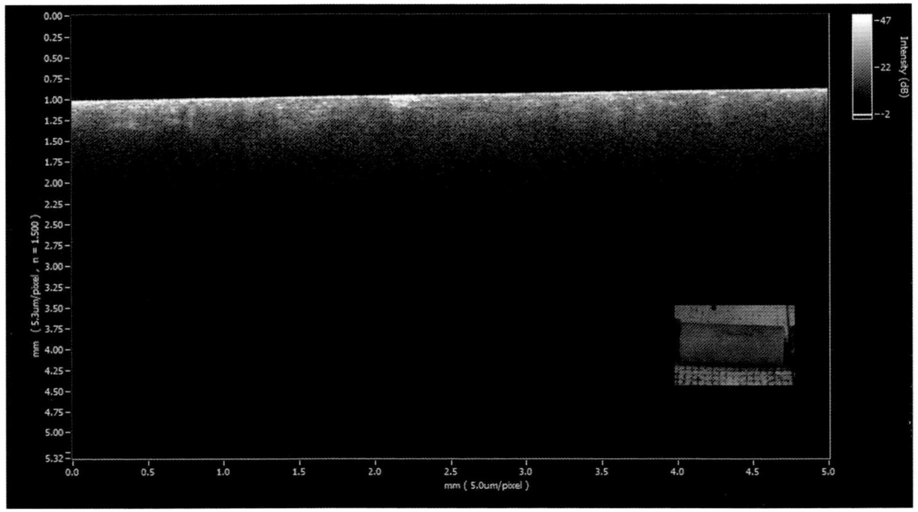

3. LNBⅡ-12-48, 浅绿色云母

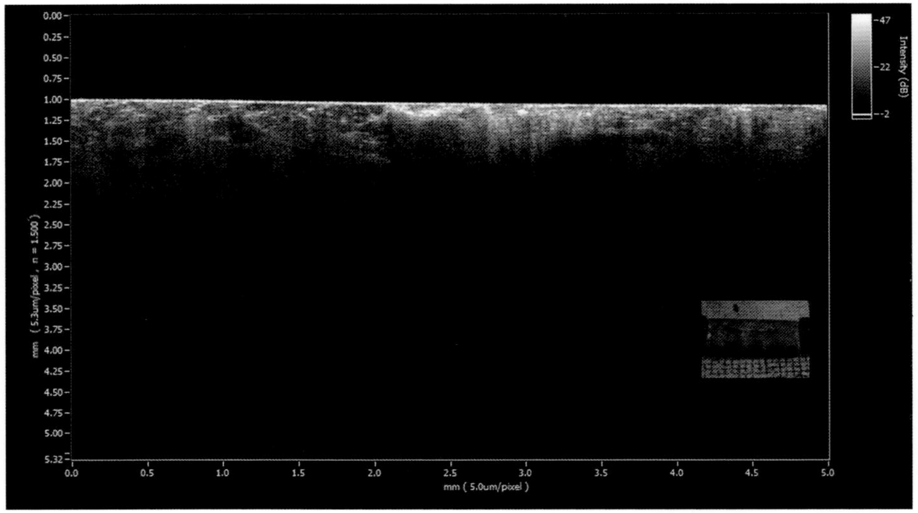

4. LNBⅡ-12-50,绿色云母

彩版二四三　绿色样品的OCT二维图像

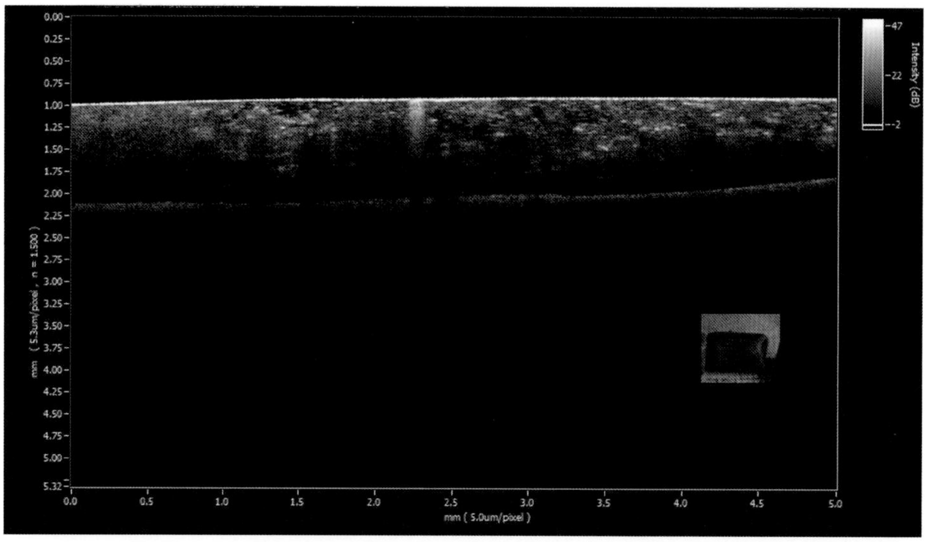

1. LNBⅡ-12-84，深绿色云母（考4005）

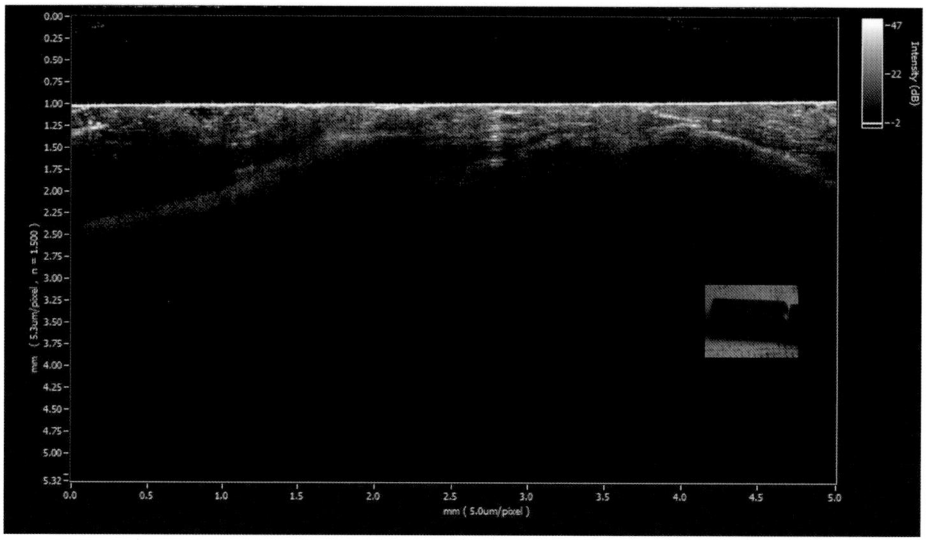

2. LNBⅡ-12-85, 深绿色云母（考4005）

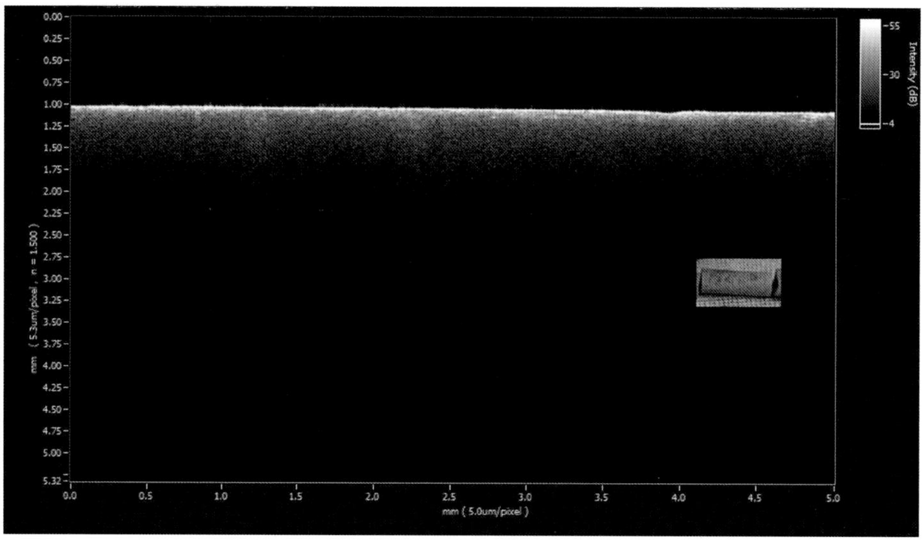

3. LNBⅡ-11-1，浅绿色云母（考4006）

彩版二四四　绿色样品的OCT二维图像

1. XCG039环首铁刀（M16：10）

2. XCG040铁刀（M25：1）

3. XCG041扁体扁铤铁镞（M32：2-3）

6. XCG045铁镞（M30：1-3）

4. XCG042铁镳（M23：2-2之一）

5. XCG043铁镳（M23：2-2之二）

7. XCG044铁衔（M27：9）

8. XCG046铁衔（M35：5-1）

9. XCG047铁带扣（M59：4）

10. XCG050铜柄铁剑（考3924附件-5）

11. XCG051铁锛（考4045.6）

12. XCG052扁体扁铤铁镞（考4038-30）

13. XCG048、XCG049铁剑（M63：2）

14. XCG053铁矛（考3937.2）

彩版二四五　铁器分析取样器物

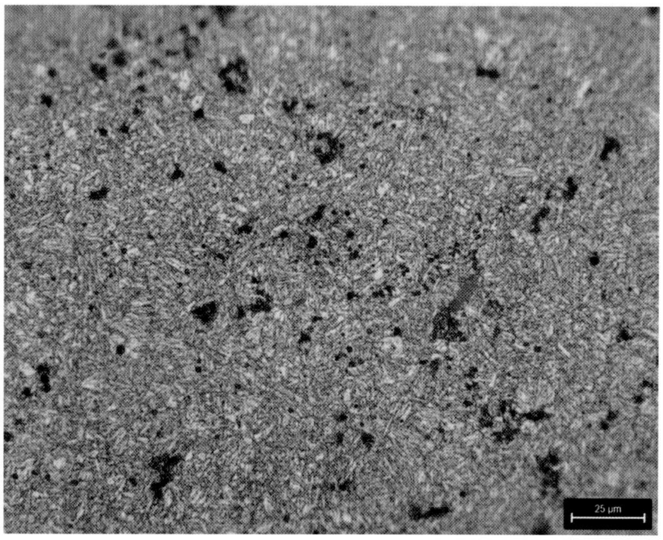

1. XCG039环首铁刀（M16：10）

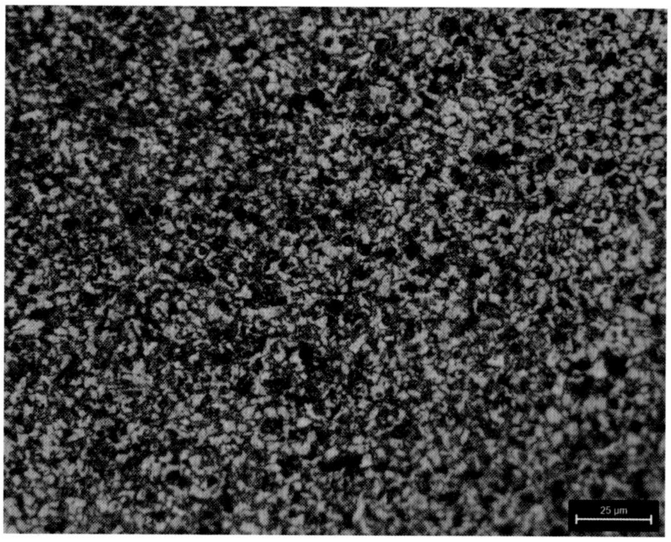

2. XCG040铁刀（M25：1）

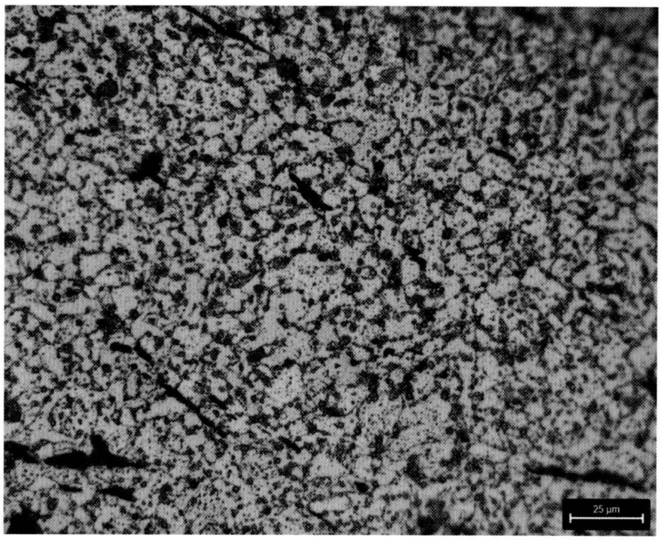

3. XCG041扁体扁铤铁镞（M32：2-3）

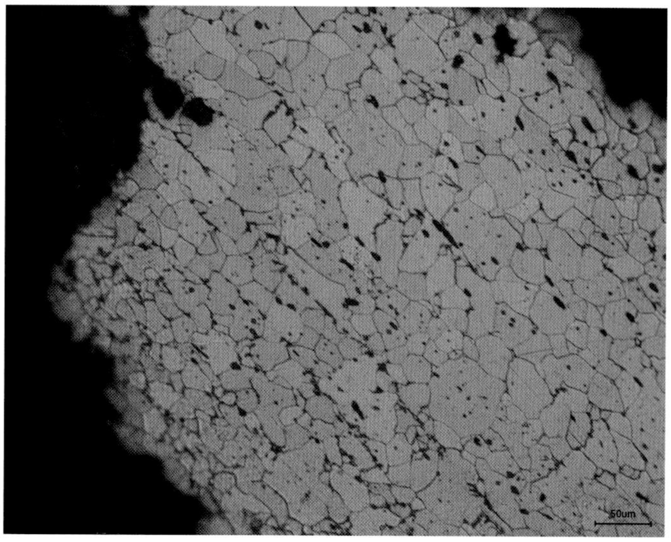

4. XCG042铁镳（M32：2-2）之一

5. XCG043铁镳（M32：2-2）之二

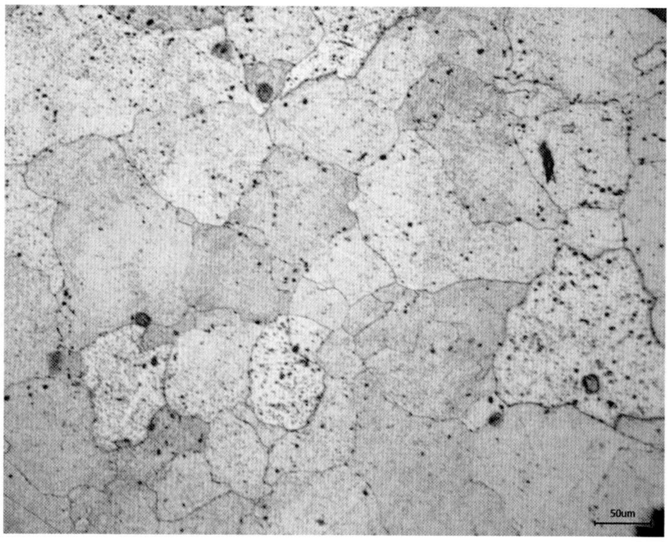

6. XCG044铁衔（M27：9）

彩版二四六　铁器金相组织

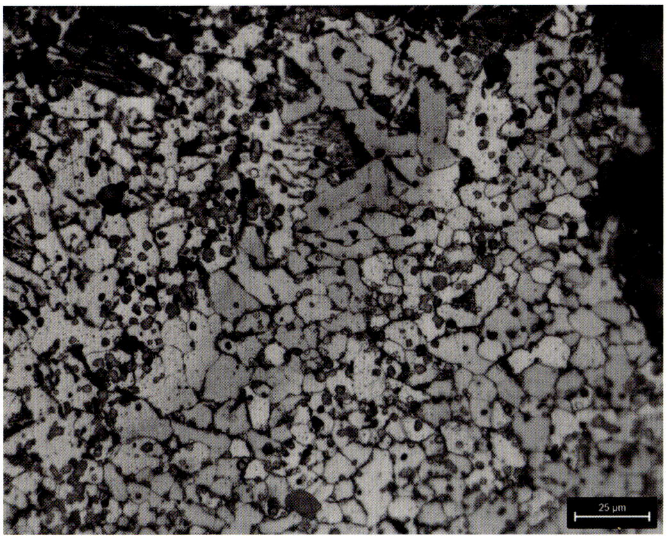

1. XCG045铁镞（M30：1-3）

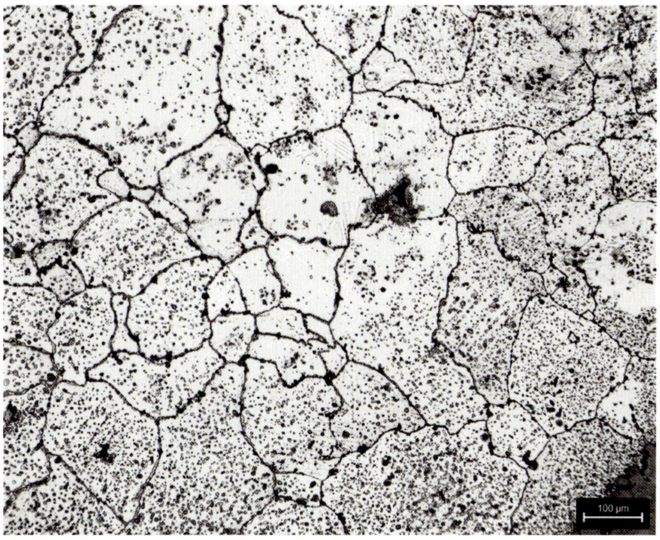

2. XCG046铁衔（M35：5-1）

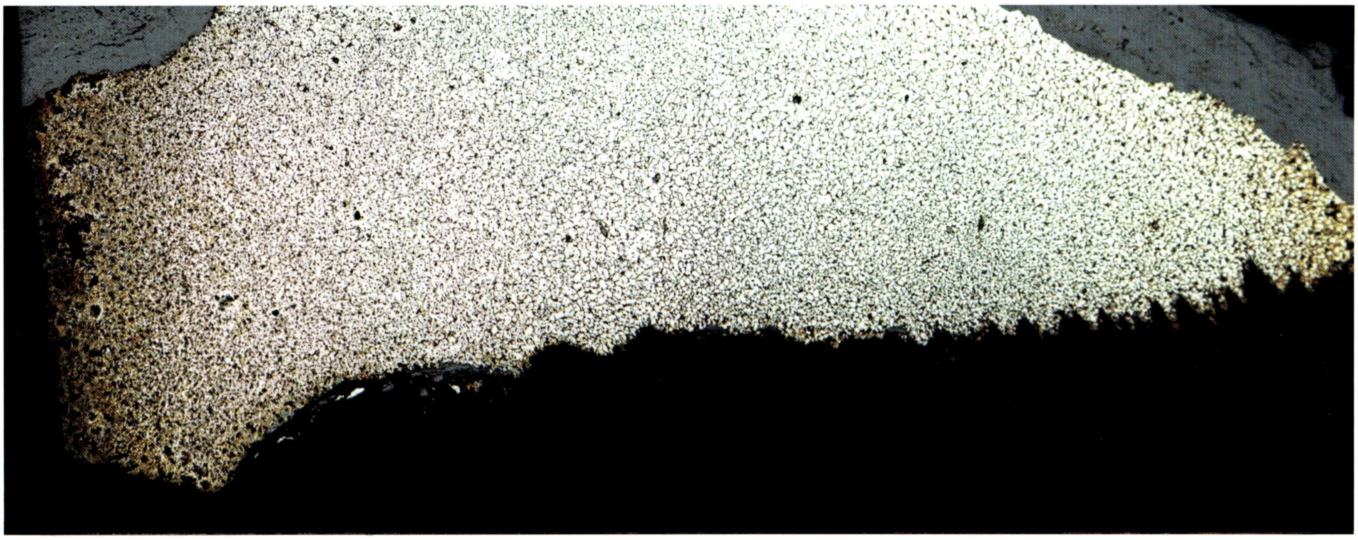

3. XCG047铁带扣（M59：4）的金相组织全貌

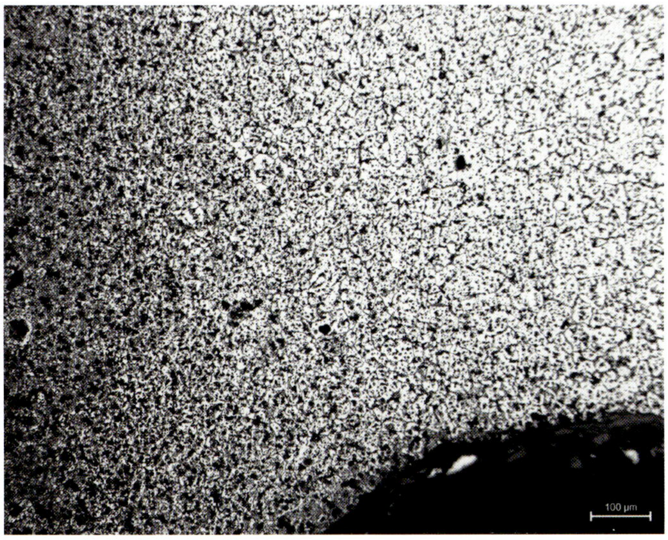

4. XCG047铁带扣（M59：4）边沿处的魏氏组织

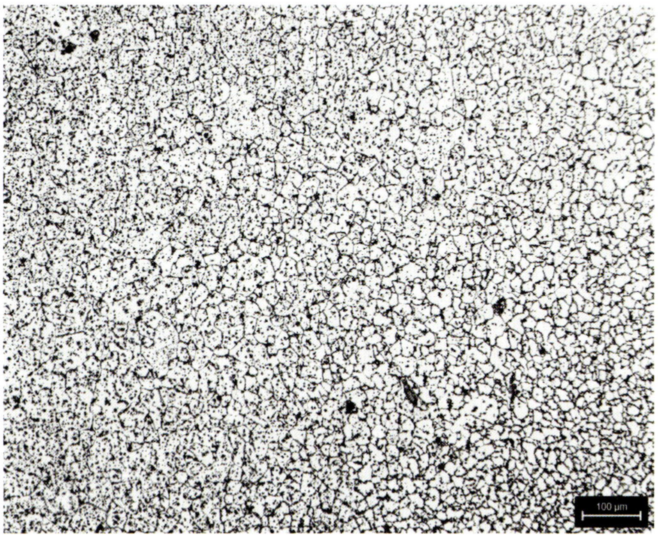

5. XCG047铁带扣（M59：4）中心区域的铁素体和珠光体

彩版二四七　铁器金相组织

1. XCG048铁剑（M63：2）剑身中部的刃部

2. XCG049铁剑（M63：2）剑锋部的刃部

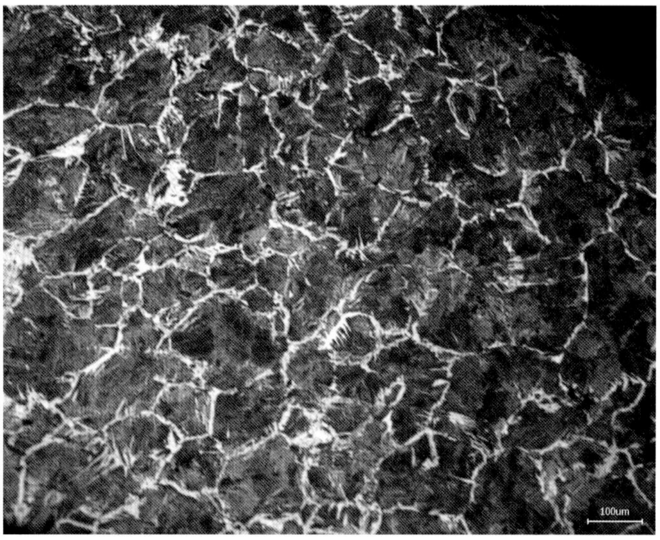

3. XCG050铜柄铁剑（考3924附件-5）

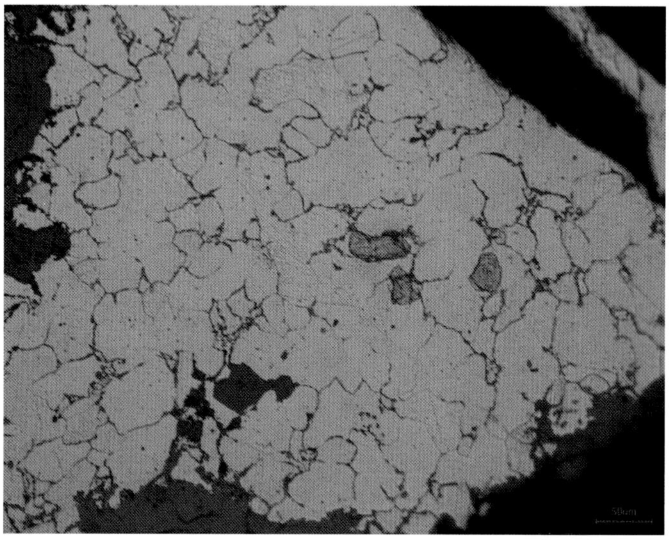

4. XCG051铁锛（考4045.6）

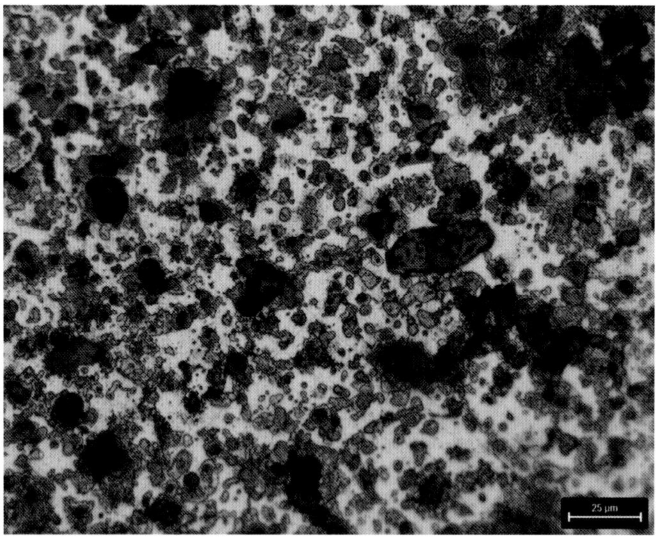

5. XCG052扁体扁铤铁镞（考4038-30）

6. XCG053铁矛（考3937.2）

彩版二四八　铁器金相组织

1. 墓地远景（南—北，白色区域内为墓地）

2. 墓地西部地表及墓地西南方向的河流和山脉（东北—西南）

图版一　1956年墓地远景及环境

1. 发掘清理前墓地中西部地表状况

2. 发掘清理前墓地西南部地表状况

图版二　1956年墓地发掘前地表状况

1. 墓地发掘现场

2. 墓地发掘现场

图版三　1956年墓地发掘工作照

1. 发掘现场——西岗梁下第74清理区发掘

2. 发掘现场工作照——M15绘图

图版四　1956年墓地发掘工作照

1. 发掘现场测绘

2. 发掘现场测绘

图版五　1956年墓地发掘工作照

1. 清理发掘区、筛土

2. 在墓地旁边搭建的帐篷

3. 发掘、征集遗物装箱运回博物馆

图版六　1956年墓地发掘工作照

1. M4西北部墓底遗物（东南—西北）

2. M5西部墓底遗物（西南—东北）

3. M6墓底遗物（西南—东北）

图版七　M4～M6

1. M9（东南—西北）

2. M12（东南—西北）

3. M12西北部遗物分布

图版八　M9、M12

1. M12中部带扣、铜环等遗物出土情况

2. M12西北部珠子和活纽铜泡出土情况

图版九　M12

1. M13遗物分布

2. M15西北部遗物分布（东南—西北）

3. M15（东南—西北）

图版一〇　M13、M15

1. M15西北部遗物分布（东南—西北）

2. M16西北壁下陶器

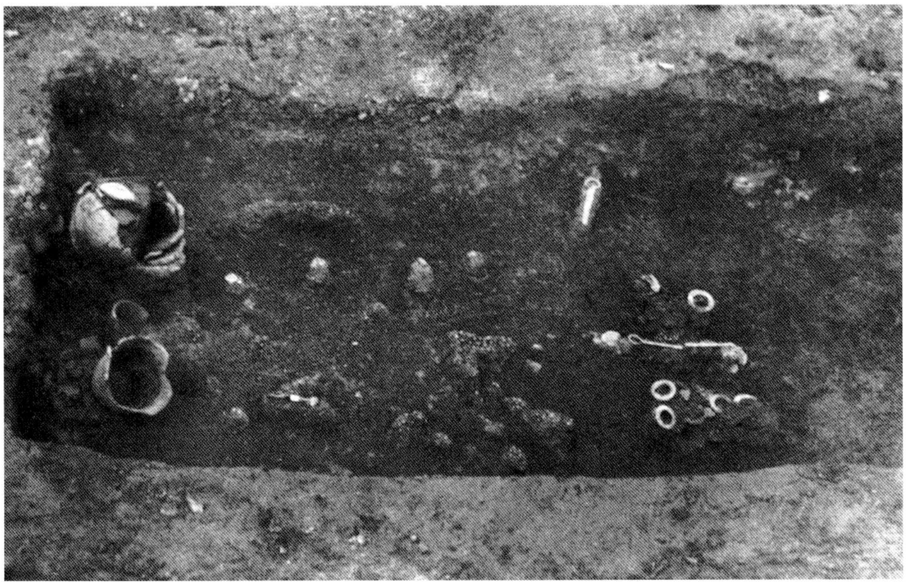

3. M16（西南—东北）

图版一一　M15、M16

1. M17遗物分布

2. M21残存部分遗物分布
（东南—西北）

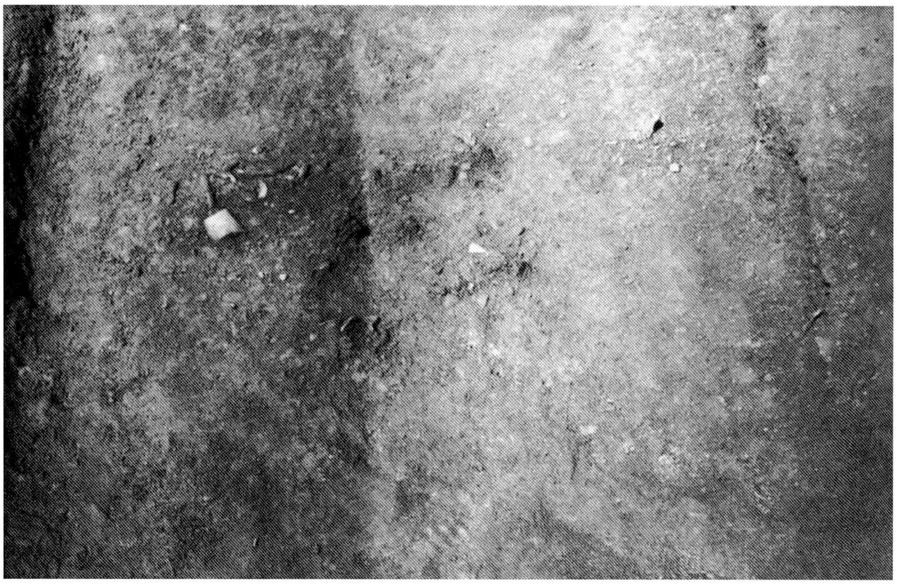

3. M22残存遗物分布

图版一二　M17、M21、M22

1. M23（西北—东南）

2. M24残存部分（东南—西北）

3. M27（东南—西北）

图版一三　M23、M24、M27

1. M31残存部分（东南—西北）

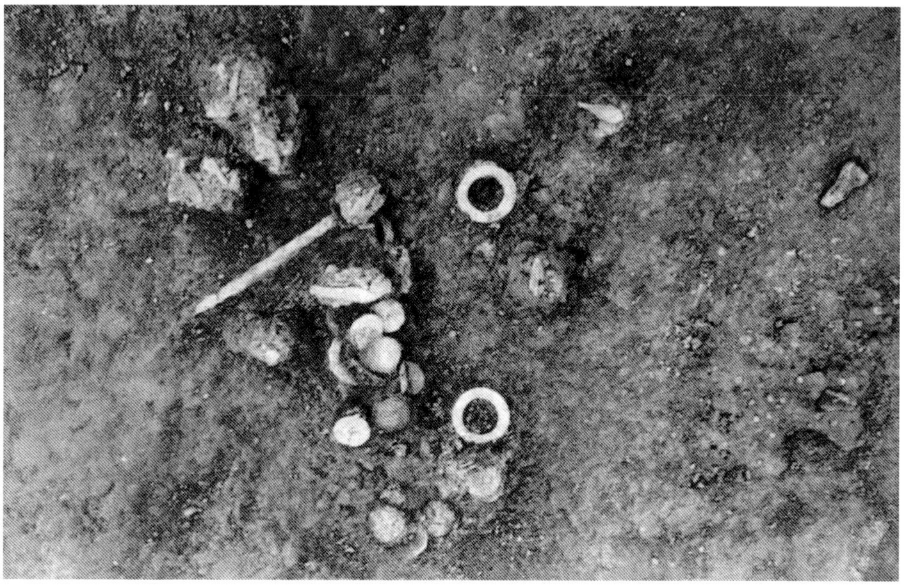

2. M31铁刀、铜环及其附近其他遗物

3. M32铜镞、铁镞出土情况

图版一四　M31、M32

1. M33（东南—西北）

2. M34残存部分（西南—东北）

3. M35残存部分（西南—东北）

图版一五　M33 ~ M35

1. M35遗物出土情况

2. M36西北部遗物分布

3. M38陶壶出土情况

图版一六　M35、M36、M38

1. M42遗物出土情况（可能东南—西北）

2. M43西北部陶罐、鬲口沿、珠子和管等出土情况

3. M44残存部分大口陶罐等遗物出土情况（南—北）

图版一七　M42～M44

1. M45（东南—西北）

2. M45西半部（西北—东南）

3. M45中部铜泡和环首铁刀出土情况

4. M46遗物出土情况

图版一八　M45、M46

1. M53（东—西）

2. M53陶器及其附近的珠子

3. M54西北部陶器等遗物出土情况

图版一九　M53、M54

1. M55残存墓底范围及陶器
（西南—东北）

2. M55陶器出土情况

3. M56残存部分及陶器（东南—西北）

图版二〇　M55、M56

1. M58西北部陶器（东南—西北）

2. M59（北—南）

3. M59（东南—西北）

图版二一　M58、M59

1. M59中部铁带扣、铁环等遗物出土情况（东南—西北）

2. M59东南部长铁刀、铁矛、铁衔等遗物出土情况（东南—西北）

3. M60（东南—西北）

4. M60中部串饰出土情况

图版二二　M59、M60

1. M62（东南—西北）

2. M62陶罐及铁矛、环首铁刀等出土情况

图版二三　M62

1. M63（东南—西北）

2. M63西半部铜环、铁刀等出土情况

图版二四　M63

1. Bb型亚腰形铜牌饰（Z2：14）

2. Ac型北方式铜带扣（Z158：1）

3. Ab型带背纽的马形铜牌饰（Z153：1）

4. C型中原式铜铃（Z130：2）

5. 球形铜铃（Z182：18）

图版二五　中国国家博物馆收藏的部分西岔沟墓地出土器物

1. 小铜壶（Z18：2）

2. Aa型铁锛（Z25：1）

3. 铁鹤嘴斧（Z15：12）

图版二六　中国国家博物馆收藏的部分西岔沟墓地出土器物

1. Ab型甲类铜柄铁剑（Z68：1）

2. Ab型甲类铜柄铁剑（Z68：1）剑柄细部

3. A型乙类铜柄铁剑（Z160：1）剑柄细部

4. A型乙类铜柄铁剑（Z160：1）

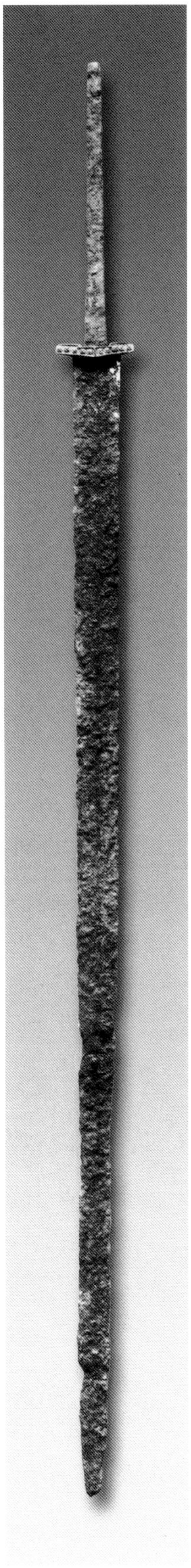

5. 中原式铁剑（Z49：1）

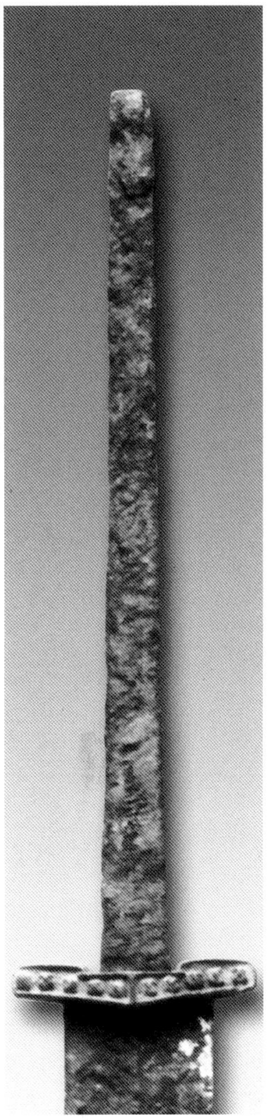

6. 中原式铁剑（Z49：1）剑柄细部

图版二七　中国国家博物馆收藏的部分西岔沟墓地出土器物

1. 铜矛（Z10：2）

3. 中原式铁剑（Z183：1）剑柄细部

2. 中原式铁剑（Z183：1）

图版二八　中国国家博物馆收藏的部分西岔沟墓地出土器物

1. 铁带扣（M12：15）

2. M17出土席片

3. 一化圜钱（M21：3-1）

4. 背纽连着铁管的铜泡（M22：13）

5. 铁矛（M18：1）

6. 铁衔镳（M23：2-1、M23：2-2）

图版二九　M12、M17、M18、M21～M23出土器物

1. 夹在两层木板里的铜镞（M24：2-3）

2. 铁镞（M24：3-2、3-3）（左—右）

3. 缠着皮条的铜环（M31：3-1）

4. 穿着皮条的铜泡（M31：2-4、2-1）（左—右）

5. 铁镞（M32：2-2、2-3）（左—右）

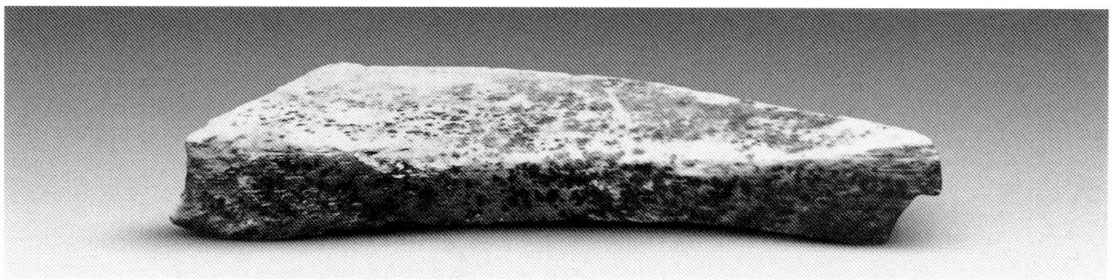

6. 砺石（M36：2）

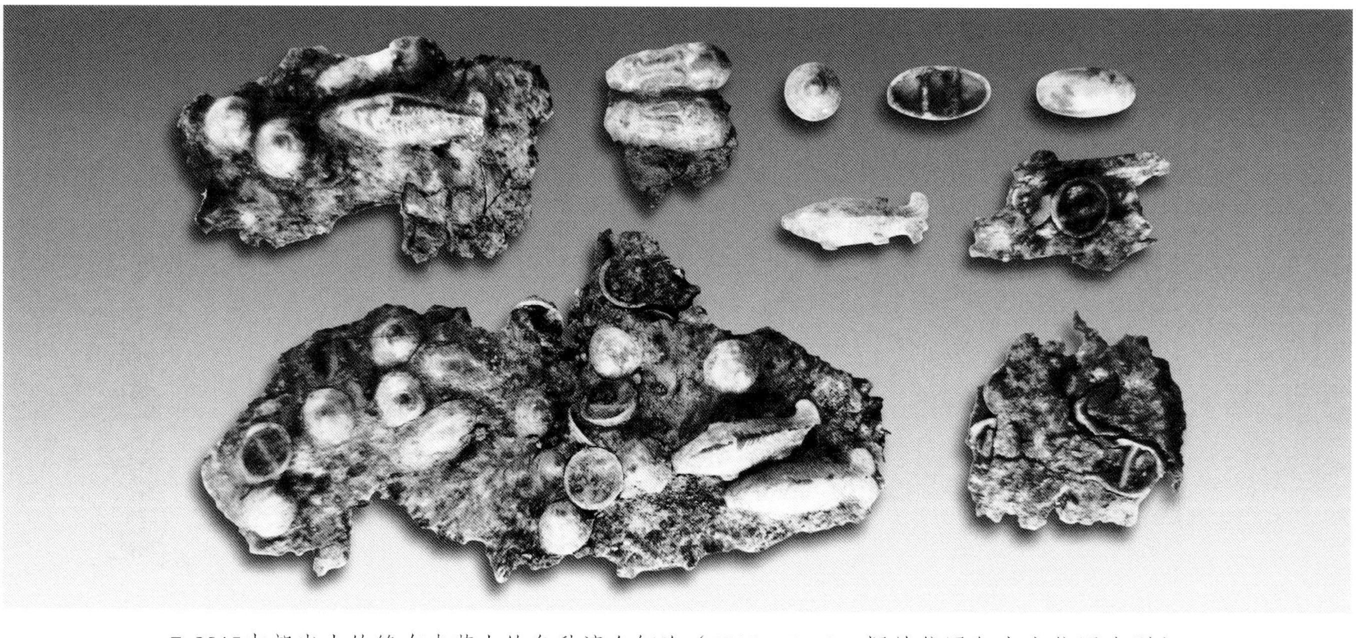

7. M45中部出土的缝在皮革上的各种鎏金铜泡（M45：5～9，摆放位置与出土位置有别）

图版三〇　M24、M31、M32、M36、M45出土器物

1. 铁刀（M59：29）

2. 铁矛（M59：9）

3. 铁镞（M59：TZ-11、M59：TZ-5、M59：TZ-10）
（左—右）

4. 铁镞（M59：11）

5. 铁衔（M59：12）

6. 铁带扣（M59：13-1）

7. 铁带扣（M59：4）

8. 铁带扣（M59：13-5）

9. 铁镞（M63：5-3）

图版三一　M59、M63出土器物

1. A型四乳草叶纹铜镜（Z12：2）

2. B型四乳草叶纹铜镜（Z182：2–1）

图版三二　非发掘清理器物

1. C型日光铭文铜镜（Z182：2-2）

2. 心形鎏金铜片（Z154：1）

图版三三　非发掘清理器物

1. 铜空首斧（Z27：9）

2. 残铁带钩（K78-531：29）

3. 铁锄板（Z27：2）

4. B型长铁刀（Z49：2）

图版三四　非发掘清理器物、清理坑出土器物

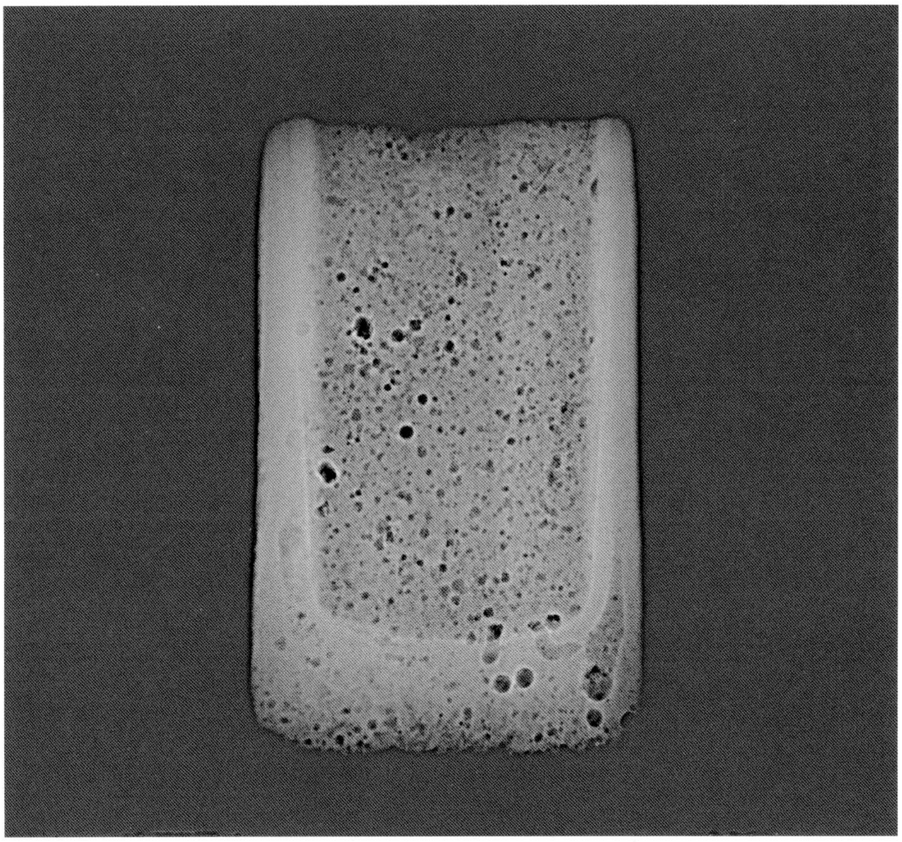

1. 铁镬（考4045.1）的X光照片
（暗色区域为銎孔）

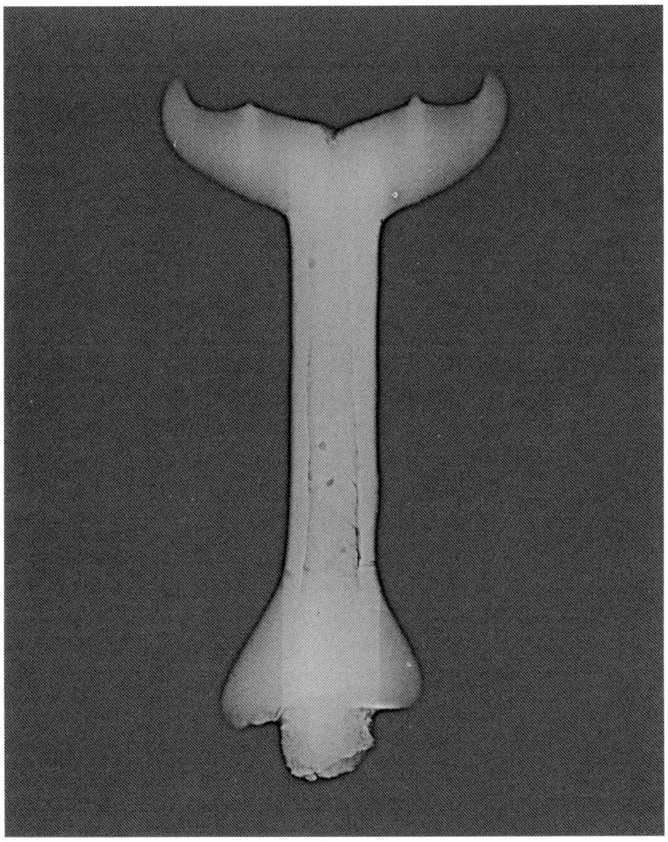

2. A型乙类铜柄铁剑（考3923附件–2）剑柄的X光照片
（剑柄中部条状暗色区域为铁柄芯）

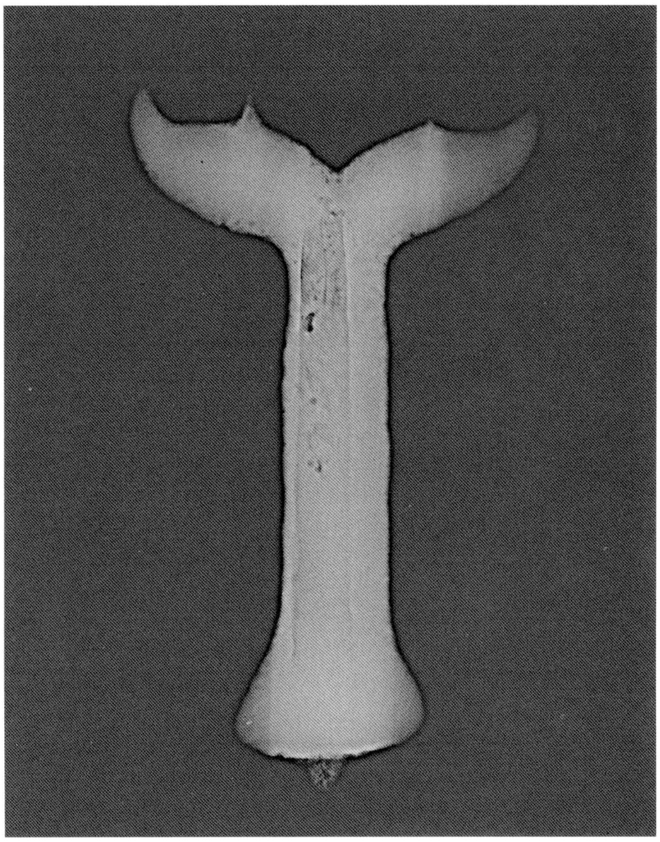

3. A型乙类铜柄铁剑（考3923附件–1）剑柄的X光照片
（剑柄中部条状暗色区域为铁柄芯）

图版三五　X光透视照片